LOIS, DÉCRETS,

ORDONNANCES, RÉGLEMENS,

AVIS DU CONSEIL-D'ÉTAT.

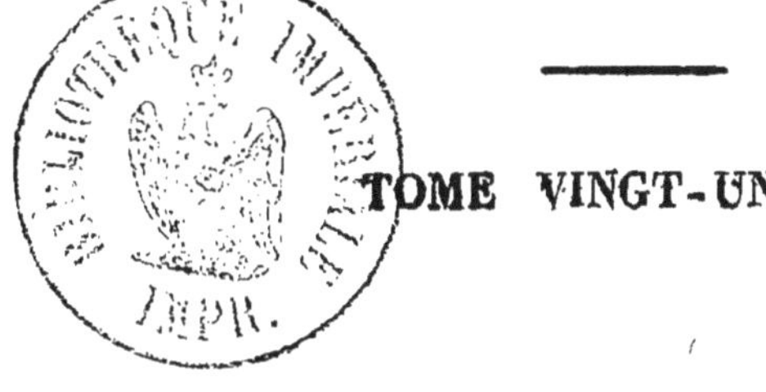

TOME VINGT-UNIÈME.

DE L'IMPRIMERIE DE A. GUYOT,
IMPRIMEUR DU ROI, DE LA MAISON D'ORLÉANS,
ET DE L'ORDRE DES AVOCATS AUX CONSEILS ET A LA COUR DE CASSATION,
Rue Neuve-des-Petits-Champs, N° 37.

COLLECTION COMPLETE

DES

LOIS,

Décrets, Ordonnances, Réglemens,

AVIS DU CONSEIL-D'ÉTAT,

PUBLIÉE SUR LES ÉDITIONS OFFICIELLES DU LOUVRE; DE L'IMPRIMERIE NATIONALE, PAR BAUDOUIN; ET DU BULLETIN DES LOIS;

(Depuis 1788, par ordre chronologique),

Avec un choix d'*Actes inédits*, d'*Instructions ministérielles*, et des Notes sur chaque Loi, indiquant: 1° les Lois analogues; 2° les *Décisions* et *Arrêts* des Tribunaux et du Conseil-d'État; 3° les *Discussions* rapportées au Moniteur;

SUIVIE D'UNE TABLE ANALYTIQUE ET RAISONNÉE DES MATIÈRES,

PAR J. B. DUVERGIER,

Avocat à la Cour royale de Paris.

TOME VINGT-UNIÈME.

Deuxième Edition.

PARIS,

CHEZ A. GUYOT ET SCRIBE, LIBRAIRES-ÉDITEURS,

RUE NEUVE-DES-PETITS-CHAMPS, N° 37.

1837.

COLLECTION COMPLÈTE

DES

LOIS, DÉCRETS,

ORDONNANCES, RÉGLEMENS,

ET

AVIS DU CONSEIL-D'ETAT,

DEPUIS 1788 JUSQU'A 1830.

GOUVERNEMENT ROYAL.

(SECONDE RESTAURATION.)

2 = Pr. 20 AOUT 1816. — Ordonnance du Roi portant création d'une école des mines à Saint-Etienne, département de la Loire. (7, Bull. 107, n° 1008.)

Voy. ordonnance du 5 DÉCEMBRE 1816.

Louis, etc.

Ayant reconnu l'urgence de remplacer les écoles pratiques des mines établies à Pesey et Geislautern; voulant donner à l'exploitation des mines de France tout le développement et le perfectionnement dont cette branche de l'industrie nationale est susceptible, et accorder à ceux de nos sujets qui la cultivent une marque de notre protection spéciale;

Vu l'avis du conseil général des mines, et la proposition de notre directeur général des ponts-et-chaussées et des mines;

Sur le rapport de notre ministre secrétaire d'Etat au département de l'intérieur;

Notre Conseil-d'Etat entendu,

Nous avons ordonné et ordonnons ce qui suit:

Art. 1er. Il sera établi à Saint-Etienne, département de la Loire, une école de mineurs pour l'enseignement des jeunes gens qui se destinent à l'exploitation et aux travaux des mines.

2. L'école sera composée d'un ingénieur en chef des mines, directeur, et de trois professeurs, qui seront choisis parmi les ingénieurs attachés à l'arrondissement de mines dont Saint-Etienne est chef-lieu.

3. L'enseignement aura pour objet: 1° l'exploitation proprement dite; 2° la connaissance des principales substances minérales et de leur gisement, ainsi que l'art de les essayer et de les traiter; 3° les élémens de mathématiques, la levée des plans et le dessin.

4. L'instruction de l'école sera gratuite. Les élèves ne pourront être admis avant l'âge de quinze ans accomplis, ni après l'âge de vingt-cinq ans; et pour obtenir leur admission, ils devront faire preuve de bonne conduite, de capacité et d'une instruction telle au moins que celle qui s'acquiert dans les écoles primaires.

5. Tous les objets généraux de service,

tels que la division, les époques et les programmes des cours, la discipline des élèves, la comptabilité, etc., seront délibérés dans un conseil d'administration, composé du directeur de l'école, président, et des professeurs.

Ces délibérations, et, en général, toutes celles relatives à l'enseignement, seront soumises à l'approbation de notre ministre secrétaire d'Etat au département de l'intérieur, sur le rapport du directeur général des ponts-et-chaussées et des mines.

6. Notre ministre de l'intérieur est chargé de l'exécution de la présente ordonnance.

---

2 AOUT 1816. — Ordonnances du Roi qui autorisent l'établissement des sœurs hospitalières dites de *Saint-Charles de Lyon*, et qui approuvent les statuts de celles de l'instruction chrétienne dites de la *Providence*, diocèse de Nancy. (7, Bull. 111, nos 1101 1102.)

---

7 = Pr. 10 AOUT 1816. — Ordonnance du Roi qui exempte de tous droits, à l'entrée du royaume, les grains, farines de toute sorte, pain et biscuit de mer. (7, Bull. 105, n° 969.)

Voy. loi du 28 avril 1816, tarif N° III, section II; ordonnances des 11 et 16 NOVEMBRE et 9 DÉCEMBRE 1816, 4 MARS 1819, et loi du 16 JUILLET 1819, article 1er.

Louis, etc.

Sur ce qu'il nous a été représenté que le droit de cinquante centimes par quintal métrique imposé à l'entrée, par la loi du 28 avril dernier, sur les grains et farines, pourrait en gêner l'importation, que les circonstances actuelles nous font un devoir de favoriser;

Ouï le rapport de notre ministre secrétaire d'Etat des finances;

Notre Conseil-d'Etat entendu,

Nous avons ordonné et ordonnons ce qui suit:

Art. 1er. Les grains, farines de toute sorte, pain et biscuit de mer, sont exemptés de tous droits à l'entrée de notre royaume, tant par mer que par terre, jusqu'à ce qu'il en soit autrement ordonné.

2. Notre ministre des finances est chargé de l'exécution de la présente ordonnance.

---

7 = Pr. 14 AOUT 1816. — Ordonnance du Roi qui règle l'indemnité de route pour les officiers, sous-officiers et soldats de la garde royale. (7, Bull. 106, n° 1002.)

Louis, etc.

Ayant pris en considération les demandes qui nous ont été faites en faveur des officiers des régimens de notre garde royale, et voulant qu'ils soient traités, pendant le temps de leur route, aussi favorablement que le sont les officiers des régimens de l'armée dans cette position;

Ayant également apprécié les observations qui nous ont été présentées par les conseils d'administration des régimens d'artillerie de la garde, sur la nécessité de régler une indemnité de route pour les sous-officiers et soldats de cette arme, afin de faire disparaître la disproportion qui existe à leur égard d'après la fixation déterminée par l'ordonnance du 11 avril 1816;

Sur le rapport de notre cousin le maréchal duc de Feltre, ministre secrétaire d'Etat de la guerre,

Nous avons ordonné et ordonnons ce qui suit:

Art. 1er. Les officiers des régimens de notre garde royale recevront à l'avenir, lorsqu'ils exécuteront un mouvement qui exigera plus d'un jour de marche, au lieu de la solde de Paris, celle dite *hors de Paris*, cumulée avec l'indemnité représentative du supplément d'étape que touchent en route les officiers des autres corps de l'armée.

2. Cette indemnité est ainsi fixée:

Pour le colonel, à cinq francs par jour;

Pour le lieutenant-colonel, à quatre francs cinquante centimes;

Pour le chef de bataillon ou d'escadron, à quatre francs;

Pour le capitaine, à trois francs;

Pour le lieutenant et le sous-lieutenant, à deux francs cinquante centimes.

3. L'indemnité représentative du supplément d'étape ne sera allouée qu'en raison de l'emploi dont on exerce les fonctions dans les régimens de la garde.

4. Cette indemnité sera acquittée sur les fonds de la solde; et l'on se conformera, pour ces paiemens, aux dispositions prescrites par le décret du 1er novembre 1810 à l'égard des autres corps de l'armée.

5. L'indemnité de route réglée par notre ordonnance du 11 avril 1816, pour les sous-officiers et soldats de notre garde, éprouvera les changemens ci-après pour ceux de l'arme de l'artillerie; ils recevront à l'avenir, savoir:

Le sergent-major ou maréchal-des-logis chef, soixante quinze centimes, par jour;

Le sergent ou maréchal-des-logis, soixante-cinq centimes;

Le caporal ou brigadier soixante centimes;

Le soldat, quarante centimes;

6. Les dispositions indiquées ci-dessus sont additionnelles à celles contenues dans l'ordonnance du 11 avril 1816, qui continuera à être observée selon sa forme et teneur, sauf les modifications prescrites par la présente ordonnance.

7. Notre ministre de la guerre est chargé de l'exécution de la présente ordonnance.

---

7 AOUT 1816. — Ordonnance du Roi qui admet le sieur Stephan à établir son domicile en France. (7, Bull. 112, n° 1108.)

7 AOUT 1816. — Ordonnance du Roi qui révoque celle du 13 septembre 1815, par laquelle les sieurs comte et vicomte de Reculot étaient autorisés à ajouter à leur nom celui de Poligny. (7, Bull. 110, n° 1079.)

7 AOUT 1816. — Ordonnances du Roi qui accordent des lettres de déclaration de naturalité aux sieurs Walier, Viviand, Sconnlo, Rollé, Garin, Cramer, Rouffio, d'Assis, Damiens, Roux, Desoche, Augier, Tiranti, Durevest, Dental, Gancia, Capucin, Allavena, Civita, Barberis et Novaro. (7, Bull. 111, 112, 113, 116, 118, 149, 165, 173, 175, 179, 185, 217, 250, 301 et 316.)

8 = Pr. 14 AOUT 1816. — Ordonnance du Roi sur la publication d'un nouveau Code pharmaceutique. (7, Bull. 106, n° 1003.)

Louis, etc.

Nous nous sommes fait rendre compte de l'exécution de l'article 38 de la loi du 11 avril 1803, qui a prescrit la rédaction d'un nouveau *Codex* ou formulaire contenant les préparations médicales et pharmaceutiques, et nous avons vu avec satisfaction qu'une commission composée de professeurs de la faculté de médecine et de l'école de pharmacie de Paris venait de terminer ce travail, auquel elle s'est livrée avec le plus grand zèle pendant plusieurs années.

La dernière édition du *Codex* dont l'usage avait été ordonné par l'arrêt du parlement de Paris du 23 juillet 1748, est épuisée depuis long-temps. Cet ouvrage d'ailleurs ne pouvait plus être au niveau des sciences chimiques, qui ont fait tant de progrès depuis un demi-siècle: aussi la publication d'un nouveau *Codex* était-elle généralement désirée.

Nous avons reconnu que la commission a mis à profit les connaissances acquises dans ces derniers temps sur la médecine, la chimie, la pharmacie et la matière médicale, et que son travail a en outre de nombreux avantages sur l'ancien par sa rédaction et par la classification méthodique des objets qui y sont traités:

A ces causes,

Sur le rapport de notre ministre secrétaire d'Etat de l'intérieur,

Nous avons ordonné et ordonnons ce qui suit:

Art. 1er Le nouveau formulaire pharmaceutique rédigé par les professeurs de la faculté de médecine et de l'école de pharmacie de Paris, et intitulé *Codex medicamentarius, seu Pharmacopœa gallica*, sera imprimé et publié par les soins de notre ministre secrétaire d'Etat de l'intérieur (1).

2. Dans le délai de six mois à dater de la publication du nouveau *Codex* et du dépôt qui sera fait à la bibliothèque royale du nombre d'exemplaires prescrit par la loi, tout pharmacien tenant officine ouverte dans l'étendue de notre royaume, ou attaché à un établissement public quelconque, sera tenu de se pourvoir du nouveau *Codex*, et de s'y conformer dans la préparation et confection des médicamens.

Les contrevenans seront soumis à une amende de cinq cents francs, conformément à l'arrêt du parlement de Paris du 23 juillet 1748.

3. Tous les exemplaires du nouveau *Codex* seront estampillés: 1° du timbre de la faculté de médecine de Paris, 2° de la signature à la main du doyen de la faculté de médecine, 3° du chiffre de l'éditeur-propriétaire.

Tout exemplaire qui ne portera pas ces caractères distinctifs sera réputé contrefait: enjoignons à nos procureurs généraux près les cours royales et à leurs substituts de poursuivre tout éditeur ou débitant d'exemplaires contrefaits dudit ouvrage, pour être punis conformément aux lois.

4. Notre chancelier de France chargé par *interim* du portefeuille de la justice, et nos ministres de l'intérieur et de la police générale sont chargés de l'exécution de la présente ordonnance.

8 = Pr. 14 AOUT 1816. — Ordonnance du Roi portant que les fabricans d'étoffes et tissus de la nature de ceux qui sont prohibés ne doivent mettre dans le commerce ces étoffes et tissus que revêtus d'une marque de fabrication. (7, Bull. 106, n°, 1004.)

Louis, etc.

Sur le rapport de notre ministre secrétaire d'Etat de l'intérieur;

Vu l'article 59, titre VI de la loi du 28 avr dernier, section des *Douanes* (2),

(1) Les lois qui ont ordonné la confection par des gens de l'art, nommés par le Gouvernement, d'un formulaire pharmaceutique, n'ont pas entendu défendre la publication de tout autre ouvrage sur la pharmacie, dans lequel au nombre des formules qui y seraient renfermées, se trouveraient comprises une partie de celles contenues dans le recueil officiel; il suffit que les deux ouvrages diffèrent tellement entre eux, que la confusion soit absolument impossible (25 février 1820; Cass. S. 20, 1, 258).

(2) *Voy.* les notes sur cet article, et ordonnances des 23 septembre et 12 décembre 1818, et loi du 21 avril 1818, art. 41 et suivans.

Nous avons ordonné et ordonnons ce qui suit :

Art. 1er. Les fabricans d'étoffes pleines ou mélangées en laine ou en coton, et de tous tissus de la nature de ceux qui sont prohibés, venant de l'étranger, ne pourront mettre dans le commerce ces étoffes et tissus que revêtus d'une marque de fabrication et d'un numéro d'ordre repris de leurs registres d'entrée et de sortie.

2. Les marques indiqueront le nom de la ville ou de l'arrondissement où la fabrication a lieu et le nom du fabricant, ou tel chiffre ou signe qu'il déclarera choisir. Elles seront tissues, brodées ou imprimées, selon la nature de l'étoffe et à la volonté du fabricant, mais de manière à pouvoir se conserver le plus long-temps qu'il sera possible.

3. Les prud'hommes, et, à leur défaut, les maires, assistés de fabricans notables, vérifieront la nature de chaque marque et le procédé d'application : si ce dernier est défectueux, et si la marque est susceptible d'être confondue avec des signes déjà employés par d'autres manufacturiers, ils exigeront un procédé plus solide et une désignation différente. En cas de contestation à ce sujet, il en sera référé au préfet, qui décidera, après avoir pris l'avis de la chambre consultative des manufactures, ou de la chambre de commerce qui en fait les fonctions.

4. Chaque fabricant est tenu de déposer à la sous-préfecture de son arrondissement deux empreintes ou modèles de sa marque : l'un de ces modèles y sera conservé, l'autre sera transmis au ministre de l'intérieur, pour rester dans les archives du jury institué par l'art. 63 de la loi du 28 avril présente année.

5. La marque de fabrication sera apposée, ainsi que le numéro d'ordre, aux deux extrémités de la pièce. Les teinturiers, imprimeurs ou autres apprêteurs, seront tenus de la conserver en la couvrant, au besoin, pendant les apprêts.

6. Aucun coupon ne peut être mis dans le commerce sans sa marque et son numéro.

Lorsqu'un fabricant usera, pour ses pièces, de marques tissues, il y suppléera pour les coupons tirés de ces pièces au moyen d'une marque brodée ou imprimée, ou d'un plomb, ou d'un bulletin portant les mêmes indications. Les modèles de ces marques de supplément seront déposés avec ceux de la marque principale.

7. La bonneterie de coton ou de laine est aussi assujétie à la marque de fabrication. Cette marque consistera, autant qu'il sera possible, en lettres, chiffres ou signes travaillés dans le tricot même, et à l'aide desquels on puisse reconnaître le nom du fabricant et sa résidence, en recourant aux modèles qui seront déposés comme il est dit en l'article 4. Les dispositions de l'article 3 sont aussi applicables à la bonneterie.

8. Les contrevenans aux obligations prescrites par les dispositions précédentes seront responsables des dommages qu'éprouveraient des tiers sur qui les objets auraient été saisis, sans préjudice des peines portées par les articles 142, 143 et 423 du Code pénal.

9. Les marques et numéros étant, aux termes de la loi, le premier indice de l'origine nationale des tissus, les marchands en détail sont avertis qu'ils doivent conserver ces signes à chaque coupon restant dans leurs magasins.

10. Tout acheteur est autorisé à exiger de son vendeur une facture signée qui indique la marque et le numéro des pièces, laquelle facture doit correspondre aux livres du marchand qui fait la vente, et aux factures par lui reçues du vendeur précédent, le tout pour y recourir au besoin.

11. Notre ministre de l'intérieur est chargé de l'exécution de la présente ordonnance.

---

8 AOUT 1816. — Ordonnance du Roi qui nomme M. Pepin de Belisle préfet du département de la Vendée. (7, Bull. 106, n° 1005.)

---

8 AOUT 1816. — Ordonnances du Roi qui autorisent l'acceptation de dons et legs faits aux sœurs de Saint-Vincent-de-Paule, de l'hôpital de Saint-André de Bordeaux, et aux fabriques des églises de Rodez, Douai, Pollionay, Saint-Etienne, Murvaux et la Rouaudière, et aux séminaires d'Agen et d'Arras. (8, Bull. 112, nos 1110 à 1118.)

---

10 = Pr. 24 AOUT 1816. — Ordonnance du Roi relative aux anciens officiers du régiment des gardes-suisses. (7, Bull. 108, n° 1026.)

Voy. lois des 17 AOUT 1822, art. 11, et 13 MAI 1825.

Art. 1er. Tous les anciens officiers du régiment des gardes-suisses qui faisaient partie du régiment à l'époque du 10 août 1792, et qui n'auront pu être placés dans les deux nouveaux régimens suisses de notre garde royale, obtiendront le grade immédiatement au-dessus de celui dont ils étaient brevetés dans l'armée à l'époque du 10 août 1792, de manière que les colonels deviendront maréchaux-de-camp ; les lieutenans-colonels, colonels ; les capitaines, chefs de bataillon ; ainsi de suite. Ils prendront rang dans ces nouveaux grades, à compter de la date de la présente ordonnance.

2. Chacun de ces officiers obtiendra une solde de retraite, réglée dans le grade déterminé par l'art. 1er, et ainsi qu'il suit, savoir : ceux qui, au jour de la présente ordonnance,

ont atteint leur cinquantième année d'âge et au-delà, le *maximum* ; ceux qui ont atteint leur quarante-cinquième, les trois quarts du *maximum* ; et ceux qui n'ont pas atteint la quarante-cinquième année, la moitié du *maximum*.

3. Ceux qui, à raison des services continués ou repris depuis le 10 août 1792, ont obtenu en France le brevet d'un grade supérieur à celui qui leur est donné par l'art. 1er ci-dessus, seront admis à jouir du bénéfice de l'article 2, sur le pied du grade supérieur dans lequel ils seront reconnus avoir servi en dernier lieu.

4. Si, parmi les officiers des gardes-suisses qui ont servi jusqu'au 10 août 1792 il s'en trouvait qui eussent déjà obtenu une solde de retraite, ils pourront, à leur choix, la conserver ou y renoncer pour en obtenir une nouvelle conforme à l'article 2, sans qu'ils puissent, dans aucun cas, les cumuler.

5. Tous les officiers des gardes-suisses qui auront obtenu des grades, ainsi qu'il est exprimé dans les articles 1er et 3, sont autorisés à en porter les distinctions, savoir : les maréchaux-de-camp, l'uniforme de maréchal-de-camp français ; les colonels et autres, les marques distinctives de leurs grades, soit sur l'ancien uniforme des gardes-suisses, soit sur l'uniforme adopté pour les régimens suisses de la garde royale.

6. Voulant, en outre, que les anciens et fidèles officiers des gardes-suisses reçoivent, dans toute leur plénitude, des marques royales de distinction, nous accordons la croix de Saint-Louis à tous ceux d'entre eux qui ne l'ont pas encore obtenue et qui ont servi dans ledit régiment jusqu'au 10 août 1792.

7. Le but que nous nous sommes proposé par la présente ordonnance étant de décerner aux officiers de l'ancien régiment des gardes-suisses un témoignage spécial de notre estime et de notre reconnaissance pour le bon esprit qu'ils avaient su maintenir dans la troupe confiée à leur fidélité, il n'est rien changé aux dispositions antérieurement faites à l'égard des sous-officiers et soldats de ce régiment, et des militaires de tous grades des autres régimens suisses licenciés en 1792.

8. Notre ministre de la guerre est chargé de l'exécution de la présente ordonnance.

---

14 = Pr. 20 AOUT 1816. — Ordonnance du Roi relative aux fonctionnaires de l'ordre judiciaire et du ministère de la justice qui, après avoir été admis à la pension de retraite sont remis en activité. (7, Bull. 107, n° 1009.)

Louis, etc.

Sur le rapport de notre amé et féal chevalier, chancelier de France, le sieur Dambray, commandeur de nos ordres, chargé du portefeuille du ministère de la justice ;

Vu nos ordonnances des 23 septembre 1814 et 9 janvier 1815, contenant réglement sur les pensions de retraite à accorder aux fonctionnaires de l'ordre judiciaire et du ministère de la justice ;

Vu l'avis du Conseil-d'Etat en date du 15 février 1811, portant que tout fonctionnaire admis à la retraite et remis depuis en activité a droit de jouir du traitement de la place à laquelle il a été appelé, et ne doit plus toucher sa pension tant que son activité continue, sauf les cas particuliers d'exception prononcés par les lois ;

Notre Conseil entendu,

Nous avons ordonné et ordonnons ce qui suit :

Art. 1er. Les fonctionnaires de l'ordre judiciaire et du ministère de la justice auxquels il a été ou sera accordé des pensions de retraite, ne pourront, s'ils sont remis en activité, cumuler, pendant la durée de leur activité, le traitement de leur place avec leur pension de retraite, si elle surpasse ou égale le traitement.

2. Si le traitement est moindre que la pension, elle leur sera continuée jusqu'à concurrence seulement de ce qui manquera pour qu'ils touchent une somme égale à celle dont ils jouissaient avant leur rentrée en activité.

3. Cette activité venant à cesser, ils reprendront leur première pension, qui sera augmentée en raison de leurs nouveaux services.

4. Notre chancelier de France, chargé du portefeuille du ministère de la justice est chargé de l'exécution de la présente ordonnance.

---

14 = Pr. 24 AOUT 1816. — Ordonnance du Roi relative à l'habillement uniforme des officiers généraux des armées. (7, Bull. 108, n° 1028.)

Voy. l'ordonnance du même jour relative aux maréchaux.

Louis etc.

Voulant déterminer définitivement l'uniforme des officiers généraux de nos armées, et jugeant convenable de modifier les dispositions prescrites à ce sujet par l'article 11 de notre ordonnance du 23 septembre 1815 ;

Sur le rapport de notre ministre secrétaire d'Etat de la guerre,

Avons ordonné et ordonnons ce qui suit :

Art. 1er. L'habillement uniforme des officiers généraux de nos armées sera distingué en uniforme de cérémonie, en uniforme de tenue, et en petit uniforme.

2. L'habit d'uniforme de cérémonie sera

à retroussis; il portera des poches simulées en long; il sera brodé au collet, le long des devans jusqu'à la naissance des retroussis, le long des bords du retroussis, sur les paremens, sur les poches et au bas de la taille; il sera porté avec les épaulettes et avec le chapeau brodé en or : les retroussis seront garnis de fleurs-de-lis brodées en or.

L'habit d'uniforme de tenue ne différera de l'habit de cérémonie, qu'en ce qu'il ne sera brodé qu'au collet, aux paremens et au bas de la taille; il sera porté avec les épaulettes, et avec le chapeau uni, garni d'un plumet noir frisé.

L'habit de petit uniforme sera porté de même, et ne différera de celui de tenue qu'en ce qu'il n'aura aucune broderie, et que les poches ne seront pas figurées à l'extérieur.

3. Il ne sera fait aucun changement à la couleur des parties de l'habillement qui sont en drap, aux distinctions des grades, au dessin des broderies ni des boutons qui sont actuellement en usage; les dimensions et les formes de ces objets seront indiquées dans le réglement général sur l'habillement.

Les épaulettes seront pareilles à celles des officiers supérieurs, excepté qu'il y sera ajouté des étoiles au nombre prescrit pour chaque grade.

L'habit des lieutenans généraux ne différera de celui des maréchaux-de-camp que parce qu'il sera ajouté au collet et aux paremens une seconde broderie de moitié moins large que l'autre : cette broderie sera placée en dedans de la grande broderie.

4. L'écharpe continuera d'être portée par les officiers généraux en activité, comme marque de service, mais seulement dans les arrondissemens ou près des troupes où ils sont employés, et lorsqu'ils seront en fonctions.

Cette écharpe sera en soie blanche, terminée par des franges en argent recouvertes en torsades.

La tête de la frange sera ornée de trois étoiles en broderie d'or pour les lieutenans généraux de nos armées, et de deux étoiles pour les maréchaux-de-camp.

5. L'uniforme des officiers généraux employés près des troupes qui composent notre garde royale sera pareil à ceux qui sont déterminés pour chaque grade; ils y ajouteront seulement l'aiguillette en or, qu'ils porteront sur l'épaule droite. Les lieutenans généraux qui commandent les divisions de notre garde continueront néanmoins à porter le chapeau garni d'un plumet blanc frisé.

6. Les officiers généraux employés dans notre gendarmerie royale ne pourront porter d'autre uniforme que celui qui est affecté à leur grade par les articles précédens.

7. Les lieutenans généraux et les maréchaux-de-camp de nos armées qui ont été admis à la retraite porteront les épaulettes de leur grade et le chapeau à plumet noir, avec l'uniforme déterminé par l'article 14 de notre ordonnance du 23 septembre 1815.

---

14 = Pr. 24 AOUT 1816. — Ordonnance du Roi relative à l'indemnité de remplacement militaire. (7, Bull. 108, n° 1029.)

Louis, etc.

Sur le rapport qui nous a été fait par notre ministre secrétaire d'Etat au département de la guerre, que la somme de cent francs, au versement de laquelle est tenu tout militaire autorisé à se faire remplacer, est insuffisante pour indemniser notre Trésor des dépenses qu'exigent l'habillement et la première mise du petit équipement du remplaçant;

Considérant que le remplacement est un acte entièrement dans l'intérêt du remplacé, et que ce dernier doit en conséquence fournir aux dépenses auxquelles peut donner lieu l'admission de son remplaçant:

A ces causes, et après nous être fait représenter l'état de ces dépenses;

Sur le rapport de notre ministre secrétaire d'Etat de la guerre,

Nous avons ordonné et ordonnons ce qui suit :

Art. 1er. Tout militaire en activité de service qui sera autorisé à se faire remplacer, devra, avant que son remplacement soit effectué, verser dans la caisse du corps dont il fait partie, les sommes qui représentent la valeur de l'habillement et de l'équipement du remplacé, suivant l'arme à laquelle il appartiendra, savoir :

Infanterie, cent francs;
Artillerie et génie, cent vingt francs;
Ouvriers du génie, cent cinquante francs;
Carabiniers, cent soixante francs;
Cuirassiers, cent soixante francs;
Dragons, cent quarante francs;
Chasseurs, cent cinquante francs;
Hussards, deux cents francs;
Artillerie à cheval, cent cinquante francs;
Train d'artillerie et des équipages, cent soixante francs.

2. Indépendamment de cette somme, le remplacé sera tenu de fournir à son remplaçant un sac ou porte-manteau garni d'effets de petit équipement, tel qu'il est prescrit par les réglemens, ou de verser la somme que notre ordonnance du 8 novembre 1815 détermine pour chaque arme, comme représentant la valeur de ces effets.

3. Notre ministre de la guerre est chargé de l'exécution de la présente ordonnance.

14 = Pr. 28 Aout 1816. — Ordonnance du Roi portant réglement sur la pêche du hareng et du maquereau. (7, Bull. 109, n° 1045.)

Voy. décret du 8 octobre 1810, ordonnances des 24 décembre 1817, 6 décembre 1820 (1), et 4 janvier 1822. *Voy.* aussi l'ordonnance du 30 octobre 1816.

Louis, etc.

Nous étant fait représenter les anciennes ordonnances, arrêts, lois et décrets, relatifs à la pêche du hareng et du maquereau, nous avons reconnu que ces divers réglemens offraient une insuffisance et une diversité également nuisibles aux intérêts bien entendus de ceux de nos sujets qui se livrent à ce genre d'industrie; qu'il importe de les réunir en une seule et même ordonnance, et d'y faire les changemens commandés par l'expérience :

A ces causes, et vu ces anciennes ordonnances, arrêts, lois et décrets;

Voulant donner à ces sortes de pêches tous les encouragemens nécessaires à leur prospérité;

Sur le rapport de notre ministre secrétaire d'Etat au département de l'intérieur;

Notre conseil-d'Etat entendu,

Nous avons ordonné et ordonnons ce qui suit :

Titre Ier. De la pêche du hareng et du maquereau.

Art. 1er. Nul ne pourra se livrer à la pêche du hareng et du maquereau qu'en se conformant aux dispositions prescrites par la présente ordonnance.

2. La pêche du hareng s'ouvrira le 1er septembre, et se fermera le 15 janvier, dans tous les ports du royaume : les autres pêches restent libres et non limitées.

3. Il est expressément défendu à tous pêcheurs et autres d'acheter en mer du hareng de pêche étrangère, à peine de cinq cents francs d'amende, confiscation du hareng, des barques, bateaux et tous ustensiles de pêche. (*Arrêt du conseil du 24 mars 1687.*)

Titre II. De la vente de ces poissons au port.

4. Il est défendu à tous maîtres de barques ou bateaux pêcheurs, leurs matelots et équipages, d'apporter dans le port et d'y débarquer, comme frais, d'autre hareng que celui d'une ou deux nuits, à peine de confiscation et de cent francs d'amende pour chaque contravention. (*Article 6 du décret du 8 octobre 1810; et article 1er de l'arrêt du parlement de Rouen, du 23 mai 1765.*)

5. Le hareng d'une ou deux nuits ne sera vendu, acheté et livré que jusqu'à onze heures du soir au plus tard, sous peine de confiscation et d'amende. (*Art. 8 du décret du 8 octobre 1810; article 4 de l'arrêt du parlement de Rouen, du 23 mai 1765.*)

6. Le hareng de trois nuits ne pourra être vendu que pour la subsistance de ceux qui voudront l'acheter aux débitans, revendeurs et chassemarées, et pour être roussi à la cheminée, pour faire l'espèce de hareng appelé *craquelot.*

Il est expressément défendu d'en apporter ni vendre aucun de quatre nuits, sous quelque prétexte que ce soit, à peine de confiscation et de cent francs d'amende. (*Article 9 du décret du 8 octobre 1810; article 5 de l'arrêt du parlement de Rouen, du 23 mai 1765.*)

7. Il est défendu d'embarquer, sous quelque prétexte que ce soit, les breuils et intestins des harengs et des maquereaux dans les mêmes navires ou bateaux que le poisson.

8. Il est défendu aux revendeurs de poisson, et à toutes autres personnes que ce puisse être, même aux femmes, filles et enfans de matelots, de s'introduire dans les bateaux lors de leur arrivée à terre, et d'y faire aucun choix, triage ou séparation des gros harengs d'avec les petits, avant et pendant la vente, ou lors de la livraison de la batelée.

Il est défendu pareillement aux maîtres et matelots desdits bateaux de souffrir ladite entrée dans les bateaux, et ledit triage, à peine de trois jours de prison contre les premiers; et, en cas d'attroupemens ou d'insultes faites aux maîtres, propriétaires ou acheteurs, des peines portées par les lois, et de cent francs d'amende contre lesdits maîtres et matelots en cas de tolérance de leur part. (*Article 11 du décret du 8 octobre 1810; article 7 de l'arrêt du parlement de Rouen du 23 mai 1765.*)

9. Il est néanmoins permis aux débitans et revendeurs de poisson frais en détail, de se faire livrer, à l'arrivée des bateaux, par préférence à tous autres, telle quantité de hareng d'une ou plusieurs nuits qui leur conviendra, en se faisant inscrire, lors de la vente, par les préposés que la police municipale pourra, si elle le juge convenable, désigner dans chaque localité, pour maintenir, concurremment avec les employés des douanes, l'ordre et la police dans les ventes.

Les réglemens nécessaires pour établir ces préposés ne pourront être exécutés qu'après

(1) Elles n'ont pas été publiées.

avoir été homologués en notre conseil, sur l'avis du préfet du département et sur le rapport de notre ministre secrétaire d'Etat au département de l'intérieur.

10. La livraison des harengs dont il est parlé en l'article précédent aura toujours lieu à la mesure et non au compte, à l'effet d'éviter le triage défendu par l'article 8.

11. Chaque maître de bateau et chaque pilote allant au batelage du hareng seront tenus de se fournir d'une ou de plusieurs mesures uniformes, réglées de manière que cinquante mesures combles produisent pleinement un lest de douze barils de hareng en vrac: ces mesures seront vérifiées tous les ans, et dûment étalonnées et marquées au feu dans le bureau du vérificateur des poids et mesures.

12. Il en sera déposé une au tribunal de commerce, pour y servir d'étalon, auquel on aura recours, en cas de contestation sur le port ou dans les bateaux, lors de la livraison dans la ville ou chez les marchands.

13. Les harengs ne pourront être mis dans lesdites mesures qu'avec des pelles non ferrées, et non autrement, à peine de vingt francs d'amende contre les pêcheurs. (*Article 16 du décret du 8 octobre 1810; article 14 de l'arrêt du parlement de Rouen, 23 mai 1765*).

14. Les maîtres pêcheurs feront ledit mesurage sur le quai, par eux-mêmes ou par des gens de leur équipage, sans pouvoir y introduire des rogues ou autres ordures, à peine de tous dépens, dommages et intérêts, même d'amende, s'il y échéait; sauf, en cas d'infidélité, à y être pourvu ainsi qu'il appartiendra. (*Article 17 du décret du 8 octobre 1810; article 15 de l'arrêt du parlement de Rouen, du 23 mai 1765.*)

15. Les acheteurs ne pourront refuser le hareng qui leur sera livré de la manière ci-dessus exprimée, ni prétendre à aucune diminution, sous prétexte qu'il serait ébreuillé ou autrement, à moins que la quantité de poisson qui donnerait lieu au refus n'excédât le cinquantième de la livraison; auquel cas, l'excédant sera constaté sommairement et sans frais, en présence de l'acheteur et du propriétaire vendeur.

16. Le baril de harengs, soit braillés, soit caqués, arrivant de la mer, salés en vrac, sera fourni de hareng loyal et marchand, bien conditionné, et pèsera, y compris trente-neuf kilogrammes au plus pour tare du baril et saumure, au moins cent quarante kilogrammes, et sera plein au moins jusqu'à quatre-vingt-un millimètres au-dessous du jable, à peine de cent francs d'amende en cas de contravention. (*Article 19 du décret du 8 octobre 1810; article 18 de l'arrêt du parlement de Rouen, du 23 mai 1765.*)

TITRE III. Des salaisons du hareng et du maquereau, et de l'embarillage du hareng.

17. Nul ne pourra se livrer à la profession de saleur, s'il n'est patenté comme tel, à peine de confiscation des salaisons, et de cinq francs d'amende, conformément à l'article 37 de la loi du premier brumaire an 7.

18. le hareng caqué et salé en vrac dans des barils devra rester au moins huit jours dans la saumure avant d'être paqué.

19. Le maquereau, avant d'être salé, sera caqué et vidé de ses intestins, œufs et laitance, et restera en saumure au moins dix jours avant d'être paqué.

20. Les marchands saleurs et les pêcheurs ne pourront caquer, en terre ni en mer, aucun hareng qui aura d'abord été braillé en grenier ou en baril, l'embariller ni le mêler avec les autres harengs caqués ou salés, soit en mer, soit à terre, à peine de confiscation des marchandises qui se trouveront ainsi salées ou mélangées, et de cinq cents francs d'amende. (*Article 10 du décret du 8 octobre 1810; article 6 de l'arrêt du parlement de Rouen, du 23 mai 1765.*)

21. Il est défendu, à peine de confiscation et de cent francs d'amende, à tous maîtres de barques, pêcheurs ou matelots, et à tous marchands saleurs vendant dans les ports, de caquer, saler ou brailler pour saurer au roussable, et d'embariller d'autre hareng que celui d'une ou de deux nuits. (*Article 7 du décret du 8 octobre 1810.*)

22. Le hareng préparé à terre pourra prendre la saumure, soit dans des cuves en bois, soit dans des cuves en maçonnerie; il y restera au moins dix jours.

23. Le baril d'envoi dans lequel le hareng est paqué ne sera pas considéré comme mesure de contenance, mais seulement comme enveloppe.

Ce baril ne sera réputé plein, loyal et marchand, qu'autant qu'il pèsera de cent quarante-quatre à cent quarante-sept kilogrammes, y compris la tare du baril, qui, vide, ne pourra peser plus de quatorze kilogrammes à dix-neuf kilogrammes et demi, et dans lequel il ne pourra se trouver plus d'un kilogramme et demi ou deux kilogrammes de saumure.

24. Le demi-baril, le quart de baril et le huitième suivront le poids du baril proportionnellement, de manière toutefois que deux demi-barils, quatre quarts ou huit huitièmes pèsent au moins cent quarante-deux kilogrammes.

25. Pour distinguer le hareng d'une nuit de celui de deux nuits, tous les marchands saleurs seront tenus, chacun en droit soi, de faire apposer à feu et sur le fonds de tous les barils, demi barils, quarts et huitièmes provenant de leur paquage et contenant du ha-

reng d'une nuit seulement, une marque portant : 1° le nom de la ville ou du port de leur résidence, 2° leur propre nom. Il leur est défendu de mettre aucune marque ni impression à feu sur les barils contenant des harengs de deux nuits ou tous autres, à peine, contre les contrevenans aux articles précédens, de confiscation des marchandises au profit de l'hospice le plus voisin. La marque énoncera si le baril contient du hareng plein ou guai. Toute contravention au présent article sera punie conformément à l'article 423 du Code pénal.

26. Défenses sont faites, sous les peines portées dans les lois et réglemens, à tout marchand saleur, de contrefaire la marque d'un autre marchand de la même ville ou tout autre.

27. Dans le cas même où un marchand saleur ferait paquer en tout autre port que celui de sa résidence habituelle, il ne pourra se servir de sa marque ordinaire, il devra en employer une indicative du lieu où le paquage aura été fait.

TITRE IV. Surveillance de la pêche et des salaisons.

28. Pour assurer l'exécution des dispositions prescrites dans les titres précédens, il sera établi, dans chaque port, baie ou crique, deux syndics, qui seront pris, l'un parmi les anciens armateurs, et l'autre parmi les anciens saleurs non exerçans.

29. Les syndics seront choisis et nommés par les chambres de commerce, dans les villes où il en existe, et, à défaut, par les tribunaux de commerce ou par les maires.

Leurs fonctions seront gratuites ; ils seront renouvelés chaque année.

30. Les syndics prêteront serment devant le tribunal de première instance, ou devant le juge-de-paix du canton.

31. Sur la demande des syndics, il pourra leur être adjoint, suivant le mode de nomination prescrit par l'article 29, un ou plusieurs aides qui seront assermentés, ainsi qu'il est dit à l'article 30 : ces adjoints seront salariés aux frais du commerce.

32. Les syndics auront le droit de surveiller la qualité et la livraison du hareng, tant frais que salé en grenier, venant de la mer, de vérifier le poids des barils des harengs braillés ou salés en mer, et d'en faire l'ouverture à l'effet d'en examiner l'emplissage, ainsi que la qualité et l'apprêt du poisson.

33. Ils seront également autorisés à se transporter, quand ils le jugeront à propos, dans les divers ateliers, pour s'assurer de la qualité et de l'apprêt du hareng, tant blanc que saur, plein ou guai ; à constater le poids du paquage, quant au hareng saur ; à reconnaître la marque des barils d'envoi de hareng, et la préparation et salaison du maquereau : à l'effet de quoi, tout propriétaire sera tenu de faire défoncer tous et chacun des barils dont l'ouverture sera demandée.

34. La répression et la punition des contraventions à la présente seront poursuivies par la voie de police correctionnelle : en conséquence, les syndics en dresseront procès-verbal qu'ils transmettront dans le jour même à nos procureurs ou à leurs substituts près les tribunaux de première instance, et ils pourront provisoirement arrêter la livraison ou l'expédition de la marchandise frauduleuse ou défectueuse, même la saisir et la mettre en séquestre.

35. Dans les lieux ou ports de pêche et de salaison soit du hareng ou du maquereau, les maires pourront proposer les arrêtés de police locale propres à garantir la loyauté des ventes et la bonté des salaisons, et à fournir aux moyens de couvrir les frais de surveillance : ces arrêtés ne pourront être exécutés qu'après homologation en notre Conseil, sur le rapport de notre ministre secrétaire d'Etat de l'intérieur.

36. Les ventes, achats et apprêts de harengs et de maquereaux sont permis les dimanches et jours fériés, à l'exception du temps du service divin.

37. Notre ministre secrétaire d'Etat au département de l'intérieur nous présentera incessamment un projet d'ordonnance, pour régler les quantités de sel à accorder en franchise pour l'encouragement de la pêche du hareng et du maquereau, et des pêches françaises en général.

38. Nos ministres de l'intérieur et des finances sont chargés de l'exécution de la présente ordonnance.

---

14 = Pr. 28 AOUT 1816. — Ordonnance du Roi relative à l'habillement uniforme des maréchaux de France. (7, Bull. 109, n° 1046.)

Voy. l'ordonnance du même jour, sur l'uniforme des officiers généraux.

Louis, etc.

Considérant que les ordonnances des Rois nos prédécesseurs n'ont point déterminé l'uniforme que doivent porter les maréchaux de France, et voulant faire connaître nos intentions à ce sujet ;

Sur le rapport de notre ministre secrétaire d'Etat au département de la guerre,

Nous avons ordonné et ordonnons ce qui suit :

Art. 1er. L'habillement uniforme de nos cousins les maréchaux de France sera distingué en uniforme de cérémonie, en uniforme de tenue et en petit uniforme.

2. L'habit uniforme de cérémonie sera en

drap bleu-de-roi. Il tombera droit par-devant jusqu'à la ceinture, et ira en dégageant sur les cuisses sans être échancré; il boutonnera droit au moyen de neuf gros boutons; le collet sera montant, les paremens seront en botte; les basques ne seront point retroussées, et il n'y aura pas de poches apparentes à l'extérieur. Il portera une broderie en or du même dessin et du même travail que celle des officiers généraux : celle qui sera exécutée sur le collet, sur les paremens, le long des devans et le long du derrière des basques, aura soixante-dix millimètres de largeur, y compris la baguette; celle qui sera placée sur les coutures des manches et sur celles du dos, aura quarante millimètres de largeur, et sera sans baguette.

3. En habit de cérémonie, les maréchaux de France porteront l'épée, du modèle que nous nous réservons d'adopter, suspendue à un baudrier en velours bleu bordé d'une baguette en broderie d'or : le chapeau sera uni et garni d'un plumet blanc frisé.

4. En tenue ordinaire, les maréchaux de France auront pour uniforme celui que notre ordonnance de ce jour affecte aux lieutenans généraux de nos armées pour les cérémonies, et en petit uniforme celui que lesdits lieutenans généraux doivent porter en tenue ordinaire.

5. Le bâton de maréchal sera revêtu en velours bleu-de-roi, parsemé de fleurs-de-lis en or, et pareil au modèle qui nous a été soumis.

6. Les boutons uniformes des maréchaux de France seront empreints de deux bâtons de maréchal croisés, lesquels seront également exécutés en broderie sur leurs épaulettes.

7. Les maréchaux de France porteront une écharpe en soie blanche, garnie de franges en or recouvertes en torsades : deux bâtons de maréchal croisés seront exécutés en métal ou en broderie sur la tête de la frange.

8. Le réglement général sur les uniformes contiendra tous les détails relatifs à la forme, à la coupe et aux dimensions des diverses parties et des objets dont se compose l'uniforme des maréchaux de France.

---

14 = Pr. 28 Aout 1816. — Ordonnance du Roi qui autorise la société anonyme formée à Paris sous la dénomination de *Galerie métallique des grands hommes français*. (7, Bull. 109, n° 1047.)

Louis, etc.

Vu la demande formée par les auteurs du projet d'une société anonyme sous le titre de *Galerie métallique des grands hommes français*, pour obtenir l'autorisation prescrite par l'article 37 du Code de commerce; vu l'acte passé, les 17 et 18 mai 1816, par-devant maîtres Sensier et Maine-Glatigny notaires à Paris, contenant les statuts de ladite société; vu les articles additionnels au même acte, souscrits le 16 juillet suivant; vu l'avis de notre préfet de police en date du 19 du même mois; vu les articles 29 à 37, 40 et 45 du Code de commerce;

Sur le rapport de notre ministre secrétaire d'Etat de l'intérieur;

Notre Conseil-d'Etat entendu,

Nous avons ordonné et ordonnons ce qui suit :

Art. 1er. La société anonyme formée à Paris sous la dénomination de *Galerie métallique des grands hommes français* est et demeure autorisée, conformément à l'acte des 17 et 18 mai 1816 et aux articles additionnels du 16 juillet suivant, lesquels demeureront annexés à la présente ordonnance et seront affichés avec elle.

2. Notre ministre de l'intérieur est chargé de l'exécution de la présente ordonnance.

---

14 = Pr. 24 Aout 1816. — Ordonnance du Roi qui attache à chaque régiment de cavalerie de la garde royale un second aide-chirurgien. (7, Bull. 108, n° 1027.)

---

14 Aout 1816. — Ordonnance du Roi qui permet aux sieurs Cagoluenhes de Cambonlas, Marchal et Larroche, de faire des changemens et additions à leurs noms. (7, Bull. 112, n° 1120.)

---

14 Aout 1816. — Ordonnance du Roi qui admet les sieurs Zimani, Klenck, Koch, Vilhen, Kromer, Hurst et Nicolaï à établir leur domicile en France. (7, Bull. 112, n° 1121.)

---

14 Aout 1816. — Ordonnances du Roi qui accordent des lettres de déclaration de naturalité aux sieurs Raynardi de Sainte-Marguerite, comte de Belveder, au comte Pacthod, Muraldi, de Cloudt, Bellegarde, Vinchent, Tardé, Girard et Wild. (7, Bull. 112, 114, 118, 138, 153, 176 et 246.)

---

14 Aout 1816. — Ordonnance du Roi qui accorde une nouvelle foire à la commune de Salornay, et qui rétablit sur le tableau général des foires du département de Saône-et-Loire, celle qui avait lieu dans cette commune le 28 octobre. (7, Bull. 114, n° 1155.)

---

16 Aout 1816. — Ordonnances du Roi qui nomment MM. Pepin de Belisle et de Waters préfets des départemens de la Creuse et de la Vendée. (7, Bull. 107, n°s 1010 et 1011.)

18 = Pr. 24 AOUT 1816. — Ordonnance du Roi qui crée un emploi de porte-drapeau dans le bataillon de pontonniers du corps royal d'artillerie. (7, Bull. 108, n° 1030.)

Louis, etc.

Considérant que notre ordonnance du 31 août 1815, sur la réorganisation des troupes de l'artillerie, n'accorde pas de porte-drapeau au bataillon des pontonniers;

Sur le rapport de notre ministre secrétaire d'Etat au département de la guerre,

Nous avons ordonné et ordonnons ce qui suit :

Art. 1er. Il est créé un emploi de porte-drapeau dans le bataillon de pontonniers de notre corps royal d'artillerie.

Les fonctions de cet emploi seront exercées par un lieutenant de première classe.

Notre ministre de la guerre est chargé de l'exécution de la présente ordonnance.

---

18 = Pr. 28 AOUT 1816. — Ordonnance du Roi relative aux droits et priviléges inhérens à la charge de colonel général des Suisses. (7, Bull. 109, n° 1048.)

Louis, etc.

Considérant que le renouvellement des anciennes capitulations militaires entre la France et les Cantons suisses vient d'avoir lieu ; que l'article 14 des capitulations récemment conclues stipule que le colonel général des Suisses jouira de tous les droits et priviléges inhérens à sa charge ;

Voulant rétablir en faveur de notre bien-aimé frère, Monsieur, colonel général des Suisses, toutes celles des anciennes prérogatives de ladite charge qui sont compatibles avec la constitution actuelle de nos armées ;

Sur le rapport de notre ministre secrétaire d'Etat au département de la guerre,

Nous avons ordonné et ordonnons ce qui suit :

Art. 1er. Le colonel général des Suisses aura le commandement supérieur des quatre régimens d'infanterie suisses; il aura aussi, sous nos ordres, le commandement des deux régimens suisses de notre garde, lorsqu'ils ne seront pas de service auprès de notre personne.

2. Il nous présentera toutes les propositions de nomination aux emplois d'officiers supérieurs et particuliers, tant dans les régimens suisses de notre garde royale, que dans ceux de la ligne.

3. Il mettra son attache sur l'expédition des brevets de tous les officiers suisses.

4. Notre ministre secrétaire d'Etat de la guerre l'informera de tous les mouvemens que nous aurons ordonnés parmi les troupes suisses. Les inspecteurs généraux chargés de passer les revues de ces corps lui feront connaître la situation dans laquelle ils les auront trouvés, et les ordres qu'ils auraient donnés pour l'amélioration des différentes parties du service. Les colonels lui feront passer la situation de leurs régimens, tous les mois, et même toutes les fois qu'il leur en fera la demande.

5. L'état-major du colonel général des Suisses sera composé ainsi qu'il suit :

Quatre aides-de-camp suisses, dont deux du grade de maréchal-de-camp, et deux du grade de colonel ;

Un commissaire général des Suisses ;

Un secrétaire général des Suisses ;

6. Le maréchal-de-camp premier aide-de-camp sera l'inspecteur particulier du colonel général près les régimens suisses; mais ces régimens n'en seront pas moins soumis à toutes les revues générales et périodiques des inspecteurs d'armes que nous chargerons de passer en revue les corps de notre armée.

7. Le commissaire général des Suisses aura les attributions ci-après déterminées:

1° Il recevra toutes les réclamations qui seraient faites, soit par les colonels des régimens suisses, soit par les militaires de cette nation, en matière de conflit de juridiction entre les tribunaux militaires de ces corps et les tribunaux ou cours de justice du royaume. Il soumettra ces réclamations, avec son avis, au colonel général, qui pourra le charger de traiter, en son nom, les affaires de cette nature, soit qu'elles concernent le département de la justice ou celui de la guerre.

2° Il recevra pareillement les réclamations que les familles des militaires suisses décédés à notre service auraient à faire au sujet des créances ou de l'héritage de ces militaires; et il fera, tant auprès de notre ministre secrétaire d'Etat de la guerre, que près des régimens suisses, les démarches nécessaires pour qu'ils obtiennent justice.

3° Dans le cas où il y aurait des répétitions à exercer contre des capitaines suisses, à raison de l'emploi abusif qui aurait pu être fait des fonds destinés au recrutement, le commissaire général fournira à notre ministre secrétaire d'Etat de la guerre tous les renseignemens qui lui seront demandés sur la garantie que la fortune particulière desdits capitaines pourra donner de leur solvabilité.

4° Enfin il s'occupera des travaux particuliers de cabinet qu'il plaira au colonel général de lui confier.

8. Notre bien-aimé frère, Monsieur, jouira, lorsqu'il sera en tournée pour inspecter les régimens suisses de notre garde royale et ceux de la ligne, des honneurs et prérogatives qui lui sont attribués en sa qualité de fils de France ; mais nous nous réservons la faculté de déterminer, chaque fois qu'il y

aura lieu, ceux qui seront accordés aux colonels généraux des Suisses qui lui succéderont dans cette charge.

9. Notre bien-aimé frère, Monsieur, en sa qualité de colonel général des Suisses, et notre ministre secrétaire d'Etat de la guerre, sont chargés, chacun en ce qui le concerne, de l'exécution de la présente ordonnance.

---

21 = Pr. 24 AOUT 1816. — Ordonnance du Roi portant que nul ne pourra être élu membre de la chambre des avoués du tribunal de première instance du département de la Seine, s'il n'exerce, depuis plus de dix ans, les fonctions d'avoué. (7, Bull. 108, n° 1031.)

Louis, etc.

Voulant assurer parmi les avoués près le tribunal de première instance du département de la Seine le maintien d'une exacte discipline;

Notre Conseil-d'Etat entendu,

Sur le rapport de notre amé et féal chevalier chancelier de France,

Nous avons ordonné et ordonnons ce qui suit :

Art. 1er. A l'avenir, nul ne pourra être élu membre de la chambre des avoués du tribunal de première instance du département de la Seine, s'il n'exerce depuis plus de dix ans les fonctions d'avoué.

2. Notre chancelier est chargé de l'exécution de la présente ordonnance.

---

21 = Pr. 31 AOUT 1816. — Ordonnance du Roi relative aux biens et rentes appartenant au domaine de l'Etat qui ont été soustraits aux recherches de l'administration. (7, Bull. 110, n° 1055.)

Voy. ordonnance du 31 mars 1819; loi du 12 MARS 1820, titre II. *Voy.* aussi lois des 14 VENTOSE an 7, et 4 VENTOSE an 9.

Louis, etc.

Informé qu'il existe encore des biens et rentes appartenant à l'Etat qui ont échappé jusqu'à ce jour aux recherches des agens de l'administration; considérant qu'il importe de faire rentrer ces biens sous la main du domaine;

Sur le rapport de notre ministre secrétaire d'Etat des finances;

Notre Conseil-d'Etat entendu,

Nous avons ordonné et ordonnons ce qui suit :

Art. 1er. L'administration de l'enregistrement et des domaines continuera ses diligences pour découvrir les biens et rentes provenant du domaine ou des anciens établissemens ecclésiastiques qui n'auraient été ni aliénés à des particuliers, ni abandonnés à des fabriques et hospices, et qui seraient possédés par des tiers sans titres de propriété.

2. Les détenteurs de ces biens et rentes seront admis, dans les trois mois qui suivront la publication de la présente ordonnance, à en faire la déclaration devant les préfets et sous-préfets de leur arrondissement.

Au moyen de cette déclaration, ils jouiront, de plein droit, de la remise totale des intérêts, fruits et fermages qu'ils ont pu percevoir, et seront à l'abri de toute demande d'indemnité ou de dommages-intérêts quelconques, résultant soit de cas fortuits, soit de démolitions ou dégradations.

Ils n'auront pas droit à cette remise, lorsque l'action civile en déguerpissement aura été commencée contre eux.

3. Toutes personnes pourront, dans les six mois qui suivront l'expiration dudit délai de trois mois, déclarer aux préfets et sous-préfets les biens et rentes de cette nature usurpés par des tiers.

Si les révélateurs, au moyen de la remise des titres ou par d'autres voies, mettent le domaine de l'Etat à portée de se faire réintégrer dans sa propriété et possesion des biens et rentes usurpés, il leur sera accordé une récompense dont le montant sera déterminé par le ministre secrétaire d'Etat des finances, selon l'importance des biens et rentes.

Cette récompense ne pourra leur être allouée, 1° si les détenteurs ont fait la déclaration volontaire dans le délai à eux accordé et avant qu'aucune action ait été intentée contre eux, etc.; 2° si les biens ont été régis ou administrés par les préposés de l'enregistrement et des domaines (1).

4. Notre ministre des finances est chargé de l'exécution de la présente ordonnance.

---

21 AOUT 1816. — Ordonnance du Roi qui révoque celle du 10 janvier 1815 par laquelle le sieur Naylies était autorisé à ajouter à son nom celui de Saint-Orens. (7, Bull. 110, n° 1080.)

---

(1) De ce que le révélateur de biens celés ou usurpés a droit à un quart de leur valeur au cas de réintégration (décret du 3 mai 1812), il ne suit pas qu'il ait droit ou action pour suivre et faire juger la question d'usurpation, le droit des révélateurs se borne à fournir des documens à l'administration pour la mettre à portée de poursuivre le délaissement, si elle le juge convenable, et de demander la récompense promise lorsque les biens ont été recouvrés.

L'action n'appartient qu'à la régie des domaines nationaux (9 avril 1817; ordonnance, J. C. t. 3, p. 552).

21 AOUT 1816. — Ordonnance du Roi qui autorise M. le comte de Ségur Cabanac à rester au service de S. M. l'empereur d'Autriche. (7, Bull. 127, n° 1445.)

21 AOUT 1816. — Ordonnance du Roi qui permet aux sieurs Linant, de Laidet, Durandy et Collet, de faire des additions à leurs noms. (7, Bull. 112, n° 1122.)

21 AOUT 1816. — Ordonnance du Roi qui admet les sieurs de Dorlodo, Salvi, Noguez et Blumoer à établir leur domicile en France. (7, Bull. 112, n° 1123.)

21 AOUT 1816. — Ordonnances du Roi qui accordent des lettres de déclaration de naturalité aux sieurs James Cole-Martin, Bourdon, Ingram, Adami, baron d'Eyss, Favre, Barengho dit *Maringo*, Vellet, Mudry et Belœil (7, Bull. 112, 118, 120, 122, 126, 127, 145, 201 et 212.)

22 AOUT 1816. — Ordonnances du Roi qui autorisent l'acceptation de dons et legs faits aux pauvres et fabriques des églises de Cartigny, Saint-Pol-de-Léon, Insming, Ceffonds, Toulouse, Saint-Pierre-du-Chemin, Pénéran, Epernon, Neauphle-le-Château, Lhor, Harprich, Cottevrard, Saint-Pardoux, Herm et Narosse, et aux séminaires de Troyes et d'Agen. (7, Bull. 115 et 117.)

22 AOUT 1816. — Ordonnances du Roi qui accordent des foires aux communes de Montmédy, Nicey et de Boissey-le-Châtel, et qui changent le jour de la tenue de celle de Graulhet, arrondissement de Lavaur. (7, Bull. 115, n° 1175 à 1178.)

28 AOUT = Pr. 5 OCTOBRE 1816. — Ordonnance du Roi concernant le martelage et la conservation des bois nécessaires aux constructions navales. (7, Bull. 115, n° 1159.)

Voy. loi du 9 FLORÉAL an 11, et notes; arrêté du 28 FLORÉAL an 11; décrets des 17 NIVOSE an 13, 15 AVRIL 1811, et notes; et, enfin, ordonnance du 22 SEPTEMBRE 1819, qui révoque celle-ci. *Voy.* aussi l'ordonnance du même jour, 28 AOUT 1816, sur la division des forêts pour l'exploitation.

Louis, etc.

Pénétré de la nécessité d'assurer pour l'avenir à notre marine, des ressources proportionnées à l'étendue et à la richesse du territoire français, et désirant faire jouir nos arsenaux maritimes des fruits de cette sage prévoyance qui contribua si puissamment à la gloire de nos prédécesseurs et à la prospérité de nos peuples, nous nous sommes fait rendre compte de la situation des bois propres aux constructions navales, et de celle des martelages dans les forêts de notre royaume.

Nous avons reconnu avec satisfaction que l'ordonnance du mois d'août 1669 n'avait pas cessé de régir cette partie importante de notre service, et que, si la loi du 29 septembre 1791 en avait altéré les dispositions salutaires, celle du 29 avril 1803 (9 floréal an 11) les a consacrées de nouveau.

Mais nous avons remarqué en même temps que divers actes partiels, sous prétexte d'interpréter cette ordonnance, en ont effectivement dénaturé le principe : d'où il est résulté : 1° dans les attributions des agens appelés à diriger ce service, une incertitude et une confusion qui doivent nécessairement en multiplier les difficultés et les pertes; 2° dans l'exercice du martelage, des modifications qui ont fait tomber en désuétude les réglemens et les formalités nécessaires à la conservation des bois destinés à la construction des bâtimens de mer; 3° dans l'exploitation de nos forêts, des irrégularités qui tendent à en diminuer les produits, et des anticipations qui auraient amené le prochain anéantissement des arbres propres à la marine; 4° enfin, dans le détail même des opérations journalières et de la comptabilité, des innovations plus ou moins abusives, mais qui portent un notable préjudice aux intérêts de notre service :

A ces causes,

Voulant rendre à cette branche essentielle, de l'administration maritime, l'ordre, l'ensemble et l'activité qui seuls peuvent en garantir le succès;

Sur le rapport de notre ministre secrétaire d'Etat au département de la marine et des colonies,

Nous avons ordonné et ordonnons ce qui suit :

Art. 1er. Conformément aux dispositions de l'ordonnance de 1669 (titre XXI), il ne sera fait aucune coupe extraordinaire pour le service de la marine, ni dans les forêts royales, ni dans les bois communaux ou autres, quels qu'ils soient.

2. Tous les bois des coupes ordinaires dans les forêts royales ou communales, à quelque distance qu'ils soient des rivières ou de la mer, seront susceptibles d'être martelés pour le service de la marine, s'ils ont les dimensions propres aux constructions navales.

3. Les bois appartenant à des établissemens publics sont soumis aux mêmes dispositions que les bois royaux, pour ce qui est relatif aux bois de marine.

4. Les adjudicataires des ventes royales et communales, et des coupes faites dans les bois appartenant à des établissemens publics, ne pourront distraire en aucune manière les arbres martelés pour la marine; ni en disposer de quelque façon que ce soit, sous

peine de trois mille francs d'amende et de confiscation des bois (1).

5. Ils seront tenus de les vendre et livrer au fournisseur de la marine, suivant les prix et conditions du cahier des charges, lesquels seront établis par un réglement spécial.

6. Conformément au titre XXVI de l'ordonnance de 1669, tous les bois des particuliers, baliveaux sur taillis, avenues, parcs ou arbres épars, destinés à être abattus, à quelque distance qu'ils soient de la mer ou des rivières, sont susceptibles d'être martelés pour le service de la marine, s'ils ont les dimensions nécessaires.

7. Tous nos sujets sans exception qui possèdent des bois de futaie, baliveaux sur taillis, arbres épars, avenues, parcs, hors des murs de clôture des habitations, ne peuvent couper, faire vendre ou exploiter des arbres, sans en avoir fait la déclaration six mois auparavant au conservateur des forêts dans le ressort duquel les bois sont situés, et sans avoir obtenu la permission d'abattre.

8. La coupe de tous les bois de futaie ou taillis appartenant à des particuliers, quels qu'ils soient, sera soumise aux dispositions prescrites par les articles 1 et 2 du titre XXVI de l'ordonnance de 1669, en ce qui concerne la conservation des bois.

9. Six mois après la déclaration d'abattre, s'il n'a pas été marqué ou trouvé d'arbres propres aux constructions dans les bois destinés à être coupés, les propriétaires pourront librement en disposer.

10. Tous les arbres martelés dans les bois des particuliers ne pourront, sans une main-levée préalable, être vendus à d'autres qu'au fournisseur général de la marine.

11. Le prix des bois des particuliers ainsi martelés sera traité de gré à gré entre le propriétaire et le fournisseur, qui sera tenu d'en faire l'achat un an au plus tard après la coupe.

12. Le propriétaire sera libre, en vendant au fournisseur les bois martelés, d'en traiter ou sur pied, ou en grume, ou par arbre, ou au stère, ou travaillés en forêt, ou livrés sur les ports flottables les plus voisins.

13. Les propriétaires de bois mis en coupes réglées pourront cependant vendre leurs coupes par adjudication ; mais, dans ce cas, l'adjudicataire sera tenu de livrer au fournisseur général de la marine tous les bois martelés pour le service des constructions, à charge par celui-ci d'en payer la valeur, qui sera réglée entre eux de gré à gré.

14. En cas de contestation sur le prix, les parties pourront s'adresser à l'ingénieur forestier de la marine, ensuite au préfet du département, et enfin au ministre secrétaire d'Etat de la marine, qui ordonnera ou l'acquisition ou la main-levée des bois, après les formalités prescrites par le réglement particulier du service des martelages.

15. Si le propriétaire désire livrer ses bois directement pour son propre compte, dans le port auquel ils seront destinés, il sera admis à faire sa soumission sans l'intermédiaire du fournisseur général, aux mêmes charges, mais aux prix fixés par le tarif particulier du port, et auxquels on ajoutera une prime relative à la distance du lieu de l'exploitation : cette prime sera réglée à prix débattu.

16. Il ne sera apporté aucun obstacle au passage des bois de marine dans les pertuis et écluses établies sur les canaux navigables ou flottables. La préférence leur sera accordée lorsqu'ils seront en concurrence avec des bois appartenant au commerce ou à des particuliers.

17. Les ingénieurs et agens maritimes sont chargés, sous le rapport des intérêts de notre marine, de veiller, concurremment avec les agens de l'administration forestière, à l'exécution des dispositions des six articles de la première section du titre Ier de la loi du 29 avril 1803 (9 floréal an 11), concernant les défrichemens.

18. Les ingénieurs forestiers de la marine, les maîtres et les contre-maîtres sous leurs ordres, dresseront procès-verbal des délits et contraventions relatifs au service des bois et les dénonceront au conservateur forestier.

19. Les délits et contraventions qui concerneront les martelages des bois de marine pourront être poursuivis directement par les ingénieurs de la marine, sans préjudice des poursuites exercées par les agens forestiers.

20. En conséquence, les procès-verbaux des maîtres et contre-maîtres assermentés feront foi en justice, pour les faits relatifs au service, et qui seront étrangers à leurs personnes, à charge par eux de les faire affirmer dans les délais prescrits.

21. L'ordonnance de 1669, et les arrêts du Conseil des 28 septembre 1700, 23 juillet 1748, 23 juillet 1754, 1er mars 1757 et 3 février 1767, seront exécutés en tout ce qui n'est pas contraire aux dispositions de la présente.

22. Il n'est aucunement dérogé par la présente aux lois et réglemens qui concernent la conservation générale des forêts, lesquels sont maintenus dans toute leur vigueur.

---

(1) L'adjudicataire dans la coupe duquel a été constaté un déficit de baliveaux *non destinés pour la marine*, doit être condamné à une amende de dix francs par baliveau manquant, aux termes de l'art. 4, tit. 32, de l'ordonnance de 1669, et il n'y a pas lieu d'appliquer à ce cas les peines portées par le présent article (23 juin 1827 ; Cass. S. 28, 1, 82 ; D. 27, 1, 435).

23. Il sera statué, par un réglement spécial, sur les détails particuliers du service des martelages.

24. Sont et demeurent abrogés tous actes contraires aux dispositions ci-dessus, et notamment celui du 15 avril 1811, concernant les bois particuliers (1).

---

28 AOUT = Pr. 5 OCTOBRE 1816. — Réglement relatif à l'exécution du service des martelages et exploitation des bois destinés au service de la marine, dans les quatre directions forestières du royaume. (7, Bull. 115, n° 1160.)

DE PAR LE ROI.

Sa majesté, considérant que, pour assurer et compléter l'exécution de son ordonnance de ce jour, concernant le martelage et la conservation des bois nécessaires aux constructions navales, il importe de fixer, d'une manière claire et précise, les dispositions de détail qui doivent former la règle de ce service;

Ouï le rapport du ministre secrétaire d'Etat de la marine et des colonies,

Sa majesté a ordonné et ordonne ce qui suit :

Art. 1er. Aussitôt après la désignation et assiette des rentes dans les forêts royales et dans les bois communaux ou d'établissemens publics, l'état en sera adressé par les conservateurs à l'ingénieur de la marine, directeur du bassin dans lequel se trouvent les bois.

2. Les ingénieurs forestiers de la marine, et les maîtres, contre-maîtres sous leurs ordres, procéderont sur-le-champ à la recherche et au martelage des arbres propres aux constructions.

3. Cette opération se fera, autant que possible, en même temps que celle des agens de l'administration forestière, qui seront tenus de conduire et guider les maîtres et contre-maîtres de la marine, dans toutes les parties des ventes.

4. Mais, dans tous les cas, les conservateurs désigneront, sur la demande des ingénieurs de la marine, les gardes forestiers qui devront accompagner chaque maître ou contre-maître dans les coupes.

5. Le garde qui aura été désigné ne pourra, sous aucune prétexte, refuser de se rendre avec le maître ou contre-maître de la marine, au jour fixé. En cas d'impossibilité imprévue, les conservateurs ou les inspecteurs forestiers pourvoiront sur-le-champ à ce que l'agent de la marine ne soit pas retardé dans son opération.

6. Les martelages devront être terminés, dans les coupes, assises, avant l'ouverture des ventes. Les conservateurs feront régler en conséquence les jours de vente sans excéder néanmoins les délais d'usage pour les adjudications.

7. Dans tous les cas, il suffira que les martelages aient été notifiés publiquement aux concurrens pour les ventes, immédiatement avant l'ouverture des enchères, pour que les arbres martelés soient assurés à la marine, aux mêmes conditions que ceux dont le martelage aurait été indiqué dans les affiches des ventes.

8. Les maîtres, contre-maîtres et aides dresseront, chacun dans les lieux qui lui sont affectés, l'état des arbres qui auront été reconnus propres au service, et qu'ils auront marqués du marteau de la marine, dans chaque coupe.

9. Cet état sera accompagné d'un procès-verbal de martelage, signé des parties présentes, et dont deux expéditions seront remises à l'inspecteur forestier du lieu, et une autre sera adressée à l'ingénieur directeur : lorsqu'il s'agira de bois communaux, une quatrième copie sera délivrée aux maires des communes; et pour les bois d'établissemens publics, aux directeurs de ces établissemens.

10. Dans les trois mois qui suivront cette opération, l'ingénieur directeur adressera au ministre secrétaire d'Etat de la marine, le bordereau général des martelages exécutés par chacun des agens sous ses ordres, dans les diverses parties de sa direction.

11. Les arbres marqués pour merrains étant abattus, l'agent de la marine fera le choix de ceux propres au service, et il en dressera un état en se conformant à ce qui est prescrit aux articles 9 et 10.

12. Les agens de la marine pourront, par de nouvelles visites, pendant et après l'abattage, marquer les arbres qui auraient échappé à leur premier examen, et qu'ils reconnaîtront essentiellement propres au service.

13. Il ne sera réservé pour baliveaux, dans les coupes, que des arbres susceptibles d'accroissement et capables de supporter une nouvelle révolution tout entière.

14. Les ingénieurs de la marine pourront faire contre-marquer à quinze centimètres de la racine les arbres mis en réserve, s'ils donnent des espérances, et il en sera dressé un état particulier en présence d'un agent forestier, qui le signera, et le double en sera transmis au directeur général des forêts.

15. Ils pourront même s'opposer à ce que des arbres en pleine maturité, et qu'ils re-

---

(1) *Voy.* arrêt de cassation du 12 décembre 1823, qui décide que le décret du 15 avril 1811 a eu effet obligatoire (S. 24, 1, 184). Dès lors pouvait-il être révoqué par une simple ordonnance?

connaîtront propres au service, soient mis en réserve.

Il en sera rendu compte aussitôt par le directeur au ministre secrétaire d'Etat de la marine, qui s'entendra sur l'objet de l'opposition avec le ministre secrétaire d'Etat des finances.

16. Les adjudicataires des ventes royales, communales et d'établissemens publics, sont tenus de faire abattre et équarrir, sous l'inspection des agens de la marine et d'après leurs découpes et lignages, tous les arbres martelés pour les constructions navales, sous les peines portées par les lois, et notamment par l'arrêt du conseil du 23 juillet 1740, qui ordonne une amende de trois mille francs et la confiscation des bois en cas de contravention.

17. Il leur est interdit, sous les mêmes peines, de distraire aucun des arbres martelés, et d'en disposer de quelque manière que ce soit.

18. L'abattage des arbres destinés à la marine devra toujours être fait avant le 1er avril : ils resteront en grume dans leur écorce, pendant un mois, avant d'être travaillés; l'équarrissage et le transport s'effectueront immédiatement après. Les arbres destinés à la fabrication des merrains seulement seront livrés en forêt.

19. Les adjudicataires sont tenus de faire conduire tous les autres arbres martelés (à leurs frais) aux ports flottables ou aux dépôts les plus voisins des lieux d'exploitation.

20. La distance à parcourir depuis la coupe jusqu'au lieu du dépôt, quel qu'il soit, ne sera pas de plus de trois myriamètres et demi (sept lieues), dont deux myriamètres et demi seulement seront à la charge de l'adjudicataire, et le surplus lui sera remboursé, ainsi qu'il est dit à l'article 29 ci-après.

21. Il ne sera délivré de congé de cour aux adjudicataires, qu'autant qu'ils auront rempli toutes les charges relatives à la marine.

22. Pour éviter aux adjudicataires les dépenses d'équarrissage et de transport des arbres qui présenteraient des vices après l'abattage et l'ébranchement, il sera fait deux visites en forêt par les agens de la marine, l'une après l'abattage, et l'autre après l'équarrissage.

23. Il sera donné main-levée aux adjudicataires des arbres et pièces reconnus viciés, et ils pourront alors en disposer à leur gré.

24. Tous les bois de bonne qualité étant rendus sur les dépôts ou ports flottables seront livrés par les adjudicataires au fournisseur général de la marine qui leur sera indiqué par l'ingénieur directeur.

25. Les agens de la marine dresseront des procès-verbaux, par ordre de numéros, des pièces ainsi livrées et reçues, avec indication de leur cube, espèce et signal.

Ils en délivreront un état par espèces à l'adjudicataire, et un autre au fournisseur général.

26. Cette recette, qui ne sera que provisionnelle pour le fournisseur envers la marine, sera définitive pour lui à l'égard de l'adjudicataire.

27. L'ingénieur-directeur adressera au ministre secrétaire d'Etat de la marine le bordereau des recettes provisionnelles opérées dans les diverses parties de sa direction.

28. Les bois de chêne ainsi reçus seront payés à l'adjudicataire par le fournisseur général, au stère, d'après l'état de réception de l'agent de marine, et suivant le relevé par espèce qu'il en délivrera à l'adjudicataire savoir :

Le stère de la 1re espèce, ci. . .	48f	18c
Celui de la 2e *idem*, ci.	40	88
Celui de la 3e *idem*, ci.	33	58

Il sera ajouté à ces prix une prime d'encouragement pour chaque stère de courbes livré, savoir :

	POUR LES PORTS	
	de l'Océan.	de Toulon.
1re espèce. . .	32	14
2e espèce. . .	21	10
3e espèce. . .	10	7

29. Seront également ajoutés trois francs par stère et par chaque demi-myriamètre (ou lieue) de distance au port flottable ou au lieu de dépôt au-dessus de deux myriamètres et demi; en sorte que si les bois parcourent trois myriamètres, on ajoutera aux prix principaux trois francs par chaque stère; si la distance est de trois myriamètres et demi, le supplément du prix sera de six francs par stère.

30. Les arbres marqués pour merrains seront mesurés en grume au milieu de leur longueur; le cinquième de la circonférence étant déduit, le quart du surplus formera le côté du carré d'après lequel la pièce sera cubée.

31. Ces bois devant être reçus en forêt seront classés dans la deuxième espèce désignée à l'article 28, et payés à raison de quarante francs quatre-vingt-huit centimes, sous la déduction de trois francs par stère et par demi-myriamètre de distance de la forêt au lieu du dépôt fixé par le cahier des charges; mais cette réduction ne pourra jamais excéder quinze francs par stère.

32. Lorsque le fournisseur aura traité des arbres pour merrains, l'adjudicataire sera tenu de les placer hors de la forêt, dans un lieu convenable, afin qu'il n'y ait point deux exploitations dans la vente.

33. Le fournisseur et l'adjudicataire pourront, s'ils le préfèrent, traiter de gré à gré pour les merrains.

Les conditions particulières à la livraison et à la recette des merrains, seront spécifiées au cahier des charges, et l'adjudicataire, ainsi que le fournisseur, seront tenus de s'y conformer.

34. Les fournisseurs de la marine paieront comptant aux adjudicataires les bois que ces derniers leur auront livrés, savoir : un quart en numéraire, au moment de la livraison sur les ports flottables ou au lieu du dépôt, et les trois autres quarts, par tiers, en traites à trois mois, six et neuf mois d'échéance.

35. Le fournisseur général de la marine, dans chaque direction, sera tenu d'acheter les bois ainsi martelés et livrés, dans les six mois qui suivront leur arrivée sur les ports flottables ou sur les dépôts.

36. Si, à cette époque, il ne les a pas achetés, l'adjudicataire pourra s'adresser à l'ingénieur-directeur, qui en rendra compte au ministre secrétaire d'Etat de la marine, et qui donnera en même temps des ordres au fournisseur pour que la recette et l'achat des bois s'opèrent dans le plus court délai possible.

37. Enfin, après l'expiration du délai spécifié à l'article 35, l'adjudicataire pourra obtenir la main-levée des bois qui n'auront pas été acquis et reçus. Il en adressera la demande au directeur, en y joignant le certificat constatant l'époque de l'arrivée des bois sur les dépôts, lequel, signé, ou de maire ou de l'inspecteur forestier, ou de l'agent de la marine, aura dû être notifié à cet agent un mois au plus tard après l'arrivée des bois, à peine de nullité. Quant aux arbres marqués pour merrains, l'achat en forêt devra en être fait quatre mois après l'abatage légalement constaté.

38. La demande en main-levée, visée par le maire du lieu et par le préfet du département, et accompagnée du certificat ci-dessus, sera transmise par l'ingénieur-directeur au ministre secrétaire d'Etat de la marine.

39. L'adjudicataire ne pourra disposer des bois martelés pour la marine, même après le délai fixé par l'article 35, sans en avoir obtenu la main-levée ; mais si, dans les trois mois qui suivront la demande qui en aura été faite suivant l'article précédent, la marine n'a pas fait enlever les bois et assuré leur paiement à l'adjudicataire, celui-ci sera libre d'en disposer comme bon lui semblera, sans autre formalité.

40. Lorsque le fournisseur aura laissé expirer le délai fixé par l'article 35 pour l'achat des bois royaux, communaux et d'établissemens publics, et qu'il en sera résulté, de la part de l'adjudicataire, une demande de main-levée, conformément à l'article 37, le ministre secrétaire d'Etat de la marine pourra, s'il le juge convenable, autoriser le directeur à faire faire sur-le-champ recette des bois pour le compte du fournisseur, aux prix et conditions du cahier des charges, et la valeur en sera retenue sur les crédits que le fournisseur aura acquis par des livraisons antérieures dans les ports.

41. Si le fournisseur refuse de prendre aussitôt livraison des bois ainsi achetés, et de les faire transporter dans les ports, le directeur sera autorisé à faire exécuter ce transport à la folle enchère du fournisseur ; et la valeur en sera retenue comme il est dit à l'article précédent.

42. S'il n'était rien dû au fournisseur, et qu'il ne présentât pas de sûretés suffisantes pour l'exécution du service, l'ingénieur-directeur prendrait en même temps les ordres du ministre secrétaire d'Etat de la marine pour suspendre l'effet du marché, et pourvoir au remplacement du fournisseur par un nouveau traité.

43. Si les lettres de change délivrées aux adjudicataires par les fournisseurs pour raison des bois de marine, conformément à l'article 34, ne sont pas acquittées à leur échéance, les adjudicataires pourront se pourvoir auprès du ministre secrétaire d'Etat de la marine. Ils devront, à cet effet, joindre à leurs demandes les traites protestées, ainsi qu'un certificat de l'ingénieur-directeur, constatant les quantités de bois fournies par espèce ; ils seront payés du montant de leurs livraisons sur le vu de ces pièces, et en déduction de ce qui sera dû au fournisseur.

44. Les ingénieurs et agens de la marine veilleront, dans les coupes où il aura été marqué des arbres, à ce que les adjudicataires se conforment aux termes de vidange prescrits par le cahier des charges. L'ingénieur-directeur rendra compte, au ministre secrétaire d'Etat de la marine, des causes d'impossibilité, s'il y en a qui soient relatives aux bois martelés.

45. Les dispositions portées aux articles précédens, et notamment aux articles 28, 29, 35 et 36, s'appliquent aux bois marqués avant l'adjudication : ceux qui auront été marqués après l'adjudication seront considérés comme bois particuliers, et marqués de la lettre *P*; en conséquence, ils seront acquis et reçus de la manière déterminée pour les bois particuliers.

46. Toutes les clauses qui règlent les rap-

ports des adjudicataires avec la marine et le fournisseur général seront spécifiées au cahier des charges des adjudications; et, de son côté, le fournisseur sera tenu, par les conditions générales de son traité, à remplir les obligations qui le concernent envers les adjudicataires.

47. Les propriétaires des bois de futaies, baliveaux sur taillis, arbres épars, etc., ne devant couper ni vendre aucun arbre sans en avoir fait la déclaration six mois auparavant, et sans en avoir obtenu la permission d'abattre, se conformeront exactement à cette disposition, à peine de trois mille francs d'amende et de confiscation des bois, conformément aux lois et notamment à l'arrêt du conseil du 23 juillet 1748.

48. Quinze jours au plus tard après que les propriétaires auront fait la déclaration d'abattre des arbres, le conservateur qui l'aura reçue en délivrera copie à l'ingénieur de la marine, qui fera faire la visite des bois destinés à être coupés. Tous les arbres déclarés seront marqués à quinze centimètres de la racine, afin que le propriétaire ne puisse pas en abattre d'autres que ceux désignés. Ceux qui seront reconnus propres au service seront martelés à un mètre au-dessus de terre.

49. Le conservateur ou inspecteur forestier pourra délivrer les permissions d'abattre aussitôt après la visite de l'agent de la marine, et sur la remise du procès-verbal de martelage.

50. Lorsqu'il se sera écoulé une année entière après la déclaration sans que le propriétaire ait fait abattre, il sera tenu d'en faire une nouvelle avant de pouvoir couper les arbres précédemment déclarés.

51. Les ingénieurs et agens de la marine dresseront des procès-verbaux des martelages qu'ils auront opérés dans les bois particuliers mis en déclaration de coupes. Une expédition en sera remise à l'inspecteur forestier, et l'autre au propriétaire des bois.

52. Ils pourront également, par de nouvelles visites pendant et après l'abatage, marteler les arbres qui auraient échappé à leur premier examen, et qu'ils reconnaîtront propres au service, dans quelque lieu qu'ils se trouvent.

53. L'ingénieur-directeur portera le résultat de ces martelages dans les bordereaux qu'il adressera au ministre secrétaire d'Etat de la marine.

54. Le propriétaire qui, pendant les six mois qui suivront la déclaration, aura besoin de quelques arbres pour des réparations urgentes de maisons et chaussées, en fera constater l'urgence par un double certificat du maire de la commune, et pourra faire abattre la quantité qui lui sera nécessaire dans les arbres au-dessous d'un mètre de circonférence, en adressant sa déclaration particulière, accompagnée du certificat du maire, un mois avant de couper, à l'inspecteur forestier et à l'ingénieur de la marine, qui feront surveiller chacun en ce qui le concerne, s'il ne se commet pas de délits, et si l'on n'outrepasse point le nombre d'arbres désigné.

55. Lorsque les propriétaires de bois en coupes réglées auront vendu leur coupe par adjudication, ainsi que les y autorise l'article 13 de l'ordonnance de ce jour, ils auront soin de prévenir l'adjudicataire de l'obligation de livrer les bois martelés au fournisseur de la marine.

56. Les agens de la marine pourront, dans tous les cas, marteler, après l'abatage, ceux de ces arbres qui seraient reconnus devoir être réservés pour la marine.

57. Les arbres marqués dans les bois des particuliers ne pourront être abattus et équarris que sous l'inspection des agens de la marine et d'après leurs découpes et lignages, sous les peines portées par les lois, et notamment par l'arrêt du conseil du 23 juillet 1748.

58. L'abatage des arbres martelés pour le service de la marine devra être fait avant le 1er avril, et les arbres resteront en grume dans leur écorce pendant un mois, avant d'être travaillés.

59. Le fournisseur général de la marine aura seul le droit de traiter des arbres marqués pour la marine, dans toute l'étendue des lieux dont l'exploitation lui est confiée; cependant tout propriétaire qui pourra réunir un assortiment de cent stères au moins en bois marqués pour la marine sur ses propriétés et qui voudra les fournir directement au Roi, sera libre de les livrer dans les ports qui lui seront désignés, en son propre nom, et aux mêmes prix, clauses et conditions que le fournisseur.

60. A cet effet, il lui suffira de remettre sa soumission, en triple expédition, à l'ingénieur-directeur, lequel en gardera une pardevers lui, adressera la seconde à l'intendant de la marine dans le port où doit se faire la livraison, et la troisième au ministre secrétaire d'Etat de la marine.

61. Cette soumission sera conçue ainsi qu'il suit:

Le soussigné   de la commune d   département d   s'oblige, envers le Roi, de fournir, dans l'espace de   mois, à compter de la date de la présente soumission, les bois de construction qui pourront provenir des (nombre) pieds d'arbres de sa propriété, marqués du marteau de la marine, suivant le procès-verbal du   et montant, d'après l'examen, à la quantité de   stères, se soumettant aux conditions générales déterminées pour les fournitures de bois, et aux prix fixés par la soumission particulière du sieur fournisseur, chargé des exploitations dans la partie de la direction forestière où sont situés les bois.

62. Les dispositions des trois articles précédens ne seront point applicables aux bois que les propriétaires auront vendus par adjudication, d'après l'article 13 de l'ordonnance de ce jour : en conséquence, l'adjudicataire n'aura point le droit de livrer directement dans les ports.

63. Les propriétaires des bois de futaie, de baliveaux sur taillis, ou arbres épars, situés dans le département le plus à portée de l'un des cinq grands ports du royaume, savoir : de la Manche, pour Cherbourg ; du Finistère, pour Brest ; du Morbihan, pour Lorient ; de la Charente-Inférieure, pour Rochefort, et du Var, pour Toulon, pourront également livrer leur bois directement à la marine, sans être obligés à une quantité de cent stères.

Mais cette faculté sera subordonnée aux besoins de ces ports et aux demandes qui en seront faites par les intendans et commissaires généraux, dans les quantités et espèces de bois nécessaires, et la valeur en sera réglée dans chaque port, d'après un tarif particulier de prix, arrêté en conseil d'administration, et soumis à l'approbation du ministre secrétaire d'Etat de la marine.

64. La même faculté sera donnée, sous les mêmes conditions et restrictions, aux propriétaires dont les bois sont situés à cinq myriamètres de rayon des ports secondaires, tels que Dunkerque, le Havre, Saint-Malo, Nantes, Bordeaux et Bayonne.

65. Afin que les autres propriétaires sachent à qui s'adresser pour la vente des arbres qui auront été marqués, dans leurs possessions, du marteau de la marine, et dans quel temps l'achat doit en être fait, on ajoutera par forme de post-scriptum, sur le procès-verbal qui devra rester dans leurs mains : Le sieur s'adressera, pour la vente des arbres mentionnés au présent procès-verbal, au sieur fournisseur de la marine, demeurant à lequel est tenu de traiter de gré à gré, un an au plus tard après l'abatage des arbres ; à défaut de quoi, le dit sieur en informera l'ingénieur-directeur, demeurant à pour que, sans plus de délai, il soit pourvu à l'achat desdits arbres.

66. Dès que l'abatage sera terminé, le propriétaire devra en faire constater l'époque par un certificat du maire de la commune, ou de l'inspecteur des forêts, ou de l'agent de la marine, auquel, dans tous les cas, ce certificat devra être notifié un mois au plus tard après l'abatage, à peine de nullité.

67. Un an après l'abatage des arbres martelés, constaté ainsi qu'il est dit à l'article 66, le propriétaire aura le droit d'en obtenir la main-levée, s'ils n'ont pas été acquis pour le service de la marine.

68. La demande en main-levée, visée par le maire du lieu et le préfet du département sera adressée à l'ingénieur-directeur accompagnée du certificat énoncé ci-dessus, et sera transmise par cet officier au ministre secrétaire d'Etat de la marine.

69. Nul ne pourra disposer des arbres bruts ou travaillés marqués pour la marine, même après le délai fixé par l'article 65, sans en avoir obtenu la main-levée ; mais si, dans les trois mois qui suivront la demande qui en aura été faite conformément à l'article 68, la marine n'a pas fait enlever les bois et assuré leur paiement au propriétaire, celui-ci sera libre d'en disposer comme bon lui semblera, sans autre formalité.

70. Les bois martelés pour la marine devant être livrés au fournisseur, celui-ci sera tenu de les acheter au plus tard un an après l'abatage, et d'en payer la valeur réglée de gré à gré.

71. En cas de contestation sur le prix des arbres, le propriétaire en donnera avis à l'ingénieur-directeur, lequel prendra connaissance du différend, fera en sorte d'aplanir la difficulté de la manière la plus équitable, et sera même autorisé à obliger le fournisseur à donner un juste prix, soit du stère de bois, soit du pied d'arbre, et à faire des offres proportionnées aux prix du marché qu'il aura fait lui-même avec le Roi.

72. Le prix à déterminer dans cette circonstance, par l'ingénieur-directeur, sera réglé par lui d'après un compte de clerc-à-maître, qu'il dressera à cet effet.

73. Si le propriétaire des arbres marqués ne se contentait pas du prix qui aura été ainsi réglé par l'ingénieur-directeur, il pourra se pourvoir devant le préfet du département dans lequel les arbres seront situés.

74. Le préfet du département fera faire une estimation d'office desdits arbres, après avoir reçu de l'ingénieur-directeur communication des élémens du compte d'après lequel il avait établi l'appréciation mentionnée à l'article 72.

75. Dans le cas où un propriétaire chercherait à éluder la vente de ses bois par des prétentions excessives et des propositions inadmissibles, et qu'elles n'eussent pas été réduites à leur juste valeur par les appréciations mentionnées aux articles 72 et 74, sur la réclamation du fournisseur, l'ingénieur-directeur en fera son rapport au ministre secrétaire d'Etat de la marine, en lui adressant le compte d'appréciation qu'il avait établi, et l'estimation réglée par les ordres du préfet.

Le ministre secrétaire d'Etat de la marine

statuera définitivement sur le prix dont les bois seront susceptibles.

76. Le prix arrêté par la décision du ministre secrétaire d'Etat de la marine sera obligatoire pour le fournisseur.

77. Lorsque le fournisseur aura laissé passer le délai d'un an fixé, pour l'achat des bois, par les articles 65 et 67, et qu'il en sera résulté, de la part du propriétaire, une demande de main-levée, conformément à l'article 68, le ministre secrétaire d'Etat de la marine pourra, s'il le juge convenable, autoriser l'ingénieur-directeur à faire l'achat desdits bois, en traitant de gré à gré avec les propriétaires, soit au compte de la marine, soit à celui du fournisseur; et dans ce dernier cas, la valeur en sera retenue sur les crédits qu'il aura acquis pour des fournitures antérieures dans les ports.

78. Dans le cas où le fournisseur se refuserait à prendre livraison des bois ainsi achetés pour son compte, et à les faire conduire dans les ports, ce transport serait exécuté à la diligence du directeur, et la valeur en serait également retenue sur les crédits du fournisseur.

79. S'il n'était rien dû au fournisseur, et qu'il ne présentât pas de sûretés suffisantes, l'ingénieur-directeur prendrait les ordres du ministre secrétaire d'Etat de la marine à l'effet de suspendre toute exécution ultérieure du marché, et d'y pourvoir par un nouveau traité.

80. Si, par des manœuvres coupables, ou le refus obstiné d'acheter les bois martelés pour le service de la marine, un fournisseur favorisait les propriétaires desdits bois dans le projet de les soustraire à leur destination, sur la dénonciation de l'ingénieur-directeur, dûment certifiée et appuyée de preuves, ledit fournisseur serait traduit devant les tribunaux, avec les propriétaires délinquans, pour être jugé comme complice de contravention aux lois forestières, et puni conformément aux arrêts du conseil des 23 juillet 1748 et 1er mars 1757.

81. Il est expressément défendu aux fournisseurs généraux de la marine de faire aucun commerce de bois pour leur compte.

En conséquence, ils ne pourront vendre à qui que ce soit aucune espèce de bois (à l'exception des pièces portant la marque de rebut, comme ayant été rejetées à la recette), à peine de trois mille francs d'amende et de confiscation des bois.

82. A compter du 1er janvier 1817, tous les marchés pour fournitures de bois de construction se trouvant expirés seront renouvelés sur des bases uniformes.

83. Il sera arrêté, à cet effet, des conditions générales pour l'exploitation et la livraison de bois de construction dans tous les ports du royaume. Ce modèle de traité général contiendra toutes les clauses relatives à ces fournitures, excepté seulement les prix, qui seront établis dans les soumissions particulières.

84. Il sera en même temps dressé, pour les bois de construction, un nouveau tarif de dimensions qui, comme celui de 1765, fera règle unique et générale pour la recette des bois dans tous les ports.

85. La fourniture des bois de construction de chaque bassin, sera adjugée au soumissionnaire qui, après avoir pris connaissance des conditions générales et des dispositions contenues au présent réglement, proposera les prix les plus modérés et les clauses les plus avantageuses pour le Roi.

86. Il ne sera admis au concours de ces fournitures que des personnes sûres, capables et bien accréditées, lesquelles présenteront d'ailleurs un associé que ses ressources et sa probité bien connues puissent faire admettre comme bonne et valable caution.

87. Les constructeurs de navires du commerce et leurs associés, ainsi que les marchands de bois, en seront formellement exclus.

88. La durée de ces entreprises sera de trois, quatre, cinq et six années consécutives.

89. Chaque direction forestière sera partagée en plusieurs subdivisions, suivant que le ministre secrétaire d'Etat de la marine le jugera convenable; et il ne pourra être affecté qu'un seul fournisseur à chacune de ces subdivisions : cependant le même fournisseur pourra être chargé de deux subdivisions, ou de toutes celles d'une même direction; mais, dans aucun cas, il ne réunira des subdivisions dépendant d'une direction différente.

90. Le fournisseur général, en faisant sa soumission, s'engagera envers le Roi, à exécuter son service conformément aux conditions et aux prix stipulés par cette soumission particulière, ainsi qu'à toutes les clauses des conditions générales mentionnées à l'article 83, et aux dispositions du présent réglement qui y sont relatives.

91. Les ingénieurs-directeurs suivront avec la plus grande attention les diverses opérations du service, tel qu'il vient d'être réglé; et pour les mettre en état d'en rendre avec ordre un compte satisfaisant, il leur sera délivré à chacun des registres imprimés, cotés et paraphés, dans lesquels ils porteront exactement et avec détail tous les procès-verbaux des martelages qui auront été faits dans leur direction, les recettes provisionnelles et les rebuts, les quantités expédiées des ports flottables ou dépôts, et les bois reçus ou rebutés à la recette définitive dans

les ports, enfin toutes les circonstances relatives à ces opérations.

92. Pour soumettre toutes les parties d'un service aussi essentiel à un ordre régulier et constant, il sera établi, dans les bureaux du ministre secrétaire d'Etat de la marine, des registres semblables pour les quatre directions forestières; ils seront formés d'après les bordereaux de martelages, de recettes provisionnelles, d'expéditions et de recettes définitives, qui seront adressées régulièrement au ministre secrétaire d'Etat de la marine, conformément aux modèles qui leur en seront fournis.

93. Pour assurer l'entière exécution des dispositions ordonnées par le présent réglement, le ministre secrétaire d'Etat de la marine fera faire, aux époques qu'il jugera convenables, des tournées d'inspection dans les diverses parties de chaque direction.

94. Ces tournées pourront être confiées, soit à des officiers de la marine, soit à des administrateurs sans activité de service, lesquels recevront des instructions des inspecteurs généraux du génie maritime, approuvées par le ministre secrétaire d'Etat de la marine.

95. Enfin, lorsque le service du Roi l'exigera, le ministre secrétaire d'Etat de la marine enverra en tournée dans les directions forestières l'inspecteur général ou l'inspecteur adjoint du génie maritime.

96. Les dispositions du présent réglement concernant le martelage sont applicables aux bois destinés au service de l'artillerie du département de la guerre.

97. Les bois nécessaires à l'approvisionnement de l'artillerie seront choisis, désignés et marqués dans les forêts royales, communales et d'établissemens publics, par les agens de la marine, d'après les états (indiquant les quantités, les dimensions et le lieu du besoin) que le ministre secrétaire d'Etat de la guerre adressera au ministre secrétaire d'Etat de la marine, trois mois avant l'époque des adjudications.

98. Il sera dressé des états ou procès-verbaux particuliers des bois ainsi désignés : une expédition en sera remise à l'agent du service de l'artillerie auquel les bois devront être livrés, indépendamment de celles qui devront être remises aux inspecteurs des forêts, et de celles qui resteront entre les mains des ingénieurs forestiers de la marine.

Néanmoins les officiers et employés de l'artillerie chargés de la réception définitive (laquelle se fera dans les dépôts de la marine) ne pourront être tenus de les accepter qu'autant qu'ils les auront reconnus de bonne qualité et propres au service de l'artillerie.

99. Les bois ainsi destinés au service de l'artillerie seront transportés en grume; ils seront mesurés au milieu de leur longueur. Le cinquième de la circonférence étant déduit, le quart du surplus formera le côté du carré d'après lequel la pièce sera cubée.

100. Ils seront livrés par les adjudicataires, de la même manière et aux mêmes conditions que les bois de marine de même espèce; ils seront reçus sur les dépôts, en présence d'un contre-maître ou employé maritime, par les agens du service de l'artillerie, qui en paieront la valeur aux prix qui seront spécifiés par le cahier des charges des adjudications.

101. Le contre-maître de la marine retiendra une expédition du procès-verbal de recette, signé des parties présentes.

102. Il sera pourvu, en outre, par le département de la marine, au moyen des bois qui seront à sa disposition, à toutes les demandes de cette nature qui lui seront faites par le département de la guerre, pour le service de l'artillerie, dans le cas de besoins urgens ou imprévus, d'après les états du nécessaire qui seront adressés, au moins un mois d'avance, au ministre secrétaire d'Etat de la marine.

103. Ces bois seront livrés aux agens du service de l'artillerie, sur les points qui auront été indiqués; ils seront reçus et payés par eux de la même manière et aux mêmes conditions que celles auxquelles le département de la marine aurait été tenu, et avec le même privilége que celui dont il jouit.

104. Nos ministres secrétaires d'Etat de la guerre et de la marine se concerteront pour régler les détails d'exécution relatifs aux huit articles précédens.

105. Il sera dressé dès à présent, sous le titre d'*ordre de travail*, dans les directions forestières, des instructions particulières qui régleront la conduite des divers agens employés aux exploitations des bois.

---

28 AOUT = Pr. 5 OCTOBRE 1816. — Ordonnance du Roi concernant la nouvelle division des forêts du royaume en quatre directions, pour l'exploitation des bois destinés aux constructions navales. (7, Bull. 115, n° 1161.)

Voy. ordonnance du 9 JANVIER 1818.

Louis, etc.

Nous avons établi, par une ordonnance du 28 août 1816, les bases d'après lesquelles s'opéreront à l'avenir les martelages et l'exploitation des bois de marine : mais, voulant donner à ce service une organisation régulière et plus appropriée aux dispositions de notredite ordonnance, nous avons considéré que la division du territoire en six arrondissemens forestiers maritimes, établie en juin 1805, s'oppose à l'économie et à la célérité nécessaires dans les opérations;

Que cette division n'ayant pas été formée sur les bases déterminées par la nature, d'après le cours des rivières et la direction des montagnes, présente de nombreux obstacles à l'exécution du service;

Et qu'enfin il est indispensable de remplacer la circonscription irrégulière des arrondissemens forestiers par une nouvelle division qui, en affectant à un même bassin toutes les forêts dont les bois se rendent naturellement à chacun des quatre grands fleuves du royaume, facilite aux ingénieurs de la marine la direction et la surveillance de ce service, aux fournisseurs l'exploitation et le transport des bois dans les arsenaux, et aux divers agens maritimes la régularisation et la comptabilité des martelages:

En conséquence,

Sur le rapport de notre ministre secrétaire d'Etat de la marine et des colonies,

Nous avons ordonné et ordonnons ce qui suit:

Art. 1er. Toute l'étendue du royaume est divisée en quatre directions forestières pour le martelage et l'exploitation des bois de la marine.

2. La première direction, dite *du bassin de la Seine*, et la deuxième direction, dite *du bassin de la Loire*, sont affectées à l'approvisionnement des ports de Brest, Lorient et Cherbourg, suivant leurs besoins.

La troisième direction, dite *du bassin de la Garonne*, est affectée à celui de Rochefort; et la quatrième, dite *du bassin de la Saône et du Rhône*, l'est à celui du port de Toulon.

3. La première direction (du bassin de la Seine) comprendra tous les départemens dont les bois se transportent directement dans la Seine, ou dans les rivières et canaux qui y affluent, ainsi que les départemens dont les produits se conduisent à la mer, depuis Dunkerque jusqu'au département de la Manche inclusivement.

4. La seconde direction (du bassin de la Loire) comprendra tous les départemens dont les bois peuvent se rendre à la Loire, ou dans les rivières et canaux qui y affluent, ainsi que les départemens dont les bois se transportent directement à la mer, depuis le département d'Ille-et-Vilaine jusqu'à la partie de celui de la Vendée qui verse dans la Loire inclusivement.

5. La troisième direction (du bassin de la Garonne) comprendra tous les départemens dont les bois se rendent à la Garonne et à la Charente, ainsi que tous ceux qui portent directement à la mer, depuis le département de la Vendée jusqu'à Bayonne inclusivement.

6. La quatrième direction (du bassin de la Saône et du Rhône) comprendra tous les départemens dont les bois se rendent directement dans la Saône et dans le Rhône, ou dans les rivières et canaux qui affluent à ces deux fleuves, ainsi que les départemens qui versent naturellement dans la méditerranée, depuis les Pyrénées-Orientales jusqu'au département du Var inclusivement.

7. Les portions des départemens limitrophes qui présenteront plus de facilité et d'économie pour le transport de leurs bois par une direction contiguë, appartiendront à cette direction, sans égard à la division départementale.

8. Ces démarcations partielles dans les départemens limitrophes seront réglées par notre ministre secrétaire d'Etat de la marine et des colonies, à mesure qu'il en connaîtra la nécessité.

9. Conformément aux articles précédens, la répartition des départemens du royaume dans les quatre directions forestières est établie ainsi qu'il suit:

1re Direction. — *Bassin de la Seine.* L'Yonne, partie de la Nièvre (1), partie de la Côte-d'Or, l'Aube, et partie de la Haute-Marne, la Meuse, et partie de la Meurthe, les Ardennes, la Marne, le Nord, l'Aisne, Seine-et-Marne, le Pas de-Calais, la Somme, l'Oise, Seine-et-Oise, la Seine, Eure-et-Loir, l'Eure, la Manche, le Calvados, et partie de l'Orne, la Seine-Inférieure.

2e Direction.— *Bassin de la Loire.* La Haute-Loire, la Loire, le Puy-de-Dôme (2), l'Allier, la Nièvre (3), la partie occidentale de Saône-et-Loire, le Cher, le Loiret, Loir-et-Cher, l'Indre et partie de la Creuse, Indre-et-Loire, et partie de la Vienne, la Sarthe, la Mayenne, et partie de l'Orne (4), Maine-et-Loire, et partie des Deux-Sèvres (5), Ille-et-Vilaine, Côtes-du-Nord, Finistère, Morbihan, Loire-Inférieure et partie de la Vendée (6).

3e Direction. — *Bassin de la Garonne.* L'Ariége, la Haute-Garonne, le Tarn, l'Aveyron, la Lozère, le Cantal, le Lot, Tarn-et-Garonne, Lot-et-Garonne, le Gers, les Hautes-Pyrénées, les Basses-Pyrénées, les

(1) L'arrondissement de Clamecy.

(2) Moins la partie du Puy-de-Dôme contiguë à la Corrèze.

(3) Moins l'arrondissement de Clamecy.

(4) Domfront, Alençon et Mortagne.

(5) Argenton et Thouars.

(6) Les Herbiers, Montaigu.

Landes, la Gironde, la Dordogne, la Corrèze, le Puy-de-Dôme, la Haute-Vienne, la Vienne (1), les Deux-Sèvres (2), la Vendée (3), la Charente, la Charente-Inférieure.

4e Direction. — *Bassin de la Saône et du Rhône.* La Moselle, la Meurthe (4), le Haut-Rhin, le Bas-Rhin (presque nuls par leur position), les Vosges, partie de la Haute-Marne (5), la Haute-Saône, la Côte-d'Or (6), le Doubs, le Jura, et partie de Saône-et-Loire, l'Ain, le Rhône, l'Isère, l'Ardèche, la Drôme, les Hautes-Alpes, les Basses-Alpes, le Var, les Pyrénées-Orientales, l'Aude, l'Hérault, les parties contiguës du Tarn, *idem* de l'Aveyron, le Gard, Vaucluse, les Bouches-du-Rhône.

10. Chaque direction pourra, en outre, être partagée en plusieurs subdivisions, suivant que notre ministre secrétaire d'Etat de la marine le jugera convenable au bien du service.

11. Les dispositions de la présente ordonnance ne s'appliquent point aux exploitations qui ont lieu dans les Pyrénées et dans l'île de Corse, et dont les limites sont déterminées par des réglemens particuliers.

12. Notre ministre et secrétaire d'Etat au département de la marine et des colonies est chargé de l'exécution de la présente ordonnance.

---

28 AOUT = Pr. 15 OCTOBRE 1816. — Réglement concernant l'organisation du personnel dans les quatre directions forestières de la marine, le nombre, les grades, classes, traitemens, solde, vacations et frais divers des agens employés aux martelages dans les forêts du royaume. (7, Bull. 117, n° 1213.)

DE PAR LE ROI.

Sa Majesté s'étant fait représenter, 1° son ordonnance du 29 novembre 1815 sur le nombre des ingénieurs à employer dans les forêts pour le martelage des bois, et 2° son ordonnance de ce jour relative à la division du territoire de la France en quatre directions forestières; considérant que, pour compléter l'exécution desdites ordonnances, il importe de déterminer la répartition des agens maritimes qui doivent être employés dans les quatre directions, de régler en même temps leur solde, appointemens, supplément d'appointemens et frais divers; voulant concilier les besoins et la dignité de son service avec l'ordre, la régularité et l'économie qu'il convient d'observer dans les dépenses, et distribuer dans les forêts les ingénieurs, sous-ingénieurs, maîtres, contre-maîtres et autres agens nécessaires aux martelages et exploitations des bois, de la manière la plus convenable à la bonne exécution de ce service; voulant, en outre, encourager le zèle des ouvriers employés dans les forêts, en améliorant leur sort autant que possible;

Ouï le rapport du ministre secrétaire d'Etat de la marine et des colonies,

Elle a ordonné et ordonne ce qui suit:

Art. 1er. Il sera affecté à chaque direction:

Un directeur,

Un sous-directeur,

Deux chefs de subdivision,

Et le nombre de maîtres, contre-maîtres et autres agens de la marine que le ministre secrétaire d'Etat jugera nécessaire à l'exécution du service.

2. Les directeurs seront choisis parmi les ingénieurs de la marine de première classe;

Les sous-directeurs, dans les ingénieurs de deuxième et de troisième classe.

Les sous-directeurs pris parmi les ingénieurs, chefs actuels des arrondissemens forestiers, de quelque classe qu'ils soient, jouiront du titre de directeur adjoint.

Les chefs de subdivision seront pris dans les sous-ingénieurs et autres agens forestiers maritimes, assimilés pour le rang et la solde aux sous-ingénieurs de la marine.

3. Les maîtres, contre-maîtres et ouvriers nécessaires au service des martelages, seront pris parmi les agens en activité dans les forêts, et, par la suite, dans les contre-maîtres charpentiers des ports, ou parmi les ouvriers qui ont acquis des connaissances relatives à l'exploitation et à la visite des bois de construction, suivant les dispositions réglées aux articles 7 et suivans.

4. Conformément aux articles précédens, le nombre, les grades et classes des officiers du génie maritime et autres agens de la marine dans les quatre directions forestières, sont réglés ainsi qu'il est détaillé dans le tableau ci-joint, N° 1er.

5. Le ministre et secrétaire d'Etat de la marine augmentera le nombre des maîtres et contre-maîtres dans les forêts, lorsqu'il le jugera nécessaire à l'activité du service.

---

(1) Moins la partie contiguë à l'Indre-et-Loire.

(2) Moins la partie contiguë au Maine-et-Loire.

(3) Moins la partie contiguë à la Loire-Inférieure et au Maine-et-Loire.

(4) Moins la partie contiguë à la Meuse.

(5) Arrondissement de Langres.

(6) Moins Châtillon et les parties contiguës à l'Aube et à l'Yonne.

6. Les maîtres des quatre directions forestières concourront ensemble, par rang d'ancienneté, pour le passage d'une paie à l'autre; mais lorsque l'une des places vaquera, le remplacement s'effectuera, autant que possible, dans la direction où sera la vacance, en y portant le sujet du grade immédiatement au-dessous qui y aura le plus de droits.

7. Pour former des contre-maîtres propres au service des bois et pour faciliter les remplacemens successifs dans les directions forestières, il y aura, à l'avenir, huit places d'élèves forestiers, savoir;

Trois à Brest, trois à Toulon, deux à Rochefort : total, huit.

8. Ces places seront données à de jeunes ouvriers d'élite, ayant au moins vingt ans, et par préférence, à des fils de maîtres entretenus.

9. Il faudra, pour être admis, avoir travaillé sur les grandes constructions pendant quatre ans comme apprenti et deux ans comme ouvrier, être d'un tempérament robuste, savoir écrire lisiblement, orthographier, être exercé aux quatre premières règles de calcul, et connaître la nomenclature de toutes les pièces de la charpente d'un vaisseau, ainsi que la manière de ligner les bois et de les équarrir.

10. Le ministre et secrétaire d'Etat de la marine nommera les élèves, dans les ports designés, sur la proposition du commandant de la marine, accompagné du rapport du directeur des constructions, chargé spécialement de constater leur capacité.

11. Dès qu'ils seront admis, ils seront exclusivement attachés au détail de la recette des bois, avec le rang et la paie d'aide-contre-maître; et si, au bout de deux ans, ils ne sont pas placés dans une direction forestière, ils pourront concourir avec les autres aides contre-maîtres pour l'avancement de grade et de paie.

12. Un an après l'établissement des élèves forestiers, ils seront seuls admis à remplir les places d'aides ou de contre-maîtres qui viendront à vaquer dans les directions forestières.

13. Les directeurs adjoints ou sous-directeurs, et chefs de subdivision, jouiront, pendant leurs fonctions dans les directions :

1° Du traitement affecté, par l'ordonnance du 29 novembre 1815, à leurs grades respectifs dans le corps du génie maritime ;

2° A titre de supplément, du tiers en sus de ce traitement ;

3° Ils recevront les vacations et frais de voyage attribués à leur grade par les réglemens existans, seulement lorsqu'ils seront hors de leur résidence ordinaire pour le service, et pendant le temps qu'ils seront en tournée dans les forêts et autres points de la subdivision à laquelle ils seront préposés.

Au moyen de ces dispositions, les vacations annuelles qui avaient été allouées aux chefs et sous-chefs depuis plusieurs années sont supprimées, et se trouvent remplacées par le supplément de traitement et les vacations temporaires portés ci-dessus.

14. Néanmoins, le ministre secrétaire d'Etat de la marine pourra, à l'égard des officiers qui se trouvaient en activité au moment de la présente organisation, conserver à ceux qu'il jugera susceptibles d'une faveur particulière, le traitement dont ils ont joui jusqu'ici, s'il leur est plus avantageux.

15. Il est accordé pour frais d'écritures, à chaque directeur, une somme de mille francs par an ; et seulement aux sous-directeurs qui auront le titre d'adjoint, une somme de six cents francs.

16. Défend sa majesté que les ouvriers des forêts puissent être, dans aucun cas et sous quelque prétexte que ce soit, employés comme secrétaires dans les directions, ou à tout autre service que celui de leur profession.

17. Il est en outre alloué pour indemnité de loyer de bureau,

Aux directeurs et aux adjoints ou sous-directeurs trois cents francs par an ;

Aux chefs de subdivision, cent cinquante francs par an.

18. Les ports de lettres, fournitures de bureau et autres frais divers seront remboursés aux officiers et agens du service en forêts, sur les états de trimestre du directeur, appuyés de quittances, suivant la forme réglée par l'ordre de la comptabilité, à moins que le ministre secrétaire d'Etat de la marine ne juge plus convenable de régler pour ces dépenses une somme fixe assignée à chaque directeur, ou à chaque partie prenante, par forme d'abonnement.

19. Les maîtres, contre-maîtres, aides et autres ouvriers employés dans les directions forestières, recevront :

1° La solde affectée à leur grade dans les ports ;

2° Un supplément de solde, sur le pied de mille francs par an ;

3° Une indemnité sur le pied de treize cent soixante-dix francs par an pour frais de courses et entretien d'un cheval qu'ils sont tenus d'avoir toute l'année.

20. La solde de leur grade se cumulant avec le supplément de mille francs, formera la base d'après laquelle sera réglée leur retraite, lorsqu'ils seront dans le cas de l'obtenir comme agens forestiers.

Pour avoir droit à ce que leur retraite soit réglée sur ce pied, il faudra qu'ils puissent compter dans leurs services dix années d'activité en forêts, et qu'ils soient en exercice au moment de la mise en retraite, s'ils remplissent d'ailleurs les conditions requises pour l'admission à la retraite.

21. D'après les dispositions des articles précédens, les traitemens, solde et vacations des directeurs, sous-directeurs et autres agens employés au service des exploitations des bois, sont réglés ainsi qu'il est détaillé au tableau ci-joint N° II.

22. Les dispositions du présent réglement relatives à la solde, au traitement et à la retraite des agens forestiers, s'appliqueront à ceux qui sont employés dans le détail des Pyrénées.

23. Les agens attachés aux exploitations de mâtures en Corse continueront à être traités d'après le réglement particulier qui les concerne.

24. Sont et demeurent abrogées toutes dispositions contraires à celles du présent réglement, lequel recevra son exécution à dater du 1er janvier 1817.

N° Ier.

Tableau de répartition des officiers du génie et autres agens de la marine qui seront employés dans les quatre directions forestières, pour l'approvisionnement des bois de construction, savoir :

DÉSIGNATION des GRADES.	1re DIRECTION (Seine).	2e DIRECTION (Loire).	3e DIRECTION (Garonne).	4e DIRECTION (Saône-et-Rhône)	TOTAL.	OBSERVATIONS.
Directeurs . . .	1	1	1	1	4	Pris dans les ingénieurs de 1re classe.
Sous-directeurs.	1	1	1	1	4	*Idem* dans les ingénieurs de 2e et 3e classe.
Chefs de subdivision.	2	2	2	2	8	*Idem* dans les sous-ingénieurs ou agens assimilés à ce grade, et qui sont attachés au service des martelages.
Maîtres.	4 2	4 2	4 2	4 2	16 8	Dont { 1 maître de 1re classe. 1 —— de 2e. 2 —— de 3e. 4 —— de 4e. 8
Contre-maîtres de 1re classe.	7	6	5	7	25	Lorsque le service l'exigera, le nombre des maîtres pourra être porté à douze,
Idem de 2e classe	6	5	3	6	20	Dont { 1 de 1re classe. 3 de 2e. 4 de 3e. 4 de 4e.
Aides-contre-maîtres. . . .	3	6	8	7	24	Lorsqu'il y aura lieu à augmenter le nombre des autres agens subalternes, ce nombre se composera de moitié de contre-maîtres de 1re classe, d'un tiers de contre-maîtres de 2e classe, et d'un sixième d'aides contre-maîtres. Cette proportion sera établie et maintenue dans les directions, pour les remplacemens qui auront lieu par la suite.
	22	23	22	26	93	

No II.

Tableau des appointemens, solde, supplément et indemnités qui seront alloués, à compter du 1er janvier 1817, aux officiers du génie maritime et autres agens employés dans les quatre directions forestières, savoir:

	TRAITEMENT ou solde par an.	SUPPLÉMENT en forêts.	FRAIS d'écritures.	LOYER de bureau.
Directeur	Ceux du grade comme ingénieur . .	Le tiers en sus. . .	1,000 f	300 f
Adjoint	*Idem*	*Idem*	600	300
Sous-directeur. . . .	*Idem*	*Idem*	"	300
Chef de subdivision.	*Idem*	*Idem*	"	150

	SOLDE.	SUPPLÉMENT de solde.	TOTAL.	INDEMNITÉ de cheval et de courses.	TOTAL.
Maîtres de 1re classe.	1,500f 00c	1,000f 00c	2,500f 00c	1,350f 00c	3,850f 00c
——— de 2e. . . .	1,200 00	1,000 00	2,200 00	1,350 00	3,550 00
——— de 3e. . . .	1,000 00	1,000 00	2,000 00	1,350 00	3,350 00
——— de 4e. . . .	900 00	1,000 00	1,900 00	1,350 00	3,250 00
Contre-maîtres					
de 1re classe. . .	839 50	1,000 00	1,839 50	1,350 00	3,189 50
de 2e.	730 00	1,000 00	1,730 00	1,350 00	3,080 00
Aides-contre-maîtres					
de 1re classe. . .	657 00	1,000 00	1,657 00	1,350 00	3,007 00
de 2e.	620 80	1,000 00	1,620 80	1,350 00	2,970 80
de 3e.	584 00	1,000 00	1,584 00	1,350 00	2,934 00

28 Aout 1816. — Ordonnances du Roi qui accordent des lettres de déclaration de naturalité aux sieurs Dabbene, Pillet, Borges, Bortoli dit Lanty, Jorion, Coutelier, Sapia, Wenck, Huillon, Delponte, Bohn, de Baillet-la-Tour, Michels, Melart, Marmoux, Figari, Boetto, Massolia, Kekule, Beltramelli, Meyer, Negrino et Chanal. (7, Bull. 112, 114, 116, 118, 120, 122, 123, 138, 142, 153, 175, 194, 197, 212, 227, 240, 278.)

---

28 Aout 1816. — Ordonnance du Roi qui admet le sieur Dober à établir son domicile en France. (7, Bull. 117, no 1224.)

---

28 Aout 1816. — Ordonnance du Roi qui permet aux sieurs Ordinaire et Thonnelier de joindre à leurs noms ceux de Lacolonge et de Saint-Maur. (7, Bull. 114, no 1158.)

---

29 Aout 1816. — Ordonnances du Roi qui autorisent l'acceptation de dons et legs faits aux pauvres de Salon et de Créancey, aux hospices de Lectoure et de Saint-Saturnin-les-Apt; à la congrégation des dames du Refuge et de Versailles; aux jeunes filles des familles pauvres de Joinville; à la cathédrale de Cahors; à la fabrique de la cathédrale de Soissons; au desservant de la succursale de Fléré-la-Rivière; au petit séminaire d'Alby; aux hospices de Saint-Pol, Aurillac, Tougin, la Charité, Epinal; aux séminaires de Rennes, de Carcassonne; aux écoles de Corte et de Morosoglia en Corse; aux pauvres d'Alzonne, Auxerre, Manve et de la section du Théâtre-Français à Paris. (7, Bull. 116 et 117.)

30 AOUT = Pr. 2 SEPTEMBRE 1816. — Ordonnance du Roi contenant la nouvelle édition du Code civil. (7, Bull. 109 *bis*, n° 1054 *bis*.)

Voy. ordonnance du 17 JUILLET, deux autres du 30 AOUT, et 2 du 9 SEPTEMBRE 1816, contenant les Codes de procédure, de commerce, d'instruction criminelle et pénal.

Louis, etc.

Vu notre ordonnance du 17 juillet 1816,

Sur le rapport de notre amé et féal chevalier, le chancelier de France, chargé du portefeuille du ministère de la justice,

Nous avons ordonné et ordonnons ce qui suit :

A compter du jour où la présente ordonnance aura dû recevoir son exécution dans chacun des départemens de notre royaume, il ne pourra plus être cité ni employé dans les actes sous seing privé et authentiques, plaidoiries, défenses écrites, consultations, ordonnances, jugemens, arrêts, arrêtés administratifs, ni dans aucun acte public, de quelque nature qu'il soit, d'autre texte du Code civil, que celui qui suit.

---

30 AOUT = Pr. 2 SEPTEMBRE 1816. — Ordonnance du Roi contenant la nouvelle édition du Code de procédure (1). (7, Bull. 110 *bis*, n° 1080 *bis*.)

Voy. ordonnance du même jour, 30 AOUT 1816.

Louis, etc.

Vu notre ordonnance du 17 juillet 1816;

Sur le rapport de notre amé et féal chevalier chancelier de France, chargé du portefeuille du ministère de la justice,

Nous avons ordonné et ordonnons ce qui suit :

A compter du jour où la présente ordonnance aura dû recevoir son exécution dans chacun des départemens de notre royaume, il ne pourra plus être cité ni employé, dans les actes sous seing privé et authentiques, plaidoiries, défenses écrites, consultations, ordonnances, jugemens, arrêts, arrêtés administratifs, ni dans aucun autre acte public, de quelque nature qu'il soit, d'autre texte du Code de procédure civile que celui qui suit.

---

30 AOUT = Pr. 2 SEPTEMBRE 1816. — Ordonnance du Roi contenant la nouvelle édition du Code de commerce. (7, Bull. 111 *bis*, n° 1103 *bis*.)

Voy. ordonnance du même jour, 30 AOUT 1816.

Louis, etc.

Vu notre ordonnance du 17 juillet 1816;

Sur le rapport de notre amé et féal chevalier le chancelier de France, chargé du portefeuille du ministère de la justice,

Nous avons ordonné et ordonnons ce qui suit :

A compter du jour où la présente ordonnance aura dû recevoir son exécution dans chacun des départemens de notre royaume, il ne pourra plus être cité ni employé dans les actes sous seing privé et authentiques, plaidoiries, défenses écrites, consultations, ordonnances, jugemens, arrêts, arrêtés administratifs, ni dans aucun autre acte public, de quelque nature qu'il soit, d'autre texte du Code de commerce que celui qui suit.

---

4 = Pr. 11 SEPTEMBRE 1816. — Ordonnance du Roi portant réorganisation de l'école polytechnique. (7, Bull. 112, n° 1104.)

Voy. lois des 7 VENDÉMIAIRE et 15 FRUCTIDOR an 3, 30 VENDÉMIAIRE an 4, tit. II, et 25 FRIMAIRE an 8; arrêté du 23 GERMINAL an 9; ordonnances des 13 AVRIL 1816, 17 SEPTEMBRE et 20 OCTOBRE 1822.

Louis, etc.

Nous avons fait connaître, par notre ordonnance du 13 avril 1816, qu'il était dans nos intentions que l'école polytechnique fût rétablie et recomposée de manière à présenter tous les avantages que nous avons droit d'attendre de cette institution. En conséquence, il nous a été rendu compte de l'état dans lequel cette école se trouvait, sous tous les rapports, lorsque nous avons été forcé d'en licencier les élèves pour cause d'insubordination; nous avons reconnu que, sous le rapport de l'instruction scientifique, cet établissement a contribué d'une manière satisfaisante à étendre les progrès que les sciences et les services publics qu'elles éclairent, avaient déjà faits en France sous les rois nos prédécesseurs; mais en même temps nous avons senti que l'école polytechnique était susceptible d'améliorations importantes pour n'admettre dans les services publics que des sujets attachés à leurs devoirs et dévoués à notre personne.

Nous espérons que le concours des hommes distingués auxquels nous confierons le soin de jeunes gens choisis d'après leurs connais-

---

(1) Aujourd'hui, d'après la nouvelle rédaction de l'art. 146 du Code de procédure civile, il suffit que les jugemens et actes soient intitulés au nom du Roi, et terminés par un simple mandement aux huissiers de les mettre à exécution; il n'est pas nécessaire d'y ajouter un mandement aux procureurs généraux et aux procureurs du roi et à tous commandans et officiers de la force publique (9 juillet 1829, Nancy, S. 29, 2, 333; D. 130, 2, 22).

sances et leur bonne conduite, produira dans cette école l'heureux accord des principes et des lumières qui contribuent puissamment à la prospérité des Etats ; mais rien ne nous a paru plus propre à donner un nouvel éclat à cette école, à assurer sa durée et sa prospérité, qu'en la mettant sous la protection d'un prince de notre famille.

Nous aimons à croire que les élèves qui y seront admis apprécieront cette nouvelle preuve de notre sollicitude paternelle, et se feront distinguer, dans les diverses carrières qu'ils seront appelés à parcourir, par les vertus et les talens dignes de leur éducation :

A ces causes,

Sur le rapport de nos ministres de l'intérieur et de la guerre,

Nous avons ordonné et ordonnons ce qui suit :

TITRE Ier. Dispositions générales.

Art. 1er. L'école royale polytechnique sera désormais sous la protection de notre bien-aimé neveu le duc d'Angoulême.

2. Le but général de ladite école sera de répandre l'instruction des sciences mathématiques, physiques, chimiques et des arts graphiques.

Son but spécial sera de former des élèves pour nos écoles royales du génie militaire et de l'artillerie de terre et de mer, des ponts-et-chaussées, des mines, du génie maritime, des ingénieurs géographes, des poudres et salpêtres, et pour les autres services publics qui exigeraient des connaissances analogues.

3. L'admission des élèves dans l'école royale polytechnique, leur classement, et leur sortie pour entrer, s'il y a lieu, dans les services publics désignés en l'article 2, résulteront d'examens dont les règles seront prescrites par la présente ordonnance.

4. Les candidats pour ladite école devront être âgés au moins de seize ans, et au plus de vingt.

5. Les élèves seront partagés en deux divisions : la première sera composée des élèves qui seront reconnus avoir terminé les études de la seconde division; la seconde sera composée des élèves nouvellement admis, et de ceux qui ne seront pas encore parvenus à la première division.

6. La durée du cours complet d'instruction dans ladite école sera de deux années; cependant les élèves pourront y rester trois ans, dans le cas prévu par l'article 5, mais jamais plus long-temps.

7. Les élèves de l'école royale polytechnique vivront sous un régime commun, dans le local qui est et demeure affecté à cette destination. Ils seront vêtus uniformément ; ils seront soumis à un réglement spécial; le tout sans appareil militaire, et ainsi qu'il sera ultérieurement ordonné.

8. Les parens ou répondans de chaque élève seront tenus de payer pour lui une pension annuelle de mille francs, et de subvenir aux frais de son habillement uniforme, ainsi que des livres et autres moyens d'étude qui lui seront personnellement nécessaires : le surplus des dépenses de l'école sera pris sur les fonds affectés par nous à l'établissement.

9. Seront dispensés du paiement annuel de la pension de mille francs, vingt-quatre élèves en faveur desquels nous instituons un égal nombre de bourses, auxquelles nous nous réservons de nommer sur la proposition de nos ministres de l'intérieur, de la guerre et de la marine.

Huit de ces bourses sont attribuées au département de l'intérieur, douze à celui de la guerre, et quatre à celui de la marine.

TITRE II. Conseils supérieurs de l'école.

10. Il y aura, pour la surveillance de l'école, deux conseils supérieurs : l'un de perfectionnement, et l'autre d'inspection.

11. Le conseil de perfectionnement sera composé de quinze membres ci-après désignés, lesquels se réuniront tous les ans après les examens de l'école, à l'effet de recueillir, de comparer et d'étendre les résultats que cet établissement aura présentés pour l'utilité publique. Ce conseil s'occupera des moyens de perfectionner l'instruction; de rédiger et rectifier, s'il y a lieu, les programmes d'enseignement et d'examen; de coordonner l'enseignement de l'école polytechnique avec celui des écoles d'application; de proposer les mesures réglementaires qu'il jugera nécessaires pour maintenir le bon ordre, l'assiduité des élèves, et pour assurer le meilleur emploi du temps.

Il examinera aussi la comptabilité, et donnera son avis sur les projets de budgets de l'école; il fera, sur l'ensemble de l'établissement, un rapport annuel, qui sera soumis par le président à chacun de nos trois ministres de l'intérieur, de la guerre et de la marine : il choisira son secrétaire parmi ses membres.

12. Le conseil d'inspection sera composé de cinq membres du conseil de perfectionnement, lesquels, sans exercer aucune fonction dans le sein de l'école, se réuniront au moins une fois par trimestre pour entendre un rapport du président sur la situation de l'établissement, considéré sous le point de vue de l'ordre public; pour cet effet, il sera rendu compte audit président, au moins une fois par mois, et plus souvent s'il y a lieu, par le chef de l'école, de tout ce qui concernera le bon ordre, les mœurs, et l'accomplissement des devoirs.

Le président prendra lui-même dans l'école tous les renseignemens qui lui paraîtront nécessaires sur les objets de sa haute surveillance. Il convoquera le conseil toutes les fois qu'il le jugera utile ; il rendra compte à nos ministres de l'intérieur, de la guerre et de la marine, des résultats de son inspection et de la délibération y relative, pour qu'il soit pris de suite telle mesure qu'il appartiendra. Ce conseil ne pourra délibérer à moins de trois membres présens, y compris le président.

13. Le conseil de perfectionnement est composé de :

1° Trois pairs de France ;

2° Trois membres de l'académie royale des sciences ;

3° Un des inspecteurs généraux ou divisionnaires du corps royal des ponts-et-chaussées,

Un des inspecteurs généraux ou divisionnaires du corps royal des mines ;

4° Un officier général ou supérieur du corps royal d'artillerie,

Un officier général ou supérieur du corps royal du génie militaire,

Un officier général ou supérieur du corps royal des ingénieurs géographes ;

5° Un inspecteur général des constructions navales, et un inspecteur général du corps royal de l'artillerie de la marine ;

6° Les deux examinateurs de mathématiques de l'école (art. 29).

14. Les trois pairs de France seront nommés par nous, sur la présentation de notre ministre de la guerre ; ils seront successivement présidens pendant une année.

Chacun de ces pairs de France, après son année de présidence, cessera d'être membre de ce conseil, de sorte que leur renouvellement total aura lieu ordinairement en trois années ; néanmoins, pour cette première formation, le renouvellement partiel des trois pairs de France que nous nommerons ne commencera qu'après que chacun deux aura siégé pendant trois ans.

15. Les trois membres de l'académie royale des sciences seront désignés annuellement par notre ministre de l'intérieur.

16. Notre ministre secrétaire d'Etat de l'intérieur désignera annuellement les deux inspecteurs généraux ou divisionnaires des ponts-et-chaussées et des mines.

Notre ministre secrétaire d'Etat de la guerre désignera également les trois officiers généraux ou supérieurs de l'artillerie, du génie militaire et des ingénieurs géographes.

Notre ministre secrétaire d'Etat de la marine et des colonies désignera de même l'officier général ou supérieur du corps royal de l'artillerie de la marine et l'inspecteur général des constructions navales.

17. Le conseil d'inspection sera composé de trois pairs de France, d'un des inspecteurs généraux ou divisionnaires, et d'un des officiers généraux ou supérieurs, membres du conseil de perfectionnement, qui seront désignés respectivement par nos ministres secrétaires d'Etat de l'intérieur et de la guerre.

Le président du conseil de perfectionnement présidera également le conseil d'inspection.

Titre III. Des examens et des examinateurs.

18. Tous les ans, au 1er août, il sera ouvert, tant à Paris que dans les principales villes du royaume, un examen public pour l'admission des élèves à l'école polytechnique. Cet examen aura lieu conformément à un programme qui sera publié, au moins deux mois avant l'examen, par notre ministre de l'intérieur, sur la proposition du conseil général de perfectionnement ; l'examen sera terminé le 15 septembre.

19. Trois examinateurs pour l'admission à l'école seront choisis, soit parmi les membres de l'académie royale des sciences, soit parmi les personnes que le conseil général de perfectionnement aura désignées. Leur nomination nous sera proposée par notre ministre de la guerre, après qu'ils auront été agréés par notre ministre de l'intérieur.

20. Leurs fonctions seront incompatibles avec celles de professeur ou de répétiteur de l'école polytechnique, ainsi qu'avec les fonctions de professeur, instituteur ou directeur de tout établissement d'instruction publique dans lequel on formerait des candidats pour ladite école.

21. Tout candidat pour l'école polytechnique devra : 1° présenter un certificat des autorités du lieu de son domicile, prouvant qu'il est digne d'y être admis sous le rapport des principes religieux, du dévouement au Roi, et de la bonne conduite ; 2° prouver soit qu'il a eu la petite vérole, soit qu'il a été vacciné ; 3° posséder, outre les connaissances mathématiques et de dessin exigées par le programme, des connaissances littéraires dont il fera preuve sous les yeux de l'examinateur, en traduisant un morceau d'un auteur latin de la force de ceux qu'on explique en rhétorique, et en traitant par écrit un sujet donné de composition.

22. Tout candidat se destinant à un service public devra n'être affecté d'aucune infirmité qui le rendrait peu propre à ce service, et réunir les qualités physiques qui conviendront à sa destination.

23. Il sera tenu de déclarer à l'examinateur : 1° s'il se destine à un service public ; 2° à quel service il se destine de préférence, et suivant quel ordre son choix se porterait sur les autres services publics, à défaut de place

dans celui qu'il aurait préféré. Sa déclaration sera insérée au procès-verbal de l'examinateur.

24. Ceux des candidats qui se proposeront d'entrer à l'école seulement pour y puiser l'instruction, et sans se destiner préalablement à un service public, jouiront de cette faculté, en se conformant du reste à toutes les dispositions de la présente ordonnance.

Si, devenus élèves de l'école, ces mêmes sujets veulent concourir pour être placés dans les services publics, ils seront encore reçus à faire la déclaration susmentionnée; mais alors ils ne pourront concourir pour les places qu'avec les élèves admis dans l'année même pendant laquelle leurdite déclaration aura lieu.

25. Avant l'ouverture des examens, ceux de nos ministres dans les attributions desquels sont rangées les diverses écoles d'application, indiqueront le nombre de sujets qui sera nécessaire pour satisfaire à leurs besoins présumés pendant le cours de l'année, afin qu'il soit assigné à chacun de ses services un nombre d'élèves de l'école polytechnique au moins égal à celui qui aura été indiqué par nosdits ministres.

26. Chaque élève, à la fin de l'année qu'il aura passée dans la seconde ou dans la première division mentionnée en l'article 5, subira trois examens : le premier, pour les parties mathématiques; le second, pour la géométrie descriptive et le dessin; le troisième pour la physique et la chimie; le tout conformément aux programmes qui seront arrêtés par notre ministre de l'intérieur, sur la proposition du conseil général de perfectionnement.

27. L'examen des élèves de la deuxième division aura pour objet de les faire passer dans la première; ceux qui ne seront pas jugés capables d'être admis dans la première pourront rester dans la seconde division pendant l'année suivante, après laquelle ils se retireront de l'école, si, par suite d'un nouvel examen, ils n'ont pas mérité de passer dans la première.

28. L'examen des élèves de la première division aura pour objet leur admission, s'il y a lieu, dans les écoles de service public.

Cet examen sera ouvert, tous les ans, à l'école polytechnique, vers le 1er août : il sera fait publiquement, et nos ministres sous les ordres desquels sont rangées les écoles d'application désigneront les fonctionnaires qui doivent y assister.

29. Les examens, tant pour le passage des élèves d'une division dans l'autre, que pour leur admission dans les services publics, seront confiés à quatre examinateurs, deux pour les mathématiques, un pour la géométrie descriptive et les arts graphiques, et un pour les sciences physiques.

Les deux premiers, dont les fonctions seront permanentes, et qui prendront connaissance, dans le cours de l'année des progrès des élèves, seront choisis parmi les membres de l'académie royale des sciences, et nommés par nous, sur la présentation de nos trois ministres de l'intérieur, de la guerre et de la marine : les deux autres, dont la mission sera temporaire, seront présentés tous les ans par le conseil de perfectionnement, et nommés par notre ministre secrétaire d'Etat de l'intérieur.

30. Les deux examinateurs de mathématiques assisteront aux examens annuels qui ont lieu dans les écoles d'application, l'un à Metz l'autre à Paris, et chacun d'eux aura voix dans le jury formé pour le classement des élèves de l'école dans laquelle il aura été chargé de se transporter à cet effet.

Les examinateurs de géométrie descriptive et de sciences physiques pourront être appelés à remplir cette mission, qui, pour celui envoyé à Metz, donnera droit à une indemnité de route et de séjour.

TITRE IV. Des jurys d'examen.

31. Tous les ans, vers le 1er octobre au plus tard, il sera formé à Paris un jury pour l'admission à l'école polytechnique, des candidats examinés dans le mois précédent. Ce jury, présidé par le pair de France auquel sera attribuée la présidence des conseils supérieurs de l'école, sera composé, en outre, des deux examinateurs de mathématiques et des trois examinateurs d'admission.

Ce jury dressera la liste, par ordre de mérite, de tous les candidats jugés en état d'être reçus à l'école; et il la présentera à notre ministre de l'intérieur, qui fera expédier les lettres d'admission suivant l'ordre de cette liste, en raison du nombre des places à remplir dans les services publics, et du nombre des candidats admis sans destination déterminée.

Toute lettre d'admission fera mention expresse du numéro d'ordre obtenu par le candidat auquel elle sera délivrée. Si le candidat ne s'est pas destiné à un service public, la même lettre rappellera qu'il n'aura pas la faculté de concourir pour les places avec les élèves admis en même temps que lui.

32. Tous les ans, dès que l'examen de l'école sera terminé, il sera formé un autre jury, tant pour le passage des élèves de la deuxième division dans la première, que pour l'admission des élèves de la première division dans les services publics, ou en général pour la sortie de l'école polytechnique.

Ce jury, présidé par le pair de France président annuel des conseils supérieurs de l'école, sera composé, en outre, des quatre examinateurs désignés dans l'article 29. Il dressera et présentera à ceux de nos ministres que concernent les différens services publics, la liste, par ordre de mérite, des élèves reconnus avoir l'instruction et les qualités requises pour y être admis.

Ces élèves seront, en effet, répartis dans les écoles d'application par nosdits ministres, suivant le rang que chacun d'eux occupera sur la liste.

33. Quant aux élèves qui, ne s'étant pas destinés à un service public, auraient cependant terminé leur instruction à l'école polytechnique, ils seront examinés comme les autres élèves, mais seulement à l'effet d'obtenir un certificat de notre ministre de l'intérieur, lequel attestera leur instruction, s'il y a lieu, en faisant mention expresse du rang qu'ils ont obtenu dans la liste générale d'examen de sortie.

TITRE V. Des cours d'enseignement.

34. Les cours d'enseignement qui auront lieu dans l'école polytechnique sont réglés ainsi qu'il suit :

Il sera fait chaque année : 1° deux cours d'analyse et de mécanique, pour chacun desquels il y aura un professeur et un répétiteur;

2° Un cours de géométrie descriptive, dont le professeur enseignera aussi ce qui concerne la perspective, les ombres et les machines : un répétiteur sera attaché à ce cours;

3° Un cours d'analyse appliquée à la géométrie des courbes et à la géométrie des trois dimensions, fait par un professeur qui enseignera aussi la partie théorique de la géodésie et l'arithmétique sociale : il y aura pour ce cours un répétiteur;

4° Un cours de physique, auquel seront attachés un professeur et un répétiteur;

5° Deux cours de chimie et de manipulations chimiques, pour chacun desquels il y aura un professeur et un répétiteur;

6° Un cours d'architecture, pour lequel il y aura un professeur secondé comme il sera dit ci-après;

7° Un cours de dessin, auquel seront attachés un professeur dirigeant cette partie de l'enseignement; deux-maîtres pour le dessin de la figure et du paysage; deux maîtres pour le dessin graphique et le lavis, dont l'un secondera le professeur d'architecture; un maître pour le dessin de la carte;

8° Un cours de grammaire, belles-lettres, histoire et morale, pour lequel il y aura un professeur.

35. L'ordre à établir pour ces divers cours et pour les études des élèves sera déterminé, au moyen de programmes annuels, par le conseil de perfectionnement.

TITRE VI. Fonctionnaires de l'école et autres employés.

36. Un directeur de l'école sera chargé d'assurer l'exécution journalière des réglemens; il présentera au conseil de perfectionnement les renseignemens, comptes et projets de budget, dont ce conseil s'occupera.

Il rendra compte, pour tout ce qui concerne l'instruction, l'administration et la police de l'école, à notre ministre de l'intérieur, dont il exécutera les ordres.

Il correspondra avec le pair de France, président du conseil d'inspection, sur tout ce qui est de la compétence de ce conseil.

37. Le directeur de l'école royale polytechnique sera choisi parmi les fonctionnaires principaux, soit en activité, soit en retraite, des différens services civils et militaires auxquels l'école fournit des élèves; il sera nommé par nous, sur la proposition de notre ministre secrétaire d'Etat de l'intérieur.

38. Sous les ordres du directeur, un inspecteur des études surveillera et constatera l'exécution des programmes d'enseignement, tant de la part des professeurs que de la part des élèves. Il secondera le directeur dans ses fonctions, et le suppléera, soit en cas d'absence, soit en cas de maladie.

L'inspecteur des études sera nommé par nous, sur la présentation de notre ministre de l'intérieur.

39. Six sous-inspecteurs seront chargés d'exercer une surveillance journalière sur les élèves, tant pendant les études que hors des études : ils seront nommés par notre ministre de l'intérieur, et choisis, autant que possible, parmi les fonctionnaires en activité dans les services publics que cette école alimente. Lesdits fonctionnaires pourront être détachés temporairement de leur service, par le ministre sous les ordres duquel ils se trouvent, pour venir exercer les fonctions de sous-inspecteur; alors ils conserveront, pendant la durée de cette mission, leur rang et leur grade dans le corps auquel ils appartiendront, ainsi que leur traitement, auquel il sera ajouté un supplément pris sur les fonds affectés à l'école polytechnique.

40. Un ecclésiastique sera attaché à l'école polytechnique en qualité d'aumônier ; il y remplira les fonctions de son ministère; il entretiendra, par ses instructions, les sentimens religieux parmi les élèves. Il sera nommé par nous, sur la présentation de notre grand aumônier.

41. Seront attachés à l'école :

Un administrateur,

Un trésorier garde des archives et secrétaire des conseils intérieurs de l'école,

Un bibliothécaire,

Un médecin,

Un chirurgien.

42. Les professeurs de l'école seront nommés par nous, sur la proposition de notre ministre secrétaire d'Etat de l'intérieur, le conseil de perfectionnement entendu.

Les autres nominations seront faites par notre ministre secrétaire d'Etat de l'intérieur, sur la proposition des conseils d'instruction ou d'administration ci-après (article 45).

43. Un réglement de notre ministre secrétaire d'Etat de l'intérieur déterminera le nombre, les fonctions et les obligations des salariés subalternes qui seront nommés par le directeur.

44. Seront tenus de résider dans le local affecté à l'école polytechnique :

Le directeur,

L'inspecteur des études,

L'aumônier,

L'administrateur,

Le Trésorier, garde des archives et secrétaire des conseils intérieurs de l'école,

Le bibliothécaire.

Chacun de ces fonctionnaires jouira, en conséquence, d'un logement dans l'école.

Les professeurs, les répétiteurs, les maitres de dessin, le médecin et le chirurgien, pourront habiter hors de l'établissement.

TITRE VII. Conseils d'instruction et d'administration (1).

45. Il sera établi dans l'école un conseil d'instruction et un conseil d'administration.

46. Le conseil d'instruction sera composé ainsi qu'il suit :

Le directeur de l'école, président, ayant voix prépondérante en cas de partage,

L'inspecteur des études,

L'aumônier,

Les dix professeurs,

Le bibliothécaire,

Le Trésorier-secrétaire.

47. Ce conseil, qui s'assemblera au moins une fois tous les mois, s'occupera de tout ce qui est relatif à l'enseignement et aux études des élèves, tant pour assurer l'exécution des programmes arrêtés et des réglemens en général, que pour proposer, à la fin de chaque année, les changemens qu'il jugerait utile d'y apporter. Dans ce dernier cas, ses propositions seront discutées par le conseil de perfectionnement.

48. Le conseil d'administration sera composé ainsi qu'il suit :

Le directeur de l'école, président, ayant voix prépondérante en cas de partage,

L'inspecteur des études,

L'un des professeurs qui sera désigné tous les deux ans par notre ministre de l'intérieur,

Deux des sous-inspecteurs, désignés de même par notredit ministre,

L'administrateur,

Le Trésorier-secrétaire.

Ces deux derniers membres n'auront que voix consultative dans le conseil d'administration.

49. Ce conseil, qui s'assemblera au moins une fois tous les quinze jours, réglera tout ce qui est relatif aux recettes et dépenses de l'établissement, d'après le budget annuel, et sans pouvoir s'écarter des fixations établies par ce même budget.

TITRE VIII. Traitemens et dépenses de l'école.

50. Les fonctions des membres des conseils de perfectionnement et d'inspection sont gratuites.

51. Seront payés sur le budget du ministère de la guerre :

1° Les traitemens des trois examinateurs d'admission ;

2° Les indemnités pour frais de route et de séjour, en faveur de ceux de ces examinateurs qui seront envoyés dans les départemens;

3° Les indemnités accordées à celui des quatre examinateurs de l'école qui sera envoyé à Metz (art. 30), pour les examens de sortie des écoles d'application de l'artillerie et du génie ;

4° Douze bourses de mille francs chacune.

Quatre bourses seront payées par le ministre de la marine.

52. Tous les autres traitemens, gages et salaires, les pensions de huit bourses, les indemnités aux deux examinateurs annuels, les sommes qui seront jugées nécessaires pour le matériel de l'instruction et pour dépenses imprévues, seront acquittés sur le budget du ministère de l'intérieur.

53. Le budget particulier de l'école sera, chaque année, proposé par le directeur et le conseil d'administration, et arrêté par le ministre de l'intérieur, sur l'avis du conseil de perfectionnement.

54. Indépendamment du traitement fixe, il sera accordé au directeur une indemnité pour frais de bureau et de représentation : dans le cas où l'inspecteur des études serait chargé de remplacer le directeur pour cause d'absence ou de maladie, ces frais de bureau et de représentation pourront être alloués à l'inspecteur, pendant le temps que durera le remplacement.

55. Il sera fait une retenue de trois pour cent sur tous les traitemens des fonctionnai-

(1) Les membres ont été nommés par ordonnance du 18 septembre 1816.

res attachés à l'école polytechnique, pour former un fonds destiné à l'acquit des pensions, lequel aura lieu conformément à un réglement ultérieur que notre ministre de l'intérieur nous présentera sur cet objet.

Quant aux personnes qui auraient dès à présent acquis des droits à des pensions de retraite, il nous sera proposé par notredit ministre un moyen de les assurer sur un fonds qui sera destiné à cet objet, de manière que les traitemens qui seront fixés par nous, ne puissent en aucun cas éprouver partage ou réduction à cet égard.

TITRE IX. *Dispositions diverses.*

56. Les élèves présens à l'école polytechnique à l'époque du licenciement, seront admis, en 1817, aux examens des écoles d'application, en justifiant de leur bonne conduite et de la continuation de leurs études : à cette fin, des lettres d'examen leur seront délivrées par les ministres dans les attributions desquels sont les services publics auxquels ils déclareront se destiner; et cependant notre ministre de la guerre pourra nous proposer de les placer dans les divers corps de la ligne, suivant les besoins.

57. Notre ministre de l'intérieur prendra les mesures par lui reconnues nécessaires pour mettre promptement l'école en activité, conformément à la présente ordonnance.

58. Toutes les dispositions contraires à la présente sont rapportées.

59. Nos ministres de l'intérieur, de la guerre et de la marine sont chargés de l'exécution de la présente ordonnance.

---

4 = Pr. 21 SEPTEMBRE 1816. — Ordonnance du Roi additionnelle à celle relative à l'organisation du train d'artillerie de la garde royale. (7, Bull. 113, n° 1129.)

Louis, etc.

Art. 1er. Le régiment du train d'artillerie de notre garde aura un porte-étendard du grade de sous-lieutenant.

2. Il est créé un emploi de chirurgien-major dans le train d'artillerie de notre garde.

3. Lemploi de chirurgien aide-major dans le régiment du train d'artillerie de notre grade est et demeure supprimé.

4. Chacune des six compagnies du train d'artillerie de notre garde sera augmentée de dix soldats.

5. Notre ministre de la guerre est chargé de l'exécution de la présente ordonnance.

---

4 = Pr. 28 SEPTEMBRE 1816. — Ordonnance du Roi portant autorisation de la société anonyme formée à Paris sous le nom de *Compagnie d'assurance mutuelle contre l'incendie*. (7, Bull. 114, n° 1145.)

Louis, etc.

Vu l'acte de société passé sous seing privé, le 6 janvier dernier, et reçu chez Me Roard, notaire, et son confrère, à Paris, le 8 du même mois; les changemens apportés audit acte par les sociétaires, d'après les observations de notre ministre secrétaire d'Etat de l'intérieur; une nouvelle rédaction dudit acte avec de nouvelles modifications, transmise au comité, au nom des sociétaires, par le sieur Dupan, directeur général, le 30 avril dernier;

Vu l'article 1er dudit acte de société, par lequel il est déclaré qu'elle forme une société anonyme; vu les observations de notre ministre secrétaire d'Etat, préfet de police, en date du 28 mars dernier; vu les modifications apportées au projet de statuts de la compagnie par acte passé devant Roard, notaire, le 29 juin dernier;

Sur le rapport de notre ministre secrétaire d'Etat au département de l'intérieur;

Notre Conseil-d'Etat entendu,

Nous avons ordonné et ordonnons ce qui suit :

Art. 1er. La société anonyme formée à Paris sous le nom de *Compagnie d'Assurance mutuelle contre l'incendie*, est et demeure autorisée, conformément aux statuts compris dans l'acte passé par-devant Roard, notaire à Paris, le 29 juin dernier, lesquels demeureront annexés à la présente ordonnance et seront affichés avec elle.

2. Devront les sociétaires se conformer à toutes les dispositions du Code de commerce, aux lois, réglemens et aux ordonnances de police sur le fait des incendies.

3. Notre ministre secrétaire d'Etat de l'intérieur désignera un commissaire, chargé, conformément à l'article 27 des statuts, de prendre connaissance des opérations de cette société. Le commissaire surveillera ces opérations, et en rendra compte à notre ministre secrétaire d'Etat de l'intérieur : il informera notre préfet de police à Paris de tout ce qui pourrait intéresser l'ordre et la sûreté publics.

Il pourra suspendre provisoirement celles des opérations de ladite société qui lui paraîtraient contraires aux lois et aux statuts de la société, ou dangereuses pour l'ordre et la sûreté publics, et ce jusqu'à la décision à intervenir de la part des autorités compétentes.

Il préviendra notre préfet de police des réunions du conseil général des sociétaires, qui auront lieu conformément aux articles 16 et 17 de l'acte de société.

4. Notre ministre de l'intérieur est chargé de l'exécution de la présente ordonnance.

4 SEPTEMBRE 1816. — Ordonnance du Roi contenant nouvelle fixation des jours de la tenue des six foires de Bourbon-Vendée. (7, Bull. 116, n° 1207.)

---

4 SEPTEMBRE 1816 — Ordonnances du Roi qui accordent des lettres de déclaration de naturalité aux sieurs de Carrel, Thomas, Deflinne, comte Gentile, Cartier, Ferino et Tagand. (7, Bull. 112, 116, 118, 120, 127, 157, et 175.)

---

4 SEPTEMBRE 1816. — Ordonnance du Roi qui permet aux sieurs Dunoyer et Letellier d'ajouter à leurs noms ceux de Nuirmont et de Blanchard, et au sieur Lalau-Dezoutté de prendre désormais le nom de Lalau-Keraly. (7, Bull. 119, n° 1255.)

---

4 SEPTEMBRE 1816. — Ordonnances du Roi qui autorisent l'acceptation de legs faits aux pauvres, séminaires, congrégations et fabriques des églises de Bousières-aux-Dames, Drain, Saint-Christophe-de-la Couperie, Murvaux, Toulouse, Treize-Septiers, Nancy, Saint-Just, Lanvellec, Cambrai, Auray, Juille et Ouroux. (7, Bull. 119 et 120, n° 1262 à 1272)

---

5 = Pr. 8 SEPTEMBRE 1816. — Ordonnance du Roi portant dissolution de la Chambre des députés, et convocation des colléges électoraux. (7, Bull. 111, n° 1081.)

Louis, etc.

Depuis notre retour dans nos Etats, chaque jour nous a démontré cette vérité proclamée par nous dans une occasion solennelle, qu'à côté de l'avantage d'améliorer est le danger d'innover. Nous nous sommes convaincu que les besoins et les vœux de nos sujets se réunissaient pour conserver intacte cette Charte constitutionnelle, base du droit public en France et garantie du repos général. Nous avons en conséquence jugé nécessaire de réduire la Chambre des députés au nombre déterminé par la Charte, et de n'y appeler que des hommes de l'âge de quarante ans. Mais, pour opérer légalement cette réduction, il est indispensable de convoquer de nouveau les colléges électoraux, afin de procéder à l'élection d'une nouvelle Chambre des députés :

A ces causes,

Nos ministres entendus,

Nous avons ordonné et ordonnons ce qui suit :

Art. 1er. Aucun des articles de la Charte constitutionnelle ne sera révisé. (1).

2. La Chambre des députés est dissoute.

3. Le nombre des députés des départemens est fixé, conformément à l'article 36 de la Charte, suivant le tableau ci-annexé (2).

4. Les colléges électoraux d'arrondissement et de département restent composés tels qu'ils ont été reconnus et tels qu'ils ont dû être complétés par notre ordonnance du 21 juillet 1815 (3).

5. Les colléges électoraux d'arrondissement se réuniront le 25 septembre de la présente année. Chacun d'eux élira un nombre de candidats égal au nombre des députés du département.

6. Les colléges électoraux de département se réuniront le 4 octobre. Chacun d'eux choisira au moins la moitié des députés parmi les candidats présentés par les colléges d'arrondissement. Si le nombre des députés du département est impair, le partage se fera à l'avantage de la portion qui doit être choisie parmi les candidats.

Les colléges de département qui n'ont qu'un député à nommer auront la faculté de le choisir dans ou hors la liste des candidats.

7. Toute élection où n'assisterait pas la moitié plus un des membres du collége, sera nulle. La majorité absolue parmi les membres présens est nécessaire pour la validité de l'élection des députés.

Si les colléges d'arrondissement n'avaient pas complété l'élection du nombre des candidats qu'ils peuvent choisir, le collége de département n'en procéderait pas moins à ses opérations.

8. Les procès-verbaux d'élection seront examinés à la Chambre des députés, qui prononcera sur la régularité des élections. Les députés élus seront tenus de produire à la Chambre leur acte de naissance, constatant qu'ils sont âgés de quarante ans, et un extrait des rôles, dûment légalisé par les préfets, constatant qu'ils paient au moins mille francs de contributions directes.

9. On comptera :

Au mari, les contributions payées par sa femme, quoique non commune en biens ;

Au père, celles de ses enfans mineurs ;

Celles d'une veuve non remariée, à celui de ses fils qu'elle choisira ;

Au gendre, celles de sa belle-mère, veuve non remariée, dont il aurait épousé la fille unique ;

Au fils et au gendre, celles du père et du beau-père, si le père ou le beau-père leur transfèrent leur droit.

---

(1) *Voy.* ordonnance du 13 juillet 1815 et notes. *Voy.* aussi les notes sur les art. 36, 37 et 40 de la Charte, dans lesquelles sont indiquées les lois modificatives de ces articles.

(2 et 3) *Voy.* lois du 5 février 1817 et du 29 juin 1820.

10. Les colléges se tiendront et les élections auront lieu dans la forme et selon les règles prescrites pour les derniers colléges.

11. La session de 1816 s'ouvrira le 4 novembre de la présente année.

12. Les dispositions de l'ordonnance du 13 juillet 1815 contraires à la présente sont révoquées.

13. Notre ministre de l'intérieur est chargé de l'exécution de la présente ordonnance.

TABLEAU DES DÉPUTÉS

qui doivent être élus par les colléges électoraux.

DÉPARTEMENS.	NOMBRE.	POPULATION.	DÉPARTEMENS.	NOMBRE.	POPULATION.
Ain	3	322,608	Loiret	3	285,395
Aisne.	4	432,237	Lot.	4	272,233
Allier	2	254,558	Lot-et-Garonne. .	3	326,127
Alpes (Basses). . .	1	147,910	Lozère.	1	143,247
Alpes (Hautes) . .	1	121,523	Maine-et-Loire. .	4	404,489
Ardèche.	2	284,743	Manche	4	581,429
Ardennes	2	345,980	Marne.	3	311,017
Ariége.	2	222,936	Marne (Haute) . .	2	237,785
Aube	2	238,819	Mayenne	3	332,253
Aude	2	240,993	Meurthe.	3	365,810
Aveyron.	3	318,047	Meuse.	2	284,703
Bouch.-du-Rhône.	3	293,235	Morbihan	4	403,423
Calvados.	4	505,420	Moselle	4	562,700
Cantal.	2	251,436	Nièvre.	2	241,520
Charente.	3	326,885	Nord	8	899,890
Charente-Inférr. . .	4	393,011	Oise	3	383,507
Cher.	2	228,158	Orne.	4	425,920
Corrèze	2	254,271	Pas-de-Calais. . .	4	580,457
Corse	2	174,572	Puy-de-Dôme . .	4	542,834
Côte-d'Or.	3	335,436	Pyrénées (Basses).	3	383,502
Côtes-du-Nord. .	4	519,620	Pyrénées (Hautes).	2	198,763
Creuse.	2	226,224	Pyrénées-Orient. .	1	126,626
Dordogne	4	424,113	Rhin (Bas)	4	500,000
Doubs.	2	226,093	Rhin (Haut). . . .	3	421,101
Drôme.	2	253,372	Rhône	3	347,381
Eure.	4	421,481	Saône (Haute) . .	2	305,546
Eure-et-Loir . . .	2	265,996	Saône-et-Loire . .	4	463,782
Finistère.	4	452,895	Sarthe.	4	410,380
Gard.	3	322,144	Seine	8	631,531
Garonne (Haute) .	4	367,551	Seine-et-Marne. .	3	304,068
Gers.	3	286,499	Seine-et-Oise. . .	4	430,972
Gironde	5	514,562	Seine-Inférieure .	6	742,948
Hérault	3	301,099	Sèvres (Deux) . .	2	254,105
Ille-et-Vilaine. . .	4	508,344	Somme	4	495,105
Indre.	2	204,721	Tarn.	2	295,885
Indre-et-Loire . .	2	275,292	Tarn-et-Garonne .	2	238,882
Isère.	4	471,660	Var	3	283,296
Jura.	2	292,882	Vaucluse	2	205,832
Landes.	2	240,146	Vendée.	3	268,786
Loir-et-Cher . . .	2	212,552	Vienne.	2	253,048
Loire.	3	315,858	Vienne (Haute). .	2	243,105
Loire (Haute). . .	2	268,202	Vosges.	3	334,169
Loire-Inférieure. .	4	407,827	Yonne.	3	326,324

5 SEPTEMBRE 1816. — Ordonnance du Roi portant nomination des présidens des colléges électoraux de départemens. (7, Bull. 111, n° 1082.)

5 SEPTEMBRE 1816. — Ordonnance du Roi relative à la destination du prix des ventes des matériaux et terrains du Château-Trompette à Bordeaux (1).

9 SEPTEMBRE 1816. — Ordonnance du Roi contenant la nouvelle édition du Code d'instruction criminelle. (7, Bull. 112, n° 1128 *bis*.)

Voy. ordonnance du 30 AOUT 1816, et celle du même jour, 9 SEPTEMBRE 1816.

Louis etc.

Vu notre ordonnance du 17 juillet 1816;

Sur le rapport de notre amé et féal chevalier le chancelier de France, chargé du portefeuille du ministère de la justice,

Nous avons ordonné et ordonnons ce qui suit :

A compter du jour où la présente ordonnance aura dû recevoir son exécution dans chacun des départemens de notre royaume, il ne pourra plus être cité ni employé dans les actes sous seing privé et authentiques, plaidoiries, défenses écrites, consultations, ordonnances, jugemens, arrêts, arrêtés administratifs, ni dans aucun autre acte public, de quelque nature qu'il soit, d'autre texte du Code d'instruction criminelle que celui qui suit.

9 SEPTEMBRE 1816. — Ordonnance du Roi contenant la nouvelle édition du Code pénal. (7, Bull. 113 *bis*, n° 1144 *bis*.)

Voy. ordonnances des 30 AOUT et 9 SEPTEMBRE 1816.

Louis, etc.

Vu notre ordonnance du 17 juillet 1816,

Sur le rapport de notre amé et féal chevalier le chancelier de France, chargé du portefeuille du ministère de la justice,

Nous avons ordonné et ordonnons ce qui suit:

A compter du jour où la présente ordonnance aura dû recevoir son exécution dans chacun des départemens de notre royaume, il ne pourra plus être cité ni employé dans les actes sous seing privé et authentiques, plaidoiries, défenses écrites, consultations, ordonnances, jugemens, arrêts, arrêtés administratifs, ni dans aucun autre acte public, de quelque nature qu'il soit, d'autre texte du Code pénal que celui qui suit.

9 SEPTEMBRE 1816. — Ordonnances du Roi qui nomment présidens du collége du département d'Indre-et-Loire M. Gouin-Moisant, en remplacement de M. Desouches, et M. Alexis Gabriac président du collége électoral du département du Var. (7, Bull. 113 et 114.)

11 = Pr. 21 SEPTEMBRE 1816. — Ordonnance du Roi qui approuve les statuts de la société anonyme formée à Paris sous le nom de *compagnie d'assurances maritimes* et autorise cet établissement à prendre le titre de *compagnie royale d'assurances maritimes*. (7, Bull. 113, n° 1131.)

Voy. ordonnance du 11 FÉVRIER 1820.

Louis, etc.

Vu l'acte de société passé, les 30 août, 2 et 3 septembre 1816, par-devant Colin de Saint-Mange et Trubert, notaires à Paris; vu l'art. 1er dudit acte de société, par lequel il est déclaré qu'elle forme une société anonyme sous le nom *d'Assurances maritimes;* vu l'avis de notre ministre d'Etat préfet de police en date du 10 septembre courant;

Sur le rapport de notre ministre secrétaire-d'Etat de l'intérieur;

Notre Conseil-d'Etat entendu,

Nous avons ordonné et ordonnons ce qui suit:

Art. 1er. La société anonyme formée à Paris sous le nom de *Compagnie d'assurances maritimes* est et demeure autorisée, conformément aux statuts compris dans l'acte passé les 30 août, 2 et 3 septembre 1816, pardevant Colin de Saint-Mange et Trubert, notaires à Paris, lesquels statuts demeureront annexés à la présente ordonnance et seront affichés avec elle.

2. Ayant égard à l'importance de cette entreprise pour le commerce maritime de notre royaume, et en considérant qu'elle est la première de ce genre soumise à notre approbation, nous autorisons ladite compagnie à prendre le titre de *Compagnie royale d'Assurances maritimes*, sans néanmoins que cette faveur puisse tirer à conséquence, conférer aucune préférence ou privilége, ni impliquer l'idée d'aucun intérêt ou participation du Gouvernement dans ladite société.

3. Notre ministre de l'intérieur est chargé de l'exécution de la présente ordonnance.

11 = Pr. 28 SEPTEMBRE 1816. — Ordonnance du Roi qui élève la ville d'Avignon au rang des

(1) Cette ordonnance n'est pas imprimée au Bulletin des Lois; elle est rappelée par celle du 29 octobre 1817, qui autorise la ville de Bordeaux à faire un emprunt de deux millions cent vingt-neuf mille francs.

bonnes villes du royaume. (7, Bull. 114, n° 1147.)

Voy. ordonnance du 23 AVRIL 1821.

Louis, etc.

Voulant reconnaître le zèle que la ville d'Avignon a montré pour notre service, et témoigner à ses habitans la satisfaction que nous ont fait éprouver les sentimens dont ils sont animés pour notre personne:

A ces causes,

Sur le rapport de notre ministre secrétaire d'Etat de l'intérieur,

Nous avons ordonné et ordonnons ce qui suit:

Art. 1er. La ville d'Avignon est élevée au rang des bonnes villes de notre royaume.

2. Notre ministre de l'intérieur est chargé de l'exécution de la présente ordonnance.

---

11 SEPTEMBRE 1816. — Ordonnance du Roi qui nomme le sieur Tiolier fils graveur général des monnaies, en remplacement de son père, démissionnaire. (7, Bull. 116, n° 1208.)

---

11 SEPTEMBRE 1816. — Ordonnance du Roi qui nomme les directeur, inspecteurs, professeurs, etc., de l'école royale polytechnique. (Monit. n° 256.)

---

11 SEPTEMBRE 1816. — Ordonnance du Roi qui étend à la commune de Forens, arrondissement de Nantua, les dispositions de l'ordonnance du 24 février 1815, par laquelle les communes des arrondissemens de Gex, Rumilly et Annecy ont été autorisées à exporter leurs charbons de bois. (7, Bulletin 119, n° 1279.)

---

11 SEPTEMBRE 1816. — Ordonnances du Roi qui autorisent l'acceptation de dons et legs faits aux séminaires de Grenoble et de Rennes; à la fabrique de Fougères; à la maison de refuge établie à Tours; aux dames bénédictines de Saint-Désir établies à Lisieux; aux pauvres de la paroisse de Saint-Etienne de Toulouse; aux hospices d'Oloron, Mezières, Mouzon, et du Puy; aux pauvres de Juillé, Saint-Antoine d'Ouroux, Saint-Martin-de-Lansuscle, Salon, Lagny, Corbie et Saint-Geniez; aux hospices de Malancène, Sisteron, Montluel, Bar-le-Duc, Auxonne, Airaine, Dijon, Beurville, Chirac, Auxerre, Alby, et au consistoire de l'église réformée de Bergerac. (7, Bull. 119, 120, 121 et 122.)

---

11 SEPTEMBRE 1816. — Ordonnances du Roi qui accordent des lettres de déclaration de naturalité aux sieurs Bourgeois, Goetschy, Girard, Lambert, de Buffa, Paumier, Korbach et Cesena. (7, Bull. 122, 129, 141, 153, 160 et 173.)

---

11 SEPTEMBRE 1816. — Ordonnance du Roi qui permet aux sieurs Jacquin et Billebaut de faire des changemens et additions à leurs noms. (7, Bull. 120, n° 1308.)

---

11 SEPTEMBRE 1816. — Ordonnances du Roi qui approuvent l'institution de la maison de refuge établie à Tours; les statuts des sœurs hospitalières de Pléaux et de Billom dans la commune de Moissel, et l'établissement d'éducation chrétienne formé à Lisieux département du Calvados. (7, Bull. 119.)

---

11 SEPTEMBRE 1816. — Ordonnance du Roi qui admet les sieurs Audibert et Kummerlen à établir leur domicile en France. (7, Bull. 122.)

---

14 SEPTEMBRE 1816. — Ordonnances du Roi qui nomment MM. le comte de Germiny, Séguier et Lezay-Marnésia préfets des départemens du Lot, de la Meurthe et de la Somme. (7, Bull. 113.)

---

17 SEPTEMBRE 1816. — Ordonnances du Roi qui nomment MM. Prosper Delaunay et le baron Oberlin présidens des colléges électoraux des départemens de la Mayenne et du Loiret. (7, Bull. 114.)

---

18 = Pr. 28 SEPTEMBRE 1816. — Ordonnance du Roi relative à la composition de la commission mixte des travaux publics. (7, Bull. 114, n° 1151.)

Louis, etc.

Sur le compte qui nous a été rendu que la suppression des emplois de premier inspecteur général du génie, et du conseiller d'Etat chargé des travaux maritimes, ainsi que la réduction du nombre des inspecteurs généraux, membres du comité des fortifications, opérées par nos ordonnances des 21 mai 1814, 17 juillet et 22 septembre 1815, exigent qu'il soit apporté des modifications à la composition de la commission mixte des travaux publics, dont ces fonctionnaires étaient, les uns, membres permanens, et les autres, désignés par nos ministres respectifs.

Nous nous sommes convaincu que le but de l'institution de cette commission a été de faire concourir à l'examen et à la discussion de de tous les projets de travaux publics qui peuvent intéresser à la fois les services militaire, civil et maritime, les divers ingénieurs attachés à ces trois départemens, afin que ce concert pût amener des moyens de conciliation dans les cas d'opposition des vues et d'intérêts publics entre les divers services, ou présenter, de part et d'autre, tous les motifs qui pourraient éclairer les décisions à provoquer par nos ministres dans les cas de contestation, et enfin de donner, dans l'admission de tout projet quelconque de travaux publics mixtes, la garantie qu'ils sont adoptés dans les considérations les plus déterminantes des vrais intérêts de l'État.

Nous avons considéré, en outre, que les discussions de cette commission ne peuvent, par leur nature, emporter aucune décision, et qu'elles n'ont pour résultat que de présenter à nos ministres l'opinion mûrie et débattue des membres qui la composent, sur des projets qui intéressent à la fois divers services, et qui ont déjà subi un examen préliminaire dans le comité des fortifications et dans le conseil des ponts-et-chaussées.

Nous étant fait représenter le décret du 22 décembre 1812 et notre ordonnance du 27 février 1815, qu'il nous a paru convenable de réunir en une seule et même ordonnance, avec les modifications devenues nécessaires,

Avons ordonné et ordonnons ce qui suit :

Art. 1er. La commission mixte de travaux publics sera composée :

1° D'un officier général du corps royal du génie, membre du comité des fortifications, désigné par notre ministre secrétaire d'Etat de la guerre ;

2° D'un inspecteur général membre du conseil des ponts-et-chaussées, désigné par notre ministre secrétaire d'Etat de l'intérieur;

3° D'un inspecteur général des ponts-et-chaussées, attaché au département de la marine, et qui sera désigné par notre ministre secrétaire d'Etat de ce département;

4° De deux secrétaires du Conseil des ponts-et-chaussées et du comité des fortifications ;

2. La commission mixte se réunira d'après la demande de celui des conseil ou comité qui aura des projets à présenter à son examen, et sur l'avis qui en sera donné par leurs présidens respectifs.

Les discussions pourront avoir lieu, soit par les membres composant la commission, soit, concurremment avec eux, par des rapporteurs envoyés *ad hoc* par les comité et conseil respectifs.

3. Un secrétaire-archiviste, choisi par la commission mixte, sera chargé de la réception et du renvoi des dossiers, de la rédaction des procès-verbaux de ses séances, de la tenue des registres, de l'expédition du travail et de la conservation des minutes et papiers.

Il sera pris parmi les officiers du corps royal du génie, ou parmi les ingénieurs des ponts-et-chaussées.

Notre ministre de la guerre désignera un local pour la tenue des séances de la commission mixte et le dépôt de ses papiers.

4. Les travaux mixtes du génie, des ponts-et-chaussées et de la marine, seront concertés sur les lieux entre les directeurs ou ingénieurs en chef des divers services.

Ce concert s'établira dès l'époque de la rédaction primitive des projets, et les ingénieurs n'attendront point, pour entrer en conférence, qu'ils en aient reçu l'ordre ou l'invitation : l'initiative, à cet égard, leur appartient de droit et par devoir.

Ils rédigeront et signeront conjointement les procès-verbaux de leurs conférences, contenant, avec les développemens convenables, leur avis commun ou leurs opinions respectives.

Ils annexeront les plans nécessaires, arrêtés et signés de la même manière que le procès-verbal.

Ces procès-verbaux et plans seront faits et signés au nombre d'exemplaires suffisant pour qu'il en soit adressé un par chaque chef de service au ministère du département auquel il ressortit.

5. Ces procès-verbaux et plans, avec les pièces à l'appui, seront renvoyés au comité des fortifications, au conseil général des ponts-et-chaussées, à l'inspection générale des travaux maritimes.

Les délibérations de ces conseil et comité seront ensuite portées, avec les pièces, à la discussion de la commission mixte, par l'un des membres de cette commission, ainsi qu'il est prescrit à l'article 2.

6. Le résultat des discussions de la commission mixte sera adressé par elle à nos ministres respectifs; et dans le cas où cette commission n'aurait pu concilier les intérêts des divers services, les projets seront mis sous nos yeux, pour qu'il y soit pourvu par une décision spéciale.

7. Chaque année, nos ministres de l'intérieur et de la marine donneront connaissance à notre ministre de la guerre, de tous les projets de construction ou démolition nouvelle dépendant de leurs départemens, qu'ils proposeraient de faire exécuter dans les limites militaires fixées sur une carte qui leur sera adressée à cet effet par notre ministre secrétaire d'Etat au département de la guerre; et aucuns travaux, excepté ceux de réparation et entretien, ne pourront être exécutés dans l'étendue de ces limites, qu'autant qu'ils auront été jugés sans inconvénient pour la défense du territoire.

8. De même notre ministre de la guerre donnera connaissance au département de l'intérieur et à celui de la marine, des travaux militaires qui pourraient intéresser l'un ou l'autre de ces départemens.

9. Aucun plan ni mémoire relatif aux travaux publics du ressort de la commission mixte ne pourra être publié ni imprimé sans l'autorisation de notre ministre de la guerre.

10. Toutes les dispositions prescrites par les décrets, ordonnances et réglemens rendus sur cette matière sont abrogées et cesseront de recevoir leur exécution.

11. Nos ministres de la guerre, de l'intérieur, et de la marine sont chargés de l'exécution de la présente ordonnance.

---

18 SEPTEMBRE 1816. — Ordonnance du Roi qui nomme membres du conseil de perfectionnement et d'inspection de l'école royale polytechnique, MM. les trois pairs de France, le duc de Doudeauville, le comte de la Martillière et le comte de Nicolaï. (7, Bull. 114, n° 1150.)

---

18 SEPTEMBRE 1816. — Ordonnance du Roi qui accorde des foires aux communes de Chanceay et de Hérie, et qui change les jours de la tenue de celles de Verneuil, Langeais, Charenton (Cher) et Juvardeil. (7, Bull. 124, n° 1349.)

---

18 SEPTEMBRE 1816. — Ordonnances du Roi qui accordent des lettres de déclaration de naturalité aux sieurs Henriod, Fœlker, Delatte, Dohmstrich, Nebrich, Givanovich, Massa Labaère. (7, Bull. 116, 124, 149, 153 et 173.)

---

18 SEPTEMBRE 1816. — Ordonnance du Roi qui admet les sieurs Erdman-Laad, Hild, Sieber, Landelin Flalck, Schwenger et Roussy à établir leur domicile en France. (7, Bull. 124, n° 1357.)

---

18 SEPTEMBRE 1816. — Ordonnance du Roi qui permet aux sieurs Azema et Loriot de faire des additions à leurs noms (7, Bull. 124, n° 1358.)

---

18 SEPTEMBRE 1816. — Ordonnances du Roi qui autorisent l'acceptation de dons et legs faits aux fabriques des églises de Branges, Pupillin, Outrebois, Saint-Clément-sous-Valsonne et de Sainte-Marguerite de Paris; aux hospitalières de Saint-Thomas de Villeneuve, de Notre-Dame de La Flèche et au séminaire du Mans. (7, Bull. 122 et 124.)

---

18 SEPTEMBRE 1816. — Ordonnance du Roi qui approuve l'établissement des religieuses ursulines formé à Clermont-Ferrand pour l'instruction gratuite des filles indigentes. (7, Bull. 124.)

---

18 SEPTEMBRE 1816. — Ordonnance du Roi portant que la chapelle Saint-Roch située à Saint-Clément-sous-Valsonne, département du Rhône, est ouverte au culte comme chapelle de dévotion. (7, Bull. 124, n° 1350.)

---

20 = Pr. 28 SEPTEMBRE 1816. — Ordonnance du Roi concernant la répartition du secours des onze millions consacrés au soulagement des départemens qui ont le plus souffert des calamités de la guerre. (7, Bull. 114, n° 1152.)

Louis, etc.

Notre ministre secrétaire d'Etat au département des finances nous ayant soumis le travail de la commission instituée par notre ordonnance du 8 mai dernier, pour la répartition des onze millions consacrés au soulagement des départemens qui ont le plus souffert des calamités de la guerre, et qui se composent :

De huit millions retranchés de notre liste civile;

De deux millions pris sur la somme affectée aux dépenses de notre bien-aimé frère, Monsieur, de notre bien-aimée nièce, Madame, et de nos bien-aimés neveux le duc d'Angoulême et le duc de Berry;

Et, en outre, du million prélevé sur les sommes votées par les deux Chambres à l'occasion du mariage de notre bien aimé neveu le duc de Berry;

Nous avons reconnu que, vu la multitude des maux à réparer, ce secours ne peut être que de quelque utilité et remplir le but que nous nous sommes proposé, qu'autant qu'il sera uniquement destiné à mettre ceux qui ne pourraient réparer les dommages qu'ils ont éprouvés, en état de rebâtir leurs maisons incendiées ou démolies, remplacer les bestiaux, les meubles, instrumens aratoires ou effets de première nécessité détruits ou pillés, d'ensemencer leurs terres, enfin de pouvoir se livrer de nouveau à leurs travaux ordinaires ou à l'exercice de leur industrie;

Que ce secours ne doit donc en aucune manière être alloué en dégrèvement de contributions ou autres charges publiques, mais distribué en espèces à ceux que les commissions locales jugeront y avoir droit.

Voulant que ceux de nos sujets à qui les calamités de la guerre auront laissé le moins de ressource soient admis de préférence à participer au secours que nous accordons, et que ce soulagement leur soit distribué avec tout le fruit et toute l'équité possibles :

A ces causes,

De l'avis de notre Conseil,

Et sur le rapport de notre ministre secrétaire d'Etat au département des finances,

Nous avons ordonné et ordonnons ce qui suit :

Art. 1er. La somme de onze millions assignée au soulagement des contrées de notre royaume les plus ravagées par la guerre sera distribuée par départemens et arrondissemens, conformément à l'état arrêté par nos commissaires.

2. Aussitôt après la réception de la présente ordonnance, le préfet procédera à la formation, dans chaque chef lieu d'arrondissement.

d'une commission de cinq membres choisie par lui dans le conseil d'arrondissement, et qui sera présidée par le sous-préfet. Cette commission fera la répartition du contingent de l'arrondissement entre les communes. Elle pourra consulter le contrôleur des contributions. La répartition qu'elle aura arrêtée sera soumise à l'approbation du préfet.

Dans l'arrondissement chef-lieu, la commission sera composée de cinq membres du conseil général et présidée par le préfet.

3. Dans chaque commune, une commission de deux membres du conseil municipal, choisie par le sous-préfet et présidée par le maire, fera la répartition individuelle.

Elle pourra consulter le percepteur des contributions; et la répartition qu'elle aura arrêtée sera revêtue de l'approbation du sous-préfet.

4. Les préfets et sous-préfets veilleront à ce que la répartition par communes, et surtout la répartition individuelle, soient faites suivant nos intentions manifestées dans le préambule de la présente ordonnance.

En conséquence, les propriétaires qui, par suite de leurs pertes, n'auront été jugés en 1816 imposables qu'à deux cents francs et au-dessous de contribution foncière principal et centimes additionnels, les fermiers et artisans privés des moyens d'exercer leur profession et sans ressources suffisantes pour y remédier, et les marchands détaillans qui ont été ruinés par le pillage de leurs marchandises, seront, à l'exclusion de toutes autres personnes, admis à participer à ce secours.

5. Les sommes qui, d'après la répartition arrêtée par la commission d'arrondissement, devront être payées à chaque commune, seront, sur les mandats du préfet, acquittées par le payeur du département entre les mains des maires, lesquels rendront compte aux sous-préfets de leur emploi.

Ces sommes ne pourront, en aucun cas, être allouées en compensation ou dégrèvement de contributions ou charges publiques d'aucune espèce.

6. Expédition de la présente ordonnance sera adressée au préfet de chacun des départemens qui ont part à la répartition, avec un extrait de l'état en ce qui concerne son département.

7. Notre ministre des finances est chargé de l'exécution de la présente ordonnance.

---

20 SEPTEMBRE 1816. — Ordonnance du Roi portant que le vicomte de Châteaubriant cessera dès ce jour d'être compté au nombre des ministres d'État. (Mon. n° 265.)

---

25 SEPTEMBRE = Pr. 5 OCTOBRE 1816. — Ordonnance du Roi relative aux cautionnemens des préposés de l'administration des contributions indirectes. (7, Bull. 115, n° 1162.)

Louis, etc.

Vu les lois des 25 nivose et 6 ventose an 13, 15 septembre 1807, l'article 4 de l'arrêté du Gouvernement du 5 germinal an 13, les décrets des 22 frimaire et 28 floréal an 13, 8 avril 1807, 28 août 1808; 29 août 1813, le titre IX de la loi du 28 avril 1816;

Sur le rapport de notre ministre secrétaire d'État des finances,

Nous avons ordonné et ordonnons ce qui suit :

Art. 1er. Les cautionnemens des préposés de l'administration des contributions indirectes seront affectés à la garantie de la gestion des titulaires, quel que soit le lieu où ils exerceront ou auront exercé leurs fonctions : en conséquence, à dater de ce jour, les cautionnemens qu'ils verseront au Trésor seront inscrits sans résidence, d'après le mode déjà établi, à l'égard de ceux des receveurs ambulans, par le décret du 28 août 1808; et il ne pourra être formé d'oppositions sur ces cautionnemens aux greffes des tribunaux de première instance, mais seulement au Trésor royal, à l'administration des cautionnemens.

2. Sont exceptés de cette disposition les cautionnemens des employés dénommés ci-après, lesquels continueront de recevoir une application à résidence fixe, savoir :

Les régisseurs des manufactures de tabacs;

Les garde-magasins généraux de manufactures et de feuilles;

Les contrôleurs en chef et ordinaires de fabrication et de comptabilité;

Les contrôleurs en chef, garde-magasins et contrôleurs particuliers de magasins de feuilles;

Les contrôleurs de culture;

Les débitans de tabacs.

3. Pour que les cautionnemens déjà versés et inscrits à résidence au Trésor puissent suivre à l'avenir les préposés, et servir de garantie de leur gestion dans le cas où ils viendraient à être nommés à de nouveaux emplois, ces préposés devront adresser à l'administrateur chargé du service des cautionnemens au Trésor :

1° Le certificat d'inscription qu'ils ont reçu;

2° Le certificat de non-opposition du greffier du tribunal de première instance de l'arrondissement porté sur l'inscription;

3° Le consentement du bailleur des fonds (s'il y en a un). Ce consentement devra être conforme au modèle annexé à la présente ordonnance, et ne sera passible que du droit fixe de deux francs.

4. Les cautionnemens ne devenant disponibles pour une seconde gestion qu'autant que la première est reconnue régulière, aucun préposé ne devra être installé dans de nouvelles fonctions qu'après qu'il aura rendu un compte de clerc-à-maître de son ancienne gestion, et que ce compte aura été admis par l'administration des contributions indirectes, qui en déclarera la régularité.

5. Notre ministre des finances est chargé de l'exécution de la présente ordonnance.

Modèle du consentement à fournir par les bailleurs de fonds des cautionnemens des préposés des contributions indirectes, en exécution de l'article 3 de l'ordonnance du Roi du 25 septembre 1816.

Par-devant Mᵉ

Fut présent lequel, en exécution de l'article 3 de l'ordonnance du Roi du a, par ces présentes, déclaré consentir que la somme de dont il est propriétaire comme bailleur de fonds de (*la totalité* ou *partie*) du cautionnement auquel est maintenant assujéti le sieur en sa qualité de , serve et soit employée à la garantie de la gestion du sieur partout ou l'administration des contributions indirectes jugera convenable de l'employer, et n'importe le grade où il viendrait à être appelé, sous la condition que le privilége qui lui était acquis sur le premier cautionnement (*jusqu'à concurrence de*), sera transféré (*jusqu'à la même concurrence*) sur le cautionnement que doit fournir le sieur

Au moyen de quoi il déclare reconnaître que la régie a le droit d'exercer son premier privilége, tant pour la gestion ancienne que pour toutes les autres gestions qui pourraient être confiées audit sieur

Fait et passé, etc.

Enregistré le

Vu pour la légalisation, etc.

Certifié conforme à l'original:

Le secrétaire général des finances :

LEFÈVRE.

---

25 SEPTEMBRE = Pr. 15 OCTOBRE 1816. — Ordonnance du Roi portant autorisation de la société des prêtres des missions de France, et approbation des statuts de cette société. (7, Bull. 117, n° 1214.)

Voy. les lois des 2 JANVIER 1817 et 24 MAI 1825; l'ordonnance du 2 AVRIL 1817, et les notes sur ces actes.

Louis, etc.

Le petit nombre de prêtres attachés aux églises particulières ne pouvant suffire aux besoins des diocèses de notre royaume, et la société des nouveaux missionnaires dits *prêtres des missions de France* offrant un puissant secours aux cures et succursales privées de pasteurs;

Vu l'exposé qui nous a été fait par notre cousin l'archevêque duc de Reims, notre grand aumônier, des travaux apostoliques des membres de cette association et des succès qu'ils ont obtenus;

Vu l'approbation donnée par les vicaires généraux capitulaires de l'archevêché de Paris aux statuts de ladite société, lesquels ne contiennent rien de contraire aux lois du royaume ni aux libertés de l'église gallicane;

Sur le rapport de notre ministre secrétaire d'État de l'intérieur;

Notre Conseil-d'État entendu,

Nous avons ordonné et ordonnons ce qui suit :

Art. 1ᵉʳ. La société des prêtres des missions de France est autorisée. Les membres de cette association exerceront leur ministère sous l'autorisation des archevêques et évêques de notre royaume, conformément à leurs statuts annexés à la présente ordonnance, lesquels sont approuvés et reconnus.

2. Il ne pourra être formé d'établissement par ladite société que sur la demande des évêques des diocèses où ils devront être placés, et d'après notre autorisation.

3. La société des missions de France jouira de tous les avantages par nous accordés aux institutions religieuses et de charité : elle pourra recevoir, avec notre autorisation, les legs, donations, fondations et constitutions de rentes qui lui seront faits, en se conformant aux mêmes règles que pour les établissemens de charité et de bienfaisance.

4. Notre ministre de l'intérieur est chargé de l'exécution de la présente ordonnance.

Statuts de la société des missionnaires pour l'intérieur de la France.

Art. 1ᵉʳ. Cette société est sous la protection de M. le grand aumônier : elle est libre, sans aucun vœu, ni promesse.

2. Elle est soumise à un supérieur.

3. Elle demeure sous la juridiction des lois ordinaires.

4. Elle a pour but principal de donner des missions et de former des missionnaires pour l'intérieur de la France : cependant, comme on doit espérer que les besoins de l'église de France deviendront, avec le temps, moins pressans à cet égard, la société ne renonce point aux services qu'elle pourrait rendre à la religion, en se prêtant à l'œuvre des mis-

sions étrangères; mais, sur ce point, elle n'aura rien à exiger d'aucun de ses membres.

5. La société s'engage envers chacun de ses membres, malgré les infirmités que peuvent amener ou l'âge ou les fatigues de leur ministère.

6. Elle ne prend aucun engagement envers ceux qui sortiraient de son sein.

7. Chacun des membres prend envers elle celui de vivre dans l'obéissance au supérieur et l'observation des statuts et réglemens.

8. Le supérieur est aidé dans le gouvernement de la société par un conseil, et par quatre assistans, dont le premier le remplace au besoin.

9. Le conseil est composé de huit membres, savoir : le supérieur général, les quatre assistans, le procureur général de la société et deux autres conseillers. Dans quinze ans, les assistans et les autres membres du conseil, excepté le supérieur et le procureur général, ne pourront être choisis que parmi ceux qui auraient au moins dix ans d'ancienneté dans la société.

10. Tous les six ans, il y aura une assemblée générale composée des membres du conseil et des supérieurs particuliers des maisons. Cette assemblée sera convoquée par le supérieur général dans le lieu qu'il jugera le plus convenable.

11. Le supérieur général, les quatre assistans et les deux conseillers sont élus à vie par l'assemblée générale; le procureur reste à la nomination du seul supérieur général, et il est révocable à sa volonté.

En cas de mort, ou de remplacement nécessaire, le supérieur général et son conseil nomment à l'emploi, jusqu'à ce que l'élection ou la confirmation se fasse dans la prochaine assemblée générale.

Quand le supérieur général vient à mourir, le premier assistant, qui le remplace de droit, doit convoquer l'assemblée générale au plus tard dans les six mois qui suivent le décès.

12. Il y aura, pour l'administration des biens et le maniement des deniers, un procureur général, qui sera, de droit, membre du conseil et à la nomination du supérieur : chaque année, il rendra au supérieur et à son conseil un compte général.

13. Il y aura, en outre, dans chaque maison, un supérieur particulier et un économe, nommés par le supérieur général.

L'économe de chaque maison sera tenu, toutes les années, de rendre ses comptes à son supérieur, qui en enverra un double au procureur général; ce double sera signé par le supérieur local et par l'économe.

14. Le supérieur général nomme à tous les autres emplois dans la société. Il visite par lui-même, ou par un délégué, toutes les maisons particulières, et il s'acquitte de ce devoir aussi souvent qu'il le juge à propos.

15. Les missionnaires ne seront définitivement agrégés qu'après cinq ans d'épreuve, sur la demande du supérieur et de l'avis de son conseil. Le terme pourra être abrégé par le supérieur, et de l'avis de son conseil.

16. Les sujets reçus dans la société ne pourront être renvoyés que sur la demande du supérieur, pour cause grave, de l'avis du conseil et à la majorité de cinq voix.

17. Le supérieur assemble son conseil lorsqu'il le juge convenable. Il n'est obligé de le convoquer et de se conformer à son avis que lorsqu'il s'agit ou de former un nouvel établissement, ou de quelque autre affaire d'un grave intérêt pour la société.

18. Dans les affaires portées au conseil, le supérieur a toujours double voix en cas de partage.

Dans trois ans, il sera procédé à une élection définitive du supérieur, de ses assistans et de son conseil; jusqu'à cette époque, le supérieur actuel nomme à tous les emplois : tous les missionnaires seront appelés à cette élection qui sera faite à la majorité des voix.

Cette élection étant terminée, le supérieur et le conseil jugeront alors quels seront les missionnaires qui doivent être admis comme membres de la société, sans être soumis à une prolongation d'épreuve.

Nous, vicaires généraux du chapitre métropolitain de Paris, le siége vacant,

Ayant pris connaissance des statuts de la société des missionnaires pour l'intérieur de la France, qui nous ont été adressés, le 1er du mois, par MM. Rauzan, chapelain du Roi, supérieur de ladite société, de Forbin-Janson, Bourgin, Baroudel, Paraudier, et autres missionnaires, leurs associés;

Après les avoir mûrement examinés;

Persuadés, comme le sont unanimement les ecclésiastiques et les fidèles même les plus judicieux et les plus zélés, que les missions sont le moyen le plus efficace et le seul peut-être pour ramener à la religion, aux bonnes mœurs, à la piété, la multitude si long-temps et si profondément égarée par l'incrédulité, l'irréligion, la cessation et l'abandon du culte divin, et pour affermir la tranquillité publique par cette soumission à l'autorité et aux lois, qui a son principe dans la crainte de Dieu et dans la conscience;

Pénétrés de la perspective des grands fruits que produiront dans l'église de France, dans le diocèse de Paris en particulier, des missions données ou dirigées par les auteurs de ces statuts, que leur piété, leur instruction, leur générosité et des succès évangéliques ont rendus très-recommandables,

Nous accueillons avec empressement une institution aussi précieuse,

Et nous avons ordonné et ordonnons ce qui suit :

Art. 1er. Nous approuvons les statuts de la société des missionnaires pour l'intérieur de la France, en réservant à monseigneur l'archevêque de Paris l'approbation définitive.

2. Nous en permettons l'exécution pendant la vacance du siége.

3. M. l'abbé Rauzan est reconnu supérieur actuel de la société.

4. La présente ordonnance et les statuts y annexés seront écrits sur le registre ordinaire de nos ordonnances. La minute sera déposée au secrétariat de l'archevêché. Copie collationnée en sera délivrée audit sieur supérieur, qui la fera transcrire sur le registre de la société.

Donné à Paris, dans notre conseil ecclésiastique, le 9 janvier 1815.

---

25 SEPTEMBRE 1816. — Ordonnance du Roi contenant réglement sur l'exercice de la profession de boucher dans la ville du Mans, département de la Sarthe. (7, Bull. 126, n° 1415.)

---

25 SEPTEMBRE 1816. — Ordonnance du Roi relative à la sortie provisoire des charbons et perches provenant de la forêt des Ardennes (1).

---

25 SEPTEMBRE 1816. — Ordonnances du Roi qui accordent des lettres de déclaration de naturalité aux sieurs Desmanet, Ferrari, d'Huart, Vandacle, Viola, Corso, Prades, Chapuis, Babuty, Cheneser, Ribotta, Renaud, Govon, Benetali et Debruyn. (7, Bull. 116, 123, 124, 125, 127, 129, 158 et 159.)

---

25 SEPTEMBRE 1816. — Ordonnances du Roi qui autorisent l'acceptation de dons et legs faits aux fabriques des églises de Cléry, Boury, Barly, Cysoing, Treffiagat et de Saint-Roch de Paris; au séminaire de Strasbourg et à l'hospice civil de Vienne; aux pauvres de Fourqueux, de la Baconnière, Auvillar, Draveil, Conlie, Corgnac; aux fabriques des églises d'Aix-en-Gohelle, Metz, Hautbos; aux hospices de Colmar, Bazas, Epernay, Neufchâteau, Tournus, Carcassonne, Tournon, Lectoure, Carentan, Sillé-le-Guillaume, Saint Lizier, Strasbourg, Sens; aux pauvres d'Hautbos, Montoire, Vigan, Romenay, Surenne, Fontenille, Martigné, Saint-Polycarpe, Saint-Loup-du-Gast et au séminaire de Metz. (7, Bull. 125 et 126.)

25 SEPTEMBRE 1816. — Ordonnance du Roi qui affecte l'ancienne maison conventuelle des religieuses dominicaines de la Croix, sise à Paris rue de Charonne, au service de cette institution. (7, Bull. 124, n° 1359.)

---

25 SEPTEMBRE 1816. — Ordonnance du Roi qui admet les sieurs Cognolari, Hassenauer, Delfao et Lœb à établir leur domicile en France. (7, Bull. 125, n° 1378.)

---

26 SEPTEMBRE 1816. — Ordonnance du Roi qui nomme M. Lizot président du collége électoral du département de l'Eure. (7, Bull. 114, n° 1153.)

---

26 SEPTEMBRE 1816. — Ordonnance du Roi qui nomme M. Cromot de Fougy préfet du département de l'Aude. (7, Bull. 114, n° 1154.)

---

2 OCTOBRE 1816. — Ordonnances du Roi qui accordent des lettres de déclaration de naturalité aux sieurs Hartmann-Leveling, Beretta, Vellet, Keller, Buzzolini, Bohn, Luccio, Florquin, Rosseti, Cuneo, Portier, Perrin, Nerva, Buttet, Brunet, Montagny, Bexio et de Carly. (7, Bull. 123, 126, 127, 134, 143, 149, 155, 160, 173, 175 et 194.)

---

2 OCTOBRE 1816. — Ordonnance du Roi qui autorise le sieur le Poitevin de la Croix à prendre du service dans le royaume des Pays-Bas. (7, Bull. 126, n° 1426.)

---

2 OCTOBRE 1816. — Ordonnance du Roi portant que la commune de Manom est distraite du canton de Cattenom et réunie à celui de Thionville. (7, Bull. 126, n° 1420.)

---

2 OCTOBRE 1816. — Ordonnance du Roi qui nomme des commissaires-priseurs dans les villes d'Avignon, Angers, Vire, Metz, Condé, Saumur, Saint-Dié, Rochefort, Neufchâtel (Seine-Inférieure), Langres, Gannat, Saint-Amand, Orléans, Château-Thierry, Saint-Mihiel, Commercy et Dijon. (Mon. n° 287.)

---

2 OCTOBRE 1816. — Ordonnance du Roi qui permet aux sieurs Harmand, Pellissier, Pathier, Morais de la Galonnière et Collignon de faire des changemens et additions à leurs noms. (7, Bull. 126, n° 1425.)

---

2 OCTOBRE 1816. — Ordonnances du Roi qui autorisent l'acceptation de dons et legs faits à l'église de Mours, et aux fabriques de Romagny, Rouillac et Saint-Loup. (7, Bull. 136,

---

(1) Cette ordonnance n'est point au Bulletin des Lois; elle est confirmée par celle du 8 septembre 1819 qui permet l'exportation jusqu'au 20 septembre 1820.

9 = Pr. 14 OCTOBRE 1816. — Ordonnance du Roi sur l'application à faire à deux classes d'officiers de l'ordre judiciaire, des dispositions de la loi du 28 avril 1816, concernant la fixation des supplémens de cautionnemens. (7, Bull. 116, n° 1182.)

Louis, etc.

Sur le rapport de notre ministre secrétaire d'Etat des finances, duquel il résulte que l'état n° 8 annexé à la loi de 28 avril dernier, a donné lieu à diverses interprétations, relativement à la fixation des supplémens des cautionnemens de quelques officiers ministériels employés près la cour de cassation, les cours royales, les tribunaux de police et les justices de paix; voulant faire cesser toute incertitude à cet égard; vu les actes antérieurs à la loi du 28 avril dernier, et particulièrement celui du 18 mai 1802 et celui du 14 juin 1813,

Nous avons ordonné et ordonnons ce qui suit :

Art. 1er. Les greffiers des tribunaux de police doivent un supplément de cautionnement supérieur du quart en sus à celui que doivent fournir les greffiers des justices de paix de leur résidence.

2. Les huissiers près la cour de cassation, les cours royales, les tribunaux de commerce, les tribunaux de police, doivent un cautionnement égal à celui des huissiers du tribunal civil d'arrondissement dans le ressort duquel ils résident.

3. Les dispositions de l'article précédent sont applicables aux huissiers près les justices de paix, s'ils ont été choisis parmi les huissiers des tribunaux d'appel, criminels ou de première instance, conformément aux articles 5 et 6 de l'acte du 18 mai 1802.

4. Le chancelier de France et le ministre des finances sont chargés de l'exécution de la présente ordonnance.

---

9 OCTOBRE 1816. — Ordonnance du Roi qui autorise le sieur Petit à s'établir et à prendre du service dans le royaume des Pays-Bas. (7, Bull. 241.)

---

9 OCTOBRE 1816. — Ordonnance du Roi qui permet aux sieurs Preyre et Autran de faire des additions à leurs noms. (7, Bull. 126.)

---

9 OCTOBRE 1816 — Ordonnance du Roi qui admet les sieurs Garrenjobst, Aconi, Barralli, Crocé, Amez, Alvarez, Bickert, Droz, Zoberist, Hanlé, Weise, Menges, Rehlé, Busch, Stockmar, Pisa, Riegert, Siegel, Imbach, Ippensen, Schlegel, Banghart, Pfisterer et Shouvet à établir leur domicile en France (7, Bull. 126.)

---

9 OCTOBRE 1816. — Ordonnances du Roi qui accordent des lettres de déclaration de naturalité aux sieurs Sicco, Wilhelm Hisch, Mourandy, Callaghan, Ibertis, Drouchat de Goossens, Bugnon et Anquel. (7, Bull. 123, 126, 127, 129 et 246.)

---

10 = Pr. 31 OCTOBRE 1816. — Ordonnance du Roi qui révoque la disposition de l'ordonnance du 3 février 1816, qui rétablissait la congrégation du Saint Esprit dans son ancienne maison rue des Postes. (7, Bull. 119, n° 1257.)

Louis, etc.

Vu notre ordonnance du 3 février 1816 portant rétablissement de la congrégation des missionnaires du Saint-Esprit; considérant que la maison sise à Paris, rue des Postes, appartenant anciennement à cette congrégation, a été aliénée, et n'a pu être affectée que par erreur au service de ladite congrégation;

Sur le rapport de notre ministre secrétaire d'Etat de l'intérieur,

Nous avons ordonné et ordonnons ce qui suit :

Art. 1er. La partie de l'article 2 de notre ordonnance du 3 février 1816, ainsi conçue :

« La congrégation du Saint-Esprit est « réintégrée dans son ancienne maison rue « des Postes, à la charge de se concerter avec « l'Université pour la translation de l'école « normale dans un autre édifice.

« Elle ne pourra requérir sa mise en possession qu'après que ladite translation aura été consentie et effectuée. »

Est révoquée et annulée dans toutes ses dispositions.

2. Notre ministre de l'intérieur est chargé de l'exécution de la présente ordonnance.

---

10 OCTOBRE 1816. — Ordonnance du Roi portant proclamation des brevets d'invention, de perfectionnement et d'importation délivrés pendant le troisième trimestre de 1816 aux sieurs Chatel, Dalmas, Populus, Marmin, Godin, Cheneaux, Daguet, Neyraud, Moliné, Guillemin, Saladin, Dugas, Guyaux, Maupassant de Rancy, Pajol, Raboisson, Martin, Duboul, Fourché, Chemin, Barre, Sandrin, Tachourin, Daracq, Eymieu, Laugier, Dufour, de Castellanne, Leroy, Lefebvre, Alègre et Soller. (7, Bull. 119, n° 1258.)

---

10 OCTOBRE 1816. — Ordonnances du Roi qui autorisent l'acceptation de dons et legs faits aux fabriques des églises de Royat, Mesnil-Ozenne et Saint-Quentin (7, Bull. 129.)

---

10 OCTOBRE 1816 — Ordonnances du Roi qui accordent et qui fixent les jours de la tenue des foires des communes de Pérignac, Bourgneuf, Saint Léger, Dormelle, Barjols et Ansois, le Harmon (7, Bull. 1[illegible])

---

16 = Pr. 24 OCTOBRE 1816 — Ordonnance du Roi portant que le traitement de non-activité accordé aux employés licenciés des diverses administrations militaires cessera d'être payé à compter du 1er janvier 1817. (7, Bull. 118, n° 1236.)

Louis, etc.

Considérant, 1° qu'en accordant, par nos ordonnances des 2 janvier et 25 septembre 1815, d'abord aux employés des hôpitaux militaires, et ensuite à ceux des autres services administratifs de l'armée, qui se trouvaient licenciés, après dix ans de service, par suite du traité de paix de 1814, un traitement de non activité, notre but n'a été que de leur procurer la facilité de chercher d'autres moyens d'existence; 2° que le paiement de ce traitement, étant de pure faveur, en ce qu'aucune loi, aucun réglement, ne donnaient aux employés le droit de le réclamer, n'a pu, par cela même, être que transitoire; 3° que les employés auxquels il a été attribué, en ayant déjà joui pendant plus de deux ans, ont eu le temps de tourner leur industrie d'un autre côté; 4° enfin qu'il importe, dans les principes d'économie dont la situation actuelle des finances ne permet pas de s'écarter, de limiter une dépense qui n'avait été ni admise ni prévue dans les budgets antérieurs à 1815;

Sur le rapport de notre ministre secrétaire d'Etat de la guerre,

Nous avons ordonné et ordonnons ce qui suit :

Art. 1er. Le traitement de non-activité accordé aux employés licenciés des diverses administrations militaires par nos ordonnances des 2 janvier et 25 septembre 1815, cessera d'être payé à compter du 1er janvier 1817.

2. Ces employés rentreront dans la position où ils se sont trouvés après chacun des licenciemens qui ont eu lieu pendant la guerre; et ceux qui ont l'ancienneté de service requise pour la pension de retraite seront traités conformément aux bases déterminées par l'ordonnance du 20 janvier 1815, concernant les retraites à accorder aux employés des administrations militaires.

3. Les présentes dispositions s'appliquent aux inspecteurs des hôpitaux militaires de l'intérieur qui ont été supprimés par l'ordonnance du 20 décembre 1815 : ils cesseront, en conséquence, à compter du 1er janvier 1817, de jouir du traitement de non-activité que leur attribuait cette ordonnance, et seront traités, pour leur pension de retraite, conformément à ce qui est réglé par l'article 7.

4. Nos ministres de la guerre et des finances sont chargés de l'exécution de la présente ordonnance.

---

16 = Pr. 31 OCTOBRE 1816. — Ordonnance du Roi qui élève la ville d'Aix au rang des bonnes villes du royaume. (7, Bull. 119, n° 1259.)

Voy. ordonnance du 23 AVRIL 1821.

Louis, etc.

Voulant donner aux habitans de la ville d'Aix un témoignage de la satisfaction qu'ils nous ont fait éprouver par leur zèle et par les sentimens dont ils sont animés pour notre personne :

A ces causes,

Sur le rapport de notre ministre secrétaire d'Etat au département de l'intérieur;

Nous avons ordonné et ordonnons ce qui suit :

Art. 1er. La ville d'Aix est élevée au rang des bonnes villes de notre royaume.

2. Notre ministre de l'intérieur est chargé de l'exécution de la présente ordonnance.

---

16 OCTOBRE 1816. — Ordonnance du Roi relative à la discipline et justice militaire (1).

---

16 OCTOBRE 1816. — Ordonnance du Roi qui nomme M. Maine de Biran conseiller d'Etat en service ordinaire (7, Bull. 119, n° 1260.)

---

16 OCTOBRE 1816. — Ordonnance du Roi qui admet les sieurs Lefranc, Vinals, Flamm, Cunéo et Rende à établir leur domicile en France. (7, Bull. 129.)

---

16 OCTOBRE 1816. — Ordonnances du Roi qui accordent des lettres de déclaration de naturalité aux sieurs Bugnon, Vachat, Galiardo de Mendoza, Enders, Vacca, Vaccarezza, Buffaria, Maggia, de Ferraris et Smidt. (7, Bull. 129, 149, 156, 176, 185, 201, 217.)

---

16 OCTOBRE 1816. — Ordonnance du Roi qui permet, 1° à madame la comtesse de Béthune-Pénin, née Montmorency-Luxembourg, de joindre à son nom de Béthune le surnom de Sully, de s'appeler désormais Béthune de Sully, et de faire porter le même nom à ses enfans; 2° au sieur vicomte d'Aurelle-Descornaix, de substituer à son nom celui de Montmorin Saint-Hérem. (7, Bull. 118.)

---

17 OCTOBRE 1816. — Ordonnances du Roi qui nomment MM. de Montliveau et le comte de Berthier préfets des départemens du Calvados et de l'Isère. (7, Bull. 118.)

---

(1) Cette ordonnance n'est point au Bulletin des Lois; elle est rappelée par celle du 1er avril 1818 portant établissement de compagnies de discipline.

23 OCTOBRE = Pr. 7 NOVEMBRE 1816. — Ordonnance du Roi qui prescrit quelques modifications dans les règles suivies jusqu'à présent pour le versement, l'emploi et le recouvrement des traites souscrites par les adjudicataires de coupes dans les bois de l'État. (7, Bull. 120, n° 1286.)

Art. 1er. Toutes les traites souscrites par les adjudicataires de coupes de bois, et qui se trouvent entre les mains des directeurs des domaines ou qui leur seront ultérieurement versées, seront par eux remises, sans délai, au receveur général du département.

2. Le Trésor pourra employer ces traites dans ses paiemens et dans ses négociations, en les passant à l'ordre des parties prenantes, lesquelles seront substituées dans tous ses droits sur les souscripteurs de ces effets.

3. Les porteurs desdites traites en recevront le paiement aux échéances, au domicile du receveur général indiqué dans les traites; et ce comptable sera tenu de les acquitter sur tous les fonds provenant de ses recettes courantes. Dans le cas où le souscripteur n'aurait pas fourni les fonds de ses traites, le porteur devra en faire faire le protêt, et il aura droit d'en demander le remboursement au receveur général, en lui faisant signifier le protêt dans les trois jours de la date de cet acte; et alors les poursuites à diriger contre le souscripteur sont exercées par le receveur général, auquel l'amende du vingtième appartiendra.

4. Lorsque le défaut de paiement de la traite par le souscripteur proviendra d'une différence en moins dans la mesure, ainsi qu'il est prévu par l'article 7 du décret du 11 thermidor an 12 (30 juillet 1804), ou de toute autre cause qui se serait opposée à l'exploitation des bois adjugés, le remboursement de la traite ne devra pas être poursuivi par le receveur général contre le souscripteur, et ce comptable en sera couvert sur les fonds du Trésor.

5. Notre ministre des finances est chargé de l'exécution de la présente ordonnance.

---

23 OCTOBRE 1816. — Ordonnance du Roi qui admet les sieurs Van-Exter, Guy, Ramaroni, Susini, Bernardini, Eyth, Riseni, Pollentz, Eichhaendler, Kræusbecker, et la dame Subréro et ses enfans, à établir leur domicile en France. (7, Bull. 129.)

---

23 OCTOBRE 1816. — Ordonnance du Roi qui accorde des lettres de déclaration de naturalité au sieur Filipi. (7, Bull. 298.)

---

23 OCTOBRE 1816. — Ordonnance du Roi qui autorise le sieur Popp à résider en Bavière. (7, Bull. 141.)

---

23 OCTOBRE 1816. — Ordonnance du Roi qui permet au sieur Bodin d'ajouter à son nom celui de Desmomolands. (7, Bull. 129, n° 1490.)

---

23 OCTOBRE 1816. — Ordonnances du Roi qui accordent des lettres de déclaration de naturalité aux sieurs Lachelly, Manuel, Bocagny, Beraud, Laura, Oxilia, Brusco, Lahaut, Gaidios et Vacchéri. (8, Bull 125, 129, 134, 149, 153 et 156.)

---

23 OCTOBRE 1816. — Ordonnances du Roi qui autorisent l'acceptation de dons et legs faits à la commune d'Antony, à la congrégation des sœurs hospitalières de Saint-Charles de Nancy et à la fabrique de l'église paroissiale d'Ollioules. (7, Bull. 129, n° 1491 à 1493.)

---

30 OCTOBRE = Pr. 13 NOVEMBRE 1816. — Ordonnance du Roi qui autorise l'administration des douanes à délivrer en franchise les quantités de sel nécessaires aux salaisons des différentes espèces de poissons provenant des pêches françaises, et contient de nouvelles dispositions propres à prévenir les abus qui peuvent résulter de cette franchise. (7, Bull. 121, n° 1310.)

Louis, etc.

Notre ordonnance du 14 août dernier a réglé tout ce qui est relatif à la police à exercer sur la pêche et sur les préparations du hareng et du maquereau;

Voulant statuer en outre sur les encouragemens nécessaires à la prospérité de ces pêches et des pêches françaises en général, et nous étant fait représenter les anciennes ordonnances, arrêts, lois et décrets portant règlement sur les quantités de sel allouées en franchise pour la salaison des différentes espèces de poissons provenant des pêches faites par nos sujets, nous avons reconnu que les quantités allouées n'étaient pas toujours suffisantes pour assurer la bonne qualité des salaisons, et que ces réglemens laissaient à désirer certaines dispositions propres à prévenir les abus qui peuvent résulter de la franchise du sel :

A ces causes, et vu les anciennes ordonnances, arrêts, lois et décrets;

Sur le rapport de notre ministre secrétaire d'Etat des finances,

Notre Conseil-d'Etat entendu,

Nous avons ordonné et ordonnons ce qui suit :

Art. 1er. L'administration des douanes est autorisée à délivrer en franchise les quantités de sel nécessaires aux salaisons des divers poissons provenant de pêches françaises, dans les proportions déterminées par le tableau joint à la présente ordonnance.

2. Pour la salaison du hareng, il ne sera

plus délivré de sel en franchise après le 15 janvier.

3. L'emploi du sel alloué en franchise sera surveillé par les agens des douanes.

4. Les salaisons, quelle que soit l'espèce de poisson qu'elles auront pour objet, devront être complétées dans le même port, et il ne sera point accordé de sel en franchise dans celui où l'on transporterait des salaisons commencées dans un autre.

5. Aucun atelier de salaisons ne pourra être établi ou conservé dans une commune où il n'existerait pas un bureau des douanes; et les sels destinés aux préparations qui y auront lieu ne pourront être tirés que des dépôts spéciaux autorisés, par l'article 27 du réglement du 11 juin 1806, dans chaque port où il existe aussi un bureau des douanes. Les saleurs seront tenus de représenter lesdits sels, soit en salaisons de poissons, soit en nature, et les sels non employés seront réintégrés dans le dépôt ou soumis aux droits. Chaque atelier sera clos de telle manière qu'il n'ait qu'une seule issue, et tous les bâtimens compris dans ce même enclos seront sujets à la visite des préposés des douanes (1).

6. Les propriétaires d'ateliers de salaisons ne pourront avoir, dans l'enceinte où se trouvent lesdits ateliers, que les sels spécialement destinés à la préparation du poisson. Toute vente desdits sels est formellement interdite pendant la durée des salaisons, et même après, s'il n'était point suffisamment prouvé qu'ils ont acquitté les droits, sous les peines portées contre les saleurs trouvés en contravention.

7. Aucun magasin en gros, aucune vente en détail de sel ayant acquitté les droits, ne pourront être établis à moins de vingt-cinq mètres de distance d'un atelier de salaisons, sous les peines portées en l'article précédent. S'il en existait aujourd'hui à une moindre distance, ils seraient transférés à la distance prescrite, dans le délai d'un an.

8. Les comptes des saleurs devant être établis suivant la quantité au net des poissons salés représentés, lesdits saleurs seront tenus de marquer en chiffres, d'une manière évidente, sur les barils, tonneaux ou barriques qu'ils emploient, le poids de chacun de ces barils, tonneaux ou barriques vides, sauf aux employés des douanes à en vérifier l'exactitude.

9. Les quantités de poissons salés qui se consomment dans l'intérieur des villes où se fait la salaison pendant la durée de la pêche ne seront pas prises en compte par les préposés des douanes, pour le réglement du compte des saleurs relatif à l'emploi du sel en franchise.

10. Il sera permis d'embarquer à bord des navires allant à la pêche de la morue, telle quantité de sel que les armateurs jugeront convenable. Au retour, les capitaines seront tenus de déclarer, sous les peines portées par les lois et réglemens en vigueur, les quantités de sel qu'ils auront employées à la salaison du poisson qui se trouvera à leur bord, de même que celles qu'ils rapporteront en nature : celles-ci seront, après vérification, rétablies en entrepôt. Il pourra être accordé, également en exemption de droits, du sel neuf pour le repaquage de la morue, mais seulement sur l'exhibition d'un certificat de la police municipale, attestant qu'elle peut être livrée à la consommation, sans danger pour la santé publique.

L'emploi de ce sel neuf aura lieu en présence des préposés, qui le constateront. Notre ordonnance du 11 novembre 1814, qui admet du sel de Sétuval ou Saint-Ubes pour la salaison de la morue, est maintenue dans toute son intégrité.

11. Il sera également accordé du sel en franchise pour la confection des viandes que l'on embarquera pour la nourriture des équipages des navires français allant à la grande pêche. L'emploi desdits sels aura lieu sous les yeux des préposés des douanes, qui en constateront les quantités.

12. Les sels immondes connus sous les noms de *resels* et de *saumure*, provenant de la salaison de poisons, seront, immédiatement après la saison de la pêche, submergés par les soins et sous les yeux des préposés des douanes, sans que les sels et saumures considérés comme déchets soient pris en compte en décharge. Les saleurs qui s'y refuseraient, ou qui seraient convaincus d'avoir soustrait quelques parties de resels ou de saumure, seront condamnés aux peines portées par l'article 45 du réglement du 11 juin 1806. En cas de récidive, ils seront privés de la franchise accordée pour les salaisons. Les sels neufs, mélangés de sels immondes, en quelque proportion que ce soit, et le résidu

(1) L'entrepôt *fictif* des sels alloués en franchise, qui était autorisé par les art. 39 et 44 du décret du 11 juin 1806, en faveur de ceux qui se livrent à la petite pêche et aux salaisons en atelier, a été supprimé par le présent article : les *magasins* servant d'entrepôt sont à la charge des *saleurs*.

C'est aussi par le *saleur* et non par la *régie* des douanes que doivent être supportés les *frais* du *recensement* à faire à la fin de la saison de la pêche, des sels qui, n'étant pas employés en salaison par le saleur, et existant en nature dans ses magasins, doivent être réintégrés en entrepôt réel, aux termes de l'ordonnance de 1816 (13 février 1827; Cass. S. 27, 1, 417; D. 127, 1, 137).

des salaisons de viande, sont assujétis à la même règle.

13. Tout saleur qui ferait de cette profession un moyen de fraude ou de spéculation illicite, outre les peines de droit, sera privé de la franchise accordée pour les salaisons, pour un espace de temps qui ne pourra être moindre de deux ans, ni supérieur à quatre. En cas de récidive, il en sera privé pour toujours.

14. Toutes les dispositions des décrets du 11 juin 1806 et du 8 octobre 1810 non contraires à la présente ordonnance, sont maintenues et continueront à être exécutées.

15. Notre ministre des finances est chargé de l'exécution de la présente ordonnance.

TABLEAU

pour la fixation des quantités de sel accordées en franchise pour chaque espèce de poisson.

(Art. 1er de l'ordonnance du 30 octobre 1816.)

	QUANTITÉ DE SEL allouée en franchise.	OBSERVATIONS.
Pour 100 kil. de harengs blancs	27 kil.	
—— 12,240 harengs saurs	155	
—— 12,240 harengs bouffis ou craquelotés	75	
—— 100 kil. net de harengs blancs destinés pour les colonies (1)	40	(1) Les barils de harengs ainsi préparés seront mis en dépôt réel jusqu'à leur envoi dans les colonies; si, avant l'expiration d'une année, le propriétaire désire les retirer, il sera tenu d'acquitter les droits sur la portion de sel excédant la quantité allouée pour les harengs destinés à la consommation intérieure. (2) Ce supplément de sel ne sera pas accordé pour le maquereau expédié en panier. (3) Ces fixations pour le maquereau concernent uniquement les ports de l'Océan.
—— le paquage de cette dernière espèce de hareng	15	
—— 100 kil. net de harengs salés destinés à servir d'appât	20	
—— 100 kil. net de maquereau salé à terre	40	
—— le paquage de cette même quantité (2)	10	
—— 100 kil. net de maquereau salé en mer	48	
—— le paquage de cette même quantité	15	
—— 100 kil. net de rogues de maquereau destinées à servir d'appât (3)	40	
—— 100 kil. net de maquereau mariné dans les ports de la Méditerranée	25	
—— 100 kil. net de sardines salées et pressées en baril, et de celles salées en mer, dans les ports de l'Océan (4)	75	(4) Il pourra être alloué du sel en franchise pour les préparations de sardines autres que celles mentionnées ci-dessus; mais l'emploi devra en être fait sous les yeux des préposés, qui constateront les quantités ainsi consommées.
—— 100 kil. net des mêmes poissons préparés de la même manière, dans les ports de la Méditerranée	48	
—— 100 kil. net de sprats salés pour servir d'appât à la pêche de la sardine	40	
—— 100 kil. net de sprats destinés à la consommation, et d'anchois préparés comme la sardine, dans les ports de l'Océan	75	
—— 100 kil. net des mêmes poissons préparés de même, dans les ports de la Méditerranée	48	

	QUANTITÉ DE SEL allouée en franchise.	OBSERVATIONS.
—— 100 kil. net de raie salée à terre, dans les ports de l'Océan.	40	
—— 100 kil. net de gros poissons, tels que lieux, merluches, juliennes, congres, roussettes, chiens de mer, salés en sec, dans les ports de l'Océan.	37	
—— 100 kil. net des mêmes poissons salés en vert, et représentés en baril, dans les ports de l'Océan.	75	
—— 100 kil. net de thon salé en baril, dans les ports de la Méditerranée.	36	
—— 100 kil. net de thon mariné dans les mêmes ports	25	
—— 100 kil. net d'anguilles salées, du 1er octobre au 30 avril, dans les ports de la Méditerranée (1).	50	(1) Toutefois, ces quantités ne seront allouées en compte aux saleurs d'anguilles qu'autant que l'emploi aura lieu en présence des préposés.
—— 100 kil. net de même poisson salé, du 1er mai au 30 septembre, dans les mêmes ports.	75	

30 OCTOBRE 1816. — Ordonnances du Roi qui autorisent l'acceptation de dons et legs faits aux fabriques des églises de Poullan, Landunvez, Saint-Thaurin d'Evreux et Malletot; aux hospices du Vigant Blamont, Langogne, Angers, Rambervillers, Marseille et Grenoble; et aux pauvres de Saint-Thaurin d'Evreux, Saint-Pons-de-la-Calm, Malletot et Christol; à la fabrique de l'église de Poey; aux hospices de Bellac, Dorat, Saint-Jacques de Toulouse, Mormoiron, Beaume et Arnay-le-Duc; aux pauvres de Dragey, Toulouse, Lorient et Suresne. (7, Bull. 129 et 130.)

30 OCTOBRE 1816. — Ordonnance du Roi qui décuple le droit de sortie des chardons-cardières (1).

1er NOVEMBRE 1816. — Ordonnance du Roi qui admet les sieurs Brown, Tombal, Schaber et Zimmicker à établir leur domicile en France. (7, Bull. 130, n° 1528.)

1er NOVEMBRE 1816. — Ordonnance du Roi qui permet aux sieurs Siau et Mathis de faire des additions à leurs noms. (7, Bull. 130, n° 1529.)

1er NOVEMBRE 1816. — Ordonnances du Roi qui accordent des lettres de déclaration de naturalité aux sieurs Ondereet, Borchgrave, Angelloz, Namur, Geiger, Delponte, Boavini, Ivaldi, Lando, Astruc, Lefebvre, de Bréa, Serra, Denarié, Chevalier, Vinardi, Complita, Capurro, Gillone, Beneditti, Ferrasin, Vincenzo, Ney, Hubot et au comte Zborowv-Jonkowski. (7, Bull. 130, 131, 132, 138, 144, 155, 183, 191 et 201.)

4 NOVEMBRE 1816. — Discours du Roi à l'ouverture de la session de 1816. (Mon. du 5 novembre 1816.)

Messieurs, en ouvrant cette nouvelle session, il m'est doux d'avoir à me féliciter avec vous des bienfaits que la divine Providence a daigné accorder à mon peuple et à moi.

La tranquillité règne dans le royaume, les dispositions amicales des souverains étrangers et l'exacte observation des traités nous garantissent la paix à l'extérieur. Et si une entreprise insensée a pu causer un instant d'alarmes sur notre calme intérieur, elle n'a servi qu'à mieux faire éclater l'attachement de la nation et la fidélité de mon armée.

(1) Cette ordonnance n'est pas au Bulletin des Lois; elle est rappelée par celle du 19 novembre 1817 qui fixe le droit à percevoir à la sortie des cardons.

Mon bonheur personnel s'est accru par l'union d'un des mes enfans (car, vous le savez, ceux de mes frères sont les miens), avec une jeune princesse dont les qualités aimables, secondant les soins du reste de ma famille, me promettent que ma vieillesse sera heureuse; et qui, je l'espère, donnera à la France de nouveaux gages de prospérité, en affermissant l'ordre légitime de succession, première base de cette monarchie, et sans laquelle aucun Etat ne peut être stable.

A ces biens se joignent, il est vrai, des peines trop réelles : l'intempérie des saisons a retardé les moissons: mon peuple en souffre et j'en souffre plus que lui; mais j'ai la consolation de pouvoir vous dire que ce mal n'est que passager, et que les récoltes suffiront à la consommation.

De grandes charges sont malheureusement encore nécessaires; je ferai mettre sous vos yeux le tableau fidèle des dépenses indispensables, et celui des moyens d'y subvenir: le premier de tous est l'économie, j'en ai déjà opéré dans toutes les parties de l'administration, et je travaille sans relâche à en faire de nouvelles; toujours unis d'intention et de sentiment, ma famille et moi, nous ferons les mêmes sacrifices que l'année dernière, et pour le reste, je me repose sur votre attachement et sur votre zèle, pour le bien de l'Etat et l'honneur du nom français.

Je continue plus activement que jamais mes négociations avec le Saint-Siége, et j'ai la confiance que bientôt leur heureuse fin rendra une paix entière à l'église de France; mais ce n'est pas tout encore; et vous penserez, sans doute, ainsi que moi, qu'il faut, non pas rendre au culte divin cette splendeur que la piété de nos pères lui avait donnée, cela serait malheureusement impossible, mais assurer aux ministres de notre sainte religion, une aisance indépendante, qui les mette en état de marcher sur les traces de celui dont il est dit, *qu'il fit du bien partout où il passa.*

Attachés par notre conduite, comme nous le sommes de cœur, aux divins préceptes de la religion, soyons-le aussi à cette Charte, qui, sans toucher au dogme, assure à la foi de nos pères la prééminence qui lui est due, et qui, dans l'ordre civil garantit à tous une sage liberté, et à chacun la paisible jouissance de ses droits, de son état, de ses biens; je ne souffrirai jamais qu'il soit porté atteinte à cette loi fondamentale, mon ordonnance du 5 septembre le dit assez.

Enfin, messieurs, que les haines cessent, que les enfans d'une même patrie, j'ose ajouter d'un même père, soient vraiment un peuple de frères, et que de nos maux passés il ne nous reste plus qu'un souvenir douloureux, mais utile. Tel est mon but, et, pour y parvenir, je compte sur votre coopération, mais surtout sur cette franche et cordiale confiance, seule base de l'union si nécessaire entre les trois branches de la législature; comptez aussi de ma part sur les mêmes dispositions, et que mon peuple soit bien assuré de mon inébranlable fermeté pour réprimer les attentats de la malveillance, et pour contenir les écarts d'un zèle trop ardent.

---

5 = Pr. 7 NOVEMBRE 1816. — Ordonnance du Roi qui autorise les princes de la famille royale et les princes du sang qui sont actuellement en France à prendre à la Chambre des pairs, pendant la présente session, le rang et la séance qui leur appartiennent à droit de naissance. (7, Bull. 120, n° 1285)

Voy. l'article 31 de la Charte, et l'ordonnance du 25 AOUT 1817, article 14.

Art. 1er. Les princes de notre famille et de notre sang qui sont actuellement en France sont autorisés à prendre à la Chambre des pairs, pendant la présente session, le rang et la séance qui leur appartiennent à droit de naissance.

2. La présente ordonnance sera communiquée à la Chambre des pairs par notre chancelier, président de ladite Chambre; elle sera insérée au Bulletin des Lois.

---

5 = Pr. 26 NOVEMBRE 1816. — Ordonnance du Roi qui fixe le mode d'admission, le rang et l'avancement des officiers de la garde royale. (7, Bull. 123, n° 1339.)

Voy. loi du 10 MARS 1818, tit. VI; ordonnances des 2 AOUT 1818, tit. XIV, et 25 OCTOBRE 1820.

Art. 1er. Les officiers des corps de notre garde royale, depuis le sous-lieutenant jusqu'au colonel inclusivement, qui n'ont point quatre années révolues de services effectifs dans leur grade, soit dans la ligne, soit dans la garde, continueront d'avoir dans l'armée le rang et le titre immédiatement supérieurs à l'emploi qu'ils occupent; et ce, conformément aux dispositions de nos ordonnances des 1er = 23 septembre 1815.

2. Les officiers de tous les grades, y compris les colonels, qui, avant leur admission dans le corps de notre garde, avaient dans leur grade quatre ans de services effectifs recevront, à compter du jour de leur admission, le brevet du grade immédiatement supérieur dont ils n'ont aujourd'hui que le rang et les marques distinctives.

Ceux qui, postérieurement à leur admission, ont eu ces quatre années de services effectifs dans leur grade, ou qui les auront par la suite, obtiendront pareillement le brevet du grade supérieur, à compter du jour de leur accomplissement.

3. A l'avenir, la moitié des emplois d'officiers vacans dans les corps de toutes les armes qui composent notre garde, depuis le grade de lieutenant jusqu'à celui de lieutenant-colonel inclusivement, sera donnée à des officiers du grade immédiatement inférieur dans la garde; l'autre moitié sera réservée pour des officiers des corps de la ligne auxquels nous accorderons préalablement le grade supérieur à celui qu'ils devront occuper dans la garde royale.

4. En conséquence des articles qui précèdent, il sera procédé au classement des officiers de chaque grade, de manière que ceux qui sont pourvus du brevet du grade supérieur précèdent ceux qui n'en ont que le rang: les premiers prendront rang entre eux de la date de leurs brevets, les derniers, de celle de leur admission dans la garde.

5. Mais après que le classement définitif des officiers de notre garde royale aura été établi conformément aux dispositions de l'article précédent, les officiers des corps de la ligne que nous jugerons à propos d'y admettre n'y prendront rang qu'à dater de leur nomination, sans qu'ils puissent se prévaloir du grade supérieur dont ils auront été revêtus.

6. L'avancement des officiers des divers corps de notre garde, depuis le grade de sous-lieutenant jusqu'à celui de capitaine-commandant inclusivement, aura lieu moitié à l'ancienneté et moitié au choix. L'officier proposé au tour du choix devra avoir deux ans d'activité dans son grade.

Les sujets susceptibles d'être promus au grade d'officier supérieur, lorsque le tour de la garde sera venu, seront choisis parmi les capitaines commandans. Notre intention est toutefois de n'accorder, dans ce cas, le grade de major ou de chef de bataillon ou d'escadron qu'à des capitaines-commandans qui auront quatre ans de services effectifs en cette qualité, et celui de lieutenant-colonel qu'à des chefs de bataillon ou d'escadron qui auront servi trois ans dans ce grade.

7. Nous nous réservons de choisir les colonels des régimens de notre garde parmi les colonels des régimens de l'armée ou parmi les lieutenans-colonels des corps de la garde royale qui auront quatre années révolues de services effectifs dans leurs grades.

8. Aucun officier faisant partie des corps de notre garde ne pourra y obtenir l'avancement de plus d'un grade; au-delà de ce grade, il sera susceptible de passer dans la ligne, d'après le mode et dans les cas prévus par nos ordonnances.

9. Les officiers des corps de notre garde qui ont le brevet du grade supérieur à celui qu'ils y occupent, et qui seront désignés pour être placés dans la ligne sans avancement, ne pourront y être pourvus que d'un emploi équivalent au grade dont ils ont le brevet: lorsqu'ils auront dans la garde royale quatre ans de service avec le brevet du grade supérieur à celui qu'ils exercent, ils seront susceptibles d'obtenir un grade plus élevé, en passant dans la ligne.

Ceux qui, n'ayant pas atteint les quatre années de service exigées par l'article 1er, n'ont encore que le rang du grade supérieur à celui qu'ils occupent dans la garde, et qui seront dans le cas de la quitter sans avancement, soit pour passer dans la ligne, soit par démission, ne conserveront que leur grade effectif, et non celui dont ils ont eu le rang.

Lorsque ces mêmes officiers passeront dans la ligne avec avancement, ils y obtiendront le grade effectif dont ils auront eu le rang.

A l'égard des officiers auxquels nous accorderons leur retraite, elle continuera à être fixée en raison du grade dont ils auront eu le rang pendant deux ans.

10. Les lieutenans-colonels, chef de bataillon et d'escadron, majors, capitaines en premier, capitaines en second, lieutenans en premier, lieutenans en second et sous-lieutenans de toutes les armes de notre garde royale, qui auront le brevet du grade supérieur à celui dont ils exercent les fonctions, et qui se trouveront en concurrence de service avec les officiers des troupes de ligne, du grade dont ils auront le brevet, commanderont, ou seront commandés, suivant l'ancienneté de ce grade indiqué dans le brevet de chacun.

Quant aux colonels des régimens de notre garde royale qui auront obtenu le brevet de maréchal-de-camp, ils ne pourront commander un maréchal-de-camp moins ancien qu'eux, que dans le cas où ils auraient reçu des lettres de service pour être employés en cette qualité.

Les officiers des régimens de cette même garde, depuis le grade du colonel inclusivement, jusqu'à celui de sous-lieutenant aussi inclusivement, qui n'ont que le rang supérieur au grade dont ils exercent les fonctions, commanderont les officiers des troupes de ligne des mêmes grades, lorsqu'ils se trouveront de concurrence avec eux pour le service; mais ils seront commandés à leur tour, et dans le même cas, par les officiers des troupes de ligne qui auront le grade supérieur.

Ces dernières dispositions sont applicables aux adjudans et autres sous-officiers, ainsi qu'aux caporaux ou brigadiers des régimens de toutes les armes de notre garde royale.

11. Les régimens suisses de notre garde royale étant soumis, quant à l'admission et à l'avancement des officiers, à des règles

particulières fixées par les capitulations conclues avec les cantons suisses, les dispositions prescrites par les articles précédens ne leur seront applicables qu'autant qu'elles ne s'écarteront en aucune manière de ces règles.

12. Ne sont pas compris dans les dispositions de la présente ordonnance les officiers sans troupe, de tous les grades, employés à l'état-major de la garde royale, lesquels continueront à faire partie de l'état-major général, et y obtiendront l'avancement dont ils seront susceptibles suivant le mode réglé pour l'armée.

13. Notre ministre de la guerre est chargé de l'exécution de la présente ordonnance.

---

5 NOVEMBRE = Pr. 13 DÉCEMBRE 1816. — Ordonnance du Roi portant réglement pour le service des douanes en Corse. (7, Bull. 125, n° 1363.)

Louis, etc.

Sur ce qu'il nous a été représenté que les réglemens des douanes en Corse ne sont point en concordance avec ceux établis dans les autres départemens de notre royaume ; qu'ils tendent à isoler le commerce et l'industrie des habitans de cette île, à diviser des intérêts qu'il importe essentiellement de réunir dans l'intérêt général de la France;

Vu l'arrêté pris, le 26 décembre 1815, par notre commissaire de la 23e division militaire, portant rétablissement des douanes et de la taxe du sel en Corse; un second arrêté, du 15 février 1816, imposant à cinq francs par quintal les huiles sortant de cette île pour les ports de France ; un troisième arrêté, du 21 du même mois, qui fixe à cent francs par quintal le droit d'entrée sur le tabac en poudre venant de l'étranger, et à soixante francs sur celui en feuilles ;

Considérant que les lois générales des douanes sont susceptibles, pour être appropriées aux besoins et à l'avantage du pays, de diverses modifications que nous nous réservons d'ordonner, lorsque l'utilité en sera reconnue;

Voulant, quant à présent, régler et rendre plus intimes les relations commerciales de la Corse avec les autres parties de notre royaume ;

Ouï le rapport de notre ministre secrétaire-d'Etat des finances;

Notre Conseil-d'Etat entendu,

Nous avons ordonné et ordonnons ce qui suit :

Art. 1er. Le commerce extérieur de la Corse est assujéti aux lois générales des douanes. Les marchandises non prohibées qui arriveront de l'étranger acquitteront les droits d'entrée, et celles qui y seront envoyées, ceux de sortie fixés par le tarif général de nos douanes.

Nous nous réservons de déterminer ultérieurement les bureaux auxquels sera restreinte l'introduction des espèces de marchandises désignées par les articles 20 et 22 de la loi du 28 avril 1816.

2. Les productions ci-après dénommées du sol de la Corse, expédiées pour France avec acquits-à-caution délivrés sur certificats des magistrats des lieux attestant leur origine, sont exemptes de tous droits de sortie de l'île et d'entrée en France dans les ports de Marseille, Toulon, Cette et Adge, savoir :

Huile d'olive, miel, amandes, châtaignes, noix, cédrats, citrons, oranges, cire jaune, cuirs de bœuf et de vache, verts, sec et en poil, vins.

Toutes autres marchandises envoyées de Corse en France acquitteront, à leur entrée, les droits imposés sur les marchandises analogues venant de l'étranger sur navires étrangers.

3. Toutes marchandises des fabriques de France expédiées pour la Corse seront exemptes, tant des droits de sortie du royaume que de ceux d'entrée en Corse. Si de cette île elles passent à l'étranger, elles acquitteront les droits ordinaires du tarif de sortie.

4. Le droit de cinq centimes par kilogramme de sel est porté à sept centimes et demi : celui de cent francs par quintal décimal de tabac en poudre et de soixante francs par quintal décimal de tabac en feuilles venant de l'étranger est provisoirement maintenu.

5. Un service régulier de douanes sera organisé en Corse. Il y sera établi, à cet effet, un directeur et deux inspecteurs.

6. Si les intérêts ou les besoins des habitans de l'île réclament quelques modifications aux présentes dispositions, et notamment quelques exceptions dans les prohibitions établies par le tarif général des douanes, il y sera statué sur les représentations des autorités locales à notre préfet, lequel en référera à notre ministre des finances, pour nous proposer les changemens convenables.

7. Notre ministre des finances est chargé de l'exécution de la présente ordonnance.

---

5 NOVEMBRE 1816. — Ordonnance du Roi qui nomme M. Bricogne maître des requêtes en service ordinaire. (7, Bull. 121, n° 1311.)

---

5 NOVEMBRE 1816. — Ordonnances du Roi qui accordent des lettres de déclaration de naturalité aux sieurs Dandrade, Bongini, Boveri, Léopold, Mercier, Juvietti, Bagnall, Bonuchi, Bonicho, de Hammann, Gandolff et au marquis de Sainte-Croix-Malay. (7, Bull. 131, 132, 134, 205 et 224.)

---

5 NOVEMBRE 1816. — Ordonnance du Roi qui permet aux sieurs Martin et Letertre de faire des changemens à leurs noms. (7, Bull. 132, n° 1550.)

5 NOVEMBRE 1816. — Ordonnance du Roi qui fixe les jours de la tenue des foires, et qui en accorde aux communes de Castelnaux, Anisy, Dorlan, Vans, Bourganeuf, Cléré, Saint-Maurice, Saint-Laurent et Somsois. (7, Bull. 131.)

9 NOVEMBRE 1816. — Ordonnance du Roi qui défend la sortie des chardons-cardières (1).

11 = Pr. 13 NOVEMBRE 1816. — Ordonnance du Roi qui autorise l'importation des pommes de terre avec exemption de droits. (7, Bull. 121, n° 1309.)

Voy. ordonnance du 4 mars 1819, et notes sur l'ordonnance du 7 AOUT 1816.

Louis, etc.

Vu notre ordonnance du 7 août dernier qui affranchit de tous droits les grains, farines, pains et biscuit de mer, à toutes les entrées, tant par terre que par mer;

Sur le rapport de notre ministre des finances,

Nous avons ordonné et ordonnons ce qui suit :

Art. 1er. L'exemption de droits accordée aux grains, farines, pain et biscuit de mer, à toutes les entrées, tant par terre que par mer, est étendue aux pommes de terre.

2. Nos ministres de l'intérieur et des finances sont chargés de l'exécution de la présente ordonnance.

12 NOVEMBRE 1816. — Ordonnance du Roi qui nomme M. le baron Pasquier président de la Chambre des députés. (7, Bull. 122, n° 1314.)

13 = Pr. 30 NOVEMBRE 1816. — Ordonnance du Roi portant que les titres d'avocat en cassation et d'avocat au Conseil-d'Etat qui se trouvent réunis sur une même tête ne seront pas séparés. (7, Bull. 124, n° 1348.)

Voy. ordonnance du 10 JUILLET 1814, et notes; celle du 10 SEPTEMBRE 1817.

Louis, etc.

Lorsque, par notre ordonnance du 10 juillet 1814, nous portâmes à soixante le nombre des avocats au Conseil-d'Etat, et que nous prîmes dans le collége des avocats en cassation la presque totalité des sujets qui devaient compléter ce nombre, nous fûmes surtout déterminé dans ce choix par la considération que les fonctions qu'exercent les avocats en cassation étaient primitivement unies à celles confiées aux avocats au Conseil-d'Etat, et qu'il pouvait être utile d'en préparer la réunion. Il est arrivé cependant que plusieurs des avocats en cassation qui avaient été nommés avocats au Conseil-d'Etat, méconnaissant les motifs de leur nomination, ont cru pouvoir séparer les deux titres, en garder un et transmettre l'autre, ou les transmettre tous deux à des individus différens, ce qui produit le double inconvénient de commettre à trop de personnes l'exercice de ces fonctions, et de contrarier les vues dans lesquelles avait été fait le choix de nouveaux avocats au Conseil : à quoi voulant pourvoir,

Nous avons ordonné et ordonnons ce qui suit :

Art. 1er. Les titres d'avocat en cassation et d'avocat au Conseil-d'Etat qui se trouvent réunis sur une même tête ne seront pas séparés.

2. Le chancelier de France chargé du portefeuille du ministère de la justice est chargé de l'exécution de la présente ordonnance.

13 NOVEMBRE 1816. = Pr. 15 JANVIER 1817. — Ordonnance du Roi qui répute nulles et non avenues toutes les poursuites judiciaires faites, pendant les trois mois de l'usurpation, pour raison de désertion, contre des militaires qui ont quitté leurs corps pour embrasser la cause de sa majesté. (7, Bull. 131, n° 1531.)

Louis, etc.

Il nous a été rendu compte que, pendant les trois mois d'usurpation plusieurs jugemens ont été prononcés contre des militaires qui, fidèles à leurs sermens et ne voulant pas servir l'usurpateur, se sont rendus près de nous et nous ont offert leurs services.

Considérant que ces jugemens peuvent priver de l'exercice de leurs droits civils ceux contre qui ils ont été rendus; qu'il est juste de mettre ces militaires à l'abri de toute inquiétude et de toute recherche pour l'avenir, à raison d'un fait qui, bien que contraire à la lettre des réglemens militaires, ne peut cependant qu'être honorable pour eux;

Notre Conseil-d'Etat entendu,

Nous avons ordonné et ordonnons ce qui suit :

Art. 1er. Toutes les poursuites judiciaires faites pendant les trois mois de l'usurpation, pour raison de désertion, contre des militaires qui ont quitté leurs corps pour embrasser notre cause et se réunir à notre drapeau,

(1) Cette ordonnance n'est pas au Bulletin des Lois; elle est rappelée par celle du 19 novembre 1817 qui lève la prohibition de sortie et fixe le droit à percevoir.

ainsi que les condamnations qui en ont pu être la suite, sont réputées nulles et non avenues.

2. Le chancelier de France ayant par *interim* le portefeuille du ministère de la justice est chargé de l'exécution de la présente ordonnance.

---

13 NOVEMBRE 1816. — Ordonnance du Roi qui nomme M. Dupleix de Mézi directeur général des postes. (7, Bull. 122, n° 1315.)

---

13 NOVEMBRE 1816. — Ordonnance du Roi qui admet les sieurs Taggiasco, Hellermann, Hamm, Gorgou, Scaron dit Caron, Brateglich et Berberovich à établir leur domicile en France. (7, Bull. 132.)

---

13 NOVEMBRE 1816. — Ordonnances du Roi qui autorisent l'acceptation de dons et legs faits aux hospices de Montfaucon, Remiremont, Saint-Etienne, Bourbourg et Saint-André de Bordeaux; aux pauvres de Romagny, Sedan, Etables, Pegayrolles, Fay, Pontacq, Ligny, Arles et Châteauneuf-sur-Sarthe; aux fabriques des églises des Etables, Berfay, Saint-Brieuc, Quédillac, Laurenan, Saint-Léger, Caen, Lorris, Sizun et Cambrai et aux séminaires de Lisieux et de Limoges. (7, Bull. 132.)

---

13 NOVEMBRE 1816. — Ordonnances du Roi qui accordent des lettres de déclaration de naturalité aux sieurs Botassi, Hervé de Montmorency-Morres, Fiorenza, Blanc, Petretto, Zentz, d'Outrepont, Boccardi, Wiltz, Barrière, Bury, de Benedetti, Casteneuve, Marchioletto, Cremer, Cervetto, Mamiot, Fasson, Gastaldi, Girardi, Bastia, Icardi et de Wiesse. (7, Bull. 132, 133, 134, 138, 141, 143, 149, 153, 155, 157, 159, 183, 201, 220, et 269.)

---

14 NOVEMBRE 1816. — Ordonnance du Roi qui nomme MM. Duvergier de Hauranne et Fornier de Saint-Lary questeurs de la Chambre des députés. (7, Bull. 122, n° 1316.)

---

16 = Pr. 19 NOVEMBRE 1816. — Ordonnance du Roi qui exempte des droits d'entrée les fèves et autres légumes secs qui seront importés en France. (7, Bull. 122, n° 1313.)

Voy. ordonnance du 4 MARS 1819.

Louis, etc.

Vu nos ordonnances des 7 août dernier et 11 de ce mois, qui exemptent des droits d'entrée les grains, farines, pain, biscuit de mer et pommes de terre;

Sur le rapport de notre ministre secrétaire d'Etat des finances,

Notre Conseil-d'Etat entendu,

Nous avons ordonné et ordonnons ce qui suit :

Art. 1er. L'exemption des droits accordée aux grains, farines, pain, biscuit de mer et pommes de terre, est étendue aux fèves et autres légumes secs qui seront introduits par toutes les entrées du royaume.

2. Nos ministres de l'intérieur et des finances sont chargés de l'exécution de la présente ordonnance.

---

16 NOVEMBRE 1816 = Pr. 11 JANVIER 1817. — Ordonnance du Roi relative à l'ordre de Saint-Michel. (7, Bull. 129, n° 1460.)

Voy. ordonnance du 31 DÉCEMBRE 1816.

Louis, etc.

Voulant conserver à l'ordre de Saint-Michel l'éclat dont il jouissait sous les Rois nos prédécesseurs,

Nous avons ordonné et ordonnons ce qui suit :

Art. 1er. L'ordre de Saint-Michel est spécialement destiné à servir de récompense et d'encouragement à ceux de nos sujets qui se seront distingués dans les lettres, les sciences et les arts, ou par des découvertes, des ouvrages et des entreprises utiles à l'Etat.

2. Le nombre des chevaliers est fixé à cent.

3. Toute demande d'admission dans l'ordre de Saint-Michel sera adressée au ministre de notre maison, qui nous en fera un rapport, et nous proposera celles qui seront susceptibles d'être accueillies.

4. Le ministre de notre maison est chargé de l'exécution de la présente ordonnance.

---

20 NOVEMBRE 1816. — Ordonnances du Roi qui accordent des lettres de déclaration de naturalité aux sieurs Luzerna, de Jacquet, Cusani, Cacherano de Bricherasio, Lando, Hoffmeyer, Debonnaire, Lavagna, Heurotte-de-Sainte-Lucie, Willoz, Perroy, Maggiora, Ferrassin, Spinelli, Picardi, Aubert, Yescot, Lucciana, Melon, Kerkinger, Geysen, Pottgeisser, Perrot, Delsanto, Caffaro et Mongini. (7, Bull. 127, 134, 138, 143, 149, 155, 157, 159, 165, 180, 178, 147, 208 et 219.)

---

20 NOVEMBRE 1816. — Ordonnance du Roi qui autorise l'établissement des dames de la Visitation de la ville de Mâcon. (7, Bull. 133.)

---

20 NOVEMBRE 1816. — Ordonnances du Roi qui autorisent l'acceptation de dons et legs faits aux fabriques des églises de Saint-Jacques de Reims, de Croixrault, Guiscriff, Plouer, Blemerey; aux sœurs de la Providence de Chartres et aux religieuses ursulines de Montfort. (7, Bull. 133, n° 1601 à 1606.)

---

20 NOVEMBRE 1816. — Ordonnances du Roi contenant réglement sur l'exercice de la profession de boulanger dans les villes de Grenoble et de Bayeux. (7, Bull. 133, n°s 1607 et 1608.)

---

20 NOVEMBRE 1816. — Ordonnances du Roi qui distrait la commune de Blemerey, département de la Meurthe, du territoire de la succursale de Saint-Martin. (7, Bull. 133, n° 1609.)

---

20 NOVEMBRE 1816. — Ordonnances du Roi qui autorisent : 1° l'association des sœurs de la Providence de Chartres; 2° l'établissement des Ursulines de Montfort; 3° l'établissement formé par les sœurs de la Providence de Strasbourg dans les communes d'Orbenai et de Bernardsweiller. (7, Bull. 133, n° 1610.)

---

20 NOVEMBRE 1816. — Ordonnances du Roi qui admettent les sieurs Liebig, Blanck, Colombani, Olivieri, Knoll, Barberis, Gaffga, Wickel, Rauch et Sabatini à établir leur domicile en France. (7, Bull. 133, n° 1612)

---

20 NOVEMBRE 1816. — Ordonnance du Roi qui permet aux sieurs Gourgibet et de Piellot de faire des additions à leurs noms. (7, Bull. 133, n° 1611.)

---

20 NOVEMBRE 1816. — Ordonnance du Roi concernant le service des poudres et salpêtres (1).

---

22 = Pr. 26 NOVEMBRE 1816. — Ordonnance du Roi qui accorde une prime d'importation pour les grains ou farines de froment, seigle et orge. (7, Bull. 123, n° 1338.)

Voy. ordonnance du 27 AOUT 1817.

Louis, etc.

Par notre ordonnance du 3 août 1815, nous avons interdit toute exportation de grains hors du royaume; et la plus exacte surveillance est exercée sur les côtes et sur les frontières par les diverses autorités. Outre ces précautions qui garantissent la conservation, dans l'intérieur, du produit de toutes les récoltes, nous avons reconnu qu'il pourrait être utile d'encourager les arrivages des blés et farines provenant de l'étranger, par une prime sur les quantités qui seront importées dans nos Etats.

Cette mesure, qui tend à augmenter les approvisionnemens de la France, concourra à la diminution du prix des grains, et mettra nos sujets à portée de s'en procurer à un taux plus modéré :

A ces causes,

Sur le rapport de notre ministre secrétaire d'Etat au département de l'intérieur,

Nous avons ordonné et ordonnons ce qui suit :

Art. 1er. Il sera payé à tous négocians français ou étrangers qui, à compter du 15 décembre prochain, introduiront dans nos ports des grains ou farines de froment, seigle et orge, venant des pays étrangers, une prime d'importation réglée ainsi qu'il suit, savoir :

Cinq francs par quintal métrique de froment ou de farine de froment;

Trois francs cinquante centimes par quintal métrique de seigle ou de farine de seigle;

Deux francs cinquante centimes par quintal métrique d'orge ou de farine d'orge.

La même prime sera payée pour les introductions de grains ou farines de froment, seigle et orge, qui auront lieu par le Rhin, la Moselle et la Meuse, et par les seuls bureaux de Strasbourg, Sierck, Charleville et Longwy.

2. Lesdites primes seront payées par les receveurs des douanes dans les ports du royaume ou dans les bureaux des frontières de terre où les grains et farines auront été introduits, et proportionnellement aux quantités qui seront constatées à l'entrée dans les formes ordinaires.

3. La prime d'importation fixée par l'article 1er cessera d'être payée au 1er septembre 1817.

4. Nos ministres de l'intérieur et des finances sont chargés de l'exécution de la présente ordonnance.

---

22 NOVEMBRE 1816. — Grandes lettres de naturalisation accordées par sa majesté à M. le duc de Dalberg et à M. de Greffulhe. (7, Bull. 127.)

---

22 NOVEMBRE 1816. — Ordonnance du Roi qui accorde des lettres de déclaration de naturalité au sieur Stucher. (7, Bull. 128.)

---

27 = Pr. 30 NOVEMBRE 1816. — Ordonnance du Roi concernant la promulgation des lois et des ordonnances. (7, Bull. 124, n° 1347.)

Voy. à la date du 9 NOVEMBRE 1789, les articles de la constitution relatifs à la promulgation des lois; loi des 2 = 5 NOVEMBRE 1790, 13 JUIN 1791, 12 FRIMAIRE an 2, et 12 VENDÉMIAIRE an 4; arrêtés des 12 PRAIRIAL an 4 et 16 VENTOSE an 5; constitution du 22 FRIMAIRE an 8, art. 37 et 41; arrêtés du 29 NIVOSE an 8; avis du Conseil-d'Etat, du

---

(1) Cette ordonnance n'est pas au Bulletin des Lois: elle est rappelée par celle du 15 juillet 1818 concernant l'organisation du personnel de l'administration des poudres et salpêtres.

5 PLUVIOSE an 8; loi du 14 VENTOSE an 11; arrêté du 25 THERMIDOR an 11; avis du Conseil-d'Etat, du 25 PRAIRIAL an 13; la Charte, art. 22; loi du 13 AOUT 1814, art. 19 et suiv. *Voy.* aussi la première note sur la loi du 28 AVRIL 1816; ordonnances du 18 JANVIER 1817; avis du Conseil-d'Etat, du 24 FÉVRIER 1817.

Louis, etc.

L'article 1er du Code civil déclare que les lois sont exécutoires en vertu de la promulgation que nous en faisons, et du moment où cette promulgation peut être connue; mais l'article n'ayant point expliqué ce qui constitue la promulgation, il s'est élevé des doutes qui, jusqu'à présent, ont été diversement résolus.

Le plus souvent on a regardé la promulgation comme résultant de la sanction que nous avions donnée aux lois, et on les a exécutées, pour le département de notre résidence royale, un jour après celui où notre seing avait fixé leur date, et pour les autres départemens, dans le délai déterminé, d'après cette époque, par l'arrêté du 25 thermidor an 11 (13 juillet 1803).

Quelquefois on n'a déduit la promulgation que de l'insertion des lois au Bulletin, et de son arrivée au chef-lieu du département de notre résidence. C'est l'interprétation, quoique la plus récente, que nous avons jugé à propos d'adopter dans nos ordonnances des 29 mai et 11 juin derniers (1), comme établissant davantage la publicité des lois.

Mais, pour prévenir tout doute à cet égard et établir une règle uniforme,

Nous avons, par la présente,

Sur le rapport de notre amé et féal chevalier, chancelier de France, le sieur Dambray, commandeur de nos ordres,

Et de l'avis de notre Conseil,

Déclaré, ordonné, déclarons et ordonnons :

Art. 1er. A l'avenir, la promulgation des lois et de nos ordonnances résultera de leur insertion au Bulletin officiel.

2. Elle sera réputée connue, conformément à l'article 1er du Code civil, un jour après que le Bulletin des Lois aura été reçu de l'imprimerie royale par notre chancelier ministre de la justice, lequel constatera sur un registre l'époque de la réception (2).

3. Les lois et ordonnances seront exécutoires, dans chacun des autres départemens du royaume, après l'expiration du même délai augmenté d'autant de jours qu'il y aura de fois dix myriamètres (environ vingt lieues anciennes), entre la ville où la promulgation en aura été faite et le chef-lieu de chaque département, suivant le tableau annexé à l'arrêté du 25 thermidor an 11 ou 13 juillet 1803.

4. Néanmoins, dans les cas et les lieux où nous jugerons convenable de hâter l'exécution, les lois et ordonnances seront censées publiées et seront exécutoires du jour qu'elles seront parvenues au préfet, qui en constatera la réception sur un registre (3).

5. Le chancelier de France est chargé de l'exécution de la présente ordonnance.

---

(1) Ces ordonnances, l'une relative à l'*arriéré*, et l'autre aux *cautionnemens*, déterminent la date du jour auquel la loi du 28 avril 1816 est devenue exécutoire. *Voy.* la 1re note sur la loi du 28 avril 1816.

(2) L'avis du Conseil-d'Etat du 24 février 1817 décide que les lois ne sont exécutoires *qu'un jour franc* après celui de la publication du Bulletin, qu'ainsi, lorsque le Bulletin porte la date du 1er, la loi n'est exécutoire que le 3.

On sait qu'au bas de chaque Bulletin se trouve une date avec une note ainsi conçue : « cette date « est celle de la réception du Bulletin au minis- « tère de la justice. »

(3) Nonobstant les règles établies par cette ordonnance, le Gouvernement peut-il arbitrairement fixer l'époque à laquelle une loi est devenue exécutoire? Sans doute, dans les cas et suivant les formes déterminées par l'article 4 de cette ordonnance, et par l'ordonnance du 18 janvier 1817, le Gouvernement peut hâter l'exécution d'une loi ; mais nous pensons que, lorsqu'il s'agit de déterminer l'époque à laquelle une loi a été exécutoire, cette question doit être décidée conformément aux règles générales posées dans cette ordonnance.

Si cependant, et dans le fait, l'autorité administrative méconnaît les véritables principes, les tribunaux seront-ils liés par la décision administrative? Cette nouvelle question se rattache à celle de savoir si une ordonnance contraire à la loi est obligatoire pour les tribunaux. Un arrêt de la Cour de cassation, du 9 juin 1818, paraît avoir décidé que la décision administrative doit dans tous les cas être respectée par l'autorité judiciaire. S. 18, 2, 290; mais remarquons que cet arrêt a été rendu sur une espèce antérieure à l'ordonnance du 27 novembre 1816. Or, avant cette ordonnance, il n'y avait pas de règles bien précises et bien claires pour déterminer l'époque à laquelle les lois sont exécutoires; cet état d'incertitude a pu déterminer la Cour suprême, qui sans doute aujourd'hui adopterait une opinion contraire.

Au surplus, tout ce qui vient d'être dit ne nous empêche pas de persister dans les observations que nous avons placées sous l'arrêté du 25 thermidor an 11, et desquelles il résulte que les règles touchant le calcul des délais, à raison des distances entre Paris et les chefs-lieux de département, peuvent être modifiées par suite d'événemens de force majeure.

27 NOVEMBRE 1816 = Pr. 20 JANVIER 1817. — **Ordonnance du Roi portant que les quatre-vingt-six départemens du royaume sont divisés en cinq séries, conformément au tableau y annexé.** (7, Bull. 133, n° 1586.)

Louis, etc.

En examinant la composition actuelle des séries des départemens anciennement établies, nous avons reconnu que, depuis que les provinces autrefois réunies à la France en ont été distraites, le nombre des départemens et celui des députés y sont répartis d'une manière inégale et confuse, et qu'il était nécessaire de les disposer dans un meilleur ordre, en sorte que, chaque année, un nombre égal de départemens eût à choisir un nombre égal de députés.

Voulant aussi que les départemens qui composent chaque série soient alternativement rappelés à renouveler le cinquième des membres de la Chambre des députés, de manière qu'ils puissent nous faire connaître, chaque année, les nouveaux besoins et les vœux de toutes les parties du royaume, nous avons jugé utile que deux départemens limitrophes ne fussent pas appelés la même année à procéder aux élections :

A ces causes,

Sur le rapport de notre ministre au département de l'intérieur,

Nous avons ordonné et ordonnons ce qui suit :

Art. 1er. Les quatre-vingt-six départemens du royaume sont divisés en cinq séries, conformément au tableau annexé à la présente ordonnance.

2. Il sera fait, pendant la session de 1816, un tirage au sort pour déterminer l'ordre dans lequel les cinq séries des départemens seront appelées à renouveler les députés.

3. Les cinq séries ne prendront leur numéro d'ordre qu'après le tirage au sort. La série qui sortira la première sera la première renouvelée ; les autres le seront successivement, selon l'ordre de leurs numéros.

4. Notre ministre de l'intérieur est chargé de l'exécution de la présente ordonnance.

Tableau annexé à l'ordonnance du 27 novembre 1816.

SÉRIE A. — DÉPARTEMENS.	NOMBRE DE DÉPUTÉS.	SÉRIE B. — DÉPARTEMENS.	NOMBRE DE DÉPUTÉS.	SÉRIE C. — DÉPARTEMENS.	NOMBRE DE DÉPUTÉS.	SÉRIE D. — DÉPARTEMENS.	NOMBRE DE DÉPUTÉS.	SÉRIE E. — DÉPARTEMENS	NOMBRE DE DÉPUTÉS.
Ardèche . . .	2	Ardennes . .	2	Alpes (Htes)	2	Ain.	3	Aisne.	4
Aveyron . . .	3	Aube	2	Côte-d'Or . .	3	Alpes (Basses)	1	Allier	2
Calvados . . .	4	Aude.	2	Creuse	2	Corrèze. . . .	2	Ariége	2
Charente. . .	3	Bouch. du Rhe.	3	Dordogne . .	4	Finistère. . .	4	Cantal	2
Garonne (H.)	4	Cher	2	Gers	3	Gard	3	Charte- Infér.	4
Jura	2	Côt.-du-Nord	4	Hérault . . .	3	Indre	2	Corse.	2
Loir-et-Cher.	2	Drôme	2	Ille-et-Vilaine	4	Landes. . . .	2	Doubs	2
Loire-Inférre	4	Eure.	4	Lozère	1	Loire.	3	Eure et Loire	2
Lot-et-Gare.	3	Gironde . . .	5	Indre-et-Lre.	2	Manche . . .	4	Isère	4
Marne	3	Loire (Hte.)	2	Loiret	3	Moselle . . .	4	Marne (Hte).	2
Meurthe . . .	3	Lot.	4	Meuse	2	Nièvre	2	Mayenne. . .	3
Pas-de-Calais	4	Maine-et-Lre.	4	Oise	3	Nord.	8	Morbihan . .	4
Puy-de-Dôme	4	Pyrén. (Htes)	2	Orne.	4	Saône (Hte.)	2	Pyrénées (B).	3
Pyrénées-Or.	1	Saône-et-Lre.	4	Rhin (Haut).	3	Sarthe	4	Rhin (Bas). .	4
Seine-et-Oise.	4	Somme. . . .	4	Rhône	3	Seine-et-Marne.	3	Seine Inférre.	6
Var.	3	Vienne (Hte)	2	Seine.	8	Tarn-et-Gare	2	Tarn	2
Yonne	3	Vosges	3	Sèvres (D.). .	2	Vendée . . .	3	Vaucluse. . .	2
								Vienne. . . .	2
	52		51		51		52		52

27 NOVEMBRE 1816 = Pr. 20 FÉVRIER 1817. — Ordonnance du Roi relative à la convocation des conseils généraux et d'arrondissement. (7, Bull. 139, n° 1734.)

Louis, etc.

Art. 1er. Les conseils d'arrondissement s'assembleront le dixième jour après que la loi sur les finances pour 1817 aura été rendue; la première partie de leur session durera dix jours.

2. Les séances des conseils généraux seront ouvertes le sixième jour qui suivra le dernier de la première partie de la session des conseils d'arrondissement, et elles seront continuées pendant quinze jours.

3. Les conseils d'arrondissement reprendront leur session, pour la deuxième partie, cinq jours après la clôture des conseils généraux, et la termineront le cinquième jour inclusivement.

4. Notre ministre de l'intérieur est chargé de l'exécution de la présente ordonnance.

---

27 NOVEMBRE 1816. — Ordonnance du Roi qui détermine les fonctions attribuées aux administrateurs de l'enregistrement et des domaines (1).

---

27 NOVEMBRE 1816. — Ordonnances du Roi qui accordent des lettres de déclaration de naturalité aux sieurs Bouthillier-Beaumont, Champrond, Bataillard, Ollivero, Ferrero, Tiollier, Capisan, Lorenti dit Laurent, Curbis, Gianotti, Moser, Borgialli, Jacques, Franciosi, Faure, Cuffia, Zaccone, Scasso et Vanderput (7, Bull. 124, 133, 134, 144, 155, 201, 208, 212 et 220.)

---

27 NOVEMBRE 1816. — Ordonnance du Roi qui maintient le haut-fourneau établi par le sieur Carrigou à Courbeval, département de Tarn-et-Garonne. (7, Bull. 133, n° 1617.)

---

27 NOVEMBRE 1816. — Ordonnances du Roi qui autorisent l'acceptation de dons et legs faits aux séminaires d'Agen, aux fabriques des églises d'Inzinzac, de Saint-Wast de Béthune, de Coëtmieux et d'Alby, et à la cathédrale de Saint-Brieuc. (7, Bull. 134, n° 1650.)

---

27 NOVEMBRE 1816. — Ordonnance du Roi qui admet les sieurs Baumgartner, Bazin, sa femme et son fils, Babot et Mitry, à établir leur domicile en France. (7, Bull. 134, n° 1660.)

---

27 NOVEMBRE 1816. — Ordonnance du Roi qui permet au sieur Timoléon Duplessis d'ajouter à son nom celui de Guichard. (7, Bull. 134.)

30 NOVEMBRE 1816. — Lettres-patentes du Roi qui affectent un majorat en faveur de M. Jean-Baptiste de Gouey de la Besnardière. (7, Bull. 174, n° 2778.)

---

30 NOVEMBRE 1816. — Ordonnance du Roi qui nomme M. Camille Jordan conseiller d'État en service ordinaire. (7, Bull. 125, n° 1366)

---

4 = Pr. 16 DÉCEMBRE 1816. — Ordonnance du Roi portant que les navires étrangers qui viendront sur lest charger des sels dans les ports de l'Océan, jouiront de l'exemption des droits de tonnage accordée par l'ordonnance du 31 juillet 1816. (7, Bull. 126, n° 1391.)

Louis, etc.

Vu notre ordonnance du 31 juillet dernier qui exempte des droits de tonnage les navires étrangers venant sur lest charger des sels dans les ports de la Méditerranée;

Ouï le rapport de notre ministre secrétaire d'État des finances;

Notre Conseil entendu,

Nous avons ordonné et ordonnons ce qui suit :

Art. 1er. L'exemption accordée par l'ordonnance du 31 juillet dernier est étendue, sous les mêmes conditions, aux navires étrangers qui viendront sur lest charger des sels dans nos ports de l'Océan.

2. Notre ministre des finances est chargé de l'exécution de la présente ordonnance.

---

4 DÉCEMBRE 1816. — Ordonnances du Roi qui accordent des lettres de déclaration de naturalité aux sieurs Florentin, Blay, Wiaff, Catteaux, Triayre, Ghirardi, Milchamps, Carutti, Permet, Lizé, Cornuty et Ardin. (7, Bull. 134, 135, 140, 149, 153, 166, 191, 194 et 208.)

---

4 DÉCEMBRE 1816. — Ordonnances du Roi qui autorisent l'acceptation de dons et legs faits aux pauvres, séminaires et fabriques des églises du Câteau, Saint-Aubin-du-Perron, Bavay, Arras, Saint-Pierre d'Orléans, Chavigny, Saint-Etienne de Toulouse, Gardonch, Molsheim, Béziers, Roye, Sedan, Bordeaux, Saumur, Toul, Vertus, Haguenau, Aiguillon, Aubignan et d'Aix. (7, Bull. 134, 135 et 140.)

---

4 DÉCEMBRE 1816. — Ordonnance du Roi qui admet les sieurs Haut et Wallez à établir leur domicile en France. (7, Bull. 135.)

---

4 DÉCEMBRE 1816. — Ordonnance du Roi qui permet au sieur Robert d'ajouter à son nom celui de Gerdier. (7, Bull. 135.)

---

(1) Cette ordonnance n'est pas au Bulletin des Lois; elle est rappelée par l'article 6 de l'ordonnance du 17 mai 1817 qui réunit l'administration forestière à celle de l'enregistrement

DÉCEMBRE 1816. — Ordonnance du Roi qui autorise la société anonyme formée à Paris, à exploiter les mines de houille de Decize. (7, Bull. 134, n° 1670.)

= Pr. 13 DÉCEMBRE 1616. — Ordonnance du Roi relative à l'organisation et à l'administration de l'école des mines. (7, Bull. 125, n° 1364.)

Voy. lois des 18 = 25 FÉVRIER 1791, et 30 VENDÉMIAIRE an 4, titre VI.

TITRE Ier. Organisation et administration.

Art. 1er. L'école des mines, créée par l'arrêt du Conseil-d'Etat du Roi du 19 mars 783, est rétablie à Paris, et elle aura dans es départemens une ou plusieurs succursales, ous le titre d'*écoles pratiques de mineurs.* Ces écoles pratiques, dont le régime et les elations avec l'école des mines à Paris seront déterminés par un réglement ultérieur, eront particulièrement consacrées à l'exploitation de la houille et au traitement du fer, et, s'il est possible, à l'exploitation et au raitement de l'étain, de l'argent, du plomb et du cuivre.

2. L'école des mines est placée sous la surveillance du ministre secrétaire d'Etat de l'intérieur, et sous l'administration du conseiller d'Etat directeur général des mines, assisté du conseil de l'école.

3. Le conseil sera présidé par le conseiller d'Etat directeur général, et composé de trois inspecteurs généraux, des professeurs et de l'inspecteur des études.

4. Il y aura près de cette école et dans le même local : 1° une collection minéralogique et géologique; 2° une collection des produits des arts qui ont pour objet le travail ou le traitement des substances minérales; 3° une bibliothèque; 4° un dépôt de plans, dessins et modèles relatifs à l'art des mines; 5° un laboratoire de chimie et un dépôt des produits des essais et des analyses.

5. La garde des collections minéralogiques et des produits des arts sera confiée, ainsi que le dépôt des plans et la bibliothèque, à l'inspecteur des études, et le dépôt des produits chimiques susceptibles d'emploi, au professeur chef du laboratoire; toutefois, le conservateur actuel de la collection des minéraux conservera son traitement et ses fonctions.

Les produits chimiques non susceptibles d'emploi seront annuellement réunis aux collections.

6. Les professeurs de l'école seront au nombre de quatre, savoir :

Un professeur de minéralogie et de géologie,

Un professeur de docimasie,

Un professeur d'exploitation des mines,

Un professeur de minéralurgie.

Les chaires de docimasie et de minéralurgie pourront être réunies.

7. Il y aura un maître de dessin, qui enseignera aux élèves le dessin des machines, des constructions et des plans souterrains, le lavis de la carte et la stéréotomie pratique.

Il pourra être donné des maîtres de langue allemande et de langue anglaise à ceux des élèves qui se feront distinguer par leur travail et leur bonne conduite.

8. Le professeur de docimasie est en même temps chef du laboratoire, et chargé, à ce titre, de faire tous les essais et toutes les analyses qui lui seront ordonnés par le directeur général et le conseil de l'école, et d'en tenir un registre exact.

9. Les professeurs et l'inspecteur des études seront nécessairement pris parmi les ingénieurs des mines et nommés par le ministre, sur la proposition du directeur général.

10. Le conseil se réunira au moins une fois par mois; il délibérera sur toutes les affaires relatives à la discipline et à l'administration de l'école, à l'instruction et au personnel des élèves, et sur toutes les mesures propres à coordonner toutes les parties de l'enseignement tant théorique que pratique.

11. En l'absence du directeur général, le conseil sera présidé par le plus ancien des inspecteurs généraux; mais alors les délibérations du conseil devront être soumises à son approbation.

12. Le conseil est chargé de recueillir et de rassembler tous les matériaux nécessaires pour compléter la description minéralogique de la France :

1° En augmentant la collection qui est commencée pour cet objet;

2° En réunissant le plus grand nombre possible des descriptions particulières, et les coordonnant entre elles;

3° En dirigeant la confection de différentes cartes sur lesquelles seront tracées les différentes formations et natures des terrains,

Les gîtes de minerais, les mines abandonnées et les mines exploitées,

Les fonderies et les usines minéralurgiques,

Les limites des concessions de mines.

A la fin de chaque année, le conseil rendra un compte détaillé du travail de chacun de ses membres et des résultats obtenus : il y joindra un inventaire partiel des accroissemens des collections et dépôts.

13. Le nombre des élèves ingénieurs des mines est fixé à neuf, savoir :

Cinq de première classe.

Quatre de seconde classe.

Ils seront pris parmi les élèves de l'école polytechnique qui, ayant complété leurs études et rempli les conditions exigées par les réglemens, auront été choisis par l'administration de l'école polytechnique.

Chaque élève recevra un traitement ainsi qu'il suit :

Ceux de première classe, neuf cents francs;

Ceux de seconde classe, huit cents francs.

14. Outre les neuf élèves ingénieurs, il pourra y avoir à l'école des mines des élèves externes, dont le nombre sera de neuf au plus, et qui seront envoyés, soit par les préfets, soit par les concessionnaires ou les propriétaires d'établissemens métallurgiques.

15. Les élèves ingénieurs et les élèves externes sont tenus de se fournir de livres et autres objets nécessaires à leur instruction.

16. Il sera pris chaque année sur les fonds de l'administration des mines, la somme nécessaire pour les dépenses de l'école, consistant en traitement des élèves ingénieurs, d'un maître de dessin, du garde des collections, etc., salaires des garde-salles et du portier, prix à distribuer à la fin des cours, frais de chauffage, lumières, frais particuliers du laboratoire, achats de livres d'art, d'instrumens, et confection de modèles.

Titre II.

17. Les cours de l'école des mines commenceront, chaque année, le 15 novembre et finiront le 15 avril.

18. Tous les jours (les dimanches et fêtes exceptés), les élèves se réuniront à l'école depuis huit heures du matin jusqu'à quatre heures après midi.

19. Chaque année, dans le mois qui précédera l'ouverture des cours, le conseil déterminera les objets d'études dont on devra s'occuper dans l'année scolaire, et fixera les jours et les heures des leçons et des exercices.

Les professeurs sont tenus, avant l'ouverture des cours, de soumettre au conseil le précis développé de chacune de leurs leçons.

20. Le conseil proposera des sujets de concours, et désignera les élèves qui seront tenus de s'y appliquer.

21. Les examens des élèves des mines sur toutes les parties de science et d'art qui leur seront enseignées, auront lieu dans la deuxième quinzaine d'avril; et tous les ouvrages qu'ils auront produits au concours seront jugés à la même époque.

22. Au 1er mai, ceux des élèves qui en auront été jugés capables seront envoyés dans les écoles pratiques et dans les grandes exploitations de mines.

Ils s'y occuperont, sous les ordres du directeur particulier de ces écoles, ou des ingénieurs auprès de qui ils auront été placés, de tous les travaux de mines ou de fonderie qui s'y exécutent, et de la description minéralogique de la contrée.

Ils rentreront à l'école au 15 novembre au plus tard.

Ils recevront, pendant leur mission, le même traitement que les aspirans, et une indemnité de campagne de cent francs.

23. Lorsqu'il vaquera une place d'aspirant, elle sera donnée par le ministre de l'intérieur à l'élève de première classe qui sera le plus avancé dans ses études.

24. L'élève qui, après le temps fixé, ne sera pas jugé admissible au grade d'aspirant, cessera d'être compris sur le tableau des élèves; il en sera de même de ceux qui ne suivront pas avec exactitude les cours ou les exercices, ou qui tiendront une conduite répréhensible. Ces exclusions auront lieu sur la décision du ministre de l'intérieur, la proposition du directeur général et la délibération du conseil de l'école.

Titre III.

25. L'institution des élèves externes ayant pour but principal de former des directeurs d'exploitations et d'usines, ils seront soumis, avant leur admission, à un examen où ils devront faire preuve qu'ils sont en état de suivre les cours de l'école.

Les connaissances exigées de ces élèves sont déterminées chaque année par le conseil de l'école.

26. Les élèves externes ne pourront en aucun cas prétendre aux places d'ingénieur qui viendraient à vaquer dans le corps royal des mines; mais il sera pris des mesures pour qu'à leur sortie de l'école théorique ou de l'école pratique de Saint-Etienne, ils soient convenablement placés dans les grandes exploitations ou établissemens des mines.

27. Les élèves externes admis (sur certificats donnés par les examinateurs) suivront à l'école des mines, à Paris, les mêmes cours et les mêmes exercices que les élèves ingénieurs.

28. Ils pourront aussi être envoyés aux écoles pratiques ou dans de grandes exploitations de mines.

29. Ils subiront tous les ans, dans la deuxième quinzaine d'avril, des examens, et seront classés entre eux suivant les résultats de ces examens.

30. Après trois ans au moins et six ans au plus de séjour dans l'école théorique et dans les écoles pratiques, ceux d'entre eux qui seront reconnus suffisamment instruits recevront un diplôme délivré par le directeur général, sur la proposition du conseil de l'école; ce diplôme constatera le temps pendant lequel ils auront suivi les cours et les exercices de l'école à Paris; le séjour qu'ils auront fait, soit dans les écoles pratiques, soit sur des exploitations de mines; le genre et l'étendue des connaissances qu'ils auront acquises.

31. Si l'élève externe, après trois ans de jour à l'école théorique, n'est pas suffisam- ent instruit, le conseil de l'école décidera l doit y rester une quatrième année.

32. Aucun élève ne peut rester plus de iatre ans à l'école de théorie, et plus de six is aux écoles théorique et pratique.

33. Les réglemens d'ordre intérieur de l'é- le seront arrêtés par notre ministre secré- ire d'Etat de l'intérieur, sur la proposition directeur général.

34. Notre ministre de l'intérieur est char- de l'exécution de la présente ordonnance.

= Pr. 16 DÉCEMBRE 1816. — Ordonnance du Roi relative aux militaires pensionnés, fran- çais ou naturalisés, qui résident en pays étranger. (7, Bull. 126, n° 1392.)

Voy. ordonnances des 27 AOUT et 29 OCTOBRE 1817, et 13 JUILLET 1820.

Louis, etc.

Vu nos ordonnances des 27 août 1814 et uin 1816 portant qu'aucun militaire pen- onné, français ou naturalisé, ne peut jouir sa solde de retraite hors du royaume, s'il en a obtenu de nous la permission;

Vu les demandes qui nous sont présentées 'effet d'obtenir cette permission, à laquelle nous appartient de mettre les limites et nditions que nous jugerons convenables;

Considérant que ceux qui l'obtiennent ont demment un intérêt personnel à résider pays étranger, et qu'ils évitent ainsi une rtie des obligations et des charges que leur poserait leur domicile réel en France; ulant d'ailleurs compenser le désavantage ultant, pour l'Etat, de l'exportation de ds qui devraient être consommés dans le yaume;

Sur le rapport de notre ministre secrétaire Etat de la guerre,

Nous avons ordonné et ordonnons ce qui it :

Art. 1er. Les militaires français ou natu- isés qui, conformément à nos ordonnan- s des 27 août 1814 et 5 juin 1816, ont été seront à l'avenir autorisés par nous à iir de leur solde de retraite ou traitement réforme hors du royaume, n'en touche- nt que les deux tiers pendant toute la du- e de leur séjour en pays étranger; l'autre rs sera porté en réduction de dépense.

2. Les retenues auxquelles ces soldes et trai- nens sont assujétis ne seront exercées que r le taux des deux tiers conservés, qui, ur cet effet, sera considéré comme le mon- it originaire du traitement.

3. La déduction du tiers, prescrite par l'ar- le 1er ci-dessus, aura lieu à partir du 1er ivier prochain sur les arrérages à échoir stérieurement à cette époque. Elle cessera à compter du premier jour du trimestre dans le cours duquel le titulaire aura fait constater son retour en France par le maire du lieu de son domicile dans le royaume.

4. Les dispositions de l'article 1er ne sont point applicables aux militaires pensionnés qui sont envoyés pour notre service à l'étran- ger près de nos légations ou autrement.

5. Il n'est rien changé au droit que les mi- litaires suisses ont de jouir de leur retraite dans leur patrie.

6. Nos ministres des affaires étrangères, de la guerre et des finances sont chargés de l'exécution de la présente ordonnance.

9 = Pr. 13 DÉCEMBRE 1816. — Ordonnance du Roi qui autorise l'importation du riz avec exemption de droits, et accorde une prime d'importation pour le maïs. (7, Bull. 125, n° 1365.)

Voy. ordonnances des 27 AOUT 1817, et 4 MARS 1819.

Louis, etc.

Vu notre ordonnance du 7 août dernier, qui affranchit de tous droits les grains, fari- nes et biscuits de mer, à toutes les entrées de notre royaume, tant par terre que par mer;

Vu pareillement notre ordonnance du 22 novembre suivant, qui accorde des primes pour l'importation des froment, seigle et orge;

Sur le rapport de notre ministre secrétaire d'Etat de l'intérieur,

Nous avons ordonné et ordonnons ce qui suit :

Art. 1er. L'exemption de droits accordée aux grains et farines est étendue au riz qui sera importé par les ports de notre royaume et par les frontières de terre.

2. La prime accordée à l'importation des froment, orge et seigle, est étendue au maïs; en conséquence, il sera payé, pour cette es- pèce de grain venant de l'étranger dans nos ports, une prime de trois francs par quintal métrique.

3. Nos ministres de l'intérieur et des fi- nances sont chargés de l'exécution de la pré- sente ordonnance.

11 = Pr. 25 DÉCEMBRE 1816. — Ordonnance du Roi relative aux courtiers institués près la Bourse de Dieppe. (7, Bull. 127, n° 1437.)

Louis, etc.

Vu les réclamations du commerce de Dieppe, et la demande des autorités locales, tendant à obtenir la division des diverses es- pèces de courtage qui sont attribuées cumu- lativement aux courtiers institués près la Bourse de Dieppe;

Vu l'avis du préfet du département de la Seine-Inférieure ;

Sur le rapport de notre ministre secrétaire d'Etat de l'intérieur,

Nous avons ordonné et ordonnons ce qui suit :

Art. 1er. Le nombre des courtiers institués près la Bourse de Dieppe, par l'acte du Gouvernement du 15 octobre 1801 (23 vendémiaire an 10), reste fixé à six. Les fonctions qui leur étaient attribuées cumulativement sont divisées.

2. Il y aura près cette Bourse deux courtiers de commerce pour les marchandises et le roulage, et quatre courtiers conducteurs de navires interprètes.

Les courtiers actuellement en exercice auront la faculté de choisir entre ces deux titres; il leur sera donné de nouvelles commissions.

3. Le cautionnement pour les uns et les autres de ces courtiers reste de quatre mille francs.

4. Nos ministres de l'intérieur et des finances sont chargés de l'exécution de la présente ordonnance.

---

11 DÉCEMBRE 1816. — Ordonnance du Roi relative à l'organisation de la garde nationale de Paris et du département de la Seine. (*Dépôt des Lois*, n° 215, Mon. n° 366.)

Voy. ordonnances du 17 JUILLET 1816.

Louis, etc.

Vu nos ordonnances des 27 décembre 1815 et 17 juillet 1816;

Sur le rapport de notre ministre secrétaire d'Etat de l'intérieur;

De l'avis de notre bien-aimé frère Monsieur, colonel général des gardes nationales,

Nous avons ordonné et ordonnons ce qui suit :

Art. 1er. Conformément aux articles 1er et 2 de notre ordonnance du 17 juillet dernier, les gardes nationales du département de la Seine, pour le service ordinaire, sont et demeurent déterminées comme il suit :

ARRONDISSEMENS.	GARDE A PIED.		GARDE A CHEVAL.		SAPEURS-POMPIERS volontaires.		TOTAL de la force effective.
	Cadres.	Nombre d'hommes.	Cadres.	Nombre d'hommes.	Cadres.	Nombre d'hommes	
Paris . . .	12 lég.	32,000	1 lég.	400	Il y a un bataillon de sapeurs-pompiers soldé.		32,400
Sceaux . .	2 *id.*	3,000	1 comp.	50	1 comp.	25	3,075
St.-Denis.	2 *id.*	3,000	1 comp.	50	1 comp.	25	3,075
Totaux. .	"	38,000	"	500	"	50	38,550

2. Il sera procédé, d'après les bases posées ci-dessus : 1° à la formation ou révision des registres-matricules; 2° à leur division en contrôles de service ordinaire et de réserve, qui comprendront tous les imposés et fils d'imposés aux rôles des contributions directes, âgés de vingt à soixante ans, et les personnes dénommées à l'article 4; 3° au projet d'encadrement et à la rédaction des listes de candidats pour les emplois d'officiers que les cadres déterminent.

Les listes de candidats pour les places d'officiers nous seront soumises pour servir tant à la nomination des officiers qu'à l'homologation des cadres, le tout conformément à nos ordonnances des 27 décembre 1815 et 17 juillet 1816, et aux instructions données en conséquence.

3. Les compagnies de sapeurs-pompiers volontaires qui seront organisées dans les arrondissemens de Sceaux et de Saint-Denis feront partie de la garde nationale dudit arrondissement; mais elles ne seront employées qu'au service spécial des incendies, conformément aux réglemens particuliers qui nous seront soumis par notre ministre de l'intérieur.

Les sapeurs-pompiers volontaires ne feront le service ordinaire de la garde nationale que dans le cas où il y aurait sur les lieux des corps soldés de sapeurs-pompiers.

4. Dans le département de la Seine, les employés des administrations publiques et particulières, les clercs et les commis quelconques aux appointemens de douze cents francs et au dessus, feront partie de la garde nationale, conformément à l'article 3 de l'ordonnance du 17 juillet, bien qu'ils ne soient pas imposés ou fils d'imposés aux rôles des contributions directes de ce département.

5. L'inspecteur des gardes nationales du département de la Seine aura l'inspection de toutes les gardes nationales du département. Il aura, en outre, le commandement immédiat de la garde nationale de Paris, et, en cette qualité, il y fera exécuter les réquisitions de service extraordinaire de nos ministres de l'intérieur et de la police, ainsi que celles des préfets du département et de police, et il dirigera le service ordinaire sous l'autorité administrative de ces ministres et de ces magistrats.

L'inspecteur aura sous ses ordres un major général, qui sera chargé du détail, et pourra, en outre, le suppléer dans ses diverses fonctions.

6. Il y aura, dans chacune des sous-préfectures de Sceaux et de Saint-Denis, un commandant des gardes nationales de l'arrondissement, qui remplira les fonctions déterminées par l'article 5 de notre ordonnance du 17 juillet dernier.

7. Il y aura, dans chaque commune desdits arrondissemens où la garde nationale sera organisée, un commandant de la garde communale, lequel y remplira les fonctions déterminées par l'art. 6 de notre ordonnance du 17 juillet dernier.

A Paris, lesdites fonctions seront remplies, pour toute la commune, par le commandant en chef de la garde nationale, et dans chaque arrondissement municipal, par le colonel chef de légion, mais seulement pour les réquisitions d'urgence qui lui seraient adressées par le maire ou par les autres magistrats ou fonctionnaires investis du droit de requérir la force publique.

8. Tous les officiers des gardes nationales du département de la Seine seront nommés par nous, conformément à l'article 7 de notre ordonnance du 17 juillet et aux instructions données en conséquence.

9. Les ordres du jour réglementaires et ceux relatifs à d'autres objets que le détail du service ordinaire, ne pourront être donnés ni imprimés qu'après avoir été communiqués aux préfets et approuvés par notre ministre de l'intérieur, de l'avis du prince colonel général.

10. Lorsqu'une ou plusieurs légions de la garde nationale parisienne prendront les armes pour les revues, exercices ou manœuvres, si le rassemblement n'a pas lieu en vertu d'une réquisition de l'autorité administrative, le commandant en chef en informera le préfet vingt-quatre heures au moins à l'avance, et ce magistrat en donnera immédiatement connaissance à notre ministre secrétaire d'Etat de l'intérieur.

Le même avis sera donné au maire par le chef de légion, aussitôt après la réception de l'ordre qui aura prescrit le rassemblement.

11. Dans les arrondissemens de Sceaux et de Saint-Denis, les conseils de recensement seront formés conformément aux articles 17, 18 et 19 de l'ordonnance du 17 juillet dernier.

A Paris, conformément à l'article 18 de la même ordonnance, il y aura autant de conseils de recensement que d'arrondissemens municipaux; et chacun desdits conseils sera composé du maire, président, et de quatre à six membres nommés par le préfet sur la proposition des maires, et choisis parmi les principaux notables du quartier.

12. Les réclamations auxquelles les opérations des conseils de recensement auront donné lieu seront jugées en première instance par ces conseils; en cas de recours, les sous-préfets, et le préfet, à Paris, statueront conformément à l'article 32 de l'ordonnance du 17 juillet dernier.

Si les réclamations sont faites par des personnes ayant déjà obéi aux ordres de service, les présidens des conseils de recensement prendront, sur ces réclamations, l'avis du commandant de la garde communale, et, à Paris, celui du chef de légion : en cas de recours, le préfet consultera l'inspecteur.

13. Toutes dispositions de nos ordonnances des 27 décembre 1815 et 17 juillet 1816 non modifiées par la présente ordonnance, qui ne concerne que le seul département de la Seine, recevront une pleine et entière exécution dans ce département.

14. Notre bien-aimé frère, Monsieur, colonel général, et notre ministre secrétaire d'Etat de l'intérieur, sont chargés de l'exécution de la présente ordonnance.

---

11 DÉCEMBRE 1816. — Ordonnance du Roi portant établissement de foires dans plusieurs communes et fixation des jours de leur tenue. (7, Bull. 135.)

---

11 DÉCEMBRE 1816. — Ordonnance du Roi qui permet aux sieurs Faugère et Lambert d'ajouter à leurs noms celui de Dubourg et celui de Descileuls. (7, Bull. 137.)

---

11 DÉCEMBRE 1816. — Ordonnance du Roi qui autorise le sieur Marien de Fremery à rester au service de sa majesté le roi de Bavière. (7, Bull. 149, n° 1936.)

---

11 DÉCEMBRE 1816. — Ordonnance du Roi qui admet les sieurs Canale et Viacara à établir leur domicile en France. (7, Bull. 137.)

---

11 DÉCEMBRE 1816. — Ordonnances du Roi qui accordent des lettres de déclaration de naturalité aux sieurs baron de Péron, de Bréa, Coline, Maréchal, Janin, Gallo-Crova, Delarue, Goig, Desmadryl, Hartung, Gardiol, Tersaga, Cassasa, Fraire, Peyssart, Veyrat, Gabutti, Patron et Piendibeni. (7, Bull. 137, 143, 153, 173, 201, 205, 212 et 220.)

---

18 = Pr. 25 DÉCEMBRE 1816. — Ordonnance du Roi qui donne aux compagnies de voltigeurs des corps d'infanterie de toutes armes deux cornets au lieu de tambours. (7, Bulletin 127, n° 1438.)

Art. 1er. Les compagnies de voltigeurs des corps d'infanterie de toutes armes, qui, par leur institution, sont plus spécialement destinées à faire le service d'infanterie légère auront, au lieu de tambours, deux cornets, ainsi que cela se pratiquait auparavant.

2. Notre ministre de la guerre est chargé de l'exécution de la présente ordonnance.

---

18 = Pr. 25 DÉCEMBRE 1816. — Ordonnance du Roi qui détermine l'âge auquel les enfans de troupe pourront être employés en qualité de tambours ou trompettes. (7, Bull. 127, n° 1439.)

Art. 1er. A dater de ce jour, les enfans de troupe pourront être employés dans les corps, en qualité de tambours ou de trompettes, dès l'âge de quatorze ans.

2. Toutes les dispositions contraires aux présentes sont et demeureront rapportées.

3. Notre ministre de la guerre est chargé de l'exécution de la présente ordonnance.

---

18 = Pr. 6 JANVIER 1817. — Ordonnance du Roi qui élève la ville de Pau au rang des bonnes villes du royaume. (7, Bull. 128, n° 1455.)

Voy. ordonnances du 23 AVRIL 1821.

Louis, etc.

Voulant donner aux habitans de la ville de Pau un témoignage de notre satisfaction pour les sentimens qu'ils ont conservés dans tous les temps;

Voulant aussi que cette ville, autrefois la capitale du royaume de Navarre, et qui fut le berceau d'un de nos illustres aïeux, reçoive un dédommagement des avantages qu'elle a possédés si long-temps :

A ces causes,

Sur le rapport de notre ministre secrétaire d'Etat de l'intérieur;

Nous avons ordonné et ordonnons ce qui suit :

Art. 1er. La ville de Pau est élevée au rang des bonnes villes de notre royaume.

2. Notre ministre de l'intérieur est chargé de l'exécution de la présente ordonnance.

---

18 DÉCEMBRE 1816 = Pr. 6 JANVIER 1817. — Ordonnance du Roi portant établissement de cinq courtiers d'assurances maritimes près la Bourse de Paris. (7, Bull. 128, n° 1456.)

Art. 1er. Il y aura près la Bourse de Paris cinq courtiers d'assurances maritimes.

2. Ils seront réunis aux courtiers de commerce, et ne formeront avec eux qu'une seule compagnie.

3. Leur cautionnement sera de quinze mille francs.

4. Les droits pour le courtage d'assurances seront réglés d'après l'usage de nos places maritimes. Le tarif en sera reconnu et proposé immédiatement par le tribunal de commerce : notre ministre secrétaire d'Etat de l'intérieur statuera, et le réglement adopté sera affiché au tribunal de commerce et à la Bourse.

5. Les courtiers d'assurances qui seront nommés ne pourront entrer en fonctions s'ils n'ont, au préalable, justifié du versement intégral de leur cautionnement.

6. Nos ministres de l'intérieur et des finances sont chargés de l'exécution de la présente ordonnance.

18 DÉCEMBRE 1816. — Ordonnance du Roi qui permet aux sieurs Villain, le baron de la Garde et Conray, de faire des changemens et additions à leurs noms. (7, Bull. 137.)

---

18 DÉCEMBRE 1816. — Ordonnance du Roi qui admet les sieurs Walcker, Frannschcab, Hochapffell, Imboff, Gœrtner, Hartdorn, Krallick, Stritzminger, Engel, Krach, Kneip, Solari, Vento, Krumm dit Keltner et Durrmeyer à établir leur domicile en France. (7, Bull. 139.)

18 DÉCEMBRE 1816. — Ordonnances du Roi qui autorisent l'acceptation de dons et legs faits aux séminaires et fabriques des églises de Saint-Protet, Veronnet et Agen. (7, Bull. 141.)

18 DÉCEMBRE 1816. — Ordonnance du Roi contenant réglement sur l'exercice de la profession de boulanger dans les villes de Mulhausen et de Bayonne. (7, Bull. 141, n°s 1796 et 1797.)

18 DÉCEMBRE 1816. — Ordonnance du Roi qui autorise le sieur Richelle à résider à Munich. (7, Bull. 153.)

18 DÉCEMBRE 1816. — Ordonnances du Roi qui accordent des lettres de déclaration de naturalité aux sieurs de Joannis, Belarreli, Scipioni, Tervvanne, Kevve, Borchart, Mermoud, Ermingo et Roalty. (7, Bull. 139, 143, 144, 155, 165, 176, 197 et 201.)

20 = Pr. 25 DÉCEMBRE 1816. — Loi relative à la perception provisoire, pendant les premiers mois de 1817, des impôts votés en 1816. (7, Bull. 127, n° 1436.)

Voy. notes sur la loi du 23 DÉCEMBRE 1815.

Art. 1er. Provisoirement, et attendu le retard qu'éprouvera la confection des rôles de 1817, les quatre premiers douzièmes de la contribution foncière, de la contribution personnelle et mobilière, de la contribution des portes et fenêtres, et de celle des patentes, seront recouvrés sur les rôles de 1816.

2. Jusqu'à la promulgation de la nouvelle loi sur les finances, toutes les impositions indirectes seront perçues en 1817 d'après les lois rendues pour l'exercice de 1816.

21 DÉCEMBRE 1816. — Décision de sa majesté portant que la promotion prochaine dans l'ordre royal de la Légion-d'Honneur n'aura pas lieu le 1er janvier. (7, Bull. 127, n° 1440.)

23 DÉCEMBRE 1816 = Pr. 15 JANVIER 1817. — Ordonnance du Roi portant formation d'une commission syndicale pour la direction des travaux des digues de Saint-Vaast et Réville, département de la Manche. (7, Bull. 131, n° 1532.)

Louis, etc.

Vu l'arrêt du Conseil du 11 mai 1779, la loi du 14 floréal an 11, et la loi du 16 septembre 1807.

TITRE Ier. Formation de la commission syndicale

Art. 1er. La direction des travaux nécessaires pour l'entretien des digues de Saint-Vaast et Réville, département de la Manche, est confiée à un syndicat composé de sept membres nommés par le préfet et pris dans les propriétaires assujétis à cette dépense, et, autant que possible, parmi les plus imposés.

2. Les syndics resteront sept ans en place, et seront renouvelés par septièmes tous les ans; le sort déterminera, pendant les six premières années, les membres sortans : ils sont rééligibles.

3. L'un des syndics sera, par le préfet, nommé directeur, et aura, en cette qualité, la surveillance générale des intérêts de cette administration et du dépôt des plans, registres et autres papiers.

4. Le directeur convoquera et présidera le syndicat; ses fonctions dureront quatre ans : il pourra être continué. Il aura un adjoint, également nommé par le préfet et pris parmi les syndics; ses fonctions seront de deux ans : il remplacera le directeur en cas d'empêchement ou d'absence, et pourra également être continué.

5. La commission syndicale est spécialement chargée, 1° de déterminer le montant des taxes; 2° d'examiner, modifier ou adopter les projets des travaux d'entretien; 3° de proposer le mode d'exécution, soit par régie, soit par adjudication; 4° de donner son avis sur tous les objets relatifs au service qui lui est confié; 5° de présenter au préfet une liste sur laquelle sera nommé le conducteur spécial des travaux, lorsqu'il y aura lieu. Elle ne pourra délibérer qu'étant au moins au nombre de quatre membres, y compris le directeur, qui, en cas de partage, aura voix prépondérante. Ses délibérations seront soumises à l'approbation du préfet par l'intervention du sous-préfet, qui donnera son avis.

TITRE II. Des travaux d'entretien, de leur exécution, et de leur mode de paiement.

6. La commission syndicale dressera ou fera dresser les projets des travaux d'entretien, et proposera le mode de leur exécution.

7. Cette exécution aura lieu sous la sur-

veillance du directeur; le syndicat lui adjoindra un commissaire spécial pour l'aider dans cette surveillance. La commission syndicale pourra aussi, lorsqu'elle le jugera nécessaire, proposer au préfet la nomination d'un conducteur des travaux d'entretien.

8. Les travaux d'urgence pourront être exécutés sur-le-champ par l'ordre du directeur, qui sera tenu d'en rendre compte immédiatement au préfet et à la commission syndicale. Le préfet pourra suspendre l'exécution des travaux, s'il le juge nécessaire, après avoir pris l'avis de l'ingénieur en chef et celui de la commission syndicale. Les travaux d'urgence exécutés conformément aux dispositions précédentes seront payés sur les mandats du directeur, auxquels devront être jointes les feuilles d'attachement constatant l'état de la dépense.

9. Les paiemens d'à-comptes, pour les travaux d'entretien, seront faits en vertu des mandats du directeur, délivrés sur le certificat du commissaire-adjoint. Les paiemens définitifs s'effectueront sur les mandats du directeur, délivrés sur un certificat du même commissaire et le procès-verbal de la réception des travaux, laquelle sera faite par un homme de l'art, en présence du directeur et du commissaire-adjoint.

10. Les dépenses nécessaires pour l'entretien et la conservation des digues de Saint-Vaast et de Réville continueront à être réparties d'après la proportion établie par l'arrêté du préfet de la Manche du 3 ventose an 12, approuvé par décret du 22 messidor suivant.

11. On se conformera également à l'article 8 du même arrêté, lequel porte : « La « répartition aura lieu au centime le franc « du principal de la contribution foncière; « néanmoins, dans les communes de pre- « mière classe et dans celles de la seconde « où il y a des fonds qui seraient su- « jets à l'inondation au cas où la mer « franchirait les digues, la répartition « serait faite de manière que lesdits fonds « paient le double de ceux de même valeur « qui, par leur situation, sont à l'abri de « toute inondation. »

12. Le directeur, assisté du conducteur, ou, à son défaut, d'un homme de l'art désigné à cet effet par le syndicat, aura soin de faire, dans le courant des mois d'octobre, novembre et décembre, l'achat des matériaux nécessaires à l'entretien des digues pendant l'année suivante; il en justifiera à la commission dans sa première séance de ladite année, et lui présentera ses comptes.

13. Le conducteur visitera fréquemment les digues, et au moins deux fois par mois, immédiatement après les grandes marées des nouvelles et pleines lunes; il pourra faire exécuter de suite les réparations d'entretien dont l'urgence ne permettrait pas d'attendre les ordres du syndicat ou du directeur; il tiendra registre des journées des différens ouvrages et de leur prix.

14. Son traitement sera fixé chaque année par une délibération du syndicat, et soumis à l'approbation du préfet; il sera payé sur les fonds des travaux et sur les mandats du directeur.

15. Lorsque, par des circonstances extraordinaires, comme celles provenant d'une tempête, les avaries survenues se trouveront de nature à surpasser la somme répartie annuellement et les sommes réservées en caisse pour les réparations accidentelles, il sera dressé par le directeur et le commissaire-adjoint un procès-verbal qui contiendra, par aperçu, la quantité d'ouvrages à faire et la somme à répartir extraordinairement. Le syndicat dressera ou fera dresser immédiatement les devis et détail estimatifs de ces travaux, et l'adjudication en sera passée au rabais devant le directeur. Cette adjudication, ainsi que le devis, devront être approuvés par le préfet, sur l'avis du sous-préfet. Les rôles extraordinaires pour couvrir cette dépense seront rendus exécutoires par le préfet; et mis de suite en recouvrement.

16. Le local dit *la Bijute* sera mis à la disposition du conducteur spécial, pour y déposer les matériaux nécessaires aux réparations. Si l'entrepreneur actuel justifie que ce magasin lui appartient, le loyer lui en sera payé à dire d'experts, ou, s'il le préfère, l'acquisition en sera faite de la même manière, et acquittée au moyen d'un fonds extraordinaire.

17. Le préfet se fera rendre compte, tous les ans, de l'état d'entretien de ces digues. Il fera faire les vérifications et reconnaissances nécessaires par un ingénieur des ponts-et-chaussées, aux frais des intéressés. Il pourra ordonner les dispositions qui lui paraîtront indispensables pour la conservation des travaux, après avoir entendu la commission syndicale.

TITRE III. Des travaux extraordinaires, de leur mode d'exécution, et de leur paiement.

18. Les projets des travaux extraordinaires seront rédigés par des hommes de l'art choisis par la commission et agréés par le préfet, sur l'avis de l'ingénieur en chef. Ces travaux seront soumis à l'approbation du directeur général des ponts-et-chaussées, lorsqu'il s'agira de travaux neufs, autres que ceux de simple entretien et de conservation.

19. L'exécution de travaux extraordinaires aura lieu sous la surveillance du directeur et du commissaire-adjoint; elle sera dirigée par un conducteur spécial, nommé conformément aux dispositions de l'article 5 de la présente ordonnance. Lorsqu'il aura été nommé un conducteur pour les travaux d'entretien, il sera aussi chargé de la conduite des travaux extraordinaires. Ces travaux seront, autant que possible, adjugés devant le sous-préfet, et en présence du directeur, d'après le mode adopté pour ceux des ponts-et-chaussées. Ils pourront cependant être exécutés de toute autre manière, ou adjugés au rabais public, sur l'avis de la commission et celui de l'ingénieur en chef, approuvés par le préfet.

20. Les paiemens d'à-comptes seront faits en vertu des mandats du directeur de la commission, sur les certificats du conducteur, visés par le commissaire-adjoint.

21. Les paiemens définitifs auront lieu sur un pareil mandat, auquel seront joints: 1° un procès-verbal de réception dressé par un ingénieur des ponts-et-chaussées, constatant que les travaux ont été exécutés d'après les règles de l'art et conformément aux projets approuvés; 2° le certificat du conducteur, visé par le commissaire surveillant et par le directeur.

TITRE IV. De la rédaction des rôles, et de leur recouvrement.

22. Le recouvrement des taxes délibérées par le syndicat et approuvées par le préfet sera fait par les percepteurs des communes; ils en verseront le montant entre les mains du caissier nommé par la commission : ce caissier fournira un cautionnement en immeubles proportionné à sa recette; il lui sera alloué une remise qui, ainsi que la quotité de son cautionnement, sera déterminée par le préfet, sur la proposition du syndicat. Les percepteurs auront droit à la même remise que pour la contribution foncière; ils seront soumis aux mêmes conditions et à la même responsabilité. Il ne leur sera point demandé de cautionnement pour cette recette spéciale.

23. Les rôles, rendus exécutoires par le préfet, seront recouvrables de la manière et avec les privilèges établis pour les contributions directes.

24. Le caissier sera tenu d'acquitter les mandats conformément aux dispositions du présent réglement. Il rendra compte annuellement, avant le 1er avril, des recettes et dépenses qu'il aura faites pendant l'année précédente : il ne lui sera pas tenu compte des paiemens irrégulièrement faits.

25. Le syndicat vérifiera les comptes du caissier, les arrêtera provisoirement, et les soumettra au préfet pour être définitivement arrêtés par lui, sur l'avis du sous-préfet.

26. Le directeur vérifiera, lorsqu'il le jugera nécessaire, la situation de la caisse du caissier, qui sera tenu de lui communiquer toutes les pièces de sa comptabilité.

TITRE V. Dispositions générales.

27. Les contestations relatives à la confection des rôles, à leur recouvrement, aux réclamations des intéressés, seront portées devant le conseil de préfecture, conformément aux dispositions des lois des 28 pluviose an 8 et 15 floréal an 11.

28. Les délits et les contraventions seront constatés par des procès-verbaux dressés, soit par le conducteur spécial, soit par tous agens de police, en conformité des lois, et seront jugés par les cours et tribunaux.

Le conducteur spécial prêtera, à cet effet, le serment prescrit par la loi, devant le tribunal de première instance.

29. La moitié des amendes appartiendra à celui qui aura constaté la contravention ou le délit.

30. Les honoraires, frais de voyage et autres dépenses qui seront dus aux ingénieurs et aux hommes de l'art employés en exécution de la présente ordonnance, seront payés sur les fonds des travaux, d'après le réglement qui en sera fait, conformément aux dispositions de l'article 75 du décret du 7 fructidor an 12.

31. Notre ministre de l'intérieur est chargé de l'exécution de la présente ordonnance.

---

23 DÉCEMBRE 1816 = Pr. 20 JANVIER 1817. — Ordonnance du Roi qui établit, pour desservir l'ancienne église de l'abbaye de Saint-Denis, un chapitre sous le titre de *Chapitre royal de Saint-Denis*. (7, Bull. 133, n° 1587.)

Louis, etc.

La restauration de l'ancienne église royale de Saint-Denis a fixé toute notre sollicitude. Ce monument nous est cher à bien des titres : déjà nous l'avons rendu à sa pieuse destination, en apportant tous nos soins à ce que les dépouilles des princes et princesses de notre famille dont la Providence nous a ménagé la conservation, y soient déposées près des rois nos aïeux.

Nous désirons encore pourvoir à perpétuité aux prières qui doivent consacrer ce dépôt, et fonder, à cette fin, un chapitre royal où les pasteurs de l'église de France trouvent une retraite honorable, en même temps que de jeunes ecclésiastiques placés près d'eux puiseront dans ces modèles les exemples des vertus sacerdotales:

A ces causes,

Et sur le rapport de notre grand aumônier et de notre ministre secrétaire d'Etat au département de l'intérieur,

Nous avons ordonné et ordonnons ce qui suit :

Art. 1er. Il sera établi, pour desservir à perpétuité l'ancienne église de l'abbaye de Saint-Denis, un chapitre sous le titre de *chapitre royal de Saint-Denis.*

2. Le grand aumônier de France sera chef du chapitre et prendra le titre de *primicier.*

3. Le chapitre sera composé de dix chanoines évêques, non compris le primicier, et de vingt-quatre chanoines du second ordre, dont six dignitaires et dix-huit chanoines.

4. Seront aussi chanoines, dans l'ordre des évêques, notre premier aumônier ; dans le second ordre, le vicaire général de la grande aumônerie de France, notre aumônier ordinaire, nos aumôniers par quartier, et le supérieur des clercs attachés au chapitre.

5. Les chanoines, soit du rang des évêques, soit du second ordre, seront nommés par nous sur la présentation du grand aumônier de France.

Après la première nomination, ils ne pourront être choisis, pour les évêques, que parmi ceux qui auraient été titulaires en France ; et pour les prêtres, que parmi ceux qui prouveront avoir été employés pendant au moins dix années, soit dans l'exercice du ministère, soit dans l'administration des diocèses.

Le grand aumônier de France pourra, avec notre agrément, conférer le titre de chanoine honoraire à quelques ecclésiastiques du second ordre.

Toutes les personnes, autres que les chanoines, attachées au chapitre royal, seront nommées par le grand aumônier de France.

6. Un réglement approuvé par nous, sur le rapport du grand aumônier de France, déterminera tout ce qui peut regarder le service du chapitre, soit en général, soit en particulier.

7. Il sera affecté annuellement, pour l'entretien du chapitre, une somme de deux cent cinquante mille francs sur les fonds du ministère de l'intérieur destinés aux dépenses du clergé. L'application de cette somme sera réglée par nous, d'après la proposition de notre grand aumônier de France et de notre ministre de l'intérieur.

8. Il sera, en outre, affecté, sur les mêmes fonds, une somme de cinquante mille francs pour les frais de premier établissement.

9. Notre grand aumônier, et notre ministre de l'intérieur, sont chargés de l'exécution de la présente ordonnance.

---

23 DÉCEMBRE 1816 = Pr. 20 JANVIER 1817. — Ordonnance du Roi qui règle l'emploi de la somme de trois cent mille francs affectée tant pour l'entretien ordinaire du chapitre de Saint-Denis que pour les frais de premier établissement. (7, Bull. 133, n° 1588.)

Louis, etc.

Vu notre ordonnance de ce jour par laquelle nous réglons ce qui concerne la fondation du chapitre royal de Saint-Denis, et arrêtons que la dépense de premier établissement en sera portée à cinquante mille francs, et la dépense annuelle à deux cent cinquante mille francs, pour avoir lieu lorsque l'état de nos finances le permettra ;

Voulant que cette dépense, en 1817, soit proportionnée aux ressources disponibles, et se concilie avec l'économie dont nous nous sommes fait une loi invariable ;

Sur le rapport de notre grand aumônier et de notre ministre secrétaire d'Etat de l'intérieur,

Nous avons ordonné et ordonnons ce qui suit :

Art. 1er. L'emploi de la somme de trois cent mille francs, affectée tant pour l'entretien du chapitre royal de Saint-Denis que pour les frais de premier établissement, est réglé d'après le tableau annexé à la présente ordonnance.

2. Attendu la nécessité des circonstances, qui nous impose une loi générale et rigoureuse d'économie, il n'est alloué sur cette somme, pour l'année 1817, que celle de cent soixante-quinze mille francs. L'emploi en est réglé d'après le mode d'exécution provisoire dont le tableau est pareillement annexé à la présente ordonnance.

3. Le produit des vacances qui pourraient survenir dans le cours de ladite année tournera au profit du chapitre royal, et l'emploi

en sera fixé d'après les propositions du grand aumônier de France.

4. Le paiement des sommes accordées tant pour l'entretien ordinaire du chapitre royal que pour les frais de premier établissement, sera ordonnancé par notre ministre de l'intérieur, d'après les états de propositions qui lui seront adressés par le grand aumônier de France.

5. Notre grand aumônier et notre ministre secrétaire d'Etat au département de l'intérieur sont chargés de l'exécution de la présente ordonnance.

Tableau de l'emploi des Sommes affectées au chapitre royal de Saint-Denis, d'après l'organisation définitive selon l'ensemble du projet.

Le grand aumônier	"	"
Le premier aumônier du Roi	"	"
Dix chanoines évêques	à 10,000f	100,000f
Le vicaire général de la grande aumônerie	"	"
L'aumônier ordinaire du Roi	"	"
Les huit aumôniers du Roi par quartier	"	"
Chanoine doyen du second ordre	"	6,000
Cinq chanoines dignitaires ... { Grand chantre; Sous-chantre; Chancelier; Trésorier; Gardien des tombeaux }	à 4,000	20,000
Dix huit chanoines du second ordre	3,000	54,000
Supérieur des clercs	"	3,000
Douze clercs, à	800	9,600
Deux professeurs, à	2,000	4,000
Un prêtre sacristain	"	2,500
Un maître des enfans de chœur	"	2,000
Douze enfans de chœur	500	6,000
Un maître de musique	"	3,000
Six chantres, à	1,000	6,000
Deux serpens, à	1,000	2,000
Deux huissiers, à	1,000	2,000
Deux suisses, à	1,000	2,000
Une lingère	"	1,000
Un sonneur	"	500
Un balayeur	"	400
Entretien du service ordinaire, sacristie, luminaire, etc	"	16,000
Dépenses imprévues	"	10,000
Dépenses annuelles	"	250,000
Frais de premier établissement	"	50,000
Total	"	300,000

ibleau d'exécution provisoire pour l'année 1817, dans la proportion d'une somme fixée à 175,000 francs.

chanoines évêques. . . .	84,668 f	On ne nommera pas le dixième chanoine évêque. Le traitement des neuf autres ne s'élève qu'à 84,668 francs, à cause de la déduction de leur pension.
oine doyen de second ordre.	6,000	
eux taires. { Trésorier et gardien des tombeaux.	8,000	Les trois autres dignitaires ne seront nommés qu'à mesure que les circonstances permettront de leur donner un traitement.
hanoines du second ordre.	30,000	Il en sera de même pour les huit autres chanoines.
upérieur des clercs. . . .	3,000	
clercs.	4,800	Leur nombre ne sera complété qu'à mesure.
. . . .	. . . . . .	On ne nommera les professeurs que par la suite.
prêtre sacristain.	2,500	
enfans de chœur.	3,000	Leur nombre de douze demeurera incomplet.
x chantres.	2,000	De même pour les chantres et autres gens de service.
serpent.	1,000	
huissier.	1,000	
suisse.	1,000	
lingère.	1,000	
sonneur	500	
balayeur	400	
. . . .	. . . .	On prendra pour l'entretien ordinaire, qui sera réduit au plus strict nécessaire, sur les 25,000 francs accordés pour frais de premier établissement.
ues dépenses imprévues. .	1,132	
penses annuelles	150,000	
is de premier établissement.	25,000	
Total. . . .	175,000	

23 DÉCEMBRE 1816 = Pr. 6 JANVIER 1817. — Ordonnance du Roi relative à l'établissement des barrières de dégel. (7, Bull. 128, n° 1457.)

Louis, etc.

Sur le rapport de notre ministre secrétaire d'Etat au département de l'intérieur; vu l'article 6 de la loi du 29 floréal an 10 relative au poids des voitures employées au roulage et messageries; considérant qu'il importe de fixer définitivement le chargement avec lequel ces voitures pourront circuler, en temps de dégel, dans les départemens du nord de notre royaume;

Notre Conseil-d'Etat entendu,

Nous avons ordonné et ordonnons ce qui suit :

Art. 1er. Dans les départemens où il existe des routes pavées, il pourra être établi des barrières de dégel, sous l'autorisation de notre directeur général des ponts-et-chaussées et de la manière qui sera expliquée ci-après.

2. Aussitôt que le dégel sera déclaré, et que la nécessité d'interrompre la circulation se fera sentir, les ingénieurs en préviendront les sous-préfets, qui ordonneront sur-le-champ la fermeture des barrières. Les arrêtés que prendront à cet effet les sous-préfets seront adressés sans délai aux maires des communes riveraines ou traversées par la route, pour être publiés et affichés au lieu le plus apparent.

3. Dès que les arrêtés ordonnant la fermeture des barrières auront été publiés, aucune voiture ne pourra plus sortir de la ville, bourg ou village dans lequel elle se trouvera; les voitures qui seraient en marche pourront toutefois continuer leur route jusqu'à la plus prochaine ville ou au plus prochain village, et seront tenues d'y rester jusqu'à l'ouverture des barrières. Dans le cas néanmoins où il ne se trouverait point dans les bourgs et villages d'auberges propres à les recevoir avec leurs attelages, elles pourront poursuivre leur marche jusqu'à la couchée ordinaire, ou tout autre lieu plus voisin qui leur sera désigné par le maire de la commune. Pour n'être point inquiétés dans leur trajet, les propriétaires ou conducteurs de ces voitures prendront un *laissez-passer* du maire; ce *laissez-passer* fera mention du motif qui aura porté à le délivrer, et ne vaudra que pour le jour même.

4. Toute voiture prise en contravention aux dispositions de la présente ordonnance sera arrêtée, et les chevaux mis en fourrière dans l'auberge la plus prochaine; le tout sans préjudice de l'amende qui pourra être prononcée, conformément à l'art. 7.

5. Pourront circuler sur les routes, pendant la fermeture des barrières de dégel : 1° les courriers de malle et toutes les voitures qui en font le service; 2° les voitures de toute espèce non chargées; 3° les voitures de voyage suspendues, étrangères à toute entreprise publique de messageries; 4° les voitures publiques destinées au transports des voyageurs, toutes les fois que leur poids n'excède pas la quotité fixée par l'article 6; 5° toutes voitures attelées d'un ou de plusieurs chevaux, pourvu que leur poids n'excède pas celui qui sera fixé ci-après.

6. Le poids des voitures publiques destinées au transport des voyageurs ne pourra être, pendant tout le cours de la fermeture des barrières de dégel, et dans la circonscription marquée par ces barrières, si les voitures sont à deux roues, que de huit cents kilogrammes, et pour les voitures à quatre roues, de dix-huit cents kilogrammes, chargement compris.

Le poids des voitures de roulage et autres non suspendues, allant au pas, pourra être, pour les charrettes, de neuf cents kilogrammes; pour les chariots et les voitures à quatre roues, de quinze cents kilogrammes y compris le chargement.

Les seules voitures chargées seront assujéties à la vérification et au pesage.

Il n'est dérogé en rien par la présente aux lois et réglemens sur la largeur des jantes, qui continuera d'être fixée dans les proportions relatives au poids des voitures, conformément au décret du 23 juin 1806.

7. Les contraventions pour excès de chargement, en temps de dégel, dans la circonscription marquée par les barrières, entraînant la dégradation des routes, donneront lieu à l'amende, à titre de dommage, en vertu des articles 4 et 5 de la loi du 29 floréal an 10.

Conformément à ladite loi, elle sera prononcée administrativement par le conseil de préfecture.

8. Indépendamment de ladite amende infligée à titre de dommage, le contrevenant sera traduit devant le tribunal de simple police pour y être puni, s'il y a lieu, conformément à l'article 476 du Code pénal.

9. Les violences exercées contre tout agent de la force publique, ou autre appelé à constater les contraventions à la police du roulage, seront poursuivies et punies selon qu'il est établi par le Code pénal, articles 230, 231, 232 et 233.

10. L'ordre de rouvrir les barrières sera délivré par le préfet, sur l'attestation de l'ingénieur en chef des ponts-et-chaussées, constatant que les routes sont suffisamment raffermies pour ne plus souffrir de la pression des voitures lourdement chargées.

Le jour déterminé pour cette ouverture, et le lendemain, les voitures ne pourront partir des lieux où elles étaient retenues, que deux à la fois et à une heure d'intervalle. L'ordre à suivre pour le départ sera fixé d'après celui de l'arrivée de chaque voiture de manière à ce que les premières rendues partent aussi les premières : à cet effet, les propriétaires ou conducteurs de ces voitures devront se transporter à la mairie, pour y faire prendre note de l'heure de leur arrivée dans la commune ; le maire ou son adjoint présidera au départ : en conséquence les préposés aux barrières de dégel ne laisseront passer, le jour de l'ouverture des barrières et le lendemain, que deux voitures à la fois et à une heure d'intervalle.

11. Le service des barrières de dégel sera fait par ceux des piqueurs des ponts-et-chaussées qui restent sans emploi pendant l'hiver, ou, à leur défaut, par les agens spéciaux désignés par l'ingénieur en chef.

12. Notre ministre de l'intérieur est chargé de l'exécution de la présente ordonnance.

---

23 DÉCEMBRE 1816. — Ordonnance du Roi qui nomme le maréchal duc de Reggio inspecteur des gardes nationales du département de la Seine et commandant en chef de la garde nationale de Paris. (Mon. n° 366.)

23 DÉCEMBRE 1816. — Ordonnances du Roi qui autorisent l'acceptation de dons et legs faits aux hospices et aux pauvres de Montesquieu-Volvestre, Epinal, Saint-Martin-de-Capuer, Sedan, Metz, Avignon, Ambronay, Veauréas, Saumur, Blamont, Laon, Mazamet, Castelmoron, Avignonet, Saint-Malo, Boen, et aux écoles de charité, aux comités de bienfaisance du faubourg Poissonnière et du bureau de charité du douzième arrondissement de la ville de Paris. (7, Bull. 141, 142 et 143.)

---

25 DÉCEMBRE 1816 = Pr. 27 JUILLET 1817. — Ordonnance du Roi qui règle l'organisation municipale de Bourbon. (*Bulletin officiel publié dans cette colonie*, n° 15 ; *Code administratif de Fleurigeon*, *verbo* colonies.)

Voy. ordonnances du 12 JUIN 1815, du 8 MARS 1819, et du 21 AOUT 1825.

Art. 1er. Le territoire de l'île Bourbon demeure divisé en onze communes ou paroisses, dont les noms suivent :

Saint-Denis, Saint-Paul, Sainte-Marie, Sainte-Suzanne, Saint-André, Saint-Benoît, Sainte-Rose, Saint-Joseph, Saint-Pierre, Saint-Louis, Saint-Leu.

2. Il y a à Saint-Denis et à Saint-Paul un maire, deux adjoints, et un conseil municipal composé de quatre membres et de deux suppléans.

Dans les autres communes, il y a un maire, un adjoint, et un conseil municipal composé de quatre membres et de deux suppléans.

3. Le maire, les adjoints, les membres et les suppléans des conseils municipaux de Saint-Denis et de Saint-Paul sont nommés par nous.

Les maires, les adjoints, les membres et les suppléans des conseils municipaux des autres communes sont choisis par le commissaire général ordonnateur de la colonie ; leurs commissions seront expédiées au nom du commandant et de l'ordonnateur, sans que le commandant puisse se refuser de les signer, et elles seront soumises à l'approbation de notre ministre de la marine et des colonies.

4. La première nomination des maires, des adjoints, des membres et des suppléans des conseils municipaux, aura lieu pour le 1er janvier 1818.

Les maires seront renouvelés tous les dix ans, à partir du 1er janvier 1828.

Les adjoints de Saint-Denis et de Saint-Paul seront renouvelés de cinq ans en cinq ans par moitié, à dater du 1er janvier 1823 ; la première moitié ne sera, en conséquence, renommée le 1er janvier 1818 que pour cinq ans.

Les adjoints des autres communes ne seront également nommés le 1er janvier 1818 que pour cinq années, à dater de 1823 ; ils ne seront plus nommés que de dix ans en dix ans.

Les membres et les suppléans des conseils municipaux seront renouvelés par moitié tous les cinq ans, à dater du 1er janvier 1823.

Les maires, les adjoints, les membres et les suppléans des conseils municipaux peuvent être renommés.

5. Le maire est chargé seul, sous l'autorité du commissaire-ordonnateur de la colonie, de l'administration municipale en général ; ses fonctions consistent principalement à régir les biens et revenus communs, à surveiller le recouvrement des deniers communaux, et ordonner le paiement des dépenses locales qui auront été dûment autorisées ; à faire jouir les habitans des avantages d'une bonne police, notamment de la propreté, de la sûreté, de la salubrité dans les lieux et édifices publics ; à constater, conformément à ce qui est prescrit par le Code civil, l'état civil des citoyens.

L'adjoint remplit les fonctions qui lui sont déléguées par le maire, et le remplace en cas d'absence.

Le maire et l'adjoint sont chargés, en outre, d'attributions spéciales, dans les cas qui sont déterminés par le Code d'instruction criminelle.

6. Le conseil municipal entend le compte des recettes et dépenses de la commune qui

est rendu par le maire, et donne son avis sur les divers articles de ce compte.

Il vote les centimes additionnels nécessaires aux besoins du service de la commune, et propose les dépenses auxquelles ce service doit donner lieu.

Il règle le partage des fruits communs. Il donne son avis sur les travaux à exécuter pour l'entretien et la réparation des propriétés communes, et spécialement des chemins dits *vicinaux*.

Il délibère sur les propositions qui sont faites par le maire, pour être autorisé à plaider dans l'intérêt de la commune.

Les délibérations des conseils municipaux sont soumises à l'approbation du commissaire-ordonnateur de la colonie.

7. Le conseil municipal tient une session annuelle, laquelle ne peut durer plus de dix jours.

L'époque en est indiquée par les deux administrateurs, qui peuvent aussi convoquer extraordinairement le conseil municipal.

Dans l'un et l'autre cas, la lettre de convocation est proposée par l'ordonnateur, et le commandant ne peut refuser de la signer.

Il n'y a d'exception, à cet égard, que dans l'état de siége, l'autorité municipale, en ce qui concerne le maintien de l'ordre et de la police, passant alors tout entière au commandant militaire, qui l'exerce par lui-même, ou en délègue telle partie qu'il juge convenable.

Le maire est président né du conseil municipal.

Le conseil élit dans son sein un secrétaire pour chaque session.

8. Les adjoints n'ont entrée au conseil que lorsqu'ils remplacent le maire absent, et les suppléans que quand ils y sont appelés, pour cause d'empêchement des membres du conseil de la commune.

Hors ces deux cas, le maire et les membres du conseil ont seuls entrée au conseil municipal.

9. Les fonctions des maires, des adjoints, des membres et des suppléans des conseils municipaux sont gratuites.

Chaque commune a un secrétaire-greffier nommé par le maire, et salarié sur les fonds communaux.

Toutes dispositions contraires à celles des articles ci-dessus demeurent abrogées.

25 DÉCEMBRE 1816. — Ordonnance coloniale portant que toutes les ordonnances de sursis de paiement depuis 1794 jusqu'à 1802 pour la Guadeloupe, sont rapportées (1). (Sirey, 23, 2e partie, 327.)

Nous Antoine-Philippe, comte de Lardenoy, lieutenant général des armées du Roi, chevalier de l'ordre royal et militaire de Saint-Louis, chevalier grand'-croix de l'ordre des Saint-Maurice et Lazare de Sardaigne, gouverneur de la Guadeloupe et dépendances,

Et Eugène-Stanislas Foullon Décottier, conseiller d'Etat, chevalier de l'ordre royal de la Légion-d'Honneur, intendant de justice, police, finances, guerre et marine de la Guadeloupe et dépendances.

Considérant qu'après les grandes secousses révolutionnaires qu'a éprouvées la Guadeloupe, et qui ont forcé presque tous les propriétaires d'abandonner leurs établissemens, il leur a été accordé à leur retour d'émigration, en 1802, un sursis provisoire aux engagemens qu'ils avaient contractés avant les événemens de 1794;

Que ce sursis a été levé en 1810, par une ordonnance qui en a fixé le terme à la fin de 1811;

Qu'une ordonnance du 12 janvier 1812 a suspendu de nouveau, jusqu'au 1er juillet, toutes demandes en justice contre les planteurs;

Qu'enfin, le 21 octobre, il a été rendu une autre ordonnance qui a modifié l'exercice des droits des créanciers et les a subordonnés à des voies de conciliation.

Qu'à cette ordonnance il a été ajouté des articles additionnels, à la date du 23 novembre 1812, qui ont affranchi des droits des créanciers le tiers des sucres et la totalité des sirops et rhums des planteurs sucriers, en assujétissant ces derniers à des comptes qui n'étaient point sous le contrôle de la justice;

Considérant que ce dernier état de choses, par l'effet des événemens qui ont eu lieu depuis dans la colonie, a duré jusqu'à ce moment, c'est-à-dire pendant quatre années; que par conséquent les habitans ont eu tout le temps de faire les arrangemens que la liquidation ou l'amélioration de leurs propriétés pourrait comporter;

Considérant qu'il est nécessaire de rétablir dans la colonie le cours des lois et de la justice, sans lesquelles il ne peut exister ni confiance ni crédit, seule base sur laquelle peuvent reposer la restauration des manufactures et établissemens de tout genre;

Considérant enfin que les lois elles-mêmes, et particulièrement le Code civil, ont pourvu aux tempéramens que peuvent nécessiter des causes extraordinaires, surtout de la nature de celles auxquelles sont exposées les manufactures des colonies, en pres-

(1) *Voy.* les observations qui se trouvent dans Sirey, t. 23, 2, 356, et desquelles il paraît résulter que la cour de la Guadeloupe ne fait pas l'application de cette ordonnance.

crivant néanmoins aux magistrats d'en user avec la modération qui leur est imposée par les mêmes lois,

Nous avons ordonné et ordonnons ce qui suit :

Art. 1er. L'ordonnance du 21 novembre 1812 et les articles additionnels du 23 novembre suivant sont révoqués.

2. Nous rétablissons les juges dans la plénitude du droit qui leur appartient par l'article 1244 du Code civil, qui est conçu en ces termes :

« Les juges peuvent néanmoins, en considération de la position du débiteur, en « usant de ce droit avec une grande réserve, « accorder des délais modérés pour le paiement et surseoir à l'exécution des poursuites, toutes choses demeurant en état. »

En conséquence, l'art. 5 de l'ordonnance du 5 décembre 1811 est révoqué.

3. Nous déclarons, comme une conséquence du Code noir, qui rend insaisissables tous les esclaves attachés à des manufactures, que lesdits esclaves sont sujets aux mêmes suites que les biens hypothéqués dont ils dépendent.

4. Prions messieurs du conseil supérieur de faire enregistrer la présente ordonnance en leur greffe, pour être exécutée suivant sa forme et teneur, et copies dûment collationnées d'icelle, envoyer dans les sénéchaussées du ressort, pour y être pareillement enregistrées, lues, publiées et affichées, à la diligence des procureurs du Roi, qui en certifieront le conseil.

Donné à la Basse-Terre, Guadeloupe, sous le sceau de nos armes et le contre-seing de nos secrétaires.

Le lieutenant général,
Gouverneur pour le Roi,
Le comte LARDENOY,

---

25 DÉCEMBRE 1816. — Ordonnance du Roi qui détermine les fonctions attribuées aux administrateurs de l'enregistrement et des domaines (1).

---

25 DÉCEMBRE 1816. — Ordonnance du Roi qui permet au comte des Essarts de rester au service de sa majesté l'empereur des Russies. (7, Bull. 139.)

25 DÉCEMBRE 1816. — Ordonnance du Roi qui réintègre le sieur Morgan dans ses fonctions de procureur général près la cour royale d'Amiens. (Mon. n° 363.)

---

25 DÉCEMBRE 1816. — Ordonnances du Roi qui accordent des lettres de déclaration de naturalité aux sieurs Pitaro, Hauser, Carron, Simonet, Thiéry, marquis de Céva de Saint-Vital, Clemenso, Guillet, Bigex, Bern, Vignassa, Ladezano, Mathieu, Vernet, Vincent, Raginel et Gaspar Juge. (7, Bull. 137, 139, 144, 153, 157, 167, 168, 178 et 183.)

---

25 DÉCEMBRE 1816. — Ordonnance du Roi qui admet les sieurs Boustos, Niemann, Bossert, Bachmann, Bonnemain, Biaggini, Kruger, Kercher, Giovannetti, Hausmann, Frey, Kohaut, Suzzoni, Yranovz, Wolh, Montbailly, Kuntz, Widemer, Haeberlé, Sabatini, Englert, Steinmetz, Staiger, Sievert, Munts, Paoli, Pocaterra et Stacpoole; à établir leur domicile en France. (7, Bull. 139, n° 2186.)

---

25 DÉCEMBRE 1816. — Ordonnance du Roi qui autorise le sieur comte de Manneville à rester au service de sa majesté l'empereur d'Autriche. (7, Bull. 157.)

---

31 DÉCEMBRE 1816 = Pr. 11 JANVIER 1817. — Ordonnance du Roi portant nomination de chevaliers de l'ordre de Saint-Michel. (7, Bull. 129, n° 1461.)

---

2 = Pr. 6 JANVIER 1817. — Loi sur les donations et legs aux établissemens ecclésiastiques (2). (7, Bull. 128, n° 1454.)

Voy. loi du 18 GERMINAL an 13, art. 73; arrêtés des 5 BRUMAIRE et 4 PLUVIOSE an 12; loi du 7 PLUVIOSE an 12; décret du 12 AOUT 1807; ordonnance du 2 AVRIL 1817; loi du 24 MAI 1825.

Art. 1er. Tout établissement ecclésiastique reconnu par la loi pourra accepter, avec l'autorisation du Roi, tous les biens meubles, immeubles, ou rentes, qui lui seront donnés par actes entre vifs ou par actes de dernière volonté.

2. Tout établissement ecclésiastique reconnu par la loi pourra également, avec l'autorisation du Roi, acquérir des biens immeubles ou des rentes.

---

(1) Cette ordonnance est rappelée par l'art. 6 de l'ordonnance des 17 mai 1817, qui réunit l'administration forestière à celle de l'enregistrement.

(2) Présentation à la Chambre des députés, le 28 novembre 1816 (Mon. du 29 décembre).

Rapport le 26 novembre (Mon. du 1er décembre).

Discussion et adoption, le 26 novembre (Mon. du 1er décembre).

Présentation à la Chambre des pairs, le 28 novembre (Mon. du 30).

Rapport de M. de Montesquiou, le 19 décembre (Mon. du 25 décembre).

Discussion et adoption, le 24 décembre (Mon. du 30 décembre).

3. Les immeubles ou rentes appartenant à un établissement ecclésiastique seront possédés à perpétuité par ledit établissement, et seront inaliénables, à moins que l'aliénation n'en soit autorisée par le Roi.

2 = Pr. 11 JANVIER 1817. — Ordonnance du Roi contenant de nouvelles dispositions relatives aux pensions de magistrats. (7, Bull. 129, n° 1459.)

Voy. notes sur l'ordonnance du 23 SEPTEMBRE 1814, l'ordonnance du 22 FÉVRIER 1821, loi du 16 JUIN 1824.

Louis, etc.

Vu nos ordonnances des 23 septembre 1814 et 9 janvier 1815, etc.

Art. 1er. Il ne sera accordé de pensions sur les fonds particuliers du ministère de la justice qu'aux magistrats qui étaient en exercice en 1814, et à ceux qui ne sont plus en fonctions depuis la même époque, soit par le fait de la suppression de leur emploi, soit parce que les départemens où ils exerçaient ont cessé de faire partie de la France, pourvu toutefois qu'ils réunissent les conditions exigées par nos ordonnances en date des 23 septembre 1814 et 9 janvier 1815.

2. Toute demande de pension formée par des magistrats qui ne se trouvent pas dans l'un des cas prévus par l'article précédent sera rejetée de plein droit par notre ministre secrétaire d'Etat au département de la justice, et sans pour cela qu'il nous en soit référé.

3. Notre amé et féal chevalier chancelier de France le sieur Dambray, chargé par *intérim* du portefeuille du ministre de la justice, et notre ministre des finances, sont chargés de l'exécution de la présente ordonnance.

2 = Pr. 18 JANVIER 1817. — Ordonnance du Roi qui réduit à trois ans la peine de l'évasion des forçats, et restreint la compétence des tribunaux maritimes spéciaux. (7, Bull. 132, n° 1543.)

Louis, etc.

Nous avons reconnu que la peine établie par le décret du 12 novembre 1806 avait excessivement aggravé celle prescrite par la loi du 12 octobre 1791 sur l'évasion des forçats, et qu'il serait contraire à l'esprit de la Charte constitutionnelle que la juridiction des tribunaux maritimes spéciaux, essentiellement institués pour juger les condamnés détenus dans les bagnes, continuât de s'étendre sur d'autres personnes :

A ces causes,

Et jusqu'à ce qu'il ait été statué sur l'ensemble des lois, ordonnances et réglemens concernant la justice et la police des chiourmes,

Sur le rapport de notre ministre secrétaire d'Etat de la marine et des colonies,

Nous avons ordonné et ordonnons ce qui suit :

Art. 1er. Conformément à l'article 16 du titre III de la loi du 12 octobre 1791, tout forçat qui s'évadera sera puni, pour chaque évasion,

Par trois années de travaux forcés, lorsqu'il ne sera condamné qu'à terme ;

Et par l'application à la double chaîne pendant le même espace de temps, s'il est condamné à perpétuité.

2. Les forçats détenus dans les bagnes seront seuls justiciables des tribunaux maritimes spéciaux : les crimes et délits commis par d'autres individus, et dont la connaissance était attribuée à ces tribunaux seront jugés par les tribunaux maritimes ordinaires, lorsque les crimes ou délits auront été commis dans l'intérieur des ports et arsenaux.

3. Notre amé et féal chevalier chancelier de France le sieur Dambray, chargé du portefeuille du ministre de la justice, et le ministre de la marine et des colonies, sont chargés de l'exécution de la présente ordonnance.

2 = Pr. 18 JANVIER 1817. — Ordonnance du Roi qui régularise la prime due, aux termes de la loi du 28 avril 1816, pour l'exportation des tissus de coton. (7, Bull. 132, n° 1544.)

Voy. ordonnances des 23 SEPTEMBRE 1818 et 11 AOUT 1819.

Art. 1er. La prime sera accordée, aux termes de la loi, pour tous les tissus de pur coton qu'on exportera par les ports ci-après, Marseille, Bayonne, Bordeaux, La Rochelle, Nantes, Cherbourg, Rouen, le Havre, Caen, Saint Valery-sur-Somme, et Dunkerque, ou par les bureaux de Blammisseron, Schoeneck, Strasbourg, Saint-Louis, Châtillon-de-Michaille et le Pont-de-Beauvoisin.

2. L'origine française sera constatée par des certificats de fabrique, indiquant l'espèce, la qualité, les marques et numéros des pièces de tissu : ces certificats seront visés par le sous-préfet de l'arrondissement.

3. Lorsqu'on ne voudra exporter qu'une partie des tissus décrits en un certificat de fabrique, les receveurs des douanes, et, à leur défaut, les maires ou les prud'hommes délivreront des extraits de certificat, en ayant soin de mentionner sur l'original les quantités pour lesquelles il cessera d'être valable.

4. L'exportation des tissus devant jouir de la prime sera déclarée au lieu de l'enregistrement, soit au bureau des douanes, s'il en existe un, soit au conseil des prud'hommes, dans le cas contraire seulement.

5. L'emballage aura lieu en présence des personnes déléguées par les chefs des douanes ou le conseil des prud'hommes, et les colis seront, ou plombés par les douanes, ou scellés du cachet des prud'hommes.

6. Il sera délivré par les douanes ou les prud'hommes, une expédition pour accompagner la marchandise jusqu'à l'un des points des côtes ou des frontières désignés en l'article 1er.

7. Il sera procédé à une vérification sommaire du nombre et de l'espèce des colis, de l'état des plombs, ainsi que de la régularité des certificats de fabrique et expéditions de sortie, savoir :

Au bureau du contrôleur aux entrepôts, dans les ports;

A Valenciennes, pour ce qui s'exportera par Blammisseron;

A Forbach, pour ce qui s'exportera par Schoeneck;

A Marlenheim, pour ce qui s'exportera par Strasbourg;

A Mulhausen, pour ce qui s'exportera par Saint-Louis;

A Nantua, pour ce qui s'exportera par Châtillon-de-Michaille;

A la Tour-du-Pin, pour ce qui s'exportera par Pont-de-Beauvoisin.

8. Lorsqu'il n'aura pas été délivré d'expédition de sortie par les douanes de l'intérieur ou les prud'hommes, et que les formalités ci-dessus n'auront pas été remplies, c'est aux premiers bureaux désignés en l'article précédent que la soumission sera reçue et la première visite effectuée.

9. Les douanes de l'extrême frontière ne pourront consommer d'expéditions emportant prime de sortie, si la vérification sommaire voulue par l'art. 7 n'a pas été constatée.

10. Les préposés du bureau frontière feront extraire les marchandises de leur emballage, s'assureront que ce sont des tissus de l'espèce de ceux pour lesquels la prime est accordée, que tous les caractères en sont identiques avec les indications des pièces justificatives de l'origine, et ils en constateront le poids net.

11. Immédiatement après ces opérations, les marchandises seront remises dans leur emballage, et conduites à la frontière par les préposés, qui certifieront au dos de l'expédition le passage réel à l'étranger.

12. Quant aux exportations effectuées par Marlenheim et Strasbourg, elles seront assujéties, en outre, aux règles ci-après :

Les marchandises devront entrer à Strasbourg par la porte Blanche, et l'expédition y être visée ainsi qu'à Marlenheim.

Les préposés de la porte Blanche accompagneront les marchandises jusqu'au bureau de la douane, où l'on procèdera à la vérification prescrite en l'article 7.

Elles seront immédiatement remises sous plomb, et dirigées, avec acquits-à-caution sur le bureau du Pont du Rhin, pour être définitivement exportées, après une nouvelle reconnaissance du contenu des colis.

13. L'expédition de sortie, le certificat de fabrique et celui constatant l'exportation effective seront visés par le directeur des douanes de la localité, et par lui transmis au directeur général de nos douanes, qui, après examen, ordonnancera le paiement de la prime.

14. Nos ministres de l'intérieur et des finances seront chargés de l'exécution de la présente ordonnance.

---

2 JANVIER 1817. — Ordonnance du Roi qui permet au sieur Lecler de joindre à son nom celui de Durivaud. (7, Bull. 137.)

---

2 JANVIER 1817. — Ordonnance du Roi qui admet les sieurs Principalle, Sasse, Roncajolo, Schmutzler, Stoll, Nutzel, Rhein, Muller, Ferchland, Roncajolo et Wunsch à établir leur domicile en France. (7, Bull. 140.)

---

2 JANVIER 1817. — Ordonnances du Roi qui accordent des lettres de déclaration de naturalité aux sieurs baron Boyé, Duchesne et Borréa. (7, Bull. 137 et 144.)

---

2 JANVIER 1817. — Ordonnance du Roi qui détermine les fonctions attribuées aux administrateurs de l'enregistrement et des domaines (1).

---

8 = Pr. 14 JANVIER 1817. — Ordonnance du Roi qui autorise la perception pendant l'année 1817, de nouveaux droits d'octroi au profit de la ville de Paris. (7, Bull. 130, n° 1510.)

Voy. ordonnance des 26 DÉCEMBRE 1817 et 23 DÉCEMBRE 1818.

Art. 1er. A compter du jour de la publication de la présente ordonnance, et pendant le cours de l'année 1817 seulement, les droits d'octroi actuellement établis au profit de notre bonne ville de Paris, sur les objets ci-après désignés, seront augmentés, savoir :

De trois francs par bœuf ou vache,
D'un franc par veau,
De trente centimes par mouton,
D'un franc par porc et sanglier,

---

(1) Cette ordonnance n'est pas au Bulletin des Lois, elle est rappelée par l'article 6 de l'ordonnance du 17 mai 1817.

De cinq centimes par kilogramme de viande à la main, saucisson, jambons, etc.,

D'un centime par kilogramme d'abats et issues,

De cinquante centimes par stère de bois dur, neuf ou flotté,

De cinquante centimes par stère de bois blanc, neuf ou flotté,

De cinquante centimes par sac ou voie de charbon de bois,

De vingt centimes par hectolitre de charbon de terre.

2. A compter du même jour et pendant le même temps, il sera perçu, au profit de notre bonne ville de Paris, un droit d'octroi :

De dix centimes par kilogramme de fromages secs,

De cinq centimes par kilogramme de sel gris et blanc,

De soixante centimes par kilogramme de cire et bougies,

De cinq francs par mille d'ardoises, grand moule,

De quatre francs par mille d'ardoises, petit moule,

De six francs par mille de briques,

De sept francs cinquante centimes par mille de tuiles (la faîtière comptera pour quatre tuiles),

De cinq francs par mille de carreaux de terre cuite, grand et petit moule,

De dix francs par cent bottes de lattes.

3. Les objets désignés dans les deux précédens articles seront, en outre, passibles du dixième des droits additionnels ou nouveaux auxquels ils sont assujétis ; et, à cet effet, l'article 6 de notre ordonnance du 16 août 1815 leur est déclaré applicable.

4. Les droits d'octroi augmentés ou établis par la présente ordonnance seront perçus, tant en principal qu'en accessoires, sur les denrées et marchandises qui se trouvent actuellement en rivière et sur les berges, quais et ports de l'intérieur, ainsi que sur les denrées qui seraient entreposées sous la clef de la direction des douanes, et destinées à la consommation de la ville de Paris.

5. A compter également du jour de la publication de la présente ordonnance, et pendant l'année 1817 seulement, les droits attribués à notre bonne ville de Paris, dans les halles et marchés, sur le prix de vente en gros des denrées et marchandises ci-après désignées, seront augmentés, savoir :

Le droit à la vente des huîtres, de deux pour cent ;

Le droit à la vente en gros de la volaille et du gibier, de quatre pour cent;

Le droit à la vente en gros des beurres et œufs, d'un et demi pour cent;

Et il sera perçu, au profit de la ville de Paris, un droit de six pour cent à la vente du poisson d'eau douce sur les ports de l'intérieur.

6. Nos ministres de l'intérieur et des finances sont chargés de l'exécution de la présente ordonnance.

---

8 = Pr. 18 JANVIER 1817. — Ordonnance du Roi concernant le plombage des marchandises soumises à la surveillance de l'administration des douanes. (7, Bull. 132, n° 1545.)

Louis, etc.

La sûreté de plusieurs opérations de douanes, essentielles aux intérêts de l'industrie de notre royaume, comme à ceux du Trésor, pouvant dépendre du plombage des marchandises, nous avons jugé nécessaire de régulariser une partie du service que les ordonnances antérieures ont abandonné à l'usage :

A ces causes,

Vu la loi du 22 août 1791, titre III, article 5, et les réglemens des 5 brumaire an 2, 20 fructidor an 3, 25 ventose an 8 et 20 juillet 1808 ;

Sur le rapport de notre ministre secrétaire d'Etat au département des finances,

De l'avis de notre Conseil,

Nous avons ordonné et ordonnons ce qui suit :

Art. 1er. Il ne sera fait usage, pour plomber les colis expédiés par acquit-à-caution, ou autres expéditions de douanes, s'il y a lieu, que d'instrumens pouvant à la fois empreindre les deux faces et la tranche de chaque plomb.

2. L'administration fera fabriquer, sur un seul et même modèle, des flaons d'une forme et d'une dimension telles, qu'on ne puisse fermer l'instrument sans une pression qui produise des empreintes distinctes, et ne permette plus de dégager la ligature, qui sera nouée dans le plomb même.

3. Le prix de chaque plomb demeure fixé à 50 centimes, tant pour la fourniture de la matière que pour celle des cordes ou ficelles, les frais de main-d'œuvre en apposition du plomb, et ceux de fabrication et transport des flaons ou instrumens à plomber.

4. Défenses sont faites aux agens des douanes d'exiger ou de recevoir d'autres ni plus fortes rétributions, d'employer d'autres instrumens ni flaons que ceux fournis par l'administration, et de démonter lesdits instrumens pour s'en servir d'une autre manière que celle prescrite, le tout à peine de destitution, et autres peines plus graves, si le cas y échéait.

5. L'arrêté du 25 ventose an 8, qui fixe à soixante-quinze centimes le prix des plombs pour les douanes de l'intérieur, et le décret du 20 juillet 1808, portant qu'il ne sera exigé que vingt-cinq centimes pour les plombs ap-

posés dans l'entrepôt de Bayonne aux ballots expédiés pour l'Espagne, sont et demeurent maintenus.

6. Notre ministre des finances est chargé de l'exécution de la présente ordonnance.

---

8 = Pr. 25 JANVIER 1817. — Ordonnance du Roi qui règle définitivement le sort des entreposeurs principaux de tabac supprimés par l'ordonnance du 27 mars 1816. (7, Bull. 134, n° 1620.)

Louis, etc.

Désirant tranquilliser sur leur sort les anciens entreposeurs principaux dont des circonstances rigoureuses ont nécessité la suppression, avant qu'il fût possible de les replacer conformément à notre ordonnance du 27 mars 1816;

Ayant égard aux pertes qu'ils ont éprouvées, aux frais qu'ils ont supportés pour leur établissement, et aux privations dont il n'a pas été possible de les préserver;

Voulant que ceux dont la comptabilité est régulière conservent à un remplacement convenable les droits que leur assure notre ordonnance précitée du 27 mars dernier;

Sur le rapport de notre ministre secrétaire d'Etat des finances,

Nous avons ordonné et ordonnons ce qui suit:

Art. 1er. Les entreposeurs principaux dont les comptes sont et seront liquidés seront, sur leur demande, immédiatement remboursés de leur cautionnement: ils conserveront néanmoins les droits que leur donne la présente ordonnance.

2. Les entreposeurs principaux qui ne sont pas encore replacés seront nommés dans les entrepôts-recettes de tous les chefs-lieux de département qui deviendront vacans, ainsi que dans ceux d'arrondissement dont le cautionnement sera de vingt-cinq mille francs et au-dessus.

Lesdites nominations auront lieu, autant que possible, dans leurs départemens respectifs, ou dans ceux qui en seront les plus rapprochés.

Ils conserveront néanmoins le droit, quoique placés, de passer à l'entrepôt-recette du chef lieu du département où ils étaient entreposeurs principaux, lorsqu'il viendra à vaquer pour quelque cause que ce soit.

3. Tout entreposeur particulier qui serait en même temps titulaire d'un autre emploi civil et militaire sera tenu d'opter.

Les femmes qui occupent l'emploi d'entreposeur ne pourront le conserver, si leur mari a un emploi quelconque; le mari sera tenu d'opter comme s'il était lui-même titulaire de l'entrepôt: il sera pourvu aux entrepôts vacans par cette option, conformément à l'article 2.

4. Le traitement dont jouissent actuellement les entreposeurs principaux leur est conservé jusqu'à leur remplacement.

Il leur est accordé en sus, et jusqu'à la même époque, un pour cent du montant de leur cautionnement, pour leur tenir lieu d'indemnité des frais et dommages qu'a pu leur occasionner leur établissement.

Toutefois, ce traitement et cette indemnité ne leur seront alloués qu'autant qu'ils neretireront pas leur cautionnement.

Les entreposeurs principaux qui retireront la moitié de leur cautionnement conserveront le droit au traitement et à l'indemnité dans la proportion de la moitié dudit cautionnement.

5. Notre ministre des finances est chargé de l'exécution de la présente ordonnance.

---

8 JANVIER = Pr. 1er FÉVRIER 1817. — Ordonnance du Roi qui pourvoit au cas où il serait contrevenu aux ordres de sa majesté concernant la traite des noirs. (7, Bull. 136, n° 1691.)

Voy. traité du 20 NOVEMBRE 1815, art. additionnel, lois des 15 AVRIL 1818 et 25 AVRIL 1827.

Art. 1er. Tout bâtiment qui tenterait d'introduire dans une de nos colonies des noirs de traite, soit française, soit étrangère, sera confisqué, et le capitaine, s'il est Français, interdit de tout commandement.

Sera également confisquée, en pareil cas, toute la partie de la cargaison qui ne consisterait pas en esclaves; à l'égard des noirs, ils seront employés dans la colonie aux travaux d'utilité publique.

2. Les contraventions prévues dans l'article précédent seront jugées dans la même forme que les contraventions aux lois et réglemens concernant le commerce étranger.

Quand aux produits des confiscations prononcées en conformité du même article, ils seront acquis et appliqués de la même manière que le sont les produits des confiscations prononcées en matière de contraventions aux lois sur le commerce étranger.

3. Notre ministre de la marine et des colonies est chargé de l'exécution de la présente ordonnance.

---

8 JANVIER 1817. — Ordonnances du Roi qui accordent des lettres de déclaration de naturalité aux sieurs Delon, Urbain, Hey, baron de Schweickhardu-Gosvin, Seroca, Boglio, Ricolfo, Danner, Avio et Allais. (7, Bull. 137, 142, 144, 153, 169, 174 et 205)

---

8 JANVIER 1817. — Ordonnance du Roi qui révoque celle du 11 janvier 1816 par laquelle il était permis au sieur Bouthillon de la Servette de changer son surnom de la Servette en celui de Romenay. (7, Bull. 138, n° 1723.)

8 JANVIER 1817. — Ordonnance du Roi qui permet aux sieurs Tarbé, Jeanneau et Puissant de faire des additions à leurs noms. (7, Bull. 137.)

8 JANVIER 1817. — Ordonnance du Roi qui admet les sieurs Andreux, Rainusso, Cardinale, Bonilla et Fritschy à établir leur domicile en France. (7, Bull. 140.)

8 JANVIER 1817. — Ordonnance du Roi qui autorise l'établissement des sœurs dites de Sainte-Chrétienne de Metz, dans la commune d'Epernay (Marne). (7, Bull. 148.)

8 JANVIER 1817. — Ordonnance du Roi contenant réglement sur l'exercice de la profession de boulanger dans la ville de Schélestadt. (7, Bull. 149, n° 1944.)

8 JANVIER 1817. — Ordonnances du Roi qui autorisent l'acceptation de dons et legs faits aux congrégations, aux séminaires et aux fabriques des églises de Grammont, Vienne, Soissons, Vion, Pleurre, Bayeux, Buxy, Chaussée, Fontaine-sur-Somme, Héric, Saint-Omer, Montsaugeon, Buffard, Ploudaniel, Levejac, Bressuire et Plechâtel. (7, Bull. 146, 148 et 149.)

11 JANVIER 1817. — Ordonnance du Roi qui nomme M. Gérard de Rayneval conseiller d'État en service extraordinaire. (7, Bull. 134, n° 1621.)

13 = Pr. 15 JANVIER 1817. — Loi relative aux moyens de constater le sort des militaires absens (1). (7, Bull. 131, n° 1530.)

Voy. loi des 11 VENTOSE an 2, 6 BRUMAIRE an 5 et 21 DÉCEMBRE 1814, ordonnance du 3 JUILLET 1816. *Voy.* aussi Code civil, article 112 et suivans.

Art. 1er. Lorsqu'un militaire ou un marin en activité pendant les guerres qui ont eu lieu depuis le 21 avril 1792 jusqu'au traité de paix du 20 novembre 1815 aura cessé de paraître, avant cette dernière époque, à son corps et au lieu de son domicile ou de sa résidence, ses héritiers présomptifs ou son épouse pourront dès à présent se pourvoir au tribunal de son dernier domicile, soit pour faire déclarer son absence, soit pour faire constater son décès, soit pour l'une de ces fins au défaut de l'autre (2).

2. Leur requête et les pièces justificatives seront communiquées au procureur du Roi, et par lui adressées au ministre de la justice, qui les transmettra au ministre de la guerre ou au ministre de la marine, selon que l'individu appartiendra au service de terre ou à celui de mer, et rendra publique la demande, ainsi qu'il est prescrit à l'égard des jugemens d'absence par l'article 118 du Code civil.

3. La requête, les extraits d'actes, pièces et renseignemens recueillis au ministère de

---

(1) Présentation à la Chambre des députés, le 28 novembre 1816 (Mon. du 30 novembre).

Rapport de M. Delaunay, le 18 décembre (Mon. du 20 décembre).

Discussion, le 23 décembre (Mon. du 25 décembre).

Adoption, le 23 décembre (Mon. du 25 décembre).

Présentation à la Chambre des pairs, le 4 janvier 1817 (Mon. du 6 janvier).

Rapport de M. le duc de Tarente, le 11 janvier 1817 (Mon. du 16 janvier).

Discussion et adoption, le 11 janvier (Mon. du 16 janvier).

On a demandé si, depuis cette loi, les militaires absens ont été soumis au droit commun, ou si la loi spéciale du 11 ventose an 2 a continué à leur être applicable?

Des arrêts de Rouen, du 30 mai 1818 (S. 18, 2, 313); de Nancy, du 24 janvier 1820 (S. 20, 2, 138); de Nîmes, du 28 janvier 1823 (S. 25, 2, 81), de Paris, du 25 août 1821 (Répertoire de jurisprudence, t. 16, p. 39 et 44), ont décidé que, surtout depuis la loi du 13 janvier 1817, les dispositions du Code civil sont applicables aux militaires absens; qu'ainsi, au cas d'une succession échue à un militaire dont l'existence n'est pas reconnue, il n'y a pas lieu de nommer un curateur chargé de recueillir et de conserver la part à lui afférente, aux termes de la loi du 11 ventose an 2; mais que la part de l'absent est dévolue à ses cohéritiers présens, suivant la disposition de l'article 136 du Code civil, et sauf l'action en pétition d'hérédité réservée par l'article 137.

Voy. aussi un arrêt de cassation du 9 mars 1819; S. 19, 1, 345; le Répertoire de Jurisprudence, 1er volume des additions, ou tome 16, pages 39 et 44; et les notes sur la loi du 11 ventose an 2.

(2) La déclaration d'absence d'un militaire, demandée et poursuivie en vertu de cette loi, a pour effet de faire remonter la présomption de décès de l'absent au jour de ses dernières nouvelles; les successions ouvertes à son profit, même avant cette loi, doivent être attribuées à ceux avec lesquels l'absent aurait eu le droit de concourir, ou à ceux qui les auraient recueillies à son défaut (20 juin 1831; Cass. S. 31, 1, 286; D. 131; 1, 224).

L'article 136, Code civil, s'applique aux militaires, depuis les lois de 1814 et 1817. En conséquence, lorsqu'il s'ouvre une succession à laquelle un militaire absent est appelé, si son existence n'est pas reconnue, il n'y a pas lieu à nommer un curateur dans son intérêt (25 août 1821; Paris, S. 30, 2, 302).

la guerre ou de la marine, sur l'individu dénommé dans ladite requête, seront renvoyés, par l'intermédiaire du ministre de la justice, au procureur du Roi.

Si l'acte de décès a été transmis au procureur du Roi, il en fera immédiatement le renvoi à l'officier de l'état civil, qui sera tenu de se conformer à l'art. 98 du Code civil.

Le procureur du Roi remettra le surplus des pièces au greffe, après en avoir prévenu l'avoué des parties requérantes, et, à défaut d'acte de décès, il donnera ses conclusions.

4. Sur le vu du tout, le tribunal prononcera.

S'il résulte des pièces et renseignemens fournis par le ministre que l'individu existe, la demande sera rejetée.

S'il y a lieu seulement de présumer son existence, l'instruction pourra être ajournée pendant un délai qui n'excédera pas une année.

Le tribunal pourra aussi ordonner les enquêtes prescrites par l'article 116 du Code civil, pour confirmer les présomptions d'absence résultant desdites pièces et renseignemens.

Enfin, l'absence pourra être déclarée, ou sans autre instruction, ou après ajournement et enquêtes, s'il est prouvé que l'individu a disparu sans qu'on ait eu de ses nouvelles, savoir : depuis deux ans, quand le corps, le détachement ou l'équipage dont il faisait partie, servait en Europe; et depuis quatre ans, quand le corps, le détachement ou l'équipage se trouvait hors de l'Europe.

5. La preuve testimoniale du décès pourra être ordonnée, conformément à l'article 46 du Code civil, s'il est prouvé, soit par l'attestation du ministre de la guerre ou de la marine, soit par toute autre voie légale, qu'il n'y a pas eu de registres, ou qu'ils ont été perdus ou détruits en tout ou en partie, ou que leur tenue a éprouvé des interruptions.

Dans le cas du présent article, il sera procédé aux enquêtes contradictoirement avec le procureur du Roi.

6. Dans aucun cas, le jugement définitif portant déclaration d'absence ou de décès ne pourra intervenir qu'après le délai d'un an, à compter de l'annonce officielle prescrite par l'article 2.

7. Lorsqu'il s'agira de déclarer l'absence ou de constater en justice le décès des personnes mentionnées en l'article 1er de la présente loi, les jugemens contiendront uniquement les conclusions, le sommaire des motifs et le dispositif, sans que la requête puisse y être insérée. Les parties pourront même se faire délivrer par simple extrait le dispositif des jugemens interlocutoires; et s'il y a lieu à enquêtes, elles seront mises en minute sous les yeux des juges (1).

8. Le procureur du Roi et les parties requérantes pourront interjeter appel des jugemens, soit interlocutoires, soit définitifs.

L'appel du procureur du Roi sera, dans le délai d'un mois à dater du jugement, signifié à la partie au domicile de son avoué.

Les appels seront portés à l'audience sur simple acte et sans aucune procédure.

9. Dans le cas d'absence déclarée en vertu de la présente loi, si le présumé absent a laissé une procuration, l'envoi en possession provisoire sous caution pourra être demandé, sans attendre le délai prescrit par les articles 121 et 122 du Code civil, mais à la charge de restituer en cas de retour, sous les déductions de droit, la totalité des fruits perçus pendant les dix premières années de l'absence.

Les parties requérantes qui posséderont des immeubles reconnus suffisans pour répondre de la valeur des objets susceptibles de restitution, en cas de retour, pourront être admises par le tribunal à se cautionner sur leurs propres biens.

10. Feront preuve en justice, dans les cas prévus par la présente loi, les registres et actes de décès des militaires tenus conformément aux articles 88 et suivans du Code civil, bien que lesdits militaires soient décédés sur le territoire français, s'ils faisaient partie des corps ou détachemens d'une armée active ou de la garnison d'une ville assiégée.

11. Si les héritiers présomptifs ou l'épouse négligent d'user du bénéfice de la présente loi, les créanciers ou autres personnes intéressées pourront, un mois après l'interpellation qu'ils seront tenus de leur faire signifier, se pourvoir eux-mêmes en déclaration d'absence ou de décès.

12. Les dispositions de la présente loi sont applicables à l'absence ou au décès de toutes les personnes inscrites aux bureaux des classes de la marine, à celles attachées par brevets ou commissions aux services de santé, aux services administratifs des armées de terre et de mer, ou portées sur les contrôles réguliers des administrations militaires.

Elles pourront être appliquées par nos tribunaux à l'absence et au décès des domestiques, vivandiers et autres personnes à la suite des armées, s'il résulte des rôles d'équipage, des pièces produites et des registres de police, permissions, passeports, feuilles

(1) La preuve du décès d'un militaire peut être considérée par les tribunaux comme suffisante, bien qu'elle ne résulte ni d'un acte de décès régulier, ni d'un jugement en la forme prescrite par cette loi (20 juin 1820, Cass. S. 20, 1, 433).

de route et autres registres déposés aux ministères de la guerre et de la marine, ou dans les bureaux en dépendant, des preuves et des documens suffisans sur la profession desdites personnes et sur leur sort.

13. Les dispositions du Code civil relatives aux absens, auxquelles il n'est pas dérogé par la présente loi, continueront d'être exécutées.

---

15 JANVIER 1817. — Ordonnances du Roi qui accordent des lettres de déclaration de naturalité aux sieurs Notkievriez, Leydel, Barral, Laforest, Grande-Palacios, Malthis, Costa, Marcus, Cosso, Feyllen, Paccard, Beauvens, Corbaletti, Govéan, Cuneo, Corthours, Cerina, Lavetta, Réal, Bricteux, Vidal, Alferi, Magnin, Bonaventure de Sigaldi, Brezzi et Franck. (7, Bull. 139, 142, 144, 153, 160, 162, 166, 167, 174, 183, 190, 201, 205, 220, 230, 266 et 272.)

---

15 JANVIER 1817. — Ordonnance du Roi portant proclamation des brevets d'invention, de perfectionnement et d'importation délivrés pendant le quatrième trimestre de 1816, aux sieurs Martin, Bordereau, Marchand, Tachouzin, Gounon, Barre, Pilardeau, Arnoult, Goulé, Belly, de Dombasle, Sastre, Baglion Schwickardi, Dubois-Auzoux, Brousson, Bainbridge, Brimmeyer, Delapierre, Fleury, Toulouse, Pelletan, Luines, Derby-Scully, Allard, Thierry, Hélix, Bélanger, Jullien, Guérin, Laurent, Mignard-Billinge, Vandermersch, Raedel, Derode et Gaille. (7, Bull. 136, n° 1692.)

---

15 JANVIER 1817. — Ordonnance du Roi qui transfère à Saint-Martin d'Auxigny le chef-lieu de la justice de paix établi à Menetou-Salon. (7, Bull. 135, n° 1690.)

---

15 JANVIER 1817. — Ordonnance du Roi qui admet les sieurs Gehringer, Wollenweber, Zottmann et Pantaléon Roulet à établir leur domicile en France. (7, Bull. 140.)

---

15 JANVIER 1817. — Ordonnances du Roi contenant réglement sur l'exercice de la profession de boulanger dans les villes de Vienne, Pau, Vire et Lisieux. (7, Bull. 149, n° 1945 à 1948.)

---

15 JANVIER 1817. — Ordonnance du Roi portant que le terrain renfermant les mines de fer dites d'Allevard, département de l'Isère, sera divisé en quatorze arrondissemens de concession. (7, Bull. 149, n° 1949.)

---

15 JANVIER 1817. — Ordonnance du Roi qui permet au sieur Dolmaire de Provenchères de rester au service de sa majesté l'empereur d'Autriche. (7, Bull. 157, n° 2187.)

---

18 = Pr. 25 JANVIER 1817. — Ordonnance du Roi additionnelle à celle du 27 novembre 1816, concernant la promulgation des lois et des ordonnances. (7, Bull. 134, n° 1622.)

Voy. ordonnance du 27 NOVEMBRE 1816, et la première note sur la loi du 28 AVRIL 1816.

Louis, etc.

Il nous a été représenté que, dans les cas prévus par l'article 4 de notre ordonnance du 27 novembre dernier, où il serait nécessaire de hâter l'exécution des lois et de nos ordonnances avant la publication du Bulletin officiel et l'expiration des délais prescrits par l'article 1er du Code civil et rappelés par la susdite ordonnance, il serait à craindre que l'envoi aux préfets des départemens ne donnât pas une connaissance suffisante de ce qui serait à exécuter, s'ils se contentaient d'en constater la réception sur un registre.

A quoi voulant pourvoir, nous avons, par la présente, et sur le rapport de notre amé et féal chevalier, chancelier de France, le sieur Dambray, commandeur de nos ordres, chargé du portefeuille du ministère de la justice,

Notre Conseil-d'Etat entendu,

Déclaré, ordonné, déclarons et ordonnons :

Art. 1er. Dans les cas prévus par l'art. 4 de notre ordonnance du 27 novembre 1816, où nous jugerons convenable de hâter l'exécution des lois et de nos ordonnances en les faisant parvenir extraordinairement sur les lieux, les préfets prendront incontinent un arrêté par lequel ils ordonneront que lesdites lois et ordonnances seront imprimées et affichées partout où besoin sera.

2. Lesdites lois et ordonnances seront exécutées à compter du jour de la publication faite dans la forme prescrite par l'article ci-dessus.

3. Notre amé et féal chevalier le chancelier de France, chargé par *interim* du portefeuille du ministère de la justice, est chargé de l'exécution de la présente ordonnance.

---

19 JANVIER 1817. — Ordonnance du Roi qui nomme M. le baron Pasquier garde-des-sceaux ministre de la justice. (7, Bull. 134, n° 1623.)

---

22 JANVIER 1817. — Procès-verbal du tirage au sort qui a eu lieu dans la Chambre des députés, pour déterminer l'ordre des séries établies par l'ordonnance du 27 novembre 1816, relative au renouvellement de cette Chambre. (7, Bull. 135, n° 1672.)

CHAMBRE DES DÉPUTÉS.

M. Royer-Collard, l'un des vice-présidens, occupe le fauteuil.

Le procès-verbal du 20 janvier 1817 est lu et adopté. Douze pétitions sont renvoyées à la commission des pétitions, lecture faite du nom des pétitionnaires.

La Chambre entend un rapport de sa commission des pétitions.

M. le président donne lecture d'une lettre par laquelle M. le ministre de l'intérieur transmet une ampliation de l'ordonnance du 27 novembre qui répartit les quatre-vingt-six départemens du royaume en cinq séries, et qui règle qu'il sera fait, pendant la session actuelle, un tirage au sort pour déterminer l'ordre dans lequel les cinq séries seront appelées à renouveler leur députation.

M. le président donne ensuite lecture de l'ordonnance et du tableau des séries.

Après la lecture d'une seconde lettre de M. le ministre de l'intérieur, relative au mode du tirage, la Chambre décide que les cinq lettres de l'alphabet qui désignent les cinq séries seront mises dans une urne, et que la première qui en sortira indiquera la série n° 1, et successivement.

En conséquence, un de messieurs les secrétaires dépose dans l'urne les cinq lettres de l'alphabet, et M. le président les tire dans l'ordre suivant : première série, C ; deuxième série, D ; troisième série, E ; quatrième série, B ; cinquième série, A.

SÉRIE C. — DÉPARTEMENS.	NOMBRE DES DÉPUTÉS.	SÉRIE D. — DÉPARTEMENS.	NOMBRE DES DÉPUTÉS.	SÉRIE E. — DÉPARTEMENS.	NOMBRE DES DÉPUTÉS.	SÉRIE B — DÉPARTEMENS	NOMBRE DES DÉPUTÉS.	SÉRIE A — DÉPARTEMENS.	NOMBRE DES DÉPUTÉS.
Alpes (H^tes)	1	Ain	3	Aisne	4	Ardennes	2	Ardèche	2
Côte-d'Or	3	Alpes (Basses)	1	Allier	2	Aube	2	Aveyron	3
Creuse	2	Corrèze	2	Ariége	2	Aude	2	Calvados	4
Dordogne	4	Finistère	4	Cantal	2	Bouch.-du Rh^e.	3	Charente	3
Gers	3	Gard	3	Char^te-Infér.	4	Cher	2	Garonne (H.)	4
Hérault	3	Indre	2	Corse	2	Côt.-du-Nord	4	Jura	2
Ille-et-Vilaine	4	Landes	2	Doubs	2	Drôme	2	Loir-et-Cher	2
Lozère	1	Loire	3	Eure-et-Loir	2	Eure	4	Loire Infé^re	4
Indre-et-L^re	2	Manche	4	Isère	4	Gironde	5	Lot-et-Gar^e	3
Loiret	3	Moselle	4	Marne (H^te)	2	Loire (H^te.)	2	Marne	3
Meuse	2	Nièvre	2	Mayenne	3	Lot	4	Meurthe	3
Oise	3	Nord	8	Morbihan	4	Maine-et-L^re.	4	Pas-de-Calais	4
Orne	4	Saône (H^te)	2	Pyrénées (B)	3	Pyrén. (H^tes)	2	Puy-de-Dôme	4
Rhin (Haut)	3	Sarthe	4	Rhin (Bas)	4	Saône-et-L^re.	4	Pyrénées-Or	1
Rhône	3	Seine-et-Marne	3	Seine-Infér^re	6	Somme	4	Seine-et-Oise	4
Seine	8	Tarn-et-Gar^e.	2	Tarn	2	Vienne (H^te)	2	Var	3
Sèvres (D.)	2	Vendée	3	Vaucluse	2	Vosges	3	Yonne	3
				Vienne	2				
	51		52		52		51		52

22 JANVIER 1817. — Ordonnances du Roi portant réglement sur l'exercice de la profession de boulanger dans les villes d'Alençon, Colmar, Lunéville, Melun et Vitry-le-Français. (7, Bull. 150, n°s 1967 à 1970 et 1989.)

22 JANVIER 1817. — Ordonnance du Roi relative à la discipline et justice militaires (1).

22 JANVIER 1817. — Ordonnance du Roi portant établissement d'une chambre de commerce dans la ville de Reims. (7, Bull. 138, n° 1721.)

22 JANVIER 1817. — Ordonnance du Roi contenant des changemens dans le tableau général des foires du département de la Vienne. (7, Bull. 149, n° 1950.)

(1) Cette ordonnance n'est pas au Bulletin des Lois ; elle est rappelée par celle du 1er avril 1818.

22 JANVIER 1817. — Ordonnances du Roi qui autorisent l'acceptation de dons et legs faits aux pauvres, communes, séminaires et fabriques des églises de Gohury, Miramont, Notre-Dame-des-Victoires de Paris, Limoges, Quimper, Chartres Marteau, Incurables de Paris, Ancinnes, Grimardias, Montélimart, Dieuze, Plombières, Lure, Lyon, Laval et Monthureux-sur-Saône. (7, Bull. 150, n° 1771 à 1988.)

22 JANVIER 1817. — Ordonnance du Roi qui change l'époque fixée pour la tenue des foires de plusieurs communes et qui en établit de nouvelles. (7, Bull. 149, n° 1951.)

24 JANVIER 1817. — Ordonnance du Roi qui nomme M. de Serres président de la Chambre des députés. (7, Bull. 135, n° 1673.)

30 JANVIER 1817. — Ordonnance du Roi qui admet les sieurs Thornton, Barba, Vassilich et le vicomte Maggiolo, à établir leur domicile en France. (7, Bull. 139, n° 1738.)

30 JANVIER 1817. — Ordonnances du Roi qui accordent des lettres de déclaration de naturalité aux sieurs Cramer, Delsinne, Sommaripa, Baudenhuyer, Bulgari, Songeun, Seheid, Regalia, Sarato, Gilli, Didier, Genton, Taiffert, Mouton, Ribrochi, Philippet, Karstle, Jaumonet, Amploux, Netten, Evrard, Dombrez, Longet, de la Goutte-Bernard, Picco, Godard, Estivan Muller, Desprez, Breda, Paget, Harmand, Belvaux, Pasquier, Bichsteim, Amédei, Righer, Pignarre, Gnone, Cogorno et Besson. (7, Bull. 139, 140, 142, 144, 150, 153, 157, 158, 159, 162, 166, 183, 197, 202, 205 et 220.)

31 JANVIER 1817. — Ordonnance du Roi qui accorde des lettres de déclaration de naturalité au sieur Dor. (7, Bull. 136, n° 1693.)

31 JANVIER 1817. — Ordonnance du Roi qui nomme M. le comte Lescarène secrétaire général par intérim du ministère de l'intérieur. (7, Bull. 138, n° 1722.)

31 JANVIER 1817. — Ordonnances du Roi qui autorisent l'acceptation de dons et legs faits à la commune de Saint-Aignan de Crasménil et aux fabriques des églises de Saint-Waast, Beaurin, Couroon, Draguignan, Bretonvilliers et de Guebwiller. (7, Bull. 150 et 153.)

31 JANVIER 1817. — Ordonnance du Roi portant que le chef-lieu de la justice de paix du canton établi aux Petites-Chiettes sera transféré à Saint-Laurent, département du Jura. (7, Bull. 143, n° 1853.)

31 JANVIER 1817. — Ordonnance du Roi qui approuve les statuts des sœurs hospitalières attachées à l'hospice d'Ernée. (7, Bull. 153, n° 2080.)

31 JANVIER 1817. — Ordonnance du Roi qui autorise le préfet de la Meurthe à remettre à la disposition de l'évêque de Nancy les bâtimens et dépendances non aliénés de l'ancien couvent des Prémontrés de Pont-à-Mousson. (7, Bull. 153, n° 2081.)

31 JANVIER 1817. — Lettres-patentes du Roi portant institution de majorat en faveur de M. Elie Decazes. (7, Bull. 200, n° 3697.)

1er = 7 FÉVRIER 1817. — Ordonnance du Roi qui réduit temporairement les droits de navigation sur les navires étrangers qui arriveront dans les ports de France chargés de grains ou de farines. (7, Bull. 137, n° 1695.)

Art. 1er. Jusqu'au 1er septembre 1817, les droits de navigation sur les navires étrangers seront réduits aux droits payés par les navires français, lorsque les navires étrangers arriveront dans nos ports, chargés de grains ou de farines.

2. Notre ministre de l'intérieur est chargé de l'exécution de la présente ordonnance.

5 = Pr. 7 FÉVRIER 1817. — Loi sur les élections (1). (7, Bull. 137, n° 1694.)

Voy. les notes sur les articles 35 et suivans de la Charte, les ordonnances des 13, 21 et 31 JUILLET 1815; du 9 AOUT 1815, du 5 SEPTEMBRE 1816; ordonnance du 20 AOUT 1817; instructions ministérielles des 18 AVRIL et 18 AOUT 1817, 26 SEPTEMBRE 1818, 28 FÉVRIER, 18 AOUT et 12 OCTOBRE 1819; loi du 29 JUIN 1820, et les notes sur cette loi, notamment les instructions ministérielles des 29 AOUT et 4 SEPTEMBRE 1820; ordonnance du 11 OCTOBRE 1820; circulaires des 27 JUILLET, 18 OCTOBRE, 1er et 17 NOVEMBRE 1820; lois des 2 MAI 1827, 2 JUILLET 1828, 19 AVRIL 1831.

Art. 1er. Tout Français jouissant des droits

---

(1) Présentation à la Chambre des députés, le 28 novembre 1816 (Mon. du 29 novembre).

Rapport de M Bourdeau, le 19 décembre (Mon. du 21 décembre).

Discussion, le 26 décembre (Mon. des 27, 28, 29, 30 et 31 décembre).

Adoption, le 8 janvier 1817 (Mon. du 10 janvier).

Présentation à la Chambre des pairs, le 11 janvier (Mon. du 16 janvier).

Rapport de M. Lally-Tolendal, le 23 janvier (Mon. du 26).

Discussion, le 25 janvier (Mon. du 1er février).

Adoption, le 30 janvier 1817 (Mon. du 10 février).

civils et politiques, âgé de trente ans accomplis, et payant trois cents francs de contributions directes, est appelé à concourir à l'élection des députés du département où il a son domicile politique (1).

2. Pour former la masse des contributions nécessaires à la qualité d'électeur ou d'éligible, on comptera à chaque Français les contributions directes qu'il paie dans tout le royaume (2);

---

(1) L'enfant né en France d'un étranger qui a acquis la qualité de français n'est pas seulement Français, il est citoyen français, et comme tel apte à exercer les droits politiques (..... février 1824, Rennes; S. 24, 2, 78).

L'étranger qui avait acquis la qualité de citoyen français, selon les lois antérieures à la constitution de l'an 8, n'a pas perdu cette qualité pour n'avoir pas obtenu de lettres de naturalisation exigées par la législation postérieure (12 et 14 février 1824, Amiens; S. 24, 2, 76 et 77).

L'individu né dans un pays séparé de la France en 1814, et qui résidait en France à cette époque depuis près de dix ans, s'il a voulu conserver la qualité de citoyen français, a dû non-seulement faire la déclaration prescrite par l'article 1er de la loi du 14 octobre 1814, mais encore obtenir du Roi des lettres de déclaration de naturalité. Ce n'est que du moment de l'obtention de ces lettres qu'il peut exercer les droits de citoyen; peu importe qu'il eût rempli dans l'intervalle des fonctions publiques qui ne pouvaient appartenir qu'à un citoyen; à ce cas ne s'applique pas l'adage *error communis facit jus* (18 août 1824, Rouen; S. 26, 2, 140).

Voy. Constitution du 22 frimaire an 8, art. 2 et suiv.; Code civil, art. 7 et suiv.; ordonnance du 4 juin 1814 et loi du 14 octobre 1814, et notes sur l'art. 22 de la loi du 9 = 15 décembre 1790.

Voy. enfin la 3e et la 12e question des éclaircissemens ministériels du 18 avril 1817, la 18e question des éclaircissemens ministériels du 18 août 1817; les 22e, 23e et 24e questions des éclaircissemens ministériels du 4 septembre 1820.

L'exercice du droit électoral par celui qui n'est pas électeur ne constitue ni crime ni délit. On ne peut voir dans ce fait ni un délit relatif à l'exercice des droits civiques (Code pénal, art. 109 et suiv.), ni l'usurpation de fonctions publiques (Code pénal, art. 258); 26 juin 1822, Amiens; S. 24, 2, 209).

Relativement à celui qui exerce sans qualité les droits d'électeur, *voy.* notes sur l'article 6.

(2) On doit compter pour la formation du cens électoral : les centimes additionnels imposés pour dépenses ordinaires ou extraordinaires (23 juin 1829; Cass. S. 29, 1, 293 et 363; D. 29, 1, 278). — 15 décembre 1828, Pau; S. 29, 2, 22; D 29, 2, 46);

..... Les centimes extraordinaires communaux (10 septembre 1829, Bordeaux; S. 29, 2, 281; D. 29, 2, 300);

..... Les contributions locales (13 décembre 1828, Rouen; S. 29, 2, 22; D. 29, 2, 46);

..... Les *prestations* en *nature* et *centimes additionnels* imposés pour la réparation des chemins vicinaux (26 juin 1830; Cass. S. 30, 1, 359; D. 30, 1, 271);

..... Les contributions additionnelles à celle des patentes, notamment la contribution payée pour l'établissement ou l'entretien de la chambre de commerce ou de la bourse (24 décembre 1828, Orléans; S. 29, 2, 51; D. 29, 2, 45); — 26 mai 1830; Cass. S. 30, 1, 224; D. 30, 1, 185).

Décidé en sens contraire que les centimes additionnels imposés pour contributions locales ne doivent pas être comptés pour former le cens électoral (6 avril 1821, ordonnance rapportée par M. de Cormenin, v° *Elections*). — 19 décembre 1828, Amiens; S. 29, 2, 81; D. 29, 2, 46; — 9 février 1829, Paris, S. 29, 2, 74; D. 29, 2, 120; — 26 décembre 1828, Bourges; S. 29, 2, 52; D. 29, 2, 46; — 25 septembre 1829, Amiens; S. 29, 2, 281; D. 29, 2, 300.

Mais ces deux derniers arrêts ont été cassés par les deux décisions précitées de la Cour de cassation des 23 juin 1829 et 26 mai 1830.

Au surplus, la plupart de ces questions se trouvent aujourd'hui résolues par le texte de la loi du 19 avril 1831. *Voy.* les articles 4 et suivans de cette loi.

On ne peut admettre dans la composition du cens électoral :

Ni les dégrèvemens réels d'impôts;

Ni les contributions en raison de la valeur locative des maisons, qui, pendant un certain laps de temps et en vertu des dispositions spéciales de la loi, sont affranchies de la contribution foncière (*voy* ordonnance du 15 juin 1821, rapportée par M de Cormenin, v° *Elections*);

Ni la redevance fixe payée par les propriétaires des mines;

Ni le supplément d'octroi, qui dans certaines villes a été établi en remplacement de l'impôt mobilier;

Ni les contributions payées aux colonies : une ordonnance du 30 décembre 1823, insérée au Bulletin des Lois, l'a ainsi décidé, contrairement à l'opinion émise 27e question des éclaircissemens ministériels du 18 août 1817.

Au surplus, on ne peut, même sous prétexte d'erreur, prouver, autrement que par l'inscription au rôle des contributions, que l'on paie suffisamment de contributions pour former le cens électoral (ordonnance du 17 avril 1824, citée par M de Cormenin).

Un citoyen peut compter, pour composer le cens électoral, des contributions dont le rôle n'est pas encore en recouvrement; il suffit qu'il soit certain qu'il sera imposé pour la somme dont il veut se prévaloir (14 juin 1830, Bourges; S. 30, 2, 330; D. 30, 2, 206).

Pour savoir à qui sont comptées les contributions, dans certains cas, *voy.* M. de Cormenin, v° *Elections*.

Au mari, celles de sa femme, même non commune en biens (1), et au père, celles des biens de ses enfans mineurs, dont il aura la jouissance.

3. Le domicile politique de tout Français est dans le département où il a son domicile réel (2). Néanmoins, il pourra le transférer dans tout autre département où il paiera des contributions directes à la charge par lui d'en faire, six mois d'avance, une déclaration

---

La contribution foncière, dit-il, est comptée : 1° au propriétaire, et non au fermier ou locataire qui la paie, même en vertu d'un bail (ordonnance du 5 juin 1822); 2° à l'usufruitier, et non au nu-propriétaire (ordonnance du 22 octobre 1820), alors même qu'elle est payée en réalité par le nu-propriétaire, par suite de conventions entre lui et l'usufruitier (9 avril 1829; Cass. S. 29, 1, 129; D. 29, 1, 215); 3° à l'emphytéote; 4° au propriétaire de l'immeuble grevé d'une rente foncière, et non à celui de la rente, s'il y a retenue pour contribution; 5° aux preneurs à locatairie perpétuelle, et non aux bailleurs; 6° aux propriétaires des fonds des domaines congéables, jusqu'à concurrence du cinquième de la rente convenancière stipulée; 7° aux acquéreurs sous faculté de réméré, et non aux vendeurs; 8° aux débiteurs pour les biens engagés par antichrèse, et non aux créanciers engagistes; 9° aux propriétaires des biens indivis imposés sous le nom de l'un d'eux, chacun proportionnellement à son droit de propriété, après justification préalable de ce droit par titre authentique : à défaut de preuve contraire, et pourvu que la propriété et l'indivision soient suffisamment établies, on doit attribuer à chaque copropriétaire une part égale ou une part proportionnelle à son droit successif. *Voy.* loi du 19 avril 1831, art. 9.

On compte l'impôt des portes et fenêtres : 1° au locataire qui le paie, même lorsque le propriétaire, par stipulation, s'en charge (ordonnance du 25 février 1824), quelles que soient d'ailleurs les conditions du bail (15 novembre 1828, Amiens; S. 29, 2, 3; D. 29, 2, 48; — 11 décembre 1828, Caen; S 29, 2, 52; D 29, 2, 47; — 24 décembre 1828, Rennes; S. 29, 2, 53; D. 29, 2, 48; — 9 février 1829, Paris; S. 29, 2, 74; D 29, 2, 120; — 23 juin 1829, Cass. S. 29, 1, 363; D. 29, 1, 278. *Voy.* d'ailleurs loi du 19 avril 1831, art. 6; 2° au maître d'un hôtel garni, et non au locataire qui loue des appartemens en garni.

On compte le droit fixe de patente à chaque associé qui le paie personnellement pour les établissemens de commerce et d'industrie.

Quant au droit proportionnel à la location, il faut que chaque associé justifie de sa part d'intérêt dans l'association (ordonnance du 22 octobre 1820).

L'associé gérant d'une société en commandite ne peut compter, pour la formation de son cens électoral, les contributions assises sur des immeubles qu'il a achetés au nom et pour le compte de la société (10 mars 1830; Cass. S. 30, 1, 93; D. 30, 1, 166).

Voyez, sur ce qu'on doit entendre en général par *contributions directes*, la note sur l'art. 2 de la Charte : dans le cas d'établissement d'un nouvel impôt, il serait utile d'avoir des règles pour décider si la qualification de *contribution directe* devrait lui être appliquée; l'instruction du 8 janvier 1790, § 2, annexée à la loi du 22 décembre 1789, contient à cet égard des renseignemens très-utiles.

Voy. les questions 6e à 11e inclusivement, 13e à 16e inclusivement des éclaircissemens ministériels du 18 avril 1817, 20e à 27e inclusivement des éclaircissemens ministériels du 18 août 1817, 29e à 39e inclusivement des éclaircissemens ministériels du 4 septembre 1820.

(1) Le mari profite des contributions de sa femme usufruitière ; — de la moitié seulement des contributions assises sur les biens d'une femme mariée sous le régime de la communauté, dont les héritiers se sont réservé la faculté d'accepter la succession ou d'y renoncer.

Le second mari ne peut profiter des contributions assises sur les biens des enfans de sa femme, issus du premier mariage.

Il en est de même d'un homme veuf, ayant plusieurs enfans, qui administrerait la succession encore indivise de sa défunte femme (M. de Cormenin, v° *Elections*).

(2) Le droit électoral peut s'exercer au domicile réel, quoique l'électeur n'y paie aucune contribution (M. de Cormenin, v° *Elections*).

Le domicile réel constitue de droit et à défaut de déclaration contraire et légalement justifiée, le domicile politique, sans qu'on puisse exciper du défaut d'exercice ou de réclamation du droit électoral (ordonnances des 22 octobre 1820, 6 avril 1821 et 4 juillet 1822, citées par M. de Cormenin).

Ainsi, à défaut de déclaration formelle, les électeurs doivent être maintenus dans le lieu de leur domicile réel, bien qu'ils résident temporairement dans d'autres départemens (ordonnance du 15 juillet 1821, citée par M. de Cormenin).

L'électeur qui a rempli les conditions exigées par la loi pour opérer la translation de son domicile *réel* d'un département dans un autre n'est assujéti à aucune formalité; notamment il n'est point obligé de faire la double déclaration prescrite par l'article 3 de la loi de 1817, pour opérer la translation du domicile politique (22 juin 1830, Bordeaux; S. 30, 2, 327; D. 30, 2, 202) *Voy.* loi du 2 juillet 1828, art. 25.

Le fait d'avoir *été inscrit* et d'avoir *voté* comme *électeur* dans un département ou dans un arrondissement ne dispense pas de faire la déclaration prescrite pour la translation de domicile politique, et remplir les conditions que la loi impose en ce cas, si lors de l'inscription et du vote on n'avait ni son domicile réel, ni son domicile politique dans ce département ou arrondissement (16 janvier 1829, Agen; S. 29, 2, 202; D. 29, 2, 238).

Voy. 1re et 2e question, éclaircissemens ministériels du 18 avril 1817; 1re question, éclaircissemens ministériels du 18 août 1817.

expresse devant le préfet du département où il aura son domicile politique actuel, et devant le préfet du département où il voudra le transférer (1).

La translation du domicile réel ou politique ne donnera l'exercice du droit politique, relativement à l'élection des députés, qu'à celui qui, dans les quatre ans antérieurs, ne l'aura point exercé dans un autre département.

Cette exception n'a pas lieu dans le cas de dissolution de la Chambre.

4. Nul ne peut exercer les droits d'électeur dans deux départemens.

5. Le préfet dressera, dans chaque département, la liste des électeurs, qui sera imprimée et affichée (2).

Il statuera provisoirement, en conseil de préfecture, sur les réclamations qui s'élèveraient contre la teneur de cette liste, sans préjudice du recours de droit, lequel ne pourra néanmoins suspendre les élections (3).

6. Les difficultés relatives à la jouissance des droits civils ou politiques du réclamant seront définitivement jugées par les cours royales; celles qui concerneraient ses contributions ou son domicile politique le seront par le Conseil-d'Etat (4).

7. Il n'y a dans chaque département qu'un

---

(1) La translation du domicile politique d'un électeur, d'un département à un autre département, peut être valablement faite par simples *lettres* écrites au préfet du département du domicile actuel et au préfet du département dans lequel on veut transférer ce domicile.

La dignité de pair étant compatible avec l'exercice d'autres fonctions publiques continues et permanentes dans les départemens du royaume, n'est pas exclusive d'un domicile politique dans un autre département que celui de la Seine.

La translation du domicile réel n'entraîne pas celle du domicile politique, lorsque ces domiciles étaient avant séparés l'un de l'autre (16 juin 1830; Cass. S. 30, 1, 255; D. 30, 2, 132).

Pour opérer la translation, il ne suffit pas d'une seule déclaration au lieu du domicile réel, encore que cette déclaration ait été transmise officiellement par le préfet au préfet du département dans lequel l'électeur veut établir son domicile politique (21 avril 1830, Orléans; S. 31, 2, 172). *Voy.* art. 10, loi du 19 avril 1831.

La translation ne s'opère que par deux déclarations formelles, et le délai de six mois ne se compte qu'à partir de la seconde déclaration.

La présomption légale de domicile politique qui provient de l'inamovibilité de fonctions publiques remplies par l'électeur, tombe devant sa déclaration contraire faite en temps utile et dans les formes prescrites par les lois (ordonnance du 4 juillet 1822, citée par M. de Cormenin).

Le vote émis comme président du collége, ni même la nomination du président comme député, ne peuvent lui attribuer un domicile politique (ordonnance du 15 juillet 1821, citée par M. de Cormenin).

Voy. 4ᵉ et 5ᵉ questions, éclaircissemens ministériels du 18 avril 1817; 19ᵉ question, éclaircissemens ministériels du 18 août 1817; 25ᵉ, 26ᵉ et 27ᵉ questions, éclaircissemens ministériels du 4 septembre 1820.

(2) *Voy.* 20ᵉ et 21ᵉ questions, éclaircissemens ministériels du 4 septembre 1820.

(3) Une procuration n'est pas nécessaire à l'huissier pour offrir par exploit, au nom d'électeurs, les pièces qui ont pour objet de constater leurs droits électoraux, et requérir par suite leur inscription sur la liste électorale.

Lorsque, sur la sommation à lui faite par exploit, le préfet refuse de recevoir les pièces qui lui sont présentées, refus fondé sur ce que la production des pièces n'est pas faite par une personne ayant pouvoir à cet effet, et qu'il signe son refus, il y a là *décision* contre laquelle le recours devant la cour royale est ouvert à la partie intéressée (13 novembre 1827, Toulouse; S. 28, 2, 34; D. 29, 2, 86).

Décidé en sens contraire, et que la question est purement administrative (6 mars 1828, ord. Mac. 10, 225; — 27 mars 1828, ord. Mac. 10, 266).

(4) Les pourvois sont introduits, discutés et jugés au Conseil-d'Etat dans la forme établie par la loi du 21 avril 1810 sur les concessions des mines, art. 28, c'est-à-dire sur le rapport du ministre de l'intérieur, après avoir pris l'avis préalable de son comité et par l'organe de l'un de ses membres; cette voie est préférée comme plus prompte et plus économique (M. de Cormenin, *Questions de droit administratif*, vº *Elections*). *Voy.* dans le *Code électoral*, p. 95 et suiv., une excellente dissertation de Mᵉ Isambert, dans laquelle il établit que les difficultés qui s'élèvent en matière électorale sont véritablement du contentieux administratif, et qu'en conséquence les pourvois contre les arrêtés des conseils de préfecture devraient être portés *au comité du contentieux* : l'économie et la célérité de l'autre système de procédure (s'il y a célérité et économie) ne sauraient l'emporter sur les garanties qu'offre le pourvoi par la voie contentieuse.

Le Conseil-d'Etat statue sur les difficultés relatives : 1º aux conditions du domicile politique; 2º à la composition du cens électoral; 3º aux personnes à qui les contributions doivent être comptées; 4º aux personnes qui, par une exception de la loi, profitent pour le droit électoral des contributions payées par d'autres; 5º à la condition d'une année de possession ou de jouissance des propriétés, appartemens ou industries, assujétis à la contribution. Voy. *Répertoire* de M. Favard de Langlade, au mot *Elections*.

Les questions de savoir si des extraits de rôles sont réguliers en la forme, et si le montant de ces extraits doit être appliqué à une personne autre que celle dont le nom est porté sur le rôle des contributions, constituent des difficultés conseul collége électoral : il est composé de tous les électeurs du département dont il nomme directement les députés à la Chambre.

8. Les colléges électoraux sont convoqués par le Roi ; ils se réunissent au chef-lieu du département, ou dans telle autre ville du département que le Roi désigne. Ils ne peuvent s'occuper d'autres objets que de l'élection des députés ; toute discussion, toute délibération, leur sont interdites.

9. Les électeurs se réunissent en une seule assemblée, dans les départemens où leur nombre n'excède pas six cents.

Dans ceux où il y en a plus de six cents, le collége électoral est divisé en sections, dont chacune ne peut être moindre de trois cents électeurs.

Chaque section concourt directement à la nomination de tous les députés que le collége électoral doit élire.

10. Le bureau de chaque collége électoral se compose d'un président nommé par le Roi, de quatre scrutateurs et d'un secrétaire (1).

Les quatre scrutateurs et le secrétaire sont nommés par le collége, à un seul tour de scrutin de liste pour les scrutateurs, et individuel pour le secrétaire à la pluralité des voix.

Dans les colléges électoraux qui se divisent en sections, le bureau ainsi formé est attaché à la première section du collége.

Le bureau de chacune des autres sections se compose d'un vice-président nommé par le Roi, de quatre scrutateurs et d'un secrétaire choisis de la manière ci-dessus prescrite.

A l'ouverture du collége et sections de collége, le président et les vice-présidens nomment le bureau provisoire, composé de quatre scrutateurs et d'un secrétaire.

11. Le président et les vices-présidens ont seuls la police du collége électoral ou des sections de collége qu'ils président.

Il y aura toujours présens, dans chaque bureau, trois au moins des membres qui en font partie.

Le bureau juge provisoirement toutes les difficultés qui s'élèvent sur les opérations du collége ou de la section, sauf la décision définitive de la Chambre des députés.

12. La session des colléges est de dix jours au plus. Chaque séance s'ouvre à huit heures du matin ; il ne peut y en avoir qu'une par jour, qui est close après le dépouillement du scrutin.

13. Les électeurs votent par bulletins de liste, contenant, à chaque tour de scrutin, autant de noms qu'il y a de nominations à faire.

Le nom, la qualification, le domicile de chaque électeur qui déposera son bulletin se-

---

cernant les contributions dont la connaissance est dévolue à l'autorité administrative (30 janvier 1828, ord. Mac. 10, 116).

Idem pour la question de savoir si la seule production des extraits des rôles de contributions suffit à l'électeur pour que le préfet doive l'inscrire sur la liste (13 avril 1828 ; Mac 10, 313).

Lorsque le préfet n'a pas fondé son arrêté sur a discussion des titres d'hérédité, mais sur le défaut de production de ces titres, il n'a point excédé sa compétence (14 mai 1828, ord Mac. 10, 431 ; — 1er juin 1828, ord. Mac. 10, 456).

La question de savoir si un bail constitue une emphytéose, un bail à rente ou une vente d'usufruit, est une question de droit civil qu'il n'appartient qu'aux tribunaux de résoudre (30 janvier 1828, ord. Mac. 10, 116).

Idem pour la question de savoir à quelle époque remontent la propriété et la possession de l'électeur (28 février 1828, ord. Mac. 10, 199).

Idem pour la question de savoir quel est le domicile réel d'un citoyen. Cette question doit être résolue par les tribunaux et soumise aux deux degrés de juridiction ; elle ne peut être soumise, *omisso medio*, à la cour royale, comme s'il s'agissait des droits civils ou politiques du réclamant (12 novembre 1827, Paris ; S. 27, 2, 237 ; — 21 février 1828, Cass. S. 28, 1, 134 ; D. 1828, 1, 140).

Dans le cas où les tribunaux sont appelés à prononcer conformément à cet article, ils doivent se borner à statuer sur la question qui leur est soumise, sans réformer les actes administratifs ni ordonner des inscriptions sur les listes (30 janvier 1828, ord Mac. 10, 115 et 119 ; — 6 octobre 1827, ord. Mac. 9, 572 ; — 15 février 1828, ord. Mac. 10, 152 ; — 6 mars 1828, ord. Mac 10, 225 ; — 27 mars 1828 ; Mac. 10, 226 ; — 13 avril 1828 ; Mac. 10, 312).

Le conflit élevé par le préfet sur l'appel dirigé contre un de ses arrêtés, et porté devant la cour royale, ne dessaisit pas par lui-même l'autorité judiciaire, comme en matière ordinaire. La cour royale ne doit se dessaisir qu'autant qu'il s'agit au fond d'une question hors de sa compétence (10 novembre 1827, Rouen ; S 28, 2, 181 ; D. 28, 2, 91 ; — 15 novembre 1827, Toulouse ; S. 28, 2, 35 ; D. 29, 2, 86 ; — 16 novembre 1827, Montpellier ; S. 28, 2, 192 ; D. 28, 2, 143).

En matière électorale, comme dans toutes les autres matières, le pourvoi devant la Cour de cassation doit nécessairement être soumis à la chambre des requêtes de cette cour ; il n'y a pas lieu à le porter *de plano* devant la chambre civile (9 avril 1829 ; Cass. 1, 29, 1, 129 ; D. 29, 1, 215).

Les électeurs ont qualité pour contester l'inscription d'un tiers sur la liste électorale de leur collége. *Voy* ordonnance du 5 juillet 1821, citée par M. de Cormenin.

(1) *Voy*. 28e question, éclaircissemens ministériels du 4 septembre 1820.

ront inscrits, par le secrétaire ou l'un des scrutateurs présens, sur une liste destinée à constater le nombre des votans.

Celui des membres du bureau qui aura inscrit le nom, la qualification, le domicile de l'électeur, inscrira en marge son propre nom.

Il n'y a que trois tours de scrutin.

Chaque scrutin est, après être resté ouvert au moins pendant six heures, clos à trois heures du soir et dépouillé séance tenante.

L'état de dépouillement du scrutin de chaque section est arrêté et signé par le bureau. Il est immédiatement porté par le vice-président au bureau du collége, qui fait, en présence des vice-présidens de toutes les sections, le recensement général des votes.

Le résultat de chaque tour de scrutin est sur-le-champ rendu public.

14. Nul n'est élu à l'un des deux premiers tours de scrutin, s'il ne réunit au moins le quart plus une des voix de la totalité des membres qui composent le collége, et la moitié plus un des suffrages exprimés.

15. Après les deux premiers tours de scrutin, s'il reste des nominations à faire, le bureau du collége dresse et arrête une liste des personnes qui, au second tour, ont obtenu le plus de suffrages.

Elle contient deux fois autant de noms qu'il y a encore de députés à élire.

Les suffrages, au troisième tour de scrutin, ne peuvent être donnés qu'à ceux dont les noms sont portés sur cette liste.

Les nominations ont lieu à la pluralité des votes exprimés.

16. Dans tous les cas où il y aura concours par égalité de suffrages, l'âge décidera de la préférence.

17. Les préfets et les officiers généraux commandant les divisions militaires et les départemens ne peuvent être élus députés dans les départemens où ils exercent leurs fonctions.

18. Lorsque, pendant la durée ou dans l'intervalle des sessions des Chambres, la députation d'un département devient incomplète, elle est complétée par le collége électoral du département auquel elle appartient.

19. Les députés à la Chambre ne reçoivent ni traitemens ni indemnités.

20. Les lois, décrets et réglemens sur le mode des élections, antérieurs à la présente loi, sont abrogés.

21. Toutes les formalités relatives à l'exécution de la présente loi seront réglées par les ordonnances du Roi.

---

5 = Pr. 20 FÉVRIER 1817. — Ordonnance du Roi qui charge une commission d'examiner la conduite des élèves et des professeurs de la faculté de droit de Rennes, et porte qu'il sera soumis à l'approbation de sa majesté un réglement général sur la discipline des diverses facultés du royaume. (7, Bull. 139, n° 1735.)

Louis, etc.

Notre ministre secrétaire d'Etat de l'intérieur nous ayant soumis le compte rendu, par notre commission de l'instruction publique, des désordres auxquels se sont portés plusieurs étudians de la faculté de droit de notre bonne ville de Rennes, nous avons jugé nécessaire :

1° D'écarter de l'enseignement ceux des professeurs de cette école qui, par défaut de vigilance et de zèle, n'ont pas su prévenir les désordres dont leurs élèves se sont rendus coupables;

2° D'éloigner de l'école les élèves connus par leur mauvaise conduite, par la manifestation d'opinions dangereuses, et dont l'exemple serait contagieux pour le nombre de ceux qui ont été constamment dirigés par de bons principes;

3° De soumettre, dans toute l'étendue de notre royaume, les élèves qui fréquentent les écoles d'ordre supérieur, et particulièrement ceux des facultés de droit, que la nature de leurs études destine à devenir les interprètes des lois, ou à occuper des places dans la magistrature et dans l'administration, à une discipline qui garantisse la régularité de leur conduite, et les attache de plus en plus à la religion et à notre Gouvernement :

A ces causes,

Sur le rapport de notre ministre secrétaire d'Etat de l'intérieur,

Nous avons ordonné et ordonnons ce qui suit :

Art. 1er. Une commission composée du préfet du département, du premier président, du procureur général de notre cour royale et du recteur de l'académie, est chargée d'informer sur les élèves de la faculté de droit de Rennes; elle délivrera des certificats à ceux d'entre eux qui, n'ayant point pris part aux désordres, sont connus par leur bonne conduite et par leur attachement au Gouvernement légitime.

2. Aucun des élèves actuels ne sera admis à suivre les cours, s'il n'a obtenu un certificat de la commission.

3. Nous nous réservons de faire connaître notre volonté à l'égard des professeurs de la faculté de droit de Rennes qu'il conviendrait d'éloigner de l'enseignement; notre ministre secrétaire d'Etat de l'intérieur prendra nos ordres, d'après le rapport qui lui sera fait incessamment par notre commission de l'instruction publique. En cas de remplacement, il sera pourvu aux chaires vacantes, selon le mode prescrit par notre ordonnance du 17 février 1815.

4. Il sera incessamment soumis à notre ap-

probation par notre ministre de l'intérieur, et sur la proposition de notre commission de l'instruction publique, un réglement général de discipline, qui statuera sur les conditions nécessaires pour être admis à suivre les cours des diverses fecultés de notre royaume, et qui fixera les moyens d'y maintenir le bon ordre et les saines doctrines.

5. Notre ministre de l'intérieur est chargé de l'exécution de la présente ordonnance.

---

5 = Pr. 20 FÉVRIER 1817. — Ordonnance du Roi qui rapporte, par suite de la demande formée par l'hospice de la ville de Douai et par l'hospice royal des Quinze-Vingts, un décret du 6 janvier 1814 qui ordonnait la vente d'un terrain comme étant une propriété communale appartenant à la commune d'Hasnon, département du Nord. (7, Bull. 139, n° 1736.)

Louis, etc.

Vu la demande formée par l'hospice de la ville de Douai et par l'hospice royal des Quinze-Vingts, tendant à obtenir l'annulation d'un décret du 6 janvier 1814 relatif à un bien révélé en faveur desdits hospices, lequel décret, en annulant deux arrêtés des 5 avril et 24 juin 1813 par lesquels le préfet du département du Nord a autorisé les hospices de Douai et des Quinze-Vingts à prendre possession de vingt-huit bonniers de terre révélés à leur profit comme biens nationaux non aliénés, a ordonné que ces biens fussent vendus, conformément à la loi du 20 mars 1813, comme biens communaux, appartenant à la commune d'Hasnon;

Vu le rapport du receveur de l'enregistrement, tendant à établir que les vingt-huit bonniers de terre en litige doivent être considérés comme communaux;

Vu les pièces fournies à l'appui des droits de la commune d'Hasnon, entre autres la transaction de 1761, la loi du 28 août 1792, l'arrêté du 13 frimaire an 3, relatif à la mise en possession de la commune, d'une portion de terre provenant de l'abbaye d'Hasnon, dont les vingt-huit bonniers contestés par la commune d'Hasnon aux hospices ne faisaient point partie;

Vu le décret du 6 février 1810 relatif aux révélateurs, dont les offres en faveur des hospices furent acceptées par ledit décret;

Vu plusieurs arrêtés par lesquels le préfet du département du Nord a autorisé les hospices à se mettre en possession des biens révélés;

Vu l'article 40 du décret du 22 juillet 1806;

Considérant que le décret du 6 janvier 1814 a été rendu sans entendre les hospices, qui avaient des droits acquis d'après le décret bien antérieur du 6 février 1810, les arrêtés du préfet et les décisions du ministre secrétaire d'Etat de l'intérieur;

Notre Conseil-d'Etat entendu;

Nous avons ordonné et ordonnons ce qui suit:

Art. 1er. Le décret du 6 janvier 1814 qui ordonnait la vente de vingt-huit bonniers de terre, comme étant une propriété communale, appartenant à la commune d'Hasnon, département du Nord, est rapporté.

2. La présente ordonnance ne préjugeant rien sur les droits, soit de la commune d'Hasnon, soit des hospices qui prétendent à la propriété de terres mentionnées audit décret du 6 janvier 1814, les parties sont remises dans l'état où elles étaient avant cette époque, sauf à elles à se pourvoir devant qui de droit, pour faire juger la question au fond, conformément à la loi du 4 ventose an 9, et nonobstant les arrêtés du préfet, qui doivent être considérés comme ne décidant rien sur les droits de propriété des détenteurs des biens révélés.

3. Nos ministres de l'intérieur et de la justice sont chargés de l'exécution de la présente ordonnance.

---

5 FÉVRIER 1817. — Ordonnances du Roi qui accordent des lettres de déclaration de naturalité aux sieurs Montserras, Orianne, Gusmann, Thierry de Gemmingen, Roelants, Carala dit Séras, Defresne, Sanguinetti, Oster, Carozzo, Glashein, Annes, Huard, Bellemin, Serras, Micalfell, Gojon, Zwenger, Cigna, Blanc, Coulon, Denison, Mary dit Merite, Beranger, Huguenin, Auricot, Roob, Renna, Robberechts, Stropiana, Rosasio, Sella, Degioanni, Ceruti, Zaraggosa et Fuljod. (7, Bull. 139, 142, 144, 151, 153, 155, 157, 158, 165, 173, 176, 178, 191, 197, 199, 201, 205, 212, 227, 233 et 240.)

---

5 FÉVRIER 1817. — Ordonnances du Roi qui nomment MM. de Remuzat, de Saint-Chamans, de Chamissot, de Germiny, de Choiseul et de Talleyrand préfets des départemens du Nord, de la Haute-Garonne, du Lot, de l'Oise, du Loiret et de Vaucluse. (7, Bull. 137.)

---

5 FÉVRIER 1817. — Ordonnance du Roi qui permet au sieur Dubos d'ajouter à son nom celui de Gribauval et au baron Stielez celui de Landoville. (7, Bull. 138, n° 1724.)

---

5 FÉVRIER 1817. — Ordonnance du Roi qui admet les sieurs Peysel, Filipowitz et Ruff à établir leur domicile en France. (7, Bull. 140, n° 1773).

---

5 FÉVRIER 1817. — Ordonnances du Roi contenant réglement sur l'exercice de la profession de boulanger dans les villes de Chartres, Carcassonne, Limoux, Niort, Saumur et Châlons-sur-Saône. (7, Bull. 154.)

---

vrier 1817. — Ordonnances du Roi qui torisent l'acceptation de dons et legs faits x pauvres et aux fabriques des églises de ımmarie-lès-Lys, Bar, Jully, Rully, Gray, illersbourg, Brabant-en-Argonne, Saumur, ıgoulême, Mantes, Troyes, Chartres, Sottest, Montmirail, Saint-Germain-en-Laye, nilly, Monthureux-sur-Saône et de Lakiıu. (7, Bull. 153 et 154.)

vrier 1817. — Ordonnance du Roi relative x établissemens connus sous le nom de ntines d'épargne (1).

= Pr. 14 février 1817. — Loi sur la liberté lividuelle (2). (7, Bull. 138, n° 1719.)

Voy. notes sur l'article 4 de la Charte et la du 26 mars 1820.

rt. 1er. Tout individu prévenu de com- ı ou de machinations contre la personne Roi, la sûreté de l'Etat ou les personnes a famille royale, pourra, jusqu'à l'expi- ın de la présente loi et sans qu'il y ait ssité de le traduire devant les tribunaux, arrêté et détenu en vertu d'un ordre si- du président de notre conseil des mi- es et de notre ministre secrétaire d'Etat lépartement de la police générale.

'ordre d'arrestation énoncera qu'il est ;rné en vertu de la présente loi.

. Dans le cas de l'article précédent, tous iers et gardiens des maisons d'arrêt ou étention seront tenus de remettre, dans ringt-quatre heures de l'arrivée de la per- ıe arrêtée, une copie de l'ordre d'arres- ın au procureur du Roi, lequel entendra ıédiatement le détenu, dressera procès- ıal de ses dires, recevra de lui tous mé- res, réclamations ou autres pièces, et smettra le tout, par l'intermédiaire du :ureur général, au ministre de la justice, r en être fait rapport au conseil du Roi, statuera.

e ministre de la justice fera, dans tous les , connaître au prévenu la décision du seil.

. La loi du 29 octobre 1815 est abrogée; mesures prises en exécution de ladite loi eront d'avoir leur effet un mois après la mulgation de la présente, à moins qu'il ı soit autrement ordonné, dans les cas et les formes prescrites par les articles précédens.

4. La présente loi cessera, de plein droit, d'avoir son effet au 1er janvier 1818.

12 = Pr. 14 février 1817. — Ordonnance du Roi portant que la communauté des huissiers de Paris sera réduite à cent cinquante membres. (7, Bull. 138, n° 1720.)

Voy. ordonnances des 18 aout 1819 et 27 juin 1821.

Louis, etc.

Sur le compte qui nous a été rendu que la communauté des huissiers à Paris est trop nombreuse; qu'il en résulte de graves inconvéniens pour les parties, que la surveillance des magistrats sur ces officiers ministériels ne peut les suivre avec autant d'exactitude que si elle avait à s'exercer sur un plus petit nombre d'individus; que les produits attachés à ces offices deviennent insuffisans pour un si grand nombre de titulaires; que de là dérivent des abus qui nous ont été signalés comme dangereux, et qu'il importe de faire cesser;

Ayant reconnu qu'une réduction graduelle peut seule donner à la compagnie des huissiers une existence convenable; que par ce mode de réduction on arriverait au but que l'on propose, sans secousse et sans priver immédiatement de leur état une grande partie des titulaires actuels:

A ces causes,

Vu l'article 91 de la loi du 28 avril 1816, portant que la faculté accordée aux titulaires désignés audit article, de présenter à notre agrément des successeurs, ne déroge pas au droit que nous avons de réduire le nombre desdits fonctionnaires;

Sur le rapport de notre garde-des-sceaux,

Nous avons ordonné et ordonnons ce qui suit:

Art. 1er. Au 1er janvier 1819, la communauté des huissiers de Paris sera réduite à cent cinquante membres.

2. Jusqu'à ce que cette réduction ait été opérée, aucun candidat ne sera admis que dans le cas où, par le consentement des titulaires ou de leurs héritiers, il réunira en sa personne deux titres.

3. Si, audit jour 1er janvier 1819, la com-

1) Cette ordonnance n'est pas au Bulletin des s; elle est rappelée par celle du 7 octobre 8.

1) Présentation à la Chambre des députés, le lécembre 1816 (Mon. du 28).

tapport de M. de Serres, le 9 janvier 1817 ın. du 11).

Discussion, le 13 janvier (Mon. des 14, 15, 16).

Adoption, le 16 janvier (Mon. du 17).

Présentation à la Chambre des pairs, le 16 janvier (Mon. du 24).

Rapport de M. le duc de Raguse, le 6 février (Mon. du 14).

Discussion, le 6 février (Mon. du 14).

Adoption, le 8 février (Mon. du 16).

munauté des huissiers à Paris n'est pas réduite à cent cinquante, il sera pris telle mesure ultérieure qui sera jugée convenable pour que la réduction ait lieu immédiatement.

4. Il n'est point dérogé aux dispositions des lois existantes qui privent les titulaires destitués de la faculté de désigner leur successeur.

5. Notre ministre de la justice est chargé de l'exécution de la présente ordonnance.

---

12 = Pr. 20 FÉVRIER 1817. — Ordonnance du Roi qui prescrit le paiement d'une somme de trente-six francs par les élèves des colléges royaux, en sus du prix de la pension. (7, Bull. 139, n° 1737.)

Voy. ordonnance du 12 MARS 1817.

Louis, etc.

Sur l'exposé qui nous a été fait par notre ministre secrétaire d'Etat de l'intérieur, que, par l'augmentation progressive du prix des denrées de première nécessité, la pension déterminée par les réglemens est devenue insuffisante pour fournir à la subsistance et à l'entretien des élèves des colléges royaux;

Que la détresse dans laquelle se trouvent ces colléges les met hors d'état de faire aucune avance de fonds, et qu'il en résulterait l'impossibilité d'y conserver des élèves, si l'on ne fournissait à ces établissemens les moyens de se soutenir jusqu'à l'époque de la prochaine récolte;

Qu'il est dans l'intérêt des parens eux-mêmes qu'une mesure aussi fâcheuse soit prévenue par une légère augmentation du prix de la pension;

Qu'il serait en outre avantageux d'engager les familles à solder le plus promptement possible la totalité de l'augmentation, et à donner ainsi aux colléges les moyens de faire les approvisionnemens;

Nous avons ordonné et ordonnons ce qui suit :

Art. 1er. Il sera payé, en sus du prix de la pension, par la famille de chaque élève royal, communal et pensionnaire, la somme de trente-six francs dans tous les colléges royaux tant de Paris que des départemens.

2. Le montant de cette augmentation sera acquitté par mois et d'avance, du 1er février au 1er juillet 1817.

3. Les parens qui voudraient solder avant le 1er juillet la totalité de la somme dont ils seront redevables, obtiendront une diminution d'un franc sur chacun des mois non encore exigibles.

4. Les mesures coercitives autorisées pour le recouvrement de la rétribution du vingtième sont applicables à la présente augmentation.

5. Notre ministre de l'intérieur est chargé de l'exécution de la présente ordonnance.

---

12 = Pr. 25 FÉVRIER 1817. — Ordonnance du Roi qui annulle un arrêté du conseil de préfecture du département de la Gironde relatif aux contestations élevées entre l'administration des hospices de Bordeaux et le directeur des théâtres de cette ville. (7, Bull. 140, n° 1760.)

Louis, etc.

Sur le rapport de notre ministre secrétaire d'Etat de l'intérieur;

Vu l'arrêté du conseil de préfecture du département de la Gironde en date du 18 février 1815 portant : 1° qu'il n'y a pas lieu à délibérer sur la demande formée par la commission administrative des hospices et le bureau central de charité de Bordeaux, tendant à prélever le quart de la recette des bals du grand théâtre, au lieu du décime, ni sur la demande relative aux loges louées du grand théâtre, de même qu'aux loges grillées du théâtre de la Gaîté; 2° que la somme de mille quatre cent trente-sept francs trente-cinq centimes, versée provisoirement par le sieur Bajolay dans la caisse des hospices et dans celle des pauvres par suite de l'arrêté dudit conseil de préfecture du 14 décembre 1814, lui sera immédiatement remboursée;

Vu le mémoire présenté par la commission administrative des hospices et le bureau central de charité de la ville de Bordeaux, tendant à l'annulation de l'arrêté du 18 février 1815;

Vu l'avis du préfet de la Gironde du 1[illegible] novembre 1815;

Vu la loi du 7 frimaire an 5 (27 novembre 1796), la loi du 8 thermidor an 5 (26 juillet 1797), et les autres lois et décrets relatifs à la perception du droit établi au profit des indigens sur les spectacles, bals et fêtes publiques;

Considérant que, depuis la loi du 26 juillet 1797, et par toutes les lois et tous les décrets rendus sur la perception de ce droit, notamment par le décret du 9 décembre 1809, qui l'a prorogé indéfiniment, le droit des indigens sur le produit des bals publics a été fixé au quart de la recette brute; qu'il n'a été fait aucune exemption à l'égard des bals donnés dans les spectacles, et que, la fixation ayant été établie à raison du genre de divertissement, ce genre doit être soumis aux mêmes droits, dans quelque emplacement qu'il ait lieu;

Considérant qu'il résulte également de l'esprit des lois et décrets relatifs à la perception du droit des indigens, que le décime par franc, en sus des billets d'entrée et d'abonnement dans tous les spectacles où se donnent des pièces de théâtre, doit être perçu pour les loges louées, soit au jour, soit au mois, soit à l'année, non sur le prix ordinaire des places, mais sur le prix réel de l ition de chaque place, le droit des indi-s devant toujours être proportionné au t payé par les personnes admises au spec-lé;

Considérant enfin que le décret du 9 dé-ibre 1809 n'a fait exception à la percep-i du droit des indigens sur l'augmentation prix ordinaire des places, que pour les résentations à bénéfice; que le directeur théâtres de Bordeaux ne pouvait ignorer te disposition, lors des représentations raordinaires données en 1814 sur le grand âtre, et qu'en conséquence le produit de représentations doit être soumis au droit décime par franc sur l'intégralité de la ette;

Notre Conseil-d'Etat entendu,

Nous avons ordonué et ordonnons ce qui t:

Art. 1er. L'arrêté du conseil de préfecture département de la Gironde, en date du février 1815, relatif aux contestations éle-s entre l'administration des hospices et bureau central de charité de Bordeaux, ine part, et le directeur des théâtres de te ville, d'autre part, sur la perception du oit des indigens, est annulé et sera consi-ré comme non avenu.

2. La commission administrative des hos-ces et le bureau central de charité de la ville Bordeaux sont autorisés à réclamer :

1° Le paiement du quart de la recette brute s bals qui ont été donnés en 1815 et 1816 qui seront donnés par la suite sur le grand éâtre de cette ville;

2° Le paiement, pour 1814 et années sub-quentes, du droit des pauvres pour les lo-s louées dans les deux théâtres pour une i plusieurs représentations, calculé, non r le prix ordinaire des places, mais sur le oduit réel de location;

3° Le remboursement de la somme de qua-irze cent trente-sept franc trente-sept cen-mes, que la direction des théâtres avait ayée aux pauvres et aux hospices, à raison es représentations extraordinaires données n 1814 sur le grand théâtre, et dont cette irection a obtenu la remise par l'arrêté du onseil de préfecture du 18 février 1815, et remboursement de la somme de vingt qua-re francs trente-cinq centimes pour solde u droit exigible sur le produit de l'augmen-ation du prix des billets d'entrée, d'abonne-nent et des loges, pendant les représentations xtraordinaires données en 1814.

3. Notre ministre de l'intérieur est chargé le l'exécution de la présente ordonnance.

---

12 FÉVRIER 1817. — Ordonnance du Roi qui confère le titre de baron à M. le lieutenant-général Despeaux, inspecteur général d'infanterie. (Mon. n° 72.)

---

12 FÉVRIER 1817. — Ordonnances du Roi qui permettent aux sieurs Acloque, Lhuillier et Goulliart, de faire des additions à leurs noms. (7, Bull. 139.)

---

12 FÉVRIER 1817. — Ordonnance du Roi qui admet les sieurs Constantin, Dahlinger, Maylé, Steinborn, Klenck, J hlupps, Capaci, Wintermentel, Bortzer et Marrobal, à établir leur domicile en France. (7, Bull. 140, n° 1774.)

---

12 FÉVRIER 1817. — Ordonnances du Roi qui accordent des lettres de déclaration de naturalité aux sieurs Reich de Reichenstein-Brombach, Beths, Lepersonne, Greck, Bertrand, Laya, Collet, Voustoux, Guiot, Jordan, Sallier, Desomme, Sopelo, Corrogio, Camman, Defréron, Péran, Gastabli, Maganza, Camerano, Orighetti, Bezuchet, Mussin, Tovva et Sallin, Rodriguez, Jobkell, Oive et Isoard. (7, Bull. 142, 144, 153, 155, 166, 173, 176, 183, 191, 197, 201, 205, 208, 212, 223, 227 et 228, 454, 455 et 459.)

---

12 FÉVRIER 1817. — Ordonnances du Roi qui autorisent l'acceptation de dons et legs faits aux séminaires et fabriques des églises de Cauchy-à-la-Tour, Evreux, Puntaubert, de Boucey, Auriac, Monthureux-le-Sec, Rabastens et Plouer. (7, Bull. 157 et 158.)

---

16 FÉVRIER 1817. — Ordonnance du Roi qui nomme M. Dargout préfet du département du Gard. (7, Bull. 140, n° 1761.)

---

19 = Pr. 25 FÉVRIER 1817. — Ordonnance du Roi qui accorde un nouveau délai pour le paiement des supplémens de cautionnemens exigés par la loi du 28 avril 1816. (7, Bull. 140, n° 1762.)

Voy. ordonnance du 1er MAI 1816, du 11 JANVIER 1818, des 12 JANVIER et 6 AVRIL 1820.

Louis, etc.

Sur le rapport de notre ministre secrétaire d'Etat des finances, duquel il résulte que des titulaires de cautionnemens n'ont point encore satisfait à la loi du 28 avril dernier, qui a fixé au 31 décembre 1816 le dernier terme du paiement du supplément, et que, d'après l'article 95 de ladite loi, il doit être pourvu à leur remplacement; considérant que ce retard peut être expliqué, pour le plus grand nombre, par la difficulté des circonstances, et voulant user d'indulgence envers eux,

Nous avons ordonné et ordonnons ce qui suit :

Art. 1er. Les titulaires de cautionnemens qui auront justifié, au 28 du présent mois de février, à l'administration des cautionnemens, qu'ils ont, conformément à la loi du 28 avril dernier, complété le paiement de leur supplément au 31 décembre 1816, seront seuls compris dans les états de distribution d'intérêts payables en 1817.

2. Un délai de deux mois, à compter du 1er mars prochain, est accordé aux titulaires pour compléter le paiement de leur supplément. Ce délai expiré, les dispositions de l'article 95 de la loi du 28 avril dernier seront exécutées.

3. Nos ministres de la justice, de l'intérieur et des finances sont chargés de l'exécution de la présente ordonnance.

---

19 FÉVRIER 1817. — Ordonnance du Roi qui accorde des lettres de déclaration de naturalité au sieur Vannozi. (7, Bull. 230.)

---

19 FÉVRIER 1817. — Ordonnance du Roi qui nomme M. le comte d'Allonville conseiller d'État en service extraordinaire. (7, Bull. 141, n° 1780.)

---

19 FÉVRIER 1817. — Ordonnances du Roi qui nomment MM. Bacot de Tocqueville, de la Chadenède, de Kerespert et de Waters, préfets des départemens de Vaucluse, de la Moselle, de la Côte-d'Or, de la Vendée et d'Indre-et-Loire. (7, Bull. 140.)

---

19 FÉVRIER 1817. — Ordonnances du Roi qui accordent des lettres de déclaration de naturalité aux sieurs Constant du Rhône, Signoretti, Follis, Radomski, Oberti, Chapman, Bigez, Caltari, Benisch, Berthet, Marthinud-Tuendon, Lion, de Monthoux, Romana, Barazza, Ceha, Cravancola, Finella, Castellengo-Balestrero et Rapollo. (7, Bull. 142, 144, 146, 153, 155, 160, 165, 169, 174, 194, 199, 208, 212, 218 et 290.)

---

19 FÉVRIER 1817. — Ordonnance du Roi qui permet aux sieurs Barbe, Bachey, Henry, Buisson et de Prélis de faire des additions à leurs noms. (7, Bull. 145.)

---

19 FÉVRIER 1817. — Ordonnance du Roi qui admet les sieurs Zimenn, Servia, Schloncka, Bucher, Gandolfo et Rychaert à établir leur domicile en France. (7, Bull. 146.)

---

20 FÉVRIER 1817. — Ordonnance du Roi qui nomme chevalier de l'ordre royal de la Légion-d'Honneur le sieur Christian, directeur du Conservatoire royal des arts et métiers. (Mon. n° 55.)

---

21 FÉVRIER 1817. — Instruction du garde-des-sceaux aux procureurs du Roi sur l'exécution de l'article 91 de la loi du 28 avril 1816, relatif à la transmission des offices ministériels. (S. 21, 2, 270).

Voy. notes sur l'article 91 de la loi du 28 avril 1816.

On se plaint avec raison que le prix des traités que font les officiers ministériels avec les sujets qui se proposent de leur succéder, excède de beaucoup la proportion des produits de leur état. Les successeurs, qui sont souvent des jeunes gens sans expérience, contractent des engagemens dont ils sentent bientôt toute la dureté. Privés, par ce surcroît de charges, de moyens honorables d'existence, plusieurs cherchent des ressources dans des opérations étrangères à leurs fonctions, et qui compromettent leur considération personnelle; d'autres, et le nombre en est assez grand, ne craignent pas d'ajouter à leurs profits, par des exactions : une cupidité honteuse remplace tous les jours la modération et le désintéressement dont ces officiers devraient faire profession.

C'est pour mettre un terme à des désordres aussi déplorables pour la société, et dont la preuve est consignée dans les plaintes multipliées que je reçois, que je vous en signale une des principales causes.

L'usage des traités s'était introduit depuis longt-temps, sans avoir été autorisé : on n'y avait aucun égard avant la loi du 28 avril 1816, toutes les fois qu'il y avait lieu de faire des nominations, le Roi étant entièrement libre dans son choix. Quelques officiers ministériels ont pensé que l'article 91 de cette loi avait entièrement changé cet ordre de choses, en leur laissant la libre disposition de leur état.

Il est vrai que la loi dont il s'agit donne aux avocats à la cour de cassation, notaires, avoués, greffiers, huissiers, agens de change, courtiers et commissaires-priseurs, la faculté de présenter des successeurs à l'agrément de sa majesté; mais il serait déraisonnable de penser que cette faculté ne doit pas être subordonnée à des règles d'ordre public.

Il vous appartient, M. le procureur du Roi, de prévenir, dans votre ressort, les abus qui pourraient résulter d'une fausse interprétation de la loi du 28 avril 1816. Vous êtes sans doute bien convaincu qu'elle n'a pas fait revivre la vénalité des offices, qui n'est pas en harmonie avec nos institutions : vous ne devez donc voir dans les dispositions de l'article 91, qu'une condescendance, qu'une probabilité de préférence accordée aux officiers ministériels, comme un dédommagement pour les supplémens de cautionnemens exigés d'eux, dédommagement qui, étant susceptible d'une évaluation, doit être circonscrit, pour l'avantage qu'ils peuvent en tirer, dans des limites qu'il ne leur est pas permis de dépasser.

Il serait bon de surveiller les traités, patens ou secrets, qui peuvent être faits par tous ces officiers; mais j'appelle surtout votre attention sur ceux des greffiers. Les abus dont on se plaint sont devenus plus sensibles dans cette classe d'officiers, et ils sont aussi plus multipliés. Plusieurs greffiers, même parmi ceux des justices de paix, ont trafiqué avec un empressement vraiment scandaleux (et quelques-uns à un prix exorbitant) des places auxquelles ils venaient à peine d'être nommés.

Comme ces officiers tiennent de plus près à la magistrature, vous devez aussi apporter une attention plus sévère sur tout ce qui a rapport à leur existence et à leur considération. On ne peut, en tout point, les assimiler aux autres officiers ministériels; il n'existe pas pour eux de concurrence, et conséquemment ils ne doivent ni à leur zèle, ni à leur aptitude plus ou moins reconnue, une clientelle. Le recours à leur ministère est obligatoire pour les justiciables; il est tout-à-fait inconvenant que l'on mette ainsi à l'enchère des fonctions qui font, en quelque sorte, partie du pouvoir judiciaire. Je vous charge expressément de ne point souffrir que les greffiers mettent, à la présentation des sujets qu'ils proposent pour leur succéder, des conditions trop onéreuses, et de refuser à ces derniers, votre *admittatur*, s'ils en avaient accepté de semblables. En général, vous pouvez prendre pour base des sacrifices que peut faire l'impétrant, en faveur de son prédécesseur, une somme égale, au plus, au montant du cautionnement, ou à une ou deux années du produit du greffe (1).

Vous pourrez établir une base un peu plus large pour les autres officiers ministériels qui, à la différence des greffiers, se forment des clientelles. Il est juste d'avoir des égards particuliers pour des hommes investis d'une confiance que la conduite et les lumières peuvent seules commander. On peut leur laisser plus de latitude; mais cependant, vous devez veiller avec soin à ce que l'indemnité qu'ils stipulent soit fixée avec discrétion. Vous vous concerterez à ce sujet avec les syndics de leurs compagnies respectives, de manière à concilier la justice due aux titulaires, avec l'intérêt public. Vous ne devez pas, sans doute, vous reposer de cette surveillance, sur les chefs de ces compagnies; mais il est naturel que vous donniez quelque chose à la confiance, lorsqu'ils vous paraîtront personnellement recommandables, et toutes les fois que vous n'aurez pas lieu de craindre que leur intérêt particulier ne se trouve trop fortement en opposition avec les règles d'équité et de modération que vous aurez soin de leur tracer.

Si vous veniez à découvrir qu'un officier public, pour obtenir son admission, eût produit un traité simulé, vous m'en donneriez avis aussitôt. Un homme qui se serait conduit d'une manière aussi répréhensible ne mériterait pas de conserver son état, et je provoquerais, sans aucun ménagement, sa destitution.

Vous préviendrez les candidats des suites qu'entraînerait une semblable fraude, et vous avertirez aussi les divers officiers ministériels de votre ressort, ou les syndics de leurs compagnies, que je prendrai les ordres du Roi, pour punir toutes les collusions qui auraient pour objets des traités simulés.

Ils ne devront pas perdre de vue que le droit de destitution pure et simple est complètement réservé au Roi : il sera de mon devoir de provoquer sa juste sévérité toutes les fois que je croirai que le bon ordre public y est intéressé.

Recevez, M. le procureur du Roi, l'assurance de ma parfaite considération.

Le garde-des-sceaux de France,
PASQUIER.

---

22 FÉVRIER 1817. — Ordonnances du Roi qui accordent des lettres de déclaration de naturalité aux sieurs Mengel, Framhorm, baron Hoffmayer, Mateuil, Defresne, Baer, Scherli et Gibels. (7, Bull. 151.)

---

23 = Pr. 25 FÉVRIER 1817. = Ordonnance du Roi qui déclare compris dans l'amnistie les faits imputés au lieutenant-général Decaen, lesquels ont donné lieu à la procédure instruite contre lui à la diligence du rapporteur près le premier conseil de guerre de la 1re division militaire, et qui ordonne sa mise en liberté. (7, Bull. 140, n° 1759.)

Louis, etc.

Nous étant fait rendre compte par notre garde-des-sceaux, ministre secrétaire d'Etat de la justice, et par notre ministre secrétaire d'Etat de la guerre, de l'état de la procédure et du résultat des informations dirigées jusqu'à ce jour contre le lieutenant général Decaen, traduit devant le premier conseil de guerre de la 1re division militaire;

Sur le rapport de notre garde-des-sceaux, ministre secrétaire d'Etat de la justice,

Nous avons reconnu, par la nature des faits imputés à l'accusé et par le résultat des témoignages recueillis, notamment de celui de notre bien-aimée nièce, Madame, duchesse d'Angoulême, qu'il nous appartenait de considérer ledit sieur comte Decaen comme étant

---

(1) *Voy.* notes sur l'article 91 de la loi du 28 avril 1816.

compris dans l'amnistie portée par la loi du 12 janvier 1816.

Notre constante intention étant de couvrir de notre clémence royale tous ceux sur qui elle peut s'étendre, sans porter atteinte aux lois et aux intérêts de l'État, nous nous sommes félicité de cette occasion de prouver à nos sujets que notre vœu le plus cher est d'effacer les dernières traces des discordes civiles, et de mettre un terme à tout ce qui pourrait en prolonger le triste souvenir. Nous aimons à leur donner ce nouveau gage de nos sentimens, dans le moment où le ciel, répandant ses bénédictions sur le mariage de notre bien-aimé neveu le duc de Berry, nous accorde la faveur d'avoir à leur annoncer un événement qui comble nos vœux, puisqu'il doit encore ajouter à tous les liens qui unissent nous à nos peuples et nos peuples à nous et à notre famille :

A ces causes,

Et de l'avis de notre conseil,

Nous avons ordonné et ordonnons ce qui suit :

Art. 1er. Les faits imputés au lieutenant général Decaen, et qui ont donné lieu à la procédure instruite contre lui, à la diligence du rapporteur près le premier conseil de guerre de la 1re division militaire, sont déclarés compris dans l'amnistie. Il ne sera, en conséquence, donné aucune suite ultérieure aux informations et autres actes de procédure dressés à cette occasion, et le lieutenant général Decaen sera immédiatement remis en liberté.

2. Notre présente ordonnance sera inscrite à la suite du procès-verbal de l'information.

3. Le ministre de la justice et le ministre de la guerre sont chargés de l'exécution de la présente ordonnance.

---

24 FÉVRIER 1817. — Avis du Conseil-d'État sur la promulgation des lois et la date où elles doivent être exécutées (1).

---

26 FÉVRIER = Pr. 8 MARS 1817. — Ordonnance du Roi relative à l'organisation des écoles d'arts et métiers de Châlons-sur-Marne et d'Angers. (7, Bull. 141, n° 1781.)

Voy. arrêté du 6 VENTOSE an 11, décrets du 28 FLORÉAL an 13, du 7 MARS 1806; ordonnances des 26 JUIN et 9 JUILLET 1823, et du 6 JUILLET 1825.

Louis, etc.

Nous étant fait rendre compte de la situation des écoles royales d'arts et métiers, de leur régime et de leur tenue, des formes de leur comptabilité et des avantages qu'elles sont susceptibles de procurer à l'industrie;

Voulant déterminer les bases principales de l'administration de ces établissemens, étendre à la totalité des départemens les bienfaits qu'on peut en espérer, et fixer le nombre des élèves qui devront y être entretenus;

Sur le rapport de notre ministre secrétaire d'État de l'intérieur,

Nous avons ordonné et ordonnons ce qui suit :

Art. 1er. Les écoles royales d'arts et métiers de Châlons-sur-Marne et d'Angers sont maintenues.

2. Elles ont pour objet de former des chefs d'atelier et des ouvriers exercés dans la pratique éclairée des arts industriels.

3. A cet effet, des ateliers de divers genres d'industrie continueront d'y être tenus en activité.

Le dessin et les élémens des connaissances théoriques applicables aux arts continueront d'y être enseignés.

4. Un inspecteur général est chargé, sous l'autorisation de notre ministre secrétaire d'État de l'intérieur, de la surveillance des deux écoles royales de Châlons-sur-Marne et d'Angers.

Il y a, à la tête de chacune des deux écoles, un directeur. L'inspecteur général et les directeurs sont nommés par nous, sur la présentation du ministre.

5. Les autres employés sont, pour chaque école :

Un directeur de l'instruction, un agent spécial des ateliers, un administrateur comptable,

Et les professeurs et chefs d'atelier nécessaires pour l'enseignement théorique et pratique, eu égard à son développement dans chacun des deux établissemens.

Ces employés sont à la nomination du ministre.

6. Les dépenses de toute espèce de chaque école sont ordonnées et réglées, d'après les instructions du ministre de l'intérieur et sous la réserve de son approbation, par un conseil dit *des dépenses*, dont les membres sont pris parmi les professeurs et les principaux employés de chaque établissement.

7. Les comptes de l'administrateur sont vérifiés et arrêtés par ce conseil et par l'inspecteur général, avant d'être soumis à l'approbation définitive du ministre.

8. Le nombre des élèves qui devront être entretenus, en tout ou en partie, aux frais du Trésor royal, dans les deux écoles, est fixé à cinq cents.

9. Les trois cinquièmes de ces élèves seront à pension entièrement gratuite; un autre cinquième jouira des trois quarts de la pension gratuite; et pour l'autre cinquième, la

---

(1) Il est rapporté en substance dans la première note sur la loi des finances du 28 avril 1816.

moitié de la pension sera à la charge des parens.

10. Les places d'élèves seront à notre nomination : elles ne pourront être remplies que par des sujets âgés de treize ans au moins, de seize ans au plus, et annonçant des dispositions et de l'aptitude à l'exercice des arts mécaniques.

11. Une place d'élève dans chacune des trois classes spécifiées en l'article 9, est affectée spécialement à chacun des départemens de notre royaume. La présentation à ces places aura lieu suivant les formes que déterminera notre ministre secrétaire d'Etat de l'intérieur.

12. La présentation à six places gratuites dans les mêmes établissemens, et à deux places à trois quarts de pension gratuite, est accordée à la société d'encouragement pour l'industrie nationale.

13. Le ministre présente directement à toutes les autres places. Il règle toutes les dispositions de détail relatives aux écoles.

14. Notre ministre de l'intérieur est chargé de l'exécution de la présente ordonnance.

---

26 FÉVRIER = Pr. 8 MARS 1817. — Ordonnance du Roi qui établit pour la direction et la surveillance des travaux de Paris, un agent spécial avec le titre de *directeur des travaux de Paris*. (7, Bull. 141, n° 1782.)

Voy. décret du 11 JANVIER 1811, et ordonnance du 27 FÉVRIER 1815.

Art. 1er. Un agent spécial, placé sous les ordres de notre ministre de l'intérieur, avec le titre de *directeur des travaux de Paris*, dirigera et surveillera :

Les constructions neuves, les reconstructions et grosses réparations payables sur les fonds de notre bonne ville de Paris;

Les travaux de même nature, à quelque somme qu'ils s'élèvent, et ceux d'entretien dont l'évaluation sera de trois mille francs et au-dessus, lorsque la dépense sera imputée sur les fonds du département de la Seine;

Les travaux de toute espèce qui seront payés sur les fonds du ministère de l'intérieur, à l'exception de ceux qui dépendent des ponts-et-chaussées.

Le directeur sera nommé par nous.

2. Les plans, devis, détails et cahiers de charges, rédigés par les architectes, seront remis au directeur, qui les discutera, et les transmettra, avec ses observations et son avis au ministre s'il s'agit de travaux payés par le ministère, et au préfet si la dépense est imputée sur les revenus de la ville ou du département.

Les projets seront approuvés par le ministre, sur la proposition du conseil des bâtimens civils.

3. Les adjudications et marchés pour l'exécution des projets arrêtés seront passés en séance du conseil de préfecture du département de la Seine, et en présence du directeur. Le préfet les soumettra à l'approbation du ministre.

4. Le directeur donnera aux architectes les ordres et instructions nécessaires pour que les travaux s'exécutent conformément aux projets arrêtés. Il veillera à ce qu'il ne soit fait aucun changement, soit dans la forme ou la dimension des ouvrages, soit dans l'espèce ou la qualité des matériaux. En cas de négligence, de contravention ou de malfaçon, il constatera les faits et provoquera les décisions propres à faire cesser le désordre.

5. Si, pendant la durée de l'exécution, le directeur ou l'architecte reconnaissait l'utilité de quelque changement, il en serait référé au ministre ou au préfet, pour que les modifications qu'exigeraient les projets soient ordonnées dans la forme établie par l'article 2.

6. Les paiemens d'à-compte seront proposés par les architectes et ordonnés par le ministre ou par le préfet, après vérification faite par l'inspecteur général et sur l'avis du directeur.

Les paiemens pour solde seront accordés dans les mêmes formes, après que les procès-verbaux de réception définitifs auront été approuvés par le ministre.

7. Le directeur rendra compte tous les mois, au ministre, des progrès des travaux, des paiemens effectués, et de la situation des fonds accordés.

Il adressera au préfet de la Seine un extrait de ce compte pour les travaux qui concernent la ville et le département.

8. Les contestations qui pourront s'élever entre l'administration et les entrepreneurs relativement à l'exécution ou au paiement des travaux, seront jugées en conseil de préfecture, sauf recours au Conseil-d'Etat, s'il y a lieu. Le directeur sera entendu verbalement et par écrit.

9. Lorsque des travaux de bâtiment s'exécuteront à Paris pour des départemens du ministère autres que celui de l'intérieur, le directeur pourra être chargé d'en diriger et d'en surveiller l'exécution sous les ordres du ministre qui aura ordonné les constructions.

10. Le traitement du directeur est fixé à quinze mille francs. Les autres frais de la direction ne pourront excéder dix-huit mille francs, et seront réglés par notre ministre de l'intérieur. Le traitement et les frais de bureau seront imputés moitié sur les fonds du ministère de l'intérieur, moitié sur ceux de la ville de Paris.

11. Toutes dispositions antérieures et contraires à la présente sont rapportées.

12. Le ministre de l'intérieur est chargé de l'exécution de la présente ordonnance.

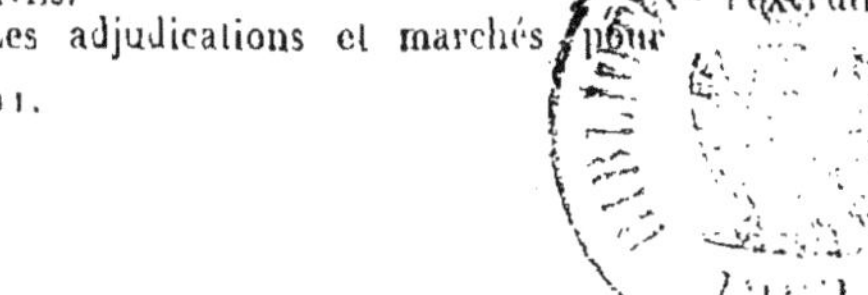

26 FÉVRIER 1817. — Ordonnances du Roi qui nomment MM. Brochet de Vérigny, Dessoles et Pepin de Belisle préfets des départemens de l'Indre, des Basses-Pyrénées et de la Dordogne. (7, Bull. 141.)

26 FÉVRIER 1817. — Ordonnances du Roi qui accordent des lettres de déclaration de naturalité aux sieurs de Weber, Brun, Druez, Vander-Gunkel, de Jasse, Offermann, Brener, Chevolet, Poggi, Lambot, Clause, Vanderverecken de Bermans et Par. (7, Bull. 145, 146, 151, 152, 173, 178, 183 et 208.)

26 FÉVRIER 1817. — Ordonnance du Roi qui transfère à Sigoulès, département de la Dordogne, la justice de paix du canton de Cunége. (7, Bull. 149, n° 1952.)

26 FÉVRIER 1817. — Ordonnances du Roi qui autorisent l'érection en chapelles des églises d'Epautrolles et d'Urval, et qui transfèrent le chef-lieu de la succursale établi à Mezerville dans la commune de Sainte-Camille. (7, Bull. 158, n° 2263 à 2265.)

26 FÉVRIER 1817. — Ordonnances du Roi contenant réglement sur l'exercice de la profession de boulanger dans les villes de Toulouse, du Havre, Castelnaudary, Montauban, Périgueux, Boulogne-sur-Mer, Moissac, Usez, Pont-Audemer, Agen, Villeneuve-d'Agen, Calais, Fécamp et Langres. (7, Bull. 158, n° 2242 à 2245.)

26 FÉVRIER 1817. — Ordonnances du Roi qui autorisent l'acceptation de dons et legs faits aux pauvres, aux séminaires, aux hospices et aux fabriques des églises de Garrebourg, Etaule, Darois, Quimper, Alby, Saint-Germain-des-Prés de Paris, Thol-lès-Millières, Vry, Vagney, Toulouse, Orléans, Troyes, Busy, Nancy, Stainville, Arras et de Velaines. (7, Bull. 158.)

27 FÉVRIER 1817. — Ordonnance du Roi qui nomme M. de Cotton préfet du département de Vaucluse. (7, Bull. 141, n° 1787.)

28 FÉVRIER = Pr. 8 MARS 1817. — Loi sur les journaux (1). (7, Bull, 141, n° 1778.)

Voy. lois des 30 DÉCEMBRE 1817 et 9 JUIN 1819.

Art. 1er. Les journaux et écrits périodiques ne pourront paraître qu'avec l'autorisation du Roi.

2. La présente loi cessera, de plein droit, d'avoir son effet au 1er janvier 1818.

28 FÉVRIER = Pr. 8 MARS 1817. — Loi relative aux écrits saisis en vertu de la loi du 21 octobre 1814 (2). (7, Bull. 141, n° 1779.)

Voy. loi du 26 MAI 1819.)

Article unique. Lorsqu'un écrit aura été saisi en vertu de l'article 15 du titre II de la loi du 21 octobre 1814, l'ordre de saisie et le procès-verbal seront, sous peine de nullité, notifiés, dans les vingt-quatre heures, à la partie saisie, qui pourra y former opposition (3).

En cas d'opposition, le procureur du Roi fera toute diligence pour que, dans la huitaine, à dater du jour de ladite opposition, il soit statué sur la saisie.

Le délai de huitaine expiré, la saisie, si elle n'est maintenue par le tribunal, demeurera, de plein droit, périmée et sans effet, et tous dépositaires de l'ouvrage saisi seront tenus de le remettre au propriétaire.

28 FÉVRIER = Pr. 6 MARS 1817. — Traité entre la France et le roi des Deux-Siciles. *Voy.* 1er JUIN 1818.

28 FÉVRIER 1817. — Ordonnance du Roi qui nomme M. Garnier préfet du département de la Creuse. (7, Bull. 141, n° 1785.)

---

(1) Présentation à la Chambre des députés, le 7 décembre 1816 (Mon. du 8 décembre).

Rapport de M. Ravez, le 18 janvier 1817 (Mon. du 19).

Discussion, le 25 janvier (Mon. des 26, 27, 28, 29 et 30 janvier).

Adoption, le 29 (Mon. du 31).

Présentation à la Chambre des pairs, le 11 février (Mon. du 18).

Rapport de M. de Maleville, le 22 février (Mon. du 26).

Discussion et adoption, le 24 février (Mon. du 11 mars).

(2) Présentation à la Chambre des députés, le 7 décembre 1816 (Mon. du 8).

Rapport de M. Try, le 13 janvier 1817 (Mon. du 14).

Discussion, le 17 janvier (Mon. du 18).

Adoption, le 17 janvier (Mon. du 18).

Présentation à la Chambre des pairs, le 20 février (Mon. du 23).

Rapport de M. Abrial, le 25 février (Mon. du 12 mars).

Discussion et adoption, le 25 février (Mon. des 12 et 13 mars).

(3) Lorsqu'à défaut par un imprimeur d'avoir fait la déclaration et le dépôt d'un ouvrage, un commissaire de police s'est présenté pour saisir cet ouvrage, et, n'en ayant trouvé aucun exemplaire, s'est borné à dresser procès-verbal des dires du prévenu, il n'est pas nécessaire, à peine de nullité, que ce procès-verbal soit signifié au prévenu dans le délai de vingt-quatre heures (2 avril 1830, Cass. S. 31, 1, 337; D. 30, 1, 193).

7 = Pr. 13 MARS 1817. — Ordonnance du Roi qui élève la ville de Vesoul au rang des bonnes villes du royaume. (7, Bull. 142, n° 1803.)

Voy. ordonnance du 23 AVRIL 1821.

Louis, etc.

Voulant donner aux habitans de la ville de Vesoul un témoignage de notre satisfaction pour les bons sentimens qu'ils ont manifestés d'une manière si honorable en recevant dans leurs murs, le 21 février 1815, notre bien-aimé frère, Monsieur, comte d'Artois;

Sur le rapport de notre ministre secrétaire d'Etat de l'intérieur,

Avons ordonné et ordonnons ce qui suit :

Art. 1er. La ville de Vesoul, département de la Haute-Saône, est élevée au rang des bonnes villes de notre royaume.

2. Le ministre de l'intérieur est chargé de l'exécution de la présente ordonnance.

---

7 = Pr. 18 MARS 1817. — Ordonnance du Roi portant suppression des maréchaux de camp chargés du commandement des départemens où se trouvent fixés les chefs-lieux des divisions militaires. (7, Bull. 143, n° 1825.)

Louis, etc.

Nous avons reconnu qu'une des mesures que l'on pouvait employer pour réduire la dépense des états-majors des divisions militaires, sans nuire d'une manière sensible au service de ces divisions, consistait dans la suppression des maréchaux-de-camp chargés du commandement des départemens où se trouvent fixés les chefs-lieux des divisions militaires, parce que ces départemens peuvent être commandés directement par les lieutenans généraux des divisions militaires qui y ont leur résidence;

Sur le rapport de notre ministre secrétaire d'Etat au département de la guerre,

Nous avons ordonné et ordonnons ce qui suit :

Art. 1er. Il ne sera plus placé de maréchal-de-camp pour le commandement des départemens où se trouvent fixés les chefs-lieux des divisions militaires.

2. Ces départemens seront commandés directement par les lieutenans généraux chargés du commandement des divisions militaires dont ces départemens feront partie.

3. Notre ministre secrétaire d'Etat de la guerre nous proposera d'autres destinations pour les maréchaux-de-camp et les officiers d'état major employés maintenant dans ces départemens.

4. Jusqu'au moment où ces nouvelles destinations pourront être données, les maréchaux-de-camp et les officiers d'état-major de ces départemens ne jouiront que du traitement de non-activité.

5. Le ministre de la guerre est chargé de l'exécution de la présente ordonnance.

---

7 = Pr. 18 MARS 1817. — Ordonnance du Roi portant que les militaires de tout grade qui occupent des emplois dans la maison civile de sa majesté et dans celles des princes et princesses de la famille royale, qui auraient pu recevoir le traitement d'activité de leurs grades, ne jouiront plus que du traitement de non-activité. (7, Bull. 143, n° 1826.)

Art. 1er. Les militaires de tout grade qui occupent des emplois dans notre maison civile et dans celles des princes et princesses de notre famille, et qui, d'après les dispositions antérieures, auraient pu recevoir le traitement d'activité de leurs grades, cesseront de toucher ce traitement à partir du 15 mars 1817, et ne jouiront plus, à dater de cette époque, que du traitement de *non-activité*, sans indemnité.

2. Il ne sera fait d'exception à cette disposition que pour ceux de ces officiers qui seront nommés aides-de-camp des princes, et qui toucheront, en cette qualité, le traitement d'activité et les indemnités qui y seront attachées.

3. Les militaires de tout grade employés dans notre maison civile et dans celles des princes et princesses de notre famille qui ont été admis précédemment au traitement de non-activité, conserveront ce dernier traitement.

4. Notre ministre de la guerre est chargé de l'exécution de la présente ordonnance.

---

7 = Pr. 18 MARS 1817. — Ordonnance du Roi qui prescrit la pleine et entière exécution de l'ordonnance du 3 janvier 1815 relative aux officiers généraux et supérieurs employés dans la maison militaire de sa majesté. (7, Bull. 143, n° 1827.)

Louis, etc.

Nous nous sommes fait rendre compte, par notre ministre secrétaire d'Etat au département de la guerre, des dispositions de notre ordonnance du 3 janvier 1815, d'après lesquelles les officiers généraux et supérieurs qui sont employés dans notre maison militaire ne peuvent recevoir que le traitement affecté à l'emploi qu'ils occupent dans la maison militaire;

Considérant que les économies que les circonstances commandent exigent impérieusement que notre ordonnance du 3 janvier 1815 reçoive sa pleine et entière exécution,

Nous avons ordonné et ordonnons ce qui suit :

Art. 1er. Les dispositions de l'ordonnance du 3 janvier 1815 relative aux officiers généraux et supérieurs employés dans notre maison militaire seront exécutées dans tout leur contenu. En conséquence, toutes les modifications qui auraient pu y être apportées jusqu'à ce jour, par quelque motif que ce soit, cesseront d'avoir leur effet à partir du 15 mars 1817.

2. Notre ministre de la guerre est chargé de l'exécution de la présente ordonnance.

---

7 = Pr. 18 MARS 1817. — Ordonnance du Roi relative à la cessation de traitement de non-activité pour les militaires de quelque grade que ce soit, qui accepteront ou qui rempliront des emplois dans les administrations et dans les tribunaux civils. (7, Bull. 143, n° 1828.)

Voy. ordonnance du 20 MAI 1818, titre IV.

Art. 1er. Les militaires en non-activité de service, de quelque grade que ce soit, qui accepteront ou qui rempliront des emplois dans les administrations et dans les tribunaux civils, cesseront, dès ce moment, d'avoir droit au traitement de non-activité sur les fonds du ministère de la guerre.

2. Il ne sera fait d'exception à cette disposition que pour les officiers généraux et supérieurs qui seront appelés à des fonctions diplomatiques en qualité d'ambassadeurs, d'envoyés ou de consuls.

3. Les dispositions de l'article 1er ne s'appliquent point aux officiers qui, en raison de leurs grades militaires, font partie des tribunaux militaires et des cours prévôtales: ces officiers continueront d'avoir droit aux traitemens qui leur ont été précédemment réglés.

4. Notre ministre de la guerre est chargé de l'exécution de la présente ordonnance.

---

7 = Pr. 18 MARS 1817. — Ordonnance du Roi portant que le traitement déterminé par celle du 4 septembre 1815 pour les gouverneurs des divisions militaires, sera réduit à moitié pour ceux de ces gouverneurs qui n'auront point de lettres de service. (7, Bull. 143, n° 1829.)

Voy. ordonnance du 30 décembre 1818.

Louis, etc.

Nous nous sommes fait représenter les dispositions de notre ordonnance du 4 septembre 1815 relatives à la fixation du traitement des gouverneurs des divisions militaires, et des mesures qui ont été prescrites pour son exécution.

Nous avons reconnu que ce traitement est acquitté en totalité aux gouverneurs, lors même qu'ils ne sont pas en activité dans les divisions militaires.

Considérant qu'il est de toute justice d'établir une distinction entre les gouverneurs qui sont en activité réelle de service et ceux qui n'ont point de lettres de service, et que cette distinction est surtout commandée par la nécessité d'alléger les charges de l'Etat,

Nous avons ordonné et ordonnons ce qui suit :

Art. 1er. Le traitement déterminé par l'ordonnance du 4 septembre 1815 pour les gouverneurs des divisions militaires, sera réduit *à moitié* pour ceux de ces gouverneurs qui n'auront point de lettres de service.

2. Les traitemens ci-après ne seront plus, à l'avenir, savoir :

1° Celui du gouverneur de la 1re division militaire, que de vingt mille francs, lorsqu'il sera pourvu de lettres de service, et de dix mille francs dans le cas mentionné dans l'article 1er;

2° Celui du gouverneur de Vincennes, que de six mille francs, seulement quand il aura des lettres de service, et de moitié, ainsi qu'il est dit dans l'article 1er, lorsqu'il n'aura pas de lettres de service.

3. La réduction fixée par les articles qui précèdent sera indépendante de celles qui ont été déterminées par la loi des finances du 28 avril 1816; elles continueront d'avoir lieu sur la portion de traitement conservée aux gouverneurs.

4. Le ministre de la guerre est chargé de l'exécution de la présente ordonnance.

---

7 = Pr. 18 MARS 1817. — Ordonnance du Roi contenant un nouveau tarif des rations de fourrages pour servir au paiement de l'indemnité accordée aux officiers généraux d'état-major et autres officiers sans troupe. (7, Bull. 143, n° 1830.)

Louis, etc.

Art. 1er. A partir du 15 mars 1817, l'indemnité qui est accordée par les anciens réglemens aux officiers généraux d'état-major et autres officiers sans troupe, ne sera plus payée que conformément au tarif ci-joint.

2. Notre ministre de la guerre est chargé de l'exécution de la présente ordonnance.

ARMES ET GRADES.			NOMBRE DE RATIONS accordées à chaque grade.	OBSERVATIONS
Maréchal de France			16	Il n'y en a point en temps de paix.
Général commandant en chef, en activité ou disponible			«	
Etat-major général.	Lieutenant-général		6	
	Maréchal-de-camp		4	
	Colonel et lieutenant-colonel d'état-major		2	
	Aides-de-camp.	Colonel	2	
		Chef de bataillon ou d'escadron	1	
		Capitaine	1	
		Lieutenant et sous-lieutenant	1	
	Adjoint capitaine		1	
Etats-majors des places			«	Ils n'ont point de fourrages.
Inspecteurs aux revues et commissaires des guerres.	Inspecteur en chef		4	
	Commissaire-ordonnateur en chef		3	
	Inspecteur		3	
	Sous-inspecteur		2	
	Commissaire-ordonnateur		2	
	Commissaire des guerres		1	
	Adjoint aux sous-inspecteurs		1	
	Adjoint aux commissaires des guerres		1	
Etat-major de l'artillerie, du génie, et des ingénieurs-géographes.	Colonel directeur, major du génie, major détaché des corps de l'artillerie à pied		2	
	Colonel d'ingénieurs géographes, major détaché des corps de l'artillerie à cheval		2	
	Chef de bataillon		1	
	Chef d'escadron d'artillerie et d'ingénieurs géographes		1	
	Capitaine du génie et de l'artillerie à pied		«	
	Capitaine d'artillerie à cheval et d'ingénieurs géographes		1	
	Lieutenant d'artillerie à cheval, et lieutenant et sous-lieutenant d'ingénieurs géographes		1	
	Adjudant-des-côtes, et capitaine adjoint		1	
Corps de troupes.				
Cavalerie, artillerie à cheval, train d'artillerie et des équipages			«	Les fourrages sont fournis en nature.
Artillerie à pied et génie.	Colonel et lieutenant-colonel		2	
	Chef de bataillon et major		1	
Infanterie sapeurs et vétérans.	Colonel et lieutenant-colonel		2	
	Chef de bataillon et major		1	
	Officier de santé		«	
Officiers de santé.	Inspecteur général du service de santé		«	
	Officier de santé en chef d'armée		«	
	Officier de santé des ambulances		«	

7 = Pr. 28 MARS 1817. — Ordonnance du Roi qui défend, sous les peines portées par les lois, de faire, sans l'autorisation de sa majesté, aucune coupe dans les quarts de réserve des bois des communes, des hôpitaux, des bureaux de charité, des colléges, des fabriques, des séminaires, des évêchés et archevêchés, et de tous autres établissemens publics. (7, Bull. 146, n° 1885.)

Voy. ordonnance du 5 SEPTEMBRE 1821.

Art. 1er. Conformément à l'ordonnance de 1669 et à la loi du 29 septembre 1791 (1), aucune coupe ne pourra se faire sous les peines portées par les lois, dans les quarts de réserve des bois des communes, des hôpitaux, des bureaux de charité, des colléges, des fabriques, des séminaires, des évêchés et archevêchés, et de tous autres établissemens publics, qu'en vertu des ordonnances que nous jugerons convenable de rendre sur les rapports de notre ministre secrétaire d'Etat au département des finances.

2. Hors le cas de dépérissement des quarts de réserve, les coupes ne seront accordées que pour cause de nécessité constatée, et qu'en cas de guerre, incendie, grêle, inondations, épidémies, épizooties, ruines, démolitions, pertes et accidens extraordinaires; à l'effet de quoi les demandes, appuyées de l'avis des préfets seront préalablement communiquées par notre ministre secrétaire d'Etat des finances, à notre ministre secrétaire d'Etat de l'intérieur, chargé de la surveillance des communes et des établissemens propriétaires.

3. Les adjudications continueront d'être faites par-devant les sous-préfets au chef-lieu d'arrondissement, en présence des agens forestiers et d'un représentant des communes et des établissemens propriétaires, le tout d'après un cahier de charges concerté entre les agens forestiers et l'administration que l'adjudication intéressera.

Un état indicatif de la date des adjudications, de la contenance et du prix des coupes adjugées, et de l'époque des échéances des traites souscrites par les adjudicataires, sera transmis à notre ministre secrétaire d'Etat au département de l'intérieur par l'intermédiaire des préfets.

4. Le prix des coupes sera stipulé payable en traite aux échéances fixées par le cahier des charges. Les traites seront remises aux receveurs généraux de départemens, qui demeurent désormais exclusivement chargés d'en faire le recouvrement sous leur responsabilité.

5. Les remises et taxations des receveurs généraux ne pourront excéder deux et demi pour cent du montant intégral des traites dont le recouvrement leur sera confié, tant pour les communes que pour les autres établissemens publics, et qui ne pourra, dans aucun cas, s'élever au-dessus de vingt mille francs pour la totalité des traites.

Si le montant intégral des traites à recevoir excède cette somme, les remises et taxations ne seront prélevées qu'à raison d'un pour cent du surplus de leur montant. Le décompte en sera arrêté à la fin de chaque année par le préfet.

6. Conformément au dernier paragraphe de l'article 153 de la loi du 23 avril dernier, les traites à souscrire pour le prix des coupes extraordinaires seront intégralement souscrites au profit des établissemens propriétaires et recouvrées en totalité pour leur compte et sans pouvoir être grevées d'aucun prélèvement pour dépenses étrangères aux charges imposées aux établissemens propriétaires.

7. Au fur et à mesure de l'échéance des traites et du recouvrement de leur montant, les receveurs généraux seront tenus d'en faire le versement à la caisse des dépôts volontaires, et d'en justifier au préfet dans la huitaine du jour de leur recouvrement, à défaut de quoi ils seront déclarés comptables des intérêts des sommes qu'ils auront touchées, pour chaque jour de retard qu'ils auront mis dans leur versement.

8. Les fonds déposés à la caisse des dépôts y seront tenus à la disposition de notre ministre secrétaire d'Etat au département de l'intérieur, et successivement reversés, sur son autorisation, par l'intermédiaire des agens de la caisse des dépôts, dans la caisse des établissemens propriétaires, pour être employés, sous la surveillance des préfets, aux dépenses extraordinaires qui auront motivé les coupes accordées, et qui pourraient être ultérieurement approuvées.

9. Il n'est, au surplus, en rien dérogé au droit que les communes et établissemens propriétaires ont de recevoir, par l'intermédiaire de leurs comptables, le prix des coupes ordinaires des bois qui leur appartiennent, pour être employés, avec les autres revenus de leurs biens, aux dépenses réglées et prévues par leurs budgets.

10. Les dispositions des articles 5, 6 et 7, sont déclarées communes aux recouvremens faits et à faire des traites souscrites pour le prix des coupes des quarts de réserve adjugées pour l'ordinaire de 1817, ainsi qu'à tous les fonds libres et provenant d'acceptations de legs et donations, d'impositions ou d'excédant de budgets, dont le versement à la caisse des dépôts pourrait par nous être ordonné,

(1) Loi du 15 = 29 septembre 1791, titre 12, articles 11 et 18.

ou par notre ministre secrétaire d'Etat au département de l'intérieur, ou par les préfets.

11. Nos ministres de l'intérieur et des finances sont chargés de l'exécution de la présente ordonnance.

---

7 MARS 1817. — Ordonnance du Roi qui nomme M. le baron de Lastours préfet du département du Gers. (7, Bull. 142, n° 1804.)

---

7 MARS 1817. — Ordonnance du Roi portant établissement d'une chambre de commerce dans la ville de Troyes. (7, Bull. 148, n° 1902.)

---

7 MARS 1817. — Ordonnances du Roi qui accordent des lettres de déclaration de naturalité aux sieurs Delahaye, Invernizio, Gaspart, Veyrat, Umbach, Lanceile, Valet, Bella, Haragli, Bouillon, Trinité, Pellisson, Meurant, Bellefontaine, Bonati, Carles, Hechlinger, Mavvet, Gamburo et Oddon. (7, Bull. 146, 152, 153, 154, 155, 157, 159, 162, 173 et 194.)

---

7 MARS 1817. — Ordonnance du Roi qui permet au sieur Paulrot de substituer à son nom celui de Chaumont. (7, Bull. 146.)

---

7 MARS 1817. — Ordonnance du Roi qui admet le sieur Fasbender à établir son domicile en France. (7, Bull. 146.)

---

7 MARS 1817. — Ordonnances du Roi qui autorisent l'acceptation de dons et legs, faits aux pauvres, aux hospices et aux fabriques des églises de Bermering, Mont-Cénis, Cazères, Villers-Saint-Genest, Yvetot, Montereau-faut-Yonne, Faon, Grancey-le-Château, Carignan; aux pauvres protestans de l'église réformée de Paris, à ceux de la paroisse de Saint-Germain-l'Auxerrois de la même ville, de Saint-Denis (Seine), Tournus et Montluçon. (7, Bull. 158, 159, 161 et 162.)

---

7 MARS 1817. — Ordonnance du Roi qui distrait le hameau des Martis de la commune de Prade, et portant qu'il formera une mairie particulière. (7, Bull. 156, n° 2266.)

---

7 MARS 1817. — Ordonnances du Roi qui fixent les jours de la tenue des foires et qui en accordent aux communes de Passirac, Bechellion, Romanche, Orléans, Château-Gonthier, Belle-Ile-en-Mer, Vigan, la Suze, Nantua et du Beage. (7, Bull. 163, n° 2420 à 2429.)

---

7 MARS 1817. — Ordonnance du Roi qui autorise l'exercice de la société anonyme formée à Paris par les concessionnaires associés pour l'exploitation des mines de houille de Montrelais (Seine-Inférieure). (7, Bull. 163, n° 2430.)

---

7 MARS 1817. — Ordonnance du Roi qui approuve une acquisition faite aux pauvres de Romenay. (7, Bull. 163.)

---

9 MARS 1817. — Ordonnance du Roi qui accorde des lettres de déclaration de naturalité au sieur Santolini dit Santoloi. (7, Bull. 246.)

---

12 = Pr. 13 MARS 1817. — **Loi relative au recouvrement de deux nouveaux douzièmes des contributions de 1817 (1).** (7, Bull. 142, n° 1802.)

Article unique. Il sera, sur les rôles de 1816, perçu deux nouveaux douzièmes de la contribution foncière, de la contribution personnelle et mobilière et de celle des portes et fenêtres de 1817, en sus des quatre douzièmes dont le recouvrement a été prescrit par la loi du 20 décembre 1816.

---

12 = Pr. 31 MARS 1817. — Ordonnance du Roi qui fixe pour les colléges royaux la répartition et les frais des pensions royales, les revenus et dépenses de ces colléges, et contient des dispositions sur la distribution des bourses communales et sur le prix des pensions particulières dans les mêmes colléges. (7, Bull. 148, n° 1903.)

Voy. décret du 2 MAI 1811, ordonnance des 25 DÉCEMBRE 1819 et 27 FÉVRIER 1821.

§ Ier. Des pensions royales.

Art. 1er. Il est assigné à chaque collége royal à pensionnat cinquante pensions aux frais du Gouvernement nécessairement réparties ainsi qu'il suit :

Pensions entières. . . .	20, ci	20 pensions.
Trois quarts de pension	20, ci	15
Demi-pensions	30, ci	15
Total des élèves.	70, ci	50

2. Plusieurs colléges royaux étant en ce moment pourvus de plus de cinquante pensions royales, notre ministre secrétaire d'Etat de l'intérieur restreindra ses propositions de manière à ne pas excéder le nombre total des pensions et la somme assignée pour les acquitter (*tableaux* n° 1 *et* 2).

3. Jusqu'à ce que chacun des colléges ait obtenu le nombre de pensions que nous lui attribuons par l'article 1er, ceux qui en ont

---

(1) Ce n'est qu'en 1822 qu'a cessé la nécessité de voter des douzièmes provisoires. *Voy.* loi du 17 août 1822, qui règle le budget de 1823.

actuellement un plus grand nombre n'en recevront que dans la proportion du tiers des vacances qui y auront lieu.

4. Une pension royale devenue vacante dans le cours d'un trimestre sera acquittée pour le trimestre entier, quand même il n'y aurait pas été pourvu avant l'expiration du trimestre.

5. Attendu l'allocation faite, ainsi qu'il sera dit ci-après, au profit de chaque collége royal, d'une somme fixe destinée à payer les traitemens des principaux fonctionnaires, le taux des pensions royales est réduit d'un sixième (*tableau* n° 3 *ci joint*).

6. Les élèves nommés à des trois quarts de pensions ou à des demi-pensions royales ne seront admis à les occuper qu'en représentant l'engagement de payer la portion de pension restant à leur charge, souscrit par leurs parens ou par toute autre personne avec caution suffisante, qui élira son domicile dans la ville où le collége royal est situé.

§ II. Des bourses communales.

7. Les villes continueront à acquitter les bourses dont elles ont été chargées jusqu'à ce jour. La distribution de ces bourses entre les divers colléges royaux est provisoirement maintenue.

8. A l'expiration de la présente année scolaire, les conseils municipaux auront la nomination de la moitié de leurs bourses qui viendront à vaquer; à cet effet, il sera présenté par les maires, et à Paris par le préfet de la Seine, trois candidats pour chaque bourse vacante; l'autre moitié des bourses communales continuera à être donnée au concours.

9. L'obligation imposée par l'article 6 aux élèves nommés à des trois quarts de pension ou à des demi-pensions royales est commune aux élèves boursiers des villes.

10. La fixation actuelle du prix des bourses communales est provisoirement maintenue.

11. Les bourses communales occupées au commencement d'un trimestre, seront payées pour le trimestre entier.

12. Les sommes dues aujourd'hui par les communes, conformément à l'article 19 du décret du 2 mai 1811, et celles qui seront dues à l'avenir, en exécution de l'article 11 ci-dessus seront, à la demande des proviseurs, et dans les dix jours de l'invitation qui en sera faite par nos préfets, ordonnancées par les maires et payées par les receveurs municipaux, conformément aux allocations portées dans les budgets des communes: au cas que les sommes ainsi ordonnancées s'appliquent à des années qui n'offrent aucune ressource disponible, les mandats des maires seront payés à titre d'avance, et sauf rappel de cette avance au plus prochain budget.

§ III. Des pensions particulières.

13. La fixation du prix des pensions particulières dans les colléges royaux est provisoirement maintenue.

14. La pension est due pour le trimestre entier par les élèves particuliers présens au collége au commencement du trimestre. Il en est de même de la portion de pension ou de bourse restant à la charge des élèves pensionnaires du Roi et boursiers.

15. Les réglemens relatifs aux trousseaux et supplémens pour frais de livres classiques sont maintenus.

16. Le paiement des sommes dues par les parens des élèves royaux, boursiers et particuliers, sera poursuivi par les procureurs du Roi, à la requête des proviseurs.

17. Notre ministre secrétaire d'Etat de l'intérieur pourra arrêter les poursuites dirigées contre les débiteurs des colléges royaux, en cas d'indigence, et leur accorder des dégrèvemens et même des décharges entières.

18. Les élèves des colléges royaux, dont les pensions ou portions de pension n'auraient pas été acquittées dans les six premiers mois de l'année 1817 seront congédiés par les proviseurs et remis à leurs parens, par les soins de nos préfets, d'après les instructions de notre ministre de l'intérieur.

Il en sera usé de même, à l'avenir, à l'égard des élèves qui devraient plus d'un semestre de la pension ou portion de pension à leur charge.

§ IV. Des revenus et dépenses des colléges royaux.

19. Il est assigné à chaque collége royal, sur les fonds du Trésor, une somme fixe (*tableau* n° 4 *ci-joint*), principalement affectée au paiement des traitemens fixes des proviseurs, professeurs, et autres fonctionnaires supérieurs.

20. Le sixième des bourses communales et des pensions particulières, représentant les masses communes, sera ajouté à la somme assignée (art. 19) sur les fonds du Trésor, pour faire face aux mêmes dépenses.

21. Il pourra être accordé des dispenses par notre commission de l'instruction publique sur la rétribution des élèves externes.

22. Les traitemens supplémentaires accordés aux proviseurs par la commission de l'instruction publique seront prélevés sur le sixième ci-dessus (art. 20) et subsidiairement sur le produit de la rétribution des externes.

23. Il sera procédé à la liquidation de l'actif et du passif des colléges royaux au 31 mars courant; et, à compter du 1er avril prochain une nouvelle comptabilité sera ouverte dans chaque collége royal.

24. Notre ministre secrétaire d'Etat de l'intérieur, après avoir employé à l'acquitte-

ment des dettes des colléges royaux les recouvremens qui seront faits sur leurs créances arriérées et le produit des rentes inscrites à leur profit, dont nous autorisons l'aliénation, nous soumettra les résultats de cette liquidation, et nous proposera les moyens de l'apurer.

25. A l'avenir, les excédans des recettes d'un collége royal sur ses dépenses pourront être employés en acquisition, soit de meubles, soit de rentes sur l'Etat inscrites au profit de l'établissement, et en son nom, après que, dans ce dernier cas, il aura obtenu notre autorisation à cet effet.

26. A compter du 1er avril prochain, les sommes revenant aux colléges royaux en vertu de l'article 19 ci-dessus, et celles destinées aux pensions royales, ainsi que le montant des dégrèvemens et indemnités que notre ministre secrétaire d'Etat de l'intérieur est autorisé à accorder, seront imputées sur le budget de l'intérieur et ordonnancées par notredit ministre.

27. Il n'est point dérogé à notre ordonnance du 12 février dernier, par laquelle, en raison de la cherté des denrées de première nécessité, nous avons prescrit le paiement d'une somme de trente-six francs par les élèves des colléges royaux, en sus du prix de la pension.

28. Notre ministre de l'intérieur est chargé de l'exécution de la présente ordonnance.

Tableaux annexés à l'ordonnance.

N° Ier. *Répartition et frais des pensions royales dans les colléges royaux de*

Paris	100	à 750f	75,000f
1re classe	300	à 625	187,500
2e classe	750	à 550	412,500
3e classe	550	à 500	275,000
		Total	950,000

N° II. *Etat de la dépense annuelle des colléges royaux aux frais du Trésor.*

1° Dépenses fixes	812,000
2° Pensions royales	950,000
3° Dégrèvems, indemnités de voyage secours pour trousseaux, et dettes arriérées	38,000
Total	1,800,000

N° III. *Taux des pensions royales dans les colléges royaux de*

Paris	750f
1re classe	625
2e classe	550
3e classe	500

N° IV. *Sommes affectées aux colléges royaux pour le paiement de leurs dépenses fixes.*

Colléges royaux de			
de Charlemagne		53,000f	95,000
de Bourbon		42,000	
de Paris, avec pensionnat	2	à 30,000	60,000
de 1re classe	6	à 24,000	144,000
de 2e classe	15	à 21,000	315,000
de 3e classe	11	à 18,000	198,000
		Total	812,000

12 MARS 1817. — Ordonnance sur le droit à payer lors de la confirmation des titres de marquis, comte, vicomte et baron. (*Recueil officiel*, p. 86.)

Voy. loi du 28 AVRIL 1816, art. 55.

Art. 1er. Les lettres-patentes portant confirmation et maintenue des titres de marquis, de comte, de vicomte, de baron, sont soumises à un droit de sceau égal au quart du droit établi pour la collation de ces mêmes titres.

2. Les lettres récognitives et confirmatives de noblesse paieront un droit de cent cinquante francs.

3. Les lettres-patentes portant concession d'armoiries, ou bien autorisation d'y introduire un changement ou d'y faire une addition, paieront un droit de soixante francs.

4. Notre garde des sceaux est chargé de l'exécution de la présente ordonnance.

12 MARS 1817. = Ordonnances du Roi qui accordent des lettres de déclaration de naturalité aux sieurs d'Eulner, Rattazzy, Schmits, Torti, Luzu, Milard, Bovis, Burnet-Fauchez, Waldor, Tombal, Rémon, Delaye, de Liebhaber, de Serra, Becer, Campiou, Collin, Piront, Maifret, Valiguska, Descombes, Colinet, Helmodt, Holchout, Clérico, Arlaudet et Perléau. (7, Bull. 146, 152, 153, 155, 159, 160, 165, 169, 173, 201, 208, 212, 220 et 227.)

12 MARS 1817. — Ordonnance du Roi qui admet les sieurs Visquis, Badia-Oleguer, Weyrich, Buhler, Cushing et Julieni à établir leur domicile en France. (7, Bull. 148.)

12 MARS 1817. — Ordonnance du Roi qui autorise le sieur Ruffat à rester au service de sa majesté l'empereur de Russie. (7, Bull. 161, n° 2339.)

12 MARS 1817. — Ordonnances du Roi qui autorisent l'érection en chapelles des églises des communes de Gueures et de Panneville. (7, Bull. 163, n° 2431 à 2433.)

12 MARS 1817. — Ordonnances du Roi qui autorisent l'acceptation de dons et legs faits aux pauvres et aux fabriques des églises de Justine, Besançon, Auch, Garlan, Menil-Geoffroy, Haboudange, Nantes, Saint-Maixent, Pleudiben, Ménoty, la Bassée, Montricoux, Valognes et Morbecque. (7, Bull. 159 et 162.)

19 MARS = Pr. 9 avril 1817. — Ordonnance du Roi contenant quelques modifications à celle du 19 juin 1816, en ce qui concerne l'enlèvement du sablon ou sable de mer propre à la fabrication du sel et à l'amélioration des terres. (7, Bull. 149, n° 1919.)

Louis, etc.

L'article 23 de notre ordonnance du 19 juin dernier relative aux fabriques de sel par l'action du feu, a interdit l'enlèvement du sable de mer connu sous la dénomination de *sablon*, et propre à la fabrication du sel.

L'article 24 de la même ordonnance a cependant laissé au directeur des douanes la faculté d'accorder aux propriétaires connus et bien famés, sur un certificat du sous-préfet de l'arrondissement, l'autorisation d'enlever les sablons pour l'amélioration de leurs terres, à condition que chaque enlèvement serait accompagné d'un permis de la douane, lequel devait être rapporté revêtu du certificat du maire de la commune, attestant l'emploi des matières, à peine de cent francs d'amende.

Ces dispositions avaient pour objet de prévenir les abus auxquels le libre enlèvement du sablon pouvait donner lieu de la part d'individus qui, au lieu de l'employer à fertiliser les terres, auraient pu s'en servir pour alimenter des salines frauduleuses.

Mais nous avons été informé que si elles pouvaient atteindre ce but, elles étaient, pour les cultivateurs du département de la Manche surtout, qui, à certaines époques de l'année, font enlever le sablon par plusieurs centaines de voitures en un jour, d'une exécution tellement gênante, qu'ils ne pourraient s'y soumettre sans compromettre leurs travaux agricoles, et que, pour parer à un inconvénient grave sans doute, ce serait s'exposer à faire perdre aux terres de ce département voisines de la côte, la valeur quelles obtiennent, par l'usage du sablon, qu'aucun autre engrais ne peut remplacer.

Dans cet état de choses, il importe de prendre des mesures qui, en garantissant les perceptions de l'impôt établi sur le sel, soient mieux appropriées aux besoins de l'agriculture :

A ces causes,

Vu les dispositions de l'article 28 de la loi du 17 décembre 1814;

Sur le rapport de notre ministre secrétaire d'Etat des finances,

Notre Conseil-d'Etat entendu,

Nous avons ordonné et ordonnons ce qui suit :

Art. 1er. Tout enlèvement ou toute préparation préalable sur les grèves, de sable de mer ou *sablon*, à l'exception *de la monée* ou *coupe à sel, réunie en meules par les sauniers et exclusivement réservée pour les besoins de leurs fabriques*, sont affranchis des formalités établies par l'article 24 de notre ordonnance du 19 juin dernier, et ne seront plus à l'avenir soumis qu'à la représentation d'un certificat conforme au modèle ci-annexé lequel sera délivré par les maires aux individus qu'ils reconnaîtront avoir besoin de l'engrais de mer, et sera valable pour une année.

2. Les certificats délivrés par les maires seront représentés à toute réquisition des employés des douanes, sous peine de dix francs d'amende, laquelle sera doublée en cas de récidive.

3. Tout individu qui sera trouvé transportant du *sablon* ou sable de mer sans qu'il ait préalablement obtenu du maire de la commune le certificat prescrit, sera traité comme coupable de contravention aux lois relatives à l'impôt du sel.

4. Continueront les formalités prescrites par l'article 24 de l'ordonnance du 19 juin dernier, d'être observées à l'égard de la *monée* ou *coupe à sel*, des résidus de fabrication de sel connus sous la dénomination de *cendres de salines*, *calcins*, *débris de fournaise* et *curins*, dont l'enlèvement a été interdit par l'article 22 de ladite ordonnance. Néanmoins les permis particuliers pour leur extraction seront délivrés par les receveurs des douanes, sur l'autorisation préalable du directeur.

5. Tous les engrais de mer ci-dessus désignés seront immédiatement conduits et versés sur les terres qu'ils sont destinés à fertiliser. A défaut, et s'ils restent provisoirement sans emploi, ils devront être, aussitôt leur arrivée, mêlés avec l'espèce de fumier qui doit les recevoir, et ne pourront être déposés, en attendant qu'il en soit fait l'usage indiqué, dans aucun autre bâtiment que les étables, écuries, bergeries et toits à porcs, le tout à peine d'une amende de cent francs, qui sera prononcée contre les contrevenans.

6. La découverte de toute fabrication de sel ou de liqueur saline non autorisée donnera lieu, contre le propriétaire, à la saisie ainsi qu'à la destruction des ustensiles servant à cette fabrication ; et ledit propriétaire sera, de plus, condamné à une amende de trois cents à six cents francs.

7. Sont chargés de la recherche des fabriques clandestines, et de rédiger procès-verbal de contravention, les employés des douanes, exclusivement à tous autres, dans

les trois lieues des côtes; et, hors ce rayon, les mêmes préposés, sur les avis qu'ils auront reçus, les employés des contributions indirectes, la gendarmerie, les gardes-champêtres et forestiers; ceux-ci seront rétribués dans la répartition des amendes, d'après le mode actuellement suivi à l'égard des saisies opérées ou auxquelles coopèrent les agens étrangers au service des douanes.

8. Toutes les dispositions de notre ordonnance du 19 juin dernier non contraires à la présente continueront d'être exécutées.

9. Notre ministre des finances est chargé de l'exécution de la présente ordonnance.

Modèle du Certificat exigé d'après l'article 1er.

DÉPARTEMENT de LA MANCHE.

—

ARRONDISSEMENT d

COMMUNE d

EXTRAIT DU RÔLE DE LA CONTRIBUTION FONCIÈRE

année

Pierre est imposé en principal et centimes additionnels, sous n° du rôle, à la somme de

Le maire de la commune d certifie que Pierre propriétaire (ou Jacques fermier de Pierre), exploite vergées ou hectares ares de terre en cette commune, qu'il y paie les contributions ci-dessus (ou la moitié, le tiers, le quart, etc., s'il ne jouit que d'une portion de la terre imposée en totalité), et qu'il emploie pour le transport des engrais de mer (désigner le nombre de chevaux, un tombereau une ou plusieurs charrettes), et qu'il prend son engrais dans les (désigner le nom d'un ou deux havres ou grèves qu'il fréquente).

En foi de quoi le présent certificat, sur lequel a été apposé le cachet de la commune, lui a été délivré, conformément à l'article 1er de l'ordonnance du 19 mars 1817.

A la mairie le

19 MARS = Pr. 9 AVRIL 1817. — Ordonnance du Roi relative à la fabrication de la pièce d'un quart de franc. (7, Bull. 149, n° 1920.)

Voy. ordonnances des 10 MAI 1814, 9 DÉCEMBRE 1815, et 1er MAI 1825.

Louis, etc.

Sur le rapport de notre ministre secrétaire d'Etat des finances,

Nous avons ordonné et ordonnons ce qui suit :

Art. 1er. La pièce d'un quart de franc, dont la fabrication est prescrite par notre ordonnance du 10 mai 1814, aura pour revers l'écu de France surmonté d'une couronne, la valeur de la pièce, les différens et le millésime.

2. Notre ministre des finances est chargé de l'exécution de la présente ordonnance.

19 = 21 MARS 1817. — Loi relative aux lettres de change (1). (7, Bull. 144, n° 1854.)

Voy. articles 115 et 160 du Code de commerce.

Art. 1er. L'article 115 du Code de commerce sera modifié ainsi qu'il suit :

« La provision doit être faite par le tireur, ou par celui pour le compte de qui la lettre-de-change sera tirée, sans que le tireur pour compte d'autrui cesse d'être personnellement obligé envers les endosseurs et le porteur seulement (2). »

2. L'article 160 du même Code le sera ainsi qu'il suit :

« Le porteur d'une lettre de change tirée du continent et des îles de l'Europe, et payable dans les possessions européennes de la France, soit à vue, soit à un ou plusieurs

(1) Présentation à la Chambre des députés, le 20 janvier 1817 (Mon. du 22).

Rapport de M. Kern, le 29 janvier (Mon. du 2 février).

Adoption, le 1er février (Mon. du 2).

Présentation à la Chambre des Pairs, le 6 mars (Mon. du 14).

Adoption, le 12 mars (Mon. du 16).

(2) L'article 115 du Code de commerce était rédigé en ces termes : « la provision doit être faite « par le tireur ou par celui pour le compte de « qui la lettre de change sera tirée, sans que le « tireur cesse d'être personnellement obligé. » La cour de cassation, se croyant liée par les termes absolus de cet article, décidait que le tireur pour compte était obligé personnellement, non seulement envers les endosseurs et le porteur, mais aussi *envers l'accepteur*; ce système était entièrement contraire à l'ancienne jurisprudence, aux vœux et aux véritables intérêts du commerce; la loi actuelle, en ajoutant à l'art. 115 ces mots :

jours, mois ou usances de vue, doit en exiger le paiement ou l'acceptation dans les six mois de sa date, sous peine de perdre son recours sur les endosseurs, et même sur le tireur, si celui-ci a fait provision.

« Le délai est de huit mois pour les lettres de change tirées des Echelles du Levant et des côtes septentrionales de l'Afrique sur les possessions européennes de la France; et réciproquement, du continent et des îles de l'Europe sur les établissemens français aux Echelles du Levant et aux côtes septentrionales de l'Afrique.

« Le délai est d'un an pour les lettres de change tirées des côtes occidentales de l'Afrique, jusques et compris le cap de Bonne-Espérance.

« Il est aussi d'un an pour les lettres de change tirées du continent et des îles des Indes-Occidentales sur les possessions européennes de la France; et réciproquement du continent et des îles de l'Europe sur les possessions françaises ou établissemens français aux côtes occidentales de l'Afrique, au continent et aux îles des Indes-Occidentales.

« Le délai est de deux ans pour les lettres de change tirées du continent et des îles des Indes-Orientales sur les possessions européennes de la France; et réciproquement, du continent et des îles de l'Europe sur les possessions françaises ou établissemens français au continent et aux îles des Indes-Orientales.

« La même déchéance aura lieu contre le porteur d'une lettre de change à vue, à un ou plusieurs jours, mois ou usances de vue, tirées de la France, des possessions ou établissemens français, et payable dans les pays étrangers, qui n'en exigera pas le paiement ou l'acceptation dans les délais ci-dessus prescrits pour chacune des distances respectives (1).

« Les délais ci-dessus, de huit mois, d'un an ou de deux ans, sont doubles en cas de guerre maritime.

« Les dispositions ci-dessus ne préjudicieront néanmoins pas aux stipulations contraires qui pourraient intervenir entre le preneur, le tireur et même les endosseurs (2). »

3. Les tireurs et endosseurs français de lettres de change de l'espèce désignée en l'article 2, paragraphe 1er, de la présente loi, lesquelles se trouveraient actuellement en circulation, ne pourront être poursuivis en recours, faute de paiement, si lesdites lettres n'ont été présentées au paiement ou à l'acceptation dans les délais fixés par le même article précédent, en comptant, pour cette fois seulement, ces délais à dater de six mois après la publication de la présente loi.

---

19 MARS 1817. — Ordonnances du Roi qui accordent des lettres de déclaration de naturalité aux sieurs Renno, Van-Grutten, Strady, Berlin, Pauels, Dunand, Busson, Vitter, Cunietti, Coulton, Bonvin, Noceti, Mari, Ricci, Panati, Raichlin et Martin. (7, Bull. 152, 153, 154, 155, 157, 167, 185, 201 et 255.)

---

envers les endosseurs et le porteur seulement, fait cesser l'obligation du tireur pour compte *envers l'accepteur* (*Voy.* rapp. de M. Desèze à la Chambre des pairs (S. 1, 17, 2, 378).

Il importe de remarquer que c'est par une loi qu'a été donnée l'interprétation de l'article sur le sens duquel la Cour de cassation et les cours royales avaient embrassé des opinions différentes. M. Desèze dit, dans son rapport, que c'est un retour aux vrais principes établis par la loi du 27 novembre = 1er décembre 1790, art. 21, et violés par la loi du 16 septembre 1807 (cette dernière loi attribue au Conseil-d'Etat l'interprétation des lois que la première réservait au pouvoir législatif). Cependant l'avis du Conseil-d'Etat du 27 novembre = 17 décembre 1823, donne, du moins pour certains cas, au Conseil-d'Etat la faculté d'interpréter (*Voy.* notes sur la loi du 16 septembre 1807, et sur l'avis du 27 novembre = 17 décembre 1823). *Voy.* loi du 2 juillet 1828.

Le tireur d'une lettre de change par ordre ou pour compte d'autrui, est personnellement obligé, à ce titre, envers le porteur, bien qu'il n'ait pas reçu de valeurs, et que l'effet déclare que les valeurs ont été fournies au donneur d'ordre lui-même (4 mai 1831; Cass. S. 31, 1, 199; D. 31, 1, 188).

Le tireur qui appose sa signature et qui déclare avoir reçu les valeurs, est le seul obligé directement envers le porteur. Celui-ci n'a pas contre le donneur d'ordre une action directe dérivant du contrat de change; il ne peut exercer que l'action du mandat par subrogation du tireur son garant (8 juillet 1826, Pau; S. 28, 2, 232; D. 28; 2, 191; 9 mars 1832; Paris, 32, 2, 538; D. 32, 2, 125).

Le porteur ne peut même recourir contre le donneur d'ordre, comme *subrogé* aux droits du tireur, *lorsque celui-ci a fait faillite*; en ce cas la créance du tireur contre le donneur d'ordre appartient à la faillite, et le tiers-porteur vient concurremment avec les autres créanciers (27 août 1832; Cass. S. 32, 1, 361, D. 33; 1, 19).

(1 et 2) Ces deux alinéas sont ajoutés à l'article tel qu'il était rédigé primitivement: l'article a pour but de ne pas laisser le tireur et les endosseurs d'une lettre de change à vue indéfiniment exposés aux chances de faillite du tiré, lorsque la lettre de change a été *tirée de l'étranger sur la France*; les additions accordent avec raison la même faveur aux tireurs et endosseurs *d'une lettre de change tirée de la France sur l'étranger*.

19 MARS 1817. — Ordonnances du Roi qui autorisent l'acceptation de dons et legs faits aux pauvres, aux hospices et fabriques des églises de Villefranche, Chartres, Montbard, Lunéville, Pommard, Saint-Nicolas-des-bois, Roches-lès-Peyroux, Saint-James, Strasbourg, Tournon, Commercy, Bordeaux, St.-Etienne, Tillière, Pacaudière, Saint-Sulpice de Paris, Saint-Jullien, Mâcon, Roscoff, Sainte-Reine, Etienville, Flottemanville, et de Quinéville. (7, Bull. 159 et 162.)

---

19 MARS 1817. — Ordonnances du Roi qui nomment MM. de Goyon et de Gasville préfets des départemens de l'Eure et de l'Yonne. (7, Bull. 148.)

---

19 MARS 1817. — Ordonnance du Roi qui admet les sieurs Stentz, Nestlé, Lardon et Zimmermann à établir leur domicile en France. (7, Bull. 145.)

---

19 MARS 1817. — Ordonnance du Roi qui permet aux sieurs Castelbert, Vander-Vrécken, Milon, Branly, Dromel et Audouard de la Molière de faire des changemens et additions à leurs noms. (7, Bull. 146.)

---

19 MARS 1817. — Ordonnance qui nomme M Roy membre de la commission de surveillance de la caisse d'amortissement. (7, Bull. 148; n° 1706.)

---

25 = Pr. 26 MARS 1817. — Loi sur les finances (1). (7, Bull. 145, n° 1879.)

Voy. lois des 28 AVRIL 1816 et 15 MAI 1818; *Voy.* la première note sur la loi du 23 SEPTEMBRE 1814.

TITRE Ier. Dispositions complémentaires sur le paiement de l'arriéré.

Art. 1er. Les dispositions relatives au paiement de l'arriéré antérieur à 1816, contenues dans les articles 12, 13 et 14 de la loi du 28 avril dernier, continueront d'être exécutées, avec les modifications et complémens ci-après.

2. Les reconnaissances de liquidations qui ont été ou qui seront délivrées aux créanciers de l'arriéré, conformément aux articles ci-dessus mentionnés, seront négociables et payables au porteur, tant pour le principal que pour les intérêts.

3. Lesdites reconnaissances seront remboursées intégralement, à commencer de l'année 1821, et par cinquièmes d'année en année. Les cinq séries seront déterminées par le sort.

Ces remboursemens se feront en numéraire, et, à défaut, en inscriptions de rentes au cours moyen des six mois qui auront précédé l'année du remboursement.

Néanmoins, les créanciers conserveront la faculté de faire inscrire immédiatement au grand-livre de la dette publique le montant de leur créance pour sa valeur nominale (2).

4. L'arriéré antérieur à 1816 se compose des dettes ci-après désignées :

1° Des créances de 1809 et années antérieures jusques et compris l'an 9, lesquelles continueront d'être acquittées conformément à la loi du 20 mars 1813, sauf l'augmentation du crédit en rentes qui serait ultérieurement jugé nécessaire;

2° Des créances du 1er janvier 1810 au 1er avril 1814;

3° De celles sur les neuf derniers mois de 1814, limitées, par le titre II qui suit, à la somme de quarante-un millions cent un mille trente-neuf francs;

4° Des créances sur l'exercice 1815, limitées à la somme de soixante-huit millions cent vingt-quatre mille cinq cents francs;

5° De la partie de l'emprunt de cent millions qui n'aura pas été abandonnée à l'Etat;

6° Enfin, d'une somme de six millions assignée, par ordonnance royale du 3 juillet dernier, pour l'acquittement des dettes pour réquisitions de 1813 et 1814 qui ne pourraient être payées avec les sommes provenant des centimes extraordinaires versés au Trésor depuis le 28 avril 1816, ou qui restent à recouvrer ;

---

(1) Présentation à la Chambre des députés le 14 novembre 1816 (Mon. du 15).

Rapport de M. Roy (pour les dépenses) et de M. Beugnot (pour les recettes), le 24 novembre (Mon. du 25).

Discussion, le 4 février (Mon. des 6, 7, 8, 9, 10, 11, 13, 15, 16, 17, 18, 20, 22, 23, 25, 26, 27, 28 février, 1er au 7 mars).

Adoption, le 6 mars (Mon. du 8).

Présentation à la Chambre des pairs, le 8 mars (Mon. du 14 mars).

Rapport de M. Dessoles (Mon. du 23 mars).

Discussion du 20 ou 23 mars (Mon. du 21 au 31).

Adoption, le 24 mars (Mon. du 2 avril).

Sur l'application des lois de déchéance aux héritiers d'un étranger, *voy.* ordonnance du 25 avril 1828 (Mac. 10, 374) en note sous la loi du 6 août 1790 relative au droit d'aubaine.

(2) *Voy.* lois des 2 avril 1817 et 20 décembre 1820; loi du 8 mars 1821 et ordonnance du 14 mars 1821.

La liquidation des créances à la charge de l'Etat appartient à l'autorité administrative (9 décembre 1831; ord. Mac. 13, 467).

Et de celles qui, en cas d'insuffisance de cette somme de six millions, seraient encore nécessaires pour l'acquittement du surplus des mêmes dettes dans les départemens, mais néanmoins jusqu'à concurrence seulement de la somme que le Trésor à encaissée pour le compte de chacun d'eux, sur le produit des centimes de 1813 et 1814, antérieurement au 28 avril 1816, déduction faite de la portion de cette somme déjà employée au paiement de ces mêmes réquisitions.

Le tableau détaillé des liquidations qui seront faites sur lesdits exercices sera imprimé et distribué aux Chambres, à chaque session, jusqu'à l'entière consommation desdites liquidations.

5. Les créanciers de l'arriéré seront tenus de produire leurs titres dans le délai de six mois après la publication de la présente loi, sans préjudice de l'observation des délais déjà fixés et des déchéances encourues (1) ou à encourir. Passé ce délai, ils ne seront plus admis (2).

6. Dans les trois mois après l'expiration

---

(1) Par là se trouvent confirmées les déchéances relatives à l'arriéré antérieur à l'an 9.

L'article 4 de la loi du 17 août 1822, en frappant de déchéance les réclamations des ordonnances de paiement des créances liquidées qui ne seraient pas présentées dans les délais qu'elle a fixés, n'a pas relevé de la déchéance qui pouvait être appliquée en vertu de la présente loi (6 juillet 1825; ord. Mac. 7, 371. — 28 février 1827; ord. Mac. 9, 123; — 13 avril 1818; ord. Mac. 10, 309).

(2). Un particulier à qui une loi avait promis une partie indéterminée des terrains de la Bastille, s'il n'a pas fait déterminer cette portion par un décret particulier ultérieur, aux termes de la loi, a moins un droit acquis qu'une simple expectative, moins une propriété territoriale qu'une créance pécuniaire: dès lors, il se trouve dans la classe des créances antérieures à l'an 9, qui sont frappées de déchéance d'après les lois des 15 janvier 1810, 28 avril 1816 et 25 mars 1817 (26 août 1818; ordonnance; J. C. d'État, t. 4, p. 432).

Une simple lettre, écrite dans les délais, ne remplit pas le vœu de la loi, lorsqu'elle n'a été accompagnée d'aucuns titres de créance, et que ceux-ci n'ont été produits qu'après les délais (20 février 1822; ord. Mac. 3, 143).

Sont frappés de déchéance: les créances pour solde et indemnité militaire (arrêt du Conseil-d'État du 22 janvier 1824; ord. Mac. 6, 39. — 19 juin 1828; ord. Mac. 10, 493;

Les créances de fournitures antérieures à la présente loi, alors même qu'elles auraient été comprises, avant la même loi, dans les états de situation du corps auquel ces fournitures avaient été faites, et que ces états auraient été envoyés au ministre de la guerre (8 mai 1822; ord. Mac. 3, p. 405);

Les bons de fournitures à la charge du ministère de la guerre.

Mais les bons délivrés postérieurement au 1er janvier 1816 ne sont point atteints par la déchéance (9 juin 1830; ord. Mac. 12, 306);

Les créances pour restitution de fruits par suite d'échange d'immeubles qui remontent à 1789 (9 décembre 1831; ord. Mac. 13, 467);

Les créances pour versemens, dans les caisses publiques, de sommes séquestrées pour cause politique, lorsque ces versemens sont antérieurs au 1er janvier 1816; s'ils sont postérieurs les fonds doivent être restitués (8 novembre 1829; ord. Mac. 11, 422;

L'indemnité due à un engagiste pour cause de dépossession exercée en vertu de la loi du 30 novembre 1793 (10 frimaire an 2) (1er décembre 1824; ord. Mac. 6, 653).

Lorsqu'un officier payeur n'a produit dans les délais aucune délibération régulière du conseil d'administration du corps qui constate que les fonds par lui réclamés lui appartiennent, il y a lieu de prononcer sa déchéance (19 avril 1826; ord. Mac. 8, 212).

On ne peut pas repousser par la déchéance le créancier dont la réclamation est constatée par un état déposé dans les bureaux du ministère, antérieurement à la présente loi (30 décembre 1822; ord. Mac. 4, 495).

Une somme d'argent appartenant à un officier, et versée, après sa mort, par le quartier-maître dans la caisse du régiment, pour être employée aux besoins du service doit être restituée à ses héritiers, et l'on ne peut leur opposer la déchéance, lors surtout que le titre de la créance a été établi avant le délai fixé (1er juin 1828; ord. Mac. 10, 450).

En admettant que le porteur de rescription de rentes nationales pût exercer une action recursoire contre le Gouvernement français, cette action recursoire constitue une créance de l'arriéré soumise à la déchéance (1er mars 1826; ord. Mac. 8, 137).

Les sommes séquestrées sur les émigrés par suite de l'invasion de Napoléon, en 1815, constituent une créance sur l'État, soumise à la déchéance (6 septembre 1826; ord. Mac. 8, 565).

La loi du 25 mars 1817, concernant les créances qui ne seraient pas liquidées par défaut de production de titres, ne peut s'appliquer à celles qui ont été antérieurement liquidées par arrêté d'un préfet, pour l'exécution d'un contrat d'échange avec le domaine.

Mais, quant au mode de paiement des créances antérieures au 1er avril 1814, il n'y a pas de différence entre celles qui sont liquidées et celles qui sont à liquider; le paiement doit avoir lieu en valeur de l'arriéré (20 octobre 1819; J. C. t. 5, p. 233, et S. 20, 2, 302).

Une créance résultant de fonds réservés, en l'an 8, dans la caisse des invalides se trouve dans la catégorie de celles qui ont été frappées de déchéance par le décret du 25 février 1808 et par les lois sur les finances des 28 avril 1816 et 25 mars 1817 (27 octobre 1819; J. C. t. 5, p. 240).

du même délai, les ministres remettront au ministre des finances un état détaillé des créances produites à leurs départemens respectifs, et qu'ils jugeront devoir légitimement faire partie de l'arriéré.

Le ministre des finances fera dresser, d'après ces documens, un tableau général de l'arriéré antérieur à 1816, qui sera communiqué aux Chambres dans la session suivante (1).

TITRE II. Fixation des budgets de 1814, 1815 et 1816.

Exercice 1814.

7. Les dépenses des neuf derniers mois de l'année 1814, fixées par la loi du 28 avril à la somme de six cent trente-sept millions quatre cent trente-deux mille cinq cent soixante deux francs, sont réduites à celle de six cent neuf millions trois cent quatre-vingt-quatorze mille six cent vingt-six francs ci. . . . . 609,394,626 f

8. Sur cette somme, il sera porté au compte de l'arriéré, conformément à l'état A ci-annexé, celle de quarante-un millions cent un mille trente-neuf francs. 41,101,039

9. En conséquence, le budget de l'exercice 1814 (neuf derniers mois) est clos et arrêté en dépenses à la somme de cinq cent soixante-douze millions deux cent quatre-vingt-treize mille cinq cent quatre-vingt-sept francs. 572,293,587

conformément à l'état B ci-annexé.

10. Ladite somme sera couverte en recette par les recouvremens propres à cet exercice, qui ont été effectués jusqu'au 1er août 1816 et montant à cinq cent soixante millions cinquante-cinq mille deux cent cinquante-cinq francs, ci. 560,055,255

Et par un supplément qui sera pris sur les ressources extraordinaires de l'année 1817, de douze millions deux cent trente-huit mille trois cent trente-deux francs, ci. 12,238,332

Total pareil au montant des dépenses. 572,293,587

11. Les recouvremens qui pourraient encore être faits sur ledit exercice 1814 continueront d'être portés au compte de l'exercice 1816, ainsi qu'il a été statué par l'article 2 de la loi du 28 avril.

Exercice 1815 (2).

12. Le crédit en numéraire ouvert au ministre de la guerre par la loi du 28 avril sur l'exercice 1815 est augmenté de cinquante millions ;

Son crédit en valeur de l'arriéré est diminué de la même somme.

13. Le total des dépenses dudit exercice 1815, fixé par la même loi (art. 3) à la somme de sept cent cinquante-trois millions cinq cent dix mille francs en numéraire, est définitivement arrêté, conformément à l'état C ci-annexé, à celle de sept cent quatre-vingt-onze millions trois cent dix-sept mille six cent soixante francs, ci. 791,317,660

14. Ladite somme sera couverte en recette,

1° Par les recouvremens effectués jusqu'au 1er août 1816, et montant à sept cent vingt-

---

Une demande en restitution de fruits et revenus provenant de biens nationaux restitués à l'ancien propriétaire et versés dans la caisse du domaine, postérieurement à un arrêté du 4 vendémiaire an 12, qui prononce la levée du séquestre existant sur ces biens, est frappée de déchéance pour n'avoir pas été formée dans le délai de six mois (1er novembre 1820; J. C. t. 5, p. 480).

Le propriétaire dont le terrain a été pris pour une route en 1814, mais qui n'a été appelé qu'en 1819 à en faire la cession administrative, aux termes de la loi du 8 mars 1810, n'a pas été tenu, à peine de déchéance, de réclamer son paiement dans les six mois de la cession administrative: ce n'est pas le cas d'appliquer l'article 5 de la loi du 25 mars 1817, comme si son titre de créance avait été antérieur à cette loi de 1817 (16 novembre 1825; S. 26, 2, 8).

Voy. notes sur la loi du 15 janvier 1810, et M. de Cormenin, *Questions de droit administratifs*, verbo *liquidation*.

(1) Les demandes en paiement de l'arriéré, en capitaux et en arrérages, doivent être portées devant le ministre des finances, sauf le recours au Conseil-d'Etat (30 avril 1828; ord. Mac. 10, 409).

Une créance ayant pour objet des travaux publics doit être payée par le ministre qui l'a liquidée (21 octobre 1831; ord. Mac. 13, 401).

Voy. loi du 15 mai 1818, titre 1er.

(2) *Voy.* loi du 15 mai 1818, titre 2, et loi du 27 juin 1819, titre 1er.

cinq millions neuf cent soixante-quinze mille trois cent quatre-vingt-dix francs, ci. 725,975,390

2° Par ceux effectués ou à effectuer, postérieurement à cette date, sur le même exercice, et évalués à quatorze millions cinquante-cinq mille trois cent dix francs, ci. 14,055,310

3° Et par un supplément à prendre sur les ressources extraordinaires de l'année 1817, jusqu'à concurrence de cinquante-un millions deux cent quatre-vingt-six mille neuf cent soixante francs, ci. . . . 51,286,960

Total pareil aux dépenses . . 791,317,660

15. Le crédit de cent trente millions quatre cent trente-trois mille francs en valeur de l'arriéré ouvert, par la loi du 28 avril, aux divers ministères sur l'exercice 1815 (Etat C annexé à ladite loi), est limité à celui de soixante-huit millions cent vingt-quatre mille cinq cents francs, conformément à l'état A.

Cette somme sera portée au compte de l'arriéré antérieur à 1816. Les créances dont elle se compose seront liquidées et payées ainsi qu'il est prescrit au titre 1er ci-dessus.

Exercice 1816 (1).

16. Les dépenses ordinaires et extraordinaires de l'exercice 1816, portées par le premier budget dudit exercice à la somme de huit cent quarante millions cinquante-deux mille cinq cent vingt francs, sont rectifiées conformément à l'état D ci-joint, et arrêtées à celle de huit cent quatre-vingt-quatre millions quatre cent quatre-vingt-douze mille cinq cent vingt francs, ci. . . . 884,492,520

17. Ladite somme sera couverte en recette,

1° Par les recouvremens effectués jusqu'au 1er août dernier, et montant à quatre cents millions quatre cent cinquante-huit mille neuf cents francs, ci. 400,458,900

2° Par ceux à effectuer postérieurement, et évalués à trois cent quatre-vingt-dix millions neuf cent sept mille sept cent soixante-un francs, ci. 390,907,761

3° Par l'emploi des six millions de rentes attribués comme ressource auxiliaire à l'exercice 1816, par l'article 117 de la loi du 28 avril, et évalués en produit net, sauf décompte ultérieur, à. 69,600,000

4° Enfin, par un complément de recettes, qui sera pris sur les ressources extraordinaires de l'année 1817, de vingt-trois millions cinq cent vingt-cinq mille huit cent cinquante-neuf francs, ci 23,525,859

Total pareil au montant des dépenses 884,492,520

TITRE III. Fixation des budgets de 1817 (2).

18. Le budget particulier de la dette consolidée et de l'amortissement est fixé, pour l'année 1817, à la somme totale de cent cinquante sept millions, tant en recettes qu'en dépenses, conformément à l'état E ci-annexé.

19. Le budget des dépenses ordinaires de l'année 1817 est fixé à la somme totale de quatre cent quatre-vingt-un millions trois cent quarante-cinq mille neuf cent soixante-sept francs.

Ladite somme sera répartie entre les divers services et ministères, conformément à l'état F ci-annexé, savoir :

Pour dépenses permanentes. 399,894,836f

Et pour dépenses temporaires 81,451,131

Total. 481,345,967

20. Le budget des dépenses extraordinaires de l'année 1817 est fixé à la somme totale de quatre cent trente millions neuf cent quinze mille huit cent cinquante-neuf francs, conformément à l'état G ci-annexé.

21. Les dépenses portées aux trois budgets mentionnés dans les articles ci-dessus, formant ensemble un total de un milliard soixante-neuf millions deux cent soixante-un mille huit cent vingt-six francs, seront acquittées sur les recettes ordinaires et extraordinaires de l'année 1817, conformément à l'état H ci-annexé.

TITRE IV. Dispositions relatives aux pensions (3).

22. Toutes les pensions à la charge de

(1 et 2) *Voy.* lois des 15 mai 1818, titre 2, et 27 juin 1819, tit. 2.

(3) *Voy.* loi du 3=22 août 1790, des 18=22 août 1791 ; lois des 14 fructidor an 6, 28 fructidor an 7, et 8 floréal an 11 ; arrêté du 15 floréal an 11, décret du 13 septembre 1806 ; lois des 11 septembre 1807, 27 février et 19 octobre 1811 ; ordonnances des 20 juin et 27 août 1817 ; lois des 15 mai 1818, tit. 4 ; 14 juillet 1819, tit 1er ; du 17 juillet 1819, tit. 1er.

l'Etat seront inscrites sur le livre des pensions du Trésor royal, à partir du 1er juillet 1817, et payées sur les fonds généraux; suivant le mode établi pour celles précédemment inscrites au Trésor, et aux époques qui seront déterminées par des ordonnances.

Le montant de la dépense sera retranché des crédits ouverts aux ministères, et accroîtra d'autant le fonds de la dette publique.

23. En conséquence, les ministres ne pourront faire payer dorénavant aucune pension sur les fonds de leurs départemens respectifs, pour des arrérages postérieurs au 30 juin 1817.

24. L'inscription au Trésor aura lieu d'après les tableaux qui seront adressés, par les ministres des différens départemens, au ministre des finances. Ces tableaux devront énoncer la date et la nature de l'acte constitutif de chaque pension, ainsi que les motifs sur lesquels elle a été accordée.

25. Le ministre des finances ne pourra faire inscrire ni payer aucune pension dont la création ne serait pas justifiée comme il est prescrit ci-dessus, ou dont le montant dépasserait le *maximum* fixé par les lois (1).

26. A l'avenir, aucune pension nouvelle à la charge de l'Etat ne pourra être inscrite au Trésor qu'en vertu d'une ordonnance dans laquelle les motifs et les bases légales en seront établis, et qui aura été insérée au Bulletin des Lois.

27. Nul ne pourra cumuler deux pensions, ni une pension avec un traitement d'activité, de retraite ou de réforme. Le pensionnaire aura le choix de la pension ou du traitement le plus élevé (2).

Néanmoins, les pensions de retraite pour services militaires pourront être cumulées avec un traitement civil d'activité.

28. Sont exceptés des dispositions portées aux articles 22 et 23 ci-dessus, les traitemens de réforme et les soldes de retraite aux militaires sujets à la visite annuelle, lesquels continueront à faire partie des dépenses du département de la guerre. Le ministre présentera, chaque année, la situation de ce service.

29. Sont exceptées des mêmes dispositions les pensions de retraite accordées aux employés des divers ministères ou administrations, et payées sur le fonds spécial des retenues.

Les pensions de cette nature qui, à raison de l'insuffisance de ce fonds, sont momentanément payées sur le budget des ministères et administrations, seront portées temporairement au budget de l'Etat en se conformant aux règles prescrites par les articles 24 et 25 ci-dessus, pour être payées par le Trésor jusqu'à ce que le fonds des retenues soit en état de les acquitter. Le fonds porté pour cet objet au budget de 1817 ne pourra, dans aucun cas, être augmenté par la suite.

30. Le fonds permanent affecté aux pensions à la charge de l'Etat ne pourra excéder vingt-trois millions par année. Il sera réparti ainsi qu'il suit: pensions pour services civils trois millions; pensions pour services militaires et soldes de retraite, vingt millions.

31. A compter de l'époque à laquelle le montant des pensions civiles aura atteint le *maximum* fixé par l'article précédent, il ne pourra être accordé de pensions de cette nature que jusqu'à concurrence du montant des extinctions constatées au 1er janvier et au 1er juillet de chaque année; en telle sorte que la totalité des pensions civiles n'excède jamais le *maximum* des trois millions.

32. Jusqu'à ce que le montant des pensions allouées aux militaires et à leurs veuves, ainsi que les soldes de retraite, soient réduits à la fixation déterminée par l'article 30, il ne pourra en être accordé, chaque année, que jusqu'à concurrence de moitié des extinctions connues aux époques désignées par l'article précédent.

33. Avant la présentation du projet de loi sur les finances pour 1818, le ministre des finances sera tenu de faire dresser et imprimer, par ordre alphabétique, un tableau général de toutes les pensions à la charge de l'Etat, avec indication précise des noms, prénoms, lieux de naissance et de domicile de chaque pensionnaire, de la nature et de la durée des services qui ont donné lieu à la pension, et de sa quotité.

34. Un semblable tableau fera connaître, chaque année, toutes les pensions nouvelles qui auront été accordées, dans l'intervalle d'une session à l'autre, sur le produit de la partie des extinctions qui y est affectée.

35. Sur le crédit ouvert au chapitre II du budget des dépenses de 1817, pour le paiement des pensions militaires et soldes de re-

(1) Le ministre ne peut prononcer la réduction d'une pension déjà fixée, lorsqu'elle n'excède pas le maximum. Au surplus, la décision ministérielle prononçant une réduction peut être attaquée par la voie contentieuse devant le Conseil-d'Etat (20 janvier 1819; ord. S. 19, 2, 87; et J. C. t. 5, p. 55).

(2) On ne peut se prévaloir, pour cumuler, de ce que la première pension est antérieure à la Charte dont l'article 69 maintient les droits acquis (21 avril 1830; ord. Mac. 12, 187).

Un magistrat ne peut cumuler une rente accordée *à titre de pension* avec son traitement d'activité (16 décembre 1831; ord. Mac. 13, 479).

Voy. loi du 15 mai 1818, art. 13.

raite, il sera mis par une ordonnance du Roi, à la disposition du ministre de la guerre, la somme nécessaire pour le mettre en état de faire acquitter, sur ces ordonnances, les soldes de retraite provisoires accordées temporairement pour cause de maladie ou d'infirmité, dont l'existence doit être justifiée chaque année, lesquelles font partie des retraites et pensions militaires, dont le *maximum* permanent est fixé à vingt millions.

Elles seront, comme les pensions définitives, imputées sur le produit de la moitié des extinctions affectées à cette nature de dépenses, et qui ne peut pas être dépassée.

36. L'état général des soldes de retraite provisoires, ainsi que celui des demi-soldes et traitement de réforme, sera imprimé et distribué aux Chambres à la prochaine session.

A chaque session, l'état particulier des changemens survenus dans le cours de l'année précédente sera également imprimé et distribué aux Chambres.

Ces états contiendront : 1° les noms et grades de ceux qui auront obtenu les soldes de retraite dont les causes sont assujéties à des visites annuelles, les demi-soldes et traitemens de réforme; 2° la durée et l'époque de leurs services; 3° les motifs de la concession qui leur en a été faite, et la durée du traitement de réforme; 4° enfin, l'indication de la commune, canton et département où ils auront fixé leur domicile.

Titre V. Contributions directes de 1817 (1).

§ Ier. *Fixation et répartition du principal et des centimes additionnels.*

37. La contribution foncière, la contribution personnelle et mobilière, et la contribution des portes et fenêtres, seront perçues en 1817, en principal, sur le même pied qu'en 1816, et réparties dans les mêmes formes.

Les patentes continueront d'être établies et perçues en principal comme en 1816, sauf les modifications exprimées au § III ci-après, et les seules rectifications autorisées par la loi du 1er brumaire an 7, qui ne pourront être opérées que conformément au mode prescrit par cette loi.

38. Les centimes additionnels, tant ordinaires qu'extraordinaires, à percevoir en 1817 sur les quatre contributions directes, sont fixés ainsi qu'il suit :

	ORDINAIRES.	TEMPORAIRES	TOTAL.
Sur le principal de la contribution foncière, cinquante centimes, savoir	50c	«	50c
Sur le principal de la contribution personnelle et mobilière, cent centimes, savoir	50	50c	100
Sur le principal de la commission des portes et fenêtres, cent centimes, savoir	10	90	100
Sur le principal de celle des patentes, cinq centimes ordinaires, savoir	5	«	5

39. Les fonds de non-valeurs pour le même exercice sont fixés aux taux suivans :

Sur la contribution foncière, trois centimes;

Sur la contribution personnelle et mobilière, trois centimes;

Sur la contribution des portes et fenêtres, dix centimes;

Et sur les patentes cinq centimes (2).

40. Les dispositions des lois et réglemens qui ordonnent sur le produit des patentes un prélèvement de dix centimes pour frais de confection de rôles et attributions aux communes, sont maintenues.

41. La répartition de la contribution foncière et de la contribution personnelle et mobilière entre les départemens sera faite conformément au tableau annexé à la présente loi; celle entre les arrondissemens, par les conseils généraux de département; et la sous-répartition sur les communes, par les conseils d'arrondissement.

42. La répartition et la sous-répartition de la contribution des portes et fenêtres seront faites, comme précédemment, par les préfets et sous-préfets.

43. Les traitemens fixes et remises des receveurs généraux et des receveurs parti-

(1) *Voy.* loi du 15 mai 1818, *titre*

(2) *Voy.* ordonnance du 23 avril 1817.

culiers, ainsi que les remises des percepteurs à vie, seront imposés en sus dans les rôles des quatre contributions.

44. Il sera aussi, comme précédemment, imposé en sus cinq centimes au principal de la contribution personnelle, mobilière et foncière de 1817, pour subvenir aux dépenses des communes. Il ne pourra, sous aucun prétexte, être fait de prélèvement sur ces cinq centimes.

45. Dans le cas où, les cinq centimes ci-dessus étant épuisés, la commune aurait à pourvoir à une dépense véritablement urgente, le maire, sur l'autorisation du préfet, convoquera le conseil municipal. La délibération, prise à la majorité des voix, sera adressée au préfet, qui la transmettra au ministre secrétaire d'Etat de l'intérieur, pour y être définitivement statué par une ordonnance du Roi (1).

46. Lorsqu'il y aura lieu de pourvoir à des dépenses extraordinaires communes à plusieurs municipalités d'un département et dans leur intérêt, la répartition en sera faite d'après les délibérations des conseils municipaux approuvées par le préfet, et sur le rapport du ministre secrétaire d'Etat de l'intérieur, par une ordonnance du Roi.

47. Dans aucun cas et sous aucun prétexte de dépenses générales ou locales, ordinaires ou extraordinaires, il ne pourra être fait au profit du Trésor aucun prélèvement sur les centimes ordinaires ou facultatifs des communes, ni sur leurs autres revenus, à l'exception du dixième du produit net des octrois, ordonné par l'article 153 de la loi du 28 avril.

Il sera fait déduction à l'avenir, et à dater de la mise à exécution de la présente loi, sur le produit net des octrois, avant le prélèvement du dixième ci-dessus, du montant des sommes que les communes auront à payer annuellement en capital et intérêts pour dettes arriérées consenties en 1813, 1814 et 1815, et causées par les levées extraordinaires de troupes ou les charges de l'invasion, pourvu toutefois que, pour l'acquittement de ces dettes, il ait été créé des taxes additionnelles d'octroi.

48. Le remplacement du montant de la contribution personnelle et mobilière des villes ayant un octroi pourra être opéré, à compter de 1817, par une perception sur les consommations, d'après la demande qui en sera faite aux préfets par les conseils municipaux.

Le mode de perception pour remplacement sera réglé par des ordonnances.

49. Les lois et réglemens sur le cadastre continueront d'être exécutés.

Néanmoins, la nouvelle répartition entre les cantons cadastrés, ordonnée par l'art. 15 de la loi du 20 mars 1813, sera suspendue pour 1817, de manière que tous les cantons cadastrés auront en principal les mêmes contingens qu'en 1813.

Le ministre des finances présentera à la prochaine session, un état détaillé par département des opérations du cadastre faites jusqu'à cette époque.

50. Le montant de la contribution foncière mise par des rôles particuliers, en 1815 et 1816, sur les bois qui ont cessé, à quelque titre que ce soit, de faire partie du domaine de l'Etat, sera, pour 1817, ajouté au contingent de chaque département, de chaque arrondissement et de chaque commune.

Les bois qui n'auraient point été compris dans les rôles particuliers de 1815 et 1816, et qui cesseraient ultérieurement de faire partie du domaine de l'Etat, seront, d'après une matrice particulière rédigée dans la forme accoutumée, cotisés comme tous les autres bois de même nature situés dans la commune, où, s'il n'en existe pas, comme ceux qui se trouveraient dans les communes les plus voisines.

51. Les demandes en décharge et réduction, remise et modération, sur les contributions foncière, personnelle et mobilière, portes et fenêtres, et patentes, continueront d'être instruites et jugées comme précédemment.

§ II. Centimes affectés aux dépenses départementales.

52. Sur les centimes additionnels à la contribution foncière et à la contribution personnelle et mobilière, il sera prélevé quatorze centimes pour les dépenses départementales fixes, communes et variables.

53. Ces quatorze centimes seront distribués de la manière suivante :

1° Six centimes seront versés au Trésor royal, pour être tenus en totalité à la disposition du ministre secrétaire d'Etat de l'intérieur, et être employés, sur ses ordonnances, au paiement des dépenses fixes ou communes ci-après désignées, savoir :

Traitement des préfets, sous-préfets, secrétaires généraux et conseillers de préfecture ;

Abonnement des préfectures et sous-préfectures ;

Travaux et dépenses des maisons centrales de détention ;

Bâtimens des cours royales ;

(1) *Voy.* loi du 15 mai 1818, art. 39 et suiv.

Travaux aux églises et supplément aux dépenses du clergé dans les diocèses;

Etablissemens thermaux et sanitaires;

Secours pour cause d'incendie, d'inondation, de grêle, et autres fléaux;

Dépenses imprévues, communes à plusieurs départemens.

2° Six centimes seront versés dans les caisses des receveurs généraux des départemens, pour être tenus à la disposition des préfets, et être employés, sur leurs mandats, aux dépenses variables ci-après, savoir :

Loyers des hôtels de préfecture, contributions, acquisitions, entretien et renouvellement du mobilier;

Dépenses ordinaires des prisons, dépôts, secours et ateliers pour remédier à la mendicité;

Casernement de la gendarmerie; loyers, mobiliers et menues dépenses des cours et tribunaux;

Compagnies départementales; travaux des bâtimens de préfectures, tribunaux, prisons, dépôts, casernes et autres édifices départementaux;

Travaux des routes départementales, et autres d'intérêt local, non compris au budget des ponts-et-chaussées;

Enfans trouvés et abandonnés, sans préjudice du concours des communes;

Encouragement et secours pour les pépinières, sociétés d'agriculture, artistes vétérinaires, cours d'accouchement et autres;

Dettes départementales à payer en numéraire, indemnités de terrains, acquisitions, etc.;

Dépenses imprévues de toute nature.

Les dépenses variables ci-dessus seront établies dans un budget dressé par le préfet, voté par le conseil général, et définitivement approuvé par le ministre de l'intérieur.

3° Les deux centimes restans seront versés au Trésor royal, pour, à titre de fonds communs, être tenus en totalité à la disposition du ministre secrétaire d'Etat de l'intérieur, et donner les moyens de venir au secours des départemens dont les dépenses variables excèdent le produit des six centimes ordinaires ci-dessus et des centimes facultatifs ci-après.

54. Indépendamment des contributions autorisées par les articles ci-dessus, les conseils généraux de départemens pourront, sauf l'approbation du ministre secrétaire d'Etat de l'intérieur, établir des impositions facultatives pour les dépenses variables, ou autres d'utilité départementale, dont le montant ne devra pas excéder cinq centimes du principal des contributions foncière, personnelle et mobilière de 1817.

55. Les produits de ces contributions locales et extraordinaires seront recouvrés par les receveurs des contributions directes, et versés dans les caisses des receveurs généraux de département, qui les tiendront à la disposition des préfets, pour être employés conformément aux votes des conseils généraux, approuvés par le ministre secrétaire d'Etat de l'intérieur.

§ III. Dispositions nouvelles sur les patentes (1).

56. Les négocians, les armateurs pour le long cours et pour le grand cabotage, les commissionnaires de marchandises en gros, paieront le droit fixe de patente, d'après les fixations suivantes :

Dans les villes de cinquante mille ames et au-dessus, trois cents francs.

Dans les villes de trente à cinquante mille ames, et dans les ports de mer qui, ayant un entrepôt réel, n'ont pas une population de cinquante mille ames, deux cents francs.

Dans toutes les autres communes, cent cinquante francs.

57. Le droit fixe de fabrication à métier sera augmenté par chaque métier excédant le nombre de cinq, savoir :

Pour les métiers d'une largeur au-dessus d'un mètre, quatre francs.

Pour les métiers d'un mètre et au-dessous, deux francs.

Le tout jusqu'au *maximum* de trois cents francs, qui ne pourra être dépassé.

Les dispositions de la loi du 1er brumaire an 7 continueront à être exécutées en ce qui concerne les fabricans qui n'entretiennent pas plus de cinq métiers, soit chez eux, soit hors de leur domicile.

58. Les filateurs de coton et de laine paieront un droit fixe de quinze francs, quelle que soit la population du lieu de leur domicile, lorsqu'ils n'emploieront pas plus de cinq cents broches, non compris celles des bellys et autres métiers préparatoires.

Ils paieront en outre un droit de trois francs par chaque cent broches excédant le nombre de cinq cents, jusqu'au *maximum* de trois cents francs, qui ne pourra pas être dépassé. Lesdits filateurs continueront à être assujétis au paiement du droit proportionnel.

59. Les fabricans et marchands fabricans qui occupent ou entretiennent plus de cinq métiers seront tenus de faire, devant le maire de la commune de leur domicile, la déclaration du nombre de métiers qu'ils or-

(1) *Voy.* notes sur l'art. 21 de la loi du 28 avril 1816; lois du 15 mai 1818, art. 52 et suiv., du 17 juillet 1819, art. 19 et suiv.

cupent ou entretiennent habituellement, soit chez eux, soit hors de leur domicile.

Les filateurs seront tenus de faire une semblable déclaration du nombre des broches qu'ils entretiennent habituellement, non compris celles des bellys et autres métiers préparatoires.

60. Les déclarations pourront être vérifiées par des commissaires nommés par les maires pour les villes, et par les sous-préfets pour les cantons ruraux. Les commissaires classeront les fabricans, les marchands fabricans et les filateurs, soit d'après les déclarations qui auront été faites, soit d'après les autres renseignemens qu'ils auront recueillis.

Les fabricans et les filateurs pourront se pourvoir en décharge et modération devant le conseil de préfecture du département.

61. Le nombre des commissaires ne pourra pas surpasser celui de cinq, ni être moindre de trois.

62. Les fabricans, les marchands fabricans et les filateurs qui déclareront qu'ils se soumettent au *maximum* du droit seront dispensés de toutes autres déclarations et vérifications.

Ceux qui n'auraient pas fait de déclarations seront taxés d'office à un droit double de celui auquel il sera estimé qu'ils sont susceptibles d'être assujétis. Ce double droit ne pourra toutefois excéder le *maximum*.

Ceux qui auraient fait une fausse déclaration seront taxés au *maximum* du droit, et encourront en outre une amende de deux cents francs.

63. Le préfet indiquera l'époque des déclarations et des vérifications, ainsi que le délai dans lequel elles doivent être faites; elles ne pourront avoir lieu qu'une fois l'an.

64. Les teinturiers travaillant pour les fabricans et pour les marchands, ou qui teignent des étoffes et les matières premières servant à la fabrication des tissus, les imprimeurs d'étoffes, les tanneurs, les manufacturiers de produits chimiques, les entrepreneurs de fonderies, de forges, de verreries, d'aciéries, de blanchisseries, de papeteries et de tous autres établissemens industriels, tels qu'ils sont définis par l'article 32 de la loi du 1er brumaire an 7, paieront le droit fixe (sans avoir égard à la population de leur commune), dans les proportions déterminées ci-après :

1re classe	300f
2e classe	200
3e classe	150
4e classe	100
5e classe	50
6e classe	25

Ils seront classés, savoir : pour les cantons ruraux, par les sous-préfets, après avoir pris l'avis des maires des communes où sont situés les établissemens, et celui des répartiteurs et des contrôleurs des contributions directes;

Pour les villes, par les maires, après avoir pris l'avis des répartiteurs et des contrôleurs des contributions directes.

Dans les cantons ruraux et dans les villes où, en vertu de l'article 60, il aura été nommé des commissaires pour le classement des fabricans et des filateurs, ces mêmes commissaires sont chargés de faire le classement des entrepreneurs des établissemens industriels compris dans le présent article.

Les teinturiers, imprimeurs d'étoffes, etc., pourront se pourvoir devant le conseil de préfecture du département, en décharge, modération ou descente de classe.

65. Les dispositions de la loi du 1er brumaire an 7 auxquelles il n'est pas dérogé par la présente loi, continueront d'être exécutées.

66. Les patentables qui ont plusieurs établissemens dans diverses communes paieront le droit fixe dans le lieu où ce droit est le plus élevé.

67. Lorsque, dans une maison de commerce, il y aura plusieurs associés résidant dans la même commune, le principal associé paiera le droit fixe en entier; les autres ne paieront qu'un demi-droit fixe chacun (1).

Néanmoins, dans les établissemens de fabrication à métier ou de filature, le droit fixe ne sera payé qu'une seule fois, quel que soit le nombre des associés.

68. A compter du 1er janvier 1817, les marchands forains avec voiture seront assujétis à un droit fixe de patente de quatre-vingts francs;

Les colporteurs avec chevaux ou autres bêtes de somme, à un droit fixe de soixante francs;

Les colporteurs avec balles, soit qu'ils aient ou non domicile, à un droit fixe de vingt francs.

69. Les marchands forains et colporteurs désignés dans l'article précédent seront tenus d'acquitter le montant total de leur patente, au moment où elle leur sera délivrée.

70. Les marchands vendant en ambulance, échoppe ou étalage, dans les lieux de passage, places publiques, marchés des villes et communes, des marchandises autres que des comestibles, seront pareillement tenus d'acquitter, au moment de la délivrance, le montant total de la patente à laquelle ils sont assujétis par la disposition finale du nombre 10 de l'article 29 de la loi du 1er brumaire an 7.

(1) *Voy.* loi du 23 juillet 1820, art. 12.

Les dénommés aux articles ci-dessus seront tenus d'exhiber leurs patentes acquittées, à toute réquisition des officiers de police des lieux où ils voudront exposer en vente les marchandises dont ils font commerce.

§ IV. Frais de poursuites en matière de contributions directes (1).

71. Le premier avertissement qui doit indiquer aux contribuables la somme totale qu'ils doivent payer, tant en principal qu'en centimes additionnels, dans les contributions foncière, personnelle et mobilière, portes et fenêtres, et patentes, sera rédigé à mesure que les rôles se confectionneront, et adressé en même temps que l'ordre pour la publication de ces rôles, pour être remis à chaque contribuable, moyennant cinq centimes pour les frais d'impression et de remise.

72. Indépendamment de cet avertissement le percepteur sera tenu de délivrer *gratis* une sommation avant le premier acte qui doit donner lieu à des frais.

73. Les préfets sont autorisés à faire des réglemens sur les frais de contraintes, garnisaires, commandemens et autres poursuites en matière de contributions directes, à la charge néanmoins que les réglemens ne pourront être exécutés qu'après avoir reçu l'autorisation du Gouvernement.

TITRE VI. Droits d'enregistrement et de timbre (2).

74. Les actes et procès-verbaux des huissiers, gendarmes, préposés, gardes-champêtres ou forestiers (autres que ceux des particuliers), et généralement tous actes et procès-verbaux concernant la police ordinaire, et qui ont pour objet la poursuite et la répression des délits et contraventions aux réglemens généraux de police et d'impositions, seront visés pour timbre et enregistrés en débet, lorsqu'il n'y aura pas de partie civile poursuivante, sauf à suivre le recouvrement des droits contre les condamnés.

Seront également visées pour timbre et enregistrées en débet, les déclarations d'appel de tous jugemens rendus en matière de police correctionnelle, lorsque l'appelant sera emprisonné.

75. Seront visés pour timbre et enregistrés *gratis*, les actes de procédure et les jugemens à la requête du ministère public, ayant pour objet: 1° de réparer les omissions et faire les rectifications sur les registres de l'état civil, d'actes qui intéressent les individus notoirement indigens; 2° de remplacer les registres de l'état civil perdus ou incendiés par les événemens de la guerre, et de suppléer aux registres qui n'auraient pas été tenus.

76. Les ouvrages périodiques relatifs aux sciences et aux arts ne paraissant qu'une fois par mois ou à des intervalles plus éloignés, et contenant au moins deux feuilles d'impression, seront exempts du timbre.

Seront également exempts les annonces, prospectus et catalogues de librairie (3).

77. Les particuliers qui voudront se servir, pour affiches, avis ou annonces, d'autre papier que celui de l'administration de l'enregistrement, seront admis à le faire timbrer avant l'impression.

La contravention à la disposition de l'article 65 de la loi du 28 avril 1816, qui défend de se servir, pour les affiches, de papier de couleur blanche, sera punie d'une amende de cent francs à la charge de l'imprimeur, qui sera toujours tenu d'indiquer son nom et sa demeure au bas de l'affiche.

78. Remise est faite aux héritiers et représentans des propriétaires émigrés dont les biens ont été confisqués, des droits de mutation par décès dus à raison des biens appartenant à leur auteur, et dans la propriété desquels lesdits héritiers et représentans ont été réintégrés en vertu des lois du 5 décembre 1814 et du 28 avril 1816.

L'effet de cette remise est exclusivement limité aux droits résultant de cette entrée en possession; toute autre mutation postérieure des mêmes biens, et à quelque titre que ce soit, est et demeure passible des droits d'enregistrement établis par les lois sur chaque nature de mutation.

Quant aux biens qui n'auraient été que séquestrés, la compensation des droits de mutation n'aura lieu que jusqu'à concurrence du montant net des sommes perçues par l'État et provenant desdits biens (4).

---

(1) *Voy.* art. 50 et 51, loi du 15 mai 1818.

(2) *Voy.* loi du 15 mai 1818, titre 7.

(3) Un avis imprimé, destiné à faire connaître au public qu'un libraire a mis en lecture un certain nombre de volumes de littérature, et qu'il se charge de reliure et d'abonnement aux journaux, ne peut être considéré comme une simple annonce ou prospectus de librairie (7 février 1832; Cass. S. 32, 1, 368; D. 32, 1, 92).

Voy. lois des 28 avril 1816, art. 70 et notes, 15 mai 1818, art. 83; lois des 17 juillet 1819, art. 2, et 23 juillet 1820, art. 5.

(4) L'émigré décédé postérieurement aux arrêtés de la commission et du préfet qui ordonnent la remise de biens invendus, a, par cela même, été saisi de la propriété de ses biens; ainsi l'événement de son décès a été transmissif au profit de ses héritiers; ils doivent le droit de mutation (30 mars 1822; Cass. S. 22, 1, 407).

TITRE VII. Contributions indirectes (1).

§ Ier.

79. La loi du 28 avril 1816 sur les contributions indirectes continuera d'être exécutée, avec les modifications ci-après, jusqu'au 1er mars 1818.

§ II. Des boissons.

80. Le droit de circulation sur les boissons sera perçu conformément au tarif ci-après :

Par hectolitre de vin en cercles, expédié pour les départemens de première classe, un franc cinquante centimes; de seconde classe, deux francs; de troisième classe, deux francs cinquante centimes; de quatrième classe, quatre francs.

Par hectolitre de vin en bouteilles, dix francs.

Par *idem* de cidre, poiré et hydromel, quatre-vingts centimes.

Par *idem* d'eau-de-vie en cercles au-dessous de vingt-deux degrés, trois francs soixante centimes.

Par *idem* d'eau-de-vie en cercles de vingt-deux degrés jusqu'à vingt-huit exclusivement, cinq francs.

Par *idem* d'eau-de-vie et d'esprits en cercles de vingt-huit degrés et au-dessus, six francs quarante centimes.

Par *idem* d'eau-de-vie et d'esprits de toute espèce en bouteilles, de liqueurs composées d'eau-de-vie ou d'esprits, tant en cercles qu'en bouteilles, et de fruits à l'eau-de-vie, douze francs (2).

81. La troisième exception prononcée par l'article 3 de la loi du 28 avril 1816, est restreinte aux vins, cidres et poirés qui seront transportés par un propriétaire, colon partiaire ou fermier, des caves ou celliers où sa récolte aura été déposée, dans une autre de ses caves située dans l'étendue du même département ou du département limitrophe du lieu de récolte (3).

82. Seront également affranchis à l'avenir du droit de circulation, quels que soient le lieu d'enlèvement et l'expéditeur, et pourvu que, dans le lieu de destination, le commerce des boissons ne soit pas affranchi des exercices des employés de la régie :

1° Les boissons qui seront enlevées à destination des négocians, marchands en gros, courtiers, facteurs, commissionnaires, distillateurs et tous autres, munis d'une licence de marchand en gros ou de distillateur ;

2° Les vins, cidres et poirés qui seront enlevés à destination de toute personne qui vend en détail lesdites boissons, pourvu qu'elle soit munie d'une licence de débitant

83. Pour jouir de l'exemption prononcée par l'article précédent, l'expéditeur sera tenu de se munir d'un acquit-à-caution, dont le coût demeure fixé à vingt-cinq centimes, timbre compris.

Les conducteurs des boissons qui se trouveront en cours de transport lors de la mise à exécution de la présente loi, auront quinze jours pour échanger les congés ou passavans dont ils seront porteurs, contre des acquits-à-caution.

84. Les droits d'entrée seront perçus à l'avenir dans les villes et communes ayant une population agglomérée de quinze cents ames et au-dessus; à cet effet, la première classe du tarif annexé à la loi du 28 avril 1816 comprendra les communes de quinze cents à quatre mille ames de population agglomérée.

85. L'hydromel sera compris au nombre des boissons soumises aux droits de circulation, d'entrée, de détail et de licence. Il sera imposé dans tous les cas comme le cidre (4).

86. Le droit à la fabrication des bières établi par l'article 107 de la loi du 28 avril 1816, est porté à trois francs par hectolitre de bière forte, et à cinquante centimes par hectolitre de petite bière.

Ce dernier droit sera de soixante-quinze centimes, dans le cas où la petite bière se vendrait cinq francs et au-dessus (5).

87. Il sera accordé aux marchands en gros, pour ouillage, coulage et affaiblissement de degré, une déduction de six pour cent par an sur les eaux-de-vie au-dessous de vingt-huit degrés, de sept pour cent sur les eaux-de-vie rectifiées et esprits de vingt-huit degrés et au-dessus, et de sept pour cent sur les cidres et poirés.

Le décompte de cette déduction sera fait à la fin de chaque trimestre, en raison de la durée du séjour des eaux-de-vie, cidres et poirés en magasin.

La déduction sur les vins sera de sept pour cent, divisés par portions égales sur les trimestres d'octobre et de janvier, pour les vins nouveaux entrés pendant ces deux trimestres; et d'un demi pour cent, par chacun

(1) *Voy.* lois des 28 avril 1816, 15 mai 1818, titre 8; 17 juillet 1819, tit. 1er; 23 juillet 1820, tit. 1er; 31 juillet 1821, tit. 2, etc.

(2) *Voy.* loi du 24 juin 1824.

(3) Abrogé, art. 3, loi du 17 juillet 1819.

(4) L'assimilation de l'hydromel aux autres boissons quant aux droits, emporte nécessairement assimilation quant aux formes de perception et aux peines en cas de contravention (31 mai 1822; Cass. S. 23, 1, 36).

(5) Abrogé, art. 8, loi du 1er mai 1822

de ceux d'avril et de juillet, sur les vins existans lors de ces deux trimestres (1).

§ III. Des huiles.

88. Il sera perçu au profit du Trésor, dans les villes ou communes ayant au moins deux mille ames de population agglomérée, conformément au tarif annexé à la présente loi, un droit d'entrée sur les huiles qui seront introduites ou fabriquées à l'intérieur et destinées à la consommation du lieu.

89. Ce droit sera perçu dans les faubourgs des lieux qui y sont assujétis; mais les habitations éparses et les dépendances rurales entièrement détachées du lieu principal en seront exemptes.

90. Les communes soumises au droit d'entrée sur les huiles seront rangées dans les différentes classes du tarif en raison de leur population agglomérée.

S'il s'élève des difficultés sur l'assujétissement d'une commune, ou sur la classe dans laquelle elle devra être rangée par sa population, la réclamation de la commune sera soumise au préfet.

Celui-ci prendra l'avis du sous-préfet et celui du directeur de la régie, et transmettra le tout, avec son opinion, au directeur général des contributions indirectes, sur le rapport duquel il sera statué par le ministre des finances, sauf le recours de droit.

Le préfet prendra, dans l'intervalle, une décision qui sera provisoirement exécutée.

91. Tout conducteur d'huile sera tenu, avant de l'introduire dans le lieu sujet au droit d'entrée, d'en faire la déclaration au bureau, et d'acquitter le droit, si l'huile est destinée à la consommation du lieu.

92. Dans les lieux où il n'existera qu'un bureau central de perception, les conducteurs ne pourront décharger les voitures ni introduire les huiles au domicile du destinataire, avant d'avoir rempli les obligations qui leur sont imposées par l'article précédent.

93. Les huiles ne pourront être introduites dans un lieu sujet au droit d'entrée que dans les intervalles de temps ci-après déterminés, savoir :

Pendant les mois de janvier, février, novembre et décembre, depuis sept heures du matin jusqu'à six heures du soir;

Pendant les mois de mars, avril, septembre et octobre, depuis six heures du matin jusqu'à sept heures du soir;

Pendant les mois de mai, juin, juillet et août, depuis cinq heures du matin jusqu'à huit heures du soir.

94. Toute quantité d'huile introduite sans déclaration dans un lieu sujet au droit d'entrée sera saisie par les employés; il en sera de même des voitures, chevaux et autres objets servant au transport, à défaut par le contrevenant de consigner le *maximum* de l'amende ou de donner caution solvable.

95. Les huiles introduites dans un lieu sujet au droit d'entrée, pour le traverser seulement, ou y séjourner moins de vingt-quatre heures, ne seront pas soumises à ce droit, mais le conducteur sera tenu d'en consigner ou d'en faire cautionner le montant à l'entrée, et de se munir d'un permis de passe-debout.

La somme consignée ne sera rendue, ou la caution libérée, qu'au départ des huiles et après que la sortie du lieu en aura été justifiée.

Lorsqu'il sera possible de faire escorter les chargemens, le conducteur sera dispensé de consigner ou de faire cautionner le droit.

96. Les huiles conduites à un marché dans un lieu sujet au droit d'entrée seront soumises aux formalités prescrites par l'article précédent.

97. Tout négociant ou propriétaire qui fera conduire dans un lieu sujet au droit d'entrée au moins un hectolitre d'huile pourra en réclamer l'admission en entrepôt, et ne sera tenu d'acquitter le droit que sur les quantités non représentées et qu'il ne justifiera pas avoir fait sortir de la commune.

La durée de l'entrepôt est illimitée.

98. Les fruits, graines ou autres substances, destinés à faire de l'huile, ne seront soumis à aucun droit d'entrée; le droit ne sera dû que sur l'huile en provenant. A cet effet, la fabrication aura lieu sous la surveillance de la régie.

Les visites des employés chargés de constater les produits de la fabrication pourront être faites de nuit et de jour, et sans l'assistance d'un officier public, dans les moulins ou autres établissemens où l'huile sera fabriquée, pendant le moment de la fabrication.

99. Les huiles fabriquées dans les lieux sujets aux droits d'entrée seront également admises à jouir de l'entrepôt.

Il sera accordé par la régie, sur les huiles nouvellement fabriquées qui seront prises en charge au compte de l'entrepositaire, ou enlevées pour la consommation du lieu, immédiatement après avoir été fabriquées, une déduction dont la quotité sera déterminée par le préfet, en conseil de préfecture, sur la proposition du directeur de la régie, et réglée d'après la nature des substances employées, les procédés particuliers de la fabrication et les usages locaux.

(1) *Voy.* lois des 23 juillet 1820, art. 3 et 31 juillet 1821, art. 5.

100. La faculté de l'entrepôt pourra encore être accordée à des particuliers qui recevraient des huiles pour être conduites, après leur arrivée, soit à la campagne, soit dans une autre résidence ; la déclaration devra en être faite au moment de l'arrivée des huiles.

101. Les entrepositaires d'huiles seront soumis à toutes les obligations imposées aux marchands en gros de boissons par la loi du 28 avril 1816. Ils seront tenus, en outre, de produire au commis, lors de leurs exercices, des certificats de sortie pour les huiles qu'ils auront expédiées pour l'extérieur, et des quittances du droit d'entrée pour celles qu'ils auront livrées à l'intérieur. A la fin de chaque mois, ils seront soumis au paiement de ce même droit sur les quantités manquantes à leurs charges.

102. Lorsque les huiles auront été emmagasinées dans un entrepôt public sous la clef de la régie, il ne sera exigé aucun droit de l'entrepositaire pour les manquans à ses charges.

103. Les personnes qui auront droit à l'entrepôt pourront l'obtenir à domicile, lors même qu'il existerait dans le lieu un entrepôt public (Paris excepté).

104. Les filateurs de laine, les fabricans de tissus de laine, de savon et de toile cirée ou de taffetas ciré, les teinturiers de coton en rouge, les tanneurs, corroyeurs et mégissiers, pourront recevoir en entrepôt les huiles qui seront nécessaires à leur fabrication, et elles seront exemptes de droit.

105. Les huiles qui, lors de la mise à exécution de la présente loi, se trouveront en quantité supérieure à deux hectolitres en la possession de commerçans en huile dans les lieux sujets aux entrées, seront soumises au droit, au moyen d'une déclaration que les commerçans seront tenus de faire au bureau de la régie, et dont l'exactitude pourra être vérifiée par les employés.

Les commerçans qui réclameront l'entrepôt seront admis à jouir de cette faculté en se conformant aux obligations qui leur sont imposées par la loi, et si mieux ils n'aiment, lorsque le montant du droit s'élèvera à cent francs et au-dessus, l'acquitter en obligations dûment cautionnées à trois, six, neuf et douze mois de terme.

106. En cas de soupçon à l'égard des commerçans ayant en magasin des huiles qu'ils n'auraient pas déclarées en vertu de l'article précédent, les employés de la régie pourront faire des visites dans l'intérieur de leurs habitations, en se faisant assister du juge-de-paix, du maire, de son adjoint, ou du commissaire de police, chacun desquels sera tenu de déférer à la réquisition qui lui en sera faite, et qui sera transcrite en tête du procès-verbal.

Ces visites ne pourront avoir lieu que d'après l'ordre d'un employé du grade de contrôleur au moins, qui rendra compte des motifs au directeur.

107. Toute personne admise à jouir de la faculté de l'entrepôt, à raison d'un commerce quelconque d'huile, sera tenue de se munir annuellement d'une licence, dont le prix est fixé à dix francs.

108. Les droits d'octroi qui seront établis à l'avenir sur les huiles ne pourront excéder ceux qui seront perçus aux entrées des villes au profit du Trésor.

109. Les contraventions aux dispositions du présent paragraphe seront punies de la confiscation des huiles saisies et d'une amende de cent à deux cent francs, suivant la gravité du délit.

Si la fraude a eu lieu en voiture suspendue, l'amende sera de mille francs.

En cas de fraude par escalade, par souterrain, ou à main armée, il sera infligé aux contrevenans une peine correctionnelle de six mois de prison, outre l'amende et la confiscation.

110. Les personnes voyageant à pied, à cheval ou en voitures particulières et suspendues, ne sont pas assujéties aux visites des commis à l'entrée des villes soumises aux droits d'entrée.

111. Les courriers ne pourront être arrêtés à leur passage sous prétexte de la visite ; mais à l'effet d'assurer la perception des droits sur les objets qui en seront passibles, et dont ils seraient porteurs, les employés pourront accompagner les malles et assister à leur déchargement.

Tarif des Droits d'entrée imposés sur les Huiles par l'article 88, titre VII de la présente loi.

POPULATION DES COMMUNES	PAR HECTOLITRE d'huile d'olive.	PAR HECTOLITRE de toute autre huile.	LE DROIT SUR L'HUILE D'OLIVE sera réduit de moitié dans les départemens ci-après.
De 2,000 à 6,000 ames. . . .	14 f	7 f 00 c	Alpes (Basses).
De 6,000 à 15,000 ames. . . .	17	8 50	Ardêche.
De 15,000 à 30,000 ames . . .	20	10 00	Aude.
De 30,000 à 50,000 ames. . . .	24	12 00	Bouches-du-Rhône.
De 50,000 et au-dessus (Paris excepté)	30	15 00	Drôme. Gard.
A Paris	40	20 00	Hérault. Pyrénées-Orientales. Var. Vaucluse.

§ IV. Des voitures publiques.

112. Le droit du dixième du prix des places et du prix reçu pour le transport des marchandises, auquel sont assujétis les entrepreneurs de voitures publiques de terre et d'eau à service régulier, continuera d'être perçu conformément aux lois en vigueur, sous la déduction, pour les places vides, d'un quart du prix total des places. Seront considérées comme voitures à service régulier toutes les voitures qui feront le service d'une même route ou d'une ville à une autre, lors même que les jours et heures des départs varieraient (1).

113. Tout entrepreneur de voitures publiques suspendues ou non suspendues, partant d'occasion ou à volonté, sera tenu de payer, chaque année, pour tenir lieu du dixième imposé sur les voitures à service régulier, savoir :

Pour une voiture	
A 2 roues, à 2 places.	40 fr.
A 2 roues, à 4.	70
A 2 roues, à 6.	90
A 2 roues, à 8.	120
A 2 roues, à 9.	140
A 4 roues, à 4.	80
A 4 roues, à 6.	100
A 4 roues, à 8.	130
A 4 roues, à 9 et au-dessus	150

114. La remise pour places vides, fixée au quart par l'article 111 ci-dessus, sera portée à moitié pour les entreprises particulières de voitures à service régulier qui seront chargées du transport des dépêches en vertu de traités avec l'administration des postes (2).

115. Toute entreprise de voitures publiques de terre ou d'eau à service régulier pourra désormais être formée ou continuée, moyennant que l'entrepreneur fasse une déclaration préalable et annuelle, et qu'il se munisse d'une licence, dont le prix est fixé à cinq francs par voiture à quatre roues, et par voiture d'eau ; et à deux francs par voiture à deux roues. Les entrepreneurs de voitures partant d'occasion ou à volonté feront la même déclaration, mais sans être tenus au paiement de la licence.

116. La déclaration énoncera l'espèce et le nombre des voitures, le nombre des places dans chaque voiture, dans l'intérieur et à l'extérieur, et de plus, si l'entreprise est à service régulier, le prix de chaque place, la route que chaque voiture doit parcourir, et les jours et heures des départs.

En cas de variation dans les jours et heures des départs, les entrepreneurs seront admis à rectifier leur déclaration toutes les fois qu'il sera nécessaire.

Si les voitures doivent faire un service d'occasion, les dernières indications ci-des-

(1) *Voy.* ordonnance du 4 février 1820, et art. 4, loi du 17 juillet 1819.

(2) Modifié, art. 4, loi du 17 juillet 1819.

sus seront remplacées par celles du genre de service auquel elles seront destinées.

117. Avant que les voitures ainsi déclarées puissent être mises en circulation, il sera apposé sur chacune d'elles, par les préposés de la régie, et après vérification, une estampille dont le coût, fixé à deux francs, sera remboursé par les entrepreneurs. Il sera également délivré, pour chaque voiture, un laissez-passer conforme à la déclaration, dont les conducteurs devront toujours être porteurs.

Les voitures déclarées ne pourront être changées, ni les estampilles placées sur de nouvelles voitures, sans une déclaration préalable, auquel cas il ne sera point dû de nouvelle licence.

118. Le montant des droits dus par les entrepreneurs pour les voitures à service régulier sera établi, pour le dixième du prix des places, d'après la déclaration, et pour le dixième du prix du transport, sur le vu des registres que doivent tenir les entrepreneurs, et des feuilles remises aux conducteurs. Le paiement pourra en être exigé tous les dix jours. A l'égard des voitures partant d'occasion ou à volonté, le droit fixe établi par l'art. 113 sera exigible par trimestre et d'avance. Il sera toujours dû pour un trimestre entier au moins, à quelque époque que commence ou cesse le service.

119. Il pourra être consenti des abonnemens pour les voitures de terre ou d'eau à service régulier. Ces abonnemens auront pour unique base les recettes présumées de l'entreprise, pour le prix des places et le transport des marchandises.

120. Toute voiture publique qui circulerait sans estampille ou sans laissez-passer, ou avec un laissez-passer qui ne serait pas applicable, sera saisie, ainsi que les chevaux et harnais. En cas de saisie de voiture en route, elles pourront continuer leur voyage, au moyen d'une main-levée qui en sera donnée sous suffisante caution, ou même sous la caution juratoire de l'entrepreneur ou du conducteur.

Dans aucun cas, les employés ne pourront arrêter les voitures sur les grandes routes, ailleurs qu'aux entrées et sorties des villes ou aux relais. En cas de soupçon de fraude, ils ne pourront faire leur vérification qu'à la première halte.

121. Les lois et réglemens actuellement en vigueur relatifs aux droits sur les voitures publiques, continueront d'être exécutés en ce qui n'est pas contraire aux dispositions de la présente.

122. Toute contravention aux dispositions du présent paragraphe, ou à celles des lois et réglemens confirmés par l'article précédent sera punie de la confiscation des objets saisis, et d'une amende de cent à mille francs; en cas de récidive, l'amende sera toujours de cinq cents francs au moins (1).

§ V. Dispositions diverses

123. Les droits créés ou maintenus par la loi du 28 avril 1816 et par la présente, seront passibles du décime par franc établi par l'article 232 de ladite loi.

Continueront seulement à être exemptés du décime les perceptions qui sont faites sur les canaux affermés, la pêche, les francs-bords, les ponts, les bacs et passages d'eau.

124. Le Gouvernement continuera, pendant une année, d'être autorisé, conformément à la loi du 14 floréal an 10, à établir des droits de péage, dans les cas où ils seront reconnus nécessaires pour concourir à la construction ou à la restauration des ponts, écluses et ouvrages d'art à la charge de l'Etat, des départemens et des communes; il en fixera les tarifs et le mode de perception, et en déterminera la durée, dans la forme usitée pour les réglemens d'administration publique.

125. Les préposés qui seront reconnus coupables des prévarications prévues par l'article 226 de la loi du 28 avril 1816, seront punis d'une amende de 300 à 3,000 fr., et d'un emprisonnement de trois mois au moins et d'un an au plus.

126. Il sera procédé, à l'égard du produit des amendes et confiscations relatives aux

(1) Est passible des peines de confiscation portées en cet article, tout conducteur d'une voiture publique non munie d'estampille, ou qui, sur la première réquisition des employés de la régie, refuse d'exhiber le laissez-passer dont il doit être porteur; peu importe que, quelques heures plus tard, il ait lui-même offert de représenter ce laissez-passer aux employés (6 avril 1821; Cass. S. 21, 1, 243).

Le fait (par un maître de poste) d'avoir loué et mis en circulation une voiture sans estampille est punissable des peines portées par cet article, bien que l'estampille fût perdue depuis peu de jours, que le maître de poste en eût réclamé une autre, et que les préposés l'eussent refusée par le motif qu'il n'y en avait pas dans leurs bureaux (6 avril 1822; Cass S. 22, 1, 312).

Tout individu conduisant une voiture publique sans un laissez passer ou avec un laissez-passer qui n'y est pas applicable commet une contravention punissable de 100 à 1,000 francs d'amende. Aucunes considérations prises de la bonne foi du délinquant ne peuvent lui servir d'excuse et dispenser les tribunaux de lui appliquer la peine (10 décembre 1825, S. 26, 1, 310).

droits établis ou maintenus par les §§ II, III et IV du présent titre, comme à l'égard des saisies en matière d'octroi.

TITRE VIII. Moyens de crédit.

127. Le ministre des finances est autorisé à faire inscrire jusqu'à concurrence de trente millions de rentes pour des emprunts ou négociations dont le produit sera applicable au service de 1817 et années suivantes.

128. Le produit desdits emprunts ou négociations ne pourra être appliqué au service de 1817, que jusqu'à concurrence de la somme nécessaire pour compléter le paiement des dépenses portées au budget de cet exercice.

129. Il sera rendu compte, lors de la présentation du budget de 1818, de l'emploi de ce crédit.

130. Toutes les mesures d'exécution seront réglées par des ordonnances.

TITRE IX. Dispositions générales.

131. Les dispositions des lois auxquelles il n'est pas dérogé par la présente, et qui régissent actuellement les perceptions des droits d'enregistrement, d'hypothèque, de timbre, de greffe, de postes et loterie, de douanes, y compris celui sur les sels, de passeports, de ports d'armes, du dixième des billets d'entrée dans les spectacles, et d'un quart de la recette brute dans les lieux de réunion et de fêtes où l'on est admis en payant, et d'un décime pour franc sur ceux de ces droits qui n'en sont pas affranchis, sont et demeurent maintenues.

132. Continueront pareillement d'être perçues les contributions spéciales destinées, soit aux frais des bourses de commerce, conformément à la loi du 28 ventose an 9, soit à ceux des chambres de commerce assimilés aux frais desdites bourses, ainsi que les revenus spéciaux qui seraient attribués auxdites chambres de commerce et aux établissemens sanitaires. Sont pareillement maintenues les contributions imposées avec l'autorisation du Gouvernement, pour la conservation et la réparation des digues ou autres ouvrages d'art intéressant les communautés de propriétaires ou d'habitans.

133. Les redevances sur les mines seront perçues comme par le passé.

134. Seront pareillement perçues, comme par le passé, les diverses rétributions imposées en faveur de l'Université sur les établissemens particuliers d'instruction et sur les élèves qui fréquentent les écoles publiques.

135. Toutes contributions directes ou indirectes autres que celles autorisées ou maintenues par la présente loi, à quelque titre et sous quelque dénomination que ce soit, sont formellement interdites, à peine contre les autorités qui les ordonneraient, contre les employés qui confectionneraient les rôles et tarifs, et ceux qui en feraient le recouvrement, d'être poursuivis comme concussionnaires (1).

136. Les retenues et réductions prescrites par les articles 78 et 79 de la loi du 28 avril dernier, sur les traitemens, remises et salaires payés par le Trésor royal, continueront d'avoir lieu en 1817 (2).

137. Seront exceptés néanmoins les traitemens des ministres des cultes, ceux des académiciens et hommes de lettres attachés à l'instruction publique, à la bibliothèque du Roi, à l'observatoire ou au bureau des Longitudes, lorsque ces traitemens n'excéderont pas deux mille francs.

A l'égard de ceux dont les traitemens, à différens titres, excèdent deux mille francs, lesdits traitemens seront cumulés en une seule masse, et la retenue sera exercée sur la masse réunie (3).

138. A compter du semestre payable en juin 1817 inclusivement, toutes les pensions civiles et militaires payées par le Trésor royal seront assujéties à la retenue prescrite pour les traitemens par l'article 79 de la loi du 28 avril, et en suivant l'échelle de proportion insérée dans ladite loi.

Sur les retenues prescrites par le présent article, il sera tenu compte à ceux qui les supporteront, des retenues auxquelles ils sont assujétis au profit de la caisse des Invalides (4).

TITRE X. Affectation d'un revenu particulier à la dette publique.

139. Les produits nets de l'enregistrement, du timbre et des domaines, et ceux des administrations des postes et de la loterie, sont affectés au paiement des intérêts de la dette perpétuelle et au service de la caisse d'amortissement.

La portion attribuée à cette caisse dans lesdits produits est fixée à la somme de quarante millions.

140. Le ministre des finances est autorisé à traiter, soit avec la Banque de France, soit avec la caisse des dépôts et consignations, pour le paiement des intérêts de la dette

(1) *Voy.* loi du 15 mai 1818, art. 94.

(2 et 3) *Voy.* ordonnances des 30 juillet 1817, non insérées au Bulletin, 27 août et 3 septembre 1817; loi du 15 mai 1818, art. 92.

(4) *Voy.* ordonnances des 27 août et 3 septembre 1817.

perpétuelle et le service de l'amortissement, au moyen de l'assignation des produits ci-dessus affectés.

141. Les receveurs généraux des finances ne pourront être définitivement libérés du montant de ces produits nets que par les récépissés de l'établissement qui sera chargé de ces services.

Il sera remis par le ministre à cet établissement, dix jours au moins avant l'ouverture de chaque semestre, l'état de paiement de ce semestre.

142. Le budget et le compte du revenu affecté au paiement de la dette perpétuelle et du fonds d'amortissement seront distraits du budget et du compte ordinaire de chaque exercice, et présentés séparément aux Chambres.

TITRE XI. Dotation de la caisse d'amortissement.

143. Tous les bois de l'Etat sont affectés à la caisse d'amortissement, à l'exception de la quantité nécessaire pour former un revenu net de quatre millions de rente, dont il sera disposé par le Roi pour la dotation des établissemens ecclésiastiques.

144. La portion réservée sera prise dans les grands corps de forêts.

145. La caisse d'amortissement ne pourra aliéner les bois affectés à sa dotation qu'en vertu d'une loi. Elle est seulement autorisée à mettre en vente, à partir de 1818, jusqu'à concurrence de cent cinquante mille hectares de bois, en se conformant aux formalités établies pour la vente des propriétés publiques (1).

146. Le produit des coupes de la totalité des bois de l'Etat, estimé, pour l'ordinaire de 1817, à seize millions quatre cent mille francs, continuera d'être versé au Trésor royal pour l'année 1817, et la dotation de la caisse d'amortissement sera acquittée en totalité pour la même année sur le produit des revenus composant le budget particulier de la dette consolidée et de l'amortissement.

147. La conservation et régie des bois dont la propriété est dès à présent transportée à la caisse d'amortissement, ainsi que les ventes des coupes annuelles, resteront confiées aux administrations qui en sont aujourd'hui chargées, jusqu'à ce qu'il en soit autrement ordonné.

TITRE XII. Dispositions sur les comptes à présenter aux Chambres (2).

148. Les ministres présenteront, à chaque session, les comptes de leurs opérations pendant l'année précédente.

149. Le ministre des finances présentera:

1° Le compte de la dette perpétuelle;

2° Le compte général des budgets;

3° Le compte du Trésor royal;

4° Le compte du recouvrement des produits bruts des contributions directes et indirectes.

Le compte de la dette perpétuelle comprendra, à partir de 1818, les produits provenant des revenus qui lui sont affectés, les paiemens effectués, soit à la caisse d'amortissement, soit aux créanciers, et la différence entre les produits et les dépenses.

Le compte général des budgets établira par exercice, et par nature de recette et de dépense, la comparaison des évaluations des budgets avec les produits nets des contributions, les ordonnances des ministres et les paiemens effectués. Les résultats de ce compte seront appuyés par la situation du Trésor royal.

Le compte du Trésor royal et celui du produit brut des contributions devront être développés par département ou par arrondissement, et présenter les fonds qui existaient matériellement dans les caisses et dans les portefeuilles des comptables à l'époque où commence la gestion, les recettes et les dépenses faites pendant le cours de cette gestion, et les valeurs existant entre leurs mains à l'époque où elle se termine.

150. Les ministres ordonnateurs de tous les départemens présenteront le compte des dépenses qu'ils auront arrêtées pendant le cours de leur administration, et ils en établiront la comparaison avec les ordonnances qu'ils auront délivrées dans le même espace de temps, et avec les crédits particuliers ouverts à chacun des chapitres de leurs budgets.

151. La répartition que les ministres auront faite entre les divers chapitres de leurs budgets particuliers, de la somme allouée par le budget général pour le service de chaque ministère, sera soumise à l'approbation du Roi, et toutes les parties de ce service devront être réglées de manière que la dépense ne puisse excéder le crédit en masse ouvert à chacun d'eux.

---

(1) La loi ne déroge pas au droit commun sur le jugement des questions de propriété entre le domaine et ses ayant-cause, et des tiers revendiquant la propriété de tout ou partie des biens vendus.

Il y a lieu de renvoyer les parties devant les tribunaux (17 déc. 1828; ord. Mac. 10, 818).

Voy. ordonnance du 10 décembre 1817.

(2) *Voy.* loi du 15 mai 1838, art. 102; *Voy.* la première note sur la loi du 23 septembre 1814, indiquant les modes successifs de présentation des lois des comptes et des finances.

Ils ne pourront, sous leur responsabilité, dépenser au-delà de ce crédit.

152. Le ministre des finances ne pourra, sous la même responsabilité, autoriser les paiemens excédans, que dans les cas extraordinaires et urgens, et en vertu des ordonnances du Roi, qui devront être converties en lois à la plus prochaine session des Chambres.

153. Les comptes à présenter annuellement rappelleront la situation, à l'époque du compte précédent, de chacun des exercices non consommés à cette époque, et présenteront le détail des opérations faites depuis, ainsi que la situation actuelle de chaque exercice.

(*Suivent les tableaux.*)

---

26 = Pr. 31 MARS 1817. Loi relative à divers échanges de biens domaniaux. (1) (7, Bull. 148, n° 1901.)

Art. 1er. Le contrat d'échange passé, le 31 mars 1809, entre le préfet de Seine-et-Marne, stipulant au nom du Gouvernement, la veuve et les héritiers Dupont, et le contrat d'échange passé, le 16 septembre 1813, entre le préfet de la Meuse et le maréchal duc de Reggio, sont confirmés.

2. Le préfet de Seine-et-Marne est autorisé à passer au sieur André Toussaint Delarue contrat d'échange de diverses parties de bois et accrus domaniaux, égrenés sur la terre de Bordes-l'Abbé, dont il est propriétaire, dans l'arrondissement de Provins, lesquelles contiennent cent vingt-quatre hectares quatre-vingt-trois ares soixante-deux centiares, et sont estimées, en fonds et superficie, cent quatre-vingt-quinze mille six cent soixante-cinq francs quatre-vingt-douze centimes, contre des parties de bois et friches d'une contenance totale de cent cinquante-huit hectares quatre-vingt-quatorze ares, et estimées cent quatre-vingt-quinze mille quatre cent quatre-vingt-neuf francs quarante-huit centimes, appartenant audit sieur Delarue dans l'arrondissement de Melun.

3. Ledit échange sera fait conformément aux plans et procès-verbaux de limitation, arpentage et estimation des 3, 10 et 20 octobre 1813. Le sieur Delarue paiera dans la caisse des Domaines la somme de cent soixante-seize francs quarante-quatre centimes, formant la différence de l'évaluation.

4. Le sieur Delarue ne pourra exercer aucune action ni recours en garantie contre l'Etat, en cas d'éviction d'une partie de bois de la contenance de douze hectares vingt-trois ares quatre-vingt-onze centiares, compris dans ceux qui lui seront cédés par l'Etat, sur la propriété desquels il existe une contestation entre l'Etat et les ayant-droit du sieur Audebert-Malais.

---

26 MARS = 9 AVRIL 1817. — Ordonnance du Roi qui autorise les préfets à assister aux séances des conseils généraux de département et les sous-préfets aux séances des conseils d'arrondissement. (7, Bull. 149, n° 1921.)

Louis, etc.

La présence de nos préfets aux séances des conseils généraux est utile à notre service; il nous a été en outre représenté que plusieurs conseils généraux ont appelé nos préfets dans leur sein avec voix consultative, parce qu'il résultait de la présence de ces fonctionnaires un concours de lumières, fruit de leur expérience, qui accélérait la marche des délibérations des conseils généraux de département.

Voulant, tant pour le bien de l'administration publique que pour faciliter les opérations des conseils généraux et des conseils d'arrondissement, étendre cet usage à tous les départemens;

Sur le rapport de notre ministre secrétaire d'Etat de l'intérieur,

Notre Conseil-d'Etat entendu,

Nous avons ordonné et ordonnons ce qui suit:

Art. 1er. Nos préfets assisteront aux séances des conseils généraux de département.

Les sous-préfets assisteront aux séances des conseils d'arrondissement.

Ils y auront voix consultative.

2. Nos préfets et sous-préfets ne pourront assister aux délibérations qui auront pour objet d'entendre et d'examiner les comptes des dépenses qu'ils sont tenus de rendre aux termes des lois.

3. Notre ministre de l'intérieur est chargé de l'exécution de la présente ordonnance.

---

26 MARS 1817. — Ordonnance du Roi relative à la clôture de la session de 1816 de la Chambre des pairs et de la Chambre des députés des départemens. (7, Bull. 152, n° 2017.)

---

(1) L'intervention du pouvoir législatif est nécessaire aux termes de la loi du 22 novembre = 1er décembre 1790.

Présentation à la Chambre des députés, le 3 février (Mon. du 6).

Rapport de M. Breton, le 1er mars (Mon. du 2).

Adoption, le 10 mars (Mon. du 11).

Présentation à la Chambre des pairs, le 13 mars (Mon. du 16).

Rapport de M. d'Aguesseau, et adoption, le 20 mars (Mon. du 23).

26 MARS 1817. — Ordonnances du Roi qui accordent des lettres de déclaration de naturalité aux sieurs baron Forestier, Déel, Tobie Barras; Kastner, Torras, Paquot, Ange Millani, Belly, Schmit, Grolla, Tarabra, Banciforte, Hensay, Népomucène, Pollé et Valentin André. (7 Bull. 152, 154, 155, 157, 158, 162, 166, 169, 183, 197, 212 et 307.)

26 MARS 1817. — Ordonnance du Roi qui permet aux sieurs Braillard et Léger de substituer à leurs noms ceux de Deleurie et de Bresse. (7, Bull. 149.)

26 MARS 1817. — Ordonnance du Roi qui admet les sieurs Prassacachi, Thibaut, Beltru, de Lheinbeck et Bessant à établir leur domicile en France. (7, Bull. 149.)

26 MARS 1817. — Ordonnance du Roi portant réglement sur l'exercice de la profession de boulanger dans les villes d'Angoulême, Nérac, Tarbes, Paimbœuf, Pézénas et Bergerac. (7, Bull. 163, n° 2433.)

26 MARS 1817. — Ordonnances du Roi qui autorisent l'acceptation de dons et legs faits aux pauvres, aux séminaires et aux fabriques des églises de Cambrai, Soulaines, Beaumont, Miradoux, Pacy-sur-Eure, Agen, Boncey, Plouescat et Ambarès. (7, Bull. 162.)

26 MARS 1817. — Ordonnance du Roi qui autorise l'acceptation d'une donation faite par M. le comte de Père, pair de France, au collége de Mézin. (7, Bull. 223.)

27 = Pr. 29 MARS 1817. — Loi relative aux Douanes (1). (7, Bull. 147, n° 1900.)

Voy. lois du 17 DÉCEMBRE 1814, et notes, des 28 AVRIL 1816 et 21 AVRIL 1818; ordonnance du 11 AOUT 1819; lois des 7 JUIN 1820, 27 JUILLET 1822 et 17 MAI 1826.

ENTRÉE.

Art. 1er. Les marchandises ci-après dénommées paieront, à l'entrée du royaume, savoir :

Confections sucrées.	Bonbons		Le droit du sucre terré blanc.
	Confitures sèches ou fluides	de l'étranger	Le droit du sucre terré blanc.
		des colonies françaises	Le droit du sucre brut.
	Sirops, sans exception	des colonies françaises	Le droit du sucre brut.
		de l'étranger	Le droit du sucre terré blanc.
Miel			Moitié du sucre brut.
Dents, défenses et cornes autres que de bétail, propres à la tabletterie			Le droit des dents d'éléphans.
Safre. Comme minéral de cobalt.			
Smalt. Comme émail, vitrifications en masse ou azur, suivant l'espèce.			
Pinceaux et épingles de toute sorte			Le droit de la mercerie.
Rubans et passementerie de fil.	écru, bis ou herbé		100 kil. 80f 00c
	blanc		*Id.* 133 00
	teint		*Id.* 186 00
Talc et autres pierres magnésiennes			Le droit des argiles propres aux arts.
Toiles métalliques			Le droit des outils de pur acier ou laiton.
Cartons, autres que ceux à drapiers, même ceux dits *pâte de papier*			Même droit que le papier blanc.
Albâtre et gypse cristallisé.	bruts		100 kil. 4 00
	ouvrés		Valeur, 15 pour 100
Bois odorans non taxés comme bois d'ébénisterie			Même droit que celui établi pour les bois médicinaux.

(1) Présentation à la Chambre des députés, le 3 février 1817 (Mon. du 6).

Rapport de M. Magnier-Grandpré, le 28 février (Mon. du 8 mars).

Discussion, le 7 mars (Mon. du 8 au 10).

Adoption, le 8 mars (Mon. du 10).

Présentation à la Chambre des pairs, le 12 mars (Mon. du 16).

Rapport de M. Garnier, et adoption, le 25 mars (Mon. du 3 avril).

Désignation		Droits
Eaux médicinales et de senteur.	alcooliques	Même droit pour 100 kil. que pour 100 litres de liqueur venant de l'étranger.
	d'infusion ou distillées, sans alcool, et vinaigres parfumés	100 kil. 100 00
Fleurs artificielles		Même droit que les ouvrages de modes.
Graisses non dénommées au tarif		Même droit que les suifs.
Héliotrope, contra-yerva, costus, serpentaire, turbithe et zédoaire.		Même droit que les herbes médicinales.
Huile de sassafras		Même droit que celle de girofle.
Matelas		Même droit que les meubles.
Pastilles odorantes	à bijoux, dites *du sérail*	Même droit que le musc.
	à brûler	Même droit que les résines exotiques.
Argent faux, en masse ou lingots		Moitié du droit de celui battu, tiré ou laminé.
Carbonate et sulfate de potasse, et sulfate de soude		Même droit que la potasse.
Curcuma	en racine, par navires français, des colonies françaises	100 kil. 25 00
	en racine, par navires français, des pays hors d'Europe	*Id.* 35 00
	en racine, par navires français, des entrepôts (1)	*Id.* 40 00
	en racine, par navires étrangers	*Id.* 45 00
	en poudre	*Id.* 50 00
Ecaille de tortue	en feuilles ou en carapaces	Droit actuel.
	Onglons	La moitié.
	Rognures	Le quart.
Embarcations hors d'usage	non doublées	Droit actuel.
	doublées en cuivre ou zinc	le tonneau de mer. 0 60
Fil de chanvre ou de lin	simple, écru, y compris celui de mulquinerie et à voiles	100 kil. 10 00
	simple, blanchi	*Id.* 15 00
	simple, teint	*Id.* 30 00
	retors, écru, à voiles	*Id.* 15 00
	retors, écru, autres	*Id.* 30 00
	retors, blanchi et teint	Droits actuels.
Miroirs ou glaces	hauts de 40 centimètres et ayant d'épaisseur plus de 3 millim.	Le droit actuel de 15 pour 100 de la valeur, d'après le tarif de la manufacture royale.
	hauts de 40 centimètres et ayant d'épaisseur 3 millim. ou moins.	Le même droit sur les deux tiers de ladite valeur.
	au-dessous de cette dimension	Le droit de la mercerie commune.
Ouvrages en carton	moulé, dit *papier mâché*	Droit actuel.
	coupé et assemblé	La moitié.
Citrons, oranges et leurs variétés		100 kil. 10 00
Tapis, autres que ceux de pure laine	à nœuds ou à côtes	*Id.* 245 00
	autres	*Id.* 82 00
Queues ou griffes de girofle		Le quart du droit actuel sur les clous et antofles de girofle.
Agates	brutes	100 kil. 15 00
	taillées ou montées sur métaux communs	1 2 00

(1) Par *entrepôts* on entendra les entrepôts situés en Europe et ceux que les Européens ont dans les îles ou sur les côtes de la Méditerranée.

Marchandises	Distinctions	Droits
Bambouces et autres joncs à canne,	par navires français, de l'Inde	100 kil. 195f 00c
	par navires français, des entrepôts	Id. 205 00
	par navires étrangers	Id. 210 00
Boyaux frais ou salés		Id. 1 00
Burail et crépon de Zurich, par le seul bureau de Saint-Louis		Id. 150 00
Cadenas de toute sorte	simplement limés	Même droit que la mercerie commune.
	polis	Même droit que la mercerie fine.
Cheveux ouvrés		Par kil. 2 00
Crêpes de soie		Id. 34 00
Extraits, jus ou sauces épicés pour assaisonnement		Id. 2 00
Futailles démontées		Valeur. 10 pour 100
Gibier, volailles et tortues vivantes		Id. 2 pour 100
Naphte et pétrole. Les droits actuels seront échangés entre ces deux matières.		
Gommes	pures	Droits actuels.
	résineuses, et résines exotiques non spécialement tarifées à leur nom propre, par navires franç., des colon. françaises	100 kil. 40 00
	id., par navires franç., de l'Inde	Id. 80 00
	id., par navires franç., d'aill. hors d'Europe	Id. 90 00
	id., par navires franç., des entrepôts	Id. 95 00
	id., par navires étrangers	Id 100 00
Hydromel et jus d'orange		Par hect. 25 00
Médicamens composés	Ceux dont l'école de pharmacie reconnaîtra la nécessité ou l'utilité, et dont elle déterminera le prix commun	La val. 20 pour 100.
	Tous autres, qu'ils soient actuellement tarifés ou non	Prohibés.
Pierres gemmes brutes	Diamans	Moitié du droit sur ceux taillés.
	Autres	Id
Sangsues		Le mille en nombre. 1 00
Scilles, bulbes et ognons de fleurs		100 kil. 5 00
Beurre	frais ou fondu	Id. 3 00
	salé	Id. 5 00
Bois	d'acajou venant des colonies françaises, comme le bois d'acajou importé des pays hors d'Europe par navires français.	
	feuillard, de 2 mètres de longueur et au-dessous	Le mille en nombre. 0 50
	feuillard, de 2 à 4 mètres exclusivement	Id. 2 00
	feuillard, de 4 mètres et au-dessus	Id 10 00
	merrain et douvain, de 1 mètre 299 mill. de long. et au-dessus	Id. 2 00
	merrain et douvain, de 1 mètre 299 mill. excl. à 974 mill. incl.	Id. 1 50
	merrain et douvain, au-dessous de 974 millimètres	Id. 1 00
Briques		Id. 2 00
Cartes géographiques		Le double du droit sur le papier blanc.
Chanvre et lin	en tiges	100 kil. 0 20
	tillés et étoupes	Id. 3 00
	peignés	Id. 6 00
Cuivre allié d'étain, soit bronze, métal de cloche, arco, fonte verte, etc.		Id. 10 00
Fil d'acier ordinaire. Comme celui roulé sur bobines.		
Gravures, par les seuls bureaux du Havre, Calais, Strasbourg et Pont-de-Beauvoisin		100 kil. Droit actuel. Plus à la valeur 5 p. 100
Tuiles	plates	Le mille en nombre 2 00
	bombées, dites [illegible]euses, et carreaux de terre.	Id. 3 00

Article				Désignation	Unité	Droits
Toiles de chanvre, de lin ou d'étoupes, sans distinction du mode de transport.	unies,	écrues,	sans apprêts,	de moins de 8 fils dans l'espace de 5 millimètres.	100 kil.	25f 00c
				de 8 fils inclus. à 13 exclusivement. .	Id.	35 00
				de 13 fils et au-dess.	Id.	60 00
			apprêtées,	de moins de 8 fils.	Id.	35 00
				de 8 fils inclus. à 13 exclusivement . . .	Id.	60 00
				de 13 fils et au-dess.	Id.	85 00
		blanches,		de moins de 13 fils	Id.	120 00
				de 13 fils inclus. à 20 exclus.	Id.	140 00
				de 20 fils et au-dessus.	Id.	160 00
		teintes,		de moins de 8 fils	Id.	60 00
				de 8 fils inclus à 13 exclusiv.	Id.	85 00
				de 13 fils et au-dessus	Id.	120 00
		imprimées.		de moins de 8 fils.	Id.	90 00
				de 8 fils inclus. à 13 exclusiv.	Id.	130 00
				de 13 fils et au-dessus	Id.	180 00
	croisées, telles que coutil et basin				Id.	140 00
	ouvragées pour linge de table.				Id.	150 00
Caractères d'imprimerie hors d'usage					100 kil.	10 00
Girofle des colonies françaises au-delà du Cap					Le kil.	1 90
Cochenille.					Id.	3 00
Vanille.					Id.	5 00
Casse. . .	en gousse ou silique, sans apprêt,	par navires français,		des colonies françaises. .	100 kil.	25 00
				des pays hors d'Europe.	Id.	35 00
				des entrepôts.	Id.	45 00
		par navires étrangers			Id.	50 00
	confite.				Sera assujétie à la même graduation de droits que le sucre terré autre que blanc.	
Cannelle	fine.				Droit actuel.	
	commune et *casia lignea*,			des colonies françaises	Le kil.	1 60
				de l'Inde.	Id.	1 75
				d'ailleurs, hors d'Europe. . .	Id.	1 85
				des entrepôts.	Id.	1 90
Alcalis.	Soudes.				100 kil.	10 00
	Natrons				Id.	5 00
	Autres				Droits actuels.	
Bois dit *cail-cédra*, provenant des établissemens français en Afrique.					100 kil.	10 00
Cire brune non clarifiée, provenant des établissemens français en Afrique.					Id.	3 00
Dents d'éléphans entières, *idem*.					Id.	50 00
Colle forte.					Id	17 00
Coques de coco.					Id.	3 00
Garance.	Celle seulement destinée à être moulue dans les ateliers des départemens des Haut et Bas-Rhin, à charge, 1° de ne l'importer que par les bureaux désignés par le Gouvernement; 2° de la réexporter dans le délai de six mois.			verte . . .	Id.	0 50
				sèche . .	Id.	1 00
Grains durs à tailler					Id.	12 00
Tiges et feuilles d'oranger, sparte brut, graines de lin venant directement de Riga, et gui de chêne					Id	1 00
Globes et petits carreaux non taillés ni polis, pour verres à lunette et à cadran					Id.	10 00
itrifications en masse ou en tubes pour la fabrication des pierres ausses ou rassades					Id.	75 00

Vannerie.	Feuilles tissues et non tressées		Le mètre carré.	0f 15c
	Nattes ou tresses	en paille, entière	100 kil.	5 00
		en paille, coupée ou applatie, pour chapeaux; de jonc, d'écorce ou de sparterie.	Le kil.	6 00
	Chapeaux	de jonc, d'écorce ou de sparterie.	La pièce. Plus à la val., 5 p. 100.	0 60
		de paille, coupée ou aplatie, ronde ou entière	La pièce. Plus à la val., 5 p. 100.	0 15
	Autres ouvrages, comme paniers, claies, alpagates, ruches, paillassons, etc., etc., soit en paille, en osier ou tout autre végétal	brut	100 kil.	15 00
		pelé	*Id.*	25 00
		coupé	*Id.*	35 00
Ancres retirées de la mer par les dragueurs			*Id.*	1 00
Homards de pêche étrangère			*Id.*	1 00
Laiton en planches, destiné à la fabrication, dans la manufacture de Beaucourt, de pièces d'horlogerie pour la vente étrangère			Même droit que le fil de laiton noir propre à la fabrication des épingles.	
Livres, par les seuls bureaux de Valenciennes, Strasbourg, Pont-de-Beauvoisin, Bayonne et Calais	imprimés à l'étranger	En langues mortes ou étrangères	100 kil.	10 00
		en langue française. Mémoires scientifiques	*Id.*	50 00
		Ouvrages publiés	*Id.*	100 00
		Réimpressions légales d'ouvrages publiés en France.	*Id.*	150 00
		Contrefaçons	——— Prohibées	
	Imprimés en France et réimportés dans les cinq ans, sauf examen préalable de la demande.		*Id.*	1 00

Ces droits tiendront lieu de tous ceux perçus jusqu'à ce jour, et seront affectés aux dépenses de la surveillance spéciale de la librairie.

Les livres devant acquitter moins de 150 francs seront emballés séparément par espèce. Une ordonnance du Roi réglera les formalités à observer pour l'introduction des livres venant de l'étranger et pour leur vérification.

2. L'article 7 de la loi du 28 avril dernier (titre *Douanes*) s'appliquera aux droits ci-dessus, et généralement à tous droits d'entrée sur les marchandises venant de l'étranger.

SORTIE.

3. Les marchandises ci-après dénommées paieront à la sortie du royaume, savoir:

Coiffures en feutre	La pièce.	0 15
Fer et acier forgés, fondus, laminés, filés, et les ouvrages (instrumens, outils) de coutellerie, etc	100 kil.	1 00
Gruaux et grains perlés	Comme pâte façon d'Italie.	
Albâtre et gypse cristallisé, ouvrés	Valeur 1/4 pour 100.	
Batiste et linons	Le kil.	1 00
Couleurs préparées, sels chimiques, vert-de-gris et médicamens préparés	*Id.*	0 02
Faïence et grès fins	100 kil.	0 50
Horlogerie (ouvrages d') ; Ouvrages en métaux vernissés, plaqués, dorés ou argentés	Le kil.	0 03
Or et argent ouvrés ou simplement préparés, y compris les dentelles, les tissus, et la passementerie, excepté l'orfèvrerie, la bijouterie et les monnaies — fins	Le kil.	0 40
— faux	*Id.*	0 04
Papier imprimé ou colorié de toute sorte et papier de soie	100 kil.	1 00
Parfumeries, eaux distillées ou aromatisées, huiles volatiles et amidon	Le kil.	0 02
Porcelaine, cristaux, tabletterie et bimbeloterie	*Id.*	0 01
Boissons distillées sans distinction	Le litre.	0 01

Les droits ci-dessus ne devront jamais donner lieu à des perceptions au-dessous de vingt-cinq centimes.

Articles		Unité	Droits
Antimoine et racine de gentiane		100 kil.	1f 00c
Ardoises pour toiture	par terre	Droit actuel.	
	par mer	Le quart.	
Chardons cardières (1)		Prohibés jusqu'au 1er novembre 1817, sauf les modifications que le Roi jugera nécessaires dans l'intérêt du commerce et de l'agriculture.	
Meules à aiguiser		Le quart des droits actuels.	
Osier en bottes	brut	100 kil.	0 80
	pelé ou fendu	*Id.*	1 20
Poissons de toute sorte		——— Exempts.	
Tabacs	feuilles	100 kil.	2 00
	côtes	*Id.*	0 50
Bois de construction, de pin et de sapin, sortant par les départemens frontières d'Espagne, et par les frontières du Rhin ou de la Meuse	scié, ayant d'épaisseur 34 à 80 millimètres	Les 100 mètres de long.	1 00
	scié, ayant d'épaisseur moins de 34 millim., planches dites *chom.*	*Id.*	0 30
	scié, ayant d'épaisseur moins de 34 millim., autres	*Id.*	0 50
Bois feuillard	de 2 mètres de longueur et au-dessous	Le mille en nombre.	0 50
	de 2 à 4 mètres exclusivement	*Id.*	2 00
	de 4 mètres et au-dessus	*Id.*	10 00

Les droits non définitivement liquidés le seront sur ces bases.

Articles		Unité	Droits
Pierres gemmes, brutes ou taillées, sans distinction		Par hect.	0 01
Sangsues		Le mille en nombre.	0 50
Soies teintes en cuit pour tapisserie		——— Prohibées.	
Anes et ânesses		La pièce.	1 00
Poils en masse non prohibés (sauf les plocs) et plumes sans apprêts		100 kil.	2 00
Fil	de chanvre ou de lin retors, à dentelle	*Id.*	15 00
	de chanvre ou de lin retors, autre	*Id.*	5 00
	d'étoupe simple	*Id.*	10 00
Fruits oléagineux	Olives fraîches	100 kil.	4 00
	Autres	*Id.*	2 00
Garance	verte	Moitié du droit actuel.	
	sèche	Droit actuel.	
	moulue	100 kil.	1 00
Crins		100 kil.	10 00

4. Les restrictions mises par la loi du 28 avril dernier à la prime d'exportation des sucres raffinés, sont levées. Cette prime sera due à dater de la présente. Le taux de quatre-vingt-dix francs est maintenu pour les pains entiers de six kilogr. et au-dessous.

Il est accordé, pour les pains de six à vingt kilogr. et le sucre candi, une prime de soixante francs par cent kilogrammes.

5. La prime ne sera accordée que pour les exportations faites par les ports de Marseille, Bordeaux, Nantes, le Havre, Rouen, Dunkerque, ou par les bureaux de Valenciennes, Strasbourg, Saint-Louis et Pont-de-Beauvoisin.

Les certificats d'origine délivrés par les fabricans seront visés par les maires, qui en attesteront le contenu; et ils passeront, avant d'être admis en douane, à l'examen d'un jury spécial nommé en chaque lieu d'exportation par le ministre de l'intérieur, sur la proposition des chambres de commerce.

---

(1) *Voy.* ordonnance du 19 novembre 1817, qui maintient le droit de soixante-un francs vingt centimes, établi par ordonnance du 30 octobre 1816, comme décuple de celui porté au tarif du 15 mars 1791.

Droits combinés d'entrée et de sortie.

6. Les marchandises ci-après désignées seront tarifées à l'entrée et à la sortie, ainsi qu'il suit :

	SORTIE.	ENTRÉE.
Charrée	Le 10e des cendres vives.	Prohibée par les départemens où elle est nécessaire aux fabriques.

Fleurs d'orange et de lavande. Le huitième des droits des fleurs médicinales.

	DROITS SUR LA VALEUR A DÉTERMINER PAR LE COMITÉ DES ARTS ET DES FABRIQUES.	
Machines simples et mécaniques propres aux arts et métiers, montées ou en pièces détachées.	15 pour 100.	2 pour 100 lorsque leur exportation sera autorisée par le ministre de l'intérieur.

Mâts de 40 centimètres et au-dessus de diamètre au 6e du gros bout, la pièce.	7f 50c	37f 50c	En justifiant du besoin des navires étrangers.
Mâtereaux ayant moins de 40 centimètres à 25	3 00	15 00	
Espars ayant moins de 25 centimètres à 15.	0 75	3 75	
Manches de gaffe ayant moins de 15 centimètres à 11. .	0 20	1 00	

DÉNOMINATIONS			UNITÉS sur lesquelles portent les droits.	DROITS d'entrée.	DROITS de sortie.
PELLETERIES.					
Peaux	brutes	de lapins et de lièvres	100 kil.	1f 00c	Prohibition maintenue.
		d'agneaux ordinaires et de chevreaux.	Id.	1 00	20f 00c
	apprêtées	de lapins	Le cent en nombre	1 00	1 00
		de lièvres.	Id.	4 00	4 00
		d'agneaux ordinaires et de chevreaux. . en confiture.	Id.	2 50	0 25
		d'agneaux ordinaires et de chevreaux. . apprêtées	Id.	3 00	0 10
		de phoques éjarrés.	La pièce	0 50	0 05

DÉNOMINATIONS.	UNITÉS sur lesquelles portent les droits.	DROITS d'entrée	DROITS de sortie.
Suite des PELLETERIES.			
Peaux brutes ou apprêtées de chameaux, dromadaires, panthères, léopards, tigres, onces et jaguards	Id.	1 20	0 15
— d'ours ou d'oursons	Id.	1 05	0 10
— de lions, lionnes et zèbres	Id.	0 60	0 06
— de renards noirs ou argentés	Id.	2 40	0 24
— de renards croisés ou bleus	Id.	0 90	0 10
— de renards blancs, jaune et gris argenté de Virginie	Id.	0 20	0 02
— de renards autres	Id.	0 10	0 01
— de chinchillas et de fouines	Id.	0 10	0 01
— de carcajoux, phoques et agneaux, dites d'Astracan, de Crimée, Perse, Pologne et Russie	Id.	0 20	0 02
— de loutres	Id.	0 45	0 05
— de loups cerviers et de bois	Id.	0 40	0 04
— de chèvres, d'angora et de castors	Id.	0 35	0 04
— de blaireaux, ratons, vigognes, gloutons, martes, cygnes, eyders, vautours et pékans	Id.	0 15	0 02
— de chats tigres et cerviers	La pièce.	0 15	0 02
— de chats sauvages et domestiques — de genettes, civettes, putois, même tigrés et castorins	Le cent en nombre.	3 00	0 30
— de grèbes, marmottes, d'oies et visons	Id.	6 00	0 60
— de chiens, petits-gris, rats musqués, belettes, berwveskis, écureuils, palmistes des Indes, mulots et taupes	Id.	2 00	0 20
— de chikakois — d'hermines, de lasquettes et kulonoks	Id.	3 75	0 40
Dos et ventres de fouines, lièvres blancs, martes, petits-gris, renards, etc.	la moitié du droit des peaux.		
Gorges de canards, de fouines, martes et renards	Le cent en nombre.	2 00	0 20
Queues de carcajoux, fouines, loups, martes, pékans et renards	Id.	2 00	0 20
Queues d'écureuils, d'hermines, de petits gris, putois, même tigrés, visons et kulonoks	Id.	0 25	0 03
Touloupes sacs ou nappes, en peaux d'agneaux d'Astracan, etc., d'hermines, de laquettes, martes, putois, même tigrés, kulonoks, et dos et ventres de petits-gris	La pièce.	5 00	0 50
— en peaux de fouines, dos et ventres de chats tigres et cerviers, d'écureuils, dos, ventres et gorges de berwveskis, renards et vigognes	Id.	1 50	0 15
— en peaux de castors, rats musqués, mulots, taupes, agneaux ordinaires, dos et ventres de lièvres blancs, lapins, pattes ou autres fractions de peaux quelconques non dénommées au présent	Id.	1 00	0 10

7. La distinction établie par les lois des 22 août 1791 et 1er août 1792 entre les *drogueries* et *épiceries* qui ne doivent payer qu'à raison du poids net les droits de douane au-dessus de vingt francs par cinquante kilogrammes, et entre les marchandises qui doivent payer au brut, quel qu'en soit le taux, est supprimée.

Tout produit taxé, soit à l'entrée, soit à la sortie, à plus de quarante francs par cent kilogrammes, ne paiera qu'au poids net.

Le poids net effectif s'établira par la vérification des agens des douanes, lorsqu'il aura été énoncé en la déclaration primitive.

Lorsqu'il n'aura pas été énoncé ou l'aura été tardivement, la tare se règlera, pour les marchandises déjà taxées au net, sur le tarif; et pour celles qui seront admises au même régime, sur l'article 3 (titre Ier) de la loi du 22 août 1791.

La tare fixée par la loi du 10 juillet 1791, pour l'indigo des colonies françaises, sera commune à toutes les perceptions sur la même matière.

Dispositions réglementaires.

8. L'entrée des marchandises ci-après, en tant qu'elles sont tarifées, sera restreinte aux bureaux désignés par l'article 20 de la loi du 28 avril 1816, sauf les exceptions qu'autorise l'article 21 de ladite loi, et celles que les localités pourraient rendre nécessaires :

Boissons dont l'entrée n'est pas déjà restreinte aux ports d'entrepôt, chapeaux, cornes en feuillet, cuivre de toute sorte, pur ou allié; dentelles, feutres, fonte, fer en barres et ouvré, glaces, gomme d'Europe, horloges en bois, huile d'olive commune, instrumens de toute sorte, médicamens composés, métiers, machines et mécaniques pour l'industrie, modes (ouvrages de); objets de collection hors de commerce; parapluies et parasols, pelleteries, planches gravées, potasse, tartre brut, soudes, natrons, cendres de Sicile et tous autres sels, poteries de toute espèce, soies, vannerie.

9. Les bureaux de Longwy, Verrières-de-Joux, Delle, Antibes et la Nouvelle, seront ajoutés à ceux désignés en l'article 20 de la loi du 28 avril.

10. L'entrepôt réel est accordé au port de Boulogne, aux mêmes conditions que celles exprimées en l'article 24 de la loi du 28 avril 1816.

11. Il y aura à Port-Vendres un entrepôt spécial dont la durée sera de six mois, pour les marchandises ci-après, arrivant des ports de la Catalogne sur bâtimens au-dessus de vingt-quatre tonneaux, savoir : sucre, café, cacao, indigo, cochenille, bois de teinture et coton en laine.

12. L'article 15 de la loi du 17 décembre 1814 est remis en vigueur, en ce qui concerne les importations frauduleuses tentées sur les côtes.

13. Les mêmes peines s'appliqueront, dans le cas prévu par l'article 7 de la loi du 4 germinal an 2, titre II, aux bâtimens au-dessous de cent tonneaux, surpris, hors le cas de force majeure, dans les deux myriamètres des côtes, ayant à bord des marchandises prohibées.

14. Le juge-de-paix dans l'arrondissement duquel l'objet saisi sera déposé connaîtra en première instance de ces contraventions.

15. La même compétence a lieu pour les saisies faites dans les bureaux des côtes ou frontières par suite de déclaration, lesdites saisies n'entraînant que les condamnations établies par les lois des 22 août 1791 et 4 germinal an 2.

Transit.

16. Les marchandises dont le transit est autorisé par la loi du 17 décembre 1814, des ports d'entrepôt sur certains bureaux des frontières de terre, pourront être réversiblement expédiées desdits bureaux sur les ports d'entrepôt réel, sauf les restrictions de l'article 22 de la loi du 28 avril 1816 (titre *Douanes*).

17. Les peaux et les pelleteries de toute sorte sont ajoutées à la liste des marchandises comprises en l'article 4 de la loi du 17 décembre 1814.

---

27 MARS 1817. — Ordonnance du Roi qui ordonne l'exécution des dispositions de l'ordonnance du 3 janvier 1815, relative aux officiers généraux et supérieurs employés dans la maison militaire de sa majesté. (Mon. n° 69.)

---

29 MARS 1817. — Lettres-patentes du Roi portant institution de majorats en faveur de MM. de Morville et de Fourment. (7, Bull. 174, n° 2778.)

1er AVRIL = Pr. 22 MAI 1817. — Ordonnance du Roi qui nomme administrateur général des canaux du Midi, d'Orléans, du Loing et de leurs embranchemens, M. le maréchal de camp Hulot, comte d'Osery. (7, Bull. 155, n° 2123.)

Art. 1er. Le maréchal de camp Hulot, comte d'Osery, est nommé administrateur général des canaux du Midi, d'Orléans, du Loing, et de leurs embranchemens. Il jouira des mêmes droits, traitement et prérogatives dont jouissait le dernier administrateur général.

2. Notre ministre au département de notre maison et notre grand-chancelier de l'ordre de la Légion-d'Honneur sont chargés de l'exécution de la présente ordonnance.

---

2 = Pr. 11 AVRIL 1817. — Ordonnance du Roi concernant l'émission des reconnaissances de liquidation à délivrer aux créanciers de l'arriéré, en conformité du titre Ier de la loi du 25 mars 1817. (7, Bull. 150, n° 1953.)

Voy. ordonnance du 20 décembre 1820, et loi du 8 mars 1821.

Art. 1er. Les reconnaissances de liquidation au porteur à délivrer en paiement de l'arriéré pour les années 1810 à 1815, inclusivement, seront divisées en deux classes, et conformes aux modèles annexés à la présente ordonnance sous les numéros Ier et II.

2. La première classe sera composée de coupures fixes de mille, cinq mille et dix mille francs en capital, avec coupons d'intérêt pour chaque semestre, à compter de celui à échoir au 22 septembre prochain.

3. La deuxième classe, destinée au paiement des appoints et créances au-dessous de mille francs, sera délivrée sans coupons avec jouissance du 22 mars 1817. Les intérêts en seront payables sur quittance du porteur et avec estampille au dos de l'effet.

4. Les porteurs de reconnaissances pour appoints auront la faculté, en en réunissant plusieurs, de les faire convertir en coupures fixes.

5. Les reconnaissances de liquidation devant porter jouissance du 22 mars 1817, les arrérages antérieurs, à compter du 5 mai 1816, seront acquittés sur des états particuliers dressés par le directeur du grand-livre.

6. Notre ministre secrétaire d'État des finances est autorisé à prendre les mesures nécessaires pour que les coupons d'intérêt attachés aux coupures fixes des reconnaissances de liquidation puissent, aux échéances de chaque semestre, être acquittés, suivant la convenance des porteurs de ces coupons, soit à Paris, soit à toutes les caisses de payeurs de département, et ce sans exiger la représentation du titre principal.

7. Les porteurs de reconnaissances de liquidation qui useront de la faculté stipulée par le dernier paragraphe de l'article 3 de la loi du 25 mars dernier, de les convertir en inscriptions de cinq pour cent consolidés, seront tenus de les rapporter à la direction de la dette inscrite avec tous les coupons non échus.

8. Le premier cinquième des reconnaissances de liquidation, appelé au remboursement en 1821 par l'article 3 de la loi du 25 mars, sera déterminé de la manière ci-après.

9. Sur les dix chiffres formant le système numérique, il en sera, par un tirage public en décembre 1820, désigné deux par le sort : les reconnaissances de liquidation alors en émission dont les numéros finiront par l'un de ces deux chiffres seront remboursables à compter du 22 mars 1821. Les numéros déjà déterminés par le sort ne seront plus employés lors de l'enregistrement des reconnaissances à émettre postérieurement au tirage.

10. Les propriétaires des reconnaissances de liquidation nominales qui ont été délivrées en exécution de la loi du 28 avril 1816, seront tenus, pour participer au tirage, de les rapporter à la direction de la dette inscrite, pour être échangées contre des reconnaissances au porteur.

11. Notre ministre des finances est chargé de l'exécution de la présente ordonnance.

RECONNAISSANCE de liquidation. Loi du 25 mars 1817.

N°

(N° Ier.)

Loi du 25 mars 1817.

DETTE PUBLIQUE.

RECONNAISSANCE DE LIQUIDATION.

RECONNAISSANCE DE LIQUIDATION.

N° CAPITAL — 1,000 *francs.* INTÉRÊT — 50 *francs.*

Le porteur a droit à la somme capitale de *mille francs*, et aux intérêts à compter du 22 mars 1817.

Paris, ce 181

Vu :

Le premier commis des finances, *Le directeur du grand-livre,*

Les reconnaissances seront remboursables intégralement en numéraire, ou en inscriptions au cours, à commencer de 1821, et par cinquième d'année en année. Les séries seront déterminées par le sort.

Les porteurs conservent la faculté de se faire inscrire immédiatement au grand-livre. (*Art. 3 de la loi.*)

N° *Intérêt de reconnaissance de liquidation.* Semestre au 22 mars 1821. Bon pour *vingt-cinq francs.*	N° *Intérêt de reconnaissance de liquidation.* Semestre au 22 septembre 1820. Bon pour *vingt-cinq francs.*
N° *Intérêt de reconnaissance de liquidation.* Semestre au 22 mars 1820. Bon pour *vingt-cinq francs.*	N° *Intérêt de reconnaissance de liquidation.* Semestre au 22 septembre 1819. Bon pour *vingt-cinq francs.*
N° *Intérêt de reconnaissance de liquidation.* Semestre au 22 mars 1819. Bon pour *vingt-cinq francs.*	N° *Intérêt de reconnaissance de liquidation.* Semestre au 22 septembre 1818. Bon pour *vingt-cinq francs.*
N° *Intérêt de reconnaissance de liquidation.* Semestre au 22 mars 1818. Bon pour *vingt-cinq francs.*	N° *Intérêt de reconnaissance de liquidation.* Semestre au 22 septembre 1817. Bon pour *vingt-cinq francs.*

RECONNAISSANCE DE LIQUIDATION.

RECONNAISSANCE de liquidation. Loi du 25 mars 1817.

N°

N°

(N° II.)

RECONNAISSANCE DE LIQUIDATION.

TRÉSOR ROYAL.

Loi du 25 mars 1817.

DETTE PUBLIQUE.

RECONNAISSANCE DE LIQUIDATION.

N°	CAPITAL	INTÉRÊT

Le porteur a droit à la somme capitale de et aux intérêts à compter du 22 mars 1817, lesquels lui seront payés à l'échéance de chaque semestre, sur le vu de la présente.

Paris, ce 18

Vu :

Le premier commis des finances, *Le directeur du grand-livre,*

Nota. Les reconnaissances seront remboursables intégralement en numéraire, ou en inscriptions au cours, à commencer de 1821, et par cinquième d'année en année. Les séries seront déterminées par le sort.

Les porteurs conservent la faculté de se faire inscrire immédiatement au grand-livre. (*Art.* 3 *de la loi.*)

2 = Pr. 11 AVRIL 1817. — Ordonnance du Roi portant réglement sur les maisons centrales de détention. (7, Bull. 150, n° 1954.)

Art. 1er. Les maisons centrales de détention de Beaulieu (Calvados), Clairvaux (Aube), Embrun (Hautes-Alpes), Ensisheim (Haut-Rhin), Eysses (Lot-et-Garonne), Fontevrauld (Maine-et-Loire), Gaillon (Eure), Limoges (Haute-Vienne), Melun (Seine-et-Marne), Montpellier (Hérault), Mont-Saint-Michel (Manche), Bicêtre et Saint-Lazare, Paris (Seine), Rennes (Ille-et-Vilaine), Riom (Puy-de-Dôme), sont constituées, 1° maisons de force pour renfermer, conformément aux dispositions du Code pénal, article 16 et 21, les individus des deux sexes condamnés à la peine de la reclusion, et les femmes et les filles condamnées à la peine des travaux forcés; 2° maisons de correction pour les condamnés par voie de police correctionnelle (Code pénal, article 40), lorsque la peine à subir ne sera pas moindre d'une année.

2. Les individus condamnés par les cours d'assises et par les cours prévôtales, et ceux condamnés par les tribunaux correctionnels, seront tenus dans des locaux distincts et séparés.

3. La maison centrale du Mont-Saint-Michel (Manche) est, en outre, affectée aux condamnés à la déportation, jusqu'à leur départ pour le lieu de leur destination définitive, qui sera ultérieurement déterminé (Code pénal, article 17).

4. Les individus condamnés au bannissement (Code pénal, article 32) seront transférés à la maison de Pierre Châtel, et y resteront pendant la durée de leur ban, à moins qu'ils n'obtiennent la faculté d'être reçus en pays étranger; dans ce cas, ils seront transportés à la frontière. Ceux qui auront la faculté de s'embarquer, et qui le demanderont seront conduits au port d'embarquement, sur l'ordre de notre ministre de l'intérieur.

5. Les dépenses des maisons centrales de détention, de la maison de déportation et de la maison de bannissement, seront ordonnancées par notre ministre secrétaire-d'Etat au département de l'intérieur, sur les centimes centralisés.

6. Seront également acquittées sur les mêmes centimes les dépenses d'entretien des individus destinés à subir leur peine dans les mêmes maisons, et qui, jusqu'à ce que les constructions soient terminées, ne pourront y être admis.

7. Lorsqu'une maison centrale renfermera toute la population dont elle est susceptible, le ministre secrétaire d'Etat de l'intérieur pourra diriger les condamnés sur la maison centrale d'une autre circonscription.

8. Les condamnés destinés à subir leur peine dans les maisons centrales ou dans les maisons de déportation et de bannissement y seront

transférés aux frais des départemens; leur entretien, jusqu'au jour de leur entrée dans ces mêmes maisons, sera également imputé sur les centimes variables affectés au service des prisons.

9. Les gendarmes chargés de l'escorte des condamnés seront porteurs des extraits de leurs jugemens, et les remettront aux directeurs.

10. La surveillance de chaque maison centrale est confiée au préfet du département où elle est située, sous l'autorité du ministre secrétaire d'Etat de l'intérieur, qui fera les réglemens nécessaires.

11. Il y aura, dans toutes ces maisons, des ateliers de travail. Afin d'en faciliter l'établissement, le ministre secrétaire d'Etat de l'intérieur est autorisé à faire transférer d'une maison à une autre les condamnés qui seraient jugés propres à instruire les autres détenus.

12. Le produit du travail sera divisé en trois parties : un tiers appartiendra à la maison (Code pénal, article 21); un tiers sera remis au détenu, le dernier tiers lui appartiendra également, mais sera tenu en réserve pour lui être remis à sa sortie, à moins qu'il n'en soit autrement disposé à son profit, avec l'autorisation de notre ministre secrétaire d'Etat de l'intérieur.

13. La comptabilité des maisons centrales de détention sera arrêtée et liquidée au 31 décembre 1816. Les départemens verseront les sommes dues par eux, pour compléter les allocations comprises aux budgets de 1816.

14. Les sommes en caisse dans chaque maison leur appartiendront, et seront les premières employées aux besoins courans.

15. Les comptabilités des maisons centrales de détention, de la maison de déportation et de la maison de bannissement, seront révisées et définitivement arrêtées en conseil de préfecture, présidé par le préfet : en cas de contestation sur les arrêtés qui interviendront, les comptabilités contestées seront renvoyées par-devant notre cour des comptes, qui les règlera et révisera définitivement, sauf décision préalable du ministre secrétaire d'Etat de l'intérieur sur les questions qui seraient de sa compétence.

16. Les inspecteurs généraux et sous-inspecteurs du Trésor royal, sur la réquisition qui leur en sera faite par les préfets et par les ordres du ministre secrétaire d'Etat des finances, vérifieront la tenue des registres de comptabilité de ces maisons, et constateront l'état des fonds en caisse, ainsi qu'il a été prescrit pour les communes, le 27 février 1811.

17. Les excédans en caisse qui ne seraient pas nécessaires au service courant, et notamment le montant des retenues qui seront opérées sur les salaires des détenus, pour leur être remises à l'expiration de leur peine, seront versés, par ordre du préfet, dans la caisse des dépôts et consignations, et retirés selon les besoins de la maison, en tout ou en partie, à la demande du préfet, et sur l'autorisation de notre ministre secrétaire d'Etat de l'intérieur; tout autre emploi de ces fonds sera réglé par notredit ministre.

18. Un inspecteur à la nomination de notre ministre secrétaire d'Etat de l'intérieur se transportera dans les maisons centrales de détention, pour remplir les instructions qui lui seront données par lui, et aux époques qu'il désignera.

19. Nos ministres de la justice, de l'intérieur et des finances, sont chargés de l'exécution de la présente ordonnance.

---

2 = Pr. 14 AVRIL 1817. — Ordonnance du Roi qui détermine les règles à suivre pour l'acceptation et l'emploi des dons et legs qui peuvent être faits en faveur tant des établissemens ecclésiastiques que de tous autres établissemens d'utilité publique, en vertu de la loi du 2 janvier 1817 et de l'article 910 du Code civil. (7, Bull. 151, n° 1995.)

Voy. notes sur la loi du 2 JANVIER 1817, et sur la loi du 24 MAI 1825.

Art. 1er. Conformément à l'article 910 du Code civil et à la loi du 2 janvier 1817, les dispositions entre vifs ou par testament, de biens meubles et immeubles, au profit des églises, des archevêchés et évêchés, des chapitres, des grands et petits séminaires, des cures et des succursales, des fabriques, des pauvres, des hospices, des colléges, des communes, et, en général, de tout établissement d'utilité publique et de toute association religieuse reconnus par la loi, ne pourront être acceptées qu'après avoir été autorisées par nous, le Conseil-d'Etat entendu, et sur l'avis préalable de nos préfets et de nos évêques, suivant les divers cas.

L'acceptation des dons ou legs en argent ou objets mobiliers n'excédant pas trois cents francs sera autorisée par les préfets.

2. L'autorisation ne sera accordée qu'après l'approbation provisoire de l'évêque diocésain, s'il y a charge de services religieux.

3. L'acceptation desdits legs ou dons, ainsi autorisée, sera faite, savoir :

Par les évêques, lorsque les dons ou legs auront pour objet leur évêché, leur cathédrale, ou leurs séminaires;

Par les doyens des chapitres, si les dispositions sont faites au profit des chapitres;

Par le curé ou desservant, lorsqu'il s'agira de legs ou dons faits à la cure ou succursale, ou pour la subsistance des ecclésiastiques employés à la desservir;

Par les trésoriers des fabriques, lorsque les donateurs ou testateurs auront disposé en faveur des fabriques ou pour l'entretien des églises et le service divin;

Par le supérieur des associations religieuses, lorsqu'il s'agira de libéralités faites au profit de ces associations;

Par les consistoires, lorsqu'il s'agira de legs faits pour la dotation des pasteurs ou pour l'entretien des temples;

Par les administrateurs des hospices, bureaux de charité et de bienfaisance, lorsqu'il s'agira de libéralités en faveur des hôpitaux et autres établissemens de bienfaisance;

Par les administrateurs des colléges, quand les dons ou legs auront pour objet les colléges, ou des fondations de bourses pour les étudians, ou des chaires nouvelles;

Par les maires des communes, lorsque les dons ou legs seront faits au profit de la généralité des habitans, ou pour le soulagement et l'instruction des pauvres de la commune;

Et enfin par les administrateurs de tous les autres établissemens d'utilité publique, légalement constitués, pour tout ce qui sera donné ou légué à ces établissemens.

4. Les ordonnances et arrêtés d'autorisation détermineront, pour le plus grand bien des établissemens, l'emploi des sommes données, et prescriront la conservation ou la vente des effets mobiliers, lorsque le testateur ou le donateur auront omis d'y pourvoir.

5. Tout notaire dépositaire d'un testament contenant un legs au profit de l'un des établissemens ou titulaires mentionnés ci-dessus sera tenu de leur en donner avis lors de l'ouverture ou publication du testament.

En attendant l'acceptation, le chef de l'établissement ou le titulaire, fera tous les actes conservatoires qui seront jugés nécessaires (1).

6. Ne sont point assujétis à la nécessité de l'autorisation les acquisitions et emplois en rentes constituées sur l'Etat ou les villes, que les établissemens ci-dessus désignés pourront acquérir dans les formes de leurs actes ordinaires d'administration.

Les rentes ainsi acquises seront immobilisées, et ne pourront être aliénées sans autorisation.

7. L'autorisation pour l'acceptation ne fera aucun obstacle à ce que les tiers intéressés se pourvoient, par les voies de droit, contre les dispositions dont l'acceptation aura été autorisée.

8. Notre ministre de l'intérieur est chargé de l'exécution de la présente ordonnance.

---

2 = Pr. 14 AVRIL 1817. — Ordonnance du Roi contenant réglement pour la conservation et la police du canal de Neuf-Brisach, connu sous le nom de canal de Vauban. (7, Bull. 151, n° 1996)

Louis, etc.

Sur le rapport concerté de nos ministres secrétaires d'Etat aux départemens de l'intérieur et de la guerre, par suite des avis donnés, tant par le directeur général et le conseil des ponts-et-chaussées, que par le comité des fortifications et la commission mixte des travaux publics.

Nous avons reconnu qu'il importait d'assurer par un réglement la conservation et la police du canal de Neuf-Brisach, connu sous le nom de *canal de Vauban*, et nous avons, à cette fin, ordonné et ordonnons ce qui suit :

Art. 1er. Le canal de Neuf-Brisach, dit *de Vauban*, depuis sa prise d'eau dans la rivière d'Ill, sous Mulhausen, jusqu'à la distance d'un kilomètre des glacis de la place, dont l'administration a été remise aux ingénieurs des ponts-et-chaussées par le département de la guerre, conformément aux articles 1er et 2 du décret du 13 fructidor an 13, sera considéré tout à la fois comme dépendance du grand canal de jonction du Rhône au Rhin, et comme canal défensif, susceptible par ses améliorations de couvrir une position entre les Vosges et le Rhin.

2. Les limites de cette propriété seront fixées conformément à un abornement authentique fait en 1766, d'après l'ancien arpentage des terrains primitivement achetés pour la confection de ce canal. Des copies régulières du plan d'arpentage seront adressées à nos ministres secrétaires d'Etat de l'intérieur et de la guerre par l'inspecteur général du canal de jonction du Rhône au Rhin et par le directeur des fortifications de Béfort, qui désigneront des ingénieurs des deux services pour suivre de concert les opérations de l'abornement.

3. Les communes ou les particuliers qui auraient pu former des empiétemens sur aucune des parties dépendant de ce canal, déterminées par le susdit abornement, seront tenus de les abandonner ou de les restituer,

---

(1) Lorsque des dispositions testamentaires ont été faites en faveur d'établissemens publics, le chef de l'établissement est tenu de faire tous les actes conservatoires jugés nécessaires en attendant l'acceptation; le conseil de préfecture ne peut pas refuser l'autorisation qui lui est demandée à cet égard (28 mars 1821; ordonnance, J. C. t. 5, 589; — 28 mars 1821; ord. Mac. 1, 465).

quelles que soient les époques auxquelles ils auront eu lieu.

4. Les propriétaires des moulins construits sur ce canal en vertu d'autorisation qui auront élevé leurs radiers au-dessus des repères qui leur ont été fixés, seront tenus de les abaisser pour réparer les pentes primitives. Ceux qui seront dans le cas de reconstruire ces radiers ne pourront le faire qu'après en avoir obtenu la permission régulière, conformément aux lois.

5. Les propriétaires des écluses et prises d'eau existant en vertu d'autorisation ne pourront à l'avenir prendre des eaux dans le canal que lorsqu'elles ne seront pas nécessaires au service de la navigation et au besoin de la place de Neuf-Brisach : dans le cas où ils perdraient partie ou la totalité de leurs droits, ils devront être indemnisés.

6. Il est expressément défendu de former de nouvelles prises d'eau, de construire des rampes, ponts, abreuvoirs ou autres ouvrages, sous quelque prétexte que ce soit, sans une autorisation spéciale, dont il sera donné préalablement communication à notre ministre secrétaire d'Etat de la guerre, à l'effet d'empêcher qu'il ne se forme aucun établissement qui pût, par la suite, devenir contraire aux dispositions défensives qu'on serait dans le cas d'appliquer au canal.

7. Nul particulier ne pourra suivre avec voitures et chevaux d'autres parties de digues que celles expressément réservées comme moyen de communication, et qui seront fixées de concert avec les agens du département de la guerre, pour concilier les vues d'utilité publique avec les intérêts de la défense du territoire.

8. Il est défendu à tous riverains ou autres particuliers de conduire ou de faire pâturer leurs bestiaux sur les levées, talus, francs-bords et autres dépendances, d'en faucher et récolter les herbes, de couper ou détériorer les arbres ou autres plantations.

9. Il est défendu de faire aucun dépôt quelconque sur les digues et leurs dépendances, de jeter des pierres, terres ou immondices dans le canal et les contre-fossés, de dégrader en aucune manière les écluses, ponts, aquéducs et autres ouvrages d'art.

10. Nuls particuliers, autres que les fermiers de la pêche, ne pourront pêcher dans ce canal et ses contre-fossés, y tendre ni filets ni engins.

11. La police de la partie du canal comprise entre son origine et le rayon kilométrique de la place de Neuf-Brisach sera exercée par deux gardes conservateurs, l'un placé à Ensisheim, l'autre à Oberhergeim, et celle de la partie comprise dans le rayon kilométrique de la place de Neuf-Brisach sera exercée par un garde du génie militaire.

Les gardes conservateurs seront sous les ordres immédiats des ingénieurs civils chargés de la direction des travaux du canal de jonction du Rhône au Rhin, et le garde du génie militaire, sous les ordres du chef du génie de la place de Neuf-Brisach. Ces deux premiers seront payés sur les fonds faits pour le service du canal de jonction du Rhône au Rhin, et leur traitement sera de trois cents francs.

12. Les délits seront constatés et poursuivis dans les formes prescrites par les lois et les arrêtés du Gouvernement.

Un tiers des amendes prononcées contre les délinquans appartiendra à l'agent qui aura dénoncé le délit.

13. Tous les travaux à exécuter pour la conservation et l'entretien de la partie du canal remise à l'administration des ponts-et-chaussées seront sous la surveillance des ingénieurs des ponts-et-chaussées, et imputés sur les fonds faits pour ce service; mais aucune construction ou démolition nouvelle ne pourra avoir lieu qu'elle n'ait été communiquée à notre ministre secrétaire d'Etat de la guerre, qui jugera si elle n'est pas nuisible au rôle défensif dont le canal peut devenir susceptible.

14. L'administration des eaux de ce canal sera sous la surveillance des ingénieurs civils chargés de la direction des travaux du canal de jonction du Rhône au Rhin; mais ils concerteront avec le directeur des fortifications les moyens d'assurer en tout temps le volume d'eau nécessaire au service de la place de Neuf-Brisach, soit pour alimenter ses fontaines, soit pour donner des chasses dans les cunettes de ses fossés, soit pour toute autre utilité militaire.

15. Nos ministres de l'intérieur et de la guerre sont chargés de l'exécution de la présente ordonnance.

---

2 AVRIL 1817. — Ordonnances du Roi qui autorisent l'acceptation de dons et legs faits aux pauvres, aux hospices, séminaires et congrégations, et aux fabriques des églises de Montdidier, Orléans, Saint-Laurent-du-Var, Bonnieux, Saint-Marcel, Dijon, Castres, le Puy, Lyon, Condat, Belleville (Rhône), Noyers, Saint-Thomas-d'Aquin de Paris, Berteaucourt, Niort, Clecy, Quiéry-la-Motte, Mattaincourt, Wites, Nancy, Verneuil, Rogny, Carcassonne, Saint-Céré, Montdidier, Mamers, Sainte-Marguerite de Paris et Alby. (7, Bull. 162 et 163.)

---

2 AVRIL 1817. — Ordonnances du Roi qui accordent des lettres de déclaration de naturalité aux sieurs Sarato, Vulliod, Carrière, de Coucy, Azemar, Jerger, Piola, Baudisson, Villiard-Villard, Desgeorges, Desoie, Del-Caretto et Neukomm. (7, Bull. 154, 155, 157, 159, 183, 201, 205, 212 et 258.)

2 AVRIL 1817. — Ordonnance du Roi qui permet au sieur de Lauzière d'ajouter à son nom celui d'Arestel, et à la dame veuve Hamelin celui de Trellauny. (7, Bull. 151.)

2 AVRIL 1817. — Ordonnance du Roi qui admet le sieur Batet à établir son domicile en France. (7, Bull. 152, n° 2034.)

2 AVRIL 1817. — Ordonnance du Roi contenant réglement sur l'exercice de la profession de boulanger dans les villes de Pont-à-Mousson, Saint-Omer, Libourne et Castillon. (7, Bull. 166, n° 2537.)

3 AVRIL 1817. — Ordonnance du Roi qui accorde des lettres de déclaration de naturalité au sieur Baratay. (7, Bull. 155.)

5 AVRIL 1817. — Ordonnances du Roi qui nomment MM. Harmand et de Rigny préfets des départemens de la Corrèze et du Puy-de-Dôme. (7, Bull. 151.)

8 AVRIL 1817. — Ordonnance du Roi qui dissout les gardes-du-corps de la compagnie de Noailles. (Mon. n° 101.)

La compagnie de Noailles de nos gardes-du-corps est dissoute.

Elle se reformera à Versailles.

9 = Pr. 14 AVRIL 1817. — Ordonnance du Roi relative à la répartition du fonds du clergé. (7, Bull. 151, n° 1999.)

Voy. ordonnance du 20 MAI 1818 et 31 JUILLET 1821, et notes sur l'article 7 de la Charte.

Louis, etc.

Nous avons déjà eu occasion de manifester le besoin de notre cœur de faire cesser la détresse affligeante où se trouvait réduit, particulièrement dans les campagnes, le clergé, qui compte un si grand nombre de vénérables pasteurs non moins recommandables par leurs vertus et leur résignation que par leur âge et leurs longs services.

Les Chambres ont constamment partagé nos vœux à cet égard.

Dans le but de soulager la classe la plus nombreuse et la moins aisée des ministres de la religion, et d'encourager ceux qui se destinent à l'état ecclésiastique, notre ordonnance du 5 juin dernier a affecté, sur l'augmentation de cinq millions accordée au clergé en 1816, trois millions neuf cent mille francs, pour payer chaque année mille bourses de plus dans les séminaires, pour assurer un traitement de deux cents francs aux vicaires de paroisse des petites communes, pour augmenter de cent francs celui des desservans, des curés de deuxième classe et des chanoines, et pour porter au moins à deux cent mille francs par an la somme à distribuer à des congrégations religieuses et à des ecclésiastiques âgés et infirmes indépendamment des secours annuels précédemment fixés.

L'emploi du surplus s'élevant à	1,100,000f
n'ayant été fixé par notre ordonnance du 5 juin que pour l'année 1816, reste à déterminer pour l'année 1817, ainsi que la répartition de la nouvelle augmentation de.	5,000,000
comprise dans le budget de cette année.	
TOTAL. . . .	6,100,000

Diverses circonstances ne nous permettent pas d'arrêter encore cette répartition totale; mais voulant pourvoir aux besoins les plus urgens, et sur ce qu'il nous a été représenté,

D'une part, que les curés de canton pensionnaires ont été jusqu'à présent les seuls dont le sort fût amélioré à l'âge de soixante-dix ans, par la cessation du prélèvement de la pension sur le traitement;

D'une autre part, que l'indemnité accordée pour l'année 1816 aux desservans autorisés à biner n'a pu être acquittée sur les fonds affectés aux dépenses du clergé pendant la même année, lesquels ont déjà supporté cette dépense pour 1815,

Nous avons ordonné et ordonnons ce qui suit :

Art. 1er. Une somme de trois millions neuf cent mille francs est affectée, savoir :

185,000f	pour porter, à compter du 1er janvier 1817, le traitement des archevêques à vingt-cinq mille francs et celui des évêques à quinze mille francs, sauf les retenues au profit du Trésor;
2,192,000	pour porter, à compter de la même époque, le traitement des desservans à sept cents francs;
383,000	pour donner, en outre, une augmentation de cent francs aux desservans septuagénaires ainsi qu'aux curés de canton du même âge non pensionnés;
400,000	pour porter de deux cents à deux cent cinquante francs le traitement des vicaires autres que ceux des villes de grande population, et pour que ce traitement soit acquitté à tous ceux qui y ont droit;
450,000	pour compléter la somme de neuf cent mille francs à laquelle s'élè-

veront, par approximation, les indemnités à payer, pour les années 1816 et 1817, aux desservans autorisés à biner;

200,000 pour assurer les secours annuels aux desservans que l'âge et les infirmités forcent à abandonner leurs fonctions;

90,000 pour compléter l'acquit des dépenses du chapitre royal de Saint-Denis, s'élevant, pour 1827, à cent soixante-quinze mille francs, conformément à notre ordonnance du 23 décembre 1816.

3,900,000

2. L'emploi de la somme de deux millions deux cent mille francs, qui complète celle de six millions cent mille francs à répartir sera ultérieurement fixé.

3. Notre ministre de l'intérieur est chargé de l'exécution de la présente ordonnance.

---

9 = Pr. 14 AVRIL 1817. — Ordonnance du Roi qui supprime les secrétaires généraux de préfecture. (7, Bull. 151, n° 2000.)

Voy. ordonnance du 1er AOUT 1820.

Louis, etc.

L'économie est un des premiers vœux de notre gouvernement, parce qu'elle est un des premiers besoins de nos peuples.

Nous étant fait rendre compte des réformes dont l'administration publique était susceptible, nous avons reconnu que les secrétaires généraux de préfecture pouvant être facilement suppléés, l'économie qui résulterait de la suppression de ces fonctionnaires était du nombre de celles que nous devions rechercher davantage, puisqu'elle peut se concilier avec le bien du service :

Par ces motifs,

Sur le rapport de notre ministre secrétaire d'Etat de l'intérieur,

Nous avons ordonné et ordonnons ce qui suit :

Art. 1er. Les secrétaires généraux de préfecture, celui du département de la Seine excepté, seront supprimés à partir du 1er mai 1817.

2. Le doyen des conseillers de préfecture, et, à son défaut, le plus ancien après lui, signera comme secrétaire général les expéditions, et veillera à la bonne tenue des archives, dont tous les frais de garde et de conservation continueront d'être imputés sur le fonds d'abonnement des préfets.

3. Le conseiller de préfecture secrétaire général veillera aussi à ce que les registres des arrêtés et décisions du préfet et des délibérations du conseil de préfecture soient constamment à jour, et à ce que les actes que ces registres contiennent soient signés à mesure qu'ils y seront inscrits.

4. Les secrétaires généraux de préfecture supprimés continueront de recevoir leur traitement pendant trois mois, à titre d'indemnité.

5. Notre ministre de l'intérieur est chargé de l'exécution de la présente ordonnance.

---

9 = Pr. 21 AVRIL 1817. — Ordonnance du Roi portant autorisation de la société anonyme formée à Nantes pour les assurances maritimes, sous le nom de Société d'Assurances de Nantes. (7, Bull. 152, n° 2014.)

Art. 1er. La société anonyme formée à Nantes, pour les assurances maritimes, sous le nom de *Société d'assurances de Nantes*, est et demeure autorisée, conformément aux statuts compris dans l'acte passé, le 24 mars 1817, par-devant Brard, notaire royal; lesquels statuts demeureront annexés à la présente ordonnance, et seront affichés avec elle.

2. Notre ministre de l'intérieur est chargé de l'exécution de la présente ordonnance.

---

9 = Pr. 21 AVRIL 1817. — Ordonnance portant établissement d'une chambre de commerce dans la ville de Laval. (7, Bull. 152, n° 2015.)

Louis, etc.

Sur le rapport du ministre de l'intérieur,

Notre Conseil-d'Etat entendu,

Nous avons ordonné et ordonnons ce qui suit :

Art. 1er. Il y aura une chambre de commerce dans la ville de Laval, département de la Mayenne.

2. Notre ministre de l'intérieur est chargé de l'exécution de la présente ordonnance, qui sera insérée au Bulletin des Lois.

---

9 AVRIL 1817. — Ordonnance du Roi portant proclamation des brevets d'invention, de perfectionnement et d'importation, délivrés pendant le 1er trimestre de 1817 aux sieurs Laurent, Guillemin, Breton, Vacassy de Grammont, Nantes, Audin, Hérichard, Dechâteau, Delvau, Bonis, Brisou, Ardacre, Lenormand, Maizière, Winsor, Guillaume, Paillard-Vaillant, Bayeul, de Rydt, Baudet, Charles, Joannis, Benoiste, de Cavaillon, Vaillant, Lhomond, Jorge, Decrugy, Roguin, Tachouzin et Gonnon, Guillon, Fromont, Dubochet, Frogier, Desvignes, Pillet de Beaumont, Seuce, Grignet, Privat, Landrieux, Binet, Renaud-Blanchet, Cochot, Brunet, Gagneau, Richard, Foucques, Berry, Chaplain et Humphrey. (7, Bull. 152, n° 2016).

9 AVRIL 1817. — Ordonnances du Roi qui accordent des lettres de déclaration de naturalité aux sieurs Mathelin, Castanier, Paquel, Alberti, Satter, Gautier et Muller. (7, Bull. 154, 155, 173 et 220.)

---

9 AVRIL 1817. — Ordonnance du Roi qui permet au sieur comte Mathieu d'ajouter à son nom celui de la Redorte, et au sieur Desban celui de Verneuil. (7, Bull. 152.)

---

9 AVRIL 1817. — Ordonnance du Roi qui admet les sieurs Conrad Mangold, Graulot et Heck, à établir leur domicile en France. (7, Bull. 154, n° 2101.)

---

9 AVRIL 1817. — Ordonnance du Roi qui réintègre le sieur Chrétien Fusch dans la qualité et les droits de sujet français. (7, Bull. 154, n° 2098.)

---

9 AVRIL 1817. — Ordonnances du Roi qui autorisent l'acceptation de dons et legs faits à l'école chrétienne et aux fabriques des églises d'Avrillé, Fontaine, Coutras, Ceignac, Langres et Hinckange. (7, Bull. 163.)

---

9 AVRIL 1817. — Ordonnance du Roi qui concède au sieur Weber le droit d'exploiter les mines de lignite, d'alun et de vitriol, situées sur les territoires et communes de Walmunster, Ottonville et Velving, département de la Moselle. (7, Bull. 166.)

---

9 AVRIL 1817. — Ordonnance du Roi qui change les jours de la tenue des foires et qui en accorde aux communes de Bourbon-Lancy, Clarensac, Rieux et Laurières. (7, Bull. 167.)

16 AVRIL = Pr. 1er MAI 1817. — Ordonnance du Roi contenant réglement pour le Conservatoire royal des arts et métiers. (7, Bull. 153, n° 2036.)

Louis, etc.

Voulant donner au Conservatoire royal des arts et métiers toute l'utilité dont est susceptible cet établissement, qui doit son origine à la protection accordée aux arts par notre auguste frère Louis XVI;

Sur le rapport de notre ministre secrétaire d'Etat au département de l'intérieur,

Nous avons ordonné et ordonnons ce qui suit :

Art. 1er. Il y aura à la tête du Conservatoire royal des arts et métiers un directeur chargé de son administration.

2. Le nombre des autres employés de l'établissement sera fixé au plus strict nécessaire par notre ministre secrétaire d'Etat de l'intérieur.

3. Un inspecteur général surveillera toutes les parties de l'administration du Conservatoire des arts et métiers; il exercera gratuitement ses fonctions.

4. L'inspecteur général et le directeur sont nommés sur la présentation de notre ministre secrétaire d'Etat de l'intérieur, qui nomme tous les autres employés.

5. Notre ministre secrétaire d'Etat de l'intérieur détermine la quotité du traitement du directeur et de ceux de ses subordonnés. Les fonctions de chacun d'eux, leurs attributions et leurs devoirs sont réglés par lui, ainsi que les formes générales et particulières de l'administration et de la comptabilité du Conservatoire.

6. Il sera établi auprès du Conservatoire des arts et métiers un conseil d'amélioration et de perfectionnement, composé de l'inspecteur général, du directeur, et de six autres membres qui y assisteront gratuitement, et que notre ministre secrétaire d'Etat de l'intérieur choisira parmi les hommes les plus versés dans la connaissance des sciences et des arts.

7. Le conseil sera présidé par l'inspecteur général.

8. Le conseil d'amélioration et de perfectionnement proposera ses vues sur tout ce qui lui paraîtra propre à étendre et à multiplier les avantages que le conservatoire des arts et métiers est susceptible de procurer à l'industrie nationale, et sur les moyens d'assurer à toutes les parties de son service le degré de perfection auquel elles peuvent parvenir.

9. Il s'assemblera régulièrement une fois par mois, et plus souvent si le ministre le juge utile ou nécessaire.

10. Notre ministre de l'intérieur est chargé de l'exécution de la présente ordonnance.

---

16 AVRIL 1817. — Ordonnance du Roi qui établit un agent de change courtier de marchandises dans la ville de Calais. (7, Bull. 153, n° 2037.)

---

16 AVRIL 1817. — Ordonnance du Roi qui nomme le sieur Christian directeur du Conservatoire royal des arts et métiers. (Mon. n° 109.)

---

16 AVRIL 1817. — Ordonnances du Roi qui accordent des lettres de déclaration de naturalité aux sieurs Lescaze, Reinhard, Allmacher, Ducruet, Marc-Kols, Ruffier, Dangon, Delmay, Braugnard, Andounégui, Coppenhague, Viora, Fontignies, Novario, Carthy, Raspony, Nicolaï, Germinato, Muller, Cagliano et Boglioli. (7, Bull. 154, 155, 157, 158, 162, 176, 185, 191, 194, 227, 230, 238, 240, 290 et 298.)

---

16 AVRIL 1817. — Ordonnance du Roi qui nomme M. le duc de la Rochefoucault, pair de France, inspecteur général du Conservatoire royal des arts et métiers. (Mon. n° 109.)

16 AVRIL 1817. — Ordonnance du Roi qui nomme M. Ravez conseiller d'Etat en service extraordinaire et sous-secrétaire d'Etat au département de la justice. (7, Bull. 153.)

16 AVRIL 1817. — Ordonnances du Roi qui autorisent l'acceptation de dons et legs faits aux séminaires et fabriques des églises de Saint-Roch de Paris, Nancelles, Grez-en-Bouère, Lisieux, Autun et Carcassonne. (7, Bull. 163.)

18 AVRIL 1817. — Eclaircissemens donnés aux préfets par M. Lainé, ministre de l'intérieur, sur la loi des élections (1re partie) (1). (Mon. du 23 avril.)

Voy. notes sur la loi du 5 FÉVRIER 1817.

Questions relatives au domicile.

1re QUESTION. — Un électeur qui a déjà exercé ses droits de citoyen dans un département autre que celui où est son domicile réel conserve-t-il cet ancien domicile, ou bien le prend-il, conformément à l'article 3 de la loi du 5 février, dans le département de son domicile réel?

La loi du 5 février n'a pas détruit l'effet des lois antérieures, quant au domicile politique acquis avant sa promulgation, soit en faisant les déclarations alors exigées, soit par l'exercice des droits de citoyen; elle a pris à cet égard les choses dans l'état où elle les a trouvées. Ainsi, l'électeur qui a voté aux dernières élections, dans un département autre que celui de son domicile réel, conserve son domicile politique dans ce même département.

2e QUESTION. — Le fonctionnaire ou l'employé qui arrive dans un département pour y exercer ses fonctions ou son emploi doit-il être considéré comme ayant son domicile réel dans ce département; et, en supposant qu'il paie ailleurs 300 francs de contributions, peut-il demander d'être compris dans la liste des électeurs, quoiqu'il ne se soit pas écoulé six mois depuis son arrivée?

Si le fonctionnaire ou l'employé a exercé quelque part, aux dernières élections, ses droits politiques, il conserve, d'après la solution précédente, son ancien domicile politique, quelle que soit d'ailleurs la nature de ses fonctions ou de son emploi. S'il n'a pas encore exercé ces droits, son domicile politique est, suivant l'article 3 de la loi du 5 février, au lieu où est son domicile réel. La question se réduit donc à examiner si les fonctions sont de l'espèce de celles qui investissent *immédiatement* du domicile réel les personnes qui en sont revêtues.

Or, suivant les articles 106 et 107 du Code civil, il n'y a que les fonctions conférées à vie et non révocables qui emportent la translation *immédiate* du domicile réel. C'est donc seulement *dans le cas de fonctions à vie, et à défaut de domicile politique déjà acquis*, que le fonctionnaire pourra être admis à voter, sans formalités préalables, dans le lieu de ses fonctions, si toutefois il y paie une portion quelconque de ses contributions, et s'il remplit les autres conditions exigées.

3e QUESTION. — Un étranger qui a résidé dix années en France, ou qui est admis à domicile avec jouissance des droits civils, a-t-il par ce seul fait la qualité de citoyen français, ou ne l'obtient-il qu'en vertu de lettres de naturalisation.

La législation est précise à cet égard.

L'article 3 de l'acte de l'an 8 (22 frimaire) est conçu en ces termes : « Un étranger devient citoyen français lorsque après avoir « atteint l'âge de vingt-un ans accomplis et « avoir déclaré l'intention de se fixer en « France, il y a résidé pendant *dix années* « *consécutives.* »

Les formalités relatives à l'exécution de cet article ont été réglées par le décret du 17 mars 1809, ainsi qu'il suit :

Art. 1er. « Lorsqu'un étranger, en se con- « formant aux dispositions de l'acte des « constitutions du 22 frimaire an 8, aura « rempli les conditions exigées pour devenir « citoyen français, sa naturalisation sera « prononcée par nous.

2. « La demande en naturalisation et les « pièces à l'appui seront transmises par le « maire du domicile du pétitionnaire, au « préfet, qui les adressera, avec son avis, « au ministre de la justice. »

Enfin, l'ordonnance royale du 4 juin 1814, a prescrit les dispositions suivantes :

« Conformément aux anciennes constitu- « tions françaises, aucun étranger ne pourra « siéger, à compter de ce jour, ni dans la « Chambre des pairs, *ni dans celle des dé-* « *putés*, à moins que, par d'importans ser- « vices rendus à l'Etat, il n'ait obtenu de

(1) Voy. *seconde partie*, à la date du 18 août 1817. Ces éclaircissemens, ainsi que l'indique leur titre, ne sont que des instructions ministérielles non obligatoires : le ministre le dit formellement dans une circulaire du 29 août 1820.

« nous des lettres de naturalisation *vérifiées* « *dans les deux Chambres.* »

Il résulte de la combinaison de ces divers actes : 1° qu'un étranger, même après avoir résidé pendant dix années consécutives, ne peut être apte à *voter* dans les colléges électoraux, s'il ne lui a été délivré de lettres de simple naturalisation *accordées par le Roi;* 2° que, pour être éligible à la Chambre des députés, il faut que, indépendamment des conditions prescrites par la Charte, il ait obtenu des lettres de grande naturalisation *accordées par le Roi et vérifiées dans les deux Chambres.*

4e QUESTION. — L'article 3 de la loi qui, pour la translation du domicile politique, impose l'obligation d'en faire la déclaration au moins six mois d'avance, n'est-il pas passible de modification pour les prochaines élections, à cause de l'impossibilité de remplir cette condition?

Non. La loi est précise : elle a pris les choses comme elle les a trouvées. Tout contribuable électeur a un domicile politique, ou au moins un domicile réel, où il a le droit de voter; mais, s'il veut transférer *ailleurs* ce domicile, il ne peut se dispenser de remplir les conditions que la loi a imposées en accordant cette faculté.

5e QUESTION. — L'électeur qui veut transférer son domicile politique dans un autre département est-il obligé d'aller faire sa déclaration en personne? peut-il l'envoyer dans un écrit signé de lui, ou se faire représenter par un fondé de pouvoirs qui signera pour lui?

Il serait trop rigoureux d'exiger de l'électeur qui veut changer le lieu de son domicile politique un déplacement qui pourrait souvent être long et dispendieux. D'un autre côté, la faculté de transférer à volonté l'exercice de ses droits politiques présente assez d'avantages pour que l'électeur qui veut en jouir se soumette à remplir une formalité peu gênante, et dont l'objet est de bien constater son intention. En conséquence, aucun électeur ne sera admis à faire sa déclaration par lettre; il faudra qu'il se présente en personne pour faire cette déclaration, ou qu'il en charge un fondé de pouvoirs, au moyen d'une procuration qui pourra être sous seing privé, mais qui devra être dûment légalisée et enregistrée. La procuration restera annexée au registre des déclarations.

Questions relatives au calcul des contributions exigées.

6e QUESTION. — Dans le calcul des contributions doit-on admettre : 1° les centimes facultatifs qui peuvent être imposés dans les départemens d'après le vœu que les conseils généraux sont autorisés à émettre; 2° les taxations des percepteurs imposées en sus du principal et des centimes additionnels, mais en vertu de la loi du budget?

Les contributions directes, les centimes additionnels et les centimes imposés *dans les limites que la loi de finances a déterminées*, doivent seuls concourir pour l'établissement des droits des électeurs et des éligibles.

Mais les centimes extraordinaires qui seraient autorisés pour quelque cause que ce fût : 1° au profit des communes, *en sus des cinq centimes communaux;* 2° pour les départemens, *en outre des cinq centimes facultatifs*, ne doivent pas concourir à former les trois cents francs ou les mille francs exigés.

Tel est l'esprit de la loi : l'application en est facile, puisque toutes les contributions qui doivent être admises sont *confondues dans un rôle unique*; au lieu que les deux sortes de contributions extraordinaires et locales, dont il vient d'être parlé, *sont établies dans des rôles spéciaux et distincts.*

Les taxations des percepteurs font partie de la contribution; elles sont confondues avec elle dans le rôle, et doivent compter, mais seulement pour celles des contributions qui sont admises dans le calcul de la quotité exigée.

7e QUESTION. — Que doit-on entendre par contributions directes?

Les quatre contributions foncière, personnelle et mobilière, des portes et fenêtres et des patentes.

8e QUESTION. — A qui doit-on compter la contribution des portes et fenêtres?

Cette contribution, qui, par sa nature, n'est pas à la charge des propriétaires, doit, comme la contribution personnelle, compter au locataire qui la paie; c'est-à-dire que celui-ci peut être électeur ou éligible, si, en réunissant à ses autres contributions ce qu'il paie pour portes et fenêtres, il atteint trois cents francs ou mille francs.

Il est inutile d'ajouter que, par la même raison, le propriétaire a droit de faire entrer dans le calcul de ses contributions, celle des portes et fenêtres, pour ce qui concerne la maison ou l'appartement qu'il habite.

9e QUESTION. — Lorsque la nue-propriété est dans une main et l'usufruit dans l'autre, est-ce à l'usufruitier qu'on doit compter la contribution?

C'est à l'usufruitier, puisque c'est lui qui la paie, et que d'ailleurs, suivant l'article 597 du Code civil, *il jouit généralement de tous les droits dont le propriétaire peut jouir, et qu'il en jouit comme le propriétaire lui-même.*

10e QUESTION. — Doit-on considérer comme contribution directe la retenue faite sur les traitemens des fonctionnaires ou salariés de l'Etat, en vertu de la loi de finances?

Non : la retenue qui a été prescrite par la loi de finances du 28 avril 1816, et qui est confirmée par l'article 136 de la loi du 25 mars 1817, n'est, dans le fait, qu'une réduction temporaire de traitement, et non pas une contribution; et si le produit de ces retenues est compris en dépense et en recette au budget de l'Etat, c'est uniquement pour l'ordre de la comptabilité.

11e QUESTION. — Les retenues que les militaires subissent sur leur traitement, et dont une partie a été établie pour compenser la contribution personnelle et mobilière que leur état les dispense de payer, doivent-elles être comptées dans le calcul des contributions?

La retenue que supportent les traitemens militaires, soit d'activité, soit de demi-solde, en vertu de la loi de finances, ne doit pas plus compter pour les militaires que pour les fonctionnaires ou employés civils.

Mais les militaires qui, ayant une résidence fixe, sont, conformément à l'article 1er de l'arrêté du 28 messidor (1) an 10, cotisés à la contribution personnelle et mobilière au lieu de cette résidence, à raison de deux centimes par franc de leur traitement, ont droit de compter cette cotisation. Ce n'est pas, en effet, une retenue sur le traitement, c'est une véritable taxe personnelle, évaluée, il est vrai, d'après une base particulière, mais *imposée au rôle commun, et payée de la même manière que la contribution personnelle.*

12e QUESTION. — Doit-on inscrire d'office sur le registre des électeurs les Français âgés de trente ans qui ne se seront pas présentés lorsque l'administration aura par-devers elle des élémens suffisans pour s'assurer qu'ils paient 300 francs ou au-delà de contributions indirectes? La simple notoriété suffira-t-elle?

On doit sans doute les inscrire d'office, mais après s'être assuré qu'ils ont leur domicile politique ou leur domicile réel dans une commune du département.

La notoriété ne peut suffire pour faire inscrire d'office des contribuables sur le registre des électeurs; mais elle doit avertir les fonctionnaires chargés de recueillir les élémens de ce registre, de s'assurer si ceux que la voix publique désigne ont en effet droit d'y être inscrits, en prenant des renseignemens positifs auprès des percepteurs ou des directeurs des contributions directes : car on ne doit porter sur le registre que la quotité de contributions dûment prouvée.

13e QUESTION. — Un contribuable a aliéné en 1816 des biens dont les contributions ont été payées en son nom : ces contributions ne doivent-elles pas être comptées à l'acquéreur?

Oui, sans doute, si l'acquéreur est Français et a l'âge et le domicile requis. Il devra justifier de son droit, en représentant le contrat ou la copie certifiée du contrat d'acquisition.

14e QUESTION. — Un contribuable a vendu sa propriété depuis le 1er janvier 1817. Le vendeur conserve-t-il la qualité d'électeur qu'il avait au 1er janvier, ou passe-t-elle à l'acquéreur?

Il ne peut y avoir de difficulté dans l'esprit de la loi : si la liste des électeurs de 1817 doit se composer de ceux qui, sous le rapport des contributions, avaient, au 1er janvier dernier, les droits requis, cela ne doit s'entendre que de la quotité de la contribution qui se perçoit en vertu d'une loi annuelle, et non du droit d'élire, qui est transmissible, en tout temps, avec la propriété qui le donne, dans les cas prévus par la loi. L'acquéreur peut donc, en justifiant de ses droits, se faire substituer au vendeur, jusqu'au moment où la liste sera *légalement* close et arrêtée; mais, dans aucun cas, le vendeur qui, par l'hypothèse, n'est plus propriétaire, ne saurait conserver la qualité d'électeur, laquelle est inhérente à la propriété.

15e QUESTION. — Un père a donné une partie de ses biens à son fils, et celui-ci, propriétaire des biens donnés par le père et héritier présomptif du surplus, étant l'administrateur de la fortune de la famille, est seul imposé pour le tout au rôle des contributions, quoiqu'il ne possède réellement qu'une partie des biens : l'administration doit-elle requérir la distinction des biens pour établir ce que chacun paie de contributions?

Non. La cession n'a pu se faire qu'en vertu d'un acte qui désigne les biens cédés. La présentation de cet acte suffit pour faire connaître ce qui appartient encore en propre au père, et ce qui a été cédé au fils. Il est donc facile de juger, si l'un des deux, ou si tous les deux paient la quotité de contributions requise.

Il en est de même, toutes les fois qu'il y a jouissance indivise, à quelque titre que ce soit.

(1) Il n'y a pas d'arrêté de cette date relatif à cet objet; le Code électoral indique le 28 thermidor an 10, et fait remarquer que cet arrêté se trouve abrogé par l'article 30 de la loi du 23 juillet 1820.

16e QUESTION. — Un Français âgé de trente ans qui jouit de propriétés indivises imposées sous le nom de sa mère, veuve, ou de son frère, ou des héritiers de tel ou telle, est-il électeur lorsqu'il paie pour sa part 300 francs ou plus de contributions? dans ce cas quelles pièces doit-il produire?

Oui, sans doute, il est électeur. Les pièces à produire sont: 1° un extrait des rôles des contributions imposées sur la totalité des biens; 2° le titre ou copie du titre en vertu duquel il est copropriétaire dudit bien, dans telle ou telle proportion, de laquelle il résulte qu'il paie trois cents francs.

Cette dernière pièce n'est, au reste, nécessaire que lorsque l'extrait du rôle ne fait pas connaître distinctement la portion de contributions directes à la charge de chacun.

---

19 AVRIL = 8 MAI 1817. — Ordonnance du Roi portant réglement pour le Conseil-d'Etat. (7, Bull. 154, n° 2086)

Voy. ordonnances des 23 AOUT 1815, 16 JUILLET 1820; avis du Conseil des 14 AVRIL et 12 DÉCEMBRE 1821, 27 NOVEMBRE = 17 DÉCEMBRE 1823; ordonnances des 26 AOUT 1824 et 18 JANVIER 1826.

Louis, etc.

Sur le compte qui nous a été rendu des travaux de notre Conseil-d'Etat dans la préparation des lois, ordonnances et réglemens dont il a eu à s'occuper, conformément aux dispositions de notre ordonnance du 23 août 1815;

Considérant: 1° que, sur les questions de Gouvernement, de législation ou d'administration d'une haute importance, il serait aussi utile que convenable de réunir dans les conseils particuliers, dits *conseils de cabinets*, ceux des membres de notre conseil privé ou de notre Conseil-d'Etat qu'il nous plairait d'y appeler;

2° Que les projets de lois, ordonnances et réglemens, préparés dans les divers comités du Conseil-d'Etat, pourraient encore être soumis à une discussion plus solennelle et plus approfondie, à un concours plus général de lumières, en les présentant à la délibération de notre Conseil, tous les comités réunis;

3° Que les bons résultats qui ont été obtenus des travaux confiés aux différens comités qui composent notre Conseil-d'Etat, prouvent l'avantage de créer un nouveau comité auprès de notre ministre secrétaire d'Etat au département de la guerre;

4° Enfin, que la nature des fonctions de nos sous-secrétaires d'Etat, conseillers d'Etat et de nos conseillers d'Etat directeurs généraux ne laisse aucun doute sur la nécessité de leur donner droit de séance et voix délibérative, tant dans les comités qu'aux séances générales du Conseil, encore même qu'ils ne soient portés que sur les listes du service extraordinaire:

A ces causes,

Nous avons ordonné et ordonnons ce qui suit:

TITRE Ier. Des conseils de cabinet.

Art. 1er. Les conseils de cabinet sont appelés à discuter, sur toutes les questions de Gouvernement, les matières de haute administration ou de législation qui leur sont renvoyées par nous.

2. Les conseils de cabinet sont présidés par nous, ou par le président du conseil des ministres.

3. Ils sont composés: 1° de tous les ministres secrétaires d'Etat; 2° de quatre ministres d'Etat au plus, et de deux conseillers d'Etat désignés par nous pour chaque conseil.

4. Il n'est tenu aucun registre ni note des délibérations des conseils de cabinet: seulement toutes les fois qu'un de ces conseils sera réuni, l'avis pris à la majorité des voix sera rédigé et certifié par l'un des ministres responsables y assistant.

TITRE II. Du Conseil-d'Etat.

5. Il sera formé un sixième comité auprès de notre ministre secrétaire d'Etat au département de la guerre.

6. Tout projet de loi ou d'ordonnance portant réglement d'administration publique qui, conformément à l'art. 11 de l'ordonnance du 23 août 1815, aura été préparé dans l'un des comités établi près l'un de nos ministres secrétaires d'Etat, devra ensuite être délibéré au Conseil-d'Etat, tous les comités réunis, et tous les ministres secrétaires d'Etat ayant été convoqués.

Les ordonnances portant reglement d'administration publique devront porter dans leur préambule ces mots: *Notre Conseil-d'Etat entendu* (1).

7. Nos sous-secrétaires d'Etat, conseillers d'Etat, et nos conseillers d'Etat directeurs généraux d'une administration assisteront aux séances du Conseil-d'Etat et des comités établis près des ministères dont ils dépendent; ils y auront voix délibérative.

---

(1) M. de Cormenin dans ses *Questions de droit administratifs*, 3e édition, fait remarquer que « les ordonnances d'application contresignées « par les ministres, jetées en foule dans le Bul- « letin des Lois, portent toutes: *Notre Conseil-* « *d'Etat entendu*, quoique le Conseil ne le soit ja- « mais »

8. Au défaut du président de notre conseil des ministres, ou de notre garde-des-sceaux, ministre de la justice, le Conseil-d'Etat réuni sera toujours présidé par le plus ancien de nos ministres secrétaires d'Etat présens, et, à défaut de l'un d'eux, par le sous-secrétaire d'Etat au département de la justice.

9. Nos sous-secrétaires d'Etat présideront les comités attachés aux ministères dont ils font partie, toutes les fois que le ministre ne les présidera pas lui-même.

Dans le cas d'empêchement du sous secrétaire d'Etat, le ministre pourra désigner un autre président pris parmi les membres du comité.

10. Toutes les dispositions de nos ordonnances des 23 août et 19 septembre 1815, relatives à l'organisation du Conseil-d'Etat et à la formation du conseil privé, sont maintenues, en ce qui n'est pas contraire à la présente ordonnance.

---

19 AVRIL 1817. — Ordonnance du Roi qui nomme conseiller à la cour de cassation M. de Trinquelague conseiller d'Etat. (7, Bull. 153, n° 2040.)

---

19 AVRIL 1817. — Ordonnance du Roi qui nomme commissaire de sa majesté près la commission du sceau M. Amédée de Pastoret, maître des requêtes. (7, Bull. 153, n° 2401.)

---

19 AVRIL 1817. — Ordonnance du Roi qui règle le service du Conseil-d'Etat. (7, Bull. 154, n° 2087.)

---

19 AVRIL 1817. — Lettres-patentes du Roi portant institution de majorats en faveur de MM. Poncet du Maupas et Hémart. (7, Bull. 174.)

---

23 AVRIL = Pr. 27 JUIN 1817. — Ordonnance du Roi concernant la composition du corps des maréchaux et fourriers-des-logis de la maison de sa majesté, et la réduction des dépenses de ce corps. (7, Bull. 160, n° 2319.)

---

23 AVRIL = Pr. 1er MAI 1817. — Ordonnance du Roi qui détermine la portion du fonds de non-valeurs sur les contributions directes de 1817 mise à la disposition des préfets. (7, Bull. 153, n° 2035.)

---

23 AVRIL 1817. — Ordonnances du Roi qui accordent des lettres de déclaration de naturalité aux sieurs de Murphy, Crousse, Padelinetti, Choiseul d'Aillecourt, Conty, Christian, Brassart et Huber. (7, Bull. 155, 157, 169, 176 et 185.)

---

23 AVRIL 1817. — Ordonnances du Roi qui autorisent l'acceptation de dons et legs faits aux pauvres, aux fabriques des églises et aux hospices de Soissons, Bordeaux, Pithiviers, Vertus, Incurables de Paris, Carentan, Sainte-Ménéhould, Vichy, Toulon, Marcygny, Pretot, Moussy-le-Vieux, Ames, Serques, Saint-Etienne, Toulouse, Grasse et Néris. (7, Bull. 163 et 167.)

---

23 AVRIL 1817. — Ordonnance du Roi qui admet les sieurs Beigel, Gut, Meigge, Ribs, Paille, Schoeller, Sigg, Schaaff, Fritschy, Steidinger et Hilckène, à établir leur domicile en France. (7, Bull. 154.)

---

27 AVRIL = Pr. 27 JUIN 1817. — Ordonnance du Roi qui supprime la compagnie des gardes de la prévôté de l'hôtel de sa majesté, et maintient néanmoins dans leurs charges le capitaine colonel, grand-prévôt, et le lieutenant général d'épée (1). (7, Bull. 160, n° 2320.)

Art. 1er. La compagnie des gardes de la prévôté de notre hôtel est supprimée; elle cessera son service le 1er mai; néanmoins, le capitaine-colonel grand-prévôt, et le lieutenant général d'épée sont maintenus dans leurs charges.

2. Tous les autres officiers de ladite compagnie sont mis à la disposition du ministre secrétaire d'Etat de la guerre, pour être replacés, soit dans notre gendarmerie royale, soit dans la ligne, selon le rang qu'ils ont dans l'armée. Ceux d'entre eux qui sont susceptibles de la retraite y seront admis, et notre ministre secrétaire d'Etat de la guerre réglera leur pension en conformité des dispositions de notre ordonnance du 27 août 1814.

3. Les sous-brigadiers, gardes et trompettes sont également mis à la disposition du ministre secrétaire d'Etat de la guerre pour être employés soit dans notre gendarmerie royale, soit dans la ligne.

Les sous-brigadiers, gardes et trompettes susceptibles de la retraite par leur âge, leur infirmités ou l'ancienneté de leurs services, seront pensionnés, ou admis à notre hôtel royal des Invalides.

4. Immédiatement après la revue de licenciement de ladite compagnie, ses effets d'armement et de grand équipement seront déposés dans les arsenaux et magasins du département de la guerre.

5. Nos ministres de la guerre et de notre maison sont chargés de l'exécution de la présente ordonnance.

---

30 AVRIL 1817. — Ordonnances du Roi qui accordent des lettres de déclaration de naturalité aux sieurs Balbiano, Jannon, Boffano,

---

(1) *Voy.* notice sur la prévôté de l'hôtel (Mon. du 28 juin 1817).

Traversa, Toppy, Cigliutti, Bella, Amory, Colet, Laubmeister, Conseil, Collard, Priola, Cavallo, Wilmans, Merlini, Cavano, Valentin, Camus, Léman et Guarguier, Avoine et Symers. (7, Bull. 155, 157, 158, 159, 162, 165, 167, 173, 178, 183, 199, 208, 223, 230, 233, 255, 320, 430 et 435.)

30 AVRIL 1817. — Ordonnance du Roi qui admet les sieurs le Bon, Stichlinger, Eschbach, Hengel, Grant, Hermann, Zanta, Holtwarth et Eiselé, à établir leur domicile en France. (7, Bull. 157.)

30 AVRIL 1817. — Ordonnances du Roi qui autorisent l'acceptation de dons et legs faits aux séminaires et fabriques des églises de Wittersbourg, Mende, Vic, Saint-Aignan et Spicker. (7, Bull. 167.)

7 = Pr. 22 MAI 1817. — Ordonnance du Roi portant autorisation d'une société anonyme formée sous le nom de Banque de Rouen. (7, Bull. 155, n° 2124.)

Louis, etc.

Sur le rapport de notre ministre secrétaire d'État au département de l'intérieur;

Vu le mémoire présenté par des négocians, manufacturiers et capitalistes de Rouen, tendant à obtenir l'autorisation exigée par l'article 37 du Code de commerce, pour se constituer en société anonyme, sous le nom de *Banque de Rouen*, à l'effet de remplacer le comptoir d'escompte que la Banque de France supprime dans cette ville;

Vu l'acte de société adopté par les sociétaires et rédigé en acte public par-devant Lequesne et son collègue, notaires à Rouen, le 26 mars 1817, y compris les modifications insérées en quatre articles à la fin dudit acte;

Vu l'avis du préfet de la Seine-Inférieure;

Vu les articles 29, 30, 31, 32, 33, 34, 35, 36, 37, 40 et 45 du Code de commerce;

Vu la loi du 14 avril 1803;

Notre Conseil-d'État entendu,

Nous avons ordonné et ordonnons ce qui suit:

Art. 1er. La société anonyme sous le nom de *Banque de Rouen*, formée dans cette ville pour y remplacer le comptoir d'escompte de la Banque de France, est et demeure autorisée, conformément aux statuts délibérés par les actionnaires le 26 mars 1817, lesquels demeureront annexés à la présente ordonnance.

2. Notre ministre de l'intérieur est chargé de l'exécution de la présente ordonnance.

7 MAI 1817. — Ordonnances du Roi qui accordent des lettres de déclaration de naturalité aux sieurs Maccarlan, Lavy, Gruhn, Baratta, Saetone, de Messiora, Morro, dit Moureau, Denis, Fazio, Ducros, Fontaine et Depret. (7, Bull. 158, 162, 169, 173, 178, 194, 197, 201, 220, 227 et 230.)

7 MAI 1817. — Ordonnances du Roi qui autorisent l'acceptation de dons et legs faits aux séminaires et fabriques des églises d'Altkirch, Loray, Saint-Philibert-de-Charlieu, Loupande, Branceilles, Meissac, Vaudremont, Mars, Arras, Vic, Evreux, Dieffenbach, Mollières, Dinan, Orléans et Yevre-la-Ville. (7, Bull. 166 et 169.)

7 MAI 1817. — Ordonnances du Roi qui accordent de nouvelles foires et qui changent le jour de la tenue de celles de Vitrac, Genillé, Azaile-Rideau, Soubise, Lisle, Chelles, les Esparres, Heyrieux, Cherbourg, Calais, Loches et Izeure. (7, Bull. 169 et 170.)

7 MAI 1817. — Ordonnance du Roi qui admet les sieurs Costa, Cordes, Struich, Culioni et Bretons, à établir leur domicile en France. (7, Bull. 157.)

7 MAI 1817. — Ordonnance du Roi qui permet au sieur Rougelot d'ajouter à son nom celui de Lioncourt, et au sieur Moreau celui de Roux. (7, Bull. 155.)

7 MAI 1817. — Ordonnance du Roi qui permet au sieur Lepreux d'établir une manufacture de Magmats à Bertaucourt-Epourdon, département de l'Aisne. (7, Bull. 169, n° 2648.)

7 MAI 1817. — Ordonnance du Roi portant limitation des concessions des mines de houille des environs d'Alais, accordées par l'ordonnance du 27 novembre 1815 à M. le duc de Castries et aux sieurs Puech, Goirand, Serres et Méjean. (7, Bull. 169.)

10 MAI 1817. — Lettres-patentes du Roi portant institution de majorat en faveur de M. Maloteau de Guerne. (7, Bull. 174, n° 2778.)

14 MAI = Pr. 4 JUIN 1817. — Ordonnance du Roi qui autorise la ville de Paris à créer trente-trois mille obligations au porteur, de mille francs chacune, remboursables dans l'espace de douze années (1). (7, Bull. 156, n° 2164.)

Louis, etc.

L'administration municipale de notre

(1) L'article 43 de la loi du 15 mai 1818 dispose que les villes dont les revenus excèdent 100,000 fr. ne peuvent faire aucun emprunt qu'en vertu d'une loi.

bonne ville de Paris s'étant trouvée dans la nécessité d'émettre des valeurs négociables sur la place, afin de se procurer les fonds dont elle avait besoin, tant pour faire face aux dépenses occasionnées par l'occupation militaire en 1815, que pour celles qui ont été la suite de l'intempérie des saisons en 1816, nous avions, par nos ordonnances des 13 septembre et 4 octobre 1815 et du 15 janvier dernier, autorisé la création et aliénation de quinze cent mille francs de rente perpétuelle dont le produit devrait être employé à liquider les dettes de notre bonne ville de Paris.

Cependant, il nous a été rendu compte que l'aliénation de ces quinze cent mille francs de rente n'a été consommée que pour une très-faible partie, et que l'administration municipale de notre bonne ville de Paris, convaincue de la difficulté qu'elle aurait de les racheter par la suite, préfère adopter un autre mode pour l'amortissement de sa dette.

Il nous a été représenté en même temps, qu'en adoptant ce nouveau mode d'amortissement, la ville pourrait se procurer les ressources nécessaires pour faire terminer la construction des abattoirs et autres grands établissemens d'utilité publique que le défaut de fonds n'a point permis d'achever jusqu'à présent, et qui viendront alors augmenter les revenus de la ville :

A ces causes,

Vu la délibération du conseil municipal de notre bonne ville de Paris, en date du 10 mai courant ;

Sur le rapport de notre ministre secrétaire d'Etat au département de l'intérieur,

Nous avons ordonné et ordonnons ce qui suit :

Art. 1er. Notre bonne ville de Paris est autorisée à créer trente-trois mille obligations au porteur, de mille francs chacune, formant la somme de trente-trois millions de francs, remboursable dans l'espace de douze années à partir du 1er octobre prochain.

2. Ces obligations ne seront assujéties qu'au droit du timbre ; elle porteront intérêt à six pour cent, payable de trimestre en trimestre ; elles jouiront, en outre, d'une prime dont la quotité sera déterminée par le sort, dans la proportion fixée par le tableau annexé à la présente ordonnance.

3. Le remboursement des obligations et le paiement des primes auront lieu tous les trois mois, par suite d'un tirage qui sera fait à l'hôtel-de-ville, un mois avant l'ouverture de chaque trimestre, en présence du préfet de la Seine, de deux membres du conseil municipal et de deux maires de Paris, désignés tous les ans par notre ministre secrétaire d'Etat de l'intérieur, et de notre procureur général en la cour des comptes ; de telle sorte que, dans l'espace de douze années à commencer du 1er octobre prochain, et successivement le premier jour de chaque trimestre, jusqu'au 1er juillet 1829, il sera fait par la ville de Paris quarante-huit paiemens égaux pour rembourser la totalité des obligations et acquitter les primes et intérêts, le tout conformément au tableau ci-annexé.

4. Notre bonne ville de Paris est et demeure autorisée à négocier les trente-trois mille obligations susmentionnées, aux prix et conditions portés à la soumission qui a été acceptée par le conseil municipal.

5. Les fonds provenant de cette négociation seront exclusivement employés à retirer de la circulation les bons émis par la ville de Paris et la portion de ses rentes qu'elle a engagée, à acquitter la partie de la dette non liquidée, et à pourvoir à l'achèvement des abattoirs.

6. Pour assurer le remboursement des obligations et le paiement des intérêts et des primes, il sera alloué tous les ans, pendant douze années, au budget de la ville de Paris, une somme de quatre millions trois cent quarante-huit mille francs, prise sur ses revenus tant fixes qu'éventuels ; cette allocation formera le premier article des dépenses extraordinaires de la ville.

7. En conséquence, les rentes de la ville de Paris non encore aliénées, et tous ses revenus annuels, sont et demeurent affectés, tant pour servir au paiement des deux cent douze mille francs de rentes déjà vendues, que pour servir de garantie des paiemens ci-dessus, auxquels la ville déléguera plus spécialement les produits et droits suivans :

1° Produits de la caisse de Poissy ;

2° Droits de remise sur le produit des ventes dans les halles et marchés ;

3° Droits additionnels à l'octroi établis par ordonnance du 16 août 1815, dont la perception continuera à avoir lieu jusqu'au parfait remboursement des obligations (1).

8. Nos ministres secrétaires d'Etat aux départemens de l'intérieur et des finances sont chargés de l'exécution de la présente ordonnance, à laquelle seront annexés le traité soumis pour la négociation des obligations, et l'état relatif à leur amortissement.

PRÉFECTURE DU DÉPARTEMENT DE LA SEINE.

Entre M. le préfet du département de la Seine, agissant pour la ville de Paris, d'une part,

(1) *Voy.* ordonnances des 31 décembre 1818 et 22 décembre 1819.

Et MM. Dominique André et François Cottier, Busoni, Louis Goupy et compagnie, Henri Hentsch-Blanc et compagnie, J. M. de Rottschild, O. Worms de Romilly,

Tous cinq, d'autre part,

A été fait et arrêté le traité suivant :

La ville de Paris, désirant depuis longtemps pourvoir à la liquidation de sa dette flottante, et aux dépenses nécessaires pour achever les abattoirs et utiliser enfin cet établissement, qui a déjà coûté des sommes si considérables, a formé le projet de réaliser un capital de trente-un millions, dont le remboursement se ferait successivement en plusieurs années, et dont la charge ainsi répartie, deviendrait moins sensible pour la ville de Paris et moins onéreuse pour les habitans.

Dans cette vue, M. le préfet a pris communication de divers plans qui lui ont été soumis; il a écouté les offres de plusieurs compagnies; et après un mûr examen et de longs débats, il s'est arrêté aux propositions faites par les cinq maisons ci-dessus dénommées.

En conséquence, MM. Dominique André et François Cottier, Busoni, Louis Goupy et compagnie, Henri Hentsch Blanc et compagnie, J. M. de Rottschild et O. Worms de Romilly, s'obligent et obligent leurs maisons, tous solidairement, à verser dans la caisse de la ville de Paris une somme de trente-un millions de francs aux époques qui vont être déterminées, savoir :

Le 1er juin 1817	2,600,000f
15 dudit	2,500,000
1er juillet	3,000,000
15 dudit	3,000,000
1er août	2,500,000
15 dudit	2,000,000
1er septembre	2,500,000
15 dudit	2,500,000
1er octobre	2,500,000
15 dudit	2,500,000
1er novembre	2,000,000
15 dudit	2,000,000
1er décembre	200,000
1er janvier 1818	200,000
1er février	200,000
1er mars	200,000
1er avril	200,000
1er mai	200,000
Et 1er juin	200,000
TOTAL	31,000,000

De son côté M. le préfet, pour le remboursement de cette somme de trente-un millions et de ses intérêts, oblige la ville de Paris à payer dans le cours de douze années, une somme de cinquante-deux millions cent soixante-seize mille francs, laquelle somme sera acquittée en quarante-huit paiemens égaux d'un million quatre-vingt-sept mille francs chacun, et par trimestre, dont le premier écherra le 1er octobre présente année, le deuxième le premier janvier 1818, pour ensuite continuer jusqu'au 1er juillet 1829, époque à laquelle le quarante-huitième et dernier paiement sera effectué.

M. le préfet prendra en outre au nom de la ville de Paris, l'engagement, 1° d'employer spécialement les fonds qui seront versés dans la caisse de la ville en vertu des présentes, tant à retirer de la circulation les bons dits *de la ville* actuellement en émission, et qui se montent à vingt millions, payables du 4 juin au 29 novembre 1817, qu'à rembourser les prêts faits à la ville sur dépôt de ses rentes ; de telle sorte qu'après le versement total des trente-un millions, la ville n'ait plus en émission aucune autre valeur que celle provenant du présent traité et les deux cent douze mille francs de rentes qui sont définitivement aliénés.

2° De ne faire, pendant le cours d'une année, aucun autre emprunt; et de n'émettre aucune autre valeur, dont la concurrence, en nuisant à la négociation des obligations nouvelles, changerait la condition des prêteurs, et ce néanmoins, sauf le cas de force majeure.

Les revenus de la ville de Paris sont spécialement affectés au service des paiemens à faire par la ville en vertu des présentes, et, pour cet effet, une somme de quatre millions trois cent quarante-huit mille francs sera portée chaque année au budget de la ville comme premier article des dépenses extraordinaires, jusqu'à l'acquit total desdites sommes ; il sera de plus fait, soit à la Banque de France, soit à la caisse des consignations, au choix de M. le préfet, le dépôt des titres de douze cents quatre-vingt-sept mille francs de rentes, sur celles que la ville de Paris a été autorisée à créer suivant les ordonnances royales des 13 septembre et 4 octobre 1815 et 15 janvier 1817. Ce dépôt ayant pour objet de garantir aux prêteurs le paiement des obligations résultant du présent traité, l'établissement dépositaire ne pourra s'en dessaisir en faveur de la ville avant ce paiement intégral; mais il ne pourra également en disposer sous aucun prétexte, si ce n'est dans le cas où, par une circonstance imprévue, l'acquit desdites obligations ne s'effecturait pas exactement : alors seulement cet établissement est autorisé à négocier de suite les rentes déposées, jusqu'à concurrence des sommes en souffrance, et à faire, pour le remboursement de ces sommes, l'emploi du prix de cette négociation.

Enfin, sur la demande des cinq maisons ci-dessus nommées, M. le préfet promet, au nom de la ville, de faire toutes les démarches nécessaires à l'effet d'obtenir, dans l'ordonnance que sa majesté sera suppliée de rendre pour la sanction du présent traité, une autorisation spéciale du plan suivant, que lesdites cinq maisons ont formé dans la vue de régler les droits des prêteurs.

Il sera créé par la ville de Paris trente-trois mille obligations de mille francs, formant un total de trente-trois millions, ci . . . . 33,000,000 f

Ces obligations porteront un intérêt de six pour cent par an, à partir du 1er juillet prochain; lesquels intérêts, en raison des remboursemens successifs à faire sur le capital de la masse desdites obligations, comme il va être dit s'élèveront à treize millions quatre-vingt-quatorze mille sept cent soixante-dix francs, ci. . . 13,094,770

Il sera, en outre, attaché à ces obligations, des primes montant à six millions quatre-vingt-un mille deux cent trente francs, ci 6,081,230

Total égal à la somme à payer par la ville 52,176,000

Le tableau ci-joint indique la répartition des primes et le paiement à faire tous les trois mois, jusqu'à concurrence de la somme d'un million quatre-vingt-sept mille francs, tant sur ces primes que sur les capitaux et intérêts.

Pour les intérêts, il sera joint à chaque obligation quarante-huit coupons qui seront acquittés sans la représentation de l'obligation, mais dont aucun ne pourra être détaché que trois mois au plus tôt avant son échéance.

A l'égard des obligations et des primes qui, à chaque trimestre, devront être successivement acquittées conformément au tableau, elles seront indiquées par la voie du sort : le tirage s'en fera au moins un mois à l'avance.

Les obligations qui tomberont en remboursement ne seront acquittées qu'autant qu'elles seront garnies de tous leurs coupons non échus.

M. le préfet remettra les trente-trois mille obligations aux cinq maisons ci-dessus, au moment du premier versement qu'elles effectueront le 1er juin; néanmoins, ces maisons ne seront saisies entièrement de la propriété de ces valeurs et ne pourront les vendre et négocier en totalité, qu'après le 15 novembre prochain en suite du versement qui doit être effectué ledit jour : jusque-là les obligations ne pourront être vendues ni négociées que jusqu'à concurrence des sommes dont le versement aura été précédemment opéré.

Les engagemens qui résultent du présent traité seront subordonnés à l'adhésion du conseil municipal et à la sanction de sa majesté.

Fait et signé en sextuple expédition, à Paris, le dix du mois de mai de l'an mil huit cent dix-sept.

Signé HENRI HENTSCH-BLANC et compagnie, DOMINIQUE ANDRÉ et F. COTTIER, BUSONI, LOUIS GOUPY, O. WORMS DE ROMILLY, J. M. DE ROTTSCHILD, comte CHABROL.

Pour copie conforme :

Le préfet du département de la Seine,

Signé CHABROL.

Pour être annexé à l'ordonnance du 14 mai 1817, enregistrée sous le n° 1401,

Le ministre secrétaire d'Etat de l'intérieur,

Signé LAINÉ.

---

14 MAI = Pr. 4 JUIN 1817. — Ordonnance du Roi concernant le timbre des effets au porteur déposés à la caisse des dépôts et consignations. (7, Bull. 156, n° 2165.)

Louis, etc.

Les mesures que nous avons prises par nos ordonnances du 22 mai et du 3 juillet 1816, pour l'organisation et l'administration de la caisse des dépôts et consignations, établie en vertu de la loi du 28 avril précédent, obtenant chaque jour le succès que nous nous en promettions, par l'accroissement des fonds, et, par conséquent, des valeurs et effets qui les représentent, dont cette caisse est dépositaire ;

Désirant donner de nouveaux témoignages de notre sollicitude envers les créanciers desdits fonds, et assurer de plus en plus, par de nouvelles dispositions, la conservation des effets qui en sont le gage, ainsi que le remboursement des capitaux et intérêts aussitôt qu'ils sont exigibles ;

Voulant, à cette fin, offrir toute espèce de garantie en faveur des créanciers de ladite caisse et de ceux qui le deviendront, par suite de la confiance dont elle jouit et qu'elle justifiera de plus en plus;

Sur le rapport de notre ministre secrétaire d'Etat des finances,

Et d'après la proposition de la commission de surveillance de la caisse des dépôts et consignations,

Nous avons ordonné et ordonnons ce qui suit :

Art. 1er. Il sera apposé un timbre avec ces mots, *caisse des dépôts et consignations*, sur tous les effets au porteur qui existent actuellement ou qui entreront à l'avenir dans le portefeuille de la caisse des dépôts et consignations.

2. Les effets ainsi timbrés ne pourront être payés que sur l'acquit ou l'endossement du caissier de la caisse des dépôts et consignations.

3. Si le besoin du service exige qu'il en soit disposé avant leur échéance, la négociation en sera opérée par le ministère de l'agent de change de la caisse, au moyen de l'endossement du caissier et du *visa* du directeur général, à l'effet seulement de les remettre en circulation.

4. Notre ministre des finances et la commission de surveillance de la caisse des dépôts et consignations sont chargés de l'exécution de la présente ordonnance.

---

14 MAI 1817. — Ordonnances du Roi qui accordent des lettres de déclaration de naturalité aux sieurs Savoye, Komierowski, Boucht, Dunan, Gastaldi, Tomsin et Alexandre. (8, Bull. 159, 162, 165, 166, 169, 178 et 185.)

---

14 MAI 1817. — Ordonnance du Roi qui admet les sieurs Arenas, Bonfante et Giuglaris, à établir leur domicile en France. (8, Bull. 157.)

---

14 MAI 1817. — Ordonnances du Roi qui autorisent l'acceptation de dons et legs faits aux fabriques des églises d'Eve, Chevillé, Pouancé, La Chaussée, Gobaut, Digne, Orléans et Aurillac. (7, Bull. 169.)

---

14 MAI 1817. — Ordonnance du Roi contenant le tableau des foires du département du Doubs. (7, Bull. 170.)

---

17 = Pr. 22 MAI 1817. — Ordonnance du Roi concernant plusieurs changemens dans l'organisation des administrations de finances et la réunion de celle des forêts à la direction générale de l'enregistrement et des domaines. (6, Bull. 155, n° 2118.)

Voy. ordonnances des 4 JUIN 1817, 11 OCTOBRE et 22 NOVEMBRE 1820.

Louis, etc.

Pénétré du besoin de soulager nos peuples par des réformes salutaires et par des économies compatibles avec le bien du service, nous avons reconnu que quelques changemens utiles pouvaient s'opérer dans les administrations qui relèvent de notre ministère des finances :

A ces causes,

Sur le rapport de notre ministre de ce département,

Notre Conseil-d'Etat entendu,

Nous avons ordonné et ordonnons ce qui suit :

Art. 1er. L'administration des forêts est réunie à celle de l'enregistrement et des domaines.

Les conservateurs des forêts sont supprimés.

Néanmoins, notre ministre des finances nous fera connaître les exceptions que les localités et les besoins du service pourraient rendre nécessaires.

2. L'administration de la poste aux chevaux est réunie à celle de la poste aux lettres.

3. Le nombre des administrateurs de l'enregistrement, des domaines et des forêts, est fixé à quatre.

L'un d'entre eux est spécialement chargé, sous les ordres du directeur général, de l'administration des forêts.

4. Les administrateurs des postes, des douanes, des contributions indirectes, sont supprimés.

5. Ces administrateurs sont remplacés, dans les régies respectives, par un conseil.

Ce conseil sera provisoirement composé de trois agens supérieurs de la direction générale à laquelle il doit être attaché; ils seront désignés par notre ministre des finances, et pris dans le nombre de ceux qui sont nommés par nous.

Les membres de ce conseil conserveront leurs fonctions habituelles, et ne recevront aucune augmentation du traitement pour les nouvelles attributions qui lui seront provisoirement conférées.

La composition définitive de chaque conseil sera ultérieurement déterminée par nos ordonnances.

6. Chaque conseil exercera provisoirement les fonctions déléguées aux anciens administrateurs par nos ordonnances des 31 juillet, 27 novembre, 25 décembre 1816 et 2 janvier 1817.

Le ministre des finances prendra ultérieurement nos ordres sur les modifications ou les changemens que l'organisation nouvelle de chaque conseil pourrait exiger.

7. Les traitemens, indemnités, gratifications, remises, ou autre supplément pécuniaire quelconque, dont chacun des directeurs généraux a joui jusqu'à présent, sont réduits au traitement fixe de soixante mille francs, passible de la retenue prescrite par les lois du 28 avril 1816 et du 25 mars 1817.

8. Sont fixés à la somme de vingt-quatre mille francs, passibles de la même retenue, les traitemens, indemnités, gratifications, remises, qui ont été attribués jusqu'ici à chacun des administrateurs de l'enregistrement et des domaines.

9. Les fonctionnaires supprimés par la

présente ordonnance recevront la pension de retraite à laquelle ils auraient droit, aux termes des lois et réglemens existans.

10. Notre ministre des finances est chargé de l'exécution de la présente ordonnance.

---

17 = Pr. 22 MAI 1817. — Ordonnance du Roi portant nomination des administrateurs de la direction générale de l'enregistrement, domaines et forêts. (7, Bull. 155, n° 2119.)

Art. 1er. Les sieurs Bochet, Calmont, Bordes et Chauvet, sont nommés administrateurs de la direction générale de l'enregistrement, domaines et forêts.

2. Le sieur Chauvet est spécialement chargé, sous les ordres du directeur général, de l'administration des forêts.

3. Notre ministre des finances est chargé de l'exécution de la présente ordonnance.

---

17 MAI 1817. — Ordonnance du Roi qui prescrit des réformes et des économies dans l'administration des poudres et salpêtres (1).

---

17 MAI 1817. — Ordonnances du Roi qui nomment M. le comte Bergon grand-officier de la Légion-d'Honneur et Conseiller d'Etat attaché au comité des finances en service ordinaire. (7, Bull. 155, nos 2120 et 2121.)

---

19 MAI 1817. — Ordonnance du Roi qui nomme conseiller d'Etat en service extraordinaire M. Bellard, procureur général près la cour royale de Paris. (7, Bull. 155, n° 2122.)

---

21 MAI = Pr. 4 JUIN 1817. — Ordonnance du Roi qui détermine le cas dans lequel seront renvoyés par-devant la cour des comptes, pour y être réglés et révisés définitivement, les comptes des receveurs des hospices et autres établissemens de charité. (7, Bull. 156, n° 2166.)

Louis, etc.

Vu notre ordonnance du 21 mars 1816 relative aux comptes des établissemens de charité;

Vu notre ordonnance du 28 janvier 1815 sur la comptabilité des communes;

Sur le rapport de notre ministre secrétaire d'Etat de l'intérieur,

Nous avons ordonné et ordonnons ce qui suit:

Art. 1er. En cas de contestation sur les arrêtés rendus par les préfets en conseil de préfecture, pour le réglement des comptes des receveurs des hospices et autres établissemens de charité, en exécution de notre ordonnance du 21 mars 1816, les comptabilités sur lesquelles seront intervenus ces arrêtés seront renvoyées par-devant notre cour des comptes, qui les réglera et révisera définitivement, sauf décision préalable du ministre secrétaire d'Etat de l'intérieur sur les questions qui seraient de sa compétence.

2. En conséquence, sur la demande, soit d'une commission administrative, soit d'un receveur, le préfet sera tenu d'adresser à notre procureur général de la cour des comptes toute comptabilité dont le réglement aura été contesté, ainsi que les pièces à l'appui.

3. Notre ministre de l'intérieur est chargé de l'exécution de la présente ordonnance.

---

21 MAI = 19 JUIN 1817. — Ordonnance du Roi portant institution d'une régie générale des subsistances militaires. (7, Bull. 158, n° 2217.)

Voy. ordonnances des 10 DÉCEMBRE 1817, 30 JANVIER 1821, 28 AOUT et 30 DÉCEMBRE 1822, 26 NOVEMBRE 1823 et 8 JUIN 1825.

Louis, etc.

Des circonstances extraordinaires ayant amené la résiliation des traités passés en 1814 et 1815 pour la fourniture des vivres et des fourrages à notre armée ainsi qu'aux troupes de l'armée d'occupation, nous avons jugé nécessaire d'arrêter des mesures qui puissent assurer l'exécution de ces services;

Et sur le rapport de notre ministre secrétaire d'Etat de la guerre,

De l'avis de notre Conseil,

Nous avons ordonné et ordonnons ce qui suit:

Art. 1er. A compter du 1er juin 1817, les services des subsistances militaires, tant pour les troupes françaises que pour l'armée d'occupation, seront confiés à une administration sous le titre de *régie générale des subsistances militaires*.

La fourniture des liquides et celle de la viande continueront néanmoins à être faites aux troupes alliées par les entrepreneurs qui en sont maintenant chargés, et jusqu'à l'expiration de leurs traités.

2. Cette administration sera composée de cinq régisseurs nommés par nous, et dont l'un sera président de la régie.

Les employés supérieurs et autres qui devront composer le personnel de cette administration seront nommés par le ministre secrétaire d'Etat de la guerre, sur la présentation de la régie.

---

(1) Cette ordonnance n'est pas imprimée au Bulletin des Lois; elle est rappelée par celle du 19 novembre même année.

3. Il sera placé près de cette régie un commissaire nommé par nous, avec le titre de *commissaire du Roi.*

4. L'exagération des prix des denrées de première nécessité et les variations que ces prix doivent éprouver ne permettant pas d'évaluer en ce moment les chances de gain ou de perte, cette administration sera provisoirement, et jusqu'à nouvel ordre, considérée comme une régie simple.

5. Notre ministre secrétaire d'Etat de la guerre déterminera par un réglement général :

1° L'organisation intérieure de la régie, le cadre de son administration, les émolumens, la nature de ses relations avec le ministre de la guerre, et les formes de la comptabilité;

2° Les attributions et le traitement du commissaire du Roi.

Ce réglement sera soumis à notre approbation le plus promptement possible.

6. Notre ministre de la guerre est chargé de l'exécution de la présente ordonnance.

---

21 MAI = Pr. 19 JUIN 1817. — Ordonnance du Roi qui nomme M. le lieutenant général comte Bourcier commissaire de sa majesté près la régie générale des subsistances militaires. (7, Bull. 158, n° 2218.)

Art. 1er. Le lieutenant général comte Bourcier, conseiller d'Etat en service extraordinaire, et membre de la Chambre des députés, est nommé commissaire du Roi près la régie générale des subsistances militaires instituée par notre ordonnance de ce jour.

2. Notre ministre de la guerre est chargé de l'exécution de la présente ordonnance.

---

21 MAI = Pr. 19 JUIN 1817. — Ordonnance du Roi portant nomination des régisseurs généraux des subsistances militaires. (7, Bull. 158, n° 2219.)

Art. 1er. Sont nommés aux emplois de régisseurs généraux des subsistances militaires créés par notre ordonnance de ce jour : Les sieurs Reibell (Claude-François-Joseph), membre de la Chambre des députés; Alexandre (Louis-François), ancien inspecteur général des vivres de l'armée du Rhin; Breidt (Jean-Jacques-Nicolas), ancien régisseur des transports militaires; Bodin (Louis), ancien administrateur des vivres; Bagieu (Charles-Jacques), ancien régisseur général des vivres.

2. Notre ministre de la guerre est chargé de l'exécution de la présente ordonnance.

---

21 MAI = Pr. 27 JUIN 1817. — Ordonnance du Roi qui donne à la compagnie des gardes-suisses ordinaires du corps de sa majesté la dénomination de compagnie des gardes à pied ordinaires du corps du Roi, et contient organisation de cette compagnie. (7, Bull. 160, n° 2321.)

---

21 MAI 1817. — Ordonnances du Roi qui accordent des lettres de déclaration de naturalité aux sieurs Grand, l'Huillier, Gruat, Fortis, Gaudy, Copponnet, Gariod, Defresne et au baron Breiderbach. (6, Bull. 157, 158, 160, 161, 186 et 208.)

---

21 MAI 1817. — Ordonnance du Roi qui permet au sieur Morande d'ajouter à son nom celui de Forgeot. (7, Bull. 156.)

---

21 MAI 1817. — Ordonnance du Roi qui admet les sieurs Vidal et Kreuchauf à établir leur domicile en France. (7, Bull. 157.)

---

21 MAI 1817. — Ordonnances du Roi qui accordent de nouvelles foires et qui changent les jours de la tenue de celles des communes de Saint-Jean-le-Centenier, Caulnes, Roche-Corbon, Soulgi-le-Bruand, Précigné Saint-Vincent. (7, Bull. 170.)

---

21 MAI 1817. — Ordonnance du Roi contenant réglement sur l'exercice de la profession de boulanger dans les villes de Tonneins, Marmande, Clairac, Elbeuf, Autun et Sainte-Foix. (7, Bull. 170, n° 2673.)

---

28 MAI 1817. — Ordonnance du Roi qui autorise l'inscription au Trésor royal de cent neuf pensions montant à la somme de 50,240f (7, Bull. 157, n° 2175.)

---

28 MAI 1817. — Ordonnance du Roi qui nomme M. le baron Lemercher d'Haussez préfet du département des Landes. (7, Bull. 156, n° 2167.)

---

28 MAI 1817. — Ordonnance du Roi portant nomination du président de la régie des subsistances militaires. (7, Bull. 158, n° 2220.)

---

28 MAI 1817. — Ordonnance du Roi qui permet au sieur Viel, Sallicon, comtes Gentil et Jolly, de faire des additions et changemens à leurs noms. (7, Bull. 156.)

---

28 MAI 1817. — Ordonnance du Roi contenant réglement sur l'exercice de la profession de boulanger dans les villes de Quimper, Tarascon, Toul, Romans, La Flèche et Meaux. (7, Bull. 170.)

---

28 MAI 1817. — Ordonnances du Roi qui accordent des lettres de déclaration de naturalité aux sieurs Ritaud, Bemer, Pichard, Delaunay, Cornemont, Magdelaine, Mariani, Rovéda, Ducommun, Rousseau, Pambuks, Weyer, Gallice, Tressel, Reigner-Rossi, Roata, Riga et Elliot. (7, Bull. 158, 159, 161, 165, 169, 178, 183, 185, 191, 199, 201, 208 et 248.)

---

28 MAI 1817. — Ordonnances du Roi qui autorisent l'acceptation de dons et legs faits aux écoles chrétiennes, séminaires et fabriques des églises du Quesnoy-sur-Airaine, Polaincourt, Gonneville-sur-Dives, Strasbourg, Frouville, Saint-Pierre-Azif, Aurillac, Soissons et Chassey. (7, Bull. 169.)

---

31 MAI 1817. — Lettres-patentes du Roi portant institution de majorat en faveur de M. de Chanaleilles. (7, Bull. 174.)

---

4 = Pr. 13 JUIN 1817. — Ordonnance du Roi portant établissement de six conservations forestières. (7, Bull. 157, n° 2176.)

Voy. ordonnance du 22 NOVEMBRE 1820.

Louis, etc.

Vu l'article 1er de notre ordonnance du 17 mai 1817, portant :

« Les conservateurs des forêts sont supprimés.

« Néanmoins notre ministre des finances nous fera connaître les exceptions que les localités et les besoins du service pourraient rendre nécessaires ; »

Sur le rapport de notre ministre secrétaire d'Etat des finances,

Nous avons ordonné et ordonnons ce qui suit :

Art. 1er. Il sera établi six conservations forestières.

La première comprendra les départemens de la Seine, d'Eure-et-Loir, Seine-et-Marne, Seine-et-Oise, Aube, Marne, Yonne, Loir-et-Cher et Loiret.

La deuxième comprendra les départemens de l'Eure, Seine-Inférieure, Calvados, Manche, Orne et Sarthe.

La troisième comprendra les départemens du Nord, Pas-de-Calais, Aisne, Oise, Somme et Ardennes.

La quatrième comprendra les départemens de la Meurthe, de la Meuse, des Vosges et de la Moselle.

La cinquième comprendra les départemens du Doubs, de la Haute-Saône, du Bas-Rhin, et du Haut-Rhin.

La sixième comprendra les départemens de la Côte-d'Or, de la Haute-Marne, Saône-et-Loire, Jura, Ain, Nièvre et Allier.

2. Le conservateur de la première conservation résidera à Paris;

Celui de la seconde, à Rouen;
Celui de la troisième, à Laon;
Celui de la quatrième, à Nancy;
Celui de la cinquième, à Colmar;
Celui de la sixième, à Dijon.

3. Les traitemens, indemnités et remises quelconques de chacun des six conservateurs sont fixés à neuf mille francs, passibles de la retenue prescrite par les lois du 28 avril 1816 et du 25 mars 1817.

4. Il leur sera accordé, pour le service de leurs bureaux, un premier commis et un expéditionnaire.

Ces deux employés seront nommés par le directeur général, et seront payés sur les fonds portés au budget, sans que la somme relative puisse excéder deux mille cinq cents francs pour chacune des six conservations.

5. Notre ministre des finances est chargé de l'exécution de la présente ordonnance.

---

4 = Pr. 19 JUIN 1817. — Ordonnance du Roi portant nomination de contrôleurs dans la régie générale des subsistances militaires. (7, Bull. 158, n° 2221.)

Art. 1er. Sont nommés contrôleurs généraux, pour être employés comme tels dans la régie générale des subsistances militaires, les sieurs Labiche, Petiet, Michelot, de Janvry, Barthe et Mouton.

2. Notre ministre de la guerre est chargé de l'exécution de la présente ordonnance.

---

4 = Pr. 27 JUIN 1817. — Ordonnance du Roi relative à la retenue qui sera exercée sur la solde et sur l'indemnité de logement de l'état-major et des quatre compagnies des gardes-du-corps de sa majesté, ainsi que sur les rations de fourrage (1). (7, Bull. 160, n° 2322.)

---

4 JUIN 1817. — Ordonnance du Roi qui nomme M. Poyféré de Cère préfet du département des Deux-Sèvres. (7, Bull. 157, n° 2177.)

---

4 JUIN 1817. — Ordonnances du Roi qui accordent des lettres de déclaration de naturalité aux sieurs Dupraz, Pillet, Landgren dit Stemberg, Lemaire, Dabvril, Colette, Imgarde de Leffenberg dit Floridor, Boucht, Mariani, le Meissier dit Déjoini, Maccario, Lory, Richoux, Neumayer, de Borghgrave, Carbonero, Bertrand, Weller, Cajol, Jula, Bertrand-Tho-

---

(1) Abrogée. *Voy.* ordonnance du 23 avril 1819.

mas, Petavin, Carrier, Buffet, Fournier, Siessemone et Dornova. (7, Bull. 159, 162, 165, 166, 183, 185, 186, 191, 194, 205, 218, 246, 255, 283 et 298.)

4 JUIN 1817. — Ordonnance du Roi qui permet au sieur Giffart de la Fosse d'ajouter à son nom celui d'Angenouste de Villefontaine, et aux sieurs Vigne dit Vignons, père et fils, celui de Corail. (7, Bull. 157.)

4 JUIN 1817. — Ordonnance du Roi qui admet les sieurs Ziegler, Sabalini et Aloyse-Meyer à établir leur domicile en France. (7, Bull. 157.)

4 JUIN 1817. — Ordonnances du Roi qui autorisent l'acceptation de dons et legs faits aux pauvres, bureaux de charité, séminaires, fabriques des églises et hospices des communes de Fontenay (Vendée), Carcassonne, Moreuil, Marseille, Angers, Dijon, Metz, Châteaudun, Chambon, Société Maternelle et 2e arrondissement de Paris, Pau, Reims, Rebasteins, Albert, Meault, Mametz, Villers-Morlancourt, Fresnes, Marcigny, Autun, Albert, Selongey, Bastide-de-Seron, Soissons, Aix, Marmande, Thoissey et Choffailles. (7, Bull. 170 et 171.)

6 JUIN 1817. — Ordonnance du Roi qui accepte la démission de M. Dutremblay, directeur général de la caisse d'amortissement et de celle des dépôts et consignations, et l'admet à la retraite avec le titre de directeur honoraire de ces caisses. (7, Bull. 157, nº 2178.)

6 JUIN 1817. — Ordonnance du Roi qui nomme M. le comte Beugnot directeur général de la caisse d'amortissement et de celle des dépôts et consignations. (7, Bull. 157, nº 2179.)

11 = Pr. 27 JUIN 1817. — Ordonnance du Roi qui confirme un arrêté du préfet du Bas-Rhin en ce qu'il prescrit la destruction d'œuvres nouvelles faites sans autorisation par le sieur Eberhard près d'une forêt domaniale à une distance prohibée par les lois, annulle pour cause d'incompétence la partie du même arrêté qui ordonne la démolition d'une maison antérieurement possédée par le requérant, et renvoie devant les tribunaux pour faire juger la question de propriété de ladite maison. (7, Bull. 160, nº 2323.)

Voy. Avis du Conseil-d'Etat du 22 BRUMAIRE an 14 et les notes.

Louis, etc.

Sur le rapport du comité du contentieux;

Vu la requête à nous présentée par le sieur Philippe Eberhard, enregistrée au secrétariat du comité du contentieux de notre Conseil-d'Etat le 2 mai 1817, et tendant à l'annulation d'une décision de notre ministre secrétaire d'Etat au département des finances, en date du 25 septembre 1816, par laquelle il a approuvé les dispositions d'un arrêté du préfet du département du Bas-Rhin, du 14 mai précédent, qui ordonne la démolition d'une maison et bâtimens dont jouit ledit Eberhard dans la banlieue de Wolsbourg, comme étant situés près d'une forêt domaniale, à une distance prohibée par l'article 18 du titre XXVII de l'ordonnance de 1669, et en vertu desquels arrêté et décision il a été fait injonction audit Eberhard d'abandonner le terrain;

Vu l'acte sous signatures privées, du 25 février 1791, non enregistré, par lequel Nicolas Beron et sa femme, beau-père et belle-mère d'Eberhard, auraient acquis, par voie d'échange, de George Huissinger et sa femme, les maisons, bâtimens et terres dont il s'agit;

Vu l'arrêté du préfet du département du Bas-Rhin, en date du 14 mai 1816, par lequel il ordonne, entre autres dispositions, article 3, « qu'à défaut par ledit Eberhard « de produire son titre, soit en original, soit « en copie authentique, dans la huitaine, la « maison sera démolie, sauf son recours au « vendeur. »

Vu ladite décision de notre ministre secrétaire d'Etat des finances;

Vu l'article 18, titre XXVII de l'ordonnance de 1669, et l'avis du Conseil-d'Etat du 22 brumaire an 14 (13 novembre 1805);

Considérant qu'aux termes de l'art. 18 du titre XXVII de l'ordonnance de 1669, et de l'avis du Conseil-d'Etat, approuvé le 22 brumaire an 14, le préfet était compétent pour s'opposer aux œuvres nouvelles faites par le sieur Eberhard sans autorisation, et pour en ordonner la suppression;

Considérant, en ce qui touche la propriété des bâtimens antérieurement possédés par le sieur Eberhard, que c'est aux tribunaux qu'il appartient d'en connaître;

Notre Conseil-d'Etat entendu,

Nous avons ordonné et ordonnons ce qui suit :

Art. 1er. Les articles 1er et 2 de l'arrêté du préfet du département du Bas-Rhin du 14 mai 1816, sont confirmés. L'article 3 est annulé, et les parties sont renvoyées devant les tribunaux pour faire juger la question de propriété des bâtimens antérieurement possédés par le sieur Eberhard.

2. Notre ministre des finances est chargé de l'exécution de la présente ordonnance.

11 JUIN = Pr. 5 JUILLET 1817. — Ordonnance du Roi portant que l'action pour le recouvrement du prix des biens vendus au nom de l'Etat continuera d'être exercée par voie de contrainte et de déchéance, conformément aux

lois et à l'arrêté du Gouvernement du 4 thermidor an 11. (7, Bull. 162, n° 2350.)

Voy. loi du 12 MARS 1820.

Art. 1er. L'action pour le recouvrement du prix des biens vendus au nom de l'Etat continuera d'être exercée par voie de contrainte et de déchéance, conformément aux lois et à l'arrêté du Gouvernement du 4 thermidor an 11 (23 juillet 1803).

2. A défaut de paiement, la déchéance sera prononcée par les préfets, sur la demande des préposés de l'administration des domaines, et les arrêtés de déchéance ne pourront être mis à exécution qu'après avoir reçu l'approbation de notre ministre secrétaire d'Etat des finances.

3. La reprise de possession de l'immeuble par le domaine n'aura lieu qu'un mois après la notification de l'arrêté de déchéance à l'acquéreur primitif, au détenteur actuel, aux acquéreurs intermédiaires, s'ils sont connus, et aux créanciers inscrits ayant hypothèque spéciale sur l'immeuble (1).

4. Pendant le cours du délai fixé par l'article précédent, l'acquéreur primitif, le détenteur, les intermédiaires et les créanciers hypothécaires seront admis à payer la somme exigible, en capital, intérêts et frais; et les tiers qui auront effectué le paiement seront subrogés par la quittance aux droits du Trésor pour leur remboursement (2).

5. Lorsqu'un bien provenant d'émigré sera rentré dans les mains du domaine par suite de déchéance, à quelque époque qu'elle ait eu lieu, l'ancien propriétaire, ses héritiers ou ayant-cause pourront en obtenir la remise, conformément à la loi du 5 décembre 1814.

6. Notre ministre des finances est chargé de l'exécution de la présente ordonnance.

---

11 = Pr. 22 JUIN 1817. — Ordonnance du Roi portant établissement de droits d'octroi dans la banlieue de Paris. (7, Bull. 159, n° 2272.)

Louis, etc.

Vu l'article 152 de la loi des finances du 28 avril 1816;

Vu la délibération prise, le 20 septembre 1816, par le conseil général du département de la Seine, faisant fonctions de conseil municipal à Paris; ensemble les observations et l'arrêté de notre conseiller d'Etat préfet dudit département, en date du 30 du même mois;

Vu aussi les observations de notre conseiller d'Etat directeur général de l'administration des contributions indirectes, et celles de notre ministre secrétaire d'Etat au département de l'intérieur;

Sur le rapport de notre ministres secrétaire d'Etat des finances;

Notre Conseil-d'Etat entendu,

Nous avons ordonné et ordonnons ce qui suit :

TITRE Ier. De l'établissement d'une perception de banlieue aux environs de la ville de Paris.

Art. 1er. Il sera établi, autour de notre bonne ville de Paris, une perception de banlieue sur les eaux-de-vie, esprits et liqueurs.

Elle s'étendra à toutes les communes des arrondissemens de Sceaux et de Saint-Denis.

2. Dans le rayon assigné à la perception de banlieue, les eaux-de-vie, esprits et liqueurs seront soumis aux droits de consommation réglés par le tarif ci-après, et aux autres dispositions de la présente ordonnance.

---

(1) J. C. t. 4, p. 405.

(2) Cette ordonnance impose seulement au domaine l'obligation de signifier aux détenteurs et créanciers l'arrêté de déchéance et non le décompte (22 juillet 1819, ord. Mac. 11, 275).

Cette ordonnance assimile en tout les tiers-détenteurs aux acquéreurs primitifs, de telle sorte qu'ils sont non recevables à opposer la prescription de dix ou vingt ans (13 juillet 1825, ord. Mac. 7, 390).

Un acquéreur de domaines nationaux, déchu de son adjudication, ne peut pas acquitter un décompte après l'échéance du délai.

Un semblable paiement porterait atteinte au droit irrévocablement acquis aux anciens propriétaires réintégrés par la loi du 5 décembre 1814 (12 novembre 1823, ord. Mac. 5, 764).

Lorsqu'un sous-acquéreur n'a pas payé dans le délai de grace le reliquat de décompte dont il était débiteur, la déchéance prononcée contre lui est devenue définitive, du moment où l'administration des domaines a repris possession de l'immeuble (19 juin 1828, ord. Mac. 10, 494).

Lorsque le domaine est désintéressé, les contestations qui peuvent s'élever entre les détenteurs qui ont soldé le prix de la vente et les créanciers hypothécaires, sur les effets de ce remboursement, sont du ressort des tribunaux (22 juillet 1829, ord. Mac. 11, 275).

DÉSIGNATION des EAUX-DE-VIE, ESPRITS ET LIQUEURS.	MONTANT DU DROIT par hectolitre.	OBSERVATIONS.
Eaux-de-vie en cercles au-dessous de 22 degrés	15 f	Il sera perçu à la distillation des eaux-de-vie de grains, mélasse, vins, marcs, cidres ou autres substances, un droit égal à celui imposé à l'entrée de la banlieue.
Eaux-de-vie en cercles de 22 degrés jusqu'à 28 exclusivement	20	Les eaux-de-vie ou esprits altérés par quelque mélange que ce soit, sont assujétis aux mêmes droits que les eaux-de-vie ou esprits purs.
Eaux-de-vie rectifiées à 28 degrés et au-dessus, esprits, eaux-de-vie de toute espèce en bouteilles. — Eaux de senteur et liqueurs composées d'eau-de-vie et d'esprit, tant en cercles qu'en bouteilles.	30	

3. La direction de l'octroi de Paris sera chargée de la recette et des autres mesures d'exécution, avec le concours et sous la surveillance des maires, des sous-préfets, et sous l'autorité de notre préfet du département de la Seine et de notre directeur général des contributions indirectes, chacun dans l'ordre de ses attributions.

4. Ladite perception de banlieue ayant pour but de prévenir la fraude aux entrées de Paris, et de procurer aux communes rurales du département de la Seine des revenus dont elles ont besoin, les frais de perception seront supportés par lesdites communes et par l'octroi de Paris.

Le prélèvement sur les recettes à la charge des communes rurales ne pourra excéder dix pour cent des produits bruts. La quotité de ce prélèvement sera réglée par notre préfet du département de la Seine, et soumise par notre directeur général des contributions indirectes à l'approbation de notre ministre des finances.

5. La moitié des produits de la perception sera répartie, à la fin de chaque mois, entre les communes situées dans la banlieue, en proportion de leur population respective.

Il sera fait de l'autre moitié un fonds de réserve et de prévoyance, tant pour subvenir au paiement des parts et portions qui, à raison de leur intérêt à des dépenses reconnues communes à plusieurs municipalités, pourront leur être assignées par la répartition à faire de ces dépenses dans les formes prescrites par l'article 46 de la loi du 25 mars dernier, que pour accorder des secours à celles qui éprouveraient des besoins impérieux et auraient à pourvoir à des dépenses extraordinaires.

6. Le fonds de réserve sera versé chaque mois à la caisse des dépôts volontaires, et il ne pourra en être fait emploi que d'après les règles prescrites par notre ordonnance du 7 mars dernier.

7. Le produit net de la perception sera passible du prélèvement de dix pour cent ordonné au profit du Trésor par l'article 153 de la loi du 28 août 1816.

8. Le directeur de l'octroi de Paris fera verser dans les caisses des contributions indirectes le montant des dix pour cent revenant au Trésor, et dans celles du receveur général du département le surplus du produit net.

Ce receveur versera sans retard et en proportion de ses rentrées, dans les caisses des communes, les sommes qui leur seront allouées soit comme fonds ordinaire, soit comme fonds de supplément.

9. A l'expiration de chaque exercice, le directeur et les régisseurs de l'octroi de Paris présenteront le compte général de la perception de banlieue au préfet de la Seine, qui le transmettra avec ses observations au conseil général du département, pour être examiné, discuté et arrêté.

Les doubles de ce compte seront adressés aux sous-préfets des arrondissemens de Saint-Denis et de Sceaux, et à notre directeur général des contributions indirectes.

Les sommes allouées aux communes en vertu des articles précédens feront partie de leur comptabilité, qui continuera à être réglée dans la forme ordinaire.

TITRE II. De la perception des droits.

10. Les limites de la perception, objet de

la présente ordonnance, seront déterminées par des poteaux portant ces mots : *Perception de la banlieue de Paris sur les eaux-de-vie, esprits et liqueurs.*

Le placement des bureaux sera déterminé par un arrêté du préfet de la Seine.

11. Tout porteur ou conducteur de boissons spécifiées en l'article 2 sera tenu, avant d'entrer dans la banlieue, de les déclarer à l'un des bureaux qui seront établis à cet effet sur les limites, et d'exhiber aux préposés les lettres de voiture, passavans, congés, acquits-à-caution ou toutes autres expéditions délivrées pour lesdites boissons par la régie des contributions indirectes.

12. Lorsque les boissons seront destinées pour la banlieue, le porteur ou conducteur sera tenu d'acquitter le droit au moment même de la déclaration et avant l'introduction, à moins qu'étant porteur d'un acquit-à-caution, il ne déclare vouloir l'acquitter au moment de la décharge de cette expédition.

13. Les porteurs ou conducteurs de boissons arrivant en destination de Paris ou de l'entrepôt général de cette ville seront tenus de se munir d'acquits-à-caution au bureau d'entrée de la banlieue, si déjà ces boissons ne sont accompagnées d'une semblable expédition délivrée par l'administration des contributions indirectes.

Il en sera de même à l'égard des eaux-de-vie, esprits et liqueurs qui, ayant pour destination un lieu situé hors de la banlieue, en traverseront le territoire pour y arriver.

14. Les eaux-de-vie, esprits et liqueurs qui sortiront de l'entrepôt général ne pourront être enlevés qu'avec un acquit-à-caution.

15. Les acquits-à-caution délivrés en exécution des articles précédens seront déchargés par les employés de l'octroi de Paris ou des contributions indirectes, soit après l'acquittement des droits aux entrées de Paris, soit après la prise en charge à l'entrepôt général, soit enfin après la vérification, au bureau de la sortie de la banlieue, des eaux-de-vie, esprits et liqueurs qui seront expédiés pour le dehors.

16. Il ne pourra être établi de distilleries dans la banlieue qu'en vertu d'une autorisation donnée par le préfet de la Seine.

17. Il sera fait mention sur les congés ou acquits-à-caution délivrés par les préposés des contributions indirectes, pour les eaux-de-vie, esprits ou liqueurs qui seront enlevés de l'intérieur de la banlieue, que l'expéditeur a justifié de l'acquittement du droit de banlieue.

18. Les eaux-de-vie, esprits et liqueurs circulant dans la banlieue sans acquit-à-caution de l'octroi, ou sans quittance du droit de banlieue, ou sans que les expéditions dont ils seront accompagnés pour les contributions indirectes, présentent la mention voulue par l'article précédent, seront saisis par les préposés de l'octroi ou des contributions indirectes.

19. Conformément à l'article 53 de la loi du 28 avril 1816, les débitans de boissons seront tenus de représenter aux employés des contributions indirectes les quittances du droit de banlieue, pour les eaux-de-vie, esprits et liqueurs qu'ils auront introduits dans leur débit; celles de ces boissons pour lesquelles ils ne pourront justifier de l'acquit de ce droit, seront saisies et confisquées.

TITRE III. Dispositions transitoires.

20. Les eaux-de-vie, esprits et liqueurs qui existeraient en charge, lors de la promulgation de la présente ordonnance, dans les comptes ouverts par les préposés des contributions indirectes aux marchands en gros, commissionnaires, facteurs, dépositaires, courtiers, bouilleurs, distillateurs, débitans et autres faisant un commerce quelconque de ces boissons dans le rayon assigné à ladite perception, seront soumis aux droits de banlieue, si, dans le délai de dix jours, ces boissons ne sont expédiées, soit à l'entrepôt général, soit à l'extérieur.

TITRE IV. Dispositions générales.

21. Les eaux-de-vie, esprits et liqueurs ne pourront être entreposés dans la banlieue; celles desdites boissons qui auront été déclarées lors de l'introduction comme ayant une destination extérieure, et dont le transport serait interrompu par une cause quelconque, devront être conduites à l'entrepôt général de la ville de Paris.

22. Toute contravention aux dispositions de la présente ordonnance sera punie de la confiscation des objets saisis, conformément aux lois en matière d'octroi.

23. Le produit de ces confiscations sera réparti conformément aux règles prescrites pour l'octroi de Paris.

24. Dans tous les cas non prévus par les dispositions qui précèdent, on se conformera, en tout ce qui n'est pas abrogé par les lois en vigueur, aux dispositions de nos ordonnances des 9 et 23 décembre 1814, portant réglement d'octroi.

25. Nos ministres des finances et de l'intérieur sont chargés de l'exécution de la présente ordonnance.

---

11 JUIN 1817. — Concordat avec le pape (1). (Mon. du 24 novembre 1817).

Voy. loi du 18 GERMINAL an 10, concordat du 13 FÉVRIER 1813, décret du 25 MARS 1813, ordonnance du 15 SEPTEMBRE 1819, loi du 4 JUILLET 1821, et ordonnances des 19 OCTOBRE 1821 et 31 OCTOBRE 1822.

AU NOM DE LA TRÈS-SAINTE ET INDIVISIBLE TRINITÉ.

Sa Sainteté le souverain pontife Pie VII et sa majesté Très-Chrétienne, animés du plus vif désir que les maux qui depuis tant d'années affligent l'Eglise cessent entièrement en France, et que la religion retrouve dans ce royaume son ancien éclat, puisque enfin le retour du petit-fils de saint Louis sur le trône de ses aïeux permet que le régime ecclésiastique y soit plus convenablement réglé, ont, à ces fins, résolu de faire une convention solennelle, se réservant de pourvoir

(1) En 1817, un projet de loi fut présenté aux Chambres, pour, suivant les expressions de M. le ministre de l'intérieur, « donner la sanction législative à celles des dispositions du nouveau concordat qui en seraient susceptibles, « et pour les mettre en harmonie avec la Charte, « les lois du royaume et les libertés de l'Eglise « gallicane. »

Au nombre des dispositions qui exigeaient le concours de la puissance législative, M. le ministre de l'intérieur comprenait expressément les dispositions relatives à la nouvelle circonscription. Voici ses paroles : « Cette circonscription convenue entre le Roi et le Saint-Siége « exige le concours de la puissance législative ; « aussi est-elle présentée dans le projet de loi « sur lequel les Chambres ont à délibérer. »

On sait cependant que le projet de loi ne fut pas adopté, et que la circonscription nouvelle a été admise (*Voy.* la loi du 4 juillet 1821 et l'ordonnance du 31 octobre 1822).

Nous croyons devoir reproduire comme document curieux ce projet de loi présenté en 1817, et non adopté.

Art. 1er. Conformément au concordat passé entre François Ier et Léon X, le Roi seul nomme, en vertu du droit inhérent à la couronne, aux archevêchés et évêchés dans toute l'étendue du royaume.

Les évêques et archevêques se retirent auprès du pape pour en obtenir les institutions canoniques suivant les formes anciennement établies.

2. Le concordat du 15 juillet 1801 cesse d'avoir son effet à compter de ce jour, sans que néanmoins il soit porté aucune atteinte aux effets qu'il a produits et à la disposition contenue dans l'article 13 de cet acte, laquelle demeure dans toute sa force et vigueur.

3. Sont érigés sept nouveaux siéges archiépiscopaux, et trente-cinq nouveaux siéges épiscopaux.

Deux des siéges épiscopaux actuellement existans sont érigés en archevêchés.

La circonscription des cinquante siéges actuellement existans, et celle des quarante-deux siéges nouvellement érigés, sont déterminées conformément au tableau annexé à la présente loi.

4. Les dotations des archevêchés et évêchés seront prélevées sur les fonds mis à la disposition du Roi, par l'article 143 de la loi du 25 mars dernier.

5. Les bulles, brefs, décrets et autres actes émanés de la cour de Rome, ou produits sous son autorité, excepté les indults de la pénitencerie, en ce qui concerne le for intérieur seulement, ne pourront être reçus, imprimés, publiés et mis à exécution qu'avec l'autorisation donnée par le Roi.

6. Ceux de ces actes concernant l'Eglise universelle ou l'intérêt général de l'Etat ou de l'Eglise de France, leurs lois, leur administration ou leur doctrine, et qui nécessiteraient ou desquels on pourrait induire quelques modifications dans la législation actuellement existante, ne pourront être reçus, imprimés, publiés et mis à exécution en France, qu'après avoir été dûment vérifiés par les deux Chambres sur la proposition du Roi.

Lesdits actes seront insérés au Bulletin des Lois avec la loi ou ordonnance qui en aura autorisé la publication.

7. Les cas d'abus spécifiés en l'article 6, et ceux des troubles prévus par l'article 7 de la loi du 8 avril 1802, seront portés directement aux cours royales, 1re chambre civile, à la diligence de nos procureurs généraux ou sur la poursuite des parties intéressées.

8. Les cours royales statueront dans tous les cas qui ne seront pas prévus par le Code, conformément aux règles anciennement observées dans le royaume, sauf le recours en cassation.

9. Il sera procédé conformément aux dispositions de l'article 10 de la loi du 20 avril 1810, et des articles 479 et 480 du Code d'instruction criminelle contre toutes personnes engagées dans les ordres sacrés, approuvées par leurs évêques, qui seraient prévenues de crimes ou de délits, soit hors de leurs fonctions, soit dans l'exercice de leurs fonctions.

Les bulles données à Rome les 19 et 27 juillet, la première contenant ratification de la convention passée le 11 juin dernier entre le Roi et Sa Sainteté ; la seconde concernant la circonscription des diocèses du royaume, sont reçues et seront publiées sans approbation des clauses, formules et expressions qu'elles renferment, et qui sont ou pourraient être contraires aux lois du royaume et aux libertés, franchises et maximes de l'Eglise gallicane.

En aucun cas lesdites réceptions et publications ne pourront préjudicier aux dispositions de la présente loi, au droit public des Français garanti par la Charte constitutionnelle, aux maximes, franchises et libertés de l'Eglise gallicane, aux lois et réglemens sur les matières ecclésiastiques, et aux lois concernant l'administration des cultes non catholiques.

ensuite plus amplement, et d'un commun accord, aux intérêts de la religion catholique.

En conséquence, Sa Sainteté le souverain pontife Pie VII a nommé pour son plénipotentiaire son éminence monseigneur Hercule Gonsalvi, cardinal de la sainte Eglise romaine, diacre de sainte Agathe *ad suburram*, son secrétaire d'Etat; et sa majesté le roi de France et de Navarre, son excellence monseigneur P.-L.-J.-C. comte de Blacas, marquis d'Aulps et des Rolands, pair de France, grand-maître de la garde-robe, son ambassadeur extraordinaire et plénipotentiaire près le Saint-Siége : lesquels, après avoir échangé leurs pleins-pouvoirs, trouvés en bonne et due forme, sont convenus des articles suivans :

Art. 1er. Le concordat passé entre le souverain pontife Léon X et le roi de France François Ier est rétabli.

2. En conséquence de l'article précédent, le concordat du 15 juillet 1801 cesse d'avoir son effet.

3. Les articles dits organiques qui furent faits à l'insu de Sa Sainteté et publiés sans son aveu, le 8 avril 1802, en même temps que ledit concordat du 15 juillet 1803, sont abrogés en ce qu'ils ont de contraire à la doctrine et aux lois de l'Eglise.

4. Les siéges qui furent supprimés dans le royaume de France par la bulle de Sa Sainteté du 29 novembre 1801, seront rétablis en tel nombre qu'il sera convenu, d'un commun accord, comme étant le plus avantageux pour le bien de la religion.

5. Toutes les églises archiépiscopales et épiscopales du royaume de France érigées par la bulle du 29 novembre 1801 sont conservées ainsi que leurs titulaires actuels.

6. La disposition de l'article précédent, relatif à la conservation desdits titulaires actuels dans les archevêchés et évêchés qui existent actuellement en France ne pourra empêcher des exceptions particulières fondées sur des causes graves et légitimes, ni que quelques-uns desdits titulaires actuels ne puissent être transférés à d'autres siéges.

7. Les diocèses, tant des siéges actuellement existans que de ceux qui seront de nouveau érigés, après avoir demandé le consentement des titulaires actuels, et des chapitres des siéges vacans, seront circonscrits de la manière la plus adaptée à leur meilleure administration.

8. Il sera assuré à tous les siéges, tant existans qu'à ériger de nouveau, une dotation convenable en biens fonds et en rentes sur l'Etat, aussitôt que les circonstances le permettront, et, en attendant, il sera donné à leurs pasteurs un revenu suffisant pour améliorer leur sort; il sera pourvu également à la dotation des chapitres, des cures et des séminaires, tant existans que ceux à établir.

9. Sa Sainteté et sa majesté Très-Chrétienne connaissent tous les maux qui affligent l'Eglise de France, elles savent également combien la prompte augmentation du nombre des siéges qui existe maintenant sera utile à la religion ; en conséquence, pour ne pas retarder un avantage aussi éminent, Sa Sainteté publiera une bulle pour procéder sans retard à l'érection de la nouvelle circonscription des diocèses.

10. Sa majesté Très-Chrétienne, voulant donner un nouveau témoignage de son zèle pour la religion, emploiera, de concert avec le Saint-Père, tous les moyens qui sont en son pouvoir pour faire cesser le plus tôt possible les désordres et les obstacles qui s'opposent au bien de la religion, et à l'exécution des lois de l'Eglise.

11. Les territoires des anciennes abbayes dites *nullius* seront unis aux diocèses dans les limites desquels ils se trouveront enclavés, à la nouvelle circonscription.

12. Le rétablissement du concordat qui a été suivi en France jusqu'en 1789 (stipulé par l'article 1er de la présente convention) n'entraînera pas celui des abbayes, prieurés et autres bénéfices qui existaient à cette époque; toutefois, ceux qui pourraient être fondés à l'avenir seront sujets aux réglemens prescrits dans ledit concordat.

13. Les ratifications de la présente convention seront échangées dans un mois, ou plus tôt si faire se peut.

14. Dès que lesdites ratifications auront été échangées, Sa Sainteté confirmera par une bulle la présente convention, et elle publiera aussitôt après une seconde bulle pour fixer la circonscription des diocèses :

En foi de quoi, les plénipotentiaires respectifs ont signé la présente convention, et y ont apposé le cachet de leurs armes.

Fait à Rome, le 11 juin 1817.

Signé HERCULE, card. GONSALVI,
BLACAS D'AULPS.

Bulle de la nouvelle circonscription des diocèses du royaume de France (1). (Mon. du 3 decembre 1817.)

Pie, évêque, serviteur des serviteurs de Dieu, pour en conserver le souvenir perpétuel,

(1) Le texte latin officiel est inséré au *Moniteur* du 24 novembre 1817. Cette traduction a été adressée par M. de Richelieu, président du Conseil des ministres, à M. le président de la Chambre des députés, le 28 novembre 1817.

Le soin de toutes les églises, que la divine Providence a confié à notre faiblesse, nous ordonne impérieusement de veiller avec un zèle infatigable à la garde du troupeau du Seigneur, et de seconder de toute la force de notre autorité apostolique tout ce qui sera jugé devoir procurer la plus grande gloire de Dieu et l'accroissement de la religion catholique : et c'est dans ce dessein que nous avons récemment conclu avec notre très-cher fils en Jésus-Christ, Louis, Roi de France, très-chrétien, une convention que nous avons confirmée et revêtue de notre sanction pontificale, par lettres apostoliques scellées en plomb, en date du 14e jour des calendes d'août de cette année.

Entre autres choses, nous y avons statué l'augmentation du nombre des archevêchés et évêchés du royaume de France, et par conséquent une nouvelle circonscription des diocèses. C'est pourquoi, afin que nos vœux et ceux de ce très-pieux monarque obtiennent promptement leur effet, nous avons fait examiner avec soin l'état des diocèses actuels, la grandeur, la nature, la population des provinces où ils sont situés, afin d'établir de nouveaux ouvriers, là où l'abondance de la moisson et la distance des lieux en feraient sentir le besoin; et, suivant les paroles du prophète, *pour renforcer la garde et poser de nouvelles sentinelles* (JEREM. 11, 12). Après nous être concerté avec sa majesté très-chrétienne, et avoir pris l'avis d'une congrégation choisie de nos vénérables frères les cardinaux de la sainte Eglise romaine, nous avons examiné avec soin et maturité toutes les questions relatives à cette affaire; et ayant écrit aux archevêques et évêques et aux chapitres des siéges vacans, nous leur avons manifesté notre désir d'obtenir leur assentiment à la circonscription proposée.

Ainsi, tous ces arrangemens ayant été heureusement terminés à la gloire du Dieu tout-puissant et de la bienheureuse mère de Dieu, que l'illustre nation française honore avec une vénération particulière, ainsi qu'à l'honneur des autres saints patrons de chaque diocèse, et pour l'avantage des ames des fidèles, nous avons, en pleine connaissance de cause et après un mûr examen, et dans la plénitude du pouvoir apostolique, établi, outre les siéges archiépiscopaux maintenant existans dans le royaume de France, et nous établissons et érigeons de nouveau sept autres églises métropolitaines, savoir :

De Sens, sous l'invocation de saint Etienne, premier martyr; de Reims, sous l'invocation de la bienheureuse Vierge Marie; d'Alby, sous l'invocation de saint Jean-Baptiste; d'Auch, sous l'invocation de la bienheureuse Vierge Marie; de Narbonne, sous l'invocation des saints Just et Pasteur; d'Arles sous l'invocation des saints Trophime et Etienne; de Vienne en Dauphiné, sous l'invocation de saint Maurice;

Et trente-cinq autres églises épiscopales, savoir : de Chartres, sous l'invocation de saint Etienne, premier martyr; de Blois, sous l'invocation de saint Louis, roi de France; de Langres, sous l'invocation de saint Mammers; de Châlons-sur-Saône, sous l'invocation de saint Vincent et de saint Claude; d'Auxerre, sous l'invocation de saint Etienne; de Nevers, sous l'invocation de saint Cyr; de Moulins, sous l'invocation de la bienheureuse Vierge Marie; de Châlons-sur-Marne, sous l'invocation de saint Etienne; de Laon, sous l'invocation de la bienheureuse Vierge Marie; de Beauvais, sous l'invocation de saint Pierre; de Noyon, sous l'invocation de la bienheureuse Vierge Marie; de Saint-Malo, sous l'invocation de saint Vincent; du Puy, sous l'invocation de saint Laurent; de Tulle, sous l'invocation de saint Martin; de Rodès, sous l'invocation de la bienheureuse Vierge Marie; de Castres, sous l'invocation de saint Benoist; de Périgueux, sous l'invocation de saint Etienne et de saint Front; de Luçon, sous l'invocation de la bienheureuse Vierge Marie; d'Aire, sous l'invocation de saint Jean-Baptiste; de Tarbes, sous l'invocation de la bienheureuse Vierge Marie, appelée de la Sède; de Nîmes, sous l'invocation de la bienheureuse Vierge Marie; de Perpignan, sous l'invocation de saint Jean-Baptiste; de Béziers, sous l'invocation des saints Nazaire et Cels, martyrs; de Montauban, sous l'invocation de la bienheureuse Vierge Marie; de Pamiers, sous l'invocation de saint Antoine; de Marseille, sous l'invocation de la bienheureuse Vierge Marie; de Fréjus, sous l'invocation de la bienheureuse Vierge Marie; de Gap, sous l'invocation de la bienheureuse Vierge Marie et de saint Arnould; de Viviers, sous l'invocation de saint Vincent; de Verdun, sous l'invocation de la bienheureuse Vierge Marie; de Belley, sous l'invocation de saint Jean-Baptiste; de Saint-Diez, sous l'invocation de saint Diez; de Boulogne, sous l'invocation de la bienheureuse Vierge Marie; d'Orange, sous l'invocation de la bienheureuse Vierge Marie de Nazareth.

Et attendu que, par nos lettres apostoliques, du troisième jour des calendes de décembre (29 novembre) 1801, les églises d'Avignon et de Cambrai, qui très-anciennement étaient en possession des droits et des prérogatives de métropoles, ont été réduites au rang de simples cathédrales; aujourd'hui, de notre pleine autorité apostolique, nous les rétablissons dans leur ancien rang et leurs premiers honneurs, et nous les comprenons parmi les autres églises archiépiscopales; et pour empêcher que la mémoire d'une autre église très-ancienne et très-illustre, la métropole d'Embrun, qui demeure supprimée, en vertu desdites lettres apostoliques, ne se perde entièrement, nous en ajoutons le titre à celui de la métropole d'Aix.

Voulant d'ailleurs porter nos soins et notre attention à ce que, par suite de l'accroissement des siéges, il soit fait en France une circonscription exacte des diocèses, pour faciliter l'exercice de la juridiction spirituelle et par une démarcation fixe et précise, prévenir toutes les disputes qui pourraient s'élever à cet égard; de notre pleine et apostolique autorité, nous décrétons par les présentes lettres, ordonnons et établissons en France une nouvelle division et circonscription des archevêchés et évêchés, que nous jugeons convenable de fixer, d'après l'état des lieux et provinces, de la manière suivante, savoir :

Métropole de Paris, département de la Seine. — Suffragans : Chartres, Eure-et-Loir; Meaux, Seine-et-Marne; Orléans, Loiret; Blois, Loir-et-Cher; Versailles, Seine-et-Oise.

Métropole de Lyon, département du Rhône.—Suffragans : Autun, arrondissement d'Autun et de Charolles, du département de Saône-et-Loire; Langres, Haute-Marne; Châlons-sur-Saône, arrondissement de Mâcon, de Châlons, de Louhans, département de Saône-et-Loire; Dijon, Côte-d'Or; Saint-Claude, Jura.

Métropole de Rouen, département de Seine-Inférieure. — Suffragans : Baïeux, Calvados; Evreux, Eure; Seez, Orne; Coutances, Manche.

Métropole de Sens, arrondissement de Sens et de Joigny, département de l'Yonne. — Suffragans : Troye, Aube; Auxerre, arrondissement de Tonnerre, d'Auxerre et d'Avallon, du département de l'Yonne; Nevers, Nièvre; Moulins, Allier.

Métropole de Reims, arrondissement de Reims, du département de la Marne, et département des Ardennes. — Suffragans : Soissons, arrondissement de Soissons et de Château-Thierry, du département de l'Aisne; Châlons-sur-Marne, arrondissement d'Epernay, de Châlons, de Sainte-Ménéhould, de Vitry, du département de la Marne; Laon, arrondissement de Saint-Quentin, de Laon et de Vervins, du département de l'Aisne; Beauvais, arrondissement de Beauvais et de Senlis, département de l'Oise; Amiens, Somme; Noyon, arrondissement de Clermont et de Compiègne, département de l'Oise.

Métropole de Tours, département d'Indre-et-Loire. — Suffragans : le Mans, Sarthe et Mayenne; Angers, Maine-et-Loire; Rennes, arrondissement de Redon, Vitré, Rennes et Montfort, département d'Ille-et-Vilaine; Nantes, Loire-Inférieure; Quimper, Finistère; Vannes, Morbihan; Saint-Brieux, Côtes-du-Nord; Saint-Malo, arrondissement de Saint-Malo et de Fougère, département d'Ille-et-Vilaine.

Métropole de Bourges, département du Cher et de l'Indre. — Suffragans : Clermont, Puy-de-Dôme; Limoges, Haute-Vienne et Creuse; le Puy, Haute-Loire; Tulle, Corrèze; Saint-Flour, Cantal.

Métropole d'Alby, arrondissement d'Alby et de Gaillac, département du Tarn. — Suffragans : Rodès, Aveyron; Castres, arrondissement de Castres et de Lavaur, département du Tarn; Cahors, Lot; Mende, Lozère.

Métropole de Bordeaux, département de la Gironde. — Suffragans : Agen, Lot-et-Garonne; Angoulême, Charente; Poitiers, Vienne et Deux-Sèvres; Périgueux, Dordogne; La Rochelle, Charente-Inférieure; Luçon, Vendée.

Métropole d'Auch, Gers. — Suffragans : Aire, Landes; Tarbes, Hautes-Pyrénées; Bayonne, Basses-Pyrénées.

Métropole de Narbonne, arrondissement de Narbonne et de Limoux, et les trois cantons de Rucham, Monthoumet, La Grasse, de l'arrondissement de Carcassonne, département de l'Aude. — Suffragans : Nîmes, Gard; Carcassonne, les neuf cantons de Alrome, Capendu, Carcassonne, Conques, Mas, Cabardès, Montréal, Payriac et Faissac, de l'arrondissement de Carcassonne, et l'arrondissement de Castelnaudary, département de l'Aude; Montpellier, arrondissement de Montpellier et de Lodève, département de l'Hérault; Perpignan, Pyrénées-Orientales; Béziers, arrondissement de Béziers et de Saint-Pons, département de l'Hérault.

Métropole de Toulouse, département de la Haute-Garonne. — Suffragans : Montauban, Tarn-et-Garonne; Pamiers, Ariége.

Métropole d'Arles, arrondissement d'Arles, département des Bouches-du-Rhône. — Suffragans : Marseille, arrondissement de Marseille, département des Bouches-du-Rhône; Ajaccio, Corse.

Métropole d'Aix, avec le titre d'Embrun, arrondissement d'Aix, département des Bouches-du-Rhône. — Suffragans : Fréjus, Var; Digne, Basses-Alpes; Gap, Hautes-Alpes.

Métropole de Vienne, arrondissemens de Vienne et de Latour-du-Pin, département de l'Isère. — Suffragans : Grenoble, arrondissemens de Grenoble et de Saint-Marcelin, département de l'Isère; Viviers, Ardèche; Valence, Drôme.

Métropole de Besançon, département du Doubs et de la Haute-Saône. — Suffragans, Strasbourg, Bas-Rhin, Haut-Rhin; Metz,

Moselle, y compris les communes de Bouchcling, Luttenig, Keindelin, Zetting et Deding, qui dépendaient du diocèse de Trèves; Verdun, Meuse; Belley, Ain, y compris l'arrondissement de Gex, qui dépendait auparavant du diocèse de Chambéry; Saint-Diez, Vosges; Nancy, Meurthe.

Métropole de Cambrai, département du Nord. — Suffragans : Arras, arrondissemens de Béthume, d'Arras, et de Saint-Paul, département du Pas-de-Calais; Boulogne, arrondissemens de Saint-Omer, de Boulogne et de Montreuil, département du Pas-de-Calais.

Métropole d'Avignon, arrondissemens d'Avignon et d'Apt, département de Vaucluse. — Suffragans : Orange, arrondissemens d'Orange et de Carpentras, département de Vaucluse.

Mais comme, par l'effet dela de rnière révolution, les églises de France ont été privées de leur patrimoine, et que les dispositions de l'article 13 de la convention de 1801, touchant l'aliénation des biens ecclésiastiques, dispositions que nous avions confirmées par amour de la paix, ont déjà sorti leur effet et doivent être irrévocablement maintenues dans toute leur force et teneur, il devient nécessaire de pourvoir à leur dotation d'une autre manière convenable : à cet effet, nous dotons les susdites églises archiépiscopales et épiscopales en biens-fonds, en rentes sur la dette publique du royaume, vulgairement connues sous la dénomination de *rentes sur l'Etat*, et en attendant que les évêques puissent jouir de ces revenus et de ces rentes, nous leur assignons provisoirement d'autres revenus qui doivent améliorer leur sort, ainsi qu'il est prescrit par l'article 8 de la dernière convention.

Et en outre, et conformément aux saints décret du concile de Trente, chaque métropole et chaque cathédrale devant avoir un chapitre et un séminaire; mais considérant que, d'après l'usage maintenant observé en France, le nombre des dignitaires et des chanoines n'est pas encore fixé, nous ne pouvons, quant à présent, rien statuer sur cet établissement; nous commettons cette charge aux archevêques et évêques des siéges que nous venons d'établir, et nous leur ordonnons d'ériger, aussitôt que faire se pourra, dans les formes canoniques, les susdits chapitres et séminaires, à la dotation desquels il est pourvu par l'article 8 de la susdite convention. Nous leur recommandons de veiller pour la bonne administration et la prospérité desdits chapitres à ce que chacun d'eux dresse, suivant les meilleures lois ecclésiastiques et les décrets synodaux, des statuts, dont l'approbation et la sanction leur seront soumises et qu'ils feront observer : ces statuts auront pour objet principal la célébration du service divin et des saints offices, et en second lieu la manière dont chacun devra s'acquitter de ces emplois. Ils auront soin, en outre, qu'il y ait, dans chaque chapitre, deux chanoines, dont l'un remplira les fonctions de pénitencier, et l'autre celles de théologal. Mais nous voulons que, dès qu'ils auront achevé la formation de leurs chapitres, ils nous fassent parvenir un procès-verbal de cet établissement, en nous désignant le nombre des dignités et des chanoines.

Ils porteront aussi toute leur attention vers les séminaires, où les jeunes clercs sont formés à la discipline de l'Eglise. Ils y établiront les réglemens qu'ils croiront, dans le Seigneur, le plus propres à leur y faire puiser et garder inviolablement la saine doctrine, à nourrir leur piété et entretenir l'innocence de leurs mœurs, afin que ces jeunes plantes y croissent heureusement pour l'espoir de l'Eglise, et puissent, avec l'assistance divine, donner, par la suite, des fruits en abondance.

Nous assignons à perpétuité, en matière spirituelle, à la juridiction des siéges archiépiscopaux et épiscopaux érigés par les présentes, les départemens et arrondissemens attribués pour le ressort de chaque diocèse, leurs habitans de l'un et de l'autre sexe, clercs ou laïcs et ecclésiastiques; et nous les soumettons auxdites églises et à leurs futurs évêques, avec leurs villes, territoire, diocèse, clergé et avec leur population tant présente qu'à venir. Nous ordonnons donc aux évêques qui seront placés, soit maintenant, soit par la suite, sur lesdits siéges archiépiscopaux et épiscopaux, de prendre librement, soit par eux, soit de faire prendre en leur nom, et garder à perpétuité, en vertu desdites lettres apostoliques et de leur institution canonique, possession vraie, réelle, actuelle, effective desdits siéges et du gouvernement et de l'administration des diocèses de la juridiction qui leur compète dans le ressort desdits diocèses, et enfin des biens et revenus qui leur sont ou seront un jour assignés en dotation; à l'effet de quoi, nous avons voulu, pour l'avantage des siéges archiépiscopaux et épiscopaux, qu'il fût pourvu à la fixation des revenus dont ils doivent jouir.

En outre, comme il doit s'écouler, après cette nouvelle circonscription des diocèses, un certain laps de temps avant l'envoi des institutions canoniques et l'installation des nouveaux évêques, nous voulons que l'administration spirituelle des territoires qui, par l'effet de la circonscription, doivent appartenir à d'autres siéges, reste en attendant dans les mêmes mains où elle est aujourd'hui, jusqu'à ce que les nouveaux évêques aient pris possession de leurs siéges.

Cependant, en fixant cette nouvelle circonscription des diocèses, laquelle comprend aussi le duché d'Avignon et le Comtat-Venaissin, nous n'avons voulu porter aucun préjudice aux droits incontestables du Saint-Siége sur ces deux pays, ainsi que nous avons fait ailleurs la réserve, et notamment à Vienne, durant le congrès des puissances alliées, et dans le consistoire que nous avons tenu le 4 septembre 1815; et nous nous promettons de la piété du Roi très-chrétien, ou qu'il rendra ces pays au patrimoine de Saint-Pierre, ou du moins qu'il nous en donnera une juste indemnité, et qu'ainsi sa majesté effectuera la promesse que son très-illustre frère avait faite à notre prédécesseur Pie VI, d'heureuse mémoire, et qu'il ne put accomplir, ayant été prévenu par la mort la plus injuste.

En achevant un aussi grand ouvrage pour la gloire de Dieu et pour le salut des ames, nous demandons principalement au père des miséricordes et par l'intercession de la sainte mère de Dieu, de saint Denis, de Saint Louis, et des autres saints que la France honore plus particulièrement comme ses patrons et protecteurs, nous avons la ferme confiance d'obtenir que, le nombre des évêchés et des évêques étant augmenté, la parole de Dieu sera annoncée plus souvent d'une manière plus fructueuse, ceux qui sont dans l'ignorance seront instruits, et les brebis qui allaient périr dans l'égarement rentreront au bercail. Par ce moyen, nous pourrons nous réjouir des avantages de cette nouvelle circonscription, qui, ayant procuré la destruction des erreurs qui se propageaient, et la conclusion des affaires ecclésiastiques, et donné plus de splendeur au culte divin, fera refleurir de plus en plus la religion catholique dans un grand royaume; en sorte que nos vœux, nos soins et nos projets, unis à ceux du Roi très-chrétien, ayant reçu leur accomplissement, une même foi régnera dans tous les cœurs, et une même piété sincère dans toutes les actions.

Nous voulons que les présentes lettres apostoliques, et ce qu'elles contiennent et donnent, ne puissent être attaqués, sous le faux prétexte que ceux qui ont intérêt à tout ou partie du contenu desdites lettres, soit maintenant, soit à l'avenir, de quelque état, rang, ordre, dignité ecclésiastique ou séculière qu'ils soient, quelque dignes qu'on les suppose d'une mention expresse et personnelle, n'y auraient point consenti, ou que quelques-uns d'entre eux n'auraient pas été appelés à l'effet des présentes, ou n'auraient pas été suffisamment entendus dans leurs dires, ou auraient éprouvé quelque lésion, quel que puisse être d'ailleurs l'état de leur cause, quelques priviléges même extraordinaires qu'ils aient, quelques couleurs, prétextes ou citation de droits même inconnus qu'ils emploient pour soutenir leurs prétentions. Ces mêmes lettres ne pourront également être considérées comme entachées du vice de subreption, d'obreption, de nullité ou de défaut d'intention de notre part ou de consentement de la part des parties intéressées, ou de tout autre défaut, quelque grand, inattendu, substantiel, soit sous prétexte que les formes n'ont pas été gardées, que ce qui devait être observé ne l'a pas été, que les motifs et les causes qui ont nécessité les présentes n'ont pas été suffisamment examinés, déduits et expliqués, soit enfin pour toute autre cause ou sous tout autre prétexte : le contenu des présentes lettres ne pourra aussi être attaqué, enfreint, ajourné dans l'exécution, restreint, modifié, ou remis en discussion; on ne pourra alléguer contre elles ni le droit de rétablir les choses dans l'entier état précédent, ni celui de réclamation verbale, non plus que tout autre moyen de fait, de droit ou de justice. Nous déclarons qu'elles ne sont comprises dans aucune clause révocative, suspensive, limitative, restrictive, négative, ou modifiante, établie pour toute espèce de constitutions, d'écrits ou de déclarations générales ou spéciales, même qui seraient émanées de notre propre mouvement, certaine science et plein pouvoir, pour quelque cause, motif ou temps que ce soit; nous statuons au contraire, et nous ordonnons en vertu de notre autorité, de notre propre mouvement, science certaine et pleine puissance, qu'elles sont et demeurent exceptées des clauses, qu'elles ressortiront à perpétuité leur entier effet, et qu'elles seront fidèlement observées par tous ceux qu'elles concernent et intéressent de quelque manière que ce soit; qu'elles serviront de titre spirituel et perpétuel à tous les archevêques et évêques des églises nouvellement érigées, à leurs chapitres et aux membres qui les composeront, généralement à tous ceux qu'elles ont pour objet, lesquels ne pourront être molestés, troublés, inquiétés ou empêchés par qui que ce soit, tant à l'occasion des présentes que pour leur contenu, en vertu de quelque autorité ou prétexte que ce soit. Ils ne seront tenus ni à faire preuve ou vérification des présentes, pour ce qu'elles contiennent, ni à paraître en jugement ou dehors, pour raison de leurs dispositions. Si quelqu'un osait, en connaissance de cause, ou par ignorance, quelle que fût son autorité, porter atteinte à ces présentes, nous déclarons, par notre autorité apostolique, nul et invalide tout ce qu'il aurait fait, nonobstant les dispositions référées dans les chapitres de droit, sur la conservation du droit acquis et toutes autres règles de notre chancellerie apostolique, nos susdites lettres apostoliques, commençant par ces mots : « *Qui Christi Domini vices*, » les statuts, coutumes, priviléges et indults, soit des métropoles de la dépendance desquelles nous avons retiré quelques églises suffragantes, soit des siéges archiépiscopaux et épiscopaux maintenant existans dont nous avons distrait certaines portions de territoires destinées à former de nouveaux diocèses, quand bien même ces statuts, priviléges et indults auraient été confirmés par l'autorité apostolique, ou par quelqu'autre autorité que ce soit; auxquels statuts, clauses, actes et droits quelconques, nous dérogeons par ces présentes, et nous voulons qu'il soit dérogé, quoiqu'ils n'aient pas été insérés ou spécifiés expressément dans les présentes, quelque dignes qu'on les suppose d'une mention spéciale ou d'une forme particulière dans leur suppression; voulant, de notre propre mouvement, connaissance et pleine puissance, que les présentes aient la même force que si la teneur des statuts à supprimer et celle des clauses spéciales à conserver y étaient nommément et de mot à mot exprimées; la dérogation ayant lieu seulement quant à l'effet de ces présentes, soit en général, soit en particulier, ce qui n'est pas incompatible avec elles demeurera dans toute sa validité. Nous voulons aussi qu'on ajoute aux copies des présentes, même à celles qui seraient imprimées, pourvu qu'elles soient signées par un notaire ou officier public, et scellées du sceau d'une personne constituée en dignité ecclésiastique, la même foi que l'on ajouterait aux présentes, si elles étaient produites en original. Qu'il ne soit donc permis à qui que ce soit d'enfreindre ou de contrarier par une entreprise téméraire, cette bulle d'érection, de formation, d'adjonction, de démembrement, de circonscription, division, assignation, assujétissement à la juridiction, dotation, commission, mandement, dérogation, décrets et volonté; et si quelqu'un entreprend de le faire, qu'il sache qu'il encourra l'indignation du Dieu tout puissant et des bienheureux apôtres saint Pierre et saint Paul.

Donné à Rome, à Sainte-Marie, l'an de l'incarnation de N. S. Jésus-Christ, le sixième jour des calendes d'août 1817, et de notre pontificat le dix-huitième.

Signés A. cardinal PRODATAIRE,
H. cardinal GONSALVI.

Vu, de Curia,
(Lieu du sceau de plomb.)
Signé D. TESTA.
Contre-signé F. LAVIZZARIUS.

Bulle de ratification de la convention faite par le souverain pontife avec le Roi très-chrétien.

Pie, évêque, serviteur des serviteurs de Dieu, pour en conserver le perpétuel souvenir,

Aussitôt que, par un bienfait éclatant du Dieu tout-puissant, nous avons été replacé sur notre siége, dont une violente tempête nous avait écarté, en nous précipitant dans les abîmes de la mer, nous avons porté notre pensée sur les horribles désordres qui tourmentaient d'une manière si affligeante la très-sainte épouse de N. S. J.-C., et ce triste spectacle a troublé, par son amertume, la joie que nous ressentions de notre retour. Mais étant dans une situation où il ne suffit pas de pleurer sur des calamités auxquelles notre devoir nous prescrit de remédier selon nos forces, nous avons employé toute notre sollicitude et notre attention à éloigner cet immense fléau du troupeau du Seigneur, et à nous efforcer de raffermir le temple ébranlé par tant de bouleversemens, et de consoler les ruines d'Israel.

Mais bien que, placé au lieu le plus élevé de l'apostolat suprême, l'Eglise catholique tout entière fût l'objet de notre vive attention, nous avons cru toutefois, et d'abord, devoir porter nos pensées et nos soins particuliers sur le royaume de France, afin d'appliquer notre sollicitude apostolique à réparer plus efficacement le mal dans les mêmes lieux d'où il était sorti et s'était répandu avec tant de violence. Ce n'étaient pas seulement les maux innombrables qui avaient affligé les églises de France, mais c'était aussi notre gratitude envers cette nation tout entière, qui a bien mérité de nous, qui lui donnait des titres particuliers à notre bienveillance; et, en effet, nous ne pouvions nous rappeler qu'avec la plus douce satisfaction, de quel empressement, de quelle émotion, de quel respectueux dévouement, nous avions été l'objet dans ce royaume, au milieu des conjectures les plus difficiles, et à tel point que, sans doute, par une inspiration émanée du Dieu tout-puissant, ni la crainte des périls, ni l'indignité du successeur de Pierre, n'ont pu empêcher de rendre les honneurs dus au prince des apôtres.

Nous avons été secondé, dans l'accomplissement d'une œuvre aussi importante, par les sentimens religieux et par la piété de notre très-cher fils en Jésus-Christ, Louis, Roi de France, très-chrétien. Lorsque nous lui avons fait connaître notre désir de guérir de si grandes plaies faites dans son royaume à l'Eglise catholique, il nous a témoigné que c'était également le plus cher de ses vœux, et que, *par une disposition qui faisait éclater la protection de la divine Providence, qui n'abandonne jamais son Eglise*, ainsi qu'autrefois saint Léon-le-Grand l'écrivait à l'impératrice Pulchérie, en la félicitant: « *L'esprit de Dieu, par une même action, par une même pensée, et dans le même temps, avait excité sa royale sollicitude, et nos soins paternels à partager l'un et l'autre*

« *les mêmes sentimens sur les remèdes qui* « *devaient être employés.* »

Mais à peine avions-nous mis la main à une entreprise aussi importante, qu'on entendit de nouveau le retentissement du *bruit des roues impétueuses dans leur rapidité, des chevaux frémissans et des glaives étincelans*, et nous fûmes une seconde fois forcé de nous retirer de notre siége pontifical avec nos vénérables frères les cardinaux de la sainte Eglise romaine, pour nous soustraire aux dangers qui menaçaient nos têtes et aux obstacles qui pouvaient troubler l'administration de l'Eglise : alors, les hostilités ayant éclaté, toutes les affaires furent arrêtées en France comme en Italie, et nous eûmes à gémir de voir échouer, au moment où ils venaient d'être formés, des projets qui promettaient d'avoir l'issue la plus favorable. Mais, Dieu nous rendant la paix du haut de son trône céleste, nous vîmes bientôt luire ce jour désiré où, de concert avec le Roi très-chrétien, nous avons pu nous occuper avec succès des affaires de l'Eglise de France dans la vaste étendue de ce royaume. Et notre très cher fils en Jésus-Christ, le Roi Louis, pénétré de cette pensée que tout ce qui est relatif au culte divin a des droits particuliers à ses soins et à son attention, nous a invité, par des lettres pleines d'affection, de dévouement et de piété, d'employer au plus tôt nos soins apostoliques, pour rétablir dans son royaume les affaires de la religion.

Nous avons donc accédé de tout notre cœur à ces vœux du très-pieux monarque, qui étaient aussi nos vœux continuels et les plus empressés; et aussitôt nous nous sommes occupé à mettre en délibération et à examiner mûrement, devant une congrégation choisie de nos vénérables frères les cardinaux de la sainte Eglise romaine, tout ce qui tendait à cette fin. Mais les affaires qui devaient y être traitées étaient d'une telle importance et d'une si grande complication, que ce n'est qu'après une délibération longue et difficile, et avec la coopération de celui qui est le Père des lumières, que nous les avons heureusement terminées par une convention dont nous ne doutons pas qu'il ne résulte le plus grand avantage pour les ames, et le remède le plus efficace pour tant de maux.

(Suit la teneur de cette convention. Voyez *suprà*.)

Comme ces conventions, traités et concordat, ont été approuvés, confirmés, ratifiés en tous et chacun leurs points, articles et conditions, tant par nous que par notre très-cher fils en J.-C., Louis, Roi très-chrétien, et le Roi nous ayant demandé avec instance d'y ajouter, pour leur donner plus de force et de consistance, l'appui du pouvoir apostolique et d'y interposer notre autorité et un décret plus solennel, nous, d'après le conseil et l'assentiment de nos vénérables frères les cardinaux de la Sainte Eglise romaine, de notre certaine science et mûre délibération, en vertu de la plénitude de la puissance apostolique, nous approuvons, ratifions et acceptons, par la teneur des présentes, les conventions, articles, traités et concordat insérés ci-dessus, et nous les revêtons de toute la force et de toute l'efficacité qui émanent de la puissance apostolique, promettant et nous engageant, tant en notre nom qu'au nom de nos successeurs, d'observer et d'accomplir sincèrement et inviolablement, tant de notre part que de celle du siége apostolique, tout ce qui y est contenu et promis.

En outre, nous avertissons et nous exhortons dans le Seigneur tous et chacun des archevêques et évêques, tant ceux qui existent actuellement que ceux qui doivent être institués canoniquement d'après la nouvelle circonscription des diocèses, ainsi que leurs successeurs, d'observer et de garder exactement et avec soin, en ce qui les concerne, le contenu de ladite convention.

Nous défendons à qui que ce soit d'attaquer dans aucun temps nos présentes lettres apostoliques, comme subreptices, obreptices ou entachées d'un vice de nullité ou d'intention ou de forme, ou pour un autre défaut quelconque, quelque grand qu'on le suppose et quelque imprévu qu'il puisse être; nous voulons, au contraire, qu'elles demeurent à jamais fermes, valides et durables; qu'elles ressortissent leur entier effet, et qu'elles soient inviolablement observées nonobstant toutes dispositions des synodes, conciles provinciaux ou généraux, des constitutions du Saint-Siége, réglemens apostoliques, règles de la chancellerie romaine, surtout celles qui ont eu pour but *de n'ôter aucun droit acquis*, la convention du 15 juillet 1801, les fondations des églises, chapitres et autres établissemens pieux, quelles qu'elles soient, et quelque confirmées qu'elles puissent être par l'autorité du Saint-Siége ou toute autre, les priviléges, indults et lettres apostoliques accordées, confirmées ou renouvelées, qui seraient ou paraîtraient contraires aux présentes et auxquelles dispositions, comme si elles étaient littéralement exprimées ici, nous déclarons expressément déroger en faveur de celles-ci, qui demeureront à jamais dans toute leur force.

Et en outre, comme il serait difficile que nos présentes lettres apostoliques parvinssent dans tous les lieux où il est nécessaire qu'elles soient connues et observées, notre intention est et nous voulons, en vertu de notre puissance apostolique, que l'on regarde comme authentiques et que l'on ajoute foi à tous les exemplaires imprimés ou transcrits qui seront signés par un notaire public et munis du sceau d'un ecclésiastique constitué en dignité, comme si les présentes lettres étaient elles-mêmes produites, et nous déclarons nul tout ce qui pourrait être fait à leur préjudice et leur porter atteinte, soit sciemment soit par ignorance, par qui que ce soit et quelle que soit son autorité.

Nous défendons à qui que ce soit de contredire, enfreindre ou altérer ce présent acte de concession, approbation, ratification, acceptation, dérogation, décret et statut, émanés de notre libre volonté, sous peine d'encourir l'indignation du Dieu tout-puissant et celle des bienheureux apôtres saint Pierre et saint Paul.

Donné à Rome à Sainte-Marie-Majeure, l'an de l'incarnation du Seigneur mil huit cent dix-sept, le quatorzième jour des calendes d'août, dix-huitième année de notre pontificat.

Signé A. card. PRODAT.

Card. GONSALVI.

Vu, de curia, *signé* D. TESTA.

(Lieu du sceau de plomb.)

Signé F. LAVIZZARIUS.

---

11 JUIN 1817. — Ordonnance du Roi qui approuve le traité passé entre son excellence le ministre des finances et le gouverneur provisoire de la Banque de France, pour le paiement des arrérages de la dette perpétuelle. (Mon. n° 164.)

---

11 JUIN 1817. — Ordonnance du Roi qui nomme M. Paillot de Loynes préfet du département de la Mayenne. (7, Bull. 158, n° 2222.)

---

11 JUIN 1817. — Ordonnances du Roi qui accordent des lettres de déclaration de naturalité aux sieurs Biancheri, Peeters, Devalensart, Lampes, Lanskens, Pascal, Denon, Michel, Cantaz, Avocat, Deblier, Bonetti, Hostert, Fantino, Leydder, Loosberg-Sénault, Helfenstein et Delavigne. (7, Bull. 165, 166, 169, 173, 174, 178, 183, 186, 201, 208, 240 et 602.)

---

11 JUIN 1817. — Ordonnance du Roi qui admet les sieurs Becher, Lehmann, Spigues, Kaemerer, Hegner et Franco à établir leur domicile en France. (7, Bull. 158.)

---

11 JUIN 1817. — Ordonnance du Roi qui permet aux demoiselles Bousquet et aux sieurs Lecomte et Sonlot, de faire des changemens et additions à leurs noms. (7, Bull. 159.)

---

11 JUIN 1817. — Ordonnances du Roi qui autorisent l'acceptation de dons et legs faits aux fabriques des églises, maisons de secours et séminaires des villes du Mans, Saint-Germain (Maine-et-Loire), Nancy et Rouveray-Saint-Denis. (7, Bull. 171.)

---

11 JUIN 1817. — Ordonnances du Roi qui autorisent les sieurs Camps et Flichel à rester au service de sa majesté le roi de Suède. (7, Bull. 177.)

---

18 = Pr. 28 JUIN 1817. — Ordonnance du Roi concernant la fabrication des cartes à jouer. (7, Bull. 161, n° 2333.)

Voy. décret du 4 PRAIRIAL an 13, et ordonnance du 4 JUILLET 1821.

Louis, etc.

Vu les lois, arrêtés et réglemens relatifs aux droits sur les cartes, notamment l'art. 168 de la loi du 28 avril 1816, d'après lequel la régie des contributions indirectes est autorisée à employer des moules, timbres et marques pour la reconnaissance des cartes légalement fabriquées;

Voulant assurer de plus en plus les ressources que procure cette branche de revenu, et ayant reconnu qu'il était nécessaire de créer de nouveaux points de reconnaissance qui fissent plus aisément distinguer les cartes fabriquées en fraude,

Sur le rapport de notre ministre secrétaire d'Etat des finances,

Nous avons ordonné et ordonnons ce qui suit :

Art. 1er. L'as de trèfle, ou tout autre au besoin, sera désormais assujéti à une marque particulière et distinctive que la régie des contributions indirectes est autorisée à faire imprimer sur le papier qu'elle fournit aux cartiers.

2. Il est défendu aux fabricans de cartes à jouer d'employer pour les as de trèfle, dans la composition des jeux français, d'autre papier que celui qui leur aura été livré pour cet objet. Toute contravention à cet égard sera punie conformément aux dispositions de la loi du 28 avril 1816.

3. Notre ministre des finances est chargé de l'exécution de la présente ordonnance.

---

18 = Pr. 28 JUIN 1817. — Ordonnance du Roi concernant les formalités à observer pour le remplissage des vins, cidres, poirés, vinaigres, eaux-de-vie, esprits et liqueurs arrivant à Paris. (7, Bull. 161, n° 2334.)

Voy. décrets des 5 DÉCEMBRE 1813, art. 4 et suiv.; 2 JANVIER 1814; ordonnance du 27 OCTOBRE 1819.

Art. 1er. Le remplissage des vins, cidres, poirés, vinaigres, eaux-de-vie, esprits et liqueurs arrivant à Paris par la haute Seine, se fera dans le bassin de la Râpée.

2. Le remplissage des eaux-de-vie, esprits et liqueurs à destination de l'entrepôt général de Paris, ainsi que celui de toutes les boissons arrivant par la basse Seine, pourra continuer d'avoir lieu dans cet établissement, ou sur le port Saint-Nicolas ; mais il ne sera accordé qu'un délai de trois jours pour remplir sur le port.

3. La perception des droits d'octroi à Paris, se fera, sans aucune déduction de vidange, sur tous les fûts dont le remplissage aura dû avoir lieu dans le bassin de la Râpée. Lorsque tout ou partie de ces fûts seront destinés pour l'entrepôt, ils n'y seront admis qu'après avoir été reconnus comme entièrement pleins. La même disposition s'applique aux fûts dont le remplissage aurait été effectué sur le port Saint-Nicolas.

4. Nos ministres de l'intérieur et des finances sont chargés de l'exécution de la présente ordonnance.

---

18 JUIN 1817. — Ordonnance du Roi qui fixe à 15,000 frans le droit de collation du titre de duc. (*Recueil officiel*, p. 89.)

Voy. loi du 28 AVRIL 1816, article 55.

Louis, etc.

Nous étant fait représenter le tarif des droits du sceau, porté en notre ordonnance du 8 octobre 1814, nous avons reconnu que le droit d'expédition des lettres-patentes à délivrer en collation du titre de duc n'y est pas déterminé.

En conséquence, sur le rapport de notre garde-des-sceaux ministre de la justice,

Nous avons ordonné et ordonnons ce qui suit :

Art. 1er. Le droit de sceau et d'expédition des lettres-patentes qui seront délivrées par notre commission du sceau, en collation, est fixé à la somme de quinze mille francs.

2. Le droit du référendaire qui aura seul l'obtention desdites lettres est fixé à trois cents francs.

3. Notre garde-des-sceaux est chargé de l'exécution de la présente ordonnance.

---

18 JUIN 1817. — Ordonnances du Roi qui accordent des lettres de déclaration de naturalité aux sieurs Palombo, Dabonne, Danna, Coste, Grondal, Chandler dit Thompson, Massarotti, de Vineis, Giet, Bruna, Antoine, Vandercruysen, Marzani, Siouffi, Guillon, baron d'Esebeck, Labrosse, Guisiana, Raymond-Gensana et Viriglio, Allec-Munier. (7, Bull. 161, 162, 165, 166, 167, 173, 176, 185, 187, 191, 198, 205, 240, 258 et 270.)

---

18 JUIN 1817. — Ordonnance du Roi qui permet aux sieurs Fauvart, Pion, Sazerac, d'Azemar, vicomte de Tauzia et Renoux, de faire des changemens et additions à leurs noms. (7, Bull. 160, n° 2324.)

---

18 JUIN 1817. — Ordonnances du Roi qui accordent des foires et qui changent le jour de la tenue de celles des communes de Saint-Marcellin, Faucogney et Crameaux. (7, Bull. 174.)

---

18 JUIN 1817. — Ordonnance du Roi qui admet les sieurs Geissel, Récio et Crux, à établir leur domicile en France. (7, Bull. 161.)

---

18 JUIN 1817. — Ordonnances du Roi qui accordent de nouvelles foires aux communes d'Arvien et de Plancoet (7, Bull. 173.)

---

20 = Pr. 28 JUIN 1817. — Ordonnance du Roi qui règle le mode d'exécution du titre IV de la loi des finances du 25 mars 1817, concernant les pensions. (7, Bull. 161, n° 2335.)

Voy. ordonnance du 27 AOUT 1817 ; lois des 15 MAI 1818, titre 4 ; 14 JUILLET 1819, titre 1er ; 19 JUILLET 1820, titre 1er ; et notes sur le titre 4 de la loi du 25 MARS 1817.

Louis, etc.

Vu le titre IV de la loi du 25 mars 1817, voulant pourvoir à son exécution ;

Sur le rapport de notre ministre secrétaire d'Etat des finances,

Notre Conseil-d'Etat entendu,

Nous avons ordonné et ordonnons ce qui suit :

Art. 1er. Nos ministres feront dresser et enverront immédiatement à notre ministre secrétaire d'Etat des finances un état conforme au modèle ci-joint de toutes les pensions actuellement payées sur les fonds de leur département.

2. Notre ministre secrétaire d'Etat des finances, après la vérification ordonnée par l'article 25 de la loi du 25 mars dernier, fera dresser un état général de toutes les pensions qui devront être inscrites en vertu de l'article 24 de ladite loi, et le soumettra à notre approbation.

3. A l'avenir, tout individu qui prétendra avoir droit à une pension sur le Trésor royal, adressera directement, ou par l'intermédiaire de ses chefs, sa demande, avec les pièces à l'appui, au ministre du département auquel il sera attaché.

Il sera tenu, dans chaque ministère, un registre où ces demandes seront portées par ordre de dates et de numéros. Cet ordre sera réglé tous les trois mois, pour les demandes parvenues pendant cet intervalle, d'après l'époque de la cessation des fonctions.

La priorité entre deux individus qui auront cessé leurs fonctions le même jour, sera déterminée par la durée des services.

Le ministre fera procéder à l'examen de la demande et des pièces justificatives; il fera ensuite réviser ce travail par le comité du Conseil-d'Etat attaché à son ministère, et, à défaut de comité, par une commission spéciale composée de membres du Conseil-d'Etat; enfin, il arrêtera les fixations qu'il jugera susceptibles de nous être proposées, et préparera un projet d'ordonnance qui contiendra toutes les indications prescrites par l'article 33 de la loi du 25 mars dernier.

Toutes ces propositions de pensions seront enregistrées au ministère des finances par ordre de dates et de numéros.

Après la révision prescrite par l'article 25 de la loi du 25 mars, et à mesure qu'il se trouvera des fonds libres, notre ministre des finances renverra les projets d'ordonnance ainsi vérifiés aux ministres des autres départemens, qui les soumettront à notre approbation.

4. Néanmoins, vu le grand nombre de demandes de pensions qui existent au ministère de la guerre, et qui peuvent être considérées comme ayant toutes la même date; vu la difficulté d'en constater la priorité, le second paragraphe de l'article précédent ne sera point applicable au ministère de la guerre d'ici au 1er janvier 1819.

Toutefois, la préférence pour la liquidation aura lieu en faveur des amputés, des veuves et des sous-officiers et soldats.

5. Tous les trois mois, notre ministre des finances présentera à notre approbation l'état général de toutes les pensions accordées par nous, suivant le mode prescrit par l'article 3 de la présente ordonnance, et qui seront dans le cas d'être inscrites jusqu'à concurrence du fonds libre déterminé par les articles 30, 31 et 32, dont l'application commencera dès que le montant des pensions aura atteint la quotité du fonds que la loi du 25 mars y affecte.

6. Pour connaître le montant du fonds d'extinction, notre ministre secrétaire d'Etat des finances nous remettra en conseil, dans les premiers jours de janvier et de juillet de chaque année, l'état des extinctions survenues dans les six mois précédens. Cet état sera divisé par ministère, et présentera le montant des parties éteintes, ainsi que les différentes causes qui auront motivé la radiation des pensionnaires.

7. Les soldes de retraite purement temporaires seront payées, suivant l'exception mentionnée à l'article 28 de la loi, par les soins de notre ministre secrétaire d'Etat de la guerre, qui, pour assurer, en ce qui le concerne, l'exécution des articles 32 et 35 de ladite loi, nous présentera, aux époques indiquées dans l'article ci-dessus, l'état particulier des extinctions survenues dans les six mois précédens, sur les soldes de retraite de cette nature.

Cet état sera renvoyé à notre ministre secrétaire d'Etat des finances, pour qu'il fasse opérer sur les crédits du ministère de la guerre, dans la proportion fixée par l'article 35 de la loi du 25 mars, les réductions résultant de ces extinctions.

8. Les soldes de retraite, tant définitives que temporaires, que nous accorderons désormais, ne devant pas excéder le fonds disponible, la jouissance n'en pourra remonter au-delà du premier jour du semestre qui suivra celui dans lequel les extinctions auront eu lieu.

9. La somme de trois millions, à laquelle la loi a limité le total des pensions civiles sur le Trésor royal, sera répartie entre nos ministères dans la proportion de leurs besoins respectifs et d'après l'état que nous en arrêterons en conseil.

10. L'article 27 de la loi rendant incompatible la jouissance d'une pension avec celle d'un traitement d'activité, de retraite ou de réforme, tous les pensionnaires seront tenus de déclarer, dans leurs certificats de vie, qu'ils n'ont aucun traitement ni aucune autre pension ou solde de retraite, soit à la charge de l'Etat, soit sur les fonds de retenue des diverses administrations, ou des invalides de la marine. En cas de fausse déclaration, la restitution des sommes indûment perçues sera poursuivie contre les délinquans, sans préjudice des autres peines que les lois et réglemens prononcent.

Comme les pensions qui seront suspendues pour cause de mise en activité des titulaires devront leur être payées de nouveau à dater du jour où leur traitement d'activité cessera, ces pensions ne seront point regardées même provisoirement comme éteintes, et il ne pourra être disposé, comme de fonds libres, de ceux affectés à leur paiement.

Conformément au chapitre IV de l'état F annexé à la loi, les pensions qui font partie des traitemens ecclésiastiques continueront à être acquittées comme par le passé.

11. Les pensions militaires définitives, connues sous la dénomination de *soldes de retraite*, assujéties, conformément à la loi du 28 fructidor an 7, à une retenue proportionnée à leur quotité, savoir, de deux centimes par franc au-dessous de neuf cents francs, et de cinq centimes à neuf cents francs et au-dessus, devant continuer à subir la même retenue, seront inscrites sur deux registres séparés, et auront en conséquence deux séries de numéros distinctes.

Le paiement de toutes ces pensions, sans exception, sera effectué par trimestre.

Notre ministre secrétaire d'Etat des finances prendra les mesures nécessaires pour les faire payer dans le lieu le plus voisin du domicile des titulaires.

12. Ces titulaires seront tenus de produire des certificats de vie délivrés par les notaires certificateurs. Ces certificats seront exempts du droit de timbre, comme l'étaient précédemment ceux délivrés par les maires; il ne sera donc rien exigé pour le prix du papier. La rétribution des notaires certificateurs est réglée comme il suit :

1 franc, pour les sommes à recevoir de 601 francs et au-dessus;
50 centimes, pour celles de 301 à 600;
35 centimes, pour celles de 101 à 300;
25 centimes, pour celles de 100 à 50;
0 pour celles au-dessous de 50.

13. Toutes les pensions accordées jusqu'à ce jour et déjà inscrites au Trésor royal, sont maintenues dans leur fixation actuelle, sauf la radiation de ce qui excéderait le *maximum* déterminé pour le grade des titulaires par la loi du 15 germinal an 11, le réglement du 13 septembre 1806 et la loi du 11 septembre 1807, pour les pensions civiles; et quant aux pensions militaires, par les lois des 14 fructidor an 6, 8 floréal an 11, et l'ordonnance réglementaire du 27 août 1814, ainsi que les tableaux qui y sont annexés.

Cette réduction n'est pas applicable aux pensions militaires antérieures à la Charte, lesquelles, d'après les dispositions de l'art. 69, doivent conserver leur fixation intégrale.

14. Les pensions qui, pour cause d'insuffisance des fonds de retenue sur lesquels elles ont été liquidées, sont dans le cas d'être mises temporairement à la charge du Trésor royal, en exécution de l'article 29 de la loi, y seront inscrites sur un livre particulier, et divisées par ministère et administration. Elles seront payées par trimestre.

15. Il ne pourra désormais être liquidé aucune pension à la charge des fonds de retenue de diverses administrations ou des invalides de la marine, que sur la présentation d'un certificat du premier commis des finances chargé de la dette inscrite au Trésor royal, constatant que le réclamant jouit ou ne jouit pas d'une pension sur les fonds généraux du Trésor.

S'il en a une, elle sera confondue dans la pension à liquider sur les fonds de retenue, laquelle sera réglée sur la généralité des services du pensionnaire, et produira l'extinction de la pension sur les fonds généraux.

Ces dispositions sont applicables aux pensions déjà liquidées, soit qu'elles doivent rester à la charge des fonds de retenue, soit qu'elles doivent être inscrites au Trésor sur le fonds supplémentaire, ainsi qu'il est prescrit par l'article 14 de la présente ordonnance (1).

16. Nos ministres sont chargés de l'exécution de la présente ordonnance.

TABLEAU DES PENSIONS A LA CHARGE DE L'ÉTAT,

(Précédemment payées sur les fonds du ministère du dressé en exécution de l'art. 3 du titre IV de la loi de finances de 1817, pour servir à l'inscription sur le livre des pensions du Trésor royal, et être payées sur les fonds généraux, conformément à l'art. 1er du même titre.

NUMÉROS		NOMS et PRÉNOMS des pensionnaires.	QUALITÉS, GRADES OU EMPLOIS.	NAISSANCES		DOMICILES.	PENSION ANNUELLE.	MOTIF DE LA PENSION.	DURÉE des SERVICES			LOIS, ARRÊTÉS, DÉCRETS ou ordonnances de concession.		LOI RÉGLEMENTAIRE.	OBSERVATIONS.
d'ordre.	d'inscription.			Dates.	Lieux.				Ans.	Mois.	Jours.	Nature de l'acte constitutif.	Date.		

(1) *Voy.* ordonnances des 6 mai et 8 juillet 1818.

20 JUIN 1817. — Convention avec l'office général des postes sardes pour la correspondance entre la France et la Sardaigne (1).

---

23 = Pr. 28 JUIN 1817. — Ordonnance du Roi qui élève M. le comte du Bouchage à la dignité de pair du royaume. (7, Bull. 161, n° 2336.)

Louis, etc.

Ayant pris en considération les bons et loyaux services que le sieur comte du Bouchage, lieutenant général de nos armées, a constamment rendus à notre personne et à l'Etat pendant le cours de sa longue et honorable carrière, et voulant lui donner une preuve de notre satisfaction,

Nous l'avons élevé à la dignité de pair du royaume.

---

23 JUIN 1817. — Ordonnance du Roi qui nomme ministre d'Etat et membre du conseil privé M. le comte du Bouchage, pair de France. (7, Bull. 161, n° 2337.)

---

23 JUIN 1817. — Ordonnance du Roi qui nomme M. le maréchal comte de Gouvion-Saint-Cyr ministre secrétaire d'Etat au département de la marine et des colonies. (7, Bull. 161, n° 2338.)

---

25 JUIN 1817 = Pr. 28 MAI 1818. — Ordonnance du Roi qui établit à Rive-de-Gier une caisse de prévoyance en faveur des ouvriers qui travaillent à l'exploitation des mines des environs de cette ville. (7, Bull. 214, n° 4176.)

Louis, etc.

D'après le compte qui nous a été rendu de l'état des mines de houille des environs de Rive-de-Gier, dans le département de la Loire, nous avons vu avec regret qu'il n'a point encore été pourvu d'une manière assurée au soulagement des ouvriers mineurs blessés dans les travaux souterrains, et des veuves et enfans de ceux qui ont eu le malheur de succomber à leurs blessures.

Nous avons reconnu combien il serait avantageux de fonder dans cette contrée un établissement de bienfaisance dans lequel les moyens de secours employés jusqu'à présent pourraient être réunis à des moyens nouveaux qui n'attendent qu'une occasion favorable pour se développer.

Dans ces circonstances, désirant terminer et régulariser le concours de volontés et d'efforts qui seul peut amener la fondation d'un établissement aussi nécessaire, nous avons jugé convenable d'y affecter une portion du produit des redevances que notre Trésor perçoit sur les mines des environs de Rive-de-Gier, bien convaincus que les concessionnaires et entrepreneurs d'exploitation, les propriétaires de la surface des terrains exploités, et les ouvriers mineurs, s'empresseront de seconder nos vues bienfaisantes, en formant une association qui est dans l'intérêt de tous, que réclament à la fois la justice et l'humanité, et qui aura la plus grande influence sur la prospérité des mines de l'arrondissement :

A ces causes,

Sur la proposition de notre directeur général des ponts-et-chaussées et des mines,

Et sur le rapport de notre ministre secrétaire d'Etat de l'intérieur,

Nous avons ordonné et ordonnons ce qui suit :

Art. 1er. Il sera établi à Rive-de-Gier une *caisse de prévoyance* en faveur des ouvriers qui travaillent à l'exploitation des mines des environs de cette ville. Cette caisse est destinée à secourir les malades, blessés, invalides et infirmes, ainsi que les veuves et orphelins en bas âge.

2. Chaque année, notre ministre de l'intérieur fera verser dans cette caisse ce qui restera disponible des sommes perçues pour fonds de non-valeurs en sus des redevances fixes et proportionnelles imposées sur les mines des environs de Rive-de-Gier. Il y fera également verser les fonds de bienfaisance dont il pourra autoriser l'emploi, d'après la proposition du préfet, et sur le rapport du directeur général des ponts-et-chaussées et des mines.

3. Tout concessionnaire ou exploitant, tout propriétaire de surface percevant une rente en nature sur le produit de l'extraction, et tout ouvrier employé aux travaux des mines, est admis à concourir à former le revenu de la caisse, et pourra, en conséquence, participer à son administration.

4. Il sera, à cet effet, à la diligence du préfet du département de la Loire, ouvert à la mairie de Rive-de-Gier un registre où seront inscrits les concessionnaires, exploitans, propriétaires de surface, et les ouvriers qui voudront faire partie de l'établissement.

5. L'administration de la caisse sera confiée à un comité composé du préfet de la Loire, président, et, en son absence, du sous-préfet de Saint-Etienne, de l'ingénieur en chef des mines de l'arrondissement, et, en son absence, de l'ingénieur ordinaire, du maire, et du plus ancien curé de Rive-de-Gier, d'un officier de santé ou pharma-

---

(1) Cette convention n'est pas imprimée au Bulletin des Lois; elle est rappelée dans l'ordonnance du 6 novembre 1817.

cien nommé par le préfet, de membres amovibles pris parmi les concessionnaires ou exploitans, les propriétaires de surface et les anciens mineurs.

Pour la première fois seulement, et sur les premières listes qui lui seront adressées, le préfet désignera les personnes qui devront provisoirement compléter le comité d'administration.

6. Ce comité s'occupera sans délai de la rédaction d'un projet de réglement général, développant les conditions les plus convenables pour organiser l'établissement. Il fixera la forme et la quotité des différentes cotisations, le mode de versement et de comptabilité, l'ordre à suivre dans la distribution des secours et l'emploi des fonds, le nombre de membres amovibles du comité d'administration, le mode de leur remplacement, enfin la manière dont les comptes seront annuellement apurés et rendus à l'assemblée générale des membres de l'établissement.

7. Le réglement à intervenir sera soumis par notre directeur général des ponts-et-chaussées et des mines à l'approbation de notre ministre secrétaire d'Etat de l'intérieur.

8. Notre ministre de l'intérieur est chargé de l'exécution de la présente ordonnance.

---

25 JUIN = Pr. 5 JUILLET 1817. — Ordonnance du Roi portant que les dispositions de l'article 1er de l'ordonnance du 24 juillet 1815 sont révoquées en ce qui concerne M. le comte de Croix. (7, Bull. 162, n° 2351.)

Louis, etc.

Vu l'ordonnance du 24 juillet 1815, vu la réclamation à nous présentée par le comte de Croix, ayant reconnu qu'il est constant que ledit comte de Croix n'a siégé ni voulu siéger dans la soi-disant Chambre des pairs à laquelle il avait été appelé par Napoléon Bonaparte,

Nous avons ordonné et ordonnons ce qui suit :

Art. 1er. Les dispositions de l'article 1er de notre ordonnance du 24 juillet 1815 sont révoquées en ce qui concerne le comte de Croix.

2. Notre ministre des affaires étrangères, président du conseil des ministres, est chargé de l'exécution de la présente ordonnance.

---

25 JUIN 1817. — Ordonnances du Roi qui accordent des lettres de déclaration de naturalité aux sieurs Portalis, Rossi, Silvestre, de Santi Pieri, Gerken, Dusang, de Clavières, Ulrich, Fontaine, Marchand, Botassi, Genevois, Wurtz, Coussa, Etienne, Alziari, Normand et Vasserat, Baylen, Almeida, Allec. (7, Bull. 165, 167, 174, 176, 178, 179, 183, 185, 201, 208, 220, 298 et 480.)

---

25 JUIN 1817. — Ordonnances du Roi qui autorisent l'acceptation de dons et legs faits aux pauvres, aux hospices, séminaires et fabriques des églises de Fresne, Merlerault, Roquefort, Breteil, Metz, Quimper, Emmerin, Orléans, Fimes, Sauveterre, Trellins, Courpierres, Paris, Rodès, Coutances, Humbervilliers, Soissons, Monceaux, Melun, Avignon, Provins, Casteljaloux, La Rochelle, Carcassonne, Troyes, Autun, Nancy, Laon, Feillens, Neuville-l'Archevêque et Tancourt. (7, Bull. 171, 173 et 174.)

---

25 JUIN 1817. — Ordonnance du Roi qui permet aux sieurs Viennet, Dagoret, Epron et au baron de l'Home, de faire des changemens et additions à leurs noms. (7, Bull. 162.)

---

25 JUIN 1817. — Ordonnance du Roi qui admet les sieurs Brogli, Déas et Costes à établir leur domicile en France. (7, Bull. 162.)

---

25 JUIN 1817. — Ordonnances du Roi qui maintiennent le sieur France dans la jouissance de l'usine qu'il possède dans la commune de Livron, ainsi que la dame Plançon, le sieur Fournier et autres coassociés, dans la jouissance de celles qu'ils exploitent dans l'arrondissement de Grenoble. (7, Bull. 174.)

1er JUILLET 1817. — Instruction du ministre de l'intérieur sur la législation relative aux brevets d'invention.

Motifs qui ont fait établir les brevets.

On a toujours reconnu qu'il était aussi juste qu'utile au progrès des arts d'assurer aux inventeurs la propriété de leurs découvertes, mais pour le faire d'une manière avantageuse pour eux et pour le public, on n'était pas d'accord sur le parti le plus convenable à prendre; les uns voulaient qu'il leur fût accordé des priviléges exclusifs, dont la durée ne serait point limitée; d'autres pensèrent que ces priviléges ne devaient être que temporaires; enfin, suivant une troisième opinion, il était préférable de leur décerner des récompenses, et de rendre à l'instant leur découverte d'un usage libre et commun. L'administration a eu souvent recours à ce moyen; mais comme il constituait l'Etat dans des dépenses assez considérables et qu'il ne satisfaisait pas toujours les inventeurs, il a été nécessaire d'examiner de nouveau s'il y aurait possibilité de trouver un parti qui conciliât tous les intérêts. Le but qu'on se proposait a été atteint par les lois des 7 janvier et 25 mai 1791, qui ont établi les brevets,

Les titres de cette nature assurent, d'une part, aux artistes la jouissance exclusive de leurs découvertes, et donnent, de l'autre, à leur expiration, une garantie fort importante, celle de la conservation de plusieurs inventions, que, sans ce moyen, le public ne connaîtrait jamais, ou qu'il ne connaîtrait qu'imparfaitement, puisque les auteurs, étant intéressés à cacher leurs opérations, ne les communiqueraient pas, et pourraient ainsi mourir avec leur secret.

Formalités à remplir par ceux qui demandent des brevets, et quotité des sommes qu'ils sont tenus de payer.

Les brevets délivrés par le Gouvernement ne peuvent être assimilés aux priviléges exclusifs qu'on obtenait avant la promulgation des lois qui régissent la matière; ils ne sont qu'un acte donné à un particulier de la déclaration qu'il fait d'avoir inventé une machine ou un procédé, de l'emploi desquels il résulte une nouvelle branche d'industrie. Il s'en délivre de trois sortes, d'*invention*, de *perfectionnement* et d'*importation*.

Les brevets d'importation sont accordés à ceux qui procurent à l'industrie un procédé ou une machine seulement connus dans les pays étrangers; les lois des 7 janvier et 25 mai n'ayant pas déterminé d'une manière positive la durée de ces brevets, une loi du 18 août 1810 a statué qu'elle serait la même que celle des brevets d'invention.

Des perfectionnemens dans les arts forment souvent une invention aussi importante que la découverte primitive; il était donc convenable de permettre qu'on s'en assurât la jouissance privative, en prenant un brevet. Mais si les lois donnent cette faculté, elles ne considèrent point, d'un autre côté, comme des perfectionnemens, des ornemens ou des changemens de formes et de proportions, il faut qu'il y ait une addition à la découverte. (Art. 8 du titre II de la loi du 25 mai 1791.)

On ne peut cumuler plusieurs découvertes dans un seul et même brevet, et chacune d'elles doit être l'objet d'une demande particulière.

Pour obtenir les titres de cette nature l'accomplissement de différentes formalités est indispensable.

Le pétitionnaire doit d'abord déposer au secrétariat général de la préfecture du département qu'il habite un paquet cacheté, et contenant :

1° Sa pétition au ministre de l'intérieur, à l'effet d'obtenir un brevet de cinq, dix ou quinze ans, à son choix ;

2° L'état descriptif et détaillé des moyens qu'il emploie ;

3° Des dessins doubles, sur échelle, par plans, coupes et élévations, signés par lui, ou un modèle d'objet de sa découverte ;

4° Un état fait double, également signé par lui, des pièces renfermées dans le paquet.

Il doit, en outre, payer une taxe plus ou moins considérable suivant la durée du brevet, qui ne peut excéder quinze ans.

Trois cents francs pour un brevet de cinq ans, huit cents francs pour un brevet de dix ans, quinze cents francs pour un brevet de quinze ans.

Plus, cinquante francs pour frais d'expédition du brevet.

Les lois permettent quelquefois de prolonger la durée des brevets; mais pour obtenir cette faveur, qui n'est accordée que très-rarement, et pour des raisons d'un très-grand intérêt, une ordonnance du Roi est nécessaire; alors on paie une nouvelle somme dont la quotité est indiquée par le tarif annexé à la loi du 25 mai 1791.

Le pétitionnaire est tenu de payer à l'instant même du dépôt des pièces la moitié de la taxe; il lui est libre, en remettant sa soumission, de n'acquitter l'autre moitié que dans six mois. La loi du 25 mai a prévu le cas où cette soumission ne serait point remplie au terme prescrit. Alors le breveté encourt la déchéance, qui ne devient définitive qu'après qu'elle a été prononcée par un acte de l'autorité publique.

Si des pétitionnaires désirent apporter des changemens à l'objet énoncé dans leur première demande, ils ne peuvent le faire qu'après avoir déposé la description de leurs nouveaux moyens au secrétariat de la préfecture, et avoir payé une seconde taxe, qui est de vingt-quatre francs pour la caisse des brevets, et de douze pour le secrétariat de la préfecture, il leur est délivré, par le ministre de l'intérieur, un second titre qu'on nomme *certificat d'additions, de changemens et de perfectionnemens*.

L'article 10 du titre Ier de la loi du 25 mars règle la destination à donner aux sommes que procurent les différentes taxes dont il vient d'être question : elles doivent servir à payer en premier tous les frais qu'entraînent l'expédition et la proclamation des brevets, puis ceux d'impression et de gravure des brevets, dont la durée est expirée. S'il reste un excédant, il est employé à l'avantage de l'industrie nationale.

Le secrétaire général de la préfecture dresse procès-verbal au dos du paquet déposé entre ses mains, et il délivre au pétitionnaire acte de ce dépôt. Le tout est ensuite adressé par le préfet au ministre de l'intérieur.

Principes établis par les lois dans la délivrance des brevets.

On a vu plus haut que les brevets ne sont autre chose que l'acte délivré à un particulier de la déclaration qu'il fait d'avoir inventé une machine ou un procédé donnant lieu à une nouvelle branche d'industrie. L'administration ne juge point, en effet, le mérite des inventions pour lesquelles on sollicite. Quiconque a rempli les formalités prescrites par les lois des 7 janvier et 25 mai 1791 peut les obtenir, ces lois statuant d'une manière formelle qu'ils seront accordés sur simple requête et sans examen préalable; ainsi, on peut le demander pour le procédé le plus vulgairement connu. La législation étant coordonnée de manière qu'ils sont nuls et même préjudiciables à ceux qui les ont obtenus, si l'objet pour lequel ils ont été délivrés n'a aucune réalité, et s'il a été connu et pratiqué avant la date du brevet. En effet, si la découverte est purement imaginaire, les frais qu'a occasionnés l'obtention sont perdus. Si le procédé était déjà connu, l'article 16 de la loi du 7 janvier prononce la déchéance. Les droits que confèrent les brevets ne sont donc que conditionnels; c'est-à-dire qu'ils n'assurent une jouissance exclusive qu'autant qu'on en est réellement l'inventeur. Au premier coup-d'œil on peut être étonné qu'on livre sans examen préalable des titres de cette nature; mais quelques réflexions feront bientôt sentir qu'il était difficile d'adopter un parti plus sage. Plusieurs motifs ont dicté cette partie de la législation; d'une part, il convenait de sauver à l'administration l'embarras d'un examen long et difficile, et la responsabilité d'un jugement qui, s'il eût été défavorable, aurait donné lieu à des accusations de partialité et de malveillance; et, de l'autre, d'épargner aux inventeurs la nécessité d'une communication dont ils pouvaient craindre l'abus; en effet, l'examen préalable aurait été tout au désavantage des artistes, puisqu'ils auraient communiqué, sans aucun gage de succès, des procédés dont il était possible de leur dérober la propriété. Il aurait fallu soumettre ces procédés à des commissaires courant la même carrière qu'eux, et dont l'intérêt particulier, des préventions, la rivalité, pouvaient dicter les jugemens. Dans le cas le plus favorable, l'examen préalable aurait donc eu pour résultat d'écarter quelques projets absurdes, quelques inventions futiles; mais le public, si on les eût laissé paraître, en eût bientôt fait justice; et si l'invention avait été sans utilité, le pétitionnaire aurait perdu les frais occasionnés par l'obtention de son brevet. Ce motif suffit pour diminuer dans l'esprit des artistes, ordinairement peu riches, les préventions qu'ils peuvent avoir pour leurs découvertes, et les détourner de former des demandes sans objet. On a encore dû prévoir le cas où un breveté ferait de son titre un usage dangereux ou contraire à la salubrité publique. Les lois des 7 janvier et 25 mai ont pourvu alors aux moyens de le priver d'un droit dont il abuserait, et même de le punir s'il y a lieu. Elles ont pareillement réglé la marche à suivre pour le dépouiller d'un droit qu'il aurait usurpé sur une chose déjà publique.

Déchéance des brevets et autorités qui la prononcent. Mode de procéder en cas d'usurpation d'une découverte.

La déchéance des brevets est prononcée, suivant les cas, par l'autorité administrative et par l'autorité judiciaire. Le ministre de l'intérieur la prononce lorsque le breveté n'a pas acquitté la taxe dans les délais prescrits, et lorsque l'inventeur, sans avoir justifié des causes de son retard, n'a pas mis sa découverte en activité dans l'espace de deux ans (article 16 de la loi du 7 janvier); les tribunaux jugent les contestations qui s'élèvent entre un breveté qui veut faire valoir son privilége, et des particuliers qui prétendent que son invention était connue antérieurement à son titre, soit par l'usage, soit par sa description dans un ouvrage imprimé. Alors ce sont les parties intéressées qui font les diligences nécessaires pour obtenir un jugement. En ordonnant cette disposition, la loi a considéré le brevet comme une propriété dont on ne peut être privé qu'après l'observation des formes établies. Les articles 12 et 13 de la loi du 7 janvier, 10, 11, 12 et 13 du titre II de la loi du 25 mai, règlent la manière de procéder. D'après ces articles, les contrefacteurs doivent être traduits devant le juge-de-paix, qui, après avoir ordonné des vérifications et entendu les parties et leurs témoins, prononce son jugement, lequel, nonobstant appel, est exécuté provisoirement.

Dispositions établies depuis la promulgation des lois des 7 janvier et 25 mai 1791.

Les lois des 7 janvier et 25 mai ne sont pas les seules qui aient été rendues sur les brevets; il en existe une autre, sous la date du 20 septembre 1792, qui défend d'accorder des titres de cette espèce pour des objets autres que ceux relatifs aux arts. Des demandes de brevets pour des opérations financières et commerciales ont donné lieu à cette défense.

La loi du 18 août 1810 défend également de délivrer des brevets pour des objets qui rentrent dans les classes des remèdes secrets.

Le certificat de demande que délivre le ministre de l'intérieur n'est qu'un titre provisoire; mais il devient définitif par l'envoi au breveté de l'article de l'ordonnance royale qui le concerne, lorsqu'on proclame les brevets délivrés dans le courant de chaque trimestre. Des difficultés s'étaient élevées sur la question de savoir si, avec le certificat de demande on pouvait poursuivre les contrefacteurs d'une découverte, ou s'il fallait attendre qu'il eût reçu la publicité que lui procure la proclamation faite par sa majesté. La loi du 25 janvier 1807 les a fait cesser, *en statuant que les années de jouissance d'un brevet commencent à courir de la date du certificat, lequel établit provisoirement cette jouissance.* La même loi a décidé que la priorité d'invention dans le cas de contestation entre deux brevetés pour le même objet, est acquise à celui qui, le premier, a fait, au secrétariat de la préfecture du département, le dépôt des pièces qui doivent accompagner la demande d'un brevet : une disposition de l'art. 14 du titre II de la loi du 25 mai avait défendu d'exploiter les brevets par *actions* : elle a été abrogée par la loi du 25 novembre 1806, sur les représentations adressées par quelques particuliers qu'elle préjudiciait aux intérêts des inventeurs, en ce qu'elle les privait d'un moyen avantageux et facile de tirer parti de leurs découvertes.

Il arrive quelquefois que des brevetés s'adressent au Gouvernement, afin d'obtenir des récompenses comme étant auteurs de découvertes importantes ; il est impossible d'accueillir leurs demandes à cet égard. L'art. 11 de la loi du 12 septembre 1791 défend d'accorder des encouragemens particuliers à ceux qui se sont pourvus d'un brevet. Ce qui a fait établir cette disposition, c'est la considération qu'il n'est dû aucune récompense aux inventeurs qui se réservent la jouissance exclusive de leurs moyens, et que ceux-là seulement méritent des faveurs, qui rendent leurs découvertes d'un usage libre et commun, et ajoutent ainsi au bien-être de la société.

Le sous-secrétaire d'Etat au département de l'intérieur,

BECQUEY,

---

2 = Pr. 11 JUILLET 1817. — Ordonnance du Roi relative à l'avancement des officiers de cavalerie. (7, Bull. 163, n° 2415.)

Voy. loi du 10 MARS 1818, titre VI, et ordonnance du 2 AOUT 1818, titre XVI.

Louis, etc.

L'ordonnance du 30 août 1815, qui a rétabli dans nos troupes à cheval le principe d'après lequel chaque compagnie doit former son escadron, ayant en même temps créé deux grades de capitaines qui sont subordonnés l'un à l'autre, nous avons jugé convenable, pour conserver aux capitaines qui appartiennent au cadre de notre cavalerie les droits que peut leur donner leur ancienneté, de régler d'une manière précise le mode d'après lequel ces capitaines devront être placés dans l'un ou l'autre grade, suivant que leur nomination est antérieure ou postérieure à ladite ordonnance du 30 août 1815.

En conséquence,

Sur le rapport de notre ministre secrétaire d'Etat au département de la guerre,

Nous avons ordonné et ordonnons ce qui suit :

Art. 1er. Tous les capitaines commandans d'escadrons qui sont maintenant pourvus de cet emploi dans les régimens de troupes à cheval, en recevront le brevet, quelle que soit leur ancienneté de grade.

2. Tous les capitaines en second de cavalerie qui sont en activité dans les mêmes régimens, et dont la nomination est antérieure à l'ordonnance du 30 août 1815, recevront également le brevet de capitaine commandant : ils arriveront de droit, et concurremment avec ceux dont il sera parlé à l'article 3, au commandement des escadrons vacans, et y reprendront successivement leur rang d'ancienneté, en qualité de capitaines commandans, d'après la date de leurs brevets.

En attendant, ils continueront à remplir les fonctions et à recevoir la solde de capitaines en second, et resteront subordonnés au capitaine commandant d'escadron.

3. Les capitaines de cavalerie en non-activité dont la nomination est antérieure à l'ordonnance du 30 août 1815 recevront pareillement le brevet de capitaine commandant, et seront replacés dans ce grade, à mesure des vacances, concurremment avec les capitaines en second dont l'article précédent fait mention ; mais, jusque-là, ils ne pourront recevoir que le traitement affecté aux capitaines en second, suivant leur position.

Si ces officiers, sur leur demande, étaient mis en activité en qualité de capitaines en second, ils seraient placés dans la même position que ceux qui font l'objet de l'art. 2.

4. Tous les capitaines en second actuellement en activité, dont la nomination à ce grade est postérieure à l'ordonnance du 30 août 1815, recevront le brevet et seront définitivement classés dans le grade de capitaine en second, d'où ils parviendront à celui de capitaine commandant, d'après les dispositions des ordonnances relatives à l'avancement.

5. Le même principe est applicable aux capitaines actuellement en non-activité, et dont la nomination est postérieure à l'ordonnance du 30 août 1815 : ils ne pourront être remis en activité qu'en qualité de capitaines en second.

6. Les lieutenans dans les régimens de cavalerie continueront à être désignés par les dénominations de *lieutenant en premier* et de

lieutenant en second, mais sans former deux grades différens ; ils seront placés dans l'une ou l'autre classe, suivant leur ancienneté respective, et parviendront au grade de capitaine en second, d'après le mode déterminé par les ordonnances sur l'avancement.

7. En conséquence des dispositions de l'article précédent, les lieutenans de cavalerie actuellement disponibles, lorsqu'ils seront remis en activité, appartiendront, suivant leur ancienneté, à l'une ou l'autre classe de lieutenans.

8. Notre ministre de la guerre est chargé de l'exécution de la présente ordonnance.

---

2 = Pr. 25 JUILLET 1817. — Ordonnance du Roi qui autorise la compagnie de Bray à dessécher les marais connus sous le nom de Marais de Donges, aux charges, clauses et conditions y exprimées. (7, Bull. 164, n° 2470.)

Louis, etc.

Vu les lois des 5 janvier 1791 et 16 septembre 1807, relatives aux desséchemens;

Vu le procès-verbal d'enquête dressé en exécution d'un arrêt du conseil de 1774 ;

Vu le plan des marais de Donges, dressé en exécution du même arrêt ;

Vu l'arrêt du conseil de 1779, qui autorise la compagnie de Bray à dessécher ces marais, et confirme les traités faits entre cette compagnie et les ayant-droit des diverses paroisses riveraines ;

Vu l'arrêt du conseil de 1780, qui évoque par-devant l'intendant de Bretagne, sauf appel au conseil, toutes les difficultés qui pourraient s'élever au sujet du desséchement des marais de Donges ;

Considérant qu'il résulte des renseignemens donnés par l'ingénieur des ponts-et-chaussées de l'arrondissement de Savenay, dans lequel sont situés les marais de Donges, et par notre directeur général des ponts-et-chaussées, que le desséchement de ces marais sera avantageux sous le double rapport de la salubrité et de l'agriculture, et qu'il est possible de l'opérer ;

Sur le rapport de notre ministre secrétaire d'Etat de l'intérieur,

Notre Conseil-d'Etat entendu,

Nous avons ordonné et ordonnons ce qui suit :

Art. 1er. La compagnie de Bray est autorisée à dessécher les marais connus génériquement sous le nom de *marais de Donges*, et qui lui ont été afféagés, en 1771, par les seigneurs de Donges et de Besné, aux charges, clauses et conditions qui lui avaient été imposées par l'arrêt du conseil de 1779 portant concession du desséchement de ces marais, et qui ne sont point abrogées par la présente ordonnance.

2. S'il s'élève des contestations de propriété entre les concessionnaires et des communes ou particuliers prétendant à des droits de propriété sur des terrains faisant partie desdits marais, elles seront portées devant les tribunaux.

3. Les actes d'opposition au desséchement, soit de la part des communes, soit de la part des particuliers, seront jugés administrativement et sans délai, d'après les règles tracées par la loi du 16 septembre 1807, sans que les travaux puissent être interrompus.

4. Le terrain tourbeux connu sous le nom de *la bruyère*, lequel comprend toute la partie occidentale de l'étier de Méan jusqu'à la chaussée d'Aignac, et dudit Aignac jusqu'à la chaussée qui conduit aux grandes îles où est l'église de Saint-Joachim à Clairfeuil, et de là et des autres parts les paroisses limitrophes et adjacentes à ladite bruyère, ne sera pas compris dans la concession du desséchement et restera à l'usage de tous les habitans et lieutenans (1) de l'ancienne vicomté de Donges.

5. Les marais appelés *gardis*, qui sont ceux qui sont entourés, de temps immémorial, de douves capables de les défendre des bestiaux, et qui sont, en conséquence, possédés privativement, ne seront pas compris dans les marais qui seront desséchés en vertu de la concession.

6. Les prés, les marais dits *gardis*, et autres propriétés de la même nature de tous les intéressés qui ont traité ou traiteront avec la compagnie de Bray ne seront tenus à aucune contribution audit desséchement, ni à payer aucune indemnité à ladite compagnie, à raison des améliorations qu'éprouveront leurs propriétés par suite du desséchement.

7. Avant que de commencer le desséchement, et dans le délai d'un an au plus tard, à dater de la présente ordonnance, la compagnie de Bray sera tenue de faire reconnaître, à ses frais, par les ingénieurs des ponts-et-chaussées du département, et approuver par le conseil général des ponts-et-chaussées, le plan des marais qui a été dressé en exécution des arrêts du conseil ci-dessus énoncés, ainsi que les plans, devis des travaux, nivellemens, sondes et autres opérations nécessaires pour le desséchement.

Les ingénieurs ou géomètres chargés de reconnaître le plan général des marais borneront la circonscription de la concession d'après les règles tracées par la présente ordonnance. Ils distingueront chaque propriété, et son étendue sera exactement circonscrite.

---

(1) Lisez : *biens tenans*. Erratum, Bulletin 173.

8. Les communes ou particuliers reconnus avoir des droits de propriété sur des terrains compris dans le desséchement qui n'ont pas traité avec la compagnie de Bray, paieront à cette compagnie, à titre d'indemnité pour ses dépenses, les quatre cinquièmes de la plus-value que leurs propriétés obtiendront par suite du desséchement, à moins qu'ils ne préfèrent accepter l'offre faite par la compagnie de leur délaisser la moitié des terrains desséchés, et de leur accorder tous les autres avantages stipulés dans les anciens traités.

9. Cette plus-value sera établie suivant les règles prescrites par le titre II de la loi du 16 septembre 1807.

Elle pourra être payée par les propriétaires intéressés, d'après le mode indiqué par les articles 21 et 22 de la même loi.

10. Il sera formé un syndicat composé de neuf membres, dont trois seront pris parmi les propriétaires les plus imposés à raison des marais qu'ils possèdent, hors ceux qui ont été afféagés à la compagnie de Bray, et les six autres seront pris parmi les propriétaires les plus imposés, inféodés de droits d'usage dans les marais afféagés à ladite compagnie : ces derniers seront choisis dans les principales communes de l'ancienne vicomté de Donges, où se trouve le plus grand nombre d'usagers dans les marais.

11. Les plans dressés conformément aux règles tracées par le titre II de la loi du 16 septembre 1807, et les procès-verbaux d'estimation par classe seront déposés à la préfecture. Les intéressés seront invités, par voie d'affiches placées dans les communes voisines des marais, à en prendre connaissance sans déplacement, et à former leurs observations, tant sur l'exactitude des plans que sur l'étendue des limites données à la concession et le classement des terrains.

12. Il sera formé, conformément aux dispositions du titre X de la loi du 16 septembre 1807, une commission spéciale de sept membres, chargée d'exercer, relativement au desséchement, toutes les attributions déterminées par l'article 46 de cette loi.

13. Les moulins et autres usines dont l'existence serait reconnue incompatible avec le plan du desséchement, ou devoir y préjudicier, pourront être supprimés ou modifiés.

Notre directeur général des ponts-et-chaussées fera constater la nécessité de ces suppressions ou modifications.

Les résultats de cette vérification seront mis sous nos yeux, et nous statuerons définitivement sur les suppressions ou modifications desdites usines, selon qu'il y aura lieu, et toujours à la charge par la compagnie d'en payer préalablement le prix d'estimation aux propriétaires, à dire d'experts, conformément aux articles 48, 49 et 56 de la loi du 16 septembre 1807 et à l'article 545 du Code civil.

14. Toutes les indemnités pour suppression d'usines, et autres dépenses pour constructions de ponts communaux ou vicinaux, acquéducs et autres ouvrages d'art qui seront désignés au plan de desséchement et reconnus nécessaires pour l'opérer, demeureront à la charge de la compagnie, sans le concours des communes et des particuliers.

15. La compagnie indemnisera, conformément aux dispositions de la loi du 16 septembre 1807, les propriétaires des terrains sur lesquels passeront les canaux de desséchement.

16. Tous les canaux de desséchement, tous ceux même qui seraient reconnus nécessaires par la suite pour l'entretien à perpétuité du desséchement, seront faits et entretenus par la compagnie de Bray, et à ses frais exclusivement, pour toutes les parties de marais pour lesquelles il y aura eu des traités faits entre les intéressés et la compagnie.

17. Il sera laissé, avant partages, vingt-quatre pieds de francs-bords, de chaque côté des canaux de desséchement, pour leur curage ou leur entretien. Ces francs-bords seront plantés d'arbres par la compagnie de Bray, et lui appartiendront dans toutes les parties de marais dont l'entretien des travaux sera à sa charge exclusivement.

Dans les parties où cet entretien sera supporté par la compagnie et par les propriétaires, les francs-bords seront plantés à frais communs, et la propriété en sera commune aux uns et aux autres.

18. La compagnie laissera un espace suffisant entre les douves de ceinture de ses terrains et les terres voisines, pour l'usage des chemins, soit de la servitude desdites terres, soit de celles des marais.

19. Tous les chemins qu'il sera nécessaire d'ouvrir, tant sur la portion de terrain de la compagnie que sur celle des habitans, seront faits et entretenus aux frais de tous les intéressés, et l'usage leur en sera commun à tous : seulement la partie dans l'intérêt de laquelle seront ouverts ces chemins compensera à l'autre partie le terrain qui sera pris sur sa portion pour lesdits chemins, soit en argent, d'après une estimation faite par experts, soit en lui délaissant une portion équivalente de son propre terrain.

20. La compagnie de Bray sera tenue d'opérer le desséchement des marais de Donges dans l'espace de cinq ans, à dater du moment où le projet des travaux de desséchement aura reçu l'approbation de notre directeur général des ponts-et-chaussées, sous peine de déchéance.

Elle sera également déchue de sa concession, si, pendant le cours de l'entreprise, les travaux étaient abandonnés par vice d'exécution, défauts de moyens, ou autres causes provenant de son fait, sauf le remboursement des travaux reconnus utiles, si le Gouvernement juge convenable de continuer le desséchement, ou de le concéder de nouveau.

21. Dès qu'il y aura des portions de terrain desséchées par les premiers travaux sur des parties de marais pour lesquelles des traités auront été faits, il sera procédé à des partages provisoires, sur la demande d'une des parties, et de l'avis de l'ingénieur en chef.

Il sera également, pendant le cours de l'opération, attribué à la compagnie de Bray une portion en deniers sur la plus-value des terrains pour lesquels il n'aurait point été fait des traités, et qui auront les premiers profité du desséchement : cette portion sera fixée annuellement par la commission.

22. Jusqu'à la réception du desséchement, les habitans pourront continuer à user des marais pour le pacage de leurs bestiaux, et pour y couper des roseaux, de manière toutefois à ne préjudicier en rien aux travaux du desséchement.

23. Lorsque le desséchement sera achevé et qu'il aura été reçu, la compagnie de Bray fera elle-même, et à ses frais, le partage des marais dans les proportions convenues, et les habitans choisiront le lot qu'ils voudront.

La compagnie ne pourra prétendre à aucune indemnité pour les parties de marais dont le desséchement n'aurait pas été opéré.

24. Si des communes ou particuliers justifient avoir des droits d'usage ou autres de la même nature sur des portions de marais autres que celles qui ont été afféagés à la compagnie, le prix de ces droits leur sera acquitté en terrains desséchés, qui seront pris sur la portion revenant à ceux qui en possédaient (1) la nue propriété.

25. Dès que les partages auront été définitivement faits, le syndicat, auquel on joindra quatre des nouveaux propriétaires, proposera un réglement pour assurer la convention et l'entretien des travaux de desséchement.

Ce projet sera transmis à notre ministre secrétaire d'Etat de l'intérieur avec l'avis du préfet et de la commission spéciale, conformément aux dispositions de la loi du 16 septembre 1807, et il y sera statué par nous en notre Conseil-d'Etat.

26. La compagnie sera responsable, envers les propriétaires riverains, de tous les dommages que leurs propriétés pourraient éprouver par suite du desséchement, en raison de la mauvaise exécution des travaux, ou pour toute autre cause provenant du fait de la compagnie.

27. Toutes les dispositions contraires à la présente ordonnance sont abrogées.

28. Notre ministre de l'intérieur est chargé de l'exécution de la présente ordonnance.

---

2 JUILLET 1817. — Ordonnances du Roi qui accordent des lettres de déclaration de naturalité aux sieurs Wilkes, Taro, Broglio, Lachenal, Chiariglione et Rodriguez. (7, Bull. 165, 169, 185, 201 et 220.)

---

2 JUILLET 1817. — Ordonnances du Roi qui nomment MM. Coster et Bastard de l'Etang préfets des départemens de la Mayenne et de la Haute-Loire. (7, Bull. 163.)

---

2 JUILLET 1817. — Ordonnance du Roi qui permet aux sieurs Mullot, Berger et Colavier de faire des changemens et additions à leurs noms. (7, Bull. 163.)

---

2 JUILLET 1817. — Ordonnance du Roi qui admet les sieurs Fontaine, Laiser, Cordova, Meyer et Galletini à établir leur domicile en France. (7, Bull. 163.)

---

2 JUILLET 1817. — Ordonnances du Roi qui autorisent l'acceptation de dons et legs faits aux pauvres, aux fabriques des églises et aux séminaires d'Agen, Rethoville, Saint-Christoly, Metz, Lyon, Draguignan, Chefresnes, Loches, Troyes et Desaigues. (7, Bull. 177.)

---

9 JUILLET 1817. — Ordonnances du Roi qui accordent des lettres de déclaration de naturalité aux sieurs Carena, Treffa, Froissinet, Berger, Aqueronet, Neumayer, Granucci dit Arnaud, Ballestréro dit Balestriery, Miller, Igydowitz, Avondoglio, Casalis, Gamara, Mercieca, Deunsier, Renand et Raudino. (7, Bull. 165, 166, 169, 173, 174, 178, 183, 192, 194, 212 et 227.)

---

9 JUILLET 1817. — Ordonnance du Roi portant proclamation des brevets d'invention, de perfectionnement et d'importation délivrés pendant le 2e trimestre de 1817 aux sieurs Barnet, Dubois-Auzoux, Paxton, Montgolfier, Dayme, Darcet, Fabré, Demarquet, Beck, Berlin, Hoyau, Benoiste, Decrugy, Cabany, Dalmas, Gengembre père et fils, Maizière, Briard, Beury, Valade, Ruggiéri, Lesigne, Maizières, Hallette fils, Thilorier, Sartoris, Renaud-Blanchet, Binet, Bagneris, Payen, Bourlier, Pluvinet frères, Vidal, Marguerite, de Jouffroy, Tourasse, Passé, Culhat, Dufort, Jomard de Savergue, Bouchon, Loustau, Mathieu de Dombasle, Reliac, Lemire père et fils, Sevène et Allix. (7, Bull. 164, n° 2471.)

---

(1) Lisez *posséderaient*. Erratum, Bulletin 173.

9 JUILLET 1817. — Ordonnance du Roi qui permet à la demoiselle Hue d'ajouter à son nom celui de Marcenay. (7, Bull. 165.)

---

12 JUILLET 1817. — Ordonnance du Roi qui nomme M. le vicomte de Saint-Mars secrétaire général de la grande chancellerie de l'ordre royal de la Légion-d'Honneur. (7, Bull. 165, n° 2473.)

---

12 JUILLET 1817. — Ordonnance du Roi qui nomme M. le comte Hulot d'Oseray commandeur de l'ordre royal de la Légion-d'Honneur. (7, Bull. 165, n° 2474.)

---

16 JUILLET 1817. — Ordonnance du Roi qui nomme M. le duc de Massa membre de la Chambre des pairs. (Mon. n° 231.)

---

16 JUILLET 1817. — Convention avec l'office des postes de Prusse pour la correspondance entre la France et le royaume de Prusse (1).

---

16 JUILLET 1817. — Ordonnances du Roi qui autorisent l'acceptation de dons et legs faits aux pauvres, aux séminaires, et aux fabriques des églises de Saint-Jean-de-Bournay, Blécourt, Maing-Monchaux, Levignen, Fay, Vaudremont, Soissons, Moncel, Aulnois, Orléans, Saint-Omer, Longuivy-Plougras, la Grand'-Combe-des-Bois, Mésanger et de Plélo. (7, Bull. 177 et 178.)

---

18 JUILLET 1817. — Ordonnance du Roi qui accorde des lettres de déclaration de naturalité au sieur Bruna. (7, Bull. 169.)

---

23 JUILLET 1817. — Ordonnance du Roi sur les grades honorifiques dans le corps de la marine (2).

---

23 JUILLET 1817. — Ordonnances du Roi qui accordent des lettres de déclaration de naturalité aux sieurs Roatta de Ruata, Willams, Stone Immelin, Nobre, Bailon, Dapemont, Orsel, Boully, Agous, Lanfrity, Destrée, Léonard, Bourgeois, Tradoux, Castelli, Mayan, Lepeine et Hart. (7, Bull. 166, 167, 169, 174, 176, 179, 183, 185, 187, 198, 199, 201, 205, 208, 233, 238 et 246.)

---

23 JUILLET 1817. — Ordonnances du Roi qui permettent aux sieurs Michaut, Courg, Cahen, Laurent, Falachon, et Cornuau de faire des changemens et additions à leurs noms. (7, Bull. 165.)

---

23 JUILLET 1817. — Ordonnances du Roi qui autorisent l'acceptation de dons et legs faits aux pauvres, aux congrégations, hospices et fabriques des églises réformées de Paris, Saint-Emilion, Vrélot, Bordeaux, Moutebourg, Magnéville, Saint-Cloud, Metz, Rambervillers, Arras, Saint-Geomes, Hommarting, Havol, Flavigny, Lucq, Evreux, Valognes, Vigy, La Chaulme, Melun, Baverans, Pleneuf, Praye, Saint-Exupery, Lauzerte, Beaulieu, Abbeville, Mortagne, Fremicourt, Troyes, Foligny, Hocquigny, Taim, La Haye, Pesnel, Veysiat, Arras, Fay-Billot, Bordeaux, Birac, Auxerre, Paris, Bruyères, Vienne, Perissac, Saint-Genès, Bar-sur-Seine, Pauillac, Troyes et Coutras. (7, Bull. 178 et 180.)

---

23 JUILLET 1817. — Ordonnance du Roi qui admet les sieurs Delpino, Mylius, Burgin, Quesada, Tesseire, Navotni, Busch, Wust, Costa, Cuneo, Agostini, Tardi, Laso et Fiodre à établir leur domicile en France. (7, Bull. 166.)

---

23 JUILLET 1817. — Ordonnances du Roi qui accordent des foires annuelles et qui changent les jours de la tenue de celles d'Etrée-au-Pont, Riscle, Cerilly, Broglie, Saint-Forqueux et Couches. (7, Bull. 179 et 180.)

---

23 JUILLET 1817. — Ordonnance du Roi qui fait concession au sieur de Lagoy et Poulier du droit d'exploiter la mine de fer chromaté par eux découverte à Gassin, département du Var. (7, Bull. 180.)

---

29 JUILLET = Pr. 30 SEPTEMBRE 1817. — Ordonnance du Roi portant suppression des corps d'inspecteurs aux revues et des commissaires des guerres, et création d'un corps d'administrateurs militaires sous la dénomination d'intendans militaires. (7, Bull. 175, n° 2822.)

Voy. lois des 16 = 22 AVRIL 1793, 28 NIVOSE an 3; arrêté du 9 PLUVIOSE an 8, et notes; ordonnances des 2 AOUT 1818, titre XXVI; 27 SEPTEMBRE 1820 et 18 SEPTEMBRE 1822.

Louis, etc.

Les travaux préparatoires de la liquidation des comptes de l'ancienne armée, et ceux qui étaient relatifs à l'organisation des nouveaux corps de troupes, n'ayant pas permis jusqu'à ce jour d'appliquer aux membres de l'inspection aux revues et du commissariat des guerres les dispositions de notre ordonnance du 16 juillet 1815, nous nous sommes fait rendre compte de la situation des opérations extraordinaires dont ces deux corps ont

---

(1) Cette convention, non imprimée au Bulletin des Lois, est rappelée par l'ordonnance du 6 février 1818, relative au service des postes pour ce royaume.

(2) Cette ordonnance n'est pas au Bulletin des Lois; elle est rapportée par l'article 37 de celle du 31 octobre 1819.

été chargés, et nous avons reconnu que rien ne s'oppose en ce moment à l'exécution de ladite ordonnance en ce qui les concerne.

Voulant, en conséquence, compléter l'organisation de l'armée, et considérant qu'il importe au bien de notre service que la reconstitution des corps de l'administration militaire soit basée sur un principe d'unité en rapport avec l'importance de leurs fonctions, la considération qui s'y attache, et l'économie que les circonstances exigent;

Sur la proposition de notre ministre secrétaire d'Etat de la guerre;

Notre Conseil-d'Etat entendu,

Nous avons ordonné et ordonnons ce qui suit:

TITRE Ier. Suppression des deux corps.

Art. 1er. Les corps actuels des inspecteurs aux revues et des commissaires des guerres sont supprimés.

2. Seront admis à la solde de retraite, d'après les dispositions de notre ordonnance du 27 août 1814, les membres de ces deux corps qui en seraient susceptibles, et qui n'auront pas été compris dans l'organisation du nouveau corps ci-après créé. Ceux qui se trouveront dans ce cas recevront provisoirement, sur les fonds du ministère de la guerre, un traitement égal à la quotité de leur solde de retraite, jusqu'à ce que l'inscription puisse en être faite au Trésor, conformément aux dispositions de la loi sur les finances en date du 25 mars dernier.

3. Ceux non désignés pour la retraite et qui n'auront pas été appelés à faire partie du nouveau corps d'officiers de l'administration militaire conserveront leur grade actuel et le traitement de non-activité de ce grade, traitement qui sera payé sur les fonds généraux du ministère de la guerre, pour ceux qui n'étaient pas en demi-solde au 25 mars dernier.

4. Les adjoints provisoires aux commissaires des guerres sont licenciés, et cesseront de recevoir tout traitement à compter de ce jour.

TITRE II. Création et composition d'un nouveau corps.

5. Nous créons et établissons un corps d'administrateurs militaires sous la dénomination *d'intendans militaires*; il sera composé:

1° De trente-cinq intendans militaires;

2° De cent quatre-vingts sous-intendans militaires, dont quinze de 1re classe, quarante-cinq de 2e, soixante de 3e et soixante de 4e;

3° De trente-cinq adjoints sous-intendans militaires dont quinze de 1re classe, et vingt de 2e;

4° De dix élèves.

6. Les membres des deux corps de l'inspection aux revues et du commissariat des guerres pourront seuls concourir à la formation du nouveau corps.

7. Les intendans militaires, sous-intendans, adjoints et élèves, seront nommés par nous, sur la proposition de notre ministre secrétaire d'Etat de la guerre.

8. Les élèves seront pris, pour la première formation, parmi les adjoints actuels non compris dans l'organisation du nouveau corps et parmi les adjoints provisoires licenciés: pour l'avenir, ils ne pourront être choisis que parmi les Français propres au service militaire, de l'âge de vingt-un ans accomplis à vingt-cinq ans, ayant fait leur cours de droit, parlant au moins une langue étrangère, et jouissant d'un revenu de deux mille francs en biens-fonds.

TITRE III. Attributions du nouveau corps.

9. Les intendans militaires, sous-intendans militaires et adjoints, sont délégués du ministre secrétaire d'Etat de la guerre, pour ce qui concerne l'administration de l'armée; ils seront chargés de la promulgation des lois et réglemens militaires, et ils exerceront les fonctions maintenant attribuées aux corps des inspecteurs aux revues et des commissaires des guerres, jusqu'à ce que leurs attributions aient été définitivement déterminées par un réglement général qui sera soumis à notre approbation.

Les intendans et sous-intendans militaires seront présens à la réception des drapeaux et au serment des troupes, et en dresseront procès-verbal; ils continueront, en outre, à remplir près les conseils de révision les fonctions attribuées aux commissaires-ordonnateurs et commissaires des guerres par les lois et réglemens en vigueur.

TITRE IV. Subordination, rapports et rang.

10. Les intendans militaires, sous-intendans militaires, adjoints et élèves, seront sous les ordres immédiats de notre ministre secrétaire d'Etat de la guerre; ils ne pourront être mis en jugement par-devant un conseil de guerre, en ce qui concerne l'exercice de leurs fonctions, qu'en vertu de ses ordres spéciaux et d'un avis préalable du Conseil-d'Etat, à l'exception de cas extraordinaires que nous nous réservons de déterminer.

Le réglement général dont il est question en l'article précédent déterminera leurs rapports de service avec les officiers généraux et autres de l'armée, de manière à consacrer l'indépendance du corps des intendans militaires.

11. Les intendans militaires, sous-intendans militaires et adjoints, feront partie de

l'état-major général de l'armée : ils seront classés, pour la prestation de leur serment et dans l'ordre des préséances et des honneurs militaires, ainsi qu'il est ou sera déterminé pour les officiers généraux et autres auxquels ils sont assimilés par la présente ordonnance pour l'admission à la solde de retraite.

12. En l'absence de l'intendant militaire, ses fonctions seront exercées par le sous-intendant militaire le plus élevé de classe, et dans la classe par le plus ancien de grade, dans chaque division militaire.

Titre V. Uniforme.

13. Le fond de l'uniforme sera de couleur bleu-de-roi avec la broderie d'argent conforme au modèle, et la ceinture de soie blanche avec franges d'argent. Notre ministre secrétaire d'Etat de la guerre déterminera tout ce qui sera relatif à l'uniforme d'après cette base.

Titre VI. Traitement.

14. La solde et les indemnités de logement, de frais de bureau et de fourrages des intendans militaires, sous-intendans et adjoints, sont fixées conformément au tarif joint à la présente ordonnance. Les élèves n'auront pas de traitement.

15. Lorsqu'un adjoint sera chargé par un ordre ministériel de remplir les fonctions de sous-intendant militaire, il aura droit à l'indemnité des frais de bureau de ce dernier emploi.

16. La solde de retraite des intendans militaires sera celle affectée aux maréchaux-de-camp.

Les sous-intendans militaires auront la solde de retraite du grade de colonel;

Les adjoints de première et de deuxième classe, celle de chef de bataillon.

Néanmoins, au bout de dix ans d'exercice sans interruption d'activité de leur emploi, les intendans militaires susceptibles de la solde de retraite pourront obtenir celle de lieutenant général; les sous-intendans militaires de première classe, ainsi que les adjoints de première classe, celle de l'emploi supérieur, conformément aux dispositions des art. 18 et 19 de l'ordonnance du 27 août 1814, relativement aux retraites accordées aux officiers de nos corps royaux de la gendarmerie, de l'artillerie et du génie.

Titre VII. Vacances et avancement.

17. Le mode d'avancement dans le corps sera déterminé par l'ordonnance à intervenir pour régler l'avancement dans l'armée : néanmoins, lorsqu'il y aura des vacances, notre ministre secrétaire d'Etat de la guerre pourra nous proposer, pour les remplacemens à faire, ceux des membres de l'inspection aux revues et du commissariat des guerres susceptibles d'être employés, et qui n'auraient pas été compris dans la première formation du nouveau corps.

Il sera réservé pour les élèves un tiers des emplois d'adjoints de deuxième classe.

Les élèves ne pourront être nommés adjoints que lorsqu'ils auront subi un examen sur l'administration militaire, et qu'ils auront répondu d'une manière satisfaisante.

18. Après la première formation du corps, nul ne pourra être intendant militaire avant l'âge de quarante ans, sous-intendant avant trente ans, et adjoint avant vingt-cinq ans accomplis.

Titre VIII. Dispositions particulières.

19. Nos ministres secrétaires d'Etat de la guerre et de notre maison militaire se concerteront pour que les dispositions de la présente ordonnance soient appliquées au personnel de l'administration de notre maison militaire.

20. Les dispositions de la présente ordonnance seront également appliquées à notre garde royale; mais il continuera à y être attaché des administrateurs particuliers, qui seront chargés à la fois du service de l'infanterie et de la cavalerie.

Titre IX. Dispositions générales.

21. Les fonctions attribuées au corps des intendans militaires ne pourront à l'avenir être exercées à titre provisoire et sans nomination de notre part.

22. Les demandes de graces, d'avancement ou de récompenses, qui seront faites pour les sous-intendans militaires, adjoints et élèves, ne devront parvenir à notre ministre secrétaire d'Etat de la guerre, pour être mises, s'il y a lieu, sous nos yeux, que par l'intermédiaire des intendans militaires sous les ordres desquels ils se trouveront placés.

23. Le mode d'admission ou d'avancement dans nos ordres royaux et militaires sera le même pour les officiers de l'administration militaire que pour les officiers de l'armée.

24. Toutes dispositions contraires à la présente ordonnance sont abrogées.

25. Notre ministre de la guerre est chargé de l'exécution de la présente ordonnance.

Tarif de la solde et des indemnités allouées aux membres du corps des intendans militaires.

GRADES.	SOLDE (sur le pied de paix et hors Paris) par an.	INDEMNITÉ de logement (hors Paris) par an.	INDEMNITÉ de frais de bureau par an.	NOMBRE de rations de fourrages par jour.	OBSERVATIONS.
Intendans militaires . . .	10,000 f	1,200 f	4,500 f	3	Sur la fixation ci-contre de l'indemnité de frais de bureau à 4,500 francs pour les intendans militaires, et à 3,500 fr. pour les sous-intendans militaires, il ne sera payé aux premiers que 4,000 francs, et aux seconds que 3,000 francs: les 500 francs de surplus serviront à former un fonds de réserve sur lequel le ministre accordera des supplémens de frais de bureau suivant les localités et pour les dépenses extraordinaires.
Sous-intendans militaires de 1re classe.	7,000	600	3,500	2	
Idem de 2e.	6,000				
Idem de 3e.	5,000				
Idem de 4e.	4,000				
Adjoints de 1re classe . .	3,000	480	"	1	
Idem de 2e.	2,500	216	"	1	

30 JUILLET = Pr. 13 AOUT 1817. — Ordonnance du Roi relative à la répartition et division en trois classes des courtiers établis près la Bourse de Bordeaux. (7, Bull. 165, n° 2475.)

Louis, etc.

Sur le rapport de notre ministre secrétaire d'Etat au département de l'intérieur;

Vu les articles 73, 74, 77, 78, 79 et 80 du Code de commerce;

Notre Conseil-d'Etat entendu, nous avons ordonné et ordonnons ce qui suit :

Art. 1er. Les soixante-dix courtiers établis près la Bourse de Bordeaux par l'acte du Gouvernement du 9 messidor an 9, sont répartis et divisés en trois classes, savoir :

1° Quarante-trois courtiers de marchandises;

2° Vingt courtiers interprètes et conducteurs de navires;

3° Sept courtiers d'assurances.

2. Les courtiers actuellement en exercice auront la faculté de choisir entre ces divers titres. Si, par le fait de cette faculté, le nombre de courtiers d'une ou deux de ces classes se trouve excéder celui qui est déterminé par l'article ci-dessus pour chacune d'elles, il sera réduit progressivement à mesure des vacances et par des nominations en remplacement dans les classes incomplètes.

3. Il sera donné à tous ces courtiers de nouvelles commissions.

4. Notre ministre de l'intérieur est chargé de l'exécution de la présente ordonnance.

---

30 JUILLET 1817. — Ordonnances du Roi qui accordent des lettres de déclaration de naturalité aux sieurs Serning, Van-Lom, Delval, Lefort, Python, Quarre, Voltan, Viany, Kriéger, Saive, Huart, Warlomont, Deblock, Molle, Beruti, Bonnod, Guiot, Boschetti et Golhenis. (7, Bull. 169, 173, 176, 178, 179, 183, 192, 198, 208, 238, 246, 248.)

---

30 JUILLET 1817. — Ordonnance du Roi qui permet aux sieurs Bonnet et Regnard de faire des additions à leurs noms. (7, Bull. 165.)

---

30 JUILLET 1817. — Ordonnances du Roi qui autorisent l'acceptation de dons et legs faits aux hospices, établissemens de charité et fabriques des églises de Saint-Etienne, Lyon, Praye, Osthaussen, la Chapelle-Dausec, Lannapax, Harprich et Saint-Godard de Rouen. (7, Bull. 180.)

---

31 JUILLET 1817. — Ordonnance du Roi relative aux alignemens dans les rues des villes, bourgs et villages. (*Journal des Maires*, n° 241.)

Voy. Ordonnance du 29 FÉVRIER 1816.

Louis, etc.

Sur le rapport du comité du contentieux;

Vu les requêtes à nous présentées, au nom du sieur Aumeunier, demeurant à Barbery-Saint-Sulpice, département de l'Aube, lesdites requêtes enregistrées au secrétariat du contentieux de notre Conseil-d'Etat, les 23 octobre, 26 décembre 1816 et 16 juin 1817, tendant à ce qu'il nous plaise annuler un arrêté du conseil de préfecture dudit département du 23 juillet 1816 qui l'a condamné à retirer, pour cause d'anticipation sur la voie publique, une maison par lui construite à Barbery-Saint-Sulpice, et, en outre, à payer une amende de six francs et aux frais;

Le procès-verbal d'alignement donné au sieur Aumeunier, par le maire de la commune de Barbery-Saint-Sulpice, le 18 septembre 1814;

Autre procès-verbal, constatant la contravention audit alignement, dressé par ledit maire, le 16 mars 1815, et la signification qui en a été faite à sa requête, au sieur Aumeunier, le 23 dudit mois avec sommation de rendre à la voie publique le terrain sur lequel il a anticipé;

Le procès-verbal dressé, le 20 mars 1816, par le sieur Brissonnet géomètre-arpenteur, en exécution d'un arrêté du conseil de préfecture du département de l'Aube, du 16 du même mois, relaté audit procès-verbal;

L'arrêté dudit conseil de préfecture, dont le sieur Aumeunier demande annulation;

L'avis du préfet du département du 26 février 1817;

Ensemble toutes les autres pièces produites;

Considérant qu'aux termes des réglemens sur la voirie urbaine, c'est aux maires qu'il appartient de donner et de faire exécuter les alignemens dans les rues des villes, bourgs et villages, qui ne sont pas routes royales ou départementales, sauf tout recours devant les préfets; et que les tribunaux ordinaires sont seuls compétens pour statuer sur les amendes encourues en cas de contravention, et sur les frais de démolitions ordonnées d'office, dans le même cas;

Considérant qu'en conséquence, le maire de la commune de Barbery-Saint-Sulpice n'aurait pas dû se borner à dresser procès-verbal de l'entreprise du sieur Aumeunier, et à lui faire signifier ce procès-verbal; mais qu'il devait, en outre, prendre un arrêté pour enjoindre audit sieur Aumeunier de rendre à la voie publique, dans un délai déterminé, le terrain sur lequel il a anticipé, et pour ordonner que, faute par ce particulier de retirer lui-même les constructions formant anticipation, il serait procédé d'office et à ses frais à leur démolition, sauf le recours devant le préfet;

Considérant que les fixations et reconnaissances des alignemens sont des actes d'administration qui ne sont pas dans les attributions des conseils de préfecture; qu'en conséquence celui du département de l'Aube n'a été compétent ni pour commettre un expert pour reconnaître la contravention à l'alignement dont il s'agit, ni pour déterminer, d'après le procès-verbal de visite dudit expert, le nouvel alignement à suivre;

Considérant que le conseil de préfecture a également été incompétent pour prononcer sur l'amende encourue par le sieur Aumeunier;

Notre Conseil-d'Etat entendu,

Nous avons ordonné et ordonnons ce qui suit:

Art. 1er. Les arrêtés susdits du conseil de préfecture du département de l'Aube, des 20 mai et 23 juillet 1816, sont annulés pour cause d'incompétence, sauf au maire de la commune de Barbery-Saint-Sulpice à diriger de nouvelles poursuites en contravention contre le sieur Aumeunier, ainsi qu'il appartiendra.

2. Notre ministre secrétaire d'Etat de l'intérieur est chargé de l'exécution de la présente ordonnance.

---

2 Aout 1817. — Lettres-patentes du Roi portant institution de majorat en faveur de M. Sellières. (7, Bull. 174, n° 2778.)

---

5 = Pr. 13 Aout 1817. — Ordonnance du Roi portant qu'il sera désigné parmi les officiers en non-activité un nombre de sujets suffisant pour former à la suite des troupes des cadres de remplacement dans les proportions y indiquées. (7, Bull. 165, n° 2476.)

Louis, etc.

Désirant donner une preuve de notre sollicitude et de notre bienveillance aux officiers qui n'ont pas encore pu être compris dans la formation de notre armée, et que nous nous proposons de remettre en activité à mesure que les circonstances le permettront, et voulant dès à présent assujétir leur placement successif à des règles fixes et uniformes;

Sur le rapport de notre ministre secrétaire d'Etat de la guerre;

Notre Conseil-d'Etat entendu,

Nous avons ordonné et ordonnons ce qui suit:

Art. 1er. Il sera désigné, parmi les officiers en non activité, un nombre de sujets suffisant pour former, à la suite de nos troupes, des cadres de remplacement dans les proportions suivantes:

Pour chaque légion d'infanterie dont le troisième bataillon n'est pas encore formé, un bataillon, composé d'un chef de bataillon, de huit capitaines, de huit lieutenans et de huit sous-lieutenans;

Pour chaque régiment de cavalerie, un escadron, composé d'un chef d'escadron, d'un capitaine commandant, d'un capitaine en second, de deux lieutenans et de quatre sous-lieutenans;

Pour les régimens d'artillerie à pied, quarante-quatre cadres de compagnies, composés chacun d'un capitaine commandant, un capitaine en second, un lieutenant en premier et un lieutenant en second.

2. Les officiers qui auront été compris dans la formation des cadres de remplacement créés par la présente ordonnance, et qui ont reçu jusqu'à ce jour la moitié de la solde d'activité de leurs grades, continueront à en être payés dans leurs domiciles, et dès à présent ils seront pourvus de droit, et sur les propositions qui nous seront soumises par notre ministre secrétaire d'Etat de la guerre, de la moitié des emplois d'activité de leur grade qui vaqueront dans les corps dont ils feront partie.

3. A mesure qu'en vertu des dispositions de l'article précédent, il vaquera des emplois dans les cadres de remplacement, ils seront remplis en y plaçant des officiers du même grade, choisis parmi ceux qui n'auront pas été compris dans la formation primitive de ces cadres.

4. L'uniforme des officiers des cadres de remplacement sera celui des corps auxquels ils appartiendront.

Les officiers qui resteront en non-activité, et qui ne seront pas compris dans la formation de ces cadres, soit qu'ils aient fait partie de notre maison militaire, des ci-devant corps royaux de France, des troupes de ligne, des corps de volontaires royaux ou des armées royales de l'intérieur, ne pourront porter d'autres uniformes que ceux qui sont déterminés ci-après :

Pour l'infanterie, celui de la légion qui porte le nom du département dans lequel ils reçoivent leur traitement ;

Pour la cavalerie, l'uniforme du premier régiment de l'arme à laquelle ils appartiennent ;

Pour les uns et les autres, il sera substitué des boutons empreints d'une fleur-de-lis à ceux qui portent des numéros.

Les officiers qui ont servi dans nos compagnies de gardes-du-corps et dans celle de gendarmes de notre garde, seront classés, quant à l'uniforme, dans l'arme des cuirassiers ; ceux qui sortent des compagnies de mousquetaires, dans l'arme des dragons ; ceux qui sortent de la compagnie chevau-légers, dans l'arme des chasseurs à cheval.

Les officiers qui ont appartenu aux régimens de lanciers seront également assimilés à ceux des régimens de chasseurs à cheval.

5. Notre ministre de la guerre est chargé de l'exécution de la présente ordonnance.

---

6 = Pr. 20 AOUT 1817. — Ordonnance du Roi concernant les franchises et contre-seings. (7, Bull. 167, n° 2543.)

Voy. arrêtés des 27 PRAIRIAL an 8, et 15 BRUMAIRE an 9 et notes ; ordonnance du 14 DÉCEMBRE 1825.

Louis, etc.

Considérant qu'une des principales causes de l'atténuation du produit des postes provient des contre-seings et franchises, qui sont depuis long-temps trop multipliés ; que la franchise et le contre-seing ne sont dus qu'aux fonctionnaires auxquels l'Etat serait tenu de rembourser les frais de leur correspondance, à raison des fonctions qu'ils exercent, et qu'à l'égard des personnes constituées en dignité, c'est dans la franchise que réside l'exemption honorifique, et non dans le contre-seing ;

Voulant rétablir les anciennes règles, dont le temps a affaibli l'autorité, et faire cesser toutes les exceptions qui ne sont point justifiées par l'éminence du rang ni commandées par l'intérêt de l'Etat ;

Vu l'article 13 de la loi du 16 décembre 1799 (25 frimaire an 8) et l'article 121 de la loi du 28 avril 1816 ;

Vu les observations de nos ministres secrétaires d'Etat ;

Sur le rapport de notre ministre secrétaire d'Etat des finances,

Nous avons ordonné et ordonnons ce qui suit :

SECTION Ire. Franchise et contre-seing illimités.

Art. 1er. S. A. R. Madame, duchesse d'Angoulême ;

S. A. R. Monsieur, colonel général des Suisses et des gardes nationales de France ;

S. A. R. le duc d'Angoulême, amiral de France, colonel général des carabiniers, des cuirassiers et des dragons ;

S. A. R. le duc de Berri, colonel général des chasseurs et chevau-légers-lanciers ;

S. A. S. le duc d'Orléans, colonel général des hussards ;

S. A. S. le prince de Condé, colonel général de l'infanterie, grand-maître de France,

Jouiront seuls indéfiniment de la franchise et du contre-seing.

SECTION II. Franchise illimitée.

2. Jouiront de la franchise illimitée pour toutes les lettres et les paquets qui leur seront adressés, savoir :

Famille royale.

1° S. A. R. Madame la duchesse de Berri ;

2° S. A. R. Madame la duchesse d'Orléans (1) ;

---

(1) *Voy.* Erratum au Bulletin 1?2.

3° S. A. S. Madame la duchesse d'Orléans, douairière;

4° S. A. S. le duc de Bourbon.

Maison du Roi.

1° Le grand aumônier de France;

2° Le premier gentilhomme de la chambre, d'année;

3° Le capitaine des gardes du Roi en service;

4° Le major général de la garde du Roi en service;

5° Le directeur général du ministère de la maison du Roi;

6° L'intendant général de la maison militaire du Roi.

Maisons de leurs altesses royales et sérénissimes.

1° Le chancelier de Monsieur;

2° Le secrétaire des commandemens de Madame;

3° Un secrétaire des commandemens de chaque prince colonel général.

Grands dignitaires et grands (1) fonctionnaires de l'État.

1° Le chancelier de France, tant en cette qualité que comme président de la Chambre des pairs;

2° Le président de la Chambre des députés;

3° Le grand-référendaire de la Chambre des pairs;

4° Le chancelier de France honoraire;

5° Le garde-des-sceaux et ministre secrétaire d'État de la justice, et tous les ministres secrétaires d'État ayant portefeuille;

6° Les sous-secrétaires d'État;

7° Le grand-chancelier de l'ordre royal de la Légion-d'Honneur;

8° Les conseillers d'État directeurs généraux des ponts-et-chaussées et des mines, de l'enregistrement et des domaines et forêts, des douanes, des contributions indirectes, des postes;

Et le directeur général des caisses d'amortissement et des consignations et dépôts;

9° Le secrétaire du Conseil-d'État;

10° L'administrateur au Trésor royal chargé des cautionnemens;

11° Les directeurs ou présidens des commissions de liquidation publique, pendant la durée de leurs fonctions;

12° Le préfet de police;

13° Le commandant de la première division militaire;

14° Le commandant de Paris et du département de la Seine;

15° Le commandant en chef de la garde nationale de Paris;

16° Le premier président et le procureur général de la Cour de cassation;

17° Le premier président et le procureur général de la cour des comptes;

18° Le président de la cour de la commission de l'instruction publique.

SECTION III. Contre-seing limité par lettres fermées.

3. Les personnes ci-après dénommées jouiront du contre-seing limité.

Ce contre-seing n'opérera la franchise que pour les lettres et paquets qui seront adressés, savoir :

1° Par le grand aumônier de France, aux archevêques, évêques, vicaires généraux et curés;

2° Par le chancelier de France, aux pairs, aux ministres d'État, aux conseillers d'État, aux maîtres des requêtes, aux procureurs-généraux et aux procureurs du Roi;

3° Par nos ministres et secrétaires d'État, aux fonctionnaires désignés dans les états annexés à la présente, savoir :

Par le ministre secrétaire d'État

De la justice, aux fonctionnaires désignés dans l'état		N° 1.
Des affaires étrangères	*id.*	N° 2.
De l'intérieur	*id.*	N° 3.
De la maison du Roi	*id*	N° 4.
De la guerre	*id.*	N° 5.
De la marine et des colonies	*id.*	N° 6.
Des finances	*id.*	N° 7.
De la police générale	*id.*	N° 8.

4° Par le grand chancelier de la Légion-d'Honneur,

Aux membres de la Légion-d'Honneur et aux dames surintendantes et supérieures de la maison royale de Saint-Denis et de ses succursales;

5° Par le capitaine des gardes-du-corps de service, aux officiers supérieurs des gardes-du-corps sous ses ordres,

Aux inspecteurs et sous-inspecteurs aux revues des gardes;

6° Par le major général de la garde en service, aux colonels des régimens de la garde et aux commandans des détachemens,

Aux inspecteurs, sous-inspecteurs aux revues, commissaires-ordonnateurs et commissaires des guerres attachés à la garde;

7° Par le commandant en chef de la garde nationale de Paris,

Aux chefs de légion à Paris, et aux commandans de la garde nationale des arrondissemens de Sceaux et de Saint-Denis;

(1) Lisez *principaux*. Erratum, Bull. 168.

8° Par le procureur général de la cour des comptes, aux préfets, aux payeurs généraux du Trésor, aux receveurs municipaux, aux caissiers des monnaies;

9° Enfin, par le président de la commission de l'instruction publique, aux archevêques et évêques, aux présidens des consistoires et aux curés cantonaux, aux préfets, aux recteurs et inspecteurs d'académie et autres fonctionnaires de l'instruction publique.

SECTION IV. Franchise et contre-seing limités par lettres sous bandes.

4. La correspondance, entre eux, des fonctionnaires et préposés dépendant de chaque département ministériel ne pourra avoir lieu que *sous bandes*. Les états n°s 1, 2, 3, 4, 5, 6, 7 et 8, annexés à la présente ordonnance, et ci-dessus relatés, désignent ceux desdits fonctionnaires et préposés qui doivent jouir de cette faculté.

Les mêmes états déterminent également les cas dans lesquels ces fonctionnaires et préposés pourront correspondre par lettres fermées, sous la condition exprimée par l'article 8 de la présente ordonnance, et en déclarant de plus sur la suscription, par une note signée d'eux, qu'il y avait nécessité de fermer la dépêche.

SECTION V. Etats de crédit et abonnemens.

5. Les fonctionnaires et préposés désignés en l'état n° 9 annexé à la présente pourront seuls jouir de la faculté d'obtenir la remise de leur correspondance sur états de crédit.

6. Le même état détermine les abonnemens dont les fonctionnaires et préposés qu'il désigne doivent jouir pour les lettres, paquets et imprimés qu'ils sont autorisés à s'adresser réciproquement.

SECTION VI. Dispositions générales

7. Le contre-seing des princes colonels généraux s'opérera par la désignation, écrite à la main, de leurs dignités; leurs dépêches porteront, en outre, leur cachet.

Le contre-seing des ministres et autres fonctionnaires désignés dans l'article 3 du présent réglement, et celui des préfets, continueront d'avoir lieu au moyen d'une griffe fournie par notre directeur général des postes, et dont l'emploi ne pourra être confié qu'à une seule personne, qui en sera responsable.

8. Tous les autres fonctionnaires seront tenus de mettre, *de leur main*, sur l'adresse des lettres et paquets qu'ils expédieront, leur signature au-dessous de la désignation de leurs fonctions.

9. Les lettres et paquets contre-signés devront être remis, savoir : dans les départemens, aux directeurs des postes, et à Paris, au bureau du départ de la direction générale. Lorsqu'ils auront été jetés à la boîte, ils seront assujétis à la taxe.

10. Les lettres et paquets contre-signés qui devront être mis *sous bandes*, en conformité du présent réglement et des états y annexés, ne pourront être reçus ni expédiés en franchise, lorsque la largeur des bandes excédera le tiers de la surface de ces lettres et paquets.

11. Aucun fonctionnaire n'a le droit de déléguer à d'autres personnes le contre-seing qui lui est accordé par le présent réglement.

Toute dépêche ainsi contre-signée sera assujétie à la taxe.

12. Les lettres et paquets contre-signés qui seront dans le cas d'être *chargés* ne pourront être reçus ni expédiés en franchise que lorsqu'il y aura été joint une réquisition signée des autorités ou fonctionnaires qui les adresseront.

13. Les particuliers qui voudront faire *charger* des lettres ou paquets destinés aux fonctionnaires qui jouissent de la franchise acquitteront pour ces lettres et paquets le droit ordinaire de chargement.

14. Il est défendu de comprendre, dans les dépêches expédiées en franchise, des lettres, papiers ou objets quelconques étrangers au service.

Dans le cas de suspicion de fraude, ou d'omission d'une seule des formalités prescrites, les préposés des postes sont autorisés à taxer les lettres et paquets en totalité, ou à exiger que le contenu en soit vérifié, en leur présence, par les personnes auxquelles ils seront adressés; et si de la vérification il résulte qu'il y a fraude, ces préposés en rédigeront procès-verbal, dont ils enverront un double à notre directeur général des postes, qui en rendra compte à notre ministre des finances.

Il est ordonné aux fonctionnaires qui recevront en franchise, sous leur couvert, des lettres étrangères au service, de les envoyer directement à notre directeur général des postes, en lui faisant connaître les lieux d'où elles auront été expédiées. Ces lettres seront soumises à la double taxe; et si elles sont refusées par les destinataires, elles seront renvoyées au fonctionnaire qui aura donné son contre-seing, et qui sera tenu d'en acquitter le double port.

15. Les ports de lettres et paquets seront payés comptant; il sera libre cependant à tout particulier de refuser chaque lettre ou paquet au moment même où ils lui seront présentés, et avant de les avoir décachetés.

16. Tous les contre-seings et franchises précédemment obtenus, à quelque titre que ce soit, et qui ne sont pas maintenus par la présente ordonnance, sont et demeurent abrogés.

A l'avenir, aucun contre-seing ou franchise

ne pourra être accordé que par nous, lorsque le service l'exigera indispensablement, et sur le rapport de notre ministre secrétaire d'État des finances, après qu'il s'en sera entendu avec le ministre du département que la demande pourra concerner.

17. Notre ministre des finances est chargé de l'exécution de la présente ordonnance.

N° Ier.

MINISTÈRE DE LA JUSTICE.

Etat des fonctionnaires envers lesquels le contre-seing du ministre et secrétaire d'Etat de la justice opère la franchise, savoir :

1° Les ministres d'Etat, conseillers d'Etat et maîtres des requêtes ;

2° Les cours et tribunaux en nom collectif, et leurs présidens ;

3° Les procureurs généraux et les procureurs du Roi ;

4° Les prévôts ;

5° Les juges d'instruction ;

6° Les juges-de-paix ;

7° Les préfets et sous-préfets ;

8° Les commissaires de police et les adjoints des maires exerçant le ministère public près les tribunaux de simple police ;

9° Les officiers de gendarmerie ;

10° Les gouverneurs et généraux commandant les divisions militaires.

Dispositions particulières.

Les procureurs généraux jouiront, dans le ressort de la cour royale, de la franchise et du contre-seing, pour leur correspondance avec les autorités et fonctionnaires désignés dans l'état ci-dessus ; mais cette correspondance sera mise *sous bandes*. Cependant, elle pourra être fermée et cachetée lorsqu'il y aura nécessité ; mais alors elle sera taxée et comprise dans les états de crédit formés en exécution de l'article 5 de la présente ordonnance pour les fonctionnaires désignés en l'état n° 9.

Le Bulletin des Lois circulera en franchise, ainsi que la correspondance y relative, mais également *sous bandes*.

Il en sera de même pour le Bulletin des Arrêts de la cour de cassation.

N° II.

MINISTÈRE DES AFFAIRES ÉTRANGÈRES.

Etat des fonctionnaires envers lesquels le contre-seing du ministre et secrétaire d'Etat des affaires étrangères opère la franchise, savoir :

1° Les ministres d'Etat, conseillers d'Etat et maîtres des requêtes ;

2° Les ambassadeurs, ministres chargés des affaires du Roi, consuls généraux et particuliers, agens consulaires et des affaires étrangères, à l'étranger ;

3° Les préfets et sous-préfets ;

4° Les commandans et intendans de la marine, commissaires généraux, principaux et particuliers dans les ports de France ;

5° Les procureurs généraux près les cours royales, et les procureurs du Roi près les tribunaux de première instance, pour la correspondance à laquelle donne lieu l'exécution de l'article 69 du Code de procédure civile.

N° III.

MINISTÈRE DE L'INTÉRIEUR.

Etat des fonctionnaires envers lesquels le contre-seing du ministre et secrétaire d'Etat de l'intérieur opère la franchise, savoir :

1° Les ministres d'Etat, conseillers d'Etat et maîtres des requêtes ;

2° Les présidens des colléges électoraux et les commissaires extraordinaires du Roi ;

3° Les préfets, sous-préfets et maires ;

4° Les archevêques, évêques, les présidens des consistoires, les vicaires généraux les curés et les pasteurs ;

5° Les recteurs et inspecteurs des académies ;

6° Les établissemens d'instruction publique formés par le Gouvernement et qu'il salarie ;

Les sociétés des sciences, agriculture et arts ;

Les conseils de prud'hommes, les chambres de commerce, les conseils généraux, comités consultatifs, commissions et jurys de commerce, manufactures et subsistances, en nom collectif ;

Les inspecteurs des poids et mesures, le commissaire estampilleur à Septème ;

7° Les inspecteurs et commandans des gardes nationales des départemens ;

8° Les inspecteurs divisionnaires et les ingénieurs en chef et ordinaires des ponts et chaussées, et ceux des mines et usines ;

9° Les directeurs des maisons centrales de détention, et ceux des maisons royales de Charenton et des jeunes aveugles ;

10° Les directeurs des haras et dépôts d'étalons ; les inspecteurs généraux des haras, de l'école vétérinaire et des bergeries royales.

Dispositions particulières.

Les préposés ou fonctionnaires dépendant de ce ministère ci-après dénommés, jouissent de la franchise et du contre-seing, mais *sous bandes* seulement, savoir :

1° Les recteurs d'académie, pour leur correspondance avec les inspecteurs d'académie, les préfets, les procureurs du Roi près les tribunaux, les maires des communes et les curés cantonaux, dans l'arrondissement académique; et les mêmes recteurs et inspecteurs, pour leur correspondance avec les proviseurs et principaux des colléges royaux, les chefs d'institution, les maîtres de pension et les maîtres d'école primaire de l'arrondissement;

2° Les préfets et sous-préfets, à l'égard des autorités et fonctionnaires de leur arrondissement dénommés ci-dessus, depuis et compris l'article 3 jusques et compris l'art. 10;

3° Les inspecteurs des gardes nationales, pour leur correspondance avec les commandans des gardes nationales, mais seulement *sous le couvert* et le contre-seing du préfet et des sous-préfets de leur département;

4° Les inspecteurs divisionnaires des ponts-et-chaussées, pour leur correspondance avec les préfets et les ingénieurs en chef et ordinaires des départemens faisant partie de leur inspection;

5° Les ingénieurs en chef et ordinaires des ponts-et-chaussées, pour leur correspondance, soit entre eux, soit avec les conducteurs des ponts-et-chaussées dans l'étendue des départemens de leur résidence;

6° Les inspecteurs divisionnaires des mines et usines, à l'égard des préfets et des ingénieurs en chef et ordinaires, dans l'étendue de leur inspection;

Les ingénieurs en chef et ordinaires des mines et usines, pour leur correspondance soit entre eux, soit avec les préfets et les aspirans des mines et usines, dans les départemens qui composent leur arrondissement.

La franchise est attribuée aux mandemens imprimés qui seront adressés *sous bandes* par les archevêques et évêques aux préfets, sous-préfets, maires des communes et fonctionnaires ecclésiastiques de leur diocèse.

Le contre-seing du directeur général des ponts-et-chaussées et des mines, par lettres et paquets *fermés*, opère la franchise à l'égard des préfets, des inspecteurs divisionnaires, des ingénieurs en chef et ordinaires des ponts-et-chaussées, de ceux des mines et usines, ainsi que des aspirans des mines.

Les préfets sont autorisés provisoirement à correspondre entre eux par lettres et paquets *fermés* pour objet de police, en contre-signant *de leur main*, comme par le passé, la suscription de la lettre.

N° IV.

MINISTÈRE DE LA MAISON DU ROI.

État des fonctionnaires envers lesquels le contre-seing du ministre de la maison du Roi opère la franchise, savoir :

1° Les ministres d'Etat, conseillers d'Etat et maîtres des requêtes;

2° Les préfets des départemens;

3° Les directeurs de la régie des domaines;

4° L'intendant général de la maison militaire du Roi;

Les intendans du Trésor, de la liste civile, des dépenses, des forêts et domaines, des bâtimens, parcs et jardins, des menus plaisirs et du garde-meuble de la couronne;

5° L'administrateur de la manufacture de Sèvres;

6° L'administrateur de la manufacture de Beauvais;

7° Les conservateurs et agens principaux des forêts royales, les architectes et concierges des palais royaux;

8° Le directeur du musée royal de Versailles.

Dispositions particulières.

Tous les fonctionnaires dénommés en l'article 4 ci-dessus peuvent correspondre, soit entre eux, soit avec les conservateurs et agens des forêts royales, en franchise, mais *sous bandes* seulement.

Il sera remis au ministre de la maison du Roi deux griffes : l'une portera ces mots : *Service du Roi*; l'autre, *Ministère de la maison du Roi.*

Toute lettre qui sera frappée de ces deux griffes sera remise franche de port, quelle que soit la personne à laquelle elle sera adressée.

Les lettres qui seront frappées seulement de la griffe *Ministère de la maison du Roi* ne seront remises franches de port qu'aux personnes désignées dans les huit articles ci-dessus.

N° V.

MINISTÈRE DE LA GUERRE.

État des fonctionnaires envers lesquels le contre-seing du ministre et secrétaire d'Etat de la guerre opère la franchise, savoir :

1° Les ministres d'Etat, les conseillers d'Etat et les maîtres des requêtes;

2° Les préfets, les sous-préfets;

3° Les maréchaux de France;

4° Les lieutenans généraux, les maréchaux-de-camp et les inspecteurs généraux d'armes;

5° Les colonels d'état-major;

6° Les lieutenans de Roi des places de guerre et commandans des forts et postes;

7° Les officiers et commandans de brigade de gendarmerie;

8° Les directeurs et commandans d'artillerie;

9° Les directeurs des fortifications et les officiers du génie;

10° Les chefs de corps et détachemens militaires;

11° Les conseils d'administration des corps en nom collectif, ou leurs présidens;

12° Les conseils de guerre en nom collectif, ou leurs présidens;

13° Les inspecteurs en chef et les inspecteurs et sous-inspecteurs aux revues;

14° Les commissaires-ordonnateurs et les commissaires des guerres;

15° Les administrateurs et économes des hôpitaux militaires;

16° Les procureurs généraux et les procureurs du Roi;

17° La régie des poudres et salpêtres,

18° Le payeur général de la guerre.

Dispositions particulières.

Les fonctionnaires et préposés du département de la guerre ci-après dénommés jouiront de la franchise et du contre-seing, mais *sous bandes* :

1° Les gouverneurs de division militaire ayant des lettres de service, les lieutenans généraux commandant les divisions, les maréchaux-de-camp commandant les départemens, les colonels chefs d'état-major des diverses divisions militaires, et les officiers inspecteurs d'armes, à l'égard des autorités et fonctionnaires ci-dessus désignés, art. 2 à 15 inclusivement, mais seulement dans l'étendue de leur commandement ou arrondissement;

2° Les inspecteurs en chef aux revues, les commissaires-ordonnateurs des divisions militaires, l'administrateur de l'hôtel royal des Invalides, les inspecteurs généraux, colonels, chefs d'escadron, capitaines et lieutenans de la gendarmerie royale, à l'égard des mêmes autorités et fonctionnaires, articles 2 à 16, dans tous les départemens;

3° Les commandans de brigade de gendarmerie, à l'égard des officiers et commandans de brigade, mais seulement dans l'arrondissement de la légion de gendarmerie, et, dans tous les départemens, à l'égard des fonctionnaires désignés dans l'article 16 ci-dessus;

4° Les inspecteurs et sous-inspecteurs aux revues et les commissaires des guerres, dans tous les départemens, à l'égard des fonctionnaires désignés articles 2 à 15;

5° Les conseils d'administration des corps, à l'égard des commandans et chefs de détachement de ces mêmes corps;

6° Enfin les directeurs des fortifications, les commandans du génie, les directeurs et commandans d'artillerie et les lieutenans de Roi des places de guerre et commandans des forts et postes, pour leur correspondance entre eux, dans leur ressort.

Nota. Les gouverneurs, les officiers généraux commandant les divisions militaires et les départemens, les inspecteurs d'armes et les chefs de l'état-major, en l'absence du lieutenant général commandant la division, les officiers et commandans de brigade de la gendarmerie royale, les inspecteurs en chef aux revues, les commissaires-ordonnateurs des divisions militaires et l'administrateur de l'Hôtel royal des Invalides, pourront correspondre, par lettres et paquets *fermés*, avec les fonctionnaires à l'égard desquels la franchise et le contre-seing leur sont accordés *sous bandes*, mais sous la condition que le fonctionnaire qui les expédiera, déclarera sur la suscription, par une note signée de lui, qu'il y avait nécessité de fermer la dépêche.

N° VI.

MINISTÈRE DE LA MARINE ET DES COLONIES.

Etat des fonctionnaires envers lesquels le contre-seing du ministre et secrétaire d'Etat de la marine et des colonies opère la franchise, savoir :

1° Les ministres d'Etat, les conseillers d'Etat et les maîtres des requêtes;

2° Les préfets et les sous-préfets;

3° Les commandans, intendans, commissaires généraux ordonnateurs, commissaires généraux et principaux de la marine;

4° Les officiers de la marine commandant en chef une armée navale, escadre ou division, ou un bâtiment ayant une destination particulière;

5° Les contrôleurs de marine dans les ports, et les sous-contrôleurs dans ceux où ne réside pas un contrôleur;

6° Les inspecteurs-généraux et les conseils d'administration du corps royal d'artillerie de la marine;

7° Les inspecteurs des différens services dépendant du département de la marine;

8° Les directeurs des forges, fonderies et manufactures d'armes appartenant au Gouvernement;

9° Les ingénieurs chefs de directions forestières, les sous-ingénieurs ou agens chefs de subdivision pour le martelage et l'exploitation des bois;

10° Les commissaires de la marine;

11° Les officiers d'administration préposés à l'inscription maritime, ou commissaires des classes;

12° Les commissaires-rapporteurs près les tribunaux maritimes;

13° Le payeur général de la marine;

14° Le trésorier général et les trésoriers des invalides de la marine.

Dispositions particulières.

Préposés du département de la marine.

Les préposés du département de la marine ci-après désignés jouiront de la franchise et du contre-seing, mais *sous bandes* seulement :

1° Les commandans, intendans, commissaires généraux et principaux de la marine, établis dans les ports, à l'égard des autorités et fonctionnaires désignés ci-dessus, depuis et compris l'article 3 jusques et compris l'article 14 du présent état, mais seulement dans l'arrondissement maritime;

2° Les commissaires de l'inscription maritime, pour leur correspondance entre eux, et seulement dans l'étendue de l'arrondissement.

Nota. Les commandans, intendans et commissaires généraux et principaux de la marine, établis dans les ports, pourront correspondre en franchise avec les mêmes fonctionnaires par lettres et paquets *fermés*, pourvu que le fonctionnaire qui contre-signera, déclare sur la suscription, par une note signée de lui, qu'il y avait nécessité de fermer la dépêche.

N° VII.

MINISTÈRE DES FINANCES.

Etat des fonctionnaires envers lesquels le contre-seing du ministre et secrétaire d'Etat des finances opère la franchise, savoir :

1° Les ministres d'Etat, les conseillers d'Etat, les maîtres des requêtes;

2° Toutes les administrations des finances;

3° Les commissaires du Roi et les directeurs des hôtels des monnaies;

4° Le commissaire du Roi près l'administration des salines de l'Est;

5° Les inspecteurs et sous-inspecteurs des finances;

6° Les directeurs des contributions directes;

7° Les receveurs généraux, les receveurs particuliers, les receveurs municipaux;

8° Les payeurs généraux, les payeurs de division et de département;

9° Les payeurs de la marine et le trésorier général des invalides de la marine;

10° Les préfets et les sous-préfets.

Dispositions particulières.

Le directeur général du mouvement des fonds, le caissier général du Trésor, le caissier des recettes, les payeurs généraux de la guerre, des dépenses diverses, de la marine et de la dette publique, jouissent de la franchise pour les lettres et paquets *fermés* qui leur sont adressés par les comptables directs du Trésor, pour objets relatifs au service.

Préposés du ministère des finances.

Les agens du ministère des finances ci-après désignés jouissent de la franchise et du contre-seing, mais *sous bandes* seulement, savoir :

1° Les inspecteurs et sous-inspecteurs des finances, pour leur correspondance entre eux, dans leur arrondissement, et pour celle qu'ils ont, aussi dans l'étendue de leur arrondissement, avec les comptables des deniers publics et les préfets et les sous-préfets :

Nota. Ils pourront néanmoins correspondre par lettres *fermées*, pourvu que le fonctionnaire qui les contre-signera déclare sur leur suscription, par une note signée de lui, qu'il y avait nécessité de fermer la dépêche.

Les inspecteurs généraux du cadastre, pour leur correspondance avec les directeurs des contributions directes de leur division, et *vice versâ* ;

2° Les payeurs de division et de département, les payeurs de la marine, les receveurs généraux, les receveurs particuliers et les percepteurs, pour leur correspondance entre eux, dans leur arrondissement;

3° Les directeurs, inspecteurs et contrôleurs des contributions directes, pour leur correspondance entre eux, dans le département où ils résident, et pour celle qu'ils ont avec les sous-préfets et les maires de leur arrondissement;

4° Les directeurs des contributions seulement, pour leur correspondance avec les payeurs de la guerre et les payeurs de la marine, dans le département de leur résidence.

Le contre-seing des directeurs généraux des régies est autorisé, par lettres et paquets *fermés*, mais il n'opère la franchise qu'à l'égard des préfets.

Celui du directeur général de la caisse d'amortissement et de la caisse des dépôts opère la franchise à l'égard des receveurs généraux, des receveurs d'arrondissement, des directeurs de l'enregistrement et des procureurs du Roi près les tribunaux.

Le contre-seing du directeur général des postes opère la franchise pour toute correspondance relative au service.

La correspondance des directeurs généraux de l'enregistrement et des domaines, des contributions indirectes et des douanes, ainsi que celle des administrateurs de la loterie et des monnaies avec leurs agens, et de leurs agens entre eux, continuera, comme par le passé, d'être abonnée, taxée et payée soit immédiatement, soit sur états de crédit, conformément à l'état N° 9 annexé à la présente ordonnance.

N° VIII.

MINISTÈRE DE LA POLICE GÉNÉRALE.

Etat des fonctionnaires envers lesquels le contre-seing du ministre secrétaire d'Etat de la police générale opère la franchise, savoir :

1° Les ministres d'Etat, conseillers d'Etat et maîtres des requêtes;

2° Les tribunaux en nom collectif et leurs présidens, les prévôts;

3° Les procureurs généraux, les procureurs du Roi et leurs substituts;

4° Les juges d'instruction;

5° Les juges-de-paix;

6° Les préfets, les sous-préfets et les maires;

7° Les présidens des colléges électoraux et les commissaires extraordinaires du Roi;

8° Les inspecteurs et commandans des gardes nationales des départemens;

9° Les lieutenans de police et les commissaires de police;

10° Les officiers et commandans de brigade de gendarmerie.

Dispositions particulières.

Les préposés et fonctionnaires du département de la police générale ci-après désignés jouissent de la franchise et du contre-seing, savoir :

1° Les lieutenans et commissaires de police, pour leur correspondance par *lettres fermées*, soit entre eux, soit dans l'étendue de l'arrondissement de chacun d'eux, avec les autorités et fonctionnaires désignés par les articles 2, 3, 4, 5, 6, 8 et 10 ci-dessus, en se conformant à l'article 8 de la présente ordonnance.

2° Les inspecteurs de la librairie, pour leur correspondance avec les préfets des départemens qui forment leur arrondissement, mais *sous bandes* seulement.

Le contre-seing du préfet de police à Paris opère la franchise pour les lettres et paquets *fermés* qu'il adresse aux fonctionnaires dépendant de son administration et dans son ressort, désignés dans l'état arrêté par le ministre de la police générale, qui aura été transmis au ministre des finances.

La correspondance des préfets entre eux, relative à la police, continuera provisoirement d'avoir lieu, suivant ce qui est spécifié par l'Etat n° 3.

N° IX.

ÉTATS DE CRÉDITS ET ABONNEMENS.

Fonctionnaires du pouvoir judiciaire.

Il sera tenu, par les directeurs des postes, des états de crédits pour les fonctionnaires ci-après désignés, savoir :

1° Les premiers présidens des cours royales;

2° Les procureurs généraux près les mêmes cours;

3° Les présidens des cours d'assises;

4° Les substituts de nos procureurs généraux près les cours d'assises hors du chef-lieu;

5° Les procureurs royaux près les tribunaux de première instance;

6° Les juges d'instruction;

7° Les juges-de-paix;

8° Les prévôts et procureurs du Roi des cours prévôtales;

9° Les greffiers en chef des cours royales, et les greffiers des cours prévôtales et des tribunaux de première instance;

Pour les lettres taxées qui leur seront adressées concernant leurs fonctions seulement.

Les directeurs des postes comprendront dans ces états de crédit tous paquets ou lettres que les fonctionnaires ci-dessus désignés jugeront nécessaire d'affranchir ou de charger pour tous autres fonctionnaires publics quelconques.

Direction générale des domaines, de l'enregistrement et des forêts.

Le directeur général des postes est autorisé à faire tenir à Paris un état de crédit pour les lettres et paquets que le directeur général de l'enregistrement et des domaines et forêts fera affranchir relativement à son service : le montant en sera acquitté à la fin de chaque mois.

Les directeurs des postes de chaque chef-lieu de département ouvriront un registre sur lequel ils inscriront, jour par jour, le total, 1° des lettres et paquets taxés et adressés aux directeurs de domaines et de l'enregistrement par les employés placés sous leurs ordres : ces lettres et paquets porteront sur leur suscription le nom et la qualité du préposé qui les aura expédiés, ainsi que le numéro de son sommier de correspondance; 2° des lettres et paquets affranchis par ces directeurs pour les inspecteurs, vérificateurs et receveurs exerçant leurs fonctions dans le département; 3° de l'affranchissement, au taux des objets de librairie, des circulaires et autres imprimés insérés sous bandes.

Seront portées sur le même registre : 1° la correspondance des mêmes directeurs, dans les départemens où ils remplissent les fonctions de conservateurs, avec les préposés et agens des forêts; 2° la correspondance des six conservateurs établis par l'ordonnance du 4 juin 1817, et de ceux qui pourraient être établis ultérieurement, avec les préposés et agens des forêts dans les départemens qui composent chaque conservation : ce registre sera fourni par le directeur général de l'enregistrement et des forêts.

Un semblable registre sera tenu par chaque directeur de l'enregistrement, qui en fera le relevé à la fin de chaque mois. Le montant de ce relevé, certifié par lui et par le directeur des postes, sera acquitté sans délai par l'un des receveurs du chef-lieu.

Direction générale des contributions indirectes.

Les mesures ci-dessus prescrites seront exécutées, 1° pour les lettres et paquets relatifs à son service; que le directeur général des contributions indirectes fera affranchir à Paris; 2° pour la correspondance des directeurs des contributions indirectes, dans chaque chef-lieu d'arrondissement, avec les préposés de cette partie; mais il ne sera pas nécessaire que les lettres et paquets désignent, sur leur suscription, le nom et la qualité de l'employé qui les aura expédiés. Les feuilles imprimées concernant le service des contributions indirectes jouiront de l'affranchissement, au prix de cinq centimes, lors même qu'elles contiendront des chiffres ou de l'écriture à la main.

Direction générale des douanes.

Il ne sera ouvert de crédit que pour lettres et paquets que le directeur général des douanes jugera à propos de faire affranchir à Paris, pour les préposés de cette partie ou d'autres fonctionnaires. Le montant des états sera acquitté les premiers jours de chaque mois.

Administration de la loterie royale.

Il sera également tenu à Paris des états de crédit, soit pour les lettres et paquets que l'administration de la loterie royale fera affranchir pour les préposés de cette administration, soit pour ceux qui lui seront adressés par ses préposés.

De semblables états seront adressés dans les bureaux des postes des lieux où résident les inspecteurs de la loterie royale, pour la correspondance de ces inspecteurs avec les receveurs de leur arrondissement. Le montant de ces divers états sera acquitté au commencement de chaque mois.

L'administration de la loterie royale continuera de payer, par abonnement, le port des billets de loterie, comptes des receveurs, feuilles de registres, bordereaux, souches, doubles souches, et autres imprimés ou pièces de comptabilité.

Les prix de cet abonnement sont fixés à raison d'un demi-centime par demi-kilogramme pour dix kilomètres; mais tous paquets du poids d'un kilogramme et au-dessous seront taxés du port ordinaire de la lettre simple. Tous les envois doivent être frappés d'un timbre portant les mots : *Loterie royale, abonnement*. Ce timbre est fourni par l'administration de la loterie.

Administration des monnaies.

La correspondance de l'administration des monnaies avec ses préposés, et *vice versâ*, est taxée et payée immédiatement, attendu le petit nombre des agens de cette administration : l'envoi des échantillons pour servir au jugement des espèces, les comptes des caissiers des monnaies et les pièces de comptabilité sont adressés à l'administration, sous le couvert du ministre secrétaire d'Etat des finances.

---

6 AOUT 1817. — Ordonnance du Roi qui nomme aux préfectures des départemens de la Meuse, de l'Orne, de l'Hérault, de la Charente, de Tarn-et-Garonne et de la Lozère. (7, Bull. 165, n° 2477.)

---

6 AOUT 1817. — Ordonnance du Roi qui autorise l'inscription au livre des pensions du Trésor royal de cent onze mille neuf cent quatre-vingt-dix-sept soldes de retraite. (7, Bull. 162, n° 2712.)

---

6 AOUT 1817. — Ordonnances du Roi qui permettent au sieur Cavaignac d'ajouter à son nom celui de Baragne, et au sieur Saint-Maurice de substituer à son nom celui d'Amieu de Beaufort. (7, Bull. 167.)

---

6 AOUT 1817. — Ordonnance du Roi qui admet les sieurs Scherowiz, Martinez et Lutzenberger à établir leur domicile en France. (7, Bull. 167.)

---

6 AOUT 1817. — Ordonnances du Roi qui accordent des lettres de déclaration de naturalité aux sieurs Duplan, Meyer de la Schauensée, de Gallifet, Fabry, Bella, Tisquienne, Chevalier, Belly, Quillot, Beaulieu, Tavel, Michiels dit Higuenas, Malezewski, Marnef, Drouzi, Fraiture, Luris et Haenzer. (7, Bull. 169, 173, 174, 176, 179, 192, 194, 205 et 212.)

---

6 AOUT 1817. — Ordonnance du Roi qui autorise le sieur Bonesnel à s'établir et à prendre du service dans le royaume des Pays-Bas. (7, Bull. 169.)

---

6 AOUT 1817. — Ordonnances du Roi qui autorisent l'acceptation de dons et legs faits aux fabriques des églises de Metz, Troyes, Lexi, Aiguines, Mercœur, Mugron, Olliergue, Montieramey, Bieujac et Eausse. (7, Bull. 180.)

---

6 AOUT 1817. — Ordonnance du Roi qui autorise le sieur Guiard de la Tour, à établir dans le local de l'ancien couvent des Carmes déchaussés des Carrières-sous-Charenton-le-Pont, une verrerie pour la fabrication des glaces, verre à vitre, etc. (7, Bull. 181, n° 3078.)

---

7 AOUT 1817. — Ordonnance du Roi qui accorde des lettres de déclaration de naturalité au sieur Grancia. (7, Bull. 179.)

---

13 = Pr. 14 AOUT 1817. — Ordonnance du Roi par laquelle sa majesté accorde amnistie pleine et entière à ceux de ses sujets poursuivis correctionnellement ou condamnés à des peines correctionnelles pour les délits auxquels la rareté des subsistances a pu les entraîner, depuis le 1er septembre 1816 jusqu'à ce jour. (7, Bull. 166, n° 2519.)

Louis, etc.

Le zèle et la fermeté que nos cours et tribunaux ont apportés en dernier lieu au maintien de l'ordre public ont mérité notre approbation ; mais notre cœur a gémi des rigueurs que la justice et la loi commandaient contre un trop grand nombre d'individus qui, dans plusieurs parties du royaume, ont été entraînés à des désordres coupables par la rareté et la cherté des subsistances. Nous éprouvons le besoin de ne pas confondre ces infortunés avec les hommes pervers qui auraient tenté, en quelques lieux, de les précipiter dans des excès dont le résultat le plus certain était d'aggraver leur misère et d'accroître les maux de l'Etat.

Lorsque l'ordre des saisons ramène l'époque si désirée des récoltes et termine les maux de l'année, nous ne pouvons mieux reconnaître les bienfaits de la Providence qu'en rendant à leurs familles et à leurs travaux des hommes plus égarés que coupables. En exerçant envers eux la plénitude de notre clémence, nous désirons qu'ils puissent s'associer à l'allégresse de nos bien-aimés sujets, et joindre leurs vœux à ceux que nous adresserons bientôt au ciel pour la prospérité de l'Etat, dans cette succession de jours religieux, dont l'un, déjà si solennel, est devenu plus particulièrement respectable à la France par le vœu de Louis XIII, et l'autre est destiné par l'Eglise à vénérer la sainte mémoire d'un de nos augustes ancêtres :

A ces causes,

Sur le rapport de notre garde-des-sceaux ministre secrétaire d'Etat au département de la justice,

Nous avons ordonné et ordonnons ce qui suit :

Art. 1er. Amnistie pleine et entière est accordée à ceux de nos sujets poursuivis correctionnellement, ou condamnés à des peines correctionnelles, pour les délits auxquels la rareté des subsistances a pu les entraîner, depuis le 1er septembre 1816 jusqu'à ce jour.

Ceux qui sont détenus en exécution d'arrêts ou de jugemens, ou qui sont arrêtés en exécution de mandats relatifs à ces délits, seront, en vertu de la présente amnistie, mis sur-le-champ en liberté, à moins qu'ils ne soient retenus pour d'autres causes. Toutefois, la mise en surveillance est maintenue à l'égard de ceux qui y ont été assujétis par jugement.

Toutes poursuites cesseront à l'égard de ceux qui n'auraient pas encore été mis sous la main de la justice, bien que prévenus des mêmes délits (1).

2. Sont exceptés de la présente amnistie les individus qui, ayant été précédemment condamnés pour crimes ou délits, se trouvent en état de récidive.

3. Notre ministre de la justice est chargé de l'exécution de la présente ordonnance.

---

13 = Pr. 20 AOUT 1817. — Ordonnance du Roi relative à l'exécution d'une des dispositions de la loi du 15 ventose an 13, concernant l'indemnité à payer par les entrepreneurs de voitures publiques aux maîtres de poste. (7, Bull. 167, n° 2544.)

Louis, etc.

Il nous a été représenté que le sens des expressions *petite* et *grande journée*, employées dans la loi du 15 ventose an 13 (6 mars 1805), qui détermine les droits respectifs des maîtres de poste, des loueurs de chevaux et entrepreneurs de voitures publiques et messageries, n'est point fixé, et donne lieu à de nombreuses contestations, sur lesquelles nos cours de justice n'ont pu prononcer uniformément.

Vu l'article 1er de la loi du 15 ventose an 13 (6 mars 1805), ainsi conçu :

« Art. 1er. A compter du 20 juin prochain, « tout entrepreneur de voitures publiques et « de messageries qui ne se servira pas des « chevaux de la poste sera tenu de payer par « poste et par cheval attelé à chacune de « ces voitures, vingt-cinq centimes au maître « du relais dont il n'emploiera pas les che- « vaux.

« Sont exceptés de cette disposition les « loueurs allant à *petites journées* et avec les « mêmes chevaux, les voitures de place al- « lant également avec les mêmes chevaux et « partant à volonté, et les voitures non-sus- « pendues.

« 2. Tous les contrevenans aux disposi-

---

(1) *L'amnistie* diffère de *la grâce* en ce que l'effet de la grâce est limité à la remise de tout ou partie des peines, tandis que l'amnistie emporte abolition des délits, des poursuites et des condamnations, tellement que ces délits sont (sauf l'action civile des tiers) comme s'ils n'avaient jamais été commis.

En conséquence, un second délit commis après un premier délit aboli par l'amnistie ne peut donner lieu à l'application des peines de la récidive (11 juin 1825 ; Cass. S. 26, 1, 164, D. 25, 1, 395.)

« tions ci-dessus seront poursuivis devant « les tribunaux de police correctionnelle, et « condamnés à une amende de cinq cents « francs, dont moitié au profit des maîtres « de poste intéressés, et moitié à la disposi- « tion de l'administration des relais. »

Considérant qu'aucune disposition de cette loi n'ayant déterminé l'étendue de la distance qui constitue la *petite journée*, il importe de fixer le nombre des lieues dont elle doit se composer;

Que, s'il est juste de conserver aux voyageurs la faculté que la loi leur laisse de voyager de toute autre manière qu'en poste, il ne l'est pas moins de renfermer les loueurs de chevaux, les voiturins et les entrepreneurs de voitures publiques dans les limites que les lois leur prescrivent, sans porter atteinte au libre exercice de leur industrie, conformément à ces lois;

Qu'enfin il importe de fixer la jurisprudence des tribunaux sur le silence de la loi à ce sujet:

A ces causes,

Et sur le rapport de notre ministre secrétaire d'Etat des finances,

Nous avons ordonné et ordonnons ce qui suit:

Art. 1er. L'étendue de la distance que l'on peut parcourir dans les vingt-quatre heures, en marchant à petites journées, est fixée à dix lieues de poste.

En conséquence, tout entrepreneur de messageries, loueur de chevaux et voiturier qui parcourra dans les vingt-quatre heures un espace de plus de dix lieues de poste sera réputé marcher à grandes journées, et comme tel, obligé de payer aux maîtres de poste l'indemnité de vinqt-cinq centimes établie par la loi du 15 ventose an 13 (6 mars 1805), et, en cas de contravention, il encourra la condamnation à l'amende prononcée par ladite loi (1).

2. Notre ministre des finances est chargé de l'exécution de la présente ordonnance.

13 = Pr. 17 AOUT 1817. — Ordonnance du Roi portant autorisation de la société anonyme formée à Rouen pour les assurances, sous le nom de société d'assurances maritimes de Rouen. (7, Bull. 169, n° 2589.)

Art. 1er. La société anonyme formée à Rouen par les assureurs, sous le nom de *Société d'assurances maritimes de Rouen*, est et demeure autorisée, conformément aux statuts compris dans l'acte passé les 19, 20, 21 et 22 juillet 1817, par-devant les sieurs Lequesne et Lefebvre, notaires royaux dans ladite ville; lesquels statuts seront annexés à la présente ordonnance et affichés avec elle.

2. Notre ministre de l'intérieur est chargé de l'exécution de la présente ordonnance.

---

13 AOUT 1817. — Ordonnance du Roi qui autorise l'inscription au Trésor royal de soixante-douze pensions, montant à la somme de trente-un mille cinq cent six francs. (7, Bull. 169, n° 2590.)

---

13 AOUT 1817. — Ordonnances du Roi qui accordent des lettres de déclaration de naturalité aux sieurs Rémondat, Vauvillers, Chappaz, baron de Chastel, de Goër, Albertoni, Monton, Guerstmayer, Hurbain, Bérard, Manoel-dos-Reys dit Chabert, Sylvi, le Blanc, Tournafond, Hecht, Bourscheidt, Van-Praet, Charles, d'Utinger, Montmasson, Vindret, Hoerter et Peytavin. (7, Bull. 169, 173, 174, 176, 178, 179, 183, 185, 198, 202, 205, 220 et 402.)

---

13 AOUT 1817. — Ordonnance du Roi qui permet au sieur Dubois d'ajouter à son nom celui de Bellejame. (7, Bull. 167.)

---

13 AOUT 1817. — Ordonnances du Roi qui autorisent l'acceptation de dons et legs faits aux pauvres, aux hospices et fabriques des églises de St.-Grat, d'Eslay, Cassaigne, Prayes, Bazouges, Mirecourt, Chantemerle, Angers, Rouen, Besançon, Bénières-sur-Mer, Saint-

---

(1) Le propriétaire d'une voiture publique qui sans relayer parcourt un rayon de plus de dix lieues en un jour n'est pas exempt de l'indemnité attribuée au maître de poste (27 janvier 1808; Cass. S. 9, 1, 107. — 9 septembre 1831; Cass. S. 32, 1, 63; D. 31, 1, 310).

Encore bien que dans le trajet la voiture ne parcoure pas une distance de dix lieues sur une route de poste.

Encore bien que le changement de chevaux se fasse sur une portion de la route où il n'y a pas de ligne de poste (2 juin 1827; Cass. S. 27, 1, 358; D. 27, 1, 417. — 3 novembre 1827; Cass. S. 28, 1, 179; D. 28, 1, 18. — 28 août 1832; Cass. S. 32, 1,722; D. 33, 1, 34).

Les entrepreneurs de messageries partant à jour et heure fixes sont réputés loueurs de voitures, en ce sens qu'ils sont exempts du droit de 25 centimes payable aux maîtres de poste, lorsque leurs voitures voyagent à petites journées et ne relaient pas.

Une voiture est censée voyager à petites journées, lorsqu'il n'y a pas plus de dix lieues de poste entre le lieu du départ et le lieu de l'arrivée; peu importe que dans la même journée la voiture revienne au lieu du départ, et que le chemin du retour joint au chemin de l'allée excède dix lieues (2 août 2824; Cass. S. 24, 1, 249).

Omer, Bethincourt, Orléans, Toulouse, Toul, Saint-Symphorien-des-Bois, La Rochelle, le Puy, Foy, Faucon, Cangey, Poitiers, Tours, Chantrezac, Nieul, Agen, Saint-Emilion, Saint-Just, Mezieres, Carpentras, La Cadière, Montbard, Creil, Nancy, Marciac, Echauffour, Vernon et de Saint-Thomas-d'Acquin de la ville de Paris. (7, Bull. 180 et 181.)

---

13 AOUT 1817. — Ordonnance du Roi qui admet les sieurs Schmoll, Grao, Cano, Orosco, Lammert et Fay à établir leur domicile en France. (7, Bull. 167.)

---

16 = Pr. 29 AOUT 1817. — Ordonnance du Roi qui crée Duc M. le marquis d'Avaray, pair de France. (7, Bull. 169, n° 2591.)

Louis, etc. voulant reconnaître les bons et loyaux services du sieur marquis d'Avaray, pair de France, et lui donner en même temps un témoignage du souvenir que nous conservons des marques de zèle et de dévouement que nous avons reçues, dans les circonstances les plus difficiles, du feu duc d'Avaray, nous avons résolu de faire revivre en la personne du père le titre et les honneurs que nous nous étions plu à conférer au fils:

A cet effet,

Nous avons ordonné et ordonnons ce qui suit:

Le marquis d'Avaray, pair de France, est créé duc pour jouir, lui et ses descendans en ligne directe, de mâle en mâle, par ordre de primogéniture, des honneurs et prérogatives attachés à ce rang, à charge par lui de se conformer aux lois du royaume à ce relatives, et notamment aux dispositions de notre ordonnance du 19 août 1815.

---

16 AOUT 1817. — Lettres-patentes portant institution de majorat en faveur de M. de la Pierre de Fremeur. (7, Bull. 174, n° 2778.)

---

18 AOUT 1817. — Eclaircissemens donnés aux préfets par le ministre de l'intérieur (1). 2e partie.

Questions relatives au domicile.

17e QUESTION. — Un électeur a voté aux dernières élections dans le département A, quoiqu'il ait son domicile réel dans le département B ; il a depuis vendu les propriétés qu'il avait dans le premier de ces départemens, et il ne paie plus de contributions ; dans lequel de ces deux départemens devra-t-il voter aux prochaines élections ?

Il devra voter dans le département B ; cet électeur avait, il est vrai, en votant dans le département A, acquis le domicile politique dans ce département ; mais l'article 3 de la loi du 5 février, qui attache le domicile politique au département du domicile réel, où l'on paie au moins la contribution personnelle et qui ne permet de le transférer dans un autre département *qu'autant qu'on y paie une portion quelconque de ses contributions directes*, a implicitement interdit la faculté d'exercer les droits politiques dans un département où l'on ne paie *aucune* contribution directe.

L'électeur dont il s'agit a donc, en vertu de cet article, *perdu* le domicile politique qu'il avait acquis suivant les lois antérieures ; il rentre dans la classe générale, et son domicile politique est dans le département où il a son domicile réel, c'est-à-dire, dans le département B.

18e QUESTION. — Un individu né en France de parens étrangers, n'a pas, jusqu'à ce jour, réclamé la qualité de Français, ni fait aucune démarche pour l'obtenir : peut-il, par le fait seul d'être né en France, être admis à voter, pourvu qu'il remplisse les autres conditions exigées ?

L'article 9 du Code civil est ainsi conçu :

« Tout individu né en France d'un étranger pourra, dans l'année qui suivra l'époque de sa majorité, réclamer la qualité de *Français*, pourvu que, dans le cas où il résiderait en France, il déclare que son intention est d'y fixer son domicile, etc. »

L'individu dont il s'agit doit donc, en outre des autres conditions requises, faire la déclaration prescrite par cet article, et il peut être admis à la faire, quand même il aurait laissé passer l'année qui a suivi l'époque de sa majorité. L'année indiquée n'est pas limitative ; seulement le Code interdit de faire la déclaration avant la majorité.

19e QUESTION. — Les déclarations pour translation du domicile politique d'un département dans un autre, sont-elles assujéties au timbre ?

Non. Sa majesté, par décision du 7 mai dernier, a approuvé que tous les actes relatifs à l'exécution de la loi du 5 février, et notamment les registres et les listes des électeurs, les registres des déclarations pour translation du domicile politique et les extraits de ces déclarations, fussent écrits, imprimés ou délivrés sur papier libre.

Questions relatives au calcul des contributions exigées.

20e QUESTION. — Le supplément d'octroi qui, dans quelques villes, remplace la contribution

---

(1) *Voy.* Ire partie, à la date du 18 avril 1817.

mobilière, doit-il entrer dans le calcul des contributions directes exigées pour être électeur ou éligible?

Non. Ce supplément d'octroi, quoique tenant lieu d'une contribution directe, n'est qu'un impôt indirect; il ne peut donc, conformément à la Charte, être admis dans le calcul des contributions exigées pour être électeur ou éligible; il n'y aurait d'ailleurs aucun moyen d'évaluer ce que chacun paie individuellement pour cet objet.

21ᵉ QUESTION. — Les maisons affranchies de la contribution foncière pendant un temps déterminé, telles que celles qui avaient été démolies pendant le siége de Lyon, ou qui ont été construites dans la rue de Rivoli, à Paris, etc., donnent-elles le droit d'élire ou d'être élu, lorsque la valeur locative de ces maisons représente une valeur égale ou supérieure à celle qui donnerait lieu à une contribution foncière de 300 fr. ou de mille francs?

Non. La loi qui dit *payant* est positive. L'Exemption de contributions donne la faculté de ne pas payer; mais elle laisse celle de payer. C'est au propriétaire à juger s'il préfère l'avantage de ne pas payer de contributions à l'exercice de ses droits politiques; mais il ne pourrait être électeur ou éligible qu'en faisant imposer sa propriété au rôle des contributions, pour une somme au moins égale à trois cents francs ou à mille francs.

22ᵉ QUESTION. — Le contribuable qui, à cause de pertes qu'il a éprouvées, a obtenu une remise ou une modération sur sa contribution foncière ou sur sa patente, doit-il être compris pour la totalité de sa cote, ou seulement pour la somme à laquelle il a été maintenu, déduction faite de la remise ou modération qui lui a été accordée?

La remise ou modération dont il s'agit n'est ni une exemption, ni une diminution d'impôt; c'est un secours momentané, et proportionné aux pertes résultant d'événemens imprévus, et à la quotité du fonds de non-valeurs établi à cet effet. Dans ce cas, on doit compter au contribuable toute la somme à laquelle sa propriété ou son industrie sont annuellement imposées, et non pas seulement celle qu'il a payée accidentellement.

Il n'en serait pas de même s'il s'agissait d'une réduction réelle de contributions, d'un dégrèvement obtenu pour sur-impositions. Alors on ne devrait tenir compte au contribuable que de la contribution réduite.

23ᵉ QUESTION. — Un homme a épousé une veuve qui jouit de six mille francs de douaire, hypothéqués sur des biens-fonds vendus et servis au moyen d'un capital de cent vingt mille francs restés entre les mains de l'acquéreur desdits biens, et remboursable aux enfans du premier lit à la mort de la mère: le mari peut-il compter pour lui les contributions qui sont payées par l'acquéreur pour ce capital de cent vingt mille francs?

Non. Quoique les biens imposés soient grevés d'une rente, ils sont la propriété de l'acquéreur; c'est lui seul qui en paie les contributions; c'est à lui seul qu'elles peuvent compter; la veuve ne jouit que d'une rente qui ne paie pas de contributions à l'Etat, et qui conséquemment ne peut donner aucun droit au second mari pour l'électorat ou l'éligibilité.

24ᵉ QUESTION. — Les contributions payées par une femme qui a été admise à la séparation de ses biens peuvent-elles servir à son mari pour être électeur ou éligible?

Oui, si, malgré le jugement qui a prononcé la séparation, le mari continue d'avoir la jouissance de ses droits civils et politiques; il reste en effet le chef de la famille, et la séparation judiciaire met les deux époux dans la même position que si la non-communauté avait été stipulée dans leur contrat de mariage; or, suivant l'article 2 de la loi du 5 février, on doit compter au mari les contributions de sa femme, *même non commune en biens*.

Il en serait autrement si la séparation avait lieu pour une cause qui, comme la faillite, fait perdre la jouissance des droits civils ou politiques. Mais, dans ce cas, il est évident que c'est la cause du jugement qui priverait l'époux du droit de voter, etc.

25ᵉ QUESTION. — La redevance fixe et la redevance proportionnelle que les concessionnaires des mines paient à l'Etat peuvent-elles entrer dans le calcul des contributions exigées pour être électeur ou éligible?

La loi du 21 avril 1810 considère les mines comme immeubles, et les concessionnaires comme propriétaires. Suivant les articles 34, 35 et 37 de cette loi, la redevance fixe que les concessionnaires paient annuellement, et qui est réglée d'après l'étendue de la mine, est le prix d'acquisition, et la redevance proportionnelle, qui est réglée chaque année au budget de l'Etat, *comme les autres contributions publiques*, et *qui est imposée et perçue comme la contribution foncière*, est une véritable contribution directe établie sur le produit de la mine.

Il en résulte que la redevance proportionnelle seule doit entrer dans le calcul des contributions exigées, mais que la redevance fixe ne saurait y être comprise.

26ᵉ QUESTION. — 1° Les contributions payées pour les domaines congéables dans les départemens où ce mode de location est en usage, doivent-elles compter aux propriétaires ou aux domainiers ?

2° Dans le cas où le propriétaire serait admis à compter la retenue du cinquième, qui, à défaut de stipulation contraire, est faite sur la rente annuelle qu'il touche pendant la durée du bail, les domainiers qui, indépendamment de cette retenue, paieraient sur le bien congéable trois cents francs ou plus de contributions directes, n'auraient-ils pas également le droit d'être inscrits sur le registre des électeurs, s'ils remplissent d'ailleurs les autres conditions requises ?

3° Enfin, de quelle manière doit-on évaluer la portion de la contribution applicable au propriétaire, dans le cas où, par un arrangement particulier, la rente annuelle qu'il reçoit ne serait pas sujette à retenue, ou bien serait payée en nature ?

1° Les contributions payées pour les domaines congéables doivent compter aux propriétaires du fonds jusqu'à concurrence du cinquième de la rente convenancière stipulée, et le surplus, s'il y en a, déduction faite de ce cinquième, doit compter aux domainiers.

2° Ils ont, en conséquence, les uns et les autres, le droit d'être inscrits sur le registre des électeurs, savoir : les propriétaires, si le cinquième de la rente annuelle qui leur est payée s'élève à trois cents francs, et les domainiers, si, déduction faite de ce cinquième sur le total des contributions directes, l'excédant s'élève encore à trois cents francs.

3° Dans le cas où la rente convenancière est stipulée sans retenue, on doit considérer cette rente comme réduite aux quatre cinquièmes, et évaluer au quatrième actuel de cette rente, ou au cinquième de son total fictif, la portion de contribution qui doit être comptée au propriétaire.

Dans le cas où la rente est stipulée en denrées, cette portion doit toujours être réputée du cinquième de ladite rente, calculé en dedans, lorsque le propriétaire est soumis à la retenue, et calculé en dehors, ainsi qu'il vient d'être dit, lorsque cette rente est exempte de retenue. Quant à l'évaluation de ce cinquième, lorsque la rente est payable en denrées, elle doit avoir lieu d'après le taux moyen du prix de la denrée convenue, durant les cinq années précédentes, établi d'après le taux légal et authentique des mercuriales.

27ᵉ QUESTION. — Des colons domiciliés en France et qui désirent y jouir des droits politiques, peuvent-ils faire entrer dans le calcul des contributions exigées pour être électeur ou éligible, celles qu'ils paient dans les colonies ?

Les contributions directes des colonies, dont le produit est versé dans les caisses publiques, et employé au paiement des dépenses générales du service du Roi, telles que celles qui sont connues sous le nom de *capitation* (ou contribution personnelle) de noirs, taxe sur les maisons et contributions des patentes, peuvent entrer dans le calcul des contributions exigées pour être électeur ou éligible ; mais, pour en justifier, les colons doivent produire des extraits de rôles, délivrés par l'agent de la perception dans la colonie, visés par l'intendant ou par l'administrateur qui en fait les fonctions, et légalisés par son excellence le ministre secrétaire d'Etat de la marine et des colonies.

---

20 = Pr. 24 AOUT 1817. — Ordonnance du Roi portant convocation pour le 20 septembre prochain des colléges électoraux des départemens y désignés. (7, Bull. 168, n° 2581.)

Voy. notes sur la loi du 5 FÉVRIER 1817.

Louis, etc.

Conformément à la Charte, un cinquième des départemens du royaume doit renouveler cette année sa députation ; plusieurs autres départemens, ou n'ont pas nommé leurs députés, ou n'en ont élu qu'une partie. Après nous être assuré que les dispositions préliminaires pour former les colléges électoraux d'après la loi du 5 février dernier, ont été faites dans les départemens dont il s'agit ; que la liste des électeurs y a été dressée, imprimée et affichée par les soins des préfets ; qu'il ne reste plus qu'à régler les formalités relatives aux élections, conformément à l'article 21 de ladite loi, nous avons jugé à propos de convoquer lesdits colléges électoraux, pour qu'ils puissent renouveler ou compléter, avant la prochaine session des Chambres, la députation des départemens auxquels ils appartiennent, et de déterminer en même temps les formalités à observer pour assurer la régularité des élections et la liberté des suffrages :

A ces causes,

Vu les art. 35, 36 et 37 de la Charte ;

Vu notre ordonnance du 27 décembre 1816 qui a réparti les quatre-vingt-six départemens du royaume en cinq séries, dont l'ordre a été réglé par le tirage au sort fait dans la Chambre des députés, le 22 janvier dernier ;

Vu la loi du 5 février suivant ;

Sur le rapport de notre ministre secrétaire d'Etat de l'intérieur ;

Nous avons ordonné et ordonnons ce qui suit :

Art. 1ᵉʳ. Les colléges électoraux des départemens de la première série, et ceux des départemens dont la députation est incomplète, sont convoqués pour le 20 septembre prochain.

2. Ils se réuniront dans les villes ci-après

désignées, et éliront le nombre de députés énoncé au tableau ci-joint. Ils se diviseront en sections, conformément au même tableau, savoir :

SÉRIES.	DÉPARTEMENS.	VILLES où les colléges tiendront leurs séances.	NOMBRE DE SECTIONS du collége	NOMBRE DE DÉPUTÉS à nommer.
1re	Alpes (Hautes-)	Gap	1	1
	Côte-d'Or	Dijon	3	3
	Creuse	Guéret	1	2
	Dordogne	Périgueux	4	4
	Gers	Auch	3	3
	Hérault	Montpellier	4	3
	Ille-et-Vilaine	Rennes	3	4
	Indre-et-Loire	Tours	3	2
	Loiret	Orléans	3	3
	Lozère	Mende	1	1
	Meuse	Bar-le-Duc	1	2
	Oise	Beauvais	3	3
	Orne	Alençon	4	4
	Rhin (Haut-)	Colmar	1	3
	Rhône	Lyon	3	3
	Seine	Paris	20	8
	Sèvres (Deux-)	Niort	2	2
2e	Ain	Bourg	2	1
	Alpes (Basses-)	Manosque	1	1
	Manche	Coutances	5	4
	Nord	Lille	6	1
3e	Mayenne	Laval		1
4e	Eure	Evreux	4	3
	Lot	Cahors	2	1

3. Nul ne pourra être admis dans le collége ou dans la section s'il n'est inscrit d'office ou ne s'est fait inscrire sur les listes principale ou supplémentaire.

4. La division en sections se fera par ordre alphabétique des noms des électeurs (1). Le préfet, en suivant cet ordre, déterminera le nombre des électeurs de chaque section dans les limites fixées par l'article 9 de la loi du 5 février.

5. Le préfet, à la réception de la présente ordonnance, le fera publier dans l'arrondissement du chef-lieu, avec l'arrêté par lequel il aura désigné le local des séances du collége et des diverses sections. Il transmettra immédiatement à chacun des sous-préfets une copie de ces deux actes, pour qu'ils les fassent également publier dans leurs arrondissemens respectifs.

6. Il sera remis à chaque directeur (au

(1) Il y aura pour Paris une ordonnance spéciale (*Note du Bulletin*) *Voy*. l'ordonnance du 2 septembre 1817.

chef-lieu) une carte indiquant: 1° le numéro de la section à laquelle il appartient; 2° celui de son inscription sur la liste de cette section, l'édifice où la section doit se réunir.

7. Le préfet fera également remettre au président du collége et à chaque vice-président: 1° une expédition de la présente ordonnance, et la lettre close par laquelle nous leur donnons avis de leur nomination et de la convocation du collége; 2° un extrait de l'arrêté qui désigne l'édifice dans lequel doit se réunir le collége ou la section qu'il préside; 3° la liste alphabétique des membres du collége ou de cette section, avec le nom, la qualification et le domicile de chacun; 4° enfin une liste indicative des éligibles du département.

8. Si, avant l'ouverture du collége ou pendant la durée de la session, le président ou un des vice-présidens nommés par nous se trouvait empêché de remplir ses fonctions, le préfet désignera le président parmi les membres du collége, et le vice-président parmi les électeurs de la section pour le remplacer.

9. Le jour fixé pour l'ouverture du collége, le président ou le vice-président de chaque section ouvrira la séance à huit heures précises du matin, en désignant, parmi les électeurs présens, les quatre scrutateurs et le secrétaire provisoire; on procédera ensuite à la nomination du bureau définitif par deux scrutins simultanés, mais distincts, l'un de liste simple pour la nomination des quatre scrutateurs, l'autre individuel pour celle du secrétaire.

Le quart plus une des voix de la totalité des membres du collége, et la moitié des suffrages exprimés, exigés pour les autres opérations, ne sont pas nécessaires pour la nomination des membres du bureau; ils peuvent être élus à la simple pluralité des voix des électeurs présens.

10. Aussitôt que le président ou le vice-président aura proclamé les membres du bureau définitif, le secrétaire ouvrira le procès-verbal; il y consignera les opérations qui auront eu lieu jusqu'à ce moment; le procès-verbal sera tenu en double minute, rédigé à la fin de chaque séance, et signé, au plus tard, à l'ouverture de la séance suivante, par tous les membres du bureau qui y auront assisté.

11. A l'ouverture de chaque tour de scrutin, le président fera faire un appel des électeurs. Chacun, à mesure que son nom sera appelé, déposera son bulletin.

Le membre du bureau qui aura reçu le bulletin inscrira sa propre signature devant le nom de l'électeur porté sur la liste du collége ou de la section.

Chaque électeur, en votant pour la première fois, prononcera le serment dont la teneur suit:

Je jure fidélité au Roi, obéissance à la Charte constitutionnelle et aux lois du royaume.

12. Les bulletins de ceux qui, n'ayant pas répondu à l'appel, se présenteront ensuite pour voter, continueront d'être reçus jusqu'à l'heure fixée pour la clôture.

13. A trois heures, le président ou vice-président déclarera que le scrutin est clos; il comptera le nombre des bulletins, et il en ordonnera le dépouillement. Le procès-verbal constatera le nombre des bulletins trouvés dans la boîte et celui des électeurs qui auront voté.

14. Si le nombre des bulletins est inférieur ou supérieur à celui des votans, le bureau décide provisoirement, selon les cas et les circonstances, de la validité de l'opération. Il sera fait mention de la décision au procès-verbal.

15. Le bureau raiera de tout bulletin 1° les derniers noms inscrits au-delà de ceux qu'il doit contenir; 2° les noms qui ne désigneraient pas clairement l'individu auquel ils s'appliquent; 3° au troisième tour de scrutin, les noms des individus qui ne seraient pas compris sur la liste double des personnes qui ont obtenu le plus de suffrages au deuxième tour.

Le relevé des votes, dans chaque section, sera arrêté et signé par le bureau, conformément à l'article 13 de la loi, et le vice-président le portera immédiatement au bureau du collége, qui fera le recensement général. Il sera dressé un procès-verbal de ce recensement.

16. Si une ou plusieurs sections n'avaient pas terminé leurs opérations, ou n'en avaient fait que d'irrégulières, le recensement des votes des autres sections n'en aura pas moins lieu conformément à l'article 13 de la loi, et les candidats qui auraient obtenu le nombre de voix nécessaire seront proclamés.

17. Le bureau ne peut juger que les difficultés qui s'élèvent sur la régularité des opérations du collége ou de la section. Il ne doit pas s'occuper des réclamations qui auraient pour objet le droit de voter.

Le bureau délibère à part; le président prononce la décision à haute voix.

18. S'il s'élève des discussions dans le sein du collége ou d'une section, le président ou le vice-président rappellera aux électeurs qu'aux termes de l'article 8 de la loi, toutes discussions, toutes délibérations, leur sont interdites. Si, malgré cette observation, la discussion continuait dans l'assemblée, et si le président n'a pas d'autre moyen de la faire cesser, il prononcera la levée de la séance, et l'ajournement au lendemain au plus tard. Les électeurs seront obligés de se séparer à l'instant.

19. La police du collége ou des sections appartenant au président ou aux vice-présidens, nulle force armée ne peut, sans leur demande, être placée auprès du lieu des séances; mais les commandans militaires seront tenus d'obtempérer à leurs réquisitions.

20. Le président prononcera la séparation du collége, aussitôt que les élections seront terminées, et, au plus tard, le 30 septembre.

21. Immédiatement après la clôture du collége, le président adressera au préfet du département les deux minutes du procès-verbal de chaque section, et le procès-verbal des recensemens généraux dans les colléges qui sont divisés en sections.

22. L'une de ces minutes restera déposée aux archives de la préfecture, et l'autre sera envoyée par le préfet à notre ministre de l'intérieur, qui la transmettra aux questeurs de la Chambre.

23. Notre ministre de l'intérieur est chargé de l'exécution de la présente ordonnance.

20 = Pr. 24 AOUT 1817. — Ordonnance du Roi par laquelle sa majesté détermine un mode pour l'exécution des actes et fonctions judiciaires dans ses palais, châteaux, maisons royales et leurs dépendances. (7, Bull. 168, n° 2585.)

Louis, etc.

Voulant pourvoir à ce que la police et la surveillance nécessaires dans nos palais, châteaux et maisons royales et leurs dépendances ne fassent aucun obstacle à l'action de la justice, qui émane de notre souveraine puissance; et concilier avec les fonctions que nous avons confiées aux gouverneurs desdits palais, châteaux et résidences, l'exécution des actes et fonctions judiciaires;

Sur le rapport de notre garde-des-sceaux, ministre secrétaire d'Etat au département de la justice;

Nous avons ordonné et ordonnons ce qui suit :

Art. 1er. Les significations aux personnes qui ont leur résidence habituelle dans nos palais, châteaux, maisons royales et leurs dépendances, seront faites en parlant aux suisses ou concierges desdits palais; ils ne pourront refuser d'en recevoir les copies, et il leur est enjoint de les remettre incontinent à ceux qu'elles concernent.

2. S'il échéait d'apposer ou de lever les scellés, de faire des inventaires ou tous autres actes judiciaires, d'exécuter des mandats de justice ou des jugemens, dans l'intérieur desdits palais, châteaux, maisons royales et leurs dépendances, les officiers de justice qui en seront chargés se présenteront au gouverneur, ou à celui auquel, en son absence, appartient la surveillance, lequel pourvoira immédiatement à ce qu'aucun empêchement ne leur soit donné, et leur fera prêter, au contraire, si besoin est, tout secours et aide nécessaires, sans préjudice des précautions qu'il croira devoir prendre, s'il y a lieu, pour la garde et la police desdits palais.

3. S'il est commis un délit ou un crime dans lesdits palais, châteaux, maisons royales et leurs dépendances, le gouverneur, ou celui auquel, en son absence, appartient la surveillance, requerra sur-le-champ le transport du juge d'instruction, du procureur du Roi ou du juge-de-paix, et lui remettra le prévenu ou les prévenus, s'ils sont arrêtés.

4. En cas que le transport du procureur du Roi, du juge d'instruction ou du juge-de-paix, ait lieu d'office, ils se présenteront, ainsi qu'il est dit en l'article 2 ci-dessus, au gouverneur, qui leur donnera tout accès et facilités, ainsi qu'il est plus amplement expliqué dans ledit article.

5. Notre président du conseil des ministres et notre garde-des-sceaux sont chargés de l'exécution de la présente ordonnance.

20 AOUT 1817. — Ordonnance du Roi portant nomination des présidens et vice-présidens des colléges électoraux des départemens y désignés pour la session qui s'ouvrira le 20 septembre 1817. (7, Bull. 168, n° 2582.)

20 AOUT 1817. — Ordonnances du Roi qui accordent des lettres de déclaration de naturalité aux sieurs Nichols, Baudisson, Harmignies, Byrne, Palombo, Clary, Haussen, Banner, Gelpi, Massari, Vamper, Rapozo et Jacob. (7, Bull. 173, 174, 176, 178, 179, 183, 187, 192 et 199.)

20 AOUT 1817. — Ordonnance du Roi qui admet les sieurs Costa, Mayer, Gajate, Zina et Canestri à établir leur domicile en France. (7, Bull. 170.)

20 AOUT 1817. — Ordonnance du Roi qui autorise le sieur Garrigou à établir près la ville de Toulouse une usine pour la conversion du fer en acier et pour la fabrication des faulx. (6, Bull. 181, n° 3079.)

20 AOUT 1817. — Ordonnances du Roi qui suppriment, qui accordent et qui fixent les jours de la tenue des foires dans les communes de Pierrefitte, Remireront, Petits-Andelys, Givry, Dun-le-Roi et Bourbon-Vendée. (7, Bull. 181.)

20 AOUT 1817. — Ordonnances du Roi qui autorisent l'acceptation de dons et legs faits aux pauvres, hospices et fabriques des églises de Saint-Nicolas près Granville, Saint-Jean-des Essartiers, Sauvessange, la Guiole, Mées, Marange, Forest-Saint-Julien, Badaroux,

Bourgtheroulde, Strasbourg, Vernon, Sélongey, Bordeaux, la Fosse, Saint-Vivien, Tuillac, Saint-Girons, Générac, Campunan, Saint-Chrystoly, Moncouten, Agen, Besse, Saint-Martin, Cairon, Dijon, Valognes et la Mothe-Saint-Héraye. (7, Bull. 181.)

---

14 AOUT 1817. — Ordonnance du Roi portant nomination de grand's-croix et de commandeurs de l'ordre royal et militaire de Saint-Louis. (7, Bull. 179, n° 2592.)

---

25 AOUT = Pr. 4 SEPTEMBRE 1817. — Ordonnance du Roi sur la formation des majorats à instituer par les pairs. (7, Bull. 171, n° 2686.)

Voy. notes sur l'article 27 de la Charte; ordonnances du 19 AOUT 1815, et notes; des 5 MARS 1819, art. 2, et 21 NOVEMBRE 1819, art. 2; *Voy.* aussi ordonnances du même jour, des 25 et 31 AOUT 1817.

Louis, etc.

Suivant l'article 896 du Code civil, les biens libres formant la dotation d'un titre héréditaire que nous aurions érigé en faveur d'un chef de famille, peuvent être transmis héréditairement. Il nous appartient, soit pour récompenser de grands services, soit pour exciter une utile émulation, soit pour concourir à l'éclat du trône, d'autoriser un chef de famille à substituer ses biens libres pour former la dotation d'un titre héréditaire que nous aurions érigé en sa faveur, et la transmissibilité de ces biens et de ce titre à son fils né ou à naître, et à ses descendans en ligne directe de mâle en mâle par ordre de primogéniture. Prenant ces dispositions en considération, et les rapprochant de celles de la Charte constitutionnelle relatives à l'érection d'une Chambre des pairs, et de notre ordonnance du 19 août 1815, nous avons reconnu que l'institution de la pairie héréditaire rendait nécessaire l'établissement des majorats autorisés par les lois du royaume dans les familles honorées de cette dignité, afin d'assurer à perpétuité, à ceux qui seront successivement revêtus de la pairie, les moyens de la soutenir convenablement, comme il appartient aux membres du premier corps de l'Etat :

A ces causes,

Nous avons résolu de n'appeler dorénavant à la dignité de pair de France que ceux qui auront préalablement institué dans leur famille un majorat qui puisse devenir la dotation héréditaire de leur titre, ne doutant pas d'ailleurs que les pairs actuels ne s'empressent, ainsi que nous les y invitons, pour le plus grand avantage de l'Etat, de la pairie et de notre service, à former de semblables majorats, toutes les fois que la disponibilité et la situation de leurs biens le comporteront.

En conséquence, vu l'article 896 du Code civil et notre ordonnance du 19 août 1815,

Nous avons ordonné et ordonnons ce qui suit :

Art. 1er. A l'avenir nul ne sera par nous appelé à la Chambre des pairs, les ecclésiastiques exceptés, s'il n'a, préalablement à sa nomination, obtenu de notre grace l'autorisation de former un majorat, et s'il n'a institué ce majorat.

2. Il y aura trois classes de majorats de pairs : ceux attachés au titre de duc, lesquels ne pourront être composés de biens produisant moins de trente mille francs de revenu net; ceux attachés aux titres de marquis et de comte, qui ne pourront s'élever à moins de vingt mille francs de revenu net; et ceux attachés aux titres de vicomte et de baron, lesquels ne pourront s'élever à moins de dix mille francs de revenu net.

3. Les majorats de pairs seront transmissibles à perpétuité, avec le titre de la pairie, au fils aîné, né ou à naître, du fondateur du majorat, et à la descendance naturelle et légitime de celui-ci de mâle en mâle et par ordre de primogéniture, de telle sorte que le majorat et la pairie soient toujours réunis sur la même tête.

4. Il ne pourra entrer dans la formation des majorats de pairs que des immeubles libres de tous priviléges et hypothèques, et non grevés de restitutions en vertu des articles 1048 et 1049 du Code civil, et des rentes sur l'Etat, après toutefois qu'elles auront été immobilisées.

5. Les effets de la création des majorats des pairs relativement aux biens qui les composent, les formes de l'autorisation nécessaires pour l'aliénation de ces biens et du remploi de leur prix, seront et demeureront réglés conformément aux dispositions des lois et réglemens actuellement en vigueur sur la matière des majorats.

6. Toute personne qui voudra former un majorat, adressera, à cet effet, une requête à notre garde-des-sceaux de France.

L'affaire sera suivie et les justifications nécessaires auront lieu dans les formes et de la manière prescrites par les lois et réglemens précités.

7. Les actes de constitution de majorats seront, par les ordres de notre chancelier de France, président de la Chambre des pairs, sur la présentation de l'instituant et sous la surveillance du grand référendaire, transcrits sur un registre qui sera tenu à cet effet et déposé dans les archives de la Chambre des pairs.

8. Les droits d'enregistrement et de transcription seront perçus d'après les bases établies par le décret du 24 juin 1808.

9. Les membres actuels de la Chambre des pairs qui désireront instituer un majorat dans

leur famille, ainsi que nous les y invitons, procéderont à cette institution en se conformant aux règles prescrites par la présente ordonnance.

10. En ce cas seulement, le majorat de chaque titre de pairie pourra être formé successivement et par parties, par les divers titulaires qui se succéderont audit titre, jusqu'à ce qu'il ait été élevé au *minimum* fixé par la présente ordonnance pour la classe à laquelle il appartiendra.

11. Le président du conseil des ministres et le garde-des-sceaux sont chargés de l'exécution de la présente ordonnance.

---

25 AOUT = Pr. 4 SEPTEMBRE 1817.— Ordonnance du Roi sur la délivrance des lettres-patentes portant collation des titres de pairie. (7, Bull. 171, n° 2687.)

Voy. ordonnance du 31 AOUT 1817, et les notes sur l'ordonnance du 19 AOUT 1815.

Louis, etc.

Vu l'article 4 de notre ordonnance du 19 août 1815,

Nous avons ordonné et ordonnons ce qui suit :

Art. 1er. Notre garde-des-sceaux de France, ministre secrétaire d'Etat au département de la justice, fera expédier par notre commission du sceau, aux membres de la Chambre des pairs, sur la demande qui lui en sera faite par le ministère d'un référendaire au sceau, les lettres-patentes portant institution du titre de pair de France créé en leur faveur.

2. Ces lettres-patentes seront rédigées sur parchemin, selon le modèle qui est joint à la présente, contre-signées par notre garde-des-sceaux, visées par le président de notre conseil des ministres, et scellées du grand sceau.

3. Elles contiendront :

1° La date de l'acte portant nomination de l'impétrant à la pairie, et les motifs de cette nomination, s'il y en a d'énoncés en cet acte ;

2° Le titre affecté par nous à la pairie érigée en faveur de l'impétrant, et qui déterminera son rang dans la Chambre ;

3° La concession du droit exclusif de placer leurs armoiries sur un manteau d'azur doublé d'hermine, et les timbrer d'une couronne de pair ou bonnet d'azur cerclé d'hermine et surmonté d'une houppe d'or.

4. Ces lettres-patentes seront transcrites en entier sur un registre spécialement consacré à cet usage, et qui demeurera déposé aux archives de la commission du sceau. Il sera fait mention du tout sur lesdites lettres-patentes par le secrétaire du sceau.

5. Ces lettres-patentes seront, à la diligence tant de notre procureur général que de l'impétrant, et sur le réquisitoire du ministère public, publiées et enregistrées à la cour royale et au tribunal de première instance du domicile de l'impétrant. Les greffiers de ces cours et tribunaux feront mention, sur l'original des lettres, de la publication à l'audience et de la transcription sur les registres. Elles seront, en outre, insérées au Bulletin des Lois. Les frais de publication et d'enregistrement seront à la charge de l'impétrant.

6. Elles seront données en communication à la Chambre des pairs par notre garde-des-sceaux ; il lui sera donné acte de cette communication.

7. Elles seront ensuite transcrites en entier sur le registre-matricule en parchemin, intitulé *Livre de la Pairie*, paraphées sur le *recto* par notre chancelier de France, président de la Chambre des pairs, et sur le *verso* par le grand-référendaire. Ce registre sera ouvert par un procès-verbal de vérification contenant le nombre des pages et l'usage du livre : ce procès-verbal sera dressé par notredit chancelier et le grand référendaire. Le livre sera clos au bas de la dernière page en la même forme.

8. Le livre de la pairie sera déposé aux archives de la Chambre des pairs : le grand-référendaire en aura la garde, et il certifiera les expéditions qui seront délivrées des pièces qui y seront transcrites.

9. Tout pair de France sera tenu d'adresser au grand référendaire expédition en bonne forme des actes de l'état civil qui le concerneront ou ses descendans directs, ou les appelés à la pairie dont il est titulaire, selon l'ordre légitime de succession. En cas de minorité d'un pair, cette obligation est imposée au tuteur du pair mineur.

Ces actes seront transcrits sur un registre tenu à cet effet sous la surveillance du grand référendaire et déposé aux archives de la Chambre.

10. Dans toutes les cérémonies publiques et réunions civiles ou administratives, un pair de France qui aura été invité en sa qualité de pair, et qui sera revêtu de l'habit de pair, prendra toujours, et sur toute personne, la droite de l'autorité, quelle qu'elle soit, qui aura la préséance.

11. Il est enjoint à tous les officiers publics de ne donner aux pairs de France d'autres qualifications ou titres honorifiques que ceux auxquels ils ont droit en vertu des lettres-patentes portant institution de leur titre de pairie.

12. Le fils d'un duc et pair portera, de droit, le titre de marquis ; celui d'un marquis et pair, le titre de comte ; celui d'un comte et pair, le titre de vicomte ; celui d'un vicomte et pair, le titre de baron ; celui d'un baron et pair, le titre de chevalier.

Les fils puînés de tous les pairs porteront

de droit le titre immédiatement inférieur à celui que portera leur frère aîné;

Le tout sans préjudice des titres personnels que lesdits fils de pair pourraient tenir de notre grace, ou dont ils seraient actuellement en possession, en exécution de l'article 71 de la Charte.

13. Lorsque la Chambre des pairs sera appelée à siéger en notre présence royale, et dans les autres occasions solennelles seulement, il sera préparé dans le lieu habituel de ses séances, ou dans celui destiné à la réunion de ses membres, des places ou bancs séparés pour chaque ordre de titres : les pairs également titrés se placeront sur le même banc, selon l'ordre de leur promotion ou de l'ancienneté de leur titre.

14. Le premier de tous les bancs sera destiné aux princes de notre sang. Les pairs ecclésiastiques occuperont, de droit, les premières places des bancs où ils seront appelés en vertu du titre qui leur est conféré par nos lettres-patentes d'institution.

15. Notre président du conseil des ministres, et notre garde-des-sceaux, ministre secrétaire d'Etat de la justice, sont chargés de l'exécution de la présente ordonnance.

---

26 AOUT 1817. — Tarif officiel des douanes (1).

---

27 = Pr. 31 AOUT 1817. — Ordonnance du Roi qui restreint les primes d'importation sur les grains et farines, accordées par les ordonnances des 22 novembre et 9 décembre 1816. (7, Bull. 170, n° 2655.)

Art. 1er. Les primes d'importation sur les grains et farines de froment, de seigle, orge et maïs, accordées par nos ordonnances des 22 novembre et 9 décembre derniers, sont, à compter du 1er septembre prochain, restreintes aux seules importations qui se feront par les ports de la Méditerranée et par les ports de l'Océan depuis la frontière d'Espagne jusqu'à la rivière de la Gironde inclusivement.

2. Le commerce sera prévenu, trois mois à l'avance, du moment où ces primes devront cesser d'être accordées.

3. Nos ministres de l'intérieur et des finances sont chargés de l'exécution de la présente ordonnance.

---

27 AOUT = Pr. 12 SEPTEMBRE 1817. — Ordonnance du Roi qui déclare incessibles et insaisissables les pensions affectées sur les fonds de retenue. (7, Bull. 172, n° 2714.)

Louis, etc.

Vu la déclaration du 7 janvier 1779; vu la loi du 22 floréal an 7; vu l'arrêté du Gouvernement du 7 thermidor an 10; vu les différens réglemens concernant les pensions de retraite affectées sur les fonds de retenue;

Considérant qu'aux termes des lois, les pensions payées par l'Etat sont incessibles et insaisissables; que les pensions sur fonds de retenue sont essentiellement de même nature que celles acquittées directement par le Trésor royal, et conséquemment qu'elles sont soumises à la même législation;

Notre Conseil-d'Etat entendu,

Nous avons ordonné et ordonnons ce qui suit :

Art. 1er. Il ne sera reçu aucune signification de transport, cession ou délégation de pensions de retraites affectées sur des fonds de retenue.

2. Le paiement desdites pensions ne pourra être arrêté par aucune saisie ou opposition, à l'exception des oppositions qui pourraient être formées par le propriétaire du brevet de la pension.

3. Nos ministres sont chargés de l'exécution de la présente ordonnance.

---

27 AOUT = Pr. 12 SEPTEMBRE 1817. — Ordonnance du Roi pour l'application aux pensionnaires du département de la marine des dispositions de la loi du 25 mars 1817, concernant les pensionnaires du Trésor royal. (7, Bull. 172, n° 2715.)

Voy. loi du 25 MARS 1817, art. 25, et notes.

Louis, etc.

Considérant que la loi des finances du 25 mars dernier, dont le mode d'exécution est réglé par notre ordonnance du 20 juin, a introduit dans le système général des pensions plusieurs dispositions nouvelles;

Que le bon ordre et la régularité de l'administration exigent que ces dispositions, établies en premier lieu pour les pensionnaires payés par le Trésor royal, soient étendues aux pensionnaires de la marine, qui, recevant leurs soldes de retraite sur le fonds spécial des invalides, jouissent néanmoins de ces concessions au même titre que les autres serviteurs de l'Etat;

Que la caisse des invalides, soumise à des charges extraordinaires par suite des circonstances et de la réorganisation des corps de la marine, réclame le produit de toutes les économies praticables, pour continuer d'acquitter les dépenses auxquelles elle a cessé de suffire; vu le titre IV et l'article 138 de la loi du 25 mars 1816; vu pareillement nos ordonnances des 7 décembre 1816 et 20 juin 1817;

---

(1) Ce tarif n'est pas inséré au Bulletin des Lois; il est rappelé par l'article 30 de la loi du 22 avril 1818.

Sur le rapport de notre ministre secrétaire d'État au département de la marine et des colonies,

Nous avons ordonné et ordonnons ce qui suit :

Art. 1er. Toutes les soldes de retraite, pensions et autres concessions de même nature, accordées jusqu'à ce jour sur la caisse des invalides de la marine, sont maintenues dans leur fixation actuelle, sauf la radiation de ce qui excéderait le *maximum* déterminé par les réglemens généraux, soit pour le dernier grade exercé pendant deux ans par les pensionnaires, soit pour la qualité des pensionnaires dont le traitement n'est pas réglé sur les services personnels.

Cette réduction ne s'étend pas aux soldes de retraite et pensions militaires antérieures à la Charte constitutionnelle, lesquelles, d'après les dispositions de l'article 69, doivent conserver leur fixation intégrale.

2. Les dispositions de l'article 27 de la loi de finances du 25 mars 1817 portant interdiction du cumul de deux pensions, ou d'une pension avec un traitement d'activité, de retraite ou de réforme, sont applicables aux pensionnaires du département de la marine, sauf la réserve exprimée audit article en faveur des pensions militaires susceptibles d'être cumulées avec un traitement civil d'activité.

Les titulaires ne pourront toucher leur solde de retraite ou pensions qu'après avoir déclaré, dans leurs certificats de vie, sous les peines portées par les lois et réglemens, qu'ils ne jouissent d'aucun traitement, ni d'aucune autre pension quelconque à la charge du Trésor ou des divers fonds de retenues.

3. Sont applicables au département de la marine les dispositions de l'article 138 de la même loi de finances, qui assujétit les pensions civiles et militaires au-dessus de cinq cents francs à la retenue proportionnelle prescrite pour les traitemens d'activité par l'article 79 de la loi du 28 avril 1816.

En conséquence, et jusqu'à ce qu'il en ait été autrement ordonné, cette retenue s'exercera sur les soldes de retraite et pensions payées par la caisse des invalides de la marine.

4. Conformément aux dispositions de notre ordonnance du 7 décembre 1816, tous les pensionnaires de la marine, Français ou naturalisés, qui ont reçu ou recevront de nous l'autorisation de résider en pays étrangers, seront assujétis à un retranchement du tiers de leurs pensions à l'exception des pensionnaires expédiés hors du royaume pour notre service, lesquels jouiront de l'intégralité de leurs pensions, sauf l'interdiction du cumul dans les cas spécifiés par l'article 2 de la présente ordonnance.

Le retranchement du tiers comptera du premier jour du trimestre pendant lequel le pensionnaire aura quitté le territoire français, et réciproquement il cessera à partir du premier jour du trimestre dans le cours duquel le titulaire aura fait constater son retour en France par le maire du lieu de son domicile.

La retenue proportionnelle résultant de l'article 3, de la présente ordonnance, ne sera exercée sur lesdites pensions que dans la proportion des deux tiers conservés, lesquels seront considérés, sous ce rapport, comme le montant intégral du traitement.

5. Les réductions ou retenues prescrites par les articles 1, 2, 3, 4, seront opérées au profit de la caisse des invalides de la marine, pour être appliquées au paiement des dépenses dont elle est chargée.

6. Les demandes de soldes de retraite, pensions et autres récompenses analogues, continueront d'être transmises au ministre par les chefs du service de la marine, suivant les formes établies.

Il sera tenu, dans les bureaux du ministère, un registre où ces demandes seront portées par ordre de dates et de numéros; cet ordre sera réglé tous les trois mois, pour les demandes parvenues pendant cet intervalle.

La priorité entre les individus qui auront cessé leurs fonctions le même jour sera déterminée par la durée des services.

7. Sont exceptées des dispositions de l'article précédent les demandes et propositions de pensions qui existent en ce moment dans les bureaux du ministère : elles seront considérées comme ayant toutes la même date. Néanmoins, les propositions transmises en faveur des blessés, des veuves et des gens de mer, seront liquidées de préférence.

8. L'administration de la caisse des invalides exercera sur les propositions de pensions du département de la marine le même contrôle que le ministère des finances sur les propositions des autres départemens.

Ces propositions ainsi contrôlées seront, en définitive, soumises au comité du Conseil d'Etat attaché au ministère de la marine.

9. Notre ministre secrétaire d'Etat de la marine, spécialement chargé de la conservation de la caisse des invalides, ne pourra nous proposer de concessions nouvelles que dans la proportion des ressources générales de l'établissement.

10. Pour l'exécution de l'article précédent, il nous sera remis, à l'expiration de chaque trimestre, un état sommaire de la situation de la caisse des invalides, d'après lequel nous déterminerons la quotité des fonds qui pourront être immédiatement appliqués à de nouvelles concessions de pensions.

11. Les pensions qui seront suspendues pour cause de rappel à l'activité, devant être ultérieurement rétablies en dépense, ne pour-

ront être réputées éteintes, et il ne sera point disposé des fonds qui y sont affectés.

12. A mesure que la caisse des invalides réalisera les fonds disponibles, notre ministre secrétaire d'Etat de la marine nous présentera, en suivant l'ordre de priorité, les propositions qu'il aura jugées susceptibles d'être par nous admises : il consignera dans le projet d'ordonnance toutes les indications prescrites par l'article 33 de la loi du 25 mars dernier.

Les demi-soldes et pensions proposées en exécution de la loi du 13 mai 1791 continueront d'être accordées par notre ministre secrétaire d'Etat de la marine : l'état de ces concessions, ainsi que celui des gratifications et secours, sera soumis annuellement à notre approbation, ainsi qu'il est établi par l'article 133 de notre réglement du 17 juillet 1816.

13. Suivant les dispositions de notre ordonnance du 20 juin, il ne pourra être liquidé désormais aucune pension à la charge de la caisse des invalides de la marine que sur la présentation d'un certificat du premier commis des finances chargé de la dette inscrite au Trésor royal, constatant que le réclamant ne jouit d'aucune pension sur les fonds généraux du Trésor.

Ledit réclamant sera tenu de déclarer en outre, sous les peines portées par les lois et réglemens, qu'il ne reçoit aucun traitement d'activité, et qu'il ne jouit d'aucune pension sur les divers fonds de retenue.

14. Les soldes de retraite et pensions qui seront désormais accordées sur la caisse des invalides de la marine ne devant pas excéder le fonds disponible, la jouissance n'en pourra remonter au-delà du premier jour du trimestre qui suivra celui de l'assignation de ce fonds.

Cette disposition sera exécutée à compter du 1er janvier 1818.

15. Il sera dressé une liste générale des pensionnaires de la marine dans la forme déterminée par l'article 33 de la loi du 25 mars dernier : elle sera publiée en même temps que celle des autres départemens.

Un état annuel fera connaître toutes les pensions accordées sur le fonds assigné aux concessions nouvelles.

16. Sont et demeurent abrogées toutes dispositions contraires à la présente ordonnance, notamment celle de l'ordonnance du 9 décembre 1815 relative aux officiers admis à la retraite avec un grade supérieur, et toutes autres ordonnances d'exception, portant autorisation d'accorder la pension d'un grade qui n'avait pas été exercé pendant le temps déterminé par les réglemens généraux.

17. Notre ministre de la marine et des colonies est chargé de l'exécution de la présente ordonnance.

27 AOUT 1817. — Ordonnance du Roi qui nomme M. Choppin d'Arnouville préfet du département de l'Isère. (7, Bull. 170, n° 2656.)

---

27 AOUT 1817. — Ordonnance du Roi qui autorise l'inscription au livre des pensions du Trésor royal de six mille six cent trente-deux soldes de retraite. (7, Bull. 172, n° 2713.)

---

31 AOUT = Pr. 4 SEPTEMBRE 1817. — Ordonnance du Roi sur l'expédition des lettres-patentes des titres de pairie. (7, Bull. 171, n° 2688.)

Louis, etc.

Vu nos ordonnances du 19 août 1815 et du 25 août 1817; voulant pourvoir à la prompte expédition des lettres-patentes portant institution des titres de pairie qu'il nous a plu de créer et instituer dans la descendance directe, masculine et légitime des membres actuels de la Chambre des pairs.

Nous avons ordonné et ordonnons ce qui suit :

Art. 1er. Les lettres-patentes qui seront expédiées, en vertu de nos ordonnances, aux pairs de France dont les noms suivent porteront institution du titre de duc. En conséquence, ce titre sera et demeurera uni à la pairie dont nous les avons pourvus, et ils en jouiront eux et leurs successeurs à ladite pairie, ainsi que de tous les droits, honneurs et prérogatives qui y sont attachés, savoir :

Le cardinal de Talleyrand-Périgord, le cardinal de la Luzerne, le cardinal de Bayane, le cardinal de Bausset, le duc d'Uzès, le duc d'Elbœuf, le duc de Montbazon, le duc de la Trémouille, le duc de Chevreuse, le duc de Brissac, le duc de Richelieu, le duc de Rohan, le duc de Luxembourg, le duc de Gramont, le duc de Mortemart, le duc de Saint-Aignan, le duc de Noailles, le duc d'Aumont, le duc d'Harcourt, le duc de Fitz-James, le duc de Brancas, le duc de Valentinois, le duc de Duras, le duc de la Vauguyon, le duc de la Rochefoucauld, le duc de Clermont-Tonnerre, le duc de Choiseul, le maréchal duc de Coigny, le prince de Talleyrand, le duc de Croï, le duc de Broglie, le duc de Laval-Montmorency, le duc de Montmorency, le duc de Beaumont, le duc de Lorges, le duc de Croï-d'Avré, le duc de Polignac, le duc de Lévis, le duc de Maillé, le duc de Saulx-Tavannes, le duc de la Force, le duc de Castries, le prince de Poix, le duc de Doudeauville, le prince de Chalais, le duc de Sérent, le maréchal duc de Tarente, le maréchal duc de Raguse, le maréchal duc de Reggio, le maréchal duc de Valmy, le maréchal duc de Feltre, le prince de Wagram, le duc d'Istrie, le prince de Bauffremont, le maréchal duc de Bellune, le duc de Caylus, le duc de Dalberg, le duc de Montebello, le duc de Crillon, le duc de la Châtre, le duc de Damas-Crux, le duc de Narbonne-Pelet, le duc de Massa, le duc d'Avaray.

2. Les lettres-patentes qui seront expédiées, en exécution de nos ordonnances, aux pairs de France dont les noms suivent porteront institution du titre de marquis. En conséquence, ce titre sera et demeurera uni à la pairie dont nous les avons pourvus, et ils en jouiront eux et leurs successeurs à ladite pairie, ainsi que des droits, honneurs et prérogatives qui y sont attachés, savoir :

Le marquis d'Harcourt, le marquis de Clermont-Gallerande, le marquis d'Albertas, le marquis d'Aligre, le marquis de Boisgelin, le marquis de Boissy du Coudray, le marquis de Bonay, le marquis de Brezé, le comte Victor de Caraman, le marquis de Chabannes, le marquis de Gontaut-Biron, le marquis de la Guiche, le marquis de Grave, le marquis d'Herbouville, le marquis de Juigné, le marquis de Louvois, le marquis de Mortemart, le marquis de Mathan, le marquis d'Osmond, le marquis de Raigecourt, le marquis de Rougé, le marquis de la Roche-Jacquelin (1), le marquis de Rivière, le marquis de la Suze, le marquis de Talaru, le marquis de Vence, le marquis de Vibraye, le maréchal comte Gouvion-Saint-Cyr, le comte Barthélemy, le maréchal comte de Beurnonville, le comte Barbé de Marbois, le comte Chasseloup-Laubat, le comte d'Aguesseau, le comte de Fontanes, le comte Garnier, le comte Jaucourt, le comte Laplace, le comte de Maleville, le comte de Pastoret, le maréchal comte Pérignon, le comte de Semonville, le comte Maison, le comte Dessolle, le comte Victor de la Tour-Maubourg, le maréchal de Viomesnil, le comte de Clermont-Tonnerre, le comte de Lally-Tollendal, le comte de Lauriston, le comte de Mun, le comte de Nicolaï, le comte de la Tour-du-Pin-Gouvernet, le vicomte Olivier de Vérac.

3. Les lettres-patentes qui seront expédiées, en vertu de nos ordonnances, aux pairs de France dont les noms suivent porteront institution du titre de comte. En conséquence, ce titre sera et demeurera uni à la pairie dont nous les avons pourvus, et ils en jouiront eux et leurs successeurs à ladite pairie, ainsi que des droits, honneurs et prérogatives qui y sont attachés, savoir :

M. de Clermont-Tonnerre, ancien évêque de Châlons-sur-Marne; le comte Bourlier, évêque d'Evreux; l'abbé de Montesquiou; M. Cortois de Pressigny, ancien évêque de Saint-Malo; le comte Abrial, le comte de Beauharnais, le comte de Beaumont, le comte Berthollet, le comte de Canclaux, le comte Cholet, le comte Colaud, le comte Cornet, le comte d'Aboville, le comte Davous, le comte Demont, le comte de Croix, le comte Dembarrère, le comte Depère, le comte Destutt de Tracy, le comte d'Haubersart, le comte d'Hédouville, le comte Dupont, le comte Dupuys, le comte Emmeri, le comte de Gouvion, le comte Herwyn de Nevele, le comte Plein, le comte de la Martillière, le comte Lanjuinais, le comte Lecouteulx de Canteleu, le comte Lebrun de Rochemont, le comte Lemercier, le comte Lenoir-la-Roche, le comte de Monbadon, le comte Péré, le comte Porcher de Richebourg, le comte de Sainte-Suzanne, le comte de Saint-Valier, le maréchal comte Serrurier, le comte Soulès, le comte Shée, le comte de Tascher, le comte de Vaubois, le comte Vernier, le comte de Villemanzy, le comte Vimar, le comte de Volney, le comte Curial, le comte de Vaudreuil, le comte Charles de Damas, le comte Charles d'Autichamp, le comte de Boissy d'Anglas, le comte de la Bourdonnaye de Blossac, le comte de Brigode, le comte de Blacas, le comte du Cayla, le comte de Castellane, le comte de Choiseul Gouffier, le comte de Contades, le général comte Compans, le comte de Durfort, le comte d'Ecquevilly, le comte François d'Escart, le comte Ferrand, le comte de la Ferronnays, le comte de Gand, le comte Gantheaume, le comte d'Haussonville, le comte de Machaut d'Arnouville, le comte Molé, le comte de Mailly, le comte du Muy, le comte de Sainte-Maure-Montausier, le comte de Noé, le comte d'Orvillers, le comte Jules de Polignac, le comte de la Roche-Jacquelin (2), le comte Picard, le comte de la Roche-Aymont, le comte de Saint-Roman, le comte de Lully, le comte de Sabran, le comte de Suffren-Saint-Tropez, le comte de Saint-Priest, le comte Auguste de Talleyrand, le comte Linch, M. de Sèze.

4. Les lettres-patentes qui seront expédiées, en vertu de nos ordonnances, aux pairs de France dont les noms suivent porteront institution du titre de vicomte. En conséquence, ce titre sera et demeurera uni à la pairie dont nous les avons pourvus, et ils en jouiront eux et leurs successeurs à ladite pairie ainsi que des droits, honneurs et prérogatives qui y sont attachés, savoir :

Le vicomte de Châteaubriant, le vicomte Mathieu de Montmorency, le vicomte du Bouchage, M. le Pelletier de Rosambo, M. Christian de Lamoignon, M. Emmanuel Dambray.

5. Les lettres-patentes qui seront expédiées, en vertu de nos ordonnances, aux pairs de France dont les noms suivent porteront institution du titre de baron. En conséquence, ce titre sera et demeurera uni à la pairie dont nous les avons pourvus, et ils en jouiront eux et leurs successeurs à ladite pairie, ainsi que des droits, honneurs et prérogatives qui y sont attachés, savoir :

Le baron Boissel de Monville, le baron de la Rochefoucauld, le baron Seguier, le chevalier d'Andigné, M. Morel de Vindé.

6. Pour cette fois seulement, les lettres-patentes portant institution du titre de pai-

(1) *Voy.* Erratum, Bulletin 175.
(2) M. de la Roche-Jacquelin doit être supprimé. *Voir* la note qui précède.

rie ne seront soumises qu'aux droits suivans :

	Droit de sceau.	Droit de référendaires.
De duc	200f	75f
De marquis	150	50
De comte	100	50
De vicomte	100	50
De baron	50	25

7. Notre président du conseil des ministres, et notre garde-des-sceaux de France, ministre secrétaire d'Etat au département de la justice, sont chargés de l'exécution de la présente ordonnance.

---

2 = Pr. 12 SEPTEMBRE 1817. — Ordonnance du Roi portant nomination des présidens et vice-présidens du collége électoral du département de la Seine. (7, Bull. 172, n° 2716.)

---

2 = Pr. 12 SEPTEMBRE 1817. — Ordonnance du Roi contenant le tableau de division du collége électoral du département de la Seine en vingt sections. (7, Bull. 172, n° 2717.)

---

3 = Pr. 12 SEPTEMBRE 1817. — Ordonnance du Roi qui assujétit à la retenue proportionnelle établie par l'article 138 de la loi des finances du 25 mars 1817 les pensions à la charge des caisses de retraite des ministères et des administrations. (7, Bull. 172, n° 2718.)

Louis, etc.

Vu l'article 138 de la loi sur les finances du 25 mars dernier, qui assujétit les pensions payées par notre Trésor royal à la retenue proportionnelle continuée par la même loi sur les traitemens pendant l'année 1817 ;

Considérant que les pensions des ministères et administrations inscrites temporairement au Trésor étant soumises à cette retenue, il est juste que celles restées à la charge des caisses particulières de retraites la supportent pareillement, sauf à la faire fructifier au profit desdites caisses, dont elle accroîtra d'autant les ressources;

Vu nos ordonnances déjà rendues à ce sujet pour les ministères de l'intérieur et de la marine, les 30 juillet et 27 août derniers;

Sur le rapport de notre ministre secrétaire d'Etat des finances,

Notre Conseil-d'Etat entendu,

Nous avons ordonné et ordonnons ce qui suit :

Art. 1er. La retenue proportionnelle prescrite par l'article 138 de la loi du 25 mars sera exercée, à partir du 1er juillet dernier, sur toutes les pensions au-dessus de cinq cents francs acquittées avec les fonds de retenue des ministères, administrations et autres établissemens publics, et pour le temps déterminé par la loi pour les pensions inscrites au Trésor royal.

2. Le produit de cette retenue accroîtra d'autant les ressources des caisses de retraites desdits ministères, administrations et établissemens.

3. Nos ministres sont chargés de l'exécution de la présente ordonnance.

---

3 SEPTEMBRE 1817. — Ordonnance du Roi qui admet les sieurs Vigano et Stengelé à établir leur domicile en France. (7, Bull. 173.)

---

3 SEPTEMBRE 1817. — Ordonnance du Roi qui permet aux sieurs Durand, Thibaudeau, Boilletot et Citron de faire des changemens et additions à leurs noms. (7, Bull. 173.)

---

3 SEPTEMBRE 1817. — Ordonnances du Roi qui accordent des lettres de déclaration de naturalité aux sieurs Muller, Claode, Blanqui, Miezkoski, Veuillet, Verbille, Steylaers, Gay, Milcamps, Colsoul, Delire et Larive. (7, Bull. 174, 176, 178, 179, 185, 198 et 230.)

---

3 SEPTEMBRE 1817. — Ordonnances du Roi qui accordent des foires et qui fixent les jours de la tenue de celles des communes de Farmoutier, Boissy-Saint-Léger, la Motte, Rillé, Grignon, Montrigaud et Châteaulin. (7, Bull. 182.)

---

3 SEPTEMBRE 1817. — Ordonnances du Roi qui autorisent l'acceptation de dons et legs faits aux fabriques des églises de Soulages, Lille, Billiers, Vitry, Mézicourt, Peyrus, Coudey, Saint-Cyr-sur-Loire et Bressols. (7, Bull. 181 et 182.)

---

10 = Pr. 18 SEPTEMBRE 1817. — Ordonnance du Roi qui accorde une prime à la sortie de France des cotons filés. (7, Bull. 173, n° 2719.)

Louis, etc.

Voulant étendre à l'industrie des filateurs de coton le bénéfice de la prime accordée par la loi du 28 avril 1816, pour la sortie des tissus non mélangés :

A ces causes,

Notre Conseil-d'Etat entendu,

Nous avons ordonné et ordonnons ce qui suit :

Art. 1er. Il sera accordé, à dater de la promulgation de la présente, une prime de sortie, d'après le tarif suivant :

Coton filé,	Du n° 30 et au-dessous.	Ecru		23f 00c	Par cent kilogr.
		Blanchi		24 50	
		Teint	en bleu	26 50	
			en rouge	28 75	
	Du n° 31 et au-dessus. .	Ecru		50 00	
		Blanchi		53 00	
		Teint	en bleu	57 50	
			en rouge	62 50	

2. Toutes et les mêmes formalités que celles déjà prescrites par notre ordonnance du 2 janvier dernier seront observées pour l'exportation des cotons filés.

3. Notre ministre des finances est chargé de l'exécution de la présente ordonnance.

---

10 = Pr. 18 SEPTEMBRE 1817. — Ordonnance du Roi qui réduit temporairement les droits d'entrée sur les soies écrues venant de l'étranger. (7, Bull. 173, n° 2720.)

Voy. ordonnances des 26 DÉCEMBRE 1817, et 22 JUILLET 1818.

Louis, etc.

Nous étant fait rendre compte des résultats pour la France de la dernière récolte en cocons de soie, et ayant reconnu qu'elle ne fournira pas le contingent ordinaire aux approvisionnemens des fabriques d'étoffes, dont la prospérité nous tient à cœur, nous avons résolu de faciliter les achats au dehors par une réduction notable, mais temporaire, du tarif de nos douanes :

A ces causes,

Sur le rapport de notre ministre secrétaire d'Etat des finances,

Notre Conseil-d'Etat entendu,

Nous avons ordonné et ordonnons ce qui suit :

Art. 1er. Les droits d'entrée des soies écrues seront réduits, à partir de la publication de la présente et jusqu'au 1er août 1818, dans les proportions ci-après :

Soies grèges	Douppions importés, par quelque voie que ce soit, par 100 kilogrammes		6f
	Autres	par navires français ou par terre	13
		par navires étrangers	14
Soies moulinées	Douppions	par navires français et par terre	26
		par navires étrangers	27
	Autres	par navires français et par terre	51
		par navires étrangers	55

2. Notre ministre des finances est chargé de l'exécution de la présente ordonnance.

---

10 = Pr. 21 SEPTEMBRE 1817. — Ordonnance du Roi relative à l'exécution des lois et réglemens généraux sur le service des douanes à Marseille. (7, Bull. 174, n° 2772.)

Voy. loi du 16 DÉCEMBRE 1814.

Louis, etc.

Les rois nos prédécesseurs ont accordé une attention constante à la situation avantageuse du port de Marseille et à l'utilité que l'industrie nationale peut en retirer. C'est dans l'intérêt général du royaume qu'ils ont établi des réglemens spéciaux nécessaires à l'exploitation du commerce du Levant, et favorables au concours des navigateurs de toute nation dans ce premier des marchés de la mer Méditerranée. Tel fut l'édit du port franc, donné, l'an 1669, par Louis XIV, de glorieuse mémoire. Heureusement adaptée au temps, cette concession de franchises fit fleurir Marseille, et se maintint jusqu'à nos jours avec les modifications successives que les circonstances avaient rendues nécessaires.

Mais, la franchise ayant été supprimée en 1793, le commerce de Marseille avec le Levant et les côtes de la Méditerranée éprouva une réduction considérable. Toutefois, aussitôt que les barrières qui enceignaient la franchise furent enlevées, de nouveaux rapports s'établirent entre Marseille, les manufactures et les consommateurs de l'intérieur, et ces relations sont aujourd'hui d'un grand intérêt pour cette ville.

En 1814 nous nous sommes empressé d'accéder au désir de notre bonne ville de Marseille. La loi du 16 décembre a rétabli la franchise. Par notre ordonnance du 20 février 1815, nous en avons provisoirement réglé le régime. L'expérience qui a suivi cet essai a démontré aux habitans que les anciennes barrières, telles qu'elles existaient autrefois, et que la loi de 1814 les avait replacées, contrariaient les intérêts de leur industrie dans l'état actuel des rapports avec le reste du royaume. Ils ont reconnu que le commerce extérieur ne trouvait pas *actuellement* une compensation suffisante de cette gêne dans un régime qui avait déjà reçu d'anciennes modifications, et auquel il avait été indispensable d'en ajouter de nouvelles pour la protection de l'industrie française.

Une commission nombreuse formée à Marseille, où tous les intérêts divers ont été appelés et conciliés, nous a supplié de permettre que la franchise fût réglée, *quant à présent*, sur un mode d'entrepôts combinés de telle manière que le commerce maritime jouisse de toute la faveur et de toutes les facilités dont il a besoin, en laissant, néanmoins, au commerce intérieur la liberté indéfinie, sans laquelle Marseille ne peut prospérer :

A quoi voulant pourvoir,

Sur le rapport de notre ministre secrétaire d'Etat au département de l'intérieur,

Nous avons ordonné et ordonnons ce qui suit :

Art. 1er. A compter de la publication de la présente ordonnance, les lois et réglemens généraux relatifs au service des douanes seront remis en vigueur à Marseille, sauf les exceptions et modifications suivantes :

SECTION Ire. Exceptions au système général de la perception.

2. Les navires étrangers continueront provisoirement d'être exemptés de tous droits de navigation dans le port de Marseille.

Les navires français n'y sont assujétis qu'aux droits fixés par l'art. 26 de la loi du 18 octobre 1793 (27 vendémiaire an 2), pour les délivrances des actes de francisation et congés.

3. Toutes les denrées et marchandises imposées, à l'entrée du royaume, à un droit principal au-dessous de quinze francs par cent kilogrammes, augmenté uniquement de la surtaxe établi par l'art. 7 de la loi du 28 avril 1816, et du décime additionnel, seront exemptées, à Marseille, du premier de ces deux droits accessoires, lorsqu'elles seront notoirement de la nature de celles qui proviennent du Levant, de la Barbarie et des autres pays situés sur la Méditerranée.

SECTION II. Régime spécial des entrepôts à Marseille.

4. Toutes les marchandises étrangères importées à Marseille pourront être mises en entrepôt fictif ou réel, et y être conservées pendant un délai de deux ans, lequel sera prolongé, s'il y a lieu, par des permissions spéciales de notre directeur général des douanes;

5. L'entrepôt sera fictif :

1° Pour les marchandises de toute nature non prohibées à l'entrée, qui arriveront par navires français;

2° Pour les marchandises importées par navires étrangers, lorsqu'elles seront taxées au poids à un droit principal au-dessous de quinze francs par cent kilogrammes, ou que le droit dû à la valeur, au nombre ou à la mesure, sera dans une proportion au-dessous de dix pour cent de la valeur;

3° Pour les objets dénommés dans l'état n° 1 annexé à la présente ordonnance, aussi long-temps qu'ils ne seront pas prohibés à l'entrée.

Seront, néanmoins, exclus de l'entrepôt fictif, par exception à ces dispositions :

Les objets compris sous les dénominations de *liquides*, *denrées coloniales* et *objets fabriqués*, dans l'état n° 2 joint à la présente;

Les poissons secs, salés, fumés ou marinés provenant de pêche étrangère en temps de paix maritime;

Et toutes les autres espèces de marchandises qui, au moment de leur arrivée, se trouveront imposées à des droits variables à la fois suivant le lieu du chargement et le mode de transport.

Seront, toutefois, admises en entrepôt fictif, sans égard à cette troisième exception, les marchandises qui ne devront que le plus faible des droits gradués applicables à leur espèce.

Dans ladite graduation, ne comptera pas pour un degré le droit particulier propre aux denrées provenant des colonies françaises; et les échelles du Levant et de la Barbarie n'étant point censées des ports d'entrepôt pour les marchandises de ces pays, celles qui en arriveront seront assimilées aux marchandises venant des pays hors d'Europe.

6. L'entrepôt réel sera pour toutes les marchandises prohibées à l'entrée du royaume, et pour les marchandises non prohibées, exclues de l'entrepôt fictif par les distinctions résultant de l'article précédent.

7. Les marchandises étrangères susceptibles d'être reçues en entrepôt fictif à Marseille, y seront admises sous les conditions réglées à l'article 14 de la loi du 28 avril 1803 (8 floréal an 11), pour les denrées coloniales françaises qui jouissent de cette faveur.

Il sera permis, toutefois, aux négocians de Marseille qui auront souscrit des soumissions d'entrepôt fictif, de disposer des marchandises étrangères ou des denrées coloniales françaises par transfert et cession d'entrepôt sans en faire la déclaration préalable à la douane, pourvu que cette déclaration ne soit pas retardée au-delà du dernier jour du mois dans lequel aura été fait le transfert.

En ce cas, les soumissionnaires qui auront cédé les objets en entrepôt fictif seront tenus de les représenter, soit dans les magasins désignés pour l'entrepôt, soit dans ceux du cessionnaire, après le délai nécessaire pour le déplacement; et ils en demeureront responsables sous les peines de droit, jusqu'à ce que ce dernier ait fourni une soumission nouvelle dûment garantie et acceptée, en remplacement de la soumission maintenue provisoirement.

8. Les marchandises prohibées à l'entrée ne pourront être reçues en entrepôt réel que dans des magasins réunis en un seul corps de bâtiment, à proximité du bureau de la douane, et qui seront mis sous la surveillance immédiate des préposés.

A défaut de proposition, de la part de la ville de Marseille, d'un emplacement qui puisse être agréé pour cet usage sous les conditions prescrites par l'article 25 de la loi du 28 avril 1803, notre directeur général des douanes sera autorisé à en louer un de son choix et à le faire approprier, aux frais du Trésor, jusqu'à la concurrence de la somme qui sera préalablement fixée par notre ministre secrétaire d'Etat des finances pour le prix annuel de la location et les premières dépenses extraordinaires.

Pour assurer, dans ce dernier cas, le remboursement de ces frais à notre Trésor, il sera perçu à son profit, sur chaque balle, caisse ou futaille de marchandises entreposées dans ce local, une indemnité de magasinage proportionnée à leur valeur et à la durée de leur séjour en entrepôt, et dont le tarif sera préalablement arrêté par nos ministres secrétaires d'Etat de l'intérieur et des finances.

9. Les magasins que la ville ou le commerce de Marseille doivent fournir et entretenir à leurs frais pour l'entrepôt réel des marchandises étrangères non prohibées pourront être séparés les uns des autres, sous la condition qu'il n'en sera point établi hors des quartiers de Marseille désignés dans le même objet par l'arrêté du 9 vendémiaire an 11.

Ces magasins seront proposés directement par les négocians au directeur des douanes de Marseille, qui est autorisé à les accepter lorsqu'ils offriront les sûretés nécessaires pour le service de l'entrepôt.

Chaque magasin, indépendamment des dispositions qui seront requises pour la suppression des fausses issues et la solidité des clôtures à l'intérieur et aux fenêtres sera fermé par une principale porte à deux serrures, l'une pour les propriétaires des marchandises entreposées, et l'autre pour la douane.

Aucune opération n'y sera permise qu'en présence des préposés de la douane porteurs de sa clef pour ouvrir et refermer le magasin, et désignés par écrit sur un permis du receveur.

Les autres conditions ordinaires de l'entrepôt seront, en outre, garanties par des soumissions, suivant l'article 32 de la loi du 28 avril 1803.

10. Dès que les magasins nécessaires pour l'entrepôt réel auront été fournis, et appropriés conformément aux articles 8 et 9 de la présente ordonnance, les négocians auront la faculté d'y viser les colis qu'ils voudront réduire à un plus faible poids, ou de les réunir pour en former de plus forts, et d'assortir les différentes espèces ou qualités de marchandises pour la vente, à la charge que le résultat de ces opérations sera constaté immédiatement sur le portatif des préposés qui y seront présens, par un acte signé d'eux et du consignataire des marchandises ou de son commis.

Il ne sera d'ailleurs permis de réunir dans le même colis les marchandises sujettes à différens droits, qu'autant que le consignataire se proposera de les retirer aussitôt pour la consommation intérieure ou la réexportation, qu'il en aura fait préalablement la déclaration à la douane en indiquant au poids net les quantités des différentes espèces de marchandises qu'il voudra réunir dans le même colis, et qu'elles seront en effet retirées d'entrepôt immédiatement après le mélange.

11. Les droits d'entrée ne seront point exigés pour le déficit provenant du déchet naturel et du coulage des liquides admis en entrepôt réel, et qui y auront été conservés sans violation des conditions particulières à cet entrepôt.

Notre directeur général des douanes pourra autoriser extraordinairement la réduction des droits, ou la décharge du compte d'entrepôt, pour cause de déchets, avaries ou perte des autres marchandises reçues en entrepôt réel, lorsque ces accidens lui seront justifiés, et qu'il aura la conviction qu'ils ne proviennent d'aucune infidélité ni collusion.

SECTION III. Réexportation et transit.

12. En considération de la nature des relations de commerce de Marseille avec l'étranger, les dispositions de l'article 78 de la loi du 28 avril 1803, relatives à la réexportation des marchandises tirées des entrepôts, seront modifiées dans ce port ainsi qu'il suit:

Les marchandises non prohibées à l'entrée de la classe à laquelle se rapporte cet article de la loi du 28 avril 1803, pourront être réexportées sur des bâtimens de vingt-cinq tonneaux et au-dessus, à destination des côtes d'Espagne dans la Méditerranée, et de quarante tonneaux et au-dessus pour tous les autres ports.

La réexportation des marchandises dont l'entrée est prohibée sera permise sur des bâtimens de quarante tonneaux et au-dessus pour les côtes d'Espagne ou d'Italie, et ne pourra se faire que sur des navires de cent tonneaux et au-dessus pour tous les autres pays.

La formalité de l'acquit-à-caution ne sera plus exigée à Marseille pour les réexportations; mais afin d'y suppléer, les consignataires n'obtiendront la décharge de leur soumission d'entrepôt qu'en rapportant les permis d'embarquer, revêtus de certificats des préposés des douanes attestant que les marchandises destinées à être réexportées ont été chargées en leur présence, et qu'elles sont réellement sorties du port.

13. Toutes les marchandises étrangères, à l'exception de celles dont l'entrée est prohibée, des liquides et des objets qui ne sont pas susceptibles d'être emballés, pourront être expédiées en transit de Marseille, sous les conditions et formalités prescrites par la loi du 17 décembre 1814; mais, pour prévenir le danger des substitutions à l'égard des

marchandises qui ne jouissent pas actuellement du transit, elles seront assujéties à un double plombage, le premier sur la futaille, la caisse ou l'enveloppe ordinaire des balles, et le second sur un emballage qui y sera ajouté.

Lors même que les plombs apposés par-dessus l'enveloppe extérieure auraient été détachés par accident, les premiers plombs recouverts par cette enveloppe devront être représentés intacts au bureau de sortie, et le colis y être reconnu entier et sans indice de soustraction ou de substitution.

Dans le cas contraire, l'acquit-à-caution de transit ne pourra être déchargé que sous la condition de payer immédiatement le simple droit d'entrée des marchandises dont l'identité ne serait plus garantie par le plombage, sauf l'application des peines prononcées par la loi en cas de déficit, soustractions et substitutions reconnues.

Les marchandises admises au transit à Marseille par exception spéciale ne pourront être dirigées que sur les ports de l'entrepôt réel, ou sur les bureaux désignés pour la sortie des drogueries par l'article 11 de la loi du 17 décembre 1814.

Les soies ne pourront jouir du transit à Marseille que pour l'entrepôt de Lyon.

SECTION IV. Prime de sortie des savons.

14. La prime accordée par la loi du 28 avril 1803 pour l'exportation des savons fabriqués à Marseille avec des matières de l'étranger est rétablie.

Cette prime consistera dans le remboursement des droits d'entrée dont le paiement sera justifié pour les huiles communes, soudes et natrons, en calculant ce remboursement dans la proportion de cinquante-huit kilogrammes d'huile et de trente-cinq kilogrammes de soude ou natron par cent kilogrammes de savon.

Le paiement de la prime sera autorisé par notre directeur général des douanes pour chaque exportation de savon, à charge de lui fournir préalablement, pour être vérifiés et joints à l'ordre de paiement, les acquits des droits d'entrée des matières premières, et l'expédition de douane sur laquelle l'exportation des savons aura été certifiée par les préposés du bureau de sortie. Cependant, le receveur de Marseille fera immédiatement l'avance de la prime pour tous les savons exportés de cette ville par mer, à l'égard desquels les pièces justificatives auront été reconnues régulières et visées par le directeur de la même ville.

SECTION V. Mesures transitoires.

15. Dans le changement que la présente ordonnance apportera au régime actuel des douanes à Marseille, nous réservons le recouvrement du droit spécial dû, aux termes des articles 19 et 20 de notre ordonnance du 20 février 1815, pour les marchandises fabriquées dans cette ville qui auront été introduites dans l'intérieur sous soumission d'acquitter ce droit.

Notre ministre secrétaire d'Etat de l'intérieur fixera, conformément aux mêmes articles, la quotité du droit spécial pour les marchandises ainsi introduites à l'égard desquelles il n'a pas encore été déterminé.

16. Nous réservons également à notre Trésor la perception du même droit spécial sur les cotons filés, les tissus de coton et les savons restant à Marseille de ceux qui ont été fabriqués avec des matières premières tirées de l'étranger en franchise, et la perception des droits d'entrée sur toutes les marchandises restant de celles qui ont joui de la franchise absolue ou conditionnelle, d'après nos ordonnances des 20 février 1815 et 27 juillet 1816; le tout autant que ces objets seraient destinés à être consommés à Marseille ou dans les autres parties du royaume.

17. Dans le délai qui sera fixé par le préfet du département des Bouches-du-Rhône, de concert avec le directeur des douanes à Marseille, à la réception de la présente ordonnance, les négocians et autres habitans de cette ville, propriétaires ou dépositaires des marchandises de la nature de celles désignées dans l'article précédent, seront tenus d'en faire la déclaration à la douane, sous peine de payer le double des droits sur les marchandises non déclarées ou excédant d'un dixième les quantités déclarées.

Sont néanmoins exemptés de la déclaration les objets de consommation que les particuliers autres que les négocians, marchands ou fabricans, auront achetés pour provision, et dont la quantité n'excédera pas leurs besoins.

18. Les déclarations énonceront le nom, l'état et le domicile des déclarans, l'espèce et le poids, le nombre ou la mesure des marchandises et leur origine, avec la distinction de celles qui viennent de l'étranger ou de l'intérieur et qui ont payé tout ou partie des droits d'entrée. On y désignera en outre les magasins où ces marchandises sont déposées.

19. A l'expiration du délai qui aura été fixé pour la remise des déclarations, les marchandises seront vérifiées par les préposés des douanes, assistés d'un officier public : les propriétaires ou dépositaires de celles qui auront été régulièrement déclarées et qui seront sujettes aux droits auront la faculté de les conserver pour la consommation intérieure en payant immédiatement les droits, ou de rétablir ces marchandises en entrepôt fictif ou réel, selon que l'un ou l'autre mode

d'entrepôt leur sera propre d'après les articles 5 et 6 de la présente ordonnance.

20. Dès ce moment, toutes les marchandises d'autres natures que celles désignées à l'article 16 pourront être transportées librement de Marseille dans les autres parties de la France, en remplissant les formalités prescrites pour le cabotage, ou en présentant ces marchandises à la visite dans les bureaux de la ligne des douanes actuellement établie entre le territoire de Marseille et l'intérieur.

21. En conséquence des présentes dispositions, nos ordonnances des 20 février 1815 et 27 juillet 1816 sont rapportées.

Néanmoins la ligne spéciale de douane établie en vertu de la loi du 16 décembre 1814 ne sera levée qu'immédiatement après l'exécution des articles 17, 18 et 19 de la présente ordonnance. Le préfet du département des Bouches-du-Rhône en constatera l'époque par un arrêté.

22. Nos ministres de l'intérieur et des finances sont chargés de l'exécution de la présente ordonnance.

États annexés à l'ordonnance du Roi du 10 septembre 1817 pour la distinction des marchandises qui jouissent de l'entrepôt fictif à Marseille, et de celles qui doivent être mises en entrepôt réel.

N° 1er.

Arsenic.
Boutargue.
Calebasses.
Carthame.
Champignons frais.
Caviar.
Cobalt.
Cire à gommer.
Colle forte.
Cornes préparées ou ébauchées.
Crin.
Écorces de citrons, oranges et bergamotes.
Fruits, savoir : citrons, oranges et leurs variétés; amandes en coques et cassées.
Fruits secs ou tapés non dénommés au tarif
Fruits, cornichons confits.
Fruits médicinaux non dénommés au tarif.
Glu.
Herbes, feuilles, racines, écorces et graines médicinales non dénommées au tarif.
Houblon.
Lichens médicinaux.
Maurelle en drapeaux.
Minium.
Moutarde. Noir d'Espagne.
Noix de galle.
Or brut.
Orpiment.
Pâtes d'amandes et de pignons.
Peaux de phoques.
Peaux de lapins et de lièvres brutes.
Poil de chèvre filé.
Réalgar.
Rotins.
Sassafras.
Semences froides et autres médicinales.
Spode d'ivoire.
Tartre brut.
Viandes salées.
Visnague (taille de).
Zinc.

N° II.

Ire Section. *Liquides.*

Boissons : vin, vinaigre, cidre, poiré, verjus, hydromel, jus d'orange, eau-de-vie et liqueurs.
Acides sulfurique, nitrique et muriatique.
Eaux médicinales et de senteur.
Jus de citron et de limon.
Huiles de toute sorte, et graisse de poisson.
Dégras de peaux.
Extraits et jus épicés.

IIe Section. — *Denrées coloniales.*

Sucres bruts et terrés.
Café.
Cacao.
Indigo.
Thé.
Poivre et piment.
Girofle.
Cannelle fine et commune.
Muscade et macis.
Cochenille et orseille.
Rocou.
Bois exotiques de teinture et d'ébénisterie.
Cotons en laine, autres que du Levant.
Gommes et résines autres que d'Europe.
Dents d'éléphant, écailles et nacre de perle.
Nankin des Indes.

IIIe Section. — *Objets fabriqués.*

Aiguilles à coudre.
Albâtre ouvré.
Argent fin, battu, tiré, laminé ou filé.
Argent faux, *idem.*
Armes.
Bimbeloterie.
Bonneterie.
Caractères d'imprimerie.
Cardes à carder.
Cartes géographiques.
Chapeaux de feutre, de crin et autres.
Cheveux ouvrés.
Chocolat.
Confections sucrées.
Couleurs préparées.
Crayons fins.
Dentelles.
Encre.
Fards.
Fer ouvré.
Fil de chanvre et de lin.
Fleurs artificielles.
Glaces et miroirs.
Fournitures d'horlogerie.
Indique, boules de bleu et pâte de pastel.
Instrumens de toute sorte.
Liége ouvré.
Marbre taillé ou sculpté.
Médicamens préparés.
Mercerie fine et commune.
Métiers pour les fabriques.

Meubles de toute sorte.
Munitions de guerre.
Objets de collection.
Or fin, battu, trait, laminé ou filé.
Or faux, *idem*.
Ouvrages d'or et d'argent.
Ouvrages de carton.
Ouvrages de modes.
Papier.
Parapluies.
Passementerie et rubans.
Perles et pierres à bijoux taillées ou montées.
Pommades.
Poterie, faïence et porcelaine.
Savons parfumés.
Sels chimiques.
Soies moulinées ou teintes et fleurets.
Tableaux.
Tabletterie.
Tissus de toute espèce.
Vannerie.

---

10 = Pr. 30 SEPTEMBRE 1817.— Ordonnance du Roi qui réunit sous la dénomination d'ordre des avocats aux conseils du Roi et à la cour de cassation, l'ordre des avocats aux conseils et le collége des avocats à la cour de cassation; fixe irrévocablement le nombre des titulaires, et contient des dispositions pour la discipline intérieure de l'ordre. (7, Bull. 175, n° 2823.)

Voy. ordonnances des 10 JUILLET 1814 et 13 NOVEMBRE 1816.

Louis, etc.

Vu l'article 2 de notre ordonnance du 10 juillet 1814, qui fixe à soixante le nombre des avocats en nos conseils;

Vu notre ordonnance du 13 novembre 1816, portant que les titres d'avocat en cassation et d'avocat au conseil qui se trouvent réunis sur une même tête, ne seront pas séparés,

Sur le rapport qui nous a été fait par notre garde-des-sceaux, ministre secrétaire d'Etat de la justice,

Nous avons reconnu que, postérieurement à notre ordonnance du 13 novembre 1816, qui avait pour objet de préparer la réunion du collége des avocats à la cour de cassation avec l'ordre des avocats en nos conseils, plusieurs avocats pourvus d'un seul de ces deux titres y ont réuni l'autre sur leur tête, que quelques-uns de ces titres se sont éteints par décès, par démission, ou par l'acceptation, de la part de ceux qui en étaient pourvus, de fonctions incompatibles; que la chambre et le banc syndical des deux compagnies ont pris, de gré à gré, des arrangemens qui permettent d'opérer la réunion définitive des deux colléges, sans excéder le nombre fixé par notre ordonnance du 10 juillet 1814; qu'ainsi rien ne s'oppose à l'exécution de cette mesure nécessaire à l'amélioration et au maintien de leur discipline, et réclamée depuis long-temps par l'intérêt public:

A ces causes,

Nous avons ordonné et ordonnons ce qui suit:

Art. 1er. L'ordre des avocats en nos conseils et le collége des avocats à la Cour de cassation sont réunis sous la dénomination d'*ordre des avocats aux conseils du Roi et de la cour de cassation*.

2. Ces fonctions seront désormais indivisibles.

3. Le nombre des titulaires est irrévocablement maintenu à soixante, conformément à notre ordonnance du 10 juillet 1814.

4. Par suite de cette réunion, sont avocats en nos conseils et à la cour de cassation:

Les sieurs Badin, Barbé, Barrot, Becquet de Beaupré, Bérenger, Billout, Bosquillon, Bouchereau, Buchot, Camus, Chauveau-Lagarde, Champion de Villeneuve, Cochin, Cochu, Collin, Coste, Darrieu, Dejean, Delacroix-Frainville, Delagrange, Deliége, Dieudonné, Duclos, Dufour d'Astafort, Dupont, Dumesnil de Merville, Duprat, Flacon-Rochelle, Geoffroy, Gérardin, Granié, Gueny, Guibout, Guichard père, Guichard fils, Hardy, Huart du Parc, Huet, Jarre, Jousselin, Lassis, Lavaux, Legraverend, Leroi de Neuvillette, Loiseau, Marie, Mathias, Molinier-Montplanqua, Moreau, Pageaut de Lissy, Parent, Parent-Réal, Péchard, Raoul, Reboul, Roger, Sirey, Teysseyre, Thilorier.

5. Pour déterminer le rang que les titulaires ci-dessus nommés doivent conserver entre eux, il sera dressé, par le conseil de discipline de l'ordre, un tableau où ils seront inscrits à la date la plus ancienne de leur réception dans l'un des deux colléges réunis.

6. Ceux qui n'ont point encore fourni le cautionnement exigé par les lois pour exercer près la cour de cassation, seront tenus de le payer en quatre termes égaux de trois mois en trois mois, à partir de la date de la présente ordonnance.

7. Il y a, pour la discipline intérieure de l'ordre des avocats aux conseils et à la cour de cassation, un conseil de discipline composé d'un président et de neuf membres. Deux de ces membres auront la qualité de syndics; un troisième, celle de secrétaire-trésorier.

8. Le président est nommé par notre garde-des-sceaux, sur la présentation de trois candidats élus, à la majorité absolue des voix, par l'assemblée générale de l'ordre.

Les neuf autres membres seront nommés directement par l'assemblée générale, à la majorité absolue des suffrages.

Le conseil choisit parmi ses membres les deux syndics et le secrétaire-trésorier.

9. Les fonctions du président et des membres du conseil durent trois ans: en conséquence, le tiers des membres du conseil est

renouvelé chaque année. Les deux premiers renouvellemens annuels des membres qui seront élus cette année, auront lieu par la voie du sort. Aucun des membres sortans ne peut être réélu qu'après une année d'intervalle.

Cette dernière disposition n'est point applicable, pour les premières nominations à faire, aux membres du banc syndical des avocats en cassation et de la chambre de discipline des avocats aux conseils actuellement en exercice.

10. Les nominations sont faites, chaque année, dans la dernière semaine du mois d'août. L'assemblée générale de l'ordre se réunit au Palais de Justice.

11. Le président du conseil de discipline est le chef de l'ordre; il préside l'assemblée générale: les syndics remplissent les fonctions de scrutateurs, et le trésorier, celles de secrétaire. Le président est remplacé, en cas d'empêchement, par le premier ou par le second syndic, et ceux-ci par les plus âgés des membres du conseil; les fonctions de secrétaire, en l'absence du titulaire, sont remplies par le plus jeune des membres du conseil.

12. L'assemblée générale ne peut voter, si elle n'est pas composée au moins de la moitié plus un des membres de l'ordre.

Le conseil peut valablement délibérer quand les membres présens sont au nombre de six.

En cas de partage d'opinions dans le conseil, la voix du président est prépondérante.

13. Le conseil prononce définitivement lorsqu'il s'agit de police et de discipline intérieure; il émet seulement un avis dans tous les autres cas. Cet avis est soumis à l'homologation de notre garde-des-sceaux quand les faits ont rapport aux fonctions d'avocat aux conseils, et à l'homologation de la cour lorsqu'il s'agit de faits relatifs aux fonctions des avocats près la cour de cassation. Ces décisions ne sont pas susceptibles d'appel.

14. Les réglemens et ordonnances actuellement existans, et concernant l'ordre des avocats et les fonctions des conseils de discipline, seront observés par l'ordre des avocats en nos conseils et à la cour de cassation, en tout ce qui n'est pas contraire à la présente ordonnance, jusqu'à la publication d'un nouveau réglement général.

15. Les avocats en nos conseils et à la cour de cassation qui seront nommés par la suite nous prêteront serment entre les mains de notre garde-des-sceaux, ministre de la justice.

6. Notre ministre de la justice est chargé de l'exécution de la présente ordonnance.

10 SEPTEMBRE 1817. — Ordonnance du Roi qui autorise l'inscription de quatre cent quinze pensions du ministère des finances, mises temporairement à la charge du Trésor royal. (7, Bull. 174, n° 2773.)

10 SEPTEMBRE 1817. — Ordonnances du Roi qui accordent des lettres de déclaration de naturalité aux sieurs Beauchamp, Harty, Sauvage, Petkovich, d'Albergaria, Cart, Boursier, Schmitt, Wanhoorick, Falson, Réard et Farret. (7, Bull. 176, 179, 183, 187, 199, 205, 208, 218.)

10 SEPTEMBRE 1817. — Ordonnances du Roi qui nomment MM. Letissier et Lepreste de Château-Giron aux fonctions de vice-présidens de la 3e section du collége électoral du département d'Indre-et-Loire, et de la 17e section du collége électoral du département de la Seine. (7, Bull. 173.)

10 SEPTEMBRE 1817. — Ordonnance du Roi qui admet les sieurs Martinez et Rigo à établir leur domicile en France. (7, Bull. 173.)

10 SEPTEMBRE 1817. — Ordonnances du Roi qui autorisent l'acceptation de dons et legs faits aux écoles chrétiennes, séminaires et fabriques des églises de Soissons, Leuzeux, Œuf, Loray, Merville, Pont-St.-Maxence, Beauregard-Veudon, Davayat, Dombasle, Toulouse, Niort, Juvigny, Villejust, Ducey, la Bastide-Cézéracq, Chinon, Outremecourt, Ribauvillé, Dampierre et Selongey. (7, Bull. 181 et 182.)

12 SEPTEMBRE 1817. — Ordonnance du Roi portant que les rang, titre et qualité de pair du royaume accordés par Sa Majesté à M. l'abbé de Montesquiou seront transmis héréditairement à M. le vicomte de Montesquiou-Fézenzac, son neveu. (7, Bull. 174, n° 2774.)

12 SEPTEMBRE 1817. — Ordonnances du Roi qui nomment MM. le maréchal Gouvion-Saint-Cyr ministre secrétaire d'Etat au département de la guerre, et le comte Molé, pair de France ministre secrétaire d'Etat au département de la marine. (7, Bull. 173.)

12 SEPTEMBRE 1817. — Convention avec l'office des postes des Pays-Bas, relative à la correspondance entre la France et le royaume des Pays-Bas (1).

15 SEPTEMBRE 1817. — Ordonnance du Roi portant nomination d'intendans militaires. (7, Bull. 176, n° 2833.)

(1) Cette convention n'est pas insérée au Bulletin des Lois; elle est rappelée dans l'ordonnance du 29 juillet 1818.

15 SEPTEMBRE 1817. — Ordonnance du Roi portant nomination de sous-intendans militaires. (7, Bull. 176, n° 2834.)

17 SEPTEMBRE 1817. — Ordonnance du Roi qui nomme M. Becquey directeur général des ponts-et-chaussées et des mines. (7, Bull. 174, n° 2777.)

17 SEPTEMBRE 1817. — Ordonnance du Roi qui nomme M. Achille Scribe avocat aux conseils du Roi et à la cour de cassation. (7, Bull. 165, n° 2824.)

17 SEPTEMBRE 1817. — Ordonnances du Roi qui nomment M. le conseiller-d'Etat Allent, sous-secrétaire d'Etat au département de la guerre, et M. le commissaire-ordonnateur Cassaing secrétaire-général du département de la guerre. (7, Bull. 174, nos 2775 et 2776.)

17 SEPTEMBRE 1817. — Ordonnance du Roi qui permet aux sieurs de la Poeze et Deschenes de faire des additions à leurs noms. (7, Bull. 175.)

17 SEPTEMBRE 1817. — Ordonnance du Roi relative aux établissemens dits Britanniques (1).

17 SEPTEMBRE 1817. — Ordonnances du Roi qui accordent des lettres de déclaration de naturalité aux sieurs Juncar, Bagger, Garrido, Bayla, Saar, Pennesi, baron Bochaton, Habaïby, Marulaz, Dembinski, Gallay, Schutté, Stelen, Perche et Colleye. (7, Bull. 176, 178, 192, 194, 199, 218, 248 et 258.)

17 SEPTEMBRE 1817. — Ordonnance du Roi qui fait concession des mines de houille de Champelosen et de Gardanne. (7, Bull. 182.)

17 SEPTEMBRE 1817. — Ordonnance du Roi qui admet les sieurs Melgarejo, Devaux, Veiseo, Quadrado et Frymann à établir leur domicile en France. (7, Bull. 177.)

17 SEPTEMBRE 1817. — Ordonnances du Roi qui autorisent l'acceptation de dons et legs faits aux fabriques des églises et à la congrégation des sœurs de l'instruction chrétienne dites de la Providence de Porcieux, Corpiquet, Marlenheim, Alzance; à la caisse diocésaine de Paris, Chambrey, Chambornay-lès-Pain, Cuisance, Lille, Neuville, La Rochelle, La Vaudieu, Mondrainville, Orléans et Talence. (7, Bull. 182.)

24 SEPTEMBRE 1817. — Ordonnance du Roi qui nomme sous-secrétaire d'État au département de l'intérieur M. le comte de Chabrol, préfet du Rhône. (7, Bull. 175, n° 2825.)

24 SEPTEMBRE 1817. — Ordonnance du Roi qui autorise l'inscription de cent cinquante-une pensions du ministère de la guerre, mises temporairement à la charge du Trésor royal. (7, Bull. 176, n° 2835.)

24 SEPTEMBRE 1817. — Ordonnances du Roi qui accordent des lettres de déclaration de naturalité aux sieurs Bauchau, Dania, Gomez, Blackwell, Chappe, Préaux dit Minuty, Godence-Zola, Jourdan, Turin, Chiabréro, Hoffmann, Ponzio, Schley, Caldera, Piaginy et Michelot. (7, Bull. 177, 178, 183, 187, 188, 192, 194, 199, 205, 218, 238, 258 et 182.)

24 SEPTEMBRE 1817. — Ordonnances du Roi qui autorisent l'acceptation de dons et legs faits aux pauvres, aux séminaires, hospices et fabriques des églises de Luché, Kienshein, Besançon, Plouha, Béscril, Braye, Grenoble, Hunsbach, Saint-Pol-de-Léon, Plessis-Hébert, Ourthon, Haroué, Narbonne, Montréal, Podenzac, Grasse, Thiviers, la Rochefoucauld, Saint-Germain-en-Laye, Saint-Martin-d'Etableaux, Montauban, Dijon, Fornier, Saint-Junier, Blandy, Reims, Pont-de-Veyle, Craponne, Bar-sur-Seine, Rochechouart, Uzès, Marans, Lyon et la Fotte. (7, Bull. 182 et 184.)

24 SEPTEMBRE 1817. — Ordonnance du Roi qui permet aux sieurs Doquin, Fabre et Prousteau, de faire des changemens et additions à leurs noms. (7, Bull. 175.)

24 SEPTEMBRE 1817. — Ordonnance du Roi portant concession des mines de houille des communes de Dauphin et de Sainte-Maime. (7, Bull. 182.)

1er = Pr. 21 OCTOBRE 1817. — Ordonnance du Roi portant établissement de deux places de courtiers de marchandises dans la ville de Bergerac. (7, Bull. 177, n° 2871.)

Art. 1er. Il y aura deux places de courtiers de marchandises dans la ville de Bergerac, département de la Dordogne.

2. Le cautionnement de ces courtiers sera de quatre mille francs.

3. Les sieurs Vignal (Isaac) et Latour de Jehan sont nommés à ces emplois.

4. Nos ministres de l'intérieur et des finances sont chargés de l'exécution de la presente ordonnance.

(1) Cette ordonnance n'est pas insérée au Bulletin des Lois; elle est rappelée par l'art. 36 de celle du 17 décembre 1818.

1er OCTOBRE 1817. — Ordonnance du Roi qui nomme M. d'Argout conseiller d'État en service extraordinaire. (7, Bull. 176, n° 2836.)

1er OCTOBRE 1817. — Ordonnances du Roi qui accordent des lettres de déclaration de naturalité aux sieurs Carlevary, Habay, Casali et Salio. (7, Bull. 183, 187, 230 et 311.)

1er OCTOBRE 1817. — Ordonnances du Roi qui accordent des foires et qui fixent les jours de la tenue de celles de Dijon, Entrevaux, Saint-Voran, Saint-Jean-de-Losne, Gouarec, St-Guen, Langourla, Saint-Privat, Villeneuve-lès-Avignon, Castillonaès, Neufchâteau et Chalmazelle. (7, Bull. 187 et 189.)

1er OCTOBRE 1817. — Ordonnances du Roi qui nomment MM. les comtes d'Allonville et Lezai-Marnesia préfets des départemens de la Somme et du Rhône. (7, Bull. 176.)

1er OCTOBRE 1817. — Ordonnance du Roi qui admet les sieurs Barali et Schmidt à établir leur domicile en France. (7, Bull. 177.)

1er OCTOBRE 1817. — Ordonnance du Roi qui autorise le sieur Vallond à convertir en forge à la catalane l'une des deux aciéries qu'il possède dans l'arrondissement de Saint-Marcelin. (7, Bull. 187.)

1er OCTOBRE 1817. Ordonnances du Roi qui autorisent l'acceptation de dons et legs faits aux hospices et fabriques des églises de Fougères, Andelot, Setchamp, Laus, Laval, Ducey, Salmiech, Orléat, Clavières, Mierry, Guimgamp et Lyon (7, Bull. 188.)

2 OCTOBRE 1817. — Ordonnance du Roi portant convocation de la Chambre des pairs et de la Chambre des députés des départemens pour le 5 novembre prochain. (7, Bull. 176, n° 2832.)

2 OCTOBRE 1817. — Ordonnance du Roi qui accorde des lettres de déclaration de naturalité au sieur Nerva. (7, Bull. 155.)

2 OCTOBRE 1817. — Ordonnance du Roi portant approbation de soixante-dix-huit pensions ecclésiastiques, et qui autorisent l'inscription de soixante-douze pensions du ministère de l'intérieur, mises temporairement à la charge du Trésor royal, et de deux mille trois cent quatre-vingts pensions liquidées par le ministre de la guerre. (7, Bull. 177.)

8 = Pr. 21 OCTOBRE 1817. — Ordonnance du Roi relative aux impressions lithographiques. (7, Bull. 177, n° 2875.)

Louis, etc.

L'art de la lithographie a reçu, depuis une époque très-récente, de nombreuses applications qui l'assimilent entièrement à l'impression en caractères mobiles et à celle en taille-douce; et il s'est formé, pour la pratique de cet art, des établissemens de la même nature que les imprimeries ordinaires, sur lesquels il a été statué par la loi du 21 octobre 1814 :

A ces causes,

Voulant prévenir les inconvéniens qui résulteraient de l'usage clandestin des presses lithographiques;

Vu les articles 11, 13 et 14 de la loi du 21 octobre 1814,

Nous avons ordonné et ordonnons ce qui suit :

Art. 1er. Nul ne sera imprimeur lithographe, s'il n'est breveté et assermenté.

2. Toutes les impressions lithographiques seront soumises à la déclaration et au dépôt avant la publication, comme tous les autres ouvrages d'imprimerie.

3. Notre ministre de la police générale est chargé de l'exécution de la présente ordonnance.

8 OCTOBRE = Pr. 3 NOVEMBRE 1817. — Ordonnance du Roi qui réduit le nombre des agens de change et des courtiers de commerce près la Bourse d'Arras. (7, Bull. 179, n° 2974.)

Louis, etc.

Vu les réclamations des autorités de la ville d'Arras et celles du préfet du département, sur la nécessité de réduire le nombre des agens de change et celui des courtiers créés près la Bourse de cette ville, de faire cumuler à ces agens ces deux espèces de courtages;

Sur le rapport de notre ministre secrétaire d'Etat au département de l'intérieur,

Nous avons ordonné et ordonnons ce qui suit:

Art. 1er. Le nombre des agens de change et des courtiers institués près la Bourse d'Arras, par l'acte du Gouvernement du 9 messidor an 9 (28 juin 1801), est réduit à quatre. Ces agens exerceront cumulativement le courtage de change et celui des marchandises; leur cautionnement sera de six mille francs.

2. Nos ministres de l'intérieur et des finances sont chargés de l'exécution de la présente ordonnance.

8 OCTOBRE = Pr. 3 NOVEMBRE 1817. — Ordonnance du Roi qui élève la ville de Toulon au rang des bonnes villes du royaume. (7, Bull. 179, n° 2975.)

Voy. ordonnance du 23 avril 1821.

Louis, etc.

Sur le rapport de notre ministre secrétaire d'Etat au département de l'intérieur;

Voulant donner à nos fidèles sujets habitans de Toulon un témoignage de notre satisfaction pour les sentimens qu'ils ont conservés :

A ces causes,

Nous avons ordonné et ordonnons ce qui suit :

Art. 1er. La ville de Toulon est élevée au rang des bonnes villes de notre royaume.

2. Notre ministre de l'intérieur est chargé de l'exécution de la présente ordonnance.

---

8 OCTOBRE 1817. — Ordonnance du Roi qui nomme M. le comte d'Ecquevilly, pair de France, inspecteur général du corps royal des ingénieurs géographes et président du comité du dépôt général de la guerre. (7, Bull. 178, n° 2908.)

---

8 OCTOBRE 1817. — Ordonnance du Roi qui supprime la direction générale du dépôt de la guerre (1).

---

8 OCTOBRE 1817. — Ordonnances du Roi qui accordent des lettres de déclaration de naturalité aux sieurs Barthold-Brinkman, Schielotto, Fritsch, Harmegnies, Marc-Slivarich, Boschis, Dereims, Anslot, Georges, Haak, Toumsin, Lesplomgard, Spengler, Lejeune, Gaspary, Chaleséche, Hermen, Vilany et Rayeur. (7, Bull. 178, 179, 187, 192, 194, 223 et 230.)

---

8 OCTOBRE 1817. — Ordonnances du Roi qui nomment MM. Defumeron et le comte de la Villegontier préfets des départemens de l'Allier et d'Ille-et-Vilaine. (7, Bull. 177.)

---

8 OCTOBRE 1817. — Ordonnance du Roi qui admet les sieurs Puebla, Godat, Joukaski et Perez à établir leur domicile en France. (7, Bull. 177.)

---

8 OCTOBRE 1817. — Ordonnance du Roi portant établissement d'un courtier de marchandises dans la commune de Berre (Bouches-du-Rhône), réduction du nombre des agens de change, fixation de celui des courtiers de commerce près la Bourse de Marseille, et établissement d'un agent de change courtier de marchandises à Mirande, département du Gers. (7, Bull. 179.)

8 OCTOBRE 1817. — Ordonnances du Roi qui autorisent l'acceptation de dons et legs faits aux séminaires et fabriques des églises de Chauvé, Hétrus, Plounevez-de-Faon, Luçon, Lanmeur, l'Abbaye-Damparis, Porcieux et Saint-Germain-des-Prés de Paris. (7, Bull. 189.)

---

15 OCTOBRE = Pr. 3 NOVEMBRE 1817. — Ordonnance du Roi qui réduit le nombre des agens de change près la Bourse de Marseille et fixe celui des courtiers de commerce près la même Bourse. (7, Bull. 179, n° 2977.)

Louis, etc.

Vu la demande du commerce de Marseille;

Vu l'avis de la chambre de commerce et celui des autorités locales;

Sur le rapport de notre ministre de l'intérieur,

Nous avons ordonné et ordonnons ce qui suit :

Art. 1er. Le nombre des agens de change institués près la Bourse de Marseille, par l'acte du Gouvernement du 13 messidor an 11 (2 juillet 1801), est réduit à cinq. Le cautionnement demeure fixé à quinze mille francs.

2. Le nombre des courtiers de commerce institués successivement par les actes des 13 messidor an 9 (2 juillet 1801) et 22 janvier 1813, est porté à soixante-dix. Leur cautionnement sera de huit mille francs.

3. Quinze de ces courtiers seront autorisés à exercer, cumulativement avec les autres courtages, et conformément au Code de commerce, les fonctions spéciales de courtier-interprète conducteur de navires. Ce droit étant déjà accordé à huit des courtiers en exercice, il ne pourra plus être délivré que sept autorisations, qui seront données indistinctement aux courtiers déjà nommés, ou à ceux qui le seront en vertu de la présente, pourvu qu'ils justifient de leur aptitude à remplir les fonctions d'interprète.

Chacun de ceux qui restent à nommer, devra interpréter une langue différente.

4. Toutes les dispositions des actes du Gouvernement relatifs à la Bourse de Marseille non contraires à la présente, sont maintenues.

5. Nos ministres de l'intérieur et des finances sont chargés de l'exécution de la présente ordonnance, qui sera insérée au Bulletin des Lois.

---

15 OCTOBRE 1817. — Ordonnance du Roi portant proclamation de brevets d'invention, de perfectionnement et d'importation délivrés pendant le troisième trimestre de 1817 aux

---

(1) Cette ordonnance n'est pas au Bulletin des Lois; elle est citée dans l'ordonnance du 22 octobre 1817.

sieurs Plant, Ollivier, Lotz, Simon, Georges, Abellard, Navier fils, Dubochet, Donnage, Marshall, Sauvage de Saint-Marc, Thory, Jallade-Lafond, Cochot, Branet, Gagneau, Magnan, Robin de la Quintinye, Sevène, Siévrac, baron de Sabardin, Pilet, Jacquinet, Hèbre, Salichon, Banse, Tourasse, Ternaux et fils. (7, Bull. 179, n° 2979.)

---

15 OCTOBRE 1817. — Ordonnances du Roi qui accordent des lettres de déclaration de naturalité aux sieurs Berard, Polonus, Gastaldy, Rosset, Frascaroli, Cappone dit Marengo, Zillig, de Reyniac, Isaac, Jacquier, Brandt, Ferro, Schreuder, Coppin, Fasoli, Reibaut, Treszenies, Vechtler, Vacca, Rouyer, Borel, Christianne, Maccario et Gaetan. (7, Bull. 178, 179, 183, 187, 194, 201, 218, 223, 227, 231, 255 et 275.)

---

15 OCTOBRE 1817. — Ordonnances du Roi qui autorisent l'acceptation de dons et legs faits aux pauvres, aux hospices et aux fabriques des églises de Racécourt, Ascq, Saint-Denis-de-Jouhet, Bloutière, Saint-Affrique, Erstroff, Grand-Champ, Tercé, Nancy, Tulle, Montauban, Favières, Paris, Plouigneau, Fontainebleau, Bayeux, Clermont-Ferrand, Nîmes, Marcigny, Châlons-sur-Saône, Poitiers, Rabastens, Chagny, Darney, Erstroff, Raulecourt, Mousseaux et Beaudegniès. (7, Bull. 189 et 190.)

---

22 = Pr. 28 OCTOBRE 1817. — Ordonnance du Roi relative à la composition du corps des officiers de la marine royale. (7, Bull. 178, n° 2909.)

Voy. ordonnances des 29 NOVEMBRE 1815 et 31 OCTOBRE 1819.

Louis, etc.

Considérant que l'état de paix et la situation de nos finances commandent de fortes réductions dans le corps de la marine, tel qu'il avait été constitué par nos ordonnances des 1er juillet 1814 et 29 novembre 1815; que l'existence d'un personnel trop nombreux nuit à l'instruction pratique et à l'avancement des officiers appelés à nous servir, sans qu'il en résulte aucun avantage pour ceux qui ont acquis des droits à une honorable retraite; qu'il est de notre justice d'assurer par une formation définitive le sort de tous;

Ouï le rapport de notre ministre secrétaire d'Etat de la marine et des colonies,

Nous avons ordonné et ordonnons ce qui suit:

Art. 1er. A dater du 1er novembre prochain, le corps des officiers de notre marine sera composé ainsi qu'il suit:

Vice-amiraux		6
Contre-amiraux		12
Capitaines de vaisseau	de 1re classe 20	60
	de 2e classe 40	
Capitaines de frégate		80
Lieutenans de vaisseau	ayant rang de chef de bataillon. . . 40	300
	Idem de capitaines. 260	
Enseignes de vaisseau		400

Le nombre des élèves de la marine de première et de seconde classe demeure fixé à trois cents.

2. Les officiers maintenus dans les cadres ci-dessus, ainsi que ceux qui feront ultérieurement partie du corps de la marine, seront tous, par le seul fait de leur nomination, en activité de service.

A l'avenir, il n'y aura plus dans ledit corps d'officiers en inactivité.

3. Les officiers qui ne seront pas compris dans les cadres cesseront d'appartenir au corps de la marine à dater du 1er novembre prochain, et il leur sera alloué une solde de retraite d'après la durée de leurs services et conformément aux ordonnances et réglemens.

Les soldes de retraite seront acquittées par la caisse des invalides de la marine, jusqu'à concurrence des sommes dont elle pourra successivement disposer; le surplus sera provisoirement imputé sur les fonds généraux du département de la marine.

4. Les officiers qui cesseront leur service au 1er novembre prochain recevront la conduite attribuée à leur grade jusqu'au lieu de leur domicile.

5. Ceux desdits officiers qui se trouveraient à la mer ou qui ne pourraient être immédiatement remplacés dans le service qu'ils remplissent, continueront d'être payés de leurs appointemens et supplémens jusqu'au jour de leur débarquement ou de la cessation de leurs fonctions.

6. Toutes dispositions contraires à celles de la présente ordonnance sont et demeurent abrogées.

7. Notre ministre de la marine est chargé de l'exécution de la présente ordonnance.

---

22 = Pr. 28 OCTOBRE 1817. — Ordonnance du Roi portant réorganisation du corps royal des ingénieurs géographes. (7, Bull. 178, n° 2908.)

Voy. ordonnance du 2 AOUT 1818, titre 25.

Louis, etc.

Vu notre ordonnance du 8 de ce mois, qui change le mode d'administration du dépôt de la guerre, en supprimant l'emploi de directeur général de cet établissement, et en modifiant diverses dispositions de notre ordonnance du 1er août 1814 sur l'organisation du dépôt général de la guerre, et du corps royal des ingénieurs géographes qui y est attaché;

Considérant que ce corps a été compris dans la mesure générale du licenciement de l'armée ordonné en 1815, et qu'il n'a pas encore été réorganisé depuis cette époque;

Considérant aussi que le service qui lui est confié n'exige plus le nombre d'ingénieurs géographes qui avait été fixé par ordonnance du 1er août 1814, et qu'il doit subir les réductions apportées dans l'organisation de tous les corps de la nouvelle armée,

Avons ordonné et ordonnons ce qui suit :

Art. 1er. Le corps royal des ingénieurs géographes sera organisé, et restera composé de quatre colonels, six chefs d'escadron, seize capitaines de première classe, seize capitaines de seconde classe, vingt-quatre lieutenans, six élèves. — Total soixante-douze.

2. Les officiers de ce corps dont l'âge ou l'ancienneté des services les met dans le cas d'obtenir la retraite, d'après les dispositions de notre ordonnance du 1er août 1815, seront admis à la pension réglée par les dispositions de cette même ordonnance.

3. Les officiers qui ne feront point partie de la nouvelle organisation du corps, et qui n'ont pas droit à obtenir la pension de retraite, seront mis en non-activité, avec le traitement d'expectative jusqu'à ce qu'ils puissent être rappelés au service.

4. L'emploi de commandant du corps royal des ingénieurs géographes qui était dévolu au directeur général du dépôt de la guerre, et celui de commandant en second, qui était attribué au sous-directeur de ce dépôt, sont supprimés par l'effet du nouveau mode d'administration du dépôt réglé par notre ordonnance du 8 de ce mois.

5. Un officier général remplira les fonctions d'inspecteur général de ce corps, et sera président du comité du dépôt de la guerre.

6. Notre ministre de la guerre est chargé de l'exécution de la présente ordonnance.

---

22 OCTOBRE = Pr. 3 NOVEMBRE 1817. — Ordonnance du Roi relative à divers changemens dans les 3e, 4e, 22e et 23e divisions militaires. (7, Bull. 179, n° 2980.)

Louis, etc.

Sur le rapport de notre ministre secrétaire d'Etat de la guerre,

Avons ordonné et ordonnons ce qui suit :

Art. 1er. La troisième et la quatrième division militaire sont réunies en une seule division, qui portera le n° 3.

2. Le quartier général de la troisième division militaire est fixé à Metz.

3. La vingt-deuxième division militaire prendra le n° 4, et la vingt-troisième, le n° 17.

4. Notre ministre de la guerre est chargé de l'exécution de la présente ordonnance.

---

22 OCTOBRE = Pr. 15 NOVEMBRE 1817. — Ordonnance du Roi portant établissement de deux places de courtiers conducteurs de navires interprètes dans le port des Sables-d'Olonne. (7, Bull. 181, n° 3068.)

Louis, etc.

Vu la demande des autorités de la ville des Sables; vu l'avis du préfet du département;

Sur le rapport de notre ministre secrétaire-d'Etat de l'intérieur,

Nous avons ordonné et ordonnons ce qui suit :

Art. 1er. Il y aura deux places de courtiers conducteurs de navires interprètes dans les ports des Sables-d'Olonne (Vendée).

Leur cautionnement sera de quatre mille francs.

2. Nos ministres de l'intérieur et des finances sont chargés de l'exécution de la présente ordonnance.

---

22 OCTOBRE 1817. — Ordonnance du Roi qui ordonne la fabrication de nouveaux poinçons de titres et de garantie des ouvrages et matières d'or et d'argent (1).

---

22 OCTOBRE 1817. — Ordonnances du Roi qui accordent des lettres de déclaration de naturalité aux sieurs Allen, Ware, Cassinot, Jeandet, Boerner, Delfini, Dumollard, Blanc, Marie, Meyer, Destrument, Ducrest, Dupenloux, Silvetti, Giloiano, Bonifanti, Bardini, Augé, Galibardy, Perrier, Hefsliger, Romuald Mussino et Suzanne. (7, Bull. 179, 183, 187, 188, 192, 194, 198, 199, 208, 209 et 223.)

---

22 OCTOBRE 1817. — Ordonnances du Roi qui permettent aux sieurs Moulin, Chrétien et de Vigneron, de faire des additions et changemens à leurs noms. (7, Bull. 179.)

---

22 OCTOBRE 1817. — Ordonnances du Roi qui autorisent l'acceptation de dons et legs faits aux fabriques des églises de Noyen, Metz, Veslud, Scy, Aboncourt, Vaux, Saint-Julien, Rabay et Bailleul, hameau d'Oudersteene. (7, Bull. 195.)

---

22 OCTOBRE 1817. — Ordonnance du Roi contenant réglement sur l'exercice de la profes-

---

(1) Cette ordonnance n'est pas insérée au Bulletin des Lois : elle est rappelée par celle du 5 mai 1819.

sion de boulanger dans les villes de Châteaudun, Nogent-le-Rotrou, Narbonne, Angers, Châlons-sur-Marne, Louviers, Cambrai et Beaucaire. (7, Bull. 193.)

22 OCTOBRE 1817. — Ordonnance du Roi relative à la sortie provisoire des charbons et perches provenant de la forêt des Ardennes (1).

23 OCTOBRE = Pr. 15 NOVEMBRE 1817. — Ordonnance du Roi relative à la gendarmerie royale des départemens. (7, Bull. 181, n° 3069.)

Art. 1er. Les fonctions confiées présentement aux chefs d'escadron de notre gendarmerie royale des départemens sont réunies à celles des colonels chefs de légion.

2. Les compagnies des départemens où résident les chefs de légion, et la compagnie de nos chasses et voyages, seront commandées, à l'avenir, par des chefs d'escadron.

3. Les chefs d'escadron qui, par suite des dispositions déterminées par les articles précédens, cesseront d'être employés, ainsi que les capitaines qui se trouveront remplacés par des chefs d'escadron, recevront, en attendant leur placement dans l'armée, le traitement d'expectative du grade dont ils sont titulaires dans la gendarmerie.

4. Notre ministre de la guerre est chargé de l'exécution de la présente ordonnance.

26 OCTOBRE 1817. — Ordonnance du Roi qui nomme major général de la marine à Brest M. le baron Baudin contre-amiral. (7, Bull. 179, n° 2981.)

28 OCTOBRE = Pr. 6 NOVEMBRE 1817. — Ordonnance du Roi qui autorise M. le comte Archambaud-Joseph de Talleyrand-Périgord à prendre le titre de duc de Talleyrand. (7, Bull. 180, n° 3000.)

Louis, etc.

Notre cousin le prince de Talleyrand nous ayant témoigné le désir d'ériger une partie de ses biens en un majorat sur lequel serait établie sa pairie;

Vu notre ordonnance du 25 décembre 1815 par laquelle nous avons appelé le comte Archambaud-Joseph de Talleyrand-Périgord, son frère, à la succession de cette pairie, et des rangs, honneurs et prérogatives y attachés;

Voulant donner au comte de Talleyrand-Périgord une preuve de notre bienveillance,

Nous avons ordonné et ordonnons ce qui suit :

Le sieur comte Archambaud-Joseph de Talleyrand-Périgord prendra, en avancement d'hoirie, le titre de duc de Talleyrand.

29 OCTOBRE = Pr. 6 NOVEMBRE 1817. — Ordonnance du Roi qui accorde un délai de six mois aux officiers étrangers présentement en possession de la demi-solde, pour réclamer, et, s'il y a lieu, obtenir des lettres portant déclaration de naturalité. (7, Bull. 180, n° 3001.)

Voy. ordonnances des 16 DÉCEMBRE 1814, 20 DÉCEMBRE 1815 et 6 MARS 1816.

Louis, etc.

Il nous a été rendu compte que, dans le nombre des officiers étrangers ayant appartenu à l'armée antérieurement à l'an 1814, et qui, par l'effet des réorganisations de cette année et de celles suivantes, ont été rangés dans la classe des officiers en non-activité, il s'en trouvait qui, n'ayant point encore obtenu ni même réclamé des lettres de déclaration de naturalité, n'en continuaient pas moins à toucher la demi-solde de leur grade;

Considérant que la demi-solde accordée par nos ordonnances est, dans le droit, un traitement temporairement alloué aux officiers qui sont dans l'expectative réelle d'un emploi; que ceux-là seuls se trouvent exactement dans cette position qui ont satisfait à toutes les conditions d'admission, parmi lesquelles compte la qualité de Français :

A ces causes,

Sur le rapport de notre ministre secrétaire d'Etat de la guerre,

Nous avons ordonné et ordonnons ce qui suit :

Art. 1er. Il est accordé un délai de six mois, à compter de la promulgation légale de la présente ordonnance, aux officiers étrangers présentement en possession de la demi-solde, pour réclamer, et, s'il y a lieu, obtenir des lettres portant déclaration de naturalité.

2. Ceux de ces officiers qui, à l'expiration dudit délai de six mois, ne pourraient justifier de leur naturalisation, cesseront de toucher la demi-solde, et seront immédiatement rayés du contrôle des officiers en non-activité au service de France.

3. Nos ministres de la guerre et de la justice sont chargés de l'exécution de la présente ordonnance.

(1) Cette ordonnance n'est pas insérée au Bulletin des Lois ; elle est rappelée par celle du 8 septembre 1819.

29 OCTOBRE = Pr. 15 NOVEMBRE 1817. — Ordonnance du Roi portant nomination d'élèves dans le corps des intendans militaires. (7, Bull. 181, n° 3070.)

Art. 1er. Sont nommés élèves dans le corps des intendans militaires, les adjoints aux commissaires des guerres ci-après désignés, savoir :

Les sieurs Bouaissier (Emile), Maurey (Antoine-Jean-François), Godard (Isidore-Gilbert-Honoré), Rubin de Mirebel (Alphonse-Pierre), Fabre (Louis-Joseph), Chaignet (Marie-Joseph-Théodore), Dumast (Augustin-Prosper-François), Martineau (François-Edme-Joseph), Dubois (Augustin-Joseph), Marchant (Albert).

2. Ils prendront rang dans l'ordre ci-dessus indiqué, et jouiront des avantages affectés aux élèves du corps des intendans militaires, à compter de ce jour.

3. Notre ministre de la guerre est chargé de l'exécution de la présente ordonnance.

---

29 OCTOBRE = Pr. 15 NOVEMBRE 1817. — Ordonnance du Roi portant que le canal de la Somme portera à l'avenir le nom de canal du duc d'Angoulême. (7, Bull. 181, n° 3071.)

Louis, etc.

Voulant satisfaire au vœu manifesté par nos fidèles sujets du département de la Somme, et perpétuer le souvenir du séjour que vient de faire parmi eux notre cher et aimé neveu le duc d'Angoulême;

Sur le rapport de notre ministre secrétaire d'Etat au département de l'intérieur,

Nous avons ordonné et ordonnons ce qui suit :

Art. 1er. Le canal commencé dans le département de la Somme sous le nom de *canal de la Somme*, portera à l'avenir le nom de *canal du duc d'Angoulême*.

2. Notre ministre de l'intérieur est chargé de l'exécution de la présente ordonnance.

---

29 OCTOBRE = Pr. 15 NOVEMBRE 1817. — Ordonnance du Roi qui autorise la ville de Bordeaux à créer deux mille cent vingt neuf obligations au porteur de 1,000 fr. chacune, remboursables dans l'espace de douze années (1). (7, Bull. 181, n° 3072.)

Voy. ordonnance du 10 DÉCEMBRE 1817.

Louis, etc.

Notre bonne ville de Bordeaux nous ayant fait connaître l'embarras qu'elle éprouve dans ses finances et les obstacles qui retardent le remboursement des dettes dont elle est grevée, et nous étant fait rendre compte de leur nature et de leur étendue, nous aurions reconnu que, par un décret du 25 avril 1808, l'ancienne caisse d'amortissement a été autorisée à lui faire une avance d'un million pour l'exécution des travaux ordonnés par ce décret;

Que, par l'effet d'un revirement de fonds ordonné par un décret postérieur du 4 mars 1809, la caisse du domaine extraordinaire a été substituée à celle d'amortissement pour réaliser successivement l'avance du million autorisée par le décret susdaté;

Que, sur l'avance à faire de ce million la caisse du domaine extraordinaire a réalisé dans la caisse du receveur municipal une somme de quatre cent mille francs, dont la ville se trouve conséquemment débitrice et comptable envers le domaine extraordinaire;

Qu'indépendamment du million qui devait être avancé à la ville de Bordeaux, pour la destination réglée par le décret du 25 avril 1808, la caisse d'amortissement a été autorisée par le même décret à faire, sur le fonds des communes destiné aux maisons de mendicité, une avance de trois cent mille francs, remboursable sur le produit de la vente des matériaux et terrains du Château-Trompette, pour la construction du dépôt de mendicité du département de la Gironde; que cette somme a été versée dans la caisse du receveur général du département, et qu'il en a été disposé sur les mandats et ordonnances du préfet du département;

Que le décret du 25 avril 1808 se trouvant rapporté ou modifié dans la majeure partie de ses dispositions, et notamment en ce qui concerne le Château-Trompette et la destination du prix des ventes des matériaux et terrains, par notre ordonnance du 5 septembre 1816, le remboursement de ces trois cent mille francs ne peut plus être imputé sur le produit de ces ventes;

Que le dépôt de mendicité étant d'ailleurs un établissement essentiellement départemental, les avances faites pour sa construction rentrent naturellement dans la classe des dépenses du département, et que, considérées comme telles, elles se trouvent éteintes et acquittées par voie de compensation, tant avec le fonds général de la mendicité, créé par décrets des 4 janvier 1810 et 27 avril 1812, qu'avec les fonds départementaux acquis au Trésor par l'effet des dispositions des lois relatives aux budgets de l'Etat de 1814, 1815, 1816 et 1817;

Que, par un autre décret du 23 janvier 1812, la caisse d'amortissement a été autori-

---

(1) Aux termes de la loi du 15 mai 1818, art. 43, les villes qui ont plus de 100,000 fr. de revenu ne peuvent emprunter qu'en vertu d'une loi.

sée à verser dans la caisse municipale de ladite ville une autre somme de cent mille francs, pour commencer les démolitions du Château-Trompette; que, sur cette somme, il n'a été réellement versé par la caisse d'amortissement que celle de cinquante mille francs, et que le remboursement en doit être fait au Trésor, comme substitué à cette caisse par la loi du 28 avril 1816;

Nous aurions également reconnu qu'en exécution du décret du 24 mars 1812, il aurait été fait par la caisse d'amortissement d'autres avances de fonds pour distributions de soupes économiques à faire, tant à la ville de Bordeaux qu'aux autres villes et communes du département de la Gironde; que, dans les strictes règles de la justice et de l'équité, la ville de Bordeaux ne doit pourvoir au remboursement de ces avances que jusqu'à concurrence de la valeur des soupes qui ont été distribuées et dont elle a réellement et personnellement profité; et qu'enfin, à l'égard du surplus des sommes avancées, elles rentrent dans le rang des dettes départementales qui se trouvent éteintes par voie de compensation.

Voulant, au surplus, faire cesser les causes qui, nuisant à l'action de l'administration municipale de la ville, au crédit et à la confiance dont elle doit être investie, ont jusqu'à présent forcé d'ajourner le paiement de ses dettes individuelles et de celles auxquelles, dans les strictes règles de la justice et de l'équité, doivent être restreintes ces obligations tant envers le domaine extraordinaire qu'envers le Trésor royal et l'ancienne caisse d'amortissement, et de suspendre l'exécution de différens travaux d'utilité publique, de salubrité et d'embellissement;

Vu les propositions du conseil municipal consignées dans les délibérations du 21 juillet dernier; vu pareillement l'avis du préfet;

Sur le rapport de notre ministre secrétaire d'Etat de l'intérieur,

Nous avons ordonné et ordonnons ce qui suit:

Art. 1er. Notre bonne ville de Bordeaux est autorisée à créer deux mille cent vingt-neuf obligations au porteur, de mille francs chacune, formant la somme de deux millions cent vingt-neuf mille francs, remboursable dans l'espace de douze années, à partir du 1er janvier de l'an 1819.

2. Ces obligations ne seront assujéties qu'au droit du timbre : elles porteront intérêt à six pour cent, payable de semestre en semestre; elles jouiront, en outre, d'une prime dont la quotité sera déterminée par le sort et qui sera payée dans les proportions et aux époques fixées par les tableaux annexés à la présente ordonnance.

3. Le remboursement des obligations et le paiement des primes auront lieu tous les six mois par suite d'un tirage qui sera fait à l'hôtel-de-ville, un mois avant l'ouverture de chaque sémestre, en présence du préfet de la Gironde, du maire de Bordeaux et de trois membres du conseil municipal. Le premier tirage aura lieu le 1er décembre 1818.

4. Notre bonne ville de Bordeaux est autorisée à négocier les obligations et à traiter avec les bailleurs de fonds qui se présenteront, aux prix, clauses, charges et conditions les plus avantageuses, et sans pouvoir excéder celles que nous avons approuvées pour notre bonne ville de Paris par notre ordonnance du 14 mai dernier.

5. Le traité souscrit en conséquence de l'article qui précède, sera soumis à notre approbation.

6. Les obligations seront souscrites et signées par le maire, acceptées et contre-signées par le receveur municipal.

7. Les fonds nécessaires au remboursement des obligations et au paiement des primes seront pris sur le produit de la vente des terrains du Château-Trompette. Il sera pourvu sur les revenus de la ville au paiement des intérêts des obligations. Le montant de ces intérêts sera inscrit dans le budget de la ville, et le paiement en sera fait aux époques fixées par les articles qui précèdent et par le traité, nonobstant toutes dispositions contraires relatives à la comptabilité communale.

Les revenus généraux de la ville sont affectés subsidiairement au remboursement des obligations et au paiement des primes.

8. Tous les biens et revenus de la ville, et spécialement les droits de plaçage dans les halles et marchés, ainsi que le produit de la vente ordonnée des emplacemens et terrains du Château-Trompette, au fur et à mesure du versement qui en sera fait dans la caisse municipale, sont et demeurent affectés au remboursement des obligations et des primes qui y sont attachés, sans néanmoins que cette affectation puisse, en aucun cas, arrêter les ventes à faire de ces terrains.

9. Les fonds provenant de la négociation des obligations seront employés et consacrés, 1° au paiement des dettes contractées par la ville sur les exercices antérieurs à 1817, et à accroître au besoin les ressources de la présente année; 2° à l'achèvement des démolitions du Château-Trompette, aux nivellemens, aux embellissemens, aux plantations et aux pavages des rues, places et chaussées; 3° à la construction du monument destiné à perpétuer le souvenir des événemens du 12 mars 1814; 4° aux réparations extraordinaires à faire aux pavés de la ville; 5° aux frais de restauration de la salle du grand théâtre, et aux constructions à faire pour

préserver cet édifice des dangers de l'incendie; 6° à l'établissement de nouvelles fontaines et d'une tuerie ou abattoir destinés à assainir la ville et à en augmenter les revenus, et subsidiairement, à tous autres travaux dont l'utilité serait reconnue par le conseil municipal.

10. Pourra notre bonne ville de Bordeaux, si elle le juge plus convenable à ses intérêts, substituer au mode d'emprunt établi par les articles précédens l'autorisation que nous lui accordons de créer cent cinquante mille francs de rentes au denier vingt et franches de toutes retenues présentes et futures.

11. Les rentes à créer en exécution de l'article précédent seront divisées en trois mille coupons de cinquante francs chacun, avec jouissance du 1er janvier prochain. Les arrérages en seront payés au porteur, de six mois en six mois, à la caisse du receveur municipal, sur les revenus ordinaires de la ville.

12. Les constitutions de rentes seront souscrites et signées par le maire, et contresignées par le receveur municipal.

13. Il sera tenu à la mairie un registre sur lequel les constitutions de rentes seront inscrites; un double en sera déposé à la caisse municipale.

14. Elles seront négociables par la voie ordinaire du transfert.

Le transfert s'opérera à l'instar des rentes sur l'Etat, sur la déclaration du propriétaire qui sera inscrite sur le registre de la mairie, et dont il sera fait mention sur le double registre.

15. Pourra notre bonne ville de Bordeaux engager et déposer tout ou partie des rentes et abandonner la jouissance des intérêts, pour obtenir en échange les avances dont elle aura successivement besoin. Le montant des transferts et des avances faites sur les engagemens sera employé aux dépenses détaillées en l'article 9.

16. Les biens et revenus de la ville, le produit de la vente des terrains du Château-Trompette et les autres sûretés énoncées aux articles 7 et 8 des présentes, sont affectés, sous les mêmes réserves et conditions, à la garantie et au remboursement des rentes négociées et des avances faites sur celles qui n'auront été qu'engagées.

17. Pourra notre bonne ville de Bordeaux établir, sous l'autorisation de notre ministre de l'intérieur, tel autre fonds d'amortissement qu'elle jugera convenable pour le remboursement de ces rentes.

18. Lors du remboursement, les constitutions seront rapportées et annulées jusqu'à due concurrence.

19. Les actes de constitution, de transfert et d'engagement, ne seront soumis qu'au droit de timbre.

20. Nos ministres de l'intérieur et des finances sont chargés de l'exécution de la présente ordonnance.

---

29 OCTOBRE 1817. — Ordonnance du Roi qui admet les sieurs Speckhaen, Tolino et Zaengerler à établir leur domicile en France. (7, Bull. 181.)

---

29 OCTOBRE 1817. — Ordonnances du Roi qui accordent des lettres de déclaration de naturalité aux sieurs de Moura, Lequin, Vakler, Henrioux, Denis, Guinet, Cart, Andrien, Stheil, Schelbren, Opdebeeck, Mélignon, Klodenski, Crochet, Scheper, Danove, Buckman et Operti. (7, Bull. 183, 184, 188, 192, 194, 199, 201, 209, 227, 269 et 272.)

1er NOVEMBRE 1817. — Ordonnances du Roi qui accordent des lettres de déclaration de naturalité aux sieurs Capuro et Ney. (7, Bull. 144 et 191.)

---

5 NOVEMBRE 1817. — Discours du Roi à l'ouverture de la session de 1817. (Mon. du 6 novembre.)

Messieurs,

A l'ouverture de la dernière session, je vous parlais des espérances que me donnait le mariage du duc de Berry. Si la providence nous a trop promptement retiré le bienfait qu'elle nous avait accordé, nous devons y apercevoir, pour l'avenir, un gage de l'accomplissement de nos vœux.

Le traité avec le Saint-Siége que je vous ai annoncé l'année dernière a été conclu. J'ai chargé mes ministres, en vous le communiquant, de vous proposer un projet de loi nécessaire pour donner la sanction législative à celles de ces dispositions qui en sont susceptibles, et pour les remettre en harmonie avec la Charte, les lois du royaume et ces libertés de l'église gallicane, précieux héritage de nos pères, dont saint Louis et tous ses successeurs se sont montrés aussi jaloux que du bonheur même de leurs sujets.

La récolte de 1816 a, par sa mauvaise qualité, trahi en grande partie nos espérances; les souffrances de mon peuple ont pesé sur mon cœur; j'ai cependant vu avec attendrissement que presque partout il les a supportées avec une résignation touchante; et si dans quelques endroits, elles l'ont porté à des actes séditieux, l'ordre a partout été promptement rétabli. J'ai dû, pour adoucir les malheurs du temps, faire de grands efforts, et commander au Trésor des sacrifices extraordinaires; le tableau vous en sera présenté, et le zèle dont vous êtes animés pour le bien public ne permet pas de douter que ces dépenses imprévues n'aient votre approbation.

La récolte de cette année est plus satisfaisante dans la plus grande partie du royaume; mais, d'un autre côté, quelques calamités locales, et les fléaux qui ont frappé les vignobles appellent ma sollicitude paternelle sur des besoins que, sans votre coopération, je ne pourrais soulager.

J'ai ordonné qu'on mît sous vos yeux le budget des dépenses de l'exercice dans lequel nous allons entrer. Si les charges qui résultent des traités et de la déplorable guerre qu'ils ont terminée ne permettent pas encore de diminuer les impôts votés dans les précédentes sessions, j'ai du moins la satisfaction de penser que l'économie que j'ai recommandée me dispense d'en demander l'augmentation, et qu'un vote de crédit inférieur à celui du dernier budget suffira à tous les besoins de l'année.

Les conventions que j'ai dû souscrire en 1815, en présentant des résultats qui ne pouvaient alors être prévus, ont nécessité une nouvelle négociation. Tout me fait espérer que son issue sera favorable, et que des conditions trop au-dessus de nos forces seront remplacées par d'autres plus conformes à l'équité, aux bornes et à la possibilité des sacrifices que mon peuple supporte avec une constance qui ne saurait ajouter à mon amour, mais qui lui donne de nouveaux droits à ma reconnaissance et à l'estime de toutes les nations.

Ainsi que j'ai eu le bonheur de vous l'annoncer dans le cours de la dernière session, les dépenses résultant de l'armée d'occupation sont diminuées du cinquième, et l'époque n'est pas éloignée où il nous est permis d'espérer que, grace à la sagesse et à la force de mon Gouvernement, à l'amour et à la confiance de mon peuple, et à l'amitié des souverains, ces charges pourront entièrement cesser, et que notre patrie reprendra parmi les nations le rang et l'éclat dus à la valeur des Français et à leur noble attitude dans l'adversité.

Pour parvenir à ce résultat, j'ai plus que jamais besoin de l'accord du peuple avec le trône, de cette force sans laquelle l'autorité est impuissante; plus cette autorité est forte moins elle est contrainte à se montrer sévère. La manière dont les dépositaires de mon pouvoir ont usé de celui dont les lois les ont investis a justifié ma confiance. Toutefois, j'éprouve la satisfaction de vous annoncer que je ne juge pas nécessaire la conservation des cours prévôtales au-delà du terme fixé pour leur existence par la loi qui les institue.

J'ai fait rédiger conformément à la Charte une loi de recrutement; je veux qu'aucun privilége ne puisse être invoqué; que l'esprit et les dispositions de cette Charte, notre véritable boussole, qui appelle indistinctement tous les Français aux grades et aux emplois, ne soient point illusoires, et que le soldat n'ait d'autres bornes à son honorable carrière que celle de ses talens et de ses services. Si l'exécution de cette loi salutaire exigeait une augmentation dans le budget du ministère de la guerre, interprètes des sentimens de mon peuple, vous n'hésiterez pas à consacrer des dispositions qui assurent à la France cette indépendance et cette dignité sans lesquelles il n'y a ni Roi ni nation.

Je vous ai exposé nos difficultés et les mesures qu'elles exigent; je vais, en terminant, tourner vos regards vers des objets plus doux. Graces à la paix rendue à l'église de France, la religion, cette base éternelle de toute félicité, même sur la terre, va, je n'en doute pas, refleurir parmi nous; le calme et la confiance commencent à renaître; le crédit s'affermit; l'agriculture, le commerce et l'industrie reprennent de l'activité; de nouveaux chefs-d'œuvre des arts excitent l'admiration; un de mes enfans parcourt en ce moment une partie du royaume, et, pour prix de sentimens si bien gravés dans son ame et manifestés par sa conduite, il recueille partout des bénédictions; et moi, qui n'ai qu'une passion, le bonheur de mon peuple, qui ne suis jaloux que pour son bien de cette autorité que je saurais défendre contre les attaques de tout genre, je sens que je suis aimé de lui, et je trouve dans mon cœur l'assurance que cette consolation ne me manquera jamais.

---

6 = Pr. 15 NOVEMBRE 1817. — Ordonnance du Roi portant réduction du nombre des agens de change et des courtiers de marchandises près la Bourse d'Amiens. (7, Bulletin 181, n° 3073.)

Art. 1er. Le nombre des agens de change et courtiers de marchandises successivement créés près la bourse d'Amiens par les actes du Gouvernement des 17 messidor an 9 et 19 septembre 1808, est réduit à deux agens de change et à dix courtiers de marchandises.

2. Le cautionnement reste fixé, pour les premiers de ses agens, à six mille francs; il sera de cinq mille francs pour les courtiers.

3. Nos ministres de l'intérieur et des finances sont chargés de l'exécution de la présente ordonnance.

---

6 = Pr. 15 NOVEMBRE 1817. — Ordonnance du Roi portant que le nombre des conseillers de préfecture sera successivement réduit à trois dans chacun des départemens. (7, Bull. 181, n° 3074.)

Voy. ordonnance du 1er AOUT 1820.

Louis, etc.

Désirant porter dans toutes les parties de l'administration l'économie la plus sévère, nous avons reconnu qu'en limitant à trois le nombre des conseillers de préfecture, nos vues pouvaient se concilier facilement avec le bien du service.

En conséquence,

Et sur le rapport de notre ministre secrétaire d'Etat de l'intérieur,

Nous avons ordonné et ordonnons ce qui suit :

Art. 1er. A compter de ce jour, et jusqu'à ce qu'il en soit autrement ordonné, il ne sera pas pourvu au remplacement des membres des conseils de préfecture, jusqu'à ce que leur nombre soit réduit à trois dans tous les départemens.

2. Notre ministre de l'intérieur est chargé de l'exécution de la présente ordonnance.

---

6 = Pr. 18 NOVEMBRE 1817. — Ordonnance du Roi portant réduction des états-majors des divisions militaires et de celui de la garde royale. (7, Bull. 182, n° 3140.)

Louis, etc.

Notre volonté étant d'apporter dans toutes les parties du service public la plus stricte économie, nous nous sommes fait représenter le contrôle de l'état-major des divisions militaires et celui de l'état-major de notre garde royale; nous avons trouvé l'un et l'autre également susceptibles des réductions commandées par la nécessité.

Ayant aussi remarqué que la subdivision des commandemens militaires par département est peu avantageuse au bien du service, et qu'il est plus convenable, sous tous les rapports, de répartir les maréchaux-de-camp employés dans les divisions militaires sur les points où le nombre des troupes et les localités rendent leur présence plus nécessaire;

Sur le rapport de notre ministre secrétaire d'Etat au département de la guerre,

Avons ordonné et ordonnons ce qui suit :

TITRE Ier. Etat-major des divisions militaires.

Art. 1er. Chacune des vingt-une divisions militaires continuera à être commandée par un lieutenant général de nos armées.

2. Les commandemens de ces divisions cesseront d'être subdivisés par département.

3. Deux maréchaux-de-camp seront attachés à chaque division militaire, sous les ordres du lieutenant général commandant, et seront placés par lui sur les points de sa division où il les jugera le plus nécessaires.

4. Chacun de nos préfets correspondra directement, pour les affaires militaires, avec le lieutenant général commandant la division dans l'arrondissement de laquelle son département se trouve compris, quand il n'y aura pas de maréchal-de-camp employé dans son département.

5. La 1re division militaire aura, par exception, cinq maréchaux-de-camp : l'un d'eux aura le commandement de la ville de Paris, sous les ordres du lieutenant général.

6. Il y aura un colonel chef d'état-major dans les divisions les plus importantes par leur position militaire, telles que les 3e, 5e, 6e, 7e, 8e, 10e, 11e, 13e, 16e, 17e et 19e.

Dans les autres divisions, les fonctions de chef d'état-major seront exercées par un officier du grade de chef de bataillon.

7. Il n'y aura que deux capitaines d'état-major employés dans chacune des divisions militaires, à l'exception de la 1re.

8. Il sera attaché en outre à chaque division militaire, un secrétaire archiviste du grade de capitaine ou de lieutenant. Cet officier sera spécialement chargé et responsable de la garde des lois, des ordonnances et de tous les papiers relatifs au service militaire de la division.

9. L'état-major de la première division militaire sera ainsi composé :

Un colonel chef d'état-major de la division, quatre lieutenans-colonels ou chefs de bataillon, six capitaines, un secrétaire-archiviste:

Plus, pour le service de la place de Paris, sous les ordres du maréchal-de-camp commandant, un lieutenant-colonel major de place, deux chefs de bataillon faisant fonctions d'aide-major de place, douze capitaines ou lieutenans adjudans de place, un secrétaire-écrivain.

TITRE II. Etat-major de la garde royale.

Art. 1er. L'état-major général de notre garde royale sera réduit et composé ainsi qu'il suit :

Deux maréchaux-de-camp aides-majors généraux, deux colonels sous-aides-majors généraux, deux lieutenans-colonels, deux chefs de bataillon, quatre capitaines d'état-major.

2. Les officiers de l'état major général feront le service pendant six mois, et par moitié dans chaque grade; et pour les six mois de l'année qu'ils ne seront pas employés ils recevront des congés de semestre.

3. L'état-major particulier de chacune des quatre divisions de notre garde royale sera composée d'un colonel chef d'état-major et de deux capitaines.

Dispositions générales.

Art. 1er. Les officiers généraux, supérieurs et autres, dont les emplois actuels se trouvent supprimés par l'effet de la présente ordonnance, jouiront du traitement d'expectative de leur grade, en attendant qu'ils soient réemployés.

2. Notre ministre de la guerre est chargé de l'exécution de la présente ordonnance.

---

6 = Pr. 22 NOVEMBRE 1817. — Ordonnance du Roi contenant réglement pour la taxe des lettres entre la France et la Sardaigne. (7, Bull. 183, n° 3199.)

Louis, etc.

Vu la loi du 27 frimaire an 8 (18 décembre 1799), celle du 14 floréal an 10 (4 mai 1802, et l'article 20 du titre V de celle du 24 avril 1806, en ce qui concerne la taxe et les progressions de taxes et de poids des lettres de France;

Vu aussi les conventions conclues et signées, le 28 juin 1817, entre l'office général des postes françaises et l'office général des postes sardes;

Sur le rapport de notre ministre secrétaire d'Etat des finances,

Nous avons ordonné et ordonnons ce qui suit :

Art. 1er. A dater du 1er janvier 1818, le public de France sera libre d'affranchir ou de ne pas affranchir ses lettres et paquets pour tous les Etats sardes jusqu'à destination, et pour les pays de Lucques, la Toscane, l'Etat pontifical et le royaume des Deux-Siciles, jusqu'à Sarzane.

2. L'affranchissement continuera cependant d'être obligatoire jusqu'à destination, tant pour les gazettes et journaux que pour les catalogues, les prospectus, les imprimés et les livres en feuilles ou brochés, qui seront adressés dans tous les mêmes Etats sardes, et jusqu'à Sarzane pour tous ceux de ces ouvrages précités qui devront passer dans les autres Etats d'Italie désignés dans l'art. 1er.

3. L'affranchissement des lettres et paquets, des gazettes et journaux, et de tous ouvrages de librairie, dirigés par les Etats sardes pour les duchés de Parme et de Plaisance, de Modène, de Massa et de Carrara, pour tout le royaume lombard-vénitien, le Tyrol méridional, l'Illyrie, la Dalmatie, ainsi que pour les îles ioniennes, restera pareillement obligatoire, soit jusqu'au Pont-de-Beauvoisin, soit jusqu'à Grenoble, soit jusqu'à Antibes, selon la direction des envois, nonobstant les dispositions de notre ordonnance du 30 décembre 1814, qui sont annulées.

4. L'affranchissement libre des lettres et paquets de tous les départemens du royaume pour les Etats sardes et autres qui se trouvent dénommés dans l'article 1er, sera perçu selon les prix réglés par les lois concernant les taxes de correspondances françaises, pour toute lettre d'un poids au-dessous de six grammes, jusqu'à l'extrême frontière de France; et depuis cette extrême frontière jusqu'à destination dans les Etats sardes si les lettres et paquets sont distribuables dans ces Etats, et jusqu'à Sarzane si ces lettres et paquets sont pour les autres Etats d'Italie dont l'article 1er fait mention, selon les taxes du tarif des postes sardes, dont les progressions sont les mêmes que les progressions du tarif des postes françaises; et proportionnellement pour les lettres et paquets qui péseront six grammes et au-dessus, à raison de leur poids, selon les progressions de l'un et de l'autre tarif.

5. L'affranchissement des échantillons de marchandises, pourvu que les paquets soient présentés sous bandes ou d'une manière indicative de leur contenu, ne sera perçu qu'au tiers de la taxe des deux tarifs : le prix n'en sera cependant jamais au-dessous de celui qui est déterminé pour une lettre simple par les tarifs réunis des deux offices.

6. L'affranchissement obligatoire des gazettes et journaux sera perçu d'avance, à raison de huit centimes; celui des catalogues, prospectus, des imprimés et des livres en feuilles ou brochés, à raison de dix centimes, le tout par feuille d'impression; et, pour chaque demi-feuille et quart de feuille, à proportion de l'un ou de l'autre de ces deux prix, selon la nature des ouvrages, soit qu'ils doivent être distribués dans les Etats sardes, soit qu'ils doivent être transmis dans les Etats d'Italie autres que ceux dont il va être parlé dans l'article suivant.

7. L'affranchissement obligatoire des lettres et paquets, des échantillons, des journaux, des imprimés et des livres en feuilles ou brochés, pour les duchés de Parme et de Plaisance, de Modène, de Massa et de Carrara, pour tout le royaume lombard-vénitien, pour le Tyrol méridional, l'Illyrie et la Dalmatie, ainsi que pour les îles ioniennes, sera perçu, jusqu'aux points frontières de France désignés par l'article 3 de la présente ordonnance, selon les prix du tarif français.

8. Les lettres et paquets, les échantillons de marchandises, les gazettes et journaux, ainsi que tous les autres ouvrages de librairie, affranchis, les uns volontairement, les autres obligatoirement, dans les Etats sardes, pour la France jusqu'à destination, seront distribués à leurs adresses, sans qu'il puisse être exigé aucun autre prix de port.

9. Les lettres et paquets venant des villes et lieux des Etats sardes compris dans le premier rayon de ces Etats le plus voisin de la frontière française, et timbrés C. S. 1. R., pour les points d'échange français du Pont-de-Beauvoisin, de Grenoble et d'Antibes, seront taxés à raison de trois décimes par lettre au-dessous d'un poids de six grammes, et les lettres et paquets de ce même rayon pesant six grammes et au-dessus le seront

proportionnellement à leurs poids, selon les progressions du tarif des postes de France.

10. Les lettres et paquets des villes et lieux compris dans le deuxième rayon des Etats sardes, et timbrés C. S. 2. R., pour les points frontières du royaume de France susnommés, seront taxés à raison de cinq décimes par lettre d'un poids au-dessous de six grammes; et celles d'un poids de six grammes et au-dessus, proportionnellement à ce prix, selon les progressions du tarif français.

11. Les lettres et paquets des villes et endroits du troisième rayon des postes sardes, et timbrés C. S. 3. R., ainsi que tous ceux en transit arrivant par la voie des mêmes postes, sous le timbre T. S., aux bureaux susnommés de la frontière française, seront taxés pour ces lieux de leur entrée dans le royaume, à raison de huit décimes par lettre d'un poids au-dessous de six grammes; et les lettres et paquets d'un poids de six grammes et au-dessus le seront proportionnellement à ce prix, selon les progressions du tarif des postes de France.

12. Les lettres et paquets des villes et endroits compris dans les trois rayons des postes sardes, ainsi que les lettres et paquets en transit, sous le timbre T. S., pour Paris et pour tout le département de la Seine, seront taxés à raison de quinze décimes par lettre d'un poids au-dessous de six grammes; et les lettres et paquets d'un poids de six grammes et au-dessus, à proportion de ce prix, selon les progressions du tarif français.

13. Les lettres et paquets qui seront réexpédiés des bureaux de Pont-de-Beauvoisin, de Grenoble et d'Antibes, pour toutes autres destinations en France, seront taxés du port fixé pour ces mêmes lieux, plus du port dû depuis ces points jusqu'à ceux de leur destination.

14. Les échantillons de marchandises venant des Etats sardes, ou d'autres pays étrangers par l'intermédiaire des postes de ces Etats, pourvu que les paquets soient mis sous bandes ou d'une manière indicative de leur contenu, seront taxés au tiers des prix fixés pour les lettres et paquets de celui des rayons sardes d'où ils auront été expédiés, ou par lequel ils seront passés en transit : cependant, le prix du port n'en sera jamais moindre que celui d'une lettre au-dessous du poids de six grammes.

15. Les gazettes ou journaux, ainsi que les catalogues, les prospectus, les imprimés et les livres en feuilles ou brochés, qui proviendront de l'étranger, non affranchis et sous bandes, par la voie des postes sardes, seront taxés pour toute l'étendue de la France, savoir : les deux premières espèces de ces ouvrages à raison de huit centimes, et toutes les autres à raison de dix centimes par feuille d'impression; et à proportion de l'un ou de l'autre de ces deux prix, par demi-feuille et par quart de feuille.

16. Notre ministre des finances est chargé de l'exécution de la présente ordonnance.

---

6 NOVEMBRE 1817. — Ordonnances du Roi qui autorisent l'acceptation d'une rente et de dons et legs faits aux fabriques des églises de Moulicent, Vicq, Arsonval, Thivet, Villers-en-Lieu, Gontaut, La Chaussée, Berlaimont, Arlay et Orléans. (7, Bull. 191, 196 et 199.)

---

6 NOVEMBRE 1819. — Ordonnance du Roi qui autorise l'inscription au Trésor royal de deux cent quatre-vingt-seize pensions militaires. (7, Bull. 182, n° 3141.)

---

6 NOVEMBRE 1817. — Ordonnance du Roi qui maintient et confirme M. le comte de Merode-Westerloo dans sa propriété de l'usine dite Forge-Neuve, située dans le département du Nord. (7, Bull. 193.)

---

6 NOVEMBRE 1817. — Ordonnances du Roi qui accordent des lettres de déclaration de naturalité aux sieurs Van-Praet, Engelke, Ogonowzki, Grobert, de Robaulx, Sigaldy, Francq, Troppini, Giaume dit Jaume, Montébruni, Utzschneider et Soliman. (7, Bull. 184, 188, 192, 198, 201, 248.)

---

6 NOVEMBRE 1817. — Ordonnance du Roi qui permet au sieur Gaulthier d'ajouter à son nom celui d'Aubeterre. (7, Bull. 181.)

---

6 NOVEMBRE 1817. — Ordonnance du Roi qui admet les sieurs Humphrey, Falciola, Ameller, Spitzeer et Barbier à établir leur domicile en France. (7, Bull. 181.)

---

12 NOVEMBRE = Pr. 19 DÉCEMBRE 1817. — Ordonnance du Roi portant autorisation de la Société anonyme formée à Paris et à Mulhausen, département du Haut-Rhin, sous le titre de Société lithographique de Mulhausen. (7, Bull. 185, n° 3282.)

Louis, etc.

Sur le rapport de notre ministre secrétaire d'Etat;

Vu la demande formée par plusieurs particuliers, afin d'être autorisés de former à Paris et à Mulhausen, département du Haut-Rhin, une société anonyme sous le nom de *Société de Lithographie de Mulhausen*;

Vu l'acte notarié du 23 août 1816, passé à Mulhausen et renfermant un premier projet de statuts;

Le nouvel acte passé le 18 septembre 1817 par-devant Ebersol, notaire à Mulhausen, lequel modifie le précédent et contient le projet de statuts définitifs;

Les avis du préfet du Haut-Rhin;

Les articles 29 à 37, 40 et 45 du Code de commerce;

Notre Conseil-d'Etat entendu,

Nous avons ordonné et ordonnons ce qui suit :

Art. 1er. La société anonyme formée à Paris et à Mulhausen, département du Haut-Rhin, sous le titre de *Société Lithographique de Mulhausen*, est et demeure autorisée conformément aux statuts dressés le 18 septembre 1817, dont copie sera annexée à la présente ordonnance.

2. Lesdits statuts seront affichés à Mulhausen et à Paris, avec la présente, pendant le temps prescrit par l'article 41 du Code de commerce.

3. Notre ministre de l'intérieur est chargé de l'exécution de la présente ordonnance.

---

12 NOVEMBRE 1817. — Ordonnances du Roi qui accordent des lettres de déclaration de naturalité aux sieurs Murphy, comte Dupas, de Ponchia, Hérard, Roberti, Arietta, Anspach, Strafforéli, Morant, Sauer, Baillon, Schammel, Gentil, Romanetto, Nevv, Philippon, Luison, Turski et Dupont. (7, Bull. 183, 188, 192, 194, 195, 198, 199, 209, 223, 233, 264 et 435.)

---

12 NOVEMBRE 1817. — Ordonnances du Roi qui nomment MM. Redon, Baillardel de Lareinty et Pouyer intendans de la marine à Brest, à Toulon et à Rochefort, et Mullet des Essards commissaire général ordonnateur de la marine à Lorient, etc. (7, Bull. 183, nos 3200, 3201 et 3202.)

---

12 NOVEMBRE 1817. — Ordonnance du Roi qui permet au sieur Robin d'établir une usine pour la fabrication des sulfates de fer et d'alumine dans la commune d'Audelain (Aisne). (7, Bull. 203, n° 3854.)

12 NOVEMBRE 1817. — Ordonnances du Roi qui autorisent l'acceptation de dons et legs faits aux pauvres et hospices des communes de Pernes, Grenoble, Triconville, Condat, Reims, Puyricard, Montaigut, Mansigné, Paris, Monestiès, Beaucaire, Amiens, Mées, Cuers, Toulouse, Saint-Servan, Marolles-lès-Baillis, Belpech, Saint-Hilaire-sous-Lignières, Castellanne, Vannes, Bligny-sur-Ouche, Toulé, Walbourg, Villa-Savary, Surrain, Paray, Limoges et Puligny. (7, Bull. 202 et 203.)

---

12 NOVEMBRE 1817. — Ordonnance du Roi qui nomme M. de Serre président de la Chambre des députés. (7, Bull. 182, n° 3143.)

---

15 NOVEMBRE 1817. — Ordonnance du Roi portant nomination d'élèves au collége royal de la marine à Angoulême. (7, Bull. 183, n° 3203.)

---

18 = Pr. 25 NOVEMBRE 1817. — Ordonnance du Roi concernant la nouvelle organisation du service de la recette et de la comptabilité du Trésor royal à partir du 1er janvier 1818. (7, Bull. 184, n° 3242.)

Voy. ordonnances des 16 SEPTEMBRE 1818 et 8 JUIN 1821.

Louis, etc.

Ayant reconnu, d'après le compte qui nous a été rendu de l'état actuel de l'organisation des caisses intérieures du Trésor royal, que les diverses parties de cette organisation, formées à des époques différentes, ne sont pas suffisamment coordonnées entre elles;

Qu'il est nécessaire de compléter et en même temps de simplifier les dispositions utiles qui ont été précédemment adoptées dans cette partie de l'administration des finances;

Considérant que le mode de contrôle établi depuis le 1er janvier 1808, pour le service des recettes dans les caisses extérieures du Trésor royal, doit être également appliqué aux caisses intérieures;

Qu'il est indispensable, en outre, que le compte de toutes les opérations de ces dernières caisses soit soumis chaque année, d'après des règles uniformes, au jugement de notre cour des comptes;

Voulant enfin diminuer, autant que possible, les frais de l'administration des finances;

Sur le rapport de notre ministre secrétaire d'Etat des finances,

Nous avons ordonné et ordonnons ce qui suit :

Art. 1er. Les caisses actuellement existantes au Trésor royal sous les titres de *caisse générale*, *caisse des recettes*, *caisse des dépenses*, et *caisse de service*, ainsi que toutes les caisses secondaires qui en dépendent, sont et demeurent supprimées à partir du 1er janvier 1818.

Les soldes matériels existant dans lesdites caisses, tant en numéraire qu'en valeurs liquides de portefeuille, seront, en conséquence, constatés le 31 décembre de l'année courante, et versés dans la caisse centrale et de service créée par l'article 3 de la présente ordonnance.

2. Une commission nommée par nous, et composée de trois membres de notre Conseil-d'Etat, auxquels il sera adjoint deux inspecteurs généraux des finances, constatera la situation des caisses désignées dans l'art. 1er, et proposera successivement à l'approbation de notre ministre secrétaire d'Etat des fi-

nances les mesures propres à accélérer la liquidation, l'apurement et la régularisation définitive des opérations faites par ces caisses.

3. A dater du 1er janvier 1818, les recettes et dépenses qui s'effectueront au Trésor royal à Paris, tant en numéraire qu'en valeurs de portefeuille, seront faites au nom et sous la responsabilité d'un seul comptable, qui prendra le titre de *caissier de la caisse centrale et de service du Trésor royal.*

4. Le caissier central institué par l'article précédent aura sous ses ordres des caissiers dont le nombre et les fonctions seront déterminés d'après les convenances et les besoins du service.

5. Ces caissiers seront comptables envers le caissier central, qui dirigera immédiatement leurs opérations sous sa propre responsabilité.

6. Le caissier central de notre Trésor royal sera nommé par nous, sur la présentation de notre ministre secrétaire d'Etat des finances; il prêtera serment devant notre cour des comptes.

7. Le cautionnement du caissier central est fixé à la somme de cent vingt mille francs en numéraire.

8. Un des inspecteurs généraux des finances sera spécialement chargé de suivre et de contrôler toutes les opérations de cet agent principal et celles des caissiers placés sous ses ordres.

9. Le caissier central de notre Trésor royal délivrera des récépissés à talons, rédigés conformément au modèle annexé à la présente ordonnance, pour toutes les recettes faites à Paris et pour tous les envois qui lui seront adressés, tant en numéraire qu'en valeurs de portefeuille.

Ces récépissés devront être visés dans les vingt-quatre heures par l'inspecteur général chargé du contrôle des caisses, ou par l'agent auquel il aura été autorisé à déléguer cette fonction; ledit inspecteur général, ou l'agent délégué, devra, en outre, au moment du *visa*, séparer et retirer les talons de récépissés.

10. Le caissier central ne pourra, sous aucun prétexte, différer la remise des récépissés que les parties intéressées auront à recevoir en échange de leurs versemens.

11. Tout récépissé d'une autre forme que celle dont le modèle est ci-joint, ou dont le talon n'aurait pas été remis à l'inspecteur général chargé du contrôle des caisses, ou enfin qui n'aurait pas été visé par lui, n'opérerait pas la décharge des comptables, agens ou débiteurs publics envers notre Trésor royal. En conséquence, les articles 9, 10 et 11 de la présente ordonnance seront affichés dans les bureaux de la caisse centrale, et il sera donné la plus grande publicité aux dispositions que ces articles renferment.

12. Le caissier central ne pourra, sans une autorisation expresse, disposer d'aucune partie des fonds et valeurs dont le dépôt lui sera confié.

13. Le caissier central de notre Trésor sera justiciable de notre cour des comptes, à laquelle il présentera le compte de ses recettes et dépenses de chaque année, avec les pièces justificatives, dans les six premiers mois de l'année suivante.

Ce compte ne comprendra que les opérations faites pendant l'année expirée, et sera rédigé dans la forme que déterminera notre ministre secrétaire d'Etat des finances.

14. Les recettes portées dans le compte final du caissier central seront justifiées par les talons de récépissés que l'inspecteur général des finances chargé du contrôle des caisses aura retenus, en exécution de l'article 9 de la présente ordonnance: ces talons seront transmis à notre cour des comptes, suivant le mode qui sera déterminé par notre ministre secrétaire d'Etat des finances.

15. Tous ceux des agens de notre Trésor royal qui seront directement justiciables de notre cour des comptes auront qualité pour donner décharge valable au caissier central, et leurs récépissés libéreront ce comptable auprès de ladite cour.

16. Notre ministre des finances est chargé de l'exécution de la présente ordonnance.

RÉCÉPISSÉ.

CAISSE CENTRALE
ET DE SERVICE
DU TRÉSOR ROYAL.

N°
du livre-journal.

Extrait de l'ordonnance du Roi du

article

BORDEREAU DES VALEURS REÇUES.

Or et argent . . . . }
Cuivre et billon . . . . . . }

. . . . . .
. . . . . .
. . . . . .

Total. . . . .

*Je soussigné, caissier de la caisse centrale de service du Trésor royal, reconnais avoir reçu d   la somme d
dans les valeurs détaillées ci-dessus, pour*

A Paris, le   181

Le caissier central du Trésor royal,

N°   du contrôle.

Visé par nous inspecteur général des finances, chargé de contrôler les recettes et dépenses de la caisse centrale du Trésor.

A Paris, le   181

L'inspecteur général des finances,

CAISSE CENTRALE ET DE SERVICE DU TRÉSOR ROYAL.

TALON DE RÉCÉPISSÉ.

CAISSE CENTRALE ET DE SERVICE
DU TRÉSOR ROYAL.

BORDEREAU DES VALEURS REÇUES.

Or et argent. . . . . }
Cuivre et bill. . . . . }

. . . . . .
. . . . . .
. . . . . .
. . . . . .

Total. . . .

*Versé au caissier de la caisse centrale et de service du Trésor, par
pour*

Le   181

Le caissier central du Trésor royal,

N°   du contrôle.

18=Pr. 25 NOVEMBRE 1817. — Ordonnance du Roi relative à la nouvelle organisation du service de la dépense et de la comptabilité du Trésor royal, à partir du 1er janvier 1818. (7, Bull. 184, n° 3243.)

Louis, etc.

Ayant reconnu, d'après le compte qui nous a été rendu de l'état actuel du service des dépenses, que les fonctions attribuées aux quatre payeurs généraux ont éprouvé des modifications telles, que ces agens n'ont pu remplir qu'imparfaitement le but de leur institution;

Considérant qu'en apportant d'utiles simplifications dans les rapports établis entre les divers préposés qui concourent à ce service, il est possible d'obtenir en même temps des réductions dans les frais de l'administration des finances;

Voulant enfin assurer, en ce qui concerne le jugement des comptes de ces mêmes agens, l'exécution de la loi du 16 septembre 1807;

Sur le rapport de notre ministre secrétaire d'Etat des finances,

Nous avons ordonné et ordonnons ce qui suit :

Art. 1er. A partir du 1er janvier 1818, les payeurs généraux des dépenses de la guerre, de la marine, de la dette publique et des dépenses diverses, créés par l'arrêté du Gouvernement du 1er pluviose an 8 (février 1800), ainsi que les payeurs des divisions militaires, seront supprimés.

2. A partir de la même époque, le service des dépenses de notre Trésor royal sera dirigé sous les ordres de notre ministre secrétaire d'Etat des finances, par un agent supérieur, qui aura le titre de *directeur des dépenses*.

Ce directeur sera nommé par nous, sur la présentation de notre ministre secrétaire d'Etat des finances, et prêtera serment devant notre cour des comptes.

3. Le directeur des dépenses sera chargé de transmettre aux payeurs de notre Trésor royal les extraits d'ordonnances, autorisations et instructions nécessaires pour l'acquittement des dépenses publiques, et il recevra, tous les mois, desdits payeurs, les pièces justificatives de ces mêmes dépenses, afin qu'il puisse avec certitude constater le montant des paiemens régulièrement effectués sur les divers points du royaume, fournir les élémens du contrôle de la situation des payeurs quant à la dépense, transmettre leurs comptes finaux à la cour des comptes, et former, au commencement de chaque année, le compte général des dépenses acquittées pendant l'année précédente.

4. Le directeur des dépenses sera responsable des autorisations de paiement qu'il aura données aux payeurs, et des pièces qui lui auront été envoyées par ces comptables. En conséquence, pour garantie de sa gestion et des acquits confiés à sa garde, il fournira un cautionnement, soit en immeubles, soit en rentes sur l'Etat, de la somme de deux cent mille francs.

5. Les dépenses payables à Paris dans l'intérieur de notre Trésor royal seront acquittées, savoir :

Les dépenses de la dette publique, par un agent qui aura le titre de *payeur principal de la dette publique*,

Et les dépenses des divers ministères, par un agent qui aura le titre de *payeur principal des dépenses des ministères*.

6. Les payeurs principaux de la dette publique et des dépenses des ministères seront nommés par nous, sur la présentation de notre ministre secrétaire d'Etat des finances, et prêteront serment à la cour des comptes. Ils fourniront un cautionnement en numéraire, savoir:

Le premier, de cent mille francs;

Le second, de cent mille francs.

7. Le payeur résidant au chef-lieu de chaque département sera chargé d'acquitter les dépenses de tous nos ministères, excepté dans les villes et ports où il existe des payeurs pour les dépenses de la marine, et à Paris, où le payeur du département de la Seine n'acquittera que les dépenses de la solde.

8. Les payeurs de la marine placés actuellement dans nos ports principaux continueront d'acquitter les dépenses de ce service.

9. Dans les lieux où il ne serait pas établi de préposés spéciaux des payeurs de département, les receveurs généraux continueront de faire acquitter d'office les dépenses publiques, pour le compte des payeurs, par les receveurs particuliers dans l'étendue de chaque arrondissement de sous-préfecture, conformément aux instructions de notre ministre secrétaire d'Etat des finances.

10. Les divers payeurs mentionnés dans les articles 7 et 8 seront nommés par notre ministre secrétaire d'Etat des finances, qui fixera le montant de leurs rétributions; ils prêteront serment devant notre cour des comptes, ou devant les autorités locales.

11. Notre ministre secrétaire d'Etat des finances nous proposera une nouvelle fixation des cautionnemens à fournir au Trésor par les payeurs des départemens et des ports.

12. Les payeurs délivreront, en échange de toutes les sommes qui leur seront envoyées ou versées pour être appliquées aux besoins du service, des récépissés à talon, conformes au modèle ci-joint : ces récépissés libéreront auprès de notre cour des comptes les compta-

es par qui ces fonds auront été remis ou voyés, et nous interdisons auxdits payeurs ute autre recette.

13. Les dépenses publiques continueront être payées sur les ordonnances délivrées r nos ministres, en vertu des budgets et après les crédits que nous leur aurons successivement ouverts.

14. Les payeurs de notre Trésor royal, nt à Paris que dans les départemens et dans s ports, seront, conformément à l'art. 11 e la loi du 16 septembre 1807, directement omptables, envers la cour des comptes, de us les actes de leur gestion.

Dans les trois premiers mois de chaque nnée, ils établiront, suivant la forme qui era réglée par notre ministre secrétaire 'Etat des finances, les comptes finaux de outes les recettes et dépenses composant leur estion pendant l'année précédente.

Chacun de ces comptes de gestion sera divisé par exercices, ministères et chapitres du udget. La recette sera justifiée par les talons es récépissés que le payeur aura fournis aux omptables dont il aura reçu les fonds, et contrôlée par les comptes dans lesquels ces omptables auront produit lesdits récépissés à leur décharge. La dépense sera justifiée par es extraits d'ordonnances, autorisations, uittances et autres pièces que l'ordonnateur aura prescrit d'y joindre.

Les comptes des divers payeurs seront, ainsi que toutes les pièces à l'appui, transmis à notre cour des comptes dans les six premiers mois qui suivront l'année expirée.

15. Le directeur des dépenses sera tenu de présenter à notre cour des comptes, dans le même délai, le compte général des dépenses dont le paiement aura été fait, d'après ses instructions, par les divers payeurs de notre Trésor royal. Ce compte devra offrir la preuve que les dépenses du Trésor n'ont pas excédé le montant des ordonnances ministérielles, et que les limites des crédits assignés à chaque ministère n'ont pas été dépassées. Pour cet effet, il sera divisé par ministères, exercices, chapitres et articles du budget : il se composera, d'une part, des ordonnances originales dont les extraits ou copies auront été adressés au payeur; et, de l'autre, de bordereaux, relevés ou états, dans lesquels sera présenté, suivant les mêmes divisions et avec l'indication des départemens où les dépenses auront été effectuées, le montant des acquits remis à la cour à l'appui du compte de chaque payeur.

16. Faute par les payeurs et par le directeur des dépenses de rendre leurs comptes aux époques fixées par la présente ordonnance, notre cour des comptes pourra les condamner aux amendes et aux autres peines prononcées par les lois et réglemens.

17. Notre ministre des finances est chargé de l'exécution de la présente ordonnance.

MINISTÈRE

DES FINANCES.

TRÉSOR ROYAL.

DÉPARTEMENT OU PORT
d
M
Payeur à

N°
du livre-journal.

N°
de série du récépissé.

Visé par nous préfet du département d

A *le* 181

RÉCÉPISSÉ COMPTABLE

DE FONDS POUR PAIEMENS.

(*Art.* 12 *de l'ordonnance royale du* 18 *novembre* 1817.)

GESTION DE 181

Recette provenant de l'envoi ou versement qui m'a été fait le 181 par M. suivant

SAVOIR :

Numéraire	
Valeurs en portefeuille	
Pièces de dépenses acquittées	
Pour mon compte	
Total	

Je rendrai compte à la cour des comptes, dans mon compte final de la gestion 181 de la somme de

pour les causes ci-dessus.

Fait à le 181

Le payeur d

TALON DE RÉCÉPISSÉ COMPTABLE DE FONDS POUR PAIEMENS.

DÉPARTEMENT OU PORT
de

GESTION DE 181

N°
du livre-journal.

N°
de série du récépissé.

Visé par nous préfet du département d

A *le* 181

Envoi ou versement de fonds du 181 par M. suivant

Fr.

J'ai souscrit, ce jour, mon récépissé comptable de la somme de
pour les causes ci-dessus.

Fait à le 181

Le payeur de

8 = Pr. 25 NOVEMBRE 1817. — Ordonnance du Roi qui détermine, à partir du 1er janvier 1818, un nouveau mode pour les comptes à rendre par les receveurs généraux des finances. (7, Bull. 184, n° 3244.)

Voy. ordonnances des 16 SEPTEMBRE 1818, 26 MAI 1819 et 18 AOUT 1819.

Louis, etc.

Vu les dispositions de la loi du 25 mars 817 relatives aux comptes qui doivent nous re présentés, ainsi qu'aux Chambres, à chaue session, par notre ministre secrétaire 'Etat des finances, pour les opérations financières de l'année précédente;

Considérant que le mode indiqué, dans les rt. 149 et 153 de la loi pour l'établissement e ces comptes généraux par gestion annuelle, oit nécessairement être appliqué au compte e chacun des agens des recettes et dépenses ubliques, comptables envers notre cour des omptes, soit pour prévenir les retards et les ifficultés qu'éprouve habituellement l'apuement des comptes d'exercice, soit afin de rocurer à notre cour des comptes, des renignemens plus complets et des contrôles lus certains;

Désirant faciliter, autant que possible, la bération des receveurs généraux des finanes, et restreindre leurs obligations à cet gard aux actes de leur gestion personnelle;

Vu nos ordonnances de ce jour, par lesuelles nous prescrivons particulièrement application de ces principes à la comptabié du caissier et des payeurs de notre Trébr royal;

Sur le rapport de notre ministre secrétaire 'Etat des finances,

Nous avons ordonné et ordonnons ce qui uit :

Art. 1er. A partir du 1er janvier 1818, et our les années 1818 et suivantes, les comptes que les receveurs généraux des finances endront à la cour, comprendront tous les ctes de leur gestion pendant la durée de haque année : la forme de ces comptes et s justifications à fournir par les comptables eront ultérieurement déterminées par notre inistre secrétaire d'Etat des finances.

2. Le compte de chaque receveur général evra présenter :

1° Le tableau des valeurs existant en caisse en portefeuille, ainsi que la situation du omptable envers le Trésor et envers les orrespondans administratifs, à l'époque où ommence la gestion annuelle;

2° Les recettes et les dépenses de toute nature pendant le cours de cette gestion;

3° Enfin, la situation du receveur général, et le montant des valeurs qui se trouveront dans sa caisse et dans son portefeuille à l'époque où se termine la gestion.

3. La recette comprendra :

Les recouvremens effectués pendant la gestion sur les contributions directes, avec distinction d'exercices;

Les versemens des préposés des administrations des finances;

Les recettes diverses et accidentelles de toute nature;

Les fonds reçus des correspondans particuliers du Trésor royal;

Les sommes versées à titre de dépôt par les départemens, les communes, les hospices, et par tous autres établissemens ou administrations publics;

Enfin toutes les recettes provenant de mouvemens de valeurs, viremens de fonds et autres dispositions de services (1).

4. La dépense se composera :

Des paiemens ou prélèvemens sur la recette brute des contributions directes, pour affectations locales et pour frais de perception, avec distinction d'exercices;

Des paiemens et remboursemens régulièrement autorisés sur les produits indirects et les recettes diverses;

Des fonds employés aux services particuliers des divers correspondans administratifs;

Des versemens et envois de valeurs aux comptables du Trésor;

Des obligations du Trésor acquittées;

Enfin de toutes les opérations de service des receveurs généraux des finances.

5. Chaque receveur général ne sera comptable envers la cour que des actes de sa gestion personnelle.

En cas de mutation des receveurs, le compte de l'année sera divisé suivant la durée de la gestion des différens titulaires; et chacun d'eux rendra compte séparément à la cour, des opérations qui le concerneront, en se conformant aux dispositions des art. 2, 3 et 4 de la présente ordonnance.

6. Les receveurs généraux des finances sont tenus de présenter leurs comptes à la cour dans les six mois qui suivront l'expiration de leur gestion annuelle ou l'époque de la cessation de leurs fonctions.

7. Toutes les dispositions antérieures relatives aux comptes des receveurs généraux des finances sont rapportées, en ce qu'elles

(1) Aux termes de cette ordonnance, les receveurs généraux devaient comprendre, dans eurs comptes, toutes les opérations de leur gesion, soit comme agens directs du Trésor, soit comme correspondans administratifs de divers établissemens publics (27 avril 1829; ord. Mac, 11, 143).

auraient de contraire à la présente ordonnance.

8. Notre ministre des finances est chargé de l'exécution de la présente ordonnance.

---

19 = Pr. 25 NOVEMBRE 1817. — Ordonnance du Roi portant suppression des régisseurs généraux et inspecteurs généraux des poudres et salpêtres. (7, Bull. 184, n° 3245.)

Voy. ordonnance du 15 JUILLET 1818, loi du 10 MARS 1819, et ordonnance du 11 AOUT 1819.

Louis, etc.

Voulant apporter dans l'administration des poudres et salpêtres les mêmes réformes et les mêmes économies que, par notre ordonnance du 17 mai dernier, nous avons prescrites dans les administrations et régies qui dépendent du ministère des finances, en supprimant les régisseurs et administrateurs généraux, pour confier le service à un directeur général;

Considérant que, d'après l'avis de notre Conseil-d'Etat en date du 30 août dernier, la régie des poudres ne doit plus conserver le monopole de la récolte et de la vente du salpêtre, et que son service doit se borner à la fabrication des poudres;

Considérant aussi que cette fabrication doit être immédiatement soumise à la surveillance du corps de l'artillerie, qui, dans l'état actuel des choses, l'exerce par le commissaire placé près de la régie et par les inspecteurs attachés aux poudreries et raffineries;

Sur la proposition de notre ministre secrétaire d'Etat au département de la guerre,

Nous avons ordonné et ordonnons ce qui suit:

Art. 1er. Les régisseurs généraux et inspecteurs généraux des poudres et salpêtres sont supprimés et seront admis à la pension de retraite.

2. La direction générale des poudres est confiée à un lieutenant général du corps de l'artillerie, choisi parmi ceux qui sont en activité de service.

3. Notre ministre de la guerre est chargé de l'exécution de la présente ordonnance.

---

19 = Pr. 25 NOVEMBRE 1817. — Ordonnance du Roi concernant le droit à percevoir à la sortie des chardons cardières. (7, Bull. 184, n° 3247.)

Louis, etc.

Vu nos ordonnances des 30 octobre et 9 novembre 1816, par lesquelles nous avons d'abord décuplé le droit de sortie des chardons cardières, et en avons ensuite défendu l'exportation pour jusqu'au 1er novembre de cette année;

Vu l'article 3 de la loi du 27 mars 1817 qui a confirmé cette dernière mesure;

Attendu que, si la récolte de 1817 permet de lever la prohibition, elle n'a cependant pas été assez abondante pour que les prix se soient rapprochés de ceux des années ordinaires, et pour dispenser de toute sollicitude;

Vu l'insuffisance du droit de six francs douze centimes établi par la loi du 15 mars 1791;

Voulant pourvoir à l'urgence du besoin, en attendant que les Chambres aient, en la présente session, délibéré sur les propositions par lesquelles nous chercherons à concilier l'intérêt de l'agriculture et celui des fabriques de lainage:

A ces causes,

Sur le rapport de notre ministre secrétaire d'Etat des finances;

Notre conseil-d'Etat entendu,

Nous avons ordonné et ordonnons ce qui suit:

Art. 1er. Jusqu'à ce qu'il en soit autrement ordonné, on continuera à percevoir à la sortie des chardons cardières, le droit de soixante-un francs vingt centimes fixé par notre ordonnance du 30 octobre 1816, comme décuple de celui porté au tarif du 15 mars 1791.

2. Notre ministre des finances est chargé de l'exécution de la présente ordonnance.

---

19 NOVEMBRE 1817. — Ordonnance du Roi qui nomme M. le lieutenant général comte Ruty directeur général des poudres. (7, Bull. 183, n° 3246.)

---

19 NOVEMBRE 1817. — Ordonnances du Roi qui accordent des lettres de déclaration de naturalité aux sieurs Spontini, Declercq, Hilert, de Gapany, Pochet, Delvaux, Rodolff, Meige, Gras, Bader, Chapel, Schmon, Weilleir, Deplaye, Navé et Radinski. (7, Bull. 188, 192, 195, 198, 205 et 209.)

---

19 NOVEMBRE 1817. — Ordonnance du Roi qui permet aux sieurs Couturier, Mourain de l'Erbaudière et Bièvre de faire des additions et changemens à leurs noms. (7, Bull. 188.)

---

19 NOVEMBRE 1817. — Ordonnance du Roi qui admet les sieurs Berger, Dies, Cuneo, Tranai et Jahn à établir leur domicile en France. (7, Bull. 184.)

---

19 NOVEMBRE 1817. — Ordonnance du Roi qui fixe la ligne de séparation des deux justices de paix de la ville d'Auch. (7, Bull. 1[illegible] n° 3309.)

19 NOVEMBRE 1817. — Ordonnances du Roi qui autorisent les sieurs Demange et Charmoy à entrer au service de S. M. l'empereur de Russie. (7, Bull. 193.)

19 NOVEMBRE 1817. — Ordonnances du Roi qui autorisent l'acceptation de dons et legs faits aux sœurs hospitalières et aux fabriques des églises de Pontoy, Huismes, Saint-Quentin-la-Motte, Croix-au-Bailly, Saint-Pierre-Eglise, Montels, Fougères et Collobrières. (7, Bull. 199 et 203.)

19 NOVEMBRE 1817. — Ordonnance du Roi qui accorde au sieur d'Auza la concession des mines d'antimoine de la Licouine et de la Bessade, communes d'Ally et de Mercœur (Haute-Loire). (7, Bull. 203, n° 3555.)

19 NOVEMBRE 1817. — Ordonnance du Roi qui fait concession aux sieurs Fargaud, Boeri de Luchat et autres coassociés des mines de houille d'Ahun, Chanteau, la Couchezotte et Fournoux (Creuse). (7, Bull. 204, n° 3862.)

26 NOVEMBRE 1817. — Ordonnance du Roi qui autorise l'inscription au Trésor royal de quarante pensions militaires. (7, Bulletin 185, n° 3283.)

26 NOVEMBRE 1817. — Ordonnance du Roi qui autorise l'inscription de seize pensions du ministère de l'intérieur, mises temporairement à la charge du Trésor royal. (7, Bull. 185, n° 3284.)

26 NOVEMBRE 1817. — Ordonnances du Roi qui autorisent l'acceptation de dons et legs faits aux fabriques des églises de Soissons, Artille, Saint-Jean-aux-Bois, Saint-Thonan, Gueblange, Vittersbourg, Pomeys, Poitiers, Saint-Méard-de Gurçou, Briancourt, Cleguérac et Bonne-Nouvelle de Paris. (7, Bull. 203.)

26 NOVEMBRE 1817. — Ordonnances du Roi qui accordent des lettres de déclaration de naturalité aux sieurs Droz, Dephilippi, Govon Burgat, Pollan, Pierrucci, Ivaldy, Meisser, Hérard, Lambotte, Simon, Passet, Froidure, Hérard, Lambert, Herquinne, Hecquin, Royer, Lecrinier, Alfler, Metz et Vota. (7, Bull. 188, 192, 195, 198, 199, 201, 206, 209 et 324.)

30 NOVEMBRE 1817. — Ordonnance du Roi qui nomme ministre d'Etat le maréchal duc de Reggio, pair de France. (Mon. n° 335.)

3 = Pr. 29 DÉCEMBRE 1817. — Réglement sur les pavillons des navires du commerce. (7, Bull. 186, n° 3310.)

Sa majesté a reconnu que la faculté laissée aux armateurs de choisir les marques à l'aide desquelles ils distinguent leurs navires n'est pas assujétie à une règle constante qui soit propre à faciliter la police des bâtimens dans les rades et ports, comme à prévenir des méprises qui, à la mer, pourraient avoir des suites fâcheuses; et étant informée que les chambres de commerce des places maritimes ont déjà reconnu l'utilité des dispositions qu'elle s'est déterminée à prescrire;

Sur le rapport du ministre secrétaire d'Etat de la marine et des colonies,

Elle a ordonné et ordonne ce qui suit:

Art. 1er. Conformément à l'ordonnance de 1765 (art. 236, titre XIX), les armateurs de navires continueront d'avoir la faculté de joindre une *marque de reconnaissance* au pavillon français.

2. Un pavillon spécial sera affecté à chacun des arrondissemens maritimes.

Ces pavillons, dénommés *signe d'arrondissement*, seront conformes au tableau annexé au présent réglement, pour les navires immatriculés dans les ports, savoir:

Arrondissement maritime de Cherbourg.	1° Depuis Dunkerque jusqu'à Honfleur inclusivement, Une cornette à quatre bandes horizontales alternativement bleues et blanches; 2° Depuis Honfleur jusqu'à Granville exclusivement, Un pavillon triangulaire à trois bandes verticales, bleue, blanche et bleue;
Arrondissement de Brest.	3° Depuis Granville jusqu'à Morlaix exclusivement, Une cornette à quatre bandes verticales alternativement bleues et jaunes; 4° Depuis Morlaix jusqu'à Quimper inclusivement, Un pavillon triangulaire parti de bleu et de jaune;
Arrondissement de Lorient.	5° Depuis Quimper jusqu'à Lorient inclusivement, Une cornette à trois bandes horizontales alternativement bleue, rouge et bleue; 6° Depuis Lorient jusqu'à la rive gauche de la Loire inclusivement, Un pavillon triangulaire coupé de bleu et de rouge;
Arrondissement de Rochefort.	7° Depuis la rive gauche de la Loire jusqu'à Royan inclusivement, Une cornette à trois bandes horizontales, verte, blanche et verte; 8° Depuis Royan jusqu'à la frontière d'Espagne, Un pavillon triangulaire à losange vert et coupé de blanc;
Arrondissement de Toulon.	9° Depuis la frontière d'Espagne jusqu'à Marseille inclusivement, Une cornette à quatre bandes horizontales alternativement blanches et rouges; 10° Depuis Marseille jusqu'à la frontière de Piémont, Un pavillon triangulaire à losange rouge et coupé de blanc

3. Les navires immatriculés dans les îles voisines du continent prendront le signe affecté à la partie d'arrondissement maritime dans le ressort duquel lesdites îles sont comprises.

4. Un signe particulier, et conforme au tableau ci-annexé, sera assigné aux navires immatriculés dans les colonies :

Pour les colonies occidentales, un pavillon carré écartelé de bleu et de jaune ;

Pour les colonies orientales et les côtes d'Afrique, un pavillon carré parti de jaune et de rouge.

5. Le guindant des pavillons, dit *signes d'arrondissement*, ne devra pas excéder le quart de la longueur du maître-bau du bâtiment, et le battant n'aura qu'un quart de plus que le guindant.

6. Les armateurs seront tenus de faire connaître au bureau de l'inscription maritime les *marques de reconnaissance* dont ils voudront faire usage, et ils ne pourront les employer qu'après en avoir fait la déclaration, qui sera enregistrée et mentionnée sur le rôle d'équipage du navire.

7. Le pavillon français sera porté à poupe, et, à défaut de mât de pavillon, il sera porté à la corne d'artimon.

Les signes d'arrondissement seront portés à la tête du grand mât.

Les marques de reconnaissance seront hissées en tête du mât de misaine.

Ces signes et marques ne devront jamais être placés à poupe.

8. Les capitaines de navire n'arboreront à la mer leurs *signes d'arrondissement* et *marques de reconnaissance* que lorsqu'ils rencontreront des bâtimens ou qu'ils seront à la vue d'un port.

Quand ces signes et marques seront hissés, le pavillon français devra toujours être déployé.

9. Les capitaines de navires qui seront dans les ports et rades arboreront le pavillon français et leur *signe d'arrondissement* les dimanches et fêtes, et lors des revues d'armement, de départ et de désarmement. Ils pourront, s'ils le jugent convenable, arborer aussi leur *marque de reconnaissance*.

10. Dans les circonstances qui intéresseront la police des ports et rades, celle des convois et celle de l'inscription maritime, les capitaines de navire seront tenus d'arborer leur *signe d'arrondissement*, quand l'ordre leur en sera donné par les commandans, intendans et ordonnateurs de la marine, dans les ports militaires ; par les commissaires en chef de la marine, dans les ports de commerce ; et par les consuls de France, en pays étranger.

11. Le présent réglement sera affiché dans les ports et dans les colonies ; et, deux mois au plus tard après sa publication, les navires du commerce devront être pourvus des pavillons dits *signes d'arrondissement*.

---

3 DÉCEMBRE 1817. — Ordonnance du Roi qui autorise l'inscription de cent une pensions de l'instruction publique, mises temporairement à la charge du Trésor royal. (7, Bull. 185, n° 3285.)

---

3 DÉCEMBRE 1817. — Ordonnance du Roi qui permet au sieur Raboul de Clermont-Mont-Saint-Jean, Cretté, Bouchet, Michel, Goulhot, Pichot et Chatain de faire des additions à leurs noms. (7, Bull. 187.)

---

3 DÉCEMBRE 1817. — Ordonnance du Roi qui admet les sieurs Haleck, Krafft, Hayes, Emeney, de Montalbo de Tabares, Loveday, Ragaly, Roukoskie et Favre à établir leur domicile en France. (7, Bull. 188.)

---

3 DÉCEMBRE 1817. — Ordonnances du Roi qui accordent des lettres de déclaration de naturalité aux sieurs Delamare, Ysebrant, Calame, Sidarious, Clérico, Rablin, Mansour, Schenler, Schaffler, Weber, Geyselaar, Demarie, Ricci, Frings, Tappon, Chénal, Busso, Dietcrick, de Reys, Yemeniz, Novel et Payen. (7, Bull. 188, 192, 195, 201, 209, 227, 231, 233, 250, 275 et 307.)

---

3 DÉCEMBRE 1817. — Ordonnances du Roi qui autorisent l'acceptation de dons et legs faits aux pauvres, aux congrégations et hospices de Tarare, Lyon, Sauvages, Châlons-sur-Saône, Toulouse, Tours, Nancy, Saint-Jean-de-Braye, Mont-de-Laval, Olivet, Douai, Pagny-la-Ville, Cubzac, Fougères, Draguignan, Saint-Roch de Paris, Callas, Bordeaux, Boulogne, Grenoble, Toulouse et Saint-Remi. (7, Bull. 203 et 204.)

---

3 DÉCEMBRE 1817. — Ordonnance du Roi contenant réglement sur l'exercice de la profession de boulanger dans les villes de Castres, Gaillac, Lavaur, Rabastens, Morlaix, Macon et Sédan. (7, Bull. 204.)

---

4 DÉCEMBRE 1817. — Ordonnance du Roi qui accorde des lettres de déclaration de naturalité au sieur Lizé. (7, Bull. 191.)

---

9 DÉCEMBRE 1817. — Ordonnance du Roi qui accorde des lettres de déclaration de naturalité au sieur baron de Plessen. (7, Bull. 159.)

---

10 = Pr. 19 DÉCEMBRE 1817. — Ordonnance du Roi qui prescrit des mesures pour la mise en vente de la partie des bois affectés à la dota-

tion de la caisse d'amortissement dont la loi du 25 mars 1817 a autorisé l'aliénation à partir de 1818. (7, Bull. 185, n° 3278.)

Louis, etc.

Vu l'article 145 de la loi sur les finances du 25 mars dernier, portant :

« La caisse d'amortissement ne pourra « aliéner les bois affectés à sa dotation qu'en « vertu d'une loi. Elle est seulement autori« sée à mettre en vente, à partir de 1818, « jusqu'à concurrence de cent cinquante « mille hectares de bois, en se conformant « aux formalités établies pour la vente des « propriétés publiques. »

Sur le rapport de notre ministre secrétaire d'Etat des finances,

Nous avons ordonné et ordonnons ce qui suit :

Art. 1er. Notre ministre secrétaire d'Etat des finances pourvoira à la vente de cent cinquante mille hectares de bois, autorisée par la loi précitée, et déterminera, de concert avec le directeur général de la caisse d'amortissement, la quantité qui sera aliénée chaque année.

2. Chacun des bois à vendre sera estimé, en fonds et superficie, par un expert qui sera nommé par le préfet, sur la proposition du directeur des domaines et forêts.

3. Les ventes seront faites, à la diligence du directeur général de l'enregistrement et des domaines et forêts, au chef-lieu de l'arrondissement de la situation des bois, devant le préfet ou le fonctionnaire qu'il aura délégué pour le remplacer, et en présence du directeur ou d'un inspecteur et d'un autre préposé des domaines et forêts.

4. Notre ministre des finances déterminera le mode de vente et de paiement par un cahier de charges qui contiendra les diverses conditions de la vente.

5. Les adjudicataires seront tenus :

1° D'acquitter, dans les vingt jours de l'adjudication, les droits d'enregistrement et de timbre déterminés par les lois;

2° De verser dans la caisse du receveur des domaines un et demi pour cent du prix principal de l'adjudication, pour tous autres frais qui seront à la charge du Trésor royal.

6. Le produit d'un et demi pour cent qui aura été perçu d'après le précédent article sera versé au Trésor royal.

Notre ministre des finances pourra distribuer une portion de ce produit, à titre d'indemnité, au profit des agens des domaines et forêts et des employés des préfectures et sous-préfectures qui auront concouru le plus efficacement aux opérations et aux résultats des ventes.

7. Les préfets et magistrats de l'ordre judiciaire feront poursuivre, en vertu des articles 2, 3 et 4 de la loi du 10 juillet 1791 et 412 du Code pénal, tout individu qui troublerait la liberté des enchères et chercherait à écarter les enchérisseurs, soit par des menaces, soit par des dons ou des promesses d'argent.

8. Notre ministre des finances est chargé de l'exécution de la présente ordonnance.

---

10 = Pr. 19 DÉCEMBRE 1817. — Ordonnance du Roi qui constitue en direction générale des subsistances militaires la régie provisoire créée par l'ordonnance du 21 mai dernier. (7, Bull. 185, n° 3279.)

Voy. ordonnances des 30 JANVIER 1821, 28 AOUT et 30 DÉCEMBRE 1822, 26 NOVEMBRE 1823 et du 8 JUIN 1825.

Louis, etc.

Vu notre ordonnance du 21 mai dernier, qui établit provisoirement, et comme régie simple, la régie générale des subsistances militaires;

Voulant constituer cette administration avec plus de force et d'unité;

Sur le rapport de notre ministre secrétaire d'Etat au département de la guerre;

De l'avis de notre Conseil,

Nous avons ordonné et ordonnons ce qui suit :

Art. 1er. La régie provisoire créée par notre ordonnance du 21 mai dernier, sera constituée en *direction générale des subsistances militaires.*

Le service de la direction générale commencera au 1er janvier prochain.

2. Le directeur général sera nommé par nous, sur la proposition de notre ministre de la guerre.

3. Le directeur général aura sous ses ordres trois administrateurs et quatre inspecteurs généraux qui seront nommés par nous, sur la proposition de notre ministre de la guerre, et de l'avis du directeur général.

Il pourra y avoir en sus, pour le service de l'armée d'occupation et pendant sa durée, deux adjoints aux administrateurs ou inspecteurs généraux.

4. Le directeur général correspondra avec les préfets, les intendans militaires et autres fonctionnaires civils ou militaires qui doivent ou peuvent concourir au service des subsistances;

Le tout sans préjudice de la correspondance directe que lesdits fonctionnaires doivent entretenir avec notre ministre de la guerre.

5. La direction générale sera divisée en deux sections, dont chacune aura ses comptabilités distinctes, tant en deniers qu'en matières.

La première section comprendra les achats jusqu'au versement dans les magasins.

La seconde comprendra la garde et la conservation, la manutention et le service proprement dit.

6. Le reste de l'organisation sera déterminé, d'après ces bases, par notre ministre de la guerre, de l'avis du directeur général.

7. Notre ministre de la guerre est chargé de l'exécution de la présente ordonnance.

---

10 DÉCEMBRE 1817 = Pr. 7 JANVIER 1818. — Ordonnance du Roi portant approbation du traité passé entre le maire de la ville de Bordeaux et les maisons de commerce y désignées, pour la négociation des deux mille cent vingt-neuf obligations au porteur, créées par l'ordonnance royale du 29 octobre 1817. (7, Bull. 190, n° 3416.)

Louis, etc.

Vu notre ordonnance du 29 octobre dernier par laquelle nous autorisons notre bonne ville de Bordeaux à créer et à négocier deux mille cent vingt-neuf obligations au porteur, de mille francs chacune, remboursables dans l'espace de douze années;

Vu le traité pour la négociation de ces obligations, passé, le 1er décembre suivant, entre le maire de notre bonne ville de Bordeaux, d'une part, et quatre maisons de commerce de ladite ville, d'autre part;

Vu l'approbation donnée à ce traité par le préfet de la Gironde;

Voulant faire jouir sans délai notre bonne ville de Bordeaux des avantages que lui assure la réalisation d'un emprunt destiné à subvenir à ses dépenses;

Sur le rapport de notre ministre secrétaire d'Etat au département de l'intérieur,

Nous avons ordonné et ordonnons ce qui suit :

Art. 1er. Le traité passé, le 1er du présent mois de décembre, entre le maire de notre bonne ville de Bordeaux, agissant au nom de la ville, et les sieurs Barton et Guestier, Balguerie-Sarget et compagnie, Portal et compagnie, et Dufour de Barthe, agissant tous les quatre au nom de leur maison de commerce, est approuvé.

2. Le paiement des intérêts et celui des primes, et le remboursement des obligations, auront lieu conformément aux deux tableaux ci-annexés.

3. Le tirage des obligations commencera au 1er juin 1818, et il continuera à s'opérer de six mois en six mois.

Les présidens de la chambre et du tribunal de commerce de notre bonne ville de Bordeaux, et le syndic de la chambre des notaires de l'arrondissement, seront invités par le maire à assister au tirage.

4. Chaque année, il sera porté à l'article 1er des dépenses extraordinaires de la ville de Bordeaux la somme nécessaire pour acquitter :

1° Les intérêts de la somme empruntée à échoir dans le cours de l'année;

2° Les obligations qui sortiront dans les deux tirages de chaque année;

3° Les primes attachées à chacune de ces obligations.

5. Le paiement des intérêts des obligations à rembourser et des primes qui leur sont attachées aura lieu à la caisse municipale, du 1er au 20 juillet et du 1er au 20 janvier de chaque année.

6. Le produit des ventes des terrains du Château-Trompette est affecté par privilége spécial, et subsidiairement aux revenus de toute nature de notre bonne ville de Bordeaux, au remboursement des deux mille cent vingt-neuf obligations. A cet effet, il sera inséré dans le cahier des charges, lors de la vente desdits terrains, que les acquéreurs ne seront valablement libérés des sommes qu'ils auraient à payer à la ville, dans le semestre qui suivra le jour de l'ouverture des paiemens aux porteurs des obligations, qu'après que les syndics de l'emprunt ci-dessus désigné, article 3, auront déclaré, à la fin du premier mois de ce semestre, qu'il n'existe aucune plainte de refus de paiement fait à des porteurs d'obligations exigibles.

7. Le maire de notre bonne ville de Bordeaux fournira, dans le mois qui précédera l'ouverture des paiemens, aux syndics de l'emprunt, le bordereau des sommes existant dans la caisse municipale, destinées au paiement des intérêts des obligations et des primes.

8. Les quatre maisons de commerce contractantes pourront anticiper le versement des sommes prêtées par elles, à la charge d'en prévenir le maire quinze jours à l'avance. Ces versemens ne pourront s'opérer que par des sommes multiples de mille francs, et qui ne pourront être au-dessous de vingt mille francs.

9. Les intérêts des obligations qui, au 1er juillet 1818, se trouveraient encore déposées entre les mains du maire, seront payés aux quatre maisons de commerce contractantes; les intérêts des obligations qui auraient été précédemment délivrées seront payés aux porteurs.

10. Les dispositions de notre ordonnance du 29 octobre sont maintenues en tout ce qui n'est pas contraire à la présente.

11. Nos ministres de l'intérieur et des finances sont chargés de l'exécution de la présente ordonnance.

TRAITÉ.

Le maire ayant fait connaître les dispositions de l'ordonnance royale du 29 octobre dernier qui autorise la ville de Bordeaux à créer deux mille cent vingt-neuf obligations de mille francs chacune, remboursables dans douze années;

Ayant fait espérer qu'une seconde ordonnance royale réglerait différemment l'amortissement, et ajouterait encore aux garanties qui étaient données aux susdites obligations;

Ayant ensuite fait connaître que le placement en détail des deux mille cent vingt-neuf obligations ne pourrait pas s'opérer par la caisse municipale, que cependant, les besoins de la ville et les travaux du Château-Trompette exigeaient que des versemens de fonds réguliers et prochains fussent assurés à la caisse municipale contre la valeur des susdites obligations, il a proposé de les aliéner à un prix déterminé.

Les quatre maisons de commerce soussignées s'étant réunies pour seconder les vues de M. le maire et concourir à ses desseins;

Après plusieurs conférences, il a été arrêté et conclu le présent traité;

Art. 1er. Les quatre maisons verseront deux millions en espèces dans la caisse municipale, pour prix de la vente, cession et transport de deux mille cent vingt-neuf obligations de mille francs chacune.

2. Chacune de ces maisons en son particulier concourra dans ce versement pour un quart.

3. Les paiemens auront lieu au fur et à mesure de la délivrance des obligations, mille francs contre une obligation.

4. Il est convenu que la délivrance des obligations aura lieu,

Deux cent vingt-neuf obligations le 1er janvier 1818; deux cent le 15 dudit; cent cinquante dito le 1er février; cent quatre-vingts dito le 15 dudit; deux cent cinquante dito le 5 mars; cent dito le 1er avril; cent dito le 1er mai; cent dito le 1er juin; cent dito le 1er juillet; cent dito le 1er août; cent dito le 1er septembre; cent dito le 1er octobre; cent dito le 1er novembre; cent dito le 1er décembre; deux cent vingt dito le 1er janvier 1819.

Dans la délivrance de janvier 1818, les quatre maisons recevront gratuitement cent vingt-neuf obligations, en exécution de l'article 1er.

5. La totalité des obligations étant aliénée aux quatre maisons par le présent traité, il est convenu que toutes les obligations seront confectionnées dans le mois de janvier, et déposées soudain dans une caisse à deux clefs qui restera chez le receveur municipal; une des clefs sera remise au syndic des quatre maisons.

Toutes les relations nécessitées à l'effet du présent article auront lieu entre le maire et un des actionnaires nommé par les quatre maisons, lequel agira seul pour tous les autres.

6. Les quatre maisons se réservent la faculté d'avoir à leur disposition les obligations aux époques qui pourront leur convenir, et en avance de celles déterminées par l'article 4, mais néanmoins toujours contre versement en espèces.

7. A la dernière délivrance des obligations, il sera fait un compte d'intérêt à raison de demi pour cent par mois, sur les paiemens qui auraient été faits à des époques plus rapprochées que celles déterminées par l'article 4.

8. Le maire prend l'engagement, au nom de la ville, qu'il ne sera fait aucun emprunt, qu'il ne sera créé aucune obligation au porteur pendant trois années de ce jour, sauf néanmoins le cas de force majeure.

9. Le présent traité sera soumis au préfet, avec invitation de solliciter S. M. d'y accorder son approbation.

---

10 DÉCEMBRE 1817. — Ordonnance du Roi qui nomme M. le lieutenant général comte Dejean directeur général des subsistances militaires. (7, Bull. 185, n° 3280.)

---

10 DÉCEMBRE 1817. — Ordonnance du Roi qui autorise l'inscription au Trésor royal de trente-deux pensions civiles. (7, Bull. 186, n° 3316.)

---

10 DÉCEMBRE 1817. — Ordonnance du Roi qui permet au sieur Cornut de la Fontaine d'ajouter à son nom celui de Coincy. (7, Bull. 188.)

---

10 DÉCEMBRE 1817. — Ordonnance du Roi qui admet les sieurs Beck, Olivieri et Witt à établir leur domicile en France. (7, Bull. 188.)

---

10 DÉCEMBRE 1817. — Ordonnances du Roi qui accordent des lettres de déclaration de naturalité aux sieurs Romano, Mancardi, du Seigneur, Vasquiez, Havenstreit, Hai, Delwall, Despotte, Dunoyer, Lecler, Leroy, Baldy, Brandenberg, Biehl, Thibodeau, Nicolas, Thilbourg, Remy, Nennig, Absil et Gallay. (7, Bull. 192, 195, 198, 199, 202, 206, 209, 211, 218, 223 et 278.)

---

10 DÉCEMBRE 1817. — Ordonnances du Roi qui autorisent l'acceptation de dons et legs faits aux fabriques des hospices et aux églises de Carcassonne, Abeilhan, Saint-Quentin-la-Motte-Coix-au-Bailly et Achain. (7, Bull. 204.)

---

10 DÉCEMBRE 1817. — Ordonnances du Roi qui accordent des foires et qui fixent la tenue de celles des communes de Guérande, Boulon, Loué, Questembert, Saint-Bonnet-de-Joux et Ourville. (7, Bull. 206.)

13 DÉCEMBRE 1817 = Pr. 7 JANVIER 1818. — Ordonnance du Roi qui confie à un administrateur le service des subsistances de la marine. (7, Bull. 190, n° 3417.)

Art. 1er. Le service des subsistances de la marine sera confié à un administrateur sous les ordres de notre ministre de ce département.

2. Les employés qui devront composer le personnel de cette administration seront nommés par notre ministre secrétaire d'Etat de la marine et des colonies, sur la présentation de l'administrateur.

3. Notre ministre secrétaire d'Etat de la marine et des colonies déterminera, par un réglement général, l'organisation intérieure de l'administration des vivres, les émolumens de l'administrateur, la nature de ses relations avec le ministre, et les formes de la comptabilité.

Ce réglement sera soumis à notre approbation le plus promptement possible.

4. Notre ministre de la marine et des colonies est chargé de l'exécution de la présente ordonnance.

13 DÉCEMBRE 1817. — Ordonnance du Roi qui nomme M. Courson de la Villehélio administrateur des subsistances de la marine. (7, Bull. 190, n° 3418.)

14 DÉCEMBRE 1817. — Ordonnance du Roi portant nomination des administrateurs des subsistances militaires et des inspecteurs généraux attachés à l'administration. (7, Bull. 185, n° 3281.)

17 DÉCEMBRE 1817 = Pr. 5 JANVIER 1818. — Ordonnance du Roi concernant le corps royal du génie. (7, Bull. 189, n° 3370.)

Voy. ordonnances des 2 AOUT 1818, titre 18, et 13 FÉVRIER 1822.

Louis, etc.

Voulant apporter dans les dépenses du personnel de notre corps royal du génie toutes les économies commandées par les circonstances et compatibles avec le service qui lui est confié, sans rien changer néanmoins à sa constitution organique, jusqu'à ce qu'une ordonnance spéciale ait réglé d'une manière définitive le mode et les détails du service du personnel, des troupes et du matériel de cette arme;

Vu nos ordonnances des 12 mai 1814, 6 mars et 22 septembre 1815, concernant l'organisation de ce corps, et qui fixent à quatre cents le nombre de ses officiers;

Considérant que l'état de paix permet de faire une réduction dans le nombre desdits officiers, sans nuire au bien du service;

Sur la proposition de notre ministre secrétaire d'Etat au département de la guerre,

Nous avons ordonné et ordonnons ce qui suit :

Art. 1er. Le nombre des officiers de l'état-major du corps royal du génie sera réduit provisoirement, à dater du 1er janvier 1818, de quatre cents à trois cent cinquante officiers, savoir :

25 colonels, directeurs des fortifications;
25 lieutenans-colonels, commandans du génie dans les places;
55 chefs de bataillon, ingénieurs en chef dans les places et forts;
120 capitaines de première classe,
80 capitaines de seconde classe,
25 lieutenans,
} ingénieurs ordinaires dans les places;
20 élèves sous-lieutenans.

Total, 350 officiers.

2. Le nombre des officiers généraux du corps royal du génie sera réduit à douze, savoir :

Quatre lieutenans généraux, inspecteurs généraux des fortifications;

Huit maréchaux-de-camp, inspecteurs du génie.

3. Les quatre lieutenans généraux composeront, avec le plus ancien maréchal-de-camp du corps du génie, le comité des fortifications. Ils ne seront envoyés en inspection que dans les cas extraordinaires et par mission spéciale; mais ils inspecteront les troupes du génie et les places fortes où il y aurait des travaux importans, au moins tous les trois ans.

4. Les maréchaux-de-camp seront chargés des inspections ordinaires et annuelles, selon les besoins du service, et d'après l'état des arrondissemens d'inspection, qui sera déterminé chaque année.

5. Dans le nombre des huit maréchaux-de-camp inspecteurs ordinaires du génie, trois seront commandans des écoles régimentaires de cette arme, et seront, en outre, chargés de l'inspection des arrondissemens qui leur seront affectés : ils auront leur résidence dans les

places où seront lesdites écoles; et celui qui résidera à Metz sera de plus commandant de l'arsenal du génie.

6. Les quatre autres maréchaux-de-camp du génie seront inspecteurs des arrondissemens qui leur seront assignés chaque année: deux d'entre eux seront appelés au comité des fortifications, pendant qu'ils ne seront pas en tournée, et y auront voix délibérative. Un de ces quatre inspecteurs remplira l'emploi de commandant du dépôt des fortifications, ou de l'école d'application des élèves de l'artillerie et du génie, lorsque ce sera au corps du génie à l'exercer.

7. Les vingt-cinq directions des fortifications seront en conséquence toutes confiées aux colonels du corps royal du génie; à leur défaut, et en cas d'absence, elles pourront être gérées par les lieutenans-colonels de ce corps.

8. Les directeurs des fortifications correspondront directement avec notre ministre secrétaire d'Etat au département de la guerre pour tous les objets du service, et conformément au mode suivi jusqu'à ce jour.

9. Les officiers du génie actuellement en activité de service qui excèdent, dans chaque grade, le nombre fixé par l'article 1er de la présente ordonnance, seront mis à la solde d'expectative pendant l'année 1818.

10. Les emplois qui viendront à vaquer pendant l'année prochaine, dans le nombre de ceux qui sont déterminés par le même article, seront donnés aux officiers de ce corps admis à la solde d'expectative, ou qui sont actuellement en non-activité, à l'exception de ceux qui seront jugés susceptibles d'obtenir leur pension de retraite.

11. Notre ministre de la guerre est chargé de l'exécution de la présente ordonnance.

---

17 DÉCEMBRE 1817 = Pr. 13 JANVIER 1818. — Ordonnance du Roi concernant le corps royal de l'artillerie. (7, Bull. 191, n° 3433.)

Voy. ordonnances des 2 AOUT 1818, titre 17, et 13 FÉVRIER 1822.

Louis, etc.

Voulant apporter dans les dépenses du personnel de l'état-major de notre corps royal de l'artillerie toutes les économies commandées par les circonstances actuelles et qui sont compatibles avec le service qui lui est confié, sans rien changer néanmoins à la constitution organique que lui a donnée notre ordonnance du 22 septembre 1815, jusqu'à ce qu'une ordonnance spéciale ait réglé définitivement le mode et les détails du service du personnel, des troupes et du matériel de cette arme;

Vu nos ordonnances et nos décisions postérieures à celle de réorganisation de ce corps qui ont porté à trois cent quarante-cinq le nombre des officiers supérieurs et particuliers de l'état-major d'artillerie;

Considérant que l'état de paix permet de faire une réduction dans le nombre de ces officiers, sans nuire au bien du service;

Sur la proposition de notre ministre secrétaire d'Etat au département de la guerre,

Nous avons ordonné et ordonnons ce qui suit:

Art. 1er. Le nombre des officiers composant l'état-major du corps royal de l'artillerie sera réduit provisoirement, à dater du 1er janvier 1818, de trois cent quarante-cinq à trois cents officiers,

Dont 32 colonels directeurs d'artillerie, et y compris les services des manufactures d'armes, forges et fonderies;

22 lieutenans-colonels, } sous-directeurs, inspecteurs d'établissemens et commandans
76 chefs de bataillon, } d'artillerie des places;

44 capitaines de première classe, } commandans d'artillerie dans les places et inspec-
32 capitaines de seconde classe, } teurs des poudreries;

54 capitaines en résidence fixe dans les places;
40 élèves sous-lieutenans.

Total, 300 officiers.

2. Les officiers d'artillerie actuellement en activité de service qui excèdent, dans chaque grade, le nombre fixé par l'article précédent, seront mis à la solde d'expectative pendant l'année 1818.

3. Les emplois qui viendront à vaquer, dans le courant de l'année prochaine, dans le nombre de ceux qui sont déterminés par l'article 1er, seront donnés aux officiers de ce corps admis à la solde d'expectative, ou qui sont actuellement en non-activité, à l'exception de ceux qui seront jugés susceptibles d'obtenir leur pension de retraite.

4. Les emplois des deux maréchaux-de-camp adjoints au comité central de l'artillerie sont supprimés; le nombre des maréchaux-de-camp employés au service de l'arme de l'artillerie sera en conséquence réduit à dix,

Dont huit commandans des écoles d'artillerie;

Un commandant de l'école d'application des élèves de l'artillerie et du génie, lorsque le corps de l'artillerie doit en avoir le commandement;

Un membre du comité central.

Ce dernier emploi sera rempli par le plus ancien maréchal-de-camp du corps royal de l'artillerie.

5. Le nombre des lieutenans généraux du corps royal de l'artillerie en activité de service reste fixé à huit, dont un rapporteur du comité central et un directeur général des poudres, formant, avec le plus ancien maréchal-de-camp, le comité central, et étant seuls chargés des inspections générales du personnel, des troupes et du matériel de l'arme.

6. Notre ministre de la guerre est chargé de l'exécution de la présente ordonnance.

---

20 DÉCEMBRE 1817 = Pr. 22 MAI 1820. — Lettres-patentes du Roi portant institution de diverses pairies. (7, Bull. 369, n° 8724.)

La pairie de M. Claude-Antoine-Gabriel, duc de Choiseul, lieutenant général, etc., créé pair de France par ordonnance royale du 4 juin, a été instituée héréditairement sous le titre de Duc;

La pairie de M. Armand-Charles-Augustin de la Croix, duc de Castries, lieutenant général, etc., créé pair par ordonnance royale du 4 juin 1814, a été instituée héréditairement sous le titre de Duc;

La pairie de M. Philippe-Louis-Marc-Antoine de Noailles, prince de Poix, grand d'Espagne de la première classe, etc., créé pair par ordonnance royale du 4 juin 1814, a été instituée héréditairement sous le titre de Duc;

La pairie de M. Ambroise-Polycarpe de la Rochefoucauld, duc de Doudeauville, grand d'Espagne de la première classe, etc., créé pair par ordonnance royale du 4 juin 1814, a été instituée héréditairement sous le titre de Duc;

La pairie de M. François-Christophe de Kellerman, duc de Valmy, maréchal de France, etc., créé pair par ordonnance royale du 4 juin 1814, a été instituée héréditairement sous le titre de Duc;

La pairie de M. Napoléon Bessières, fils aîné du feu maréchal Bessières, duc d'Istrie, créé pair par ordonnance royale du 17 août 1815, a été instituée héréditairement sous le titre de Duc;

La pairie de M. Napoléon Lannes, fils aîné du feu maréchal duc de Montebello, créé pair par ordonnance royale du 17 août 1815, a été instituée héréditairement sous le titre de Duc;

La pairie de M. François-Félix-Dorothée Berton des Balbes, comte de Crillon, lieutenant général, etc., nommé duc suivant lettres-patentes du 12 juillet 1817, créé pair par ordonnance royale du 17 août 1815, a été instituée héréditairement sous le titre de Duc;

La pairie de M. Nicolas-François-Sylvestre Regnier, duc de Massa, créé pair par ordonnance royale du 10 juillet 1816, a été instituée héréditairement sous le titre de Duc;

La pairie de M. Charles-Georges, marquis de Clermont-Gallerande, lieutenant général, créé pair par ordonnance royale du 4 juin 1814, a été instituée héréditairement sous le titre de Marquis;

La pairie de M. Hilaire Rouillé Ducoudray de Boissy, confirmé, par lettres-patentes du 2 août 1817, dans la possession du titre de marquis, créé pair par ordonnance royale du 17 août 1815, a été instituée héréditairement sous le titre de Marquis;

La pairie de M. Henri-Evrad de Dreux, marquis de Brézé, baron de Berrye, grand-maître des cérémonies, etc., créé pair par ordonnance royale du 17 août 1815, a été instituée héréditairement sous le titre de Marquis;

La pairie de M. Louis-Charles-Victor, comte de Caraman, maréchal-de-camp, etc., ambassadeur, etc., créé pair par ordonnance royale du 17 août 1815, a été instituée héréditairement sous le titre de Marquis;

La pairie de M. Anne-Bernard-Antoine marquis de Raigecourt-Gournay, maréchal-de-camp, créé pair par ordonnance royale du 17 août 1815, a été instituée héréditairement sous le titre de Marquis;

La pairie de M. François comte Barthélemy, ministre d'Etat, vice-président de la Chambre des pairs, créé pair par ordonnance royale du 4 juin 1814, a été instituée héréditairement sous le titre de Marquis;

La pairie de M. Pierre de Riel comte de Beurnonville, maréchal de France, etc., créé pair par ordonnance royale du 4 juin 1814, a été instituée héréditairement sous le titre de Marquis;

La pairie de M. François, comte Barbé de Marbois, ministre d'Etat, etc., créé pair par ordonnance royale du 4 juin 1814, a été instituée héréditairement sous le titre de Marquis;

La pairie de M. François, comte Chasseloup-Laubat, lieutenant général, etc., créé pair par ordonnance royale du 4 juin 1814, a été instituée héréditairement sous le titre de Marquis;

La pairie de M. Henri-Cardin-Jean-Baptiste, comte d'Aguesseau, commandeur, grand-prévôt, maître des cérémonies des ordres du Saint-Esprit et de Saint-Michel, etc., créé pair par ordonnance royale du 4 juin 1814, a été instituée héréditairement sous le titre de Marquis;

La pairie de M. Jean-Pierre-Louis, comte

de Fontanes, ministre d'Etat, etc., créé pair par ordonnance royale du 4 juin 1814, a été instituée héréditairement sous le titre de Marquis;

La pairie de M. le comte Germain Garnier, ministre d'Etat, etc., créé pair par ordonnance royale du 4 juin 1814, a été instituée héréditairement sous le titre de Marquis;

La pairie de M. Arnail-François, comte de Jaucourt, ministre d'Etat, lieutenant général, etc., créé pair par ordonnance royale du 4 juin 1814, a été instituée héréditairement sous le titre de Marquis;

La pairie de M. Pierre-Simon comte de Laplace, membre de l'Académie, etc., créé pair par ordonnance royale du 4 juin 1814, a été instituée héréditairement sous le titre de Marquis;

La pairie de M. Jacques, comte de Maleville, grand-officier de la Légion-d'Honneur, créé pair par ordonnance royale du 4 juin 1814, a été instituée héréditairement sous le titre de Marquis;

La pairie de M. Claude-Emmanuel-Joseph-Pierre comte de Pastoret, commandeur de la Légion-d'Honneur, membre de l'Institut, etc., créé pair par ordonnance royale du 4 juin 1814, a été instituée héréditairement sous le titre de Marquis;

La pairie de M. Charles-Louis Huguet comte de Sémonville, grand référendaire de la Chambre des pairs, etc., créé pair par ordonnance royale du 4 juin 1814, a été instituée héréditairement sous le titre de Marquis;

La pairie de M. Marie-Victor-Nicolas de Fay, comte de la Tour-Maubourg, lieutenant général, etc., créé pair par ordonnance royale du 4 juin 1814, a été instituée héréditairement sous le titre de Marquis;

La pairie de M. Aimé-Marie-Gaspard, comte de Clermont-Tonnerre, maréchal-de-camp, etc., créé pair par ordonnance royale du 17 août 1815, a été instituée héréditairement sous le titre de Marquis;

La pairie de M. Jacques-Alexandre-Bernard Law, comte de Lauriston, lieutenant général, etc., créé pair par ordonnance royale du 17 août 1815, a été instituée héréditairement sous le titre de Marquis;

La pairie de M. Jean-Antoine-Claude-Adrien, comte de Mun, chevalier de Saint-Louis et de la Légion-d'Honneur, créé pair par ordonnance royale du 17 août 1815, a été instituée héréditairement sous le titre de Marquis;

La pairie de M. André-Joseph comte Abrial, grand-officier de la Légion-d'Honneur, créé pair par ordonnance royale du 4 juin 1814, a été instituée héréditairement sous le titre de Comte;

La pairie de M. Jean-Baptiste-Camille, comte de Canclaux, lieutenant général, etc., créé pair par ordonnance royale du 4 juin 1814, a été instituée héréditairement sous le titre de Comte;

La pairie de M. le comte François-Armand Cholet, commandeur de l'ordre de la Légion-d'Honneur, créé pair par ordonnance royale du 4 juin 1814, a été instituée héréditairement sous le titre de Comte;

La pairie de M. le comte Mathieu-Augustin Cornet, grand-officier de la Légion-d'Honneur, créé pair par ordonnance royale du 4 juin 1814, a été instituée héréditairement sous le titre de Comte;

La pairie de M. le comte Pierre-Louis-Davous, commandeur de l'ordre de la Légion-d'Honneur, créé pair par ordonnance royale du 4 juin 1814, a été instituée héréditairement sous le titre de Comte;

La pairie de M. Jean, comte Dembarrère, lieutenant général, etc., créé pair par ordonnance royale du 4 juin 1814, a été instituée héréditairement sous le titre de Comte;

La pairie de M. Gabriel-Marie-Théodore-Joseph, comte de Hédouville, lieutenant général, etc., créé pair par ordonnance royale du 4 juin 1814, a été instituée héréditairement sous le titre de Comte;

La pairie de M. Jean, comte Dupont, commandeur de l'ordre de la Légion-d'Honneur, créé pair par ordonnance royale du 4 juin 1814, a été instituée héréditairement sous le titre de Comte;

La parie de M. Louis-Jean-Baptiste, comte de Gouvion, lieutenant général, etc., créé pair par ordonnance royale du 4 juin 1814, a été instituée héréditairement sous le titre de Comte;

La pairie de M. Pierre-Antoine, comte Herwyn, grand-officier de la Légion-d'Honneur, créé pair par ordonnance royale du 4 juin 1814, a été instituée héréditairement sous le titre de Comte;

La pairie de M. Jean Fabre, comte de Lamartillière, lieutenant général en retraite, etc., créé pair par ordonnance royale du 4 juin 1814, a été instituée héréditairement sous le titre de Comte;

La pairie de M. le comte Jean-Barthélemi le Couteulx de Canteleu, grand-officier de la Légion-d'Honneur, créé pair par ordonnance royale du 4 juin 1814, a été instituée héréditairement sous le titre de Comte;

La pairie de M. Jean-Baptiste, comte Le Brun de Rochemont, commandeur de l'ordre de la Légion-d'Honneur, créé pair par ordonnance royale du 4 juin 1814, a été instituée héréditairement sous le titre de Comte;

La pairie de M. le comte Louis-Nicolas Lemercier, grand-officier de la Légion-d'Honneur, créé pair par ordonnance royale du

4 juin 1814, a été instituée héréditairement sous le titre de Comte;

La pairie de M. Gilles Porcher, comte de Richebourg, commandeur de l'ordre de la Légion-d'Honneur, créé pair par ordonnance royale du 4 juin 1814, a été instituée héréditairement sous le titre de Comte;

La pairie de M. le comte Jérôme Soulès, lieutenant général, etc., créé pair par ordonnance royale du 4 juin 1814, a été instituée héréditairement sous le titre de Comte;

La pairie de M. le comte Nicolas Vimar, grand-officier de la Légion-d'Honneur, créé pair par ordonnance royale du 4 juin 1814, a été instituée héréditairement sous le titre de Comte;

La pairie de M. Philibert-Jean-Baptiste-François-Joseph, comte Curial, lieutenant général, etc., créé pair par ordonnance royale du 4 juin 1814, a été instituée héréditairement sous le titre de Comte;

La pairie de M. le comte François-Antoine de Boissy d'Anglas, grand-officier de la Légion-d'Honneur, créé pair par ordonnance royale du 17 août 1815, a été instituée héréditairement sous le titre de Comte;

La pairie de M. Jean-Dominique, comte Compans, lieutenant général, etc., créé pair par ordonnance royale du 17 août 1815, a été instituée héréditairement sous le titre de Comte;

La pairie de M. Étienne-Narcisse, comte de Durfort, lieutenant général, etc., créé pair par ordonnance royale du 17 août 1815, a été instituée héréditairement sous le titre de Comte;

La pairie de M. François-Nicolas-René de Péruse, comte d'Escars, lieutenant général, etc., créé pair par ordonnance royale du 17 août 1815, a été instituée héréditairement sous le titre de Comte;

La pairie de M. Antoine-François-Claude comte Ferrand, ministre d'Etat, etc., créé pair par ordonnance royale du 17 août 1815, a été instituée héréditairement sous le titre de Comte;

La pairie de M. Auguste-Pierre-Marie Ferron, comte de la Ferronnays, maréchal-de-camp, etc., créé pair par ordonnance royale du 17 août 1815, a été instituée héréditairement sous le titre de Comte;

La pairie de M. François-Emmanuel de Guignard, comte de Saint-Priest, ancien ministre et secrétaire d'Etat, etc., créé pair par ordonnance royale du 17 août 1815, a été instituée héréditairement sous le titre de Comte;

La pairie de M. Raymond de Sèze, premier président de la Cour de cassation, etc., créé pair par ordonnance royale du 17 août 1815, a été instituée héréditairement sous le titre de Comte;

La pairie de M. Charles-Emmanuel-Henri Dambray, maître des requêtes, créé pair par ordonnance royale du 17 août 1815, a été instituée héréditairement sous le titre de Vicomte.

---

20 DÉCEMBRE 1817 = Pr. 22 MAI 1820. — Lettres-patentes qui instituent la pairie héréditaire du duc de Richelieu. (7, Bull. n° 8724.)

Louis, etc.

Par l'article 27 de la Charte constitutionnelle, nous nous sommes réservé la nomination des pairs de France, et nous avons élevé, par notre ordonnance du 4 juin 1814, à la dignité de pair de France notre très-cher, amé et féal cousin Armand-Emmanuel-Sophie-Septimanie, duc de Richelieu, ministre secrétaire d'Etat au département des affaires étrangères, président du conseil des ministres, né à Paris le 25 septembre 1756. En conséquence et en vertu de cette ordonnance, notredit cher, amé et féal cousin, le duc de Richelieu, s'étant retiré par-devant notre garde-des-sceaux et ministre secrétaire d'Etat au département de la justice, afin d'obtenir de notre grace les lettres-patentes qui lui sont nécessaires pour jouir de l'institution de son titre de pairie, nous avons, par ces présentes, signées de notre main, déclaré que la pairie de notredit très-cher, amé et féal cousin, le duc de Richelieu, est et demeure instituée sous le titre héréditaire de *Duc*, que nous lui avons conféré et conférons, pour en jouir par lui et ses descendans directs, naturels et légitimes, de mâle en mâle, par ordre de primogéniture, ou par la ligne collatérale qu'il nous plaira d'y appeler.

Ordonnons que notredit très-cher, amé et féal cousin, duc de Richelieu, prendra rang à la Chambre des pairs, parmi les ducs, lui permettons de se dire et qualifier duc et pair dans tous actes et contrats, tant en jugement que dehors; voulons qu'il soit reconnu partout en ladite qualité, qu'il jouisse des honneurs attachés à ce titre, et que tous les officiers publics le qualifient en outre, en tous actes et contrats le concernant, et dans lesquels il interviendra, de très-noble et très-illustre pair de France. Concédons à lui et à ses successeurs le droit de placer ses armoiries telles qu'elles se comportent, savoir : d'*argent à la croix de gueules qui est de Gènes*, *sur le tout d'argent à trois chevrons de gueules qui est de Richelieu*, sur un manteau d'azur doublé d'hermine, et de les timbrer d'une couronne de pair ou bonnet d'azur cerclé d'hermine et surmonté d'une houppe d'or.

Chargeons notre garde-des-sceaux de l'exécution de la présente ordonnance.

---

23 DÉCEMBRE 1817. — Ordonnance du Roi qui permet aux sieurs baron Thomas, Bretenet, Fougeroux et Silvestre de Villagre, de faire des additions à leurs noms. (7, Bull. 191.)

23 DÉCEMBRE 1817. — Ordonnances du Roi qui accordent des lettres de déclaration de naturalité aux sieurs Volk, Evérard, Parmégiani, Lubin-Dessaix, baron Hottinguer, Bussi, Donche, Martin, Samatrachi, Coulier, Wagner, baron Stoffel, Buscalion, Gallo, Linch, Mullet, Galland-Alloard, Martellin, Panne, Nœufcour, de Lombaert, de Byland, Golieb-Sturmer, Bayer, Coste, Oehlig, Auguste, Caullet, Nivois, Pierre, Cassini, Balenci, Dumont, Ferber, Maréchal, de Meyer, Depigny, Manuel, Cochard dit Cocino, Cipollina, Gaétan, Viviand, Florio, Hakinleimer et Gallini. (7, Bull. 192, 193, 195, 196, 198, 199, 201, 202, 206, 211, 213, 220, 223, 263, 320.)

23 DÉCEMBRE 1817. — Ordonnance du Roi qui admet les sieurs Butigier, Alvayceta et Becerra à établir leur domicile en France. (7, Bull. 193.)

24 DÉCEMBRE 1817 = Pr. 7 JANVIER 1818. — Ordonnance du Roi relative à l'entretien et réparation des bâtimens, clôtures et autres constructions, situés autour des places de guerre au-delà de la distance y déterminée. (7, Bull. 190, n° 3419.)

Voy. loi du 17 JUILLET 1819 et ordonnance du 1er AOUT 1821.

Louis, etc.

La loi du 10 juillet 1791, titre Ier, articles 29 et 30, confirmant en ce point les ordonnances de nos prédécesseurs, avait fixé à mille mètres, comptés de la crête des chemins couverts les plus avancés, la distance à laquelle il était défendu de faire, autour des places de guerre de première classe, des levées en terre ou fossés; et à cinq cents mètres, la distance à laquelle il était défendu de construire ou réparer sans permission les bâtimens et clôtures.

Un décret réglementaire du 9 décembre 1811, assimilant aux levées et fossés les bâtimens et clôtures, a porté à la distance de mille mètres la limite en-deçà de laquelle il est défendu d'élever ou de réparer lesdites constructions.

Un autre réglement, du 14 décembre 1811, en rappelant cette disposition, a fait d'autres modifications à la loi du 10 juillet 1791.

Plusieurs propriétaires de bâtimens, clôtures ou terrains situés entre les deux limites de mille et de cinq cents mètres, ont réclamé contre lesdits réglemens, principalement en ce qui concerne la défense de réparer les bâtimens et clôtures existant avant leur publication. D'autres ont demandé à bâtir entre ces limites sur les terrains nus qu'ils y possèdent. Quelques-uns, enfin, ont demandé qu'on levât les restrictions même apportées par la loi du 10 juillet 1791, principalement autour des places maritimes et de quelques places frontières.

Quel que soit notre désir de concilier les besoins de l'industrie locale avec la défense de l'Etat, nous ne pouvons, sans un examen plus approfondi, prendre une détermination sur l'ensemble des dispositions que renferment la loi du 10 juillet 1791 et les réglemens des 9 et 24 décembre 1811.

Mais il nous a paru que nous pouvions, sans trop affaiblir l'action qu'il importe de conserver à la défense des places, permettre la simple réparation des bâtimens et clôtures qui existent entre la nouvelle et l'ancienne limite, et faire ainsi droit, dès ce moment, à celles des réclamations de nos sujets qui offrent le moins de difficultés et qui exigent une plus prompte décision :

A ces causes,

Sur le rapport de notre ministre secrétaire d'Etat de la guerre,

Nous avons ordonné et ordonnons ce qui suit :

Art. 1er. Les bâtimens, clôtures et autres constructions, situés autour de nos places de guerre, au-delà des cinq cents mètres comptés de la crête de leurs chemins couverts les plus avancés, pourront être entretenus et réparés dans leur état actuel et sans aucune augmentation quelconque.

En cas de difficulté sur la distance ou la nature des travaux, la distance sera mesurée, l'ancien état des lieux sera constaté, et il sera statué sur le tout conformément aux lois et réglemens.

Hors ce cas, les propriétaires ne seront soumis, pour lesdites réparations, à aucune condition ou formalité.

2. Notre ministre de la guerre est chargé de l'exécution de la présente ordonnance.

24 DÉCEMBRE 1817 = Pr. 13 JANVIER 1818. — Ordonnance du Roi portant approbation de l'établissement formé à Paris sous le nom d'Asile de la Providence. (7, Bull. 191, n° 3434.)

Louis, etc.

Sur le rapport de notre ministre secrétaire d'Etat de l'intérieur;

D'après le compte qui nous a été rendu sur l'établissement formé à Paris (1) sous le

(1) Lisez: *hors Paris, près la barrière des Martyrs, commune de Montmartre*, n° 50, Err. Bull. 197.

nom d'*Asile royal de la Providence*, nous avons reconnu que cet établissement, créé en 1804 pour servir de retraite à de pauvres vieillards des deux sexes, par des personnes charitables qui, depuis cette époque, l'ont soutenu en partie par leurs bienfaits, présente un but utile et offre des ressources précieuses à la classe infortunée de nos sujets;

Voulant, en conséquence, consolider cet établissement et lui donner une existence légale;

Notre Conseil-d'Etat entendu,

Nous avons ordonné et ordonnons ce qui suit:

Art. 1er. L'établissement formé à Paris, près la barrière des martyrs, faubourg Montmartre, n° 50, sous le nom d'*Asile royal de la Providence*, est approuvé.

2. Cet établissement est destiné à servir de retraite à de pauvres vieillards ou à des indigens infirmes des deux sexes de la ville de Paris, qui y seront logés, nourris, chauffés, blanchis et éclairés, tant en santé qu'en maladie.

3. Le nombre des places de l'établissement est fixé à cinquante-deux, dont douze seront accordées gratuitement, et quarante moyennant une pension annuelle.

4. Les indigens valides ne seront pas admis avant l'âge de soixante ans. Le mobilier qu'ils apporteront à l'Asile de la Providence appartiendra, lors de leur décès, à l'établissement.

5. Le prix de la pension à payer pour les places non gratuites est fixé à six cents francs pour les places fondées à perpétuité, et à cinq cents francs pour les autres.

Néanmoins, les vieillards admis précédemment à l'établissement moyennant une pension inférieure y seront conservés jusqu'à leur décès aux conditions auxquelles ils y ont été reçus.

6. La nomination aux douze places gratuites appartiendra, savoir:

La nomination de deux places aux sieur et dame Micault de la Vieuville, fondateurs de l'établissement, et au survivant d'entre eux, et, après leur décès, l'une au plus proche parent du sieur de la Vieuville dans la ligne paternelle, et l'autre à l'aîné de la ligne descendante de la dame de la Vieuville, et, à défaut de parens dans cette ligne, à son plus proche parent dans la ligne collatérale du côté paternel;

La nomination de deux places, à notre ministre secrétaire d'Etat de l'intérieur;

Et la nomination de huit autres places, à la société de la Providence.

7. Nous fondons dix des places moyennant pension, dont nous nous réservons la disposition, et auxquelles il sera nommé par le ministre de notre maison.

Il sera, en conséquence, payé annuellement à l'établissement, sur les fonds de notre liste civile, à compter de la présente année, une somme de six mille francs pour ces dix places.

8. Les familles qui voudront fonder des places dans l'établissement auront le droit de nomination à ces places pour elles et leurs successeurs.

9. La société de la Providence aura droit de nommer à douze des places à pension. Quant aux autres places non gratuites, la nomination en est déférée au conseil d'administration de l'établissement.

10. L'Asile royal de la Providence sera dirigé par un administrateur en chef, sous la surveillance d'un conseil d'administration et sous l'autorité de notre ministre secrétaire d'Etat de l'intérieur.

Il sera régi conformément aux lois et réglemens concernant les établissemens de charité.

11. Le conseil d'administration sera composé de l'administrateur en chef et de quatre autres membres, dont l'un sera nommé par notre ministre secrétaire d'Etat de l'intérieur, l'autre par le ministre de notre maison, et les deux autres par la société de la Providence.

Les fonctions des membres du conseil d'administration, et même de l'administrateur en chef, seront gratuites.

12. Les réglemens pour le régime et pour le service intérieur de l'établissement seront arrêtés par notre ministre secrétaire d'Etat de l'intérieur, sur la proposition du conseil d'administration.

13. L'offre faite par le sieur Micault de la Vieuville (Mathurin-Jules-Anne), lieutenant-colonel de cavalerie, et chevalier de l'ordre royal et militaire de Saint-Louis, tant en son nom qu'en celui de la dame Louise-Catherine Cudet de Villeneuve, son épouse, qui lui a donné, à cet effet, tous pouvoirs nécessaires de vendre, céder et transporter à l'établissement de l'Asile royal de la Providence les bâtimens et dépendances de la maison sise faubourg Montmartre, n° 50, tels qu'ils se comportent, et que la dame de la Vieuville les a acquis, suivant un acte d'adjudication du 3 septembre 1800, et un acte passé, le 12 janvier 1802, chez Guibert, notaire à Neuilly, sera acceptée par le conseil d'administration de l'Asile de la Providence, aux clauses, charges et conditions mentionnées dans un acte sous seing privé du 17 novembre 1817, dont copie restera annexée à la présente ordonnance.

14. Les dons et legs qui pourront être faits à l'Asile royal de la Providence seront accep-

és par le conseil d'administration de l'établissement, après en avoir obtenu l'autorisation dans les formes voulues par les lois et réglemens pour les établissemens de charité.

15. Nos ministres de l'intérieur et de notre maison sont chargés de l'exécution de la présente ordonnance.

Je soussigné, Mathurin-Jules-Anne Micault de la Vieuville, lieutenant-colonel de cavalerie en retraite, et chevalier de l'ordre royal et militaire de Saint-Louis, tant en mon nom qu'en celui de la dame Louise-Catherine Cudet de Villeneuve, mon épouse, qui m'a donné, à cet effet, tout pouvoir et toute autorisation nécessaires, m'engage à céder, vendre et transporter à l'établissement de l'Asile royal de la Providence les bâtimens et dépendances de la maison sise faubourg Montmartre, n° 50, près la barrière des Martyrs, tels qu'ils se comportent, et que la dame de la Vieuville les a acquis, suivant un acte d'adjudication du 16 fructidor an 8, et un acte passé, le 22 nivose an 10, chez Guibert, notaire à Neuilly, pour l'établissement en jouir en toute propriété, à compter du jour où l'acceptation de la présente cession aura été autorisée par le Gouvernement.

La présente cession sera faite aux clauses et conditions ci-après exprimées, savoir :

1° Que la valeur des bâtimens et dépendances de ladite maison sera fixée par l'acte de cession aux quarante-cinq mille francs de prix principal auxquels elle se trouve portée par le rapport du sieur Blondel, architecte, tiers-expert nommé par les sieurs Garré et Delespine, aussi architectes, qui avaient été choisis par S. Ex. le ministre de l'intérieur et par moi pour faire l'estimation de ladite maison, et dont l'un l'avait estimée cinquante mille francs, et l'autre quarante-cinq mille francs seulement;

2° Que, sur ce prix de quarante-cinq mille francs, l'établissement sera constitué débiteur, envers madame de la Vieuville et moi, d'une somme de vingt mille francs, dont l'établissement ne pourra pas se libérer envers nous de notre vivant, mais qui, après le décès du dernier mourant de nous, sera remboursable, dans les dix ans de ce décès, entre les mains de nos héritiers ou ayant-cause, à la charge par l'établissement d'en servir l'intérêt à raison de cinq pour cent par an, sans retenue, soit à nous, soit à nos héritiers ou ayant-cause, à compter du 1er janvier 1818 et par quartier;

3° Que lorsque l'établissement se libérera de ces vingt-mille francs après nos décès et dans le délai fixé plus haut, il ne pourra en effectuer le remboursement qu'en valeur métallique d'or ou d'argent au cours et au titre de ce jour;

4° Que, pour valeur des vingt-cinq mille francs formant le surplus du prix de la cession, il sera constitué à notre profit, de la part et au nom de l'établissement, une rente viagère de trois mille francs, payable par quartier à compter du même jour 1er janvier 1818, et franche de toute retenue quelconque; que cette rente viagère ne subsistera sur ce pied de trois mille francs par an, formant douze pour cent du capital, que sur la tête du premier mourant de nous, et sera réduite, à partir du jour de son décès, à huit pour cent ou deux mille francs par an, sur la tête du survivant, par la mort duquel ladite rente sera éteinte entièrement, et sans retour ni restitution d'aucune portion dudit capital de vingt-cinq mille francs, lesquels taux de douze pour cent sur une tête et de huit pour cent sur l'autre sont considérés par moi comme équivalens à une création de rente viagère à dix pour cent sur les deux têtes, sans réduction au décès de la première mourante (je suis né le 16 avril 1755, et madame de la Vieuville, le 13 décembre 1763);

5° Qu'il y aura à perpétuité, dans l'Asile de la Providence, deux places gratuites dont la nomination appartiendra d'abord à nous, et au survivant d'entre nous, et, après notre décès, l'une au plus proche de mes parens dans la ligne paternelle, l'autre à l'aîné de la ligne descendante de la dame de la Vieuville, et, à défaut de parens dans cette ligne, à son plus proche parent dans la ligne collatérale du côté paternel;

6° Que je conserverai, ma vie durant, le titre et les fonctions purement honoraires d'administrateur en chef de l'établissement, et qu'en cas d'absence, de maladie ou de décès, je serai remplacé par M. de Courcelles, mon gendre : le tout, sous l'autorité du ministre de l'intérieur, et celle interposée du conseil d'administration de l'établissement;

7° Que les frais d'estimation et ceux relatifs à l'acte de cession et autres accessoires seront supportés par l'établissement.

---

24 DÉCEMBRE 1817 = Pr. 13 JANVIER 1818. Ordonnance du Roi portant confirmation de l'arrêté du Gouvernement du 12 floréal an 11, qui autorise l'acceptation de legs faits à la ville de Lyon par le major général Martin. (7, Bull. 191, n° 3435.)

Art. 1er. L'arrêté du Gouvernement du 12 floréal an 11 (1803) qui a autorisé l'acceptation de deux legs faits par le sieur Claude Martin, natif de Lyon, département du Rhône, décédé à Lucknow, major général au service de la compagnie anglaise des Grandes-Indes, suivant son testament du 1er septembre 1800 :

L'un de deux cent cinquante mille sicka-rupées (environ six cent mille francs), pour l'établissement, dans la ville de Lyon, d'une institution la plus convenable au bien public de cette ville,

Et l'autre, de quatre mille sicka-rupées de rente annuelle, destiné par le même testateur à la délivrance des prisonniers pour dettes;

A la charge de remplir fidèlement toutes les intentions du général Martin, telles qu'elles sont énoncées dans l'article 25 de son testament,

Est et demeure confirmé par la présente ordonnance.

2. Notre ministre de l'intérieur est chargé de l'exécution de la présente ordonnance.

---

24 DÉCEMBRE 1817. — Ordonnance relative au recouvrement des dettes des anciennes communautés israélites d'Avignon et de Lille. (Publiée par M. Isambert.)

Voy. décret du 17 MARS 1808.

Louis, etc.

Sur le rapport de notre ministre de l'intérieur,

Vu le décret du 7 août 1807 relatif à la liquidation des dettes des communautés des Juifs d'Avignon et de Lille;

Vu le travail des commissaires de liquidation nommés par suite de ce décret;

Vu les deux arrêtés du 30 mars 1817, par lesquels le préfet du département de Vaucluse a approuvé cette liquidation;

Vu la réclamation des Israélites d'Avignon et de Lille contre ces deux arrêtés;

Vu le troisième arrêté du préfet, du 31 mars;

Vu les lois et décrets rendus sur les dettes des communautés juives;

Considérant que les anciennes communautés d'Avignon et de Lille, encore bien que dissoutes, ne doivent pas moins être regardées comme existantes, à l'égard de leurs créanciers et jusqu'à leur entière libération;

Considérant que c'est aux tribunaux qu'il appartient de prononcer définitivement sur les difficultés qui peuvent s'élever relativement à la validité et au montant de celles des créances qui seraient contestées et au réglement des intérêts, mais que c'est à l'administration à déterminer le mode de recouvrement des sommes dues par lesdites communautés et à statuer sur les difficultés résultantes;

Notre Conseil-d'Etat entendu,

Nous avons ordonné et ordonnons ce qui suit:

Art. 1er. La liquidation qui a été faite administrativement des dettes de la communauté juive d'Avignon, et qui règle les dettes à la somme de cent treize mille sept cent quatre-vingt-deux francs soixante-quinze centimes en capital, et celle de cent vingt-six mille six cent dix-neuf francs quatre-vingt dix-neuf centimes en intérêts, y compris les honoraires des commissaires liquidateurs et de leurs secrétaires, sera provisoirement exécutée.

Le paiement en sera fait en dix années, à compter de la date de la présente ordonnance.

2. Sera de même provisoirement exécutée la liquidation administrative des dettes de la communauté juive de Lille, montant en principal à la somme de soixante-cinq mille cent trente-sept francs dix-sept centimes, et en intérêts et accessoires y compris les frais de la liquidation à la somme de soixante-cinq mille quatre cent vingt-huit francs soixante-onze centimes. Le paiement en sera fait en dix années, à compter de la présente ordonnance.

3. Le consistoire d'Avignon et de Lille est chargé de procéder, sous la surveillance du préfet, à la confection des rôles de répartition, qui régleront, pour chaque année, la somme à payer par chacun des membres desdites anciennes communautés qui pourront être reconnus et qui résident dans le royaume, ou par leurs représentans, sauf le recours des contribuables contre les membres des anciennes communautés, ou de leurs représentans qui pourront être découverts ultérieurement ou qui auront transporté leur domicile hors du royaume.

4. Le rôle recouvrable par le receveur du consistoire comprendra pour 1818, outre le dixième du capital et des intérêts arriérés, la totalité des intérêts échus et les frais de la liquidation; les intérêts des années suivantes seront répartis de même sur le rôle annuel, sauf la réduction à faire en proportion des remboursemens effectués sur le capital.

5. Les rôles seront rendus exécutoires par le préfet; le conseil de préfecture prononcera sur les réclamations.

6. Si, par l'absence des membres du consistoire, ou leur refus de procéder à la confection des rôles, ce travail n'était pas terminé avant le mois de janvier de chaque année, et pour la présente avant le 1er juin 1818, le préfet nommera d'office des commissaires pour dresser les rôles de répartition, et, s'il y a lieu, il nommera également le percepteur qui sera chargé du recouvrement.

7. Les non-valeurs de chaque année seront ajoutées aux rôles de l'année suivante.

8. Les sommes recouvrées seront remises aux syndics des créanciers sur ordonnance du préfet.

9. Les frais de confection des rôles et les remises du percepteur réglés par le préfet seront portés sur le rôle annuel, et en sus des cotisations pour le paiement du capital et des intérêts.

10. Les réclamations qui pourront s'élever sur la liquidation provisoirement arrêtée par le préfet seront portées devant les tribunaux; toutefois le préfet fera continuer la formation des rôles et les recouvremens d'après les états de liquidation provisoire, jusqu'à ce qu'un jugement définitif ait prononcé rejet ou déduction des créances, et il veillera à ce qu'il soit tenu compte de ce jugement, lors de la confection des rôles des années subséquentes.

11. Notre ministre de l'intérieur est chargé de l'exécution de la présente ordonnance.

---

24 DÉCEMBRE 1817. — Ordonnance du Roi concernant l'affectation de bâtimens à l'usage d'établissemens publics de la ville de Cahors. (7, Bull. 191, n° 3436.)

---

24 DÉCEMBRE 1817. — Ordonnance du Roi portant prorogation d'un brevet de perfectionnement délivré au sieur Auguste Sevène. (7, Bull. 191, n° 3437.)

---

24 DÉCEMBRE 1817. — Ordonnances du Roi qui autorisent l'acceptation de dons et legs faits aux pauvres, aux séminaires, aux hospices et aux fabriques des églises et congrégations de Saint-Thomas de Villeneuve, Billom, Lille, Guimgamp, Lalonde, Toulouse, Pluherlin, Pléaux, Seignelay, Saint-Brieuc, Saint-Clet, Salers, Lannebert, Castres, Boissières, Cernay, Etroussat, Beaussaine, Châlons, Riom, Landes-Genesson, Grézian, Abbeville, Saint-Pierre-lès-Nemour, Saint-Mars, Jainvillotte, Metz, Santeuil, Champrond-en-Gatine, Troyes, Clion, Gex, Kaisersberg, Jassans, le Dorat, Noalhat, Etoile, St.-Etienne, Lucq, Rouen, Clermont-Ferrand, Lyon, Orléans et Macon. (7, Bull. 204 et 207.)

---

26 = Pr. 29 DÉCEMBRE 1817. — Ordonnance du Roi qui proroge jusqu'au 31 décembre 1818 la perception des taxes additionnelles aux droits d'octroi et des augmentations de remise dans les halles et marchés de la ville de Paris. (7, Bull. 186, n° 3317.)

Voy. ordonnance du 23 DÉCEMBRE 1818.

Louis, etc.

Vu notre ordonnance du 8 janvier 1817, portant établissement, au profit de notre bonne ville de Paris, et pendant l'exercice de 1817 seulement, de taxes additionnelles aux droits d'octroi et à ceux de remise qui se perçoivent dans les halles et marchés de cette ville;

Vu la délibération du conseil général du département de la Seine, faisant fonctions de conseil municipal, en date du 14 décembre 1817, et l'avis de notre préfet du département;

Vu aussi les observations de notre ministre secrétaire d'Etat au département de l'intérieur et celles de notre conseiller d'Etat directeur général de l'administration des contributions indirectes;

Sur le rapport de notre ministre secrétaire d'Etat au département des finances,

Nous avons ordonné et ordonnons ce qui suit :

Art. 1er. Les taxes additionnelles aux droits d'octroi et les augmentations de remise dans les halles, marchés de notre bonne ville de Paris, établies pour l'exercice de 1817 par notre ordonnance du 8 janvier de ladite année, continueront à être perçues, au profit de la même ville, jusqu'au 31 décembre 1818.

2. Nos ministres de l'intérieur et des finances sont chargés de l'exécution de la présente ordonnance.

---

26 = Pr. 30 DÉCEMBRE 1817. — Ordonnance du Roi qui réduit au droit de balance celui à payer à l'entrée pour les soies grèges et moulinées qui seront introduites en France d'ici au 1er août 1818. (7, Bulletin 188, n° 3347)

Voy. ordonnance du 22 JUILLET 1818.

Louis, etc.

Voulant ajouter aux bienfaits de l'ordonnance que nous avons rendue, le 10 décembre dernier, en faveur des fabriques de soieries, sur lesquelles pèsent des circonstances fâcheuses que nous avons à cœur d'alléger;

Sur le rapport de nos ministres de l'intérieur et des finances;

Notre Conseil entendu,

Nous avons ordonné et ordonnons ce qui suit :

Art. 1er. Jusqu'au 1er août 1818, les soies grèges et moulinées de toute sorte ne paieront, à l'entrée de notre royaume, qu'un droit de balance égal à celui des cotons.

2. Notre ministre des finances est chargé de l'exécution de la présente ordonnance.

---

26 DÉCEMBRE 1817. — Ordonnances du Roi qui autorisent l'inscription au Trésor royal de deux cent une pensions militaires de retraite et de trente pensions civiles. (7, Bull. 192, nos 3454 et 3455.)

---

27 = Pr. 29 DÉCEMBRE 1817. — Loi qui autorise provisoirement la perception des contributions de 1818 et l'emploi d'un crédit de

deux cents millions (1). (7, Bulletin 187, n° 3318.)

Art. 1er. Provisoirement, et attendu le retard qu'éprouvera la confection des rôles de 1818, les six premiers douzièmes de la contribution foncière, de la contribution personnelle et mobilière, de la contribution des portes et fenêtres, et de celle des patentes, seront recouvrés sur les rôles de 1817.

2. Jusqu'à la promulgation de la nouvelle loi sur les finances, toutes les impositions indirectes seront perçues en 1818 d'après les lois rendues pour l'exercice 1817.

3. En conséquence des deux articles précédens, il est ouvert au ministre des finances un crédit provisoire de *deux cents millions*, sauf à régulariser ce crédit en le comprenant dans le crédit définitif qui sera ouvert par la loi des finances de 1818.

---

29 DÉCEMBRE 1817. — Ordonnance du Roi qui nomme chevaliers de la Légion-d'Honneur M. le comte de Cazes et M. le duc de Richelieu. (Mon. 1818, n° 3).

---

30 = Pr. 30 DÉCEMBRE 1817. — Loi sur les journaux (2) (7, Bull. 188, n° 3346.)

Voy. notes sur l'article 8 de la Charte; lois des 28 FÉVRIER 1817, 9 JUIN 1819, 31 MARS 1820, 26 JUILLET 1821, et 17 MARS 1822.

Article unique. Les journaux et autres ouvrages périodiques qui traitent de matières et nouvelles politiques ne pourront, jusqu'à la fin de la session des Chambres de 1818, paraître qu'avec l'autorisation du Roi.

---

31 DÉCEMBRE 1817 = Pr. 5 JANVIER 1818. — Ordonnance du Roi qui établit, à compter du 1er janvier 1818, des droits de navigation sur la partie neuve du canal de Saint-Quentin. (7, Bull. 189, n° 3371.)

Louis, etc.

Vu la loi du 20 mai 1802 (30 floréal an 10) qui autorise l'établissement d'un droit de navigation intérieure sur les fleuves, rivières et canaux navigables non encore soumis à cette taxe, et la révision des tarifs déjà établis;

Vu l'avis du conseil composé de négocians et de mariniers qui a été réuni à Saint-Quentin, en exécution de l'article 3 de la loi susdatée, pour proposer ses vues au sujet du tarif à établir sur la partie neuve du canal de Saint-Quentin, et au sujet de la révision des droits actuellement perçus, en vertu des lettres patentes du 11 août 1776, sur la branche ancienne du même canal, dite *canal Crozat*;

Sur le rapport de notre ministre secrétaire d'Etat des finances;

Notre Conseil-d'Etat entendu,

Nous avons ordonné et ordonnons ce qui suit:

Art. 1er. A dater du 1er janvier 1818, la navigation sur la partie neuve du canal de Saint-Quentin, entre cette ville et Cambrai, sera assujétie au paiement d'un droit au profit du Trésor.

2. Ce droit sera calculé d'après les distances à parcourir et le chargement possible des bateaux, c'est-à-dire, leur capacité réelle en tonneaux de mer du poids de mille kilogrammes, suivant le tarif ci-après:

Dix centimes par tonneau et par distance, pour les bateaux dont le chargement se composera, en tout ou en partie, d'objets autres que ceux désignés au paragraphe qui suit, ci. . . . . 10 centimes.

Cinq centimes par tonneau et par distance, pour les bateaux exclusivement chargés de pavés, grès, pierres à bâtir, briques, sable, engrais, fumier, gadoue, chaux, cendres fossiles, cendre de mer, cendre de bois, cendre de charbon, cendre de tourbe, foin ou paille, ci. 5

Deux centimes et demi par tonneau et par distance pour les bateaux vides ci. . . . . 2 cent. 1/2

Les trains d'arbres flottés paie-

---

(1) Présentation à la Chambre des députés, le 15 décembre (Mon. du 16).

Rapport de M. le comte Beugnot, le 19 décembre (Mon. du 20).

Discussion, le 22 décembre (Mon. du 23).

Adoption, le 22 décembre (Mon. du 23).

Présentation à la Chambre des pairs, le 26 décembre (Mon. du 28).

Discussion, le 26 décembre (Mon. du 28 décembre).

Adoption, le 26 décembre (Mon. du 28 décembre).

Le vote de douzièmes provisoires n'a cessé qu'en 1822. *Voy.* la loi du 17 août 1822 qui règle d'avance le budget de 1823.

(2) Présentation à la Chambre des députés, le 17 novembre (Mon. du 18).

Rapport de M. Faget de Baure, le 6 décembre (Mon. du 7).

Discussion générale, le 11 décembre (Mon. des 12, 13, 14, 15, 17, 18, 19, 20 et 21).

Adoption, le 20 décembre (Mon. du 21).

Présentation à la Chambre des pairs, le 22 décembre (Mon. des 23 et 25).

Rapport de M. Lally-Tolendal, le 27 décembre (Mon. du 29 décembre).

Adoption, le 29 décembre (Mon. des 1er et 9 janvier 1818).

ront pour chaque arbre, sans égard à la dimension, le droit fixé pour deux tonneaux, c'est-à-dire vingt centimes par arbre et par distance, ci. . . . . 20 centimes.

Lés trains de bois flotté paieront vingt centimes par chaque mètre de longueur ci. 20

3. Le tarif et le mode de perception ci-dessus seront appliqués désormais à l'ancienne branche du canal dite *canal Crozat*, communiquant de Saint-Quentin à Chauny.

4. Il sera formé sur le canal, à Cambrai, un bassin franc, dans l'intérieur duquel les bateaux pourront, en se conformant aux réglemens de police locale, circuler librement, être chargés, déchargés, allégés, etc., sans être soumis aux droits.

Ce bassin aura quinze cents mètres de longueur à partir de l'écluse du pont Rouge sur l'Escaut, qui lui servira de limite de ce côté; sa limite, de l'autre côté, sera déterminée par des bornes ou poteaux.

Aucun batelier ou conducteur de bateaux, trains, etc., ne pourra franchir ces limites sans être muni d'un *laissez-passer* en bonne forme.

5. La longueur totale du canal, à partir de la limite du bassin franc mentionné dans l'article précédent, sera divisée en dix-huit parties égales ou distances, savoir: dix distances jusqu'à Saint-Quentin, et huit distances de cette dernière ville à Chauny.

6. Il sera placé des bornes pour indiquer ces distances; la dépense en sera prélevée sur le produit de la perception, comme frais de permier établissement.

7. L'administration des ponts-et-chaussées fera procéder aux opérations indiquées dans les articles 4 et 5. Il en sera dressé des procès-verbaux, en présence des maires des communes sur les territoires desquelles les bornes seront placées, et d'un employé supérieur des contributions indirectes.

8. Les dispositions du titre III du décret du 17 juillet 1805 (28 messidor an 13) relatif à la navigation de l'Escaut, seront suivies pour le jaugeage des bateaux naviguant sur le canal de Saint-Quentin. Les bureaux de jaugeage seront établis à Cambray et à Chauny; on aura égard, pour le calcul du jaugeage, au tirant d'eau qui sera autorisé sur chaque branche du canal.

9. Il y aura trois bureaux pour la perception du droit de navigation sur le canal, savoir :

Un à Cambrai, un à Saint-Quentin, et un à Chauny.

Le tarif des droits à percevoir sera affiché dans le lieu le plus apparent de chacun de ces bureaux.

Ces droits seront passibles du décime par franc établi par les lois des 28 avril 1816 et 25 mars 1817.

10. Aucun bateau chargé ou à vide, aucun train, etc., ne pourra être mis en route sans une déclaration préalable et sans être accompagné d'un *laissez-passer* énonçant son jaugeage ou sa dimension et la nature du chargement.

11. Les bateaux, trains, etc., qui partiront d'un point situé en dedans de deux distances de l'un des bureaux de perception désignés dans l'article 9, seront toujours déclarés à ce bureau; le droit devra y être acquitté, avant le départ, pour le nombre de distances à parcourir jusqu'à la destination ou seulement jusqu'au premier bureau de perception, si cette destination était au-delà.

12. Les bateaux, trains, etc., qui partiront d'un point situé au-delà des deux distances indiquées dans l'article précédent, seront déclarés dans les bureaux particuliers de déclaration que la régie des contributions indirectes est autorisée à y établir.

13. Il ne sera délivré de *laissez-passer* dans les bureaux particuliers de déclaration qu'autant que les propriétaires ou conducteurs s'engageront, par écrit, et sous caution, d'acquitter les droits au bureau de perception le plus voisin du lieu de destination, ou à celui devant lequel ils auraient à passer pour s'y rendre.

14. On n'admettra point de fractions de distance dans la perception du droit: par conséquent, l'espace entre le point de départ et la première borne, celui parcouru ou à parcourir depuis la dernière borne jusqu'au point d'arrivée, seront comptés comme distance entière.

15. Le conducteur d'un bateau parti à vide qui prendra en route un chargement ne pourra effectuer ce transport qu'après avoir fait une nouvelle déclaration et obtenu un nouveau *laissez-passer*; il en sera de même pour les bateaux qui chargeront de nouvelles marchandises en route, lorsque ces marchandises rendront le chargement susceptible d'un droit plus élevé que celui perçu ou exigible d'après la déclaration primitive.

16. Les conducteurs de bateaux trains, etc., sont tenus de représenter leur *laissez-passer* aux employés des contributions indirectes, des octrois ou de la navigation, ainsi qu'aux éclusiers, maîtres de ponts ou de pertuis, toutes les fois qu'ils le requièrent, et de souffrir leur visite et vérification.

17. Il est défendu aux éclusiers, maîtres de ponts et de pertuis, de laisser passer tout bateau, train, etc., pour lequel il ne leur serait pas représenté d'expédition applicable à la nature du transport, comme aussi de percevoir aucun droit particulier pour la manœuvre des écluses, le tout à peine de destitution,

d'être contraints personnellement au remboursement des sommes perçues ou des droits fraudés, et d'être poursuivis et punis comme concussionnaires.

18. Les barques servant aux riverains pour le transport de leurs denrées de l'un à l'autre bord dans l'étendue d'une même commune ne seront assujéties à aucun droit, à la charge par les propriétaires d'obtenir du préfet l'autorisation d'établir cesdites barques, et de se conformer aux dispositions qui leur seront prescrites par l'arrêté à intervenir, lequel sera préalablement soumis à l'approbation de notre directeur général des-ponts-et-chaussées.

19. Les perceptions autorisées par lettres-patentes du 11 août 1776 sur la branche ancienne du canal de Saint-Quentin à Chauny cesseront à dater du jour de la mise en activité du tarif établi par la présente ordonnance.

22. Toute contravention aux dispositions qui précèdent sera punie conformément aux articles 23 et 24 de l'arrêté du Gouvernement, en date du 28 mai 1803 (8 prairial an 11).

21. Sont exempts de tout droit les bateaux chargés de matériaux destinés aux travaux du canal.

22. Notre ministre des finances est chargé de l'exécution de la présente ordonnance.

---

31 DÉCEMBRE 1817 = Pr. 7 JANVIER 1818. — Ordonnance du Roi concernant l'organisation des écoles militaires. (7, Bull. 190, n° 3420.)

Voy. ordonnances des 10 JUIN et 4 NOVEMBRE 1818, 19 MAI 1819, et 26 SEPTEMBRE 1821.

Louis, etc.

Nous nous sommes fait représenter nos ordonnances des 30 juillet, 23 septembre 1814 et 6 septembre 1815, relatives aux écoles militaires.

Voulant fixer, avec les modifications convenables, l'organisation desdites écoles;

Sur le rapport de notre ministre secrétaire d'Etat de la guerre,

Nous avons ordonné et ordonnons ce qui suit:

TITRE Ier. Dispositions générales.

Art. 1er. Il y aura une *école militaire préparatoire*, destinée à élever :

1° Aux frais de l'Etat, les fils des officiers sans fortune qui se sont distingués par leurs services;

2° Aux frais de leur famille, les jeunes gens que leurs parens désireront faire participer aux études et aux exercices de ladite école.

Cette école sera organisée comme il sera dit ci-après, titre II.

2. Il y aura une *école spéciale militaire*, destinée à former des officiers pour tous les corps de l'armée, autres que ceux de l'artillerie, du génie et des ingénieurs géographes, lesquels continueront à être entretenus par leurs écoles d'application, conformément aux lois et ordonnances qui les ont instituées.

Moitié des places de l'école spéciale militaire sera réservée aux élèves de l'école préparatoire, d'après un concours ouvert entre ceux desdits élèves qui en auront achevé les cours et exercices.

L'autre moitié sera donnée aux jeunes gens qui, dans un examen ouvert à cet effet et d'après un programme qui sera rendu public, justifieront des qualités et connaissances exigées des élèves de l'école préparatoire (1).

L'école spéciale instituée par le présent article sera organisée d'après ces bases, ainsi qu'il sera dit ci-après, titre III.

3. Seront, pour l'admission dans l'armée, assimilées à l'école spéciale instituée par l'article 2 :

1° L'école royale polytechnique;

2° L'école des pages, dont les cours, exercices ou examens seront déterminés d'après des règles analogues à celles des autres écoles militaires.

TITRE II. De l'école militaire préparatoire.

4. Le nombre total des élèves de l'école préparatoire sera de *cinq cents*.

Sur ce nombre, celui des élèves aux frais de l'Etat sera de *trois cents*.

Les élèves admis aux frais de leurs parens paieront une pension de mille francs, non compris le trousseau, dont le tarif sera rendu public.

5. Les places gratuites d'élèves à l'école militaire préparatoire seront accordées aux orphelins et enfans des officiers de nos armées de terre et de mer, lorsque leur fortune ou celle de leurs parens ne permettra pas de pourvoir d'une autre manière aux frais de leur éducation.

Ces places gratuites seront accordées, de préférence, aux orphelins, et, subsidiairement, aux enfans à la charge de leurs mères, dans l'ordre ci-après déterminé :

1° Aux orphelins dont les pères auront été tués au service, ou seront morts des blessures qu'ils auront reçues à la guerre;

2° Aux orphelins dont les pères seront morts au service, ou après l'avoir quitté avec une pension de retraite;

---

(1) *Voy.* ordonnance du 10 juin 1818, article 30, et du 1er mai 1822.

3° Aux enfans qui sont à la charge de leurs mères et dont les pères auront été tués au service ou seront morts de leurs blessures;

4° Aux enfans également à la charge de leurs mères et dont les pères seront morts au service, ou après s'en être retirés avec une pension de retraite;

5° Aux enfans dont les pères auront été amputés ou sont restés estropiés ou infirmes par suite de blessures reçues à la guerre.

A défaut d'orphelins ou enfans à la charge de leurs mères, lesdites places gratuites pourront être accordées aux enfans des officiers généraux et autres admis à la retraite.

6. Les orphelins et enfans qui rempliront les conditions indiquées dans l'article précédent ne seront néanmoins admis aux places gratuites d'élèves à l'école militaire préparatoire que lorsque leurs parens ou tuteurs auront produit, à l'appui de leur demande:

1° L'acte de naissance de l'enfant, revêtu des formalités prescrites par la loi, à l'effet de constater qu'à l'époque fixée pour l'admission annuelle des élèves, il aura neuf ans accomplis, et qu'il n'en aura pas plus de onze;

2° Une déclaration signée d'un docteur en médecine et d'un docteur en chirurgie attachés l'un et l'autre à un hospice ou hôpital civil ou militaire constatant que l'enfant a eu la petite vérole ou a été vacciné, et qu'il n'a ni maladie contagieuse ni infirmité qui le rende impropre au service;

3° Le procès-verbal dûment signé et légalisé d'un examen subi devant un examinateur public constatant que l'enfant a reçu l'instruction exigée par l'article 8;

4° Un état de services, appuyé de pièces authentiques qui constatent le temps et la nature des services du père, son grade, et l'époque de sa mort, de ses blessures ou de sa retraite;

5° Un certificat du sous-préfet, vérifié par le préfet, par lequel ce fonctionnaire, après avoir fait les enquêtes, et pris, tant sur les lieux qu'au dehors, tous les renseignemens qu'il jugera nécessaires, attestera que l'enfant et ses parens sont sans fortune, et que la place gratuite que l'on réclame est l'unique moyen de pourvoir à son éducation.

7. Pour les élèves pensionnaires, les parens seront tenus de produire à l'appui de leur demande les mêmes pièces que celles qui seront demandées pour les élèves aux frais de l'Etat, à l'exception des deux dernières, qui seront remplacées:

1° Par un certificat du sous-préfet visé par le préfet, constatant qu'ils sont en état de payer la pension et de soutenir leurs enfans au service;

2° Par un acte notarié dans lequel les parens contracteront l'engagement de solder ladite pension, par trimestre et d'avance, dans la caisse du receveur d'arrondissement.

8. Pour être admis à l'école préparatoire, les élèves pensionnaires devront savoir lire, écrire, connaître les premières règles de la grammaire et les quatre premières règles de l'arithmétique décimale.

Ils devront en outre,

A l'âge de dix ans, connaître les premiers élémens de la langue latine;

A l'âge de onze ans, être susceptibles d'entrer dans la sixième classe d'humanités.

9. Chaque année, un avis qui sera rendu public fera connaître l'époque fixée pour la nomination aux places vacantes d'élèves dans l'école préparatoire.

Les demandes et les pièces exigées par les articles précédens seront adressées à notre ministre secrétaire d'Etat de la guerre, trois mois au moins avant l'époque fixée pour les nominations.

Après la vérification des pièces et la comparaison des titres respectifs, le tableau des nominations sera dressé par le ministre secrétaire d'Etat de la guerre et soumis à notre approbation.

10. Les élèves nommés devront être présentés à l'école préparatoire avant l'époque indiquée dans les lettres de nomination pour le commencement de l'année classique.

L'admission des élèves sera suspendue pour ceux qui, d'après l'examen qu'ils subiront lors de leur présentation à l'école, ne satisferaient pas aux conditions prescrites par les articles précédens, ou se trouveraient dans un des cas d'exclusion qu'ils déterminent.

Il en sera rendu compte à notre ministre secrétaire d'Etat de la guerre, qui prononcera, s'il y a lieu, l'ajournement de l'admission a terme fixe, ou la radiation du tableau.

11. Les cours d'instruction de l'école préparatoire sur les belles-lettres et les mathématiques seront analogues à ceux des colléges royaux.

Les élèves y compléteront leur éducation religieuse.

Outre les cours, il y aura, dans l'intérieur de l'école, les exercices nécessaires pour fortifier les élèves et les préparer au service militaire.

Les programmes desdits cours et exercices seront rendus publics.

12. Les élèves et pensionnaires resteront à l'école préparatoire jusqu'à l'âge de seize à dix-sept ans, suivant leur degré d'instruction.

Il pourra être accordé une année de plus à ceux qui n'auraient pu encore acquérir l'instruction nécessaire pour suivre les cours de l'école spéciale.

13. Les élèves qui auront terminé les cours d'instruction de l'école préparatoire, et sa-

tisfait aux examens de sortie, seront admis à l'école militaire spéciale.

Les élèves qui, à l'école préparatoire, auront été entretenus aux frais du Gouvernement, jouiront du même avantage à l'école spéciale.

TITRE III. *De l'école militaire spéciale.*

14. Le nombre des élèves de l'école spéciale militaire sera de trois cents.

15. Les examens pour les places d'élèves de l'école spéciale militaire qui ne sont pas réservées aux élèves de l'école préparatoire seront ouverts, chaque année, à Paris et dans les principales villes du royaume, conformément à l'article 2.

Les conditions d'admission seront, en outre :

1° D'être âgé de seize ans au moins, et de dix-huit au plus ;

2° De payer une pension annuelle de quinze cents francs, non compris le trousseau, dont le tarif sera rendu public.

16. Les résultats desdits examens seront soumis à un jury, sur la proposition duquel notre ministre secrétaire d'Etat de la guerre dressera le tableau des nominations et le soumettra à notre approbation.

17. Les élèves seront répartis en deux divisions.

La deuxième division sera composée des élèves nouvellement admis.

La première division sera composée des élèves qui auront complété les cours et exercices de la deuxième division.

18. Des programmes particuliers détermineront les cours et exercices de chaque division.

Les cours et exercices de chaque division seront d'une année.

Les élèves passeront de la deuxième division à la première, d'après un examen qu'ils subiront à la fin de l'année classique.

Les élèves qui ne seront pas en état de passer dans la première division, resteront un an de plus dans la seconde.

19. Les élèves de la première division qui en auront achevé les cours ou exercices subiront l'examen de sortie.

Les élèves qui ne satisferont pas audit examen resteront un an de plus dans la première division.

Ceux qui satisferont à l'examen de sortie recevront un brevet de sous-lieutenant dans l'arme à laquelle ils seront destinés.

TITRE IV. *Dispositions transitoires et d'exécution.*

20. Les deux écoles militaires préparatoires actuellement existantes seront réunies en une seule, qui sera établie à La Flèche.

Pour la première formation, le nombre des élèves de cette école pourra être porté à six cents, dont quatre cents entretenus aux frais de l'Etat.

L'école spéciale militaire sera établie provisoirement dans le local de Saint-Cyr.

21. Pendant l'année 1818, il ne sera admis à l'école spéciale que cent cinquante élèves au plus, dont soixante-quinze seront choisis dans les écoles militaires actuellement existantes, et les soixante-quinze autres parmi les candidats qui se présenteront au concours général.

22. Les élèves entretenus aux frais de l'Etat dans les écoles préparatoires actuellement existantes qui ne seront point admis à l'école spéciale, seront placés, savoir : les orphelins de tout âge et les plus âgés des autres élèves, à l'école préparatoire de La Flèche; et les autres, dans les colléges royaux.

La pension des élèves placés dans lesdits colléges et leurs frais de route seront payés sur les fonds affectés aux dépenses des écoles militaires.

23. Les élèves placés aux frais de l'Etat dans les colléges royaux pourront être rappelés à l'école militaire préparatoire, à mesure des vacances qui auront lieu dans ladite école.

Ceux qui ne seront pas rappelés à l'école militaire préparatoire pourront, après avoir terminé les cours des colléges royaux, être admis à l'école spéciale, concurremment avec les élèves de l'école préparatoire, en justifiant des mêmes qualités et connaissances dans un examen qui sera ouvert à cet effet, et dont l'époque et le programme devront être rendus publics.

24. Jusqu'au placement définitif desdits élèves, le nombre des places de l'école spéciale réservé à l'école préparatoire pourra être porté aux trois cinquièmes, au lieu de moitié.

25. Notre ministre de la guerre est chargé de l'exécution de la présente ordonnance.

---

31 DÉCEMBRE 1817 = Pr. 13 JANVIER 1818. — Ordonnance du Roi qui fixe à cinq le nombre des courtiers attachés successivement au service de la Bourse de Caen. (7, Bull. 191, n° 3438.)

Art. 1er. Le nombre des courtiers attachés successivement au service de la Bourse de Caen demeure fixé à cinq, savoir :

Deux agens de change courtiers de marchandises;

Trois courtiers d'assurances conducteurs de navires et interprètes.

Cette dernière qualité ne sera donnée qu'à ceux d'entre eux qui justifieront de leur aptitude à traduire les langues étrangères.

2. Les courtiers actuellement en exercice près cette Bourse recevront de nouvelles

commissions, où seront spécifiées les différentes espèces de courtage qu'ils seront appelés à exercer en vertu de la présente ordonnance.

3. Le cautionnement de ces agens reste fixé au taux déterminé par notre ordonnance du 1er mai 1816.

4. Nos ministres de l'intérieur et des finances sont chargés de l'exécution de la présente ordonnance.

---

31 DÉCEMBRE 1817 = Pr. 17 JANVIER 1818. — Ordonnance du Roi concernant la saisie des tabacs de fraude. (7, Bull. 192, n° 3456.)

Art. 1er. Les préposés dénommés en l'article 223 de la loi du 28 avril 1816, ou tous autres individus, qui arrêteront ou concourront à arrêter des colporteurs ou vendeurs de tabacs de fraude, recevront une prime de quinze francs par chaque personne arrêtée, quel que soit le nombre des saisissans.

Cette prime ne sera acquittée qu'autant que les contrevenans auront été constitués prisonniers, ou qu'amenés devant le directeur des contributions indirectes, ils auront fourni caution, ou auront été admis à transaction.

2. Les tabacs saisis, dans les vingt-quatre heures de leur dépôt entre les mains de la régie, seront expertisés par un conseil composé du directeur de l'arrondissement, de l'entreposeur, et d'un troisième employé désigné par l'inspecteur général, en présence des saisissans, s'il est possible, et, lorsqu'il s'agira de saisies faites par les préposés des douanes, en présence d'un délégué de leur directeur.

3. Le conseil jugera si les tabacs saisis sont, ou non, susceptibles d'être employés dans la fabrication.

Dans le premier cas, ils seront classés, ou comme étant propres à la fabrication ordinaire, et payés à raison de cent cinquante francs par cent kilogrammes, ou seulement comme étant susceptibles d'être employés dans la cantine, et payés quatre-vingt-dix francs les cent kilogrammes.

Quant aux tabacs qui ne seront pas jugés propres à la fabrication, ils seront détruits en présence des saisissans, et il sera accordé à ceux-ci, à titre de prime, trente francs par cent kilogrammes.

4. En cas de saisie de tabac en qualité supérieure et jugé susceptible d'être vendu par la régie comme tabac de choix, les saisissans recevront, en sus du prix le plus élevé fixé par l'article précédent, une indemnité qui sera réglée par le conseil d'administration de la régie.

5. Immédiatement après l'expertise, les saisissans recevront, selon qu'il y aura lieu, la totalité des primes, et la part qui leur est attribuée par les réglemens dans la valeur des tabacs saisis, sans déduction pour les frais, lesquels seront prélevés ultérieurement sur le produit de l'amende, ou, en cas d'insuffisance, tomberont en non-valeur.

En cas de saisies faites à l'importation pour contraventions aux lois de douanes, ce sera la valeur ci-dessus indiquée des tabacs qui, sans déduction d'aucuns frais, sera remise, avec le montant des primes, au délégué du directeur des douanes.

6. Notre ministre des finances est chargé de l'exécution de la présente ordonnance.

---

31 DÉCEMBRE 1817. — Ordonnance du Roi qui autorise l'inscription au Trésor royal des pensions de deux anciens contrôleurs de la garantie des ouvrages d'or et d'argent. (7, Bull. 193, n° 3499.)

---

31 DÉCEMBRE 1817. — Ordonnance du Roi qui admet les sieurs Horne père et fils et Melé, à établir leur domicile en France. (7, Bull. 193, n° 3506.)

---

31 DÉCEMBRE 1817. — Ordonnances du Roi qui accordent des lettres de déclaration de naturalité aux sieurs Dorech, Marenco dit Marengo, Triboudin, Burke-O'Farelle, Pironi, Delsanto, Taffi, Camin, Richter, Sonsino, Eirisch, Schutz, Margraff, Noël, Van-Kal-de-Kercken, Songeon, d'Hiauville, Schombrade, Thibodaux et Desvvatine. (7, Bull. 196, 198, 199, 201, 206, 211, 223 et 298.)

---

31 DÉCEMBRE 1817. — Ordonnance du Roi qui permet au sieur Thiébault d'ajouter à son nom celui de Brunet. (7, Bull. 191.)

---

31 DÉCEMBRE 1817. — Ordonnance du Roi qui distrait la commune de Saint-Philibert de la Pelouse du canton de Bourgueil, et qui la réunit à la commune de Giseux et au canton de Langeais (Indre-et-Loire). (7, Bull. 204, n° 3896.)

---

31 DÉCEMBRE 1817. — Ordonnances du Roi qui autorisent l'acceptation de dons et legs faits aux pauvres, aux hospices et séminaires, et aux fabriques des églises de Bayeux, Béziers, Quistinie, Melrand, Aix, Saint-Maieux, Guern, Percy, Faucoucourt, Saint-Epain, Orléans, Saint-Augustin, Surrain, Radenac et Eavalla. (7, Bull. 207.)

---

31 DÉCEMBRE 1817. — Ordonnances du Roi qui prolongent la durée des foires établies dans la ville de Lourdes, et qui en accordent de nouvelles aux communes de Coussac-Bonneval et de Ségur. (7, Bull. 207 et 211.)

---

8 JANVIER 1818 = Pr. 22 MAI 1820. — Lettres-patentes portant institution de la pairie de M. de la Luzerne, sous le titre (non héréditaire) de duc. (7, Bull. 369, n° 8724.)

Voy. article 27 de la Charte et notes.

Louis, etc.

Par l'article 27 de la Charte constitutionnelle, nous nous sommes réservé la nomination des pairs de France, et nous avons élevé, par notre ordonnance du 4 juin 1814, à la dignité de pair de France, notre très-cher amé et féal cousin, César-Guillaume de la Luzerne, cardinal prêtre de la sainte église romaine, ancien évêque de Langres, né à Paris le 7 juin 1738; en conséquence et en vertu de cette ordonnance, notredit cher amé et féal cousin le cardinal de la Luzerne s'étant retiré par-devant notre garde-des-sceaux de France, ministre secrétaire d'Etat au département de la justice, afin d'obtenir de notre grace les lettres-patentes qui lui sont nécessaires pour jouir de l'institution de son titre de pairie, nous avons, par ces présentes signées de notre main, déclaré que la pairie de notredit très-cher amé et féal cousin le cardinal de la Luzerne est et demeure instituée sous le titre de duc que nous lui avons conféré et conférons par ces présentes;

Ordonnons que notredit très-cher amé et féal cousin le cardinal de la Luzerne prendra rang à la Chambre des pairs parmi les ducs, lui permettons de se dire et qualifier duc et pair, dans tous actes et contrats, tant en jugement que dehors, voulons qu'il soit reconnu partout en ladite qualité, qu'il jouisse des honneurs attachés à ce titre, et que les officiers publics le qualifient, en outre, en tous actes et contrats le concernant, et dans lesquels il interviendra, de *très-noble et très-illustre pair* de France, lui concédons le droit de placer ses armoiries, telles qu'elles se comportent, savoir : d'*azur, à la croix ancrée* d'or, chargée de cinq coquilles de gueule, sur un manteau d'azur doublé d'hermine, et de les timbrer d'une couronne de pair ou bonnet d'azur cerclé d'hermine et surmonté d'une houppe d'or;

Chargeons notre garde-des-sceaux, ministre secrétaire d'Etat au département de la justice, de donner communication des présentes à la Chambre des pairs, et d'en surveiller l'insertion au Bulletin des Lois.

Mandons et ordonnons à nos procureurs généraux près nos cours royales, et à tous autres nos procureurs près les tribunaux de 1re instance sur les lieux, de faire enregistrer et publier les présentes en l'audience de la cour royale et du tribunal du domicile de notredit très-cher amé et féal cousin le duc de la Luzerne, et partout où besoin sera, car tel est notre bon plaisir, et afin que ce soit une chose ferme et stable à toujours, notre garde-des sceaux y a fait apposer notre sceau en présence de notre commission du sceau, et nous y avons apposé notre sceau royal.

Donné à Paris le 8e jour de janvier de l'an de grace 1818 et de notre règne le vingt-troisième.

Signé Louis.

Le garde-des-sceaux,

Signé Pasquier.

Vu au sceau, le garde-des-sceaux,

Signé Pasquier.

Visa, *le président du conseil des ministres secrétaire d'Etat au département des affaires étrangères*,

Signé Richelieu.

---

8 JANVIER 1818 = Pr. 22 MAI 1820. — Lettres-patentes du Roi portant institution de diverses pairies. (7, Bull. 369, n° 8724.)

La pairie de M. le comte Alphonse-Hubert de Lattier-Bayane, cardinal, et créé pair par ordonnance royale du 4 juin 1814, a été instituée personnellement sous le titre de Duc;

La pairie de M. Louis François de Bausset, ancien évêque d'Alais, cardinal, créé pair par ordonnance royale du 17 août 1815, a été instituée personnellement sous le titre de Duc;

La pairie de M. Claude-Antoine de Béziade, marquis d'Avaray, nommé duc suivant lettres-patentes du 6 décembre 1817, lieutenant général, etc., créé pair par ordonnance royale du 17 août 1815, a été instituée héréditairement sous le titre de Duc;

La pairie de M. Armand-Louis-Charles de Gontaut, marquis de Biron, créé pair par ordonnance royale du 17 août 1815, a été instituée héréditairement sous le titre de Marquis;

La pairie de M. Pierre-Marie, marquis de Grave, lieutenant général, créé pair par ordonnance royale du 17 août 1815, a été instituée héréditairement sous le titre de Marquis;

La pairie de M. Alexandre-Joseph Séraphin, comte d'Haubersart, officier de la Légion-d'Honneur, créé pair par ordonnance royale du 4 juin 1814, a été instituée héréditairement sous le titre de Comte;

La pairie de M. Laurent, comte de Monbadon, maréchal-de-camp, etc., créé pair par ordonnance royale du 4 juin 1814, a été instituée héréditairement sous le titre de Comte;

La pairie de M. Constantin-François Chassebœuf, comte Volney, commandeur de l'ordre de la Légion-d'Honneur, créé pair par ordonnance royale du 4 juin 1814, à été instituée héréditairement sous le titre de Comte;

La pairie de M. le comte Étienne-Pierre-Sylvestre Ricard, lieutenant-général, etc., créé pair par ordonnance royale du 17 août 1815, a été instituée héréditairement sous le titre de Comte;

La pairie de M. Thomas-Charles Jeston, baron Boissel de Monville, chevalier de la Légion-d'Honneur, créé pair par ordonnance royale du 17 août 1815, a été instituée héréditairement sous le titre de Baron.

---

9 = Pr. 17 JANVIER 1818. — Ordonnance du Roi portant fixation des cautionnemens des payeurs du Trésor royal. (7, Bulletin 192, n° 3452.)

Louis, etc.

Vu notre ordonnance du 18 novembre dernier relative à l'organisation du service des dépenses de notre Trésor royal;

Considérant que, par la suppression des payeurs des divisions militaires, les payeurs des départemens deviennent comptables directs pour les dépenses de tous les ministères, et qu'il convient de régler leurs cautionnemens dans la proportion du service de chacun d'eux et la responsabilité pour laquelle il doit une garantie;

Sur le rapport de notre ministre secrétaire d'Etat des finances,

Nous avons ordonné et ordonnons ce qui suit:

Art. 1er. Les cautionnemens à fournir par les payeurs de notre Trésor royal, dans les départemens et dans les ports, sont réglés et fixés à la somme totale de trois millions cent quatre-vingt-seize mille francs *en numéraire*; et pour chacun d'eux, conformément à l'état annexé à la présente ordonnance.

2. Ceux desdits payeurs qui, d'après cette nouvelle répartition, auront à donner un supplément de cautionnement, le verseront aux caisses de notre Trésor royal dans le cours du mois de janvier 1818, savoir: un quart en numéraire, et les trois autres quarts en obligations payables les 1er avril, 1er juin et 1er août de la même année.

3. Les payeurs dont le cautionnement actuel est d'une somme supérieure à celle qu'ils auront à fournir seront remboursés de l'excédant, conformément aux dispositions prescrites et aux formes établies pour ces remboursemens, de manière à assurer à notre Trésor royal toutes ses garanties jusqu'au jugement définitif des comptes.

4. Notre ministre des finances est chargé de l'exécution de la présente ordonnance, qui sera insérée au Bulletin des Lois.

Etat des cautionnemens en numéraire que les payeurs du Trésor royal, dans les départemens et dans les ports, seront tenus de fournir en exécution de l'ordonnance royale du 9 janvier 1818.

DÉPARTEMENS ET PORTS.	SOMMES.	DÉPARTEMENS ET PORTS.	SOMMES.
	Ire CLASSE.		
Seine	100,000f	Rhône	60,000
Bouches-du-Rhône	60,000	Seine-Inférieure	75,000
Gironde	75,000	Port de Brest	75,000
Moselle	75,000	Port de Rochefort	60,000
Nord	80,000	Port de Toulon	65,000
Rhin (Bas-)	75,000		
	IIe CLASSE.		
Ardennes	50,000	Garonne (Haute)	40,000
Calvados	45,000	Hérault	45,000
Charente-Inférieure	50,000	Ille-et-Vilaine	50,000
Cher	40,000	Indre-et-Loire	45,000
Corse	50,000	Isère	50,000
Côte-d'Or	45,000	Loire-Inférieure	40,000
Dordogne	40,000	Meurthe	50,000
Doubs	50,000	Pas-de-Calais	45,000

DÉPARTEMENS ET PORTS.	SOMMES.	DÉPARTEMENS ET PORTS.	SOMMES.
		IIIe CLASSE.	
Aisne	33,000	Nièvre	30,000
Aube	30,000	Oise	30,000
Charente	30,000	Orne	30,000
Finistère	30,000	Puy-de-Dôme	30,000
Gard	30,000	Pyrénées (Basses)	30,000
Loiret	30,000	Rhin (Haut)	36,000
Lot-et-Garonne	30,000	Seine-et-Marne	30,000
Maine-et-Loire	30,000	Seine-et-Oise	36,000
Manche	36,000	Somme	36,000
Marne	30,000	Var	30,000
Meuse	30,000	Port de Cherbourg	30,000
Morbihan	30,000	Port de Lorient	36,000
		IVe CLASSE.	
Ain	18,000	Lozère	18,000
Allier	20,000	Marne (Haute)	22,000
Alpes (Basses)	20,000	Mayenne	20,000
Alpes (Hautes)	20,000	Pyrénées (Hautes)	18,000
Ardèche	22,000	Pyrénées-Orientales	18,000
Ariége	18,000	Saône (Haute)	20,000
Aude	22,000	Saône-et-Loire	25,000
Aveyron	25,000	Sarthe	25,000
Cantal	22,000	Sèvres (Deux)	20,000
Corrèze	20,000	Tarn	22,000
Côtes-du-Nord	30,000	Tarn-et-Garonne	22,000
Creuse	22,000	Vaucluse	22,000
Drôme	22,000	Vendée	22,000
Eure	25,000	Vienne	22,000
Eure-et-Loir	20,000	Vienne (Haute)	22,000
Gers	20,000	Vosges	25 000
Indre	20,000	Yonne	20,000
Jura	22,000	Port de Dunkerque	20,000
Landes	22,000	Port du Havre	25,000
Loir-et-Cher	22,000	Port de Saint-Servan	16,000
Loir	20,000		
Loire (Haute)	20,000		
Lot	22,000	Total	3,196,000

9 = Pr. 17 JANVIER 1818. — Ordonnance du Roi sur de nouvelles facilités accordées aux propriétaires de rentes sur l'Etat pour en toucher les arrérages. (7, Bull. 192, n° 3453.)

Voy. ordonnance du 13 OCTOBRE 1819.

Louis, etc.

Vu notre ordonnance du 1er mai 1816 qui accorde aux propriétaires de rentes sur l'Etat la faculté d'en faire toucher les arrérages par des fondés de procuration, sans obligation de représenter l'extrait de l'inscription ;

Voulant ajouter aux facilités qui en résultent pour les rentiers étrangers ou régnicoles non habitant la capitale, et épargner à ceux qui font de nouveaux placemens les frais qu'entraînerait l'obligation de donner de nouveaux pouvoirs,

Sur le rapport de notre ministre secrétaire d'Etat des finances,

Avons ordonné et ordonnons ce qui suit :

Art. 1er. Les procurations données à l'effet de recevoir les arrérages des rentes perpétuelles et viagères sur l'Etat pourront valoir, sans désignation spéciale de numéros et de sommes, pour toutes les inscriptions possédées par les propriétaires au moment du mandat, et même pour celles qu'ils pourraient acquérir par la suite, lorsque toutefois ces procurations en contiendront la clause expresse.

2. Les procurations passées à l'étranger ou dans les départemens seront déposées chez un notaire de Paris ; il en sera produit un seul extrait ou expédition au directeur du grand-livre, qui en délivrera autant d'extraits qu'il y aura de parties de rente au nom du même propriétaire ; la forme de ces extraits sera réglée par notre ministre secrétaire d'Etat des finances.

3. Les dispositions de notre ordonnance du 1er mai 1816, ci-dessus rappelées, auxquelles il n'est point dérogé par la présente, continueront de recevoir leur exécution.

4. Notre ministre des finances est chargé de l'exécution de la présente ordonnance, qui sera insérée au Bulletin des Lois.

---

9 = Pr. 24 JANVIER 1818. — Ordonnance du Roi portant fixation des cautionnemens des agens de change et courtiers. (7, Bull. 193, n° 3494.)

Art. 1er. Les cautionnemens des agens de change et courtiers sont et demeurent fixés conformément au tableau ci-joint.

2. Nos ministres de l'intérieur et des finances sont chargés de l'exécution de la présente ordonnance, qui sera insérée au Bulletin des Lois.

Tableau général des Cautionnemens des Agens de Change et Courtiers arrêtés en exécution de la loi du 28 avril 1816.

DÉPARTEMENS.	RÉSIDENCES.	QUALITÉS.	Nouvelle fixation des cautionnemens en vertu de la loi du 28 avril 1816.
Aube	Troyes	Agens de change	8,000f
		Courtiers de marchandises	5,000
Aude	Castelnaudary	*Idem*	4,000
	Carcassone	Agens de change courtiers de marchandises	6,000
	Narbonne	Courtiers de marchandises	4,000
Aveyron	Rodez	Agens de change courtiers de marchandises	6,000
Bouches-du-Rhône	Arles	Courtiers de marchandises	4,000
	Marseille	Agens de change	15,000
		Courtiers de marchandises, assurances, et conducteurs de navires interprètes	8,000
Calvados	Bayeux	Courtiers de marchandises	4 000
	Caen	*Idem*	5,000
		Courtiers conducteurs de navires interprètes	5,000
	Vire	Courtiers de marchandises	4,000
	Honfleur	Courtiers de marchandises d'assurances et conduite de navires	4,000
Charente	Angoulême	Courtiers de marchandises	4,000
Charente-Inférre	La Rochelle	Agens de change courtiers de marchandises	8,000
		Courtiers conducteurs de navires et assurances	4,000
	La Tremblade	Courtiers de navires	4,000
	Marans	*Idem*	4,000
	Marennes	*Idem*	4,000
	Oléron (Ile d')	*Idem*	4,000
	Saint-Martin (Ile de Ré)	*Idem*	4,000
	Rochefort	Agens de change courtiers de marchandises	6,000
		Courtiers de navires	4,000
	Tonnay-Charte	*Idem*	4,000
Finistère	Brest	Agens de change courtiers de marchandises	6,000
		Courtiers conducteurs de navires	5,000

DÉPARTEMENS.	RÉSIDENCES.	QUALITÉS.	Nouvelle fixation des cautionnemens en vertu de la loi du 28 avril 1816.
Finistère (*suite*).	Morlaix	Courtiers de marchandises, assurances et conduite de navires	4,000
	Quimper	Courtier conducteur de navires interprète	4,000
Gard	Nîmes	Agens de change	6,000
		Courtiers de marchandises	4,000
Gers	Auch	*Idem*	4,000
Gironde	Barsac	Courtiers de marchandises, assurances et conduite de navires	4,000
	Blaye	*Idem*	4,000
	Bordeaux	Agens de change	15,000
		Courtiers	8,000
	Lamarque	Courtiers de marchandises, assurances et conduite de navires	4,000
	Langon	*Idem*	4,000
	Languran	*Idem*	4,000
	Libourne	*Idem*	4,000
	Sainte-Foy	Courtiers de marchandises	4,000
	Saint-Macaire	*Idem*	4,000
	Pouillac	*Idem*	4,000
Haute-Garonne	Toulouse	Agens de change	8,000
		Courtiers de marchandises	4,500
Hérault	Agde	Courtiers de marchandises	4,000
	Béziers	*Idem*	4,000
	Cette	*Idem*	4,000
		Courtiers de navires interprètes	4,000
	Montpellier	Agens de change	8,000
		Courtiers de marchandises	4,500
	Pézénas	*Idem*	4,000
Ille-et-Vilaine	Redon	Courtiers de navires	4,000
	Rennes	Courtiers de marchandises	4,000
	Saint-Malo	Courtiers de marchandises, assurances et conduite de navires	4,000
Indre-et-Loire	Tours	Courtiers de marchandises	4,000
Isère	Grenoble	Agens de change courtiers de marchandises	6,000
	Vienne	*Idem*	4,000
	Voiron	*Idem*	4,000
Loir-et-Cher	Blois	Courtiers de marchandises	4,000
Loire	Saint-Étienne	*Idem*	4,000
Loiret	Orléans	*Idem*	5,000
Loire-Inférieure	Nantes	Agens de change courtiers de marchandises	8,000
		Courtiers conducteurs de navires	8,000
		Courtiers d'assurances	8,000
	Le Croisic	Courtiers de navires	4,000
	Paimbœuf	*Idem*	4,000
	Saint-Nazaire	*Idem*	4,000
Lot-et-Garonne	Agen	Courtiers de marchandises et agens de change	6,000
Manche	Cherbourg	Courtiers de marchandises, conducteurs de navires	4,000
Marne	Reims	Agens de change	6,000
		Courtiers de commerce	4,000
Morbihan	Lorient	Agens de change courtiers de marchandises	8,000
		Courtiers de navires et d'assurances	4,000
	Port-Louis	Courtiers de navires	4,000

DÉPARTEMENS.	RÉSIDENCES.	QUALITÉS.	Nouvelle fixation des cautionnemens en vertu de la loi du 28 avril 1816.
Morbihan (*suite*).	Vannes	Courtiers de marchandises et assurances de navires	4,000
Moselle	Metz	Courtiers de marchandises, agens de change	8,000
Nièvre	Nevers	Courtiers de marchandises	4,000
Nord	Dunkerque	Agens de change courtiers de marchandises et navires	12,000
	Lille	Agens de change	6,000
		Courtiers de marchandises	6,000
	Douai	Agens de change et courtiers de marchandises	8,000
	Valenciennes	Agens de change	8,000
		Courtiers de marchandises	4,000
Pas-de-Calais	Arras	Agens de change et courtiers de marchandises	6,000
	Boulogne	Agens de change	6,000
		Courtiers de marchandises et de navires	5,000
	Calais	Agens de change courtiers de marchandises	6,000
		Courtiers de navires interprètes	4,000
	Saint-Omer	Agens de change courtiers de marchandises	6,000
Pyrén. (Basses)	Bayonne	Agens de change	8,000
		Courtiers de marchandises et assurances et conduite de navires	4,500
Rhin (Bas)	Strasbourg	Agens de change	8,000
		Courtiers de marchandises	5,500
Rhône	Lyon	Agens de change courtiers de soie	15,000
		Courtiers de soie seulement	15,000
		Courtiers de marchandises	9,000
	Tarare	*Idem*	4,000
Saône-et-Loire	Châlons	*Idem*	4,000
Sèvres (Deux)	Niort	*Idem*	4,000
Somme	Amiens	Agens de change	6,000
		Courtiers de marchandises	5,000
Seine	Paris	Agens de change	125,000
		Courtiers de marchandises	13,000
		Courtiers d'assurances	15,000
Seine-Inférre	Havre	Agens de change	10,000
		Courtiers de marchandises	8,000
		Courtiers de navires et assurances	8,000
	Rouen	Agens de change	15,000
		Courtiers de marchandises, de navires et assurances	7,000
	Dieppe	Courtiers de marchandises	4,000
Haute-Garonne	Montauban	Courtiers de navires	4,000
		Courtiers de marchandises	4,000
Var	Draguignan	*Idem*	4,000
	Toulon	Courtiers de marchandises, conducteurs de navires	4,500
Vaucluse	Avignon	Courtiers conducteurs interprètes	4,500
		Courtiers de marchandises et pour la soie	4,000
Vienne	Châtellerault	Agens de change courtiers de marchandises	6,000
		Courtiers de roulage	4,000
Vienne (Haute)	Limoges	Agens de change courtiers	6,000
		Total	811,000

9 = Pr. 24 JANVIER 1818. — Ordonnance du Roi concernant les facilités accordées au commerce maritime pour l'entrepôt des marchandises importées en France. (7, Bull. 193, n° 3495.)

Voy. loi du 15 JUIN 1825 et notes.

Louis, etc.

L'application du mode d'entrepôt prescrit par la loi du 28 avril 1803 (8 floréal an 11) pour les marchandises étrangères éprouvant des difficultés dans différens ports, à défaut de magasins assez étendus pour y recevoir toutes ces marchandises, nous avons jugé nécessaire d'y pourvoir, en désignant parmi les objets qui occasionnent l'encombrement, ou que l'intérêt du commerce oblige de séparer, ceux pour lesquels l'administration des douanes peut, sans inconvénient, accepter des magasins d'entrepôt hors de l'enceinte des bâtimens affectés à cette destination, ou faire d'autres concessions à l'égard des garanties que la loi l'autorise à exiger généralement :

A ces causes,

Et sur le rapport de notre ministre secrétaire d'Etat des finances,

Notre Conseil entendu,

Nous avons ordonné et ordonnons ce qui suit :

Art. 1er. Les viandes et poissons salés, huile de poisson et suif brut destinés pour les entrepôts réels seront placés dans des magasins uniquement affectés à ce genre de marchandises, soit par une division et nouvelle distribution des bâtimens d'entrepôt acceptés en exécution des articles 25 et 26 de la loi du 28 avril 1803 (8 floréal an 11), soit en laissant au commerce l'option de fournir un local séparé qui présente les sûretés requises par la loi.

2. Dans les ports où l'insuffisance de l'emplacement de l'entrepôt réel l'exigera, les laines étrangères non filées ni teintes pourront être mises en entrepôt dans les magasins que fournira le propriétaire ou consignataire, pourvu qu'ils soient reconnus sûrs et convenables, et fermés de deux clefs, dont l'une restera à la douane.

3. Les objets dont l'état est annexé à la présente ordonnance qui arriveront de l'étranger dans les ports d'entrepôt réel pourront y être mis en entrepôt fictif, à charge de les désigner et distinguer dans les soumissions d'entrepôt, conformément à l'état, et de leur appliquer les dispositions des articles 14 et 15 de la loi du 28 avril 1803.

4. Le même mode d'entrepôt sera étendu aux cotons en laine étrangers dans les ports d'entrepôt réel, où, pour jouir de cette faculté, les propriétaires ou consignataires se soumettront à l'application des articles 14 et 15 de la loi du 28 avril 1803, et aux conditions suivantes.

5. Le poids des cotons étrangers destinés pour l'entrepôt fictif sera constaté balle par balle, avec l'indication de leurs marques et numéros. Le vérificateur des douanes fera en outre apposer sur chaque balle l'empreinte d'une estampille distinctive de la qualité du coton, du lieu de chargement et du mode de transport.

6. Le propriétaire ou consignataire des cotons renoncera à la faculté de les déballer en entrepôt fictif, et d'avoir à sa disposition aucune presse ou autre instrument propre à les remettre en balles, sous peine d'être privé immédiatement de toute participation à l'entrepôt fictif des cotons étrangers.

7. Le propriétaire ou consignataire de ces cotons sera d'ailleurs tenu de donner ses soins à la conservation des marques et numéros des balles, et de l'empreinte des estampilles de la douane, de placer séparément, dans le magasin désigné pour l'entrepôt, les cotons sujets à des droits d'entrée différens suivant leur qualité, leur origine et le mode d'importation ; de séparer en outre, s'il en est requis, les cotons provenant des navires différens, et de fournir des magasins d'entrepôt separés pour les cotons des colonies françaises.

En cas de mélange d'une partie de coton avec une autre, ou de suppression ou changement de l'empreinte des estampilles, la douane pourra faire payer sur-le-champ les droits d'entrée des parties de coton qui auront été confondues ou des balles sur lesquelles les marques et numéros du négociant ou l'empreinte de l'estampille auront été supprimés ou changés.

8. Tous les cotons étrangers retirés d'entrepôt fictif pour la consommation, la réexportation ou le transit, seront, en vertu des permis de sortie d'entrepôt, conduits à la douane ou au bureau de visite, à l'effet d'en faire reconnaître la qualité, le poids et les marques. Immédiatement après cette vérification, l'empreinte de l'estampille sera effacée par deux traits en croix.

9. Les dispositions de l'article précédent seront applicables aux cotons expédiés d'un port à un autre par continuation d'entrepôt, si ce n'est que l'empreinte de l'estampille y sera conservée pour éviter d'en apposer une nouvelle, à moins qu'elle ne devienne nécessaire.

10. Les frais d'apposition des estampilles, y compris l'achat de ces instrumens et de la couleur, seront remboursés par les propriétaires ou consignataires des cotons aux vérificateurs des douanes, à raison de dix centimes par balle de coton, ou par marque nouvelle qu'il serait nécessaire d'y apposer. Il ne

sera rien payé pour le croisement des marques prescrit à l'article 8.

11. Seront exclus de l'entrepôt fictif, sauf la faculté de l'entrepôt réel ordinaire, tous les cotons étrangers susceptibles d'une réduction de droits pour cause d'avaries, et ceux dont les balles auront été ouvertes ou rompues avant la mise en entrepôt.

12. Notre ministre des finances est chargé de l'exécution de la présente ordonnance, qui sera insérée au Bulletin des Lois.

Etat à annexer à l'ordonnance du 9 janvier 1818 pour la désignation des marchandises étrangères actuellement assujéties à l'entrepôt réel, qui pourront être mises en entrepôt fictif.

Bois communs pour la construction. Indiquer la nature des bois, s'ils sont bruts, équarris ou sciés; la mesure de ceux qui paient les droits par stère, et les trois dimensions des planches ou madriers ayant l'épaisseur de huit centimètres et au-dessous.

Mâts, mâtereaux, espars et manches de gaffe. A distinguer d'après les dimensions que le tarif a fixées pour chaque espèce.

Bois en perches, en échalas ou en éclisses. Indiquer la nature des bois, le nombre et les différentes longueurs des pièces.

Bois feuillards. Indiquer la nature des bois et le nombre des pièces pour chaque dimension distinguée au tarif.

Bois merrains. Idem.

Osier en bottes. Distinguer s'il est brut, pelé ou fendu, propre aux ouvrages de vannerie ou à la tonnellerie; indiquer le nombre de bottes et le poids.

Futailles vides. Distinguer si elles sont neuves ou vieilles, cerclées en fer ou en bois; à quel usage étaient celles qui ont déjà servi; si ce sont des pipes, boucauts, barriques, tierçons, quarts ou barils. Indiquer leur nombre et leur contenance totale pour chaque espèce.

Balais communs. Indiquer le nombre et l'espèce.

Avirons et rames de bateau. Indiquer la nature du bois et le nombre des pièces pour chaque espèce.

Ardoises pour toiture. Indiquer le nombre et les dimensions différentes.

Briques, tuiles et carreaux de terre. Indiquer l'espèce et le nombre.

Meules à moudre. Indiquer le nombre par chaque dimension distinguée au tarif.

Meules à aiguiser. Idem.

Marbres bruts. Indiquer l'espèce, la qualité et le nombre de blocs; y faire apposer des marques qui distingueront les blocs importés par navires français ou étrangers, et qui présenteront l'indication du poids. On fera en outre placer séparément ceux qui seront sujets à la surtaxe, et l'on ne permettra d'en enlever aucun avant qu'ils aient été reconnus.

Marbres ouvrés non dénommés au tarif. Mêmes précautions que pour les marbres bruts, en ajoutant l'indication de l'espèce des ouvrages.

Chanvre tillé ou peigné, et étoupes de chanvre, par navires français. Indiquer l'espèce, le nombre de balles ou paquets, et le poids.

Sparte brut et autre, joncs communs, par navires français. Indiquer l'espèce et le poids.

Ecorces de tilleul. Indiquer le poids.

Cordages de tilleul, sparte, joncs et herbes, par navires français. Indiquer l'espèce, la grosseur moyenne et le poids.

Graines de prairie par navires français. Indiquer l'espèce, le nombre de sacs et le poids.

Peaux fraîches, grandes et petites, par navires français. Distinguer l'espèce par le nom de l'animal, indiquer le nombre et le poids.

Peaux sèches, petites, par navires français. Idem.

Potasse importée par navires français des pays hors d'Europe seulement. Constater l'espèce, le nombre des barriques et le poids.

Soude par navires français. Indiquer le poids.

Natrons par navires français. Idem.

Soufre brut ou épuré par navires français. Indiquer l'espèce, le nombre de tonneaux ou caisses, et le poids.

Poix, galipot, goudron, brai sec, importés par navires français. Indiquer l'espèce, le nombre de barils ou autres colis, et le poids.

---

9 = Pr. 24 JANVIER 1818. — Ordonnance du Roi relative aux justifications à faire par les commissaires-priseurs pour obtenir le remboursement de leurs cautionnemens. (7, Bull. 193, n° 3496.)

Voy. ordonnance du 22 AOUT 1821.

Louis, etc.

Sur le rapport de notre ministre secrétaire d'Etat des finances;

Vu la loi du 25 nivose an 13 et le décret du 24 mars 1809, desquels il résulte que les cautionnemens des commissaires-priseurs ne peuvent être rendus que sur la double justification d'un certificat d'affiche et de non-opposition délivré par le greffier du tribunal de l'arrondissement, et d'un certificat de quitte du prix des ventes délivré par la chambre de discipline;

Considérant qu'il importe à l'intérêt public et à celui des parties intéressées de maintenir l'obligation de cette double justification exigée par les réglemens, mais que, certains des commissaires-priseurs créés en exécution de la loi du 28 avril 1816 ne dépendant d'aucune chambre, il convient de remplacer à leur égard le certificat qui aurait dû être délivré par la chambre dont ils auraient dépendu,

Nous avons ordonné et ordonnons ce qui suit :

Art. 1er. Le certificat de quitte du produit des ventes faites par les commissaires-priseurs, exigé par le décret du 24 mars 1809, sera, à l'égard de ceux de ces commissaires qui ne dépendent d'aucune chambre de discipline, délivré par le procureur du Roi du ressort de ces officiers, sur le vu des quittances du produit des ventes ou du récépissé de la consignation des fonds restés en leurs mains. Le certificat énoncera que le commissaire-priseur ne dépend d'aucune chambre de discipline, et il sera visé par le président du Tribunal.

2. Notre garde-des-sceaux et notre ministre des finances sont chargés de l'exécution de la présente ordonnance.

---

9 JANVIER = Pr. 4 FÉVRIER 1818. — *Ordonnance du Roi relative à la circulation des fromages dans le rayon frontière des départemens du Doubs, du Jura, et de l'arrondissement de Nantua, département de l'Ain.* (7, Bull. 194, n° 3517.)

Louis, etc.

Etant informé que, sur quelques parties des frontières du royaume, on abuse de l'exemption des formalités de douanes, généralement appliquée à la circulation du fromage d'après l'article 4 de la loi du 10 octobre 1797 (19 vendémiaire an 6) et l'article 37 de la loi du 28 avril 1816, pour introduire en fraude les fromages de pâte dure fabriqués à l'étranger;

Considérant qu'il n'est point dans l'esprit des lois invoquées d'étendre l'exemption des formalités à cette espèce de fromages, particulièrement sur les parties de frontière où ceux que l'on fabrique à l'étranger se confondraient avec les produits de la fabrication locale, mais que l'entière liberté de la circulation doit y être restreinte, dans l'intérêt de l'industrie française et de notre Trésor royal, au fromage de consommation locale et qui entre généralement, sur toute l'étendue du rayon frontière, dans les approvisionnemens ordinaires des particuliers et des marchés;

Sur le rapport de notre ministre secrétaire d'Etat des finances,

Notre Conseil-d'Etat entendu,

Nous avons ordonné et ordonnons ce qui suit :

Art. 1er. La circulation des fromages de pâte dure sera assujétie à la formalité du passavant, suivant les articles 15 et 16 du titre III de la loi du 22 août 1791, dans la partie du rayon frontière qui s'étend sur les départemens du Doubs, du Jura, et l'arrondissement de Nantua, département de l'Ain.

2. Les passavans nécessaires pour mettre en circulation les fromages provenant de chalets français situés entre la ligne de démarcation de la frontière et les premiers bureaux de douanes dans les mêmes localités, ne seront accordés que sur la déclaration du propriétaire ou principal gérant de chaque chalet, qui justifiera, par les expéditions requises pour le pacage des bestiaux, du nombre de vaches qu'il entretient dans cet établissement, et fera connaître la quantité de fromages de pâte dure qu'il se propose d'expédier dans le courant de l'année.

3. Cette déclaration, dont le maire de la commune certifiera l'exactitude, sera soumise à l'approbation du sous-préfet de l'arrondissement, qui réglera la quantité de fromages à expédier, après avoir pris l'avis du receveur de la douane où les passavans de circulation devront être délivrés.

4. En cas de contestation sur la quantité de fromages accordée par le sous préfet, elle sera définitivement fixée par le préfet du département, qui prendra préalablement l'avis du directeur des douanes.

5. Notre ministre des finances est chargé de l'exécution de la présente ordonnance.

---

9 JANVIER = Pr. 17 FÉVRIER 1818. — *Réglement concernant la répartition, le nombre, les grades, classes, traitemens, solde, supplémens, indemnités, etc, des officiers du génie maritime, maîtres, contre-maîtres et autres agens employés dans les directions forestières de la marine.* (7, Bull. 197, n° 3585.)

Sa majesté s'étant fait rendre compte de l'état actuel du personnel employé dans les quatre directions forestières maritimes créées par son ordonnance du 28 août 1816, et de la marche imprimée depuis cette époque au service des martelages des bois propres aux constructions navales, a reconnu que les résultats de la nouvelle organisation de ce service offraient, dès à présent, la preuve de sa supériorité sur l'ancien état de choses, mais que, pour arriver à la plus grande régularité possible dans toutes les opérations qui s'y rapportent, il était urgent de faire aux réglemens existans des modifications dont l'expérience a démontré la nécessité :

A ces causes,

Vu le réglement du 28 août 1816, concernant l'organisation du personnel dans les quatre directions forestières de la marine;

Sur le rapport du ministre secrétaire d'Etat au département de la marine et des colonies,

Elle a ordonné et ordonne ce qui suit :

Art. 1er. Dans chaque direction forestière de la marine, il y aura un directeur des martelages, un sous-directeur de 1re classe, deux sous-directeurs de 2e classe, un secrétaire de direction.

2. Le directeur sera pris parmi les officiers du génie maritime ayant au moins le grade d'ingénieur de 1re classe;

Le sous-directeur de 1re classe, parmi les ingénieurs de 2e classe ou de 3e classe;

Les sous-directeurs de 2e classe, parmi les sous-ingénieurs de la 1re classe.

Autant que faire se pourra, sans nuire à l'activité des opérations relatives aux martelages et à l'exploitation des bois, les sous-directeurs de 2e classe qui, après quatre ou cinq ans d'exercice dans une direction forestière, ne seront pas rappelés au service des ports, passeront dans une autre direction. Ces mutations se feront d'ailleurs de manière que chaque direction n'ait jamais qu'un seul sous-directeur renouvelé dans la même année.

3. Les secrétaires de direction seront choisis, pour cette fois seulement, parmi les agens de la marine actuellement employés dans les directions forestières, et qui ne font pas partie du corps des officiers du génie maritime.

A l'avenir lesdits secrétaires ne pourront être pris que parmi les commis principaux des ports.

Les pensions de ceux d'entre eux qui, après dix ans consécutifs d'emploi dans les directions forestières, se trouveront dans le cas d'être admis à la retraite, et rempliront d'ailleurs toutes les conditions d'âge et de temps de service nécessaires, seront réglées sur le pied de celles des sous-commissaires de la marine.

4. Il y aura, dans chaque direction forestière, un maître entretenu de 1re classe, un de 2e, un de 3e, des contre-maîtres de 1re et 2e classe, des aides-contre-maîtres de 1re et de 2e classe.

Le nombre des contre-maîtres et des aides-contre-maîtres sera fixé par le ministre secrétaire d'Etat de la marine dans chaque direction forestière, en raison de l'activité des martelages.

Ce nombre devra toujours, autant que possible, être divisé par quatre, entre les deux classes de contre-maîtres et les deux classes d'aides-contre-maîtres.

A compter de ce jour, les avancemens auront lieu de manière à établir, le plus promptement possible, la répartition des contre-maîtres et aides en nombre égal dans chacune des quatre classes indiquées.

5. L'avancement des maîtres, contre-maîtres et aides-contre-maîtres, aura lieu entre toutes les directions, à mesure qu'il surviendra des vacances dans les classes supérieures de ces agens.

Les promotions seront faites par le ministre secrétaire d'Etat de la marine, sur le rapport du directeur des martelages, et il y aura toujours un tiers des places vacantes dans chaque classe donné à l'ancienneté.

6. Nul ne pourra être admis dans une direction forestière comme aide-contre-maître qu'autant qu'il aura servi dans les arsenaux maritimes comme ouvrier, aide ou contre-maître charpentier, pendant huit ans au moins, dont deux en qualité de contre-maître ou d'aide-contre-maître affecté au détail de la recette des bois.

Il faudra de plus, pour être admis, être d'une forte constitution, savoir écrire lisiblement, orthographier, faire les quatre premières règles de cacul, connaître la nomenclature de toutes les pièces de la charpente d'un vaisseau, ainsi que la manière de ligner les bois, de les équarrir et de les cuber.

7. Ces places seront données à de jeunes contre-maîtres ou aides-contre-maîtres d'élite, qui seront, dès à présent, désignés par les directeurs des constructions navales, et affectés au détail de la recette des bois par les ordres des commandans de la marine dans les ports, savoir : deux à Brest, deux à Toulon, deux à Rochefort ou à Bayonne, un à Lorient, un à Cherbourg ou au Havre.

Les fils de maîtres entretenus des ports, des maîtres, contre-maîtres ou aides-contre-maîtres forestiers, seront admis de préférence dans ce service.

8. Lorsqu'il y aura une place vacante dans une direction forestière, le ministre secrétaire d'Etat de la marine choisira, d'après les rapports des commandans, celui des huit concurrens qui paraîtra le plus capable de la bien remplir.

Au rapport de chaque commandant devra être joint celui du directeur des constructions qui sera spécialement appelé à constater la capacité de chacun des candidats.

9. Quelle que soit la classe à laquelle sera parvenu dans le port l'individu choisi pour entrer dans une direction forestière, il ne pourra y recevoir d'abord que le titre et la paie d'aide-contre-maître de la seconde classe, et dès lors il concourra, pour l'avancement, avec tous les autres aides-contre-maîtres de la même direction, conformément aux articles 3 et 4 du présent réglement.

10. Les maîtres, contre-maîtres et aides-contre-maîtres forestiers de la marine ne pourront exercer leurs fonctions qu'après avoir prêté serment par-devant le tribunal de première instance dans le ressort duquel ils résideront : leur qualité d'assermentés sera relatée dans tous les procès-verbaux qu'ils auront à dresser dans le cours de leurs opérations.

11. Les chefs-lieux des quatre directions forestières seront fixés ainsi qu'il suit : 1re direction, Paris; 2e Tours; 3e Angoulême; 4e Lyon.

Le directeur et le secrétaire de chaque direction résideront au chef-lieu.

Les résidences des sous-directeurs seront fixées par le ministre secrétaire d'Etat de la marine, ainsi qu'il le jugera convenable pour la surveillance à exercer sur les agens chargés des martelages.

Celles des maîtres, contre-maîtres et aides-contre-maîtres, seront déterminées par les directeurs, en raison des besoins du service, sauf l'approbation du ministre.

12. Les directeurs et sous-directeurs porteront, dans leurs fonctions, l'uniforme de leur grade respectif, comme officiers du génie maritime.

Les secrétaires de direction porteront l'uniforme des commis principaux des ports.

13. Les maîtres, contre-maîtres et aides-contre-maîtres attachés aux directions forestières porteront également, dans leurs fonctions, un uniforme dont ils devront toujours être revêtus lorsqu'ils auront à paraître devant les autorités publiques.

Cet uniforme consistera en un habit bleu-de-roi, fermé sur la poitrine avec boutons de cuivre doré, portant un ancre et une fleur de lis; collet montant, veste et culotte ou pantalon bleus; bottes courtes, et chapeau à la française, avec une ganse en or et un bouton pareil à ceux de l'habit.

Les maîtres entretenus, les contre-maîtres et les aides-contre-maîtres, auront tous une ancre et une fleur-de-lis brodées en or de chaque côté du collet.

Les maîtres entretenus y ajouteront un double galon en or, et les contre-maîtres un galon simple en or, autour du collet.

Ils auront tous le sabre long de cavalerie, conforme au modèle en usage. Les maîtres entretenus pourront seuls porter l'épée sans dragonne.

14. A compter du 1er janvier 1818, la solde, les supplémens de solde, frais d'écritures, de bureau et de ports de lettres, indemnités de voyages des directeurs, sous-directeurs, secrétaire, maîtres, contre-maîtres et aides-contre-maîtres, dans chaque direction forestière, seront fixés conformément au tableau annexé au présent réglement.

15. Les transports de papiers imprimés par les messageries, les fournitures de bureau des maîtres, contre-maîtres et aides-contre-maîtres, ainsi que les autres dépenses diverses et imprévues, relatives au service des martelages, seront remboursés sur les états de trimestre du directeur, appuyés de quittances en règle.

Le ministre secrétaire d'Etat de la marine pourra néanmoins, s'il le juge convenable, accorder, à titre d'abonnement annuel, une somme fixe pour les dépenses de cette espèce. Cette somme sera réglée sur le nombre des agens et l'activité du service dans chaque direction.

16. Lorsque, après dix années consécutives d'emploi dans les forêts, des maîtres de 1re, 2e ou 3e classe, devenus inutiles pour les martelages, seront renvoyés dans un port sans avoir le temps de service et l'âge nécessaires pour être admis à la retraite, ils y seront compris sur les états de revue, et employés avec les maîtres charpentiers entretenus des classes correspondantes.

Les contre-maîtres et aides-contre-maîtres renvoyés dans les ports après dix années consécutives de service dans les forêts, seront rangés dans la classe immédiatement supérieure à celle dont ils faisaient partie dans les directions forestières.

Au-dessous de dix années d'emploi dans les forêts, ils rentreront dans la classe à laquelle ils appartenaient avant d'être passés au service forestier, ou dans celle à laquelle ils seront parvenus depuis leur admission à ce service, si cette dernière est la plus élevée.

17. Les maîtres, contre-maîtres et aides-contre-maîtres forestiers qui seront, depuis dix années au moins, en activité dans les forêts, et qui rempliront d'ailleurs les conditions requises pour l'admission à la retraite, seront assimilés pour la fixation de leur pension, savoir :

Les maîtres, aux maîtres charpentiers entretenus de la 1re classe dans les ports;

Les contre-maîtres, aux maîtres charpentiers entretenus de 2e classe;

Les aides-contre-maîtres, aux maîtres charpentiers entretenus de 3e classe.

Au-dessous de dix années d'emploi dans les forêts, s'ils sont admis à la retraite, ils ne pourront avoir que la pension attribuée à la classe immédiatement supérieure à celle dont ils faisaient partie comme agens forestiers, et au-dessous de cinq ans d'emploi dans les forêts, celle de la classe correspondante dans les ports.

18. Les dispositions du présent réglement relatives à la solde, aux supplémens, aux indemnités de voyages, au retour dans les ports et à la retraite des agens forestiers de la marine, s'appliqueront à ceux qui sont employés à la recherche et à l'exploitation des bois de mâture dans les Pyrénées.

19. Il est expressément défendu aux directeurs et sous-directeurs, aux secrétaires de direction, aux maîtres, contre-maîtres et aides-contre-maîtres forestiers, de s'intéresser, soit directement, soit indirectement, ni dans les fournitures de bois, ni dans aucun marché relatif à leur exploitation et à leur transport, sous peine de suspension de leurs fonctions pendant un an.

Les contrevenans en récidive seront destitués.

Cette disposition s'étend aux parens des

directeurs et sous-directeurs dans toute l'étendue de la direction forestière à laquelle ils sont attachés : et les marchés passés malgré cette défense seraient nuls de droit, sans donner lieu à aucune espèce d'indemnité envers les titulaires, à moins que lesdits marchés n'eussent été autorisés par une décision spéciale du ministre.

20. Les directeurs rendront compte de leurs opérations au ministre secrétaire d'Etat de la marine, dont ils recevront immédiatement les ordres, et qui, lorsqu'il le jugera convenable, enverra l'inspecteur général du génie maritime dans les directions forestières pour en faire l'inspection.

L'inspecteur général du génie maritime pourra être remplacé, pour ces tournées, par l'un des directeurs des constructions navales, qui sera désigné à cet effet par le ministre, lorsque le cas s'en présentera.

21. Le ministre secrétaire d'Etat de la marine déterminera par des instructions les divers détails relatifs aux attributions et fonctions respectives des directeurs, sous-directeurs, secrétaires, maîtres, contre-maîtres et aides-contre-maîtres attachés aux directions forestières.

22. Sont et demeurent abrogées toutes dispositions contraires à ce qui précède, et notamment celles du réglement du 28 août 1816 (concernant l'organisation du personnel dans les quatre directions forestières) qui ne sont pas rappelées dans le présent réglement.

Tableau des appointemens, solde, supplémens et indemnités qui seront alloués, à compter du 1er janvier 1818, aux officiers du génie maritime et autres agens employés dans les quatre directions forestières.

	TRAITEMENT ou solde par an.	SUPPLÉMENT en forêts.	FRAIS D'ÉCRITURES, loyers et fournitures de bureau et ports de lettres.	INDEMNITÉS de tournées.	OBSERVATIONS.
Directeur	Les appointemens du grade comme officier du génie maritime.	Le tiers en sus des appointemens.	1,700	Les vacations et les frais de route du grade, comme officier du génie maritime.	Les vacations ne seront payées que hors de sa résidence seulement. Il sera retenu un jour de vacations, par chaque distance parcourue de dix myriamètres.
Sous-directeur de 1re cl.	*Idem.*	*Idem.*	500	*Idem.*	*Idem.*
Sous-directeur de 2e cl.	*Idem.*	*Idem.*	300	*Idem.*	*Idem.*
Secrétaire de direction.	2,400	600 (A Paris seulement.)	"	Les vacations et les frais de route des sous-ingénieurs de la 2e classe.	Ces indemnités ne seront payées que dans les cas fort rares où le secrétaire de direction serait envoyé en tournée par le directeur dans sa subdivision ; ce dont il serait rendu compte au ministre.
Maître de 1re cl.	1,500	1,000	"	1,200	Par an.
Maître de 2e cl.	1,200	1,000	"	1,200	*Idem.*
Maître de 3e cl.	1,000	1,000	"	1,200	*Idem.*
Contre-maître de 1re cl.	900	900	"	1,200	*Idem*
Contre-maître de 2e cl.	800	800	"	1,200	*Idem.*
Aide-contre-maître de 1re cl.	700	700	"	1,200	*Idem.*
Aide-contre-maître de 2e cl.	600	600	"	1,200	*Idem.*

Nota. Les secrétaires qui seront pris, pour cette fois seulement, parmi les agens actuellement attachés aux directions forestières en qualité de chefs de subdivision, conserveront leur traitement actuel dans les 2e, 3e et 4e directions. Le secrétaire de la 1re direction recevra dès à présent le traitement fixé dans le tableau ci-dessus.

9 JANVIER = Pr. 28 FÉVRIER 1818. — Ordonnance du Roi qui fixe le prix des passages aux frais de sa majesté sur les bâtimens de commerce. (7, Bull. 199, n° 3641.)

Art. 1er. Les passages, pour les colonies orientales, occidentales et pour la côte d'Afrique, des personnes employées, soit dans le militaire, soit dans le civil, qui seront embarquées sur les bâtimens de commerce, seront payés, à l'avenir, d'après le tarif ci-après, savoir :

	EN ALLANT.	EN REVENANT.
La Guiane française; les îles de l'Amérique du Vent et sous le Vent.		
Pour chaque passager nourri à la table du capitaine.	400f	533f
Pour chaque passager à la ration simple, y compris sa nourriture.	133	200
Sénégal et Côte d'Afrique.		
Pour chaque passager nourri à la table du capitaine	300	375
Pour chaque passager à la ration simple, y compris sa nourriture.	100	150
Ile Bourbon.		
Pour chaque passager nourri à la table du capitaine	1,000	1,250
Pour chaque passager à la ration simple, y compris sa nourriture.	333	390
Pondichéry.		
Pour chaque passager nourri à la table du capitaine.	1,340	1,610
Pour chaque passager à la ration simple, y compris sa nourriture.	445	485
Bengale.		
Pour chaque passager nourri à la table du capitaine.	1,560	1,840
Pour chaque passager à la ration simple y compris sa nourriture.	540	600

2. Il sera fait des conventions particulières avec les armateurs, pour le passage des militaires allant aux colonies ou en revenant en corps de troupe.

3. Notre ministre de la marine et des colonies est chargé de l'exécution de la présente ordonnance.

---

9 JANVIER 1818. — Ordonnance du Roi qui admet les sieurs Arnold, Groves, Adolphi, Pillvuyt, Richold, Engel, Duchling, Dull et Lemlé à établir leur domicile en France. (7, Bull. 193.)

---

9 JANVIER 1818. — Ordonnances du Roi qui accordent des lettres de déclaration de naturalité aux sieurs Mugnier, Juncar, Bourbaki, Fléchia, Gugliery, Broua, Lorente, Bender, Reich et Couroublé. (7, Bull. 196, 199, 202, 207, 211 et 212.)

---

9 JANVIER 1818. — Ordonnance du Roi qui permet aux sieurs Alleye et à leurs sœurs d'ajouter à leurs noms ceux de Billom de Ciprey. (7, Bull. 192.)

---

10 JANVIER 1818. — Ordonnance du Roi qui distrait la commune de la Chapelle de Chatelard du canton de Chalamont, et qui la réunit à celui de Châtillon (Ain). (7, Bull. 196.)

---

10 JANVIER 1818. — Ordonnances du Roi qui autorisent l'acceptation de dons et legs faits aux sœurs hospitalières de Saint-Rémi, d'Auneau, et aux pauvres, aux séminaires et fabriques des églises de Saint-Rémi, Volmerange, Bermering, Nancy, Arras, Mans, Vetheuil, Walscheidt, Vievy, Lyon, Chapelle-Launay, Ossé, Rahay et Pont-Sainte-Marie. (7, Bull. 214 et 215.)

---

13 JANVIER 1818. — Ordonnance du Roi qui constitue la Chambre des pairs en cour de justice. (Mon. du 20 janvier 1818.)

Voy. article 34 de la Charte et notes.

Louis, etc.

Sur le compte qui nous a été rendu par notre garde-des-sceaux ministre de la justice, que la dame Saint-Morys a porté plainte devant les tribunaux de Paris, pour raison de l'homicide commis sur la personne de son mari; que, dans une plainte additionnelle, ladite dame désignant entre autres comme complice de ce prétendu crime un individu revêtu de la dignité de pair, le juge d'instruction s'est dessaisi de la connaissance de l'affaire, en exécution de l'article 34 de la Charte constitutionnelle; que les pièces de la procédure ont été renvoyées à notre chancelier, président de la Chambre des pairs, et qu'il devient nécessaire, pour que l'instruction soit continuée d'une manière régulière, de constituer la Chambre des pairs en cour de justice,

Nous avons ordonné et ordonnons ce qui suit :

Art. 1er. Les fonctions attribuées par les lois aux officiers du ministère public, dans l'instruction et le jugement des affaires criminelles, seront exercées, près la Chambre des pairs constituée en cour de justice, pour connaître des plaintes portées par la dame Saint-Morys à l'occasion de la mort de son mari, par le sieur Bellart, notre procureur général en la cour royale de Paris.

2. Le sieur Cauchy, secrétaire archiviste de la Chambre des pairs, remplira les fonctions de greffier.

3. Notre garde-des-sceaux ministre d'Etat de la justice est chargé de l'exécution de la présente ordonnance.

---

14 JANVIER 1818. — Ordonnances du Roi qui accordent des lettres de déclaration de naturalité aux sieurs de Pereira, Bika, Barreiros, d'Aspremont, Keller, Tinagero et Artéon. (7, Bull. 202, 207, 221 246, 278 et 320.)

---

14 JANVIER 1818. — Ordonnances du Roi qui autorisent l'acceptation de dons et legs faits aux pauvres, aux séminaires, hospices e fabriques des églises de Tréguier, Poitiers, Médoc, Gucherschwir, Beaumont, Strasbourg, Autun, Chéry, Charmois, Ravenel, Carcassonne, Toulouse, Hellimer, Bordeaux, Lyon, Mont-le-Bon, Morteau, Narbonne, Metz, Carpentras, Lemps, Lezoux, Venissieux, Châteauroux, Montdidier, Marennes, Paris, Givors, Aveize, Montcucq, Saint-Omer, Oleron, Feurs, Bard, Chalain-le-Comtal, Argenton, Panissières, Saint-Barthélemy, Lestra, Aurillac, Montbrison, Soissons et de Clamecy. (7, Bull. 215, 216 et 221.)

---

14 JANVIER 1818. — Ordonnances du Roi qui autorisent l'inscription au Trésor royal de plusieurs soldes de retraite définitives, et de pensions civiles et militaires. (7, Bull. 193, nos 3497 et 3498.)

---

14 JANVIER 1818. — Ordonnances du Roi qui accordent, qui prorogent et qui changent les jours de la tenue des foires des communes d'Autherives, Mello, Lafontaine, Donzac, Saint-Martin, Saint-Renan, Regny et Guegon. (7, Bull. 222)

---

14 JANVIER 1818. — Ordonnance du Roi qui admet les sieurs Berger, Veninsky, Haenlé Raiha dit Schia, à établir leur domicile en France. (7, Bull. 193.)

---

21 JANVIER = Pr. 6 FÉVRIER 1818. — Ordonnance du Roi qui autorise l'acceptation de l'offre faite par M. le comte Daru au nom d'une personne qui veut rester inconnue d'une somme de cinq mille francs, destinée à fonder à perpétuité un prix annuel en faveur des enfans de troupe. (7, Bull. 195, n° 3546.)

Notre ministre secrétaire d'Etat de la guerre est autorisé à accepter l'offre faite par M. le comte Daru, au nom d'une personne qui veut rester inconnue, d'une somme de cinq mille francs, destinée à fonder à perpétuité un prix annuel en faveur des enfans de troupe.

---

21 JANVIER = Pr. 6 FÉVRIER 1818. — Ordonnance du Roi qui règle le placement de la somme de cinq mille francs offerte par une personne qui veut rester inconnue, pour fonder à perpétuité un prix annuel en faveur des enfans de troupe, et fixe l'emploi annuel du revenu de cette somme. (7, Bull. 195, n° 3547.)

Art. 1er. La somme de cinq mille francs offerte par une personne qui veut rester inconnue, pour fonder à perpétuité un prix annuel en faveur des enfans de troupe, et dont nous avons autorisé l'acceptation par notre ordonnance de ce jour, sera versée à la caisse des dépôts et consignations, qui sera chargée de la faire valoir, suivant l'intention du donateur, par des achats de rentes sur l'Etat.

2. Le revenu provenant de ce placement sera tenu à la disposition de notre ministre de la guerre, pour être employé annuellement au profit d'un enfant de troupe appartenant à un des corps de notre armée, et désigné de la manière ci-après.

3. Chaque année, avant l'époque des inspections générales, le ministre de la guerre fera tirer au sort, entre les légions et les régimens de ligne français de différentes armes, le corps qui sera appelé à présenter pour ladite année un enfant de troupe, âgé de dix

ans au moins, né d'un mariage légitime, et dont le père soit en activité de service militaire, ou décédé au service.

4. Les officiers du corps qui aura été ainsi désigné seront réunis par l'officier général, inspecteur d'armes, et en présence de l'intendant ou sous-intendant militaire, pour nommer, parmi les enfans de troupe appartenant à ce corps, celui qui sera jugé avoir le plus de droit au prix. La conduite habituelle de l'enfant, son zèle, ses dispositions, et les espérances qu'il paraîtra donner, seront les motifs déterminans du choix. Les services et la situation du père pourront aussi être pris en considération.

5. Le montant du prix consistant en une année de la rente constituée comme il est dit ci-dessus, ne sera toutefois délivré à l'enfant désigné qu'à l'époque où il sera devenu apte à contracter et dans le cas où il contractera effectivement un engagement militaire. Dans l'intervalle, la caisse des dépôts et consignations continuera à faire valoir, au profit particulier dudit enfant, la somme qui doit lui revenir, pour être remise à l'époque indiquée, et sur les ordres du ministre de la guerre, avec les accroissemens qu'elle aura reçus par l'accumulation successive des produits.

6. Dans le cas où l'enfant viendrait à décéder avant d'avoir atteint l'âge de contracter un engagement, et dans celui où, parvenu à cet âge, il n'en contracterait pas, pour quelque cause que ce fût, et renoncerait ainsi à toucher le prix, il sera procédé à de nouvelles désignations, en suivant les règles précédemment établies.

7. Le directeur des caisses d'amortissement et des dépôts et consignations fera reconnaître au ministre de la guerre, toutes les fois qu'il en sera requis, ainsi qu'à la commission de surveillance desdites caisses, la situation des fonds appartenant à cette fondation.

8. Nos ministres au département de la guerre et des finances sont chargés de l'exécution de la présente ordonnance.

---

21 JANVIER 1818. — Ordonnance du Roi qui autorise l'inscription au Trésor royal de dix soldes de retraite. (7, Bull. 196, n° 3568.)

---

21 JANVIER 1818. — Ordonnance du Roi portant proclamation des brevets d'invention, de perfectionnement et d'importation délivrés pendant le quatrième trimestre de 1817, aux sieurs Hervieux, Crevel, Jalabert, Beretta, Leboult jeune et compagnie, Dufort, Dihl, Hill, Bundy, Alleau, Nante, Naquet, Mayer, Gallois, Lepage, Lajude, Thomassin, Corbill, Blacks, Cutts, Machon père et fils, Bonnet de Coutz, Pitet, Jernsted, Chatelain, Peurière, Desfossés, Malard, Landouin, Giraud, Perissot, Lefèvre, Thomas, Maupassant de Rancy, Adam, Becke, Crosley, Duplat, Brouquières, Chanot, Leroy, Gohin, Mathieu, Thibault, Courteaut, Tachouzin, Gounon, Jernsted, Fesquet, Aubril, Despiau, Vernert, Bancel, Pelletier, Saillant, Bougnereau, baron d'Oyen de Furstensten et Désarnod. (7, Bull. 197, n° 3586.)

---

21 JANVIER 1818. — Ordonnances du Roi qui accordent des lettres de déclaration de naturalité aux sieurs Meuron, Verra, baron Rémond, Leveling, Loyolo-Pé-de-Arros, Delellembert, Buffet, Colson, Perret, Pueyo, Capiaumant, Vachetta, Telmo-Troncoso, Zanobi-Gaeton, Cardini, Zumbach, Doria, Berdonny, Breve, Gastelu, Mermillod, Sturm, Martin, Costamagna et Cornement. (7, Bull. 198, 199, 202, 207, 211, 212, 218, 220, 223, 227, 234, 320, et 348.)

---

21 JANVIER 1818. — Ordonnance du Roi qui permet aux sieurs Caruel, Marchis, Dorothée dit Randon et Petit, de faire des additions à leurs noms. (7, Bull. 194.)

---

21 JANVIER 1818. — Ordonnance du Roi qui admet les sieurs Hoertner, Werner, Bauer, Haussmann, Hiefrimozze, Weber, Wenagel, Gonsalve et Wiederscheim à établir leur domicile en France. (7, Bull. 196.)

---

21 JANVIER 1818. — Ordonnances du Roi qui autorisent l'acceptation de dons et legs faits aux séminaires et fabriques des églises de Massevaux, Vannes, Sixt, Byanz, Sermentizon, Caluire, Ravenel, Martinvast, Liguy, Fromental et Troyes. (7, Bull. 221, nos 4349 et 4360.)

---

21 JANVIER 1818. — Ordonnance du Roi qui fait concession à M. le comte de Gardanne des mines de houille de Saint-Martin de Renacas, département des Basses-Alpes. (7, Bull. 222, n° 4387.)

---

21 JANVIER 1818. — Ordonnance du Roi qui permet au sieur Randon de faire précéder son nom de celui de Latour. (7, Bull 396.)

---

25 JANVIER 1818. — Ordonnance du gouverneur de la Guiane française portant promulgation du Code de procédure avec modifications. (Publié par Mr Isambert.)

Nous, lieutenant général des armées de sa majesté très-chrétienne, grand-officier de la Légion-d'Honneur,

Considérant que le Code de procédure civile décrété le 14 avril 1806, et promulgué le 26 du même mois, à Paris, ne l'a pas encore été dans la Guiane française, en raison des circonstances de guerre et autres ;

Que l'intention bienfaisante de sa majesté est que les sujets de ses colonies soient, autant que les localités peuvent le permettre, et avec les modifications jugées nécessaires, régis par les mêmes lois que celles en vigueur dans la métropole:

Dans ces vues et à ces causes,

Au nom du Roi, et après avoir délibéré en conseil spécial, nous commandant et administrateur, pour le Roi, de la colonie de Caïenne et de Guyane française,

Nous avons ordonné et ordonnons pour être exécuté provisoirement et sauf l'approbation de sa majesté ce qui suit :

Art.1er. La loi du 14 avril 1806, intitulée: de la justice de paix, sur les citations, sur les audiences et comparutions des parties, sur les jugemens par défaut et les oppositions à ces jugemens, sur les jugemens, sur les actions possessoires, sur les jugemens qui ne sont pas définitifs, sur la mise en cause des garans, sur les enquêtes, sur la visite des lieux, sur la récusation des juges-de-paix, des tribunaux inférieurs, sur la conciliation, sur les ajournemens, sur les constitutions d'avoués, sur la communication au ministère public, sur les audiences, leur publicité et leur police, sur les délibérés et instructions par écrit, sur les jugemens par défaut et opposition, sur les exceptions, sur la vérification des écritures, sur le faux incident civil, sur les enquêtes, sur les descentes sur les lieux, sur les rapports d'experts, sur l'interrogatoire sur faits et articles, sur les incidens, sur les reprises d'instance et constitution de nouveaux avoués, sur le désaveu, sur le réglement de juges, sur le renvoi à un autre tribunal, sur la récusation, sur la péremption, sur le désistement, sur les matières sommaires, sur la procédure devant les tribunaux de commerce;

Celle du 17 avril 1806, des tribunaux d'appel, sur l'appel et sur l'instruction sur l'appel, des voies extraordinaires pour attaquer les jugemens, sur la tierce-opposition, sur la requête civile, sur la prise à partie, de l'exécution des jugemens, sur la réception de caution, sur la liquidation des dommages-intérêts, sur la liquidation des frais, sur la liquidation des comptes, sur la liquidation des dépens et frais, sur les règles générales sur l'exécution forcée des jugemens, sur les saisies-arrêts ou oppositions, sur la saisie-exécution, sur la saisie-brandon ou la saisie des fruits, sur la saisie des rentes constituées, sur la distribution par contribution, sur la saisie immobilière, sur les incidens, sur la poursuite de saisie immobilière, sur l'ordre, sur les référés;

Celle du 20 avril 1806, des procédures diverses, sur les offres de paiement et la consignation;

Celle du 28 avril 1806, des procédures relatives à l'ouverture d'une succession;

Celle du 29 avril 1806, sur les arbitrages,

Lesquelles réunies forment le Code de procédure civile, seront exécutées à la Guiane française, selon leur forme et teneur, sauf les modifications établies par les articles suivans, qui seront exécutés provisoirement jusqu'à la décision de sa majesté.

2. Le Code de procédure civile sera exécutoire à Cayenne dans les vingt-quatre heures, et sur le continent de la Guiane française dans le délai de trois jours à dater de la promulgation qui en sera faite au nom de sa majesté, et de son enregistrement aux greffes de la cour royale d'appel, du tribunal de première instance et de la justice de paix.

3. Dans le cas où les tribunaux auront à prononcer un jugement ou arrêt d'après les modifications déterminées par la présente ordonnance, ils seront tenus de citer la date et l'article de cette ordonnance qui établit ces modifications apportées au Code de procédure civile.

4. Liv. Ier, tit. II, art. 17 du Code de procédure.

Les jugemens des justices de paix, jusqu'à concurrence de deux cents francs, seront définitifs et sans appel, et ceux jusqu'à concurrence de cinquante seront exécutoires par provision, nonobstant l'appel, et sans qu'il soit besoin de fournir caution.

5. Liv. II, tit. II. *Des ajournemens.*

Le domicile d'un habitant non résidant habituellement en ville est son habitation où il fait sa demeure ordinaire: cependant, l'habitant pourra être sommé, par le premier exploit, d'élire domicile en ville, ou de charger de pouvoir pour la suite de la procédure; à défaut de ce, les exploits d'assignation seront donnés à l'huissier audiencier qui en adressera copie au commandant du quartier de l'arrondissement dans lequel l'habitant fait sa résidence, lequel les paraphera et sera chargé de les faire parvenir; lesdites copies ainsi paraphées vaudront comme si elles avaient été données à personne ou à domicile.

Le délai ordinaire des ajournemens pour les habitans domiciliés en ville sera de huit jours; pour ceux domiciliés dans l'île quinze jours; pour ceux domiciliés aux quartiers de Roura, Macouria, et autres du continent de pareil éloignement, de trois semaines; pour ceux domiciliés à Appouagnes, Kourou, Sinamary, et autres lieux du continent de pareil éloignement, d'un mois, et pour ceux domiciliés à Iracombo, Oyapo et dépendances, six semaines.

6. Liv. II, tit. III. *Constitution d'avoués.*

La pénurie d'hommes de loi dans la colonie ne permettant pas de nommer des avoués, attendu que la confiance serait trop limitée, le titre d'avoué est supprimé.

Les parties sont tenues de comparaître en personne, à moins qu'elles n'en soient dispensées par de justes raisons; dans lequel cas, elles pourront confier leur défense, et se faire représenter par des fondés de pouvoirs spéciaux, à ce autorisés par nous, lesquels fondés de pouvoirs seront personnellement responsables de leurs faits et actions, et ne pourront exiger que les frais de justice portés au tarif à la taxe pour Paris, augmentés de 1/2 en sus.

Tous accords en contravention seront considérés comme des actes de concussion et punis comme tels.

Les arrêts du conseil supérieur de Cayenne des 16 août 1770, 18 janvier 1777 et 23 mai de la même année, en tout ce qui n'y est point dérogé par cet article, sont maintenus.

7. Liv. V, tit. VIII. *Des saisies-exécutions.* Titre XII. *De la saisie immobilière.* Tit. XV. *De l'emprisonnement.*

Les saisies-exécutions, saisies immobilières et contraintes par corps ne pourront avoir lieu sans notre approbation.

8. Liv. III. Titre unique, 2e partie. *Dispositions générales*, art. 1037.

Aucune signification et exécution ne pourra être faite avant six heures du matin et après six heures du soir, pendant tout le courant de l'année, non plus que les jours de fêtes légales.

9. La présente ordonnance sera imprimée, lue, publiée et affichée; elle sera enregistrée aux greffes de la cour royale d'appel, du tribunal de première instance, et de la justice de paix.

---

31 JANVIER = Pr. 6 FÉVRIER 1818. — Ordonnance du Roi qui élève à la dignité de pair du royaume M. le comte Decazes, ministre et secrétaire d'Etat au département de la police générale. (7, Bull. 195, n° 3545.)

Louis, etc.

Vu notre ordonnance du 25 août 1817 sur la formation des majorats à instituer par les pairs;

Vu notre ordonnance du 7 janvier 1818 par laquelle nous avons autorisé, en faveur de notre amé le comte Decazes, ministre et secrétaire d'Etat au département de la police générale, la fondation d'un majorat au titre de comte;

Voulant lui donner un nouveau témoignage de notre satisfaction pour les bons et loyaux services qu'il ne cesse de rendre à notre personne et à l'Etat,

Nous l'avons élevé à la dignité de pair du royaume.

Les lettres-patentes qui lui seront expédiées en exécution de nos ordonnances, porteront institution du titre de comte : en conséquence, ce titre sera et demeurera uni à la pairie dont nous l'avons pourvu, pour en jouir lui et ses successeurs à ladite pairie, ainsi que des droits, honneurs et prérogatives qui y sont attachés.

---

31 JANVIER = Pr. 17 FÉVRIER 1818. — Ordonnances du Roi portant réduction du nombre des agens de change près la Bourse de Rouen, et augmentation des courtiers près la même Bourse. (7, Bull. 197, n° 3587.)

Art. 1er. Le nombre des agens de change institués près la Bourse de Rouen par l'acte du Gouvernement du 7 thermidor an 9 est réduit à deux.

Leur cautionnement demeure fixé à quinze mille francs.

2. Le nombre des courtiers établis par le même acte près la Bourse de Rouen est porté à trente-quatre. Ils seront divisés et répartis en trois classes, savoir:

Vingt-quatre courtiers de marchandises;
Deux courtiers d'assurances;
Huit courtiers conducteurs interprètes.

Leur cautionnement sera de sept mille francs.

3. Les courtiers actuellement en exercice auront la faculté de choisir entre ces divers titres. Ceux d'entre eux qui voudront être courtiers conducteurs de navires interprètes seront obligés, pour obtenir cette dernière qualité, de justifier de leur aptitude à interpréter telle ou telle langue.

4. Il sera donné à tous ces courtiers de nouvelles commissions.

5. Nos ministres de l'intérieur et des finances sont chargés de l'exécution de la présente ordonnance, qui sera insérée au Bulletin des Lois.

---

31 JANVIER 1818. — Ordonnances du Roi qui autorisent l'acceptation de dons et legs faits aux pauvres, aux hospices et fabriques des églises de Saint-Clair-sur-Epte, Estrus, Noyal-Muzillac, Pruniers, Yretot, Mans, Montreuil, Villefranche, Ham, Beauvais, Audruicq, Gradien, Rouen, Régusse, Vicdessos, Toulouse, Paris, Salers, Seignelay, Scillans, Cuers, Douai, Collobrières, Saint-Martin, de Paillières, Joinville, Troyes, Pleaux, Montoire, Vassy, Aurillac, Cosnes-sur-Loire, Gerzat, Lyon, Orange, Lude, Fieffé, Riom, Loudun et Grenade. (7, Bull. 222, 223 et 224.)

---

31 JANVIER 1818. — Ordonnance du Roi qui autorise le sieur Lareillet à construire un fourneau pour la fusion du minerai de fer, dans la commune de Pissot, département des Landes. (7, Bull. 222, n° 4388.)

---

31 JANVIER 1818. — Ordonnance du Roi qui affecte les bâtimens de la ci-devant abbaye

de Josaphat à servir de dépôt central pour l'admission des enfans trouvés du département d'Eure-et-Loir. (7, Bull. 225, n° 4537.)

1er FÉVRIER 1818. — Ordonnance du Roi qui ordonne la fabrication des poinçons bigormes de contre-marque pour les titre et garantie des ouvrages et matières d'or et d'argent (1).

---

2 FÉVRIER 1818. — Réglement provisoire sur la solde et les subsistances de l'armée (2).

---

3 FÉVRIER 1818. — Ordonnance du Roi qui permet aux sieurs Merda, Ravichio et Lamy de faire des changemens et des additions à leurs noms. (7, Bull. 196.)

---

3 FÉVRIER 1818. Ordonnance du Roi qui admet les sieurs Pfeiffenthaler, Martinez, Benet et Perrin, à établir leur domicile en France. (7, Bull. 196.)

---

3 FÉVRIER 1818. — Ordonnances du Roi qui accordent des lettres de déclaration de naturalité aux sieurs Mayr de Baldegg, de Néef, Vasseur, de Donop, Crotti, Bathala, Cordeiro da Sylva, Flores, Salvi, de Châtillon, Harveng, Silva, Sybertz, Ghinelli, Sache, de Sutter, Novatzki, Antoine dit Milhomme, de Dobbeler, Dérion et Spies. (7, Bull. 199, 202, 207, 211, 231, 234, 269, 298 et 307.)

---

3 FÉVRIER 1818. — Ordonnances du Roi qui autorisent les sieurs Hippolyte et Léopold de Froger à rester au service de sa majesté le roi de la Grande-Bretagne. (7, Bull. 51.)

---

6 = Pr. 17 FÉVRIER 1818. — Ordonnance du Roi contenant des dispositions relatives à la nomination et à la révocation des membres des administrations des hospices et des bureaux de charité. (7, Bull. 197, n° 3588.)

Voy. loi du 16 MESSIDOR an 7, ordonnances des 18 FÉVRIER 1818 et 31 OCTOBRE 1821.

Art. 1er. Les membres des administrations des hospices et des bureaux de charité seront, à dater de la présente ordonnance, nommés par les préfets, dans toutes les villes et communes dont les maires ne sont pas à notre nomination.

2. Pour toutes les villes dont les maires sont à notre nomination, les membres des administrations des hospices et des bureaux de charité continueront d'être nommés par notre ministre secrétaire d'Etat au département de l'intérieur sur l'avis des préfets.

3. La révocation des administrateurs dont la nomination est déférée aux préfets ne pourra être prononcée que par notre ministre de l'intérieur, sur le compte qui lui en sera rendu par le préfet.

4. Le renouvellement des membres des administrations des hospices et des bureaux de charité continuera d'avoir lieu chaque année par cinquième, suivant les règles précédemment établies.

5. Notre ministre de l'intérieur est chargé de l'exécution de la présente ordonnance, qui sera insérée au Bulletin des Lois.

---

6 = Pr. 19 FÉVRIER 1818. — Ordonnance du Roi contenant des dispositions d'indulgence et de clémence en faveur des condamnés qui se seront fait remarquer par leur bonne conduite pendant l'expiation de leur peine. (7, Bull. 198, n° 3607.)

Louis, etc.

Si la punition des crimes et des délits est le premier besoin de la société, le repentir, quand il est sincère et bien constaté, a d'autant plus droit à notre clémence royale, que souvent il n'est pas moins utile pour l'exemple que la peine même, et qu'il offre la meilleure garantie de la conduite future du coupable qui en donne des preuves. Déjà nous avons pourvu par diverses ordonnances au régime des maisons destinées à recevoir les condamnés. Nous avons voulu que ce régime, sans cesser d'être sévère dans l'intérêt de la sûreté publique, fût en tout conforme aux principes de l'humanité, aux règles des bonnes mœurs et aux distinctions établies par la loi entre ceux qu'elle condamne; que les détenus fussent environnés de l'appui, des secours et des consolations de la religion; qu'on eût soin de leur fournir un travail, qui, en même temps qu'il adoucit leur sort actuel, leur ménage des ressources pour l'avenir, et leur fait contracter des habitudes morales.

Après avoir, par ses mesures, rendu la résignation plus facile aux condamnés, nous voulons encore leur tenir compte de leur retour à des sentimens honnêtes, et exciter plus vivement leur émulation par une perspective encourageante, en faisant connaître la résolution où nous sommes d'user de notre prérogative royale en faveur de ceux qui, par une bonne conduite soutenue, se seront rendus dignes de la remise entière ou de la com-

---

(3) Cette ordonnance n'est pas imprimée au Bulletin; elle est rappelée par celle du 5 mai 1819.

(2) Ce réglement n'est pas imprimé au Bulletin. *Voy.* article 14 de l'ordonnance du 28 avril 1819, sur les gardes-du-corps.

mutation de la peine qu'il leur resterait à subir.

A ces causes, et sur le rapport de notre garde-des-sceaux, ministre secrétaire d'Etat de la justice, et de notre ministre secrétaire d'Etat de l'intérieur,

Nous avons ordonné et ordonnons ce qui suit:

Art. 1er. Nos procureurs généraux et ordinaires, ainsi que nos préfets, se feront rendre, tous les trois mois, des comptes détaillés de la conduite des détenus en vertu d'arrêts ou de jugemens, par les directeurs, inspecteurs, aumôniers, conseils de surveillance et tous autres chargés de l'administration, inspection ou surveillance des maisons de force, de réclusion, détention, correction, et prisons quelconques.

2. Tous les ans, avant le 1er mai, les préfets adresseront au ministre de l'intérieur la liste de ceux des condamnés qui se seront fait remarquer par leur bonne conduite et leur assiduité au travail et qui seront jugés susceptibles de participer aux effets de notre clémence.

3. Notre ministre de l'intérieur transmettra ces listes à notre garde-des-sceaux, avec les observations et propositions qu'il aura jugé convenable d'y joindre.

4. Notre garde-des-sceaux, après avoir recueilli des renseignemens auprès de nos procureurs généraux et ordinaires dans le ressort desquels auront été condamnés et se trouveront détenus les individus portés sur les listes, prendra nos ordres à leur égard, de manière à ce que notre décision puisse être rendue le 25 du mois d'août de chaque année, époque que nous fixons en mémoire de celle du saint Roi notre aïeul, dont son amour pour la justice a plus particulièrement rendu le nom à jamais vénérable.

5. Notre garde-des-sceaux et notre ministre de l'intérieur sont chargés chacun en ce qui le concerne de l'exécution de la présente ordonnance.

---

6 = Pr. 19 FÉVRIER 1818. — Ordonnance du Roi contenant des dispositions relatives à l'entrée des fers et aciers bruts étrangers destinés pour des établissemens français de la côte d'Afrique ou de l'Inde et pour les colonies d'Amérique. (7, Bull. 198, n° 3608.)

Louis, etc.

Nous étant fait représenter la loi du 21 décembre 1814, qui, en augmentant les droits d'entrée sur les fers et aciers bruts étrangers, porte, art. 2, que ceux destinés pour nos colonies d'Afrique, des Indes orientales et occidentales, pourront être entreposés et soumis à un tarif particulier que nous aurons réglé;

Voulant pourvoir à cette mesure et favoriser le commerce de nos sujets dans nos colonies;

Notre Conseil entendu,

Nous avons ordonné et ordonnons ce qui suit :

Art. 1er. Les fers et aciers non ouvrés apportés dans ceux de nos ports qui sont ouverts au commerce des colonies, et qui seront déclarés pour des établissemens français de la côte d'Afrique ou de l'Inde, y compris l'île de Bourbon, seront reçus en entrepôt réel, et pourront, pendant deux années, aller à ces destinations en franchise de tous droits.

2. Ceux destinés pour les colonies d'Amérique ne seront assujétis qu'au cinquième des droits du tarif en vigueur pour l'entrée en France.

3. Notre ministre des finances est chargé de l'exécution de la présente ordonnance.

---

6 = Pr. 19 FÉVRIER 1818. — Ordonnance du Roi portant réglement pour l'exécution des conventions arrêtées entre les offices des postes de France et de Prusse pour le transport de la correspondance des deux royaumes. (7, Bull. 198, n° 3609.)

Louis, etc.

Vu la loi du 27 frimaire an 8 (18 décembre 1799), celle du 14 floréal an 10 (4 mai 1802), et l'article 20 du titre V de celle du 24 avril 1806, en ce qui concerne la taxe et les progressions de taxe et de poids des lettres de France;

Vu aussi les conventions conclues et signées à Paris, le 16 juillet 1817, entre l'office général des postes de France et l'office général des postes de Prusse;

Sur le rapport de notre ministre et secrétaire d'Etat des finances,

Nous avons ordonné et ordonnons ce qui suit :

Art. 1er. A dater du 1er jour d'avril 1818, le public de France sera désormais libre d'affranchir ou de ne point affranchir ses lettres et paquets pour tous les Etats prussiens jusqu'à destination, pour la Pologne russe jusqu'à Thorn, et pour l'Empire de toutes les Russies jusqu'à Memel.

2. L'affranchissement sera cependant obligatoire pour les lettres et paquets chargés ou recommandés;

Il sera pareillement indispensable d'affranchir les gazettes et journaux, ainsi que les catalogues, les prospectus, les imprimés, et les livres en feuilles ou brochés :

Le tout, jusqu'à destination, si les envois se bornent aux états de Prusse; jusqu'à Thorn, s'ils doivent passer dans la Pologne russe; et jusqu'à Memel, s'ils sont distribuables dans l'Empire de toutes les Russies.

3. L'affranchissement libre des lettres et paquets de tous les départemens du royaume,

pour tous les Etats prussiens et autres qui sont désignés dans l'article 1er, sera perçu d'après les prix réglés par les lois concernant les taxes des correspondances françaises, pour toute lettre d'un poids au-dessous de *six grammes*, jusqu'à l'extrême frontière de France; et depuis cette extrême frontière jusqu'à destination dans les Etats prussiens, si les envois sont destinés pour ces Etats, et jusqu'à Thorn ou jusqu'à Memel, selon qu'ils seront adressés dans la Pologne russe ou dans l'empire de toutes les Russies, d'après les taxes du tarif prussien converties en décimes, et d'après les progressions particulières de ce tarif, dont la première est d'un *loth* ou quinze grammes, et dont les autres croissent *de demi en demi loth* ou *de sept et demi en sept et demi grammes*; et proportionnellement au poids des lettres et paquets au-dessus du premier poids déterminé par les tarifs respectifs des deux offices pour une lettre simple, selon les progressions établies par les lois de France et de Prusse concernant les taxes des correspondances.

4. L'affranchissement libre des échantillons de marchandises, pourvu que les paquets soient présentés sous bandes ou d'une manière indicative de leur contenu, ne sera perçu qu'au tiers de la taxe des deux tarifs: le prix n'en sera cependant jamais au-dessous du prix réglé pour une lettre simple par le tarif de chacun des deux offices.

5. L'affranchissement obligatoire des lettres et paquets chargés ou recommandés sera perçu d'avance au double des taxes fixées par les tarifs de France et de Prusse, pour les affranchissemens ordinaires dont il est question dans l'article 3 ci-dessus, soit jusqu'à destination dans les Etats prussiens, si ces chargemens y sont distribuables; soit jusqu'à Thorn, s'ils sont adressés dans la Pologne russe; soit enfin jusqu'à Memel, s'ils doivent passer dans tous autres Etats de l'empire de Russie.

6. L'affranchissement des gazettes et journaux, ainsi que celui des catalogues, des prospectus, des imprimés et des livres en feuilles ou brochés, doivent pareillement être perçus d'avance: savoir, pour les gazettes et journaux à raison de *huit centimes*, pour les ouvrages de librairie à raison de *dix centimes*, le tout par feuille d'impression; et par chaque demi-feuille et quart de feuille, à proportion de l'un ou de l'autre de ces deux prix, selon la nature des ouvrages, soit qu'ils doivent être distribués dans les Etats prussiens, soit qu'ils doivent être transmis dans quelqu'un des Etats étrangers dont fait mention l'article 1er.

7. Les lettres et paquets, les échantillons de marchandises, les gazettes et journaux, ainsi que tous autres ouvrages de librairie désignés dans l'article 6 ci-dessus, et affranchis, les uns volontairement, et les autres obligatoirement, dans toute l'étendue du royaume de Prusse, pour toute l'étendue du royaume de France jusqu'à destination, seront distribués à leurs adresses, sans qu'il puisse être exigé aucun prix de port.

8. Les correspondances originaires des villes et endroits compris dans le rayon de l'office de Prusse et timbrées *C. P. R.* 1, pour les points d'échange français soit de Givet, soit de Forbach, seront taxées à raison de *quatre décimes* par lettre simple ou d'un poids au-dessous de six grammes; et les lettres ou paquets d'un poids de six grammes et au-dessus le seront proportionnellement à ce prix, selon les progressions du tarif des postes de France.

9. Les correspondances des villes et endroits compris dans le deuxième rayon de l'office prussien, et timbrées *C. P. R.* 2, pour les deux bureaux frontières de poste française susnommés, seront taxées à raison de *six décimes* par lettre d'un poids au-dessous de six grammes; et les lettres et paquets d'un poids de six grammes et au-dessus, proportionnellement à ce prix, d'après les progressions du tarif français.

10. Les correspondances des villes et endroits du troisième rayon des postes prussiennes, sous le timbre *C. P. R.* 3, pour les deux bureaux d'échange précités de la frontière française, seront taxées pour ces villes de leur entrée dans le royaume, à raison de *huit décimes* par lettre d'un poids au-dessous de six grammes; et les lettres et paquets d'un poids de six grammes et au-dessus le seront proportionnellement à ce prix, selon les progressions du tarif des postes du royaume.

11. Les correspondances des villes et endroits du quatrième rayon prussien, et timbrées *C. P. R.* 4, pour les bureaux frontières de Forbach ou de Givet, seront taxées, pour ces deux endroits, à raison de *dix décimes* par lettre simple ou d'un poids au-dessous de six grammes; et les lettres et paquets du poids de six grammes et au-dessus, proportionnellement à ce prix, selon les progressions du tarif français.

12. Les correspondances des villes et endroits circonscrits dans le cinquième rayon des postes de Prusse, sous le timbre *C. P. R.* 5, ainsi que toutes les correspondances de la Pologne russe et de l'empire de Russie, en transit par le royaume de Prusse et timbrées *T. P.* pour les bureaux d'échange prénommés de la frontière française, seront taxées pour ces endroits de leur entrée en France, à raison de *treize décimes* par lettre d'un poids au-dessous de six grammes; et les lettres et paquets du poids de six grammes

et au-dessus, le seront proportionnellement à ce prix, d'après les progressions du tarif des postes françaises.

13. Les lettres et paquets, tant des cinq rayons prussiens que de la Pologne russe et de l'empire de Russie, en transit par le royaume de Prusse, qui seront réexpédiés des bureaux de Givet ou de Forbach pour toutes autres destinations en France, seront taxés, d'après leur timbre, du prix fixé pour Givet ou pour Forbach, selon qu'ils seront entrés par l'un ou par l'autre de ces deux points d'échange frontières, plus du prix de port dû depuis l'un ou l'autre de ces deux points jusqu'à ceux de leur distribution.

14. Les échantillons de marchandises adressés, soit des Etats prussiens, soit de la pologne russe et de l'empire de toutes les Russies, par l'intermédiaire des postes de Prusse, pourvu que les paquets soient mis sous bandes ou d'une manière indicative de leur contenu, ne seront taxés qu'au tiers des prix fixés pour les lettres et paquets de celui des rayons prussiens d'où ils auront été expédiés, ou par lequel ils seront entrés en Prusse pour passer en France: cependant, le prix du port n'en sera jamais moindre que celui d'une lettre simple.

15. Les gazettes et journaux, ainsi que les catalogues, les prospectus, les imprimés et les livres en feuilles ou brochés, qui parviendront de l'étranger non affranchis et sous bandes par la voie des postes prussiennes, seront taxés pour toute l'étendue de la France, savoir : les deux premières espèces de ces ouvrages à raison de *huit centimes*, et toutes les autres à raison de *dix centimes*, par feuille d'impression; et à proportion de l'un ou de l'autre de ces deux prix, par demi-feuille ou par quart de feuille.

16. Notre ministre des finances est chargé de l'exécution de la présente ordonnance, qui sera insérée au Bulletin des Lois.

---

6 FÉVRIER 1818. — Ordonnance du Roi qui admet les sieurs Holsapfel, Badie et Risle, à établir leur domicile en France. (7, Bull. 199)

---

6 FÉVRIER 1818. Ordonnances du Roi qui accordent des lettres de déclaration de naturalité aux sieurs Ravanach, Gerbaulet, Vulliet, Galley, Martin, Hiauville, Christ, Formia, Bertucy, Gaude, Rey, Krebs, Gérara, Dupont, Prixoto, Marini, Gouden, Péet, Ginocchio, Vincenty, de Carlos, Gaetan dit Macco, Gerbore et Guillain. (7, Bull. 199, 202, 207, 211, 213, 218, 223, 231, 238, 240, 246, 264 et 331.).

---

6 FÉVRIER 1818. — Ordonnance du Roi qui autorise l'inscription au grand-livre de cinquante-deux soldes de retraite définitives liquidées par le département de la guerre. (7, Bull. 198, n° 3610.)

---

6 FÉVRIER 1818. — Ordonnances du Roi qui autorisent l'acceptation de dons et legs faits aux fabriques des églises d'Oysonville, Argouges, Serres, Cassagne et Ahuille. (7, Bull. 224.)

---

6 FÉVRIER 1818. — Ordonnance du Roi qui autorise la vente aux enchères publiques de trente arbres de haute futaie situés dans les fossés du cimetière de la paroisse d'Emauville (Seine-Inférieure). (7, Bulletin 225, n° 4538.)

---

10 = Pr. 11 FÉVRIER 1818. — Ordonnance du Roi portant que les primes d'importation sur les grains et farines ne seront plus accordées que pendant trois mois dans les ports du royaume. (7, Bull. 196, n° 3567.)

Louis, etc.

Vu notre ordonnance du 27 août dernier, qui, en restreignant aux seuls ports de la Méditerranée et aux ports situés sur l'Océan, depuis la frontière d'Espagne jusqu'à la Gironde, la concession d'une prime pour importation des grains, annonce que le commerce sera prévenu, trois mois à l'avance, du moment où ces primes devront cesser d'être accordées;

Sur le rapport de notre ministre secrétaire d'Etat au département de l'intérieur,

Nous avons ordonné et ordonnons ce qui suit :

Art. 1er. Les primes d'importation sur les grains et farines de froment, de seigle, orge et maïs, ne seront plus accordées que pendant trois mois, dans les ports de notre royaume qui continuent à en jouir aux termes de notre ordonnance du 27 août 1817.

En conséquence, les seules importations qui se feront jusqu'au 15 mai prochain inclusivement auront droit à ces primes.

2. Nos ministres des finances et de l'intérieur sont chargés de l'exécution de la présente ordonnance.

---

11 FÉVRIER 1818. — Ordonnances du Roi qui accordent des lettres de déclaration de naturalité aux sieurs Bossolasco, Zoboinski, Bonino, Forjaz, Dahu, Masserano, Laborda, Grodfroy, Saunier-de-Britto-de-Souza, Liska, Rohatsch, Grumbach, baron de Rieben, Fiacre, Pluys, Beltram, Mathieu, François-de-Paule-Cueto, Gardasso, Gallini, Schoenberg, Berger, Curdy, Raymond-Gallois, Fass, Benedicenti, Calrai d'Araujo, Luc Gottard, Rodlair, Pondelly, Maurice et Schroeder. (7, Bull. 202, 207, 218, 220, 223, 227, 231, 250, 278, 287, 331, 391 et 8, Bull. 52.)

---

11 FÉVRIER 1818. — Ordonnance du Roi qui autorise les sieurs Perrimon, Arnaud et Virion à faire des changemens à leurs noms. (7, Bull. 198.)

11 FÉVRIER 1818. — Ordonnances du Roi qui autorisent l'acceptation de dons et legs faits aux séminaires et fabriques des églises de Lajo, Jauny, Arras, Fère-en-Tardenois, Dengain, Assat, Henneveux, Armbouts-Cappel, Verton, Beslon, Veulettes, Castanet, Montpellier, Ravenel et Fromenthal. (7, Bull. 224 et 225.)

11 FÉVRIER 1818. — Ordonnances du Roi qui accordent de nouvelles foires et qui changent les jours de la tenue de celles des communes de Teil, Saint-Martin-des-Besaces, Belmont, Carentan, Fours, Saint-Andéol et Azé. (7, Bull. 225.)

14 FÉVRIER 1818. — Lettres-patentes du Roi portant institution de majorats en faveur de MM. Greffulhe et baron de Montalembert. (7, Bull. 200.)

18 = Pr. 28 FÉVRIER 1818. — Ordonnance du Roi contenant des dispositions relatives au conseil d'administration des hospices et secours de la ville de Paris. (7, Bull. 199, n° 3642.)

Voy. ordonnance du 31 OCTOBRE 1821, art. 35.

Louis, etc.

D'après le compte qui nous a été rendu sur l'administration des hospices et secours à domicile de notre bonne ville de Paris, nous avons reconnu que les membres du conseil général d'administration des hospices ont mérité toute notre satisfaction par leur zèle constant pour le bien des pauvres, et par les améliorations qu'ils ont apportées dans le régime et la situation des établissemens confiés à leur surveillance.

Nous avons jugé, néanmoins, qu'en augmentant les membres du conseil et en allégeant ainsi les travaux de chacun d'eux, ils pourront mieux atteindre le but de leurs efforts et de leur sollicitude. Voulant d'ailleurs appeler aux soins d'assurer le soulagement de la classe indigente un plus grand nombre d'hommes recommandables par leurs vertus et leurs talens, et voulant montrer tout l'intérêt que nous attachons à ces honorables fonctions;

Sur le rapport de notre ministre secrétaire d'Etat de l'intérieur,

Nous avons ordonné et ordonnons ce qui suit :

Art. 1er. Le nombre des membres du conseil général d'administration des hospices et secours de notre bonne ville de Paris sera porté à quinze, indépendamment du préfet de police et du préfet du département de la Seine, qui préside le conseil.

2. Les membres du conseil seront, à l'avenir, nommés par nous.

En cas de vacance d'une place dans le sein du conseil, il sera dressé par le conseil, pour y pourvoir, une liste de cinq candidats, qui nous sera soumise, avec l'avis du préfet du département, par notre ministre secrétaire d'État de l'intérieur.

3. Le conseil général d'administration des hospices sera renouvelé, chaque année, par cinquième, au mois de décembre.

Le renouvellement des trois premiers cinquièmes aura lieu successivement en 1818, 1819 et 1820, par la voie du tirage entre les membres actuellement en fonctions; et, à compter de 1821, la sortie des membres sera déterminée par ordre d'ancienneté.

Dans le cas où il surviendrait des vacances dans le cours de l'année, soit par mort ou par démission, elles compteront pour le renouvellement.

Les membres sortans ne pourront être réélus qu'après une année d'intervalle.

4. Il sera pourvu aux places à nommer pour compléter actuellement le conseil, de la manière prescrite par l'art. 2.

5. Notre ministre de l'intérieur est chargé de l'exécution de la présente ordonnance.

18 FÉVRIER 1818 = Pr. 22 MAI 1820. — Lettres-patentes portant institution de diverses pairies. (7, Bull. 369, n° 8724.)

La pairie de M. Paul-François de Quélen, duc de la Vauguyon, prince de Carency, lieutenant général, etc., créé pair par ordonnance royale du 4 juin 1814, a été instituée héréditairement sous le titre de Duc;

La pairie de M. Charles-Maurice, prince de Talleyrand, duc de Dino, grand chambellan de France, ministre d'Etat, etc., etc., créé pair par ordonnance royale du 4 juin 1814, a été instituée héréditairement sous le titre de Duc;

La pairie de M. Jacques-Etienne-Joseph-Alexandre Macdonald, duc de Tarente, maréchal de France, etc., créé pair par ordonnance royale du 4 juin 1814, a été instituée héréditairement sous le titre de Duc;

La pairie de M. Auguste-Frédéric-Louis Viesse de Marmont, duc de Raguse, maréchal de France, etc., créé pair par ordonnance royale du 4 juin 1814, a été instituée héréditairement sous le titre de Duc;

La pairie de M. Alexandre-Emmanuel-Louis, prince de Beaufremont, prince du Saint-Empire, chevalier de Saint-Louis, etc., créé pair par ordonnance royale du 17 août 1815, a été instituée héréditairement sous le titre de Duc;

La pairie de M. Joseph-Louis-Robert de Lignerac, duc de Caylus, grand d'Espagne de première classe, maréchal-de-Camp, etc., créé pair par notre ordonnance royale du 17 août 1815, a été instituée héréditairement sous le titre de Duc;

La pairie de M. Etienne-Charles, duc de Damas, lieutenant général, etc., créé pair par ordonnance royale du 17 août 1815, a été instituée héréditairement sous le titre de Duc;

La pairie de M. Raimond-Jacques-Marie, duc de Narbonne-Pelet, ambassadeur près la cour des deux Siciles, etc., créé pair par ordonnance royale du 17 août 1815, a été instituée héréditairement sous le titre de Duc;

La pairie de M. Joseph-Hyacinthe Duhoux comte de Vioménil, maréchal de France, créé pair par ordonnance royale du 4 juin 1814, a été instituée héréditairement sous le titre de Marquis;

La pairie de M. Henri-Auguste-George du Vergier, comte de la Rochejacquelein, fils mineur du feu marquis de la Rochejacquelein, maréchal-de-camp, créé pair par ordonnance royale du 17 août 1815, a été instituée héréditairement sous le titre de Marquis;

La pairie de M. Gabriel-Cortois de Pressigny, ancien évêque de Saint-Malo, actuellement archevêque de Besançon, créé pair par notre ordonnance royale du 20 avril 1816, a été instituée personnellement sous le titre de Comte;

La pairie de M. Augustin-Gabriel d'Aboville, maréchal-de-camp, etc., admis par la Chambre des pairs, le 27 décembre 1817, comme fils et successeur de feu le lieutenant général d'Aboville, créé pair de France par ordonnance royale du 4 juin 1814, a été instituée héréditairement sous le titre de Comte;

La pairie de M. Joseph-Laurent comte de Demont, lieutenant général, etc., créé pair par ordonnance royale du 4 juin 1814, a été instituée héréditairement sous le titre de Comte;

La pairie de M. Mathieu, comte Depère, commandeur de l'ordre de la Légion-d'Honneur, créé pair par ordonnance royale du 4 juin 1814, a été instituée héréditairement sous le titre de Comte;

La pairie de M. Jean-Louis-Claude, comte Emmery, commandeur de l'ordre de la Légion-d'Honneur, créé pair par ordonnance royale du 4 juin 1814, a été instituée héréditairement sous le titre de Comte;

La pairie de M. Antoine-François, comte Péré, commandeur de l'ordre de la Légion-d'Honneur, créé pair par ordonnance royale du 4 juin 1814, a été instituée héréditairement sous le titre de Comte;

La pairie de M. Pierre-Jean-Alexandre comte de Tascher, ancien capitaine de dragons, créé pair par ordonnance royale du 4 juin 1814, a été instituée héréditairement sous le titre de Comte;

La pairie de M. Jacques-Pierre-Orillard comte de Villemanzy, ancien inspecteur général aux revues, créé pair par ordonnance royale du 4 juin 1814, a été instituée héréditairement sous le titre de Comte;

La pairie de M. Louis-Marie-Joseph, comte de Brigode, commandeur de l'ordre de la Légion-d'Honneur, créé pair par ordonnance royale du 17 août 1815, a été instituée héréditairement sous le titre de Comte;

La pairie de M. Patrice-Gabriel de Bernard de Montessus, comte de Rully, lieutenant général, créé pair par ordonnance du 17 août 1815, a été instituée héréditairement sous le titre de Comte.

---

18 = Pr. 28 FÉVRIER 1818. — *Ordonnance du Roi qui crée une place de courtier conducteur de navires interprète dans la ville d'Arles.* (7, Bull. 199, n° 3643)

Art. 1er. Il y aura une place de courtier conducteur de navires interprète dans la ville d'Arles, département des Bouches-du-Rhône.

2. Le cautionnement de ce courtier sera de quatre mille francs.

3. Nos ministres de l'intérieur et des finances sont chargés de l'exécution de la présente ordonnance.

---

18 FÉVRIER 1818. — *Ordonnance du Roi qui permet au sieur Martin fils d'ajouter à son nom celui d'André.* (7, Bull. 199.)

---

18 FÉVRIER 1818. — *Ordonnance du Roi qui admet les sieurs Jaquier, Habaiby, Lehwark et Tschann à établir leur domicile en France.* (7, Bull. 199.)

---

18 FÉVRIER 1818. — *Ordonnances du Roi qui accordent des lettres de déclaration de naturalité aux sieurs Rossano, Beruaidi, Godinas, Blangino dit Blangini, Decret, Bonhôte, Schultz, Deluchi, Grasmann, Chevallier-Joly, Genin, Forest, Veespa, Canon, Zanoli, Rubino, Oliverti, baron de Jetz, Romelo, Ruff, Shoultz de Gaertz, Manniot, Reiners, Schoy, Lucra et Schallier.* (7, Bull. 202, 207, 211, 213, 218, 223, 227, 231, 234, 246, 248, 264, 269, 287, 331 et 370.)

---

18 FÉVRIER 1818. — *Ordonnances du Roi qui autorisent l'acceptation de dons et legs faits aux pauvres, aux hospices et fabriques des églises de Savernhe, Millery, La Gardelle, Montauban, Courthézon, La Rochelle, Breuil, Barret, Thor, Toulon, Saint-Roman de Malegarde, Beauvais, Aix, Dommarting, Saint-*

Sulpice de Paris, Bourges, Reffroy, Pamiers, Génat, Dierry-Saint-Pierre, Dierry-Saint-Julien, Frontams, Draguignan, Toulouse, Tournon, Saint-Yrieix, Lorgue, Grand-Ris, Mornas, Malbos, Bugue, Maringues, Brenod, Moroge, Sassangy, Beaumont, Noyon, Pontoise, Autun, Charleville, Castelnaudary, Macon, Fougères, Quintin, Mamers, faculté de médecine de Paris, Saint-Martin-des-Bois, Saint-Jean-d'Angely, Dijon, Réville, Quelaines, Craponne, Ormes, Meaux, Dun, Molheim, Bourg-Argental, Vic, Sassenage, Denguin, Hertey, Cazères, Daglan et Revel. (7, Bull. 225 et 226.)

---

21 FÉVRIER 1818. — Lettres-patentes du Roi portant institution de majorat en faveur de M. Fayau. (7, Bull. 200, n° 3697.)

---

25 FÉVRIER 1818. — Ordonnance du Roi qui autorise l'inscription au Trésor royal de trente-huit soldes de retraite. (7, Bull. 200, n° 3696.)

---

25 FÉVRIER 1818. — Ordonnance du Roi qui accepte aux conditions y exprimées la renonciation des sieurs Rousseau, Jouvellier et autres, à la concession de la mine d'antimoine de la Ramée, commune de Bonpère, département de la Vendée. (7, Bull. 201, n° 3698.)

---

25 FÉVRIER 1818. — Ordonnances du Roi qui accordent des lettres de déclaration de naturalité aux sieurs Kehl, Antoine, Dieu, Labo-Gama, Reycend, Vial, Belfontaine, Petit, Gattaneo, Gangler, Magellan, Mermoud, Delforge, Ponza, Harms, Laudaens, de Aessen, Lovvasy, de Odone dit Oddone, Knobel, Jobin, Casales, Bersia, Hervveg et Fontaine. (7, Bull. 202, 207, 211, 213, 219, 220, 223, 238, 320, 357 et 371.)

---

25 FÉVRIER 1818. — Ordonnances du Roi qui autorisent l'acquisition et l'acceptation de dons et legs faits aux congrégations, séminaires et fabriques des églises, aux sœurs de Saint-Nicolas de Verneuil, Nancy, Beaufort, Carcassonne, Roquecourbe, Saint-Gilles, Pligeaux, Montpellier, Strasbourg, Achain, Cahors, Thaon, Emondeville, Fillièvre, Montamy, Faronville, Angers, Noyal-sur-Sèche, Noel-Cerneux, Saint-Clément et Rening. (7, Bull. 226 et 228.)

---

25 FÉVRIER 1818. — Ordonnance du Roi qui admet les sieurs Lamberti, Sabatini, Kuntz, Martin et Oubert, à établir leur domicile en France. (7, Bull. 202.)

---

7 MARS 1818. — Lettres-patentes du Roi portant institution de majorat en faveur de M. Rolland. (7, Bull. 200, n° 3697.)

---

10 = Pr. 12 MARS 1818. — Loi sur le recrutement de l'armée (1). (7, Bull. 200, n° 3695.)

Voy. ordonnances des 8 AVRIL et 2 AOUT 1818, série de questions publiées par le ministre de la guerre, en date des 15 et 21 OCTOBRE, et 6 NOVEMBRE 1818, 11 JUIN et 19 JUILLET 1819, 30 MAI 1820; lois du 9 JUIN 1824, du 21 MARS 1832.

TITRE Ier. Des engagemens volontaires (2).

Art. 1er. L'armée se recrute par des engagemens volontaires, et, en cas d'insuffisance, par des appels faits suivant les règles prescrites ci-après, titre II.

2. Tout Français sera reçu à contracter un engagement volontaire, sur la preuve qu'il est âgé de dix-huit ans, qu'il jouit de ses droits civils, et qu'il peut être admis dans le corps pour lequel il se présente.

Sont exclus, et ne pourront, à aucun titre, servir dans les troupes françaises, les repris de justice (3) et les vagabonds ou gens sans aveu déclarés tels par jugement.

3. La durée des engagemens volontaires sera de six ans dans les légions départementales, et de huit ans dans les autres corps.

Il n'y aura, dans les troupes françaises, ni primes en argent, ni prix quelconque d'engagement.

Les autres conditions seront déterminées par le Roi, et rendues publiques (4).

---

(1) Présentation à la Chambre des députés, le 29 novembre 1817 (Mon. du 30 novembre).

Rapport de M. d'Ambrugeac, le 7 janvier 1818 (Mon. du 8 janvier).

Discussion générale, le 14 janvier 1818 (Mon. des 15, 16, 17, 18 et 19 janvier).

Discussion article par article, le 26 janvier 1818 (Mon. des 18, 20 et 26 janvier; 2, 3, 4, 5 et 6 février).

Adoption, le 5 février 1818 (Mon. du 6 février).

Présentation à la Chambre des pairs, le 9 février 1818 (Mon. du 14 février).

Rapport de M. le duc de Tarente, le 24 février (Mon. du 26 février).

Discussion générale, le 27 février (Mon. des 1er, 2 et 3 mars).

Discussion article par article, le 6 mars (Mon. des 4, 5, 6, 7 et 8 mars).

Adoption, le 9 mars (Mon. du 11 mars).

(2) *Voy.* instruction du 20 mai.

(3) Par ces mots, *repris de justice*, on ne doit entendre que les individus condamnés à des peines afflictives ou infamantes.

Voy. première question de la circulaire du 15 octobre 1818. *Voy.* aussi circulaire du garde-des-sceaux du 7 octobre 1818.

(4) *Voy.* ordonnance du 3 janvier 1822.

4. Les engagemens volontaires seront contractés devant les officiers de l'état civil, dans les formes prescrites par les art. 34, 35, 36, 37, 38, 39, 40, 41, 42, 43 et 44 du Code civil (1). Les conditions relatives à la durée des engagemens seront insérées dans l'acte même; les autres conditions seront lues aux contractans avant les signatures, et mention en sera faite à la fin de l'acte : le tout sous peine de nullité (2).

TITRE II. Des appels (3).

5. Le complet de paix de l'armée, officiers et sous-officiers compris, est fixé à deux cent quarante mille hommes.

Les appels faits en vertu de l'article 1er ne pourront dépasser ce complet, ni excéder annuellement le nombre de quarante mille hommes.

En cas de besoins plus grands, il y sera pourvu par une loi.

6. Chaque année, dans les limites fixées par l'article 5, le nombre d'hommes appelés sera réparti entre les départemens, arrondissemens et cantons, proportionnellement à leur population, d'après les derniers dénombremens officiels.

Le tableau de cette répartition sera communiqué aux Chambres, publié et affiché, ainsi que l'état sommaire des engagemens volontaires de l'année précédente (4).

7. Le contingent assigné à chaque canton sera fourni par un tirage au sort entre les jeunes Français qui auront leur domicile légal dans le canton, et qui auront atteint l'âge de vingt ans révolus dans le courant de l'année précédente.

Pour la première formation, les deux classes de jeunes gens qui ont complété leur vingtième année dans les années 1816 et 1817, participeront au tirage qui aura lieu en 1818, sans néanmoins que le contingent de chaque classe puisse dépasser quarante mille hommes, ainsi qu'il est prescrit par l'art. 5.

Seront exemptés les jeunes gens de ces deux classes qui auront contracté mariage avant la publication de la présente loi (5).

8. Seront considérés comme légalement domiciliés dans le canton :

1° Les jeunes gens, même émancipés, engagés, établis au dehors, expatriés, absens ou détenus, si d'ailleurs leurs père, mère ou tuteur ont leur domicile dans une des communes du canton, ou s'ils sont fils d'un père expatrié qui avait son dernier domicile dans une desdites communes;

2° Les jeunes gens mariés dont le père, ou la mère à défaut du père, sont domiciliés dans le canton, à moins qu'ils ne justifient de leur domicile réel dans un autre canton;

3° Les jeunes gens mariés et domiciliés dans le canton, lors même que leur père ou leur mère n'y seraient pas domiciliés;

4° Les jeunes gens nés et résidant dans le canton, qui n'auraient ni leur père, ni leur mère, ni tuteur;

5° Les jeunes gens résidant dans le canton qui ne seraient dans aucun des cas précédens, et qui ne justifieraient pas de leur inscription dans un autre canton (6).

9. Seront, d'après la notoriété publique, considérés comme ayant l'âge requis pour le tirage, les jeunes gens qui ne pourront produire un extrait des registres d'état civil constatant un âge différent, ni, à défaut de registres, prouver leur âge, conformément à l'article 46 du Code civil (7).

10. Si, dans l'un des tirages qui auront lieu en exécution de la présente loi, des jeunes gens viennent à être omis, ils seront rappelés dans le tirage subséquent (8).

---

(1) Le texte est ainsi rétabli par erratum inséré au Bulletin 209.

(2) Formes à suivre pour les actes d'engagement. *Voy.* circulaire du garde-des-sceaux du 7 octobre 1818.

(3) *Voy.* instructions des 12 août, 21 octobre et 3 décembre 1818.

(4) *Voy.* instruction du 20 mai 1818; 1re et 2e questions de la circulaire du 11 juin 1819.

(5) *Voy.* 2e, 3e et 4e questions de la circulaire du 15 octobre 1818, et 3e question de la circulaire du 11 juin 1819.

(6) *Voy.* 4e question de la circulaire du 15 octobre 1818.

(7) La notoriété doit être établie par une enquête faite administrativement. *Voy.* 1re question de la circulaire du 6 novembre 1818.

(8) Un jeune homme appartenant à la classe de 1816 omis au tirage de cette classe et à celui de 1817 peut être appelé à celui de 1818; et en général, un jeune homme non inscrit sur les listes de sa classe doit l'être sur celles de la classe dont l'appel suit immédiatement l'époque de la découverte de l'omission, bien qu'une ou plusieurs classes aient été appelées dans l'intervalle.

Voy. 4e question de la circulaire du 11 juin 1819.

L'autorité militaire soutient même que le jeune homme omis dans le tirage de son année peut être rappelé, encore qu'il se soit écoulé, depuis la levée de sa classe jusqu'au moment où il est rappelé, le nombre d'années fixé pour la durée du service militaire. Le Conseil-d'Etat sera très-prochainement appelé à décider la question.

La loi du recrutement permet de rappeler au bout de 10 ans, et quand il s'est marié, le

11. Les tableaux de recensement des jeunes gens du canton soumis au tirage, d'après les règles précédentes, seront dressés par les maires, publiés et affichés dans chaque commune, et dans les formes prescrites par les articles 63 et 64 du Code civil.

Un avis publié dans les mêmes formes indiquera les lieu, jour et heure où il sera procédé à l'examen desdits tableaux, et à la désignation, par le sort, du contingent cantonal.

12. Dans les cantons composés de plusieurs communes, cet examen et cette désignation auront lieu au chef-lieu de canton, en séance publique, devant le sous-préfet, assisté des maires du canton. Dans les cantons composés d'une commune ou d'une portion de commune, le sous-préfet sera assisté du maire et des adjoints.

Le tableau sera lu à haute voix. Les jeunes gens, leurs parens ou ayant-cause, seront entendus dans leurs observations. Le sous-préfet statuera, après avoir pris l'avis des maires. Le tableau, rectifié s'il y a lieu, et définitivement arrêté, sera revêtu de leurs signatures.

Immédiatement après, chacun des jeunes gens appelés dans l'ordre du tableau prendra dans l'urne un numéro, qui sera de suite proclamé et inscrit. Les parens des absens, ou le maire de leur commune, tireront à leur place.

La liste, par ordre de numéros, sera dressée au fur et à mesure du tirage. Il y sera fait mention des cas et des motifs d'exemption ou dispense que les jeunes gens ou leurs parens, ou les maires des communes se proposeront de faire valoir devant le conseil de révision dont il sera parlé ci-après. Le sous-préfet y ajoutera ses observations.

La liste du tirage sera ensuite lue, arrêtée et signée de la même manière que le tableau de recensement, et annexée, avec ledit tableau, au procès-verbal des opérations. Elle sera publiée et affichée dans chaque commune du canton (1).

13. Ces opérations seront revues, en séance publique, dans un conseil composé, sous la présidence du préfet, d'un conseiller de préfecture, d'un membre du conseil général du département, d'un membre de celui d'arrondissement, et d'un officier général ou supérieur, désignés par le Roi (2). Le conseil de révision se transportera dans les chefs-lieux d'arrondissement ou de canton, suivant les localités.

Les jeunes gens qui, d'après leurs numéros, pourront être appelés à faire partie du contingent seront convoqués, examinés et entendus.

S'ils ne se rendent point à la convocation, ou s'ils ne se font pas représenter, ou s'ils n'obtiennent point un délai, il sera procédé comme s'ils étaient présens.

Dans les cas d'exemption pour infirmités, les gens de l'art seront consultés.

Les autres cas d'exemption ou dispenses seront jugés sur la production de documens authentiques (3), ou de certificats signés du maire de la commune du réclamant, et de trois pères de famille domiciliés dans le même canton, dont les fils sont soumis à l'appel ou ont été appelés et sont sous les drapeaux (4).

---

jeune Français qui ne fut compris ni dans le tirage de sa classe, ni dans le tirage subséquent, 20 septembre 1828, conseil de révision du département de la Seine; S. 28, 2, 309.

Voy. 6e question de la circulaire du 20 mai 1820.

(1) *Voy.* 5e, 6e et 7e questions de la circulaire du 11 juin 1819.

(2) Le conseil de révision a pendant la durée de ses fonctions tous les caractères d'une administration publique. Par suite les agens ou préposés d'un tel conseil, *notamment les médecins et chirurgiens*, qui agréent des offres, promesses ou dons pour faire un acte de leurs fonctions, non sujet à salaire, se rendent coupables du crime de corruption prévu et puni par l'article 177, Code pénal (26 décembre 1829; Cass. S 30, 1, 53, D. 30, 1, 38). *Voy.* art. 45, loi du 21 mars 1832.

Voy. ordonnance du 23 septembre 1818.

(3) Les actes de décès ne sont pas absolument nécessaires pour justifier que des frères de jeunes gens appelés sont morts en activité de service. On peut suppléer à ces actes par tels documens qu'il sera possible de se procurer, et sur le mérite desquels le conseil de révision statuera.

Voy. 5e question de la circulaire du 15 octobre 1818.

(4) On doit entendre par là les pères de jeunes gens faisant partie d'une classe appelée *jusqu'au moment de la clôture de la liste départementale du contingent.*

Voy. 6e question de la circulaire du 15 octobre 1818.

L'article 16 de la loi du 13 brumaire an 7, qui exempte du droit de timbre les certificats et autres pièces concernant les gens de guerre, est applicable aux certificats dont auraient besoin les jeunes gens d'une classe appelée.

Voy. 8e question de la circulaire du 15 octobre 1818. *Voy.* aussi circulaire du garde-des-sceaux du 7 octobre 1818.

Les séances du conseil de révision doivent être publiques, et elles ne seraient pas publiques si l'accès n'en était pas ouvert à toutes les personnes.

Les jeunes Français qui seraient, en violation de la loi de recrutement, astreints au service militaire, par une simple décision administrative

Hors le cas prévu par l'article 16, les décisions du conseil de révision seront définitives (1).

14. Seront exemptés et remplacés, dans l'ordre des numéros subséquens, les jeunes gens que leur numéro désignera pour faire partie du contingent, et qui se trouveront dans un des cas suivans :

1° Ceux qui n'auront pas la taille d'un mètre cinquante-sept centimètres;

2° Ceux que leurs infirmités rendront impropres au service (2);

3° L'aîné d'orphelins de père et de mère (3);

4° Le fils unique ou l'aîné des fils, et, à défaut de fils, le petit-fils ou l'aîné des petits-fils d'une femme actuellement veuve, d'un père aveugle, ou d'un vieillard septuagénaire (4);

5° Le plus âgé de deux frères désignés tous deux par le sort dans un même tirage (5);

6° Celui dont un frère sera sous les drapeaux, à quelque titre que ce soit, ou sera

---

(rendue *à huis clos* et *sans défenseur*) n'ont-ils aucun recours légal? (20 septembre 1828, conseil de révision du département de la Seine; S. 28, 2, 309.)

Voy. 11e question de la circulaire du 21 octobre 1818. *Voy.* 9e, 10e et 11e questions de la circulaire du 11 juin 1819.

(1) C'est-à-dire que les décisions ne peuvent être attaquées par appel, et en tant qu'elles apprécient des faits; mais elles peuvent être attaquées pour *excès de pouvoir, pour contravention au texte de la loi, et pour violation des formes*, sans préjudice toutefois de l'exécution provisoire des décisions du conseil de révision; ainsi décidé dans la cinquième question de la circulaire du 19 juillet 1819.

Cette doctrine ministérielle nous semble en harmonie avec les vrais principes; on ne peut la combattre avec avantage en se fondant sur cette expression du dernier alinéa de l'article : les décisions du conseil de révision seront *définitives;* car c'est précisément contre les arrêts et jugemens *définitifs* que *l'excès de pouvoir, la contravention au texte de la loi, et la violation des formes*, autorisent le recours en cassation. Cependant, un avis du Conseil-d'Etat en date du 27 juillet 1820 (*Voy.* à sa date), déclare que dans l'état actuel de la législation le recours ne peut être admis en aucun cas contre les décisions des conseils de révision. Il ajoute, il est vrai, qu'il paraît indispensable dans l'intérêt de l'Etat et des familles qu'une loi nouvelle autorise ce recours. La loi du 9 juin 1824, relative au recrutement, garde le silence à cet égard.

Quoique le recours en appel devant le Conseil-d'Etat contre les décisions des conseils de révision ne soit point recevable, on peut les attaquer devant lui pour excès de pouvoir (21 janvier 1829, ord. Mac., 11, 14).

Les décisions du conseil de révision rendues dans les limites de leurs pouvoirs sur les demandes en exemption et dispenses sont définitives.

Le recours contre ces décisions est non recevable devant le conseil-d'Etat par la voie contentieuse (7 avril 1830, ord. Mac. 11, 183; 15 septembre 1831, ord. Mac. 13, 376 et 378). — *Voy.* art. 25, loi du 21 mars 1832.

Jusqu'à la clôture définitive de la liste départementale du contingent, le conseil de révision peut revenir sur ses décisions, pourvu que les modifications qu'il y apporte n'aient pas pour objet de laisser des vides dans le contingent, ou de faire entrer dans le contingent des numéros dont la libération aurait été prononcée.

Lorsqu'un conseil de révision a prononcé l'exemption d'un jeune homme appelé au service militaire, il ne peut sans excès de pouvoir, revenir sur cette décision par une décision nouvelle, et déclarer le jeune homme propre au service. La première décision est définitive (21 janvier 1829, ord. S. 29, 2, 72; D. 29, 3, 24. — 21 janvier, 1829, ord. Mac. 11, 14. — 7 avril 1830, ord. Mac. 12, 183.

Voy. 1re question de la circulaire du 30 mai 1820.

(2) Le conseil de révision ne peut ajouter à la classe prochaine les jeunes gens trop faibles de constitution pour être mis en activité sur-le-champ; il doit statuer définitivement sur leur sort. *Voy.* 1re question de la circulaire du 21 octobre 1818.

(3) On ne peut exempter ni l'orphelin de père et de mère qui, ayant des sœurs pour aînées, n'a ni frère ni sœur au-dessous de son âge, ni l'orphelin enfant unique. *Voy.* 12e question de la circulaire du 11 juin 1819.

(4) On ne doit pas admettre à l'exemption le petit-fils d'une veuve qui n'a pas d'enfant, mais qui a un gendre père de ce petit-fils;

Ni le fils unique d'une femme veuve d'un premier mari, remariée et divorcée;

Ni le fils de la femme dont le mari est mort civilement.

Voy. 13e 14e et 15e questions de la circulaire du 11 juin 1819.

Il suffit qu'un vieillard ait commencé sa soixante-dixième année pour être réputé septuagénaire (arg. de l'art. 2066 du Code civil). *Voy* 16e question de la circulaire du 11 juin 1819.

On ne peut exempter le fils unique d'un paralytique non septuagénaire. *Voy.* 17e question de la circulaire du 11 juin 1819.

(5) Entre deux frères jumeaux, l'exemption appartient au premier né, si le fait est constaté, sinon à celui qui a le numéro le plus élevé.

Si de deux frères jumeaux l'un n'est pas désigné pour la formation du contingent, l'autre ne doit pas être admis à l'exemption.

L'aîné de deux frères ne peut réclamer l'exemp-

mort en activité de service, ou aura été réformé pour blessures reçues ou infirmités contractées à l'armée (1).

Ladite exemption sera appliquée dans la même famille autant de fois que les mêmes droits s'y reproduiront.

Seront comptés, néanmoins, en déduction desdites exemptions, les frères vivans, libérés en vertu du présent article, à tout autre titre que pour infirmités (2).

15. Seront dispensés, considérés comme ayant satisfait à l'appel, et comptés numériquement en déduction du contingent à fournir, les jeunes gens désignés par leur numéro pour faire partie dudit contingent, qui se trouveront dans un des cas suivans :

1° Ceux qui ont contracté un engagement volontaire dans un des corps de l'armée (3);

2° Les jeunes marins portés sur les registres-matricules de l'inscription maritime, conformément aux règles prescrites par les art. 1er, 2, 3, 4 et 5 de la loi du 25 décembre 1795 (3 brumaire an 4), et les charpentiers de navires, perceurs, voiliers et calfats, immatriculés conformément à l'article 44 de ladite loi;

3° Les officiers de santé commissionnés et employés dans les armées de terre et de mer;

4° Les jeunes gens régulièrement autorisés à continuer leurs études ecclésiastiques, sous condition qu'ils perdront le bénéfice de la dispense s'ils n'entrent point dans les ordres sacrés :

Cette disposition est applicable aux divers cultes dont les ministres sont salariés par l'Etat ;

5° Les élèves de l'école normale, et les autres membres de l'instruction publique qui contractent devant le conseil de l'Université l'engagement de se vouer pendant dix années à ce service :

Cette disposition est applicable aux frères des écoles chrétiennes (4);

---

tion en qualité d'aîné, si le plus jeune est exempté pour défaut de taille ou infirmités.

L'exemption ne doit pas être accordée à l'un des deux frères, si l'autre se fait remplacer; si cependant l'exemption était prononcée avant que le remplacement eût été admis, l'exemption resterait irrévocablement acquise.

Voy. 21e, 22e, 23e et 24e questions de la circulaire du 11 juin 1819.

(1) On doit exempter celui dont le frère est mort faisant partie d'un bataillon de garde nationale en activité.

Voy. 19e question de la circulaire du 11 juin 1819.

L'exemption peut être accordée à un jeune homme qui la réclame comme ayant un frère sous les drapeaux, bien qu'un autre frère ait pour le même motif été placé dans le temps à la fin du dépôt de sa classe.

Voy. 3e question de la circulaire du 6 novembre 1818. *Voy.* aussi 2e et 4e questions de la circulaire du 6 novembre 1818 et 8e question de la circulaire du 11 juin 1819.

Celui qui réclame l'exemption comme ayant un frère réformé pour blessures ou infirmités contractées au service, n'est pas tenu de prouver que ce frère a été blessé sur le champ de bataille, ou que son infirmité provient du fait même du service militaire.

Voy. 18e question de la circulaire du 11 juin 1819.

Les jeunes gens dont les frères sont morts en état de désertion ou dans les dépôts de réfractaires n'ont pas droit à l'exemption.

Voy. 25e question de la circulaire du 11 juin 1819. *Voy.* aussi 26e et 27e questions de la même circulaire.

Il ne suffit pas qu'un militaire ait été signalé comme prévenu de désertion pour que le conseil de révision soit autorisé à refuser l'exemption à son frère; celui-ci peut prouver que l'état de désertion n'existe réellement pas.

Voy. 5e question de la circulaire du 20 mai 1820.

(2) Les officiers réformés et les officiers mis à la retraite doivent être exemptés, si, appartenant par leur âge à une classe appelée, leur numéro de tirage les fait entrer dans le contingent. Il n'en est pas ainsi des officiers démissionnaires.

Voy. 4e question de la circulaire du 21 octobre 1818.

Un militaire qui s'est fait remplacer doit être dispensé, bien qu'il appartienne par son âge à une classe appelée.

Voy. 5e question de la circulaire du 21 octobre 1818.

Les gardes-du-corps retirés dans leur famille, mais non démissionnaires, doivent être exemptés.

Voy. 6e question de la circulaire du 21 octobre 1818.

(3) On ne doit faire entrer dans la déduction du contingent les engagés volontaires, qu'autant qu'ils appartiennent à la classe appelée.

Voy. 7e question de la circulaire du 21 octobre 1818.

Un engagé volontaire dont le numéro de tirage est compris dans la désignation, doit être inscrit comme dispensé sur la liste du contingent, bien qu'il soit en état de désertion.

Voy. 29e question de la circulaire du 11 juin 1819.

Les individus qui, sans avoir contracté d'engagement, ont été admis et servent comme officiers dans les cadres de l'armée, doivent être notés comme dispensés sur la liste du contingent.

Voy. 30e question de la circulaire du 11 juin 1819.

(4) Les frères des écoles chrétiennes doivent contracter leur engagement devant le conseil de l'Université.

Voy. 9e question de la circulaire du 15 octobre 1818.

Les élèves de langues;

Les élèves de l'école polytechnique et des écoles de services publics;

Les élèves des écoles spéciales militaires et de la marine,

Soit que lesdits élèves suivent encore leurs études, ou aient été admis dans le service auquel elles préparent, sous condition qu'ils perdront le bénéfice de la dispense, s'ils abandonnent lesdites études, ou ne sont point admis dans ledit service, ou s'ils le quittent avant le temps qui sera fixé ci-après pour la durée du service des soldats;

6° Les jeunes gens qui auront obtenu un des grands prix décernés par l'Institut royal, ou le prix d'honneur décerné par le conseil de l'Université (1).

16. Lorsque les jeunes gens désignés par leur numéro pour faire partie du contingent cantonal auront fait des réclamations dont l'admission ou le rejet dépendra de la décision à intervenir sur des questions judiciaires relatives à leur état ou à leurs droits civils, les jeunes gens désignés par leur numéro pour suppléer lesdits réclamans seront appelés dans le cas où, par l'effet des décisions judiciaires, ces réclamans viendraient à être libérés.

Ces questions seront jugées contradictoirement avec le préfet, à la requête de la partie la plus diligente.

Les tribunaux statueront sans délai, le ministère public entendu, sauf l'appel (2).

17. Après l'examen des opérations, exemp-

Les frères des écoles chrétiennes sont, comme tous les autres membres de l'Université, dispensés par le seul fait de leur engagement; il n'est pas nécessaire que leur engagement soit agréé par le conseil de l'Université.

Voy. 31e question de la circulaire du 11 juin 1819.

(1) Un jeune homme qui se croit impropre au service militaire à cause d'infirmités peut se faire exempter pour ce motif, bien qu'il pût se faire exempter par d'autres motifs, ou même se faire dispenser.

Voy. 33e question de la circulaire du 11 juin 1819. *Voy.* aussi 28e question, même circulaire.

Les conseils de révision ne peuvent se dispenser de connaître jusqu'à la clôture de la liste départementale des réclamations faites par un jeune homme qui n'en a fait aucune lors du tirage devant le sous-préfet ni devant le conseil de révision lors de sa tournée.

Voy. 32e question de la circulaire du 11 juin 1819.

(2) Le tribunal saisi de la question de savoir si l'acte de naissance produit par un jeune homme appelé au service militaire lui est applicable, doit se borner à prononcer sur l'applicabilité de l'acte; il ne peut décider, par voie de conséquence, que le jeune homme doit ou ne doit pas faire partie du contingent : ce serait empiéter sur les attributions de l'autorité administrative (15 janvier 1820; Nîmes, S. 20, 2, 161).

Il y a excès de pouvoir de la part d'un tribunal qui décide qu'un jeune homme a son domicile dans les colonies, et que, par suite, il est exempt du tirage au sort, lorsque déjà le conseil de révision avait décidé que ce jeune homme doit faire partie du contingent. De ce que la question relative au domicile est dans les attributions de l'autorité judiciaire, on ne peut conclure que l'autorité judiciaire soit compétente pour prononcer l'exemption contrairemen à la décision de l'autorité administrative (22 février 1826; ordonnance, S. 26, 2, 350).

Il y a excès de pouvoir de la part d'un tribunal saisi d'une question d'Etat en matière de recrutement, lorsqu'après avoir décidé en faveur du réclamant la question d'Etat, le tribunal déclare que le réclamant *n'est pas susceptible d'être appelé au service militaire.* L'autorité administrative a seule attribution pour prononcer sur ce point (30 avril 1828, Colmar; S. 28, 2, 259; D. 28, 2, 202. — *Id.* 11 août 1829; Cass. S. 29, 1, 298; D. 29, 1, 328).

Il n'est pas dans les attributions des tribunaux de décider qu'un particulier ne doit pas être appelé pour le tirage au sort dans tel ou tel canton (22 février 1826, ord. Mac. 8, 114).

Cette ordonnance nous paraît avoir fait une juste application des règles de compétence; mais nous pensons (cela est même dit expressément dans les considérans de l'ordonnance) que c'est seulement la partie du jugement qui prononce l'exemption qui a été annulée; l'autre partie, statuant sur la question de domicile, reste dans toute sa force; en sorte que, devant le conseil de révision, où l'on se présenterait armé de la décision judiciaire, on devrait obtenir une décision prononçant l'exemption; car de même qu'un tribunal ne peut examiner et modifier les décisions du conseil de révision sur les objets de sa compétence, de même le conseil de révision ne peut porter atteinte aux décisions des tribunaux sur les questions judiciaires.

Voy. une autre ordonnance du 27 décembre 1820, à laquelle s'appliquent les mêmes observations (*Jurisprudence du Conseil d'Etat* de Sirey, t. 5, 517).

Le jeune homme qui se trouve appelé à partir, si un autre est exempté du service militaire, a qualité pour saisir les tribunaux de la question de savoir si l'acte de naissance produit par le prétendant à l'exemption est ou n'est pas régulier et valable (15 janvier 1820; Nîmes, S. 20, 2, 161).

Lorsque les jeunes gens désignés par leur numéro pour faire partie du contingent réclament leur exemption, les jeunes gens de la même classe appelés à les suppléer, en cas d'exemption, ne peuvent être considérés comme ayant été représentés dans l'instance par le préfet; ils sont recevables à former tierce-opposition aux jugemens rendus contradictoirement avec lui (9 août 1827, Agen; S. 28, 2, 210; D. 28, 2, 172). — *Voy.* article 16, loi du 21 mars 1832.

tions, dispenses ou réclamations, la liste du contingent de chaque canton sera définitivement arrêtée et signée par le conseil de révision.

Les jeunes gens qui, aux termes de l'article 16, sont appelés les uns à défaut des autres ne seront inscrits sur la liste du contingent que conditionnellement et sous la réserve de leurs droits.

Le conseil déclarera ensuite que les jeunes gens qui ne sont pas inscrits sur cette liste sont définitivement libérés. Cette déclaration, avec l'indication du dernier numéro compris dans le contingent cantonal, sera publiée et affichée dans chaque commune du canton.

Dès qu'il aura été statué par les tribunaux sur les questions mentionnées en l'article 16, le conseil, d'après leur décision, prononcera de la même manière la libération, ou des réclamans, ou des jeunes gens conditionnellement désignés pour les suppléer (1).

18. Les jeunes gens définitivement appelés à faire partie du contingent pourront se faire remplacer par tout homme valablement libéré, pourvu qu'il n'ait pas plus de trente ans, ou trente-cinq ans s'il a été militaire, et qu'il ait la taille et les autres qualités requises pour être reçu dans l'armée.

Le remplaçant sera admis par le conseil de révision, et l'acte de remplacement annexé au procès-verbal.

Les substitutions de numéros pourront avoir lieu entre les jeunes gens du même tirage.

Les stipulations particulières qui pourraient avoir lieu entre les contractans, à l'occasion desdits remplacemens et substitutions, seront soumises aux mêmes règles et formalités que tout autre contrat civil.

L'homme remplacé sera, pour le cas de désertion, responsable de son remplaçant pendant un an, à compter du jour de l'acte passé devant le préfet. Il sera libéré, si, dans l'année, le remplaçant est arrêté en cas de désertion, ou s'il meurt sous les drapeaux (2).

19. Les jeunes gens appelés, ou leurs remplaçans, seront inscrits sur les registres-matricules des corps de l'armée.

Si les tribunaux s'immiscent dans la connaissance de questions qui ne sont pas de leur compétence, le préfet doit élever le conflit; si le conseil de révision connaît d'une question qui devait être renvoyée aux tribunaux, il y a lieu de se pourvoir au Conseil-d'Etat contre sa décision pour excès de pouvoir.

Voy. 3e, 4e et 5e questions de la circulaire du 19 juillet 1819. *Voy*. dans les notes sur l'art. 13 l'avis du Conseil-d'Etat qui déclare que le recours n'est pas autorisé. *Voy*. 34e, 35e et 36e questions de la circulaire du 11 juin 1819; circulaire du garde-des-sceaux du 7 juillet 1819. La question de savoir si le père d'un jeune homme est âgé de soixante-dix ans est de la compétence des tribunaux, lorsqu'elle doit être jugée en l'absence d'acte de naissance (6 mars 1827; Cass. S. 27, 1, 356).

(1) Les tribunaux, en statuant sur les questions qui leur sont renvoyées, ne peuvent, en aucun cas, prononcer la libération, bien que la libération soit une conséquence de leur décision : c'est au conseil de révision à prononcer la libération.

Voy. 1re question de la circulaire du 19 juillet 1819, et notes sur l'article 16.

Voy. 34e, 35e et 36e questions de la circulaire du 11 juin 1819; circulaire du garde-des-sceaux du 7 juillet 1819.

(2) Un jeune homme qui vient d'être dispensé en vertu de l'article 15 de la loi peut céder son numéro de tirage et effectuer ainsi une substitution avec un autre jeune homme du même canton, du moins lorsqu'il renonce et qu'il peut renoncer à l'exemption ou à la dispense.

Voy. 38e question de la circulaire du 11 juin 1819.

Un jeune homme appelé à faire partie du contingent d'une classe peut être remplacé par son frère puîné ou l'un de ses frères puînés.

Voy. 39e question de la circulaire du 11 juin 1819.

Les jeunes gens dispensés conditionnellement ne peuvent être admis comme remplaçans.

Un jeune homme qui s'est fait remplacer ne peut être admis comme remplaçant pendant l'année durant laquelle il répond de son propre remplaçant.

Un jeune homme qui a été admis comme remplaçant ne peut lui-même se faire remplacer tant que dure la responsabilité de celui qu'il remplace, à moins que celui-ci n'y consente.

Un homme qui s'est fait remplacer peut néanmoins s'engager volontairement, même avant l'expiration de l'année durant laquelle il répond de son remplaçant.

Voy. 40e, 41e, 42e et 43e questions de la circulaire du 11 juin 1819.

La demande en remplacement formée par un jeune soldat ne peut être accueillie par le conseil de révision postérieurement à la notification de sa lettre de mise en activité.

Voy. 37e et 45e questions de la circulaire du 11 juin 1819. *Voy*. aussi 46e question, même circulaire.

On ne peut exiger, pour les remplacemens admis par le conseil de révision, la somme de cent francs qu'on exigeait autrefois, et dont parle l'ordonnance du 14 août 1816.

Voy. 9e question de la circulaire du 21 octobre 1818.

L'acte de remplacement qui doit être joint au procès-verbal de la séance, n'est pas l'acte passé ordinairement devant notaires et réglant les droits respectifs des parties, mais bien l'acte passé devant le préfet (Modèle de cet acte). *Voy*. 10e question de la circulaire du 21 octobre 1818.

Ces jeunes soldats resteront dans leurs foyers, et y seront assimilés aux militaires en congé (1).

Ils ne seront mis en activité qu'au fur et à mesure des besoins, et dans l'ordre déterminé par leur classe.

Les compagnies départementales, créées par la loi du 28 novembre 1815, sont supprimées (2).

20. La durée du service des soldats appelés sera de six ans, à compter du 1er janvier de l'année où ils auront été inscrits sur les registres-matricules des corps de l'armée.

La durée du service du contingent de la classe de 1816 ne sera que de cinq ans.

Au 31 décembre de chaque année, en temps de paix, les soldats qui auront achevé leur temps seront renvoyés dans leurs foyers.

Ils le seront, en temps de guerre, immédiatement après l'arrivée au corps, du contingent destiné à les remplacer (3).

TITRE III. Des rengagemens (4).

21. Les rengagemens seront contractés devant les intendans ou sous-intendans militaires, dans les formes prescrites par l'article 4, sur la preuve que le contractant peut rester ou être admis dans le corps pour lequel il se présente.

22. Les rengagemens pourront être reçus même pour deux ans, et ne pourront excéder la durée des engagemens volontaires.

Les rengagemens donneront droit à une haute-paie, et à l'admission dans la gendarmerie ou dans les vétérans de la ligne.

Les autres conditions seront déterminées par le Roi et rendues publiques (5).

TITRE IV. Des vétérans (6).

23. Les sous-officiers et soldats rentrés dans leurs foyers, après avoir achevé leur temps de service, seront assujétis, en cas de guerre, à un service territorial dont la durée est

---

Voy. circulaires des 16 mars et 12 décembre 1821.

La désertion du remplaçant ne donne lieu à la résolution du contrat de remplacement, qu'autant que le remplacé se trouve rappelé par suite de la désertion (21 décembre 1822; Orléans; S. 23, 2, 191).

Cette décision, comme toutes celles qui ont été rendues en cette matière, est nécessairement fondée sur les circonstances particulières de l'espèce et sur les termes du contrat.

Voy. les notes placées sous l'article 58 du décret du 8 fructidor an 13.

L'article 58 du décret du 8 fructidor an 13, portant que « les suppléans qui ne rejoindront « pas ou qui déserteront après avoir rejoint seront « condamnés à cinq ans de la peine du boulet, » n'a pas été abrogé par la loi sur le recrutement, et est encore applicable. *Voy.* ordonnance du Roi du 27 décembre 1826 (Mon. du 3 janvier 1827).

Cet article n'a pas abrogé les dispositions de l'article 4 de la loi du 24 brumaire an 6, qui punit d'une peine correctionnelle celui qui a recélé un déserteur. Il n'est pas nécessaire que le déserteur ait été puni comme tel par un conseil de guerre, il suffit que le fait de désertion soit constaté par le renvoi du déserteur dans une compagnie de discipline (4 août 1827; Cass. S. 28, 1, 108).

Voy. un autre arrêt de cassation du 19 février 1823, S. 23, 1, 188, cité en note de l'article 4 de la loi du 24 brumaire an 6.

Voy. ordonnance du 14 novembre 1821.

(1) L'article 213 de l'instruction ministérielle du 21 octobre 1818, porte que tout jeune soldat qui, sans empêchement légitime, ne se sera pas rendu à sa destination au jour fixé dans son ordre ou feuille de route, sera noté comme prévenu de désertion et signalé comme tel à la gendarmerie, à l'expiration du délai déterminé par les lois ou les réglemens pour les militaires en congé.

Cependant, la jurisprudence des conseils de guerre est encore incertaine sur la question de savoir si les peines de la désertion sont applicables aux retardataires; on peut citer des décisions nombreuses en sens contraires. La Gazette des Tribunaux, qui les a recueillies avec soin (*Voy.* surtout les numéros des 23 juin et 6 août 1827), a toujours soutenu que le jeune soldat retardataire n'était pas punissable comme déserteur. Le Mon. du 20 juillet 1827 professe l'opinion opposée; mais il reconnaît que c'est d'après *la loi* et non d'après les instructions ministérielles que doivent juger les conseils de guerre; il n'attribue à ces instructions d'autre autorité que celle « d'une « *consultation* émanée de gens qui ont long-temps « médité la loi dans ses principes, et bien connu « ses effets dans l'application. »

Quelques jurisconsultes qui partagent l'opinion émise dans le Moniteur ont cru pouvoir invoquer la loi des 28 mars = 2 avril 1793, art. 2; l'arrêté du 8 pluviose an 4; les lois du 19 fructidor an 6, art. 53; du 17 ventose an 8, art. 7; du 6 floréal an 11; arrêté du 19 vendémiaire an 12, art. 1er et 75; décrets du 28 février 1809 et 12 janvier 1811. *Voy.* aussi l'ordonnance du 21 février 1816.

(2) *Voy.* 44e, 47e, 48e, 49e, 50e, 51e, 52e, 53e et 54e questions de la circulaire du 11 juin 1819.

Voy. 2e et 3e questions de la circulaire du 21 octobre 1818. *Voy.* articles 14 et 18 et notes.

(3) *Voy.* ordonnance du 3 janvier 1822.

(4) *Voy.* instruction du 3 décembre 1818.

(5) *Voy.* ordonnances des 3 décembre 1818 et 9 juin 1821.

(6) *Voy.* ordonnance du 25 mars 1818.

fixée à six ans, sous la dénomination de *vétérans*.

Les vétérans pourront se marier et former des établissemens.

En temps de paix, ils ne seront appelés à aucun service, et, en temps de guerre, ils ne pourront être requis de marcher hors de la division militaire qu'en vertu d'une loi.

24. Les anciens sous-officiers et soldats ne pourront être rappelés sous les drapeaux, s'ils ne demandent à contracter des engagemens; ils ne seront plus assujétis qu'au service territorial des vétérans.

Seront exemptés même du dit service les sous-officiers et soldats qui auraient trente-deux ans d'âge, ou douze ans de service actif, ou qui auront été réformés pour blessures et infirmités graves (1).

TITRE V. Des dispositions pénales.

25. Toutes les dispositions des lois, ordonnances, réglemens ou instructions relatives aux anciens modes de recrutement de l'armée, sont et demeurent abrogées.

Les tribunaux civils et militaires, dans les limites de leur compétence, appliqueront les lois pénales ordinaires aux délits auxquels pourra donner lieu l'exécution du mode de recrutement déterminé par la présente loi.

Pour les délits militaires, les juges pourront user de la faculté énoncée en l'article 595 du Code d'instruction criminelle (2).

26. Tout fonctionnaire ou officier public, civil ou militaire, qui, sous quelque prétexte que ce soit, aura autorisé ou admis des exemptions, dispenses ou exclusions, autres que celles déterminées par la présente loi, ou qui aura donné arbitrairement une extension quelconque, soit à la durée, soit aux règles, ou conditions des engagemens, des appels, des rengagemens, ou du service des vétérans, sera coupable d'abus d'autorité, et puni des peines portées dans l'article 185 du Code pénal, sans préjudice des peines plus graves prononcées par ce Code dans les autres cas qu'il a prévus.

TITRE VI. De l'avancement (3).

27. Nul ne pourra être sous-officier s'il n'est âgé de vingt ans révolus, et s'il n'a servi activement, pendant au moins deux ans dans un des corps de troupes réglées.

Nul ne pourra être officier s'il n'a servi pendant deux ans comme sous-officier, ou s'il n'a suivi pendant le même temps les cours et exercices des écoles spéciales militaires, et satisfait aux examens desdites écoles.

28. Le tiers des sous-lieutenances de la ligne sera donné aux sous-officiers.

Les deux tiers des grades et emplois de lieutenant, de capitaine, de chef de bataillon ou d'escadron et de lieutenant colonel, seront donnés à l'ancienneté.

Les majors seront choisis parmi les capitaines employés comme trésoriers, officiers d'habillement et adjudans-majors; les trésoriers et officiers d'habillement, parmi les officiers qui auront été sergens-majors ou maréchaux-des-logis chefs; les adjudans-majors, parmi les lieutenans qui auront été adjudans et sergens-majors ou maréchaux-des-logis chefs; les adjudans le seront parmi les sergens-majors ou maréchaux-des-logis chefs.

29. Nul officier ne pourra être promu à un grade ou emploi supérieur, s'il n'a servi quatre ans dans le grade ou emploi immédiatement inférieur.

Il ne pourra être dérogé à cette règle qu'à la guerre, pour des besoins extraordinaires, ou pour des actions d'éclat mises à l'ordre du jour de l'armée.

30. Les autres règles de l'avancement seront déterminées sur ces bases par un réglement d'administration publique inséré au Bulletin des Lois.

En conséquence, toutes les dispositions des lois, ordonnances, réglemens, instructions ou décisions données jusqu'à ce jour sur l'avancement, sont et demeurent abrogées.

---

11 = Pr. 31 MARS 1818. — Ordonnance du Roi portant établissement de deux places d'agens de change courtiers de marchandises à Gray, département de la Haute-Saône. (7, Bull. 202, n° 3750.)

Art. 1er. Il y aura deux places d'agens de change courtiers de marchandises dans la ville de Gray, département de la Haute-Saône.

2. Le cautionnement de ces agens de change courtiers sera de six mille francs.

3. Nos ministres de l'intérieur et des finances sont chargés de l'exécution de la présente ordonnance.

---

(1) *Voy.* art. 18 et notes.

(2) *Voy.* 2e et 3e questions de la circulaire du 22 octobre 1818. *Voy.* art. 14 et notes.

Un tribunal correctionnel et une cour royale excèdent leurs pouvoirs en prenant une délibération pour recommander un condamné à la clémence du Roi. Cet article, relatif aux délits militaires, ne peut servir de règle ou fournir argument aux tribunaux ordinaires (7 octobre 1826; Cass. S. 27, 1, 219; D. 27, 1, 29).

(3) *Voy.* ordonnances des 2 août et 30 décembre 1818, et 21 avril 1819.

11 = Pr. 31 MARS 1818. — Ordonnance du Roi portant autorisation d'une société anonyme sous le titre de Banque de Nantes. (7, Bull. 202, n° 3751.)

Louis, etc.

Sur le rapport de notre ministre secrétaire d'Etat au département de l'intérieur;

Vu l'acte passé devant Mᵉ Brard, notaire royal à Nantes, le 16 septembre 1817, par divers négocians et capitalistes, portant un projet de statuts pour une société anonyme sous le titre de *Banque de Nantes*, ayant pour objet d'escompter les effets de commerce; l'avis du préfet de la Loire-Inférieure, en date des 4 octobre et 24 novembre 1817; celui de notre ministre secrétaire d'Etat des finances, en date du 23 décembre suivant; vu les articles 3, 5, 6, 13, 23, 24, 25, 31 et 32 de la loi du 24 germinal an 11 (14 avril 1803), les articles 29 à 37, 40 et 45 du Code de commerce;

Notre Conseil-d'Etat entendu,

Nous avons ordonné et ordonnons ce qui suit:

Art. 1ᵉʳ. La société anonyme sous le titre de *Banque de Nantes* est et demeure autorisée, conformément aux statuts passés par-devant Mᵉ Brard, notaire royal à Nantes, le 16 septembre 1817.

2. Lesdits statuts, annexés à la présente ordonnance, seront publiés et affichés avec elle.

3. Le préfet de la Loire-Inférieure veillera spécialement à l'exécution, en ce qui concerne les opérations de ladite Banque, des articles 5, 31 et 32 de la loi du 24 germinal an 11 (14 avril 1803).

4. Nos ministres de l'intérieur et des finances sont chargés de l'exécution de la présente ordonnance.

---

11 = Pr. 31 MARS 1818. — Ordonnance du Roi portant établissement de deux places de courtiers de marchandises à Cuers, département du Var. (7, Bull. 202, n° 3752.)

Art. 1ᵉʳ. Il y aura deux places de courtiers de marchandises dans la ville de Cuers, département du Var.

2. Le cautionnement de ces courtiers sera de quatre mille francs.

3. Nos ministres de l'intérieur et des finances sont chargés de l'exécution de la présente ordonnance.

---

11 MARS 1818. — Ordonnances du Roi qui accordent des lettres de déclaration de naturalité aux sieurs Alberganti, Verna, Petit, Avril, Pendrell-Waddington, Fassonne, de Sprunglin, Cardon, Dubuisson, Piggiani, Deschamps, Babaïby, Pierucci, Devries, Dubuisson, Stoffel, Peyrani de Tourette, Castellino, Allegri, Gomrée, Erhard-van-Aken, Schmit, Veyrat, Cardinau, Belair, Aguelli, Chahin, Corona, Berreta, Gontermann, Meybruch et Dupont. (7, Bull. 202, 207, 210, 211, 214, 219, 220, 223, 231, 238, 248, 260, 263, 311, 320 et 336.)

---

11 MARS 1818. — Ordonnances du Roi qui autorisent l'acceptation de dons et legs faits aux pauvres, aux séminaires et aux fabriques des églises de Ploumerin, Conques, Villecomtal, Cublize, Periers, Avignon, Orléans, Raucourt, Mur-de-Barrès, Nigressère, Therondels, Perbellrgue, Marigna, Auch, Grenoble, Bordeaux, Lalande, Ascq, Tigery, Saint-Albert, Saint-Martin, Incurables de Paris, Muret, Saint-Denis-de-Coudrais, Saint-Georges-du-Rosay, La Bosse, Bonnetable, Condom, Saint-Jean-de-Fos, Saint-Guilhem-le-Désert, Ahuillé, Champ-Genetteux, Claix, Brouil, Lectoure, Saillans, Teyssières, Gondrecourt, Aiguillon, Lode, Tournemine, Buisson, Villefranche, Turenne, Montbéliard, Côte-Saint-André, Cette, Bar-le-Duc, Aix, Thenelles, Strasbourg, Vireaux, Vailly, Frêne, Boneuil, Rochepot, Chinon, Ferré, Proyart, Roche-les-Peyroux et Tours. (7, Bull. 228, 229 et 233.)

---

11 MARS 1818. — Ordonnance du Roi qui ajoute une quatrième classe de boulangers aux trois classes instituées à Marseille par l'article 1ᵉʳ du décret du 22 décembre 1812. (7, Bull. 228, n° 4741.)

---

11 MARS 1818. — Ordonnances du Roi qui accordent plusieurs foires et qui changent les jours de la tenue de celles des communes de Mâcon, Châtel-de-Neuve, Annot, Manosque, Romagny, Mire, Candiés, Beton-Bazoches, Angerville et Foussais (7, Bull. 233 et 234.)

---

11 MARS 1818. — Ordonnance du Roi qui permet aux sieurs Corot, Perrote, Sancey et au baron de la Motte de faire des additions à leurs noms. (7, Bull. 201.)

---

11 MARS 1818. — Ordonnances du Roi qui autorisent l'inscription au Trésor royal de plusieurs pensions militaires, d'une pension civile et de soldes de retraite définitives. (7, Bull. 201.)

---

11 MARS 1818. — Ordonnances du Roi qui admettent les sieurs Liebich, Mauss, Schieder, Sillé, Lang, Kuss, Kabel, Schmidt, Hoffmann, Braunagel, Madril, Rhein, Ziller et Dahlinger, à établir leur domicile en France. (7, Bull. 202.)

---

13 MARS 1818. — Ordonnance du Roi qui autorise les sieurs Mialan et Quincieu à conserver et maintenir en activité la taillanderie et l'aciérie qu'ils possèdent sur le torrent de Galaure, commune de Grand-Serre (Drôme). (7, Bull. 239.)

14 MARS 1818. — Ordonnances du Roi qui nomment MM. Courbon de Saint-Genest et le comte de Vignoles préfets des départemens de la Haute-Marne et de la Corse. (7, Bull. 201.)

18 MARS 1818. — Ordonnances du Roi qui accordent des lettres de déclaration de naturalité aux sieurs Imbert, Giudice, Froment, Kamps, Maudile, Valette, de Marco, Muller et Mayer. (7, Bull. 223, 227, 231, 247, 282, 287 et 382)

18 MARS 1818. — Ordonnances du Roi qui autorisent l'acceptation de dons et legs faits aux séminaires et fabriques des églises de Saint-Julien, Saint-Paul-lès-Dax, Foisches, Bordeaux, Rethel, Nerigean, Saint-Leu-Taverny, Lanloup et Ormes. (7, Bull. 234 et 235.)

18 MARS 1818. — Ordonnance du Roi qui permet au sieur Duman d'ajouter à son nom celui de Lahume. (7, Bull. 202.)

18 MARS 1818. — Ordonnance du Roi qui admet les sieurs Abarrateguy, Ylla, Basto, Howa, Stlarcke, Erckens, Hozère et Defrêne, à établir leur domicile en France. (7, Bull. 203.)

18 MARS 1818. — Ordonnance du Roi qui autorise le sieur Joseph-Marie Pozzo de Borgo à rester au service de sa majesté l'empereur d'Autriche. (7, Bull. 132.)

18 MARS 1818. — Ordonnance du Roi qui autorise le sieur Charles Pozzo de Borgo à rester au service de sa majesté le roi d'Espagne. (7, Bull. 509.)

23 MARS 1818. — Décision du Roi concernant l'uniforme des officiers retirés avec ou sans pension. (Mon. n° 105.)

Habillement.

Habit, collet, paremens et doublure en drap bleu-de-roi;

Veste bleu-de-roi;

Pantalon ou culotte bleu-de-roi.

L'habit sera sans galons ni broderies; il boutonnera droit par-devant au moyen de neuf gros boutons; il sera à collet montant et à paremens dits *en bottes;* les poches seront en travers et à trois pointes; les basques seront tombantes en arrière du genou. Il y aura deux gros boutons au bas de la taille, deux à l'extrémité des basques, et trois sur chaque patte de poches.

La veste sera sans galons ni broderies; elle sera fermée au moyen de neuf petits boutons d'uniforme.

Le pantalon sera demi-collant, sans broderie ni galon.

Boutons.

Les boutons uniformes seront en cuivre doré; ils auront pour empreinte deux couronnes, l'une de chêne et l'autre de laurier; elles seront sur le même plan et réunies par une épée à lame droite.

Coiffure.

Chapeau uni à ganse d'or, arrêtée par un gros bouton uniforme.

Épée.

L'épée sera celle du modèle général, montée sur une garde en cuivre doré.

Marques distinctives.

Les officiers retirés avec ou sans pension porteront pour marque distinctive l'épaulette affectée dans l'armée au grade dont ils ont le brevet.

Il est expressément défendu de porter d'autres marques distinctives, telles que les broderies, les aiguillettes, etc., qui sont spécialement affectées aux officiers généraux non retraités et à quelques corps de l'armée.

25 = Pr. 31 MARS 1818. — Loi concernant les conditions d'éligibilité pour être admis à la Chambre des députés (1). (7, Bull. 202, n° 3749.)

Voyez loi du 19 AVRIL 1831.

Art. 1er. Nul ne pourra être membre de la Chambre des députés, si, au jour de son élection, il n'est âgé de quarante ans accomplis et ne paie mille francs de contributions directes, sauf le cas prévu par l'article 39 de la Charte.

2. Le député élu par plusieurs départemens sera tenu de déclarer son option à la

(1) Présentation à la Chambre des députés, le 29 novembre 1817 (Mon. du 30).

Rapport de M. Mestadier, le 5 janvier 1818 (Mon. du 8).

Adoption, le 8 janvier (Mon. du 9).

Présentation à la Chambre des pairs, le 19 janvier (Mon. du 20).

Rapport de M. Doudeauville, le 31 janvier (Mon. du 2 février).

Discussion et adoption, le 5 février (Mon. du 6).

Représentée à la Chambre des députés, le 27 février (Mon. du 28).

Adoptée, le 2 mars (Mon. du 4).

Représentée à la Chambre des pairs et adoptée, le 17 mars (Mon. du 18).

Chambre, dans le mois de l'ouverture de la première session qui suivra la double élection; et, à défaut d'option dans ce délai, il sera décidé par la voie du sort à quel département ce député appartiendra.

---

25 MARS = Pr. 11 AVRIL 1818. — Ordonnance du Roi qui désigne les militaires auxquels appartiendra dorénavant la dénomination de vétérans et change le nom des compagnies connues sous cette dénomination. (7, Bull., 204, n° 3857)

Voy. ordonnances des 18 MAI et 21 OCTOBRE 1814.

Louis, etc.

Vu le titre IV de la loi du 10 mars 1818, sur le recrutement de l'armée; considérant que la dénomination de *vétérans* appartiendra dorénavant à tous les sous-officiers et soldats de l'armée qui auront achevé leur temps de service effectif; qu'il importe, par conséquent, de ne pas confondre sous le même nom les compagnies de vétérans actuellement existantes;

Sur le rapport de notre ministre secrétaire d'Etat au département de la guerre,

Avons ordonné et ordonnons ce qui suit :

Art. 1er. Les dix compagnies de sous-officiers vétérans et les trente-cinq compagnies de fusiliers vétérans prendront les noms de *compagnies de sous-officiers sédentaires* et *compagnies de fusiliers sédentaires*.

2. Les douze compagnies de canonniers vétérans prendront le nom de *compagnies de canonniers sédentaires*.

3. Notre ministre de la guerre est chargé de l'exécution de la présente ordonnance.

---

25 MARS = Pr. 2 AVRIL 1818. — Ordonnance du Roi qui détermine l'époque à laquelle la vente des poudres de chasse, de mine, de commerce et de guerre, sera exclusivement exploitée par la direction générale des contributions indirectes, et contient réglement à cet égard. (7, Bull. 203, n° 3805.)

Voy. ordonnances des 20 MAI, 10 JUIN et 15 JUILLET 1818; lois des 10 et 16 MARS 1819.

TITRE Ier. Dispositions générales.

Art. 1er. A dater du 1er juin prochain, la vente des poudres de chasse, de mine et de commerce, sera exclusivement exploitée par la direction générale des contributions indirectes.

Il en sera de même de la vente des poudres de guerre destinées aux armemens du commerce maritime et à la consommation des artificiers patentés.

La direction générale des contributions indirectes comptera du produit de cette vente dans la même forme que du produit de la vente des tabacs.

2. Une ordonnance spéciale déterminera, chaque année, sur la proposition de nos ministres secrétaires d'Etat aux départemens de la guerre, de la marine et des finances, le taux auquel chacun de ces deux derniers départemens remboursera à la direction générale des poudres le prix de fabrication des poudres qui lui seront livrées par cette direction dans le cours de l'année.

Les poudres seront vendues au commerce et aux particuliers par la direction générale des contributions indirectes, aux prix déterminés par la loi.

3. La vente des poudres au public continuera d'être soumise, sous l'exploitation de la direction générale des contributions indirectes, aux lois, ordonnances et réglemens actuellement en vigueur sur la matière.

4. La direction générale des contributions indirectes demeure spécialement chargée de l'exécution des décrets des 24 août 1812 et 16 mars 1813 relatifs à la recherche et saisie des poudres, soit étrangères, soit fabriquées hors des poudreries du Gouvernement, qui pourraient circuler ou être vendues en fraude dans notre royaume.

TITRE II. Mesures d'exécution.

5. A dater du 1er octobre prochain, les poudres de chasse de toute espèce ne seront vendues qu'en rouleaux ou paquets d'un demi, d'un quart et d'un huitième de kilogramme.

Chaque rouleau sera formé d'une enveloppe de plomb et revêtu d'une vignette indiquant l'espèce, le poids et le prix de la poudre, et sera fourni, ainsi confectionné, par la direction générale des poudres.

Dans aucun cas, le poids de l'enveloppe ne sera compté dans le poids de la poudre.

6. Les poudres de mine, de commerce extérieur et de guerre, pour les armateurs et les artificiers patentés, ne seront point pliées, et continueront d'être vendues en barils, comme par le passé, dans les principaux établissemens de vente : les barils qui les renfermeront porteront la marque et le plomb de la direction générale des poudres.

7. Au commencement de chaque trimestre, le directeur général des contributions indirectes fera connaître au directeur général des poudres les quantités de poudre de toute espèce qu'il sera nécessaire de faire verser dans les entrepôts et magasins pour les consommations présumées du trimestre courant.

Notre ministre de la guerre réglera en conséquence, et sur la proposition du directeur général des poudres, les commandes et ordres de versemens à adresser aux poudreries pour assurer constamment cette partie de leur service.

La même marche sera suivie pour satisfaire aux demandes spéciales que le directeur général des contributions indirectes se trouverait dans le cas de former, dans l'intervalle d'un trimestre à l'autre, par suite de consommations extraordinaires et non prévues.

8. Chaque mois, le directeur général des contributions indirectes fera verser dans la caisse de la direction générale des poudres le prix de fabrication des poudres qui auront été vendues dans le courant du mois précédent.

TITRE III. Dispositions transitoires.

9. Les bâtimens, entrepôts et magasins exclusivement affectés à l'exploitation de la vente des poudres, seront remis à la direction générale des contributions indirectes, aux mêmes titres et pour le même objet, sauf à remettre au domaine les bâtimens ou portions de bâtimens et terrains appartenant à l'Etat et qui ne seraient pas nécessaires au service des ventes.

10. A dater du 1er juin prochain, les emplois d'entreposeurs, préposés aux ventes et garde-magasins exclusivement commissionnés pour la vente des poudres de chasse, de mine et de commerce, sont et demeurent supprimés. Ceux desdits employés qui ont le temps fixé par les lois et réglemens seront admis à la retraite.

Ceux qui n'ont pas droit à la retraite et qui n'auraient pas d'autre emploi recevront une indemnité de licenciement, conformément aux règles suivies dans la direction générale des contributions indirectes.

11. Les entreposeurs, préposés et garde-magasins actuellement chargés de la vente des poudres de chasse, de mine et de commerce, feront, le 31 mai prochain, la remise des entrepôts, magasins et poudres qui leur sont confiés, et des matières ou objets dont ils sont comptables, aux employés de la direction générale des contributions indirectes qui seront désignés pour les recevoir. Dans cette remise seront comprises les poudres que les capitaines de navires auraient pu déposer dans les magasins de l'Etat ou de la direction générale pour leur être rendues à leur sortie des ports, conformément à l'article 31 de la loi du 13 fructidor an 5 (31 août 1797).

12. Il sera dressé, pour chaque entrepôt ou magasin, procès-verbal de cette opération, à laquelle devront concourir le maire de la commune et un agent supérieur de la direction générale des contributions indirectes, ainsi que l'officier de notre corps royal de l'artillerie qui pourrait se trouver sur les lieux en exercice des fonctions d'inspecteur des poudreries, ou chargé du commandement de l'artillerie. Ce procès-verbal devra constater non-seulement la quantité et la qualité des poudres remises, mais encore la situation des magasins, bâtimens et ustensiles actuellement affectés au service de la vente des poudres : il sera signé par les fonctionnaires ci-dessus dénommés, ainsi que par les agens intéressés, et servira de base, soit pour opérer la décharge de l'employé de l'administration des poudres, soit pour établir la comptabilité de celui de la direction générale des contributions indirectes.

13. A compter du 1er juin, toute autorisation ou commission précédemment accordée par l'administration générale des poudres pour la vente au public sera de droit annulée; et tout individu qui, en vertu de ces autorisations ou commissions, continuerait de vendre des poudres, sera passible des peines prononcées par les lois contre les particuliers coupables de ce genre de délit.

Toutefois, les simples débitans auront jusqu'au 1er août la faculté de vendre les poudres qu'ils auraient achetées et payées.

14. Les entreposeurs, préposés aux ventes et garde-magasins qui ont fourni, aux commissaires des poudres dont ils dépendaient, des cautionnemens en immeubles pour garantie de leur gestion, obtiendront de droit la main-levée de ces cautionnemens, dès que leurs comptes se trouveront définitivement réglés avec la direction générale des poudres.

15. Nos ministres de la guerre, de la marine et des finances sont chargés de l'exécution de la présente ordonnance.

---

25 MARS = Pr. 11 AVRIL 1818. — Ordonnance du Roi qui accepte, aux conditions y exprimées, les offres faites par quatre-vingt-trois actionnaires pour la construction d'un pont à Milhau, sur la rivière du Tarn. (7, Bull. 204, n° 3856.)

Louis, etc.

Sur le rapport de notre ministre secrétaire d'Etat au département de l'intérieur; vu la soumission souscrite par quatre-vingt-trois actionnaires qui offrent d'exécuter à leurs frais un pont en pierre à Milhau, sur la rivière du Tarn, moyennant la concession d'un droit de péage sur ce pont pendant cinquante-cinq ans; vu les plans, devis et détails estimatifs des travaux dressés par l'ingénieur des ponts-et-chaussées de l'arrondissement de Milhau; vu les avis du préfet du département de l'Aveyron, de l'ingénieur en chef des ponts-et-chaussées du même département, de l'inspecteur divisionnaire et de notre conseil général des ponts-et-chaussées, vu l'article 11 de la loi du 14 floréal an 10, et l'article 124 de la loi sur les finances, du 25 mars 1817;

Notre Conseil-d'Etat entendu,

Nous avons ordonné et ordonnons ce qui suit :

Art. 1er. Les offres faites, le 22 août 1817, par quatre-vingt-trois actionnaires, pour la construction d'un pont à Milhau, sur la rivière du Tarn, sont acceptées aux conditions suivantes :

1° Lesdits actionnaires sont autorisés à construire à leurs frais, sur le Tarn, à Milhau, un pont en pierre, conformément aux plans, devis et détails estimatifs approuvés par notre directeur général des ponts-et-chaussées, et sous la direction et surveillance de l'ingénieur qu'il désignera à cet effet;

2° La construction du pont devra être terminée dans l'espace de trois années, à partir de la présente ordonnance : en conséquence, les actionnaires seront tenus de fournir à la dépense, à raison d'un tiers chaque année;

3° Pour se rembourser de leurs avances en capital et intérêts, les actionnaires percevront sur le pont, à partir du jour où il sera rendu viable, et pendant cinquante-cinq années, un droit de péage, conformément au tarif ci-après;

4° Les réparations nécessaires pour l'entretien du pont, suivant les devis qui en seront dressés par l'ingénieur des ponts-et-chaussées, ainsi que les frais de perception et accessoires, seront à la charge des actionnaires pendant toute la durée de leur jouissance du péage : les abords seront faits par les actionnaires; mais ensuite ils seront entretenus aux frais du Gouvernement;

5° Si, pendant la durée de la construction, la totalité ou une partie des travaux faits était détruite par une cause de force majeure et s'il en résultait que la dépense totale de la construction excédât la somme de cent cinquante mille francs, les actionnaires seront tenus d'y pourvoir, et, dans ce cas, la durée du péage à leur profit sera prolongée d'un nombre d'années égal à chaque somme de trois mille francs qu'ils seront obligés de fournir;

6° Si, pendant la durée du péage au profit des actionnaires, le pont éprouvait quelque dégradation extraordinaire par cause de force majeure, et que les frais de réparation n'excédassent pas trente-trois mille francs, les actionnaires pourront être tenus de pourvoir à cette dépense, et la durée de la perception à leur profit sera prolongée dans la proportion ci-dessus exprimée;

7° Dans le cas où, par suite de dégradations, le passage du pont serait interrompu, les actionnaires devront pourvoir au passage au moyen de bacs; les produits du péage des bacs leur appartiendront, et il leur sera accordé une prolongation de la jouissance du péage, proportionnée aux dépenses qu'ils auront faites pour se procurer les bacs, et à la différence qui se trouverait entre les produits du péage des bacs et celui du pont;

8° Dans le cas où ce pont serait mis entièrement hors d'état de servir, et où il serait nécessaire d'avoir recours de nouveau à l'établissement des bacs, la concession gratuite en sera accordée aux entrepreneurs pour un nombre d'années double de celui qui resterait à courir pour le péage du pont;

9° Les actionnaires nommeront leurs commissaires et leur trésorier : les employés à la perception seront également nommés et révocables par eux; mais ils devront être agréés par le maire.

2. Il sera perçu, au passage du pont, les droits ci-après, savoir :

(*Suit le tarif.*)

3. Les contestations relatives à l'application et à la quotité des droits seront jugées sommairement et sans frais, suivant les règles établies pour la perception des droits d'octroi.

Il y aura constamment, jour et nuit, sur le pont, un employé, pour que le passage ne soit pas interrompu.

4. Nos ministres de l'intérieur et des finances sont chargés de l'exécution de la présente ordonnance.

---

25 MARS 1818. — Ordonnance du Roi qui autorise l'inscription au Trésor royal de soixante-dix-sept soldes de retraite. (7, Bulletin 204, n° 3858.)

---

25 MARS 1818. — Ordonnance du Roi portant que le théâtre de l'Odéon sera reconstruit, et qu'il continuera d'être une annexe de la Comédie française. (Mon. n° 86.)

---

25 MARS 1818. — Ordonnance du Roi qui permet aux sieurs Roches de Bellegarde, Garri et Ferratelly de faire des changemens et additions à leurs noms. (7, Bull. 204.)

---

25 MARS 1818. — Ordonnance du Roi qui admet les sieurs Racke, Yacca, Bobba et Lecuona, à établir leur domicile en France. (7, Bull. 204.)

---

25 MARS 1818. — Ordonnances du Roi qui accordent des lettres de déclaration de naturalité aux sieurs Kums, Dumont, Raymann, Bottieau, Portis, Parratte, Hochscheidt, Dagostini, de Meuleneer, Rousseau, Blaise, Silves, Vidal, Dacosta, Guertinmon, Lecuberry, Conflanca, Dombrowski, Passiero et Mertzig. (7, Bull. 210, 214, 220, 223, 234, 238, 258, 276, 287, 301 et 331.)

---

25 MARS 1818. — Ordonnances du Roi qui autorisent l'acceptation de dons et legs faits aux pauvres, aux hospices et fabriques des églises

de Saint-Junien-la-Bruyère, Ouches, Angoulême, La Manufacture, Saint-Jean-de-Bournay, Vienne, Pujel, Margueriltes, Angles, Fougères, Litry, Saint-Jean-en-Royans, Auch, Sainte-Sigolène, Draguignan, Chaumont, Condom, Puy-Notre-Dame, Angers, Dijon, Aiguillon, Ablon, Cazilhac, Marseillan, Agen, Béziers, Luché, Authies, Amiens, Ribeauviller, Nantes, Vans, Marcolz, Saint-Christophe, Aignan et Bagnols. (7, Bull. 235.)

---

28 MARS 1818. — Lettres-patentes du Roi portant institution d'un majorat en faveur de M. le baron Lesparda. (7, Bull. 204, n° 3859.)

1er = Pr. 16 AVRIL 1818. — Ordonnance du Roi qui prescrit la formation des compagnies détachées qui seront successivement organisées sous la dénomination de compagnies de discipline, détermine le cas dans lequel les militaires y seront incorporés, et contient des dispositions sur les bataillons coloniaux. (7, Bull. 205, n° 3899.)

Voy. ordonnance du 5 JANVIER 1820.

Louis, etc.

Vu les arrêtés du 10 décembre 1802 (20 frimaire an 11), du 16 août 1803 (28 thermidor an 11), du 8 août 1804 (16 germinal an 12), et nos ordonnances et décisions des 28 septembre 1814, 23 octobre 1815, 16 octobre 1816 et 22 janvier 1817, par lesquelles nous avons coordonné l'organisation des corps de discipline et celle de l'armée, et renvoyé à la juridiction des conseils de guerre ordinaires les délits des militaires qui les composent; considérant que le Code pénal de l'armée, dans ses bases et ses rapports avec le droit commun, exige un examen approfondi, qui ne permet pas de fixer l'époque à laquelle il pourra être converti en loi; qu'en attendant il importe de faire, dès ce moment, aux règles existantes, les modifications que l'expérience a indiquées comme nécessaires, et que le bien-être de nos troupes rend urgentes :

A ces causes,

Sur le rapport de notre ministre secrétaire d'État au département de la guerre,

De l'avis de notre Conseil,

Nous avons ordonné et ordonnons ce qui suit :

TITRE Ier. Dispositions générales.

Art. 1er. Les soldats qui, sans avoir commis de délits qui les rendent justiciables des conseils de guerre, persévèrent néanmoins, par des fautes et contraventions qui ne peuvent plus être réprimées par les peines de simple discipline, à porter le trouble et le mauvais exemple dans les corps dont ils font partie, seront incorporés dans des compagnies détachées qui seront organisées à cet effet sous la dénomination de *compagnies de discipline.*

2. Les compagnies de discipline ne seront organisées que successivement et suivant les besoins. Leur nombre total sera de dix au plus; et l'effectif de chacune d'elles sera de cent quatre-vingts hommes au plus, non compris les cadres des officiers et sous-officiers et tambours. Elles seront divisées en deux classes, savoir :

1° Les compagnies de fusiliers destinées à recevoir ceux des militaires qui, par la nature de leurs fautes, ou par leur bonne conduite dans les compagnies de pionniers, seront susceptibles d'être renvoyés prochainement dans les corps de la ligne;

2° Les compagnies de pionniers destinées à recevoir ceux desdits militaires qui par la nature de leurs fautes, ou par leur mauvaise conduite dans les compagnies de fusiliers, devront être soumis à un régime plus sévère.

3. Les trois bataillons coloniaux actuellement existans seront successivement, et à mesure des réductions, remis à l'effectif fixé pour les compagnies de discipline; et à cet effet, il n'y sera plus employé de militaires.

TITRE II. De l'envoi des militaires dans les compagnies de discipline ; de leur placement, soit dans les fusiliers, soit dans les pionniers, et de leur rentrée dans les corps de ligne.

4. Lorsqu'un capitaine jugera qu'un soldat de sa compagnie se trouve dans le cas prévu par l'article 1er, il en fera son rapport par écrit au chef du bataillon ou escadron, en relatant les fautes ou contraventions du soldat, les peines de simple discipline qui lui ont été infligées, et les récidives qui donnent à sa conduite habituelle un caractère de persévérance dangereux pour l'ordre et la police du corps.

5. Le rapport visé par le chef de bataillon sera adressé au colonel, ou, en son absence, au lieutenant-colonel, qui convoquera un conseil de discipline, composé d'un chef de bataillon, des trois plus anciens capitaines et des trois plus anciens lieutenans du régiment pris hors du bataillon auquel appartiendra le militaire inculpé.

6. Le chef et l'adjudant-major du bataillon, ainsi que le capitaine de la compagnie du militaire, seront entendus; et lorsqu'ils se seront retirés, ce dernier sera appelé, et entendu, dans ses défenses. Lorsque le soldat inculpé se sera retiré, le conseil rédigera un avis motivé qui sera remis au chef du corps, pour être transmis par lui, et avec son propre avis, à l'officier général commandant la division.

7. L'officier général commandant la division militaire transmettra à notre ministre secrétaire d'Etat de la guerre toutes les piè-

ces mentionnées à l'article précédent, avec ses observations et son avis.

8. Lorsque les soldats des compagnies de fusiliers se distingueront par une conduite exemplaire, ils seront réadmis dans les corps de ligne; ceux au contraire qui aggraveraient leurs fautes seront envoyés dans les compagnies de pionniers.

La récompense d'une bonne conduite soutenue, pour les pionniers, sera la réadmission dans les compagnies de fusiliers.

9. Lorsqu'il y aura lieu de faire passer un fusilier dans une compagnie de pionniers, le conseil de discipline appelé à donner son avis conformément à l'article 5, sera présidé par le capitaine, et composé de six autres membres pris parmi les officiers présens et les plus anciens sergens.

L'avis du conseil, avec les pièces à l'appui, sera transmis à l'officier général commandant la division, qui le transmettra au ministre avec sa proposition.

En cas d'urgence, le général commandant la division prononcera, et en rendra compte au ministre.

10. Pour les pionniers jugés susceptibles de rentrer dans les fusiliers, et pour être réadmis dans la ligne, les rapports seront présentés, lors des revues, aux inspecteurs généraux, qui vérifieront les motifs, et feront, à cet égard, les propositions qu'ils jugeront convenables, à notre ministre secrétaire d'Etat de la guerre.

11. Les soldats dont le temps de service expirera pendant qu'ils seront dans les compagnies de discipline recevront leurs congés comme les autres militaires; il en sera donné avis à notre ministre secrétaire d'Etat de la guerre.

TITRE III. De l'organisation et du régime des compagnies de discipline.

12. Chacune des compagnies de discipline sera composée ainsi qu'il suit :

Capitaine commandant, un; lieutenans, deux; sous-lieutenans, deux : total, cinq.

Sergent-major, un; sergens, six; fourrier, un; caporaux, douze : total, vingt.

Maître tailleur, un; maître cordonnier, un; maître armurier, un; premier tambour, un; deuxième tambour, un : total, cinq.

Le complet des soldats ne pourra, aux termes de l'article 2, excéder cent quatre-vingts hommes.

Le complet total ne pourra, en conséquence, dépasser deux cent dix hommes.

13. Un des officiers, le capitaine et le premier lieutenant exceptés, remplira les fonctions de trésorier, et sera secondé dans ce service par le sergent-major et le fourrier.

14. Les officiers des compagnies de discipline seront nommés par notre ministre secrétaire-d'Etat de la guerre, et choisis avec soin parmi tous les officiers de la ligne, de la gendarmerie et des compagnies sédentaires. Ceux qui mériteront d'y être conservés pendant quatre ans recevront le grade supérieur, sans autre condition que d'y servir deux ans de plus.

15. Les sous-officiers, maîtres-ouvriers et tambours, seront choisis parmi les sous-officiers, caporaux et soldats de la ligne et des compagnies sédentaires; ils recevront, en entrant, un grade supérieur à celui qu'ils avaient dans leurs corps : les maîtres-ouvriers et tambours feront au besoin, le service de sous-officiers (1).

16. Hors du service, les officiers, sous-officiers, caporaux, maîtres-ouvriers et tambours, pourront seuls être armés.

Les fusiliers seront armés pour le temps seulement du service, des exercices et des manœuvres; hors de ce temps, leurs armes seront déposées dans une salle d'armes, sous la garde et la responsabilité du maître armurier et du sergent-major, et sous la surveillance immédiate du capitaine.

Les pionniers ne seront point armés, ne feront aucun service militaire, et ne seront exercés qu'aux travaux militaires de l'artillerie et du génie; les outils qui leur seront délivrés à cet effet seront, hors le temps du travail, conservés ainsi qu'il est dit pour les armes des fusiliers dans le paragraphe précédent.

17. Les officiers, sous-officiers, caporaux, maîtres-ouvriers et tambours de toutes les compagnies de discipline, et les soldats des compagnies de fusiliers seulement, porteront l'uniforme de l'infanterie avec collet, paremens et revers blancs et un simple liséré de couleur rouge foncé.

Les pionniers auront l'habit-veste en drap beige, boutonnant sur la poitrine, avec poches en long, paremens et retroussis en drap beige, collet en drap bleu-de-roi; passe-poil du devant de l'habit, des pattes de poches, des paremens et retroussis, bleu-de-roi; pattes de parement, bleu-de-roi. Ils auront la veste à manches en drap beige avec collet bleu-de-roi, le pantalon large en drap beige, les boutons jaunes, avec la légende, *Compagnie des pionniers;* le bonnet de police en drap beige, avec un passepoil bleu-de-roi, et une fleur-de-lis de même couleur sur le devant; le schakos en feutre avec plaque et jugulaires blanches. Le petit équipement des pionniers sera composé comme celui de toutes les troupes à pied.

18. La solde, les prestations en nature, les masses et tout le détail d'administration des

(1) *Voy.* ordonnance du 5 janvier 1820.

compagnies de discipline, seront les mêmes que celles de l'infanterie.

La composition des conseils d'administration sera la même que celle des compagnies sédentaires.

19. Notre ministre de la guerre est chargé de l'exécution de la présente ordonnance.

1er AVRIL 1818. — Ordonnances du Roi qui autorisent l'acceptation de dons et legs faits aux écoles chrétiennes, aux séminaires et aux fabriques des églises de Nancy, Roybon, Wolsfisheim, Arras, Crayvvych, Sainte-Croix-Pavezin, Malausanne, Veslud, Saillans et Vannes. (7, Bull. 235.)

---

8 = Pr. 16 AVRIL 1818. — Ordonnance du Roi qui, par suite des dispositions de la loi du recrutement, prescrit des mesures pour le complétement des légions d'infanterie. (7, Bull. 205, n° 3900.)

Louis, etc.

Vu la loi du 10 mars 1818 sur le recrutement de l'armée, et notre ordonnance du 3 août 1815 sur l'organisation des légions départementales; voulant disposer les cadres des légions à recevoir successivement le produit du recrutement, sans distraire les premiers bataillons du service de leurs garnisons actuelles;

Sur le rapport de notre ministre secrétaire d'Etat au département de la guerre,

Nous avons ordonné et ordonnons ce qui suit :

Art. 1er. Le premier bataillon de chacune des douze légions actuellement organisées à deux bataillons sera de suite recomposé de tout ce qui forme aujourd'hui les premier et deuxième bataillons en sous-officiers et soldats. On emploiera dès à présent dans le premier bataillon tous les sous-officiers et caporaux des deux cadres actuels, quand même ils excéderaient le complet d'un bataillon.

Le premier bataillon des soixante-treize légions qui jusqu'à présent n'avaient été organisées qu'à un bataillon, sera complété, dans le courant de l'année, sur les premiers produits des engagemens volontaires ou des appels.

2. Le cadre des sous-officiers, caporaux et tambours du premier bataillon, sera porté successivement, dans toutes les légions, au complet déterminé, pour chaque compagnie, par notre ordonnance du 3 août 1815. Il en sera de même des deuxième et troisième bataillons, au fur et à mesure qu'ils seront organisés. Les sous-officiers et caporaux seront complétés, moitié par la promotion des caporaux et soldats actuels les plus méritans et réunissant les conditions déterminées par l'article 27 de la loi du 10 mars 1818, l'autre moitié par la réadmission des anciens sous-officiers ou caporaux qui ont demandé ou demanderont à reprendre du service.

3. A cet effet, nos lieutenans généraux commandant les divisions territoriales adresseront de suite à notre ministre de la guerre l'état des sous-officiers et caporaux qui, étant retirés dans leurs foyers, et n'ayant pu être encore admis, malgré leur demande, à reprendre du service, à cause de la réduction des cadres, seront reconnus les plus susceptibles, par leur bonne conduite et leur instruction, d'être réemployés dans leur grade. Les sous-officiers et caporaux ainsi désignés recevront des ordres d'incorporation pour les cadres des premiers bataillons.

4. Le colonel, le lieutenant-colonel, le major, le trésorier, le capitaine d'habillement, le petit état-major de chaque légion, à l'exception de ce qui appartient au premier bataillon, et le cadre complet des officiers du deuxième bataillon, partiront de leurs garnisons actuelles, le jour qui sera fixé par notre ministre de la guerre, pour se rendre au chef-lieu du département dont la légion porte le nom.

5. Le colonel de chaque légion pourra rester au premier bataillon, si notre ministre de la guerre le juge utile au bien de notre service : dans ce cas, le lieutenant-colonel le remplacera au chef-lieu du département, et présidera, en son absence, le conseil d'administration.

6. Quand le cadre du deuxième bataillon recevra l'ordre de se rendre à sa destination il emmenera avec lui huit sous-officiers, seize caporaux et quatre tambours : dans le cas où ce détachement ne serait pas pris sur l'excédant qui peut exister par suite des dispositions prescrites par l'article 1er, il sera remplacé au premier bataillon par les promotions et réadmissions qui auront lieu conformément aux articles 3 et 4.

7. Avant le départ du cadre du deuxième bataillon, le conseil d'administration de la légion choisira, parmi les lieutenans et sous-lieutenans, celui qui sera jugé le plus propre à remplir les fonctions d'officier payeur au premier bataillon : cet officier continuera à compter dans sa compagnie, et n'y sera point remplacé.

8. Dès que l'état-major de la légion et le cadre du deuxième bataillon seront mis en route pour se rendre au chef-lieu du département, il sera formé un conseil éventuel au premier bataillon sous la présidence du chef de ce bataillon, qui correspondra avec le conseil d'administration établi au chef-lieu du département de sa légion.

9. Les compagnies départementales supprimées par l'article 19 de la loi du 10 mars 1818 cesseront leur service à l'arrivée du

cadre du deuxième bataillon de chaque légion au chef-lieu du département.

Le colonel incorporera dans sa légion, de concert avec l'intendant ou sous-intendant militaire, les sous-officiers et soldats de ces compagnies qui, étant reconnus susceptibles de faire encore un bon service, voudront contracter des rengagemens.

Les sous-officiers et soldats ainsi réengagés entreront provisoirement dans la composition de la première des trois compagnies de dépôt instituées par notre ordonnance du 3 août 1815.

Les autres sous-officiers et soldats seront congédiés, indépendamment des récompenses militaires qui pourront leur être dues.

Le sort des officiers des compagnies départementales sera immédiatement réglé en raison des droits acquis par leurs services. Ceux d'entre eux qui seront aptes à continuer un service actif seront admis, sur la proposition de notre ministre de la guerre, aux emplois vacans dans la légion.

10. Le colonel, après avoir pris les ordres du général commandant la subdivision militaire, assurera, s'il en est besoin, le service local au moyen des hommes provenant de sa compagnie départementale et des recrues qu'il recevra par la suite.

11. Les officiers formant le cadre du deuxième bataillon recevront la solde d'activité, suivant la classe à laquelle ils appartiennent : malgré la séparation temporaire des deux premiers bataillons, les classes devront toujours rouler sur la totalité des officiers de ces deux bataillons.

12. Le cadre d'officiers du troisième bataillon prendra, conformément à l'ordonnance du 3 août 1815, la dénomination de *bataillon de chasseurs*; il restera provisoirement sur le pied actuel, et sera considéré comme en semestre illimité, en attendant qu'il puisse être rempli en sous-officiers et soldats.

Cette disposition sera appliquée, à dater du 1er mai, aux officiers du troisième bataillon de la légion des Bouches-du-Rhône.

13. Jusqu'à ce que les légions puissent être portées à trois bataillons complets, les musiciens qui y sont attachés demeurent supprimés. Le chef musicien pourra entrer dans le premier bataillon de la légion comme sous-officier, et les musiciens gagistes comme soldats, s'ils ont les qualités nécessaires et s'ils le demandent.

14. Nos ordonnances ne reconnaissant point de sapeurs dans les légions, tous les hommes employés jusqu'à présent comme tels entreront de suite dans la compagnie de grenadiers du premier bataillon.

Nos officiers généraux commandans militaires ou inspecteurs d'armes tiendront la main dorénavant à ce que, sous quelque motif ou dénomination que ce soit, aucun homme ne soit distrait des rangs de la légion, ni du service qu'il doit faire comme sergent, caporal ou fusilier.

15. Le colonel, ou, en son absence, le lieutenant-colonel de chaque légion, sera membre du conseil institué par l'article 13 de la loi du 10 mars 1818, pour réviser les opérations du recrutement (1).

16. La légion du Morbihan étant déjà organisée à trois bataillons, les sous-officiers et soldats du troisième bataillon seront reversés dans les deux premiers, qui continueront à tenir garnison sous les ordres du colonel.

Le cadre d'officiers de ce troisième bataillon, son état-major, et le nombre de sous-officiers, caporaux et tambours déterminé par l'article 6, se rendront, sous le commandement supérieur du lieutenant-colonel, à Vannes; et dès-lors, toutes les dispositions prescrites par la présente ordonnance pour le deuxième bataillon des autres légions, seront applicables au troisième de celle du Morbihan.

17. Notre ministre de la guerre est chargé de l'exécution de la présente ordonnance.

---

8 = Pr. 18 AVRIL 1818. — Ordonnance du Roi qui fixe le prix du salpêtre livré par les salpêtriers dans les magasins de l'Etat. (7, Bull. 206, n° 3938.)

Voy. notes sur l'ordonnance du 25 MARS 1818.

Art. 1er. Le salpêtre livré par les salpêtriers dans les magasins de l'Etat, à dater du 1er avril 1818, leur sera payé à raison de deux francs le kilogramme, au degré de pur.

2. Les primes précédemment accordées aux salpêtriers, sur l'excédant de leur fixation annuelle, sont provisoirement conservées.

3. Le salpêtrier dont l'établissement se trouverait éloigné de plus de deux myriamètres des magasins de la direction générale des poudres et salpêtres, continuera à recevoir, pour frais de transport, une indemnité d'un centime par myriamètre excédant pour chaque kilogramme de salpêtre versé dans lesdits magasins.

4. Notre ministre de la guerre est chargé de l'exécution de la présente ordonnance.

---

(1) Abrogé. *Voy.* art. 3, ordonnance du 31 mars 1820, sur la répartition des maréchaux-de-camp dans les divisions militaires.

10 = Pr. 16 AVRIL 1818. — Loi qui autorise l'acceptation de l'offre faite par plusieurs négocians et capitalistes de prêter deux millions pour l'achèvement du pont de Bordeaux (1). (7, Bull. 205, n° 3897.)

Voy. ordonnance du 22 AVRIL 1818.

Art. 1er. L'offre faite par les sieurs Balguerie, Sarget et compagnie et autres négocians et capitalistes de Bordeaux, de prêter deux millions de francs pour concourir à l'achèvement du pont actuellement en construction à Bordeaux, est acceptée.

2. Toutes les clauses et conditions stipulées, soit à la charge de l'Etat, soit à la charge des soumissionnaires, dans les actes souscrits les 17 novembre 1817, 9 janvier et 28 février 1818, recevront leur pleine et entière exécution. Lesdits actes, ainsi que le tarif du droit de péage à percevoir sur le pont de Bordeaux pour rembourser les soumissionnaires de la somme prêtée, et leur assurer l'indemnité de leurs avances, demeureront annexés à la présente loi.

Soumission de deux millions de francs pour l'achèvement du pont de Bordeaux.

Nous soussignés, stipulant et nous obligeant chacun en notre nom, et jusqu'à concurrence des sommes pour lesquelles nous souscrivons la présente soumission;

Animés du désir d'accélérer l'achèvement du pont de Bordeaux, et de concourir ainsi à la réalisation des vues paternelles de sa majesté pour la prospérité de notre patrie,

Contractons, moyennant la pleine et entière exécution de toutes les conditions ci-après exprimées, l'engagement de verser dans la caisse du receveur général du département une somme de deux million de francs, en seize paiemens égaux, dont le premier aura lieu le 1er janvier 1818, et les autres de trimestre en trimestre.

Cette somme sera employée à la construction du pont de Bordeaux, et le versement en sera par nous effectué aux clauses et conditions suivantes :

1° Pour tenir lieu aux soumissionnaires du capital qu'ils auront versé, et pour leur assurer une juste indemnité de cette avance, il leur sera concédé, spécialement et par privilége, un droit de péage à percevoir au passage du pont de Bordeaux, d'après le tarif annexé à ces présentes, et signé, pour ne varier, par les soumissionnaires.

Ce droit sera perçu au profit de la société anonyme qu'ils ont l'intention de former, sous le titre de *Compagnie du pont de Bordeaux*, après en avoir sollicité et obtenu l'autorisation de sa majesté. La durée de cette perception sera de quatre-vingt-dix-neuf années, à commencer du jour où la société aura été mise en jouissance.

Le tarif de ce droit de péage ne pourra être modifié, changé ou modéré pour quelque cause que ce soit. Si toutefois il arrivait, pendant le cours desdites quatre-vingt-dix-neuf années, quelque changement dans le titre actuel des monnaies ou dans leur nature, s'il survenait une augmentation dans la valeur du marc d'argent, la compagnie pourra réclamer que le tarif soit proportionnellement augmenté; elle aura aussi la faculté de diminuer le taux des articles dudit tarif qui lui en paraîtraient susceptibles.

2° Le Gouvernement sera obligé de faire parachever le pont et tous ses accessoires dans le courant de l'année 1821, et ce conformément aux plans et projets approuvés, le 21 septembre 1815, par M. le directeur général des ponts-et-chaussées, et d'en livrer le passage libre, entier et sans obstacle, pour les piétons, chevaux et voitures de toute espèce, au plus tard le 1er janvier 1822; d'en rendre, pendant toute la durée de la concession, les abords, la chaussée et les trottoirs faciles et commodes aux voyageurs; de construire et entretenir les corps-de-garde, bureaux, loges et autres accessoires nécessaires pour la perception; d'établir les lanternes, lampes et reverbères pour l'éclairage; et enfin de mettre, à cette époque, la compagnie en possession parfaite du droit de péage, et de l'en faire jouir sans trouble ni empêchement quelconque.

3° Dans le cas où la compagnie ne serait pas mise en jouissance du péage au 1er janvier 1822, le Gouvernement sera obligé de lui payer une indemnité calculée, pour chaque jour de retard, sur un produit annuel du péage supputé sur le pied de deux cent vingt mille francs bruts, et sous la retenue d'un dixième ou vingt-deux mille francs par année, plus des frais de perception, estimés à dix mille francs; en sorte que cette indemnité serait de cent quatre-vingt-huit mille francs pour chaque année de retard de mise en jouissance, et de cinq cent quinze francs six centimes cinq sixièmes pour chaque jour de la durée dudit retard.

(1) Présentation à la Chambre des députés, le 9 mars (Mon. du 10 mars).

Rapport de M. Bourdeau, le 14 mars (Mon. du 17 mars).

Adoption, le 17 mars (Mon. du 18 mars).

Présentation à la Chambre des pairs, le 24 mars (Mon. du 25 mars).

Rapport de M. Desèze et Adoption, le 31 mars (Mon. du 1er avril).

Ladite indemnité sera payée, au cas prévu, semestre par semestre, et par la caisse du receveur général du département de la Gironde.

Si, par un événement ou par une cause quelconque, le retard de la mise en jouissance se prolongeait jusqu'à trois ans, la compagnie aura la faculté de faire inscrire en rentes sur le grand-livre, et au cours du jour, 1° la somme qui lui sera due pour indemnité des trois ans écoulés, et dont elle n'aurait pas été payée; 2° cent quatre-vingt-huit mille francs de rente pour le remboursement du capital représentant le produit du péage.

4° Tous les ouvrages nécessaires pour l'entretien et les réparations ordinaires du pont, seront, ainsi que les réparations grosses et extraordinaires, à la charge du Gouvernement, pendant lesdites quatre-vingt-dix-neuf années, la compagnie ne demeurant chargée que d'entretenir la propreté sur le pont, de l'éclairer pendant la nuit, et de faire à ses frais la perception du droit de péage, sans qu'aucune autre obligation quelconque lui puisse être imposée pour quelque cause que ce soit.

5° L'administration des ponts-et-chaussées tiendra constamment en magasin, en bon et parfait état, tous les objets nécessaires pour l'entretien du pont, et pour pourvoir aux réparations que les circonstances pourraient exiger.

6° Pendant les quatre-vingt-dix-neuf années, il sera prélevé chaque année, pour le Gouvernement, un dixième du produit brut du péage; lequel dixième sera versé, chaque semestre, dans une caisse à deux clefs dont l'une demeurera entre les mains de M. le préfet du département, et l'autre dans celles des directeurs de la compagnie.

Les sommes qui proviendront de ce prélèvement seront exclusivement destinées à l'entretien du pont, sans que, par quelque motif que ce soit, elles puissent être appliquées à aucune autre dépense; et dans le cas où lesdites sommes seraient insuffisantes, le Gouvernement sera tenu d'y pourvoir, de manière que le service du pont et la perception du péage n'en puissent être gênés ni interrompus.

Les dépenses à acquitter par cette caisse le seront sur de simples mandats de M. le préfet, sans aucune autre formalité.

Les sommes qui excéderaient chaque année les besoins seront tenues en réserve dans ladite caisse, pour fournir aux dépenses extraordinaires d'entretien ou de réparations utiles ou nécessaires pendant les années subséquentes.

7° Après que la compagnie aura été mise en jouissance du droit de péage, les interruptions que sa perception pourrait éprouver par quelque cause que se soit, donneront lieu au paiement de l'indemnité fixée par l'article 3 ci-dessus, dans les mêmes proportions et dans la même forme qui y sont spécifiées.

Si cette interruption durait plus de trois ans, la compagnie jouirait de la faculté qui lui est assurée par le même article 3 ci-dessus.

8° La compagnie pourra charger les directeurs qu'elle aura nommés de se former en commission sous la présidence de M. le préfet du département, pour prendre connaissance de l'emploi des fonds destinés à l'entretien du pont, demander toutes communications et faire toutes représentations et réclamations utiles à ses intérêts.

9° Les contestations qui pourraient s'élever relativement à l'exécution des clauses et conditions ci-dessus seront jugées administrativement par le conseil de préfecture du département, sauf le recours au Conseil du Roi.

Les soussignés s'engagent et se soumettent à exécuter dans leur intégrité toutes les obligations par eux ci-dessus contractées, à compter du jour où sa majesté aura sanctionné et promulgué la loi qui consacrera les stipulations portées en la présente soumission, laquelle ne forme dans toutes ses conditions qu'un tout indivisible, et ne sera obligatoire pour les soussignés qu'à compter de ladite promulgation.

Dans le cas où leurs offres seraient accueillies, les soussignés supplient sa majesté de daigner ordonner la construction d'un pont sur la Dordogne, et de faire donner à la compagnie, antérieurement à toute autre, connaissance des conditions auxquelles il plaira à sa majesté de traiter de cette construction.

Bordeaux, le 17 novembre 1817.

(Suivent l'état des actionnaires et le montant des souscriptions de chacun.)

Je soussigné Philippe-Camille-Casimir-Marcellin, comte de Tournon, préfet du département de la Gironde, agissant en vertu des pouvoirs qui m'ont été donnés par son excellence le ministre secrétaire d'Etat au département de l'intérieur, accepte provisoirement, et sauf l'approbation du Gouvernement, d'après l'avis de M. l'inspecteur divisionnaire directeur des travaux du pont de Bordeaux, les offres ci-dessus, sous la réserve seule, mais expresse, que les quatre années dans lesquelles le Gouvernement s'obligerait à mettre la société anonyme en jouissance du péage sur le pont, ne courront que du jour où le premier paiement de cent vingt-cinq mille francs, stipulé dans l'offre ci-dessus, aura été effectué dans la caisse du receveur général du département, et que tout retard subséquent dans le paiement des sommes promises dans la même offre retardera d'un nombre égal de jours la remise du pont à la société, ou l'application de l'article 3.

Fait à Bordeaux, le vingt-deuxième jour de novembre 1817.

Le préfet,
Signé TOURNON.

Nous soussignés, ayant pris connaissance des observations faites par M. le préfet de la Gironde, comte de Tournon, et exprimées dans sa lettre du 8 de ce mois à MM. les commissaires délégués par nous pour faire agréer les offres contenues dans notre soumission du 17 novembre dernier, qui précède, sommes convenus d'y ajouter ce qui suit :

1° Lorsque les produits bruts du péage du pont de Bordeaux n'atteindront pas cent quatre-vingt-dix mille francs par an, le Gouvernement versera, pour chacune de ces années, dans la caisse des actionnaires, la moitié de la différence entre la somme perçue et celle de cent quatre-vingt-dix mille francs, laquelle aura été déterminée par le réglement du compte rendu aux actionnaires pour lesdites années.

Lorsqu'au contraire les produits bruts du péage, réglé par le même mode, dépasseront la somme de deux cent cinquante mille francs par an, le Gouvernement recevra du caissier du pont, pour chacune de ces années et au moment du paiement du dividende, la moitié de la somme qui excédera celle ci-dessus de deux cent cinquante mille francs.

Cet article n'apporte aucun changement au prélèvement du dixième accordé au Gouvernement, ainsi qu'il est stipulé au premier paragraphe de l'article 6 de notre soumission.

2° Il est bien entendu que la rente demandée par les articles 3 et 7 de notre soumission du 17 novembre dernier, en indemnité de la non-jouissance du pont pendant plus de trois années, n'aura pas une durée plus longue que les quatre-vingt-dix-neuf années de jouissance du péage, et qu'elle cesserait entièrement et serait éteinte à l'expiration desdites quatre-vingt-dix-neuf années.

Nous entendons, du reste, laisser dans toute leur force et teneur les articles de notre soumission du 17 novembre dernier auxquels il n'est point dérogé par ces présentes.

Fait et signé en double, à Bordeaux, en l'hôtel de la Bourse, le 9 janvier de l'an 1818.

(Suivent 1° les signatures, 2° les substitutions de quelques nouveaux actionnaires à d'autres.)

Je soussigné Philippe-Camille-Casimir-Mercellin, comte de Tournon, préfet du département de la Gironde, agissant en vertu des pouvoirs qui m'ont été donnés par la lettre de son excellence le ministre secrétaire d'Etat au département de l'intérieur, sous la date du 31 décembre, accepte provisoirement, et sauf l'approbation du Gouvernement, les clauses et conditions ci-dessus exprimées, lesquelles font un seul et même acte avec celui passé le 17 novembre, et accepté par nous le 22 du même mois.

Fait à Bordeaux, le 14 janvier 1818,

Le préfet de la Gironde,
Signé TOURNON.

Ne varietur. Pour être annexé à l'article 2 du projet de loi en date de ce jour.

Paris, le 6 mars 1818.

Le ministre secrétaire d'Etat au département de l'intérieur,
Signé LAINÉ.

Je soussigné, stipulant pour la maison Balguerie, Sarget et compagnie de Bordeaux, et me portant fort en son nom pour les autres négocians et capitalistes qui ont souscrit un prêt de deux millions trois cent mille francs, à l'effet de concourir à l'achèvement du pont de Bordeaux, et à servir les intérêts du capital de deux millions jusqu'à l'époque de la mise en jouissance du péage du pont, ainsi qu'il résulte des soumissions souscrites le 17 novembre 1817 et 9 janvier 1818, et de l'acte de société anonyme des mêmes dates,

Déclare, au nom des soumissionnaires, consentir :

1° Que le troisième paragraphe de l'article 3 de la soumission du 17 novembre 1817, soit modifié et rédigé ainsi qu'il suit :

« Si, par un événement ou par une cause « quelconque, le retard de la mise en jouis- « sance se prolongeait jusqu'à trois ans, la « compagnie aura la faculté d'exiger du Tré- « sor le remboursement du capital de deux « millions prêté, ainsi que des trois cent « mille francs versés en sus pour servir les « intérêts jusqu'à la mise en jouissance du « péage; et l'indemnité, en cas de non-jouis- « sance, lui sera payée, comme il est dit ci- « dessus, jusqu'au jour du remboursement, à « raison de cent quatre-vingt-huit mille francs « par an; »

2° Que le deuxième paragraphe de l'article 7, portant que, si, après que la compagnie aura été mise en jouissance, l'interruption durait plus de trois ans, la compagnie jouirait de la faculté qui lui est assurée par l'article 3, sera considéré comme non écrit;

3° Que l'article 2 de la soumission additionnelle du 9 janvier 1818, sera également considéré comme non écrit.

Fait à Paris, le 28 février 1818.

Signé PIERRE BALGUERIE.

Ne varietur. Pour être annexé à l'article 2 du projet de loi en date de ce jour.

Paris, le 6 mars 1818.

Le ministre secrétaire d'Etat au département de l'intérieur.

Signé Lainé.

---

10 Avril 1818. — Ordonnance du Roi qui permet au sieur Brière de Mondétour d'ajouter à son nom celui de Valigny. (7, Bull. 206)

---

10 Avril 1818. — Ordonnance du Roi qui admet le sieur Kurfist à établir son domicile en France. (7, Bull. 207.)

---

10 Avril 1818. — Ordonnances du Roi qui accordent des lettres de déclaration de naturalité aux sieurs Froment, Lopez, Guistiniani, Ancelon, Arthur, O'Connor, Hernandez, Martin, Schlipp, Bay, Fondeur, Hentz, Genazi, Franco, Andrade, Ducray, Sacarneiro, Gallo, de Moura, Thibaut-Lanzer, Wuillemier dit Planche, Lavega, de Gillot, Sanchez, de Garcia, Arogon, Zeppenfeld, Sigot, Muller Oliger, Ferréro, Bertrand, Koch, Schérer, Antoine, Berthoud, Koch, Canellas, Lallieux Meaca, Harismendy, Bianquis, Aramende, Bergara, Nicolao, Irazogny, Bollo, Wild, Tarkie et Lust. (7, Bull. 210, 213, 214, 219, 220, 223, 227, 231, 234, 238, 240, 247, 258, 263, 287, 301, 316, 317, 336 et 480.)

---

12 = Pr. 16 Avril 1818. — Loi qui renouvelle et proroge jusqu'au 1er janvier 1820 le sursis accordé aux émigrés par les lois des 5 décembre 1814 et 16 janvier 1816 (1). (7, Bull. 205, n° 3893.)

Le sursis accordé aux émigrés par les lois des 5 décembre 1814 et 16 janvier 1816, ainsi que le droit en faveur des créanciers pour faire les actes conservatoires de leurs créances tels qu'ils sont prévus et limités par l'article 2 de ladite loi du 16 janvier 1816, sont renouvelés et prorogés jusqu'au 1er janvier 1820 (2).

14 Avril 1818. = Pr. 22 mai 1820. — Lettres patentes portant institution de diverses pairies. (7, Bull. 369, n° 8724.)

La pairie de M. Charles-Marie-Casimir, duc de Saulx-Tavanes, ancien capitaine de dragons, créé pair par ordonnance royale du 4 juin 1814, a été instituée *héréditairement* sous le titre de Duc;

La pairie de M. Georges, marquis de Mathan, maréchal-de-camp, etc., créé pair par ordonnance royale du 17 août 1815, a été instituée *héréditairement* sous le titre de Marquis;

La pairie de M. Armand-Maximilien-François-Joseph-Olivier de Saint-George de Vérac, qualifié vicomte de Vérac, chevalier de Saint-Louis, etc., créé pair par ordonnance royale du 17 août 1815, a été instituée *héréditairement* sous le titre de Marquis;

La pairie de M. André-Julien, comte Dupuis, gouverneur civil des établissemens français à Pondichéry, créé pair par ordonnance royale du 4 juin 1814, a été instituée *héréditairement* sous le titre de Comte;

La pairie de M. Jean-Mathieu Philbert, comte Serrurier maréchal de France, etc., créé pair par ordonnance royale du 4 juin 1814, a été instituée *héréditairement* sous le titre de Comte;

La pairie de M. Charles-Henri-Louis, comte de Machault d'Arnouville, maréchal-de-camp, etc., créé pair par ordonnance royale du 17 août 1815, a été instituée *héréditairement* sous le titre de Comte;

La pairie de M. Augustin-Louis, comte de Talleyrand-Périgord, ministre plénipotentiaire de France près la confédération suisse, etc., créé pair par ordonnance royale du 17 août 1815, a été instituée *héréditairement* sous le titre de Comte;

La pairie de M. Jean de la Rochefoucauld-Bayers, baron de la Rochefoucauld, lieutenant général, etc., créé pair par ordonnance royale du 17 août 1815, a été instituée *héréditairement* sous le titre de Baron;

La pairie de M. Antoine-Jean-Mathieu, baron Séguier, premier président de la cour royale séant à Paris, créé pair par ordonnance royale du 17 août 1815, a été instituée *héréditairement* sous le titre de Baron.

---

(1) Proposition par un membre de la Chambre des députés.

Portée à la Chambre des pairs, le 28 février (Mon. des 1er et 4 mars).

Rapport de M. le comte Abrial, le 21 mars (Mon. du 22 mars).

Adoption, le 24 mars (Mon. du 25 mars).

Présentation au nom du Roi à la Chambre des pairs, le 4 avril (Mon. du 2 mai).

Adoption sans discussion, le 4 avril (Mon. du 2 mai).

Présentation à la Chambre des députés, le 6 avril (Mon. du 7 avril).

Adoption, le 9 avril (Mon. du 10 avril).

Il n'y a pas eu de nouveau sursis accordé. *Voy.* notes sur l'art. 14 de la loi du 5 décembre 1814.

(2) Le sursis accordé par la loi du 5 décembre 1814 aux émigrés remis en possession de leurs biens invendus, pour le paiement des dettes qui affectaient ces biens, peut être invoqué non-seulement par l'émigré lui-même, mais encore par ses héritiers et ayant-cause, même par l'héritier sous bénéfice d'inventaire (1er mai 1818; Douai; S. 20, 2, 171).

15 = Pr. 18 AVRIL 1818. — Loi relative au sursis accordé aux colons de Saint-Domingue et à leurs cautions (1). (7, Bull. 206, 3936.)

Article unique. Le sursis accordé aux colons de Saint-Domingue et à leurs cautions par les lois des 2 décembre 1814 et 21 février 1816, et par les arrêtés et décrets antérieurs, ainsi que les dispositions contenues dans les lois, arrêtés et décrets en faveur des créanciers desdits colons, sont prorogés jusqu'à la fin de la session des Chambres qui s'ouvrira en 1819 (2).

---

15 = Pr. 18 AVRIL 1818. — Loi qui prononce des peines contre les individus qui se livreraient à la traite des noirs (3). (7, Bull. 206, n° 3937.)

Voy. loi du 30 FLORÉAL an 10; décret du 29 MARS 1815; traité du 20 NOVEMBRE 1815, article additionnel; ordonnances des 8 JANVIER 1817, 24 JUIN 1818 et 22 DÉCEMBRE 1819; lois du 25 AVRIL 1827 et du 4 MARS 1831. *Voy.* aussi la loi du 10 AVRIL 1825, sur la piraterie et la baraterie.

Art. 1er. Toute part quelconque qui serait prise par des sujets et des navires français, en quelque lieu, sous quelque condition et prétexte que ce soit, et par des individus étrangers dans les pays soumis à la domination française, au trafic connu sous le nom de *la traite des noirs*, sera punie par la confiscation du navire et de la cargaison, et par l'interdiction du capitaine, s'il est Français (4).

2. Ces affaires seront instruites devant les tribunaux qui connaissent des contraven-

---

(1) Présentation à la Chambre des pairs, le 24 mars (Mon. du 25 mars).

Discussion et adoption, le 28 mars (Mon. du 29 mars).

Présentation à la Chambre des députés, le 31 mars (Mon. du 2 avril).

Adoption sans discussion, le 6 avril (Mon. du 7 avril).

(2) Il n'y a pas eu de nouveau sursis. *Voy.* notes sur la loi du 2 décembre 1814.

(3) Présentation à la Chambre des députés, le 12 mars (Mon. du 13 mars).

Rapport de M. Dufougerais, le 25 mars (Mon. du 26 mars).

Adoption sans discussion, le 27 mars (Mon. du 29 mars).

Présentation à la Chambre des pairs, le 31 mars (Mon. du 1er avril).

Discussion et adoption, le 4 avril (Mon. des 16, 18 avril et 1er mai).

(4) Pour qu'il y ait délit, il n'est pas indispensable qu'il y ait eu achat ou revente de noirs: le délit peut résulter du concours de plusieurs actes préparatoires; ainsi, la construction particulière, le genre d'armement et d'approvisionnement, l'encastillage, l'arrimage et les autres dispositions intérieures d'un navire destiné pour la traite, la réunion à bord des objets propres à cette destination, la direction du navire vers les lieux où se fait la traite, et les divers moyens employés pour consommer ce trafic frauduleux, forment, indépendamment du résultat éventuel de l'entreprise, un délit auquel s'appliquent les peines prononcées par la loi (14 janvier 1826; Cass. S. 26, 1, 366. — 28 octobre 1826; Cass. S. 27, 1, 32. — 17 novembre 1826; Cass. S. 27, 1, 375; D. 27, 1, 335).

Y aurait-il trafic illicite et punissable de la part de celui qui achèterait des nègres dans un pays où la traite n'est pas abolie, et où par conséquent les nègres sont esclaves, pour les transporter dans une de nos colonies?

Cette question est examinée par M. Mourre, procureur général à la Cour de cassation, dans un réquisitoire rapporté par Sirey, 20, 1, 221, 1re colonne; ce magistrat adopte l'affirmative.

Mais un arrêt de la Cour de cassation, du 26 mai 1827 (S. 27, 1, 316), a admis à cet égard une distinction pleine de sagesse: il résulte des motifs de l'arrêt qu'il y aurait délit punissable dans le fait d'acheter des noirs de traite momentanément déposés dans un pays où la traite est tolérée, pour les transporter dans nos colonies, puisqu'il y aurait contravention aux prohibitions de la loi par un moyen détourné; mais qu'il n'y a point délit dans le fait de transporter d'anciens esclaves créoles ou francisés d'une colonie française et même d'une colonie étrangère où la traite est défendue, dans une de nos colonies.

L'interdiction des fonctions de capitaine de navire doit être prononcée contre tout individu chargé de fait du commandement d'un navire, et qui, dans cette qualité, a pris part à la traite des noirs, encore qu'il ne soit pas capitaine reçu; ainsi, l'interdiction doit être prononcée contre celui qui a été chargé du commandement du navire en remplacement du capitaine décédé (15 février 1822; Cass. S. 22, 1, 237).

Un tribunal saisi d'une contravention en matière de traite de noirs, ne peut se dispenser de statuer sur le fait, et de prononcer la confiscation du navire, sous prétexte que le navire a été vendu en pays étranger, et ne pourrait être réellement atteint par la confiscation; dans tous les cas, si la contravention est reconnue, la confiscation doit être prononcée (23 mai 1823; Cass. S. 23, 1, 349).

Lorsqu'un navire employé à la traite des noirs n'a pu être saisi, les tribunaux ne peuvent, pour tenir lieu de la peine de confiscation du navire, condamner l'armateur au paiement d'une somme égale à la valeur estimative de ce navire (11 avril 1828; Cass. S. 28, 1, 366; D. 28, 1, 208).

La loi ne prononçant de peines que contre l'armateur et le capitaine, ses dispositions ne peuvent être étendues aux marins de l'équipage, notamment pour les priver de leurs gages, loyer ou indemnités de voyage, sous prétexte que toute convention faite entre eux et les armateurs au sujet de la traite serait illicite et nulle.

tions en matière de douanes, et jugées par eux (1).

---

15 AVRIL = Pr. 5 MAI 1818.—Ordonnance du Roi qui autorise les courtiers de marchandises créés près la Bourse de Niort à cumuler le courtage des changes, et à prendre le titre d'agens de change courtiers de marchandises. (7, Bull. 208, n° 4034.)

Art. 1er. Les courtiers de marchandises créés près la Bourse de Niort par l'acte du Gouvernement du 9 thermidor an 9 (1801), sont autorisés à cumuler le courtage des changes.

2. Les courtiers actuellement en exercice prendront le titre d'*agens de change courtiers de marchandises*. Il leur sera délivré de nouvelles commissions.

3. Leur cautionnement sera porté à six mille francs.

---

15 AVRIL 1818. — Ordonnance du Roi portant établissement d'un conseil de prud'hommes dans la ville de Bédarieux, département de l'Hérault. (7, Bull. 208, n° 4035.)

---

15 AVRIL 1818. — Ordonnance du Roi portant proclamation des brevets d'invention, de perfectionnement et d'importation délivrés pendant le 1er trimestre de 1818 aux sieurs Bonnet de Coutz, Peyre, Dorsay, Paifer, Augustin Cellier-Blumenthal, Bazelot, Michaud dit Labonté, Dupuis, Lemaistre, Dumery, Bance

---

La confiscation d'un navire ne peut être assimilée au cas d'abandon, de prise, bris ou naufrage du navire, et avoir pour effet de décharger les armateurs de toute responsabilité civile envers l'équipage à raison des faits du capitaine (2 juin 1829; Cass. S. 29, 1, 275; D. 29, 1, 258).

Les dispositions de cette loi ne peuvent être appliquées par les tribunaux français au fait d'armement en pays étranger d'un navire étranger destiné à la traite des noirs, lorsque le navire a été arrêté par un bâtiment français dans le cours de son voyage déjà entrepris (1er mars 1826; ordonnance; S. 26, 2, 338).

L'article 6 de l'ordonnance du 13 novembre 1816 portait que les jugemens rendus à l'Ile Bourbon en matière de traite des noirs ne seraient pas susceptibles de recours en cassation; mais l'ordonnance du 22 octobre 1823, publiée à Bourbon le 20 mai 1824, a autorisé le recours. En conséquence, le pourvoi en cassation est recevable contre les jugemens postérieurs à cette dernière date du 20 mai 1824.

Voy. arrêt de cassation du 2 décembre 1824 (S. 25, 1, 229).

(1) Les contraventions en matière de traite des noirs, ne peuvent être portées en aucun cas devant les juges-de-paix; les tribunaux correctionnels sont seuls compétens pour en connaître (29 mars 1822; Cass. S. 22, 1, 227.)

Trois autres arrêts ont été rendus dans le même sens par la section criminelle.

Les peines sont applicables, encore qu'il n'y ait pas eu de saisie lors de l'introduction, et que le fait de l'introduction n'ait pas été constaté par un procès-verbal comme il est exigé en matière de douanes par la loi du 6-22 août 1791. La loi actuelle, en assimilant les contraventions en matière de traite des noirs aux contraventions en matière de douanes, relativement à la juridiction des tribunaux qui doivent en connaître, ne les a point assimilées quant aux formes d'instruction et au mode de preuve (12 octobre 1821; Cass. S. 22, 1, 71).

La commission spéciale établie à la Martinique pour la répression de la traite des noirs, peut connaître, comme étant *connexe* à ce délit, de la contravention résultant de ce que le commandement du navire destiné à la traite a été confié par l'armateur à un marin non reçu capitaine. Toutefois elle ne peut connaître de cette contravention que comme tribunal d'appel, et après que le prévenu a subi à cet égard le premier degré de juridiction (11 avril 1828; Cass. S. 28, 1, 366; D. 28, 1, 208).

La contestation qui a pour objet un nègre saisi comme *épave*, est du ressort des tribunaux ordinaires, soit qu'on prétende que ledit nègre a été importé dans la colonie depuis l'abolition de la traite des noirs, soit qu'il fasse partie des esclaves antérieurs à cette abolition (6 novembre 1822; ord. Mac. 4, 343).

La saisie des marchandises est subordonnée aux poursuites dirigées contre l'armateur du navire.

Lorsque ces poursuites ont cessé par l'effet d'un arrêt passé en force de chose jugée, qui a déclaré n'y avoir lieu à suivre contre l'armateur, la demande en remise des marchandises ne présente plus à juger qu'une question d'exécution qui est du ressort de l'autorité judiciaire.

Si l'armateur réclame des dommages-intérêts contre l'administration des douanes et intente une action qui a pour but d'obtenir une indemnité à raison du retard apporté au départ du navire, en exécution d'une décision du ministre de la marine, une semblable demande ainsi que la demande récursoire de l'administration des douanes contre l'administration de la marine, doit être portée devant le ministre de la marine, sauf le recours au Conseil-d'État. Les tribunaux sont incompétens (21 septembre 1827; ord. Mac. 9, 502. — 6 mars 1828; ord. Mac. 10, 230).

Le ministère public ne peut être condamné ni à des dépens, ni à des dommages-intérêts on ne peut procéder comme en matière de douanes. Il n'y a point de parité entre une agence fiscale agissant dans un but pécuniaire et le ministère public agissant pour la vindicte publique (17 septembre 1825; Cass. S. 26, 1, 232; D. 26, 1, 35).

et compagnie, Regnier, Pajol et compagnie, Hall, Dineur, Pierre, Hanin, de Berckem, Rey, Meynard cadet, Sevène, Gazzino, Lemare, Brulé, Gombert, Welter, Faiesinet, de Grobert, Cauchois, Boudon de Saint-Amans, Fougerol, Hèbre, Vavasseur, Roguin, Brouilhet, Malartre, Paillart frères, Gros d'Anisy, Verdier, Petrie, Parkin, Guilloud, Laprevote et d'Hennin. (7, Bulletin 208, n° 4036.)

15 AVRIL 1818. — Ordonnance du Roi qui autorise la société anonyme des forges du Bas-Rhin à exister conformément aux actes passés les 1er mars 1815 et 7 décembre 1816. (7, Bull. 235, n° 5006.)

15 AVRIL 1818. — Ordonnances du Roi qui autorisent l'acceptation de dons et legs faits aux pauvres, aux séminaires et fabriques des églises de Bordeaux, Lestrem, Limouzinière, Vezelise, Thillay, Hebecrévon, Orschwir, Amiens, Mans, Val-d'Ajol, Astillé, Rians, Conilhac, Béziers, Bonne-Nouvelle de Paris, Gagny, Donchery, Alais, Buis, Saramont, Remiremont, Rambervillers, Cotignac, Conniac, Lamativie, Accons, Grenoble, Rodez, Saint-Saturnin, Falga, La Charité, Saint-Bernard, Sarcelles, Lescar, Lassay, Rabastens, Saulges, Castres, Annonay, Allauch, Lyon et Hagetmau. (7, Bull. 235 et 236.)

15 AVRIL 1818. — Ordonnances du Roi qui accordent des foires aux communes de Bazouches, Quarré-les-Tombes, Milecey, Tilly-sur-Seulles et Saubes. (7, Bull. 235 et 236.)

16 AVRIL 1818. — Ordonnance du Roi portant création d'une place d'agent de change à Calais (1).

16 AVRIL 1818. — Ordonnance du Roi qui accorde des lettres de déclaration de naturalité au sieur Ceminato. (7, Bull. 238.)

21 = Pr. 23 AVRIL 1818. — Loi sur les douanes (2). (7, Bull. 207, n° 3958.)

Voy. lois des 17 DÉCEMBRE 1814, 28 AVRIL 1816, 27 MARS 1817; ordonnance du 11 AOUT 1819; lois du 7 JUIN 1820 et 27 JUILLET 1822; ordonnance du 13 JUILLET 1825; loi du 17 MAI 1826.

TITRE Ier. Tarif.

Art. 1er. Les droits d'entrée seront modifiés à l'égard des marchandises ci-après :

Marchandises			Droits
Bois de fustet			Les droits des bois de teintures non dénommés.
Bonneterie de fleuret			6f 00c par kil.
Coton longue soie			Le droit de 40 fr. imposé sur ceux des pays hors d'Europe est réduit à 30 fr. pour ce qui viendra de l'Inde par navires français.
Cuivre et laiton	coulés	en masses brutes — pures	Droits actuels.
		en masses brutes — alliés de zinc	10f 00c par kil.
		en plaques ou barres	Moitié du droit des cuivres laminés.
	laminés ou battus		Droits actuels.
	filés		100 00 par 100 kil.
	Les fils noirs pour épingles, ainsi que les planches à l'égard desquelles la loi du 27 mars 1817 a fait une exception, ne paieront, jusqu'au 1er janvier 1821, que la moitié des droits ci-dessus, sauf à justifier de la destination pour la fabrique.		
Ecorce de pin moulue			1 00 par 100 kil.
Extrait de viande, en pains			1 00 par kil.

(1) Cette ordonnance n'est point imprimée au Bulletin des Lois; elle est rappelée par celle du 4 mars 1819.

(2) Présentation à la Chambre des députés, le 14 février (Mon. du 15 février).

Rapport de M. Morgan de Belloy, le 12 mars (Mon. du 18 mars).

Discussion générale, le 17 mars (Mon. du 18 mars).

Discussion article par article, le 24 mars (Mon. des 25, 26, 27, 28 et 29 mars).

Adoption, le 27 mars (Mon. du 29 mars).

Présentation à la Chambre des pairs, le 4 avril (Mon. du 18 avril).

Rapport de M. Cornet, le 14 avril (Mon. du 5 mai).

Discussion et adoption, le 16 avril (Mon. des 6 et 7 mai).

Désignation des marchandises	Droits	
Pompe à vapeur (attirail complet). Sauf les droits acquis en vertu des lois relatives aux brevets d'invention et d'importation.	15 pour 100 sur la valeur à déterminer par le comité des arts et fabriques. Ce droit sera, pendant trois années consécutives, à partir de 1819, augmenté de 5 pour 100, et restera fixé à 30 pour 100 de la valeur. Les parties détachées ne seront admises que sur les demandes du ministre de l'intérieur.	
Minium	24 00	par 100 kil.
Poivre et piment. — par navires français — des colonies françaises	60 00	par 100 kil.
Poivre et piment. — par navires français — de l'Inde	85 00	par 100 kil.
Poivre et piment. — par navires français — des autres pays hors d'Europe	95 00	par 100 kil.
Poivre et piment. — par navires français — des entrepôts	100 00	par 100 kil.
Poivre et piment. — par navires étrangers	105 00	par 100 kil.

La réduction du droit sur les poivres et pimens n'aura lieu que trois mois après la publication de la présente loi.

Désignation des marchandises	Droits	
Muscades longues en coque	Moitié du droit des muscades rondes.	
Munitions de guerre (1)	Prohibées.	
Bouches à feu	Prohibées.	
Scies et lames de scies non dentelées — de 97 centimètres de longueur et au dessus	Comme outils de pur fer.	
Scies et lames de scies non dentelées — de 54 à 97 centimètres de longueur	Comme outils de fer rechargé d'acier.	
Scies et lames de scies non dentelées — au-dessous de 54 centimètres de longueur	Comme outils de pur acier.	
Limes ou râpes empaillées, de 1 à 6 au paquet	70 00	par 100 kil.
Nacre de perle sciée ou dépouillée de sa croûte	Le double des coquilles de nacre.	
Nattes ou tresses fines en paille, etc.	3 pour 100 de la valeur en outre du droit au poids.	
Noir minéral naturel (de Grand)	10 00	par 100 kil.
Monnaies — ayant cours légal, de billon	1 00	par 100 kil.
Monnaies — ayant cours légal, de cuivre	0 20	par 100 kil.
Monnaies — de cuivre et de billon hors de cours	Comme mitraille.	
Peignes à tisser, et les broches propres à les faire	15 pour 100 sur la valeur à déterminer par le comité des arts et fabriques.	
Débris d'ouvrages en fonte (têts et blocailles)	Mêmes droits que la fonte en gueuses, sans distinction de poids, sur ce qui s'importera, à la demande du ministre de l'intérieur, pour les forges situées dans le rayon frontière.	
Caractères d'imprimerie neufs — français	200 00	par 100 kil.
Caractères d'imprimerie neufs — allemands	50 00	par 100 kil.
Caractères d'imprimerie neufs — autres	100 00	par 100 kil.
Carton lustré pour presser les draps	80 00	par 100 kil.
Colles fortes	35 00	par 100 kil.
Cordages de jonc, de tilleul, sparte et herbes autres que de chanvre	2 00	par 100 kil.
Encre — à dessiner, en tablettes	1 00	par kil.
Encre — liquide, à écrire ou à imprimer	60 00	par 100 kil.
Papier — colorié, en mains ou rames pour reliure	90 00	par 100 kil.
Papier — peint en rouleaux, pour tentures	125 00	par 100 kil.
Papier — de soie	400 00	par 100 kil.
Soies et bourres de soie écrues de toute sorte, jusqu'au 1er août 1818	1 00	par 100 kil.

Après cette époque, le tarif antérieur à l'ordonnance du 10 septembre 1817 sera remis en vigueur.

Désignation des marchandises	Droits	
Liége ouvré	54 00	par 100 kil.

(1) Ce qui s'entend, quant à la présente, des matières ou objets qui se consomment subitement, comme la poudre à tirer, les balles, les projectiles, les gargousses, la mitraille, etc.

Toile de lin ou de chanvre de 20 fils et au-dessus	écrue	sans apprêt	85 00	par 100 kil.
		apprêtée	110 00	
	blanche		200 00	
	teinte		155 00	
	imprimée		230 00	
Toile cirée			Le double des autres toiles apprêtées.	
Toile à matelas			100 00 par 100 kil.	
Avirons de navires	brut	par navires français	0 04	par mètre de longueur.
		par navires étrangers	0 05	
	façonnés,	par navires français	0 05	
		par navires étrangers	0 06	
Houille importée par la Meuse			0 10	par 100 kil.
Racine de réglisse			15 00	
Sucre de l'île de Bourbon			40 00	

2. Les droits de sortie seront modifiés à l'égard des marchandises ci-après :

Boyaux frais ou salés		5 00 par 100 kil.
Soudes		0 10 par 100 kil.
Navires marchands, à toute destination		2 00 par tonn. de mer.
Agrès et apparaux de navires, non spécialement taxés		5 pour 100 de la valeur.
Ardoises pour toiture, ayant moins de 130 millimètres de largeur, sortant par terre		Moitié du droit fixé pour les grandes.
Chardons cardières	jusqu'au 1er novembre 1818	30 00 par 100 kil.
	après cette époque	15 00 par 100 kil.
Résine épurée, *dite* térébenthine et galipot		1 00 par 100 kil.
Peaux préparées et ouvrées, de toute sorte (sauf celles en poil)		2 00 par 100 kil.
Cardes à carder et peignes à tisser		1/4 pour 100 de la valeur.
Futailles	montées	0 50 par hect. de cont.
	démontées, et merrains autres que de chêne	10 pour 100 de la valeur.
Kermès animal		2 00 par kil.
Tabac en feuilles		1 00 par 100 kil.
Vins exportés par Bayonne		1 00 par hectolitre.
Porcs au-dessous de six mois		1 00 par tête.

3. Le tarif des douanes subira, quant à la Corse, les modifications suivantes :

4. Les objets de consommation ci-après, importés dans l'île par quelque bureau que ce soit, ne paieront que, savoir :

Bœufs et taureaux		1 00	par tête.
Vaches, génisses et bouvillons		0 30	
Chèvres, veaux et porcs		0 15	
Pâtes d'Italie		10 00	par 100 kil.
Légumes secs		0 10	
Riz		1 00	
Poissons	de pêche étrangère	15 00	
	marinés, etc	50 00	
Fromages	de Sardaigne	5 00	
	autres	10 00	
Minerais de fer		0 05	
Tissus de fleuret, sans exception		1 00	par kil.

5. Les réductions suivantes seront subordonnées à l'importation par les bureaux de Bonifacio, Ajaccio, île Rousse, Bastia ou Calvi, savoir :

Viandes de porcs salées	10 00 par 100 kil.
Tissus de lin et de chanvre	Moitié des droits portés au tarif, pour tous les articles compris dans ce titre.
Sucre et autres denrées coloniales de consommation	Moitié des droits portés au tarif, pour tous les articles compris sous ces deux dénominations.

Tabac	en feuilles	60 00	par 100 kil.
	fabriqué	100 00	

6. Pour toutes les autres marchandises taxées au poids, quel que soit le point d'importation, on réduira à moitié la portion du droit qui excède cinq francs par cent kilogrammes.

7. La surtaxe de navigation sera proportionnellement réduite pour les droits ainsi modifiés.

8. Dans l'application des règles ci-dessus, on ramènera les centimes à des nombres décimaux, soit en abandonnant ceux qui n'excèdent pas cinq, soit en forçant les autres.

9. Le tarif général sera, quant à la sortie, appliqué en Corse, sauf les exceptions ci-après:

Bois	à brûler	bûches		0 10 par stère.
		fagots		0 40 par 100 en nombre.
	de construction	brut		0 50 par stère.
		scié	de plus de 8 centimètres d'épaisseur	0 25 par stère.
			de 8 ou moins	2 50 par 100 mètres de long
Châtaignes (sauf les prohibitions temporaires)				0 25 par 100 kil.
Feuilles de myrte				0 50 par 100 kil.

10. Les productions de la Corse seront admises en France aux conditions ci-après, savoir:

1° Toutes les productions du sol de la Corse, autres que les huiles, expédiées de l'île pour France, avec acquits-à-caution délivrés sur certificats des magistrats des lieux de récolte, attestant leur origine, seront exemptes de tous droits de sortie de l'île et d'entrée en France, dans les ports de Toulon, Marseille, Cette et Agde;

2° Les huiles de la Corse seront reçues, dans les ports de la Méditerranée, en exemption des droits de quinze ou vingt-cinq francs, lorsqu'elles auront acquitté, à la sortie de l'île, le droit de cinq francs pour cent kilogrammes;

3° Toutes les autres marchandises ou denrées envoyées de Corse en France acquitteront, à leur entrée, les droits du tarif général, comme venant de l'étranger.

11. Les produits des fabriques de France pourront arriver en Corse en exemption de tous droits, sauf à payer ensuite les droits de sortie du tarif général, s'ils passent définitivement à l'étranger.

12. La taxe du sel continuera à être perçue en Corse à raison de sept centimes et demi par kilogramme.

TITRE II. Prime de sortie.

13. La prime accordée par la loi du 28 avril 1816 pour la sortie des tissus de pur coton, sera étendue aux cotons filés, dans les proportions ci-après:

Pour les cotons portant 46,000 mètres au kilogramme, ou moins	Ecru		23 00	par 100 kil.
	Blanchi		24 50	
	Teint	en bleu	26 50	
		en rouge	28 75	
Pour ceux au-dessus de cette portée	Ecru		50 00	
	Blanchi		50 00	
	Teint	en bleu	57 50	
		en rouge	62 50	

14. L'obtention de cette prime sera subordonnée aux formalités prescrites par l'ordonnance du 2 janvier 1817.

15. La prime accordée par la loi du 28 avril 1803 pour l'exportation des savons fabriqués à Marseille avec des matières tirées de l'étranger, est rétablie.

Cette prime consistera dans le remboursement des droits d'entrée appliqués aux matières, dans la proportion de cinquante-huit kilogrammes d'huile, et de trente-cinq kilogrammes de soude ou natron par cent kilogrammes de savon.

16. Pour obtenir la prime, on devra produire l'acquit des droits qui auront été payés pour l'entrée des matières, et l'expédition de sortie, revêtue d'un certificat constatant le passage définitif à l'étranger par l'un des bureaux de douanes déjà désignés pour la sortie des autres fabrications admises à des primes.

17. Les fraudes et fausses déclarations par lesquelles on chercherait à s'attribuer une prime de sortie hors les cas où elle est due d'après la loi seront punies de la confiscation des marchandises présentées, et d'une amende égale à ladite prime.

Les fraudes et fausses déclarations tendant à obtenir par surprise un surcroît à la prime réellement due seront punies d'une amende égale à la somme qu'on eût dérobée au Trésor, et la prime sera refusée pour le tout,

TITRE III. Commerce français dans l'Inde.

18. Les expéditions de navires français faites directement pour les comptoirs et établissemens français dans l'Inde, donneront droit aux priviléges ci-après.

19. Les marchandises françaises dont la sortie n'est pas défendue seront expédiées en franchise de droits pour cette destination.

Les ministres de la guerre et de la marine pourront, en outre, autoriser la sortie franche des vivres ou munitions nécessaires au commerce de l'Inde, nonobstant les prohibitions existantes.

La destination des marchandises ou munitions ainsi expédiées sera assurée conformément à l'article 2 de la loi du 6 juillet 1791.

Les marchandises étrangères tirées de l'entrepôt réel pourront également être expédiées, en exemption de tous droits, pour lesdits établissemens.

20. Les marchandises apportées en retour par les mêmes navires ne seront passibles que des droits ci-après, savoir:

Pour le sucre	blanc	65 00	par 100 kil.
	autre que blanc	55 00	
Pour le café		78 00	
Pour la canelle	fine	4 70	par kil.
	commune	1 60	
Pour le girofle	clous	2 80	
	griffe	0 70	
Pour le poivre et le piment		78 00	
Pour les muscades et macis		8 90	par 100 kil.
Pour le thé		2 25	
Pour les gommes résineuses et résines gommeuses à dénommer		70 00	par 100 kil.
Pour les dents d'éléphant	entières	80 00	
	sciées	170 00	
Pour le coton en laine	longue soie	25 00	
	courte soie	10 00	
Pour les bois d'ébénisterie non dénommés		15 00	
Pour l'étain brut		4 00	
Pour l'indigo		1 35	par kil.
Pour le riz		0 50	par 100 kil.
Pour les joncs à cannes		185 00	
Pour la laque naturelle		70 00	
Pour le nankin		6 00	par kil.

Toutes autres marchandises et denrées de même provenance paieront les droits fixés par le tarif général pour ce qui est apporté par navires français des pays hors d'Europe.

21. Pour jouir de ces immunités, il faudra:

1° Effectuer les expéditions et les retours par les ports du royaume qui ont un entrepôt réel, ou par le port de Toulon;

2° Justifier que les navires ont été francisés et armés dans les ports du royaume;

3° Produire des manifestes de chargement visés par les autorités françaises.

22. Il n'est fait aucune exception aux prohibitions générales en faveur des tissus ou autres objets provenant du commerce français dans l'Inde.

23. La faculté d'entreposer les espèces de toiles destinées au commerce du Sénégal est maintenue.

24. Les acquits-à-caution par lesquels on assurera la destination des marchandises et denrées expédiées en franchise pour l'Inde devront être déchargés et rapportés dans le délai de dix-huit mois.

Les soumissionnaires et cautions cesseront d'être garans de la fidélité des certificats de décharge, six mois après la remise desdits certificats au bureau des douanes d'où les acquits-à-caution émanent.

25. Les produits de l'île Bourbon, autres que ceux pour lesquels le tarif établit spécialement un privilége colonial, seront assimilés à ceux des établissemens français dans l'Inde.

Il en sera de même de ceux des produits déclarés comme provenant du cru de ladite île, lorsqu'ils ne seront pas accompagnés du certificat d'origine prescrit par l'article 17 de la loi du 6 juillet 1791.

26. Seront déclarées communes aux expéditions pour cette île, les dispositions de l'article 24.

27. Les dispositions de la loi du 6 juillet 1791 non rappelées dans les neuf articles précédens sont annulées.

TITRE IV. Entrepôt.

28. Les ports de Paimbœuf et de Fécamp jouiront de l'entrepôt réel et général des

sels, sous les formes prescrites par les articles 21 et 22 du décret du 11 juin 1806.

29. Le thé est ajouté à la liste des marchandises jouissant de l'entrepôt spécial, en vertu de la loi du 17 octobre 1791, dans les ports désignés par ladite loi et dans celui de Dunkerque.

TITRE V. Transit.

30. Pourront transiter, aux conditions établies par la loi du 17 décembre 1814, et en entrant par Lille, Valenciennes, Thionville, Sierck, Forbach, Strasbourg, Saint-Louis, Verrières-de-Joux, Jougne, les Rousses, Châtillon, le Pont-de-Beauvoisin, Béhobie, Ainhoa et Perpignan par Perthus, et ressortant par l'un desdits bureaux, ou un port d'entrepôt réel, les objets non prohibés que le tarif officiel du 26 août 1817 comprend sous les dénominations ci-après, savoir :

Armes, autres que celles de calibre ; bimbeloterie, bois et écorces ouvrés, cire ouvrée, cordages, cuivre non ouvré, feûtres, chanvre et lin, fil autre que de coton, horlogerie (fourniture d'), instrumens, joncs, merceries, meubles, parapluies, pierres, plumes, poils non filés, peignes et billes de billard; tissus de chanvre, de lin, de soie et de fleuret, sauf les articles prohibés; vannerie, miroirs, verres à lunettes, vitrifications opaques.

Ces objets ne pourront être présentés en douane que séparément, par espèce et qualité, dans des caisses en bon état, dont la dimension, en quelque sens que ce soit n'excédera pas les mesures que le Gouvernement aura déterminées.

31. Ces caisses seront, après une exacte vérification, assujéties à un double plombage : le premier sur la caisse à nu, laquelle devra être percée de manière à ce que la corde en traverse les angles; le second par-dessus l'emballage, à la manière accoutumée.

32. Les objets dénommés ci-dessus acquitteront, à titre de droit de transit, le vingtième des droits d'entrée, sauf le recouvrement du droit intégral et l'application des peines prononcées par la loi du 17 décembre 1814, dans le cas où la réexportation ne serait pas dûment justifiée.

33. Il n'y aura, pour les marchandises de transit dénommées en la présente, d'entrepôt, ni à l'arrivée, ni au départ.

TITRE VI. Répression de la contrebande.

34. La contrebande faite sur les côtes maritimes hors de l'enceinte des ports de commerce sera punie des mêmes peines que celle faite sur les frontières de terre. En conséquence, tout versement opéré sur les côtes ou dans les cales, anses et généralement tous endroits autres que ceux destinés au commerce, de marchandises prohibées ou d'objets tarifés à vingt francs par cent kilogrammes et au-dessus, donnera lieu, contre les maîtres, capitaines et matelots, qui auront apporté la fraude par mer, ainsi que contre ses porteurs, agens et entrepreneurs sur le continent, aux poursuites et condamnations ordonnées par les articles 41, 42, 43, 44, 45, 46 et 47 du titre V, section des *douanes*, de la loi du 28 avril 1816 (1).

35. Les juges-de-paix continueront à connaître des fraudes tentées, dans les ports de commerce, par des navires dont le manifeste a été fourni selon la loi, ainsi que de celles découvertes par suite des visites de douanes. Ils appliqueront à ces fraudes les peines déterminées par les lois des 22 août 1791 et 4 germinal an 2.

36. Les maîtres ou capitaines des bâtimens de mer au-dessous du tonnage déterminé par les lois des 28 avril 1816 et 27 mars 1817, qui aborderait, hors le cas de relâche forcée, avec des marchandises désignées par l'article 22 de la loi du 28 avril, même dans les ports ouverts à leur importation, encourront une amende de cinq cents francs, pour sûreté de laquelle les navires et marchandises pourront être retenus. Ladite peine sera prononcée par le juge-de-paix (2).

37. Les tribunaux correctionnels connaîtront des faits de contrebande dont la connaissance était attribuée aux cours prévôtales par l'article 48 du titre V, section des *douanes*, de la loi du 28 avril 1816, et appliqueront les peines prononcées par l'article 51, soit que la contrebande ait été faite ou tentée par les frontières de terre ou sur les côtes maritimes.

Les procureurs du Roi près lesdits tribunaux correctionnels sont substitués aux prévôts pour exercer d'office les poursuites pres-

(1) Lorsqu'un bâtiment a effectué sur la côte un versement de marchandises prohibées, il y a lieu de prononcer la confiscation tant du bâtiment que des marchandises sur son bord, et de celles qui ont été trouvées à terre par suite de ce versement, nonobstant la nullité pour vice de forme du procès-verbal de saisie (2 décembre 1824; Cass. S. 25, 1, 216).

(2) La simple *tentative* de fraude ou de contrebande par mer, est de la compétence du juge-de-paix, à la différence de l'introduction ou versement *opéré en France* qui est de la compétence de la juridiction correctionnelle (27 avril 1830; Cass. S. 30, 1, 182; D. 30, 1, 228).

crites par l'article 52, et requérir, s'il y a lieu, l'application de l'article 53.

38. les articles du titre V, section des *douanes*, de la loi du 28 avril 1816, non rappelés dans les quatre articles précédens, sont abrogés; toutes autres lois relatives à la procédure en matière de douanes, et notamment la loi du 9 floréal an 7, demeurent en vigueur.

39. Les peines prononcées par l'article 6 de la loi du 13 floréal au 11 contre les préposés des douanes qui favorisent la contrebande sont communes à ceux qui, avant d'avoir été rayés des contrôles, seraient surpris portant eux-mêmes de la contrebande.

40. Les préposés des brigades des douanes souscriront l'engagement de quitter, pendant cinq années, le rayon frontière, dans le cas où ils viendraient à être révoqués, à moins qu'ils ne retournent au domicile qu'ils auraient eu dans le même rayon, avant d'entrer au service.

Ceux qui, étant révoqués, n'obtempéreraient pas, dans le mois, à la sommation d'accomplir leur engagement de quitter le rayon frontière, seront poursuivis par le procureur du Roi près le tribunal correctionnel, arrêtés et condamnés aux mêmes peines que celles déterminées par les articles 271 et 272 du Code pénal.

41. La marque de fabrique prescrite par l'article 59 de loi du 28 avril 1816, sera suppléée, à l'égard des tissus fabriqués en France antérieurement à ladite loi et qui n'ont point la marque voulue, de la manière suivante:

Tout fabricant, marchand ou détenteur de tissus français dépourvus de marque de fabrique, devra, dans les trois mois qui suivront la promulgation de la présente,

1° Apposer sur l'extrémité de chaque pièce ou coupon de tissus, un numéro d'ordre suivi, et la marque distinctive qu'il aura adoptée pour indiquer l'origine française;

2° Reprendre et écrire sur son registre-journal toutes les pièces ou coupons ainsi marqués par lui à l'extraordinaire, faisant mention exacte de la marque et des numéros d'ordre sur ledit registre, qui sera par lui arrêté à la fin de l'inventaire, daté et signé.

Pour ceux qui n'ont point de registre-journal, il y sera suppléé par un inventaire sur feuilles volantes, rédigé dans la même forme que ci-dessus, et contenant les mêmes indications; lequel inventaire, également arrêté, daté et signé par le détenteur des tissus, sera par lui présenté, dans les quinze jours de sa date, à l'enregistrement, et conservé pour être produit au besoin. Ledit enregistrement aura lieu sans frais (1).

42. Après l'expiration du délai fixé par l'article ci-dessus, toute marchandise de l'espèce de celles désignées dans l'article 59 de la loi du 28 avril 1816 qui sera trouvée dépourvue de la marque de fabrique ou d'origine, sera saisie pour ce seul fait; et lors même que le jury auquel elle sera soumise, selon l'article 63 de ladite loi, la déclarerait d'origine française, le propriétaire ou détenteur ne pourra la recouvrer qu'après avoir payé une amende de six pour cent de sa valeur, telle qu'elle aura été estimée et déclarée par ledit jury.

43. Si des tissus saisis faute de marque sont reconnus par le jury être de fabrication étrangère, leurs détenteurs seront punis, outre la confiscation, d'une amende égale à la valeur de l'objet estimé par le jury, mais qui ne pourra jamais être au-dessous de cinq cents francs (2).

---

(1) *Voy.* ordonnances des 22 juillet, 23 septembre et 12 décembre 1818.

(2) Les messageries qui transportent des ballots de contrebande ne sont à l'abri de la responsabilité qu'autant qu'elles font connaître les personnes par qui les marchandises leur ont été confiées (19 août 1819; Cass. S. 19, 1, 396. — 9 juillet 1819; Cass. S. 19, 1, 375).

Est réputé *détenteur* de marchandises prohibées celui sur la voiture de qui ces marchandises ont été saisies sous la conduite de son fils mineur, accompagné du propriétaire des marchandises. Peu importe que le propriétaire de la voiture prétendît avoir ignoré la nature du chargement. Il ne peut être excusé qu'autant qu'il indiquerait comme propriétaire ou expéditeur des marchandises, une personne contre laquelle l'administration pût exercer utilement son recours (12 juin 1828; Cass. S. 28, 1, 378; D. 28; 1, 276).

Cet article s'applique aux *aubergistes* chez lesquels les marchandises sont trouvées, si ces aubergistes ne font pas connaître un expéditeur ou propriétaire contre lequel des poursuites puissent être *efficacement* dirigées. Vainement les aubergistes établiraient, dans ce cas, que les marchandises ont été apportées chez eux par un voyageur qui a disparu au moment de la saisie (28 juillet 1827; Cass. S. 27, 1, 510; D. 1827, 1, 326), à moins qu'ils ne prouvent que ces marchandises ont été déposées chez eux à leur *insu* (18 novembre 1836; Cass. S. 27, 1, 510; D. 27; 1, 347).

En matière de douanes celui chez qui sont trouvés des objets prohibés, est présumé de droit auteur de la contravention; l'allégation que les objets ont été introduits à son insu par son domestique, et l'aveu de celui-ci, ne suffisent pas pour détruire la présomption de culpabilité: bien que les juges du fond, appréciant les circonstances de la cause, aient décidé en fait que celui chez qui ont été trouvés des objets prohibés n'est pas l'auteur de la contravention, la Cour de cassation peut casser, si les preuves de non-contravention ne lui paraissent pas suffisantes pour écarter la présomption de culpabilité (14 septembre 1821, Cass. S. 22, 1, 26).

44. Si des tissus saisis portant la marque de fabrication française sont reconnus par le jury être de fabrication étrangère, les détenteurs encourront la peine déterminée par l'article précédent, sauf leur recours contre tout fabricant ou vendeur qui les auraient induits en erreur sur l'origine de la marchandise, et sans préjudice des peines encourues en cas de faux caractérisé par le Code pénal.

45. Si des tissus portant la marque de fabrication française sont néanmoins saisis pour présomption d'origine étrangère, et que leur origine française soit ensuite reconnue par le jury, le propriétaire ou détenteur desdits tissus recevra, des caisses de la douane, à titre de dommages-intérêts:

1° Une indemnité de six pour cent de leur valeur arbitrée par le jury;

2° Une seconde indemnité d'un pour cent par mois de ladite valeur, pour tout le temps que la marchandise aura été retenue sous le séquestre, si l'offre de main-levée n'est pas faite et signifiée dans le courant du premier mois.

46. Les dispositions des articles composant le présent titre sont communes aux cotons filés. La marque voulue par l'article 59 de la loi du 28 avril 1816 sera suppléée, à leur égard, par un mode de dévidage et d'enveloppe qu'une ordonnance du Roi déterminera (1).

47. Les dispositions du titre VI, section des *douanes*, de la loi du 28 avril 1816, non contraires au présent titre, sont maintenues.

TITRE VII. Dispositions réglementaires.

48. Les bureaux de Wissembourg, Méan, Cannes, Aigues-Mortes, Bourg-Madame, Charente et Saint-Martin de l'île de Ré, seront ouverts à l'importation des marchandises tarifées à plus de vingt francs par cent kilogrammes.

49. Le port de Vannes est ouvert au commerce des colonies françaises.

50. La cochenille pourra s'importer par Bourg-Madame, Perthus, Béhobie et Ainhoa.

La désignation du cap Finistère est substituée à la désignation du cap Ortégal, quant à l'exécution du dernier paragraphe de l'article 22 de la loi du 28 avril 1816.

51. Les marchandises avariées par suite d'événemens de mer, qui ne conservent plus la valeur fixée par le prix-courant des mêmes espèces de marchandises, obtiendront une réduction de droits proportionnelle à leur dépréciation, lorsqu'elle résultera d'une vente publique.

52. Cette vente aura lieu par courtiers de commerce ou autres officiers publics, et sous la surveillance du receveur des douanes, sans le concours duquel il ne pourra être fait aucune opération ni passé aucun acte.

53. L'administration des douanes pourra, dans les vingt-quatre heures, déclarer qu'elle prend l'adjudication à son compte, en payant cinq pour cent au dernier enchérisseur.

54. Les marchandises avariées qu'il ne conviendrait pas aux consignataires de faire vendre aux conditions ci-dessus pourront être réexportées, lors même qu'elles auraient été déclarées pour la consommation, nonobstant les dispositions de loi à ce contraires.

55. Les déclarans conserveront la faculté de séparer, dans une partie de marchandises qu'une même déclaration comprend, les colis qu'ils veulent réexporter, vendre à l'enchère ou soumettre au triage, ainsi qu'il va être dit des colis qui sont en état de supporter l'application pure et simple du tarif.

Si, dans un même colis, l'on peut séparer les parties de marchandises avariées de celles restées intactes, la douane (dans le cas où le négociant ne consentirait pas à la vente publique) en permettra le triage, pour n'assujétir que ces dernières au droit intégral; le reste sera détruit en présence des préposés, qui en dresseront procès-verbal.

56. Les procès-verbaux de vente ou destruction dressés en vertu de la présente ne seront assujétis qu'au droit fixe d'un franc, pour leur enregistrement.

57. Aucunes denrées, comestibles ou substances médicales pour lesquelles on aura demandé une réduction de droits par suite d'avarie ne pourront être vendues ni livrées que d'après une attestation délivrée par le magistrat chargé en chef de la police locale, portant que l'avarie des marchandises n'est pas de nature à nuire à la santé.

58. Nulle réduction de droits ne peut être accordée, à quelque titre que ce soit, ailleurs que dans les ports ouverts à l'entrée des marchandises désignées par l'article 22 de la loi du 28 avril 1816.

59. Au moyen des huit articles qui précèdent, la troisième section du titre VIII de la loi du 8 floréal an 11 est annulée.

60. Les navires français armés dans les ports du royaume pour le commerce des colonies françaises pourront, indépendamment des marchandises qu'ils chargeront à destination de ces colonies, sous les formalités prescrites par la loi du 10 juillet 1791, exporter, en payant les droits, pour les pays hors d'Europe qui se trouveront sur leur route ou au-delà de la colonie où ils doivent se rendre, toutes les marchandises dont la sortie ne sera pas prohibée. Toutefois, lesdits navires resteront assujétis, pour leur retour, aux

(1) *Voy.* ordonnances des 12 décembre 1818, 26 mai, 16 juin et 1er décembre 1819.

conditions prescrites par les articles 2 et 18 de la loi du 10 juillet 1791.

61. La formalité de l'acquit-à-caution ne sera plus exigée pour les marchandises non prohibées à l'entrée, qui seront réexportées par mer des entrepôts réels ou fictifs : mais pour y suppléer dans le cas où l'acquit-à-caution était prescrit, les propriétaires ou consignataires se soumettront, par leur déclaration de sortie d'entrepôt, à rapporter, sur le permis qui leur sera délivré, les certificats des préposés des douanes qui auront été présens à l'embarquement des marchandises, et de ceux qui en auront constaté le départ pour l'étranger ; le tout sous peine d'être contraints au paiement de la valeur de ces marchandises, et de l'amende encourue pour leur introduction frauduleuse.

L'exécution de ces soumissions sera garantie par un cautionnement, si les propriétaires ou consignataires n'ont pas leur domicile dans le port d'expédition, ou ne sont pas reconnus solvables.

62. Les permis délivrés en vertu de l'article précédent dans les ports de Rouen, Nantes et Bordeaux, suivront les marchandises sur le cours des rivières affluant à la mer, jusqu'au point que l'administration des douanes désignera, suivant les localités, pour en faire constater le départ.

63. Tout acquit-à-caution délivré en vertu d'autorisation du ministre de l'intérieur, pour transporter d'un port de France à un autre port de France ou des colonies françaises, des grains, farines, légumes secs, marrons, châtaignes, pommes de terre, pain et biscuit de mer, garantira l'arrivée de ces subsistances à leur destination, à peine d'en payer la valeur, et de plus une amende de vingt-quatre francs par cent kilogrammes de farine, pain ou biscuit, et de vingt francs par cent kilogrammes de grains et d'autres denrées qui y sont assimilées.

64. Les actes ou procès-verbaux constatant les ventes de navires, soit totales ou partielles, ne seront passibles, à l'enregistrement, que du droit fixe d'un franc.

65. Les agens des douanes de tout grade prêteront le serment voulu par l'article 12 du titre XIII de la loi du 22 août 1791, devant le tribunal de première instance de l'arrondissement dans lequel se trouve le chef-lieu de la direction où ils entrent.

L'acte de ce serment sera enregistré dans les cinq jours.

Il sera valable pour tout le temps où l'employé restera en exercice.

Lorsque l'employé passera dans une autre direction des douanes, il fera transcrire et viser ledit acte au greffe du tribunal de première instance auquel ressortit le chef-lieu de sa nouvelle direction.

22 AVRIL = Pr. 5 MAI 1818. — Ordonnance du Roi portant que les sous-officiers ou soldats qui ont abandonné ou qui n'ont pas rejoint leurs drapeaux, ne peuvent être réputés déserteurs, ni poursuivis et jugés comme tels, avant l'expiration des jours de repentir accordés par l'arrêté du 19 vendémiaire an 12. (7, Bull. 208, n° 4037.)

Louis, etc.

Sur le rapport de notre ministre secrétaire d'Etat au département de la guerre, relatif à un arrêté pris par le conseil permanent de révision de la 18e division militaire, le 21 octobre 1816, lequel arrêté porte qu'il y a lieu de recourir au mode d'interprétation établi par la loi du 16 septembre 1807, attendu le dissentiment existant entre les premier et deuxième conseils de guerre permanens de la 18e division militaire, d'une part, et le conseil de révision de la même division, d'autre part, sur la question de savoir si les déserteurs peuvent être admis à jouir des jours de repentir accordés par l'article 74 de l'arrêté du 19 vendémiaire an 12 (12 octobre 1803), 1° lorsqu'ils ne sont pas revenus volontairement à leurs drapeaux ; 2° lorsque leur désertion a été accompagnée de circonstances qui constituent par elles-mêmes un crime ou délit prévu par les lois ;

Vu les jugemens suivans, rendus sur la même question, entre les mêmes parties et à l'occasion du même fait :

1° Le jugement du conseil de guerre de la 18e division militaire, en date du 30 septembre 1816, qui condamne les nommés Caupain, Granjean et Sivié, chasseurs à cheval au régiment de la Charente, à la peine de mort, comme coupables de désertion à l'intérieur avec armes et bagages emportant même les armes et bagages de leurs camarades, emmenant des chevaux de leurs officiers, et, en outre, Caupain et Granjean comme chefs ou instigateurs de complot de désertion ; lequel jugement est motivé sur l'article 67, titre IX dudit arrêté du 19 vendémiaire an 12, et sur l'avis du Conseil-d'Etat du 22 ventose suivant, dont les dispositions y sont transcrites ;

2° Le jugement du conseil permanent de révision de la 18e division militaire, en date du 7 octobre de la même année, qui, après avoir décidé qu'il y avait lieu de faire jouir Sivié des jours de repentir accordés par l'article 74 de l'arrêté ci-dessus, mais que la peine a été bien appliquée quant aux nommés Caupain et Granjean, qui ont été jugés chefs ou instigateurs de complot de désertion, a néanmoins annulé le jugement dans l'intérêt des trois condamnés, et les a renvoyés, pour être jugés de nouveau, devant le deuxième conseil de guerre de la même division ;

3° Le jugement de ce dernier conseil de guerre, rendu le 15 du même mois, qui a prononcé de la même manière et d'après les mêmes motifs que le jugement du 30 septembre précédent;

Vu le référé du conseil de révision, porté par son arrêté susmentionné, vu enfin l'article 26 du titre II du Code militaire du 19 octobre 1791;

Les articles 23, 74 et 86 de l'arrêté du 19 vendémiaire an 12 (12 octobre 1803), et le décret du 30 novembre 1811;

Considérant que, si le Code militaire de 1791 n'admettait les déserteurs, en temps de paix, à profiter des jours qu'il accordait au repentir que lorsque avant l'expiration de ce délai de grace ils étaient revenus à leurs drapeaux, ou qu'ils prouvaient, par une déclaration authentique, leur intention d'y revenir, l'article 23 de l'arrêté du 19 vendémaire an 12 n'enjoint de porter plainte du crime de désertion que dans les vingt-quatre heures qui suivront l'époque où, en exécution du titre IX dudit arrêté, le sous-officier ou soldat devra être réputé déserteur;

Que l'article 74 du titre IX fixe, dans les divers cas qu'il spécifie, les délais de repentir après l'expiration desquels sera réputé déserteur tout sous-officier ou soldat qui aura abandonné ou n'aura pas rejoint son corps; que l'article 86 abroge toutes dispositions contraires audit arrêté; que le décret du 30 novembre 1811 porte que tout sous-officier ou soldat accusé de désertion, qui sera arrêté ou se présentera après l'expiration du délai accordé au repentir par l'acte du Gouvernement du 19 vendémiaire an 12, sera conduit à son corps pour y être jugé contradictoirement;

Qu'il résulte de la combinaison de ces dispositions nouvelles que l'article 26 du titre II du Code militaire de 1791 a été abrogé depuis la promulgation de l'arrêté du 19 vendémiaire an 12, et que les sous-officiers ou soldats qui ont abandonné ou qui n'ont pas rejoint leurs drapeaux ne peuvent être ni réputés déserteurs, ni poursuivis et jugés pour crime de désertion, avant l'expiration du délai de repentir, dans le cas même où ils seraient arrêtés pendant ce délai;

Considérant que l'article 74 de l'arrêté du 19 vendémiaire an 12 a spécialement énoncé les circonstances qui doivent faire ranger les déserteurs dans l'une ou l'autre des classes qu'il détermine; que toute autre circonstance, tout autre fait, qui auraient accompagné la désertion, peuvent bien donner lieu à des poursuites particulières, s'ils présentent la caractère d'un crime ou d'un délit prévu par les lois, mais qu'ils ne sont point un motif de restreindre le délai accordé au repentir pour chaque classe de déserteurs, ou de les empêcher d'en jouir;

Notre Conseil-d'Etat entendu,

Nous avons ordonné et ordonnons ce qui suit :

Art. 1er. Les sous-officiers ou soldats qui ont abandonné ou qui n'ont pas rejoint leurs drapeaux ne peuvent être réputés déserteurs, ni poursuivis et jugés comme tels, soit qu'ils se présentent volontairement ou qu'ils soient arrêtés, avant l'expiration des jours de repentir accordés par l'arrêté du 19 vendémiaire an 12 (12 octobre 1803).

2. Ils doivent jouir de ce délai conformément à l'article 74 dudit arrêté, et nonobstant les faits ou les circonstances non prévus par cet article et qui auraient accompagné leur désertion, sauf les poursuites relatives à ces faits, dans le cas où ils seraient qualifiés de crimes ou de délits par les lois militaires ou ordinaires.

3. Notre ministre de la guerre est chargé de l'exécution de la présente ordonnance.

---

22 AVRIL = Pr. 5 MAI 1818. — Ordonnance du Roi portant autorisation, conformément aux statuts y annexés, de la société anonyme formée à Bordeaux sous le titre de compagnie du pont de Bordeaux. (7, Bulletin 208, n° 4038.)

Louis, etc.

Sur le rapport de notre ministre secrétaire d'Etat au département de l'intérieur,

Vu la loi du 10 avril 1818 par laquelle a été acceptée l'offre faite par les sieurs Balguerie, Sarget et compagnie, et autres négocians et capitalistes de Bordeaux, de prêter deux millions de francs pour concourir à l'achèvement du pont actuellement en construction à Bordeaux, à raison duquel prêt le droit de péage à établir sur ledit pont a été concédé pour quatre-vingt-dix-neuf années aux prêteurs, qui ont déclaré vouloir se réunir en société anonyme sous le titre de *Compagnie du pont de Bordeaux;*

Vu l'acte public passé, le 17 avril 1818, pardevant Batardy et Lairtullier, notaires à Paris, contenant dépôt des actes constitutifs de ladite société anonyme, consentis originairement sous seing privé les 17 novembre 1817 et 9 janvier 1818, servant de statuts et réglemens à ladite société anonyme;

Vu l'avis du préfet de la Gironde du 14 janvier 1818; vu les articles 29 à 37, 40 et 47 du Code de commerce;

Notre Conseil-d'Etat entendu,

Nous avons ordonné et ordonnons ce qui suit :

Art. 1er. La société anonyme formée à Bordeaux (Gironde) sous le titre de *Compagnie du pont de Bordeaux*, est et demeure autorisée, conformément aux statuts et réglemens dressés les 17 novembre et 9 janvier 1818, dont copie sera annexée à la présente ordonnance.

2. Lesdits statuts et réglemens seront affichés à Bordeaux, avec la présente, pendant le temps prescrit par l'article 42 du Code de commerce.

3. Le préfet de la Gironde nommera un commissaire, qui, au nom du Gouvernement, interviendra, tant dans les assemblées générales des actionnaires, qu'auprès de l'administration instituée par les art. 8 et 9 de l'acte social : il sera chargé de requérir l'exécution des lois, ordonnances et statuts, et de surveiller les opérations de la société dans l'intérêt de l'Etat; il rendra compte de cette surveillance au préfet, qui informera des résultats nos ministres secrétaires d'Etat de l'intérieur et des finances.

4. Notre ministre de l'intérieur est chargé de l'exécution de la présente ordonnance.

Contrat de société anonyme pour l'achèvement du pont de Bordeaux.

Sont comparus, MM. Balguerie, Sarget et compagnie, Portal et compagnie, P. F. Guestier, Justin Delpla, J. Foussat, Bizat *junior*, Albrecht et Delbruck, Jean-Baptiste Tardieu, Desfourniel, Gautier et compagnie, J. P. Longchamp, Philippon, P. Leleu, Carrié jeune, Chaumel, J. Groudable neveu, Balguerie, Dandiran et compagnie, Paris et Journu, Eugène Rubichon, Jacques Galos, Florentin Boué, G. Esch et Chatelanat, Doris *junior*, Henry aîné, Carrié aîné, Balguerie *junior*, J. J. Bosc et compagnie, Doris, J. Ducornau, Raba frères, veuve La Rigaudière et fils aîné, Jona Jones, Chaigneau frères et Bichon fils, J. Exshaw, Del Lopes Dias, John A. Morton, Otard, Von Hemert frères, d'Egmont et compagnie, Barton et Guestier, Walter et D. Johnston, F. Couderc et fils, Nathe Johnston et fils, et Curcier, J. Bousquet;

Lesquels ont exposé que, sur la soumission faite par les susnommés de concourir, moyennant certaines conditions, à l'achèvement du pont de Bordeaux, ils sont fondés à croire que le Gouvernement proposera aux Chambres le projet d'une loi par laquelle la susdite soumission sera acceptée : l'intention des comparans est de former une société anonyme pour l'exploitation de l'entreprise dont il s'agit; c'est pourquoi ils se sont réunis pour contracter cette société anonyme, dont les conditions seront réglées par les articles ci-après, savoir :

Art. 1er. Il sera établi à Bordeaux, avec l'autorisation du Gouvernement, une société anonyme sous le titre de *Compagnie du pont de Bordeaux*.

2. L'établissement de la compagnie est subordonné à l'acceptation de la soumission qui a été faite par les comparans.

3. La compagnie du pont de Bordeaux exploitera l'entreprise qui fait l'objet de ladite soumission, aux clauses et conditions qui y sont stipulées.

4. Le fonds capital de la compagnie est fixé à la somme de deux millions trois cent mille francs, représentés par deux mille trois cents actions de mille francs chacune.

5. Les actions sont au porteur ou nominatives, selon la volonté du propriétaire : sur sa demande, les actions au porteur seront converties en actions nominatives, et réciproquement.

6. La création des actions aura lieu au fur et à mesure des versemens de fonds, savoir :

127,000f	au 1er janvier 1818.
129,000	au 1er avril *idem*.
131,000	au 1er juillet *idem*.
133,000	au 1er octobre *idem*.
135,000	au 1er janvier 1819.
138,000	au 1er avril *idem*.
139,000	au 1er juillet *idem*.
142,000	au 1er octobre *idem*.
144,000	au 1er janvier 1820.
147,000	au 1er avril *idem*.
149,000	au 1er juillet *idem*.
152,000	au 1er octobre *idem*.
154,000	au 1er janvier 1821.
157,000	au 1er avril *idem*.
160,000	au 1er juillet *idem*.
163,000	au 1er octobre *idem*.
2,300,000	

Sauf, néanmoins, le cas où ces versemens seraient anticipés en vertu d'une délibération de l'assemblée générale des actionnaires.

Aucun versement de fonds ne pourra être exigé des actionnaires au-delà du montant de leurs actions.

7. Les actions au porteur seront représentées par un titre au porteur.

Les actions nominatives seront représentées par une inscription nominale sur les registres de la société, dont il sera délivré un extrait en forme aux actionnaires.

Les transferts des actions nominatives, leur conversion en actions au porteur, et la conversion de celles-ci en actions nominatives, seront établis sur le même registre.

8. Tout propriétaire de dix actions nominatives est membre de l'assemblée générale de la compagnie; tout propriétaire de dix actions au porteur est également membre de l'assemblée générale, pourvu qu'il ait déposé ses actions entre les mains de l'administration trois mois au moins avant l'époque de l'assemblée.

Les actionnaires ayant droit d'assister à l'assemblée générale pourront s'y faire représenter par un fondé de pouvoirs pris parmi les membres de l'assemblée : ce fondé de pouvoirs aura autant de voix que de procurations réunissant chacune une masse de dix actions, toutefois jusqu'à concurrence de cinq voix au plus.

9. L'administration se compose de trois directeurs gérans, de deux censeurs, nommés au scrutin secret et à la majorité des voix par l'assemblée générale : les fonctions des directeurs et des censeurs sont gratuites; il y aura seulement des jetons de présence. La réunion des directeurs et des censeurs compose le conseil général de la compagnie.

10. Dans ce conseil, les directeurs seuls ont voix délibérative ; les censeurs ont voix consultative.

11. Les directeurs doivent être propriétaires de vingt-cinq actions nominatives au moins.

Les censeurs doivent être propriétaires de douze actions nominatives au moins.

12. Un directeur et un censeur seront renouvelés chaque année; les sortans seront désignés par le sort pendant les premières années, ensuite par rang d'ancienneté.

Les membres sortans ne seront rééligibles qu'après un an d'intervalle.

Aussitôt que sa majesté aura daigné faire connaître aux comparans l'acceptation de leurs offres, ils se réuniront pour nommer les directeurs et les censeurs, conformément à l'article 9.

13. Le péage du pont de Bordeaux ne pourra être affermé qu'à des conditions approuvées par l'assemblée générale.

14. Les deux censeurs réunis peuvent, à quelque époque que ce soit, convoquer l'assemblée générale des actionnaires.

15. L'assemblée générale se réunit de droit, dans une des salles de la Bourse, le 10 juillet et le 10 janvier de chaque année, pour entendre le compte qui lui sera rendu, par les directeurs, de la situation des affaires de la compagnie, et des résultats obtenus pendant le semestre précédent.

Les censeurs seront présens à cette assemblée, et lui feront un rapport sur la gestion pendant le semestre.

Dans l'assemblée du 10 janvier, il est procédé au renouvellement des directeurs et censeurs.

16. En cas de retraite ou décès d'un ou plusieurs directeurs et censeurs, le conseil général pourvoit provisoirement jusqu'à la prochaine assemblée générale, laquelle procède, en la forme ordinaire, à la nomination définitive : cette nomination n'a lieu que pour le temps qui resterait à courir de l'exercice des remplacés.

17. Jusqu'au 1er janvier 1822, époque à laquelle le Gouvernement promet et garantit que le passage sur le pont sera praticable, et plus tôt si faire se peut, les actionnaires recevront seulement par semestre, au mois de juillet et au mois de janvier, l'intérêt à raison de six pour cent l'an, sur le capital de leurs actions; les fonds de cet intérêt seront pris sur le capital même et sur les intérêts que les directeurs auront pu en retirer.

18. En l'année 1822, ou plus tôt si faire se peut, la répartition du revenu net du péage sera faite aux mêmes époques de juillet et janvier, et par portions égales, entre les deux mille trois cents actions qui auront été créées.

19. Dans les dernières années de l'association, le capital de chaque action devra être remboursé par la voie du sort avec une prime de cent francs par action : à l'époque à laquelle commencera cet amortissement, il ne sera plus payé aux actionnaires que l'intérêt à six pour cent; le surplus des produits annuels sera employé au remboursement du capital et au paiement de la prime ci-dessus établie. Ainsi, par exemple, si le produit annuel était de deux cent mille francs environ, et que six actions eussent été amorties dans la soixante-dix-septième année de l'association, il serait prélevé dans la soixante-dix-huitième année une somme de cent trente-sept mille six cent quarante francs pour intérêt à six pour cent aux deux mille deux cent quatre-vingt-quatorze actions restantes : le surplus serait employé à amortir cinquante-six actions et à leur payer la prime de cent francs; et en continuant de suivre cette marche, toutes les actions se trouveraient amorties à la fin de la quatre-vingt-dix-neuvième année.

Et comme le calcul de l'époque à laquelle devra commencer l'amortissement ne peut être établi que lorsque les résultats de l'entreprise seront connus, la fixation de cette époque est réservée à l'assemblée générale, sur la proposition qui en sera faite par les directeurs.

20. La compagnie ne pourra se livrer à aucune opération autre que celles relatives à l'exploitation du pont de Bordeaux; mais elle aura la faculté de faire valoir les fonds qui pourront être en caisse, soit en les employant à des avances pour des fournitures à faire au pont moyennant une provision déterminée, soit en escomptant des effets de commerce revêtus de deux bonnes signatures au moins, et dont l'échéance n'excédera pas cent jours.

Nous soussignés approuvons dans tout son contenu le projet de société anonyme ci-dessus et des autres parts écrit, et promettons de l'exécuter aussitôt qu'il aura été autorisé et approuvé par sa majesté, conformément aux dispositions de l'article 37 du Code de commerce.

Et attendu que provisoirement il est indispensable que deux d'entre nous soient chargés de faire les démarches et de prendre les soins nécessaires pour obtenir cette approbation et pour faire agréer et consacrer notre soumission dans les formes légales, nous nommons à cet effet MM. Pierre Balguerie, Stuttenberg et Paul Portal, auxquels nous donnons tous pouvoirs nécessaires pour agir dans cet objet.

A Bordeaux, le 17 novembre 1817.

(*Suivent les signatures.*)

Nous soussignés, ayant pris connaissance des observations faites par M. le préfet de la Gironde, comte de Tournon, et exprimées dans sa lettre du 8 de ce mois à MM. les commissaires délégués par nous pour faire adopter et approuver l'acte de société qui précède, signé par nous le 17 novembre dernier, sommes convenus d'y ajouter les articles suivans :

1er. Le domicile de la société anonyme que les comparans ont signée le 17 novembre dernier, et qui précède, est fixé à Bordeaux, et sa durée à quatre-vingt-dix-neuf années, à partir du jour où la société aura été mise en jouissance du péage du pont de Bordeaux.

2e. Attendu l'intérêt que le Gouvernement amende dans les revenus du pont de Bordeaux, et par conséquent à sa bonne administration, il pourra se faire représenter dans les assemblées générales des actionnaires par un commissaire nommé par M. le préfet du département, et ce commissaire y aura voix délibérative.

3e. Le péage du pont ne pourra s'affermer qu'à des conditions soumises à M. le préfet du département, qui devra y donner son approbation.

Nous entendons, du reste, laisser dans toute leur force et teneur les articles de notre contrat de société anonyme du 17 novembre dernier auxquels il n'est point dérogé par ces présentes.

Fait et signé en double à Bordeaux, en l'hôtel de la Bourse, le 9 janvier de l'an 1818.

(*Suivent les signatures.*)

---

22 AVRIL = Pr. 8 MAI 1818. — Ordonnance du Roi qui approuve, sauf quelques restrictions, la société anonyme provisoirement constituée sous le titre de Compagnie commerciale d'assurances. (7, Bull. 209, n° 4066.)

Voy. ordonnance du 29 FÉVRIER 1820.

Louis, etc.

Sur le rapport de notre ministre secrétaire d'Etat au département de l'intérieur;

Vu un acte de société anonyme, souscrit par cent trente négocians et capitalistes établis à Paris, et passé devant Boileau, notaire, les 10, 11, 12, 13, 14, 15, 16, 17 et 18 février dernier, lequel contient les statuts de cette société constituée provisoirement sous le titre de *Compagnie commerciale d'assurances*, à l'effet d'assurer les risques de mer à l'exclusion des risques de guerre, ceux de la navigation intérieure par lacs, canaux et rivières, ceux de la baratterie du patron et de la piraterie, les risques des transports par terre, par voitures, diligences et courriers, enfin les risques d'incendie pour la ville de Paris seulement;

Vu un second acte portant réglement d'administration pour ladite société, acte passé les mêmes jours devant le même notaire et revêtu des mêmes signatures;

Vu la demande formée au nom desdits actionnaires pour obtenir notre autorisation;

L'avis favorable du ministre d'Etat préfet de police;

Les divers articles du Code de commerce qui sont relatifs aux sociétés anonymes;

Considérant que les statuts présentés ne renferment aucune disposition concernant les assurances pour risques d'incendie;

Notre Conseil-d'Etat entendu,

Nous avons ordonné et ordonnons ce qui suit :

Art. 1er. La société anonyme provisoirement constituée sous le titre de *Compagnie commerciale d'assurances*, est et demeure autorisée, conformément aux actes passés les 10, 11, 12, 13, 14, 15, 16, 17 et 18 février, sans néanmoins comprendre dans l'autorisation les assurances contre les incendies, sur lesquelles nous nous réservons de statuer ultérieurement.

2. Lesdits actes demeureront ci-annexés, et seront publiés et affichés.

Notre ministre de l'intérieur est chargé de l'exécution de la présente ordonnance.

---

22 AVRIL = Pr. 8 MAI 1818. — Ordonnance du Roi portant autorisation de la société anonyme formée à Paris sous le nom de Compagnie d'assurances générales. (7, Bull. 209, n° 4067.)

Voy. ordonnance du 2 SEPTEMBRE 1818.

Louis, etc.

Vu un acte de société anonyme, souscrit le 16 avril 1818, passé par-devant Foucher, notaire à Paris, et son confrère;

Vu l'article 1er dudit acte, par lequel il est déclaré que ladite société anonyme se forme sous le nom de *Compagnie d'assurances générales*, ayant son domicile à Paris;

Vu l'avis de notre ministre d'Etat préfet de police, en date du 13 février 1818;

Sur le rapport de notre ministre secrétaire d'Etat au département de l'intérieur,

Notre Conseil-d'Etat entendu,

Nous avons ordonné et ordonnons ce qui suit :

Art. 1er. La société anonyme formée à Paris, sous le nom de *Compagnie d'assurances générales*, est et demeure autorisée, conformément aux statuts compris dans l'acte passé, le 16 avril 1818, par-devant Foucher et son confrère, notaires à Paris, lesquels statuts demeureront annexés à la présente ordonnance et seront affichés avec elle.

2. Conformément aux susdits statuts, et jusqu'à ce qu'il en soit autrement ordonné par nous, les assurances que la compagnie pourra entreprendre, seront celles, 1° des risques maritimes, y compris ceux de guerre assurés en temps de guerre et à l'exclusion de ceux de guerre survenante; 2° des risques de navigation intérieure par rivières et canaux, et ceux de transports de terre.

3. Notre ministre de l'intérieur est chargé de l'exécution de la présente ordonnance.

---

22 AVRIL 1818. — Ordonnances du Roi qui autorisent l'acceptation de dons et legs faits aux pauvres, aux séminaires et fabriques des églises de Vannes, Amiens, Lansargues, Voiron, Saint-Méry de Paris, Saint-Georges-Hauteville, Cette, La Flèche, Frenouville, Rieux, La Folie, Moncontour, Béziers, Gimont, Plombières, Nolay, Varzy, Laval, Saint-Cenéré, Saint-Denis-du-Maine, Chemeré-le-Roi, Salon, Lyon, Saint Loubouer, Calvire, La Vineuse, Saint-Bernard, Saint-Gaudin, Damazin et de Miazan. (7, Bull. 236 et 237.)

---

23 AVRIL = Pr. 5 MAI 1818. — Ordonnance du Roi qui détermine la condition sans laquelle nul ne pourra à l'avenir être élu membre de la chambre des avoués près la cour royale de Paris. (7, Bull. 208, n° 4039.)

Louis, etc.

Voulant maintenir une exacte discipline parmi les avoués près la cour royale de Paris, et considérant qu'un des plus sûrs moyens d'atteindre ce but est de ne laisser admettre dans la chambre qui surveille leur corps que des hommes qu'une longue expérience a rendus propres à diriger leurs jeunes confrères,

Sur le rapport de notre garde-des-sceaux, ministre et secrétaire d'Etat au département de la justice,

Nous avons ordonné et ordonnons ce qui suit :

Art. 1er. A l'avenir, nul ne pourra être élu membre de la chambre des avoués près de la cour royale de Paris, s'il n'exerce depuis plus de dix ans les fonctions d'avoué.

2. Notre ministre de la justice est chargé de l'exécution de la présente ordonnance.

---

23 AVRIL 1818. — Ordonnance du Roi qui admet les sieurs Amira et Sancho à établir leur domicile en France. (7, Bull. 210.)

---

23 AVRIL 1818. — Ordonnances du Roi qui accordent des lettres de déclaration de naturalité aux sieurs Courtray, Baréra, Robert, Livin, Stacpoole, de Plampona, Audénin dit Audinet, Malaquias, Fornari, Verrier, Brunetto, Maguin, Fernandez, Goldoni, Orian, Vogt, Figueiredo, Martinez, de Marchy, Kieni, Leeman, Haranbillet, Jourdan, Fischer, Genre, Klose, Couturier, Mouchet, Manigau dit Lambert, Parott, Colloz, Salinas, Elspass, Flamin-Féraudy, Castenmiller, Roxlo, Braun, Puder dit Poudre, Lavezzari, Parisse, Gauchy, Aransma, Brousmilhs, Desplanq, Pensa, Roggen, Booghmans, Willin, Falquet, Stransky et Baujat. (7, Bull. 214, 219, 220, 223, 227, 231, 234, 238, 247, 248, 250, 255, 256, 263, 282, 287, 290, 298, 303, 307, 311, 320, 331, 371, 480 et 570.)

---

26 AVRIL 1818. — Ordonnance du Roi sur l'organisation administrative de l'île Bourbon. (Publiée par Me Isambert.)

Voy. ordonnance du 21 août 1825.

Louis, etc.

Vu les ordonnances par nous rendues relativement à notre colonie de Bourbon, les 13 novembre et 4 décembre 1816, touchant l'organisation et la composition des tribunaux;

Le 13 novembre 1816, pour la création d'un comité consultatif d'agriculture et de commerce;

Le 25 décembre, même année, sur l'organisation municipale, et le 11 mars 1818, pour concentrer dans les mains d'un chef unique, sous le titre de commandant et administrateur pour le Roi, le gouvernement et l'administration générale de ladite île;

Voulant pourvoir aux rapports de ces diverses autorités entre elles, et régler définitivement l'exercice de leurs fonctions,

Sur le rapport du ministre de la marine et des colonies,

Nous avons ordonné et ordonnons ce qui suit :

Art. 1er. Le commandant de marine qui sera chargé dans la colonie du détail du service administratif, remplira au tribunal terrier, et au conseil de révision des jugemens de première instance rendus en matière de contravention aux lois et réglemens limitatifs du commerce étranger, les fonctions qui étaient attribuées au commissaire général de la marine ordonnateur par les articles 2 et 3 de l'ordonnance du 13 novembre 1816 concernant l'organisation judiciaire de Bourbon.

2. Quant au recours en grâce, à la suite des jugemens criminels, qui est prévu par l'art. 6 de ladite ordonnance du 13 novembre 1816, il y sera statué à la majorité des voix dans un conseil spécial, composé du commandant et administrateur pour le Roi qui le présidera, du président qui aura prononcé le jugement donnant lieu au recours, de l'officier d'état-major le plus élevé en grade, et du procureur général.

En cas de partage, la voix du commandant et administrateur pour le Roi sera prépondérante.

3. Le commissaire de marine, chargé du détail du service administratif à Bourbon, remplira, auprès du comité consultatif d'agriculture et du commerce, les fonctions qui étaient attribuées au commissaire général de la marine ordonnateur, par l'article 6 de l'ordonnance du 13 novembre 1816 concernant l'établissement dudit comité.

4. Seront exercées par le commandant et administrateur pour le Roi toutes les autres fonctions et attributions qui, d'après les quatre ordonnances des 13 novembre, 4 et 25 décembre 1816, concernant l'organisation municipale et le comité d'agriculture et de commerce, appartenaient, soit en commun, soit en particulier, au commandant pour le Roi et au commissaire général de la marine ordonnateur.

5. Notre ministre secrétaire d'Etat de la marine et des colonies est chargé de l'exécution de la présente ordonnance.

---

2 MAI 1818. — Ordonnance du Roi qui admet les sieurs Falcon, Rubireta, Wendtlandt, Gazza, Henckel, et Klein, à établir leur domicile en France. (7, Bull. 210.)

---

2 MAI 1818. — Ordonnance du Roi qui accordent des lettres de déclaration de naturalité aux sieurs Betemps, Forlin, Bour, Tellier, Gay, Murina, Fiorio, Navet, Gabrilat, Schwich, Doria, Jamin, Satler, Voldan, Chapelier, Petro, Berchoud, Libert, Baron Viarizio, dit Viaris, Armichiardi, Fabaro, Rosario Bonanny, Surquin, Durieux, Ferber, Cretin et Rovera. (7, Bull. 219, 220, 221, 223, 227, 231, 240, 256, 269, 290, 320, 402, 570 et 615.)

6 = Pr. 8 MAI 1818. — **Loi relative à divers moyens de libération de la France envers les puissances alliées et leurs sujets (1).** (7, Bull. 209, n° 4065.)

Voy. traités des 30 MAI 1814 et 20 NOVEMBRE 1815; conventions des 25 AVRIL 1818 (à la date du 15 juin 1818), et 9, 13 OCTOBRE 1818 (à la date du 26 OCTOBRE 1818); loi du 2 FÉVRIER 1819.

Art. 1er. A l'effet de pourvoir à l'exécution pleine et entière des dispositions du traité du 30 mai 1814 et des conventions du 20 novembre 1815, en ce qui concerne le paiement des dettes contractées par la France antérieurement à cette époque, hors de son territoire actuel, il sera créé et inscrit sur le grand-livre de la dette publique, avec jouissance du 22 mars 1818, une rente perpétuelle de seize millions quarante mille francs, au capital de trois cent vingt-millions huit cent mille francs.

2. Le budget de la dette consolidée, pour 1818, sera augmenté de la somme de huit millions vingt mille francs, pour le paiement du premier semestre, échéant au 22 septembre prochain, des seize millions quarante mille francs de rentes créées par la présente loi.

La recette du même budget sera augmentée d'une somme égale, au moyen d'une addition de six cent mille francs de rentes au crédit de seize millions, jusqu'à concurrence duquel le ministre des finances est autorisé à ouvrir des emprunts pour le service de l'exercice 1818.

3. Il est ouvert au Gouvernement un crédit de vingt-quatre millions de rentes. En conséquence, il est autorisé à créer et à faire inscrire au grand-livre de la dette publique, jusqu'à la concurrence de cette somme, des rentes qui ne pourront être employées qu'à compléter le paiement des sommes dues aux puissances alliées, conformément à l'article 4 du traité du 20 novembre 1815.

4. Il sera rendu compte, dans le cours de la session de 1818, des opérations qui auraient été faites en vertu de l'article 3 ci-dessus.

---

6 = Pr. 20 MAI 1818. — Ordonnance du Roi qui détermine la manière de calculer les services militaires dans la liquidation des pensions à la charge des fonds de retenue des administrations financières. (7, Bull. 212, n° 4132.)

Louis, etc.

Sur le compte qui nous a été rendu des

---

(1) Présentation à la Chambre des députés, le 25 avril (Mon. du 26 avril).

Rapport de M. le duc de Gaëte, le 29 avril (Mon. du 30 avril).

Adoption sans discussion, le 1er mai (Mon. du 2 mai).

Présentation à la Chambre des pairs, le 2 mai (Mon. du 3 mai).

Rapport de M. le duc de Lévis, le 4 mai (Mon. du 23 mai).

Adoption, le 4 mai (Mon. du 23 mai).

difficultés qui se sont élevées à l'occasion de l'article 15 de notre ordonnance du 20 juin 1817, en ce qui touche l'admission des services militaires dans le calcul des services civils pour établir le droit à la pension sur les fonds de retenue;

Voulant, à cet égard, fixer le sens de cet article par une interprétation conforme à nos intentions, afin qu'il n'en résulte pas pour les caisses de retraite une surcharge que nous n'avons pas entendu leur imposer et que leurs moyens ne comportent pas;

Vu notre ordonnance du 22 novembre 1815, qui permet, pour le réglement des pensions sur le fonds de retenue, le cumul des services militaires non récompensés avec les services civils;

Sur le rapport de notre ministre secrétaire d'Etat des finances,

Notre Conseil-d'Etat entendu,

Nous avons ordonné et ordonnons ce qui suit :

Art. 1er. La rétribution des services militaires non récompensés, admis dans la liquidation des pensions sur les fonds de retenue des administrations financières, en exécution de notre ordonnance du 22 novembre, sera réglée par année de services, dans la proportion déterminée pour chaque grade par les réglemens relatifs aux pensions militaires: les services administratifs seront calculés à part d'après leurs réglemens particuliers (1).

2. La présente disposition est applicable aux services militaires déjà récompensés qui se trouvent dans le cas prévu par le second paragraphe de l'article 15 de notre ordonnance du 20 juin 1817.

3. Néanmoins, les pensions déjà accordées par nous, et pour la fixation desquelles les services militaires ont été assimilés aux services administratifs, ne seront assujéties à aucune révision.

4. Notre ministre des finances est chargé de l'exécution de la présente ordonnance.

---

6 = Pr. 20 MAI 1818. — Ordonnance du Roi portant formation d'un corps royal d'état-major et d'une école d'application pour le service de l'état-major général de l'armée. (7, Bull. 212, n° 4133.)

Voy. ordonnance du 5 AOUT 1818.

Louis, etc.

Ayant reconnu qu'il importe essentiellement au bien de notre service d'assurer la bonne composition et l'instruction spéciale des officiers destinés à remplir les fonctions de chef d'état-major, aides-majors généraux, officiers dits d'état-major et aides-de-camp;

Voulant aussi concilier l'organisation de cette partie importante de notre armée avec l'économie bien entendue qui doit présider à toutes les institutions réclamées par l'intérêt de l'Etat,

Nous avons ordonné et ordonnons ce qui suit :

TITRE Ier. Dispositions générales.

Art. 1er. Les officiers d'état-major, soit qu'ils se trouvent employés aux états-majors des armées, gouvernemens ou divisions militaires, soit qu'ils remplissent des fonctions d'aides-de-camp près des officiers généraux, formeront un seul corps, sous la dénomination de *Corps royal d'état-major.*

2. A l'avenir, le nombre des officiers d'état-major aides-de-camp ne sera point proportionné à celui des généraux, mais analogue aux besoins ordinaires et éventuels du service de paix et de guerre.

3. Le nombre et les grades des officiers d'état-major seront déterminés ainsi qu'il suit: trente colonels, trente lieutenans-colonels, quatre-vingt-dix chefs de bataillon, deux cent soixante-dix capitaines, cent vingt-cinq lieutenans, formant un total de cinq cent quarante-cinq officiers pour le service des états-majors sur le pied de paix.

Ce nombre pourra se porter, suivant que les circonstances l'exigeraient, au complet de guerre de six cent quarante officiers, par l'appel à l'état-major de l'armée des lieutenans aides-majors dont il sera question ci-après.

4. Pour subvenir aux besoins du service et au maintien du complet de paix ou de guerre déterminé ci-dessus, il sera établi une école d'application pour les officiers destinés au service d'état-major, et dont l'organisation sera fixée au titre V de la présente ordonnance.

5. Après la première formation, et hors les cas qui seront spécifiés au titre des *Dispositions transitoires*, les officiers du corps royal d'état-major devront avoir suivi les études et exercices de nos écoles royales militaires et d'application, et joindre aux connaissances élémentaires qui y sont enseignées, les autres parties d'instruction militaire nécessaires pour le service d'état-major: à cet effet, en sortant desdites écoles, ils passeront, en qualité d'aides-majors, dans les corps de cavalerie et d'infanterie, ainsi qu'il sera déterminé ci-après.

---

(1) La règle établie par cet article est applicable indistinctement à toutes les pensions qui, à cette époque, n'étaient pas accordées par ordonnances (10 janvier 1821; ord. Mac. 1, 58)

TITRE II. Aides-majors.

6. Les élèves du corps royal d'état-major, après deux ans d'exercice comme sous-lieutenans à l'école d'application, et ayant satisfait aux examens déterminés, seront envoyés, avec le même grade, en qualité d'aides-majors, dans les régimens de cavalerie.

7. Après deux années d'emploi comme aides-majors de cavalerie, et ayant alors quatre ans de grade de sous-lieutenans, ces mêmes officiers seront nommés lieutenans, et envoyés comme aides-majors dans les corps d'infanterie.

8. Les officiers placés, ainsi qu'il est dit aux articles précédens, comme aides-majors de cavalerie et d'infanterie, seront en dehors des cadres et ne concourront point à l'avancement de ces corps; ils y seront employés, sous les ordres des colonels ou chefs-d'escadron et de bataillon, dans les détails du service attribués aux adjudans-majors, et ainsi qu'il pourra être ordonné par le commandant du corps.

9. Nos inspecteurs généraux d'infanterie et de cavalerie feront subir aux aides-majors, dans le cours de leurs inspections, des examens de théorie et d'application de la théorie aux manœuvres, et rendront compte de leur instruction à notre ministre de la guerre.

10. Il ne sera point accordé de congés de semestre aux aides-majors avant l'expiration des quatre années de service et d'instruction obligée en cette qualité dans les corps de cavalerie et d'infanterie.

11. Le nombre des lieutenans aides-majors sera de cent. Ces officiers, après deux ans d'exercice de leurs fonctions dans les corps d'infanterie, seront disponibles pour les emplois vacans dans l'état-major: il continueront, en attendant, leur service dans les corps; mais ils prendront rang pour l'avancement, avec les lieutenans d'état-major.

Les plus anciens seront envoyés comme aides-majors dans les corps de troupe du génie et de l'artillerie, pour y compléter leur instruction relative à ces armes.

12. Le nombre des sous-lieutenans, élèves et aides-majors de cavalerie, sera toujours réglé de manière à pourvoir aux remplacemens devenus nécessaires par le passage des aides-majors d'infanterie à l'état-major de l'armée, suivant les besoins de paix et de guerre.

TITRE III. Officiers d'état-major.

13. Les lieutenans d'état-major seront pris parmi les officiers qui, ayant accompli deux années d'emploi comme aides-majors dans un corps d'infanterie, se trouveront disponibles, selon ce qui est déterminé par l'article 11.

14. L'avancement des officiers d'état-major sera déterminé par notre ordonnance générale sur l'avancement dans l'armée.

15. Les colonels d'état-major seront chargés des détails du service, comme chefs d'états-majors divisionnaires, ou sous-chefs d'états-majors généraux.

Ils pourront être employés dans les fonctions de premiers aides-de-camp des maréchaux de France et des généraux commandant en chef des corps d'armée.

Ils seront suppléés, suivant les besoins du service, par les lieutenans-colonels et officiers supérieurs.

16. Notre ministre de la guerre assigne aux officiers d'état-major la destination que le bien du service exige, soit aux armées, soit dans les gouvernemens ou commandemens des divisions militaires.

17. L'état-major de chaque division militaire, en temps de paix, pourra se composer d'un colonel ou lieutenant-colonel chef d'état-major divisionnaire, d'un chef de bataillon, de deux capitaines et deux lieutenans.

En temps de guerre, notre ministre de la guerre retirera des divisions militaires les officiers d'état-major qui seraient nécessaires aux armées.

18. Lorsque, par suite de cessation de l'état de guerre, ou toute autre cause, l'officier d'état-major se trouvera hors d'activité actuelle, soit aux états-majors d'armée, soit comme aide-de-camp, il est à la disposition du ministre de la guerre, sans cesser de faire partie de l'état-major général et d'y conserver son avancement.

19. Notre ministre de la guerre affecte spécialement au dépôt de ce département le nombre d'officiers d'état-major disponible qu'il juge convenable pour le bien de notre service.

20. A défaut d'officiers d'état-major, et lorsque des circonstances extraordinaires l'exigeront, les généraux d'armée ou les commandans en chef de nos forces militaires, hors du royaume, pourront employer, dans le service d'officiers d'état-major ou d'aides-de-camp, des officiers de troupe sous leurs ordres. Ces officiers ne pourront, en aucun cas, être considérés comme faisant partie du corps royal d'état-major; ils continueront à compter et à avoir leur avancement dans leurs corps; ils n'y seront point remplacés, et devront y rentrer aussitôt que l'arrivée des officiers d'état-major aura pourvu aux besoins du service.

Il sera rendu compte à notre ministre de la guerre de l'emploi provisoire des officiers de troupe à l'état-major, et de leur entrée à leurs corps.

21. Les emplois de chef d'état-major généraux et d'aides-majors généraux, dans nos armées ou dans l'intérieur du royaume, seront

conférés à des officiers généraux du corps royal d'état-major.

En conséquence et pour assurer cette partie du service, le nombre des officiers généraux du corps royal d'état-major qui y seront affectés, sera de seize maréchaux de camp et de huit lieutenans généraux : hors de ce service, et en temps de paix, ils seront à la disposition de notre ministre de la guerre, pour être employés suivant les besoins du service.

TITRE IV. Aides-de-camp.

22. Les aides-de-camp lieutenans seront pris parmi les officiers d'état-major disponibles, et, à leur défaut, parmi les aides-majors d'infanterie, conformément à ce qui est déterminé à l'article 11.

Les aides-de-camp capitaines, ou officiers supérieurs seront pris parmi les officiers d'état-major disponibles et du grade analogue à l'emploi vacant.

Ces officiers recevront des lettres de service de notre ministre de la guerre, sur la demande des maréchaux de France et des officiers généraux, et d'après nos ordres, pour les colonels.

23. Les officiers généraux, lorsqu'ils rempliront des fonctions particulières autres que celles de leur grade dans l'armée, n'auront point d'aides-de-camp, si ce n'est d'après nos ordres spéciaux, et lorsque le besoin du service l'exigera.

24. Les aides-de-camp des officiers généraux qui cessent d'être employés en activité de service rentrent à la disposition de notre ministre de la guerre.

25. Le nombre d'aides-de-camp attribué aux maréchaux de France et aux généraux employés sur le pied de guerre et en service actif aux armées sera,

Pour les maréchaux de France, de six officiers, savoir: un colonel ou lieutenant-colonel, un chef de bataillon, deux capitaines et deux lieutenans;

Pour les lieutenans généraux, de trois officiers, savoir: un chef de bataillon, un capitaine et un lieutenant;

Pour les maréchaux-de-camp, de deux officiers, savoir: un capitaine et un lieutenant.

26. Sur le pied de paix, le nombre des aides-de-camp sera,

Pour les maréchaux de France, de quatre officiers, savoir: un colonel ou lieutenant-colonel, un chef de bataillon et deux capitaines;

Pour les lieutenans généraux, de deux officiers, savoir : un capitaine et un lieutenant;

Pour les maréchaux-de-camp, un capitaine.

27. Les maréchaux de France qui n'auront pas de commandement, soit en temps de guerre, soit en temps de paix, pourront conserver deux aides-de-camp, l'un du grade de chef de bataillon, l'autre du grade de capitaine.

28. Les officiers généraux d'artillerie et du génie prendront leurs aides-de-camp dans leur arme. Ces officiers continueront à y compter, et y conserveront leur avancement, sans pouvoir participer à celui du corps royal d'état-major.

29. Dans le cas de guerre, à défaut d'officiers d'état-major disponibles, notre ministre de la guerre pourra autoriser, lorsqu'il sera nécessaire, pour suppléer au service d'aides-de-camp près des officiers généraux inspecteurs d'infanterie, de cavalerie ou de gendarmerie, pendant le cours de leur mission ou inspection, l'emploi d'officiers pris dans ces armes, et qui rentreront immédiatement après à leur poste.

30. Le nombre des officiers employés comme aides-de-camp près des princes de notre famille est fixé par nos ordonnances spéciales.

Ces officiers peuvent être pris dans toute l'armée, sans cesser de compter et de prendre leur avancement dans l'arme à laquelle ils appartiennent.

TITRE V. Ecole d'application d'état-major.

31. L'école d'application, pour le service de l'état-major général de l'armée, sera établie près le dépôt de la guerre à Paris.

32. Les élèves de cette école seront choisis parmi ceux de l'école spéciale militaire qui auront satisfait à l'examen de sortie de cette école et reçu le brevet de sous-lieutenant : ils devront remplir, en outre, les conditions exigées pour l'admission à l'école d'application, d'après le programme qui sera déterminé à cet effet et rendu public. Le nombre des admissions sera déterminé, chaque année, d'après les besoins du service.

33. Les élèves de l'école d'application de l'état-major seront assimilés, pour la solde, le régime intérieur et la discipline, aux élèves de l'école d'application du génie et de l'artillerie établie à Metz.

34. Les élèves sous-lieutenans de l'état-major de l'armée resteront deux ans à l'école d'application, et ils seront répartis en deux divisions.

35. L'école d'application sera commandée par un maréchal-de-camp d'état-major. Cet officier général aura sous ses ordres un lieutenant-colonel et un chef de bataillon, tant pour la police et la discipline des élèves, que pour leur instruction sur les exercices et manœuvres d'infanterie et de cavalerie.

36. Il sera établi à l'école d'application d'état-major des cours sur les connaissances ci-après déterminées, savoir :

1° La géographie et la statistique, la topographie, le dessin, la levée de la carte et les reconnaissances militaires;

2° Les élémens d'artillerie;

3° La fortification passagère, l'attaque et la défense des places;

4° L'art, l'histoire et l'administration militaire.

Ces cours seront faits par des officiers d'état-major, d'artillerie, du génie, et des géographes, et par un sous-intendant militaire, détachés de leurs corps respectifs à cet effet.

37. Notre ministre secrétaire d'Etat de la guerre arrêtera le programme d'admission, ainsi que ceux des cours et exercices de l'école d'application de l'état-major. Il fera également un réglement sur l'ordre et la série des travaux et sur tous les détails de l'administration de l'école, du service, de la police et de la discipline des élèves.

38. Chaque année, les élèves de l'école d'application de l'état-major de l'armée seront employés, pendant trois mois, avec ceux du corps des ingénieurs géographes, et sous la direction des professeurs de ce dernier corps, à des levées de terrains et à des reconnaissances militaires.

39. Les élèves subiront un examen, à la fin de leur première année d'études, pour entrer dans la deuxième division, et en subiront un second sur toutes les parties de l'instruction enseignées à l'école, après avoir complété le cours de la deuxième division. Ceux de ces élèves qui auront satisfait à ce dernier examen seront envoyés comme aides-majors dans les corps de l'armée, pour y compléter leur instruction.

40. Les élèves qui n'auront pas satisfait à cet examen ne pourront faire partie des officiers de l'état-major, mais ils seront placés en qualité de sous-lieutenans dans les corps d'infanterie ou de cavalerie; et les deux années qu'ils auront passées à l'école leur seront comptées pour parvenir au grade de lieutenant.

TITRE VI. Dispositions transitoires.

41. Notre ministre de la guerre nous soumettra le tableau de première organisation du corps royal d'état-major.

Pourront y être placés,

1° Les officiers d'état-major actuels et aides-de-camp, jusqu'au grade de capitaine inclus;

2° Les officiers de toutes armes en activité ou disponibles qui seront reconnus réunir les connaissances et l'aptitude nécessaires.

Les officiers du grade de lieutenant, pour être admis au tableau de première formation, devront satisfaire à un examen, dont le programme sera déterminé par notre ministre de la guerre : néanmoins, les officiers de ce grade faisant partie de l'état-major actuel comme aides-de-camp, pourront continuer leur service jusqu'à l'époque qui sera fixée pour lesdits examens.

42. Pour pourvoir aux besoins du service et vacances d'emploi, jusqu'à ce que les officiers sortis de l'école d'application puissent y subvenir, les lieutenans et sous-lieutenans de toutes armes, qui auront une première connaissance des élémens de géométrie, du dessin et de la fortification de campagne, et qui désireraient être admis au corps royal d'état-major, pourront en faire la demande aux inspecteurs généraux d'armes, qui la transmettront à notre ministre de la guerre, avec des notes particulières sur ces officiers.

43. Après la clôture des revues d'inspection générale, notre ministre de la guerre ordonnera la formation des conseils d'examen sur les divers points qu'il sera jugé convenable, et il enverra aux candidats l'autorisation nécessaire pour s'y présenter.

44. Les lieutenans qui auront satisfait aux examens et seront jugés réunir les connaissances suffisantes pour être admis à l'état-major seront placés comme aides-majors d'infanterie pour être appelés au service d'état-major, à mesure des vacances d'emploi.

45. Les sous-lieutenans ayant satisfait aux examens d'admission seront placés comme aides-majors dans les corps de cavalerie, pour passer ensuite aides-majors d'infanterie, conformément à ce qui est déterminé par l'article 7 de notre ordonnance.

46. Conformément à ce qui est déterminé par l'article 21 de notre présente ordonnance, et pour la première formation, les officiers généraux d'état-major seront choisis, de préférence, parmi les officiers généraux sortis de l'ancien état-major, qui ont exercé les fonctions de chefs d'état-major des divisions ou corps d'armée, et parmi ceux qui, étant sortis des corps royaux d'artillerie et du génie, auraient été employés au commandement des troupes aux armées.

Le tableau nous en sera soumis par notre ministre de la guerre.

47. Notre ministre de la guerre est chargé de l'exécution de la présente ordonnance.

---

6 MAI 1818. — Ordonnance du Roi relative à la convocation des conseils d'arrondissement et des conseils généraux. (7, Bulletin 210, n° 4080)

---

6 MAI 1818. — Ordonnance du Roi portant établissement d'un conseil de prud'hommes dans la ville de Niort. (7, Bull. 210, n° 4081.)

---

6 MAI 1818. — Ordonnances du Roi qui accordent des lettres de déclaration de naturalité aux sieurs Houriet, Debra, Chauvet, Gleiser, Dormeyer, Lentzen, Fresquet, Verhahn, Rinzel, Pozzolo, Bobillier, Thiemann, Minet, Peraira, Pomto, de Sacarneiro, Theubet, Crespo, Philippe, Trautenheim, Poth, Péreaux, Striglionis, Gilles-Gilbert-van-Straeten, Schmid, Pistator, Wunder et Toudelli. (7, Bull. 219, 221, 223, 227, 231, 234, 238, 240, 248, 256, 264, 283, 287, 290, et 298.)

---

6 MAI 1818. — Ordonnance du Roi qui autorise l'inscription au Trésor royal de plusieurs pensions civiles et ecclésiastiques, et de soldes de retraite. (7, Bull. 217 et 218.)

---

6 MAI 1818. — Ordonnances du Roi qui autorisent l'acceptation de dons et legs faits aux pauvres, aux hospices et fabriques des églises de Laverhe, Saint-Privat, Cercon, Moissac, Lyon, Masveau, Saint-Justin, Saint-Denis-d'Héricourt, Souesme, Genevrières, Belfond, Orbigny-au-Val, la Ferté-sur-Amance, Damblin, Tiliers Montgaroult, Villers-en-Argonne, Inos, Saint-Geniez, Saint-Alfrique, Valady, Villefranche, Aurignac, Cette, Pézenas, Etival, Sarrazac, Bagnac, Moncuq, Agen, Pont-Sainte-Maxence, Ravenel, Lille, Pignans, Draguignan, Cheval-Blanc, Enghien, Bordeaux, Maringues, Firmi, Marigny, Belleville (Rhône), Preuilly, La Roche-Guyon, Valence, Paris, Champdor, Arboscq, Ventabren, Vigan, Strasbourg, Assat, Arrien, Saint-Valery-en-Caux, Pau, Château-Gontier, Oléron, Mortagne, Ornans, Aix, Bayonne, Craponne, Lorris, Metz, Fontenay-le-Comte, Béziers, Buxy, Bourg et Soulaire. (7, Bull. 237, 238 et 239.)

---

6 MAI 1818. — Ordonnance du Roi qui fait concession au sieur Fualdès des mines de houille du Réal, commune de Firmi (Aveyron). (7, Bull. 239, n° 5232.)

---

13 = Pr. 20 MAI 1818. — Loi qui accepte l'offre faite par une société de négocians et capitalistes de prêter un million neuf cent cinquante mille francs, à l'effet de concourir à l'exécution des travaux du port du Havre (1). (7, Bull. 212, n° 4128.)

Voy. Ordonnance du 15 JUILLET 1818.

Art. 1er. L'offre faite par une société de négocians et capitalistes de prêter une somme de un million neuf cent cinquante mille francs, à l'effet de concourir à l'exécution des travaux du port du Havre, est acceptée.

2. Toutes les clauses et conditions stipulées, soit à la charge de l'Etat, soit à la charge des soumissionnaires, dans l'acte par eux souscrit le 10 avril 1818, recevront leur plaine et entière exécution.

3. La ville du Havre est autorisée à subvenir jusqu'à concurrence de deux cent mille francs, au paiement d'une partie des intérêts de l'emprunt ci-dessus, et à s'imposer, si besoin est, une contribution extraordinaire, qui ne pourra excéder dix centimes du principal de la contribution foncière, conformément à la délibération du conseil municipal du 25 février 1818.

4. L'acte du 10 avril 1818 demeurera annexé à la présente loi.

5. Il sera perçu, à compter du 1er janvier 1821, un droit additionnel de cinquante centimes par tonneau sur tous navires français et étrangers de cent tonneaux et au-dessus qui entreront au port du Havre.

Ce droit cessera lorsque les recettes auront atteint la somme de deux cent mille francs, spécialement et exclusivement affectée au paiement des intérêts des avances faites par les soumissionnaires.

Emprunt pour les travaux du port du Havre. — Soumission de un million neuf cent cinquante mille francs.

Le curage général des vases qui s'accumulent dans le port et les bassins du Havre, et l'achèvement de ceux-ci, sont devenus l'objet des vœux les plus ardens du commerce de cette place, celui d'un intérêt général, celui enfin de la sollicitude paternelle de sa majesté.

On estime, en forçant un peu les évaluations, que ces travaux coûteront trois millions; ils doivent être terminés en trois ans.

Le Gouvernement se propose d'affecter à cette dépense la totalité de la recette des droits de navigation qui se percevront au Havre en 1818, 1819 et 1820. Ces droits, en supposant que leur produit soit le même qu'en 1816 et 1817, s'élèveront, pour chacune des trois années ci-dessus, à trois cent cinquante mille francs, faisant ensemble un million cinquante mille francs.

Il est nécessaire d'emprunter dix-neuf cent cinquante mille francs pour compléter les trois millions dont on a besoin; et ces dix-

---

(1) Présentation à la Chambre des députés le 25 avril (Mon. du 3 mai).

Rapport de M. le comte Begouen, le 1er mai (Mon. du 2 mai).

Adoption, le 2 mai (Mon. du 3 mai).

Présentation à la Chambre des pairs, le 4 mai (Mon. du 23 mai).

Rapport de M. le duc Saint-Aignan, le 7 mai (Mon. du 25 mai).

Adoption, le 7 mai (Mon. du 25 mai).

neuf cent cinquante mille francs devront être payés par tiers pendant chacune des trois années susdites :

A ces causes,

Nous soussignés, stipulant et nous obligeant chacun en notre nom et jusqu'à la concurrence des sommes pour lesquelles nous souscrivons la présente soumission ;

Animés du désir d'accélérer l'achèvement des bassins et l'amélioration du port du Havre, et de concourir ainsi aux vues bienfaisantes de sa majesté,

Contractons, moyennant la pleine et entière exécution de toutes les conditions ci-après exprimées, l'engagement de verser, dans la caisse du receveur de l'arrondissement du Havre, une somme de *dix-neuf cent cinquante mille francs,* en douze paiemens égaux, dont le premier aura lieu dans le courant du présent mois d'avril, ou aussitôt que le permettra la mise en règle du présent acte ; et les autres, de trimestre en trimestre, sans interruption : par ce moyen, le dernier paiement échera le 1er janvier 1821.

Le versement de ces *dix-neuf cent cinquante mille francs* sera fait aux conditions suivantes, savoir :

Art. 1er. Dans le cas où la recette des droits de navigation, pendant les années 1818, 1819 et 1820, dépasserait l'évaluation de trois cent cinquante mille francs qu'on en a faite, la somme de *dix-neuf cent cinquante mille francs* à fournir par les soumissionnaires sera réduite d'autant à la décharge de leurs derniers engagemens en ordre rétrograde.

Dans le cas contraire où cette recette n'atteindrait pas *trois cent cinquante mille francs* par an, le Gouvernement comblera le déficit, et les engagemens des soumissionnaires ne pourront éprouver aucune augmentation.

2. Pour rembourser aux soumissionnaires le capital dont ils auront fait le versement, il leur sera concédé spécialement et par privilége la recette entière des droits de navigation qui se paient au Havre conformément au tarif actuel, et désignés sous les noms de *droit de tonnage*, *et demi-droit de tonnage*, *droits de bassin à flot*, *droits de bassin non à flot*, et *droits de sauvetage*, et ce, à commencer du 1er janvier 1821 jusqu'à parfait remboursement des sommes avancées par les soumissionnaires, et des intérêts à raison de quatre pour cent l'an.

La perception des droits concédés se fera, comme à l'ordinaire, par la douane ; mais la recette de chaque mois sera versée, dans les cinq jours qui suivront, à la caisse des soumissionnaires.

Dans le cas où, par cause de guerre ou toute autre, la recette d'une année n'atteindrait pas *trois cent cinquante mille francs*, le Gouvernement prend l'engagement de faire payer le déficit par le Trésor.

Le compte des intérêts à quatre pour cent sera réglé à la fin de chaque année, et le résultat en faveur des soumissionnaires sera ajouté à leur avoir comme accroissement de capital, portant également jouissance d'intérêt.

3. Pour indemniser les soumissionnaires de l'insuffisance manifeste des intérêts de quatre pour cent stipulés ci-dessus, il y sera suppléé au moyen d'une somme de *cinq cent vingt mille francs*, qui leur sera payée aux époques et de la manière ci-après déterminées :

1° Cent vingt mille francs provenant d'une contribution volontaire bénévole, consentie par les commerçans et capitalistes du Havre, payable par moitié en 1818 et 1819, ainsi qu'il résulte de l'engagement déposé à la chambre de commerce de ladite ville ;

2° Deux cent mille francs que la ville du Havre se fera autoriser à payer aux soumissionnaires en quarante versemens égaux, qui commenceront le 1er avril 1818, ou aussitôt que le permettra la mise en règle du présent acte, s'effectueront de trimestre en trimestre, et cesseront le 31 décembre 1827 ;

3° Deux cent mille francs provenant d'un droit additionnel de tonnage de cinquante centimes par tonneau sur tous les navires de commerce nationaux ou étrangers de cent tonneaux et au-dessus, qui entreront au port du Havre : ce droit se percevra à partir de l'époque où les travaux seront achevés, c'est-à-dire, du 1er janvier 1821, conformément aux stipulations contenues en l'article 4, et il cessera lorsque les recettes auront atteint la somme désignée de *deux cent mille francs.*

Les engagemens ci-dessus pris par la ville du Havre sont garantis par le Gouvernement, qui pourvoira au paiement immédiat de ceux qui pourraient rester en souffrance. Pareillement, dans le cas où le droit additionnel de tonnage n'aurait pas produit la somme de *deux cent mille francs* dans l'intervalle du 1er janvier 1821 au 31 décembre 1827, le Gouvernement prend l'engagement de pourvoir au déficit.

4. Le Gouvernement prend l'engagement de faire achever les travaux du port du Havre, qui sont l'objet du présent emprunt, dans le courant de l'année 1820, conformément aux plans et projets approuvés par M. le directeur général des ponts-et-chaussées, et dans l'ordre indiqué dans lesdits projets. L'état sommaire de ces travaux, joint aux présentes, est signé, *pour ne varier*, par les soumissionnaires.

Le tout sans préjudice aux travaux ordinaires d'entretien du port du Havre, lesquels restent indépendans de ceux stipulés au présent acte.

5. Dans le cas où les travaux dont il s'agit non-seulement n'auraient pas été achevés au 1er janvier 1821, mais où, par des événemens ou des causes quelconques, ils ne le seraient pas encore à l'expiration des trois années qui suivront cette époque, il sera censé que l'entreprise est abandonnée. On arrêtera le compte des soumissionnaires au 31 décembre 1823, avec les intérêts à quatre pour cent, et le résultat définitif de leur avance leur sera payé par le Trésor.

Il sera de plus remboursé et payé aux suivans *trois cents mille francs*, savoir :

120,000f	aux souscripteurs de la contribution volontaire de même somme ;
120,000	à la ville du Havre, pour remboursement de six années de versemens faits par elle et s'élevant à vingt mille francs par an ;
60,000	aux soumissionnaires, pour leur tenir lieu du droit additionnel de tonnage resté en souffrance pendant trois ans, par défaut de l'achèvement du port.
300,000 fr. ensemble.	

Par une conséquence naturelle de ces remboursemens, la ville du Havre se trouvera libérée de ses engagemens non échus, et il n'y aura plus lieu à l'établissement du droit additionnel de tonnage.

6. Les soumissionnaires se formeront en société anonyme, conformément au projet de société annexé à la présente soumission. Leur obligation ne sera définitive qu'autant que cet acte de société aura reçu dans la forme ordinaire l'autorisation du Gouvernement.

Les directeurs nommés par la société anonyme pourront se former en commission sous la présidence de M. le préfet du département de la Seine-Inférieure, ou, à défaut, sous celle de M. le maire de la ville du Havre pour prendre connaissance de l'emploi des fonds versés au Gouvernement et du progrès des travaux, demander toutes communications et faire toutes réclamations et représentations qu'ils jugeront utiles à leurs intérêts.

Il sera dressé par les ingénieurs du Gouvernement, dans les premiers six mois de l'année 1820, un état des dépenses faites et de celles à faire encore pour l'achèvement des travaux entrepris, leur importance pouvant, à cette époque, s'évaluer avec précision. Si, comme on doit l'espérer, elles restent au-dessous de trois millions, les soumissionnaires s'entendront avec M. le directeur général des ponts-et-chaussées pour donner au surplus une destination analogue à celle des fonds déjà employés. Si, au contraire, et par des circonstances imprévues, les dépenses doivent excéder trois millions, le Gouvernement devra pourvoir à cet excédant par ses ressources générales, et l'obligation de terminer les travaux dans le délai indiqué reste dans toute sa force.

7. Les soussignés s'engagent et se soumettent à exécuter dans leur intégrité toutes les obligations par eux ci-dessus contractées, à compter du jour où sa majesté aura sanctionné et promulgué la loi qui consacre les stipulations portées en la présente soumission, laquelle ne forme, dans toutes ses conditions, qu'un tout indivisible, et ne sera obligatoire pour les soussignés qu'à compter de ladite promulgation.

Havre, le 10 avril 1818.

(*Suivent les signatures des actionnaires et le montant des actions de chacun.*)

---

13 = Pr. 20 MAI 1818. — Loi qui accepte l'offre faite par les sieurs Balguerie, Sarget et compagnie, de prêter un million cinq cent mille francs pour concourir à l'établissement d'un pont sur la Dordogne, etc. (1). (7, Bull. 212, n° 4129.)

Voy. ordonnance du 9 SEPTEMBRE 1818.

Art. 1er. L'offre faite par les sieurs Balguerie, Sarget et compagnie, de prêter une somme de un million cinq cent mille francs pour concourir à l'établissement d'un pont sur la Dordogne, à l'ouverture d'une route, et à la substitution d'un pont de bateaux au bac de l'Isle, près le confluent de cette rivière, est acceptée.

2. Toutes les clauses et conditions stipulées, soit à la charge de l'Etat, soit à la charge des soumissionnaires, dans l'acte souscrit le 18 avril 1818, recevront leur pleine et entière exécution. Ledit acte, ainsi que les tarifs des droits de péage à percevoir sur le pont de la Dordogne et au passage de l'Isle, près le confluent de cette rivière, pour rembourser les soumissionnaires de la somme prêtée et leur assurer l'indemnité de leurs avances, demeureront annexés à la présente loi.

---

(1) Présentation à la Chambre des députés, le 27 avril (Mon du 3 mai).

Discussion et adoption le 2 mai (Mon. du 5 mai).

Présentation à la Chambre des pairs, le 4 mai (Mon. du 23 mai).

Rapport de M. Saint-Aignan, le 7 mai (Mon. du 25 mai).

Adoption, le 7 mai (Mon. du 25 mai).

Soumission de quinze cent mille francs pour la construction de deux ponts, l'un sur la Dordogne et l'autre sur l'Isle, et l'ouverture d'une route entre Bordeaux et Libourne.

Nous soussignés, stipulant et nous obligeant, chacun en notre nom, et jusqu'à concurrence des sommes pour lesqu'elles nous souscrivons la présente soumission;

Animés du désir de donner un nouvel exemple d'accroître l'industrie et de favoriser l'agriculture, en contribuant à faire ouvrir une communication importante et à la construction d'un pont sur la Dordogne à Libourne, qui devient nécessaire aujourd'hui pour compléter la facile communication des routes d'Espagne et du Languedoc avec Paris et Lyon, et toutes les autres parties du royaume,

Contractons, moyennant la pleine et entière exécution de toutes les conditions ci-après exprimées, l'engagement de verser dans la caisse du receveur général du département de la Gironde une somme de quinze cent mille francs, en quinze paiemens égaux, dont le premier aura lieu le 1er octobre de cette année, les autres de trimestre en trimestre, à l'exception des six derniers, qui se feront de deux mois en deux mois, de manière que la somme de quinze cent mille francs soit versée en totalité le premier novembre 1821.

Cette somme sera destinée et appliquée à l'ouverture d'une route entre Bordeaux et Libourne, à la construction d'un pont en charpente sur la Dordogne, à livrer un passage par un pont de bateaux sur la rivière de l'Isle.

Art. 1er. Pour rembourser les soumissionnaires du capital qu'ils auront versé, et leur tenir lieu en même temps des intérêts, il leur sera accordé spécialement et par privilége un droit de péage à percevoir sur le pont de la Dordogne et au passage de l'Isle, d'après les tarifs annexés à ces présentes.

Ce droit sera perçu par la compagnie anonyme formée sous le nom de *Compagnie du pont de Bordeaux*, qui continuera à le percevoir jusqu'à ce que les soumissionnaires aient été remboursés de leurs avances, tant en capitaux qu'en intérêts, d'après ce qui sera dit ci-après.

2. Comme le produit net de ces deux péages n'est qu'une allocation donnée par le Gouvernement, il sera appliqué d'abord à l'acquittement des intérêts de la somme reçue et à l'extinction du capital, au taux et de la manière qui vont être ci-après stipulés.

S'il y a de l'excédant, le surplus sera mis en réserve et à la disposition de l'administration des ponts-et-chaussées.

Il sera pris, pour constater le produit des péages perçus par la compagnie, les mêmes mesures que pour celui du pont de Bordeaux.

3. Le remboursement de la somme prêtée par les soumissionnaires, et le paiement des intérêts, auront lieu ainsi qu'il sera dit par les articles subséquens, et le Gouvernement prendra l'engagement formel de faire payer à la compagnie, semestre par semestre, et dans le lieu de son domicile, le déficit qui pourrait résulter du produit net de ces deux péages, pour compléter la somme que la compagnie aura à recevoir chaque année en intérêts et primes de remboursement, comme elle s'engage de son côté à laisser au Gouvernement, et de la manière qu'il vient d'être dit dans les articles qui précèdent, les sommes qui pourraient former un excédant.

4. La compagnie du pont de Bordeaux, qui régira également cette nouvelle entreprise, aura droit et devra recevoir par an, semestre par semestre:

1° L'intérêt, à raison de six pour cent par an, à partir des époques stipulées par ce qui précède pour les versemens.

Jusqu'à l'époque de la mise en jouissance des deux péages de la Dordogne et de l'Isle, que le Gouvernement s'engage à livrer le 1er janvier 1822, et plus tôt, s'il le peut, les intérêts ci-dessus déterminés seront payés à la caisse du receveur général du département de la Gironde, semestre par semestre, et la compagnie aura droit à les retenir dans ses versemens en cas d'inexactitude dans les susdits paiemens d'intérêts.

A partir de l'époque où la compagnie aura été mise en jouissance des droits de péage, et au plus tard à partir de celle du 1er janvier 1822, que les ponts et route soient ou non parachevés, il sera payé à la compagnie, semestre par semestre:

2° L'intérêt, à raison de six pour cent l'an, sur la somme capitale de quinze cent mille francs qu'elle aura versée à cette époque;

3° L'indemnité de deux pour cent sur ladite somme de quinze cent mille francs, que, joint à l'amortissement, elle aura la faculté de répartir en primes sur les obligations qu'elle a l'intention d'émettre conformément à l'ordonnance qui sera demandée à sa majesté pour l'homologation de la société anonyme qu'elle se propose de former;

4° La somme de trente mille francs par an, à raison de quinze mille francs semestre par semestre, pour rembourser et amortir le capital prêté de quinze cent mille francs, et de telle sorte que, les paiemens étant effectués comme il est dit dans le présent article, le capital se trouvera complétement amorti en 1842, et le Gouvernement rentrera alors dans ses droits de péage.

Si, par un événement ou une cause quelconque, la compagnie n'était pas entièrement et exactement payée des sommes qui lui seraient dues, soit pour l'amortissement, soit pour les intérêts, elle conservera par privilége la jouissance des droits de péage pour tout ce qui pourrait lui rester dû en capitaux et intérêts, au même taux et de la même manière qu'il est stipulé dans les paragraphes précédens du présent article, jusqu'à l'entière extinction de sa créance.

5. Le tarif du droit de péage ne pourra être augmenté : toutefois, il pourra être diminué, avec l'approbation du Gouvernement, sur la demande de la compagnie.

Le Gouvernement s'oblige à faire confectionner la route entre Bordeaux et Libourne sur les dimensions des routes royales, à construire le pont de la Dordogne en charpente, à rendre ses abords praticables et commodes aux voitures comme aux piétons, à assurer le passage de la rivière de l'Isle à Libourne par un pont de bateaux, le tout conformément aux plans et projets qui seront soumis à l'approbation de M. le directeur général des ponts-et-chaussées, pour le 1er octobre prochain au plus tard, et de telle sorte que tous les ouvrages ci-dessus soient commencés avant la fin de la présente année 1818, et entièrement achevés pour le 1er janvier 1822, et entretenus ensuite en bon état par les soins de l'administration des ponts-et-chaussées, et à ses frais.

6 *et dernier*. Les soussignés s'engagent à exécuter, dans leur intégrité, toutes les obligations par eux ci-dessus contractées, à compter du jour où sa majesté aura sanctionné et promulgué la loi qui consacrera les stipulations portées en la présente soumission, laquelle ne forme dans toutes ses conditions qu'un tout indivisible et ne sera obligatoire pour les soussignés qu'à compter de ladite promulgation.

7 *additionnel*. Les contestations qui pourraient s'élever relativement à l'exécution des clauses et conditions ci-dessus seront jugées administrativement par le conseil de préfecture du département, sauf le recours au Conseil du Roi.

Fait à Paris, le 18 avril 1818.

Fs un million cinq cent mille.—Pour quinze cent mille francs.

Signé *Pierre Balguerie.*

Agissant tant pour ma maison que sous la raison de Balguerie, Sarget et compagnie de Bordeaux, que pour tous ceux des actionnaires du pont de Bordeaux qui, dans quinze jours à dater de ces présentes, demanderont à participer proportionnellement au susdit engagement, m'obligeant, à défaut, pour le complément.

Les jour, mois et an que dessus.

Signé *Pierre Balguerie.*

Ne varietur. Pour être annexé à l'article 2 du projet de loi en date de ce jour.

Paris, le 7 mai 1818.

Le ministre secrétaire-d'Etat au département de l'intérieur,

Signé LAINÉ.

Projet de tarif du péage à percevoir au passage du pont de la Dordogne à Libourne. (Suit le tarif).

Exemptions.

Sont exempts de payer la taxe, MM. les magistrats et officiers généraux en fonctions, le préfet dans ses tournées, les ingénieurs et conducteurs des ponts-et-chaussées traversant le pont pour leur service, la gendarmerie royale, les troupes du Roi en marche, les trains d'artillerie, les équipages de guerre et leurs conducteurs, ainsi que les militaires isolés porteurs de feuille de route ou ordre de service.

Signé *P. Balguerie.*

Projet de tarif du péage à percevoir au passage du Pont de l'Isle. (Suit le tarif).

Exemptions.

Sont exempts de payer la taxe, MM. les magistrats et officiers généraux en fonctions, le préfet dans ses tournées, les ingénieurs et conducteurs des ponts-et-chaussées traversant le pont pour leur service, la gendarmerie royale, les troupes du Roi en marche, les trains d'artillerie, les équipages de guerre et leurs conducteurs, ainsi que les militaires isolés porteurs de feuille de route ou ordre de service.

Signé *P. Balguerie.*

---

13 = Pr. 20 MAI 1818. — Loi qui accepte la soumission par laquelle le sieur Honnorez offre de se charger de l'exécution du canal de la Sensée, etc. (1). (7, Bull. 212, n° 4130.)

Voy. ordonnance du 18 MAI 1820.

Art. 1er. La soumission présentée par le sieur Honnorez, sous la date du 21 avril

(1) Présentation à la Chambre des députés, le 25 avril (Mon. du 28).

Rapport de M. le baron Brigode, le 1er mai (Mon. du 2 mai).

Discussion et adoption, le 2 mai (Mon. du 3 mai).

Présentation à la Chambre des pairs, le 4 mai (Mon. du 23 mai).

Rapport de M. Saint-Aignan, le 7 mai (Mon. du 25 mai).

Adoption, le 7 mai (Mon. du 25 mai).

1818, et par laquelle il offre de se charger de l'exécution du canal de la Sensée et des réparations à faire aux parties adjacentes des rivières de l'Escaut et de la Scarpe, est acceptée.

2. Toutes les conditions et clauses stipulées, soit à la charge de l'Etat, soit à la charge du soumissionnaire, dans ladite soumission, recevront leur pleine et entière exécution.

3. Ladite soumission comprendra lesdites clauses et conditions et le tarif des droits à percevoir sur le canal et sur les parties adjacentes de l'Escaut et de la Scarpe, demeurera annexée à la présente loi.

4. Les propriétaires de terrains voisins de la Sensée et de ses affluens dans les vallons de la Gâche et de l'Hirondelle, qui profiteront du desséchement résultant de l'ouverture du canal et des travaux secondaires qui auront le desséchement pour objet, paieront au concessionnaire, pour toute indemnité, trois cinquièmes de la plus-value qui sera constatée suivant les formalités prescrites par la loi du 16 septembre 1807. Les desséchemens seront achevés dans le terme de six ans, à dater du jour de l'adoption du projet des travaux, qui doit être présenté à l'administration avant le 1er janvier 1819.

Soumission.

Le soussigné Augustin Honnorez, ancien entrepreneur du canal de Mons à Condé, s'engage à faire exécuter à ses frais et aux conditions stipulées plus bas :

1° Le canal de navigation qui fera communiquer la Scarpe à l'Escaut par la Sensée, évalué à un million cinq cent quinze mille francs, suivant les projets, devis, détails et profils rédigés par M. l'ingénieur en chef du département du Nord, et en se conformant aux modifications et changemens à opérer soit pour la direction du canal, soit pour la construction de deux écluses simples et trois écluses à sas, des ponts, buses et déversoirs à établir sur ledit canal, ainsi que le tout a été définitivement approuvé en conseil des ponts-et-chaussées, par M. le directeur général, le 28 mars dernier;

2° L'écluse d'Iwuy et autres travaux accessoires sur l'Escaut, évalués à cent cinquante-cinq mille francs, conformément au projet approuvé en conseil des ponts-et-chaussées, par M. le directeur général, duquel projet, ainsi que de ceux du canal de la Sensée, il lui a été donné communication;

3° La réparation des écluses de Courchelettes et de Lambres, et le redressement d'une partie du lit de la Scarpe, entre Douai et le débouché du canal de la Sensée : travaux évalués à quatre-vingt mille francs, et dont les projets seront ultérieurement rédigés : les réparations de ces deux écluses ont pour but de leur donner quarante mètres de longueur entre les buses, et cinq mètres vingt centimètres de largeur entre les bajoyers, dimensions généralement adoptées pour toutes les écluses comprises dans la présente soumission.

Le soussigné ne pourra se prévaloir des estimations ci-dessus pour réclamer aucune espèce d'indemnité, dans le cas où, par suite de l'exécution des travaux, la dépense excéderait le montant desdites estimations.

Il s'engage à exécuter dans un délai d'un an et demi tous les ouvrages d'art et terrasses à construire sur la Scarpe et l'Escaut, et, dans le délai de quatre ans après que la concession lui aura été accordée, tous les ouvrages du canal de la Sensée, se réservant, en cas de guerre, un plus long délai, qui sera calculé d'après la durée de la guerre; à maintenir constamment en bon état tous les ouvrages d'art et de terrasses pendant la durée de la concession.

Il demande qu'en considération des dépenses qu'il sera tenu de faire, il lui soit accordé les avantages suivans :

1° La concession, pour le terme de quatre-vingt-dix-neuf ans, à dater du jour où les bateaux passeront sur le canal de la Sensée, du droit d'un franc par tonneau sur chaque bateau chargé de charbon de terre ou de bois, de pierres, chaux, briques, bois, paille, foin et engrais; de deux francs par tonneau sur chaque bateau chargé de toutes autres marchandises, et de cinquante centimes par tonneau sur chaque bateau vide qui traversera le canal de la Sensée;

2° La concession, pour le terme de douze ans, à dater du jour où les bateaux passeront à l'écluse neuve d'Iwuy sur l'Escaut, d'un droit de vingt-quatre centimes par tonneau sur chaque bateau chargé, et de douze centimes par tonneau sur chaque bateau vide passant par cette écluse;

3° La concession, pour le terme de dix-neuf ans, à dater du jour où les bateaux passeront aux deux écluses de Courchelettes et de Lambres sur la Scarpe, d'un droit de vingt-quatre centimes par tonneau sur chaque bateau chargé, et de douze centimes par tonneau sur chaque bateau vide passant par lesdites deux écluses;

4° L'autorisation d'employer pour le canal tous les terrains nécessaires à son exécution, conformément aux plans, sur une largeur de cinquante mètres : les indemnités seront réglées conformément à la loi et acquittées par l'Etat, la concession étant limitée;

5° L'autorisation de faire chômer les moulins établis sur la Sensée pendant l'exécution des travaux, et de continuer les ouvrages nonobstant toutes contestations de la part des propriétaires de ces usines qui tendraient à ralentir la marche des ateliers : toutes indemnités, soit pour chômage, soit pour diminution de valeur, devront être réglées par experts et payées par l'Etat, la concession étant limitée ;

6° L'affranchissement de tous droits de navigations sur les canaux du département du Nord, en faveur des bateaux chargés de pierres, bois, charbon et autres matériaux et outils destinés aux ouvrages du canal et des écluses, seulement pendant l'exécution des travaux ;

7° L'Etat ne pourra pas établir de péage, ni de droits nouveaux sur le canal de la Sensée, ni sur l'Escaut, de Valenciennes à Cambrai, ou sur la Scarpe, de Douai à Arras, pendant toute la durée de la concession ;

8° Pendant la durée de la concession, le droit de pêche dans le canal sera abandonné au concessionnaire, ainsi que la jouissance des digues et arbres qui seront plantés sur les francs-bords, et la faculté d'établir le nombre des gardes et préposés qu'il jugera à propos pour la perception des droits et la conservation des ouvrages ;

9° Il sera permis au soumissionnaire, pendant les six premières années de la concession, de former, soit pour l'exécution de ses travaux, soit pour se procurer les fonds nécessaires, toutes les associations qu'il jugera convenables, en se conformant aux lois ;

Les actes auxquels ces associations donneront lieu, ne seront assujétis pour enregistrement qu'au droit fixe d'un franc ;

10° Le canal et ses dépendances seront exempts de toute espèce d'impôts pendant la durée de la concession ;

11° Il ne sera accordé de permission de construire aucun autre canal au préjudice du canal de la Sensée, soit dans le vallon de la Sensée, soit à dix lieues en tout sens de ce canal ;

12° Les marais de la Gâche, de l'Hirondelle, de la Sensée et de tous les affluens de cette rivière, entre le bassin de l'Escaut et de la Scarpe, devant être en grande partie desséchés par l'exécution des travaux du canal de la Sensée et de ses appendices, le concessionnaire se soumet à présenter, avant le 1er janvier 1819, le projet des ouvrages complémentaires à exécuter par lui, pour en perfectionner et achever le dessèchement ;

13° Le concessionnaire recevra, pour indemnité de ses dépenses, les trois cinquièmes de la plus-value des terrains qui auront été desséchés, soit par l'ouverture du canal, soit par les ouvrages secondaires ;

14° Cette plus-value sera réglée conformément aux dispositions de la loi du 16 septembre 1807 ; elle sera payée en terrain par les communes. Les propriétaires auront le choix de l'acquitter, soit en terrain, soit en argent, soit en rentes, suivant la faculté que la loi leur accorde ;

15° Le Gouvernement s'engage à faire exécuter les travaux projetés dans la traversée de Douai, suivant le projet adopté sous la date du 15 juillet 1817, et à les faire terminer avant la fin de 1821. Dans le cas où l'exécution de ces travaux serait différée pour une cause quelconque, il sera accordé au concessionnaire une indemnité équivalant à la perte dont il justifiera sur sa recette présumée de cent cinquante-trois mille trois cent soixante-trois francs ;

16° Le soumissionnaire s'engage à fournir un cautionnement de quatre cent mille francs, dont il sera libéré après l'exécution des travaux.

17° Les contestations qui pourraient s'élever relativement à l'exécution des clauses et conditions ci-dessus, seront jugées administrativement par le conseil de préfecture du département, sauf le recours au Conseil du Roi.

Paris, le 21 avril 1818.

Signé Honnorez.

Ne varietur. Pour être annexé à l'article 3 du projet de loi en date de ce jour.

Paris, le 7 mai 1818.

Le ministre secrétaire d'Etat de l'intérieur,

Signé Lainé.

---

13 = Pr. 28 mai 1818. — Ordonnance du Roi sur l'emploi des filets de pêche dits rets-traversier ou chalut, et petit chalut à la chevrette. (7, Bull. 214, n° 4172.)

Louis, etc.

Sur le compte qui nous a été rendu que des usages différens se sont introduits dans les formes, dimensions et poids de filets employés par les pêcheurs de quelques ports de l'arrondissement maritime de Cherbourg ; qu'il importe cependant que l'emploi des filets et instrumens de pêche soit toujours soumis à des règles fixes, afin de prévenir des contestations entre les pêcheurs, et les effets d'une imprévoyance nuisible à leurs véritables intérêts ;

Sur le rapport de notre ministre secrétaire d'Etat au département de la marine et des colonies ;

Notre Conseil-d'Etat entendu,

Nous avons ordonné et ordonnons ce qui suit :

Art. 1er. L'emploi du filet dits *rets-traversier* ou *chalut* continuera d'être permis dans l'arrondissement maritime de Cherbourg, en se conformant aux dispositions suivantes.

2. Le chalut aura la forme d'un sac coni-

que tronqué, ne présentant aucun étranglement.

Il sera fait avec un filet dont les mailles, lacées de suite, auront dans toute sa longueur quarante-cinq millimètres (vingt lignes) au au moins en carré.

3. La partie supérieure de la gueule du chalut sera transfilée sur une vergue en bois de quatorze centimètres (cinq pouces) au plus de diamètre; aux extrémités de cette vergue seront fixés deux chandeliers en fer, de la forme d'un quart de cercle s'appuyant sur son rayon.

Le poids total de ces deux chandeliers ne pourra excéder deux kilogrammes (quatre livres) par trois cent vingt-cinq millimètres (un pied) de longueur de la vergue.

La partie inférieure de la gueule sera garnie d'une corde ou ralingue de soixante-quatre millimètres (deux à trois pouces) de grosseur, ayant en longueur environ un mètre soixante centimètres (quatre à cinq pieds) de plus que la vergue, et sur laquelle sera frappée, en forme de guirlande, une chaîne en fer rond.

Le poids de cette chaîne ne pourra excéder soixante-quinze décagrammes (une livre et demie) par trois cent vingt-cinq millimètres (un pied) de longueur de la vergue d'ouverture.

4. Si la totalité des poids déterminés par les articles 2 et 3, tant pour les chandeliers que pour la guirlande, n'était excédée que de quatre à huit kilogrammes (huit à seize livres), cet excédant ne serait considéré ni poursuivi comme une contravention.

5. La longueur du chalut sera double de celle de le vergue.

Son extrémité sera transfilée sur une petite vergue ayant en longueur le cinquième de la vergue d'ouverture, et un diamètre qui n'excédera pas cinquante-quatre millimètres (ou deux pouces).

Un cordage d'environ soixante-sept millimètres (deux pouces six lignes), partant du centre de la grande vergue, et prolongeant toute la partie supérieure du filet, à son milieu, en s'enlaçant dans ses mailles, ira correspondre, pour y être fixé, au centre de la petite vergue.

Ce cordage sera garni de huit flottes de liége, fixées, à des distances égales, sur le sixième de sa longueur, c'est-à-dire, sur une étendue d'environ trois mètres (neuf pieds trois pouces environ), à partir de la petite vergue.

6. Le dessous du chalut, à son extrémité, pourra être garni, sur une longueur de deux mètres, prise de la petite vergue, d'un renfort de vieux filets; mais ce renfort devra être établi de manière à ne point croiser et retrécir la maille du chalut sur lequel il sera appliqué, cette maille devant toujours conserver quarante-cinq millimètres (vingt lignes) au moins en carré.

Il est expressément défendu de retrécir, par quelque moyen que ce soit, les mailles dudit filet; de supprimer la petite vergue destinée à le tenir ouvert dans sa partie la plus étroite; de placer au-dessus de cette vergue des liens qui, en resserrant le filet, lui donneraient la forme d'un sac, et d'adapter à aucune partie du chalut, des poches, *cauches* ou *chausses*, enfin aucun filet supplémentaire ayant des mailles d'une dimension inférieure à celles prescrites par l'article 2 de la présente ordonnance.

7. Un modèle du chalut, tel qu'il est déterminé par la présente ordonnance, sera déposé au bureau de chacun des chefs-lieux de quartier d'inscription maritime de l'arrondissement de Cherbourg.

8. La pêche au chalut ne pourra être pratiquée que par des bateaux de six tonneaux au moins, mais, quel que soit le tonnage des bateaux, le chalut ne devra jamais avoir plus de dix mètres quarante-millimètres (trente-deux pieds) d'envergure, et plus de vingt mètres quatre-vingts millimètres (soixante-quatre pieds) de longueur.

Dans tous les cas, les formes, poids et dimensions du chalut seront réglés proportionnellement à la longueur de la vergue d'ouverture, ainsi qu'il est prescrit par les articles précédens.

9. La pêche avec ledit filet ne sera faite qu'à la distance d'un myriamètre (deux lieues) des côtes les plus rapprochées et des bancs, depuis le 1er septembre jusqu'au 15 avril; et qu'à la distance d'un myriamètre et demi au moins (trois lieues) depuis le 15 avril jusqu'au 31 août.

10. Pendant la saison de la pêche du hareng, il est expressément défendu de traîner le chalut sous le vent des bateaux qui pratiquent cette pêche.

Les chalutiers devront toujours se tenir au vent et à une lieue au moins de distance des parages de ladite pêche.

11. Toutes contraventions aux dispositions précédentes sera punie conformément à l'article 6 de l'ordonnance du 31 octobre 1744 (1).

(1) Article 6 de l'ordonnance du 31 octobre 1744 :

« Les dispositions contenues aux articles ci-« dessus seront exécutées à peine, contre les con-« trevenans, de confiscation des filets et du « poisson, de vingt livres d'amende et de trois « mois de prison pour la première fois; et en « cas de récidive, de confiscation des bateaux, « filets et poissons, et de quarante livres d'a-« mende contre le maître, et de six mois de

Pourront les pêcheurs continuer jusqu'au 1er octobre prochain l'emploi de leurs filets actuels, quels qu'en soient la forme et le poids, pourvu, toutefois, que les mailles ait trente-cinq millimètres (quinze lignes) au moins en carré.

12. Tout chalutier qui, pendant la saison de la pêche du hareng, ne se conformera pas aux dispositions de l'article 10 de la présente ordonnance, sera puni conformément à l'article 9, titre II, livre 5 de l'ordonnance de 1681 (1).

13. Le petit chalut, dit *chalut à la chevrette*, dont l'usage s'est introduit dans les quartiers du Havre et de Honfleur, sera toléré provisoirement et jusqu'à nouvel ordre : il ne sera toutefois permis que du 1er septembre au 1er avril; et les pêcheurs qui emploieront ce filet seront tenus, dans le délai de deux mois, de se conformer aux dispositions suivantes :

Dimensions du petit chalut.

Profondeur, au plus huit mètres (vingt-cinq pieds environ).

Largeur, au plus quatre mètres cinq décimètres (quatorze pieds environ).

Ouverture, au plus cinquante-quatre centimètres (vingt pouces environ).

L'ouverture sera soutenue par une traverse en bois, aux extrémités de laquelle seront adaptés deux chandeliers en fer, à bout relevé, de la hauteur de cinq décimètres (un pied six pouces six lignes) : le poids total de ces deux chandeliers ne pourra excéder neuf kilogrammes (dix-huit livres).

La partie inférieure du filet sera chargée au plus de deux kilogrammes vingt-cinq décagrammes de plomb (quatre livres et demie).

Les mailles auront au moins quatorze millimètres (six lignes en carré).

Il sera fait un dénombrement des pêcheurs qui emploient actuellement ledit filet (*petit chalut à la chevrette*); et il est défendu à tout autre pêcheur de fabriquer des filets de cette espèce, et d'en faire usage.

14. Tous contrevenans aux dispositions de l'article 13 seront punis de la confiscation des filets et de vingt-cinq francs d'amende pour la première fois, de pareille confiscation et de cinquante francs d'amende en cas de récidive, conformément à l'article 6, titre VII de la déclaration du Roi du 18 mars 1727.

15. Les commissaires des quartiers d'inscription maritime procéderont ou feront procéder à la visite des filets mentionnés en la présente ordonnance, ainsi que des bateaux qui porteront lesdits filets.

Cette visite, qui pourra se renouveler plusieurs fois pendant le cours de l'année, devra surtout s'effectuer pendant les mois de mars et septembre.

16. L'ordonnateur de l'arrondissement maritime de Cherbourg, et l'administrateur supérieur de la marine dans chacun des sous-arrondissemens du Havre et de Dunkerque, pourvoiront à ce que les dispositions prescrites par la présente ordonnance et par tous autres réglemens sur le régime et la police des pêches maritimes, soient ponctuellement observées.

Les contraventions seront constatées par les administrateurs des quartiers d'inscription maritime, sous les rapports qu'ils recueilleront, et sur les procès-verbaux qui seront dressés par les officiers et maîtres du port de commerce, préposés à ladite inscription, syndics des gens de mer, gendarmes employés au service de la marine, gardes-jurés des pêches maritimes, et tous officiers de police judiciaire désignés par le Code d'instruction criminelle.

Les délinquans seront poursuivis, à la requête desdits administrateurs, par nos procureurs près nos cours et tribunaux.

17. Lorsque, par suite de jugemens, des filets seront confisqués, ils seront remis à la disposition du commissaire du quartier d'inscription maritime, lequel fera démonter les filets qui ne seront pas conformes à la présente ordonnance.

Le tissu des filets dont les mailles ne pourraient être portées aux dimensions fixées sera brûlé, et les autres débris seront vendus.

Le même commissaire fera vendre, par adjudication publique, les filets et bateaux dont la confiscation, malgré la régularité de leur installation, aura été, pour autre cause, prononcée par jugement.

Le poisson dont la saisie aura été ordonnée sera vendu immédiatement par les soins de l'administration de la marine, et l'emploi du produit de la vente aura lieu après le jugement.

18. Le produit des amendes et des ventes

« prison ; et icelui déchu de sa qualité de maître, sans pouvoir en faire à l'avenir aucune fonction, ni même être reçu pilote lamaneur ou locman. »

(1) Article 9, titre II, livre V, ordonnance de 1681 :

« Faisons défenses aux pêcheurs qui arriveront à la mer, de se mettre et jeter leurs filets en lieux où ils puissent nuire à ceux qui se seront trouvés les premiers sur le lieu de la pêche, ou qui l'auront déjà commencée, à peine de tous dépens, dommages et intérêts, et de cinquante livres d'amende. »

effectuées sera versé dans la caisse des invalides de la marine.

19. Notre ministre de la marine et des colonies est chargé de l'exécution de la présente ordonnance.

---

13 MAI 1818. — Ordonnance du Roi relative à la composition des compagnies d'élite des légions (1).

---

13 MAI 1818. — Ordonnance du Roi qui autorise l'acceptation d'une maison offerte en dotation à la fabrique de Bar-le-Duc. (7, Bull. 239.)

---

13 MAI 1818. — Ordonnance du Roi qui accorde à M. de Vaivre, ancien maître des comptes, une pension de retraite sur le Trésor royal. (7, Bull. 214, n° 4173.)

---

23 MAI 1818. — Ordonnances du Roi qui suppriment plusieurs foires et qui en accordent de nouvelles aux communes de Motte-Galaure, Marigné, Argelès, Saussais, Massais et Thorigny. (7, Bull. 239 et 240.)

---

14 MAI 1818. — Lettres-patentes du Roi portant institution de majorat en faveur de M. Fournier de Boisayrault. (7, Bull. 217, n° 4246.)

---

15 = Pr. 16 MAI 1818. — Loi sur les finances (2). (7, Bull. 211, n° 4101.)

Voy. lois des 25 MARS 1817, 27 JUIN 1819, 14 et 17 JUILLET 1819. *Voy.* aussi la première note sur la loi du 23 SEPTEMBRE 1814.

TITRE Ier. Fixation de l'arriéré.

Art. 1er. Le montant des créances de 1801 à 1810, restant à ordonnancer au 1er octobre 1817, est limité, sauf les réductions qui pourront avoir lieu par suite des liquidations, à la somme de soixante-un millions sept cent quatre-vingt mille francs.

Un crédit provisoire de deux millions de rentes cinq pour cent consolidés est mis à la disposition du ministre des finances, pour l'inscription de ces créances au grand-livre.

Il sera rendu compte de l'emploi de ce crédit à la prochaine session.

2. Le montant des créances de 1810 à 1816 restant à acquitter à ladite époque du 1er octobre, est limité, et sauf aussi l'effet des liquidations, à la somme de deux cent quatre-vingt-dix-sept millions six cent trente mille francs.

TITRE II. Des exercices 1815, 1816 et 1817 (3).

3. Il ne sera statué qu'à la session prochaine sur les changemens survenus, depuis la loi du 25 mars 1817, dans les recettes et dépenses de l'exercice 1815.

4. Il est accordé sur le budget de l'exercice 1816, au-delà des crédits fixés par la loi du 25 mars 1817, les supplémens ci-après :

Au ministre des affaires étrangères, pour dépenses extraordinaires.	80,100
Au ministre de la guerre, pour frais de l'armée d'occupation.	8,350,000
Au ministre des finances, pour frais de négociations. . . .	4,442,780
Total. .	14,972,780

Ces supplémens seront prélevés sur les excédans de recettes appartenant à l'exercice 1816.

5. Il n'est rien innové, jusqu'à la session prochaine, au budget de l'exercice 1817, qui reste fixé tel qu'il a été par la loi du 25 mars de ladite année.

TITRE III. Fixation des budgets de 1818 (4).

6. Le budget particulier de la dette consolidée et de l'amortissement est fixé, pour 1818, à la somme totale de cent quatre-vingt millions sept cent quatre-vingt-deux mille francs, tant en recettes qu'en dépenses, conformément à l'état A ci-annexé.

7. Le budget des dépenses ordinaires, pour l'année 1818, est fixé à la somme de six cent seize millions cent douze mille deux cent soixante-onze francs.

Ladite somme sera répartie entre les divers services et ministères, conformément à l'état B ci-annexé, savoir :

---

(1) Cette ordonnance n'est pas insérée au Bulletin des Lois; elle est rappelée par l'article 208 de celle du 2 août 1818.

(2) Présentation à la Chambre des députés, le 15 décembre 1817 (Mon. du 16 décembre).

Rapport de MM. Beugnot et Roy, le 21 mars 1818 (Mon. du 24 mars).

Discussion générale, le 31 mars (Mon. du 9 avril).

Discussion article par article, le 9 avril (Mon. du 10 au 29 avril).

Adoption, le 29 avril (Mon. du 30 avril).

Présentation à la Chambre des pairs, le 2 mai (Mon. du 22 mai).

Rapport de M. Garnier, le 12 mai (Mon. des 15 et 19 mai).

Discussion et adoption, le 14 mai (Mon. des 18 et 30 mai).

(3) *Voy.* loi du 27 juin 1819, tit. 1er et 2.

(4) *Voy.* lois des 27 juin 1819, tit. 3, 10 et 28 mai 1820, et 23 avril 1821.

Pour dépenses permanentes 530,525,906
Pour dépenses temporaires. 85,586,365

Total égal. . . 616,112,271

8. Le budget des dépenses extraordinaires de 1818 est fixé à la somme de trois cent un millions quatre cent soixante-huit mille quatre-vingt-deux francs, conformément à l'état C ci-annexé.

9. Les dépenses portées aux trois budgets mentionnés dans les articles ci-dessus, formant ensemble un total de un milliard quatre-vingt-dix-huit millions trois cent soixante-deux mille six cent quatre-vingt-treize francs, seront acquittées sur les recettes ordinaires et extraordinaires de l'année 1818, conformément à l'état ci-annexé.

10. Les dépenses des administrations et régies ne pourront excéder les sommes portées en masse dans les budgets cotés A et B, sous peine de responsabilité par le ministre de qui dépendent lesdites régies ou administrations, et conformément à l'article 151 de la loi du 25 mars 1817.

TITRE IV. Dispositions sur les pensions (1).

11. Les dispositions de l'article 23 de la loi du 25 mars 1817, qui interdisent aux ministres de faire payer aucune pension sur les fonds de leurs départemens, sont applicables à toutes celles qui existeraient ou seraient créées sous la dénomination de *traitemens conservés*, et sous quelque autre que ce soit.

12. Les pensions des vicaires-généraux, chanoines, celles des curés de canton septuagénaires, et celles dont les chevaliers de Malte présens à la capitulation de l'île jouissent en vertu de cette capitulation (2), pourront se cumuler avec un traitement d'activité, pourvu que la pension et le traitement ne s'élèvent pas ensemble à plus de deux mille cinq cents francs.

Les pensions des académiciens et hommes de lettres attachés à l'instruction publique, à la bibliothèque du Roi, à l'observatoire ou au bureau des longitudes, pourront (lorsqu'elles n'excéderont pas deux mille francs, et jusqu'à concurrence de cette somme, si elles l'excédaient) se cumuler avec un traitement d'activité, pourvu que la pension et le traitement ne s'élèvent pas ensemble à plus de six mille francs.

13. Pourront également se cumuler les pensions et traitemens de toute nature qui, réunis, n'excéderaient pas sept cents francs, et seulement jusqu'à concurrence de cette somme.

Sont spécialement exceptées de la disposition des lois prohibitives du cumul, les pensions ci-après accordées avec faculté expresse du cumul, savoir : celle de six mille francs au sieur Gayant, inspecteur du corps royal des ponts-et-chaussées; celle de quatre mille francs au sieur Jaubert, professeur à la bibliothèque royale; et celle de trois mille francs au sieur Larrey, chirurgien en chef de l'hospice de la garde royale.

14. Tout pensionnaire sera tenu de déclarer, dans son certificat de vie, qu'il ne jouit d'aucun traitement, sous quelque dénomination que ce soit, ni d'aucune autre pension ou solde de retraite, soit à la charge de l'Etat, soit sur les fonds de la caisse des invalides de la guerre ou de celle de la marine, sauf les cas d'exception déterminés par les articles qui précèdent, et par l'article 27 de la loi du 25 mars 1817, relatif aux pensions de retraite pour services militaires (3).

15. Ceux qui, par de fausses déclarations, ou de quelque manière que ce soit, auraient usurpé plusieurs pensions ou un traitement avec une pension, seront rayés de la liste des pensionnaires. Ils seront en outre poursuivis en restitution des sommes indûment perçues.

16. Les pensions de retraite accordées aux employés des divers ministères ou administrations, relativement auxquelles il a été ordonné, par l'article 29 de la loi du 25 mars, qu'elles seraient portées temporairement aux budgets de l'Etat, seront payées sur le fonds spécial des retenues qui ont eu lieu dans chaque ministère ou administration.

17. La somme de cinq cent cinquante mille francs actuellement disponible sur celle de trois millions à laquelle le fonds permanent des pensions civiles a été fixé, sera réunie au crédit extraordinaire de un million soixante-six mille cinq cent francs, ouvert par la loi du 25 mars 1817, pour suppléer temporairement à l'insuffisance des fonds de retenue affectés aux pensions des ministères et administrations. Ce fonds de un million soixante-six mille cinq cents francs sera augmenté d'une somme de trois cent quarante-deux mille francs, et porté à celle de un million quatre cent huit mille cinq cents francs.

(1) *Voy.* lois du 3-22 août 1790, 18-22 août 1791, 14 fructidor an 6 et 28 fructidor an 7 et 8 floréal an 11 ; arrêté du 15 floréal an 11 ; décret du 13 septembre 1806, loi des 11 septembre 1807; 27 février et 19 octobre 1811 ; ordonnances des 20 juin et 27 août 1817; loi du 25 mars 1817, titre 4; ordonnances des 8 juillet 1818, 14 juillet 1819, tit. 1er, et 19 juillet 1820, titre 1er.

(2) *Voy.* loi du 14 juillet 1819, art. 6.

(3) *Voy.* ordonnance du 8 juillet 1818.

18. Le fonds supplétif des fonds de retenue portés par le résultat de l'article ci-dessus à la somme totale de un million neuf cent cinquante-huit mille cinq cents francs décroîtra d'un vingtième par année, de sorte qu'après vingt ans il n'en soit plus rien payé.

19. En conséquence, il ne pourra, à l'avenir, être accordé de nouvelles pensions civiles à la charge de l'Etat, que jusqu'à concurrence du montant des extinctions successives de celles actuellement accordées, montant à deux millions quatre cent cinquante mille francs, et du vingtième de la somme de deux cent cinquante mille francs, lequel accroîtra chaque année le fonds ci-dessus de deux millions quatre cent cinquante mille francs, jusqu'à ce qu'il ait atteint sa fixation de trois millions, qui, dans aucun cas, ne pourra être dépassée.

20. Il est défendu d'augmenter, de toute autre manière qu'en vertu d'une loi, le produit des fonds de retenue des ministères ou administrations, par des prélèvemens sur les fonds généraux, ou sur les produits de ces ministères et administrations, de quelque nature qu'ils soient.

Néanmoins, sur le fonds attribué au service ordinaire des affaires étrangères, il pourra être employé jusqu'à concurrence de deux cent mille francs en traitemens d'agens diplomatiques dont l'activité est temporairement suspendue (1).

21. Les demi-soldes des officiers qui, *aux termes des lois et réglemens militaires*, sont ou seront dans le cas d'être admis à la retraite, pourront être converties en soldes de retraite, lesquelles seront payées sur le fonds des demi-soldes, en attendant qu'elles puissent être inscrites au Trésor, dans l'ordre et les proportions déterminées par les articles 30 et 32 de la loi du 25 mars 1817.

Il pourra être également accordé aux officiers en non-activité qui feront volontairement, dans les six mois de la publication de la présente loi, leur renonciation au service, des traitemens de réforme dont la durée sera fixée proportionnellement au temps de leur service, et qui seront payés jusqu'à extinction sur le fonds des demi-soldes.

Ces soldes de retraite et traitemens de réforme pourront être cumulés avec un traitement civil.

Indépendamment des états prescrits par l'article 36 de la loi du 25 mars 1817, le ministre de la guerre présentera, chaque année, le tableau nominatif des officiers qui, portés dans l'état des demi-soldes, et y ayant droit, se trouveront dans les cas prévus par le présent article, de manière que le mouvement décroissant du fonds des demi-soldes puisse toujours être suivi (2).

22. Les comptes et la situation de la caisse des invalides de la guerre et de celle des invalides de la marine, dans toutes leurs parties, seront présentés aux chambres à leur première session.

23. Le crédit du ministre de la marine sera augmenté, pour 1818, d'une somme de sept cent mille francs, pour subvenir, jusqu'à concurrence de l'insuffisance des ressources de la caisse des invalides, au paiement des pensions résultant des réformes opérées dans ce département.

TITRE V. Contributions directes de 1818 (3).

24. La contribution foncière, la contribution personnelle et mobilière, la contribution des portes et fenêtres, et les patentes, seront perçues pour 1818, en principal, sur le même pied qu'en 1817.

25. Les centimes additionnels, tant ordinaires qu'extraordinaires, à percevoir en 1818 sur les quatre contributions directes, sont fixés ainsi qu'il suit (4) :

	ORDINAIRE.	TEMPORAIRE.
Sur le principal de la contribution foncière, cinquante centimes, savoir :	20	30
Sur le principal de la contribution personnelle et mobilière, cinquante centimes.	50	«
Sur le principal de la contribution des portes et fenêtres, cent centimes.	10	90
Sur le principal de celle des patentes, cinq centimes . .	5	«

26. Les fonds de non-valeurs, pour le même exercice 1818, sont fixés aux taux suivans :

Sur la contribution foncière, deux centimes;

Sur la contribution personnelle et mobilière, deux centimes;

Sur la contribution des portes et fenêtres, dix centimes;

Et sur les patentes, quinze centimes.

27. Les dispositions des lois qui ordonnent, sur le produit des patentes, un prélèvement de dix centimes, dont deux pour confection de rôles, et huit attribués aux communes, sont maintenues.

(1) *Voy.* ordonnance du 1er juill. 1818.
(2) *Voy.* ordonnance du 20 mai 1818.
(3) *Voy.* loi du 17 juillet 1819, titre 2.
(4) *Voy.* ordonnance du 27 mai 1818.

28. La répartition de la contribution foncière et de la contribution personnelle et mobilière entre les départemens, sera faite conformément aux tableaux annexés à la présente loi.

La répartition entre les arrondissemens sera faite par les conseils généraux de département, et celle entre les communes par les conseils d'arrondissement.

29. La répartition de la contribution des portes et fenêtres entre les départemens sera faite conformément au tableau annexé à la présente loi : celle entre les arrondissemens par les préfets, et celle entre les communes par les sous-préfets, comme précédemment.

30. Les traitemens fixes et remises des receveurs généraux et des receveurs particuliers, ainsi que les remises des percepteurs, seront imposés en sus dans les rôles des quatre contributions.

31. Il sera aussi, comme précédemment, imposé en sus cinq centimes au principal de la contribution foncière et de la contribution personnelle et mobilière, pour subvenir aux dépenses des communes, à l'exception de celles qui auront déclaré que cette contribution leur est inutile.

32. Les redevances sur les mines continueront à être perçues comme par le passé.

33. Le montant de la contribution foncière mise par des rôles particuliers, en 1817, sur les bois qui ont cessé, à quelque titre que ce soit, de faire partie du domaine de l'Etat, sera, pour 1818, ajouté au contingent de chaque département, de chaque arrondissement et de chaque commune.

34. Les bois qui n'auraient pas été compris dans les rôles particuliers de 1817, et qui cesseraient ultérieurement de faire partie du domaine de l'Etat, seront, d'après une matrice particulière, rédigée dans la forme accoutumée, cotisés comme les autres bois de même nature, ou, s'il n'en existait pas, comme ceux qui se trouveraient dans les communes les plus voisines.

35. A l'égard des propriétés de toute nature qui, ayant appartenu à des particuliers, passent dans le domaine de l'Etat ou sont entrées dans la dotation de la couronne, et deviennent, à ce titre, libres de la contribution foncière, les communes où elles sont situées seront dégrevées de la contribution jusqu'à concurrence de la part que lesdites propriétés prenaient dans leur matière imposable.

36. Les lois sur le cadastre continueront d'être exécutées (1).

37. Conformément à la loi du 15 septembre 1807, la masse des contingens actuels, pour la contribution foncière des communes composant un canton définitivement cadastré, sera répartie entre elles au prorata de leur allivrement cadastral. Cette disposition est applicable à tous les cantons cadastrés d'un même arrondissement. En conséquence, la masse des contingens actuels sera répartie entre ces cantons, à partir de 1819, au prorata de leur allivrement cadastral (2).

38. Il sera présenté, dans la prochaine session des Chambres, un nouveau projet de répartition de la contribution foncière entre les départemens : les bases de cette nouvelle répartition seront les résultats déjà obtenus par le cadastre, les notions fournies par la comparaison des baux, des ventes faites dans diverses localités, et enfin tous les autres renseignemens qui sont au pouvoir de l'administration et qui tendent à faire connaître l'étendue du territoire ou la matière imposable en chaque département (3).

39. Dans le cas où, les cinq centimes additionnels imposés pour les dépenses des communes étant épuisés, une commune aurait à pourvoir à une dépense véritablement urgente, le maire, sur l'autorisation du préfet, convoquera le conseil municipal et les plus forts contribuables aux rôles de la commune, en nombre égal à celui des membres de ce conseil, pour reconnaître l'urgence de la dépense, l'insuffisance des revenus municipaux et des cinq centimes ordinaires pour y pourvoir.

40. Lorsque les plus forts contribuables seront absens, ils seront remplacés en nombre égal par les plus forts contribuables portés après eux sur le rôle.

41. Le conseil municipal, auquel, aux termes de l'article 39, auront été adjoints les plus forts contribuables, votera sur les centimes extraordinaires proposés. Dans le cas où ils seraient consentis, la délibération sera adressée au préfet, qui, après l'avoir revêtue de son autorisation, la transmettra au ministre secrétaire d'Etat de l'intérieur, pour y être définitivement statué par une ordonnance du Roi.

42. Il sera pourvu, dans les formes prescrites par les articles précédens, aux dépenses extraordinaires communes à plusieurs municipalités du département et dans leur intérêt. La répartition en sera faite d'après les délibérations des conseils municipaux, formés, comme ci-dessus, par l'adjonction des plus forts contribuables, dûment approuvée par le préfet, et sur le rapport du mi-

(1) *Voy.* loi du 31 juillet 1821, art. 20.
(2) *Voy.* lois des 17 juillet 1819, art. 16, et 23 juillet 1820, art. 25.
(3) *Voy.* lois du 31 juillet 1821, art. 19.

nistre secrétaire d'Etat de l'intérieur, par une ordonnance du Roi.

43. A partir du jour de l'ouverture de la session prochaine, les villes dont les revenus excèdent cent mille francs, ne pourront faire aucun emprunt ni imposer aucune contribution extraordinaire qu'en vertu d'une loi, si ce n'est pour des cas urgens, dans l'intervalle des sessions, et sans que ces emprunts ou ces contributions puissent excéder le quart de leurs revenus.

Ces villes sont dispensées des adjonctions prescrites par l'article 39.

44. Les budgets desdites villes et les comptes de leurs recettes et dépenses, tant ordinaires qu'extraordinaires, seront annuellement rendus publics en chacune desdites villes par la voie de l'impression.

45. Il sera présenté, dans chaque session des Chambres, un tableau détaillé des emprunts qui auront été autorisés et des contributions extraordinaires qui auront été imposées en conformité des articles précédens : ce tableau indiquera les motifs qui auront rendu lesdits emprunts et impositions nécessaires, la date des lois ou ordonnances qui les auront autorisés, leur montant ou le nombre des centimes, leur produit et leur emploi.

46. Dans aucun cas et sous aucun prétexte, il ne pourra être fait, au profit du Trésor, aucun prélèvement sur les centimes ordinaires, extraordinaires ou facultatifs des communes, ni sur les autres revenus, à l'exception,

1° Du dixième du produit net des octrois, ordonné par l'article 153 de la loi du 28 avril 1816;

2° Des dépenses du casernement et des lits militaires, qui ne pourront, dans aucun cas, s'élever, par chaque année, au-dessus de sept francs par homme, et trois francs par cheval pendant la durée de l'occupation : au moyen de quoi les réparations et loyers des casernes et tous autres bâtimens ou établissemens militaires, ainsi que l'entretien de la literie et l'occupation des lits militaires, seront à la charge du Gouvernement (1).

47. Il continuera d'être fait déduction, sur le produit net des octrois et avant le prélèvement du dixième ci-dessus, du montant des sommes que les communes auront à payer annuellement en capital et intérêts pour dettes arriérées constituées en 1813, 1814 et 1815, et causées par les levées extraordinaires de troupes ou les charges de l'invasion, pourvu toutefois que, pour l'acquittement de ces dettes, il ait été créé des taxes additionnelles d'octroi.

48. Le remplacement du montant de la contribution personnelle et mobilière des villes ayant un octroi, pourra être opéré, en 1818, par une perception sur les consommations d'après la demande qui en sera faite aux préfets par les conseils municipaux.

Le mode de perception, pour remplacement, sera réglé par des ordonnances du Roi.

49. Les demandes en décharge et réduction, remise et modération sur les contributions foncière, personnelle et mobilière, portes et fenêtres et patentes, continueront d'être instruites et jugées comme précédemment.

50. Chaque avertissement donné au contribuable énoncera en détail le montant de ce qu'il doit payer, tant en principal qu'en accessoires et centimes additionnels, dans les contributions foncière, personnelle et mobilière, portes et fenêtres, et patentes, la loi ou l'ordonnance en vertu desquelles lesdites contributions sont établies, et les termes dans lesquels elles doivent être acquittées.

51. Le premier avertissement sera rédigé à mesure que les rôles se confectionneront, et adressé en même temps que l'ordre pour

---

(1) Le prélèvement autorisé par cet article s'étend à toutes les troupes qui composent les garnisons des places de guerre, quels que soient leur destination et leur service dans lesdites places (15 septembre 1831; ord. Mac. 13, 365).

Les communes ne doivent pas payer les dépenses qui auraient eu lieu par suite d'un défaut de répartition dans les exercices antérieurs.

Les communes ne peuvent pas actionner en répétition le département de la guerre, pour les dépenses qu'elles auraient évitées pour l'avenir par des constructions neuves ou par un entretien régulier (22 février 1821; ord. Mac. 1, 172).

Cette loi qui affranchit les villes de l'obligation de fournir les magasins des lits militaires, ne s'applique pas au cas où les cessions absolues de bâtimens et de terrains faisaient l'objet d'un bénéfice ou d'une charge déterminée.

Ces cessions ne sont maintenues qu'autant que la condition prescrite se trouve entièrement remplie (9 janvier 1828; ord. Mac. 10, 15).

Lorsqu'il résulte des faits et actes de la cause, qu'une ville (Toulouse) est devenue et restée acquéreur et propriétaire irrévocable, antérieurement à la loi du 15 mai 1818, de terrains destinés à des manœuvres militaires, à ce titre elle est tenue de servir les intérêts du capital qu'elle peut encore devoir.

Le remboursement de ces intérêts ne peut tomber, soit directement, soit par déduction, sur le montant de son abonnement à la charge du département de la guerre (3 février 1830; ord. Mac. 12, 53).

Voy. notes sur l'article 7, réglement annexé à la loi du 23 mai 1792; avis du Conseil-d'Etat du 29 mars 1811, et notes; ordonnance du 5 août 1818.

la publication de ces rôles, pour être remis à chaque contribuable, moyennant cinq centimes pour les frais d'impression et de remise.

Indépendamment de cet avertissement, le percepteur sera tenu de délivrer *gratis* une sommation huit jours avant le premier acte qui doit donner lieu à des frais.

Les préfets sont autorisés à faire des réglemens sur les frais de contrainte, garnisaires, commandemens, et autres poursuites en matière de contributions directes, à la charge néanmoins que les réglemens ne pourront être exécutés qu'après avoir reçu l'autorisation du Gouvernement.

52. Les négocians, les armateurs pour le long cours et pour le grand cabotage, les commissionnaires de marchandises en gros, paieront le droit fixe de patente, d'après les fixations suivantes :

Dans les villes de cinquante mille ames et au-dessus	300
Dans les villes de trente à cinquante mille ames et dans les ports de mer qui, ayant un entrepôt réel, n'ont pas une population de cinquante mille ames	200
Dans toutes les autres communes	150 (1).

53. Le droit fixe établi par l'article 33 de la loi du 1er brumaire an 7, sur les fabricans qui n'entretiennent pas plus de cinq métiers, sera le même pour les fabricans qui en entretiennent un plus grand nombre, sauf l'augmentation suivante par chaque métier excédant le nombre de cinq, savoir :

Pour les métiers d'une largeur au-dessus d'un mètre	4 fr.
Pour les métiers d'un mètre et au-dessous	2

Le tout jusqu'au *maximum* de trois cents francs, qui ne pourra être dépassé.

Les ouvriers à métier qui travaillent chez eux pour le compte des fabricans et marchands-fabricans en gros ou en détail, ne seront point assujétis à la patente, s'ils n'entretiennent qu'un métier et s'ils déclarent le nom et la demeure du fabricant ou marchand-fabricant pour lequel ils travaillent.

Les autres dispositions de l'article 33 de la loi du 1er brumaire an 7, à l'égard des fabricans qui travaillent par eux-mêmes, sans employer d'ouvriers, continueront à être exécutées.

54. Les filateurs de coton et de laine paieront un droit fixe de quinze francs, quelle que soit la population du lieu de leur domicile, lorsqu'ils n'emploieront pas plus de cinq cents broches, non compris celles des bellys et autres métiers préparatoires.

Ils paieront, en outre, un droit de trois francs par chaque cent broches excédant le nombre de cinq cents, jusqu'au *maximum* de trois cents francs, qui ne pourra pas être dépassé. Lesdits filateurs continueront à être assujétis au paiement du droit proportionnel.

55. Les fabricans et marchands-fabricans qui occupent ou entretiennent plus de cinq métiers seront tenus de faire, devant le maire de la commune de leur domicile, la déclaration du nombre de métiers qu'ils occupent ou entretiennent habituellement, soit chez eux, soit hors de leur domicile.

Les filateurs seront tenus de faire une semblable déclaration du nombre des broches qu'ils entretiennent habituellement, non compris celles des bellys et autres métiers préparatoires.

56. Les déclarations pourront être vérifiées par des commissaires nommés par les maires pour les villes, et par les sous-préfets pour les cantons ruraux. Les commissaires classeront les fabricans et les filateurs, soit d'après les déclarations qui auront été faites, soit d'après les autres renseignemens qu'ils auront recueillis.

Les fabricans et les filateurs pourront se pourvoir en décharge et modération devant le conseil de préfecture du département.

57. Le nombre des commissaires ne pourra surpasser celui de cinq, ni être moindre de trois.

58. Les fabricans, les marchands-fabricans et les filateurs qui déclareront qu'ils se soumettent au *maximum* du droit, seront dispensés de toutes autres déclarations et vérifications.

Ceux qui n'auraient pas fait de déclarations seront taxés d'office à un droit double de celui auquel il sera estimé qu'ils sont susceptibles d'être assujétis : ce double droit ne pourra toutefois excéder le *maximum*. Ceux qui auraient fait une fausse déclaration seront taxés au *maximum* du droit, et encourront une amende de deux cents francs.

59. Le préfet indiquera l'époque des déclarations et des vérifications, ainsi que le délai dans lequel elles doivent être faites; elles ne pourront avoir lieu qu'une fois l'an.

60. Les teinturiers travaillant pour les fabricans et pour les marchands, ou qui teignent les étoffes et les matières premières servant à la fabrication des tissus, les imprimeurs d'étoffes, les tanneurs, les manufacturiers de

(1) *Voy.* sur les patentes, lois des 25 mars 1817, art. 56 et suiv.; et 17 juillet 1819, art. 19, 20 et 21; *voy.* aussi ordonnance du 20 janvier 1819.

produits chimiques, les entrepreneurs de fonderies, de forges, de verreries, d'aciéries, de blanchisseries, de papeteries et de tous autres établissemens industriels, tels qu'ils sont définis par l'article 32 de la loi du 1er brumaire an 7, paieront le droit fixe (sans avoir égard à la population de leur commune) dans les proportions déterminées ci-après:

1re classe	300f
2e	200
3e	150
4e	100
5e	50
6e	25

Ils seront classés, savoir : pour les cantons ruraux, par les sous-préfets, après avoir pris l'avis des maires des communes où sont situés les établissemens, et celui des répartiteurs et des contrôleurs des contributions directes ;

Pour les villes, par les maires, après avoir pris l'avis des répartiteurs et des contrôleurs des contributions directes.

Dans les cantons ruraux et dans les villes où, en vertu de l'article 56, il aura été nommé des commissaires pour le classement des fabricans et des filateurs, ces mêmes commissaires seront chargés de faire le classement des entrepreneurs des établissemens industriels compris dans le présent article.

Les teinturiers, imprimeurs d'étoffes, etc., pourront se pourvoir devant le conseil de préfecture du département, en décharge, modération, ou descente de classe.

61. Les patentables qui ont plusieurs établissemens dans diverses communes, paieront le droit fixe dans le lieu où le droit est le plus élevé (1).

62. Lorsque, dans une maison de commerce, il y aura plusieurs associés résidant dans la même commune, le principal associé paiera le droit fixe en entier ; les autres ne paieront qu'un demi-droit fixe chacun.

Néanmoins, dans les établissemens de fabrication à métier ou de filature, le droit fixe ne sera payé qu'une seule fois, quel que soit le nombre des associés.

63. Les marchands forains avec voiture continueront d'être assujétis à un droit fixe de patente de quatre-vingts francs;

Les colporteurs avec chevaux et autres bêtes de somme, à un droit fixe de soixante francs;

Les colporteurs avec balles, soit qu'ils aient ou non domicile, à un droit fixe de vingt francs ;

64. Les marchands forains et colporteurs désignés dans l'article précédent seront tenus d'acquitter le montant total de leur patente au moment où elle leur sera délivrée.

65. Les marchands vendant en ambulance, échoppe ou étalage, dans les lieux de passage, places publiques, marchés des villes et communes, des marchandises autres que des comestibles, seront pareillement tenus d'acquitter, au moment de la délivrance, le montant total de la patente à laquelle ils sont assujétis par la disposition finale du nombre 10 de l'article 29 de la loi du 1er brumaire an 7.

Les dénommés aux articles ci-dessus seront tenus d'exhiber leur patente acquittée, à toute réquisition des officiers de police des lieux où ils voudront exposer en vente les marchandises dont ils font commerce.

66. Les dispositions de la loi du 1er brumaire an 7, auxquelles il n'est pas dérogé par la présente loi continueront d'être exécutées.

Titre VI. Fonds destinés aux dépenses départementales (2).

67. Sur les centimes additionnels à la contribution foncière et à la contribution personnelle et mobilière, il sera prélevé dix-sept centimes pour les dépenses départementales fixes, communes et variables.

68. Ces centimes seront distribués de la manière suivante :

1° Six centimes seront versés au Trésor royal, pour être tenus en totalité à la disposition du Gouvernement, et être employés, sur ses ordonnances, au paiement des dépenses fixes ou communes à plusieurs départemens, ci-après désignés, savoir :

Traitement des préfets, sous-préfets et conseillers de préfecture;

Abonnemens des préfectures et sous-préfectures ;

Travaux et dépenses des maisons centrales de détention, en y comprenant les dépenses des condamnés à un an et plus d'emprisonnement, qui, existant dans les prisons départementales, ne pourraient être admis dans les prisons de détention ;

Bâtimens des cours royales;

Travaux aux églises et supplément aux dépenses du clergé, à la charge des diocèses, autres que le personnel des ministres de la religion;

Établissemens thermaux et sanitaires ;

Dépenses imprévues, communes à plusieurs départemens.

(1) Si le droit fixe a été payé dans deux endroits différens, il y a double emploi, et on doit en ordonner la restitution au profit du patentable (17 mars 1825 ; ord. Mac. 17, 138).

(2) *Voy.* loi du 17 juillet 1819, titre 3.

2° Six centimes seront versés dans les caisses des receveurs généraux des départemens, pour être tenus à la disposition des préfets, et être employés, sur leurs mandats, aux dépenses variables ci-après, savoir :

Loyers des hôtels de préfecture, contributions, acquisitions, entretien et renouvellement du mobilier;

Dépenses ordinaires des prisons, dépôts, secours et ateliers pour remédier à la mendicité;

Casernement de la gendarmerie;

Loyers, mobiliers et menues dépenses des cours et tribunaux;

Compagnies départementales;

Travaux des bâtimens des préfectures, tribunaux, prisons, dépôts, casernes et autres édifices départementaux;

Travaux des routes départementales et autres d'intérêt local, non compris au budget des ponts-et-chaussées;

Enfans trouvés et abandonnés, sans préjudice du concours des communes, à la charge de rendre compte de leurs contributions pour cet objet;

Encouragemens et secours pour les pépinières, sociétés d'agriculture, artistes vétérinaires, cours d'accouchement et autres;

Dettes départementales à payer en numéraire, indemnités de terrains, acquisitions;

Dépenses imprévues de toute nature, etc.

Les dépenses variables ci-dessus seront établies dans un budget dressé par le préfet, voté par le conseil général, et définitivement approuvé par le ministre de l'intérieur.

Les cinq centimes restans seront versés au Trésor royal, pour, à titre de fonds commun, être tenus en totalité à la disposition du ministre secrétaire d'Etat de l'intérieur, et venir au secours des départemens dont les dépenses variables excéderont le produit des six centimes ordinaires ci-dessus.

69. Indépendamment des 17 centimes qui devront être prélevés, aux termes des articles précédens, sur les centimes additionnels aux contributions foncière, personnelle et mobilière, il sera affecté aux dépenses départementales fixes ou communes à plusieurs départemens, désignées par le § 1er de l'article précédent, un supplément de deux millions deux cent mille francs, provenant de l'abandon de trois millions fait par le Roi et par la famille royale; laquelle somme de deux millions deux cent mille francs sera employée à des travaux d'utilité publique et de bienfaisance, et notamment aux dépenses des prisons, auxquelles ne pourraient suffire, en 1818, les six centimes affectés aux dépenses fixes ou communes de plusieurs départemens.

70. Les conseils généraux de département pourront, en outre, et sauf l'approbation du Gouvernement, établir, pour les dépenses d'utilité départementale, des impositions dont le montant ne pourra excéder cinq centimes du principal des contributions foncière, personnelle et mobilière de 1818, et dont l'allocation sera toujours conforme au vote du conseil général.

71. Les produits de ces contributions locales extraordinaires seront recouvrés par les receveurs des contributions directes, et versés dans les caisses des receveurs généraux de département, qui les tiendront à la disposition des préfets, pour être employés conformément aux votes des conseils généraux, approuvés par le Gouvernement.

TITRE VII. Droits d'enregistrement et de timbre.

72. Les droits d'enregistrement, de timbre, de greffe, d'hypothèque, de passeports et permis de port d'armes, et le décime pour franc sur ceux de ces droits qui n'en sont pas affranchis, continueront d'être perçus conformément aux lois, ordonnances, réglemens et décrets existans, sauf les modifications ci-après.

73. Ne seront sujets qu'au droit fixe d'un franc d'enregistrement :

1° Les adjudications au rabais et marchés pour constructions, réparations, entretien, approvisionnement et fournitures dont le prix doit être payé directement ou indirectement par le Trésor royal;

2° Les cautionnemens relatifs à ces adjudications et marchés.

74. Le droit d'enregistrement des ventes d'objets mobiliers, fixé à deux pour cent par l'article 69 de la loi du 22 frimaire an 7, est réduit à cinquante centimes par cent francs pour les ventes publiques de marchandises, qui, conformément au décret du 17 avril 1812, seront faites à la Bourse et aux enchères, par le ministère des courtiers de commerce, d'après l'autorisation du tribunal de commerce (1).

75. Pour les rentes et les baux stipulés payables en quantité fixe de grains et denrées dont la valeur est déterminée par des mercuriales, et pour les donations entre vifs et les transmissions par décès de biens dont les baux sont également stipulés payables en quantité fixe de grains et denrées dont la valeur est également déterminée par des mercuriales, la liquidation du droit proportionnel d'enregistrement sera faite d'après l'évaluation du montant des rentes ou du prix des baux résultant d'une année commune de la valeur des grains ou autres den-

(1) *Voy.* ordonnance du 1er juillet 1818.

rées, selon les mercuriales du marché le plus voisin.

On formera l'année commune d'après les quatorze dernières années antérieures à celles de l'ouverture du droit : on retranchera les deux plus fortes et les deux plus faibles; l'année commune sera établie sur les dix années restantes (1).

76. A compter du 1er juillet prochain, le papier pour affiches, avis ou annonces, ne sera plus fourni par la régie de l'enregistrement.

Conformément à l'article 58 de la loi du 30 septembre 1797 (9 vendémiaire an 6), les particuliers feront timbrer le papier dont ils voudront faire usage.

Ils acquitteront le droit réglé par les articles 65, 66 et 67 de la loi du 28 avril 1816.

Le papier sera présenté au timbre avant l'impression, sous les peines portées par l'article 69 de cette dernière loi.

Néanmoins la disposition de l'article 77 de la loi du 25 mars 1817, qui défend de se servir, pour les affiches, de papier de couleur blanche, et qui prononce une amende de cent francs contre l'imprimeur, en cas de contravention, est et demeure maintenue.

77. Seront exemptes du droit proportionnel établi par l'article 35 de la loi du 28 avril 1816, les lettres-patentes de dispense d'âge pour mariage, délivrées aux personnes reconnues indigentes. Dans ce cas, la formalité de l'enregistrement sera donnée *gratis* (2).

Seront également enregistrés *gratis* les actes de reconnaissance d'enfans naturels appartenant à des individus notoirement indigens.

78. Demeurent assujétis au timbre et à l'enregistrement sur la minute, dans le délai de vingt jours, conformément aux lois existantes :

1° Les actes des autorités administratives et des établissemens publics portant transmission de propriété, d'usufruit et de jouissance; les adjudications ou marchés de toute nature, aux enchères, au rabais ou sur soumissions (3);

2° Les cautionnemens relatifs à ces actes.

79. La disposition de l'article 37 de la loi du 12 décembre 1798 (22 frimaire an 7) qui autorise, pour les adjudications en séance publique seulement, la remise d'un extrait au receveur de l'enregistrement pour la décharge du secrétaire, lorsque les parties n'ont pas consigné les droits en ses mains, est étendue aux autres actes ci-dessus énoncés.

80. Tous les actes, arrêtés et décisions des autorités administratives, non dénommés dans l'article 78, sont exempts du timbre sur la minute et de l'enregistrement tant sur la minute que sur l'expédition. Toutefois, aucune expédition ne pourra être délivrée aux parties que sur papier timbré, si ce n'est à des individus indigens, et à la charge d'en faire mention dans l'expédition.

81. L'exemption prononcée par l'article précédent est applicable aux actes des autorités administratives antérieurs à la publication de la présente.

Il est fait remise des doubles droits et amendes encourus pour contraventions aux lois du timbre et de l'enregistrement, à raison d'actes dénommés dans ledit article et antérieurs à ladite publication.

82. Les seuls actes dont il devra être tenu répertoire sur papier timbré dans les préfectures, sous-préfectures et mairies, et dont les préposés pourront demander communication, sont ceux dénommés dans l'article 78 de la présente loi.

83. L'exemption du timbre, portée en l'article 76 de la loi du 25 mars 1817, en faveur des annonces, prospectus et catalogues de librairie, est étendue aux annonces, prospectus et catalogues d'objets relatifs aux sciences et arts.

TITRE VIII. Contributions indirectes.

84. Les lois des 28 avril 1816 et 25 mars 1817 continueront d'être exécutées, en ce qui

---

(1) Les juges peuvent prendre pour base de l'évaluation les mercuriales des *trois dernières années*, si les baux sont faits *à colonage*, c'est-à-dire, moyennant une portion fixe de fruits, il n'en est pas de ce cas comme de celui où les baux sont payables *en nature*, hypothèse pour laquelle la loi a exigé que l'évaluation soit faite sur les quatorze dernières années (9 mai 1826; Cass. S. 26, 1, 446).

Pour déterminer la valeur annuelle du revenu des immeubles d'une succession, aux fins de régler le droit de mutation, il faut une évaluation d'année commune, d'après les mercuriales du marché le plus voisin. Les tribunaux n'ont pas une faculté discrétionnaire pour les élémens de cette évaluation (22 février 1831; Cass. S. 31, 1, 103; D. 31, 1, 88).

(2) Une ordonnance du 25 juin 1817, publiée au recueil officiel de l'intérieur, avait déjà disposé de la même manière.

(3) Cet article ne s'applique pas seulement aux marchés de l'une de ces trois dernières espèces; il s'étend aussi aux marchés *de gré à gré* faits par actes sous *seings privés*, entre les administrations ou établissemens publics, à la charge d'en délivrer expédition aux particuliers. Vainement on dirait qu'il ne s'agit en un tel cas que d'actes *privés* ordinaires, dont l'enregistrement ne devient nécessaire que lorsqu'on veut les produire en justice (12 mai 1830; Cass. S. 30, 1, 177, D. 30, 1, 241).

concerne les contributions indirectes, jusqu'au 1er avril 1819.

Néanmoins les boissons expédiées par un détenteur non entrepositaire, d'une de ses caves situées dans des lieux sujets aux droits d'entrée dans un autre domicile, seront accompagnées d'un acquit-à-caution, en franchise de droit.

85. Ne seront point assujétis aux droits de circulation établis par l'article 82 de la loi du 25 mars 1817, les vins et cidres expédiés pour la ville de Paris.

TITRE IX. Divers droits et perceptions.

86. Les dispositions des lois auxquelles il n'est pas dérogé par la présente, et qui régissent actuellement les perceptions des droits de douanes, y compris celui sur les sels, des postes, des loteries, du dixième des billets d'entrée dans les spectacles, et d'un quart de la recette brute dans les lieux de reunion et de fête où l'on est admis en payant, et d'un décime pour franc sur ceux de ces droits qui n'en sont point affranchis, sont et demeurent maintenues.

87. Continueront pareillement d'être perçus, comme par le passé, les droits établis par l'article 16 des lettres-patentes du 10 février 1780, et par l'arrêté du 25 thermidor an 11, pour frais de visite chez les pharmaciens, droguistes et apothicaires.

88. seront aussi perçues, comme par le passé, les diverses rétributions imposées, en faveur de l'Université, sur les établissemens particuliers d'instruction et sur les élèves qui fréquentent les écoles publiques.

89. Indépendamment du droit de timbre auquel les journaux sont assujétis par la loi du 28 avril 1816, il continuera d'être perçu un centime et demi par feuille sur ceux imprimés dans les départemens.

Le produit de ce droit fera partie des recettes générales de l'Etat.

Les journaux ne seront assujétis à aucune autre taxe ou rétribution, sous quelque dénomination que ce puisse être.

90. Continueront également d'être perçues les contributions spéciales destinées soit aux frais des Bourses de commerce, conformément à la loi du 28 ventose an 9, soit à ceux des chambres de commerce assimilés aux frais desdites Bourses, ainsi que les revenus spéciaux qui seraient attribués auxdites chambres de commerce et aux établissemens sanitaires.

91. Le Gouvernement continuera, pendant une année, d'être autorisé, conformément à la loi du 14 floréal an 10, à établir des droits de péage dans le cas où ils seront reconnus nécessaires pour concourir à la construction ou à la restauration des ponts, écluses et ouvrages d'art à la charge de l'Etat, des départemens et des communes : il en fixera les tarifs et le mode de perception, et en déterminera la durée dans la forme usitée pour les réglemens d'administration publique.

92. Continueront d'avoir lieu pour l'année 1818, les retenues proportionnelles sur les traitemens, remises, salaires et pensions, qui ont été prescrites par les articles 78 et 79 de la loi du 28 avril 1816, et par l'article 137 de la loi du 25 mars 1817 (1).

93. Seront néanmoins exceptés de ladite retenue les traitemens des agens extérieurs du ministère des affaires étrangères, pendant leur résidence hors du royaume.

94. Toutes contributions directes ou indirectes autres que celles autorisées ou maintenues par la présente loi, à quelque titre et sous quelque dénomination qu'elles se perçoivent, sont formellement interdites, à peine, contre les autorités qui les ordonneraient, contre les employés qui confectionneraient les rôles et tarifs et ceux qui en feraient le recouvrement, d'être poursuivis comme concussionnaires, sans préjudice de l'action en répétition, pendant les trois années, contre tous receveurs, percepteurs ou individus qui auraient fait la perception, et sans que, pour exercer cette action devant les tribunaux, il soit besoin d'une autorisation préalable, sans préjudice de l'exécution des articles 4 et 6 de la loi du 28 avril 1816, relatifs aux contributions extraordinaires pour remboursement des dépenses de l'occupation militaire de 1815 (2).

TITRE X. Domaine extraordinaire.

95. Le domaine extraordinaire fait partie du domaine de l'Etat.

Les dotations et majorats qui, en vertu de leur concession, sont reversibles au domaine extraordinaire feront, dans les cas prévus par les statuts et décrets, retour au domaine de l'Etat.

Il sera pris possession, au nom de l'Etat, par la régie de l'enregistrement, de l'actif du domaine extraordinaire. Elle recevra le compte de l'actif actuellement existant dans la caisse de ce domaine, et fera verser à la caisse des dépôts et consignations la somme restée sans emploi au moment de l'établissement de ce compte.

96. La régie poursuivra le recouvrement des créances du domaine extraordinaire; elle en percevra les revenus, et elle mettra en vente, en la forme usitée pour l'aliénation des domaines nationaux, les biens-fonds et

(1) *Voy.* loi du 17 juillet 1819, art. 6.

(2) *Voy.* loi du 17 juillet 1819, art. 34.

maisons non affectés à des dotations. Le produit de ces recouvremens et de ces ventes sera également versé à la caisse des dépôts et consignations, pour être employé à des achats de rentes au grand-livre.

97. Il sera dressé un état des donataires et de leurs veuves, divisé par classes. Cet état présentera : 1° le nom de chaque donataire; 2° le titre auquel la dotation lui a été accordée, soit avant, soit depuis le 1er avril 1814; 3° le montant de cette dotation; 4° et à l'égard des veuves, les pensions auxquelles chacune d'elles pourrait prétendre.

Cet état sera distribué aux Chambres dans la prochaine session.

98. Dans l'intervalle des deux sessions, il pourra être accordé aux donataires des 4e, 5e et 6e classes, aux donataires amputés, aux donataires orphelins qui ont perdu leurs dotations, à ceux des militaires des armées royales de l'ouest et du midi, amputés ou mis hors de service, qui ont été assimilés aux susdits donataires par les articles 3 et 6 de l'ordonnance du 22 mai 1816, et aux veuves, ainsi qu'aux vétérans des camps d'Alexandrie et de Juliers, un secours proportionné aux fonds disponibles, et qui ne pourra excéder la moitié des dotations pour la 6e classe, le quart pour les autres classes, et, pour les veuves, un semestre de leurs pensions. Les commandans des camps de vétérans seront traités, dans la distribution de ce secours, comme les donataires de 4e classe, les officiers comme les donataires de 5e classe, et les sous-officiers et soldats comme les donataires de la 6e classe (1).

99. Les détails concernant l'administration du domaine extraordinaire formeront la matière d'un chapitre particulier dans le compte annuel de l'administration des finances.

TITRE XI. De l'emprunt de 1818.

100. Le ministre des finances est autorisé à ouvrir des emprunts jusqu'à concurrence de seize millions de rentes cinq pour cent consolidés, dont le produit sera applicable au service de 1818.

101. Il sera rendu compte, lors de la présentation du budget de 1819, de l'emploi de ce crédit.

TITRE XII. Des comptes.

102. Le réglement définitif des budgets antérieurs sera à l'avenir l'objet d'une loi particulière, qui sera proposée aux Chambres avant la présentation de la loi annuelle des finances. Les comptes prescrits par le titre XII de la loi du 25 mars 1817 seront joints à cette proposition.

---

15 = Pr. 20 MAI 1818. — Loi concernant les échangistes (2). (7, Bull. 112, n° 4131.)

Voy. loi du 14 VENTOSE an 7 et les notes. *Voy.* aussi loi du 12 MARS 1820.

Art. 1er. Les dispositions de l'article 116 de la loi du 28 avril 1816, concernant les engagistes, sont déclarées communes aux échangistes de forêts au-dessus de cent cinquante hectares dont les échanges n'étaient pas consommés avant le 1er janvier 1789.

2. Lesdits échangistes seront, en conséquence, admis à faire les déclaration et soumission prescrites par la loi du 14 ventose an 7, dans le délai de trois mois à compter de la publication de la présente loi; et en payant le quart de la valeur des biens qu'ils ont reçus en échange, suivant le mode déterminé par cette loi, ils seront déclarés propriétaires incommutables.

Néanmoins, les échangistes pour lesquels il a été fait des évaluations conformément à l'édit du mois d'octobre 1711 quoique non suivies de l'enregistrement et de lettres de ratification, ne seront tenus, pour être maintenus dans leurs possessions, que de payer la soulte résultant des évaluations, si les biens par eux donnés en contre-échange ont été vendus par l'Etat.

---

15 MAI 1818 = Pr. 18 MAI 1819. — Ordonnance du Roi qui détermine le cas dans lequel les rang, titre et qualité de pair de France dont est revêtu M. le duc de Choiseul, seront transmis héréditairement à M. Philippe-Gabriel, marquis de Marmier, son gendre. (7, Bull. 278, n° 6446.)

Louis, etc.

Voulant donner à notre cousin le duc de Choiseul un témoignage de la bienveillance particulière que nous lui portons, tant pour le dévouement qu'il a constamment montré au Roi notre frère, de glorieuse mémoire, que pour les bons et loyaux services qu'il a rendus à notre personne et à l'Etat.

Nous avons ordonné et ordonnons ce qui suit :

---

(1) *Voy.* article 8 des lois du 14 juillet 1819 et 26 juillet 1821.

(2) Présentation à la Chambre des députés le 31 janvier (Mon. du 1er février).

Rapport de M. Favard, le 26 mars (Mon. du 29 mars).

Discussion, le 2 mai (Mon. des 3 et 4 mai).

Adoption, le 4 mai (Mon. du 6 mai).

Présentation à la Chambre des pairs, le 9 mai (Mon. du 27 mai).

Discussion et Adoption, le 11 mai (Mon. du 29 mai).

Art. 1er. Les rang, titre et qualité de pair de France qu'il nous a plu accorder à notre cousin Claude-Antoine-Gabriel duc de Choiseul seront transmis héréditairement au sieur Philippe-Gabriel, marquis de Marmier, gendre dudit duc de Choiseul, pour en jouir, lui et sa descendance mâle, naturelle et légitime, dans le cas où le titulaire actuel viendrait à décéder sans postérité mâle, naturelle et légitime.

2. Notre président du conseil des ministres et notre garde-des-sceaux ministre secrétaire d'Etat au département de la justice sont chargés de l'exécution des présentes.

---

16 MAI 1818. — Proclamations du Roi relatives à la clôture de la session de 1817 de la Chambre des pairs et de la Chambre des députés. (7, Bull. 213, n° 4159.)

---

20 = Pr. 28 MAI 1818. — Ordonnance du Roi qui fixe, à dater du 1er juin 1818, le prix du salpêtre vendu par la direction générale des poudres. (7, Bull. 214, n° 4174.)

Voy. loi du 10 MARS 1819, et ordonnance du 11 AOUT 1819, article 3.

Louis, etc.

Considérant que notre ordonnance du 25 mars dernier, qui a chargé la direction générale des contributions indirectes de l'exploitation des bénéfices résultant de la vente des poudres au commerce et aux particuliers, a laissé à la direction générale des poudres la vente des salpêtres qui excéderaient les besoins de ses fabrications;

Considérant aussi que, par sa nouvelle organisation, la direction générale des poudres ne doit prétendre à aucun bénéfice sur la vente de ses produits, et qu'elle est tenue de les livrer au prix courant; vu notre ordonnance du 8 avril dernier, qui fixe à deux francs le prix du kilogramme de salpêtre livré par les salpêtriers à la direction générale des poudres;

Sur le rapport de notre ministre secrétaire d'Etat au département de la guerre,

Nous avons ordonné et ordonnons ce qui suit :

Art. 1er. A dater du 1er juin prochain, le prix du salpêtre vendu par la direction générale des poudres sera de deux francs le kilogramme de salpêtre pur à l'état de brut, tel que le livrent les salpêtriers.

2. Ce prix sera augmenté de quinze centimes par kilogramme, lorsqu'il sera vendu à l'état de pur et raffiné, pour couvrir les frais de raffinage.

3. Notre ministre de la guerre est chargé de l'exécution de la présente ordonnance.

---

20 = Pr. 28 MAI 1818. — Ordonnance du Roi qui augmente le traitement des vicaires généraux, des chanoines et des desservans, et accorde un secours aux religieuses âgées et infirmes. (7, Bull. 214, n° 4175.)

Voy. notes sur l'article 7 de la Charte, et ordonnance du 31 juillet 1821.

Art. 1er. Le traitement des desservans qui ont soixante-dix ans et plus, tel qu'il a été fixé par notre ordonnance du 9 avril 1817, est augmenté de cent francs.

Celui des desservans au-dessous de cet âge est augmenté de cinquante francs.

Le traitement de l'un des vicaires généraux de chaque archevêché, à la désignation de l'archevêque, est porté de deux mille francs à trois mille francs.

Le traitement des deux autres vicaires généraux de chaque archevêché, et celui des deux vicaires généraux de chaque évêché, est porté de quinze cents francs à deux mille francs;

Celui des chanoines, de onze cents francs à quinze cents francs.

2. Une somme de trois cent mille francs est spécialement affectée à secourir les religieuses âgées et infirmes.

4. Notre ministre de l'intérieur est chargé de l'exécution de la présente ordonnance.

---

20 = Pr. 31 MAI 1818. — Instructions sur les engagemens volontaires, données en exécution des articles 2, 3, 4 et 6 de la loi du 10 mars 1818, sur le recrutement de l'armée. (7, Bull. 215, n° 4193).

Voy. notes sur la loi du 10 MARS 1818.

§ Ier. Des corps pour lesquels les engagemens volontaires peuvent avoir lieu.

Art. 1er. Les engagemens volontaires seront reçus pour tous les corps français de l'armée de terre, suivant l'indication qui en est donnée au tableau joint à la présente instruction, sous le N° 1er.

2. Il ne sera reçu aucun engagement volontaire pour les régimens étrangers au service de France, ni pour les compagnies de gendarmerie, compagnies sédentaires et autres, dont le recrutement est soumis à des règles particulières, et dont l'indication est donnée au tableau joint à la présente instruction, sous le N° 2.

§ II. Des conditions à exiger des hommes qui se présentent pour contracter un engagement.

3. Les chefs de corps ne pourront, sous aucun prétexte, recevoir aux drapeaux, comme engagé volontaire, un homme qui n'aura pas souscrit un engagement volontaire devant les officiers de l'état civil.

4. Les enfans de troupe et les autres jeunes gens qui sont employés actuellement dans les corps comme tambours, trompettes, ou autrement, ne pourront pas contracter d'engagemens volontaires devant l'officier de l'état civil, avant l'âge de dix-huit ans. Ils devront, comme les autres engagés, être pourvus des pièces légales et du certificat d'aptitude qui seront relatés ci-après.

5. Les engagés volontaires devront, indépendamment des conditions exigées par l'article 2 de la loi du 10 mars 1818, réunir les qualités suivantes :

1° Etre sains et robustes;

2° Ne pas être âgés de plus de trente ans révolus;

3° Avoir, au moins, selon l'arme à laquelle ils se destinent, la taille fixée dans le tableau joint à la présente instruction, sous le N° 3.

Les Français qui ont déjà servi pourront être admis à s'engager jusqu'à trente-cinq ans révolus; mais, passé l'âge de trente ans, leur engagement n'aura lieu que pour un corps de l'arme dont ils auront fait partie.

6. Nul ne sera admis à s'engager, 1° pour les compagnies d'ouvriers d'artillerie et du génie et les équipages militaires, s'il n'est ouvrier en fer ou en bois; 2° pour les escadrons du train du génie et les équipages militaires, s'il n'est sellier ou maréchal-ferrant, ou habitué à soigner les chevaux et à conduire les voitures; 3° pour le bataillon des pontonniers, s'il n'est charpentier de bateaux ou habitué à conduire les bateaux; 4° pour les régimens du génie, s'il n'est ouvrier en fer ou en bois, ouvrier des mines et carrières, tailleur de pierres ou ouvrier en maçonnerie.

7. Tout homme qui voudra s'engager devra d'abord faire constater qu'il a les qualités requises pour l'arme à laquelle il se destine; à cet effet, il se présentera devant le chef ou un des officiers supérieurs du corps dans lequel il désire prendre du service. Toutefois, si aucun de ces officiers ne se trouve dans l'arrondissement, il sera procédé à l'examen par l'officier de gendarmerie le plus élevé en grade, présent sur les lieux, ou, en cas d'empêchement de celui-ci, par un officier de gendarmerie du grade immédiatement inférieur.

A défaut de tout officier, l'aptitude de l'homme pourra être reconnue par le maréchal-des-logis le plus ancien de grade dans l'arrondissement.

8. L'officier devant lequel l'homme se présentera ne procédera à son examen qu'autant qu'il aura la certitude que le corps pour lequel cet homme se destine est du nombre de ceux indiqués par le ministre comme n'étant pas encore portés à leur complet; et à cet effet, il consultera les indications qui lui auront été transmises par les généraux commandant les divisions et subdivisions, les intendans ou sous-intendans militaires, selon qu'il sera statué.

9. Si l'effectif du corps permet l'engagement, l'officier vérifiera si l'homme qui se présente a la taille et les autres qualités requises pour le service militaire et pour l'arme à laquelle il se destine.

Il fera constater, par un docteur en médecine ou en chirurgie, et, à leur défaut, par un officier de santé, employé pour les actes de l'état civil ou de la police judiciaire, ou attaché à un hospice militaire ou civil, si le sujet n'a aucune infirmité et s'il est d'une constitution robuste; cette formalité remplie, il lui délivrera, s'il le reconnaît bon pour le service, un certificat conforme au modèle N° 4.

Muni de cette pièce, qui constate son acceptation par l'autorité militaire, l'homme se présentera devant l'officier de l'état civil, qui seul, d'après la loi, est appelé à dresser l'acte d'engagement.

10. Indépendamment de son certificat d'acceptation par l'autorité militaire, l'engagé volontaire devra justifier à l'officier de l'état civil, de son âge, par des pièces authentiques, et produire un certificat du maire de sa commune, visé par le juge-de-paix du canton, et constatant :

1° Qu'il jouit de ses droits civils;

2° Qu'il est de bonne vie et mœurs;

3° Qu'il n'a été appelé ni pour le service de terre ni pour celui de mer (*ou bien*) qu'il est libéré de l'un et de l'autre service (1).

Quant aux jeunes gens désignés pour faire partie des contingens, qui demanderaient à devancer le moment de leur mise en activité, sa majesté se réserve de leur accorder cette faculté; et il sera fait mention de ce qui les concerne dans l'instruction sur les appels.

11. Les officiers de l'état civil exigeront en outre :

1° Des individus qui ne sont pas Français de naissance, une copie authentique de leurs lettres de naturalisation;

2° Des hommes qui ont déjà servi, le congé absolu qui a dû leur être délivré, ou, si

(1) Le maire ou adjoint du maire qui délivre, en cette qualité un faux certificat de bonnes vie et mœurs ou de résidence, à un individu pour le faire admettre comme remplaçant au service militaire, commet le crime de faux en écriture publique puni de la peine des travaux forcés à perpétuité (16 juillet 1829; Cass. S. 29, 1, 303, D. 29, 1, 391).

ces hommes ont fait partie des corps licenciés en 1815 et ne sont pas porteurs de congés absolus, un certificat du maire de leur commune, visé par le sous-préfet, portant qu'ils n'ont pas repris du service depuis le mois d'août de la même année, soit comme ayant été rappelés, soit à tout autre titre;

3° Des inscrits maritimes, *un acte de déclassement*, signé par le commissaire de l'inscription maritime de *leur quartier*, ou un certificat du même portant que le ministre de la marine les autorise à prendre du service dans les troupes de terre;

4° Des hommes qui se présentent comme ouvriers pour entrer dans un des corps désignés dans l'article 6 de la présente instruction, un certificat de deux maîtres-ouvriers, constatant qu'ils ont fait leur apprentissage.

§ III. De la forme de l'engagement.

12. Avant la signature de l'acte, l'officier de l'état civil donnera lecture à l'engagé, 1° des articles 2, 3 et 4 de la loi du 10 mars 1818, relatifs aux engagemens volontaires;

2° Du titre 4 de la même loi, sur le service territorial que les militaires doivent faire, après avoir achevé le service d'activité;

3° Des articles 18 et 19 de la présente instruction, concernant les engagés volontaires trouvés hors de la route qui leur est tracée, et ceux qui ne se rendent pas à leur destination dans les délais prescrits;

4° Enfin, de l'acte de l'engagement contracté.

Les certificats et autres pièces produites par l'engagé volontaire seront annexés à la minute de cet acte, lequel sera conforme au modèle n° 5.

§ IV. De la mise en route de l'engagé, et des dispositions à suivre jusqu'à son arrivée au corps.

13. L'officier de l'état civil dirigera directement l'enrôlé volontaire sur le corps pour lequel l'engagement aura été reçu, et, à cet effet, lui délivrera, avec une expédition de l'acte d'engagement, une feuille de route provisoire, portant injonction de se présenter devant le premier sous-intendant militaire dont la résidence se trouvera sur la ligne qu'il aura à parcourir pour se rendre à sa destination.

Il adressera en même temps, et directement, au sous-intendant militaire en résidence dans le département ou l'engagement aura eu lieu, une seconde expédition de l'acte.

Le sous-intendant militaire transmettra cette expédition, après l'avoir enregistrée conformément au modèle n° 6, au conseil d'administration du corps pour lequel l'engagement aura été reçu.

14. Le sous-intendant militaire devant lequel l'engagé sera tenu de se rendre, se fera représenter l'expédition de l'acte d'engagement et la feuille de route provisoire qui auront été donnés à l'engagé par l'officier de l'état civil. Il lui délivrera une feuille de route et les mandats d'indemnité de route nécessaires pour qu'il se rende à sa destination, en lui tenant compte de cette indemnité à partir du lieu où l'engagement aura été reçu.

La feuille de route provisoire restera déposée dans les bureaux du sous-intendant militaire, et l'acte d'engagement sera rendu à l'engagé volontaire. Il pourra servir à son incorporation dans le cas où l'expédition adressée par le sous-intendant militaire du lieu de l'engagement aurait éprouvé des retards et ne serait point arrivée; mais le nouveau soldat ne pourra en être dessaisi, sans qu'il lui en soit donné une ampliation signée des membres du conseil d'administration, et visée par le sous-intendant militaire ayant la police administrative du corps.

15. Si, par l'effet de la direction la plus courte donnée à l'engagé, il se présente pour obtenir sa feuille de route devant un sous-intendant autre que celui du département où l'engagement aura été reçu, le premier de ces fonctionnaires transmettra au second et au chef du corps sur lequel l'homme est dirigé, un bulletin conforme au modèle n° 7, qui servira à faire connaître le jour de son départ et l'époque présumée de son arrivée à sa destination.

16. Si un engagé volontaire tombe malade en route, il sera admis dans un hôpital, et le sous-intendant militaire ayant la police de cet hôpital, ou le fonctionnaire ayant le droit de le suppléer, retirera à cet engagé sa feuille de route et ses mandats d'indemnité ou de fourniture; il les conservera en dépôt, soit pour les lui remettre à sa sortie, s'il y a lieu, soit, en cas de décès, pour les adresser à qui de droit.

Le sous-intendant militaire ou le fonctionnaire qui le suppléera fera connaître l'entrée à l'hôpital, de l'engagé volontaire, au sous-intendant militaire du département où l'engagement aura été contracté, et au corps sur lequel l'engagé a été dirigé.

Lorsque l'engagé volontaire sortira de l'hôpital pour rejoindre ses drapeaux, ou s'il s'évade de l'hôpital, le sous-intendant militaire en donnera avis également à l'un et à l'autre.

Il sera fait mention, sur la feuille de route de l'engagé volontaire sortant d'un hôpital, de la date de son entrée et de celle de sa sortie.

17. Si un engagé volontaire meurt en route, l'acte d'engagement, la feuille de route et les mandats dont il aura été trouvé porteur,

ainsi que son acte de décès, seront envoyés par l'officier de l'état civil, au préfet du département où le décès a eu lieu, pour être, par cet administrateur, transmis, savoir :

L'acte d'engagement, à l'officier de l'état civil qui l'aura dressé;

La feuille de route et les mandats, au sous-intendant militaire qui les aura délivrés.

Le préfet donnera, en outre, avis du décès, tant au sous-intendant militaire du département où l'engagement a été contracté, qu'au conseil d'administration du corps sur lequel l'engagé était dirigé.

18. Lorsqu'un engagé volontaire sera trouvé par la gendarmerie hors de la route qui lui aura été tracée, il devra être conduit devant le commandant de la gendarmerie de l'arrondissement, qui, suivant l'examen des motifs, le fera remettre sur le chemin qu'il devait suivre, ou conduire, de brigade en brigade à son corps.

19. Si, quinze jours après celui où un engagé volontaire aura dû arriver au corps, il ne s'y est pas rendu, et si le chef du corps n'a pas été informé de son entrée à l'hôpital ou de son décès en route, cet engagé sera considéré comme prévenu de désertion, et poursuivi comme tel.

Le chef du corps adressera aussitôt au commandant de la gendarmerie du lieu de la garnison, et au ministre de la guerre (*bureau de la justice militaire*), le signalement exact de l'engagé qui n'aura pas rejoint : il donnera avis de la non-arrivée au corps, de l'engagé, au sous-intendant militaire du département où l'engagement aura été reçu, afin que la recherche de la personne de l'engagé puisse avoir lieu, sans délai, dans l'étendue de ce département.

§ V. De l'arrivée au corps et de l'examen définitif de l'aptitude de l'engagé.

20. A l'arrivée d'un engagé volontaire au corps, le chef de ce corps le fera porter sur le registre-matricule, et en rendra compte à l'officier général commandant.

Si l'engagé volontaire, à son arrivée au corps, a été trouvé impropre au service, il n'en devra pas moins être reçu provisoirement par le chef du corps, qui pourra ne lui faire délivrer que les effets d'habillement et d'équipement absolument nécessaires, et il sera présenté pour la réforme à la prochaine revue d'inspection.

21. Tout engagé volontaire que l'inspecteur général jugera définitivement impropre au service sera renvoyé dans ses foyers; à cet effet, il lui sera délivré, savoir :

1° Une copie de la décision de l'inspecteur général, qui sera écrite au dos de l'expédition de l'acte d'engagement dont il se trouvera porteur, signée des membres du conseil d'administration, et visée par le sous-intendant militaire;

2° Une feuille de route portant indemnité de quinze centimes par lieue.

Le conseil d'administration fera passer une copie de la même décision au sous-intendant militaire du département dans lequel se trouve la commune où l'engagement aura été contracté, et, sur la transmission qui en aura été faite par ce dernier au préfet du département, l'officier de l'état civil fera mention de l'annulation de l'engagement sur les registres, en marge de la minute de l'acte (1).

§ VI. Des dispositions d'ordre.

22. Le sous-intendant militaire en résidence dans le département où l'engagement aura été contracté transmettra, à la fin de chaque mois, aux préfets *du domicile de droit* des engagés volontaires, les avis qui lui auront été donnés en exécution des articles 15, 16, 17, 19 et 21 de la présente instruction, concernant la destination assignée à ces engagés, ou leur décès, ou leur incorporation, ou leur désertion en route, ou l'annulation de leur engagement.

La transmission de ces avis aura lieu par l'envoi de bulletins conformes au modèle N° 8, pour tous les hommes qui ne seront pas engagés dans la commune de leur domicile de droit.

23. Le dernier jour de chaque mois, les chefs de corps dresseront et enverront au ministre l'état des engagemens qui auront été contractés pour les corps qu'ils commandent, dans le cours du mois précédent. Cet état sera conforme au modèle ci-joint N° 9. Il sera négatif, s'il n'a pas été contracté d'engagemens dans le cours du mois :

24. Les intendans militaires des divisions se feront adresser, par les sous-intendans, un état, conforme au modèle ci-joint N° 10, des engagemens reçus pendant le mois dans leurs départemens respectifs.

L'état sera négatif pour les départemens dans lesquels il n'aurait pas été reçu d'engagemens pendant le mois.

Lorsque les intendans militaires auront

(1) Cette disposition, qui tend à ne pas laisser exister des actes de l'état civil annulés par le fait, tire une grande importance de la nécessité d'obtenir des listes exactes pour la formation des contingens, et MM. les sous-intendans militaires chargés de la police administrative des corps devront s'assurer que l'exécution n'en est point négligée.

reçu les états de tous les départemens de leur division, ils formeront, d'après le même modèle, un état général des engagemens, et l'adresseront au ministre, pour servir à dresser l'état sommaire des engagemens volontaires de l'année, prescrit par l'article 6 de la loi du 10 mars.

Cet envoi aura lieu, au plus tard, le 20 du mois qui suivra celui pour lequel l'état général aura été fait.

MODÈLE N° I.

(Art. 1er de l'instruction.)

Tableau des corps français pour lesquels il peut être contracté des engagemens volontaires.

GARDE ROYALE.

1° Pour les régimens d'infanterie française ;
2° — les régimens de grenadiers à cheval ;
3° — les régimens de cuirassiers ;
4° — le régiment de dragons ;
5° — le régiment de chasseurs à cheval ;
6° — le régiment de lanciers ;
7° — le régiment de hussards ;
8° — le régiment d'artillerie à pied ;
9° — le régiment d'artillerie à cheval ;
10° — le train d'artillerie.

LÉGIONS ET RÉGIMENS DE LA LIGNE.

11° — les légions départementales ;
12° — le régiment de carabiniers de Monsieur ;
13° — les régimens de cuirassiers ;
14° — les régimens de dragons ;
15° — les régimens de chasseurs ;
16° — les régimens de hussards ;
17° — les régimens d'artillerie à pied ;
18° — les régimens d'artillerie à cheval ;
19° — les escadrons du train d'artillerie et du génie ;
20° — les compagnies d'ouvriers d'artillerie et du génie ;
21° — le bataillon de pontonniers ;
22° — les régimens du génie ;
23° — l'escadron du train des équipages militaires ;
24° — les compagnies d'ouvriers des équipages militaires.

MODÈLE N° II. (Article 2 de l'instruction.)

Corps étrangers et compagnies pour lesquels les officiers de l'état civil ne reçoivent pas d'engagemens volontaires.

1° Les régimens suisses. (Ces régimens se recrutent conformément à leurs usages et aux capitulations.)

2° La légion d'Hohenlohe. (Les officiers de l'état civil n'admettront l'engagement volontaire des Français pour cette légion qu'en vertu d'une autorisation spéciale du ministre.)

3° Les compagnies de sous-officiers et soldats sédentaires. (On n'y admet que des militaires blessés, ou ceux qui ont acquis le droit d'y servir, conformément à l'article 22 de la loi du 10 mars 1818.)

4° Les compagnies de gendarmerie. (Le recrutement de ces compagnies est soumis à des réglemens particuliers, et l'on n'y est admis que conformément à ces réglemens et aux dispositions de l'article 22 de la loi du 10 mars 1818.)

MODÈLE N° III.

Tailles exigées pour les différentes armes.

MODÈLE N° IV.

Certificat d'acceptation.

MODÈLE N° V. (Article 12 de l'instruction.)

Acte d'engagement.

L'an le à heures, s'est présenté devant nous (maire ou adjoint), officier de l'état civil d arrondissement d le sieur (noms et prénoms), âgé de exerçant la profession de (a), domicilié à canton d arrondissement d département d

Lequel a déclaré vouloir s'engager pour servir dans le (désignation du corps), et, à cet effet, nous a présenté :

1° Un certificat délivré sous la date du (indication de la date), par (nom, grade et corps de l'officier signataire du certificat), et constatant que ledit sieur (nom de l'engagé) n'est atteint d'aucune infirmité, qu'il a la taille et les autres qualités requises pour le service militaire et pour le corps auquel il se destine, et que l'effectif permet de l'y admettre ;

2° Son acte de naissance (b), constatant qu'il est né le (indication du jour, du mois, et de l'année de la naissance), canton d arrondissement d département d

---

(a) Si l'engagé a déjà servi, spécifier d'après sa déclaration (à la suite de l'indication de la profession) en quelle qualité et dans quel corps.

(b) Si ce n'est pas un acte de naissance que l'engagé produit, il faudra substituer aux mots son *acte de naissance*, ceux qui suivent : un (indication du titre qui serait produit conformément à l'article 46 du Code civil), ou un acte de notoriété dressé et homologué dans les formes voulues par les articles 70, 71 et 72 du Code civil.

3° Un certificat délivré sous la date du (indication de la date), par le maire d (indication de la commune où le certificat a été délivré), visé par le juge-de-paix du canton d (indication du canton auquel le juge-de-paix appartient), et constatant :

1° Qu'il jouit de ses droit civils ;

2° Qu'il est de bonnes vie et mœurs ;

3° Qu'il n'a été appelé, ni pour le service de terre, ni pour celui de mer (ou bien), qu'il est libéré de l'un et de l'autre service ;

4° (a).

Nous officier de l'état civil, après avoir reconnu la régularité des pièces produites par le sieur nous lui avons donné lecture, 1° des articles 2, 3 et 4 de la loi du 10 mars 1818, relatifs aux engagemens volontaires ; 2° du titre 4 de la même loi relatif au service territorial que doivent faire les militaires qui ont achevé le service d'activité ;

3° Des articles 18 et 19 de l'instruction sur les engagemens volontaires, approuvée par le Roi, lesquels ordonnent de faire conduire de brigade en brigade, par la gendarmerie, les engagés volontaires trouvés hors de la route qui leur est tracée, et de poursuivre comme déserteurs ceux qui ne se rendent pas à leur destination dans les délais prescrits.

En suite de quoi nous avons reçu l'engagement volontaire du sieur lequel a promis de servir le Roi avec fidélité et honneur, et de rester sous les drapeaux pendant l'espace de ans (indiquer le nombre d'années suivant l'arme).

Lecture faite audit sieur du présent acte, il l'a signé avec nous (signatures), (b).

Signalement du sieur

Taille de cheveux sourcils yeux bouche menton visage (indiquer les marques particulières), fils de (noms des père et mère), domiciliés à canton d arrondissement de département d

Le maire d

Nota. Le signalement sera rempli avec soin par le fonctionnaire qui aura reçu l'engagement.

MODÈLE N° VI.

Registres des engagemens volontaires contractés devant les officiers de l'état civil des communes du département dans le cours de 181 tenu par le sous-intendant militaire en résidence dans ledit département.

MODÈLE N° VII.

Bulletin dressé en exécution de l'article 5 de l'instruction sur les engagemens volontaires.

MODÈLE N° VIII.

Bulletin dressé en exécution de l'article 22 de l'instruction sur les engagemens volontaires.

MODÈLE N°s IX et X.

États d'engagemens volontaires (1).

---

20 MAI = Pr. 3 JUIN 1818. — Ordonnance du Roi qui règle les droits des officiers en non-activité, et prescrit des mesures pour la fixation de leurs divers traitemens. (7, Bull. 216, n° 4209.)

Louis, etc.

Considérant, 1° que l'insuffisance du fonds des pensions militaires, et la priorité accordée aux veuves, aux amputés et aux sous-officiers et soldats ne permettent pas de faire inscrire au livre des pensions les soldes de retraite auxquelles ont droit un assez grand nombre d'officiers en non-activité, qui continuent, par ce motif, à toucher la demi-solde ; 2° qu'il est dans l'intérêt de l'Etat, ainsi que dans celui des officiers en non-activité, d'accorder à ceux que des convenances personnelles disposent à rentrer dans la vie civile, les moyens de renoncer dès à présent au service militaire ;

Voulant, par des principes de justice et d'économie, déterminer, d'après la position et les services des officiers, la quotité et la durée des traitemens qu'ils auront droit de conserver sur le fonds des demi-soldes ;

Vu nos ordonnances sur les retraites des 27 août 1814 et 1er août 1815, le titre IV de la loi du 25 mars 1817, et l'ordonnance réglementaire du 20 juin suivant ; vu l'article 21 de la loi du 15 mai 1818 ;

Sur le rapport de notre ministre secrétaire d'Etat de la guerre,

---

(a) On indiquera sous ce numéro les pièces que l'engagé produira conformément à l'article 11 de l'instruction.

(b) Si l'engagé ne peut signer, il sera fait mention de la cause qui l'en empêche, conformément à l'article 39 du Code civil.

(1) Nous supprimons ceux de ces états qui n'ont rien d'intéressant pour la législation et les roits des citoyens.

De l'avis de notre Conseil,

Nous avons ordonné et ordonnons ce qui suit :

TITRE Ier. Conversion du traitement de non-activité en solde de retraite.

Art. 1er. A compter du 1er juillet prochain, la solde de retraite sera payée, sur le fonds des demi-soldes, aux officiers qui, jouissant présentement, sur ce fonds, du traitement de non-activité, se trouveront dans les positions suivantes :

1° A ceux qui, avant notre ordonnance spéciale du 1er août 1815 sur les retraites, avaient été désignés pour la solde de retraite déterminée par notre ordonnance du 27 août 1814 ;

2° A ceux qui, d'après des dispositions de notre ordonnance du 1er août 1815, devaient, à cette époque, obtenir, de plein droit, une pension de retraite ;

3° A ceux qui, ayant au 1er septembre 1815 des droits acquis à la solde de retraite, d'après les dispositions de l'article 2 de notre ordonnance du 1er août précédent, en ont fait la demande, ou l'adresseront, dans le moi de la publication de la présente ordonnance, au sous-intendant militaire chargé de leur faire payer la demi-solde. Passé ce délai, ceux qui, pour cause d'un empêchement légitime et constaté, n'auront pu adresser à temps leur demande au sous-intendant, l'enverront directement à notre ministre secrétaire d'Etat de la guerre ; mais aucune demande ne sera admise après que notre ministre secrétaire d'Etat de la guerre aura arrêté, pour chaque arme, le contrôle nominatif des officiers disponibles, conformément à l'article 18 ci-après, titre IV.

2. La solde de retraite sera également payée, sur le fonds des demi-soldes, aux officiers maintenant en non-activité, qui ont accompli leurs trente années de service effectif, ou qui, pendant la jouissance de leur traitement de non-activité, accompliront à l'avenir ces trente années. Ces officiers sont ou seront admis de droit à la retraite, à dater de l'accomplissement desdites trente années, pour le complément desquelles le temps de la jouissance du traitement de non-activité leur sera compté comme service effectif.

Les dispositions du présent article ne seront applicables de droit aux officiers généraux que dans le cas où ils auraient accompli leur cinquante-cinquième année d'âge, époque à laquelle le temps de la jouissance du traitement de non-activité leur sera compté comme service effectif dans la fixation de leur solde de retraite.

3. La fixation des soldes de retraite qui seront payées sur les fonds des demi-soldes sera arrêtée par notre ministre secrétaire d'Etat de la guerre, dans les formes déterminées par l'article 3 de notre ordonnance du 20 juin 1817 : elle sera présentée à notre approbation dans des projets d'ordonnance préalablement vérifiés par notre ministre secrétaire d'Etat des finances, et nos ordonnances approbatives seront insérées au Bulletin des Lois ; en sorte que toutes les formalités exigées par la loi du 25 mars 1817 soient remplies, comme si les soldes de retraite accordées devaient être immédiatement inscrites au Trésor. Ces soldes de retraite seront ensuite enregistrées au ministères des finances par ordre de dates et de numéros ; mais le paiement n'en sera imputé sur le fonds général des pensions militaires qu'après que les pensions dues aux veuves et aux militaires qui ne touchent aucun traitement sur le fonds des demi-soldes auront été liquidées.

4. En attendant que la fixation ait été approuvée par nous suivant les formes indiquées dans l'article précédent, la solde de retraite sera provisoirement payée sur le pied de la moitié du *maximum* affecté, pour ancienneté de service, par le tableau N° 1 annexé à notre ordonnance du 27 août 1814, au grade dans lequel les officiers touchent la demi-solde. Ce paiement provisoire aura lieu sans rappel ni retenue de la différence de la demi-solde touchée jusque-là.

5. A mesure que nos ordonnances approbatives auront été publiées par leur insertion au Bulletin des Lois, l'intendant militaire de la division où les officiers y dénommés toucheront provisoirement la moitié du *maximum*, en délivrera à chacun desdits officiers un extrait certifié conforme, pour lui servir de titre jusqu'à la délivrance de son certificat d'inscription au Trésor ; et, sur ce titre, la solde de retraite définitivement accordée sera payée sur le fonds des demi-soldes, avec rappel ou retenue, s'il y a lieu, de la différence qui existera entre cette solde de retraite et le traitement touché,

1° Depuis le 1er juillet 1818, par les officiers compris dans l'article 1er ci-dessus, ou par ceux qui, au 1er juillet 1818, se trouveront dans les cas prévus par l'article 2 ;

2° Depuis (1) l'accomplissement de leurs trente ans de service effectif ou de leurs cinquante-cinq années d'âge, par ceux qui n'auront pas encore atteint ce nombre d'années au 1er juillet prochain.

6. Les demi-soldes converties en soldes de retraite, en vertu des articles 4 et 5, pouvant être cumulées avec un traitement civil,

(1) Au lieu de *jusqu'à* qui se trouve au Bulletin. *Voy.* erratum, Bull. 219.

elles seront assimilées aux soldes de retraite inscrites au Trésor, et supporteront les retenues déterminées par les lois et ordonnances sur les soldes de retraite.

TITRE II. Conversion du traitement de non-activité en traitement de réforme.

7. Conformément à l'article 21 de la loi du 15 mai 1818, il sera accordé sur le fonds des demi-soldes, un traitement de réforme aux officiers qui, jouissant présentement, sur ce fonds, d'un traitement de non-activité, renonceront volontairement au service, et en adresseront la déclaration, dans les six mois de la publication de ladite loi, au sous-intendant militaire chargé de leur faire payer la demi-solde.

Ces traitemens de réforme seront égaux au montant du traitement de non-activité actuel, et seront payés pendant le nombre d'années déterminé ci-après, lequel sera compté du 1er juillet de la présente année, savoir :

Cinq ans, pour les officiers qui, au 1er juillet 1818, réuniront plus de dix ans de service, campagnes non comprises, mais en y comprenant le temps pendant lequel ils auront eu la demi-solde;

Quatre ans, pour ceux qui en réuniront plus de sept;

Trois ans, pour ceux qui en auront au moins cinq;

Et deux ans, pour ceux qui auront moins de cinq années de service à la même époque du 1er juillet 1818.

8. Les dispositions de l'article précédent seront appliquées de droit aux officiers qui ont été désignés, sur leur demande, pour être admis au traitement spécial de réforme, et qui n'ont pu encore l'obtenir, en raison de l'insuffisance des fonds affectés à cette dépense.

9. Les demi-soldes converties en traitemens de réforme, en vertu des articles 7 et 8, pouvant être cumulées avec un traitement civil, elles seront assimilées aux traitemens ordinaires de réforme, et supporteront les retenues déterminées par les lois et ordonnances sur les traitemens de réforme.

TITRE III. Traitement de non-activité.

10. Le traitement de non-activité continuera d'être payé, sur le fonds des demi-soldes et sur le pied de sa fixation actuelle, aux officiers maintenant en non-activité, auxquels les dispositions des titres Ier et II ne seront pas applicables, et qui, au 1er juillet prochain, réuniront quinze ans au moins de service, campagnes non-comprises, mais en y comprenant le temps pendant lequel ils auront eu la demi-solde jusqu'au 1er juillet 1818.

Ils en jouiront jusqu'à ce qu'ils soient appelés à une destination active, et, dans le cas où ils ne seraient point appelés, jusqu'à ce qu'ils soient, conformément à l'article 2 de la présente ordonnance, dans la position d'être admis à la solde de retraite.

11. Le traitement de non-activité continuera également d'être alloué sur le pied de sa fixation actuelle :

1° Pendant dix ans, qui expireront au 30 juin 1828, aux officiers qui, au 1er juillet prochain, réuniront dix ans accomplis de service, campagnes non comprises;

2° Pendant un nombre d'années égal à celui de leurs années de service, aux officiers qui, au premier juillet prochain, réuniront moins de dix ans de service.

Au-dessous de neuf années, et pour l'application seulement du présent article, les fractions de six mois au moins seront comptées pour l'année entière, les fractions au-dessous de six mois ne seront pas comptées.

12. Seront exceptés des dispositions de l'article précédent, les officiers déjà placés ou qui le seront à l'avenir dans les cadres de remplacement à la suite des corps : ceux qui jouissaient ou jouiront du traitement de non-activité au moment de leur admission dans ces cadres, continueront d'en jouir indéfiniment, jusqu'à ce qu'ils soient pourvus d'un emploi dans les cadres actifs.

TITRE IV. Dispositions générales.

13. La dénomination *d'officier en non-activité*, employée dans la présente ordonnance, est commune aux officiers de tout grade et de toute arme, aux administrateurs militaires des anciens corps du commissariat des guerres et de l'inspection aux revues, et aux officiers de santé de toute classe, soit qu'ils eussent le traitement de non-activité antérieurement au 25 mars 1817, soit qu'ils aient été admis depuis le 25 mars 1817 à la solde d'expectative, dont le fonds a été réuni à celui des demi-soldes par la loi du 15 mai 1818.

14. Les officiers dont le traitement de non-activité ne se trouve que suspendu par l'application de notre ordonnance du 7 mars 1817, et qui, n'ayant pas donné leur démission du service militaire, auraient droit à toucher de nouveau ce traitement, s'ils renonçaient aux emplois qu'ils ont acceptés dans les administrations ou tribunaux civils, sont admissibles au bénéfice des dispositions de la présente ordonnance. Ils pourront, en conséquence, jouir, sur le fonds des demi-soldes, des soldes de retraite et traitemens de réforme qu'elle détermine; mais ils y auront droit seulement à compter du 1er juillet 1818, la présente ordonnance n'ayant pas d'effet sur le temps antérieur. Le temps pendant lequel leur traitement de non-activité a

été suspendu par l'application de l'ordonnance du 7 mars 1817, leur sera compté pour déterminer la durée de leur traitement de réforme, conformément à l'article 7, comme si cette suspension n'avait pas eu lieu.

15. Tous les officiers maintenant en jouissance du traitement de non-activité sont appelés, par le titre Ier ci-dessus, à faire valoir les droits qu'ils avaient au 1er septembre 1815 à obtenir les retraites allouées par notre ordonnance spéciale du 1er août précédent : en conséquence, tous ceux qui, susceptibles, d'après l'article 2 de ladite ordonnance, d'obtenir, sur leur demande, la retraite à laquelle il n'étaient pas admissibles de plein droit, ne l'auront pas demandée dans les délais fixés par l'article 1er ci-dessus, ne pourront être ultérieurement admis qu'aux retraites déterminées par notre ordonnance du 27 août 1814, et en remplissant toutes les conditions qu'elle prescrit.

16. L'article 4 de notre ordonnance du 1er août 1815 sur les retraites, qui fixe à la moitié du *maximum* d'ancienneté la solde de retraite des officiers hors d'état de servir qui réunissaient plus de dix ans d'activité au 1er septembre de la même année, est applicable à ceux qui, réunissant le même nombre d'années d'activité à cette époque, étaient à la retraite de plein droit par l'âge qu'ils avaient atteint au 1er septembre 1815.

Les soldes de retraites réglées en vertu dudit article 4 ne seront pas assujéties aux visites annuelles prescrites par l'article 15 de notre ordonnance du 27 août 1814.

17. Les officiers en non-activité qui ont appartenu à la gendarmerie royale et autres corps spéciaux désignés dans les articles 18 et 19 de notre ordonnance du 27 août 1814, jouiront, dans la liquidation définitive de la solde de retraite à laquelle ils sont admissibles en vertu de notre ordonnance du 1er août 1815, de la prérogative qui leur est assurée par lesdits articles, d'obtenir leur retraite sur le pied du grade dans l'armée immédiatement supérieur à celui qu'ils ont exercé, pendant dix ans au moins, dans leur arme : mais, dans ce cas, ils devront réunir le même nombre d'années de service qui serait exigé des officiers revêtus de ce grade supérieur dans l'armée; autrement ils seront traités sur le pied de leur grade effectif.

18. Pour que le mouvement décroissant du fonds des demi-soldes puisse être suivi, il sera formé au ministère de la guerre des contrôles nominatifs, par grade et par arme,

1° Des demi-soldes converties en soldes de retraite.

Ce contrôle présentera d'abord les soldes de retraite payées provisoirement en vertu de l'article 4 de la présente ordonnance, et successivement celles qui seront définitivement accordées, conformément aux articles 3 et 5 ;

2° Des demi-soldes converties en traitemens de réforme, conformément aux articles 7 et 8 ;

3° Des traitemens de non-activité qui continueront d'être alloués, conformément aux articles 10 et 11.

Les officiers qui jouiront de ces derniers traitemens devront se regarder comme disponibles, quoique hors des cadres, et seront tenus d'obtempérer et sur-le-champ aux ordres de service qui leur seront donnés.

Ceux qui n'auraient pas profité, dans les délais prescrits, de la faculté qui leur est accordée, par la présente ordonnance, de s'affranchir dès à présent des obligations imposées aux officiers disponibles et qui n'exécuteront pas sur-le-champ les ordres qu'ils auront reçus, seront privés de tout traitement, et perdront leurs droits à la retraite et aux autres récompenses militaires.

19. Les soldes de retraite, traitemens de réforme et traitemens de non-activité, alloués sur le fonds des demi-soldes, seront payés par les soins des intendans et sous-intendans militaires, et d'après le mode suivi jusqu'à ce jour.

20. Dans le courant de l'année, il sera adressé, par notre ministre secrétaire d'Etat de la guerre, à tout officier admis, en vertu de la présente ordonnance, à jouir d'un traitement de réforme, ou à conserver le traitement de non-activité, un titre indiquant :

1° Ses nom et prénoms; 2° l'époque de sa naissance; celle de son entrée au service; 4° son grade; 5° enfin la nature et la durée du traitement qui lui est attribué.

21. A l'avenir, les officiers de tout grade et de toute arme et les administrateurs militaires qui cesseront de faire partie des cadres d'organisation de leurs corps respectifs ne pourront prétendre, s'il n'ont pas droit à la solde de retraite, qu'au traitement de réforme déterminé par la loi du 28 avril 1803, et dont la durée a été fixée à cinq années, par l'article 1er du décret du 15 juin 1812. Ils conserveront, ainsi que ceux admis jusqu'à ce jour au même traitement, leurs droits à être rappelés au service, ou à obtenir une solde de retraite, conformément audit décret.

22. Les dispositions de notre ordonnance du 12 mai 1814, portant que les officiers pensionnés ou réformés, rentrés en activité depuis le 1er janvier 1814, seront admis de nouveau à la retraite ou à la réforme avec les droits que leur donnaient leurs nouveaux services, seront appliquées aux officiers de tout grade et de toute arme, aux administrateurs militaires et officiers de santé, qui, étant dans ce cas, jouissent en ce moment du traitement de non-activité, à moins qu'ils

n'aient été rétablis de nouveau sur les contrôles de l'armée, ou admis au traitement de non-activité, par des décisions spéciales, émanées de notre autorité, postérieures au 12 mai 1814, et antérieures à la présente ordonnance.

Quant à ceux qui, avant leur rentrée en activité depuis le 1er janvier 1812, étaient sans traitement de retraite ou de réforme, et qui jouissent maintenant de la demi-solde, ils pourront obtenir, s'il y a lieu, et s'il n'a pas encore été décidé sur leur sort, le traitement de réforme pour cinq ans sur lesquels sera imputé le temps de la jouissance du traitement de non-activité; mais ils conserveront leurs droits à une pension définitive, si ces droits étaient acquis avant le 12 mai 1814.

23. Toutes dispositions antérieures, contraires à la présente ordonnance, sont et demeurent abrogées.

24. Nos ministres de la guerre et des finances sont chargés de l'exécution de la présente ordonnance.

---

20 MAI = Pr. 6 JUIN 1818. — Ordonnance du Roi qui modifie l'article 4 de celle du 30 juin 1814, concernant la délivrance et la légalisation des certificats de vie des rentiers viagers de l'Etat résidant hors du royaume. (7, Bull. 217, n° 4238.)

Louis, etc.

Vu l'article 4 de notre ordonnance du 30 juin 1814, relatif à la délivrance et à la légalisation des certificats de vie des rentiers viagers et pensionnaires de l'Etat résidant hors du royaume;

Voulant apporter quelques modifications aux dispositions de cet article, en ce qui concerne seulement les rentiers viagers;

Sur le rapport de notre ministre secrétaire d'Etat des finances,

Nous avons ordonné et ordonnons ce qui suit :

Art. 1er. Les certificats de vie des rentiers viagers résidant hors du royaume pourront être délivrés indifféremment, soit par nos ambassadeurs, envoyés et consuls dans les pays qu'ils habitent, soit par les magistrats du lieu, soit même par les notaires ou tous autres officiers publics ayant qualité à cet effet, quelle que soit la distance du lieu qu'ils habiteront à celui de la résidence des agens français.

Dans l'un et l'autre de ces deux derniers cas, les certificats de vie devront être légalisés par les agens diplomatiques ou consulaires français établis dans l'étendue du territoire de la puissance sous la domination de laquelle se trouvera le lieu de la résidence des rentiers viagers.

2. Néanmoins, relativement aux rentiers viagers domiciliés dans le grand duché du Bas-Rhin et autres parties du territoire prussien qui touchent aux frontières de notre royaume, dans la Savoie et l'île de Sardaigne, dans le grand duché de Varsovie (1), ainsi que dans les îles anglaises et autres possessions de l'Angleterre au-delà des mers, où il n'existe pas de consul français, et pour le temps que ces mêmes pays en seront privés, les certificats de vie pourront être légalisés à Paris par les ambassadeurs ou chargés d'affaires de chaque puissance respective.

Les certificats de vie ainsi légalisés seront visés à notre ministère des affaires étrangères, conformément à la règle établie pour toutes les pièces venant de l'étranger.

3. Nos ministres des affaires étrangères et des finances sont chargés de l'exécution de la présente ordonnance.

---

20 MAI = Pr. 6 JUIN 1818. — Ordonnance du Roi concernant la sortie par terre des boissons destinées à l'étranger. (7, Bull. 217, n° 4239.)

Voy. ordonnances du 8 DÉCEMBRE 1819 et du 21 MAI 1820.

Louis, etc.

Vu l'article 34 de la loi du 17 décembre 1814; vu les articles 5, 8 et 87 de la loi du 28 avril 1816, et les articles 2 et 3 de notre ordonnance du 11 juin de la même année;

Sur le rapport de notre ministre secrétaire d'Etat des finances,

Nous avons ordonné et ordonnons ce qui suit :

Art. 1er. A compter du 1er juillet prochain, pour jouir de la franchise de droits prononcée par les articles 5 et 87 de la loi du 28 avril 1816, les boissons qui seront destinées à passer à l'étranger par la voie de terre devront sortir par l'un des bureaux dénommés au tableau annexé à la présente.

2. Notre ministre des finances est chargé de l'exécution de la présente ordonnance.

---

(1) *Voy.* ordonnance du 29 juillet 1818.

Tableau des lieux par où les boissons pourront être expédiées à l'étranger, avec acquit-à-caution, et par la voie de terre.

NOMS DES DÉPARTEMENS.	ARRONDISSEMENS.	POINTS DE SORTIE.
Nord	Dunkerque	Brouckstraete.
		Hondschoote.
		Oost-Cappel.
	Hazebrouck	Steenvorde.
		Bailleul.
		Le Seau.
	Lille	Armentières.
		Haluin.
		Baisjeux.
		Mouchin.
	Douai	Molde.
		Bonsecours.
		Blanc-Misseron.
	Avesne	Bettignies.
		Trélon.
Aisne	Vervins	Hirson.
Ardennes	Rocroy	Gué-d'Hossus.
		Givet.
		Fumet.
	Sedan	La Chapelle.
		Messincourt.
Meuse	Montmédi	Fagny.
		Grand-Verneuil.
		Velosne.
Moselle	Briey	Tellancout.
		Mont-Saint-Martin.
	Thionville	Ottange.
		Roussy.
		Sierck.
		Tromborn.
	Sarguemines	Carling.
		Forbach.
		Frauemberg.
Bas-Rhin	Wissembourg	Lembach.
		Wissembourg.
		Lauterbourg.
	Strasbourg	La Wantzenau.
		Le Pont-du-Rhin.
	Schelestadt	Rheinau.
		Marckolsheim.
Haut-Rhin	Colmar	Artzenheim.
		Ile de Paille.
	Altkirch	Saint-Louis.
	Béfort	Delle.
Doubs	Montbéliard	Villers-sous-Blamont.
	Pontarlier	Verrières-de-Joux.
Jura	Saint-Claude	Le Bois d'Amont.
		Les Landes.
Ain	Gex	Pouilly-Saint-Genis.
	Belley	Seyssel.
		Port de Cordon.
Isère	La Tour-du-Pin	Le Pont-de-Beauvoisin.
	Grenoble	Pont-Charras.
		Chaparcillan.

NOMS DES		
DÉPARTEMENS.	ARRONDISSEMENS.	POINTS DE SORTIE.
Hautes-Alpes	Briançon	Mont-Genève.
Var	Grasse	Saint-Laurent-du-Var.
Pyrénées-Orientales	Ceret	Saint-Laurent-de-Cerdan.
		Prats-de-Mollo.
	Prades	Bourg-Madame.
Haute-Garonne	Saint-Gaudens	Fos.
Basses-Pyrénées	Oléron	Urdos.
	Mauléon	Arneguy.
	Bayonne	Ainhoa.
		Béhobie.
		Saint-Jean-de-Luz.

20 MAI = Pr. 6 JUIN 1818. — Ordonnance du Roi portant autorisation de la société anonyme d'assurances mutuelles contre les incendiés, dans le département du Haut-Rhin. (7, Bull. 217, n° 4240.)

Voy. ordonnance du 17 JUILLET 1820.

Louis, etc.

Vu l'acte passé, le 6 avril 1817, par-devant Ebersol, notaire à Mulhausen (Haut-Rhin), par divers propriétaires de ce département, renfermant un projet de statuts pour une société anonyme d'assurances mutuelles contre les incendies dans le département du Haut-Rhin; la demande formée par les fondateurs de ladite société, les 13 mars et 7 avril 1818, pour obtenir l'autorisation de ladite société anonyme; l'avis du préfet du Haut-Rhin, en date du 10 avril 1818; vu les articles 29 à 37, 40 et 45 du Code de commerce;

Notre Conseil-d'Etat entendu,

Nous avons ordonné et ordonnons ce qui suit:

Art. 1er. La société anonyme d'assurances mutuelles contre les incendies, dans le département du Haut-Rhin est et demeure autorisée conformément au projet de statuts déposé chez Ebersol, notaire à Mulhausen, le 6 avril 1817, lesquels statuts demeureront annexés à la présente ordonnance, seront publiés et affichés avec elle.

2. Les réglemens relatifs à l'administration de cette société, et aux mesures qu'elle pourra prendre à l'effet de prévenir les incendies, après avoir été délibérés dans la première assemblée du conseil général des actionnaires, seront soumis à notre approbation.

3. Notre ministre de l'intérieur est chargé de l'exécution de la présente ordonnance.

---

20 MAI = Pr. 12 JUIN 1818. — Loi qui autorise la ville de Paris à emprunter sept millions pour l'achèvement du canal de l'Ourcq (1). (7, Bull. 219, n° 4266.)

Voy. ordonnance du 10 JUIN 1818.

Art. 1er. La ville de Paris est autorisée à emprunter une somme de sept millions pour l'achèvement du canal de l'Ourcq.

En conséquence, elle pourra créer pour sept millions de bons de la ville de Paris, à l'effet d'acquitter, par l'émission de ces bons et par une somme de cinq cent mille francs en argent, le prix desdits travaux, conformément à l'article 16 du traité conclu, le 19 avril 1818, entre le préfet de la Seine, agissant au nom de la ville de Paris, d'une part, et les sieurs comte de Saint-Didier et Vassal d'autre part.

Le droit additionnel de un franc vingt-cinq centimes par hectolitre de vin continuera d'être perçu aux entrées de Paris, jusqu'à l'entier amortissement de sept millions de bons de la ville, dont la création est autorisée par la présente disposition.

2. Est pareillement autorisée la perception:

---

(1) Présentation à la Chambre des députés, le 27 avril (Mon. du 5 mai).

Rapport de M. Breton, le 4 mai (Mon. du 7 mai).

Adoption, le 6 mai (Mon. du 7 mai).

Présentation à la Chambre des pairs, le 9 mai (Mon. du 27 mai).

Rapport de M. de Lamoignon, le 15 mai (Mon. du 31 mai).

Adoption, le 15 mai (Mon. du 31 mai).

1° Des droits de navigation concédés, par l'article 15 du traité, auxdits sieurs comte de Saint-Didier et Vassal, sur le canal de l'Ourcq, pour en jouir pendant quatre-vingt-dix-neuf ans, à dater du 1er janvier 1823;

2° Des droits de navigation et de stationnement aussi à eux concédés, par l'article 3 du même traité, pour quatre-vingt-dix-neuf ans, à partir de la même époque, sur le canal de Saint-Denis et le bassin de la Villette.

3. Il ne sera perçu qu'un droit fixe d'un franc pour l'enregistrement, soit du traité, soit de l'acte de cautionnement à fournir par les sieurs comte de Saint-Didier et Vassal, en exécution de l'article 21.

4. Le traité ci-dessus mentionné, et les tarifs des droits de navigation et de stationnement, demeureront annexés à la présente loi.

PRÉFECTURE DU DÉPARTEMENT DE LA SEINE.

Entre M. Gilbert-Joseph-Gaspard, comte Chabrol de Volvic, conseiller d'Etat, préfet du département de la Seine, agissant pour la ville de Paris, d'une part;

Et MM. Antoine, comte de Saint-Didier, demeurant à Paris, rue du Faubourg Saint-Honoré, n° 114,

Et Jacques-Claude-Roman Vassal, banquier à Paris, y demeurant, faubourg Poissonnière, n° 2,

Agissant tant en leurs noms personnels que pour la compagnie qu'ils se proposent de former pour raison du traité ci-après,

Tous deux d'autre part;

Il a été convenu ce qui suit :

Art. 1er. La compagnie s'engage à exécuter à ses frais, risques et périls, et au profit de la ville de Paris, d'ici au 1er janvier 1823, tous les travaux et ouvrages d'art nécessaires pour la confection du canal de Saint-Denis, ordonnée par la loi du 29 floréal an 10.

Elle sera tenue de se conformer, dans l'exécution des ouvrages, aux plans et projets généraux qui ont été approuvés.

Elle exécutera tous les travaux d'art qui sont indiqués dans le tableau N° 1er, extrait du rapport fait, le 1er mars 1816, par une commission spéciale d'ingénieurs des ponts-et-chaussées.

2. Tous les terrains compris sur les plans approuvés pour être occupés par le canal de Saint-Denis et ses chemins de halage seront mis à la disposition de la compagnie par la ville et à ses frais, savoir: ceux déjà acquis, sur la première réquisition de la compagnie, et ceux restant à acquérir, à mesure des besoins de ses travaux.

Les indemnités à payer pour occupation temporaire ou détérioration de terrains et pour tous dommages causés par l'effet des travaux seront à la charge de la compagnie.

3. pour indemniser la compagnie des dépenses qu'elle s'engage à faire par les deux articles précédens, et sous la condition qu'elle en remplira toutes les obligations, la ville de Paris lui concède la jouissance dudit canal pendant l'espace de quatre-vingt-dix-neuf ans, à partir du 1er janvier 1823.

Le compagnie jouira exclusivement des droits de navigation et de stationnement qui seront établis sur le canal de Saint-Denis et le bassin de la Villette, depuis le port de la Briche à Saint-Denis, jusques et compris ledit bassin.

La compagnie percevra ces droits de navigation et de stationnement à son profit, conformément au tarif ci-annexé N° 2.

Elle jouira également du cours d'eau de ce canal, et en disposera à son profit pour l'entretien des usines qu'elle pourra établir aux conditions stipulées dans les articles suivans.

La compagnie sera tenue d'entretenir, à ses frais, pendant tout le temps de sa concession, ledit canal de Saint-Denis, et d'y faire toutes les réparations et améliorations de quelque nature qu'elles soient.

4. Sur le volume d'eau qui sera amené au bassin de la Villette, la ville de Paris se réserve en jouissance jusqu'à concurrence de quatre mille pouces, qu'elle pourra prendre au fur et à mesure de ses besoins et dans toutes les saisons de l'année, pour les employer au service des fontaines publiques et de toute autre espèce de distributions dans l'intérieur de Paris.

Tout le surplus de ces eaux restera à la disposition de la compagnie pour alimenter la navigation et les usines du canal de Saint-Denis; et ce, jusqu'à la confection du canal de Saint-Martin, pour lequel il est réservé par la ville de Paris moitié de ce surplus.

Cependant, si, à cette dernière époque, le volume d'eau qui restera après le prélèvement de quatre mille pouces réservés par la ville, ne s'élevait pas à quinze cents pouces d'eau pour chacun des deux canaux, celui de Saint-Denis aura droit au quart du volume total des eaux amenées audit bassin.

L'effet de cette dernière disposition ne pourra être réclamé par la compagnie, lorsqu'il aura été prouvé que le canal aura fourni sept mille pouces en temps d'étiage d'une année commune.

5. La compagnie devra affecter au moins six cents pouces desdites eaux qui resteront à sa disposition pour la navigation du canal de Saint-Denis: l'excédant de ces six cents pouces d'eau pourra seul être employé aux cours d'eau des usines.

6. L'administration s'engage à continuer, après l'expiration de la concession, le service

des cours d'eau qui auront été établis pour l'entretien des usines, à la condition que les propriétaires de ces usines paieront à la ville de Paris, pour la jouissance desdits cours d'eau, un prix de location qui sera fixé alors à l'amiable ou par une expertise contradictoire, expertise qui sera renouvelée à chaque période de vingt-cinq ans.

7. Il est entendu que les bâtimens des usines, les magasins et toutes dépendances établis sur des terrains autres que ceux qui seront achetés par la ville de Paris resteront à perpétuité la propriété de la compagnie ou de ses ayant-droit.

8. La compagnie aura seule le droit d'établir, sur les rives dudit canal, des gares et ports de décharge pour l'entrepôt des marchandises de toute nature.

9. La compagnie exploitera à son profit les plantations du canal de Saint-Denis, conformément aux réglemens qui regissent la coupe des arbres du domaine public; elle remplacera tous ceux qui auront péri ou qu'elle aura coupés; et elle ne pourra plus en abattre après la quatre-vingtième année de sa concession.

10. En considération des conditions qui précèdent, et pour en assurer l'exécution, la compagnie s'engage à terminer, à ses risques et périls, tous les ouvrages restant à faire pour l'achèvement du canal de dérivation de l'Ourcq, depuis la prise d'eau à Mareuil, jusques et compris le bassin de la Villette, moyennant la somme de sept millions cinq cent mille francs à titre de forfait; laquelle somme sera payée dans les termes et de la manière indiqués dans les articles 13, 16 et 17 du présent traité.

La compagnie sera tenue d'exécuter tous les travaux et ouvrages d'art indiqués dans le tableau N° 3, extrait du rapport de la commission des ponts-et-chaussées.

Elle devra se conformer, dans l'exécution des travaux, au plan qui a été approuvé N° 5.

11. Les terrains à acquérir pour l'achèvement du canal de l'Ourcq, et les indemnités de dépossessions seulement, seront payés par la ville de Paris.

Les indemnités pour occupation temporaire ou détérioration de terrains et pour tous dommages causés par l'effet des travaux seront à la charge de la compagnie.

12. Les travaux à faire pour l'achèvement du canal de l'Ourcq seront commencés au plus tard au 1er janvier 1819, et devront être exécutés d'ici au 1er janvier 1823.

Ces travaux seront divisés en quatre sections, savoir:

La première comprendra les travaux à faire depuis Claye jusqu'à Paris, et depuis la prise d'eau de la Thérouenne jusqu'aux carrières de Poincy;

La deuxième, depuis les carrières de Poincy jusqu'à Charmentré;

La troisième, depuis Charmentré jusqu'à Claye, et depuis la Thérouenne jusqu'au village de Vernelle;

La quatrième, depuis Vernelle jusqu'à la prise de la rivière d'Ourcq.

13. La somme de sept millions cinq cent mille francs convenue pour le prix de ces travaux, sera aussi divisée en quatre portions égales, qui seront respectivement et successivement applicables d'année en année à chacune des sections ci-dessus.

Ces portions seront elles-mêmes subdivisées chacune en quatre paiemens égaux, exigibles de trois mois en trois mois, et dont le premier sera effectué à l'époque où le quart des travaux de la première section sera exécuté.

Les trois premiers paiemens de chaque section auront lieu, à titre de délivrance à compte, dans le cours de l'année correspondante à l'exécution des travaux, après qu'il aura été constaté que l'avancement de ces travaux est dans une proportion suffisante.

Quant au dernier paiement pour solde d'une section, il ne sera fait qu'après la réception des travaux de cette section et lorsque les eaux y auront été introduites.

Néanmoins, si les travaux compris dans l'une des sections n'étaient pas entièrement achevés à l'époque de la réception, on admettra, en compensation des ouvrages restant à y faire, les travaux équivalens qui auraient été exécutés par anticipation sur l'une des autres sections.

14. La compagnie s'engage à entretenir, à ses frais, le canal de l'Ourcq, depuis Mareuil jusques et y compris le bassin de la Villette, à compter du jour où elle commencera ses travaux et jusqu'à l'expiration de la concession ci-après.

Cet entretien comprend toutes les réparations et les améliorations, de quelque nature qu'elles soient.

15. Pour raison des obligations que contracte la compagnie par l'article précédent, la ville de Paris lui cède la jouissance pendant quatre-vingt-dix-neuf ans, à dater du 1er janvier 1823, des droits de navigation à établir sur le canal de l'Ourcq et de tous autres produits en dépendant.

La compagnie se conformera, pour l'exploitation et l'entretien des arbres, à ce qui a été prescrit relativement à ceux du canal de Saint-Denis, par l'article 9 du présent traité.

Les droits de navigation du canal de l'Ourcq seront perçus, au profit de la compagnie, conformément au tarif ci-joint N° 4.

16. Les sept millions cinq cent mille

francs, prix convenu pour les travaux du canal de l'Ourcq, seront payés, savoir :

Cinq cent mille francs en argent,

Et sept millions en bons de la ville, qui, à cet effet, seront déposés à la caisse municipale, pour être mis successivement en émission au fur et à mesure de l'exigibilité des paiemens.

Ces bons ne pourront, sous aucun prétexte, être appliqués à un autre emploi, et porteront la mention de leur affectation spéciale, conformément à l'article suivant; ils produiront des intérêts sur le pied de sept et demi pour cent, payables de trimestre en trimestre, mais à partir seulement des époques successives de leur émission.

17. L'amortissement de ces bons commencera à dater de l'année 1823, et s'opérera, conformément au tableau N° 6, au moyen d'un fonds annuel qui sera pris, par privilége, sur les produits spéciaux du droit additionnel à l'octroi destiné pour la confection du canal de l'Ourcq, lequel droit sera exclusivement affecté à cet objet, jusqu'à l'acquittement total desdits bons en capital et intérêts.

Conditions générales.

18. Après l'achèvement du canal de l'Ourcq et du canal de Saint-Denis il sera dressé un état descriptif des ponts, aquéducs, écluses et autres ouvrages d'art établis actuellement ou qui devront l'être, conformément aux conditions du présent traité, et aux tableaux Nos 1 et 3.

Cet état, dûment arrêté, en double expédition, sera ajouté aux annexes du présent traité, pour servir au récolement qui sera fait, conformément à l'article suivant, lorsque la ville de Paris rentrera en jouissance desdits canaux.

19. A l'époque de l'expiration de sa concession, la compagnie sera obligée de remettre à la ville de Paris, en bon état d'entretien, les canaux de Saint-Denis, de l'Ourcq, et le bassin de la Villette, les ouvrages d'art qui seront indiqués dans l'état descriptif dont il est parlé dans l'article précédent, les quais, chemins de halage, ports, gares, talus, plantations et toutes dépendances de ces canaux.

La ville de Paris rentrera immédiatement dans la jouissance des droits de navigation, de stationnement, de location des cours d'eau employés aux usines, enfin de tous les droits quelconques qui se trouveront alors établis, et dont la perception lui sera rendue.

20. Faute par la compagnie d'exécuter les travaux et les diverses obligations par elles contractées dans le présent traité, elle encourra la déchéance; et dans ce cas, tous les ouvrages construits ou en exécution, les approvisionnemens, matériaux et équipages, ainsi que le cautionnement ci-après stipulé, ou la portion qui resterait encore en dépôt, deviendront la propriété de la ville de Paris, sans qu'il y ait lieu à aucun recours de la part de la compagnie, ni de celle des intéressés, privilégiés et autres ayant-droit.

La présente stipulation n'est pas applicable au cas où la cause de l'interruption ou de la non-confection des travaux proviendrait de *force majeure*.

21. La compagnie s'oblige à fournir un cautionnement de la valeur d'un million en immeubles, ou de cinquante mille francs de rente de la ville, pour garantie de l'exécution des travaux qui font l'objet du présent traité.

Le dépôt de ce cautionnement devra être effectué avant la confection des coupons de l'emprunt.

Il ne pourra être rendu qu'après que la compagnie aura exécuté, sur le canal de Saint-Denis, des travaux qui s'éléveront à une somme égale, et progressivement.

22. Il y aura, auprès de l'administration de la préfecture de la Seine, un commissaire spécial pris parmi les inspecteurs généraux des ponts-et-chaussées.

Ce commissaire sera chargé de donner son avis à M. le préfet sur toutes les demandes et propositions de la compagnie tendant à l'exécution la plus prompte de toutes les dispositions du présent traité, comme aussi de suivre et de surveiller l'exécution des travaux des deux canaux, et particulièrement de constater l'avancement de ceux du canal de l'Ourcq aux époques des paiemens.

La compagnie ne pourra faire aucune modification aux projets approuvés, tant en ce qui concerne le tracé des canaux, que l'exécution des travaux et ouvrages d'art, sans en avoir référé au préfet du département de la Seine, et sans en avoir obtenu préalablement l'autorisation formelle.

23. La compagnie s'engage à présenter, dans le délai d'une année à partir de ce jour, une soumission accompagnée d'un projet pour la confection du canal de Saint-Martin, à l'effet de passer, après examen, et s'il y a lieu, un nouveau traité pour cet objet.

24. Attendu la nature du présent traité, il ne pourra recevoir d'exécution qu'après qu'il aura été soumis à la délibération du conseil municipal de la ville de Paris, et à la sanction législative dans la session actuelle des Chambres.

Fait double à Paris, en l'hôtel de la préfecture, le 19 avril 1818.

Signé le comte Antoine de Saint-Didier, R. Vassal, le comte Chabrol.

Ne varietur. Pour être annexé au projet de loi en date de ce jour.

Paris, le 9 mai 1818.

Le ministre secrétaire d'État au département de l'intérieur.

Signé Lainé.

Maximum du tarif des droits de navigation et de stationnement à établir sur le canal de Saint-Denis.

(Le tonnage est adopté pour la fixation du droit.)

Par tonneau et par écluse, savoir :

1° Les pailles et autres fourrages; les engrais, le sable, les moellons, le plâtre, la pierre à chaux, seront assujétis à un droit qui ne pourra excéder cinq centimes, ci 05c

2° Le bois à brûler, la pierre de taille, le grès ou pavé (sept centimes et demi), ci. 07 1/2

3° Le charbon de terre, le charbon de bois, le bois de charpente, les lattes, les échalas, et généralement tous les bois ouvrés, la chaux vive, la tuile, la brique (dix centimes), ci 10

4° Le sel, la farine, le blé et autres grains et toute espèce de fruits, ardoises, fontes de fer (quinze centimes), ci. 15

5° Le vin, l'eau-de-vie, le vinaigre, les épiceries et généralement toutes les marchandises non portées dans les articles précédens (vingt centimes), ci 20

6° Le *maximum* du droit de stationnement est fixé à quatre centimes par mètre superficiel et par jour (quatre centimes), ci 04

Annexe N° 2, arrêtée conformément au traité de ce jourd'hui 19 avril 1818.

Signé le comte Antoine de Saint-Didier, R. Vassal, Chabrol.

Ne varietur. Pour être annexé au projet de loi en date de ce jour.

Paris, le 9 mai 1818.

Le ministre secrétaire d'État au département de l'intérieur.

Signé Lainé.

Maximum du tarif des droits de navigation à établir sur le canal de l'Ourcq.

Par tonneau et par distance de cinq kilomètres :

1° Les pailles, fourrages, engrais, sables, moellons, plâtre, pierre à plâtre, pierre à chaux, seront assujétis à un droit qui ne pourra excéder dix centimes, ci. 10c

2° Le bois à brûler, pierre de taille, grès ou pavé (vingt centimes), ci . . . 20

3° Le charbon de terre, le charbon de bois, les lattes, échalas, bois ouvrés, chaux vive, tuiles, briques, etc. (vingt-cinq centimes), ci 25

4° La farine, le blé, le vin, les fruits, légumes secs ou verts, le sel ou les épiceries et généralement toutes les marchandises non portées dans les articles précédens (cinquante centimes), ci 50

Annexe N° 4, arrêtée conformément au traité de ce jourd'hui 19 avril 1818.

Signé le comte Antoine de Saint-Didier, R. Vassal, Chabrol.

Ne varietur. Pour être annexé au projet de loi en date de ce jour.

Paris, le 9 mai 1818.

Le ministre secrétaire d'État au département de l'intérieur.

Signé Lainé.

---

20 mai 1818. — Conventions conclues à Paris avec l'office général des postes féodales héréditaires de divers États d'Allemagne (1).

---

20 mai 1818. — Ordonnances du Roi qui accordent des lettres de déclaration de naturalité aux sieurs Kern, Weulersse, Béraud, Cosme, Delahaye, Lacoveille dit Goguille, Vernier, Walbaum, Echevet, Causé, Germain, Willinger, Borngesser, Chianéa, d'Harvent, Travers, Henrion, Walfré, Roméro, Damafve, Develay, baron de Shée, Ghelma, Modeste Bonnelli, Bouquet, Jolivet dit Moilon, Peres, Valentini, Socquet et Lafontaine. (7, Bull. 221, 224, 227, 234, 238, 240, 248, 250, 263, 264, 282, 303, 307, 311, 663, et 8, Bull. 52.)

---

20 mai 1818. — Ordonnances du Roi qui autorisent l'acceptation de dons et legs faits aux séminaires et fabriques des églises de Bayeux, Monsols, Marguerittes, Valentine, Izaut-de-l'Hôtel, Grimont, Saint-Nazaire, Beaujeu, Manlers, Choloy, Versailles, Rening, Bazoches et Lyon. (7, Bull. 239.)

---

20 mai 1818. — Ordonnance du Roi qui autorise le sieur Bertrand à construire en la com-

---

(1) Ces conventions ne sont pas insérées au Bulletin des Lois; elle sont rappelées par l'ordonnance du 18 novembre 1818, qui règle la correspondance avec l'Allemagne.

mune de Travecy (Aisne) une manufacture pour la fabrication des magmats d'alun et de couperose. (7, Bull. 240.)

---

20 MAI 1818. — Ordonnances du Roi qui admettent les sieurs Richter, Gonzalez, Mertzlorff, Aguilard, Zidan, Sossone, Méder, Epinos, Delaca, Fuhrland, Larrea, Lorenzo, Owvocsik, Eberlé et Bender, à établir leur domicile en France. (7. Bull. 219 et 221.)

---

22 MAI 1818. — Ordonnance du Roi qui accorde des lettres de déclaration de naturalité au sieur Massion. (7, Bull. 223.)

---

27 MAI = Pr. 11 JUIN 1818. — Ordonnance du Roi qui détermine la portion qui sera à la disposition des préfets, sur le produit des deux centimes pour fonds de non-valeurs imposés en 1818. (7, Bull. 219, n° 4267.)

Louis, etc.

Vu l'article 25, titre V de la loi des finances du 15 mai 1818, duquel il résulte qu'il sera imposé additionnellement au principal des contributions foncière, personnelle et mobilière, deux centimes pour fonds de non-valeurs; voulant déterminer la portion de ces deux centimes qui sera à la disposition des préfets des départemens pour pourvoir aux remises et modérations;

Sur le rapport de notre ministre secrétaire d'Etat des finances,

Nous avons ordonné et ordonnons ce qui suit :

Art. 1er. Le produit des deux centimes du fonds de non-valeurs sera réparti de la manière suivante:

Un tiers des deux centimes est mis à la disposition des préfets;

Les deux autres tiers resteront à la disposition du Gouvernement.

2. Notre ministre des finances est chargé de l'exécution de la présente ordonnance

---

27 MAI 1818. — Ordonnances du Roi portant que la commune de Zarbeling est distraite du canton de Château-Salins et réunie à celui de Dieuze; que celle de Lidrequin, canton de Dieuze, est distraite de ce canton et réunie à celui de Château-Salins, et que le hameau de Grangy, dépendant de la commune de Saint-Gervais, est distrait de cette commune et réuni à celle de Dracy et au canton de Couches. (7, Bull. 232, nos 4819 et 4820.)

---

27 MAI 1818. — Ordonnances du Roi qui nomment MM. Siméon et Chevalier préfets des départemens du Doubs et du Var. (7, Bull. 217.)

---

27 MAI 1818. — Ordonnances du Roi qui autorisent l'acceptation de dons et legs faits aux séminaires et fabriques des églises de Verneil-le-Chétif, Leschéris, Bierne, Charleville, Nantes, Auvillars, Anoye, Laurelas, Brabant-en-Argonne. (7, Bull. 239.)

---

29 MAI 1818. — Lettres-patentes du Roi portant institution de majorat en faveur de M. le comte Fabre (de l'Aude). (7, Bull. 217, n° 4246.)

---

30 MAI 1818. — Circulaire du ministre de la guerre à MM. les préfets. (Journal militaire, 1er semestre, p. 769.)

Monsieur, les officiers de tout grade en activité ou non-activité ne peuvent se marier sans produire la permission prescrite par l'article 1er du décret du 16 juin 1808.

La plupart des demandes qui me parviennent ne contiennent pas la totalité des renseignemens nécessaires, et l'obligation d'y suppléer retarde mes décisions.

Je crois donc devoir vous indiquer quelles sont les pièces à produire par les réclamans.

Chaque demande doit être accompagnée d'un certificat dûment légalisé, délivré par les autorités du lieu du domicile de la future, constatant, d'une manière bien précise, l'état de ses parens, le sien, la réputation dont elle jouit, le montant et la nature de la dot qu'elle reçoit, et la fortune à laquelle elle peut prétendre.

Je vous prie de faire connaître aux maires des communes de votre département, qu'ils doivent relater dans ces certificats, avec la plus grande exactitude, tous les renseignemens exigés, et qu'aucune considération particulière ne peut les autoriser à taire ceux qui pourraient être désavantageux.

Modèle de certificat à joindre aux demandes de permission de mariage.

Nous maire de la commune de arrondissement de département de certifions qu'il résulte des renseignemens exacts que nous nous sommes procurés, que mademoiselle (nom, prénoms et profession), âgée de fille de (qualité ou profession) et de jouit d'une bonne réputation; qu'elle appartient à une famille honnête; qu'elle aura en mariage (indiquer le montant de la dot et si elle est constituée en argent, en immeubles, ou en une rente ou pension annuelle garantie), et que ses espérances de fortune (en désigner la nature) peuvent être évaluées à environ (préciser la somme), en foi de quoi, etc.

Nota. Ce certificat doit être dûment légalisé.

1er = Pr. 9 JUIN 1818. — Convention conclue entre sa majesté très-chrétienne et sa majesté sicilienne. (7, Bull. 218, n° 4250.)

Louis, etc.

Nous avons ordonné et ordonnons que la convention suivante, conclue entre nous et le roi du royaume des Deux-Siciles, le 28 février 1817, et ratifiée à Paris le 6 mars de la même année, sera insérée au Bulletin des Lois, pour être exécutée suivant sa forme et teneur.

AU NOM DE LA TRÈS-SAINTE ET INDIVISIBLE TRINITÉ.

Sa majesté le roi du Royaume des Deux-Siciles ayant fait connaître à sa majesté très-chrétienne les graves inconvéniens qui résultaient pour les finances, ainsi que pour la navigation et le commerce de ses sujets, du maintien de divers priviléges et exemptions dont les Français, ainsi que les sujets de quelques autres puissances, ont joui dans ses Etats, et le désir qu'elle avait d'en effectuer l'abolition d'un commun accord avec elle; et sa majesté le Roi de France et de Navarre ayant, de son côté, témoigné à sa majesté sicilienne la parfaite disposition où elle était de consentir à cette abolition, moyennant l'établissement d'un état de choses qui pût à la fois remédier aux inconvéniens dont sa majesté sicilienne a eu à se plaindre, et pourvoir à la sûreté et aux avantages des sujets et du commerce de la France dans les Etats de sa majesté sicilienne; leursdites majestés, constamment animées des sentimens de la plus intime amitié, ont, à l'effet d'atteindre ce double but, nommé pour leurs plénipotentiaires, savoir :

Sa majesté le Roi de France et de Navarre,

Le sieur Emmanuel du Plessis-Richelieu, duc de Richelieu, chevalier de l'ordre royal et militaire de Saint-Louis, et des ordres de Saint-Alexandre-Newski, Saint-Waldimir et Saint-George de Russie, pair de France, premier gentil-homme de la chambre de sa majesté très-chrétienne, son ministre secrétaire d'Etat des affaires étrangères, et président du conseil des ministres;

Et sa majesté le roi du royaume des Deux-Siciles,

Le sieur Fabrice Ruffo, prince de Castelcicala, chevalier grand-croix du très-illustre ordre de Saint-Ferdinand et du Mérite, chevalier de l'ordre royal et très-illustre de Saint-Janvier, ministre d'Etat, gentilhomme de la chambre avec exercice de sadite majesté, son ambassadeur extraordinaire près sa majesté très-chrétienne;

Lesquels, après s'être communiqué leurs pleins pouvoirs trouvés en bonne et due forme sont convenus des articles suivans :

Art. 1er. Sa majesté très-chrétienne consent à l'abolition de tous les priviléges et exemptions dont ses sujets, leur commerce et leurs bâtimens ont joui et jouissent dans les Etats, ports et domaines de sa majesté sicilienne, en vertu du traité des Pyrénées, de celui d'Aix-la-Chappelle du 2 mai 1668, de la déclaration donnée par la cour de Madrid le 6 mars 1669 et autres actes subséquens qui rendent communs aux Français tous les avantages concédés aux Anglais par le traité de 1667 entre la Grande-Bretagne et l'Espagne. Il est en conséquence convenu entre leursdites majestés très-chrétienne et sicilienne, tant pour elles que pour leurs héritiers et successeurs, que lesdits priviléges et exemptions; portant soit sur les personnes, soit sur le pavillon et les bâtimens, sont et demeureront abolis à perpétuité.

2. Sa majesté sicilienne s'engage à ne continuer et à n'accorder par la suite les priviléges et exemptions qui sont abolis par la présente convention, aux sujets d'aucune autre puissance quelconque.

3. Sa majesté sicilienne promet que les sujets de sa majesté très-chrétienne ne seront pas assujétis, dans ses Etats, à un système plus rigoureux de visites de douanes et de recherches que celui qui est applicable aux sujets de sa majesté sicilienne.

4. Sa majesté sicilienne promet que le commerce français en général et les sujets français qui l'exerceront seront traités dans tous ses Etats sur le même pied que les nations les plus favorisées, non-seulement par rapport à leurs personnes et propriétés, mais aussi à l'égard de toute espèce d'articles dont lesdits sujets français feront commerce, et des taxes ou autres charges payables, soit sur lesdits articles, soit sur les bâtimens par lesquels l'importation aura lieu.

5. Quant à ce qui concerne les priviléges personnels dont les sujets de sa majesté très-chrétienne devront jouir dans le royaume des Deux-Siciles, sa majesté sicilienne promet qu'ils auront un droit libre et non douteux de voyager et de résider dans les territoires et domaines de sadite majesté, sauf les précautions de police dont on se sert envers les sujets des nations les plus favorisées. Ils auront aussi le droit d'occuper des maisons et magasins, et de disposer de leurs propriétés personnelles, de quelque espèce et nature qu'elles soient, par ventes, donations, échanges et testamens, ou de toute autre manière quelconque, sans qu'il leur soit donné à cet effet le moindre empêchement ou obstacle. Ils ne seront, sous aucun prétexte quelconque, tenus de payer d'autres taxes ou impositions que celles qui sont payées ou pourront être payées par les sujets des nations les plus favorisées dans les Etats de sa majesté sicilienne. Ils seront exempts de tout

service militaire soit par terre, soit par mer. Leurs habitations, magasins, et tout ce qui en fait partie ou en compose l'appartenance pour objet de commerce ou de résidence, seront respectés. Ils ne seront sujets à aucune visite ou recherhe vexatoire. Aucun examen ni inspection de leurs livres, papiers ou comptes, ne se fera arbitrairement et de la part de l'autorité suprême de l'Etat, et ne pourra avoir lieu autrement que par sentence légale des tribunaux compétens. Sa majesté sicilienne s'engage à garantir, dans toutes les occasions, aux sujets de sa majesté très-chrétienne qui résideront dans ses Etats et domaines, la conservation de sûreté personnelle et de leurs propriétés, de la même manière qu'elles sont garanties à ses sujets et à tous les étrangers appartenant aux nations les plus favorisées et les plus privilégiées.

6. D'après la teneur des articles 1er et 2 de la présente convention, sa majesté sicilienne s'engage à ne déclarer nuls et abolis les privilèges et exemptions qui existent actuellement en faveur du commerce français dans ses Etats, qu'au même jour et par le même acte qui déclarera nuls et abolis les privilèges et exemptions quelconques dont ont joui ou jouissent d'autres nations.

7. Sa majesté sicilienne promet qu'à dater du jour où l'abolition générale des privilèges aura eu lieu, conformément aux art. 1er, 2 et 6 de la présente convention, une diminution de dix pour cent sur le montant des droits et taxes payables selon le tarif en vigueur le 1er janvier 1816, sera accordée sur la totalité des marchandises ou produits du royaume de France, de ses colonies ou dépendances, qui seront importés dans les Etats de sa majesté sicilienne, le tout suivant la teneur de l'article 4 ci-dessus; bien entendu que ledit article ne devra jamais être considéré comme pouvant, en aucune manière, empêcher sa majesté sicilienne d'accorder, si bon lui semble, une pareille diminution d'impôts aux autres nations étrangères.

8. La présente convention sera ratifiée et les ratifications en seront échangées à Paris dans l'espace de trois mois, ou plus tôt, si faire se peut.

En foi de quoi, les plénipotentiaires respectifs l'ont signée et y ont apposé le cachet de leurs armes.

Fait à Paris, le 28 février 1817.

Signé Richelieu, Castelcicala.

Article séparé et additionnel.

Pour éviter toute équivoque, relativement à la diminution de dix pour cent sur les droits, stipulée en faveur du commerce français par la convention signée aujourd'hui, il est déclaré, par le présent article, que cette concession doit s'entendre comme il suit, savoir:

Que, dans le cas où les droits se monteraient à vingt pour cent sur la valeur de la marchandise, l'effet de la diminution de dix pour cent sera de réduire cet impôt de vingt à dix-huit, et ainsi de suite dans la même proportions pour tous les autre cas;

Et que sur les articles qui ne sont pas taxés *ad valorem* dans le tarif, la diminution de l'impôt sera proportionnelle, c'est-à-dire qu'on accordera la diminution de la dixième partie sur le montant de la somme payable.

Le présent article séparé et additionnel aura la même force et valeur que s'il avait été inséré mot à mot dans la convention de ce jour. Il sera ratifié et les ratifications en seront échangées en même temps.

En foi de quoi les plénipotentiaires respectifs l'ont signé et y ont apposé le cachet de leurs armes.

Fait à Paris, le 28 février 1817.

Signé Richelieu, Castelcicala.

Article séparé.

Il est expressément convenu entre les hautes parties contractantes que les sujets de sa majesté très-chrétienne dans le royaume des Deux-Siciles, et réciproquement les sujets de sa majesté sicilienne en France, ne pourront être assujétis à aucun droit d'aubaine, de détraction, ou autres de la même nature; lesquels sont et demeureront abolis à perpétuité entre les deux Etats.

Le présent article séparé aura la même force et valeur que s'il était inséré mot à mot dans la convention de ce jour. Il sera ratifié et les ratifications en seront échangées en même temps.

En foi de quoi, les plénipotentiaires respectifs l'ont signé et y ont apposé le cachet de leurs armes.

Fait à Paris, le 28 février 1817.

Signé Richelieu, Castelcicala.

3 = Pr. 15 juin 1818. — Ordonnance du Roi qui fixe l'époque à compter de laquelle seront définitivement les octrois par abonnement établi en vertu de l'arrêté du 4 thermidor an 10. (7, Bull. 220, n° 4295.)

Louis, etc.

Sur le rapport de notre ministre secrétaire d'Etat de l'intérieur,

Voulant porter de plus en plus de la régularité et de l'économie dans l'administration des communes, et ramener la perception des octrois aux seuls modes textuellement consacrés par l'article 147 de la loi du 28 avril 1816;

De l'avis de notre ministre des finances,

Notre Conseil-d'Etat entendu,

Nous avons ordonné et ordonnons ce qui suit :

Art. 1er. Les octrois par abonnement établis en vertu de l'arrêté du 4 thermidor an 10 (23 juillet 1802) et des autorisations qui avaient été postérieurement accordées, cesseront définitivement à dater du 1er janvier 1819.

2. Nos ministres de l'intérieur et des finances sont chargés de l'exécution de la présente ordonnance.

---

3 = Pr. 27 JUIN 1818. — Ordonnance du Roi qui porte à deux le nombre des courtiers conducteurs de navires interprètes établis à Marans, département de la Charente-inférieure. (7, Bull. 222, n° 4372.)

Art. 1er. Le nombre des courtiers conducteurs de navires interprètes établis à Marans, département de la Charente-Inférieure, par l'acte du Gouvernement du 31 mars 1807 est porté à deux.

2. Leur cautionnement sera de quatre mille francs.

3. Nos ministres de l'intérieur et des finances sont chargés de l'exécution de la présente ordonnance.

---

3 = Pr. 15 JUIN 1818. — Ordonnance du Roi concernant les taxes de correspondances de la France avec les Etats autrichiens. (7, Bull. 220, n° 4293.)

Louis, etc.

Vu la loi du 27 frimaire an 8 (18 décembre 1799), celle du 14 floréal an 10 (4 mai 1802), et l'article 20 du titre V de celle du 24 avril 1806, en ce qui concerne la taxe et les progressions de taxe et de poids des lettres de France;

Vu aussi la convention conclue et signée, le 10 août 1817, entre l'office général des postes françaises et l'office général des postes autrichiennes,

Nous avons ordonné et ordonnons ce qui suit :

Art. 1er. A dater du 1er juillet 1818, le public de France continuera d'affranchir, selon les taxes du tarif français, les lettres et paquets, les gazettes et journaux, ainsi que les catalogues, les prospectus, les imprimés et les livres en feuilles ou brochés, pour les Etats autrichiens, tant du côté de l'Allemagne que du côté de l'Italie, pour la Turquie et les Echelles du Levant, lorsqu'il en indiquera la direction par Vienne en Autriche, et pour les îles Ioniennes, depuis les points de départ jusqu'aux points de sortie du royaume qui vont être ci-après désignés, selon les endroits de destination, savoir :

1° De toute la France pour la Bohême, pour Cracovie ou Krakau en Pologne, pour la Gallicie, la Moravie et la Silésie autrichienne, jusqu'à Forbach;

2° Pareillement de toute la France pour l'Autriche, la Carinthie, la Croatie, l'Esclavonie, la frontière militaire des Etats autrichiens, la Haute et Basse Hongrie, la Pologne autrichienne, le pays de Salzburg, la Stirie, la Transilvanie, le Tyrol septentrional et le Voralberg, ainsi que pour la Turquie et les Echelles du Levant, jusqu'à Huningue, et, s'il y a lieu dans la suite, jusqu'à Strasbourg;

3° Des départemens français de l'Aisne, des Ardennes, de l'Aube, du Calvados, de la Charente, de la Charente-Inférieure, du Cher, de la Côte-d'Or, des Côtes-du-Nord, de la Creuse, du Doubs, de l'Eure, d'Eure-et-Loir, du Finistère, d'Ille-et-Vilaine, de l'Indre, d'Indre-et-Loire, de Loir-et-Cher, de la Loire-Inférieure, du Loiret, de Maine-et-Loire, de la Manche, de la Marne, de la Haute-Marne, de la Mayenne, de la Meurthe, de la Meuse, du Morbihan, de la Moselle, de la Nièvre, du Nord, de l'Oise, de l'Orne, du Pas-de-Calais, du Bas-Rhin, du Haut-Rhin, de la Haute-Saône, de la Sarthe, de la Seine, de la Seine-Inférieure, de Seine-et-Marne, de Seine-et-Oise, des Deux-Sèvres, de la Somme, de la Vendée, de la Vienne, de la Haute-Vienne, des Vosges et de l'Yonne, tant pour les autres Etats autrichiens de Dalmatie, d'Illyrie, de Lombardie, du Tyrol méridional et de Venise, que pour les îles Ioniennes de Céphalonie, de Cérigo, de Corfou, d'Ithaque, de Paxo, de Sainte-Maure et de Zante, pareillement jusqu'à Huningue;

4° Enfin les correspondances des départemens méridionaux de l'Ain, de l'Allier, des Basses-Alpes, des Hautes-Alpes, de l'Ardèche, de l'Ariége, de l'Aude, de l'Aveyron, du Cantal, de la Corrèze, de la Corse, de la Dordogne, de la Drôme, du Gard, de la Haute-Garonne, du Gers, de la Gironde, de l'Hérault, de l'Isère, du Jura, des Landes, de la Loire, de la Haute-Loire, du Lot, de Lot-et-Garonne, de la Lozère, du Puy-de-Dôme, des Basses-Pyrénées, des Hautes-Pyrénées, des Pyrénées-Orientales, des Bouches-du-Rhône, du Rhône, de Saône-et-Loire, du Tarn, de Tarn-et-Garonne, du Var et de Vaucluse, pour les Etats autrichiens et les îles Ioniennes dont il est question au troisième paragraphe ci-dessus du présent article, devront être affranchies jusqu'à Ferney.

2. Les lettres et paquets de tout le royaume

pour Bersello, Bobbio, Conadena, Borgo-San-Donino, Borgo-Taro, Carpi, Carrara, Cento, Concordia, Borreggio, Fiorazola, Fivizzano, Guastalla, Massa, Mirandola, Modena, Parma ou Parme, Piacenza ou Plaisance, Pontremoli et Rubiera, villes et endroits des duchés tant de Parme et de Plaisance que de Modène et de Massa, devront être désormais dirigés, selon les départemens français de leur origine, soit par Huningue, soit par Ferney, vers Milan, mais ils ne seront plus assujétis à l'affranchissement forcé qu'autant que les expéditeurs voudront en payer le port d'avance pour les faire passer par les Etats sardes à leur destination; autrement le public de France est libre d'affranchir ou de ne point affranchir ses lettres et paquets pour les villes et endroits des duchés susnommés.

Cependant l'affranchissement continuera d'être obligatoire pour ces destinations, selon les taxes françaises, jusqu'à l'extrême frontière du royaume, en ce qui concernera les gazettes et journaux, ainsi que les catalogues, les prospectus, les imprimés et les livres en feuilles ou brochés.

3. La taxe des échantillons de marchandises affranchis d'avance pour tous les Etats autrichiens, pour les Etats étrangers du continent et pour les pays d'outre-mer désignés dans l'article 1er, ainsi que pour les duchés italiens dont il est question dans l'article 2 de la présente ordonnance, pourvu que ces échantillons soient présentés sous bandes ou d'une manière indicative de leur contenu, ne sera perçue qu'au tiers de la taxe fixée par le tarif des postes du royaume pour les lettres et paquets; cependant le prix n'en sera jamais au-dessous de celui d'une lettre simple.

4. Les lettres et paquets expédiés des Etats autrichiens, situés soit du côté de l'Allemagne, soit du côté de l'Italie, et timbrés L. A. ou L. I., qui entreront en France par les bureaux de Forbach, d'Huningue et de Ferney, ou même de Strasbourg, s'il y a lieu, dans la suite, à faire de ce dernier un point d'échange avec quelques bureaux des postes d'Autriche, seront taxés pour ces villes à raison de *sept décimes* par lettre au-dessous d'un poids de six grammes; et les lettres ou paquets pesant six grammes ou au-dessus seront taxés proportionnellement à leur poids, selon les progressions du tarif des postes françaises.

5. Les lettres et paquets venant de tous autres Etats du continent ou de pays d'outre-mer, en transit par les Etats autrichiens, sous les timbres A. T. ou I. T., et qui entreront par les bureaux frontières de France susnommés, seront taxés dans chacun de ces bureaux, pour leur ville, à raison de *onze décimes* par lettre d'un poids au-dessous de six grammes; et les lettres ou paquets d'un poids de six grammes et au-dessus, proportionnellement à ce prix, selon les progressions du tarif des postes de France.

6. Les lettres et paquets qui seront réexpédiés des bureaux des villes de leur entrée en France susnommées pour toutes autres destinations dans le royaume seront taxés du prix de port fixé pour ces mêmes villes, plus du prix de port dû depuis chacune de ces villes jusqu'aux bureaux des lieux de leur distribution.

7. Les échantillons de marchandises venant, soit des Etats autrichiens même, soit d'autres états étrangers du continent ou de pays d'outre-mer, en transit par les Etats autrichiens, pourvu que les paquets soient expédiés sous bandes ou d'une manière indicative de leur contenu, ne seront taxés qu'au tiers des prix fixés pour les lettres et paquets portant le même timbre distinctif; cependant le prix du port de chaque échantillon ne devra jamais être inférieur à celui d'une lettre simple ou pesant moins que six grammes.

8. Les gazettes ou journaux, ainsi que les catalogues et prospectus, les imprimés et les livres en feuilles ou brochés, qui parviendront des Etats autrichiens mêmes, ou de l'étranger en transit par ces états, de quelque timbre qu'ils soient frappés, seront taxés pour toute la France, savoir : les deux premières espèces à raison de *huit centimes*, et toutes les autres à raison de *dix centimes*, par feuille d'impression, et à proportion de l'un ou de l'autre de ces deux prix par demi-feuille et par quart de feuille, selon la nature des ouvrages.

9. Notre ministre des finances est chargé de l'exécution de la présente ordonnance.

---

3 = Pr. 15 JUIN 1818. — Ordonnance du Roi concernant les taxes des correspondances de la France avec la Suisse. (7, Bull. 220, n° 4294.)

Louis, etc.

Vu les articles 21, 22, 30 et 132 du tarif annexé à la déclaration du 8 juillet 1759, concernant les taxes de correspondances *de* et *pour* la Suisse et Genève.

Vu pareillement la loi du 27 frimaire an 8, l'article 4 du titre II de la loi du 14 floréal an 10, ainsi que les lois du 24 avril 1806 et du 20 avril 1810,

Nous avons ordonné et ordonnons ce qui suit :

Art. 1er. A dater du 1er juillet 1818, les correspondances de la France pour les pays de Porentruy et de Neuchâtel et pour tous les cantons de la Suisse, y compris celui de Genève et le Valais, seront assujéties à l'affranchissement.

2. Les correspondances du bureau d'Huningue pour Bâle et son canton, pour ceux d'Appenzel, d'Argovie, de Glaris, des Grisons, de Lucerne, de Saint-Gall, de Schaffhouse, de Schwitz, du Tésin, de Turgovie, d'Underwald, de Zug et de Zurich; les correspondances des bureaux de Beffort et de Delle pour le pays de Porentruy et pour les cantons de Berne, de Fribourg et de Soleure; les correspondances du bureau de Pontarlier pour le pays de Neuchâtel, pour le canton de Vaud et pour le Valais, enfin les correspondances du bureau de Ferney pour le canton de Genève, ainsi que pour celui de Vaud et pour le Valais, seront affranchies d'avance à raison de *deux décimes* par lettre simple; les taxes d'affranchissement des lettres et paquets pesant six grammes et au-dessus seront proportionnelles à ce prix, selon les progressions réglées par les tarifs des postes de France.

Ceux des bureaux de la frontière française susnommés qui recevront des lettres à diriger par des bureaux autres que ceux des cantons frontières de la Suisse avec lesquels ils sont en correspondance directe et réciproque, percevront les ports de ces lettres, selon les taxes des mêmes tarifs de France, depuis le lieu de départ jusqu'au point de leur sortie du royaume vers le point de la frontière de la Suisse d'où elles devront être directement expédiées à leur destination ultérieure.

Enfin les taxes à percevoir d'avance, dans quelque bureau de poste que ce soit de l'intérieur de la France, sur les lettres à destination des pays et cantons précités de la Suisse, seront les taxes dues depuis chaque bureau jusqu'au bureau soit d'Huningue, soit de Beffort ou de Delle, soit de Pontarlier, soit de Ferney, selon la direction que ces lettres devront recevoir.

3. La taxe des lettres de tous les pays et cantons de la Suisse désignés dans l'article 2 ci-dessus de la présente ordonnance pour les bureaux d'Huningue, de Delle ou de Beffort, de Pontarlier et de Ferney, sera de *deux décimes* par lettre simple; et par chaque lettre ou paquet d'un poids de six grammes et au-dessus, il sera reçu des prix proportionnels à cette première taxe, selon les progressions des tarifs français.

Les lettres et paquets provenant des mêmes pays et cantons suisses, et réexpédiés des divers bureaux frontières de la France susnommés dans l'intérieur du royaume seront taxés du prix fixé pour celui de ces bureaux par lequel ils seront entrés, plus du port dû depuis ce point jusqu'à celui de leur destination.

4. Les ports de lettres et paquets expédiés des divers pays et cantons de la Suisse ainsi que du Valais, par la France, pour l'Espagne, le portugal, Gibraltar, et pour les colonies tant espagnoles et portugaises que françaises et autres, devront être acquittés d'avance aux bureaux frontières de France par les offices suisses, selon les prix réglés par les tarifs des postes françaises, jusqu'au dernier point de leur sortie du royaume.

Les lettres et paquets d'Espagne, du Portugal, de Gibraltar, des colonies, soit espagnoles et portugaises, soit françaises, du royaume des Pays-Bas et de celui de la Grande-Bretagne, devront pareillement être payés par les offices des cantons frontières de la Suisse, d'après les taxes des tarifs français, depuis les points de leur entrée en France jusqu'au bureau, soit d'Huningue, soit de Beffort ou de Delle, soit de Pontarlier ou de Ferney, selon la direction que ces correspondances auront dû recevoir.

5. Notre ministre des finances est chargé de l'exécution de la présente ordonnance.

---

3 = Pr. 15 JUIN 1818. — Ordonnance du Roi qui établit un conseil de prud'hommes dans la ville de Tours. (7, Bull. 220, n° 4296.)

Art. 1er. Il sera établi un conseil de prud'hommes dans la ville de Tours, département d'Indre-et-Loire; ce conseil sera composé de neuf membres, dont cinq seront pris parmi les marchands, fabricans, et les quatre autres parmi les principaux ouvriers.

2. Les branches d'industries ou professions ci-après désignées concourront à la formation du conseil dans les proportions suivantes :

Les fabricans d'étoffes de soie, les teinturiers et les passementiers en soie nommeront quatre membres, dont deux seront marchands-fabricans à Tours, et les deux autres seront choisis parmi les principaux ouvriers en ce genre domiciliés dans la même ville, ci.	4
Les tanneurs et corroyeurs, trois membres, dont deux marchands tanneurs, et le troisième chef d'atelier corroyeur, tous établis dans ladite ville, ci.	3
Les marchands-fabricans de drap, un membre établi à Tours.	1
Les fabricans de poterie, un membre principal ouvrier à Tours.	1
Total, neuf membres, ci. . . .	9

3. La juridiction du conseil s'étendra sur tous les marchands-fabricans, chefs d'ateliers, contre-maîtres, commis, teinturiers, ouvriers, compagnons ou apprentis travaillant pour les fabriques du lieu ou du canton de la situation des fabriques, quel que soit

l'endroit de la résidence des uns et des autres.

4. Dans le cas ou il serait interjeté appel d'un jugement rendu par les prud'hommes, cet appel sera porté devant le tribunal de commerce de l'arrondissement de la ville de Tours.

5. L'élection et le renouvellement des membres du conseil auront lieu suivant le mode et de la manière qui sont réglés par la loi du 11 janvier 1809. Ces membres se conformeront, dans l'exercice de leurs fonctions, aux dispositions établies par ladite loi et par celles du 18 mars et du 3 août 1810.

6. La ville de Tours fournira le local nécessaire pour la tenue des séances du conseil; les dépenses de premier établissement, de chauffage, d'éclairage et de paiement du traitement du secrétaire, seront également à sa charge.

7. Nos ministres de la justice et de l'intérieur sont chargés de l'exécution de la présente ordonnance.

---

3 JUIN 1818. — Ordonnance du Roi qui révoque celle du 5 juin 1816, par laquelle le sieur Viallet-Deslianes était autorisé à ajouter à son nom celui de Lenoncourt. (7, Bull. 221.)

---

3 JUIN 1818. — Ordonnances du Roi qui accordent des lettres de déclaration de naturalité aux sieurs Raymond, Geilher, Anthonioz, Saxe, Barry, Swannack, Salloume, Sobh, Sonnet, Schumer, Fumaux, Dufour, Manfredy, Coquoz, Croce, Charvet, Charles, Mullaunez, Dyer, Junck, Muller, Schall, Lévêque, Perron, de la Venay, Prato, Dielh, Avenarius, Vandernoot, Ficinus, Moisse, Piet, Dechias, Perez, baron Duprat, Ibrahim, Doria, Henry et Muller. (7, Bull. 224, 227, 231, 234, 240, 247, 248, 250, 256, 258, 264, 308, 331, 352, et 8, Bull. 52.)

---

3 JUIN 1818. — Ordonnance du Roi qui autorise le sieur Desisnards à entrer au service de sa majesté le roi de Sardaigne. (7, Bull. 250, n° 5702.)

---

3 JUIN 1818. — Ordonnances du Roi qui autorisent l'acceptation de dons et legs faits aux pauvres, aux hospices et aux fabriques des églises de Lauvelas, Guinzeling, Tendon, Nemours, Bouère, Saint-Sever, Hagécourt, Melun, Saint-Sulpice de Paris, Saint-Plancard, Olhaiby, Versailles, Morez, Rodès, Monsols, Carcassonne, Heuilly-Coton, Revel, Morlaas, Benais, Nolay, Paris, Cambrai, Laon, Craponne, Saint-Geniez, Villeneuve-les-Béziers, Honfleur, Marcols, Garravaques, Gandels, Riberac, Soult, Pont-Sainte-Maxence, Montpellier, Mondragon, Baume, Beaune, Pézénas, Maussane, Fère-en-Tardenois, Moussages, Villamblard, Callès, Saillans, Faye, Saint-Léger, Amiens, Soissons, Pau, Saint-Marcellin, Beaujeu et Beaumont. (7, Bull. 239.)

---

6 JUIN 1818. — Ordonnance du Roi qui nomme maître des requêtes en service extraordinaire le sieur Dutremblay fils, premier commis des finances. (Mon. 1818, n° 185.)

---

8 JUIN 1818. = Ordonnance du Roi qui nomme M. Eymard lieutenant de police inspecteur général à la résidence de Marseille. (7, Bull. 233, n° 4412.)

---

10 = Pr. 27 JUIN 1818. — Ordonnance du Roi portant fixation du prix des poudres qui seront livrées pendant les sept derniers mois de 1818 par la direction générale aux départemens de la guerre, de la marine et des finances. (7, Bull. 222, n° 4373.)

Voy. loi du 26 MARS 1820.

Art. 1er. Le prix des poudres qui seront livrées, pendant les sept derniers mois de la présente année, par la direction générale des poudres, aux départemens de la guerre, de la marine et des finances, est réglé comme il suit :

Poudre de guerre.	3f 00c	le kilog.
Poudre de chasse.	3 40	
Poudre de mine.	2 80	
Poudre de commerce extérieur.	2 50	

2. Nos ministres de la guerre, de la marine et des finances, sont chargés de l'exécution de la présente ordonnance.

---

10 = Pr. 27 JUIN 1818. — Ordonnance du Roi qui règle l'administration et le service intérieur des écoles royales militaires. (7, Bull. 222, n° 4374.)

Voy. ordonnances des 31 DÉCEMBRE 1817, 4 NOVEMBRE 1818, 19 MAI 1819, et 26 SEPTEMBRE 1821.

TITRE Ier. École militaire préparatoire.

SECTION Ire. *Instruction.*

Art. 1er. L'instruction qui sera donnée aux élèves de l'école militaire préparatoire comprendra les cours et exercices suivans :

1° Un cours d'humanités, y compris la rhétorique, et conforme à celui qui est suivi dans les colléges royaux;

2° Un cours élémentaire de mathématiques;

3° Un cours élémentaire d'histoire et de géographie;

4° Un cours élémentaire de dessin ;

5° L'école du soldat, celle de peloton et les exercices du corps.

SECTION II. Personnel.

2. Le commandement de l'école militaire préparatoire sera confié à un maréchal-de-camp; il sera chargé de l'exécution des ordonnances, réglemens et instructions qui concernent l'école; il se fera rendre compte du résultat de l'enseignement, dont la direction est exclusivement confiée à un directeur des études.

3. Le commandant aura sous ses ordres, pour la surveillance, police et discipline des élèves, un colonel commandant en second, un chef de bataillon, quatre capitaines.

4. Le commandant de l'école et le colonel commandant en second seront nommés par nous, sur la proposition de notre ministre secrétaire d'Etat de la guerre.

5. Le directeur des études sera chargé de diriger et surveiller toutes les parties de l'enseignement énoncées à l'article 1er, à l'exception des exercices militaires, qui seront dirigés par le commandant en second, sous l'autorité du commandant de l'école.

Le directeur des études aura sous ses ordres un préfet des études, des professeurs, agrégés et maîtres dont le nombre sera déterminé ainsi qu'il est dit ci-après (article 34).

TITRE II. École spéciale militaire.

SECTION Ire. *Instruction.*

6. L'instruction qui sera donnée aux élèves de l'école spéciale militaire comprendra les cours et exercices suivans :

1° Un cours de mathématiques et un cours élémentaire de physique et de chimie;

2° Un cours élémentaire de tactique et d'administration militaire;

3° Un cours d'histoire et de géographie;

4° Un cours élémentaire de fortification, d'attaque et de défense des places, un cours de topographie et de dessin;

5° Un cours de belles-lettres;

6° Des cours des langues étrangères;

7° Des exercices et manœuvres d'infanterie;

8° Un cours d'équitation, qui ne sera complété que pour les élèves destinés au service de la cavalerie;

9° Un cours d'exercice et de manœuvres principales de l'artillerie;

10° Les exercices de corps.

SECTION II. Personnel.

7. Le commandement de l'école spéciale militaire sera confié à un officier général; il sera spécialement chargé de l'exécution des ordonnances, réglemens et instructions qui concernent l'école; son autorité s'étendra sur toutes les parties du service et de l'instruction.

8. Sous les ordres du commandant, un colonel sera chargé de la surveillance, police et discipline des élèves.

Un lieutenant-colonel sera chargé de la direction des études.

En cas d'absence ou de maladie seulement, le colonel remplacera le commandant dans toutes ses fonctions.

9. Le commandant de l'école, le colonel et le directeur des études seront nommés par nous, sur la présentation de notre ministre secrétaire d'Etat de la guerre.

10. Le colonel sera chargé, outre la police, surveillance et discipline des élèves de la direction des exercices, manœuvres, cours d'artillerie et d'équitation énoncés à l'article 6; il y aura sous ses ordres, pour le seconder et pour commander les divisions et les compagnies, deux chefs de bataillon, six capitaines d'infanterie, deux capitaines de cavalerie, un capitaine d'artillerie.

Il sera attaché à l'école, et pour le même objet, douze adjudans-sous-officiers des différentes armes, et cinq ouvriers d'état d'artillerie.

11. La direction de tous les cours énoncés aux six premiers paragraphes de l'article 6 de la présente ordonnance, est confiée au directeur des études.

Le personnel attaché à l'enseignement sera composé ainsi qu'il suit :

1° Un chef de bataillon, sous-directeur des études, et suppléant le directeur en cas d'absence ou de maladie;

2° Un capitaine du génie militaire chargé du cours de fortification;

3° Un capitaine ingénieur-géographe, chargé du corps de topographie;

4° Des professeurs, répétiteurs et maîtres, dont le nombre sera ultérieurement déterminé, ainsi que l'indique l'article 34 de la présente ordonnance.

TITRE III. Dispositions communes aux deux écoles.

SECTION Ire. *Instruction religieuse et service du culte.*

12. Trois ecclésiastiques seront attachés à chacune des écoles, et seront spécialement chargés, sous la surveillance du commandant, de l'instruction religieuse des élèves et du service du culte; l'un d'eux remplira les fonctions d'aumônier de l'école; et les deux autres, celles de chapelains.

SECTION II. Personnel du service de santé.

13. Le personnel du service de santé, pour chacune des écoles, sera composé ainsi qu'il suit :

Un médecin, un chirurgien, un aide-chirurgien.

Il y aura pour les deux écoles un médecin et un chirurgien consultans : il pourront y être appelés dans les maladies graves, et en cas de difficultés sur l'admission des élèves pour cause de santé, sur la demande des commandans de l'une ou de l'autre école.

Il sera attaché à chacune d'elles, pour le service de l'infirmerie, des sœurs de la charité, dont le nombre sera déterminé par notre ministre secrétaire d'Etat de la guerre, d'après les besoins du service.

SECTION III. Conseil d'instruction et de discipline.

14. Il sera établi dans chaque école un conseil d'instruction et de discipline.

Ce conseil adressera à notre ministre secrétaire d'Etat de la guerre les observations qui lui paraîtront utiles dans l'intérêt de l'enseignement et de la discipline : il se réunira une fois par mois pour entendre le rapport qui lui sera présenté, par l'officier supérieur chargé de la direction des cours et exercices militaires et par les directeurs des études, sur le mode et les progrès de l'instruction; le procès-verbal de la séance sera adressé par le commandant à notre ministre secrétaire d'Etat de la guerre, qui prononcera sur les propositions du conseil.

15. Le conseil délibérera aussi sur les punitions à infliger en cas de fautes graves commises par les élèves, lorsque le commandant de l'école demandera l'avis du conseil.

Dans le cas où il y aurait lieu d'adresser au ministre la proposition de renvoyer un élève de l'école, elle sera accompagnée d'un avis motivé, signé par tous les membres du conseil.

16. Le conseil d'instruction et de discipline sera composé ainsi qu'il suit :

A l'école préparatoire, du commandant de l'école, du colonel commandant en second, du directeur des études, du chef de bataillon, de deux professeurs désignés annuellement par notre ministre secrétaire d'Etat de la guerre, d'un capitaine nommé par le commandant ;

A l'école spéciale, du commandant de l'école, du colonel, du directeur des études, du sous-directeur des études, de deux professeurs désignés annuellement par notre ministre secrétaire d'Etat de la guerre, d'un capitaine nommé par le commandant de l'école.

SECTION IV. Administration.

17. L'administration de chacune des écoles sera confiée à un conseil spécialement chargé de diriger l'emploi des fonds destinés aux dépenses de l'école, et qui sera composé,

Du commandant de l'école, président;

Du colonel employé à l'école;

D'un administrateur nommé par nous, sur la proposition de notre ministre secrétaire d'Etat de la guerre.

18. Il y aura, en outre, sous les ordres du conseil,

Un payeur,

Un économe,

Un secrétaire du conseil, qui sera en même temps bibliothécaire et garde des archives.

19. La surveillance des dépenses et de l'administration des écoles sera exercée par l'intendant militaire de la division dans laquelle chacune d'elles sera située, et, sous ses ordres, par l'un des sous-intendans militaires employés dans l'arrondissement où se trouvent ces écoles.

Ce dernier assistera de droit aux séances du conseil d'administration : il n'y aura pas voix délibérative; mais il requerra, quand il y aura lieu, l'exécution des ordonnances, réglemens et décisions, et fera insérer son réquisitoire sur le registre des délibérations. Il veillera à ce que les dépenses de l'école soient renfermées dans les limites fixées par le budget annuel.

Il surveillera, en outre, toutes les parties du service administratif, se fera rendre compte de la situation des approvisionnemens, et visitera l'infirmerie et les magasins, lorsqu'il le jugera nécessaire.

Il vérifiera et arrêtera, tous les trois mois, le compte général de l'école en recette et dépense, et le transmettra à l'intendant divisionnaire, qui l'arrêtera *définitivement* et l'adressera au ministre.

Le sous-intendant militaire sera chargé, en outre, de passer la revue des militaires de tout grade employés dans l'école, ainsi que celle des élèves.

20. Le conseil d'administration ordonnera toutes les dépenses du service courant, passera tous les marchés, et les soumettra directement à l'approbation du ministre. Tous les fonds destinés aux dépenses de l'école seront ordonnancés en son nom.

Tous les trois mois, il adressera au ministre la situation de ses recettes et de ses dépenses, et y joindra l'aperçu des fonds présumés nécessaires pour le trimestre courant : un double de ces pièces sera remis au sous-intendant militaire.

Le conseil d'administration s'assemblera régulièrement deux fois par mois, et plus souvent si le besoin du service l'exige : le registre des délibérations sera tenu par le secrétaire garde des archives; il sera coté et paraphé par l'intendant militaire de la division. Ce conseil ne pourra s'immiscer en rien dans ce qui concerne le personnel des officiers et des professeurs, ainsi que l'instruction, police et discipline des élèves.

Le directeur des études sera appelé au conseil, quand on y traitera des dépenses relatives à l'instruction, et il y aura voix délibérative.

21. L'administrateur fera auprès du conseil d'administration les fonctions de rapporteur, et sera spécialement chargé,

1° De l'exécution des ordonnances, réglemens et décisions concernant l'administration de l'école;

2° D'assurer les approvisionnemens en tout genre et d'en surveiller la remise à l'économe;

3° De vérifier et d'arrêter provisoirement les comptes de fournisseurs, avant de les soumettre à l'approbation du conseil;

4° D'ordonner toutes les distributions et d'ordonnancer toutes les dépenses;

5° Enfin, d'établir tous les comptes généraux en recette et en dépense de l'école, ainsi que les projets de budget, et de les soumettre à l'approbation du conseil d'administration.

22. L'économe sera seul comptable en matière de fournitures qui lui seront remises par les ordres de l'administrateur, et responsable des distributions qui seront faites d'après les ordres de ce dernier.

Les agens secondaires de l'administration seront sous sa surveillance.

Il rendra ses comptes au conseil, soit par l'intermédiaire de l'administrateur, soit directement, lorsque le conseil le jugera convenable.

23. Le payeur sera chargé du recouvrement de tous les fonds affectés aux dépenses de l'école, ou versés pour la pension des élèves aux frais de leurs parens.

Il ne pourra effectuer aucun paiement sans une ordonnance préalable délivrée par l'administrateur.

Tous les fonds mis à la disposition du conseil d'administration, ou provenant du prix de la pension des élèves, seront déposés dans une caisse à trois clefs: l'une restera entre les mains du commandant de l'école, l'autre entre celles de l'administrateur, et le payeur gardera la troisième.

La caisse à trois clés sera placée chez le commandant de l'école.

Il ne sera remis de fonds au payeur qu'au fur et à mesure des besoins et d'après une délibération du conseil d'administration.

Les journaux, livrets et livres d'ordre pour la comptabilité en matières et en deniers, tenus par l'administrateur, le payeur et l'économe, seront cotés et paraphés par le sous-intendant militaire.

24. Les fonds alloués dans le budget annuel des dépenses pour l'entretien et les réparations courantes des bâtimens seront administrés par le conseil des écoles et suivant le mode qui sera ultérieurement déterminé.

Les travaux pour constructions neuves et pour les grosses réparations seront dirigés par les officiers de notre corps royal du génie employés dans la place où est située l'école, ou dans la place la plus voisine de l'école. Les projets de ces travaux et les devis estimatifs seront soumis au directeur des fortifications dans l'arrondissement duquel se trouve l'école, et adressés par lui, avec son avis, à notre ministre secrétaire d'Etat de la guerre.

SECTION V. De l'inspection.

25. La surveillance de l'instruction et l'examen des élèves des deux écoles militaires seront confiés à trois inspecteurs des études, savoir :

Le premier, pour les sciences; le deuxième, pour les belles-lettres; le troisième, pour les cours et exercices militaires.

Les deux premiers seront choisis parmi les membres de l'Institut royal de France, et le troisième parmi les officiers généraux de nos armées.

Ils seront nommés par nous, sur la proposition de notre ministre secrétaire d'Etat de la guerre.

26. Les inspecteurs des études seront chargés des examens pour l'admission et la sortie des élèves de l'école spéciale militaire, ainsi qu'il est expliqué ci-après (titre IV).

Ils donneront leur avis au ministre, sur les propositions des conseils d'instruction, et présenteront leurs vues sur les perfectionnemens à apporter successivement dans le mode d'instruction et d'enseignement.

L'inspecteur des études, pour les cours et exercices militaires, sera chargé, en outre, d'inspecter l'école préparatoire en ce qui concerne l'administration et le personnel des officiers qui y sont employés : il rendra, à cet effet, un compte particulier à notre ministre secrétaire d'Etat de la guerre, et lui proposera les améliorations qu'il croira convenables ou possibles.

Les inspecteurs des études coordonneront entre eux les résultats de chaque inspection particulière, et adresseront collectivement à notre ministre de la guerre les propositions auxquelles leur travail donnera lieu.

27. Les inspecteurs généraux d'armes de la première division militaire se réuniront, après leur inspection des corps et des établissemens, en une commission dont fera partie l'intendant militaire de la première division : cette commission prendra connaissance de tout ce qui concerne la tenue, la discipline, l'administration, le bien-être des élèves, le personnel des officiers employés à l'école spéciale militaire ; elle s'assurera que l'instruction, les exercices et manœuvres sont en rapport avec les ordonnances et réglemens sur lesquels repose la constitution de l'armée.

Cette commission rendra compte à notre ministre secrétaire d'Etat de la guerre du résultat de son inspection.

TITRE IV. Des examens.

SECTION Ire. *Des examens d'admission et de sortie de l'école militaire préparatoire.*

28. Lorsque le directeur des études de l'école militaire préparatoire reconnaîtra qu'un élève n'a pas les connaissances exigées par l'article 8 de notre ordonnance du 31 décembre 1817, il rendra compte au conseil d'instruction et de discipline, qui jugera, après avoir interrogé l'élève, s'il y a lieu de proposer à notre ministre secrétaire d'Etat de la guerre l'ajournement de son admission à terme fixe, ou sa radiation du tableau, conformément à l'article 10 de ladite ordonnance.

29. Les élèves de l'école militaire préparatoire que le conseil d'instruction aura jugés susceptibles d'être admis à l'école spéciale seront examinés, chaque année, dans le courant du mois d'août, par les inspecteurs des études, en présence du commandant et du directeur des études.

Les inspecteurs des études arrêteront et adresseront à notre ministre secrétaire d'Etat de la guerre la liste des élèves qu'ils auront examinés, et les classeront entre eux par ordre de mérite.

Le commandant de l'école préparatoire lui adressera, de son côté, des notes détaillées sur la conduite de ces élèves pendant leur séjour à l'école.

Notre ministre secrétaire d'Etat de la guerre délivrera des lettres de passe, d'après le nombre de places dont il pourra disposer pour l'école spéciale.

SECTION II. Des examens d'admission à l'école spéciale militaire par le concours.

30. L'examen des jeunes gens qui se présenteront au concours général d'admission à l'école spéciale militaire, conformément aux dispositions de l'article 2 de notre ordonnance du 31 décembre 1817, sera fait par les examinateurs qui sont chargés de celui des candidats pour notre école royale polytechnique, et aura lieu en même temps que celui-ci, à Paris et dans les départemens : le programme de cet examen sera rendu public chaque année, trois mois au moins avant l'ouverture du concours.

31. Tous les ans, vers le 1er octobre au plus tard, il sera formé à Paris un jury pour l'admission à l'école spéciale militaire. Ce jury sera composé des inspecteurs des études des écoles militaires, et des examinateurs d'admission.

Le président sera nommé annuellement par nous, sur la proposition de notre ministre secrétaire d'Etat de la guerre. Il sera choisi hors des fonctionnaires de l'école et des membres composant le jury.

32. Le jury dressera la liste, par ordre de mérite, de tous les canditats jugés en état d'être admis à l'école spéciale : il la présentera à notre ministre secrétaire d'Etat de la guerre, qui fera expédier les lettres d'admission suivant l'ordre de cette liste, en raison du nombre de places à remplir.

Les lettres d'admission feront mention du numéro d'ordre obtenu par le candidat auquel elles seront délivrées.

SECTION III. Des examens de sortie de l'école spéciale militaire.

33. Chaque année, dans le courant du mois d'octobre, tous les élèves de l'école spéciale militaire subiront l'examen prescrit par les articles 18 et 19 de notre ordonnance du 31 décembre 1817.

Les élèves de la deuxième division seront examinés par le conseil d'instruction;

Les élèves de la première division, par les inspecteurs des études, en présence du commandant de l'école, du colonel et du directeur des études.

Les procès-verbaux de classement seront transmis au ministre : celui des élèves de la deuxième division, par le commandant de l'école; celui des élèves de la première division, par les inspecteurs des études.

Le commandant de l'école spéciale joindra à ce dernier envoi des notes détaillées sur la conduite de ces élèves pendant leur séjour à l'école.

Notre ministre secrétaire d'Etat de la guerre arrêtera la liste des élèves qui passeront de la deuxième division à la première, et nous soumettra, conformément à l'article 27 de la loi du 10 mars dernier, la nomination des élèves de la première division dans les corps de l'armée auxquels ils sont destinés.

TITRE V. Dispositions générales et d'exécution.

34. Les programmes des cours et exercices des deux écoles seront arrêtés, avant le 1er octobre prochain, par une commission qui sera formée par notre ministre secrétaire d'Etat de la guerre, et dont les inspecteurs des études feront partie.

Notre ministre secrétaire d'Etat de la guerre déterminera le nombre et la composition des professeurs, répétiteurs, agrégés et maîtres des deux établissemens, après avoir pris connaissance de l'avis motivé de cette commission.

Leur nomination sera faite par notre ministre secrétaire d'Etat de la guerre, sur la proposition de ladite commission.

35. Les nominations aux places d'élèves aux frais de l'Etat et d'élèves aux frais de leurs familles à l'école préparatoire ne nous seront soumises qu'une seule fois dans l'année, au 1er septembre. Cette époque déterminera l'âge d'admission fixé pour les deux écoles par les articles 6 et 15 de notre ordonnance du 31 décembre 1817.

36. Les traitemens des officiers employés aux écoles militaires, ainsi que ceux des autres fonctionnaires, professeurs, répétiteurs, maîtres et agrégés employés à ces mêmes établissemens, sont réglés conformément au tarif ci-annexé.

37. L'uniforme des élèves de l'école préparatoire est conservé tel qu'il a été déterminé : celui des élèves de l'école spéciale sera déterminé par notre ministre secrétaire d'Etat de la guerre.

38. Toutes nos ordonnances antérieures à celles du 31 décembre 1817, concernant les écoles royales militaires, sont et demeurent abrogées.

39. Notre ministre de la guerre est chargé de l'exécution de la présente ordonnance.

Tarif des Traitemens payés sur les fonds des écoles royales militaires aux fonctionnaires desdits établissemens.

DÉSIGNATION des FONCTIONS ET EMPLOIS.	MONTANT DU TRAITEMENT ou supplément de traitement à payer sur les fonds des écoles militaires.	OBSERVATIONS.
École préparatoire.		
Commandant de l'école	8,000 f	Les officiers ci-contre désignés ont droit à leur solde d'activité sur les fonds de la solde.
Colonel	3,000	
Directeur des études	7,500	
Préfet des études	3,000	
Administrateur	6,000	
Payeur	4,000	
Econome	3,000	
Secrétaire des conseils	3,000	
Professeurs de 1re classe	3,500	*Nota.* Les officiers employés aux écoles militaires, non désignés dans ce tarif, ont droit à leur solde d'activité avec accessoires, et à un tiers en sus sur les fonds de la solde.
Professeurs de 2e *idem*	3,000	
Professeurs de 3e *idem*	2,500	
Maîtres de 1re *idem*	2,000	
Maîtres de 2e *idem*	1,800	
Maîtres de 3e *idem*	1,500	
Agrégés de 1re *idem*	1,200	
Agrégés de 2e *idem*	1,000	
Aumônier	2,400	
Chapelain	1,200	
Médecin	3,500	
Chirurgien	3,500	
Aide-chirurgien	2,000	
École spéciale.		
Commandant de l'école	12,000	Les officiers qui remplissent les fonctions ci-contre désignée ont droit à leur traitement d'activité sur les fonds de la solde.
Colonel	3,600	
Directeur des études	3,000	
Sous-directeur des études	2,000	
Administrateur	7,000	
Payeur	5,000	
Econome	4,000	
Secrétaire des conseils	3,000	

DÉSIGNATION des FONCTIONS ET EMPLOIS.	MONTANT DU TRAITEMENT ou supplément de traitement à payer sur les fonds des écoles militaires.	OBSERVATIONS.
Professeurs de 1re classe	4,500	*Nota.* Les officiers employés aux écoles militaires non désignés dans ce tarif, ont droit à leur solde d'activité avec accessoires, et à un tiers en sus sur les fonds de la solde.
Professeurs de 2e *idem*	4,000	
Professeurs de 3e *idem*	3,500	
Répétiteurs de 1re *idem*	2,400	
Répétiteurs de 2e *idem*	1,800	
Maîtres de 1re classe	3,000	
Maîtres de 2e *idem*	2,400	
Maîtres de 3e *idem*	1,800	
Aumônier	3,000	
Chapelain	1,800	
Médecin	5,000	
Chirurgien	5,000	
Aide-chirurgien	2,500	
Inspecteurs des études	»	Ils recevront une indemnité qui qui ne pourra excéder 6,000 f., indépendamment de leurs frais de voyage, qui seront réglés à raison de six francs par poste.

10 = Pr. 27 JUIN 1818. — Ordonnance du Roi qui approuve le traité passé le 19 avril 1818 entre le préfet de la Seine et les sieurs comte de Saint-Didier et Vassal, portant concession pour quatre-vingt-dix-neuf ans du canal de Saint-Denis et du canal de l'Ourcq, ainsi que les articles supplémentaires au traité, souscrits le 13 mai de la même année. (7, Bull. 222, n° 4375.)

Louis, etc.

Vu le traité conclu, le 19 avril 1818, entre le préfet de la Seine, agissant au nom de la ville de Paris, d'une part, et les sieurs comte de Saint-Didier et Vassal, d'autre part, ledit traité portant concession, pour quatre-vingt-dix-neuf ans, du canal de Saint-Denis et du canal de l'Ourcq, aux charges, clauses et conditions qui y sont énoncées;

La délibération en date du 24 du même mois, par laquelle le conseil municipal de Paris approuve ledit traité;

Les articles supplémentaires au traité, par lesquels la ville de Paris se réserve la faculté, 1° d'interdire toute navigation sur le canal de l'Ourcq, sauf à elle à payer à la compagnie une somme de soixante mille francs par année, et à la condition que la compagnie restera chargée de l'entretien du canal; 2° d'y prendre les eaux destinées à la distribution dans Paris au-dessus du point de l'embranchement du canal de Saint-Denis;

Vu aussi la loi du 20 mai dernier, qui autorise la ville de Paris à emprunter une somme de sept millions pour concourir à l'achèvement du canal de l'Ourcq, conformément à l'article 16 dudit traité, ci-dessus mentionné;

Sur le rapport de notre ministre secrétaire d'Etat de l'intérieur,

Nous avons ordonné et ordonnons ce qui suit:

Art. 1er. Le traité passé, le 19 avril 1818, entre le préfet de la Seine, agissant au nom de la ville de Paris, d'une part, et les sieurs comte de Saint-Didier et Vassal, d'autre part, et les articles supplémentaires souscrits le 13 mai même année, sont approuvés.

En conséquence, toutes les clauses et conditions portées audit traité et aux articles supplémentaires ci-dessus énoncés recevront leur pleine et entière exécution.

2. Un inspecteur général des ponts-et-chaussées, nommé par notre ministre secrétaire d'Etat de l'intérieur, sur la proposition de notre directeur général des ponts-et-chaussées et des mines, sera chargé de surveiller l'exécution des travaux du canal de l'Ourcq et du canal de Saint-Denis. Il vérifiera si, dans l'exécution des ouvrages, la compagnie se conforme exactement aux plans et projets approuvés, ainsi qu'elle y est obligée par les articles 1er et 10 du traité.

3. L'inspecteur général adressera, au moins deux fois par mois, au préfet de la Seine, un rapport sur les progrès et sur l'exécution des travaux, et fera connaître si les diverses conditions du traité sont observées.

Il avertira de tous les vices de construction que sa surveillance lui fera découvrir; il fera les propositions qu'il croira les plus utiles pour y remédier. Le préfet adressera à notre directeur général des ponts-et-chaussées et des mines le double des rapports de l'inspecteur général, et l'informera des mesures qu'il aura prises dans l'intérêt de la ville de Paris pour assurer l'entière exécution du traité.

4. L'inspecteur général constatera spécialement l'avancement des travaux du canal de l'Ourcq avant la délivrance de chacun des trois paiemens d'à-compte qui seront faits à la compagnie, ainsi qu'il est dit à l'article 13 du traité. Le préfet n'autorisera aucun paiement qu'après s'être assuré, par le certificat de l'inspecteur général, que les travaux sont avancés dans une proportion suffisante.

5. La réception des travaux de chaque section, qui doit avoir lieu annuellement, conformément au quatrième paragraphe de l'article 13, se fera par le préfet et par le président du conseil municipal, que nous commettons à cet effet, en présence de l'inspecteur général et d'un délégué de la compagnie, qui pourront insérer au procès-verbal de réception tels dires et observations qu'ils jugeront convenables. Le procès-verbal sera adressé par le préfet à notre directeur général des ponts-et-chaussées ; le paiement pour solde des travaux de chaque section ne pourra avoir lieu qu'en vertu de son autorisation.

6. Dans le cas où la compagnie formerait, comme elle y est autorisée par l'article 22 du traité, des demandes tendant à faire modifier les projets approuvés, soit relativement au tracé et aux dimensions des canaux, soit relativement aux travaux et aux ouvrages d'art, au choix et à l'emploi des matériaux, ces demandes seront communiquées par le préfet à l'inspecteur général, qui fera son rapport: elles seront ensuite soumises à la délibération du conseil municipal, et adressées, avec l'avis du préfet, à notre directeur général, qui consultera le conseil des ponts-et-chaussées, et proposera à notre ministre secrétaire d'Etat de l'intérieur d'autoriser, s'il y a lieu, les modifications demandées.

7. Un ingénieur ordinaire sera placé par notre directeur général sous les ordres de l'inspecteur général pour le seconder dans sa mission.

Outre les appointemens et frais fixes de l'inspecteur général et de l'ingénieur ordinaire, qui continueront à être payés sur les fonds du personnel des ponts-et-chaussées, il leur sera alloué, sur le budget de la ville de Paris, un supplément pour frais extraordinaires de bureau et de voyages, et dont le montant sera fixé par le ministre secrétaire d'Etat de l'intérieur, sur la proposition du directeur général des ponts-et-chaussées, qui prendra l'avis du préfet de la Seine.

8. Notre ministre de l'intérieur est chargé de l'exécution de la présente ordonnance.

---

10 JUIN 1818. — Ordonnances du Roi qui accordent des lettres de déclaration de naturalité aux sieurs Curnex, Cerutti, Pagnoulle, Falchéro, Carret, Christin-Tognoli, Morel de Saint-Inier, Vandenborre, Audibert, Auda, Marin, Polixen-Masson, Viollet, Dieudonné-Gérard, Graeff, Mayinger, Drugman, Vanhove, Arensma, Hahn, Martin et Petit. (7, Bull. 224, 227, 231, 234, 240, 247, 278, 287, 301, 303, 331, 353 et 371.)

---

10 JUIN 1818. — Ordonnances du Roi qui autorisent l'acceptation de dons et legs faits aux pauvres, aux hospices, aux séminaires et fabriques des églises de Notre-Dame des Blancs-Manteaux, et à la construction de l'église projetée dans le cimetière du Père la Chaise de la ville de Paris; à la réparation de l'église du Calvaire, diocèse de cette ville, de Saint-Brieuc, Saint-Jean-des-Essartiers, Somloire, Nancy, Cutting, Nay, Ducey, Saint-Sulpice de Paris, Agen, Avincourt, Beauvoir, Vrécourt et Esches. (7, Bull. 240.)

---

10 JUIN 1818. — Ordonnance du Roi qui admet les sieurs Tararès, Montès, Kleiner, Pellegrini, Loeffler, Hack, Denzel et Weiss à établir leur domicile en France. (7, Bull. 222.)

---

10 JUIN 1818. — Ordonnance du Roi qui accepte la renonciation faite par les sieurs et demoiselle Bragousse de Saint-Sauveur à la concession des mines de plomb existant dans les communes de Saint-Sauveur et de Bonheur (Gard), et dans celle de Meyrueis et de Gatuzières (Lozère), (7, Bull. 239, n° 5235.)

---

10 JUIN 1818. — Ordonnances du Roi qui accordent des foires et qui fixent l'époque de la tenue de celles de Troyes, Chaource, Saint-Brandeau, Blain, Bellencombre et Tostes. (7, Bull. 240.)

---

12 JUIN 1818. — Avis ministériel aux particuliers créanciers des officiers ou employés militaires. (*Journal militaire*, 1er semestre, p. 804.)

Le ministre de la guerre ne devant désormais intervenir en matières de retenues pour dettes militaires, qu'à l'égard de celles qui intéressent les finances de l'Etat, les particuliers qui, créanciers de quelques officiers ou employés militaires, n'ont point obtenu des ordres ministériels pour le remboursement de leurs créances, sont prévenus qu'à compter du 1er juillet il devront suivre les voies de la justice civile pour la conservation de leurs créances, et pour parvenir aux jugemens en fixation de leurs droits.

Les oppositions à former par lesdits créanciers devront être signifiées, quant aux officiers sans troupe et employés militaires, aux payeurs du département de la résidence des débiteurs, et quant aux officiers de troupe, aux conseils d'administration des corps, dans lesquels serviront les débiteurs.

En cas de difficultés pour la remise des fonds retenus dans les caisses des corps en vertu d'oppositions, les créanciers auront à s'adresser aux intendans ou sous-intendans militaires ayant l'inspection du corps.

---

15 = Pr. 20 JUIN 1818. — Convention conclue entre sa majesté très-chrétienne et les cours d'Autriche, de la Grande-Bretagne, de Prusse et de Russie (1). (7, Bull. 221, n° 4328.)

Voy. loi du 6 MAI 1818, convention à la suite de celle-ci portant également la date du 15 JUIN et celle des 9 et 13 OCTOBRE 1816 (à la date du 26 OCTOBRE 1818).

Louis, etc.

Nous avons ordonné et ordonnons que la convention suivante, conclue entre nous et les cours d'Autriche, de la Grande-Bretagne, de Prusse et de Russie, le 25 avril, et ratifiée à Paris le 23 et 28 mai et 9 juin de la présente année, sera insérée au Bulletin des Lois, pour être exécutée suivant sa forme et teneur.

AU NOM DE LA TRÈS-SAINTE ET INDIVISIBLE TRINITÉ.

Les cours d'Autriche, de la Grande-Bretagne, de Prusse et de Russie, signataires du traité du 20 novembre 1815, ayant reconnu que la liquidation des réclamations particulières à la charge de la France, fondée sur la convention conclue en conformité de l'article 9 dudit traité, pour régler l'exécution des articles 19 et suivans du traité du 30 mai 1814, était devenue, par l'incertitude de sa durée et de son résultat, une cause d'inquiétude toujours croissante pour la nation française; partageant en conséquence, avec sa majesté très-chrétienne, le désir de mettre un terme à cette incertitude par une transaction destinée à éteindre toutes ces réclamations moyennant une somme déterminée, lesdites puissances et sa majesté très-chrétienne ont nommé pour leurs plénipotentiaires, savoir :

Sa majesté le Roi de France et de Navarre,

Le sieur Armand-Emmanuel du Plessis-Richelieu, duc de Richelieu, chevalier de l'ordre royal et militaire de Saint-Louis, de l'ordre royal de la Légion-d'Honneur et des ordres de Saint-Alexandre-Newsky, Saint-Wladimir et Saint-George de Russie, pair de France, son premier gentilhomme de la chambre, son ministre et secrétaire d'Etat des affaires étrangères, et président du conseil de ses ministres;

Sa majesté l'empereur d'Autriche, roi de Hongrie et de Bohême,

Le sieur Nicolas-Charles baron de Vincent, commandeur de l'ordre militaire de Marie-Thérèse, grand'-croix de l'ordre impérial de Léopold et de l'ordre de l'Epée de Suède, chevalier grand'-croix de l'ordre militaire du royaume des Pays-Bas, commandeur de l'ordre royal et militaire de Saint-Louis, grand'-croix de l'ordre Constantinien de Saint-George de Parme, son chambellan, conseiller intime actuel, lieutenant général de ses armées, colonel propriétaire d'un régiment de chevau-légers à son service, son envoyé extraordinaire et ministre plénipotentiaire près sa majesté très-chrétienne;

Sa majesté le roi du royaume uni de la Grande-Bretagne et de l'Irlande,

Le sieur Charles Stuart, grand'-croix du très-honorable ordre du Bain et de l'ancien ordre de la Tour et l'Epée, son conseiller intime actuel, etc., etc., etc., son ambassadeur extraordinaire et plénipotentiaire près sa majesté très-chrétienne;

Sa majesté le roi de Prusse,

Le sieur Charles-Frédéric-Henri, comte de Goltz, grand'-croix de l'ordre de l'Aigle rouge, chevalier de la Croix de fer de la première classe et de l'ordre pour le mérite militaire de Prusse, grand'-croix de l'ordre de Sainte-Anne, chevalier de l'ordre de Saint-George de la quatrième classe et de l'ordre de Saint-Wladimir de la troisième classe de Russie, commandeur de l'ordre du Mérite militaire de France, chevalier de l'ordre militaire de Marie-Thérèse d'Autriche, de celui de l'Epée de Suède, et de celui du Mérite militaire de Bavière, lieutenant général de ses armées, et son envoyé extraordinaire et ministre plénipotentiaire près sa majesté très-chrétienne;

Et sa majesté l'empereur de toutes les Russies, roi de Pologne, etc.,

Le sieur Charles-André Pozzo di Borgo, lieutenant général de ses armées, son aide-de-camp général, son ministre plénipotentiaire près sa majesté très-chrétienne, chevalier grand'-croix de l'ordre de Saint-Wladimir de la deuxième classe, de Sainte-Anne de la première, de Saint-George de la quatrième, grand'-croix de l'ordre de Charles III d'Espagne, de celui de Saint-Maurice et

(1) *Voy.* les notes sur le traité du 20 novembre 1815.

Lazare de Sardaigne, de Saint-Ferdinand de Naples, et de l'ordre des Guelphes de Hanôvre, commandeur de l'ordre royal et militaire de Saint-Louis, etc.

Et attendu qu'elles ont considéré que le concours de son excellence M. le Maréchal duc de Wellington contribuerait efficacement au succès de cette négociation, les plénipotentiaires soussignés, après avoir arrêté, de concert avec lui et d'accord avec les parties intéressées, les bases de l'arrangement à conclure, sont convenus, en vertu de leurs pleins pouvoirs, des articles suivans :

Art. 1er. A l'effet d'opérer l'extinction totale des dettes contractées par la France dans les pays hors de son territoire actuel, envers des individus, des communes ou des établissemens particuliers quelconques, dont le paiement est réclamé en vertu des traités du 30 mai 1814 et du 20 novembre 1815, le Gouvernement français s'engage à faire inscrire sur le grand-livre de la dette publique, avec jouissance du 22 mars 1818, une rente de douze millions quarante mille francs, représentant un capital de deux cent quarante millions, huit cent mille francs.

2. Les sommes remboursables au Gouvernement français, en vertu de l'article 21 du traité du 30 mai 1814, et des articles 6, 7 et 22 de la susdite convention du 20 novembre 1815, serviront à compléter les moyens d'extinction des susdites dettes de la France envers les sujets des puissances qui étaient chargées du remboursement de ces sommes.

En conséquence, le Gouvernement français reconnaît n'avoir plus rien à réclamer, en raison dudit remboursement.

De leur côté, les puissances reconnaissent que, les déductions et bonifications auxquelles donnaient lieu en leur faveur l'article 7 de la convention du 20 novembre 1815 étant également comprises dans l'évaluation de la somme fixée par l'article 1er de la présente convention, ou abandonnées par les puissances intéressées, toutes les réclamations et prétentions à cet égard se trouvent complétement éteintes.

Il est bien entendu que le Gouvernement français, conformément aux stipulations contenues dans les articles 6 et 22 de la même convention, continuera à servir la rente des dettes des pays détachés de son territoire, qui ont été converties en inscriptions sur le grand-livre de la dette publique, soit que ces inscriptions se trouvent entre les mains des possesseurs originaires, soit qu'elles aient été transférées à d'autres personnes. Néanmoins la France cesse d'être chargée des rentes viagères de la même origine, dont le paiement doit être à la charge des possesseurs actuels du territoire, à partir du 22 décembre 1813.

Il est de plus convenu qu'il ne pourra être mis aucun obstacle au libre transfert des inscriptions de rentes appartenant à des individus, communautés ou corporations qui ont cessé d'être Français.

3. Les reprises que le Gouvernement français aurait pu être autorisé à exercer sur les cautionnemens de certains comptables, dans les cas prévus par les articles 10 et 24 de la convention du 20 novembre 1815 étant également entrées dans la transaction qui fait l'objet de la présente convention, elles se trouveront par là complétement éteintes. Quant à ceux de ces cautionnemens qui auraient été fournis en immeubles ou inscriptions sur le grand-livre, il sera procédé à la radiation des inscriptions hypothécaires, ou à la levée des oppositions, sur la demande desdits Gouvernemens; et lesdites inscriptions, ainsi que les actes de main-levée, seront remises à leurs commissaires respectifs ou à leurs délégués.

4. Les sommes versées à titre de cautionnemens, dépôts ou consignations, par des sujets français, serviteurs des pays détachés de la France, dans leurs trésors respectifs, et qui devaient leur être remboursées en vertu de l'article 22 du traité du 30 mai 1814, étant comprises dans la présente transaction, lesdites puissances se trouvent complétement libérées à leur égard, le Gouvernement français se chargeant de pourvoir au remboursement.

5. Au moyen des stipulations contenues dans les articles précédens, la France se trouve complétement libérée, tant pour le capital que pour les intérêts prescrits par l'article 18 de la convention du 20 novembre 1815, des dettes de toute nature prévues par le traité du 30 mai 1814 et la convention du 20 novembre 1815, et réclamées dans les formes prescrites par la susdite convention, de sorte que lesdites dettes seront considérées, à son égard, comme éteintes et annulées, et ne pourront jamais donner lieu contre elle à aucune espèce de répétition (1).

---

(1) Si les réclamans nés en pays étrangers justifiaient qu'ils ont acquis la qualité de Français avant le 25 avril 1818, il y aurait lieu d'admettre leur demande (5 mai 1830; ord. Mac. 12, 211).

Le Français porteur de traites souscrites en faveur de fournisseurs étrangers, mais à lui transmises par un endossement postérieur au traité du 30 mai 1814, doit être compris dans cette catégorie, et par conséquent déclaré non recevable (7 avril 1830; ord. Mac. 12, 180).

En admettant que le prix des biens vendus

6. En conséquence des dispositions précédentes, les commissions mixtes instituées par l'article 5 de la convention du 20 novembre 1815 cesseront le travail de liquidation ordonné par la même convention.

7. La rente qui sera créée en vertu de l'article 1er de la présente convention sera répartie entre les puissances ci-après nommées, ainsi qu'il suit :

Anhalt-Bernbourg, dix-sept mille cinq cents francs;

Anhalt-Dessau, dix-huit mille cinq cents francs;

Autriche, un million deux cent cinquante mille francs;

Bade, trente-deux mille cinq cents francs;

Bavière, cinq cent mille francs;

Brême, cinquante mille francs;

Danemarck, trois cent cinquante mille francs;

Espagne, huit cent cinquante mille francs;

Etats romains, deux cent cinquante mille francs;

Francfort, trente-cinq mille francs;

Hambourg, un million de francs;

Hanôvre, cinq cent mille francs;

Hesse électorale, vingt-cinq mille francs;

Grand-duché de Hesse, y compris Oldembourg, trois cent quarante-huit mille cent cinquante francs;

Iles Ioniennes, Ile-de-France et autres pays sous la domination de sa majesté britannique, cent cinquante mille francs;

Lubeck, cent mille francs;

Mecklembourg-Schwerin, vingt-cinq mille francs;

Mecklembourg-Strélitz, dix-sept cent cinquante francs;

Nassau, six mille francs;

Parme, cinquante mille francs;

Pays-Bas, un million six cent cinquante mille francs;

Portugal, quarante mille neuf cents francs;

Prusse, deux millions six cent mille francs;

Reuss, trois mille deux cent cinquante francs;

Sardaigne, un million deux cent cinquante mille francs;

Saxe, deux cent vingt-cinq mille francs;

Saxe-Gotha, trente mille francs;

Saxe-Meinungen, mille francs;

Saxe-Weymar, neuf mille deux cent cinquante francs;

Schwarsbourg, sept mille cinq cents francs;

Suisse, deux cent cinquante mille francs;

Toscane, deux cent vingt-cinq mille francs;

Wurtemberg, vingt mille francs;

Hanôvre, Brunswich, Hesse électorale et Prusse, huit mille francs;

Hesse électorale et Saxe-Weymar, sept cents francs;

Grand-duché de Hesse et Bavière, huit mille francs;

Grand-duché de Hesse, Bavière et Prusse, quarante mille francs;

Saxe et Prusse, cent dix mille francs.

8. La somme de douze millions quarante mille francs de rente, stipulée par l'article 1er, portera jouissance du 22 mars 1818. Elle sera déposée en totalité entre les mains des commissaires spéciaux des cours d'Autriche, de la Grande-Bretagne, de Prusse et de Russie, pour être ensuite délivrée à qui de droit, aux époques et dans les formes suivantes :

1° Le 1er de chaque mois, le douzième de

---

par le Gouvernement français à un étranger dont le pays était alors en guerre avec la France, fût encore dû, il constituerait sur le Trésor une créance dont la France serait complétement libérée par l'effet de la présente convention (24 février 1830, ord. Mac. 12, 105.)

Lorsqu'une créance est réclamée dans les formes prescrites par la convention du 20 novembre 1815, et qu'elle figure parmi les dettes que le présent article déclare éteintes et annulées au profit de la France, dans cet état, on n'est pas fondé à réclamer une dette étrangère (14 septembre 1830; ord. Mac. 12, 418).

Lorsqu'une créance est réclamée contre un département pour fournitures faites en 1814, par suite d'un marché passé entre le fournisseur et la commission administrative, cette créance, contractée avec un département, et payable par ce département, conformément à la loi du 28 avril 1816, ne peut être comprise parmi celles dont la France s'est libérée par la convention du 25 avril 1818 (22 avril 1831; ord. Mac. 13, 162).

En admettant que le réclamant pût exercer les droits des créanciers que son père aurait payés, en contravention au réglement du 28 avril 1800 (8 floréal an 8) sur la comptabilité des corps, le créancier, étant sujet du roi des Pays-Bas, serait non-recevable en vertu de la présente convention (10 juin 1829; ord. Mac. 11, 188).

Le traité s'applique aux lettres de change tirées sur le Trésor français par un de ses agens, au profit d'un fournisseur étranger, antérieurement à 1815.

Les Français tiers-porteurs de ces lettres, ne peuvent pas en réclamer le paiement devant le Gouvernement français, alors surtout que le fournisseur étranger l'avait déjà sollicité lui-même inutilement....... (8 mai 1822; ord. Mac. 3, 410).

Les créanciers de l'Etat n'ont pu toucher le montant de leurs créances qu'après avoir justifié de leur qualité de Francais (13 mars 1822; ord. Mac. 3, 246).

ce qui reviendra à chaque puissance, conformément à la répartition ci-dessus, sera remis à ses commissaires à Paris, ou aux délégués de ceux-ci, lesquels commissaires ou délégués en disposeront de la manière indiquée ci-après.

2° Les gouvernemens respectifs, ou les commissions de liquidation qu'ils établiront, feront remettre, à la fin de chaque mois, aux individus dont les créances auront été liquidées, et qui désireraient rester propriétaires des quotités de rentes qui leur seront allouées, des inscriptions du montant de la somme qui reviendra à chacun d'eux.

3° Pour toutes les autres créances liquidées, ainsi que pour toutes les sommes qui ne seraient pas assez fortes pour pouvoir en former une inscription séparée, les gouvernemens respectifs se chargent de les faire réunir en une seule inscription collective, dont ils ordonneront la vente en faveur des parties intéressées, par l'entremise de leurs commissaires ou agens à Paris.

Le dépôt de la susdite rente de douze millions quarante mille francs aura lieu le 1er du mois qui suivra le jour de l'échange des ratifications de la présente convention par les cours d'Autriche, de la Grande-Bretagne et de Prusse seulement, attendu l'éloignement de la cour de Russie.

9. La délivrance desdites inscriptions aura lieu nonobstant toute signification de transfert ou opposition au Trésor royal de France.

Néanmoins les oppositions et significations qui auraient été formées, soit au Trésor, soit entre les mains des commissaires liquidateurs auront, suivant l'ordre de leur inscription, leur plein et entier effet au profit des tiers intéressés, pourvu (à l'égard de celles qui ont été inscrites au Trésor) que, dans le délai d'un mois, à dater du jour de l'échange des ratifications de la présente convention, la liste en ait été remise aux commissaires des puissances respectives, avec les pièces à l'appui, sans néanmoins préjudicier à la faculté que doivent conserver les parties intéressées d'en justifier directement, en produisant leurs titres.

Le terme de rigueur fixé ci-dessus étant expiré, on n'aura plus égard aux oppositions et significations qui n'auraient pas été notifiées aux commissaires, soit par le Trésor, soit par les parties intéressées. Il sera toutefois permis de former opposition, ou de faire tout autre acte conservatoire entre les mains desdits commissaires ou des Gouvernemens dont ils dépendent.

Les oppositions dont la notification aura été faite en temps utile, seront, pour les demandes en validité ou en main-levée, portées devant le tribunal de la partie saisie.

10. Les Gouvernemens respectifs, voulant prendre, dans l'intérêt de leurs sujets créanciers de la France, les mesures les plus efficaces pour faire opérer, chacun en particulier, la liquidation des créances et la répartition des fonds auxquels lesdits créanciers auront proportionnellement droit, d'après les principes contenus dans les stipulations du traité du 30 mai 1814 et de la convention du 20 novembre 1815, il est convenu qu'à cet effet le Gouvernement français fera remettre aux commissaires desdits Gouvernemens, ou à leurs délégués, les dossiers contenant les pièces à l'appui des réclamations non encore payées, et donnera en même temps les ordres les plus précis pour que tous les renseignemens et documens que la vérification de ces réclamations pourra rendre nécessaires, soient fournis, dans le plus court délai possible, aux susdits commissaires, par les différens ministères et administrations.

Il est, de plus, convenu que, dans le cas où il aurait été payé des à-compte, ou si le Gouvernement français avait eu des imputations ou des reprises à faire sur quelques-unes desdites réclamations particulières, ces à-compte, imputations et reprises seront exactement indiqués.

11. La liquidation des réclamations pour services militaires exigeant quelques formalités particulières, il est convenu à cet égard :

1° Que, pour le paiement des militaires qui ont appartenu à des corps dont les conseils d'administration ont fourni des bordereaux de liquidation, il suffira de produire lesdits bordereaux, ou d'en rapporter des extraits dûment certifiés;

2° Que, dans les cas où les conseils d'administration des corps n'auraient pas fourni des bordereaux de liquidation, les dépositaires des archives desdits corps devront constater les sommes dues aux militaires qui en auront fait partie, et en dresser un bordereau, dont ils attesteront la vérité;

3° Que les créances des officiers d'état-major ou officiers sans troupe, ainsi que celles des employés de l'administration militaire seront vérifiées dans les bureaux de la guerre, conformément aux règles établies pour les militaires et employés français par la circulaire du 13 décembre 1814, et en joignant aux bordereaux les pièces à l'appui, ou, quand cela ne sera pas praticable, en en donnant communication aux commissaires ou à leurs délégués.

12. Pour faciliter la liquidation qui doit avoir lieu, conformément à l'article 10 ci-dessus, des commissaires nommés par le Gouvernement français serviront d'intermédiaires pour les communications avec les divers ministères et administrations; ce sera même par eux que se fera la remise des dossiers de pièces justificatives. Cette remise sera exactement constatée, et il leur en sera donné

acte, soit par émargement, soit par procès-verbal.

13. Attendu que certains territoires ont été divisés entre plusieurs Etats, et que dans ce cas c'est en général l'Etat auquel appartient la plus grande partie du territoire qui s'est chargé de faire valoir les réclamations communes fondées sur les articles 6, 7 et 9 de la convention du 20 novembre 1815, il est convenu que le Gouvernement qui aura fait la réclamation, traitera, pour le paiement des créances, les sujets de tous les Etats intéressés comme les siens propres.

D'une autre part, comme, malgré cette division des territoires, le possesseur principal a supporté la déduction de la totalité des capitaux et intérêts remboursés, il lui en sera tenu compte par les Etats copartageans, proportionnellement à la part dudit territoire que chacun possède, conformément aux principes posés dans les articles 6 et 7 de la convention du 20 novembre 1815.

S'il survient quelques difficultés relativement à l'exécution du présent article, elles seront réglées par une commission d'arbitrage formée suivant le mode et les principes indiqués par l'article 8 de la susdite convention.

14. La présente convention sera ratifiée par les hautes parties contractantes et les ratifications en seront échangées à Paris, dans l'espace de deux mois, ou plus tôt, si faire se peut.

15. Les Etats qui ne sont pas au nombre des puissances signataires, mais dont les intérêts se trouvent réglés par la présente convention, d'après le concert préliminaire qui a eu lieu entre leurs plénipotentiaires et son excellence M. le duc de Wellington, réuni aux soussignés, plénipotentiaires des cours, signataires du traité du 20 novembre 1815, sont invités à faire remettre dans le même terme de deux mois leurs actes d'accession.

Fait à Paris, le 25 avril 1818.

Signé RICHELIEU, le baron DE VINCENT, CHARLES STUART, J. comte DE GOLTZ, POZZO DI BORGO.

---

15 = Pr. 20 JUIN 1818. — Convention conclue entre sa majesté très-chrétienne et sa majesté britannique. (7, Bull. 221, n° 4329.)

Louis, etc.

Nous avons ordonné et ordonnons que la convention suivante, conclue entre nous et le roi du royaume uni de la Grande-Bretagne et d'Irlande, le 25 avril, et ratifiée à Paris le 23 mai de la présente année, sera insérée au Bulletin des Lois, pour être exécutée suivant sa forme et teneur.

Sa majesté très-chrétienne et sa majesté britannique, désirant écarter tous les obstacles qui ont retardé jusqu'à présent l'exécution pleine et entière de la convention conclue en conformité de l'article 9 du traité du 20 novembre 1815, relative à l'examen et à la liquidation des réclamations des sujets de sadite majesté britannique envers le Gouvernement français, ont nommé pour leurs plénipotentiaires, savoir :

Sa majesté très-chrétienne,

Le sieur Armand-Emmanuel du Plessis-Richelieu, duc de Richelieu, chevalier de l'ordre royal militaire de Saint-Louis et de l'ordre royal de la Légion-d'Honneur, et des ordres de Saint-Alexandre-Newsky, Saint-Wladimir et Saint-George de Russie, pair de France, son premier gentilhomme de la chambre, son ministre secrétaire d'Etat des affaires étrangères, et président du conseil de ses ministres;

Et sa majesté britannique,

Le sieur Charles-Stuart, grand'-croix du très-honorable ordre du Bain et de l'ancien ordre de la Tour et l'Epée, son conseiller intime actuel, etc., etc., et son ambassadeur extraordinaire et plénipotentiaire près sa majesté très-chrétienne,

Lesquels, après s'être communiqué leurs pleins pouvoirs respectifs, sont convenus des articles suivans :

Art. 1er. A l'effet d'opérer le remboursement et l'extinction totale, tant pour le capital que pour les intérêts, des créances des sujets de sa majesté britannique dont le paiement est réclamé en vertu de l'article additionnel au traité du 30 mai 1814 et de la susdite convention du 20 novembre 1815, il sera inscrit sur le grand-livre de la dette publique de France, avec jouissance du 22 mars 1818, une rente de trois millions de francs, représentant un capital de soixante millions.

2. La portion de rente qui est encore disponible sur les fonds créés en vertu de l'article 9 de la susdite convention du 20 novembre 1815, y compris les intérêts composés et accumulés depuis le 22 mars 1816, reste également affectée au remboursement des mêmes créances. En conséquence, les inscriptions desdites rentes seront remises aux commissaires-liquidateurs de sa majesté britannique immédiatement après l'échange des ratifications de la présente convention.

3. La rente de trois millions de francs qui sera créée conformément à l'article 1er ci-dessus sera divisée en douze inscriptions de valeur égale, portant toutes jouissance du 22 mars 1818, lesquelles seront inscrites au nom des commissaires de sa majesté britannique ou de ceux qu'ils désigneront, et leur seront successivement remises de mois en mois, à commencer du jour de l'échange des ratifications de la présente convention.

4. La délivrance desdites inscriptions au-a lieu nonobstant toutes significations de ransfert ou oppositions faites au Trésor oyal de France ou entre les mains des comnissaires de sa majesté britannique.

La liste des significations et oppositions ui existeraient au Trésor royal sera néannoins remise, avec les pièces à l'appui, auxlits commissaires de sa majesté britannique, lans le délai d'un mois, à dater du jour de 'échange des ratifications de la présente con-ention; il est convenu que le paiement des ommes contestées sera suspendu jusqu'à ce ue les contestations qui auraient donné lieu uxdites oppositions ou significations aient té jugées par le tribunal compétent, qui, lans ce cas, sera celui de la partie saisie.

Le terme de rigueur fixé ci-dessus étant xpiré, on n'aura plus égard aux oppositions t significations qui n'auraient pas été notiiées aux commissaires, soit par le Trésor, oit par les parties intéressées. Il sera touteois permis de former opposition, ou de faire out autre acte conservatoire, entre les mains lesdits commissaires du Gouvernement briannique.

5. Le Gouvernement britannique voulant rendre, dans l'intérêt de ses sujets créaniers de la France, les mesures les plus effiaces pour faire opérer la liquidation des réances et la répartition des fonds auxquels esdits créanciers auront proportionnellenent droit, d'après les principes contenus lans les stipulations du traité du 30 mai 814 et de la convention du 20 novembre 815, il est convenu qu'à cet effet le Gouernement français fera remettre aux comnissaires de sa majesté britannique les dosiers contenant les pièces à l'appui des réclamations non encore payées, et donnera en nême temps les ordres les plus précis pour ue tous les renseignemens et documens que a vérification de ces réclamations pourra endre nécessaires soient fournis, dans le lus court délai possible, aux susdits comnissaires, par les différens ministères et adninistrations.

6. les créances des sujets de sa majesté ritannique déjà liquidées, et sur lesquelles il este encore un cinquième à payer, seront oldées aux échéances qui avaient été précéemment fixées, et les cinquièmes coupures eront délivrées sur la seule autorisation des ommissaires de sa majesté britannique.

7. La présente convention sera ratifiée et es ratifications en seront échangées à Paris, ans le terme d'un mois, ou plus tôt, si faire e peut.

Fait à Paris, le 25 avril 1818.

Signé RICHELIEU, CHARLES STUART.

Article séparé.

Il est bien entendu que la convention de ce jour entre la France et la Grande-Bretagne ne déroge en rien aux réclamations des sujets de sa majesté britannique fondées sur l'article additionnel de la convention du 20 novembre 1815, relativement aux marchandises anglaises introduites à Bordeaux; lesquelles réclamations seront définitivement réglées conformément à la teneur du susdit article additionnel.

Le présent article séparé aura la même force et valeur que s'il était inséré mot à mot dans la susdite convention.

En foi de quoi, les plénipotentiaires respectifs l'ont signé et y ont apposé le cachet de leurs armes.

Fait à Paris, le 25 avril 1818.

Signé RICHELIEU, CHARLES STUART.

---

16 JUIN 1818. — Lettres-patentes du Roi portant affectation de majorat en faveur de M. Rousseau de Chamoy. (7, Bull. 221, n° 4330.)

---

17 JUIN = Pr. 10 JUILLET 1818. — Ordonnance du Roi qui porte à huit le nombre des courtiers d'assurances maritimes créés près la Bourse de Paris. (7, Bull. 223, n° 4413.)

Art. 1er. Le nombre des courtiers d'assurances maritimes, créés par notre ordonnance du 18 décembre 1816, près la Bourse de Paris, est porté à huit.

2. Il n'est rien innové, par la présente, aux autres dispositions de l'ordonnance précitée.

3. Nos ministres de l'intérieur et des finances sont chargés de l'exécution de la présente ordonnance.

---

17 = Pr. 27 JUIN 1818. — Ordonnance du Roi qui autorise la femme Ourdan, veuve Martin, à poursuivre devant les tribunaux le sieur Broquier, maire de la commune de Carnoules, département du Var, à raison des faits y énoncés. (7, Bull. 222, n° 4376.)

Louis, etc.

Sur le rapport du comité du contentieux, vu le mémoire adressé à notre préfet du département du Var, par la femme Thérèse Ourdan, veuve Martin, domiciliée en la commune de Carnoules, même département, par lequel elle expose que, le 29 septembre 1816, le sieur Broquier, maire de Carnoules, à la requête de la femme Broquier, veuve Giéré, propriétaire de la maison qu'elle habite, s'est, en son absence, introduit dans son domicile, et a fait transporter ses effets mobiliers à la mairie; qu'elle n'a pu, à son retour, en récupérer qu'une faible partie, le reste ayant été dilapidé; et qu'elle désire en conséquence être autorisée à poursuivre le sieur Broquier, à raison de l'acte illégal qui a donné lieu à cette dilapidation; vu la défense du sieur Broquier; vu l'avis de notre ministre secrétaire d'Etat au département de l'intérieur, en date du 30 mars 1818; vu les lois de la mise en jugement des agens du Gouvernement pour des faits relatifs à l'exercice de leurs fonctions, et notamment :

1° La loi du 14 décembre 1789, qui porte, article 51, « que les officiers municipaux ne « peuvent être mis en jugement pour les dé- « lits d'administration, sans une autorisation « préalable du directoire du département; »

2° La loi du 24 août 1790, qui défend, article 7, « aux juges, sous peine de forfai- « ture, de citer devant eux les administra- « teurs pour raison de leurs fonctions; »

3° La loi du 22 frimaire an 8, qui assimile aux administrateurs tous les agens du Gouvernement, et veut, article 75, « qu'ils « ne puissent être poursuivis, pour des faits « relatifs à leurs fonctions, qu'en vertu d'une « décision du Conseil-d'Etat; »

4° L'arrêté du Gouvernement du 9 pluviose an 10, qui autorise le directeur général de l'enregistrement et des domaines, comme l'ont été ultérieurement les autres directeurs généraux, « à traduire devant les tri- « bunaux, sans recourir au Conseil-d'Etat, « les agens inférieurs de leur administration « respective; »

5° Le décret du 9 août 1806, portant que « l'autorisation préalable du Gouvernement, « qui est nécessaire pour traduire en justice « ses agens, ne fait pas obstacle à ce que les « magistrats chargés de la poursuite des délits « informent et recueillent tous les renseigne- « mens relatifs aux délits commis par les « agens du Gouvernement, mais qu'il ne peut « être, en ce cas, décerné aucun mandat, ni « subi aucun interrogatoire juridique, sans « autorisation préalable du Gouvernement; »

6° Le Code pénal, articles 127 et 129, qui prononce une amende « contre les juges qui « auront, sans autorisation préalable du Gou- « vernement, rendu des ordonnances ou dé- « cerné des mandats contre ses agens ou pré- « posés prévenus de crimes ou délits com- « mis dans l'exercice de leurs fonctions; »

Vu la Charte constitutionnelle, dont l'article 68 est ainsi conçu : « Le Code civil et « les lois actuellement existantes qui ne sont « pas contraires à la présente Charte restent « en vigueur, jusqu'à ce qu'il y soit légale- « ment dérogé; »

Vu toutes les pièces contenues au dossier;

Notre Conseil-d'Etat entendu,

Nous avons ordonné et ordonnons ce qui suit :

La femme Thérèse Ourdan, veuve Martin, domiciliée à Carnoules, département du Var, est autorisée à poursuivre devant les tribunaux le sieur Broquier, maire de ladite commune, à raison des faits ci-dessus énoncés.

2. Notre ministre de la justice est chargé de l'exécution de la présente ordonnance.

---

17 JUIN 1818. — Ordonnances du Roi qui accordent des lettres de déclaration de naturalité aux sieurs Favre, Pecherand-Charmet, Petry, Garrone, Villanis, Lober, Blard, Rieffel, Soucy, Milcamps, Granerys, Veyrat, Ollier, Osnalley et Erismann. (7, Bull. 227, 231, 234, 240, 250, 275, 317 et 320.)

---

17 JUIN 1818. — Ordonnance du Roi qui admet les sieurs Lajusticia, Eiché, Moehrlé, Whyte, Lantelme et Gaude à établir leur domicile en France. (7, Bull. 222.)

---

17 JUIN 1818. — Ordonnances du Roi qui autorisent l'acceptation de dons et legs faits aux fabriques des églises de Sonltz, de Vouneuil-sous-Briard, Rodalbe, Anthelupt et Sainte-Marguerite de Paris. (7, Bull. 240.)

---

24 JUIN = Pr. 15 JUILLET 1818. — Ordonnance du Roi qui établit sur les côtes d'Afrique une croisière pour empêcher la traite des noirs. (7, Bull. 224, n° 4484.)

Voy. notes sur la loi du 15 AVRIL 1818, et ordonnance du 22 DÉCEMBRE 1819.

Louis, etc.

Vu les différens actes par lesquels la France a interdit le trafic connu sous le nom de *traite des noirs*, et notamment notre ordonnance du 8 janvier 1817 et la loi du 15 avril 1818;

Voulant assurer, par tout les moyens qui sont en notre pouvoir, l'abolition du commerce des esclaves dans tous les pays de notre domination,

Sur le rapport de notre ministre secrétaire d'Etat de la marine et des colonies,

Nous avons ordonné et ordonnons ce qui suit :

Art. 1er. Il sera entretenu constamment sur les côtes de nos établissemens d'Afrique une croisière de notre marine, à l'effet de visiter tous bâtimens français qui se présenteraient dans les parages de nos possessions sur lesdites côtes, et d'empêcher toutes contraventions à notre ordonnance du 8 janvier 1817 et à la loi du 15 avril 1818.

2. Notre ministre de la marine et des colonies est chargé de l'exécution de la présente ordonnance.

24 JUIN 1818. — Ordonnances du Roi qui accordent des lettres de déclaration de naturalité aux sieurs baron d'Esebeck, Grill, baron Schiner, Steinbach, Serantoni, Martines, Gerdes, Nieto-Sosa, Stagno, Giono, Rodange, Trebel, Rambosson, Smith, Machalay, Marty, Quirin, Broglio, Palange, Giacomelli, Dematteis, Genoud, Bagdassard et Julien. (7, Bull. 227, 231, 234, 240, 247, 250, 256, 258, 275, 278, 282, 283, 298, 311 et 357.)

---

24 JUIN 1818. — Ordonnance du Roi qui admet les sieurs Marguerat, Thomas, Fries, Czara et Duda, à établir leur domicile en France. (7, Bull. 224.)

---

24 JUIN 1818. — Ordonnances du Roi qui autorisent l'acceptation de dons et legs faits aux pauvres, aux hospices et fabriques des églises de Beauvais, Saint-Germain-Lambron, Belleville (Rhône), Bonencontre, Lanloup, Laas, Plouberre, Praye, Villeneuve-de-Berg, Laval, Lespielle, Lannegrasse, Savigné-l'Évêque, Montgenèvre, Rodès, Honfleur, Haguenau, Carcassonne, Paris, Eve, Riom, Semur, Colombier, Bois-Sainte-Marie, Amiens, Sainte-Reine-d'Alise, Pézénas, Nogent-le-Rotrou et Beaune. (7, Bull. 240 et 241.)

1er = Pr. 15 JUILLET 1818. — Ordonnance du Roi qui substitue le bureau de douanes des Rousses à celui de Seyssel, pour l'exportation des ouvrages d'or et d'argent. (7, Bull. 224, n° 4485.)

Art. 1er. Le bureau des douanes des Rousses est substitué à celui de Seyssel, désigné par l'ordonnance du 3 mars 1815, pour la sortie des ouvrages d'or et d'argent qui doivent jouir de la prime d'exportation.

2. Notre ministre des finances et de l'intérieur sont chargés de l'exécution de la présente ordonnance.

1er = Pr. 15 JUILLET 1818. — Ordonnance du Roi concernant la répartition du fonds supplémentaire accordé pour subvenir au paiement des pensions à la charge des caisses de retenue. (7, Bull. 224, n° 4486.)

Louis, etc.

Vu l'art. 29 de la loi du 25 mars 1817, et le chapitre II de l'état F qui y est annexé;

Vu les articles 16, 17, 18, 19 et 20 de la loi de finances du 15 mai 1818;

Sur le rapport de notre ministre secrétaire d'Etat des finances,

Nous avons ordonné et ordonnons ce qui suit:

Art. 1er. Sur le fonds supplétif des fonds de retenue porté à la somme de un million neuf cent cinquante-huit mille cint cents francs par les lois des 25 mars 1817 et 15 mai 1818, il est accordé, pour l'année 1818, à nos ministres secrétaires d'Etat, savoir:

1° De l'intérieur.	634,500f
2° De la guerre.	300,000
3° De la justice.	400,000
4° Des finances.	558,067
5° De la police générale.	65,933
SOMME TOTALE.	1,958,500f

2. A partir du trimestre commençant au 1er avril 1818, notre Trésor royal cessera d'être chargé du paiement des pensions de retenue qui y ont été inscrites temporairement, en exécution de l'article 29 de la loi du 25 mars 1817.

3. Pour subvenir ultérieurement au paiement de ces mêmes pensions, ainsi qu'au paiement, à compter du 1er janvier 1818, de celles de même nature à imputer sur le fonds supplémentaire de huit cent quatre-vingt-douze mille francs accordé par l'article 17 de la loi du 15 mai 1818, il sera, à mesure des besoins, mis à la disposition de nos ministres secrétaires d'Etat, et versé, sur leurs ordonnances spéciales, à la caisse des dépôts et consignations, savoir:

1° De l'intérieur.	542,875f
2° De la guerre.	250,000
3° De la justice.	400,000
4° Des finances.	433,067
5° De la police générale.	65,933
TOTAL. . . .	1,691,875f

4. Il sera tenu compte aux ministres de l'intérieur, de la guerre et des finances, des sommes qui, à raison des décès des pensionnaires, n'auraient pas été employées dans le paiement du premier trimestre de cette année, dont notre Trésor royal continue d'être chargé.

5. Notre ministre des finances est chargé de l'exécution de la présente ordonnance.

1er = Pr. 29 JUILLET 1818. — Ordonnance du Roi portant que le tribunal et la chambre de commerce de Paris concourront à la formation du tableau des marchandises que les courtiers peuvent vendre. (7, Bulletin 226, n° 4583.)

Voy. ordonnance du 9 AVRIL 1819.

Art. 1er. Lorsqu'il y aura lieu à faire quelques changemens dans le tableau des espèces de marchandises que les courtiers de commerce à Paris peuvent vendre à la Bourse, et aux enchères, dans les formes déterminées par le décret du 17 avril 1812 et l'article 74 de la loi du 15 mai 1818, le tribunal de commerce et la chambre de commerce de Paris concourront à ces changemens dans le même sens que l'ordonne, pour le reste du royaume, l'art. 2 du décret précité. Leurs avis seront soumis à notre ministre secrétaire d'Etat au département de l'intérieur, qui statuera.

2. Notre ministre de l'intérieur est chargé de l'exécution de la présente ordonnance.

1er JUILLET 1818. — Ordonnance du Roi qui nomme directeur général de la caisse d'amortissement et de celle des dépôts et consignations, M. Pasquier, maître des requêtes. (7, Bull. 223, n° 4411.)

1er JUILLET 1818. — Ordonnance du Roi qui autorise l'inscription au Trésor royal de sept pensions civiles comprises dans l'état y annexé. (7, Bull. 225, n° 4536.)

1er JUILLET 1818. — Ordonnances du Roi qui autorisent l'acceptation de dons et legs faits aux fabriques des églises d'Osthaussen, Saint-Sulpice de Paris et Bourret. (7, Bull. 241.)

1er JUILLET 1818. — Ordonnances du Roi qui accordent des lettres de déclaration de naturalité aux sieurs Habestroh, Mercier, Basso, Clément, Guire, Serra, Thirion, Servais, Jannon, Shinly, Lafarge, de Niewland et David dit Lion. (7, Bull. 231, 234, 241, 247, 323, 382, 549, 570 et 648.)

---

3 JUILLET 1818. — Lettres-patentes du Roi qui autorisent l'affectation de nouveaux immeubles à la dotation d'un majorat précédemment institué en faveur de M. le comte de Caraman. (7, Bull. 223.)

---

8 = Pr. 15 JUILLET 1818. — Ordonnance du Roi concernant le cumul des pensions inscrites au Trésor royal, avec celles accordées sur les fonds de retenue. (7, Bull. 224, n° 4488.)

Louis, etc.

Voulant fixer l'application de la loi du 15 mai 1818, sur le cumul des pensions;

Ouï le rapport de notre ministre secrétaire d'Etat des finances,

Notre Conseil-d'Etat entendu,

Nous avons ordonné et ordonnons ce qui suit :

Art. 1er. Les titulaires de deux pensions, l'une sur le Trésor et l'autre sur la caisse de retenue des ministères et administrations, ne seront plus obligés de les faire réunir en une pension unique sur les caisses de retenue, et pourront en jouir distinctement à compter du 1er avril dernier.

2. Les réunions de pensions faites sur lesdites caisses de retenue, en exécution de l'article 15 de l'ordonnance du 20 juin 1817, subsisteront; les pensions rayées au Trésor pour être réunies à celles sur les fonds de retenue seront réinscrites au Trésor, si la réunion n'est pas consommée à la date de la présente.

3. Nul pensionnaire n'obtiendra toutefois la réinscription au Trésor, qu'en administrant la preuve que les services récompensés par la pension à réinscrire ne font pas double emploi avec ceux récompensés par la pension sur fonds de retenue, et qu'ils ont fini avant que les autres commençassent.

4. La remise en activité d'un employé jouissant d'une pension sur fonds de retenue fera cesser ladite pension, tant qu'il sera en possession d'un traitement aux frais de l'Etat.

Ses derniers services seront ajoutés aux anciens dans la liquidation de la pension nouvelle à laquelle il aura droit.

5. Nos ministres sont chargés de l'exécution de la présente ordonnance.

---

8 = Pr. 17 JUILLET 1818. — Ordonnance du Roi qui règle le service général des écoles du corps royal d'artillerie, et les fonctions et attributions des maréchaux-de-camp commandant ces écoles. (7, Bull. 225, n° 4535.)

Louis, etc.

Voulant régler le service général des écoles de notre corps royal d'artillerie, ainsi que les fonctions et attributions des maréchaux-de-camp commandans desdites écoles;

Sur la propositions de notre ministre secrétaire d'Etat de la guerre,

Nous avons ordonné et ordonnons ce qui suit :

Art. 1er. Il sera employé pour le service de l'instruction, dans chacune des huit écoles régimentaires de notre corps royal d'artillerie, sous les ordres du maréchal-de-camp commandant l'école :

Un lieutenant colonel, chargé du détail du personnel et du matériel de la dite école;

Un professeur de mathématiques;

Un répétiteur de mathématiques;

Un professeur de dessin;

Deux gardes d'artillerie, un de 2e et l'autre de 3e classe; le premier, chargé de la comptabilité, des archives, du mobilier et de toutes les écritures de l'école; le second, du matériel et du polygone;

Un maître artificier.

2. Le maréchal-de-camp commandant une école d'artillerie aura la direction spéciale de l'instruction, ainsi que de la partie du service des troupes qui s'y rapportent et du matériel qui y est affecté. Il aura l'inspection habituelle de tout le personnel et matériel de l'artillerie existant dans la place où l'école est située.

3. Ses rapports de service avec le gouverneur et le commandant de la division militaire où l'école d'artillerie est placée seront les mêmes que ceux qui sont ou seront déter-

minés, pour les maréchaux-de-camp, inspecteurs d'infanterie ou de cavalerie, en tournée d'inspection; il jouira du rang et des honneurs militaires attribués aux maréchaux-de-camp inspecteurs d'armes.

4. Le maréchal-de-camp commandant d'école est, pour tout le temps de la tournée d'inspection, sous les ordres immédiats de l'inspecteur général de l'arme dans l'arrondissement duquel se trouve l'école dont il a le commandement. Il lui rend, en conséquence, tous les comptes et lui fournit tous les renseignemens nécessaires sur le personnel et le matériel soumis à son commandement ou à son inspection.

5. Les ordres émanés de l'état-major de la division ou de la place concernant le personnel et le matériel de l'artillerie sont adressés directement aux chefs de corps ou au directeur, lesquels sont tenus d'en rendre immédiatement compte au commandant de l'école.

Les demandes concernant le personnel ou le matériel d'artillerie qui sont de nature à être soumises aux états-majors de la division ou de la place, leur sont respectivement adressées, soit par le commandant de l'école, soit par les chefs de corps ou le directeur, qui, dans ce cas, sont tenus d'en rendre préalablement compte au commandant de l'école.

6. En cas d'absence du maréchal-de-camp, le commandement de l'école est confié provisoirement à l'officier supérieur de troupes ou de l'école le plus élevé en grade, et, à grade égal, au plus ancien, sans que celui-ci puisse le remplacer, quant à l'inspection, ni exciper de ce commandement provisoire pour les rang, honneurs et préséance.

7. Il continuera d'être affecté à chaque école d'artillerie, sous le titre d'*Hôtel de l'École*, un bâtiment où seront réunis les salles et établissemens nécessaires pour l'instruction théorique des officiers de notre corps royal, tels que salles de théorie et de dessin, bibliothèque, dépôts de cartes et plans, cabinet de physique et de métallurgie, laboratoire de chimie et salles de modèles.

8. Le polygone affecté à chacune des écoles, pour l'instruction des troupes de notre corps royal de l'artillerie, devra avoir assez d'étendue pour fournir, au besoin, une ligne de tir de douze cents mètres dans le sens de sa longueur, sur une largeur moyenne de six cents mètres.

Son emplacement sera tel, qu'il gêne le moins possible les communications du pays dans la partie où il sera situé.

Il devra contenir les bâtimens et hangards nécessaires pour mettre en sûreté les objets d'approvisionnement des batteries et pour loger la garde pendant la saison des écoles.

9. Il sera formé dans chaque école, pour diriger l'administration et la comptabilité relatives à son service, un conseil d'administration composé comme il suit, savoir :

Le commandant d'école, président;

Les colonels, ou, en leur absence, les lieutenans-colonels commandant les corps d'artillerie attachés à l'école;

Le lieutenant-colonel chargé du détail de l'école;

Un officier supérieur désigné annuellement par l'inspecteur général.

Les fonctions de secrétaire du conseil seront remplies par le garde d'artillerie chargé de la comptabilité.

10. Le conseil se conformera, tant pour les opérations du conseil que pour tous les détails de l'administration et de la comptabilité du matériel ou des finances de l'école, aux règles et au mode général de la comptabilité et du matériel de l'artillerie.

Le sous-intendant militaire remplira, quant à la comptabilité de l'école, les mêmes fonctions que celles qui lui sont attribuées par les réglemens pour celle des directions.

11. Dans le vue d'assurer l'uniformité de l'instruction, d'étendre cette instruction à tous les objets qu'elle doit embrasser, et d'exciter l'émulation des diverses troupes de notre corps royal de l'artillerie, il sera fait en temps de paix, tous les quatre ans, et à des époques plus rapprochées s'il est jugé convenable, de grandes écoles pratiques d'artillerie dans une ou plusieurs des écoles, où notre ministre secrétaire d'Etat de la guerre fera réunir, à cet effet, des détachemens plus ou moins considérables de troupes tirées des écoles le plus à portée.

Outre les manœuvres d'artillerie proprement dites qui doivent avoir lieu dans les grandes écoles avec tous les développemens dont elles sont susceptibles, on y exécutera le simulacre complet des travaux de l'artillerie dans un siége. Les attaques seront dirigées soit contre un des fronts des fortifications de la place, soit contre un tracé du front construit en gabionnades au polygone.

Les opérations des grandes écoles seront dirigées par l'inspecteur général que désignera le ministre. Cet inspecteur général en rendra à notre ministre secrétaire d'Etat de la guerre un compte particulier et détaillé, faisant connaître les corps ainsi que les officiers et sous-officiers qui s'y seront distingués.

12. Notre ministre de la guerre est chargé de l'exécution de la présente ordonnance.

---

8 = Pr. 29 JUILLET 1818. — Ordonnance du Roi relative au recouvrement, au profit du Trésor royal, d'une somme de quarante-cinq mille quatre cent vingt-deux francs soixante-six centimes, montant du débet du sieur Juramy, ex-receveur particulier à Forcalquier,

département des Basses-Alpes. (7, Bull. 226, n° 4584.)

Louis, etc.

Sur le rapport du comité du contentieux; vu la requête à nous présentée au nom des sieurs Martel, percepteur de la commune de Banon; Clément, percepteur de la commune de Creste; Sollier, percepteur de la commune de Saint-Etienne; Bouche, percepteur de la commune de Forcalquier; Martin, percepteur de la commune de Lurs; Champsaur, percepteur de la commune de Manne; Bouteille, percepteur de la commune de Manosque; Pontès, percepteur de la commune de Villaume; Eyriez, percepteur de la commune de Sainte-Tulle; et Arnaud, percepteur de la commune de Volx; tous de l'arrondissement de Forcalquier, département des Basses-Alpes;

Ladite requête, enregistrée au secrétariat du comité du contentieux de notre Conseil-d'Etat le 14 avril 1817, et tendant à l'annulation d'une décision de notre ministre secrétaire d'Etat des finances en date du 17 octobre 1816, ensemble de la contrainte qui s'en est suivie, et par lesquelles ils sont condamnés à payer au Trésor, suivant la répartition qui en est faite entre eux par ladite contrainte, la somme de quarante-cinq mille quatre cent vingt-deux francs soixante-six centimes, somme à laquelle a été réduit le débet du sieur Juramy, ex-receveur particulier à Forcalquier;

Vu la requête à nous présentée au nom du sieur Gaston, ex-receveur général du même département, enregistrée au secrétariat dudit comité du contentieux le 30 juin 1817, et tendant à ce qu'il nous plaise également annuler deux décisions rendues, l'une par le commissaire du Gouvernement des finances, le 27 avril 1814, qui le déclare responsable de la totalité du débet du sieur Juramy, l'autre par notre ministre secrétaire d'Etat des finances, le 23 mai 1817, qui confirme la première;

Vu les mémoires ampliatifs des requérans; vu le mémoire de l'agent judiciaire du Trésor, qui, attendu la connexité de ces deux affaires, en demande la réunion, et conclut au maintien de toutes les décisions attaquées; vu le décret du 4 janvier 1808; vu le rapport et les procès-verbaux dressés par le sieur Boquet de Saint-Simon, sous-inspecteur de première classe du Trésor, vu les décisions attaquées, ensemble toutes les pièces jointes au dossier; considérant qu'il y a connexité entre le pourvoi du sieur Gaston contre les décisions des 27 avril 1814 et 23 mai 1817, et celui des percepteurs de l'arrondissement de Forcalquier contre la décision du 17 octobre 1816; considérant que le receveur général n'a pas pris toutes les précautions et tous les moyens qui étaient en son pouvoir pour s'assurer de l'existence des fonds que le receveur particulier déclarait avoir en caisse au 10 janvier 1814; qu'alors il aurait pu découvrir et constater les causes du déficit déjà existant; et que sa négligence, à cet égard, ne permet pas de le dégager de la responsabilité qu'il a encourue envers le Trésor, à raison du déficit dont il s'agit;

Considérant qu'au mépris de l'article 4 du décret du 4 janvier 1808, les percepteurs ont reçu des *bons provisoires* du receveur particulier, au lieu de *récépissés à talon;* que par là ils ont causé l'ignorance dans laquelle était le sieur Gaston sur le montant des sommes par eux versées dans la caisse de ce receveur, et qu'ils doivent dès lors être responsables du déficit qui s'y est trouvé;

Notre Conseil-d'Etat entendu,

Nous avons ordonné et ordonnons ce qui suit:

Art. 1er. Les pourvois du sieur Gaston et des percepteurs de l'arrondissement de Forcalquier, dénommés ci-dessus, demeurent joints, pour y être statué par cette seule et même ordonnance.

2. Les requêtes du sieur Gaston et des percepteurs sont rejetées; les décisions des 27 avril 1814, 17 octobre 1816 et 23 mai 1817, sortiront leur plein et entier effet.

3. Le sieur Gaston est subrogé dans tous les droits et actions du Trésor, pour exercer son recours, comme bon il avisera, tant contre le receveur particulier que contre les percepteurs.

4. Le sieur Gaston est condamné aux dépens faits contre lui par le Trésor; les percepteurs sont condamnés à tous les autres dépens, tant envers le Trésor qu'envers le sieur Gaston, et même en ceux adjugés au Trésor contre ledit sieur Gaston.

5. Notre ministre des finances est chargé de l'exécution de la présente ordonnance.

---

8 JUILLET 1818. — Ordonnance du Roi portant proclamation des brevets d'invention, de perfectionnement et d'importation, délivrés pendant le 3e trimestre de 1818 aux sieurs Meynard cadet, Potel, la demoiselle Manceau, Dubercken, Burr, Castille père et fils, Lecoffré, Laurent, Morand, Bayaul, Dubourjal, Rouget, Delon, Thilorier, Dissey, Piver, Cazeneuve, Dupont, Winsor fils, de Cavaillon, Loque, Allais, Verger, Lefèvre, Déodore, Baradelle père et fils, Giroux, Hérisson, Dilh, Lefebvre, Mérimée, Taurin frères, Rowson-Wood, Boutarel père et fils, Julien Reverchon père et fils aîné, Villain, Buron fils, Spear, Baoun, Quillet, Thomas, Applegath, de Bernardière et Cardinet. (7, Bull. 226, n° 4585.)

8 JUILLET 1818. — Ordonnance du Roi qui transfère la justice de paix de Templeuve à Cisoing (Nord); autre qui rétablit à la Tronquière celle du canton de Gorses (Lot). (7, Bull. 224.)

8 JUILLET 1818. — Ordonnances du Roi qui nomment MM. le comte de Murat et d'Estourmel préfets des départemens de l'Aveyron et de la Sarthe. (7, Bull. 224.)

8 JUILLET 1818. — Ordonnance du Roi qui admet les sieurs Kurpinski et Salamerotz à établir leur domicile en France. (7, Bull. 228.)

8 JUILLET 1818. — Ordonnances du Roi qui autorisent l'inscription au Trésor royal de plusieurs soldes de retraite, pensions civiles et d'une pension de veuve de militaire. (7, Bull. 228.)

8 JUILLET 1818. — Ordonnances du Roi qui accordent des lettres de déclaration de naturalité aux sieurs William O'Sullivan, de Nys, Bianco, Casareto, Didier, Giniez, Robert et Beths. (7, Bull. 231, 232, 247, 263, 264 et 272.)

8 JUILLET 1818. — Ordonnances du Roi qui autorisent l'acceptation de dons et legs faits aux fabriques des églises de Ranconnière, Haguenau, Belpech, Pommier, Soturac, Toulouse, Figanière, Oradour, Viessoix, Moyon et Grenoble. (7, Bull. 241.)

15 = Pr. 29 JUILLET 1818. — Ordonnance du Roi portant autorisation, conformément à l'acte social y annexé, de la société anonyme formée au Havre, sous le nom de compagnie du port du Havre. (7, Bull. 226, n° 4586.)

Louis, etc.

Sur le rapport de notre ministre secrétaire d'Etat au département de l'intérieur;

Vu la loi du 13 mai 1818, qui accepte l'offre faite par une compagnie de capitalistes de prêter un million neuf cent cinquante mille francs, à l'effet de concourir à l'exécution des travaux du Port du Havre; vu la soumission annexée à la susdite loi, par laquelle les prêteurs s'engagent à se former en société anonyme; vu l'acte social passé le 8 juin 1818, par-devant Morisse, notaire royal au Havre, et contenant les statuts de ladite société; vu les articles 29 à 37, 40 et 45 du Code de commerce;

Notre Conseil-d'Etat entendu,

Nous avons ordonné et ordonnons ce qui suit:

Art. 1er. La société anonyme formée au Havre, département de la Seine-Inférieure, sous le nom de *Compagnie du port du Havre*, est et demeure autorisée conformément à l'acte social contenant les statuts de ladite association, passé par-devant Morisse, notaire au Havre, le 8 juin 1818, lequel acte demeure annexé à la présente ordonnance, et sera affiché avec elle, à la forme de l'article 45 du Code de commerce.

Néanmoins, du consentement des souscripteurs, l'article 7 dudit acte social demeurera modifié en ce que le nombre de voix requis pour la validité des assemblées générales de la société sera toujours d'un quart des voix que comporte le nombre des actions.

2. Notre présente autorisation vaudra pour toute la durée de la société, ainsi qu'elle est fixée à l'article 2 de l'acte social, à la charge d'exécuter fidèlement les statuts, nous réservant de révoquer notredite autorisation en cas de non-exécution ou violation des susdits statuts par nous approuvés; le tout, sauf le droit des tiers, et sans préjudice des dommages et intérêts qui seraient prononcés par les tribunaux contre les auteurs des contraventions.

3. L'administration de la société sera tenue de présenter, tous les six mois, le compte rendu de la situation; des copies en seront remises au préfet de la Seine-Inférieure, au tribunal de commerce et à la chambre de commerce du Havre.

4. Notre ministre de l'intérieur est chargé de l'exécution de la présente ordonnance.

Par-devant André-Laurent Morisse, notaire royal, résidant au Havre, soussigné,

Furent présens,

(*Suivent les noms.*)

Lesquels comparans, aux noms et qualités qu'ils agissent, désirant former une société anonyme pour l'exécution de la soumission souscrite pour l'achèvement des travaux du port du Havre, acceptée par la loi du 13 mai dernier, et dont l'original, aux termes de l'article 4 de cette loi, y est resté annexé, ont arrêté les clauses et conditions de cette société, ainsi qu'il suit:

Art. 1er. Il sera établi au Havre, avec l'autorisation du Gouvernement, une société anonyme sous le titre de *Compagnie du port du Havre*, qui se mettra au lieu et place des signataires de la soumission relatée ci-dessus, et en remplira toutes les clauses.

2. Cette société commencera dès que l'autorisation du Gouvernement aura été donnée; elle cessera six mois après le remboursement intégral du capital avancé et des intérêts, aux termes de la soumission. Son domicile est au Havre.

3. Le fonds capital de la compagnie est fixé à la somme de deux millions cent mille francs, représentés par deux mille cent ac-

tions ou parts d'intérêt de mille francs chacune.

Les fonds en seront faits comme il suit :

Un tiers par les soussignés, en échange de leurs titres, dès la formation définitive de la compagnie;

Un tiers par les titulaires, ou porteurs des titres, le 15 janvier 1819;

Un tiers par les mêmes, le 15 janvier 1820.

4. De ces deux mille cent actions, quatre-vingts seront nominatives, et seize cent quatre-vingts seront au porteur.

5. Les actions au porteur seront représentées par un titre au porteur.

Les actions nominatives seront représentées par une inscription nominale sur les registres de la société, dont il sera délivré un extrait en forme aux actionnaires. Les transferts des actions nominatives seront portés sur les mêmes registres; et lorsque les transferts seront faits à des personnes non-domiciliées au Havre, elles devront s'y faire représenter, et leur fondé de pouvoir sera désigné sur le transfert.

6. Il sera indiqué sur les actions, soit nominatives, soit au porteur, que le titulaire ou le porteur a payé le premier tiers, et que, faute par lui de payer les deux autres tiers, aux époques indiquées, il perdra tous ses droits, qui, ainsi que le premier tiers payé, seront acquis à la société et augmenteront la masse commune. Aucun versement ne pourra être exigé des actionnaires au-delà du montant de leurs actions.

7. Tout propriétaire de dix actions nominatives est membre de l'assemblée générale de la compagnie; tout propriétaire ou porteur de quarante actions au porteur l'est également.

Les actionnaires ayant droit d'assister à l'assemblée générale pourront s'y faire représenter par un fondé de pouvoir domicilié au Havre; ce fondé de pouvoir ou porteur d'actions aura autant de voix que de procurations réunissant chacune une masse de dix actions nominatives, ou de quarante actions au porteur, toutefois jusqu'à la concurrence deci nq voix au plus.

Pour que l'assemblée générale soit en nombre compétent pour délibérer, il faut que les membres présens réunissent au moins dix-neuf voix, soit le quart de celles que comporte le nombre des actions.

8. L'administration se compose de cinq directeurs gérans, nommés au scrutin secret, et à la majorité des voix, par l'assemblée générale : ils devront être au moins au nombre de trois pour délibérer. Les fonctions de directeur sont gratuites, sauf des jetons de présence. La réunion des directeurs compose le conseil général de la compagnie. Les directeurs sont autorisés à se réunir sous la présidence de M. le préfet ou celle de M. le maire de la ville du Havre, pour former la commission mentionnée à l'article 6 de la soumission pour l'examen des travaux.

9. Pour être directeur, il faut posséder au moins vingt actions nominatives, ou être associé d'une maison résidant au Havre qui les possède; les actions au porteur appartenant aux directeurs leur vaudront comme actions nominatives, moyennant l'inscription de ces actions sur les registres pendant la durée de leurs fonctions. Passé ce temps, elles reprendront leur forme d'actions au porteur.

10. Un directeur sortira chaque année; l'ordre de sortie sera indiqué par le sort : on procédera au remplacement au scrutin dans l'assemblée générale.

Aussitôt que sa majesté aura approuvé le présent acte, les sociétaires se réuniront pour nommer les directeurs, qui entreront de suite en fonctions.

11. Deux directeurs réunis pourront, à quelque époque que ce soit, convoquer l'assemblée générale des actionnaires.

12. L'assemblée générale se réunit de droit le 10 juillet et le 10 janvier de chaque année, pour entendre le compte qui lui sera rendu, par les directeurs, de la situation des affaires de la compagnie, et des résultats du semestre précédent. Dans l'assemblée générale du 10 janvier, il est procédé au renouvellement des directeurs.

13. En cas de retraite ou de décès de l'un des directeurs, le conseil général pourvoit provisoirement à son remplacement jusqu'à la prochaine assemblée générale, laquelle procède, en la forme ordinaire, à la nomination définitive. Cette nomination n'a lieu que pour le temps qui reste à courir de l'exercice du remplacé.

14. Les bases de la soumission consentie présentent à la compagnie un remboursement graduel, qui commencera en 1821, et s'effectuera en sept ans; plus un avantage annuel de huit pour cent environ sur les fonds avancés, indépendamment de la chance d'une prime à répartir.

En conséquence, il est convenu et déterminé d'avance que chaque action aura droit à un dividende obligé de sept et demi pour cent par an sur les fonds avancés, et qu'il sera, à cet effet, attaché à chaque action seize coupons de dividende, des sommes et échéances suivantes, savoir :

Un coupon

de 25^f 00^c, payable le 15 janvier 1819;
de 50 00 . . . . . le 15 janvier 1820;
de 75 00 . . . . . le 15 janvier 1821;
de 37 50 . . . . . le 15 juillet *idem*;
de 37 50 . . . . . le 15 janvier 1822;

de 37f 50c . . . . . le 15 juillet 1822;
de 37 50 . . . . . le 15 janvier 1823;
de 37 50 . . . . . le 15 juillet *idem*;
de 37 50 . . . . . le 15 janvier 1824;
de 37 50 . . . . . le 15 juillet *idem*;
de 37 50 . . . . . le 15 janvier 1825;
de 37 50 . . . . . le 15 juillet *idem*;
de 37 50 . . . . . le 15 janvier 1826;
de 37 50 . . . . . le 15 juillet *idem*;
de 37 50 . . . . . le 15 janvier 1827;
de 37 50 . . . . . le 15 juillet *idem*;

Il est en même temps convenu qu'à commencer du 10 juillet 1821 l'assemblée générale, d'après l'état de situation qui aura été mis sous ses yeux par le conseil d'administration, et sur la proposition de celui-ci, déterminera le nombre d'actions à rembourser et la prime à leur affecter, après leur avoir complété huit pour cent d'intérêt. Il sera fait un tirage au sort des actions sortantes, et elles seront payées le 15 du même mois de juillet, avec la prime accordée et le supplément d'intérêt échu. Les coupons non échus des actions remboursées seront nuls de droit. Cette même marche sera suivie de semestre en semestre, jusqu'à parfaite extinction de toutes les actions.

15. La compagnie ne pourra se livrer à aucune opération étrangère au but de son établissement; mais elle aura la faculté de faire valoir les fonds en caisse en escomptant de bons effets de commerce revêtus de trois signatures, pour l'admission desquels il faudra l'unanimité du conseil d'escompte, composé de trois des directeurs.

16. Après la liquidation définitive de la société, les livres et les papiers seront rassemblés et déposés aux archives de la chambre de commerce du Havre.

17. M. le maire de la ville du Havre, en sa qualité de maire et de président de la chambre de commerce, et M. le président du tribunal de commerce, sont invités à prendre connaissance des opérations de la société pendant toute sa durée, et pourront inspecter les livres toutes les fois qu'ils le jugeront convenable.

Fait et passé au Havre, en l'étude, le 8 juin 1818, présence de MM. Joseph-Edouard Dorey, négociant, et d'Augustin-François Lahure, aussi négociant, demeurant tous deux au Havre, rue Beauverger, témoins, qui ont avec lesdits sieurs comparans, et nous notaire, signé, après lecture à eux faite, en la minute des présentes restée en la possession dudit notaire, sur laquelle minute est écrit: *Enregistré au Havre, le 9 juin 1818, folio 74, verso, case 6, etc. Reçu cinq francs : subvention, cinquante centimes.* Signé *V. Chemin*, signé *Morisse*. Plus bas suit la légalisation.

Certifié conforme : *le secrétaire du comité*, signé *Boullée*.

Paris, le 15 juillet 1818.

Le ministre secrétaire d'Etat de l'intérieur,

Signé Lainé.

---

15 juillet = Pr. 7 aout 1818. — Ordonnance du Roi concernant l'organisation du personnel et le mode général du service de l'administration des poudres et salpêtres. (7, Bull. 227, n° 4628.)

Voy. loi du 10 mars 1819 et ordonnance du 11 aout 1819.

Louis, etc.

Vu les lois, arrêtés, décrets et ordonnances concernant le service des poudres et salpêtres, notamment nos ordonnances des 20 novembre 1816, 19 novembre 1817 et 25 mars 1818;

Voulant asseoir définitivement l'organisation du personnel et le mode général du service de l'administration des poudres et salpêtres du royaume sur les bases établies par les susdites ordonnances, et dont nous avons reconnu l'utilité;

Sur le rapport de notre ministre secrétaire d'Etat au département de la guerre,

Nous avons ordonné et ordonnons ce qui suit :

Titre Ier. Dispositions générales.

Art. 1er. Le service des poudres et salpêtres continue d'être régi, pour le compte de l'Etat et sous les ordres de notre ministre secrétaire d'Etat au département de la guerre, par des agens responsables, dont l'admission au service, le nombre, la qualité, les fonctions, le traitement et l'uniforme, se trouvent réglés aux titres suivans.

2. Il est dirigé en chef par un des lieutenans généraux de notre corps royal de l'artillerie en activité de service, aux termes de notre ordonnance du 19 novembre 1817, et soumis, dans ses établissemens particuliers, à l'inspection des lieutenans généraux de la même arme en tournée.

3. Les officiers de notre corps royal de l'artillerie actuellement attachés en qualité d'inspecteurs aux établissemens de fabrication, pour en surveiller le service sous le rapport de l'art et de la police, conformément à notre ordonnance du 20 novembre 1816, seront désormais chargés d'exercer la même surveillance sur l'administration et la comptabilité desdits établissemens.

4. Il sera formé, près de la direction générale, un comité consultatif, dont les travaux auront exclusivement pour objet le perfectionnement de l'art.

TITRE II. Distribution, classement et arrondissement des établissemens de la direction générale des poudres.

5. Les établissemens affectés au service des poudres et salpêtres se composeront de trois commissariats de première classe, treize commissariats de deuxième classe, cinq commissariats de troisième classe, trois entrepôts pour réception de salpêtre.

Le tableau joint à la présente ordonnance, sous la lettre A, détermine l'emplacement et l'espèce de chaque établissement, la classe dont il fait partie, et l'arrondissement de service qui lui est confié, soit pour la consommation des poudres de commerce, soit pour la récolte du salpêtre indigène.

TITRE III. Personnel chargé de la gestion, et comité consultatif.

6. Le personnel chargé de la gestion du service se compose,

D'agens administrateurs, comptables et responsables;

D'employés de diverses classes pour les bureaux de la direction générale;

D'ouvriers de diverses classes et professions, attachés, *à poste fixe,* au service des établissemens;

De salpêtriers commissionnés pour l'exploitation du salpêtre indigène.

7. Les agens administrateurs et comptables sont :

Le directeur général, résidant à Paris;

Vingt-un commissaires aux poudres et salpêtres, dont trois de première classe, treize de deuxième classe, cinq de troisième classe;

Deux commissaires adjoints, placés dans les commissariats à poudrerie et raffinerie où ces établissemens se trouvent séparés;

Deux élèves commissaires, mis à la suite des établissemens où ils peuvent être placés le plus utilement pour le service et pour leur instruction;

Trois entreposeurs, pour les entrepôts de réception de salpêtres bruts.

Dans les places où il n'existe point d'établissement des poudres et salpêtres, le directeur général pourra désigner des commissionnaires pour être chargés des ventes de salpêtres, moyennant une remise sur leur produit.

8. Les employés des bureaux de la direction générale sont :

Un chef de correspondance;

Un chef de comptabilité;

Un trésorier;

Et le nombre de sous-chefs, commis principaux et commis expéditionnaires, déterminé, sur la proposition du directeur général, par notre ministre secrétaire d'Etat au département de la guerre, en raison des besoins du service.

9. Notre ministre de la guerre détermine également, sur la proposition du directeur général, et d'après les besoins du service, le nombre d'ouvriers à employer, *à poste fixe,* dans chaque établissement, ainsi que celui des salpêtriers à commissionner dans chaque arrondissement. Il délivre les commissions des salpêtriers.

10. Le comité consultatif de la direction générale des poudres et salpêtres sera composé :

Du directeur général, président;

D'un membre de l'académie royale des sciences;

D'un commissaire des poudres et salpêtres de première classe, résidant à Paris, et spécialement affecté aux travaux du comité.

L'inspecteur de la raffinerie de Paris, et le commissaire de première classe chargé du service de cet établissement, seront membres adjoints du comité consultatif, et y auront voix consultative seulement.

TITRE IV. Personnel de l'inspection.

11. Les officiers de notre corps royal de l'artillerie chargés, conformément à l'art. 3 du titre Ier de l'inspection spéciale et permanente du service des poudres et salpêtres, seront :

Trois officiers supérieurs, pour les trois établissemens de première classe;

Dix-huit capitaines, pour les établissemens de deuxième ou de troisième classe.

Ces officiers continueront de faire partie du corps royal de l'artillerie, et seront choisis parmi ceux qui composent l'état-major de ce corps.

TITRE V. Admission et avancement aux divers emplois.

12. Le directeur général est nommé par nous, sur la proposition de notre ministre secrétaire d'Etat au département de la guerre, entre les lieutenans généraux de notre corps royal de l'artillerie, susceptibles, aux termes de l'article 2 de la présente ordonnance, d'être appelés à cet emploi.

Notredit ministre soumettra à notre approbation la nomination du membre de l'académie royale des sciences qui devra faire partie du comité consultatif.

13. Sont nommés par notre ministre secrétaire d'Etat de la guerre, sur la proposition du directeur général, les commissaires de diverses classes et adjoints ci-après désignés, savoir :

Le commissaire de première classe, membre du comité consultatif, entre les commissaires de première et de deuxième classe;

Les commissaires de première classe, entre ceux de deuxième classe ;

Les commissaires de deuxième classe, entre ceux de troisième classe;

Les commissaires de troisième classe, entre les commissaires adjoints;

Les commissaires adjoints, entre les élèves des poudres et salpêtres.

Les élèves des poudres et salpêtres sont tirés de l'école polytechnique, où on les comprendra désormais dans le nombre des élèves destinés au service de notre corps royal d'artillerie. Pour être reçus élèves des poudres et salpêtres, ils seront tenus de satisfaire aux examens prescrits, et de justifier, en outre, de leur capacité à fournir, lorsqu'il y aura lieu, les cautionnemens exigés des commissaires des poudres.

La nomination aux emplois de commissaires de première et de deuxième classe, aura lieu, pour moitié à l'ancienneté, et pour l'autre moitié aux choix : les emplois de commissaires de troisième classe et de commissaires adjoints seront donnés à l'ancienneté.

14. Sont également nommés par notre ministre de la guerre, sur la proposition du directeur général, les entreposeurs, les chefs et employés des bureaux ainsi que le trésorier de la direction générale, les salpêtriers.

15. Le directeur général nomme les ouvriers *à poste fixe* dans les établissemens.

16. Notre ministre secrétaire d'Etat au département de la guerre désigne, sur la présentation du comité central de l'artillerie, les officiers supérieurs et capitaines de notre corps royal de l'artillerie chargés de l'inspection des établissemens de fabrication.

17. Les chefs de bureau, ainsi que le trésorier de la direction générale, lorsqu'ils sont tirés du corps des commissaires des poudres et salpêtres, conservent, dans ces fonctions, le rang et le titre de commissaires des poudres et salpêtres.

18. Aucun agent comptable ou employé, aucun ouvrier *à poste fixe* ou salpêtrier de la direction générale, ne peut être suspendu ou destitué de ses fonctions sans une décision spéciale et motivée de notre ministre secrétaire d'Etat au département de la guerre.

TITRE VI. Fonctions et responsabilité des agens de la direction générale.

19. Le directeur général est chargé, sous les ordres immédiats de notre ministre secrétaire d'Etat au département de la guerre, de la direction supérieure du service des poudres et salpêtres, et de tous les détails qui s'y rapportent.

Il a toute autorité sur les agens de ce service, ainsi que sur les officiers de notre corps royal de l'artillerie chargés de l'inspection des établissemens de fabrication, pour ce qui concerne les fonctions de cette inspection.

Il propose à notre ministre secrétaire d'Etat au département de la guerre, ou soumet à son approbation, conformément aux règles établies dans le titre précédent, tout avancement ou admission dans le personnel de la direction générale.

Il règle, selon les convenances du service, et sous l'approbation de notre ministre secrétaire d'Etat au département de la guerre, la destination spéciale, tant des agens de toute classe de la direction générale, que des inspecteurs particuliers des établissemens de fabrication.

Il propose à notredit ministre, lorsqu'il y a lieu, les mises en jugement et destitutions que le bien du service peut rendre nécessaires.

Il forme les budgets de recettes et dépenses de chaque exercice, en fait vérifier et arrêter les comptes, pour être soumis, dans les délais prescrits, tant à notre ministre de la guerre qu'à notre cour des comptes.

Il poursuit la rentrée des fonds dus par les divers ministères pour raison des fournitures à eux livrées par la direction générale, ainsi que de ceux qui pourraient être dus par les comptables ou par des particuliers, et règle, d'après les besoins du service, la distribution de ces fonds entre les divers établissemens.

Il ordonne, dans les limites du budget de la direction générale, toute espèce de dépenses, d'achats et de ventes, tant pour le service immédiat de la fabrication que pour la récolte du salpêtre indigène et le versement dans le commerce de la partie surabondante de cette récolte.

Il fournit à notre ministre secrétaire d'Etat au département de la guerre, touchant la situation du service qui lui est confié, tous les comptes et renseignemens qui lui sont demandés.

Il veille à l'exécution des lois, ordonnances et réglemens concernant le service des poudres et salpêtres, et propose toutes les améliorations qu'il juge convenables au bien du service.

Il préside le comité consultatif.

Il n'a aucun maniement personnel de fonds ni de matières : sa gestion est purement d'ordre, et sa responsabilité morale.

20. Les commissaires dirigent et surveillent, sous l'autorité du directeur général, le service des établissemens confiés à leurs soins, tant pour la fabrication que pour la police et la comptabilité. Ils donnent tous les ordres relatifs à ces diverses parties de leur service, et n'ont à en recevoir que du directeur général, ou des inspecteurs généraux de notre corps royal d'artillerie en tournée.

Ils ne peuvent s'absenter du lieu de leur résidence sans un congé du directeur général.

Leurs opérations seront soumises à l'inspection et au contrôle des officiers de notre corps royal de l'artillerie résidant en qualité d'inspecteurs près des établissemens de fabrication. Aucun détail de service, police ou travail, ne pourra être exempt de la surveillance de ces inspecteurs.

Aucun marché ne pourra être conclu, aucune réception de matières ou fourniture de produits, aucune recette ou dépense en deniers, aucune opération de comptabilité, ne pourront avoir lieu régulièrement sans l'intervention et l'attache desdits inspecteurs; aucune pièce de comptabilité ne sera admise sans leur vérification et leur *visa*. Les commissaires seront tenus, en conséquence, de leur fournir tous les renseignemens nécessaires pour les mettre à même d'exercer le contrôle qui leur est confié.

Un réglement particulier fixera les rapports à établir entre les commissaires et les inspecteurs des établissemens de fabrication, en conséquence des dispositions du présent article, et d'après le principe que les premiers, étant responsables et comptables, ordonnent tout, et que les seconds garantissant au Gouvernement la régularité du service et de la gestion, leurs fonctions leur donnent le droit et leur imposent le devoir de tout surveiller.

Les commissaires n'ont aucune subordination entre eux.

Les commissaires sont responsables de la régularité du service de leur établissement, de toutes les opérations de leur gestion et de l'emploi des matières, ainsi que des fonds qui leur sont confiés.

Les cautionnemens actuels des commissaires resteront fixés sur le pied où ils ont été fournis. Ceux des commissaires nommés à l'avenir seront de quinze mille francs, pour les commissaires de première classe, de douze mille francs pour ceux de seconde, et de dix mille francs pour ceux de troisième classe.

En cas d'explosion ou d'incendie dans un établissement de fabrication, le commissaire sera suspendu de ses fonctions, jusqu'à ce qu'il ait suffisamment justifié et que notre ministre secrétaire d'Etat au département de la guerre ait prononcé que l'événement ne provient ni d'aucune négligence de sa part, ni de désordre ou relâchement dans le service de son établissement.

Si, au moment d'une explosion ou incendie, le commissaire se trouve absent, sans permission ou motif de service, du lieu où l'établissement est situé, il sera destitué de ses fonctions.

21. Les commissaires adjoints seront employés dans les commissariats de Bordeaux et de Toulouse, et chargés, sur chaque point, de la gestion de la raffinerie.

Ils exerceront cette gestion, dont un réglement particulier déterminera le mode, sous l'autorité immédiate des commissaires de ces arrondissemens : ils compteront de clerc à maître avec lesdits commissaires, qui demeureront chargés de rendre la comptabilité des raffineries, et de la comprendre dans celle de leurs commissariats respectifs.

Ils seront responsables, envers les mêmes commissaires, de l'exécution des ordres qu'ils reçoivent d'eux pour tous les détails de service et de comptabilité : ils leur fourniront un cautionnement en immeubles de quatre mille francs.

22. Les élèves-commissaires sont à la disposition des commissaires dans les établissemens desquels ils se trouvent placés, pour être par eux employés de la manière qui sera jugée la plus convenable, soit pour leur instruction, soit pour la direction et la surveillance des détails du service.

23. Les entreposeurs pour la réception des salpêtres bruts exercent leur emploi sous l'autorité des commissaires dans l'arrondissement desquels leur entrepôt se trouve situé. Ils sont responsables de l'exécution des dispositions prescrites par les réglemens touchant la réception des salpêtres bruts, ainsi que de celle des ordres qu'ils reçoivent desdits commissaires, tant pour leur service que pour leur comptabilité.

Ils rendent leurs comptes aux mêmes commissaires, pour être compris par eux dans la comptabilité de leurs commissariats respectifs : ils leur fournissent un cautionnement en immeubles de la valeur de six mille francs.

24. En cas d'incendie dans les établissemens qui leur sont confiés, les commissaires adjoints et entreposeurs seront soumis aux peines portées en l'article 20 ci-dessus contre les commissaires, pour les cas semblables.

25. Les chefs et employés des bureaux de la direction générale sont à la disposition du directeur général pour l'exécution des diverses parties du service dont ils se trouvent respectivement chargés, et de la régularité desquelles ils sont responsables envers lui.

Le trésorier est particulièrement responsable de la conservation des fonds qui lui sont confiés, et de la régularité de ses paiemens : son cautionnement reste fixé à la somme de cinquante mille francs.

26. Les cautionnemens actuellement consignés au Trésor par les agens de la direction générale des poudres de qui il en est exigé seront maintenus dans l'espèce de valeur où ils ont été fournis. Les cautionnemens à four-

nir par la suite au Trésor le seront en numéraire, conformément à l'article 97 de la loi du 28 avril 1816.

27. Les ouvriers et employés subalternes de diverses classes attachés, *à poste fixe*, aux établissemens de la direction générale sont soumis aux commissaires chargés de la direction de ces établissemens, non-seulement pour l'exercice de leurs fonctions ou travaux respectifs, mais encore pour leur discipline et police, et pour tout ce qui tient à la régularité du service dans les établissemens, le tout sous la surveillance des inspecteurs.

28. Les salpêtriers commissionnés par notre ministre de la guerre continueront d'être chargés, exclusivement à tous autres particuliers, de la récolte du salpêtre indigène, aux clauses et conditions établies par les lois, décrets et ordonnances en vigueur sur cette matière.

29. Le comité consultatif s'occupe exclusivement de recherches, expériences et objets relatifs au perfectionnement de la fabrication des poudres et salpêtres. Le résultat de ses travaux est porté, par le président, à la connaissance de notre ministre secrétaire d'Etat au département de la guerre, pour être communiqué, lorsqu'il y a lieu, au comité central de notre corps royal d'artillerie.

Le comité consultatif est entièrement étranger aux opérations de l'administration et de la comptabilité, dont le directeur général reste seul responsable. Néanmoins, le commissaire de première classe membre de ce comité, ainsi que les adjoints, peuvent, lorsque le directeur général le juge convenable, être chargés de vérifications ou opérations relatives à cette partie.

Un réglement particulier déterminera d'une manière plus spéciale, les fonctions et le mode de travail du comité consultatif.

TITRE VII. Fonctions et responsabilité des inspecteurs.

30. Les officiers de notre corps royal de l'artillerie chargés de l'inspection spéciale des mêmes établissemens, résideront dans l'intérieur ou le plus près possible de ces établissemens.

Ils en surveilleront le service, tant sous le rapport de la fabrication que sous ceux de leur police et comptabilité.

Ils tiendront la main à la stricte exécution des lois, décrets, ordonnances et réglemens sur ces diverses parties, ainsi qu'à celle des ordres donnés par le directeur général, et requerront, toutes les fois qu'il pourra y avoir lieu, les commissaires de s'y conformer.

Ils indiqueront aux commissaires les abus qu'ils pourront remarquer ou les améliorations qu'ils croiront possible d'apporter, soit sous le rapport de l'économie des dépenses ou du perfectionnement des produits, soit sous celui de l'ordre et de la police, dans quelque partie que ce soit du service de l'établissement, ainsi que les mesures qu'ils jugeront les plus convenables pour réprimer les abus ou obtenir les améliorations qu'ils ont en vue. Dans le cas où il ne serait pas fait droit à leurs propositions, ils en référeront au directeur général, qui prononcera.

Ils ne donneront directement aucun ordre aux ouvriers et employés subalternes des établissemens.

Ils concourront à la discussion et conclusion des marchés; prendront une connaissance détaillée de la nature, de l'objet et du montant des recettes et dépenses, des quantités et qualités des matières de toute espèce reçues ou consommées; entreront dans tous les détails de la comptabilité; vérifieront et signeront, pour contrôle, tous les comptes, dont aucune partie ne sera admise dans la justification de la gestion du commissariat, si elle n'est revêtue de leur *visa*.

Ils exigeront tous les renseignemens qu'ils jugeront convenables, et les commissaires seront tenus de leur fournir tous ces renseignemens.

Ils rendront, tant au directeur général qu'aux inspecteurs généraux d'artillerie en tournée, tous les comptes qui leur seront demandés.

Ils adresseront régulièrement, à la fin de chaque semestre, au directeur général des poudres, un rapport détaillé sur les procédés de fabrication et les moyens de perfectionnement qu'ils jugeront utiles au service. Aux mêmes époques, le directeur général transmettra au comité central de notre corps royal d'artillerie une expédition des rapports d'inspecteurs, avec les observations dont ils lui paraîtront susceptibles.

Les inspecteurs sont responsables de l'exécution des lois, décrets, ordonnances, réglemens et ordres supérieurs concernant le service de l'établissement : ils le sont, en particulier, de la régularité et fidélité de toutes les opérations et pièces de comptabilité admises par eux, sans que cette responsabilité, qui est purement morale, puisse atténuer celle qui pèse sur les commissaires pour les mêmes objets.

TITRE VIII. Traitemens et indemnités.

31. Les traitemens des agens et employés principaux de la direction générale des poudres seront, à l'avenir, réglés à l'année en sommes fixes, et payés, chaque mois, par douzième, conformément au tableau annexé à la présente ordonnance, sous la lettre B.

Le traitement des ouvriers et agens subalternes sera réglé par notre ministre secrétaire d'Etat au département de la guerre.

32. Les indemnités de toute espèce dues tant aux agens administrateurs et comptables qu'aux membres du comité consultatif et aux officiers de notre corps royal de l'artillerie chargés de l'inspection spéciale des établissemens des poudres et salpêtres seront réglées par notre ministre secrétaire d'Etat au département de la guerre, en raison de la position de chaque individu ayant droit à des indemnités, ainsi que de la nature des circonstances ou fonctions qui donnent lieu à ces indemnités, et portées aux budgets annuels de la direction générale.

TITRE IX. Pensions de retraite.

33. Les agens, employés et ouvriers *à poste fixe* de toute classe de la direction générale des poudres, les salpêtriers exceptés, continueront d'avoir droit, en raison de la retenue qui s'exerce sur leurs traitemens et après un temps déterminé de service, à des pensions de retraite, dont le montant sera fixé, pour chacun d'eux, en raison de la durée de ses services et de la quotité de son traitement, conformément aux règles actuellement établies et à celles qui pourront l'être ultérieurement pour toutes les administrations.

TITRE X. Uniforme.

34. Les commissaires, entreposeurs et ouvriers de la direction générale des poudres et salpêtres continueront d'être distingués par un uniforme particulier.

35. L'uniforme des commissaires et élèves est fixé comme il suit :

Habit à la française, de drap bleu-de-roi, et doublure bleue; culotte de drap pareil à l'habit; veste blanche; chapeau français uni, avec une ganse retenue par une torsade noire; épée à poignée d'acier.

Les boutons seront recouverts d'une feuille dorée, portant l'empreinte d'une fleur-de-lis, entourée de l'inscription, *Poudres et Salpêtres.*

L'habit sera garni d'une broderie en soie couleur de bistre, de quatre centimètres et demi de largeur, conforme au modèle annexé à la présente ordonnance, et appliquée, en raison des grades, comme il suit :

Pour les commissaires de première, deuxième et troisième classe, sur le collet, les poches et paremens, avec addition d'une baguette simple de même couleur et de cinq millimètres de large sur les mêmes parties et le reste de l'habit;

Pour les commissaires adjoints, sur le collet et les paremens seulement, sans baguette;

Pour les élèves-commissaires, sur le collet seulement, sans baguette;

La veste des commissaires sera garnie d'une broderie de soie blanche de trois centimètres de large seulement; celle des commissaires adjoints et des élèves sera sans broderie.

36. Les entreposeurs, maîtres poudriers et maîtres raffineurs, porteront l'uniforme prescrit en l'article précédent, à l'exception des broderies et de l'épée, qui seront supprimées, et de la torsade noire du chapeau, qui sera remplacée par une ganse unie de même couleur.

37. Les ouvriers *à poste fixe* des manufactures porteront un habit-veste et un pantalon large de drap bleu, avec un chapeau rond.

TITRE XI. Dispositions transitoires et d'exécution.

38. Les commissaires actuellement pourvus d'emplois qui se trouvent supprimés par la présente ordonnance, pourront être proposés pour la pension de retraite, s'ils ont le temps de service requis pour l'obtenir; en cas contraire, ils jouiront d'un traitement de non-activité égal à la moitié du traitement fixé pour les commissaires de troisième classe, jusqu'à ce qu'ils puissent être replacés dans les emplois qui viendront à vaquer.

39. En cas d'insuffisance du fonds de retenue pour acquitter la totalité des pensions qui y sont affectées, il y sera pourvu par notre ministre de la guerre, d'après les principes adoptés pour les autres pensions de même nature qui se trouvent dans le même cas.

40. Les traitemens des agens et employés de la direction générale des poudres qui ont été jusqu'ici composés de sommes fixes et de remises variables dont la base se trouve supprimée par les dispositions de notre ordonnance du 25 mars dernier, seront payés, pour chacun des douze mois de l'exercice courant, sur le pied fixé par le tableau B annexé à la présente ordonnance.

41. Toute disposition de décrets, arrêtés et ordonnances antérieurs, contraire à celles de la présente ordonnance, est rapportée.

42. Notre ministre de la guerre est chargé de l'exécution de la présente ordonnance.

A.

DIRECTION générale DES POUDRES et salpêtres.

Tableau indiquant l'espèce et l'emplacement des divers établissemens des poudres et salpêtres, leur classement et les arrondissemens de service qui leur sont respectivement affectés.

EMPLACEMENS.	CLASSEMENS.	DÉPARTEMENS QUI LEUR SONT AFFECTÉS pour LA CONSOMMATION en poudres de commerce.	DÉPARTEMENS QUI LEUR SONT AFFECTÉS pour LA RÉCOLTE de salpêtre indigène.
		Poudreries et Raffineries.	
Le Ripault. . . .	1er	Indre-et-Loire, Loir-et-Cher, Indre, Vienne, Sarthe, Mayenne, Maine-et-Loire, Loire-Inférieure, Vendée, Creuse, partie des Deux-Sèvres, partie de l'Orne, partie d'Ille-et-Vilaine, partie de la Haute-Vienne, partie du Cher, partie d'Eure-et-Loir, partie du Loiret.	Indre-et-Loire, Loir-et-Cher, Cher, Indre, Sarthe, Vienne, Haute-Vienne, Corrèze, Creuse, Maine-et-Loire.
Colmar.	2e	Haut et Bas-Rhin, partie des Vosges et partie du Doubs.	Haut et Bas-Rhin.
Toulouse.	2e	Haute-Garonne, Gers, Lot, Corrèze, Aude, Ariége, Pyrénées-Orientales, Hautes-Pyrénées, Tarn, Tarn-et-Garonne, Aveyron partie du Cantal.	Tarn, Tarn-et-Garonne, Haute-Garonne, Gers, Lot, Aude, Pyrénées-Orientales et Ariége.
Bordeaux et St.-Médard. . . .	2e	Gironde, Dordogne, Landes, Basses-Pyrénées, Lot-et-Garonne, Charente et partie de la Haute-Vienne.	Gironde, Dordogne, Lot-et-Garonne, Hautes et Basses-Pyrénées et Charente.
		Poudreries.	
Essonne	1er	Seine-et-Oise, Seine-et-Marne, Seine, Yonne, Oise, Aube, partie de la Nièvre, partie du Cher, partie du Loiret, partie d'Eure-et-Loir, partie de la Somme et partie de l'Aisne.	
Saint-Jean-d'Angély.	2e	Charente-Inférieure et partie des Deux-Sèvres.	
Le Pont-de-Buis.	2e	Finistère, Morbihan, Côtes-du-Nord et partie d'Ille-et-Vilaine.	
Esquerdes. . . .	2e	Nord, Pas-de-Calais et partie de la Somme.	

EMPLACEMENS.	CLASSEMENS.	DÉPARTEMENS QUI LEUR SONT AFFECTÉS pour LA CONSOMMATION en poudres de commerce.	DÉPARTEMENS QUI LEUR SONT AFFECTÉS pour LA RÉCOLTE de salpêtre indigène.
		Suite des Poudreries.	
Saint-Ponce. . .	2e	Ardennes, partie de la Meuse, partie de la Marne, partie de l'Aisne et partie de la Haute-Marne.	
Metz.	2e	Moselle, Meurthe, partie de la Marne, partie de la Meuse et partie des Vosges.	
Vonges.	2e	Côte-d'Or, Saône-et-Loire, Jura, Ain, Rhône, Isère, Loire, Haute-Loire, Puy-de-Dôme, Allier, partie de la Nièvre, partie du Cantal, partie de l'Ardèche, partie de la Drôme, partie du Doubs et partie de la Haute-Marne.	
Saint-Chamas. .	2e	Bouches-du-Rhône, Hautes et Basses-Alpes, Var, Vaucluse, Hérault, Gard, Lozère, partie de la Drôme et partie de l'Ardèche.	
Maromme. . . .	2e	Seine-Inférieure, Eure, Manche, Calvados, partie de l'Orne et partie de la Somme.	Seine-Inférieure, Eure et Calvados.
		Raffineries.	
Paris.	1er	. . . .	Seine, Seine-et-Marne, Seine-et-Oise, Aisne, Yonne, Oise et Somme.
Besançon	2e	. . . .	Doubs, Haute-Saône et Jura.
Marseille.	3e	. . . .	Bouches-du-Rhône, Hautes et Basses-Alpes, et Var (1).
Avignon	3e	. . . .	Vaucluse, Drôme, Ardèche, Hérault, Aveyron, Lozère et Gard.
Lyon.	3e	. . . .	Rhône, Isère, Ain, Nièvre, Allier, Puy-de-Dôme, Cantal et Loire.
Dijon.	3e	. . . .	Côte-d'Or, Haute-Marne et Saône-et-Loire.
Lille.	3e	. . . .	Nord et Pas-de-Calais.
Nancy	3e	. . . .	Vosges, Meuse, Meurthe et Moselle.

(1) Raffinerie de salpêtre et de soufre.

EMPLACEMENS.	CLASSEMENS.	DÉPARTEMENS QUI LEUR SONT AFFECTÉS pour LA CONSOMMATION en poudres de commerce.	LA RÉCOLTE de salpêtre indigène.
		Entrepôts.	
Châlons	"	. . . .	Marne, Aube et Ardennes (1).
Clermont	"	. . . .	Nièvre, Allier, Puy-de-Dôme et Cantal (2).
Montpellier . . .	"	. . . .	Hérault (3).

(1) Réception de salpêtre dépendant de Paris.
(2) *Idem* dépendant de Lyon.
(3) *Idem* dépendant d'Avignon.

B. *Tableau indiquant le Traitement des Agens et Employés de la Direction générale des Poudres.*

GRADES OU GENRES D'EMPLOI.	TRAITEMENT ANNUEL.	OBSERVATIONS.
Directeur général.	"	Touche sur les fonds de la guerre le traitement d'activité de son grade.
Commissaire de 1re classe, membre du comité consultatif	10,000	
Commissaires de 1re classe.	7,200	
Commissaires de 2e classe	6,000	
Commissaires de 3e classe	5,000	
Commissaire adjoint.	2,800	
Elève	1,200	
Entreposeur à réception de salpêtre	1,500	
Chef de correspondance.	6,600	
Chef de comptabilité	6,600	
Trésorier.	6,600	

15 JUILLET 1818 = Pr. 8 MAI 1819. — Ordonnance du Roi contenant réglement sur les digues et dunes dans le département du Pas-de-Calais. (7, Bull. 276, n° 6361.)

Louis, etc.

Sur le rapport de notre ministre secrétaire d'Etat au département de l'intérieur;

Vu les décrets des 13 août et 9 octobre 1810 pour l'organisation et la nomination des membres de la commission chargée de préparer les opérations relatives au mode de réparation et d'entretien des digues et dunes situées à l'est et à l'ouest de Calais, près le village de Sangatte, département du Pas de-Calais;

Vu l'avis de la commission mixte des travaux publics, du 29 octobre 1812;

Vu les délibérations du syndicat nommé par le préfet dans l'intérêt des propriétaires intéressés, lesdites délibérations des 4 et 11 janvier 1818;

L'avis de la commission spéciale du 29 avril suivant;

Vu le plan visuel du territoire protégé par la digue;

Notre Conseil-d'Etat entendu,

Nous avons ordonné et ordonnons ce qui suit:

TITRE Ier. Classification des digues et dunes.

Art. 1er. Les digues et dunes situées entre le cap Blancy et la limite du département du Nord se divise en deux classes:

La première classe comprend celles qui, au temps de la reconquête, protégeaient les terres alors existantes;

La deuxième, celles créées pour la défense des concessions depuis 1558.

2. Les digues de première classe sont,

A l'ouest de Calais, celle qui s'étend de la digue Carmin à la pente de Blancy, appelée la digue de Sangatte;

A l'est, 1° les digues et dunes entre la fortification et la première saline Taaf; 2° les clinnes et la levée formant l'ancien chemin de Calais à Gravelines; 3° le banc des Groseilles; 4° la digue d'Arras.

3. Les digues de deuxième classe se composent,

A l'ouest de Calais, de celles qui protégent la concession Mouron, et qui s'étendent du port à la digue Carmin;

A l'est, de celles formées pour la défense, 1° des quatres salines Taaf; 2° de la saline Robelin ou Blanquart; 3° de la concession Valençai, dite les Hemmes; 4° enfin de la concession de Lannay.

TITRE II. Mode de pourvoir à l'entretien des digues anciennes ou de première classe.

4. Il sera pourvu à l'entretien des digues anciennes au moyen d'une cotisation sur toutes les terres qui, sans l'existence de ces digues, seraient submergées ou éprouveraient un notable préjudice.

Sont soumises à ladite cotisation les terres de toute nature situées entre la mer, les nouvelles salines, la rivière d'Aa et la ligne à laquelle se terminent les marais des première, quatrième et cinquième sections de watringues; pour la facilité d'exécution, elle sera perçue à l'hectare, ainsi qu'il est pratiqué pour les travaux de dessèchement.

5. Elle sera assise en raison des chances d'inondation, et d'après les proportions suivantes:

Les terres de la quatrième section de watringues protégées au premier degré étant cotisées en raison de cinq centimes l'hectare, les terres des autres sections le seront, savoir: celles de la troisième protégées au second degré, à quatre centimes; celles des sections deux et cinq et du territoire de la première au-dessous de Muldicq et du Mulestrum, à trois centimes; enfin celles du territoire de la première au-dessus desdites rivières, à deux centimes.

La taxe, s'il y a lieu, sera augmentée en suivant cette proportion.

6. En considération de l'obligation imposée aux propriétaires de salines par leurs titres de concession d'entretenir leurs digues, ils seront affranchis de la cotisation ordinaire et annuelle des digues de première classe.

En cas de dégradations extraordinaires, ils contribueront aux dépenses de réparation, à moins qu'ils n'aient à l'intérieur une seconde ligne de digues en bon état d'entretien et qui les isolent de la contrée.

TITRE III. Composition et attributions de la commission syndicale.

7. Il sera formé, pour la conservation et l'entretien des digues et dunes, une commission syndicale composée de sept membres nommés par le préfet, et pris parmi les membres des commissions de watringues, savoir: deux dans la troisième section, deux dans la quatrième, et seulement un dans chacune des trois autres sections.

8. Les membres nommés resteront en place le temps de leur exercice dans les administrations de watringues; ils seront rééligibles; leurs fonctions seront gratuites.

9. Les membres de la commission syndicale éliront entre eux un président, un vice-président, un secrétaire.

Le président sera chargé du dépôt des plans, registres et papiers relatifs aux digues et dunes.

10. Le président, et en cas d'empêchement, le vice-président, convoque l'assemblée; leurs fonctions et celles du secrétaire sont annuelles; ils peuvent être réélus.

11. La commission syndicale est spécialement chargée,

1° De répartir entre les intéressés le montant des taxes reconnues nécessaires pour l'entretien ordinaire et les réparations extraordinaires des digues et dunes;

2° D'examiner, modifier ou adopter les projets des travaux d'entretien;

3° De proposer leur mode d'exécution, soit par régie, soit par adjudication;

4° De passer les marchés ou adjudications;

5° De vérifier les comptes des perceptions;

6° De donner son avis sur tous les objets relatifs aux digues et dunes, lorsqu'elle sera consultée par l'administration;

7° De présenter au préfet une liste double, sur laquelle sera nommé un conducteur, mais cela seulement lorsqu'il y aura des travaux extraordinaires à exécuter et pour le temps que durera leur exécution.

12. La commission ne pourra délibérer qu'au nombre de cinq membres, y compris le président ou le vice-président.

Dans le cas ou l'assemblée serait composée de six membres, le président, s'il y a partage, aura voix prépondérante.

13. Les délibérations de la commission sont soumises à l'approbation du préfet par l'intermédiaire du sous-préfet, qui donnera son avis.

TITRE IV. Des travaux d'entretien, de leur exécution et du mode de paiement.

14. La commission syndicale dressera ou fera dresser, s'il y a lieu, les projets des travaux d'entretien et de plantation; elle proposera le mode de leur exécution par une délibération qui sera soumise à l'acceptation du préfet.

15. L'exécution desdits travaux aura lieu, sous la surveillance de deux commissaires, par des cantonniers, et, au besoin, par des ouvriers à la journée.

Il y aura un cantonnier pour la digue de Sangatte;

Un pour celle de l'est, s'il est jugé nécessaire.

Les cantonniers seront aussi préposés à la garde des digues et dunes.

Leur traitement sera déterminé par le préfet, sur la proposition de la commission syndicale.

16. Les travaux d'urgence pourront être exécutés sur-le-champ par l'ordre du président ou vice-président, assisté d'un membre, à la charge d'en rendre compte immédiatement au préfet et à la commission syndicale.

17. Le préfet pourra suspendre l'exécution des travaux, s'il le juge convenable, après avoir pris l'avis de l'ingénieur en chef et entendu la commission.

18. Les travaux d'entretien et ceux d'urgence seront payés sur les mandats du président ou vice-président, délivrés sur le certificat du commissaire qui aura été désigné pour surveiller l'exécution des travaux.

Les feuilles d'attachement constatant l'état de la dépense seront jointes aux mandats.

19. La commission procédera, au moins deux fois chaque année, à la visite des digues et dunes et à la réception des travaux d'entretien; elle vérifiera les matériaux employés.

20. Le préfet se fera rendre compte, tous les ans, de l'état des digues et dunes.

Il pourra, sur les plaintes qui lui seraient portées, ordonner les vérifications et reconnaissances nécessaires par un ingénieur des ponts-et-chaussées, aux frais des intéressés, et arrêter, s'il y a lieu, les dispositions convenables pour assurer l'exécution des travaux, après avoir entendu la commission syndicale.

TITRE V. Des travaux extraordinaires de leur mode d'exécution, et de leur paiement.

21. Les projets des travaux qui nécessiteront une cotisation extraordinaire, seront rédigés par un conducteur spécial, accepté par le préfet, sur l'avis de l'ingénieur en chef.

Ces projets, lorsqu'il s'agira de travaux neufs et autres que ceux de conservation et réparation, seront soumis à l'approbation du directeur général des ponts-et-chaussées.

22. L'exécution des travaux extraordinaires aura lieu sous la surveillance de deux membres de la commission qu'elle nommera à cet effet; elle sera dirigée par un conducteur spécial, nommé conformément aux dispositions de l'article 11.

Les travaux seront adjugés au rabais, d'après le mode adopté pour les travaux de watringues ou de desséchement, à moins qu'il n'en soit autrement ordonné, sur l'avis de la commission.

23. Les paiemens d'à-compte seront faits en vertu des mandats du président, délivrés sur les certificats du conducteur, visés par les commissaires chargés de la surveillance des travaux.

24. Les paiemens définitifs auront lieu sur un procès-verbal d'un ingénieur des ponts-et-chaussées constatant que les travaux ont été exécutés conformément aux projets ap-

prouvé, et sur le certificat délivré par le conducteur, visé par le président et par les commissaires chargés de la surveillance.

TITRE VI. De la comptabilité.

25. Il sera fait un fonds annuel, qui sera ultérieurement déterminé, pour subvenir aux dépenses d'entretien des digues et dunes, qui comprennent:

1° Les approvisionnemens de piquets, verges et fascines; 2° les transports de glaise; 3° les plantations d'oyats; 4° le traitement des cantonniers-gardes; 5° les journées des ouvriers supplémentaires.

Les sommes qui n'auront pas été employées seront mises en réserve pour subvenir aux travaux d'urgence.

26. Chaque commission de watringues comprendra dans son budget la quote-part qui lui aura été assignée, d'après la répartition arrêtée en conformité de l'article 5, pour son contingent du fonds annuel d'entretien.

Les receveurs desdites commissions et les commissions elles-mêmes ne pourront, sous aucun prétexte, détourner les fonds affectés aux digues et dunes.

Lesdits receveurs acquitteront les mandats délivrés conformément aux articles 18, 23 et 24.

27. En cas de contribution extraordinaire, son recouvrement aura lieu, soit au moyen d'un tarif qui indiquera la somme à percevoir dans chaque section par hectare, soit par des rôles particuliers, ainsi qu'il sera réglé par le préfet, sur la demande de la commission syndicale.

28. Ladite commission vérifiera les comptes des receveurs, les arrêtera provisoirement et les soumettra au préfet, pour être par lui approuvés définitivement, sur l'avis du sous-préfet.

La délibération approbative contiendra la balance générale des comptes particuliers de l'état de situation de l'actif ou passif de la commission syndicale.

TITRE VII. Des digues et dunes de deuxième classe, et de leur mode d'entretien par les concessionnaires.

29. Les digues et dunes de deuxième classe sont entretenues, réparées et reconstruites par les propriétaires des salines Hemmes et concessions pour lesquelles elles ont été créées, à moins qu'ils ne justifient par titres de l'exemption.

30. Les revenus desdites salines et concessions, même la valeur du fonds, sont affectés, par privilége, à toutes les dépenses d'entretien et de reconstruction.

31. Les propriétaires des salines protégées par des digues construites dans leur intérêt, formeront une société particulière.

Chaque association aura un administrateur nommé par les intéressés. La durée de ses fonctions sera de trois ans. Il sera rééligible.

Ne seront néanmoins admis à l'élection que les propriétaires possédant au moins dix hectares. Les fermiers représenteront leurs propriétaires, en cas d'absence.

Les administrateurs de toutes les salines se réuniront pour présenter un projet de réglement.

Ce réglement sera approuvé par le préfet, après avoir pris l'avis de la commission syndicale.

32. Chaque année, et toutes les fois qu'il sera nécessaire, il sera, par des commissaires nommés par la commission syndicale, procédé à la visite des digues et dunes des diverses salines.

33. Les commissaires, en présence de l'administrateur de chaque saline, ou lui dûment appelé, dresseront procès-verbal des travaux et réparations à faire aux digues et dunes.

34. Les travaux consentis par les administrateurs seront immédiatement exécutés à leur diligence.

35. A l'égard de ceux contestés, il en sera référé à la commission syndicale, qui pourra, ou nommer de nouveaux commissaires, ou se transporter sur les lieux, ou demander que les vérifications et reconnaissances soient faites par l'ingénieur de l'arrondissement.

Il sera statué par le préfet, sur les observations des parties intéressées, les procès-verbaux et l'avis du sous-préfet.

36. Dans les cas où l'administrateur négligerait ou refuserait d'exécuter les travaux consentis ou ordonnés, la commission syndicale fera procéder à leur adjudication au rabais.

En cas de péril imminent, elle le fera faire de la manière prescrite par l'article 16.

TITRE VIII. Police des digues et dunes.

37. Les fouilles et les trous faits par des particuliers seront punis, outre les frais de réparation,

Si elle est en première ligne, de cinq francs à quinze francs;

Si elle est en seconde ligne ou troisième, de deux francs à six francs.

38. Le passage des voitures, chevaux et autres bestiaux, sur les digues, donnera lieu à une amende, savoir: de trois francs, pour une voiture; d'un franc pour un cheval; de cinquante centimes pour une bête à cornes; de dix centimes pour une bête à laine.

39. Néanmoins, comme de ces digues il en est qui, par la force de leur construction, leur revêtement solide, et la pente presque insensible de leur talus vers la mer n'ont,

d'après l'expérience d'un demi-siècle, aucunement souffert du pacage que leurs propriétaires ou leurs fermiers y ont entretenu pour leurs bêtes à cornes et moutons, et qu'interdire aujourd'hui le même pacage serait rendre nulles de très-grandes superficies de terrains, et nuire gratuitement aux besoins de l'agriculture, ledit pacage sur ces digues continuera d'avoir lieu aussi long-temps que durera l'état de sécurité qu'elles présentent actuellement; désignation d'icelles sera donnée aux fonctionnaires chargés de leur garde.

40. Aucune fouille ne pourra être faite dans les dunes de mer, et jusqu'à la distance de cent toises de la caisse de haute mer.

Les fouilles et enlèvemens de sable seront punis d'une amende de trois francs à quinze francs.

41. Il est défendu, sauf aux propriétaires ou leurs ayant-droit, de couper ou arracher aucune herbe, plante, broussaille, sur les digues et dunes, sous peine d'une amende de trois francs à quinze francs, outre les frais de réparation.

42. Nul ne pourra faire paître des bestiaux dans les dunes sans l'autorisation de la commission syndicale.

Il est interdit aux propriétaires d'y entretenir des lapins.

43. Les contrevenans seront punis d'une amende de trois francs par cheval, deux francs par vache, un franc par génisse et veau, cinquante centimes par mouton; les lapins seront détruits par les gardes cantonniers.

44. Les digues intérieures seront rétablies dans les dimensions qu'elles avaient en 1789.

Il sera dressé procès-verbal des anticipations et dégradations commises par les riverains.

Les contestations relatives aux anticipations et dégradations seront portées devant le conseil de préfecture.

45. A l'avenir, toute dégradation d'une digue intérieure sera punie d'une amende de deux francs à cinq francs, outre les frais de réparation.

46. Les délits prévus par le présent réglement seront constatés par les gardes cantonniers, les gardes-champêtres, ainsi que par les officiers de police judiciaire.

Celui qui aura constaté un délit aura droit à la moitié de l'amende.

Les contraventions seront portées devant les tribunaux ordinaires.

---

15 JUILLET 1818. — Ordonnance du Roi qui nomme M. Gay-Lussac membre du comité consultatif de la direction générale des poudres et salpêtres. (7, Bull. 227, n° 4629.)

---

15 JUILLET 1818. — Ordonnances du Roi qui accordent des lettres de déclaration de naturalité aux sieurs Siga, Jones, Richard, Fabri, Pellothier, Whitfeld, Tobias, Crespo, Bancus dit Banquet, Schimtt, Boyen, Larsillière, Dubois, Pierre Seutin et Lélanche. (7, Bull. 232, 234, 241, 247, 250, 283, 320, 382 et 615.)

---

15 JUILLET 1818. — Ordonnances du Roi qui nomment MM. les barons Malouet et Siméon et M. Villers du Terrage, préfets des départemens de la Seine-Inférieure, du Pas-de-Calais et du Doubs. (7, Bull. 226.)

---

15 JUILLET 1818. — Ordonnance du Roi qui admet les sieurs Gira, Lugea et Kauffman à établir leur domicile en France. (7, Bull. 233.)

---

15 JUILLET 1818. — Ordonnances du Roi qui autorisent l'acceptation de dons et legs faits à la communauté des Israélites de Toul, et aux séminaires et fabriques des églises d'Ellesmes, Metz, Loulins-la-Marche, Nancy, Pouilly, Bérias, Soissons, Herny, Toulouse et Volmeranche. (7, Bull. 241.)

---

15 JUILLET 1818. — Ordonnances du Roi qui autorisent les sieurs de Saint-Jean de Pointis et la dame Delpla à reconstruire leur bas-fourneau dit forge à la catalane, qu'ils possédaient dans la commune d'Usson (Ariége); et le sieur Sarcelle à transformer le moulin à tabac qu'il possède dans la banlieue de Strasbourg, en une usine pour la fabrication de l'acier cémenté, de poêlons en fer battu et en cuivre, instrumens aratoires, etc. (7, Bull. 241, n°s 5381 et 5382.)

---

21 JUILLET 1818. — Lettres-patentes du Roi portant institution de majorat en faveur du sieur Stacpoole. (7, Bull. 227, n° 4631.)

---

22 = Pr. 29 JUILLET 1818. — Ordonnance du Roi concernant la fixation du droit à percevoir jusqu'au 1er janvier 1828, sur les soies gréges et moulinées importées en France. (7, Bull. 226, n° 4590.)

Louis, etc.

La franchise accordée par notre ordonnance du 26 décembre 1817 à l'importation des soies gréges et moulinées, et que la loi du 27 mars de cette année confirme, devant cesser au 1er août prochain, notre sollicitude en faveur des fabriques de soieries nous a porté à examiner si les causes de nos précédentes déterminations avaient cessé de fait, et s'il n'y aurait aucun inconvénient à revenir, pour l'époque fixée, au tarif général du 15 mars 1791. Nous avons reconnu que, malgré l'abondance que doivent produire les belles récoltes de cette année, le prix des soies ne saurait revenir instantanément à son ancien taux, et qu'il ne convenait pas de rétablir, sans modification, les droits ordinaires, avant que les circonstances dont nous avons en le dessein d'alléger le poids aient entièrement disparu :

A ces causes,

Vu l'article 34 de la loi du 27 décembre 1814;

De l'avis de notre conseil,

Nous avons ordonné et ordonnons ce qui suit :

Art. 1er. L'application du tarif général des douanes restera suspendue, à l'égard des soies gréges et moulinées que l'on importera de l'étranger, jusqu'à la fin de 1819.

2. A partir du 1er août prochain, et jusqu'au 1er janvier 1820, les droits à percevoir sur ces matières seront ceux que notre ordonnance du 10 septembre 1817 a fixés, et que nous rappelons ci-après, savoir :

Soies gréges. . .	Douppions importés par quelque voie que ce soit		6f	par 100 kilogr.
	Autres . . .	par navires français ou par terre.	13	
		par navires étrangers	14	
Soies moulinées.	Douppions.	par navires français ou par terre	26	
		par navires étrangers.	27	
	Autres . . .	par navires français ou par terre	51	
		par navires étrangers.	55	

3. Notre ministre des finances est chargé de l'exécution de la présente ordonnance.

---

22 JUILLET = Pr. 7 AOUT 1818. — Ordonnance du Roi qui proroge le délai fixé par l'article 41 de la loi du 21 avril 1818, sur les douanes. (7, Bull. 227, n° 4630.)

Voy. ordonnance du 23 SEPTEMBRE 1818.

Louis, etc.

Sur le rapport de notre ministre secrétaire d'Etat de l'intérieur,

Vu le titre VI de la loi du 21 avril dernier, relative aux douanes, portant (article 41) que, dans les trois mois qui suivront sa promulgation, tout fabricant, marchand ou détenteur de tissus français dépourvus de marque de fabrique, devra remplir diverses formalités énoncées au même article et destinées à suppléer la marque qu'avait prescrite précédemment l'article 59 de la loi du 28 avril 1816;

Voulant accorder au commerce de plus grandes facilités relativement à l'exécution de cette mesure, spécialement adoptée pour l'avantage des manufactures françaises, mais qui n'a pu parvenir en temps opportun à la connaissance de toutes les parties intéressées,

Nous avons ordonné et ordonnons ce qui suit :

Art. 1er. Le délai de trois mois qu'a fixé l'article 41, titre VI de la loi de douanes du 21 avril dernier, et qui a dû expirer au 21 juillet présent mois, est prorogé, pour tous les départemens du royaume indistinctement, jusqu'à la date du 1er octobre prochain.

2. Il n'est rien changé d'ailleurs aux diverses formalités énoncées dans l'article 41 précité, lesquelles, à ladite époque du 1er octobre prochain, devront avoir été remplies par tout fabricant, marchand ou détenteur de tissus français dépourvus jusqu'à présent de marques de fabrique.

3. Nos ministres de l'intérieur et des finances sont chargés de l'exécution de la présente ordonnance.

---

22 JUILLET = Pr. 22 AOUT 1818. — Ordonnance du Roi portant autorisation, conformément aux statuts y annexés, de la société anonyme formée à Rouen sous le nom de compagnie d'assurance mutuelle contre l'incendie dans les départemens de la Seine-Inférieure et de l'Eure. (7, Bull. 229, n° 4743.)

Louis, etc.

Sur le rapport de notre ministre secrétaire d'Etat au département de l'intérieur,

Vu l'acte social contenant les statuts de la compagnie d'assurance mutuelle contre l'incendie dans les départemens de la Seine-Inférieure et de l'Eure, en date des 26, 27, 28 et 31 mai 1818, avec adhésion du 6 juin suivant; vu les articles 29 à 37, 40 à 45 du Code de commerce;

Notre Conseil-d'Etat entendu,

Nous avons ordonné et ordonnons ce qui suit :

Art. 1er. La société anonyme formée à Rouen sous le nom de *Compagnie d'assurance mutuelle contre l'incendie dans les départemens de la Seine-Inférieure et de l'Eure*, est et demeure autorisée conformément à l'acte social contenant les statuts de ladite compagnie, passés par-devant Lefèvre et son collègue, notaires à Rouen, les 26, 27, 28 et 31 mai 1818, avec adhésion du 6 juin par-devant Préaux, autre notaire à Rouen, et son confrère, lesquels actes demeureront annexés à la présente ordonnance, et seront affichés avec elle à la forme de l'article 45 du Code de commerce.

2. Notre présente autorisation vaudra pour la durée de la société, fixée en l'article 6

de l'acte social, à la charge d'exécuter fidèlement les statuts, nous réservant de révoquer notredite autorisation en cas de non-exécution ou violation desdits statuts par nous approuvés, le tout sauf le droit des tiers, et sans préjudice des dommages-intérêts qui seraient prononcés par les tribunaux contre les auteurs des contraventions.

3. Devront les sociétaires se conformer, en ce qui les concernerait, aux lois et réglemens et aux ordonnances de police sur le fait des incendies.

4. Notre ministre secrétaire d'Etat au département de l'intérieur nommera un commissaire auprès de ladite compagnie. Il sera chargé de prendre connaissance de ses opérations et de l'observation des statuts : il rendra compte du tout à notre ministre de l'intérieur. Il informera les préfets des deux départemens de tout ce qui, dans les opérations de la compagnie, pourrait intéresser l'ordre et la sûreté publics : il les préviendra de la tenue des assemblées du conseil général des sociétaires.

Il pourra suspendre provisoirement celles des opérations de la compagnie qui lui paraîtraient contraires aux lois, aux statuts de la société, ou dangereuses pour la sûreté publique; et ce, jusqu'à décision à intervenir de la part des autorités compétentes.

5. L'administration de la société sera tenue de présenter, tous les six mois, le compte rendu de la situation; des copies en seront remises aux préfets de la Seine-Inférieure et de l'Eure, au tribunal de commerce de Rouen, au tribunal de première instance d'Evreux faisant fonctions de tribunal de commerce, à la chambre de commerce de Rouen et au commissaire près la compagnie.

6. Notre ministre de l'intérieur est chargé de l'exécution de la présente ordonnance.

---

22 JUILLET = Pr. 22 AOUT 1818. — Ordonnance du Roi qui règle la composition de l'état-major général de l'armée de terre. (7, Bulletin 229, n° 4743.)

Voy. ordonnances des 2, 5 AOUT et 30 DÉCEMBRE 1818, et 26 JANVIER 1820.

Louis, etc.

Considérant qu'après avoir réglé et déterminé par nos ordonnances l'organisation de toutes les troupes et de tous les corps spéciaux qui composent notre armée de terre, il importe aux intérêts de l'Etat et à l'économie de ses finances, au maintien de la vigueur et de la considération du commandement, de fixer invariablement dans de justes proportions avec la force de l'armée, soit en temps de paix, soit en temps de guerre, la composition du cadre de l'état-major général;

Sur le rapport de notre ministre secrétaire d'Etat au département de la guerre,

De l'avis de notre Conseil,

Nous avons ordonné et ordonnons ce qui suit :

TITRE Ier. Dispositions générales.

Art. 1er. Le cadre de l'état-major général de notre armée de terre sera composé, pour les grades de lieutenant général et de maréchal-de-camp, de cent trente lieutenans généraux et de deux cent soixante maréchaux-de-camp.

2. Notre ministre secrétaire d'Etat au département de la guerre nous proposera la liste des officiers généraux qui doivent faire partie du cadre d'organisation de l'état-major général : il y comprendra, sauf l'exception exprimée dans l'article ci-après :

1° Les généraux actuellement en activité de service dans les divisions militaires territoriales;

2° Les généraux employés dans les corps de notre maison militaire et dans notre garde royale;

3° Les généraux des corps spéciaux de l'état-major, de l'artillerie, du génie, et de la gendarmerie;

4° Les généraux employés ou désignés pour les inspections générales d'infanterie et de cavalerie.

3. Les officiers généraux qui, ayant été désignés pour la retraite par notre ordonnance du 1er août 1815, ont été depuis cette époque momentanément employés, et qui se trouvent actuellement âgés de plus de cinquante-cinq ans, ne feront point partie du cadre d'organisation; ils recevront la pension de retraite à laquelle ils ont droit, et qui est déterminée par notre ordonnance du 1er août 1815.

Toutefois, ceux desdits généraux qui occupent des emplois dans notre maison militaire, ou d'aides-de-camp près les princes de notre famille et de notre sang, ou qui ont obtenu des emplois de gouverneurs des divisions militaires, peuvent conserver lesdits emplois sans faire partie du cadre d'organisation de l'état-major général.

4. Les officiers généraux actuellement en non-activité de service, et qui ne sont pas susceptibles d'obtenir leur pension de retraite d'après notre ordonnance du 20 mai dernier, concourront, par ordre d'ancienneté de services réels et effectifs, dans le grade dont ils sont pourvus, à compléter le cadre d'organisation de l'état-major général.

5. En temps de paix, quatre-vingts lieutenans généraux et cent soixante maréchaux-de-camp seront employés en activité.

6. Les officiers généraux n'auront droit à la solde d'activité de leur grade, avec les indemnités de fourrages et de logement, que

lorsqu'ils auront reçu des lettres de service désignant l'emploi d'activité qu'ils auront à remplir.

7. Les officiers généraux faisant partie du cadre d'organisation de l'état-major général, qui ne seront pas compris dans le tableau d'activité de service, ou qui ne seront pas pourvus d'emplois titulaires, soit comme gouverneurs des divisions militaires, soit dans notre maison militaire, ou en qualité d'aides-de-camp près la personne des princes de notre famille et de notre sang, seront désignés comme généraux disponibles pour le service éventuel de paix ou de guerre et pour celui des vétérans, et auront droit à la solde de leur grade, mais sans aucun accessoire et sans aucune indemnité de fourrages et de logement.

8. Les officiers généraux qui quitteront le service d'activité rentreront de droit dans le nombre des officiers généraux disponibles, et continueront de faire partie du cadre d'organisation, à moins qu'en quittant le service d'activité ils ne soient admis à la pension de retraite.

TITRE II. Dispositions transitoires.

9. Le nombre actuel des officiers généraux étant plus considérable que celui du cadre d'organisation de l'état-major général fixé par la présente ordonnance, il ne sera point fait de promotion de maréchaux-de-camp et de lieutenans généraux jusqu'au 1er janvier 1821.

10. Tous les emplois qui viendront à vaquer d'ici au 1er janvier 1821 dans le cadre de l'état-major général seront successivement donnés aux officiers généraux laissés en non-activité de service, suivant leur ancienneté de services réels et effectifs, conformément à la disposition prescrite par l'article 4 du titre Ier de la présente ordonnance.

11. Les vacances qui auront lieu depuis le 1er janvier 1821 jusqu'au 30 décembre 1825 seront remplies moitié par les promotions qui pourront avoir lieu, et l'autre moitié au choix parmi les officiers généraux en non-activité de service.

12. A dater du 1er janvier 1826, tous les emplois d'officier général qui viendront à vaquer dans le cadre d'organisation de l'état-major général de l'armée seront donnés aux officiers du grade immédiatement inférieur; et lorsque l'emploi vacant appartiendra à une arme spéciale, il ne pourra être donné qu'à un officier de cette arme.

En aucun cas, le complet ci-dessus fixé de cent trente lieutenans généraux et de deux cent soixante maréchaux-de-camp ne pourra être dépassé.

13. Les officiers généraux qui jouissent actuellement de la solde de non-activité sur les fonds affectés spécialement à cette dépense, et qui seront portés comme disponibles dans le cadre de l'état-major général, continueront de jouir de ce traitement jusqu'au 1er janvier 1819, époque à laquelle ils auront droit au traitement fixé par l'article 7, titre Ier de la présente ordonnance.

14. Notre ministre de la guerre est chargé de l'exécution de la présente ordonnance.

---

22 JUILLET = Pr. 27 AOUT 1818. — Ordonnance du Roi portant autorisation, conformément aux statuts y annexés, de la compagnie anonyme d'assurances provisoirement constituée dans la ville de Bordeaux. (7, Bulletin 230, n° 4754.)

Voy. deux ordonnances du 28 AVRIL 1820.

Louis, etc.

Sur le rapport de notre ministre secrétaire d'Etat de l'intérieur;

Vu les actes passés, les 31 mars et 24 juin 1818, devant Lacoste et Matthieu, notaires à Bordeaux, pour arrêter et modifier les statuts d'une société anonyme provisoirement constituée sous le nom de *Compagnie d'assurance de Bordeaux*, et ensemble le réglement d'administration délibéré, le 28 mai, par l'assemblée générale des actionnaires; vu la demande de ces derniers, accompagnée de l'avis favorable du préfet de la Gironde, à l'effet d'obtenir notre autorisation; vu les divers articles du Code de commerce relatifs aux sociétés anonymes;

Notre Conseil-d'Etat entendu,

Nous avons ordonné et ordonnons ce qui suit:

Art. 1er. La compagnie anonyme d'assurances provisoirement constituée dans notre bonne ville de Bordeaux, par actes des 31 mars et 24 juin derniers, demeure autorisée conformément aux statuts renfermés dans ces actes, à la condition néanmoins de porter à un million la limite du fonds de réserve, et de considérer comme faisant partie des statuts l'article 15 du réglement d'administration délibéré le 28 mai, lequel réglement restera, ainsi que les actes des 31 mars et 24 juin, annexé aux présentes.

2. La société sera tenue de remettre, tous les six mois, copie en forme de son état de situation au préfet du département, au greffe du tribunal de commerce et à la chambre de commerce de Bordeaux.

3. La présente autorisation étant liée à l'obligation de se conformer aux lois et aux statuts particuliers qui doivent régir la compagnie à laquelle elle est accordée, nous nous réservons de la révoquer dans le cas où ces conditions ne seraient point accomplies, sauf les actions à exercer par les particuliers de-

vant les tribunaux, à raison des infractions commises à leur préjudice.

4. Notre ministre secrétaire d'Etat de l'intérieur est chargé de l'exécution de la présente ordonnance, qui sera insérée au Bulletin des Lois; pareille insertion aura lieu dans le Moniteur et dans le journal du département de la Gironde, conjointement avec l'insertion des statuts ci-annexés, sans préjudice des affiches prescrites par l'article 45 du Code de commerce.

---

22 JUILLET 1818. — Ordonnances du Roi qui suppriment diverses foires et qui fixent les jours de la tenue de celles des communes de Cereste, Ciré, Sérigny-en-Bresse, Montauban et St.-Sulpice-les-Feuilles. (7, Bull. 242.)

---

22 JUILLET 1818. — Ordonnances du Roi qui nomment MM. Dugied et le marquis de Villeneuve préfets des départemens des Basses-Alpes et des Pyrénées-Orientales. (7, Bull. 226, n°s 4591 et 4592.)

---

22 JUILLET 1818. — Ordonnance du Roi qui autorise l'académie royale des sciences à accepter une somme de sept mille francs pour l'acquisition d'une rente perpétuelle sur l'Etat, destinée à la fondation d'un prix de physiologie expérimentale. (7, Bull. 227, n° 4675.)

---

22 JUILLET 1818. — Ordonnance du Roi qui admet les sieurs Droz, Krieger, Danner, Beger, Schbaberls, Callenberger, Fuchs, Garcia, Delagranda, Gaquier, Schiffaner, Leichtlé, Mazquiaran, Villar, Nadler et Putz, à établir leur domicile en France. (7, Bull. 233.)

---

22 JUILLET 1818. — Ordonnances du Roi qui accordent des lettres de déclaration de naturalité aux sieurs Calon Senault, Papas-Oglou, Hermo, Badia, baron de Kleist, Reisselmeyer et Eskens (7, Bull. 234, 241, 247, et 8, Bull. 52.)

---

22 JUILLET 1818. — Ordonnances du Roi qui autorisent l'acceptation de dons et legs faits aux pauvres et fabriques des églises de Pelleport, Vrigny, Lyon, Commercy, Cambrai, Seurre, Cessenon, Langeais, Goitres, Clayette, Rogny, Sentis, Saint-Estèphe, Blaye, Auty, Marseillan, Bessan, Florensac, Saint-Céré, Issengeaux, Landrecies, Figanières, Saint-Nicolas-de-la-Grave, Saix, Sainte-Juliette-de-Dusseau, Arras, Agen, Misson et Camaret. (7, Bull. 242.)

---

23 JUILLET 1818. — Ordonnance du Roi qui accorde des lettres de déclaration de naturalité au sieur Lapeine. (7, Bull. 238.)

---

24 = Pr. 29 JUILLET 1818. — Ordonnance du Roi portant que M. le baron de Vitrolles cessera de faire partie du conseil privé et d'être porté sur la liste des ministres d'Etat. (7, Bull. 226, n° 4593.)

Art. 1er. Le sieur baron de Vitrolles cessera de faire partie de notre conseil privé, et d'être porté sur la liste de nos ministres d'Etat.

2. Notre ministre secrétaire d'Etat au département des affaires étrangères, président de notre conseil des ministres, est chargé de l'exécution de la présente ordonnance.

---

29 JUILLET = Pr. 13 AOUT 1818. — Ordonnance du Roi portant rectification d'une erreur commise dans celle du 20 mai 1818, relative à la délivrance et à la légalisation des certificats de vie des rentiers viagers de la France résidant en pays étranger. (7, Bull. 228, n° 4679.)

Louis, etc.

Vu notre ordonnance du 20 mai 1818, modificative de celle du 30 juin 1814, concernant la délivrance et la légalisation des certificats de vie des rentiers viagers de la France résidant à l'étranger; considérant qu'on y a désigné par erreur le royaume actuel de Pologne sous la dénomination de *grand-duché de Varsovie*, et que cette erreur pourrait donner lieu à des méprises susceptibles d'occasionner, dans la légalisation des certificats de vie, des irrégularités qui, contrairement à notre intention, retarderaient le paiement de quelques rentiers viagers;

Sur le rapport de notre ministre secrétaire d'Etat au département des finances,

Nous avons ordonné et ordonnons ce qui suit :

Art. 1er. Les dispositions autorisées par notre ordonnance du 20 mai dernier, relativement à la légalisation des certificats de vie des rentiers viagers de la France résidant à l'étranger, et dont l'application ne doit concerner que le royaume actuel de Pologne, qui y est désigné par erreur sous la dénomination de *grand-duché de Varsovie*, ne sont pas applicables aux parties de l'ancien duché de Varsovie appartenant aujourd'hui à l'Autriche et à la Prusse.

En conséquence, les rentiers viagers de la France résidant dans les parties de l'ancien duché de Varsovie qui n'ont pas été réunies au royaume actuel de Pologne, se conformeront, pour la légalisation de leurs certificats de vie, aux formalités prescrites par notre ordonnance du 30 juin 1814, ainsi qu'elles ont été modifiées d'ailleurs par l'article 1er de celle du 20 mai de cette année.

2. Nos ministres des affaires étrangères et des finances sont chargés de l'exécution de la présente ordonnance.

---

29 JUILLET = 13 AOUT 1818. — Ordonnance du Roi portant réglement pour le service des postes aux lettres entre la France et le royaume des Pays-Bas. (7, Bull. 228, n° 4681.)

Louis, etc.

Vu la loi du 27 frimaire an 8 (18 décembre 1799), celle du 14 floréal an 10 (4 mai 1802), et l'article 20 du titre V de celle du 24 avril 1806, en ce qui concerne la taxe et les progressions de taxe et de poids des lettres de France; vu aussi les conventions conclues et signées à Paris, le 12 septembre 1817, entre l'office général des postes de France et l'office général des postes des Pays-Bas;

Sur le rapport de notre ministre secrétaire d'Etat des finances,

Nous avons ordonné et ordonnons ce qui suit :

Art. 1er. A dater du premier jour d'octobre 1818, le public de France sera désormais libre d'affranchir ou de ne point affranchir jusqu'à destination ses lettres et paquets pour le royaume des Pays-Bas.

2. L'affranchissement sera cependant obligatoire pour les lettres ou paquets chargés ou recommandés.

Il sera pareillement indispensable d'affranchir les gazettes et journaux ainsi que les catalogues, les prospectus, les imprimés et les livres en feuilles ou brochés;

Le tout jusqu'à destination dans le royaume des Pays-Bas.

3. L'affranchissement libre ou volontaire des lettres et paquets de tous les départemens du royaume de France pour toute l'étendue du royaume des Pays-Bas, sera perçu d'après les prix réglés par les lois concernant les taxes des correspondances françaises, pour toute lettre d'un poids au-dessous de six grammes, jusqu'à l'extrême frontière de France; et depuis cette extrême frontière jusqu'à destination dans le royaume des Pays-Bas, d'après les taxes du tarif des postes de ce royaume converties en décimes, et d'après les progressions de ce tarif, qui sont les mêmes que celles du tarif des postes de France, et proportionnellement au poids des lettres et paquets qui péseront six grammes et au-dessus, à raison de leur poids, selon les progressions de l'un et l'autre tarif.

4. L'affranchissement libre ou volontaire des échantillons de marchandises, pourvu que les paquets soient présentés sous bandes, ou d'une manière indicative de leur contenu, ne sera perçu qu'au tiers de la taxe des deux tarifs; le prix n'en sera cependant jamais au-dessous du prix réglé pour une lettre simple par les tarifs réunis des deux offices.

5. L'affranchissement obligatoire des lettres et paquets chargés ou recommandés sera perçu d'avance au double des taxes fixées par les tarifs de France et des Pays-Bas pour les affranchissemens ordinaires dont il est question dans l'article 3 ci-dessus, jusqu'à destination dans les Pays-Bas.

6. L'affranchissement aussi obligatoire des gazettes et journaux, ainsi que des catalogues, des prospectus, des imprimés et des livres en feuilles ou brochés, sera pareillement perçu d'avance, savoir : pour les gazettes et journaux, à raison de *huit centimes*; pour les autres ouvrages de librairie, à raison de *dix centimes*, le tout par feuille d'impression : et par chaque demi-feuille ou quart de feuille à proportion de l'un ou de l'autre de ces deux prix, selon la nature des ouvrages.

7. Les lettres et paquets, les échantillons de marchandises, les gazettes et journaux, ainsi que tous autres ouvrages de librairie, affranchis, les uns volontairement, et les autres obligatoirement, dans toute l'étendue du royaume des Pays-Bas, pour toute l'étendue du royaume de France, jusqu'à destination, seront distribués à leurs adresses, sans qu'il puisse être exigé aucun prix de port.

8. Les correspondances non affranchies des villes et endroits du premier rayon de l'office des Pays-Bas, et timbrées L. P. B. 1. R., pour les bureaux d'échange français, soit de Dunkerque, soit de Lille, soit de Valenciennes, soit de Givet, soit de Sédan ou de Thionville, seront taxées à raison de *quatre décimes* par lettre simple ou d'un poids au-dessous de six grammes, et les lettres ou paquets d'un poids de six grammes et au-dessus seront taxés proportionnellement à ce prix, selon les progressions du tarif des postes de France.

9. Les correspondances des villes et endroits compris dans le deuxième rayon de l'office des Pays-Bas, sous le timbre L. P. B. 2. R., ainsi que celles d'Angleterre qui, timbrées A. T. P. B., seraient par mégarde dirigées par les Pays-Bas pour les six bureaux frontières de poste française susnommés, devront être taxées à raison de *six décimes* par lettre d'un poids au-dessous de six grammes; et les lettres ou paquets d'un poids de six grammes et au-dessus, proportionnellement à ce prix, selon leur poids, d'après les progressions du tarif français.

10. Les correspondances des villes et endroit du troisième rayon des Pays-Bas, et timbrées L. P. B. 3. R., pour les six bureaux d'échange de la frontière française désignés dans l'article 8 de la présente ordonnance, seront taxées pour ces villes de leur entrée dans le royaume, à raison de *sept décimes* par lettre d'un poids au-dessous de six grammes; et les lettres ou paquets d'un poids de six grammes et au-dessus seront taxés proportionnellement à ce prix, selon les progressions du tarif des postes françaises.

11. Les correspondances des villes et endroits du quatrième rayon des Pays-Bas, timbrées L. P. B. 4. R., pour les six bureaux d'échange français susmentionnés, seront taxées à raison de *huit décimes* par lettre dun poids au-dessous de six grammes, et les lettres ou paquets d'un poids de six grammes et au-dessus, proportionnellement à ce prix, selon les progressions du tarif des postes de France.

12. Les correspondances des villes et endroits circonscrits dans le cinquième rayon de l'office des Pays-Bas, sous le timbre L. P. B. 5. R., pour les bureaux d'échange prénommés de la frontière française, y seront taxées à raison de *neuf décimes* par lettre d'un poids au-dessous de six grammes; et les lettres ou paquets d'un poids de six grammes et au-dessus seront taxés proportionnellement à ce prix, d'après les progressions du tarif français.

13. Les lettres et paquets des cinq rayons de l'office des Pays-Bas, ainsi que les lettres et paquets d'Angleterre, sous le timbre A. T. P. B., qui seront réexpédiés des six bureaux d'échange français dénommés dans l'article 8 de la présente ordonnance pour toutes autres destinations en France, seront taxés, d'après leur timbre, du prix fixé pour celui de ces six bureaux par lequel ils seront entrés; plus, du port dû, selon le tarif français, depuis l'un ou l'autre de ces points jusqu'à ceux de leur distribution.

14. Les échantillons de marchandises venant des Pays-Bas, ou de l'étranger par ce royaume, pourvu que les paquets en soient mis sous bandes, ou d'une manière indicative de leur contenu, ne seront taxés qu'aux tiers des prix fixés pour les lettres et paquets de celui des rayons des Pays-Bas d'où ils auront été expédiés, ou par lequel ils seront entrés pour passer en France; cependant le prix de port n'en sera jamais moindre que celui d'une lettre simple.

15. Les gazettes et journaux, ainsi que les catalogues, les prospectus, les imprimés, et les livres en feuilles ou brochés, qui parviendront de l'étranger, non affranchis et sous bandes, par la voie des postes de l'office des Pays-Bas en France, seront taxés pour toute l'étendue du royaume, savoir: les deux premières espèces de ces ouvrages, à raison de *huit centimes*, et toutes les autres, à raison de *dix centimes*, par feuille d'impression; et à proportion de l'un ou de l'autre de ces deux prix, par demi-feuille ou par quart de feuille.

16. Notre ministre des finances est chargé de l'exécution de la présente ordonnance.

---

29 JUILLET = Pr. 22 AOUT 1818. — Ordonnance du Roi portant que les fours à plâtre et à chaux cessent d'être compris dans la première classe des manufactures et ateliers qui répandent une odeur insalubre et incommode. (7, Bull. 229, n° 4744.)

Voy. ordonnance du 14 JANVIER 1815 et notes.

Louis, etc.

Sur le rapport de notre ministre secrétaire d'Etat au département de l'intérieur,

Vu le décret du 15 octobre 1810, relatif aux manufactures et ateliers qui répandent une odeur insalubre ou incommode, notre ordonnance du 14 janvier 1815, sur le même objet, et la nomenclature, divisée en trois classes, qui s'y trouve annexée; voulant accorder, pour la formation et le déplacement de celles desdites fabriques dont l'exploitation présente le moins d'inconvéniens, les facilités que nous a paru réclamer l'intérêt de l'industrie;

Notre Conseil-d'Etat entendu,

Nous avons ordonné et ordonnons ce qui suit:

Art. 1er. A compter de la publication de la présente ordonnance, les fours à plâtre et fours à chaux permanens cessent d'être compris dans la première classe des manufactures et ateliers qui répandent une odeur insalubre ou incommode.

2. Ces mêmes fours feront désormais partie des établissemens de deuxième classe; leur création, en conséquence, ou leur déplacement, ne seront soumis qu'aux formalités prescrites par l'article 7 du décret du 15 octobre 1810.

3. Toutes les permissions concernant des établissemens de la nature dont il s'agit, provisoirement accordées par notre ministre secrétaire d'Etat de l'intérieur, depuis le 1er janvier 1816, par suite d'instructions rendues en conformité des articles 3, 4 et 5 du décret du 15 octobre 1810, sont et demeurent confirmées.

4. Notre ministre de l'intérieur est chargé de l'exécution de la présente ordonnance.

---

29 JUILLET = Pr. 3 SEPTEMBRE 1818. — Ordonnance du Roi portant autorisation, conformément aux statuts y annexés, de la société anonyme formée à Paris sous le nom de Caisse d'Epargne et de Prévoyance. (7, Bull. 232, n° 4813.)

Louis, etc.

Sur le rapport de notre ministre secrétaire d'Etat de l'intérieur,

Quelques personnes animées par une intention bienfaisante nous ayant demandé d'être autorisées à ouvrir une caisse d'épargnes et de prévoyance, qui sera exclusivement consacrée à recevoir les économies journalières que les particuliers voudront y verser, et qui seront placées immédiatement dans les fonds publics, dont les produits seront ménagés de manière à procurer, par une accumulation d'intérêts comptés de mois en mois, l'accroissement du capital au profit de chaque propriétaire, jusqu'à ce que sa créance se trouve convertie en une inscription, en sa faveur, de cinquante francs de rente perpétuelle sur le grand-livre de la dette publique;

Les souscripteurs présentant, pour la première garantie des dépositaires, une mise de fonds de mille francs de rente perpétuelle, dont ils font gratuitement l'abandon au profit de l'établissement, et ayant invité les personnes bienfaisantes à suivre leur exemple;

La compagnie royale d'assurances, à laquelle appartiennent les premiers fondateurs, offrant de fournir gratuitement le local des bureaux de la caisse;

Les souscripteurs, pour assurer d'autant mieux la confiance, ayant voulu que leur association fût soumise aux formes des sociétés anonymes commerciales, quoique toute idée de profit pour eux en soit écartée;

Et ce projet nous ayant paru réunir le double mérite d'encourager le particulier à l'économie, en lui rendant utiles pour l'avenir ses moindres épargnes, et de mettre à la portée de tous les avantages que le taux de l'intérêt dans la dette nationale offre aux capitalistes;

Vu l'avis du Conseil-d'État du 25 mars 1809;

Le décret du 18 novembre 1810;

Vu l'acte passé le 22 mai 1818, devant notaires, par les fondateurs de cet établissement;

Vu les articles 29 à 37, 40 à 45 du Code de commerce;

Notre Conseil-d'Etat entendu,

Nous avons ordonné et ordonnons ce qui suit :

Art. 1er. La société anonyme formée à Paris sous le nom de *Caisse d'épargnes et de Prévoyance*, est et demeure autorisée, conformément à l'acte social contenant les statuts de ladite association, passé devant Colin de Saint-Menge et son collègue, notaires royaux à Paris, le 22 mai 1818; lequel acte demeure annexé à la présente ordonnance, et sera affiché avec elle, à la forme de l'article 45 du Code de commerce.

2. Notre présente autorisation vaudra pour trente ans, à la charge d'exécuter fidèlement les statuts, nous réservant de révoquer notredite autorisation en cas de non-exécution ou de violation des statuts par nous approuvés; le tout sauf le droit des tiers, et sans préjudice des dommages-intérêts qui seraient prononcés par les tribunaux contre les auteurs des contraventions.

3. L'administration de la société sera tenue de présenter, tous les six mois, le compte rendu de sa situation; des copies en seront remises au préfet de la Seine, au préfet de police, au tribunal de commerce et à la chambre de commerce de Paris.

4. Notre ministre de l'intérieur est chargé de l'exécution de la présente ordonnance.

Par devant Me Colin de Saint-Menge (Marc-Louis-Amable), et son collègue, notaires à Paris, soussignés,

Sont comparus MM. Jacques Laffitte, chevalier de la Légion-d'Honneur, gouverneur de la Banque, demeurant à Paris, rue de la Chaussée-d'Antin, n° 11,

Au nom de la maison de Banque connue à Paris sous la raison Perregaux, Laffitte et compagnie;

Bernard Boucherot, demeurant à Paris, rue de Provence, n° 40,

Au nom de la maison de Banque Boucherot et compagnie;

Antoine Scipion Perier, demeurant à Paris, rue Neuve-de-Luxembourg, n° 27,

Au nom de la maison de Banque Perier, frères;

Claude-George Barillon (de l'île de France), banquier, demeurant à Paris, rue de la Chaussée-d'Antin, n° 3,

Au nom de la maison de banque Claude-George Barillon et compagnie (de l'île de France);

Henri Flory, régent de la Banque, demeurant à Paris, rue Chantereine, n° 54;

Jean-Marie-Gaspar Busoni, banquier, demeurant à Paris, rue Bleue, n° 23,

Au nom de la maison de banque Busoni, Louis Goupy et compagnie, établie à Paris, rue du Faubourg-Poissonnière, n° 19;

Jean-François Guérin de Foncin, négociant, demeurant à Paris, rue de Grammont, n° 17,

Au nom de la maison de commission de Guérin de Foncin et compagnie;

François-Gilbert-Jacques Lefebvre, deraut à Paris, rue de la Paix, n° 1,

Au nom de la maison de banque Jacques Lefebvre et compagnie;

Jacques-Gabriel Caccia, négociant, chevalier de la Légion-d'Honneur, demeurant à Paris, rue Neuve-des-Petits-Champs, n° 60;

Adolphe-Pierre-François Cottier, banquier, demeurant à Paris, rue Cadet, n° 9,

Au nom de la maison de banque Dominique André et Cottier;

Luc Gallaghan, banquier, demeurant à Paris, rue Bleue, n° 15;

Barthélemy Guiton, négociant, régent de la Banque, demeurant à Paris, rue Michel-Lecomte, n° 21;

Jules-Paul-Benjamin Delessert, banquier, demeurant à Paris, rue Coq-Héron, n° 3,

Au nom de la maison de banque Delessert et compagnie;

Jean-Conrad Hottinguer, banquier, demeurant à Paris, rue du Sentier, n° 20;

Jean-Charles-Joachim Davillier (baron), banquier, demeurant à Paris, rue Basse-du-Rempart,

Au nom de la maison de banque Jean-Charles Davillier et compagnie;

Honorat l'aîné, administrateur de la loterie, demeurant à Paris, rue de Grenelle, faubourg Saint-Germain;

Auguste-Charles-Théodore Vernes, banquier, demeurant à Paris, rue Saint-Thomas-du-Louvre, n° 9,

Au nom de la maison de banque Pillet-Will et compagnie;

Alexandre-César de Lapanouze, banquier, demeurant à Paris, rue Paradis-Poissonnière, n° 42;

Henri Hentsh, négociant, demeurant à Genève, à présent à Paris, rue du Sentier, n° 26,

Au nom de la maison de commerce connue sous la raison de Henri Hentsh et compagnie;

Vital Roux, régent de la Banque de France, agent général de la compagnie royale d'assurances, demeurant à Paris, à l'hôtel de l'administration, rue de Richelieu, n° 104;

Tous les comparans patentés, ainsi qu'ils le déclarent et ainsi qu'ils en ont justifié par leurs quittances;

Lesquels, désirant fixer les bases et réglement d'une société anonyme sous la dénomination de *Caisse d'Epargnes et de Prévoyance*, ont exposé ce qui suit :

Art. 1er. Il sera établi, avec l'autorisation du Gouvernement, une société anonyme sous la dénomination de *Caisse d'Epargnes et de Prévoyance*.

Cette caisse est destinée à recevoir en dépôt les petites sommes qui lui seront confiées par les cultivateurs, ouvriers, artisans, domestiques et autres personnes économes et industrieuses. Chaque dépôt devra être d'un franc au moins et sans fraction de franc.

La caisse d'épargnes et de prévoyance sera mise en activité aussitôt que le présent acte aura reçu l'approbation du Gouvernement.

2. Toutes les sommes versées à la caisse seront employées en achat de rentes sur l'Etat, lesquelles seront inscrites au nom de la caisse d'épargnes et de prévoyance; ces rentes ne pourront être valablement transférées que par la signature de trois des directeurs de la caisse.

3. La compagnie royale d'assurances ayant offert de doter la caisse d'épargnes et de prévoyance d'une somme de mille francs de rente cinq pour cent, et d'affecter à l'administration de cette caisse une portion du local occupé par la compagnie royale, cette offre est acceptée.

Il sera autrement pourvu par suite, s'il y a lieu, au local nécessaire pour l'administration de la caisse.

4. Le don de mille francs de rente mentionné à l'article 3 forme le premier fonds de la caisse; ce fonds s'accroîtra des sommes qui pourront être données à la caisse par les personnes qui voudront concourir au succès de l'établissement : chacune de ces personnes pourra par délibération du conseil des directeurs, être inscrite au nombre des fondateurs de la caisse.

5. Sur le produit annuel de ces dotations, et subsidiairement sur les bénéfices de la caisse, seront prélevés les frais qu'entraînera son administration.

6. La caisse sera administrée gratuitement par vingt-cinq directeurs, dont les fonctions dureront cinq ans, et qui seront renouvelés par cinquième chaque année.

Les directeurs sortans seront indiqués par le sort pendant les premières années, et ensuite par l'ancienneté.

Ils seront indéfiniment rééligibles.

7. Les soussignés seront directeurs de la caisse; ils éliront les membres nécessaires pour compléter le nombre des vingt-cinq directeurs, et les choisiront de préférence parmi les fondateurs ou les administrateurs de la caisse d'épargnes et de prévoyance.

Il en sera de même pour le remplacement annuel des cinq directeurs sortans; leurs successeurs seront élus par les vingt autres directeurs.

Le même mode d'élection sera suivi pour le remplacement des directeurs décédés ou démissionnaires; les remplaçans seront nommés par les directeurs restans.

8. Le conseil des directeurs est autorisé à s'adjoindre, pour l'administration de la caisse, un nombre indéterminé d'administrateurs choisis de préférence parmi les fondateurs de la caisse.

9. Au mois de décembre de chaque année, le conseil des directeurs fixera le taux de l'intérêt qui sera alloué aux prêteurs pendant tout le cours de l'année suivante.

Cet intérêt sera de cinq pour cent pendant l'année 1818.

10. L'intérêt sera alloué sur chaque somme ronde de douze francs : aucun intérêt ne sera alloué pour les sommes au-dessous de douze francs, non plus que sur les portions de dépôt excédant les multiples de douze francs.

11. L'intérêt sera dû à compter du 1er jour du mois qui suivra l'époque à laquelle aura été versée et complétée chaque somme ronde de douze francs.

12. L'intérêt sera réglé à la fin de chaque mois; il sera ajouté au capital, et pourra produire des intérêts pour le mois suivant.

13. Les dépôts seront restitués, à quelque époque que ce soit et à la volonté des prêteurs, en prévenant huit jours d'avance, la caisse se réservant toutefois, si elle le juge convenable, de rembourser avant l'expiration de huit jours.

14. Les sommes retirées ne porteront point d'intérêt pour les jours écoulés du mois pendant lequel le retirement sera opéré, la caisse n'allouant aucun intérêt pour les fractions de mois.

15. Aussitôt que le compte d'un prêteur présentera une somme suffisante pour acheter, au cours moyen du jour, une somme de cinquante francs de rente sur l'Etat, le transfert de ces rentes sera fait en son nom : il en deviendra propriétaire; la valeur en sera déduite du montant de son avoir.

16. Si les prêteurs ne retirent pas les inscriptions de cinq pour cent établies en leurs noms, la caisse en restera dépositaire pour en percevoir les intérêts au crédit du titulaire.

17. Le bilan de la caisse sera arrêté chaque année par le conseil des directeurs; il sera rendu public, après avoir été communiqué à l'assemblée générale des fondateurs et administrateurs de la caisse.

18. Les bénéfices de la caisse seront employés, soit à accroître son fonds capital, soit à augmenter le taux de l'intérêt annuel en faveur des prêteurs.

19. La dissolution de la caisse arrivant pour quelque cause que ce soit, les valeurs qui resteront libres après le remboursement de tous les dépôts et le paiement de toutes les dettes, seront réparties, d'après délibération du conseil des directeurs, entre les prêteurs et les titulaires d'inscriptions dont la caisse serait dépositaire, ainsi qu'il est dit en l'article 16.

20. Les soussignés, tous actionnaires de la compagnie royale d'assurances, déclarent avoir l'intention d'effectuer personnellement le don de mille francs de rente cinq pour cent consolidés, mentionnés en l'article 3.

En conséquence, chacun d'eux s'oblige de tranférer à la caisse d'épargnes et de prévoyance une somme de cinquante francs de rente.

Dont acte,

Fait et passé à Paris, en leurs demeures, pour MM. Laffitte, ch. Davillier, Busoni, Hottinguer, Benjamin Delessert, Henri Flory, Dominique André et Cottier et Luc Gallaghan, et pour les autres parties, en l'hôtel de l'administration de la compagnie royale d'assurances, situé à Paris, rue de Richelieu, n° 104, l'an 1818, le 22 mai; et ont tous les comparans signé avec les notaires, après lecture faite, la minute des présentes demeurée à Me Colin de Saint-Menge, l'un d'eux, et sur laquelle est écrit :

« Enregistré à Paris, le 29 mai 1818, « *folio* 151, *verso, cases* 3, 4 *et* 5. Reçu cinq « francs cinquante centimes. »

Signé LAFORCADE.

---

29 JUILLET 1818. — Ordonnance du Roi qui autorise l'inscription au Trésor royal de quarante-une soldes de retraite définitives. (7, Bull. 228, n° 4680.)

---

29 JUILLET 1818. — Ordonnance du Roi qui accorde une pension de mille sept cent quatre-vingt-cinq francs à M. Duclos, ex-conseiller référendaire de première classe à la cour des comptes. (7, Bull. 228, n° 4678.)

---

29 JUILLET 1818. — Ordonnance du Roi qui admet la dame veuve Duran et le sieur Gantert à établir leur domicile en France. (7, Bull. 233.)

---

29 JUILLET 1818. — Ordonnances du Roi qui accordent des lettres de déclaration de naturalité aux sieurs Dassereto, Vernazza, Lepri dit Bourgeois, baron Dusart de Molenbaix, Matthieu, Georges, Canton, Van-Os, Schorsch dit Georges, Del Rozario, Humaza-y-Alvarado, Gauthier et Roussy. (7, Bull. 234, 241, 247, 248 et 258.)

---

29 JUILLET 1818. — Lettres-patentes du Roi portant institution de majorats en faveur de MM. les barons de Nervo, Guérard, Liborel et Ribet. (7, Bull. 227.)

---

29 JUILLET 1818. — Ordonnance du Roi contenant réglement sur l'exercice de la profession de boulanger dans la ville de Toul. (7, Bull. 242.)

---

29 JUILLET 1818. — Ordonnances du Roi qui autorisent l'acceptation de dons et legs faits aux séminaires et fabriques des églises d'Evreux, Renêve, Plumalian, Châlons-sur-Saône, Rouen, Saint-Sulpice de Paris et Champigneul. (7, Bull. 242.)

---

30 JUILLET 1818. — Ordonnances du Roi qui accordent des lettres de déclaration de naturalité aux sieurs Bonnod et Guyat. (7, Bull. 238.)

---

30 JUILLET 1818. — Instruction du ministre de la guerre sur le mode d'admission et d'examen des capitaines, lieutenans et sous-lieutenans de toutes armes, qui désireront concourir à la formation du corps royal de l'état-major. (Mon. n° 219).

---

2 = Pr. 31 Aout 1818. — Ordonnance du Roi portant réglement sur la hiérarchie militaire et la progression de l'avancement, ainsi que sur les nominations aux emplois dans l'armée conformément à la loi du 10 mars 1818. (7, Bull. 231, n° 4765.)

Voy. notes sur la loi du 10 mars 1818.

Louis, etc.

Voulant déterminer et asseoir sur des bases positives les principes de la hiérarchie militaire et la progression de l'avancement aux grades et emplois de notre armée, pour la pleine et entière exécution de la loi du 10 mars dernier;

Fixer l'ordre et les attributions du commandement dans toute l'armée, pour y maintenir la subordination et la discipline;

Exciter l'émulation, en assurant également aux militaires de tous les rangs la possibilité de parvenir par leur propre mérite et la distinction de leurs services aux degrés les plus élevées de la carrière militaire;

Voulant aussi que les emplois de notre garde deviennent un moyen de récompense pour les officiers de notre armée qui se seraient rendus dignes de cette préférence;

Sur le rapport de notre ministre secrétaire d'Etat de la guerre,

Nous avons ordonné et ordonnons ce qui suit:

TITRE Ier. De la hiérarchie des grades.

Art. 1er. Toute proposition de nomination aux grades et emplois militaires nous sera soumise par notre ministre secrétaire d'Etat de la guerre, qui constatera, d'après la loi, le droit ou le titre sur lequel elle est fondée.

Aucune nomination n'aura lieu qu'à raison de vacance d'emplois dans les grades constitutifs de notre armée.

2. Les degrés de la hiérarchie militaire sont invariables.

3. Les grades pour les officiers sont ceux de sous-lieutenant, lieutenant, capitaine, chef de bataillon ou d'escadron, lieutenant-colonel, colonel, maréchal-de-camp, lieutenant général, maréchal de France.

4. Le concours pour l'avancement, tant au choix qu'à l'ancienneté, aura lieu, quant aux grades inférieurs d'officier, entre les sous-officiers et officiers du même corps, et quant aux grades supérieurs, entre tous les officiers de la même arme, sauf ce qui est déterminé aux titres suivans pour les différentes armes.

5. En aucun cas, l'officier promu à un grade supérieur ne pourra conserver les fonctions du grade inférieur, sauf ce qui a été déterminé par notre ordonnance du 1er avril dernier, relativement aux compagnies de discipline.

6. Dans toute l'armée, les marques distinctives seront celles de l'emploi conféré; sauf les dispositions portées ci-après, article 84.

7. Il ne sera donné aucun grade militaire hors des cadres de l'armée, si ce n'est dans le cas réglé par nos ordonnances sur les retraites.

TITRE II. Des caporaux et des sous-officiers.

8. Les caporaux ou brigadiers seront choisis parmi les soldats; les fourriers le seront parmi les caporaux ou brigadiers.

9. Sont compris sous la dénomination de *sous-officiers*, dans l'infanterie, les sergens, les sergens-majors; dans les troupes à cheval, les maréchaux-des-logis, les maréchaux-des-logis-chefs; et dans toutes les armes, les adjudans.

10. Les sergens et maréchaux-des-logis seront tirés de la classe des caporaux et brigadiers-fourriers; les sergens-majors et maréchaux-des-logis-chefs seront choisis parmi les sergens et maréchaux-des-logis; les adjudans seront pris parmi les sergens-majors ou maréchaux-des-logis-chefs.

11. Pour être nommé caporal ou brigadier, il faudra: 1° avoir servi activement pendant un an au moins, dans un corps de l'armée, comme soldat; 2° être de la première classe; 3° être en état d'instruire un homme de recrue; 4° être instruit sur le service des places et des postes, en ce qui concerne les fonctions de caporal ou brigadier.

Pour être nommé sergent ou maréchal-des-logis, il faudra, 1° être âgé de vingt ans révolus; 2° avoir servi activement dans un corps de troupes réglées, deux ans au moins, dont six mois en qualité de caporal ou de brigadier; 3° savoir lire et écrire; 4° être en état d'instruire les recrues; 5° être en état de commander un peloton; 6° connaître suffisamment le service intérieur de police et de discipline, le service des places et celui des campagnes, en ce qui concerne les fonctions de sous-officier.

Ne seront susceptibles d'être nommés sergens-majors ou maréchaux-des-logis-chefs que les sous-officiers ayant servi trois mois en qualité de sergent ou de maréchal-des-logis.

Les adjudans ne pourront être choisis que parmi les sergens-majors ou maréchaux-des-logis-chefs ayant au moins un an de service en cette qualité.

En temps de guerre, le remplacement des sous-officiers se fera immédiatement à mesure que les places seront vacantes. En temps de paix, les sergens-majors, les maréchaux-des-logis-chefs et les adjudans seulement seront remplacés à mesure que les places seront vacantes; le remplacement des autres sous-officiers n'aura lieu que tous les semestres.

12. Le capitaine commandant la compagnie ou escadron fera au chef de bataillon ou chef d'escadron un rapport par écrit, dans lequel il désignera : 1° un soldat par escouade, comme propre à concourir aux emplois de caporal ou de brigadier; 2° les cinq sujets qui, parmi les caporaux ou brigadiers, sont, par leur moralité et leur instruction, susceptibles de remplir l'emploi de fourrier et d'être élevés au grade de sergent ou de maréchal-des-logis; 3° les sergens-majors, maréchaux-des-logis-chefs, sergens ou maréchaux-des-logis les plus dignes d'avancement par leur bonne conduite et leur intelligence.

Les chefs de bataillon ou d'escadron feront sur ces rapports les observations qu'ils croiront convenables, et les remettront au lieutenant-colonel.

13. Le lieutenant-colonel, après avoir recueilli ces rapports, les remettra au colonel, en y joignant ses notes particulières sur les sous-officiers qu'il croira les plus dignes d'avancement.

Le colonel, sur ces renseignemens, dressera le tableau pour l'avancement; il y désignera, parmi les sergens, maréchaux-des-logis, sergens-majors, maréchaux-des-logis-chefs et adjudans, ceux qui se seront distingués plus particulièrement, et qu'il croira susceptibles d'être élevés au grade d'officier.

14. En l'absence du colonel, le tableau pour l'avancement, à l'appui duquel devront être conservés les rapports indiqués dans les articles ci-dessus, sera déposé entre les mains de l'officier supérieur commandant le corps.

Le tableau d'avancement sera présenté à l'inspecteur général, qui en rendra compte à notre ministre de la guerre.

15. Quant il vaquera une place de caporal ou brigadier, le commandant de la compagnie ou de l'escadron choisira trois sujets entre ceux déjà portés sur le tableau d'avancement du bataillon pour l'infanterie, ou du régiment pour la cavalerie, et en remettra l'état à son chef de bataillon ou d'escadron, qui le transmettra au lieutenant-colonel avec ses observations, et ce dernier le présentera au colonel, qui désignera celui des trois sujets proposés auquel l'emploi sera conféré. Si la place vacante est un emploi de caporal-fourrier ou brigadier-fourrier, le capitaine de la compagnie ou escadron sera tenu de choisir les trois candidats sur le tableau d'avancement du bataillon dans l'infanterie, ou du régiment dans la cavalerie.

Si la place vacante est un emploi de sous-officier, le commandant de la compagnie ou escadron choisira trois sujets pris sur le tableau d'avancement du bataillon ou régiment, et en remettra l'état à son chef de bataillon ou d'escadron, qui le transmettra avec ses notes au lieutenant-colonel, pour que le colonel fasse ensuite la nomination.

Les adjudans seront nommés par le colonel, sur la présentation faite par le lieutenant-colonel.

16. Dans les corps composés d'un seul bataillon ou escadron et dans les compagnies isolées, ces propositions de nominations seront soumises immédiatement à l'inspecteur général d'armes, à l'époque de ses revues, en se conformant d'ailleurs aux réglemens particuliers relatifs à ces corps.

TITRE III. Des sous-lieutenans.

17. Conformément à l'article 27, titre VI de la loi du 10 mars, pour obtenir le grade de sous-lieutenant, il faut avoir servi comme sous-officier pendant deux ans dans un corps de troupes, ou avoir suivi pendant deux ans les cours et exercices des écoles spéciales militaires, et satisfait eux examens desdites écoles.

18. Conformément à l'article 28, titre VI de la loi du 10 mars dernier, le tiers des emplois de sous-lieutenant étant destiné aux sous-officiers, et les deux autres tiers étant réservés à notre choix, le premier tour d'avancement appartiendra aux sous-officiers du corps où l'emploi sera vacant; le second et le troisième appartiendront aux sujets que nous aurons choisis, après nous être assurés, sur le rapport de notre ministre de la guerre, qu'ils remplissent les conditions exigées par la loi et par notre présente ordonnance.

19. Lorsqu'il vaquera un emploi de sous-lieutenant appartenant au tour des sous-officiers, le colonel ou chef du corps proposera à notre ministre de la guerre trois sujets choisis sur le tableau pour l'avancement des sous-officiers du corps.

L'un d'eux sera nommé à la sous-lieutenance.

TITRE IV. Des tours d'avancement à l'ancienneté jusqu'au grade de lieutenant-colonel.

20. La loi du 10 mars dernier ayant réglé que les deux tiers des grades et emplois de lieutenant, de capitaine, de chef de bataillon ou d'escadron et de lieutenant-colonel, seraient donnés à l'ancienneté, dans le cas de vacance dans les susdits grades, le premier tour appartiendra à l'ancienneté, le second à notre choix, le troisième à l'ancienneté.

21. Les tours d'ancienneté pour l'avancement aux grades de lieutenant et de capitaine rouleront sur les officiers du corps où vaquera l'emploi, sauf ce qui est déterminé aux titres suivans pour les différentes armes, et à l'article 25 ci-après.

22. Il sera établi, par les soins de notre ministre de la guerre, un tableau, par arme et par grade, des rangs d'ancienneté des capitaines et officiers supérieurs jusqu'au grade de lieutenant-colonel.

23. Lorsque, dans le corps où vaquera un emploi de lieutenant ou de capitaine dévolu à l'ancienneté, il ne se trouvera pas d'officier réunissant les quatre ans de grade exigés par la loi, il en sera rendu compte à notre ministre de la guerre, qui désignera pour l'emploi vacant l'officier le plus ancien de grade de toute l'arme.

24. Aussitôt qu'il vaquera un emploi dans un corps, le colonel ou commandant de ce corps sera tenu dans rendre compte au ministre de la guerre.

Lorsque l'emploi vacant appartiendra à l'ancienneté pour l'avancement aux grades de lieutenant et de capitaine, le colonel ou commandant du corps indiquera l'officier qui y aura droit, et enverra son état de services, certifié par le conseil d'administration, et visé par l'intendant ou sous-intendant militaire.

25. Dans les corps composés d'un seul bataillon ou escadron, ou d'une compagnie isolée, l'avancement roulera particulièrement sur chacun de ces corps qui serait seul de son espèce, ou sur l'ensemble de ceux de même espèce.

26. Le rang d'ancienneté pour les promotions de même date sera réglé par le numéro d'ordre porté au brevet et indiquant le rang des nominations dans ces promotions, ainsi qu'il sera déterminé ci-après (au titre *de l'Expédition des Brevets*).

27. Afin que les officiers ne puissent en aucun cas être privés de leurs droits et rang d'ancienneté dans les corps, les passages d'un corps ou d'une arme à l'autre, par échange ou permutation dans le mêmegrade, ne nous seront proposés, dans le cas où ils pourraient avoir lieu, que pour des officiers qui auront, autant que possible, la même ancienneté de grade.

28. ne seront comptés, pour déterminer les droits à l'avancement, que les services effectifs dans les corps organisés par nos ordonnances.

TITRE V. Des emplois au choix du Roi.

29. Voulant que notre choix, pour les promotions et nominations aux emplois dans l'armée, soit toujours un motif d'émulation, nous ordonnons qu'à l'avenir les officiers de nos troupes dont l'avancement nous sera proposé, soient pris parmi ceux désignés dans les rapports des inspecteurs généraux d'armes.

30. Les inspecteurs généraux, après s'être assurés des droits des officiers à notre préférence pour l'avancement, en feront un rapport particulier à notre ministre de la guerre.

Ces rapports seront renouvelés chaque année, et le résultat en sera mis sous nos yeux par notre ministre de la guerre, immédiatement après la clôture des revues d'inspection.

En campagne, les généraux commandant les divisions remplaceront les inspecteurs d'armes.

31. Les officiers jusqu'au grade de lieutenant-colonel inclusivement, qui cesseront de faire partie de l'un des corps ou cadres constitutifs de notre armée ne pourront (sauf les cas déterminés au titre des *Dispositions transitoires*) y rentrer que par nomination aux emplois vacans à notre choix, et, dans ce cas, ils prendront rang de la date de leur nouvelle admission relatée au nouveau brevet qui leur sera expédié.

TITRE VI. Porte-Drapeaux et porte-étendards.

32. A l'avenir, les porte-drapeaux et porte-étendards auront le grade de sous-lieutenant.

33. Pour la nomination à l'emploi de porte-drapeau ou de porte-étendard, le commandant du corps choisira trois sujets parmi les sous-officiers portés sur le tableau pour l'avancement, et ayant le temps de service et de grade suffisant pour être nommés officiers : il en remettra l'état avec celui de leurs services à l'inspecteur général, sur le rapport duquel notre ministre de la guerre nous proposera la nomination de l'un d'eux à l'emploi vacant.

34. La nomination à l'emploi de porte-drapeau ou porte-étendard, élevant un sous-officier au grade d'officier, comptera dans le tiers dévolu à l'avancement des sous-officiers.

35. Lorsque, dans l'infanterie ou la cavalerie, un officier porte-drapeau ou porte-étendard sera appelé par son ancienneté à un emploi du grade supérieur au sien, il sera tenu de prendre sa place dans la compagnie où l'emploi sera vacant, et il sera remplacé dans celui qu'il occupait.

TITRE VII. Des adjudans-majors.

36. Dans l'infanterie, les adjudans-majors seront choisis parmi les lieutenans ayant précédemment servi comme adjudans sous-officiers, sergens-majors ou maréchaux-des-logis-chefs, et, autant que possible, parmi ceux qui, ayant quatre ans du grade de lieutenant, seront susceptibles d'être promus au grade de capitaine.

Dans la cavalerie, l'artillerie et le génie, les adjudans-majors seront choisis parmi les lieutenans en premier.

37. L'officier ayant quatre ans du grade de lieutenant à l'époque de sa nomination à l'emploi d'adjudant-major sera en même temps promu au grade de capitaine; il obtiendra ce grade à l'expiration des quatre

années de celui de lieutenant, lorsqu'un emploi d'adjudant major lui aura été conféré avant ce terme.

Dans la cavalerie, dans l'artillerie et le génie, lorsque le tour d'ancienneté d'un adjudant-major, capitaine en second, l'appellera au rang de capitaine commandant ou en premier, il prendra le rang et le titre de capitaine commandant, et le plus ancien capitaine en second après lui prendra le commandement de l'escadron ou compagnie.

38. Pour la nomination aux emplois d'adjudant-major, le commandant du corps où la vacance aura lieu présentera trois sujets réunissant les conditions déterminées par l'article ci-dessus pour les différentes armes; il adressera l'état des services de chacun de ces trois officiers à l'inspecteur général d'armes, qui, après avoir ajouté ses observations à l'état de proposition du commandant du corps, l'enverra à notre ministre de la guerre, pour qu'il nous propose la nomination de l'un des trois sujets désignés à l'emploi vacant.

39. Lorsqu'un adjudant-major capitaine sera porté au grade de major, il sera immédiatement remplacé dans l'emploi d'adjudant-major, attendu l'importance de cet emploi.

TITRE VIII. Des officiers comptables et des majors.

SECTION Ire. *Officiers payeurs.*

40. A l'avenir, les officiers payeurs auront le grade de sous-lieutenant.

Ils seront pris dans chaque corps parmi les sous-lieutenans qui auront été sergens-majors ou maréchaux-des-logis chefs, ou parmi les sous-officiers ayant exercé pendant deux ans au moins les fonctions de sergent-major ou maréchal-des-logis-chef.

A cet effet, dans chacun des corps dont la constitution comporte un officier payeur, il sera formé, sur la présentation du major, une liste de candidats sergens-majors, maréchaux-des-logis-chefs ou sous-lieutenans, reconnus par le conseil d'administration comme étant les plus capables d'exercer l'emploi d'officier payeur. Cette liste, d'un nombre de sujets égal à celui des bataillons ou escadrons, sera arrêtée chaque année par l'inspecteur général d'armes et transmise à notre ministre de la guerre, ainsi qu'il sera déterminé ci-après, articles 44 et 45, relativement aux officiers proposés pour les emplois de trésorier et d'officier d'habillement.

Lorsqu'un emploi d'officier payeur viendra à vaquer dans un corps, notre ministre de la guerre nous proposera, pour y concourir, l'un des sujets dudit corps ainsi désignés.

41. Lorsqu'un officier payeur sera porté, par son ancienneté dans le corps, à un emploi de lieutenant, il devra passer dans une compagnie.

Après quatre ans du grade de sous-lieutenant, il roulera, en outre, avec tous les officiers payeurs de la même arme, pour concourir aux emplois de trésoriers lieutenans qui viendraient à y vaquer, et cela de la manière indiquée ci-après, pourvu qu'il réunisse d'ailleurs toutes les conditions exigées.

SECTION II. Des trésoriers et officiers d'habillement.

42. Les officiers d'habillement et trésoriers auront le grade de lieutenant ou celui de capitaine.

43. Conformément à l'article 28 de la loi du 10 mars dernier, l'avancement des officiers comptables et celui des majors aura lieu en entier à notre choix.

44. Il sera formé, dans chaque corps, une liste des officiers du grade de sous-lieutenant à celui de capitaine qui auront été sergens-majors ou maréchaux-des-logis-chefs, et seront reconnus les plus propres à remplir les fonctions d'officier comptable, soit en qualité de trésorier, soit comme officier d'habillement, et qui réuniront les conditions exigées.

Cette liste, autant que possible, d'un nombre de sujets double de celui des bataillons dans les corps de troupes à pied, et égal à celui des escadrons dans les corps de troupes à cheval, sera arrêtée par le conseil d'administration, soumise au *visa* et aux observations du sous-intendant militaire qui en aura la police, et communiquée par ledit conseil à l'intendant militaire.

45. A l'époque de la revue annuelle d'inspection, cette liste sera présentée par le conseil d'administration à l'inspecteur général, qui, après avoir pris l'avis motivé par écrit de l'intendant militaire ayant la police supérieure du corps, la transmettra, avec ledit avis et ses notes particulières, à notre ministre de la guerre.

46. Lorsqu'un emploi de trésorier ou d'officier d'habillement viendra à vaquer dans un corps, notre ministre de la guerre nous proposera un sujet pris sur la liste générale de l'arme, qu'il fera établir de nouveau chaque année.

47. Les officiers comptables du grade de lieutenant rouleront, pour le tour à l'ancienneté de l'avancement au grade de capitaine, avec tous les lieutenans du régiment ou de la légion; et alors ils auront l'option, ou de conserver leurs fonctions avec leur nouveau grade, ou de prendre une compagnie; ce cas échéant, le commandant du corps et l'intendant militaire en informeront notre ministre

de la guerre, pour que le brevet du nouveau grade soit incessamment expédié, et que, selon l'option de l'officier comptable, il soit pourvu, s'il y a lieu, à son remplacement.

48. Tout officier comptable ainsi promu au commandement d'une compagnie ou d'un escadron sera susceptible, au bout de deux ans dudit commandement, de rentrer dans la ligne des officiers comptables, soit comme capitaine trésorier, soit comme capitaine d'habillement.

S'il entend profiter de cette faculté, il en fera par l'intermédiaire du colonel, sa déclaration à l'intendant de la division militaire, qui en informera notre ministre de la guerre, et alors un des premiers emplois vacans d'officier comptable lui sera dévolu.

49. Indépendamment de l'avancement dans le corps, tous les trésoriers et officiers d'habillement du grade de lieutenant concourront ensemble, dans leurs armes respectives, pour l'avancement au grade de capitaine dans les mêmes fonctions, et à notre choix; et, dans ce cas, l'officier promu au grade de capitaine dans l'emploi de trésorier et d'officier d'habillement pourra passer au commandement d'une compagnie, par le tour de nomination à notre choix, lorsque nous le jugerons convenable.

SECTION III. Des majors.

50. Conformément à l'article 28 de la loi du 10 mars dernier, les majors seront pris, à notre choix, parmi les capitaines adjudans-majors, les capitaines trésoriers et les capitaines d'habillement de même arme; ces derniers (les capitaines trésoriers et d'habillement), pour être susceptibles de cette promotion, devront avoir commandé une compagnie pendant deux ans au moins.

51. Les majors rouleront par arme avec les chefs de bataillon ou d'escadron pour l'avancement au grade de lieutenant-colonel.

TITRE IX. Des chefs de bataillon et d'escadron, lieutenans-colonels et colonels.

52. Il ne sera proposé à notre choix, pour les grades supérieurs, que des officiers désignés par les rapports des inspecteurs généraux d'armes; l'état motivé de ces officiers sera dressé chaque année. Notre ministre de la guerre formera, pour être mis sous nos yeux, un état, par arme, des officiers ainsi désignés comme susceptibles de cet avancement par la distinction de leurs services, leurs talens, et la continuité de leur bonne conduite.

TITRE X. Des maréchaux de camp et lieutenans généraux.

53. Les maréchaux-de-camp seront choisis parmi les colonels de l'armée qui se seront le plus distingués par leurs services et leurs talens militaires, et qui auront au moins quatre ans d'exercice de ce grade; et les lieutenans généraux, parmi les maréchaux-de-camp ayant également au moins quatre ans d'exercice; le tout conformément aux dispositions de l'article 12 de notre ordonnance du 22 juillet dernier sur l'organisation du cadre de l'état-major général de notre armée.

TITRE XI. Des maréchaux de France.

54. Le grade de maréchal de France sera conféré aux lieutenans généraux de notre armée qui, ayant commandé en chef et en campagne des corps d'armée formés de plusieurs divisions, auront mérité par des services éclatans d'être élevés à cette éminente dignité.

55. Les promotions au grade de maréchal de France auront lieu sur la proposition de notre ministre de la guerre, à mesure des vacances; mais, à l'avenir, le nombre des maréchaux de France sera fixé à douze; et il ne sera fait aucune nomination nouvelle dans ce grade, tant que ce nombre se trouvera rempli (1).

TITRE XII. Des princes du sang.

56. Lorsque les princes de notre sang qui ne seraient point encore parvenus au grade d'officier général serviront à l'armée, le brevet de maréchal-de-camp leur sera expédié à la première campagne, et celui de lieutenant général à la seconde. Ils prendront ensuite rang parmi les lieutenans généraux à dater du brevet de ce grade.

TITRE XIII. Dispositions particulières pour la maison militaire du Roi (2).

SECTION Ire. *Des gardes-du-corps du Roi.*

57. Les gardes-du-corps sous-lieutenans seront choisis, soit parmi les élèves des écoles spéciales militaires instituées par notre ordonnance du 31 décembre dernier, soit parmi les sous-officiers de la garde royale ou de la ligne ayant les conditions requises par l'article 27 de la loi du 10 mars dernier pour devenir officiers. Les gardes surnuméraires admis antérieurement à la loi du 10 mars dernier seront considérés comme gardes-du-corps sous-lieutenans.

(1) *Voy.* ordonnance du 9 octobre 1823.
(2) *Voy.* ordonnances des 30 décembre 1818, 25 octobre 1820 et 22 mai 1822.

58. Tous les emplois, jusques et compris ceux qui confèrent l'assimilation au grade de lieutenant-colonel, seront, sauf les dispositions de l'article suivant, donnés un tiers au choix et deux tiers à l'ancienneté, après quatre ans au moins de service dans le grade inférieur parmi nos gardes-du-corps. Les emplois correspondans aux grades de colonel et d'officier général seront donnés, au choix, aux officiers du grade immédiatement inférieur ayant quatre ans de grade.

59. Lorsqu'un emploi à notre choix vaquera dans nos gardes-du-corps, les officiers de cavalerie de notre garde royale ou de la ligne qui auront l'emploi correspondant à l'assimilation dans nos gardes, pourront, sur leur demande, y être nommés, et, dans ce cas, un officier de même rang, pris dans nos gardes-du-corps, sera nommé à l'emploi que l'officier tiré de la ligne ou de la garde royale aura laissé vacant.

SECTION II. Corps des maréchaux et fourriers-des-logis de la maison du Roi.

60. Les fourriers-des-logis lieutenans seront pris parmi les officiers de la garde ou de la ligne du grade de lieutenant, ou parmi les sous-lieutenans ayant au moins quatre ans de grade.

61. Les fourriers-des-logis capitaines seront pris parmi les fourriers-des-logis lieutenans ayant quatre années de grade, deux tiers à l'ancienneté et un tiers à notre choix.

62. Les maréchaux-des-logis chefs d'escadron seront pris, deux tiers à l'ancienneté, parmi les fourriers-des logis capitaines ayant quatre années de grade; l'autre tiers à notre choix, parmi les fourriers-des-logis capitaines et parmi les capitaines de la garde royale ou de la ligne ayant aussi quatre années de grade.

63. Le grand-maréchal-des-logis, ayant grade de colonel, sera pris à notre choix parmi les officiers du grade correspondant dans notre maison militaire et les colonels de notre garde royale ou de la ligne, ou parmi les lieutenans-colonels ayant quatre ans de grade que nous voudrons nommer à cet emploi.

64. Pourront également être promus aux emplois vacans à notre choix dans le corps des maréchaux et fourriers-des-logis, les officiers des autres corps de notre maison militaire.

SECTION III. Gardes à pied ordinaires du corps du Roi (1).

65. Conformément aux dispositions de nos précédentes ordonnances, la compagnie des gardes à pied ordinaires du corps du Roi se compose mi-partie de Français et de Suisses; l'admission à cette compagnie aura lieu, pour la ligne française, en faveur des grenadiers français, et pour la ligne suisse, en faveur des grenadiers suisses, susceptibles d'être promus au grade de sergent, qui leur sera conféré par cette admission.

66. Le tiers des emplois correspondans au grade de sous-lieutenant sera accordé aux gardes ordinaires ayant grade de sergent-major; les deux autres tiers seront conférés à notre choix dans le corps ou dans l'armée.

67. L'avancement aux emplois correspondans aux grades de lieutenant et de capitaine aura lieu dans le corps pour les deux tiers dévolus à l'ancienneté, et indistinctement dans le corps ou dans l'armée pour le tiers à notre choix.

68. La moitié des emplois du grade de chef de bataillon appartiendra à l'avancement des officiers du corps, deux tiers à l'ancienneté un tiers à notre choix.

L'autre moitié pourra être conférée aux officiers ayant grade de chef de bataillon dans le corps.

69. Les emplois du grade de lieutenant-colonel seront conférés aux officiers ayant grade de chef de bataillon dans le corps.

70. Les emplois de lieutenant commandant avec grade de colonel seront conférés, à notre choix, aux officiers du corps ou de l'armée ayant grade de lieutenant-colonel, et pourront être donnés à des colonels.

71. L'emploi de capitaine-colonel, avec grade de maréchal-de-camp, sera conféré, à notre choix, à un maréchal-de-camp de l'armée, ou à un colonel que nous jugerons convenable de nommer à cet emploi.

72. La nomination à tous les emplois de ladite compagnie, à l'exception de celui de capitaine-colonel, aura lieu parmi les Suisses pour la ligne suisse, et parmi les Français pour la ligne française; et indistinctement sur les deux lignes pour les emplois d'état-major.

SECTION IV. Gardes-du-corps de *Monsieur*.

73. Les gardes-du-corps sous-lieutenans dans les compagnies des gardes de notre bien-aimé frère, Monsieur, seront choisis, soit parmi les élèves des écoles spéciales militaires instituées par notre ordonnance du 31 décembre dernier, soit parmi les sous-officiers de la garde royale ou de la ligne ayant les conditions requises par l'article 27 de la loi du 10 mars 1818.

74. Tous les emplois, jusques et compris ceux qui confèrent l'assimilation au grade de chef d'escadron seront, sauf les dispositions de l'article suivant, donnés un tiers au choix

(1) *Voy.* ordonnance du 21 mars 1821.

et deux tiers à l'ancienneté, après quatre ans au moins de service dans le grade inférieur parmi les gardes de notre bien-aimé frère, Monsieur;

Les emplois correspondant aux grades de colonel et d'officier général seront donnés, au choix, aux officiers du grade immédiatement inférieur ayant quatre ans de grade.

75. Lorsqu'un emploi au choix vaquera dans les gardes-du-corps de notre bien-aimé frère, Monsieur, les officiers de cavalerie de notre garde royale ou de la ligne qui auront le correspondant à l'assimilation dans les gardes pourront, sur leur demande, y être nommés; et, dans ce cas, un officier du même rang, pris dans les gardes-du-corps de notre bien-aimé frère, Monsieur, sera nommé à l'emploi que l'officier tiré de la garde royale ou de la ligne aura laissé vacant.

TITRE XIV. Dispositions particulières pour la garde royale (1).

76. Le mode d'avancement déterminé pour les soldats, caporaux ou brigadiers et sous-officiers de nos troupes de ligne, sera en tout applicable aux soldats, caporaux ou brigadiers et sous-officiers des corps de notre garde royale.

77. Les sous-lieutenans de notre garde seront choisis, savoir: un tiers parmi les sous-officiers du corps où vaquera l'emploi, et deux tiers parmi les sous-lieutenans de la ligne ayant deux ans au moins de service dans ce grade.

78. Les emplois du grade de lieutenant seront conférés, savoir: deux tiers à l'ancienneté parmi les sous-lieutenans du corps où vaquera l'emploi, et un tiers à notre choix en faveur des lieutenans de la ligne ayant deux ans de service dans ce grade.

79. Les capitaines seront pris, pour les deux tiers dévolus à l'ancienneté, parmi les lieutenans du corps où vaquera l'emploi, et, pour le tiers à notre choix, parmi les capitaines de la ligne ayant deux ans de service dans ce grade.

80. Dans la cavalerie de notre garde, on n'arrivera aux grades de lieutenant en premier et de capitaine commandant qu'après avoir rempli, pendant deux ans au moins, les fonctions de lieutenant en second et de capitaine en second.

Les capitaines en second de la garde rouleront avec les capitaines en second de la ligne pour les emplois de capitaine commandant, et les capitaines commandans de la garde avec les capitaines commandans de la ligne pour l'avancement au grade de chef d'escadron (avec cet avantage que deux ans de fonctions de capitaine en second de la garde compteront comme deux ans de capitaine commandant) soit à l'ancienneté soit au choix.

Dans l'infanterie de notre garde, les capitaines rouleront avec les capitaines de la ligne pour l'avancement au grade de chef de bataillon, conformément à la disposition générale pour les officiers inférieurs et supérieurs, prescrite par l'article 4, titre Ier, de la présente ordonnance.

81. Les emplois de porte-drapeau ou porte-étendard, d'adjudant-major, de trésorier, de capitaine d'habillement et de major dans la garde, seront conférés conformément aux dispositions renfermées dans les titres VI, VII et VIII de la présente ordonnance.

82. Afin que les emplois d'officiers supérieurs dans notre garde soient toujours remplis par des officiers qui ont déjà fourni la preuve de leur instruction et de leur expérience, nous voulons qu'à l'avenir ces emplois soient donnés, à mesure des vacances, aux officiers remplissant depuis deux ans les fonctions du même grade dans un corps de ligne de l'arme correspondante; néanmoins nous nous réservons de disposer d'un sixième de ces emplois, dans le grade immédiatement supérieur, en faveur des capitaines, majors, chefs de bataillon et d'escadron et lieutenans-colonels des régimens de notre garde qui s'y seront le plus distingués.

83. Lorsqu'il vaquera un emploi d'officier dans un des corps de notre garde, le commandant du corps en rendra compte immédiatement au lieutenant général commandant la division dans laquelle le corps se trouve compris, et y remplissant les fonctions d'inspecteur; celui-ci en adressera sans délai son rapport à notre ministre secrétaire d'Etat au département de la guerre, qui nous présentera, conformément aux dispositions des articles précédens, un officier pour remplir ledit emploi.

84. A l'avenir, les officiers de notre garde ne pourront avoir d'autre grade que celui qui correspond à l'emploi qu'ils occupent.

Les dispositions de nos précédentes ordonnances relatives aux rangs et grades des officiers de notre garde sont abrogées; mais ceux qui, par suite de l'ordonnance du 5 novembre 1816, ont obtenu le rang ou le grade supérieur à l'emploi dont ils remplissent les fonctions, le conserveront de la manière prescrite par ladite ordonnance, et seront successivement placés à mesure qu'ils seront portés aux emplois du grade supérieur, soit par leur tour d'ancienneté, soit par notre choix; en conséquence, les brevets du grade dont les officiers de notre garde nommés avant la loi du 10 mars dernier ont le rang, leur seront expédiés, lorsqu'ils auront accompli les quatre ans du grade inférieur, ainsi qu'il a été

(1) *Voy.* ordonnance du 25 octobre 1820.

déterminé par l'ordonnance du 5 novembre 1816 (1).

TITRE XV. Dispositions particulières pour la gendarmerie royale (2).

SECTION Ire.

85. Les dispositions prescrites au titre II de la présente ordonnance, pour le choix des sous-officiers et officiers, la formation du tableau d'avancement et sa présentation à l'inspecteur général chargé d'en rendre compte à notre ministre de la guerre, auront également lieu pour la gendarmerie, sauf les changemens résultant de l'organisation particulière de cette arme.

86. A l'avenir, nul ne pourra être gendarme, s'il ne remplit les conditions suivantes, savoir:

D'être âgé de vingt-cinq ans au moins et de quarante ans au plus;

D'avoir au moins la taille d'un mètre sept cent trente-deux millimètres (cinq pieds quatre pouces, pour le service à cheval, et d'un mètre sept cent cinq millimètres (cinq pieds trois pouces) pour le service à pied;

De savoir lire et écrire correctement;

De produire les attestations légales d'une bonne conduite soutenue;

De justifier d'un rengagement dans un corps de ligne; et, à défaut d'hommes remplissant cette condition, de justifier de dix ans de service et d'un congé absolu en bonne forme.

87. Les brigadiers seront pris parmi les gendarmes qui auront au moins deux ans de service en cette qualité, ou parmi les sous-officiers de la ligne qui, remplissant les conditions exigées par l'article précédent, auraient occupé pendant trois ans, dans un des corps de l'armée, l'emploi d'adjudant, de sergent-major ou de maréchal-des-logis-chef.

88. Les maréchaux-des-logis seront pris parmi les brigadiers ayant au moins deux ans d'exercice dans leur emploi.

89. L'avancement aux emplois de brigadier et maréchal-des-logis aura lieu par légion.

90. Les deux tiers des emplois de lieutenant dans les compagnies seront donnés aux officiers de l'armée âgés de vingt-cinq ans révolus, ou de quarante ans au plus, et qui auront au moins deux ans de service dans le grade correspondant.

L'autre tiers appartiendra à l'avancement des sous-officiers de gendarmerie ayant au moins quatre ans de service en cette qualité dans l'arme, et ainsi qu'il sera déterminé ci-après.

91. Les sous-officiers de gendarmerie appelés au tiers des vacances des emplois de lieutenant n'auront d'abord que le grade de sous-lieutenant; ils rempliront néanmoins les mêmes fonctions que les lieutenans, et leur seront assimilés pour la solde.

A l'expiration des quatre ans d'exercice dans l'emploi de sous-lieutenant, ces officiers recevront le brevet de lieutenant.

92. Les emplois de trésoriers seront conférés par notre choix à des officiers du grade de lieutenant, soit dans la gendarmerie, soit dans l'armée, et réunissant les conditions exigées, en se conformant d'ailleurs à ce qui est prescrit au titre VIII de la présente ordonnance.

Toutefois les sous-officiers de gendarmerie promus au grade de sous-lieutenant ainsi qu'il est expliqué par l'article ci-dessus pourront également être nommés trésoriers, pourvu qu'ils réunissent les conditions exigées.

93. Les lieutenans trésoriers concourront avec les lieutenans des compagnies pour l'avancement au grade de capitaine; mais ils ne pourront l'obtenir que pour passer au commandement d'une compagnie.

94. L'avancement aux grades de capitaine et de chef d'escadron commandant de compagnie aura lieu sur tout le corps, savoir: les deux tiers à l'ancienneté, et l'autre tiers à notre choix.

95. A l'avenir, la moitié des emplois de chef de légion de gendarmerie sera conférée aux colonels de l'armée; l'autre moitié appartiendra à l'avancement des officiers de gendarmerie, deux tiers à l'ancienneté, et un tiers à notre choix, ainsi qu'il sera déterminé ci-après.

96. Les chefs d'escadron de gendarmerie appelés à la moitié des emplois de chef de légion n'auront d'abord que le grade de lieutenant-colonel; mais ils rempliront les mêmes fonctions et jouiront de la même solde que les autres chefs de légion.

Après quatre ans du grade de lieutenant-colonel, ils seront promus au grade de colonel.

97. Depuis et compris le grade de lieutenant, jusques et compris celui de chef d'escadron, les officiers du corps de la gendarmerie continueront de prendre rang dans leurs grades respectifs, d'après les dates de leurs nominations dans cette arme, sans qu'ils puissent se prévaloir de leur ancienneté de grade dans la ligne, ni même des grades supérieurs dont ils auraient été précédemment pourvus dans un autre corps.

Les colonels chefs de légion et les officiers généraux employés comme inspecteurs géné-

(1) *Voy.* ordonnance du 25 octobre 1820.

(2) *Voy.* loi du 28 germinal an 6 et notes; ordonn. des 5 avril et 29 octobre 1820.

raux de gendarmerie continueront à prendre rang selon leurs grades et l'ancienneté de ces grades.

SECTION II. Gendarmerie royale de la ville de Paris (1).

98. Les conditions d'admission et de nomination aux différens emplois dans la gendarmerie de la ville de Paris, sont les mêmes que celles exigées pour la gendarmerie des départemens.

99. Le mode de remplacement aux emplois vacans de gendarme de première et de seconde classe sera réglé ainsi qu'il suit:

Les emplois seront donnés, moitié à des gendarmes choisis dans les légions de gendarmerie, moitié, sur les propositions du préfet de police, à d'anciens militaires qui seront reconnus susceptibles de servir utilement dans la gendarmerie royale de Paris, et qui rempliront les conditions exigées par l'article précédent.

100. La nomination aux emplois de brigadier, de maréchal-des-logis et d'adjudant, aura lieu sur la proposition du préfet de police, d'après des listes de candidats formées par les capitaines et officiers supérieurs.

101. Le tiers des emplois de lieutenant qui viendront à vaquer sera donné aux sous-officiers du corps: ils n'auront d'abord que le grade de sous-lieutenant; mais ils rempliront néanmoins les mêmes fonctions que les lieutenans, et leur seront assimilés pour la solde.

A l'expiration des quatre années d'exercice dans le grade de sous-lieutenant, ces officiers recevront le brevet de lieutenant.

102. Les deux tiers des emplois vacans de lieutenant seront donnés à des officiers de l'armée ou à des sous-officiers de la gendarmerie royale susceptibles de cet avancement, et en observant la règle prescrite par l'article précédent.

103. Les lieutenans de seconde classe passeront à la première par rang d'ancienneté, et ainsi qu'il est déterminé pour les officiers de même grade dans la cavalerie de l'armée; il en sera de même pour les capitaines.

104. L'avancement par ancienneté de grade aux emplois de capitaine et de chef d'escadron aura lieu conformément à la loi du 10 mars dernier.

Mais, attendu la spécialité du service de la gendarmerie de Paris, les emplois de capitaine pourront être conférés, ainsi que ceux de chef d'escadron, à des officiers choisis parmi tous ceux de même grade dans la gendarmerie royale.

L'officier de la gendarmerie de Paris que son tour d'ancienneté aurait porté à l'emploi vacant sera envoyé dans un département, en remplacement de l'officier appelé audit emploi.

105. Le major sera choisi parmi les capitaines-trésoriers, officiers d'habillement et adjudans-majors de l'armée.

106. Le trésorier de la gendarmerie royale de la ville de Paris étant choisi et nommé par l'autorité civile, sans être astreint à aucune condition de grade ni service militaire, il ne pourra prétendre à l'avancement particulier accordé aux officiers comptables de l'armée.

107. Les chefs d'escadron et le major concourront, pour l'avancement au grade de lieutetenant-colonel, avec les chefs d'escadron de la gendarmerie des départemens.

108. Le lieutenant-colonel concourra avec les colonels de l'armée pour l'avancement au grade et emploi de chef de légion de gendarmerie.

109. Le colonel sera choisi parmi les colonels chefs de la légion de gendarmerie royale.

110. Les propositions pour toutes les nominations aux emplois et pour l'avancement dans le corps seront faites par notre ministre de la police générale; elles seront transmises à notre ministre de la guerre, qui nous les soumettra.

TITRE XVI. Dispositions particulières pour la cavalerie.

111. L'avancement dans l'arme de la cavalerie roulera séparément,

1° Entre tous les régimens de grosse cavalerie;

2° Entre tous les régimens de dragons, de chasseurs et hussards (2).

112. Les lieutenans en second arriveront par ancienneté à l'emploi de lieutenant en premier.

Les capitaines en second arriveront par ancienneté à l'emploi de capitaine commandant.

Les inspecteurs généraux d'armes régleront, à cet effet, les rangs d'ancienneté et les droits de ces officiers à remplir les emplois de lieutenant en premier et de capitaine commandant, aux époques de leurs inspections annuelles.

TITRE XVII. Dispositions particulières à l'arme de l'artillerie.

SECTION Ire. *Corps royal de l'artillerie.*

113. Le mode d'avancement et la formation du tableau prescrits par les titres précédens

(1) *Voy.* décret du 10 avril 1813, ordonn. du 10 janvier 1816 et notes, 1er septemb. 1824.

(2) Abrogé, *Voy.* ordonnance du 21 décembre 1825.

auront également lieu dans les régimens, bataillons et compagnies du corps royal de l'artillerie, sauf les changemens déterminés dans les articles suivans.

114. Tout enrôlé volontaire et tout homme appelé au service dans les troupes du corps royal de l'artillerie seront incorporés,

1° Comme canonniers de seconde classe, dans les régimens d'artillerie à pied et à cheval;

2° Comme pontonniers de seconde classe, dans le bataillon de pontonniers ;

3° Comme apprentis, dans les compagnies d'ouvriers et d'artificiers.

115. Les canonniers et pontonniers de seconde classe passeront à la première par rang d'ancienneté, dans leurs corps respectifs en temps de paix, et dans leurs compagnies en temps de guerre; mais ils ne pourront être nommés à la première classe qu'après un an au moins de service dans la seconde.

116. Les apprentis des compagnies d'ouvriers et d'artificiers ne pourront passer à la seconde classe qu'après un an au moins de service comme apprentis.

117. Les artificiers des régimens d'artillerie à pied et à cheval seront choisis parmi les canonniers de première ou de seconde classe ayant au moins un an de service.

118. Les maîtres ouvriers de pontonniers seront choisis parmi les pontonniers de première ou de seconde classe ayant au moins un an de service.

119. Les ouvriers et artificiers de seconde classe parviendront à la première classe par tour d'ancienneté dans leurs compagnies respectives.

120. Les maîtres ouvriers, dans les compagnies d'ouvriers, seront choisis parmi les ouvriers de première ou de seconde classe ayant au moins un an de service.

121. Les ouvriers, dans les compagnies d'artillerie à pied et à cheval, suivront leur rang d'ancienneté parmi les canonniers de première et de seconde classe, et seront susceptibles, étant de la première classe, d'être nommés caporaux ou brigadiers.

Les caporaux ou brigadiers des régimens d'artillerie à pied et à cheval seront choisis parmi les artificiers et canonniers de première classe, y compris les ouvriers qui font partie de cette classe.

Les caporaux de pontonniers seront choisis parmi les maîtres-ouvriers et les pontonniers de première classe.

Les caporaux des compagnies d'ouvriers seront choisis parmi les maîtres-ouvriers et les ouvriers de première classe.

Les caporaux de la compagnie d'artificiers seront choisis parmi les artificiers de première classe.

122. Les caporaux-fourriers seront choisis parmi les artificiers caporaux et brigadiers, dans les régimens d'artillerie à pied et à cheval; parmi les maîtres-ouvriers et caporaux, dans les pontonniers et dans les compagnies d'ouvriers; parmi les artificiers de première classe et les caporaux, dans les compagnies d'artificiers.

123. Les sergens et les maréchaux-des-logis, dans les régimens d'artillerie à pied et à cheval, dans le bataillon de pontonniers et les compagnies d'ouvriers et d'artificiers, seront choisis parmi les caporaux, brigadiers ou fourriers ayant au moins deux ans de service.

124. Les sergens-majors et maréchaux-des-logis-chefs seront choisis, pour chacun des corps qui composent le corps royal de l'artillerie, dans leurs régimens, bataillons et compagnies respectifs, parmi les sergens et maréchaux-des-logis ayant au moins un an de service dans ce dernier grade.

125. Les emplois d'adjudans, rétablis dans les corps d'artillerie en remplacement de ceux de sous-adjudans-majors, seront accordés, conformément à ce qui est prescrit pour les armes d'infanterie et de cavalerie, aux sergens-majors et maréchaux-des-logis-chefs.

Les adjudans concourront avec ces derniers aux places d'officiers réservées aux sous-officiers.

126. Les emplois de garde d'artillerie de troisième classe dans les places, dans les divers établissemens et aux armées, seront accordés, sur la proposition des inspecteurs généraux, aux sergens-majors et aux maréchaux-des-logis-chefs des régimens d'artillerie, du bataillon de pontonniers et des compagnies d'ouvriers.

Les emplois de garde d'artillerie de seconde classe seront donnés aux gardes d'artillerie de troisième classe ayant trois ans au moins de service dans cet emploi; ceux de garde d'artillerie de première classe seront également donnés aux gardes d'artillerie de seconde classe ayant aussi trois ans de service dans l'emploi de garde de seconde classe, sur les propositions des inspecteurs généraux de l'arme

127. Les emplois d'ouvriers d'état dans les arsenaux seront accordés aux caporaux et aux sous-officiers des compagnies d'ouvriers.

128. Les chefs artificiers des régimens d'artillerie à pied et les sous-officiers de la compagnie d'artificiers concourront pour les emplois de maître artificier dans les écoles d'artillerie.

129. Conformément aux dispositions du titre VI de la loi du 10 mars dernier, le tiers des emplois d'officiers dans les régimens d'artillerie à pied et à cheval, dans le bataillon

de pontonniers et dans les compagnies d'ouvriers et d'artificiers, sera accordé aux sous-officiers de ces corps, et les deux autres tiers aux élèves de l'école d'application de cette arme.

Ces élèves devront avoir passé deux ans à l'école polytechnique, et deux ans en qualité de sous-lieutenans à l'école d'application, et avoir satisfait, conformément à la loi, aux examens prescrits pour l'admission et la sortie desdites écoles.

130. Les emplois d'officier accordés aux sous-officiers d'artillerie seront donnés aux adjudans, aux sergens-majors et aux maréchaux-des-logis-chefs ayant au moins quatre ans effectifs de service, dont deux en qualité de sous-officiers, qui auront été proposés pour le grade d'officier, suivant le mode prescrit par la présente ordonnance.

131. Les sous-officiers qui seront promus officiers, et les élèves de l'école d'application qui entreront dans les corps, ne recevront, conformément aux dispositions de la loi, que le brevet de sous-lieutenant, qui datera, pour ces derniers, de l'époque de leur entrée à l'école d'application en qualité de sous-lieutenans; et les uns et les autres obtiendront le brevet de lieutenant à l'expiration des quatre années qui suivront la date de celui de sous-lieutenant dont ils auront été pourvus.

132. L'organisation du corps royal de l'artillerie ne comportant que des lieutenans de première et de seconde classe, les sous-lieutenans rempliront les emplois de cette dernière classe, et ils en recevront la solde. Ces officiers ne pourront concourir aux emplois de lieutenant de première classe que lorsqu'ils auront été pourvus du brevet de lieutenant.

133. Les grades de lieutenant en premier et de capitaine en premier des troupes de l'artillerie et de l'état-major de cette arme seront distincts et supérieurs à ceux de lieutenant en second et de capitaine en second.

Il sera expédié des brevets de ces divers grades aux officiers en activité de service qui en seront pourvus; le classement sera fait d'après la date de nomination.

134. L'avancement au grade de lieutenant en premier roulera sur tout le corps, entre les lieutenans en second, à l'ancienneté.

135. L'avancement au grade de capitaine en second roulera sur tout le corps, entre les lieutenans en premier, les deux tiers à l'ancienneté et un tiers à notre choix, conformément aux dispositions de la loi du 10 mars dernier.

136. L'avancement au grade de capitaine en premier roulera sur tout le corps, entre les capitaines en second, à l'ancienneté.

137. Les adjudans-majors seront choisis parmi les lieutenans de première classe, et seront nommés conformément à ce qui est réglé à cet égard au titre VII de la présente ordonnance.

138. Les porte-drapeaux et porte-étendards, choisis parmi les sous-officiers, conformément à ce qui est réglé à cet égard au titre VI de la présente ordonnance, ne quitteront cet emploi que lorsque, parvenus au grade de lieutenant, leur tour d'ancienneté dans les régimens les appellera au rang de lieutenant de première classe.

139. Les capitaines en résidence fixe et permanente seront nommés à ces emplois sur leur demande, et seront assimilés aux officiers des compagnies sédentaires; ils cesseront, en conséquence, de concourir pour l'avancement dans le corps de l'artillerie.

140. Les emplois de colonel du corps d'artillerie seront tous donnés, à notre choix, aux lieutenans-colonels de cette arme ayant au moins quatre ans de service dans ce dernier grade.

141. Les emplois d'officier général spécialement affectés au service de l'artillerie seront également tous donnés à notre choix dans cette arme, et d'ailleurs conformément à ce qui est réglé à cet égard au titre X de la présente ordonnance.

142. Les listes à former pour la présentation des officiers qui, par leurs services, leurs talens et leur conduite, mériteront d'être désignés pour l'avancement à notre choix, seront remises, chaque année à notre ministre secrétaire d'Etat de la guerre par le comité des inspecteurs généraux d'artillerie, pour les grades de capitaine, chef de bataillon ou d'escadron, lieutenant-colonel, colonel et maréchal-de-camp.

Notre ministre secrétaire d'Etat de la guerre ne comprendra dans les listes de promotion qu'il devra nous soumettre, que les officiers pris parmi ceux présentés par le comité des inspecteurs généraux de l'arme.

143. La nomination au grade de lieutenant général aura lieu sur la proposition directe de notre ministre secrétaire d'Etat de la guerre.

144. Les dispositions du titre XIV de la présente ordonnance relatives aux troupes de notre garde royale, sont applicables aux régimens d'artillerie à pied et à cheval qui en font partie, et l'avancement intérieur de ces deux régimens sera le même que celui qui est prescrit par le présent titre pour les régimens d'artillerie de ligne.

SECTION II. Train d'artillerie.

145. Les règles et le mode d'avancement prescrits pour les troupes à cheval sont applicables aux escadrons du train d'artillerie, pour les grades et emplois de brigadiers,

fourriers, maréchaux-des-logis, maréchaux-des-logis-chefs et adjudans.

146. Tous les emplois de sous-lieutenant qui viendront à vaquer dans ces corps seront donnés aux sous-officiers, savoir : les deux tiers aux sous-officiers du corps, et l'autre tiers aux sous-officiers d'artillerie à cheval qui seront désignés par les inspecteurs généraux pour remplir ces emplois.

147. L'avancement au grade de lieutenant aura lieu par escadron, et celui au grade de capitaine sur tous les escadrons, les deux tiers à l'ancienneté et l'autre tiers à notre choix.

148. Le commandement de ces corps étant dévolu à des chefs d'escadron, l'avancement à ce grade aura lieu à notre choix sur tout les capitaines de ces escadrons.

149. Les officiers comptables des escadrons du train d'artillerie seront choisis et nommés comme dans les autres armes, de la manière déterminée au titre VIII de la présente ordonnance. Ils auront le grade de sous-lieutenant, et pourront obtenir celui de lieutenant après quatre ans d'exercice.

150. Les adjudans-majors devant remplir, outre leurs fonctions, celles de major, seront choisis parmi les capitaines.

151. Les listes de proposition pour l'avancement des officiers à notre choix seront présentées par les inspecteurs généraux d'artillerie.

152. Les dispositions du titre XIV de la présente ordonnance, relatives aux troupes de notre garde royale, sont applicables au régiment d'artillerie qui en fait partie, et l'avancement intérieur de ce régiment sera le même que celui qui est prescrit par le présent titre pour les escadrons du train d'artillerie de la ligne.

Titre XVIII. Dispositions particulières à l'arme du génie.

Section Ire. *Corps royal du génie.*

153. Le mode d'avancement et la formation du tableau prescrit par les titres précédens auront également lieu dans les régimens du génie et la compagnie d'ouvriers, sauf les changemens déterminés dans les articles suivans.

154. Tout enrôlé volontaire et tout homme appelé au service dans les troupes du corps royal du génie seront incorporés,

1° Comme mineurs ou sapeurs de seconde classe, dans les régimens du génie;

2° Comme ouvriers de seconde classe, dans la compagnie d'ouvriers.

155. Les mineurs, sapeurs et ouvriers de seconde classe passeront à la première par rang d'ancienneté, dans leurs corps respectifs en temps de paix, et dans leurs compagnies en temps de guerre; mais ils ne pourront être nommés de première classe qu'après un an au moins de service dans la seconde.

156. Les artificiers dans les mineurs, et les maîtres-ouvriers dans les sapeurs, seront choisis parmi les mineurs et les sapeurs de première et de seconde classe ayant au moins un an de service.

157. Les maîtres-ouvriers, dans la compagnie d'ouvriers, seront choisis parmi les ouvriers de première et de seconde classe ayant au moins un an de service.

158. Les caporaux des régimens du génie seront choisis parmi les artificiers et maîtres-ouvriers, mineurs et sapeurs de première classe.

159. Les caporaux de la compagnie d'ouvriers du génie seront choisis parmi les maîtres-ouvriers et les ouvriers de première classe.

160. Les caporaux-fourriers seront choisis parmi les artificiers et caporaux, dans les compagnies de mineurs; parmi les maîtres-ouvriers et caporaux, dans les compagnies de sapeurs et dans la compagnie d'ouvriers.

161. Les sergens, dans les régimens du génie et dans la compagnie d'ouvriers, seront choisis parmi les caporaux et fourriers ayant au moins deux ans de service.

162. Les sergens-majors, dans les régimens du génie et dans la compagnie d'ouvriers, seront choisis parmi les sergens ayant au moins un an de service dans ce dernier grade.

163. Les emplois d'adjudans, rétablis dans les régimens du génie en remplacement de ceux de sous-adjudans-majors, seront accordés, conformément à ce qui est prescrit pour l'arme de l'infanterie aux sergens-majors; et les adjudans concourront avec ces derniers aux places d'officiers réservées aux sous-officiers.

164. Les gardes de troisième classe du génie seront choisis parmi les sous-officiers des troupes du génie ayant l'instruction requise et quatre ans au moins de service révolus. Les gardes de seconde classe seront choisis parmi ceux de troisième classe ayant au moins trois ans de service dans cette troisième classe. Les gardes de première classe seront choisis parmi ceux de seconde ayant au moins trois ans de service dans cette seconde classe, et parmi les sous-lieutenans et lieutenans des troupes du génie, sur la demande qu'ils pourront en faire. La nomination aux emplois de gardes de troisième classe du génie aura lieu sur la proposition des maréchaux-de-camp commandant les écoles de cette arme, et par les officiers généraux chargés de l'inspection de ces corps.

165. Conformément aux dispositions du

titre VI de la loi du 10 mars dernier, le tiers des emplois d'officiers dans les régimens du génie sera accordé aux sous-officiers de ce régiment, et les deux autres tiers aux élèves de l'école d'application de cette arme.

Les emplois d'officiers dans la compagnie d'ouvriers seront tous donnés aux sous-officiers.

166. Les élèves devront avoir passé deux ans à l'école polytechnique, et deux ans en qualité de sous-lieutenans à l'école d'application, et avoir satisfait, conformément à la loi, à tous les examens prescrits pour l'admission et la sortie desdites écoles.

167. Les emplois d'officier accordés aux sous-officiers du régiment du génie seront donnés aux adjudans et aux sergens-majors ayant au moins quatre ans effectifs de service, dont deux en qualité de sous-officiers, et qui auront été proposés pour le grade d'officier, suivant le mode prescrit par la présente ordonnance.

168. Les sous-officiers qui seront promus officiers, et les élèves de l'école d'application qui entreront dans les régimens, ne recevront, conformément aux dispositions de la loi, que le brevet de sous-lieutenant, qui datera, pour ces derniers, de l'époque de leur entrée à l'école d'application en qualité de sous-lieutenans, et les uns et les autres obtiendront le brevet de lieutenant à l'expiration des quatre années qui suivront la date de celui de sous-lieutenant dont ils auront été pourvus.

169. L'organisation du corps royal du génie ne comportant que des lieutenans de première et seconde classe, les sous-lieutenans rempliront, dans les régimens de ce corps, les emplois de cette dernière classe, et ils en recevront la solde. Ces officiers ne pourront concourir aux emplois de première classe que lorsqu'ils auront été pourvus du brevet de lieutenant.

170. L'avancement de la seconde à la première classe de lieutenant aura lieu à l'ancienneté sur tous les lieutenans en second de chaque régiment.

171. Les lieutenans en premier qui seront entrés en qualité d'élèves dans les régimens du génie seront successivement placés à leur tour d'ancienneté dans l'état-major du corps, dans leur grade de lieutenant.

172. L'avancement au grade de capitaine dans le corps du génie aura lieu sur tous les lieutenans de l'état-major et tous les lieutenans en premier des régimens, les deux tiers à l'ancienneté de grade et l'autre tiers à notre choix, conformément aux dispositions de la loi du 10 mars dernier.

173. L'avancement de la seconde à la première classe de capitaine dans les régimens du génie aura lieu à l'ancienneté du grade, et dans chaque régiment du corps.

174. Le tiers des emplois de capitaine dans chaque régiment du génie devant être occupé par les officiers de ce grade sortant des sous-officiers; les capitaines sortant de l'école seront successivement placés dans l'état-major du génie en qualité de capitaines en second d'état-major, de manière qu'ils ne puissent avoir dans les régimens que les deux tiers des emplois de capitaine.

175. Les capitaines de l'état-major du génie passeront de la seconde à la première classe par tour d'ancienneté entre eux.

176. Les adjudans-majors, choisis parmi les lieutenans en premier, seront nommés conformément à ce qui est réglé à cet égard au titre VII de la présente ordonnance.

177. Les porte-drapeaux, choisis parmi les sous-officiers, conformément à ce qui est réglé à cet égard au titre VI de la présente ordonnance, ne quitteront cet emploi que lorsque, parvenus au grade de lieutenant, leur tour d'ancienneté dans le régiment les appellera au rang de lieutenant de première classe.

178. L'avancement au grade de chef de bataillon dans l'état-major du génie sera donné aux capitaines en premier de l'état-major, les deux tiers à l'ancienneté et l'autre tiers à notre choix.

Il en sera de même pour l'avancement à ce grade dans les régimens du génie: il sera donné aux capitaines de première classe des régimens, et roulera sur tous les régimens.

179. L'avancement au grade de lieutenant dans l'état-major du génie aura lieu sur tous les chefs de bataillon de l'état-major, les deux tiers à l'ancienneté et l'autre tiers à notre choix.

L'avancement au grade de lieutenant-colonel dans les régimens roulera sur tous les chefs de bataillon de ces régimens, et sera également accordé les deux tiers à l'ancienneté et l'autre tiers à notre choix.

180. Les emplois de colonel du corps du génie seront tous donnés, à notre choix, aux lieutenans-colonels de ce corps ayant au moins quatre ans de service dans ce dernier grade.

181. Les emplois d'officier général spécialement affectés au service du génie seront également tous donnés à notre choix dans cette arme, et d'ailleurs conformément à ce qui est réglé à cet égard au titre X de la présente ordonnance.

182. Les listes à former pour la présentation des officiers qui, par leurs services, leurs talens et leur conduite, mériteront d'être désignés pour l'avancement à notre choix, seront remises, chaque année, à notre ministre secrétaire d'Etat de la guerre, par le comité des fortifications, pour les grades de capitaine, chef de bataillon, lieutenant-colonel et colonel, et par les inspecteurs géné-

raux des fortifications, pour le grade de maréchal-de-camp.

Notre ministre secrétaire d'Etat de la guerre ne comprendra dans les listes de promotion qu'il devra nous soumettre que des officiers pris parmi ceux présentés par le comité des fortifications ou les inspecteurs généraux de l'arme.

183. La nomination au grade de lieutenant général aura lieu sur la proposition directe de notre ministre secrétaire d'Etat au département de la guerre.

Section II. Train du génie.

184. Les règles et le mode d'avancement prescrits pour les troupes à cheval sont applicables à l'escadron du train du génie, pour les grades et emplois de brigadiers, fourriers, maréchaux-des-logis, maréchaux-des-logis-chefs et adjudans.

185. Tous les emplois de sous-lieutenant qui viendront à vaquer dans ce corps, y seront donnés aux sous-officiers.

186. L'avancement au grade de lieutenant et celui au grade de capitaine auront lieu aussi dans cet escadron, les deux tiers à l'ancienneté et l'autre tiers à notre choix.

187. Le commandement de ce corps étant dévolu à un chef d'escadron, il sera pourvu à son remplacement par le choix fait sur les capitaines dudit corps.

188. Les officiers comptables de l'escadron du train du génie seront choisis et nommés, comme dans les autres armes, de la manière déterminée au titre VIII de la présente ordonnance; ils auront le grade de sous-lieutenant, et pourront obtenir celui de lieutenant après quatre ans d'exercice.

189. L'adjudant-major devant remplir, outre ses fonctions, celles de major, sera choisi parmi les capitaines.

190. Les listes de proposition pour l'avancement des officiers au choix seront présentées par les maréchaux-de-camp inspecteurs du génie, ou par les lieutenans généraux inspecteurs des fortifications.

Titre XIX. Dispositions particulières au train des équipages.

191. Les règles et le mode d'avancement du train d'artillerie et du train du génie, pour les grades et emplois de brigadiers, fourriers, maréchaux-des-logis, maréchaux-des-logis-chefs et adjudans, sont applicables aux escadrons du train des équipages.

192. Tous les emplois de sous-lieutenant qui viendront à vaquer dans ces corps seront accordés aux sous-officiers.

193. Les deux tiers des sous-lieutenances seront donnés aux sous-officiers de cavalerie qui seront désignés par les inspecteurs généraux comme susceptibles de remplir ces emplois.

194. L'avancement au grade de lieutenant aura lieu par escadron; et celui au grade de capitaine, sur tous les escadrons, les deux tiers à l'ancienneté et l'autre tiers au choix.

195. Le commandement de ces corps étant dévolu à des chefs d'escadron, la nomination à ce grade aura lieu au choix, sur tous les capitaines de ces escadrons.

196. Les officiers comptables des escadrons du train des équipages seront choisis et nommés, comme dans les autres armes, de la manière déterminée au titre VIII de la présente ordonnance; ils auront le grade de sous-lieutenant, et pourront obtenir celui de lieutenant après quatre ans d'exercice.

197. Les adjudans-majors, étant chargés des fonctions de major, seront choisis parmi les capitaines; ils pourront néanmoins opter entre ces fonctions et le commandement d'une compagnie.

198. Les compagnies d'ouvriers du train des équipages sont assimilés, pour leur avancement intérieur, aux compagnies d'ouvriers d'artillerie.

199. Les officiers des compagnies d'ouvriers du train des équipages roulent ensemble pour l'avancement aux grades de lieutenant et de capitaine.

200. Les officiers supérieurs chargés de la direction des parcs de construction seront choisis parmi ceux des escadrons, ainsi que les capitaines et lieutenans attachés à ces établissemens.

201. Les listes des propositions pour l'avancement au choix seront présentées par les inspecteurs généraux que notre ministre de la guerre chargera de l'inspection de ce corps.

Titre XX. Compagnies sédentaires (1).

202. Aucun officier ne sera admis dans les compagnies sédentaires, s'il ne justifie de vingt-quatre années de service effectif dans l'armée active, ou si, en raison de blessures ou infirmités contractées au service, il n'est jugé susceptible de recevoir cette destination.

203. Quant aux officiers et soldats, hors le cas de blessures ou infirmités, ils ne pourront y être admis, s'ils n'ont accompli un rengagement dans l'armée active, conformément à l'article 22 de la loi du 10 mars (2).

204. Nul militaire ne pourra être admis comme sous-officier dans les compagnies

(1) *Voy.* ordonnance du 26 décembre 1821.

(2) *Voy.* ordonnance du 17 octobre 1821.

sédentaires, s'il n'a exercé pendant deux ans le grade d'adjudant sous-officier, maréchal-des-logis-chef, ou maréchal-des-logis, sergent-major ou sergent, dans l'armée active.

205. L'admission dans les compagnies sédentaires étant considérée comme récompense, les militaires qui y sont admis ne recevront point d'avancement, et nul ne pourra occuper dans ces compagnies un grade supérieur à celui dont il était pourvu à l'époque où il aura cessé son service dans les corps de la ligne.

206. Les places de capitaine en premier des compagnies sédentaires seront données aux chefs d'escadron et de bataillon, aux capitaines commandans, à ceux de première classe, et à ceux ayant dix ans de grade;

Les places de capitaine en second seront données aux capitaines ayant six ans de grade;

Les places de lieutenant en premier, aux capitaines ou aux lieutenans qui auront servi au moins pendant quatre ans dans le grade de lieutenant;

Les places de lieutenant en second, aux lieutenans et sous-lieutenans.

207. Dans les compagnies de sous-officiers sédentaires, les officiers sortant de la ligne ne seront admis que pour l'emploi du grade immédiatement inférieur à celui qu'ils auront occupé dans l'armée active; mais un tiers des emplois dans ces compagnies sera réservé aux officiers des compagnies de fusiliers les plus anciens de grade, et qui mériteront cette augmentation de récompense par leur bonne conduite.

TITRE XXI. Compagnies d'élite.

208. Les compagnies d'élite, dans les corps où il en est ou sera établi par nos ordonnances d'organisation, telles que les compagnies de grenadiers et voltigeurs, se composant d'hommes choisis d'après les règles que nous avons établies par notre ordonnance du 13 mars dernier (1), sur le service intérieur, les emplois qui y vaqueront seront remplis de la manière suivante :

209. Les caporaux et sous-officiers seront choisis, par le colonel ou commandant du corps, parmi les caporaux et sous-officiers des autres compagnies, et seront placés avec le même grade dans ces compagnies d'élite.

210. Pour le choix des officiers, le colonel ou commandant du corps présentera trois sujets du grade correspondant à l'emploi vacant, à l'inspecteur général d'armes, à l'époque de sa revue : l'inspecteur général désignera celui auquel l'emploi devra être conféré.

TITRE XXII. Compagnies d'artillerie légionnaire ou régimentaire.

211. Les compagnies d'artillerie légionnaire ou régimentaire instituées par notre ordonnance du 3 août 1815 seront commandées par un lieutenant et un sous-lieutenant.

212. Les soldats canonniers seront classés conformément à ce qui est réglé par notredite ordonnance d'organisation du 3 août 1815; il en sera de même des ouvriers et artificiers. La progression d'une classe à l'autre aura lieu de la même manière que dans le corps royal d'artillerie.

213. Les caporaux et sous-officiers seront nommés parmi les sujets reconnus les plus aptes à ce service, et conformément à ce qui est déterminé pour la nomination des sous-officiers, au titre II de la présente ordonnance.

214. Le lieutenant commandant la compagnie d'artillerie sera choisi, par le colonel, parmi les lieutenans qui auront suivi les cours et exercices de nos écoles militaires; l'emploi de sous-lieutenant dans cette compagnie sera toujours conféré à nos élèves desdites écoles, lorsque l'un des sous-officiers de la compagnie n'y sera point appelé par l'avancement à notre choix.

215. L'avancement des officiers des compagnies d'artillerie légionnaire roulera avec celui des officiers des corps auxquels elles sont attachées.

TITRE XXIII. Compagnies d'éclaireurs légionnaires.

216. Le lieutenant commandant la compagnie d'éclaireurs légionnaires sera choisi, par le colonel, parmi les lieutenans de la légion qui seront les plus aptes à ce service.

217. Les sous-lieutenans seront nommés parmi les élèves de nos écoles militaires, lorsque des sous-officiers de la même compagnie ne seront pas portés à cet emploi par notre choix.

218. Les sous-officiers seront nommés conformément aux règles déterminées à cet égard, par la présente ordonnance, pour les autres sous-officiers.

TITRE XXIV. Dispositions particulières pour les officiers du corps royal d'état-major.

219. Conformément aux dispositions de notre ordonnance d'organisation du corps royal d'état-major, les élèves admis à l'école d'application de ce corps recevront, en y entrant, le grade de sous-lieutenant.

220. Les sous-lieutenans élèves de l'école d'application d'état-major, après deux ans

(1) Lisez *mai*. Erratum, Bulletin.

d'exercice à cette école et deux années d'emploi comme aides-majors dans un corps de cavalerie, seront promus au grade de lieutenant aide-major d'infanterie.

221. Les lieutenans aides-majors d'infanterie, après deux années d'exercice de cet emploi, étant disponibles pour le service d'état-major, prendront rang, pour l'avancement, soit à l'ancienneté, soit à notre choix, avec les officiers du même grade employés à l'état-major de l'armée.

222. L'avancement, dans le corps royal d'état-major, jusqu'au grade de lieutenant-colonel inclusivement, aura lieu, deux tiers à l'ancienneté, et un tiers au choix, conformément aux dispositions de la loi du 10 mars dernier.

223. Pour l'exécution de l'article précédent, il sera tenu, par les soins de notre ministre de la guerre, un registre-matricule, par rang d'ancienneté de grade, de tous les officiers d'état-major.

224. Les colonels d'état-major seront nommés sur la proposition de notre ministre de la guerre, et choisis parmi les lieutenans-colonels du même corps.

225. Les emplois d'officier-général spécialement affectés au service de l'état-major seront tous à notre choix : ceux de maréchal-de-camp seront accordés aux colonels du corps royal de l'état-major ayant au moins quatre ans de service dans ce dernier grade ; et ceux de lieutenant général, aux maréchaux-de-camp attachés audit corps, et ayant aussi quatre ans au moins de service dans ce dernier grade.

TITRE XXV. Dispositions particulières au corps royal des ingénieurs géographes.

226. L'admission au corps royal des ingénieurs géographes est spécialement et uniquement réservée aux élèves de l'école polytechnique qui, ayant suivi pendant deux ans au moins les cours de cette école, auront subi leur examen de sortie et auront été jugés susceptibles d'être placés dans ce corps. Ceux d'entre eux qui auront satisfait à ces conditions seront admis à l'école d'application du corps des ingénieurs géographes, en qualité d'élèves, avec le grade de sous-lieutenant.

227. Ces élèves devront rester deux ans au moins à l'école d'application, pour y terminer leurs cours d'instruction, et subir, à leur sortie, les examens déterminés par les réglemens.

A leur sortie de l'école d'application, ils pourront remplir les fonctions de lieutenans du corps, et ils en recevront la solde; mais ils n'obtiendront le brevet de ce grade qu'à l'expiration de quatre années de service dans le grade de sous-lieutenant, à dater de leur admission à l'école d'application.

228. Le nomination aux grades de capitaine, de chef d'escadron et de lieutenant-colonel, roulera sur tout le corps, les deux tiers à l'ancienneté et le tiers à notre choix ; mais l'avancement des capitaines de la seconde classe à la première aura lieu à l'ancienneté seulement.

229. La nomination au grade de colonel aura lieu au choix parmi les lieutenans colonels ayant au moins quatre ans de service dans ce dernier grade.

230. Les propositions qui devront être faites à notre ministre secrétaire d'Etat de la guerre pour les nominations à notre choix, lui seront remises par le lieutenant général qui sera chargé de l'inspection de ce corps.

TITRE XXVI. Dispositions spéciales relatives aux corps des intendans militaires (1).

231. Conformément à l'article 8 de notre ordonnance du 29 juillet 1817, les élèves du corps des intendans militaires seront pris parmi les jeunes gens âgés de vingt-un ans, ayant fait leur cours de droit et parlant une langue étrangère.

232. Les adjoints aux sous-intendans seront pris, à notre choix, parmi les élèves qui auront été, au moins pendant quatre ans, employés en qualité d'élèves, et qui, d'ailleurs, auront satisfait aux examens : ils monteront de la seconde classe à la première, à raison d'un tiers à notre choix, et les deux autres tiers à l'ancienneté.

233. Les sous-intendans seront pris parmi les adjoints de première classe ayant au moins quatre ans de grade d'adjoint, à raison d'un tiers à l'ancienneté, et de deux tiers à notre choix.

Ils monteront de la quatrième classe à la troisième, moitié à notre choix et moitié à l'ancienneté.

Il en sera de même pour monter de la troisième classe à la seconde, et de la seconde à la première.

234. Nul ne pourra être promu par le choix à une classe supérieure, s'il n'a au moins deux années de service dans la classe inférieure.

235. Les intendans seront pris, à notre choix, parmi les sous-intendans de la première et de la seconde classe, ceux-ci ayant au moins deux années d'exercice dans cette dernière classe.

(1) *Voy.* notes sur l'ordonnance du 29 juillet 1817, ordonnances des 27 septembre 1820 et 18 septembre 1822.

TITRE XXVII. De l'ordre ou droit de commandement.

236. L'autorité du rang pour le commandement aura toujours la même force que celle du grade supérieur sur le grade inférieur.

Il en sera de même de l'autorité de l'ancienneté du grade (1).

237. A grade égal, l'ancienneté de grade aura toujours le commandement, lorsqu'il ne se trouvera pas déféré par les ordonnances d'organisation ou attributions particulières, ou lorsque nous n'aurons pas délivré des lettres de commandement.

238. Les lettres de commandement en chef de nos armées ou corps d'armée, celles que nous jugerons convenable d'accorder aux gouverneurs et commandans de nos divisions, donneront l'autorité de commandement sur tous les officiers de grade égal.

239. Les gouverneurs, commandans supérieurs et lieutenans de Roi pour le commandement des places de guerre, devant, par la nature des fonctions qui leur sont confiées, exercer une autorité spéciale, cette autorité est réglée par les dispositions particulières de nos ordonnances et réglemens sur le service des places et par nos ordonnances sur le service intérieur des troupes, en ce qui concerne les rapports des commandans avec les corps.

240. L'autorité du commandement pour les officiers qui ne font point partie d'une troupe, ne s'étend point à ce qui concerne le personnel, l'administration et la discipline intérieure de cette troupe, objets dont le soin est exclusivement réservé à son chef direct.

241. Conformément aux ordonnances rendues par nos prédécesseurs, nul ne pourra commander dans une de nos places ou garnisons, s'il n'est Français ou naturalisé Français.

242. Dans les garnisons composées de troupes françaises et étrangères ou auxiliaires, les officiers français concourront seuls entre eux pour le commandement.

243. Hors des places ou garnisons, le commandement appartiendra, à grade égal, à l'officier français, quelle que soit son ancienneté de grade.

244. Dans les détachemens composés de troupes de la garde et de troupes de ligne, les officiers de la garde ne commanderont qu'à grade effectif égal, quels que soient les brevets de grade supérieur dont ils auraient été pourvus.

245. Les officiers du corps royal d'état-major auront, à grade égal, le commandement sur les officiers de troupe. Les officiers d'un grade supérieur devront déférer à leurs demandes pour l'exécution des ordres dont ils auraient été chargés par les officiers généraux dans l'étendue de leur commandement.

246. Dans les corps où il existe des grades subdivisés pour l'ordre du commandement, le rang supérieur aura toujours l'autorité sur le rang inférieur; en conséquence, les capitaines en second seront subordonnés aux capitaines commandans, et les lieutenans en second le seront aux lieutenans en premier.

247. Le caporal-fourrier ou le brigadier-fourrier aura le rang de commandement sur les caporaux ou brigadiers; le sergent-major ou maréchal-des-logis-chef commandera tous les sergens ou maréchaux des-logis; et tous les sous-officiers seront commandés par les adjudans.

248. Les adjudans-majors lieutenans auront, par les attributions de leur emploi, le rang de commandement sur tous les officiers du grade de lieutenant.

249. Les officiers occupant dans les corps des emplois administratifs ou de comptabilité, tels que les trésoriers, officiers d'habillement et majors, ne concourront point au commandement à grades égaux, l'intérêt du service et l'importance des fonctions qui leur sont confiées exigeant qu'ils n'en soient distraits que dans les cas d'urgence et en l'absence d'officiers de même grade.

250. Les troupes du train d'artillerie et du génie étant auxiliaires dans ces armes, les officiers seront toujours commandés par ceux d'artillerie et du génie avec lesquels ils se trouveraient en service, et quel que soit leur grade.

251. Les mêmes dispositions auront lieu pour les officiers du train des équipages à l'égard des membres du corps de l'intendance militaire.

Ils pourront également être subordonnés aux officiers auxquels le commandement de l'escorte serait conféré pour les convois en marche.

TITRE XXVIII. De l'avancement aux armées actives pendant la guerre.

252. En temps de guerre, et conformément à l'article 29 de la loi du 10 mars dernier, notre ministre de la guerre, sans s'astreindre à l'exécution des dispositions de la présente ordonnance, relativement au temps de service et de grade exigé pour l'avancement, pourra nous proposer les promotions que rendraient nécessaires les besoins du service aux armées actives,

1° Pour les emplois vacans au tour de

(1) *Voy.* ordonnance du 25 octobre 1820.

l'ancienneté, en faveur des officiers qui y seraient appelés par leur tour d'avancement;

2° Pour les emplois vacans à notre choix, en faveur des officiers qui se seraient distingués par des actions d'éclat mises à l'ordre du jour de l'armée.

253. Les généraux en chef sont autorisés à opérer provisoirement les remplacemens à l'ancienneté dans l'intérieur des corps.

TITRE XXIX. Des prisonniers de guerre français.

254. Les officiers et sous-officiers que le sort des armes aura fait tomber au pouvoir de l'ennemi continueront à être portés dans leur grade, mais pour mémoire, sur les tableaux ou contrôles des corps dont ils font partie. Ils conserveront leurs droits d'ancienneté pour l'avancement.

255. Si, par des actions d'éclat sur le champ de bataille, ou dans la défense d'un poste qui lui aurait été confié, l'officier ou sous-officier fait prisonnier de guerre s'était particulièrement distingué, notre ministre de la guerre nous soumettra extraordinairement une proposition d'avancement ou de décoration de nos ordres militaires en sa faveur.

256. L'officier ou sous-officier fait prisonnier de guerre, et appartenant à l'un des corps de troupe, y sera immédiatement remplacé; il sera, à son retour, mis à la suite du corps pour obtenir le premier emploi vacant de son grade; et aussitôt qu'il en sera pourvu, il reprendra son rang dans le classement.

257. Il ne sera pourvu par promotion nouvelle au remplacement des officiers généraux ou d'état-major prisonniers de guerre, qu'autant que le nombre existant dans les cadres ne suffirait pas aux besoins du service.

TITRE XXX. De l'expédition des brevets.

258. Il y aura trois sortes de brevets: l'une pour les grades inférieurs, l'autre pour les grades supérieurs, la troisième pour les officiers généraux.

259. Les brevets porteront un numéro d'ordre qui indiquera le rang de l'officier dans la promotion, afin de servir à constater l'ancienneté de grade.

260. Les numéros d'ordre des brevets seront relatifs à toutes les promotions du même grade de la même date dans les divers corps de notre armée.

Ces numéros seront déterminés par le rang d'ancienneté respectif des officiers dans les grades précédens.

261. Les numéros d'ordre, pour les brevets du grade de sous-lieutenant accordés aux élèves des écoles spéciales militaires qui seront admis à celles d'application, seront réglés entre eux d'après le rang de ces officiers dans les listes d'admission auxdites écoles d'application.

TITRE XXXI. Dispositions transitoires.

SECTION Ire. *Des officiers en non-activité.*

262. La nouvelle organisation de notre armée ayant laissé sans emploi des officiers dont l'expérience et les talens peuvent être utiles à l'Etat, et qui, d'après les dispositions de notre ordonnance du 20 mai dernier sont disponibles pour être rappelés à l'activité de service, nous voulons qu'il soit pourvu, autant que possible, à leur placement successif.

En conséquence, nous avons déterminé que la moitié des emplois qui viendront à vaquer dans les divers corps de ligne, les corps royaux d'artillerie et du génie, et celui de la gendarmerie, sera réservée au placement de ces officiers; l'autre moitié des emplois vacans appartiendra à l'avancement ordinaire (1).

263. Voulant que, dans aucun cas, il ne puisse être pris sur le tiers des emplois de sous-lieutenant réservé à l'avancement des sous-officiers, le placement des officiers de ce grade ne portera que sur les deux autres tiers (2).

264. Pour l'exécution des deux articles précédens, il sera fait un tableau, par arme et par rang d'ancienneté de grade, de tous les officiers qui, d'après notre ordonnance du 20 mai dernier, seront susceptibles d'être rappelés au service.

265. Lorsqu'il vaquera un des emplois réservés au placement des officiers désignés en l'article précédent, il nous sera présenté par notre ministre de la guerre un de ces officiers de l'arme et du grade correspondant à l'emploi vacant.

266. Conformément à ce qui est déterminé par l'article 5 de notre ordonnance du 27 mai dernier, la moitié des emplois de colonel vacans dans le corps royal d'état-major appartiendra aux colonels de l'ancien état-major désignés par ladite ordonnance, et qui n'ont pu être compris au nombre des colonels titulaires dans la nouvelle organisation.

267. Les officiers de l'ancien état-major qui ne pourront être placés dans le corps royal d'état-major concourront avec les au-

(1) *Voy.* ordonnances des 15 août 1821, et 30 avril 1823, ordonnance du 23 octobre 1820.

(2) *Voy.* ordonnance du 23 octobre 1820.

tres officiers disponibles des armes auxquelles ils auraient précédemment appartenu, pour être employés dans lesdites armes.

268. Les officiers rappelés à l'activité de service dans un corps de l'armée y prendront rang d'après leur ancienneté de grade.

Néanmoins, dans les emplois où il se trouve des grades subdivisés, comme ceux de capitaine commandant et capitaine en second, lieutenant en premier, lieutenant en second, ou par classe, l'officier rappelé à l'activité ne reprendra le rang ou la classe que pourrait lui assigner son ancienneté, qu'à l'époque de la revue des inspecteurs généraux d'armes, qui régleront et arrêteront chaque année le classement des officiers, d'après leur ancienneté de grade.

269. Sera compté comme service effectif le temps de non-activité aux officiers disponibles pour être rappelés en activité, conformément à notre ordonnance du 20 mai dernier.

Les officiers disponibles et ceux déjà employés dans les cadres de l'armée établiront leur rang d'ancienneté, en ajoutant au temps de leurs services antérieurs, porté dans leurs brevets, celui de leurs services actuels depuis leur nouvelle admission à l'activité ou à la non-activité.

270. Chaque année, à l'époque des revues d'inspection, il sera fait au chef-lieu de chaque département par l'officier général commandant la division, ou l'un des maréchaux-de-camp sous ses ordres, accompagné d'un intendant ou sous-intendant militaire, une revue des officiers en non-activité, jusqu'au grade de colonel inclusivement.

Ces revues auront pour objet,

1° D'établir les contrôles de ces officiers;

2° De reconnaître ceux qui, par des accidens ou des infirmités, ne seraient plus susceptibles d'un service actif, afin qu'il soit statué sur leur sort.

Le résultat et les états de cette revue seront adressés à notre ministre de la guerre par le général commandant; le double en sera conservé par l'intendant militaire.

271. Les dispositions ci-dessus auront leur effet pour les cas déterminés et jusqu'aux époques fixées par notre ordonnance du 20 mai dernier, relative aux officiers en non-activité.

SECTION II. Corps royal des ingénieurs géographes.

272. Pour établir dans notre corps des ingénieurs géographes la hiérarchie de grade voulue par la loi, il sera créé dans ce corps deux emplois de lieutenant-colonel, en remplacement de deux emplois de chef d'escadron qui sont et demeurent supprimés.

SECTION III. Corps royaux d'artillerie et du génie.

273. Le classement des lieutenans en premier et des lieutenans en second, et celui des capitaines en premier, et des capitaines en second, dans les corps royaux d'artillerie et du génie, sera effectué, d'ici au 1er janvier prochain, d'après leur rang d'ancienneté aux grades de lieutenant et de capitaine.

274. Les capitaines qui sont actuellement pourvus de l'emploi de capitaine en premier, et qui ne sont pas à hauteur, par leur rang d'ancienneté sur le tableau général du corps, d'être pouvus du grade de capitaine en premier, recevront une simple commission de ce grade pour en exercer les fonctions, jusqu'à ce que leur tour d'ancienneté les porte à ce grade; et à cette époque, le brevet leur en sera expédié.

275. Les sous-adjudans-majors des régimens du génie, ceux des régimens d'artillerie à pied et à cheval, et du bataillon de pontonniers, prendront successivement, et d'après leur rang d'ancienneté parmi les lieutenans de leurs corps respectifs, les emplois de lieutenant de première classe qui viendront à vaquer. Ils seront remplacés dans leurs fonctions par des adjudans nommés dans ces corps, d'après les dispositions de la présente ordonnance.

276. Les porte-drapeaux et porte-étendards dans les corps d'artillerie prendront également, à leur tour d'ancienneté, les emplois de lieutenant en premier qui deviendront vacans, et seront remplacés par des sous-lieutenans, conformément à ce qui est déterminé au titre VI de la présente ordonnance.

277. Les sous-adjudans-majors des escadrons du train d'artillerie et du génie prendront, à leur tour d'ancienneté, les emplois de lieutenant qui viendront à vaquer dans ces corps, et seront remplacés dans leurs fonctions par des adjudans nommés d'après les dispositions de la présente ordonnance.

278. Les adjudans-majors ayant le grade de lieutenant actuellement existans dans les régimens du génie et dans ceux d'artillerie à pied et à cheval pourront conserver leur emploi; et ils jouiront alors des prérogatives qui y sont attachées par le titre VII de la présente ordonnance.

SECTION IV. Gendarmerie royale.

279. Les militaires licenciés qui n'auront pas été appelés à faire partie des cadres de l'armée pourront, à défaut d'hommes ayant accompli un rengagement, concourir pour les emplois de gendarme, pourvu qu'ils aient quatre ans de service, qu'ils puissent s'habiller et s'équiper à leurs frais, et qu'ils réu-

nissent d'ailleurs les autres conditions exigées sous les rapports de la taille, de l'instruction et de la bonne conduite.

SECTION V. Officiers comptables.

280. Jusqu'au 1er janvier de l'an 1820, les adjoints aux commissaires des guerres qui n'auront pas été compris dans l'organisation du corps des intendans militaires ou qui n'y seront pas entrés depuis seront susceptibles de concourir avec les officiers de la ligne pour les emplois d'officier comptable lieutenant, pourvu qu'ils aient précédemment servi dans la ligne en qualité d'officiers. Leur service d'adjoint suppléera au service administratif dans les corps exigé pour être officier comptable. Leur ancienneté de lieutenant leur comptera à dater de leur nomination au grade d'adjoint.

Les adjoints provisoires aux commissaires des guerres concourront, également jusqu'au 1er janvier 1820, pour les emplois d'officier payeur.

281. Egalement jusqu'au 1er janvier 1820, les adjoints à l'inspection aux revues et les commissaires des guerres qui auront commandé une compagnie dans un des corps de l'armée pendant deux ans, concourront, avec les chefs de bataillon ou d'escadron et avec les officiers comptables capitaines de l'armée pour les emplois de major qui viendront à vaquer.

282. L'ancienneté de grade sera comptée aux majors ainsi nommés, savoir :

1° Aux adjoints à l'inspection de première classe, de la date de leur brevet d'adjoint de première classe;

2° Aux adjoints à l'inspection de seconde classe, de la date de leur brevet de major ;

3° Aux commissaires des guerres, de la date de leur brevet de commissaire des guerres.

SECTION VI. Corps des intendans militaires.

283. Les membres disponibles des corps supprimés de l'inspection aux revues et du commissariat des guerres concourront ensemble pour l'admission dans le corps de l'intendance militaire, au fur et à mesure des vacances, pendant le temps et dans les proportions ci-après indiqués, savoir :

Jusqu'au 31 décembre 1819, pour les deux tiers des vacances;

Et depuis le 1er janvier 1820 jusqu'au 31 décembre 1823, pour la moitié des vacances.

Les premiers emplois à donner dans chaque grade d'après ces proportions appartiendront aux membres des deux corps supprimés.

284. Les ordonnateurs en chef, les inspecteurs aux revues et les commissaires ordonnateurs concourront pour les emplois d'intendant.

Les sous-inspecteurs aux revues et les commissaires des guerres concourront pour toutes les places vacantes dans les quatre classes de sous-intendans, suivant les proportions déterminées à l'art. 283; néanmoins les sous-inspecteurs aux revues de troisième classe et les commissaires des guerres de seconde ne pourront être admis que dans la troisième et la quatrième classe de sous-intendans.

Les adjoints de première classe à l'inspection aux revues concourront aussi pour les places vacantes dans la quatrième classe de sous-intendans.

Les adjoints de seconde classe à l'inspection aux revues et les adjoints aux commissaires des guerres concourront pour les places vacantes dans les deux classes d'adjoint aux intendans militaires; toutefois les adjoints aux commissaires des guerres ne pourront être admis que dans la seconde classe.

285. Les adjoints de première classe aux intendans militaires qui, avant l'organisation du corps, étaient pourvus du grade de commissaire des guerres ou de celui d'adjoint de première classe à l'inspection seront dispensés de la condition de quatre ans de service dans leur grade actuel, prescrite par l'article 233 pour passer au grade de sous-intendant de quatrième classe.

286. La condition des deux années de service dans la classe inférieure, prescrite par l'article 234 pour passer au choix à une classe supérieure, ne sera exigée qu'à partir du 15 septembre 1819.

287. Les inspecteurs aux revues et les commissaires-ordonnateurs nommés intendans en vertu de l'article 284 (1er paragraphe) prendront rang à la date de leur brevet d'inspecteur ou d'ordonnateur.

Les sous-inspecteurs aux revues, les commissaires des guerres et les adjoints déjà admis dans les corps des intendans militaires ou qui le seront à l'avenir en vertu de l'article précité, prendront rang à la suite de chaque classe, dans l'ordre de leur nomination à cette classe.

TITRE XXXII. Dispositions générales.

288. Toutes les dispositions des ordonnances et réglemens antérieurs contraires à la présente ordonnance, sont et demeurent abrogées.

289. Notre ministre de la guerre est chargé de l'exécution de la présente ordonnance.

3 AOUT 1818. — Ordonnance du Roi qui accorde des lettres de déclaration de naturalité au sieur Larger. (7, Bull. 258, n° 5909.)

5 = Pr. 22 AOUT 1818. — Ordonnance du Roi qui fixe à quarante jours, pour cette année, la durée des vacances de la cour des comptes, et institué une chambre de vacations pendant cet intervalle. (7, Bull. 229, n° 4745.)

Louis, etc.

Voulant faire jouir notre cour des comptes d'un intervalle de repos nécessité par ses travaux, et en même temps pourvoir à ce que le cours de ses jugemens n'éprouve aucune interruption;

Sur le rapport de notre ministre secrétaire d'Etat des finances,

Nous avons ordonné et ordonnons ce qui suit :

Art. 1er. Notre cour des comptes prendra vacances, en la présente année, depuis le 10 septembre jusqu'au 20 octobre suivant.

2. Il y aura pendant ce temps une chambre des vacations composée d'un président de chambre et de six conseillers maîtres, qui tiendra ses séances au moins trois jours de chaque semaine.

Le premier président présidera toutes les fois qu'il le jugera convenable.

3. La chambre des vacations connaîtra de toutes les affaires attribuées aux trois chambres, sauf de celles qui seront exceptées par un comité composé du premier président, des trois présidens et de notre procureur général, et desquelles le jugement restera suspendu jusqu'à la rentrée.

4. Nous nommons pour former, cette année, la chambre des vacations de notre cour des comptes, savoir :

Pour y remplir les fonctions de président, le baron Brierre de Surgy, président de la troisième chambre.

Et pour y remplir les fonctions de conseillers maîtres, les sieurs Goussard, Doyen, Buffault, Malès, Roussel, Delaistre et Gallois.

En cas d'absence de notre procureur général, le sieur Dupin, conseiller maître, remplira ses fonctions près ladite chambre des vacations.

Le greffier en chef pourra être suppléé par un des commis du greffe, sur la désignation du premier président.

Le sieur Moufle tiendra la plume aux séances de la chambre des vacations.

5. Nous autorisons le premier président à donner aux conseillers référendaires, pour la durée du temps où la chambre des vacations sera en activité, les congés qui pourront être accordés sans préjudice au service, et sans que, dans aucun cas, il puisse donner ces congés à plus de la moitié des conseillers référendaires de chaque classe.

6. L'absence qui aura lieu en vertu des dispositions qui précèdent sera comptée comme temps d'activité pour les magistrats de tous les ordres de notre cour des comptes.

7. Nos ministres de la justice et des finances sont chargés de l'exécution de la présente ordonnance.

5 = Pr. 22 AOUT 1818. — Ordonnance du Roi qui règle la solde et les indemnités des officiers du corps royal de l'état-major. (7, Bull. 229, n° 4746.)

Art. 1er. La solde d'activité, les indemnités de fourrages et de logement des officiers du corps royal de l'état-major, seront réglées, à dater du 1er janvier prochain, conformément au tarif ci-annexé.

2. Le traitement de disponibilité qui sera attribué, à partir de la même époque, aux officiers de ce corps qui n'auront pas de lettres de service est réglé conformément à la dernière colonne de ce tarif.

3. Les officiers de ce corps jouiront, pendant l'exercice courant, de la solde, traitemens et indemnités auxquels ils ont droit d'après leur position et les réglemens existans.

4. Notre ministre de la guerre est chargé de l'exécution de la présente ordonnance.

(Suit le tableau.)

Tarif de la solde et des indemnités accordées, par ordonnance du Roi en date du 5 août 1818, aux officiers du corps royal de l'état-major.

DÉSIGNATION des GRADES.	SOLDE D'ACTIVITÉ		SOLDE de CONGÉ	NOMBRE DE RATIONS de fourrages allouées par jour.			INDEMNITÉS par an (A)		TRAITEMENT de DISPONIBILITÉ (B)	
				sur le pied de paix.	sur le pied de guerre,					
	par AN.	par JOUR.	par JOUR.		aux rassemblemens.	aux armées.	de logement.	d'ameublement.	par AN.	par JOUR.
Lieutenant général. . . .	«	«	«	«	«	«	«	«	«	« (C)
Maréchal-de-camp. . . .	«	«	«	«	«	«	«	«	«	« (C)
Colonel.	6,000f	16,666	8f 333	2	3	4	600f	200f	4,000f	12f 111
Lieutenant-colonel. . . .	5,000	13,888	6,944	2	3	4	540	180	3,400	9,444
Chef de bataillon.	4,000	11,111	5,555	1	2	3	480	160	2,700	7,500
Capitaine.	2,300	6,388	3,194	1	2	3	216	108	1,600	4,444
Lieutenant	1,450	4,027	2,013	1	1	2	144	72	1,000	2,777
Elève.	1,100	3,055	1,527	«	«	«	«	«	«	«

(A) Ces indemnités sont augmentées de moitié en sus pour les officiers qui sont employés à Paris.

(B) Les officiers au traitement de disponibilité n'ont aucun droit aux indemnités de fourrages et de logement, ni au supplément de solde dans Paris.

(C) La solde d'activité, les indemnités de fourrages et de logement, et le traitement de disponibilité des officiers généraux de l'état-major, sont les mêmes que ceux qui sont réglés pour l'état-major général de l'armée.

5 = Pr. 27 AOUT 1818. — Ordonnance du Roi qui règle l'exécution de l'art. 46 de la loi du 15 mai 1818, concernant les dépenses de casernement et d'occupation des lits militaires. (7, Bull. 230, n° 4755.)

Voy. décret du 23 AVRIL 1810, avis du Conseil-d'Etat du 29 MARS 1811 et notes.

Louis, etc.

L'article 46 de la loi du 15 mai dernier sur les finances ayant prescrit, relativement aux diverses dépenses de casernement dont les villes étaient chargées, de nouvelles dispositions qui réduisent leur cotisation pour cet objet de service à un simple prélèvement au profit du Trésor, nous avons reconnu que cette disposition légale avait révoqué ou modifié par le fait des lois et réglemens qui, depuis 1791, ont régi successivement l'administration des bâtimens et établissemens nécessaires au casernement et au service des troupes de garnison, sans anéantir toutefois l'effet que peuvent avoir produit les cessions qui en ont été faites aux villes, à titre de propriété *absolue* ou *conditionnelle*.

Nous avons considéré que cet article de la loi du 15 mai avait en effet pour but, non-seulement de rectifier et de simplifier le mode d'administration précédemment suivi, mais encore de régulariser, en les allégeant, les charges locales du casernement, par la conversion *en un seul abonnement* de toutes les prestations dont les villes étaient passibles, tant pour *travaux de bâtimens* et *occupation de lits*, que pour les *champs de manœuvre* et *le logement accidentel* de la troupe chez l'habitant; en exécution des décrets des 23 avril, 7 août et 15 octobre 1810, et par suite d'un avis du Conseil-d'Etat, approuvé le 29 mars 1811, contrairement à la loi du 23 mai 1792.

Voulant régler l'exécution de l'article 46 de la loi du 15 mai dernierselon les résultats ci-dessus énoncés, nous avons reconnu aussi qu'il était indispensable dans l'intérêt du Trésor et du service du casernement,

1° D'effectuer, au *maximum légal* de sa fixation, le prélèvement à faire sur les revenus des villes, sous la réserve des dégrèvemens que nous pourrions accorder pour des causes d'exception déterminantes;

2° De tenir compte aux villes, par voie d'imputation sur l'abonnement dont le produit a été calculé et porté aux recettes de l'Etat pour 1818, des dépenses de *casernement et d'occupation de lits* qu'elles ont pu faire suivant l'ancien mode, sur le présent exercice :

A ces causes,

Et dans la vue de fixer les règles et de prescrire les dispositions transitoires qui dérivent dudit article 46 de la loi du 15 mai dernier;

Sur le rapport de nos ministres secrétaires d'Etat de la guerre, de l'intérieur et des finances;

De l'avis de notre Conseil,

Nous avons ordonné et ordonnons ce qui suit :

TITRE Ier. Fixation et perception de l'abonnement.

Art. 1er. Dans les villes qui perçoivent des octrois, les fonds nécessaires au paiement de l'abonnement stipulé par l'art. 46 de la loi du 15 mai dernier, pour le *casernement et l'occupation des lits militaires*, seront compris chaque année au budget des communes, sur le pied des fonds alloués pour cet objet dans le budget de l'exercice précédent. Si la dépense réelle de l'abonnement excédait la *dépense allouée*, il y serait pourvu par voie de rappel de cet excédant dans le budget de l'année suivante.

2. La régie des contributions indirectes est chargée d'opérer le prélèvement des fonds d'abonnement, d'après le mode suivi pour le prélèvement du dixième de l'octroi.

Le prélèvement ne se fera qu'à raison d'un quinzième par mois de la somme allouée au budget pour l'abonnement annuel, sauf la restriction prévue par l'article 7 ci-après, et les moyens additionnels de recouvrement qu'il comporte.

3. Au commencement de chaque trimestre, l'intendant militaire fera dresser par les sous-intendans, pour chacune des villes soumises au prélèvement dans sa division, d'après les états de revue, le décompte *du nombre effectif* des journées d'occupation des hommes et des chevaux qui, pendant le trimestre précédent, auront été logés dans les bâtimens ou établissemens militaires.

Seront compris dans l'état de décompte, pour le nombre effectif de leurs journées d'occupation,

1° Tous les officiers et agens militaires de tout grade qui, en vertu des réglemens, ont droit au logement en nature, comme les officiers de garnison, soit qu'ils logent ou non dans les bâtimens militaires;

2° Les chevaux des officiers des troupes de cavalerie, ainsi que ceux du train d'artillerie, du train du génie et des équipages et autres ayant droit à la ration de fourrages en nature.

4. Les sous-intendans militaires adresseront à l'intendant de la division les revues qu'ils auront arrêtées pour constater le nombre des journées des hommes et des chevaux.

L'intendant dressera, à la suite du décompte des journées d'occupation, le décompte trimestriel de l'abonnement, à raison de *sept francs* pour trois cent soixante-cinq journées d'homme, et de *trois francs* pour trois cent soixante-cinq journées de cheval. Il transmettra ces décomptes, arrêtés par lui, aux préfets des départemens de la division militaire, lesquels les communiqueront aux maires des communes débitrices pour être admis ou contestés. Dans le premier cas, la feuille de décompte, dûment visée par le préfet, sera remise, par ses soins, au directeur général des contributions indirectes, pour servir aux mêmes fins qu'un rôle exécutoire.

5. Une autre expédition de la feuille des décomptes sera transmise par l'intendant militaire à notre ministre de la guerre, qui en fera l'envoi au directeur général des contributions indirectes, afin qu'il fasse poursuivre, au besoin, le recouvrement des sommes dues sur les décomptes admis.

6. Dans le cas prévu de contestation par le maire, celui-ci s'adressera au préfet du département, qui transmettra la réclamation à notre ministre de la guerre, pour être statué sur ladite réclamation, s'il s'agit du nombre des journées d'occupation.

Quand la contestation portera sur le paiement même des décomptes, il y sera statué comme pour le dixième de l'octroi.

Le point de contestation une fois jugé par décision ministérielle, le paiement des décomptes, si la ville est en débet, sera poursuivi par la régie, sauf le recours de droit à nous en notre Conseil, selon les réglemens.

7. Si, par le résultat du décompte, le quinzième du fonds alloué par le budget, et prélevé, suivant l'article 2, par la régie, sur chaque mois du trimestre précédent auquel le décompte appartient, est inférieur à la *dépense effective* du même trimestre, la somme qui restera due sera prélevée par la régie à raison d'un tiers, à la fin de chacun des mois du trimestre suivant.

Lorsque le montant total des décomptes des trois premiers trimestres démontrera l'insuffisance du fonds alloué pour l'abonnement, la somme qui restera disponible sur ce même fonds sera prélevée par *tiers* sur chaque mois du dernier trimestre de l'année.

8. Au moyen des dispositions qui précèdent, toutes les dépenses que l'abonnement représente, et qui sont relatives au service principal et accessoire du casernement, rentreront à la charge et sous l'administration exclusive du département de la guerre, à compter du présent exercice.

En conséquence, les villes demeurent libérées, moyennant le mode de remboursement qui sera prescrit ci-après, titre III, de toutes les charges quelconques qu'elles avaient à supporter pour les diverses parties de cet objet de service, sans exception de celle relative aux champs de manœuvres et autres, en vertu des décrets, arrêtés et réglemens précités de 1810 et 1811, et des autres actes du Gouvernement qui leur en ont fait l'application spéciale (1).

9. Le logement chez l'habitant, des troupes autres que celles de passage, n'étant qu'une *prestation individuelle*, et non une charge communale, notre ministre de la guerre fera pourvoir au paiement des indemnités fixées pour cette prestation par la loi du 23 mai 1792, si elles sont réclamées dans le délai de six mois, fixé pour la production des titres de créance par l'article 3 du décret du 13 juin 1806, au nom des habitans, par le maire de la commune, qui devra joindre, à l'appui de sa demande, les certificats exigés par l'article 54 du réglement annexé à cette loi, ainsi qu'un état de répartition dûment émargé de la signature de chaque partie prenante.

10. Nous nous réservons de statuer, d'après le rapport de notre ministre de l'intérieur et les avis respectifs de nos ministres de la guerre et des finances, s'il y a lieu, sur les projets de lois ou d'ordonnances qui seront à proposer pour l'homologation des votes, ou pour l'admission des demandes des conseils municipaux, tendant,

1° A convertir en *abonnement fixe* et d'une fraction constante de l'octroi, le produit moyen de l'abonnement déterminé par le présent titre;

2° A obtenir des dégrèvemens fondés sur des exceptions qui résulteraient, soit d'événemens de force majeure légalement constatés, soit de l'excédant du montant annuel des décomptes de l'abonnement sur les charges que les communes sont en état de supporter sans lésion, d'après leurs revenus ou leurs ressources.

11. Nous nous réservons aussi d'admettre, sur le rapport de notre ministre de la guerre et d'après les avis de nos ministres de l'intérieur et des finances, le vote des conseils municipaux qui aurait pour but de con-

(1) Les villes qui possédaient des établissemens militaires, en vertu du décret de 1810, ne peuvent se dispenser de payer les frais d'entretien qui ont eu lieu à ces bâtimens, jusqu'à l'époque où la présente ordonnance a rendu au ministre de la guerre l'administration et la disposition de ces édifices.

L'occupation temporaire et fortuite de ces bâtimens par une compagnie des gardes-du-corps, n'a pas eu l'effet de décharger la ville des dépenses ordinaires qui y avaient pu être faites pour le logement des troupes (10 juillet 1822; ord. Mac. 4, 63).

tribuer volontairement, et pour une somme déterminée, à la restauration ou à la construction d'un établissement militaire destiné à leur assurer une garnison habituelle dans l'assiette du casernement, soit que ces prestations volontaires se fassent sur leurs revenus ordinaires, ou sur des recettes extraordinaires, dans le sens et suivant le mode des dispositions facultatives des articles 39, 40, 41, 42 et 43 de la loi du 15 mai dernier.

TITRE II. Régime et disposition des bâtimens.

12. Les bâtimens, établissemens et terrains qui ont été cédés aux villes pour en jouir et disposer en toute propriété, et qui ont, en conséquence, été ou dû être rayés du tableau des établissemens et terrains militaires domaniaux, continueront de faire partie des propriétés des communes, qui pourront en faire tel usage qu'elles jugeront convenable.

Cependant les cessions absolues de bâtimens ou terrains qui faisaient l'objet d'un *bénéfice* et d'une *charge* déterminés, ne seront maintenues qu'autant que la condition prescrite se trouverait *entièrement* remplie. Dans le cas contraire, les villes seront tenues d'exécuter cette condition, ou de renoncer à la propriété de l'immeuble à elles cédé.

13. Les bâtimens, établissemens et terrains cédés aux villes, à charge de conserver leur *destination* pour le service de la guerre, en vertu du décret du 23 avril 1810, et qui sont restés, jusqu'à ce jour, affectés à ce service, rentreront pour leur conservation et police, comme pour leurs dépenses, sous l'administration *directe et exclusive* de notre ministre de la guerre; mais les communes en conserveront la *nue propriété*, pour en être remises en possession et en avoir la libre jouissance, si, par suite de leur *inutilité absolue* pour le service militaire, ils étaient abandonnés par le département de la guerre (1).

TITRE III. Dispositions transitoires.

14. Les quittances des paiemens faits par les communes pour des dépenses relatives au service du casernement en 1818, soit qu'il s'agisse des *travaux et loyers de bâtimens* et des *salaires* de concierges, soit qu'elles aient pour objet *le loyer d'occupation* des lits militaires, seront visées et paraphées, ainsi que les certificats des ouvrages faits, les baux des bâtimens et les décomptes d'occupation des lits, savoir :

1° Pour *les bâtimens et frais de concierges*, par le directeur des fortifications, ou par l'officier du génie chargé en chef du casernement;

2° Pour *les lits militaires et loyers de bâtimens*, par l'intendant militaire, ou par le sous-intendant chargé de ce service.

La portion de dépense dont il sera justifié par les quittances des concierges, sera certifiée et attestée par le maire.

15. Les quittances et pièces à l'appui, ainsi visées et paraphées, seront reçues pour comptant par la régie des contributions indirectes, en paiement des feuilles de décompte à percevoir en exécution des articles 4 et 6 ci-dessus.

16. Les quittances reçues pour comptant par la régie seront admises, pour leur montant, dans ses recettes effectives : mais, dès 'instant qu'elles auront été portées sur ces ivres, elles seront adressées au Tréor pour y être inscrites comme valeur à recouvrer par voie d'imputation sur le crédit du ministère de la guerre en 1818.

17. Notre ministre des finances transmettra à notre ministre de la guerre un bordereau récapitulatif du *montant* des quittances, qui indiquera le *nom* et la qualité des signataires, ainsi que *l'objet de service* auquel ces quittances s'appliqueront, afin que les ordonnances d'imputation soient délivrées en conséquence.

18. En cas de contestation sur la validité des quittances, il y sera statué par notre ministre de la guerre, sauf le rocours de droit dans la forme énoncée en l'article 6 ci-dessus.

19. Nos ministres de l'intérieur, de la guerre, et des finances sont chargés de l'exécution de la présente ordonnance.

AOUT 1818. — Ordonnance du Roi qui permet au sieur Gaultier d'ajouter à son nom celui de Condoulet. (7, Bull. 228.)

---

5 AOUT 1818. — Ordonnance du Roi qui admet les sieurs Ferrer, Mugnoz, Anson, Hartmann, Bornemann et Rodmann, à établir leur domicile en France. (7, Bull. 233)

---

5 AOUT 1818. — Ordonnances du Roi qui accordent des lettres de déclaration de naturalité aux sieurs Tippel, Dubus, Davelouis,

---

(1) Les communes doivent être mises en jouissance des bâtimens militaires, abandonnés par le ministre de la guerre, et dont la propriété leur a été conférée antérieurement par décrets portés en exécution de celui du 3 août 1810.

Ces bâtimens ne peuvent être affectés à un autre service public, sans le consentement des communes.

Lorsqu'une ordonnance royale rendue par défaut a prononcé sur cette affectation, l'opposition est recevable (21 janvier 1829; ord. Mac. 11, 7).

Ballero, Dettweiller, Schoenmackers, de George, Bléret, Celle, Leone, d'Almeyda, Larger et Mantelly. (7, Bull. 234, 241, 247, 248, 256, 258 et 264.)

---

5 AOUT 1818. — Ordonnances du Roi qui autorisent l'acceptation de dons et legs faits aux pauvres, aux hospices, séminaires et fabriques des églises de Dinan, Albi, Charlieu, Longessaigne, Coutiche, Pavesain, Sainte-Croix, Agde, Saint-Maurice de l'Ile-Bouchard, Poël-Sigillat, Aniane, Montpellier, Nantes, Honfleur, Nancy, Paris, Aubenas, Courches, Guimerville et Lagny. (7, Bull. 242 et 243.)

---

12 AOUT = Pr. 3 SEPTEMBRE 1818. — Ordonnance du Roi qui rapporte l'article 6 de celle du 11 juin 1816, concernant les donations faites aux établissemens de charité. (7, Bull. 232, n° 4814.)

Louis, etc.

Vu la loi du 5 décembre 1814 relative à la remise des biens non vendus des émigrés; vu notre ordonnance du 11 juin 1816 concernant le mode d'exécution de l'article 8 de cette loi;

Sur le rapport de notre ministre secrétaire d'Etat au département de l'intérieur,

Notre Conseil-d'Etat entendu,

Nous avons ordonné et ordonnons ce qui suit :

Art. 1er. L'article 6 de notre ordonnance du 11 juin 1816, portant que les donations entre vifs ou testamentaires faites aux établissemens de charité par des particuliers, avec autorisation du Gouvernement, seront comprises dans l'évaluation des biens affectés à ces établissemens par l'Etat, est rapporté.

2. Notre ministre de l'intérieur est chargé de l'exécution de la présente ordonnance.

---

12 AOUT = Pr. 8 SEPTEMBRE 1818. — Instruction sur les appels donnée en exécution du titre II de la loi du 10 mars 1818, sur le recrutement de l'armée (1re partie). (7, Bull. 233, n° 4822).

Voy. notes sur la loi du 10 MARS 1818, instructions des 20 mai, 21 OCTOBRE et 3 DÉCEMBRE 1818.

TITRE Ier. Répartition du contingent entre les arrondissemens et les cantons.

(Art. 6 de la loi.)

Art. 1er. Aussitôt après la promulgation de l'ordonnance du Roi qui déterminera le nombre d'hommes à appeler et leur répartition entre les départemens, conformément aux articles 5 et 6 de la loi du 10 mars 1818, les préfets répartiront le contingent assigné par ladite ordonnance à leurs départemens respectifs, entre les arrondissemens et les cantons, proportionnellement à leur population, et d'après les derniers dénombremens officiels adressés au ministre de l'intérieur.

2. L'état de répartition entre les arrondissemens restera affiché, pendant huit jours, à la porte extérieure de la préfecture et à celle de chaque sous-préfecture.

Les préfets adresseront aux maires des communes, par l'intermédiaire des sous-préfets, une copie de la répartition entre les cantons de leurs arrondissemens respectifs. Cet état restera affiché, pendant le même temps, à la porte extérieure de chaque mairie.

3. Les états de répartition arrêtés par les préfets entre les arrondissemens et les cantons, et l'expédition qui en sera affichée, seront en tout conformes aux modèles nos 1 et 2.

TITRE II. Formation et publication des tableaux de recensement.

(Art. 8, 9, 10 et 11 de la loi.)

4. Chaque année, dans les premiers jours de janvier, les maires feront le recensement des jeunes gens qui auront accompli leur vingtième année avant le 1er du mois.

5. Afin d'éviter les omissions dans la formation du tableau de recensement, les maires consulteront les registres des naissances, les registres des passe-ports et tous autres actes publics auxquels ils jugeront utile d'avoir recours. Ils appelleront les jeunes gens susceptibles d'être portés sur le tableau, pour se faire donner par eux les indications dont ils auraient besoin.

Les jeunes gens seront tenus de se présenter devant les maires de leurs communes respectives, sur l'ordre qui leur en sera donné par ces fonctionnaires.

6. Les maires inscriront sur le tableau de recensement tous les jeunes gens qui ont leur domicile légal ou qui sont considérés comme domiciliés dans la commune, en conformité des articles 7 et 8 de la loi.

7. Les orphelins de père et mère qui n'ont pas de tuteur seront inscrits sur le tableau de la commune où ils sont nés; et ils y seront maintenus, s'ils ne prouvent pas qu'ils aient été portés sur ceux de la commune où ils résident.

8. Celui dont le père est décédé sera inscrit sur les tableaux de recensement de la commune où sa mère est domiciliée, lors même qu'il lui aurait été donné un tuteur ayant son domicile dans une autre commune.

9. Les jeunes gens dont les pères, mères ou tuteurs ont leur domicile légal dans les

colonies françaises, ne seront pas portés sur les tableaux de recensement, et resteront soumis, pour ce qui concerne la défense de l'Etat, aux lois et réglemens qui, aux termes de l'article 73 de la Charte, régissent ces colonies.

10. Les jeunes gens expatriés dont les familles ont obtenu des lettres-patentes autorisant leur naturalisation en pays étranger, et qui, aux termes de l'article 108 du Code civil, ont pour domicile celui de leurs père et mère, ne seront pas inscrits sur les tableaux de recensement.

11. Les maires auront soin de n'inscrire sur les tableaux de recensement que les jeunes gens dont l'existence sera notoire, et que ceux qui ne se trouveront dans aucun des cas d'exclusion spécifiés par l'article 2 de la loi du 10 mars.

12. Les jeunes gens de la classe seront inscrits sur le tableau de recensement dans l'ordre alphabétique de leurs noms de famille, tels que ces noms sont portés dans les actes de naissance.

13. Les tableaux de recensement seront conformes au modèle annexé à la présente instruction sous le n° 3; ils seront dressés en double expédition.

14. Les publications du tableau de recensement voulues par l'article 11 de la loi du 10 mars 1818 devront être terminées une semaine avant le jour fixé pour l'examen de ces tableaux.

Le dimanche où la première publication du tableau devra se faire sera indiqué à son de trompe ou de tambour, dans toute l'étendue de la commune.

15. Les maires tiendront exactement note des mutations qui surviendront, concernant les jeunes gens de la classe, dans l'intervalle du temps qui pourra s'écouler entre le moment de l'ouverture des tableaux (au 1er janvier) et celui de la publication; ils vérifieront, dans cet intervalle, l'exactitude des renseignemens qui leur auront été fournis, et ils dresseront l'expédition qui devra être affichée dans les vingt-quatre heures qui précéderont la première publication.

TITRE III. Opérations du sous-préfet.

SECTION Ire. *Examen des tableaux de recensement.*

(Art. 11 et 12 de la loi.)

16. Il sera procédé à l'examen des tableaux de recensement de chaque canton, aux lieu, jour et heure indiqués dans l'avis qui aura été publié et affiché dans les communes, conformément au second paragraphe de l'article 11 de la loi.

Cet avis sera publié les mêmes jours que les tableaux de recensement. Il tiendra lieu de convocation pour les jeunes gens de la classe.

17. Les sous-préfets présideront à l'examen des tableaux des cantons de leur arrondissement; et dans cet examen, ainsi que pour les rectifications à faire, ils prendront l'avis des maires, dont ils devront être assistés, aux termes de la loi.

18. Un conseiller de préfecture désigné par le préfet présidera à l'examen des tableaux formant l'arrondissement du chef-lieu de département.

Les sous-préfets seront, en cas d'empêchement légitime, également remplacés par un conseiller de préfecture au choix du préfet, ou par un membre du conseil d'arrondissement.

En aucun cas, un sous-préfet ne pourra être suppléé par un secrétaire ou toute autre personne sans caractère public.

19. Les maires seront remplacés par leurs adjoints, si des motifs légitimes les empêchaient d'assister à l'examen des tableaux de recensement. Chacun d'eux sera porteur des deux expéditions du tableau de recensement de sa commune.

20. Un officier de gendarmerie, et, suivant les circonstances, une ou deux brigades de cette arme, devront, sur la réquisition du sous-préfet, se rendre au lieu de la réunion pour maintenir le bon ordre.

21. Après avoir fait donner une lecture publique du tableau de recensement de chacune des communes du canton, le sous-préfet demandera aux personnes présentes si elles connaissent des jeunes gens de la classe actuellement appelée qui n'aient pas été portés sur les tableaux, ou si les jeunes gens qui ont été portés ont des réclamations à faire contre leur inscription.

22. Les jeunes gens de la classe actuellement appelée qui n'auraient pas été inscrits seront portés à la suite du tableau de leur commune, avec tous les renseignemens qui les concerneront.

Les jeunes gens qui auraient mal à propos été portés sur les tableaux en seront rayés par le sous-préfet.

23. Le sous-préfet annotera, dans la colonne ménagée à cet effet sur les tableaux, tous les changemens et corrections auxquels l'examen donnera lieu; il y fera connaître les motifs de chacun de ces changemens ou corrections.

24. Lorsque les tableaux de recensement du canton auront été rectifiés, il ne pourra y être fait aucune addition; et les jeunes gens de la classe actuellement appelée qui, pour un motif quelconque, n'auraient pas été inscrits, seront renvoyés à la classe suivante, et portés sur les tableaux de cette classe.

25. Après avoir arrêté les tableaux de recensement, le sous-préfet en fera donner une seconde lecture publique, et il préviendra les jeunes gens et leurs parens que les réclamations qu'ils auraient encore à faire relativement à la formation et à la rectification de ces tableaux, doivent être portées devant le conseil de révision.

CHAPITRE II. Tirage. (Art. 7 de la loi.)

26. Les opérations du tirage commenceront immédiatement après que les tableaux de recensement auront été définitivement arrêtés.

27. La liste du tirage du canton sera préparée à l'avance par les soins du sous-préfet, et dressée en double expédition : elle sera conforme au modèle n° 4.

28. Les numéros de tirage seront écrits ou imprimés sur des bulletins uniformes.

Chaque bulletin devra porter un numéro différent, de manière que la totalité des bulletins forme une série continue de numéros depuis le n° 1er jusqu'au nombre des jeunes gens appelés à tirer.

Le sous-préfet, après avoir reconnu publiquement que le nombre des bulletins est le même que celui des jeunes gens qui doivent prendre part au tirage, les mêlera, et les rejettera dans l'urne.

29. Les communes du canton seront appelées, pour le tirage, suivant l'ordre alphabétique de leurs noms, et les jeunes gens de chaque commune suivant l'ordre de leur inscription sur les tableaux de recensement.

30. Au fur et à mesure que les jeunes gens seront appelés, ils tireront de l'urne un numéro.

Les parens des absens, ou, à leur défaut, le maire de leur commune, tireront à leur place.

31. A mesure que les bulletins seront tirés de l'urne, le sous-préfet inscrira sur la liste du tirage, en regard du numéro sorti, les nom, prénoms et surnoms de celui auquel le numéro appartiendra, ainsi que les noms et prénoms de ses père et mère.

Le numéro sorti sera inscrit, en outre, sur le tableau de recensement, dans la colonne ouverte à cet effet, et en regard de celui à qui il appartiendra.

32. Dans aucun cas, l'opération du tirage ne pourra être recommencée; et si, par erreur, le nombre des bulletins jetés dans l'urne se trouvait inférieur à celui des jeunes gens de la classe, ceux de ces jeunes gens pour qui les bulletins auraient manqué, seraient renvoyés au tirage de la classe suivante.

33. L'ordre des numéros tirés par les jeunes gens de la classe, ou par ceux qui les auront représentés, déterminera toujours celui de leur appel pour la formation du contingent.

CHAPITRE III. Annotations à faire sur la liste du tirage. (Art. 12 de la loi.)

34. Lorsque tous les bulletins auront été tirés de l'urne, le sous-préfet appellera près de lui les jeunes gens de la classe, l'un après l'autre, et dans l'ordre de leur inscription, sur la liste du tirage.

35. A mesure que les jeunes gens se présenteront, le sous-préfet requerra les maires de déclarer s'ils sont les mêmes que ceux dénommés tant sur les listes du tirage que sur les tableaux de recensement.

36. Le sous-préfet demandera aux jeunes gens qui se seront présentés s'ils ont des motifs d'exemption ou de dispense à faire valoir, et il fera mention des motifs allégués et de ses propres observations, tant sur la liste du tirage que sur le tableau de recensement.

37. Si des jeunes gens réclament l'exemption comme n'ayant pas la taille fixée par la loi, le sous-préfet, avant d'inscrire ses observations sur la liste du tirage, fera toiser les réclamans, lesquels, à cet effet, seront placés sur le marche-pied d'un double mètre poinçonné et étalonné, dont la traverse sera élevée à un mètre cinq cent soixante-dix millimètres.

38. Si les jeunes gens sont absens, mais sont représentés par des parens ou par des personnes désignées à cet effet, ces parens ou ces personnes déclareront quel est le lieu de leur résidence au moment du tirage, et feront connaître, autant que possible, l'endroit où ils se trouveront, s'il y avait lieu à les mettre en activité: ils indiqueront les motifs qu'ils auraient à faire valoir, soit pour être exemptés, soit pour être dispensés.

39. Le sous-préfet notera comme capables de servir, tant sur la liste du tirage que sur le tableau du recensement, 1° tous les jeunes gens présens pour lesquels aucun motif d'exemption n'aura été articulé;

2° Tous les jeunes gens absens qui se seront fait représenter, lorsqu'il n'aura été fait aucune observation pour réclamer leur réforme ou leur exemption;

3° Tous les absens qui ne se seront pas fait représenter.

Le sous-préfet prendra, auprès des personnes présentes, toutes les informations propres à faire découvrir le lieu de la résidence de ces derniers.

40. Le sous-préfet indiquera aux jeunes gens qui auront allégué des motifs d'exemption ou dispense, les pièces qu'ils auront à produire au conseil de révision, pour prouver, conformément à l'article 13 de la loi, qu'ils sont dans l'un des cas d'exemption ou de dispense déterminés par cette loi.

Le sous-préfet consultera pour cette indication, les bordereaux annexés à la présente instruction, sous les nº 1 et 2.

Si, parmi ces jeunes gens, il en est qui soient déjà pourvus des pièces justificatives de leurs droits, il apposera son *visa* sur ces pièces, après en avoir reconnu la régularité.

41. Le procès-verbal que le sous-préfet aura dressé de ces opérations dans chaque canton sera signé par tous les maires ou adjoints présens de ce canton.

42. L'affiche de la liste du tirage qui sera placardée au chef-lieu de canton comprendra tous les jeunes gens du canton. L'affiche qui sera placardée dans chacune des autres communes du canton comprendra seulement les jeunes gens de la commune. L'une et l'autre relateront les annotations que le sous-préfet aura faites sur la minute de la liste, relativement aux jeunes gens du canton ou de la commune, et seront conformes au modèle nº 6.

43. Le sous-préfet adressera au préfet une expédition de la liste du tirage.

Il gardera par-devers lui, pour être présentée au conseil de révision, l'autre expédition de cette liste, à laquelle sera annexé le procès-verbal de ses opérations, ainsi qu'une expédition des tableaux de recensement.

Il remettra aux maires la seconde expédition des tableaux de recensement, après y avoir fait remplir les colonnes destinées à recevoir l'indication du résultat de ses opérations et du tirage.

CHAPITRE IV. Convocation des jeunes gens qui doivent paraître devant le conseil de révision.

44. Les préfets feront appeler devant le conseil de révision le nombre de jeunes gens qu'il sera nécessaire d'examiner pour parvenir à l'entière formation du contingent; ils calculeront ce nombre de manière que les exemptions et les dispenses qu'ils pourront avoir à prononcer, ne les mettent point dans la nécessité d'ordonner des convocations supplémentaires.

45. Les jeunes gens qui devront comparaître devant le conseil de révision seront convoqués par des ordres individuels; ces ordres indiqueront le lieu, le jour et l'heure de la comparution: ils seront signifiés à domicile, et huit jours au moins à l'avance. Les sous-préfets chargeront les maires de cette signification.

Les ordres individuels seront conformes au modèle Nº 7.

46. Les jeunes gens convoqués qui auront à faire valoir des motifs d'exemption autres que les infirmités ou le défaut de taille, feront leurs diligences pour être munis de toutes les pièces justificatives de leurs droits au jour où ils devront se présenter devant le conseil de révision. Les ordres de convocation rappelleront les pièces que chacun aura à produire.

TITRE IV. Conseil de révision.

CHAPITRE Ier. *Composition du conseil de révision; tenue des séances.* (Art. 13 de la loi.)

47. Les membres des conseils de révision, institués par l'article 13 de la loi, seront, en cas d'empêchement légitime, remplacés, savoir:

1º Le préfet, par un conseiller de préfecture;

2º Les autres membres non militaires, par des administrateurs du même ordre, que le préfet désignera selon les instructions qu'il aura reçues du ministre de l'intérieur.

48. A défaut du lieutenant-colonel, désigné, par l'article 15 de l'ordonnance du 8 avril 1818, pour siéger au conseil de révision en cas d'empêchement du colonel, ce dernier sera remplacé par l'officier supérieur de la légion le plus élevé en grade ou le plus ancien de grade, présent sur les lieux, à moins qu'il n'en soit autrement ordonné par le ministre de la guerre.

49. La présidence du conseil de révision, dévolue au préfet, ne pourra être exercée, en cas d'absence, que par le conseiller de préfecture appelé à le remplacer dans ses fonctions.

L'officier général ou supérieur membre du conseil sera toujours à la droite du président, et prendra rang immédiatement après lui.

Les autres membres prendront rang entre eux dans l'ordre de leurs fonctions respectives.

50. Il sera tenu procès-verbal des séances du conseil de révision. Le procès-verbal indiquera nominativement les membres présens à la séance, ainsi que les délibérations qui auront été prises.

51. Aucune décision ne sera valable, si quatre membres au moins n'ont concouru, et si elle n'a passé à la majorité de trois voix.

L'officier supérieur membre du conseil devra toujours être présent à la délibération.

52. Les décisions du conseil de révision recevront immédiatement leur pleine et entière exécution, sauf les cas prévus par l'article 10 de la loi.

53. Toutes décisions des conseils de révision relatives aux jeunes gens de la classe seront annotées sur les deux expéditions de la liste du tirage.

54. Les sous-préfets ou les fonctionnaires par lesquels ils auront été suppléés devront assister aux séances que le conseil tiendra dans l'étendue de leur arrondissement; ils y feront les fonctions de rapporteur, lorsqu'il y aura matière à discussion.

55. Les maires seront présens aux séances

du conseil pendant le temps que l'on procédera à l'examen des jeunes gens de leur commune.

56. L'intendant ou le sous-intendant militaire dans le département assistera au conseil de révision; il y sera entendu dans tout ce qui intéresse le département de la guerre, pour l'exécution de la loi du recrutement de l'armée, et spécialement pour la bonne formation du contingent.

57. Plusieurs médecins ou chirurgiens seront désignés à l'avance par le préfet, pour donner, lorsqu'ils en seront requis, leur avis sur les infirmités des jeunes gens dont le conseil ordonnera la visite.

Les officiers de santé que le Gouvernement emploie dans les hôpitaux militaires, et, à défaut, ceux des hôpitaux civils, seront choisis de préférence. A l'ouverture de chaque séance, il sera fait, entre les officiers de santé désignés par le préfet, un tirage pour l'indication de celui ou de ceux d'entre eux qui devront, ce jour-là, assister à la séance.

58. Le président du conseil requerra un officier de gendarmerie et le nombre de gendarmes qu'il jugera nécessaire pour le maintien du bon ordre pendant la durée des séances.

59. Le conseil de révision se rendra dans tous les arrondissemens, et devra, conformément au vœu de l'article 13 de la loi, se transporter, autant que possible, dans les chefs-lieux des cantons éloignés, afin déparguer aux jeunes gens de la classe et à leurs parens les frais et les inconvéniens résultant des déplacemens.

60. Les préfets régleront, à l'avance, l'itinéraire des conseils de révision; ils feront passer aux sous-préfets un extrait de cet itinéraire, assez à temps pour que les jeunes gens de la classe puissent être convoqués, ainsi qu'il est dit à l'article 45.

Chapitre II. Révision des tableaux de recensement et de la liste du tirage. (Art. 13 de la loi.)

61. Le conseil de révisions, réuni en séance publique, le jour et au lieu indiqués par son itinéraire, se fera représenter, pour le canton dont il aura à examiner les jeunes gens :

1° Le procès-verbal que le sous-préfet aura dressé de ses opérations, conformément au dernier paragraphe de l'article 12 de la loi;

2° Les tableaux de recensement, ainsi que la liste du tirage du canton;

3° Tous les documens transmis, soit d'office, soit d'après les ordres du préfet, sur les jeunes gens absens, et sur ceux omis dont l'existence aurait été reconnue depuis le tirage.

62. Le conseil vérifiera si tous ceux qui doivent être portés sur les tableaux et listes y ont été inscrits; il se fera donner des explications par les sous-préfets et par les maires, et recueillera les observations que pourraient lui faire les jeunes gens convoqués, ainsi que les parens de ces jeunes gens.

63. Si, d'après les renseignemens qu'il aura reçus, le conseil reconnait que des jeunes gens ayant dû être inscrits sur les tableaux de recensement n'y ont pas été portés, il en fera mention au procès-verbal de la séance, afin de s'assurer que ces jeunes gens ne seront pas omis sur les tableaux de la classe suivante.

64. Le conseil de révision entendra ensuite les jeunes gens qui auraient à réclamer contre leur inscription sur les tableaux de recensement ou contre les opérations des sous-préfets.

Il prononcera sur ces réclamations.

Chapitre III. Examen des motifs d'exemption et de dispense. (Art. 14 et 15 de la loi.)

Section 1re. *Ordre à suivre dans l'examen.*

65. Les jeunes gens appelés devant le conseil seront examinés dans l'ordre de leur inscription sur la liste du tirage.

66. Dans le cours de l'examen des jeunes gens de la classe, le conseil de révision fera prendre le signalement de tous ceux qui devront être portés sur la liste du contingent.

La taille des jeunes gens sera reconnue, devant le conseil de révision, de la manière indiquée à l'article 37.

67. Celui que le conseil aura chargé de prendre le signalement des jeunes gens à inscrire sur la liste du contingent recueillera, près des maires et autres personnes présentes, tous les renseignemens nécessaires pour indiquer la taille, et établir le signalement aussi exacts que possible de ceux de ces jeunes gens qui ne se seraient pas présentés devant le conseil.

Section II. Exemptions.

§ 1er. *Défaut de taille et infirmités.*

68. Le conseil déclarera exempts du service militaire tous les jeunes gens qui n'auront pas la taille d'un mètre cinq cent soixante-dix millimètres.

S'il s'élève des doutes sur l'exactitude de l'annotation faite par le sous-préfet de la taille d'un individu, cet individu sera appelé devant le conseil, s'il n'avait pas été convoqué, et sa taille sera vérifiée.

69. Le conseil de révision constatera les infirmités que pourraient avoir les jeunes gens destinés à faire partie du contingent, et il fera visiter ces jeunes gens par l'officier de santé présent à la séance.

70. Les jeunes gens seront visités à huis clos, si le conseil estime que la décence l'exige; mais l'avis de l'officier de santé sera toujours lu en public.

71. Il ne sera procédé à la visite des jeunes gens convoqués devant le conseil de révision qu'après que le conseil aura reconnu qu'ils n'ont pas droit à la dispense ou à l'exemption pour les motifs spécifiés aux paragraphes 3, 4, 5 et 6 de l'article 14 de la loi du 10 mars 1818.

72. L'intendant ou le sous-intendant militaire demandera le rejet de tout homme qui ne paraîtrait pas susceptible de faire un bon service. Les observations à cet égard seront consignées au procès-verbal, s'il en fait la demande.

§ II. Frères de militaires sous les drapeaux; fils de veuves et de vieillards; aînés d'orphelins.

73. Les jeunes gens qui auront réclamé l'exemption pour d'autres motifs que pour défaut de taille ou infirmité, devront produire, suivant le cas où ils se trouveront, les pièces comprises dans le bordeau N° 1, annexé à la présente instruction.

74. Les enfans d'adoption seront admis à l'exemption prononcée par l'article 14 de la loi, si, du reste, ils sont dans l'un des cas prévus par cette article.

75. Les enfans naturels non légitimés ne seront pas admis à l'exemption prononcée par l'article 14 de la loi; et il ne pourra être excipé de leur existence, soit pour faire obtenir, soit pour faire refuser cette exemption aux enfans légitimes de la famille.

76. L'existence d'une ou plusieurs sœurs ne pourra pas être opposée à celui qui réclamera l'exemption comme fils unique ou fils aîné, ou comme petit-fils unique ou petit-fils aîné d'une femme veuve, d'un père aveugle ou d'un vieillard septuagénaire.

Et de même celui qui réclamera l'exemption comme aîné d'orphelins ne pourra pas en être privé par le motif qu'il a des sœurs plus âgées que lui.

77. Les enfans de deux mariages et de deux pères différens seront considérés comme appartenant à deux familles; ceux de la première famille ne pourront faire obtenir ni refuser l'exemption à ceux de la seconde.

Néanmoins, si les enfans de deux ou plusieurs mariages ont pour mère commune une femme devenue veuve, ils seront considérés comme ne formant qu'une seule famille, toutes les fois que l'un deux réclamera l'exemption comme fils aîné de veuve.

78. Lorsqu'une famille d'orphelins d'un même père se trouvera composée d'enfans issus de mères différentes, l'aîné du premier lit pourra seul être exempté comme chef de la famille.

79. Les jeunes gens qui réclameront l'exemption comme ayant un frère sous les drapeaux, l'obtiendront, lors même que ce frère, ayant été désigné et immatriculé comme faisant partie du contingent d'une levée, n'aurait pas encore été mis en activité.

80. Les frères des élèves des écoles militaires ne seront admis à l'exemption qu'autant que lesdits élèves seraient porteurs de brevets d'officiers, ou qu'ils seraient compris dans le contingent d'une levée.

81. Les bataillons ou compagnies de sapeurs-pompiers et de toute autre garde urbaine établie ou soldée pour le maintien de la police, ne pourront être considérés comme faisant partie des corps de l'armée.

Les frères de ceux qui y sont employés ne seront point, en conséquence, admis à réclamer l'exemption pour le motif de ce service.

82. Quels que soient les motifs d'exemption sur lesquels le conseil de révision aura à prononcer, les jeunes gens convoqués, et principalement ceux appelés pour suppléer au déficit qui résulterait des exemptions, pourront, sur leur demande, être entendus, conformément à l'article 13 de la loi, avant la décision définitive du conseil sur la validité ou l'insuffisance des motifs allégués par les jeunes gens qui réclameront.

SECTION III. Dispenses.

83. Les jeunes gens qui demanderont à être dispensés du service militaire, en vertu de l'article 15 de la loi, devront produire, suivant le cas où ils se trouveront, les pièces comprises dans le bordereau N° 2, joint à la présente instruction.

84. Les jeunes gens qui font partie des corps de sapeurs-pompiers ou de gardes urbaines seront tenus, si leur numéro de tirage les comprend dans le contingent d'une levée, de suivre la destination qui leur sera assignée au moment de leur mise en activité.

85. Les droits acquis par les ecclésiastiques promus aux ordres sacrés, par les jeunes gens qui ont obtenu l'un des grands prix décernés par l'Institut royal, ou le prix d'honneur décerné par l'Université, étant irrévocables, les jeunes gens qui se trouvent compris dans l'une de ces trois catégories ne peuvent être repris pour le service militaire.

Les jeunes gens dispensés pour tout autre motif appartenant à l'armée par leur numéro de tirage seront repris pour le service militaire, et tenus d'y rester jusqu'au renvoi de la classe à laquelle ils appartiennent, si, avant cette époque ils perdent ou abandonnent leur état, profession ou emploi, ou l'école ou service dans lesquels ils auraient été admis.

86. Les conseils de révision ne perdront pas de vue que les jeunes gens dispensés du service militaire, d'après les dispositions de l'article 15 de la loi, ne doivent être comptés en déduction du contingent qu'autant que leur numéro de tirage les placerait dans ce même contingent.

CHAPITRE IV. Jeunes gens de la classe qui ne se sont point présentés devant le conseil de révision. (Art. 13 de la loi.)

87. Les jeunes gens résidant dans le département qui ne comparaîtront pas devant le conseil de révision, ou qui n'auront fait connaître aucune cause légitime d'empêchement, ou n'auront pas fait présenter, pour établir leur droit à l'exemption ou à la dispense, les pièces voulues par l'article 13 de la loi, seront déclarés bons pour le service, si leurs numéros de tirage sont compris dans la désignation.

88. Les jeunes gens absens du département dont la résidence actuelle sera connue seront visités par le conseil de révision du lieu où ils se trouvent : en conséquence, le préfet du département où ils sont inscrits fera dresser pour eux une liste qui sera envoyée au préfet du département où la visite doit être faite. Cette liste sera conforme au modèle de la liste du tirage.

89. Le préfet qui aura reçu la liste indiquée dans l'article précédent fera donner à ceux qu'elle concerne, l'ordre de se présenter sous huit jours, à partir de la notification administrative dudit ordre, devant le conseil de révision qu'il préside, pour y être examinés. Le résultat de cet examen sera inscrit sur la liste.

Dans le cas où ces jeunes gens n'auraient pas comparu au jour fixé, ils seraient notés comme étant bons pour le service.

La liste sera renvoyée, sans délai, au préfet du département du domicile, lequel en fera transcrire les annotations sur la liste du tirage.

90. Dans aucun cas, les pièces que les jeunes gens de la classe auront produites, conformément à l'article 13 de la loi, pour établir leur droit à l'exemption ou à la dispense, ne pourront être examinées par le conseil de révision d'un autre département que celui du domicile.

CHAPITRE V. Délais accordés ; renvoi à la classe suivante. (Art. 13 de la loi.)

91. Le conseil de révision pourra, au besoin, accorder des délais aux jeunes gens de la classe qui auront été convoqués, pour faire constater leurs infirmités, ou pour produire les pièces destinées, d'après la loi, à établir leurs droits à l'exemption ou à la dispense.

Ces délais seront fixés de manière à ce qu'ils ne se prolongent jamais au-delà du jour qui aura été arrêté pour la clôture de la liste du contingent.

92. Le conseil de révision renverra à la classe suivante, conformément à l'article 10 de la loi, les jeunes gens omis sur les tableaux de recensement ou sur la liste de tirage que l'on serait parvenu à découvrir dans le cours des opérations.

93. Les renvois à la classe de l'année suivante seront prononcés par le conseil de révision, immédiatement avant la clôture de la liste du contingent.

CHAPITRE VI. Libérations prononcées aux chefs-lieux d'arrondissement et de canton.

94. Si, après avoir examiné les jeunes gens convoqués pour concourir à la formation du contingent, les pièces et autres documens fournis au conseil l'ont mis à même de prononcer définitivement sur les motifs d'exemption, il annoncera, séance tenante, la libération de tous les jeunes gens du canton qui ne se trouveront point appelés à faire partie du contingent cantonal.

95. Dans le cas où les mêmes pièces ou documens à fournir au conseil par des jeunes gens qui prétendraient à l'exemption, ou qui auraient fait des réclamations dont la décision dépend de jugemens à intervenir, ne permettraient pas au conseil de prononcer définitivement, il comprendra conditionnellement et provisoirement, comme pouvant être appelés à la formation du contingent cantonal, un nombre de jeunes gens double de ceux qui auront donné lieu à des décisions provisoires.

Les jeunes gens à mettre en réserve en vertu du paragraphe précédent seront pris dans l'ordre des numéros de tirage du canton.

Après cette opération, le conseil annoncera la libération de tous les jeunes gens porteurs de numéros plus élevés que le dernier de ceux qui auront été mis en réserve.

CHAPITRE VII. Formation de la liste du contingent. (Art. 16 et 17 de la loi.)

96. Le conseil de révision étant de retour au chef-lieu du département, procédera successivement à l'examen des réclamations des jeunes gens à qui il aura accordé des délais pour établir leurs droits à l'exemption ; il prononcera définitivement à leur égard, et arrêtera la liste du contingent de chaque canton, conformément à l'article 17 de la loi.

97. Le conseil de révision réunira les listes du contingent de tous les cantons, et en formera une liste unique qui sera appelée *liste départementale du contingent.*

L'inscription des jeunes gens de la classe sur la liste départementale aura lieu par cantons, dans l'ordre alphabétique de ces cantons; les jeunes gens y seront portés dans l'ordre de leurs numéros de tirage.

La liste départementale indiquera, d'une manière précise, la taille de chacun des jeunes gens qui y seront inscrits. Elle sera conforme au modèle N° 8.

98. Les jeunes gens appelés qui auront été dispensés du service militaire en vertu de l'article 15 de la loi n'en seront pas moins portés sur la liste départementale du contingent, ainsi que ceux qui auraient déjà fait admettre des substituans ou des remplaçans.

L'inscription de ces derniers sera toujours accompagnée de l'indication des noms de ceux qui doivent marcher à leur place.

99 Les jeunes gens qui auront fait des réclamations dont l'admission ou le rejet dépend de jugemens à intervenir, n'en seront pas moins portés sur la liste du contingent. Une annotation fera connaître que leur inscription sera annulée dans le cas où leurs réclamations auraient été jugées fondées.

100. Le conseil, qui, en vertu de l'art. 95 de la présente instruction, aura dû mettre en réserve un nombre de jeunes gens double de ceux qui ont fait des réclamations devant les tribunaux, n'appellera conditionnellement, pour faire partie du contingent, qu'un nombre égal à celui des réclamans pour lesquels les tribunaux n'auraient pas encore statué au moment de la clôture de la liste départementale.

Les jeunes gens appelés ainsi pour supplément seront inscrits à la suite de la liste départementale, et leur inscription sera séparée de celle des autres jeunes gens appelés, par les mots suivans : *supplément à la liste départementale du contingent.*

101. Les jeunes gens seront inscrits au *supplément de la liste du contingent*, d'après l'ordre des numéros de tirage.

Le supplément de la liste devra être établi par cantons, de manière à ce que les suppléans soient exclusivement pris dans les cantons des suppléés, et que les cantons dans lesquels il n'y aura pas eu de réclamans n'aient aucun suppléant inscrit conditionnellement.

102. En conséquence des articles précédens, la liste départementale du contingent comprendra un nombre d'hommes égal à celui qui est demandé au département, et le supplément comprendra un nombre d'hommes égal à celui des jeunes gens qui se seront mis en réclamation devant les tribunaux.

103. La liste départementale du contingent sera arrêtée et signée par tous les membres du conseil présens à la séance. Il en sera fait immédiatement une lecture publique; après quoi une expédition, vérifiée et signée par les membres, sera délivrée au sous-intendant militaire du département.

CHAPITRE VIII. Publication des derniers numéros appelés, et libération définitive pour tous les cantons, des jeunes gens non compris dans le contingent. (Art. 16 et 17 de la loi.)

104. Dans la séance même où la liste départementale du contingent aura été arrêtée et signée, le président proclamera le dernier numéro appelé de chaque canton, et il déclarera que tous les jeunes gens qui ont des numéros de tirage plus élevés que ce dernier numéro, sont définitivement libérés, conformément à la loi.

105. Le conseil de révision fera remettre aux sous-préfets des bulletins indiquant le dernier numéro appelé dans chacun des cantons de leurs arrondissemens respectifs; ces bulletins feront connaître les motifs de chaque appel fait conditionnellement, et il y sera dit que tous les jeunes gens qui ne sont pas compris sur la liste du contingent ont été déclarés libérés, conformément à la loi, par le conseil de révision.

Ces bulletins seront conformes au modèle N° 9.

106. Les sous-préfets transmettront des extraits des bulletins qu'ils auront reçus, aux maires des communes composant les cantons de leur arrondissement.

Les extraits destinés aux communes du même canton indiqueront le dernier numéro appelé dans ce canton, et rappelleront la libération prononcée pour tous les jeunes gens porteurs de numéros supérieurs à ce dernier numéro appelé.

107. Les bulletins transmis par les sous-préfets seront, à la diligence des maires, affichés de la même manière que la liste du tirage.

108. Les dispositions contenues dans les articles qui précèdent seront observées, lorsqu'il s'agira de publier la libération des jeunes gens dont les réclamations auront donné lieu à des référés devant les tribunaux, ou de ceux qui auront été désignés pour les suppléer.

CHAPITRE IX. Vérification des annotations faites des décisions du conseil sur les listes du tirage, et formation de la liste d'émargement.

109. Lorsque le conseil de révision se sera assuré que toutes les dicisions qu'il a prises concernant les jeunes gens de la classe, ont été annotées sur les deux expéditions des listes du tirage, il ordonnera le renvoi aux sous-préfets de l'une de ces expéditions.

110. Le préfet fera extraire des listes du tirage, pour chaque commune, une liste d'*émargement*, où seront transcrites toutes les décisions prises par le conseil concernant

les jeunes gens désignés, et qui se terminera, pour chaque canton, au dernier numéro de ce canton porté sur la liste départementale.

Les listes d'émargement seront conformes au modèle N° 10.

111. Les sous-préfets transmettront aux maires de leur arrondissement la liste d'émargement, et ceux-ci, après en avoir reporté textuellement les annotations sur le tableau de recensement, la feront afficher à l'endroit où auront déjà été affichés les tableaux de recensement et la liste du tirage.

112. L'envoi des listes d'émargement dans les communes aura lieu dans le mois qui suivra celui de la clôture de la liste départementale.

CHAPITRE X. Des substitutions ou échanges de numéros, et remplacemens devant le conseil de révision. (Art. 18 de la loi.)

SECTION Ire. *Substitutions.*

113. Les substitutions ou échanges de numéros de tirage ne pourront avoir lieu qu'entre les jeunes gens de la même classe et du même canton; elles n'imposeront aux substitués aucune responsabilité.

114. Les jeunes gens de taille différente seront admis à échanger leurs numéros de tirage, si d'ailleurs le substituant est jugé par le conseil de révision avoir les qualités requises pour faire un bon service.

115. Le conseil de révision n'admettra aucune substitution qu'après s'être assuré du consentement des parties, et qu'après avoir entendu le sous-intendant militaire dans ses observations relatives à l'aptitude du substituant, s'il en avait à faire.

SECTION II. Remplacemens.

116. Les remplaçans seront admis à la taille d'un mètre cinq cent soixante-dix millimètres, s'ils réunissent les conditions spécifiées dans les articles qui suivent, et quelle que soit d'ailleurs la taille des remplacés.

117. Nul ne sera admis comme remplaçant, s'il n'a été régulièrement congédié ou libéré du service de l'armée active, ou s'il n'a satisfait à la loi du recrutement.

118. Les remplaçans justifieront de leur âge, de la jouissance de leurs droits civils, de leurs bonnes vie et mœurs, et de leur libération du service militaire, en produisant le certificat spécifié par l'article 10 de l'instruction du 20 mai (1) sur les engagemens volontaires. Ils produiront, en outre, suivant leur position, les pièces indiquées à l'article 11 de la même instruction.

119. Le conseil de révision examinera, avec la plus grande attention, les hommes qui lui seront présentés comme remplaçans; il n'admettra que ceux qu'il aura reconnus avoir une constitution robuste et être évidemment propres à faire un bon service.

Le sous-intendant militaire demandera toutes les vérifications qu'il croira convenables relativement à l'aptitude des remplaçans; ceux-ci ne seront admis qu'après qu'il aura été entendu dans ses observations.

120. Du moment où un remplaçant aura été admis, le remplacé n'en sera responsable que pour le cas de désertion déterminé par l'article 18 de la loi; et hors ce cas, il sera entièrement libéré, lors même que le remplaçant viendrait à décéder avant son incorporation, ou serait réformé, pour un motif quelconque, à son arrivée au corps.

Il sera donné lecture au remplaçant, ainsi qu'au remplacé, s'il est présent, de l'article 18 de la loi, qui détermine les conditions du remplacement; et il sera fait mention de cette formalité au procès-verbal de la séance.

121. Si un remplaçant vient à déserter dans la première année, le conseil d'administration en donnera avis aussitôt au sous-intendant militaire du département où le remplacement a eu lieu. Le sous-intendant militaire en informera le préfet, qui notifiera cet avis au remplacé; et le signalement du déserteur sera envoyé à la gendarmerie, pour que la poursuite publique soit exercée conformément aux réglemens sur la désertion.

La même marche sera suivie pour les avis à transmettre, si le déserteur n'est pas arrêté dans le courant de l'année pendant laquelle le remplacé est responsable. Le conseil d'administration en informera le préfet par l'intermédiaire du sous-intendant militaire.

122. Dans le cas prévu au deuxième para-

---

(1) *Art. 10 de l'instruction du 20 mai :* « Indépendamment de son certificat d'acceptation « par l'autorité militaire, l'engagé volontaire « devra justifier à l'officier de l'état civil, de « son âge, par des pièces authentiques, et pro- « duire un certificat du maire de sa commune « visé par le juge-de-paix du canton, et con- « statant :

« 1° Qu'il jouit de ses droits civils;

« 2° Qu'il est de bonnes vie et mœurs;

« 3° Qu'il n'a été appelé ni pour le service « de terre ni pour celui de mer, ou bien qu'il « est libéré de l'un et l'autre service.

« Quant aux jeunes gens désignés pour faire « partie du contingent qui demanderaient à « devancer le moment de leur mise en activité, « Sa Majesté se réserve de leur accorder cette « faculté, et il sera fait mention de ce qui les « concerne dans l'instruction sur les appels. »

graphe de l'article précédent, le préfet enjoindra au remplacé de partir dans le délai de quinze jours, à compter de celui où cette injonction lui sera parvenue.

Si le remplacé demande à fournir un homme, le conseil de révision statuera sur cette demande, et pourra accorder au réclamant un délai pour qu'il puisse trouver un remplaçant.

Dans aucun cas, ce délai ne pourra être de plus de quarante jours.

Le préfet informera le sous-intendant militaire du département des ordres qui auraient été notifiés, et du délai qui aurait été accordé au remplaçant; et le sous-intendant militaire fera parvenir au corps les avis convenables.

123. Les remplacemens entre frères seront, quant à leurs effets, considérés comme des substitutions; en conséquence, la responsabilité en cas de désertion n'aura pas lieu.

SECTION III. Dispositions communes aux substitutions et aux remplacemens.

124. Les remplacemens pourront avoir lieu, soit avant, soit après la clôture de la liste départementale du contingent.

Les substitutions ne seront admises que jusqu'au moment de cette clôture.

125. Les substitutions, de même que les remplacemens, ne pourront être admises que par le conseil de révision du département où les substitués et les remplacés ont leur domicile, cette disposition sera suivie, lors même que le substitué ou le remplacé serait absent du département.

126. Au fur et à mesure que le conseil de révision admettra un substituant ou un remplaçant, le signalement de ce substituant ou de ce remplaçant sera pris conformément aux dispositions de l'article 67 de la présente instruction (1).

127. Il sera délivré au sous-intendant militaire en résidence dans le département, une expédition littérale et authentique de toute décision du conseil de révision portant admission d'un substituant ou d'un remplaçant.

CHAPITRE XI. Opérations dernières du conseil de révision.

SECTION Ire. *Annotation des mutations survenues parmi les jeunes gens appelés définitivement et non encore mis en activité.*

128. Les maires auront soin d'informer le préfet des décès et mutations qui surviendront parmi les jeunes gens définitivement appelés, et non encore mis en activité.

Les maires annoteront en outre ces mutations sur les tableaux de recensement.

129. Lorsque les préfets auront reçu l'avis que des jeunes gens inscrits sur la liste départementale ont renoncé, avant l'expiration du temps fixé pour le service, à l'état, profession ou emploi, ou aux études qui les avaient placés dans un cas de dispense, ils les feront comparaître devant le conseil de révision, qui examinera ces jeunes gens, et qui les déclarera bons pour le service, s'ils se trouvent n'avoir aucun droit à l'exemption.

130. Toute décision concernant les jeunes gens définitivement appelés, qui aura été prise par le conseil de révision postérieurement à l'envoi des listes d'émargement sera annotée sur l'expédition de la liste du tirage que le préfet aura gardée par-devers lui, et communiquée au sous-préfet de l'arrondissement. Le sous-préfet, après en avoir fait l'annotation sur l'expédition de la même liste qui sera déposée à la sous-préfecture, la transmettra au maire de la commune à laquelle appartiendra celui que la décision concernera, et le maire la transcrira sur le tableau de recensement.

SECTION II. Communication aux autorités civiles et militaires des décisions auxquelles les mutations survenues ont donné lieu.

131. Le préfet donnera connaissance, dans les dix jours, au sous-intendant militaire en résidence dans le département, des décisions dont il est fait mention à l'article précédent, ainsi que des décès et de toutes mutations survenues depuis la clôture de la liste départementale du contingent, parmi les jeunes gens portés sur cette liste. Le sous-intendant militaire annotera les décisions et mutations sur l'expédition de la liste départementale du contingent qui lui aura été délivrée.

SECTION III. Envoi aux maires de la liste nominative des jeunes gens renvoyés à la classe de l'année suivante, et inscription de ces jeunes gens sur les tableaux de cette classe.

132. Le préfet fera dresser, dans le courant du mois de décembre, pour chaque commune, et transmettra aux maires, par l'intermédiaire des sous-préfets, la liste des jeunes gens qui, pour fait d'omission sur les listes du tirage, auront été renvoyés à la *classe de*

(1) *Nota.* Les réglemens antérieurs ont consacré l'usage d'employer les mots *substituans* et *substitués* dans une signification analogue à celle de *remplaçans* et de *remplacés*. Cet usage présente plusieurs motifs d'utilité qui l'ont fait adopter dans le cours de l'instruction. On doit donc entendre par *substituant* l'homme qui cède son numéro pour un numéro moins élevé ; et par *substitué*, celui qui acquiert un numéro plus élevé au moyen d'un échange.

l'année suivante. Les maires commenceront le tableau de recensement de cette classe par l'inscription de ces jeunes gens.

133. Les maires porteront sur les tableaux de recensement ceux de ces jeunes gens omis des classes antérieures, qui auraient été découverts depuis le tirage, lors même que ces jeunes gens ne seraient pas compris dans la liste envoyée par le préfet, en exécution de l'article précédent.

CHAPITRE XII. Envoi au commandant de la légion de la liste départementale du contingent, et des listes particulières des substituans et des remplaçans. (Art. 19 de la loi.)

134. Le sous-intendant militaire du département, aussitôt après qu'il aura reçu la liste départementale du contingent, en fera dresser une copie qu'il signera et qu'il remettra au commandant de la légion du département.

135. Le sous-intendant militaire fera dresser la liste particulière des hommes qui auront été admis comme remplaçans avant la clôture de la liste départementale du contingent ; et il remettra cette liste, après l'avoir vérifiée et signée, au commandant de la légion. Il en agira ainsi pour les jeunes gens qui auront été admis comme substituans.

136. Les substituans et les remplaçans seront portés sur leurs listes respectives, dans l'ordre où seront inscrits sur la liste départementale du contingent les jeunes gens qu'ils représentent.

Les listes particulières des substituans et des remplaçans seront conformes aux modèles Nos 11 et 12.

137. Le sous-intendant militaire donnera avis à l'officier commandant de la légion de toutes les mutations survenues parmi les jeunes gens compris sur la liste départementale du contingent.

MODÈLE N° Ier.

Tableau pour inscrire le contingent à fournir par un département, en divisant le contingent entre les divers arrondissemens suivant la population de chacun.

MODÈLE N° II.

Tableau pour inscrire le contingent à fournir par un arrondissement en divisant le contingent entre les divers cantons, suivant la population de chacun.

MODÈLE N° III.

Le tableau du recensement à dresser dans chaque commune par le maire.

MODÈLE N° IV.

Liste du tirage.

MODÈLE N° V.

Article 40 de l'instruction.

N° Ier.

Bordereau des pièces qui doivent être produites au conseil de révision pour les jeunes gens qui demandent à jouir de l'exemption, comme se trouvant dans l'un des cas prévus par l'art. 14 de la loi du 10 mars 1818. (Bordereaux nos 1 et 2.)

Indication des cas d'exemption. — Aîné d'orphelins. *Pièces à produire.* Certificat du maire vérifié et visé par le sous-préfet, et conforme au modèle annexé au présent bordereau sous la lettre *A*.

Fils unique ou aîné des fils d'une femme actuellement veuve :

Certificat du maire vérifié et visé par le sous-préfet, et conforme au modèle annexé au présent bordereau sous la lettre *B*.

Petit-fils unique ou aîné des petits-fils d'une femme actuellement veuve :

Certificat du maire vérifié et visé par le sous-préfet, et conforme au modèle annexé au présent bordereau, sous la lettre *C*.

Fils unique ou aîné des fils d'un père aveugle :

Certificat du maire vérifié et visé par le sous-préfet, et conforme au modèle annexé au présent bordereau, sous la lettre *D*.

Fils unique ou aîné des fils d'un vieillard septuagénaire :

Certificat du maire vérifié et visé par le sous-préfet, et conforme au modèle annexé au présent bordereau, sous la lettre *G*.

Frère aîné d'un jeune homme désigné par le sort dans le même tirage :

Certificat du maire vérifié et visé par le sous-préfet, et conforme au modèle annexé au présent bordereau, sous la lettre *H*.

Frère d'un militaire qui est sous les drapeaux, ou qui est mort en activité de service, ou qui a été réformé pour blessures reçues, ou infirmités contractées à l'armée :

1° *Si le réclamant fonde ses droits sur les services d'un frère qui a été incorporé, un certificat du conseil d'administration du corps,* ou tout autre document authentique faisant connaître que ce dernier sera dans ledit corps, *ou bien* qu'il a été réformé pour blessures ou infirmités contractées au service;

2° Si un frère du réclamant a été immatriculé comme jeune soldat, et n'est pas encore incorporé, *un certificat du conseil de la légion du département,* constatant son inscription aux registres matricules, et portant qu'il n'a pas été mis en activité.

Dans l'un et l'autre cas, le réclamant devra produire, en outre, un certificat conforme au modèle *J*, et destiné à prouver qu'il n'a été accordé dans sa famille aucune exemption qui puisse le priver du bénéfice de l'article 14 de la loi.

MODÈLE coté A.

Certificat du maire pour établir les droits d'un jeune homme désigné qui réclame l'exemption comme aîné d'orphelins.

Département d canton d
commune d

Nous soussigné (nom du maire), maire de (nom de la ville ou commune), sur l'attestation des sieurs (noms et prénoms des trois témoins), habitans de ce (canton, ville ou commune), pères de jeunes gens en activité de service ou désignés par le sort pour concourir à la formation du contingent de leur classe, certifions, sous notre responsabilité personnelle, et après nous être assuré de l'exactitude de l'attestation qui nous a été faite, que le nommé (nom et prénoms du réclamant), fils de feu (prénoms du père du réclamant), et de feue (nom et prénoms de la mère du réclamant), désigné pour concourir à la formation du contingent de sa classe, comme ayant eu, au tirage, le n° (énoncer le numéro du tirage), est l'aîné de (dire le nombre de frères et sœurs) enfans du même père que lui, et comme lui orphelins de père et de mère, savoir : (indiquer les prénoms et noms des frères et sœurs), qu'il n'a point de frère plus âgé que lui, et que, pour ces motifs, il a droit à l'exemption accordée par les dispositions de l'article 14 (n° 3) de la loi du 10 mars 1818.

Fait à (nom de la commune ou ville où le certificat a été délivré), le (date du jour où le certificat a été délivré.)

(Signatures des trois témoins, ou déclaration qu'ils ne savent signer).

(Signature du maire).

MODÈLE coté B.

Certificat du maire pour établir les droits d'un jeune homme désigné qui réclame l'exemption comme fils unique ou comme l'aîné des fils d'une femme actuellement veuve.

Département d canton d
commune d

Nous soussigné (nom du maire), maire de (nom de la ville ou commune), sur l'attestation des sieurs (noms et prénoms des trois témoins), habitans de ce (canton, ville ou commune), pères de jeunes gens en activité de service ou désignés par le sort pour concourir à la formation du contingent de leur classe, certifions, sous notre responsabilité personnelle, et après nous être assuré de l'exactitude de l'attestation qui nous a été faite, que le nommé (nom et prénoms du réclamant), né le (date de sa naissance), fils de feu (prénoms du père du réclamant), et désigné pour concourir à la formation du contingent de sa classe, est le (indiquer ici s'il est fils unique ou fils aîné), de dame (nom de famille et prénoms de la mère), veuve dudit (prénoms du père du réclamant), que ladite dame est actuellement veuve, et a droit à l'exemption, d'après l'article 14 (n° 4) de la loi du 10 mars 1818.

Fait à (le reste comme au modèle côté A.)

MODÈLE coté C.

Certificat du maire pour établir les droits d'un jeune homme désigné qui réclame l'exemption comme étant le petit-fils unique ou l'aîné des petits-fils d'une femme actuellement veuve.

Département d canton d
commune d

Nous soussigné (nom du maire), maire de (nom de la commune ou ville), sur l'attestation des sieurs (noms, prénoms et qualité des trois témoins), tous les trois habitans de ce (commune ou ville, ou canton), et pères de jeunes gens en activité ou désignés pour concourir à la formation du contingent de leur classe, certifions, sous notre responsabilité personnelle, et après nous être assuré de l'exactitude de l'attestation qui nous a été faite, que le nommé (nom et prénoms du réclamant), né le (date de sa naissance), désigné pour concourir à la formation du contingent de sa classe, est (dire s'il est le petit-fils unique ou l'aîné des petits-fils) de dame (prénoms et noms de famille de la veuve), veuve de feu (noms et prénoms du père du réclamant), père du réclamant, laquelle n'a point de fils vivant, et est actuellement veuve, et que, pour ce motif, il a droit à l'exemption, conformément aux dispositions de l'article 14 (n° 4), de la loi du 10 mars 1818.

Fait à (le reste comme au modèle côté A.)

MODÈLE coté D.

Certificat du maire pour établir les droits d'un jeune homme désigné qui réclame l'exemption camme étant le fils unique ou l'aîné des fils d'un père aveugle.

Département canton d
commune d

Nous soussigné (nom du maire), maire de (nom de la commune ou ville), sur l'attestation des sieurs (noms, prénoms et qualités des trois témoins), habitans de ce (ville, ou commune, ou canton), pères de jeunes gens en activité de service ou désignés par le sort pour concourir à la formation du contingent de leur classe, certifions sous notre responsabilité personnelle, et après nous être assuré de l'exactitude de l'attestation qui nous a été faite, que le nommé (nom et prénoms du réclamant), né le (date de sa naissance), désigné pour concourir à la formation du contingent de sa classe, est (dire s'il est l'unique ou l'aîné des fils) du sieur (nom et prénoms du père), notoirement aveugle, et que, pour ce motif, il a droit à l'exemption, d'après les dispositions de l'article 14 (n° 4) de la loi du 10 mars 1818.

Fait à (se conformer pour le reste au modèle coté A).

MODÈLE coté E.

Certificat du maire pour établir les droits d'un jeune homme désigné qui réclame l'exemption comme étant le petit-fils unique ou l'aîné des petits-fils d'un père aveugle.

Département d canton d
commune d

Nous soussigné (nom du maire), maire de (nom de la commune ou ville), sur l'attestation des sieurs (noms, prénoms et qualités des témoins), habitans de ce (commune, ou ville, ou canton), pères de jeunes gens en activité de service ou désignés par le sort pour concourir à la formation du contingent de leur classe, certifions, sous notre responsabilité personnelle, et après nous être assuré de l'exactitude de l'attestation qui nous a été faite, que le nommé (nom et prénoms du réclamant), né le (date de sa naissance), désigné pour concourir à la formation du contingent de sa classe, est (dire s'il est petit-fils unique ou l'aîné des petits-fils) du sieur (nom et prénoms du père), lequel est notoirement aveugle et n'a point de fils vivant, et que, pour ce motif, ledit sieur (nom et prénoms du réclamant), a droit à l'exemption, conformément aux dispositions de l'article 14 (n° 4) de la loi du 10 mars 1818.

Fait à (le reste comme au modèle coté A).

MODÈLE coté F.

Certificat du maire pour établir les droits d'un jeune homme désigné qui réclame l'exemption comme étant le fils unique ou l'aîné des fils d'un vieillard septuagénaire.

Département d canton d
commune d

Nous soussigné (nom du maire), maire de (nom de la commune ou ville), sur l'attestation des sieurs (noms, prénoms et qualités, des témoins), habitans de ce (canton, ou ville ou commune), pères de jeunes gens en activité de service ou désignés par le sort pour concourir à la formation du contingent de leur classe, certifions, sur notre responsabilité personnelle, et après nous être assuré de l'exactitude de l'attestation qui nous a été faite, que le nommé (nom et prénoms du réclamant), né le (date de sa naissance), désigné par le sort pour concourir à la formation du contingent de sa classe, est (dire s'il est le fils unique ou l'aîné des fils) du sieur (nom et prénoms du père), lequel est âgé de soixante-dix-ans, étant né le (indication précise de l'âge du père), et que, pour ce motif, ledit (nom et prénoms du réclamant), a droit à l'exemption, conformément aux dispositions de l'article 14 (n° 4) de la loi du 10 mars 1818.

Fait à (le reste comme au modèle coté A).

MODÈLE coté G.

Certificat du maire pour établir les droits d'un jeune homme désigné qui réclame l'exemption comme étant le petit-fils unique ou l'aîné des petits-fils d'un vieillard septuagénaire.

Département d canton d
commune d

Nous soussigné (nom du maire), maire de la (nom de la commune ou ville), sur l'attestation des sieurs (noms, prénoms, qualités des trois témoins), habitant de ce (canton, ville ou commune), pères de jeunes gens en activité de service, ou désignés par le sort pour concourir à la formation du contingent de leur classe, certifions, sous notre responsabilité personnelle, et après nous être assuré de l'exactitude de l'attestation qui nous a été faite, que le nommé (nom et prénoms du réclamant), né le (date de sa naissance), désigné pour concourir à la formation du contingent de sa classe est (dire s'il est le petit-fils unique ou l'aîné des petits-fils) du sieur (nom et prénoms du grand père), lequel est âgé de soixante-dix ans, étant né le (date de la naissance du grand-père), et n'a point de fils, et que, par ce motif, ledit (nom et prénoms du réclamant) a droit à l'exemption, conformément aux dispositions de l'article 14 (n° 4) de la loi du 10 mars 1818.

Fait à (le reste comme au modèle coté A).

MODÈLE coté H.

Certificat du maire pour établir les droits d'un jeune homme désigné qui réclame l'exemption comme étant le plus âgé de deux frères désignés tous les deux par le sort dans un même tirage.

Département d canton d
commune d

Nous soussigné (nom du maire), maire de

(nom de la commune ou ville), sur l'attestation des sieurs (noms, prénoms et qualités des témoins), habitans de ce (canton, ou ville, ou commune), pères de jeunes gens en activité de service ou désignés par le sort pour concourir à la formation du contingent de leur classe, certifions, sous notre responsabilité personnelle, et après nous être assuré de l'exactitude de l'attestation qui nous a été faite, que le nommé (nom et prénoms du réclamant), né le (date de sa naissance), désigné par le sort pour concourir à la formation du contingent de sa classe, est le frère aîné de (nom et prénoms du frère du réclamant), né le (date de naissance du frère du réclamant), aussi désigné par le sort dans le même tirage, et que, par ce motif, ledit (nom et prénoms du réclamant), a droit à l'exemption, conformément aux dispositions de l'art. 14 (n° 5) de la loi du 10 mars 1818.

Fait à (le reste comme au modèle coté A).

MODÈLE coté J.

Certificat du maire pour établir les droits d'un jeune homme désigné qui réclame l'exemption comme ayant un frère sous les drapeaux, ou mort en activité de service, ou réformé pour blessures reçues ou infirmités contractées à l'armée.

Département d   canton d
commune d

Nous soussigné (nom du maire), maire de (ville ou commune), sur l'attestation des sieurs (noms et prénoms des trois témoins), habitans de ce (ville ou commune ou canton), pères de jeunes gens en activité de service ou désignés par le sort pour concourir à la formation du contingent de leur classe, certifions, sous notre responsabilité personnelle que le nommé (nom et prénoms du réclamant), né le (date de sa naissance), désigné par le sort pour concourir à la formation du contingent, n'a aucun frère qui ait été exempté du service pour défaut de taille, ou comme étant aîné d'orphelins, ou fils unique, ou l'aîné des fils, ou petit-fils unique, ou l'aîné des petits-fils d'une femme actuellement veuve, d'un père aveugle ou d'un vieillard septuagénaire, ou dont l'exemption doive faire perdre au réclamant le bénéfice des dispositions de l'article 14 (n° 6) de la loi du 10 mars 1818.

Fait à (le reste comme au modèle coté A).

N° II.

Bordereau des pièces qui doivent être produites au conseil de révision pour les jeunes gens qui demandent à être dispensés comme se trouvant dans l'un des cas prévus par l'article 15 de la loi du 10 mars 1818.

Engagés volontaires. — Une expédition de l'acte d'engagement, ou un document authentique sur l'engagement, ou bien un certificat de présence au corps.

Inscrits maritimes, marins. — Un certificat d'un commissaire de marine, conforme au modèle coté A.

Ouvriers des professions maritimes. — Un certificat des commissaires de marine, conforme au modèle coté B.

Officiers de santé commissionnés et employés dans les armées de terre et de mer. — Une expédition de la commission qui leur a été donnée par son excellence le ministre de la marine ou le ministre de la guerre, et un certificat constatant qu'ils sont employés dans le service de santé de l'armée, et faisant connaître quel est cet emploi; lequel certificat doit être délivré par le sous-intendant militaire chargé de la police du corps ou de l'établissement où ces officiers sont employés.

Jeunes gens qui ont reçu l'un des ordres sacrés. — Certificat de l'évêque qui a conféré le ou les ordres sacrés, visé par le préfet pour légalisation de la signature.

Jeunes gens autorisés à continuer leurs études ecclésiastiques dans les religions dont les ministres sont salariés par l'Etat :

Pour les catholiques. — Un certificat de l'évêque diocésain, visé par le préfet, constatant que le réclamant se destine à l'état ecclésiastique, et qu'il a été régulièrement autorisé à continuer ses études ecclésiastiques.

Pour les autres cultes. — Un certificat des chefs de consistoire constatant que le réclamant se destine au ministère de ce culte, qu'il a été régulièrement autorisé à continuer ses études, et qu'il est en cours d'étude; le certificat doit être visé par le préfet, pour la légalisation de la signature.

Université. 1° *Ecole normale.* — Ampliation du brevet de nomination par la commission d'instruction publique, et certificat constatant que l'élève est présent à l'école ou employé à l'instruction publique;

2° *Professeurs des facultés et des collèges royaux.* — Ampliation du brevet de nomination par la même commission, engagement par écrit contracté par le réclamant devant la commission d'instruction publique, de se vouer pendant dix ans au service de l'Université, et certificat délivré par le Recteur de l'académie, constatant que le réclamant exerce actuellement les fonctions de sa place;

3° *Agrégés et maîtres élémentaires munis de brevets d'emploi, délivrés par la commis-*

sion d'instruction publique, de même qu'au n° 2;

4° *Maîtres d'études des collèges royaux qui auront été nommés par la commission*, de même qu'au n° 2;

5° *Principaux et régens des collèges royaux brevetés*, de même qu'au n° 2;

6° *Frères des écoles chrétiennes.* — Certificat constatant que le réclamant, membre de la congrégation des écoles chrétiennes, a contracté l'engagement de se vouer dix ans à l'instruction publique;

7° *Instituteurs primaires approuvés par les comités cantonaux, et nommés par les recteurs.* — Certificat de nomination délivré par le recteur; engagement contracté par le réclamant de se vouer pendant dix ans au service de l'Université, et attestation portant qu'il exerce actuellement les fonctions de sa place;

8° *Les jeunes gens qui ont remporté le prix d'honneur accordé par l'Université.* — Un certificat délivré par la commission d'instruction publique;

Elèves de langues. — Certificat délivré par son excellence le ministre des affaires étrangères;

Elèves de l'école polytechnique, élèves des écoles des ponts-et-chaussées et des mines. — Ampliation du brevet de nomination et certificat de présence à l'école.

Les jeunes gens qui ont remporté un des grands prix décernés par l'Institut royal. — Certificat délivré par son excellence le ministre de l'intérieur, ou par le secrétaire perpétuel de l'Académie, qui a décerné le grand prix;

Elèves des écoles spéciales militaires et de marine. — Certificat d'admission et de présence à l'école, délivré par le commandant.

MODÈLE coté A.

Inscription maritime. — (Quartier D.)

Certificat de classement.

Nous commissaire de la marine soussigné, chargé de l'inscription maritime au quartier de (l'indication du quartier), certifions que le nommé (nom et prénoms du réclamant), né à (commune ou ville, canton, département), le (date de la naissance), et de (prénoms du père et de la mère), a été légalement et définitivement inscrit en qualité de marin sur le rôle de l'inscription maritime, fol. n° le (date de l'inscription), et qu'il avait (fait deux voyages de long cours, ou fait la navigation pendant dix-huit mois, ou fait la petite pêche pendant deux ans, ou servi deux ans en qualité d'apprenti-marin) à l'époque du (indication de l'époque).

En foi de quoi le présent certificat lui a été délivré à le 18

MODÈLE coté B.

Inscription maritime. — (Quartier D.)

Certificat de classement.

OUVRIER EXERÇANT UNE PROFESSION MARITIME.

Nous commissaire de la marine soussigné, chargé de l'inscription maritime au quartier de (indication du quartier) certifions que le nommé (nom et prénoms du réclamant), né à (commune ou ville, canton, département), le (date de la naissance), fils de (prénoms du père), et de (nom et prénoms de la mère), a été légalement et définitivement inscrit en qualité d'ouvrier (charpentier de navire, ou perceur, ou voilier, ou calfat), sur le matricule des ouvriers, fol. n° le (date de l'inscription), et qu'il remplissait à cette époque les conditions exigées par les réglemens pour l'inscription définitive.

En foi de quoi le présent certificat lui a été délivré à le 18

MODÈLE N° VI.

L'affiche du tirage.

MODÈLE N° VII.

Ordre de comparaître devant le conseil de révision.

MODÈLE N° VIII.

Liste départementale du tirage.

MODÈLE N° IX.

Bulletin contenant l'indication du dernier numéro compris dans le contingent cantonal.

MODÈLE N° X.

Liste générale ou supplémentaire d'émargement

MODÈLE N° XI.

Liste particulière des substitutions admises par le conseil de révision.

MODÈLE N° XII.

Liste particulière des remplaçans admis par le conseil de révision (1).

---

(1) Nous avons supprimé les divers tableaux qui ont été modifiés, et qui n'offrent d'ailleurs rien de d'utile pour les droits des appelés.

12 AOUT 1818. — Ordonnance du Roi qui accorde une pension à la veuve de M. Pierret, décédé conseiller référendaire de seconde classe à la cour des comptes. (7, Bull. 233, n° 4823.)

12 AOUT 1818. — Ordonnance du Roi qui nomme M. le lieutenant général comte Souham, gouverneur de la cinquième division militaire. (7, Bull. 234, n° 4861.)

12 AOUT 1818. — Ordonnance du Roi qui autorise l'inscription au Trésor royal de cinquante-six pensions ecclésiastiques comprises dans l'état y annexé. (7, Bull. 234, n° 4866.)

12 AOUT 1818. — Ordonnance du Roi qui permet au sieur Hébert d'ajouter à son nom celui d'Arthenay. (7, Bull. 229.)

12 AOUT 1818. — Ordonnances du Roi qui accordent des lettres de déclaration de naturalité aux sieurs Junck, Fraissinet, Robin et Butovv. (7, Bull. 241, 247, 282 et 456.)

12 AOUT 1818. — Ordonnance du Roi qui, sur l'opposition du sieur marquis de Monlézun, révoque une ordonnance du 18 décembre 1816, par laquelle le sieur baron de la Garde était autorisé à ajouter à son nom celui de Monlézun. (7, Bull. 223.)

12 AOUT 1818. — Ordonnance du Roi qui admet les sieurs Spitzbart, Reinhardt, Ziehr, Niemack, Meyer et Dirof à établir leur domicile en France. (7, Bull. 229.)

12 AOUT 1818. — Ordonnances du Roi qui nomment M. le comte de Juigné et MM. Locard et de Chazelles, préfets des départemens du Cantal, du Cher et du Morbihan. (7, Bull. 229.)

12 AOUT 1818. — Ordonnance du Roi portant que la commune de Pindray est distraite du canton de Chavigny et réunie au canton de Morillon; que celle de Chenevrières (Meurthe) est détachée du canton de Gebervillers et réunie à celui de Lunéville, sud-est. (7, Bull. 232.)

12 AOUT 1818. — Ordonnances du Roi qui autorisent l'acceptation de dons et legs faits aux pauvres, aux hospices et fabriques des églises d'Amanty, Saint-Cast, Schleithal, Souilly, Bordeaux, Mouilleron-en-Pareds, Cuhon, Rodalbe, Avranches, Chameroy, Saint-Estèphe, Trinitat, Carbonne, Saint-Vaast, Altier, Saint-Pierre-le-Vieux, Tarascon, Toulouse, Agen, Orléans, Pithiviers, Saint-Pé, Sens, Mirepoix, Bessières, Oradour, Cucuron, Saint-Amand, Dax, Buis, Saint-Lizier, Pithiviers, Aubagne, Paris, Fontainebleau, Fontenay-le-Pesnel, Chacornac, Malbos, Maroue, Gouix, Cossé-le-Vivien et Moutier-Saint-Jean. (7, Bull. 243 et 244.)

14 AOUT 1818. — Lettres-patentes du Roi portant institution de majorats en faveur de MM. Duplessis de Fourzilbac et Cazin d'Honincthun. (7, Bull. 233, n° 4825.)

19 AOUT = Pr. 3 SEPTEMBRE 1818. — Ordonnance du Roi qui autorise la ville de Paris à accepter à titre d'emprunt la somme de un million deux cent mille francs que des négocians de l'entrepôt général des vins et eaux-de-vie, et autres capitalistes, ont offert de prêter pour l'exécution des travaux de cet établissement. (7, Bull. 232, n° 4815.)

Louis, etc.

Sur le rapport de notre ministre secrétaire d'Etat au département de l'intérieur;

Vu la délibération du conseil municipal de notre bonne ville de Paris, en date du 2 juin 1818, l'avis du préfet de la Seine, exprimé dans sa lettre du 27 du même mois;

Notre Conseil-d'Etat entendu,

Nous avons ordonné et ordonnons ce qui suit:

Art. 1er. Notre bonne ville de Paris est autorisée à accepter, à titre d'emprunt, la somme de douze cent mille francs, que les principaux négocians de l'entrepôt général des vins et eaux-de-vie, et autres capitalistes, ont offert de prêter pour l'exécution des travaux à faire, dans le cours de l'année 1818, à l'effet de mettre cet établissement en état de suffire aux besoins actuels du commerce.

2. Elle pourra créer pour douze cent mille francs de bons, à l'effet d'acquitter le prix desdits travaux.

Ces bons ne pourront, sous aucun prétexte, être appliqués à un autre emploi. Ils porteront intérêt à six pour cent, sans retenue. Leur émission ne sera faite qu'au fur et à mesure de l'exigibilité des paiemens pour travaux faits et reçus.

3. Il pourra, s'il est jugé nécessaire, être accordé des primes dont la quotité et la distribution seront réglées par notre ministre secrétaire-d'Etat au département de l'intérieur, sur la proposition du conseil municipal et l'avis du préfet, sans toutefois que ces primes puissent excéder le sixième de l'intérêt accordé par l'article qui précède.

4. Le remboursement commencera à dater de l'année 1820, et devra être effectué en 1824.

Il s'opérera chaque année, par cinquième, par la voie du sort, et au moyen d'un tirage qui aura lieu en présence du préfet de la

Seine, de deux membres du conseil municipal et des deux plus forts actionnaires désignés par le préfet.

Seront affectés à ce remboursement, le fonds annuel porté au budget de notre bonne ville de Paris pour l'achèvement dudit entrepôt, et le produit des droits de l'octroi et de magasinage des nouveaux celliers et corps de halle, à la construction desquels le montant des bons aura été employé.

5. Nos ministres de l'intérieur et des finances sont chargés de l'exécution de la présente ordonnance.

---

19 AOUT = Pr. 22 SEPTEMBRE 1818. — Ordonnance du Roi portant autorisation, conformément aux statuts y annexés, de la société anonyme formée à Paris sous le titre de Compagnie d'Assurance maritime contre les risques de la guerre. (7, Bull. 234, n° 4862.)

Voy. ordonnance du 11 FÉVRIER 1820, qui révoque.

Louis, etc.

Sur le rapport de notre ministre secrétaire d'Etat au département de l'intérieur;

Vu la demande formée par les commissaires d'une réunion de particuliers, demandant à être autorisés à former une société anonyme, sous le titre de *Compagnie d'Assurance contre les risques de guerre maritime*, et signée des sieurs Martin Depuech, Durand, Chevals, Marmet, Lesourd et Patinot; vu l'acte passé devant Me Boilleau et son confrère, les 12, 13, 14, 15, 16, 17, et 18 février dernier, renfermant les projets de statuts de ladite société; les explications données par les susdits commissaires, le 1er juillet suivant; l'avis de notre ministre d'Etat préfet de police, en date du 26 juin; vu les art. 29, 30, 31, 32, 33, 34, 35, 36, 37, 40, 41, 45 et 46 du Code de commerce;

Notre Conseil-d'État entendu,

Nous avons ordonné et ordonnons ce qui suit :

Art. 1er. La société anonyme formée à Paris, sous le titre de *Compagnie d'Assurance maritime contre les risques de guerre*, est et demeure autorisée, conformément à l'acte social contenant les statuts de ladite association, passé devant Me Boilleau et son confrère, les 12, 13, 14, 15, 16, 17 et 18 février dernier, lequel acte demeurera annexé à la minute de la présente, sera publié et affiché avec elle.

2. Notre présente autorisation vaudra pour toute la durée de la société, ainsi qu'elle est fixée à l'art. 2 de l'acte social, à la charge d'exécuter fidèlement les statuts, nous réservant de révoquer la présente autorisation, en cas de non-exécution ou violation desdits statuts par nous approuvés; le tout sauf les droits des tiers, et sans préjudice des dommages et intérêts qui seraient prononcés par les tribunaux contre les auteurs des contraventions.

Nous nous réservons également d'approuver la prorogation de ladite société au-delà du terme fixé par l'article 2, et dans les cas prévus par l'article 3 desdits statuts.

3. Le réglement intérieur de la société, l'accord prévu par le troisième paragraphe de l'article 37 de ses statuts pour ses relations avec la compagnie commerciale d'assurance, et la forme de sa police, seront soumis à l'approbation de notre ministre secrétaire d'Etat de l'intérieur.

4. L'administration de la société sera tenue de présenter, tous les six mois, le compte rendu de sa situation; des copies en seront remises au préfet de la Seine, au tribunal de commerce et à la chambre de commerce.

5. Notre ministre secrétaire d'État de l'intérieur est chargé de l'exécution de la présente ordonnance, qui sera insérée au Bulletin des Lois; en outre, les statuts de la société seront insérés dans le Moniteur et dans le journal destiné à recevoir les avis judiciaires dans le département de la Seine.

---

19 AOUT 1818. — Ordonnance du Roi qui permet au sieur baron de Castille d'ajouter à son nom celui de Fromentes. (7, Bull. 233.)

---

19 AOUT 1818. — Ordonnance du Roi qui autorise l'inscription au Trésor royal de quatre-vingt-quatre soldes de retraite et de trois pensions civiles. (7, Bull. 233, n° 4824.)

---

19 AOUT 1818. — Ordonnances du Roi qui accordent des lettres de déclaration de naturalité aux sieurs Fontanes, Massin dit Turina et Delavenay. (7, Bull. 241, 247.)

---

19 AOUT 1818. — Ordonnance du Roi qui admet les sieurs Chiama, Solari, Riesco et Cortijo à établir leur domicile en France. (7, Bull. 233.)

---

19 AOUT 1818 — Ordonnances du Roi qui autorisent l'acceptation de dons et legs faits aux écoles de Douai et à l'hospice des incurables femmes de la ville de Paris. (7, Bull. 244.)

---

20 AOUT 1818. — Ordonnance du Roi qui accorde une pension de retraite de trois mille trois cent trente francs à M. Rivière, maître des requêtes en service extraordinaire. (7, Bull. 234, n° 4863.)

---

26 Aout = Pr. 3 septembre 1818. — Ordonnance du Roi relative à l'appel du contingent des classes de 1816 et 1817, suivant le tableau de répartition des hommes appelés entre les divers départemens du royaume. (7, Bull. 232, n° 4812.)

Voy. l'ordonnance du 3 décembre 1818, et les autres ordonnances relatives aux classes des années suivantes.

Louis, etc.

Vu les art. 5, 6 et 7 de la loi du 10 mars 1818, qui fixent le complet de paix de l'armée, déterminent les classes qui doivent être appelées en 1818, et réglent la répartition à faire des hommes appelés, entre les départemens, arrondissemens et cantons de la France,

Nous avons ordonné et ordonnons ce qui suit :

Art. 1er. Quarante mille hommes sont appelés sur chaque classe de 1816 et 1817.

2. La répartition de ces quatre-vingt-mille hommes entre les départemens demeure fixée conformément au tableau annexé à la présente ordonnance.

3. Sur les quatre-vingt mille hommes appelés par l'art. 1er de la présente ordonnance, vingt mille de chacune des deux classes de 1816 et 1817 sont à la disposition de notre ministre de la guerre pour être mis en activité.

4. Les quarante mille hommes à la disposition de notre ministre de la guerre pour être mis en activité seront employés, 1° à pourvoir au remplacement des sous-officiers et soldats qui auront accompli leur temps de service au 31 décembre prochain; 2° à porter les premiers bataillons de nos légions au complet d'organisation déterminé par notre ordonnance du 3 août 1815.

5. Notre ministre de la guerre nous présentera, pour l'exécution de l'art. 4 la répartition à faire, entre les quatre-vingt-six légions, des quarante mille hommes qui doivent y être incorporés.

6. Nos ministres de la guerre et de l'intérieur sont chargés de l'exécution de la présente ordonnance.

---

26 Aout = Pr. 22 septembre 1818. — Ordonnance du Roi qui annulle l'arrêté par lequel le conseil de préfecture du département de l'Eure a autorisé le sieur Leclerc à attacher son bateau sur le bord de la Seine, à une portion de rive dont le sieur de Périer est propriétaire, et enjoint audit sieur Leclerc de supprimer dans un bref délai tous les travaux qu'il a fait, sur cette propriété. (7, Bull. 234, n° 4864.)

Louis, etc.

Sur le rapport du comité du contentieux,

Vu la requête à nous présentée au nom du sieur Antoine de Périer, ancien capitaine d'infanterie, demeurant à Rouen, ladite requête enregistrée au secrétariat du comité du contentieux de notre Conseil-d'Etat le 7 mars 1818, et tendant à ce qu'il nous plaise annuler, pour vice de compétence, l'arrêt du conseil de préfecture du département de l'Eure, du 25 octobre 1817, qui autorise le sieur Leclerc à attacher son bateau sur le bord de la Seine, à une portion de rive dont le suppliant est propriétaire; renvoyer la cause et les parties devant les juges qui doivent en connaître ;

Et dans le cas où nous déciderions que l'autorité administrative est compétente, annuler ledit arrêté comme ayant violé l'article 7 du titre XXVIII de l'ordonnance de 1669 et les dispositions du Code civil; dire, en conséquence, que le sieur Leclerc n'est aucunement fondé dans l'exercice du droit qu'il s'est arrogé; lui ordonner d'enlever les pieux qu'il a fixés sur le terrain du sieur de Périer, et ce dans la huitaine qui suivra la notification de l'ordonnance à intervenir; faute de quoi, le suppliant sera autorisé à le faire aux frais dudit sieur Leclerc, qui sera, en outre, condamné aux dépens;

Vu l'ordonnance de *soit communiqué*, en date du 2 avril 1818, et la signification faite de ladite ordonnance et de la requête par exploit du 24 avril 1818, à laquelle signification il n'a pas été répondu ;

Vu l'arrêté du conseil de préfecture du département de l'Eure, du 25 octobre 1817;

Vu l'article 7 du titre XXVIII de l'ordonnance de 1669 ;

Vu l'article 650 du Code civil,

Ensemble toutes les pièces jointes au dossier ;

Considérant, sur la compétence, qu'aux termes de la loi du 29 floréal an 10, les conseils de préfecture ont le droit de statuer sur les matières de grande voirie, et que, les parties n'ayant produit ou fait valoir aucun titre constitutif de propriété ou de servitude, il n'y avait pas lieu à renvoyer la cause devant les tribunaux ordinaires ;

Considérant, au fond, que l'obligation consacrée par l'ordonnance de 1669 et par le Code civil, de laisser sur le bord des rivières navigables un chemin pour le halage des bateaux, impose une servitude et ne caractérise pas une expropriation ;

Considérant que, si les bateliers peuvent s'arrêter dans leur marche partout ou le besoin de la navigation l'exige, ce serait aggraver la servitude des riverains que de permettre arbitrairement, dans l'intérêt d'un tiers, la formation d'un port fixe d'abordage le long d'un chemin de halage dont la propriété n'aurait pas été acquise préalablement pour cause d'utilité publique;

Notre Conseil-d'Etat entendu,

Nous avons ordonné et ordonnons ce qui suit :

Art. 1er. L'arrêté du conseil de prefecture du département de l'Eure, du 25 octobre 1817, est annulé.

2. Tous les travaux faits par le sieur Leclerc sur la propriété du sieur de Périer seront supprimés dans le mois qui suivra la notification de la présente ordonnance; et faute par lui de le faire, il y sera procédé, à ses frais, par le sieur de Périer, sous la surveillance du maire de la commune de Manoir, qui constatera les dépenses.

3. Notre ministre de l'intérieur est chargé de l'exécution de la présente ordonnance.

---

26 AOUT 1818. — Ordonnance du Roi qui autorise les sieurs Pelissier, Garnier et Toupense à construire au hameau de Château-le-Bas (Isère), une verrerie pour la fabrication de verre blanc. (7, Bull. 247.)

---

26 AOUT 1818. — Ordonnance du Roi relative aux tontines d'épargnes (1).

26 AOUT 1818. — Ordonnance du Roi qui admet les sieurs Santa-Creuss, Raggi et Andraca à établir leur domicile en France. (7, Bull. 233.)

---

26 AOUT 1818. — Ordonnance du Roi qui autorise le sieur Rochet à ajouter à son usine à fer située à Bize (Côte-d'Or), un laminoir avec deux fours à chauffer. (7, Bull. 244.)

---

26 AOUT 1818. — Ordonnances du Roi qui accordent des lettres de déclaration de naturalité aux sieurs Cartier, Larcher, Davelouis, Leinbor, de Pavia, Dessaix, Serravalle, Chabord, Richard, Sanguinetti et Loetschet. (7, Bull. 241, 247, 248, 250 et 597.)

---

26 AOUT 1818. — Ordonnances du Roi qui autorisent l'acceptation de dons et legs faits aux pauvres, aux hospices, séminaires et fabriques des églises de Gérardmer, Peyre, Metz, Forcalquier, La Rochelle, Henaubihen, Gaujac, Peyrus, Monceau, Poitiers, Guise, Grenade, Sancevre, Laval, Abuillé, Astillé, Avenières, Courbeville, Lauzerte, Sarrable, Autun, Verfeil, Rennes, Bourg-du-Péage, Châteaudun, Annonay, Millam, Chartres, Villeneuve-lès-Béziers, Lardonnac, Marolles et Sceaux (Sarthe). (7, Bull, 244 et 247.)

(1) Cette ordonnance n'est pas insérée au Bulletin des Lois; elle est rappelée par celle du 7 octobre même année.

FIN DU TOME VINGT-UNIÈME.

www.ingramcontent.com/pod-product-compliance
Lightning Source LLC
Chambersburg PA
CBHW060525220326
41599CB00022B/3433
* 9 7 8 2 0 1 1 9 2 0 5 1 5 *